말더듬 치료

말더듬 치료

과거 및 새로운 중재법들

Treatment of Stuttering

Established and Emerging Interventions

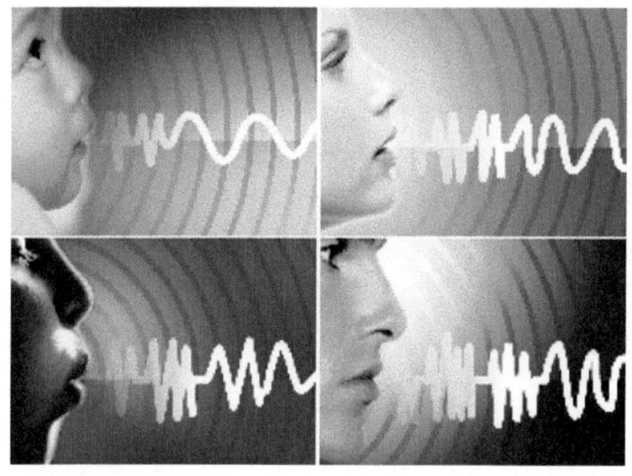

Barry Guitar · Rebecca McCauley 공저

권도하 외 공역

Lippincott Williams & Wilkins 박학사

Treatment of Stuttering: Established and Emerging Interventions
Barry Guitar and Rebecca McCauley

Authorized translation from the English language edition, entitled TREATMENT OF STUTTERING: ESTABLISHED AND EMERGING INTERVENTIONS, ISBN: 9780781771047 by GUITAR, and MCCAULEY, published by Lippincott Williams & Wilkins | Wolters Kluwer Health, Inc., Copyright © 2010

KOREAN language edition published by PAK HAK SA, Copyright © 2016
KOREAN translation rights arranged with Lippincott Williams & Wilkins | Wolters Kluwer Health, Inc.

Printed in KOREA

ISBN: 978-89-98521-46-2

역자 서문

말더듬 치료는 미스터리한 점이 많고, 그런 만큼 말더듬 문제를 해결하기 위해 많은 학자들이 호기심과 노력을 기울여 왔다. 또한 각 학자마다 독특한 방법들을 개발하고 발표하여 새로운 지식이 나날이 쌓여 가고 있다.

이러한 차에 여러 치료법에 대한 요약적인 지식을 압축하여 놓은 책을 발견하여 우리말로 옮겨 보았다. 이 일에 나의 연구실을 거쳐 간 제자들이 한 장씩 맡아서 번역하여 본인의 정년 기념으로 내놓았다. 여러 제자들과의 협력의 산물을 세상에 내놓을 수 있게 되어 감사하고 기쁘게 생각하며 말더듬 치료에 또 하나의 귀중한 자료가 되었으면 한다.

제자들과 2년 여에 걸쳐서 이루어진 이 일을 박학사에서 출판을 맡아 주셨다. 고마움을 표한다.

권도하

저자 서문

본서는 하나의 시작이다. 본서는 학령 전 아동, 취학 아동, 청소년, 성인 등을 위한 말더듬 치료법들에 대한 최신 정보를 학생, 교사, 임상가, 말더듬인 등에게 제공하기 위해 저술하였다. 표지의 저자들을 포함해서 33명의 저자들이 치료에 대한 자세한 설명을 하고, 치료 효과에 대한 증거를 분석하고, 평가에 관한 정보를 포함하여 치료 실제에 대한 증거에 기반한 접근법의 프로세스를 기술하였다.

본서에서 개관하는 장에서는 말더듬 중재법들의 본질, 말더듬을 평가하는 방법들, 이 분야에서 실제에 근거한 증거 등을 이해하는 데 중요한 기본적인 개념들을 요약하였다. 치료에 관한 11개의 장에는 환자들을 위한 핵심 원리, 일차 목표, 그 치료법을 적용하는 데 적절하고 효과적인 사람에 대한 이론적 및 실험적 근거 등이 포함되어 있다. 각 치료법에 대한 장에서는 그 장의 저자들이 사용하는 중재를 실제로 보여주는 비디오 부분(video segments)을 덧붙였다. 그 비디오 부분은 thePoint 사이트에서 이용할 수 있다.

2009년까지 말더듬 치료에 관한 현황보고서(status reports)에서, 현재 개발 중인 여러 접근법들은 제외하였다. 다음에 저술할 책에서는 그들이 개발하고 있는 중재법들을 실증하는 많은 임상 연구들과 그 연구 결과에 근거한 데이터를 제시할 것이다.

감사의 글

이 책이 출판되기까지 많은 분들이 도움을 주었다.

31명의 저자들이 기꺼이 책을 저술하자는 초대에 응해 주었고, 그 후 수정, 첨가, 삭제하는 등의 편집하는 일에도 기꺼이 협조해 주었다. 본서에 대한 것 이외에도 중요한 도움을 주신 세 분에게도 감사한다. 동료이자 1개 장을 공동 저술하신 Melissa Bruce는 본서의 여러 장에 대해 간결하고 설득력 있는 파워포인트 슬라이드를 제작해 주었고, 제자인 Heather Fjeld는 학생들에게 동기를 주기 위해 균형 잡힌 좋은 퀴즈 문제들을 만들었다. Carroll Guitar는 참고문헌과 인용 허락 관련 일과 편집을 도왔다. Katherine Askinazi는 비디오 편집을 하였다.

본서를 출판한 Lippincott, Williams, & Wilkins사에서는 본서를 출판하는 데 격려와 조언을 해 줄 훌륭한 분들을 소개해 주었다. Peter Sabatini는 우리의 제안서를 읽고 이 책이 탄생하는 데 중요한 지원을 주었다. Kristin Royer는 최종 편집자로서 마감일을 맞추게 하고, 여러 가지 문제점들을 해결하는 데 도움을 주었다. Andrea Klingler는 첫 편집자로서 첫 출발을 잘 할 수 있도록 도왔다. Jen Clements는 우리가 그린 서툰 그림을 예술적인 그림으로 그려 주었다. Ed Shultes와 Freddie Patane은 비디오 아트 측면에서 도움을 주었다. 마케팅 매니저인 Allison Noplock는 본서가 널리 알려지게 하는 데 처음부터 참여하여 계속해서 지원해 주어 감사한다. 마지막으로 Cadmus Communications사의 Ruth Einstein은 본서의 교정 작업을 꼼꼼하게 해 주신 것에 대해 심심한 감사를 드린다.

기고

Anne K. Bothe, PhD
Professor
Department of Communication Sciences
and Special Education
University of Georgia
Athens, Georgia

WillieBotterill, MSc
Consultant Speech and Language Therapist
The Michael Palin Centre
Finsbury Health Centre
London, United Kingdom

Melissa C. Bruce, MS
Clinic Director
Department of Communication
Sciences and Disorders
University of Houston
Houston, Texas

Edward G. Conture, PhD
Professor and Director, Graduate Studies
Department Hearing and Speech Sciences
Vanderbilt University
Nashville, Tennessee

AshleyCraig, PhD
Professor of Behavioural Sciences
Department of Health Sciences
Faculty of Science, University of Technology
Sydney, Australia

JohnEllis, MS, PhD candidate
Speech-Language Pathologist
Department of Speech, Language &
Hearing Sciences
University of Colorado
Boulder, Colorado

Harald A. Euler, PhD
Professor
Department of Economics, Institute
of Psychology
University of Kassel
Kassel, Germany

David L. Franklin, PsyD
Clinical Psychologist
University of California, Irvine Medical Center
Orange, California

Sheryl R. Gottwald, PhD
Assistant Professor
Department of Communication Sciences and
Disorders
University of New Hampshire
Durham, New Hampshire

Barry Guitar, PhD
Professor
Department of Communication Sciences
University of Vermont
Burlington, Vermont

Ergi Gumusaneli, MD
University of California, Irvine
Orange, California

Elisabeth Harrison, PhD
Senior Lecturer
Department of Linguistics
Macquarie University
Sydney, Australia

Janis Costello Ingham, PhD
Professor
Department of Speech and Hearing Sciences
University of California, Santa Barbara
Santa Barbara, California

Roger Ingham, PhD
Professor
Department of Speech and Hearing Sciences
University of California, Santa Barbara
Santa Barbara, California

Elaine Kelman, MSc
Consultant Speech and
Language Therapist
The Michael Palin Centre
Finsbury Health Centre
London, United Kingdom

Sarita Koushik, MSLP (C)
Speech Pathologist, PhD Candidate
Montreal Fluency Center
Montreal, Quebec

Robert Kroll, PhD
Executive Director, The Speech and Stuttering Institute
Adjunct Faculty, University of Toronto
Toronto, Ontario

Gerald A. Maguire, MD
Associate Professor of Clinical Psychiatry
Associate Dean, CME College of Medicine
University of California, Irvine Medical Center
Orange, California

Rebecca McCauley, PhD
Professor, Department of Speech & Hearing Science
The Ohio State University
Department of Speech & Hearing Science
Columbus, Ohio

Katrin Neumann, MD
Professor, Director of the Department for Phoniatry and Pediatric Audiology
Goethe-University of Frankfurt
Main, Germany

Sue O'Brian, PhD
Speech Pathologist and Research Officer
Australian Stuttering Research Centre
Faculty of Health Sciences
The University of Sydney
Lidcombe, Australia

Mark Onslow, PhD
Professor and Director
Australian Stuttering Research Centre
The University of Sydney
Lidcombe, Australia

Ann Packman, PhD
Australian Stuttering Research Centre
The University of Sydney
Lidcombe, Australia

Kristin M. Pelczarski, MA
Speech-Language Pathologist
Department of Communication Disorders
Children's Hospital of UPMC
Pittsburgh, Pennsylvania

Ryan Pollard, PhD
Speech-Language Pathologist
Department of Speech, Language & Hearing Sciences
University of Colorado
Boulder, Colorado

Robert W. Quesal, PhD
Professor
Department of Communication Sciences and Disorders
Western Illinois University
Macomb, Illinois

Peter R. Ramig, PhD
Professor and Associate Chair
Department of Speech, Language & Hearing Sciences
University of Colorado
Boulder, Colorado

Corrin Richels, PhD
Adjust Assistant Professor
Department of Early Childhood, Special Education, and Speech-Language Pathology
Old Dominion University
Norfolk, Virginia

Glyn Riley, PhD
Professor Emeritus, California State University
Fullerton, California
Consultant, University of California Medical Treatment of Stuttering Program
University of California, Irvine
Irvine, California

Charles M. Runyan, PhD
Professor and Graduate Coordinator
Department of Communication Sciences and Disorders
James Madison University
Harrisonburg, Virginia

Sara Elizabeth Runyan, MA
Professor Emeritus
Department of Communication Sciences and Disorders
James Madison University
Harrisonburg, Virginia

Lori Scott-Sulsky, MSc
Speech-Language Pathologist
Speech and Stuttering Institute
Toronto, Ontario

Rosalee C. Shenker, PhD
Founder and Executive Director
Montreal Fluency Center
Montreal, Quebec

J. Scott Yaruss, PhD
Associate Professor
Department of Communication Science and Disorders
University of Pittsburgh
Pittsburgh, Pennsylvania

차 례

제6장

말더듬 예방 및 조기 중재: 다차원적 접근법 / 123

제7장

학령 전 말더듬 아동을 위한 리드콤 프로그램 / 163

제8장

학령기 말더듬 아동을 위한 치료법 개관 / 195

제9장

학령기 말더듬 아동용 리드콤 프로그램 / 207

제10장

유창성 규칙 프로그램 / 231

제11장

나이든 말더듬 아동과 말더듬 청소년의 치료를 위한 스무스 구어 및 인지 행동 치료 / 261

제12장

학령기 말더듬 아동을 위한 포괄적 치료: 전반적인 말더듬 치료 / 297

제13장

성인 및 청소년 말더듬 치료의 개관 / 339

제14장

캠퍼다운 프로그램 / 355

제19장

신경영상 및 말더듬 / 495

제20장

요약 및 향후 방향 / 529

부록

제 1 장

본서의 활용 방법

Rebecca J. McCauley and Barry E. Guitar
(권도하 역)

우리는 본서가 말더듬 치료에 관심을 갖고 있는 모든 독자들에게 가치 있는 책이기를 바라는데, 그 이유는 그들이 말더듬인을 도울 수 있는 최고의 방법에 대해 더 많이 배우기를 원하기 때문이며, 또 한 가지는 그들 자신이 말더듬인이거나, 혹은 그들이 말더듬인들과 가까운 사람이기 때문이다. 그럼에도 불구하고, 우리는 모든 독자들이 본서의 모든 측면들에 관심을 갖는 정도가 동일하지 않을 것임을 인정한다. 그러므로 이 장에서, 우리는 상이한 네 부류의 독자층이 본서를 가장 잘 활용할 수 있는 방법을 제안하고 싶다. 독자는 아마도 다음과 같은 범주들 중 한 부류에 해당될 것이다:

- 언어 치료학을 전공하는 학생들
- 말더듬 청소년 및 성인들
- 말더듬 아동의 부모들
- 말더듬에 대해 학생들을 가르치는 교수들

저자는 먼저 독자가 읽기 전이나 읽는 동안, 혹은 독자들이 읽은 내용을 따라 행동할 때, 자기 자신이나 다른 이들에게 묻고자 하는 질문들을 제공한다. 다음으로는 가장 흥미로울 것으로 생각되는 여러 장뿐만 아니라, 각 장에 포함되는 하위 부분들을 언급한다. 마지막으로, 특정 독자 집단에게 특별한 도움이 될 웹사이트, 비디오, 책, 논문 등과 같은 추가적인 리소스를 확인한다.

독자는 좀 더 폭넓은 견해를 얻기 위해 다른 독자 집단에 대한 우리의 의견을 읽고자 할 수도 있다. 그러나 저자들의 영감이 모든 독자에게 똑같이 작용할 것이라고 할 수 없기 때문에, 독자는 우리의 여러 의견들을 대략 훑어볼 수도 있고 책의 마지막 부분까지 몰입해서 읽을 수도 있다. 독자가 어떤 것을 선택하든지 간에, 저자들은 독자가 가장 필요로 하는 정보를 쉽게 찾을 수 있도록 전반적으로 구성되어 있는 이 장과 이 책에서 찾을 수 있기를 바란다.

학생

학생은 필독이라는 단순한 이유로 이 책을 읽게 될 수도 있을 것이다. 이는 가장 강력한 동기가 되지 않는다는 것이 명백하다. 한편으로는, 이번 학기에 학생의 도움을 필요로 하는 말더듬 환자를 맡게 되었기 때문에 본서를 읽을 수도 있을 것이다. 이러한 경우라면, 학생은 치료를 결정할 임상적 퍼즐을 해결하는 확고한 조치를 취하게 될 것이다.

치료를 결정할 때 학생은 환자들의 요구사항들, 여러 치료법들을 뒷받침하는 증거, 학생의 임상적 능력 등을 고려할 필요가 있다. 환자들에게 필요한 사항들 중 일부는 평가 과정에서 확인될 것이다. 그 외 필요사항들은 학생이 말더듬의 특성과 그 특성이 말더듬인들의 삶의 과정을 어떻게 변화시키는지에 관하여 쓰여진 책에 근거하여 예상할 수 있다. 여러 치료법들에 관한 증거는 결국 어떤 환자들을, 무엇을, 언제 치료할 것인지에 있다. 이 책으로부터 정보를 얻는 것을 돕기 위해서, 여러 저자들은 자신들의 치료법들에 대한 강력한 증거를 요약하고, 편집자로서 우리는 독자들의 관심을 얻기 위해 여러 치료법들에 걸쳐서 그 증거를 비교했다. 임상적 능력들은 학생의 현재에서 보다는 미래에 달려 있다는 것을 믿는 무언가일 수 있다. 그러나, 지식정보가 증가하고 사람과 관련하여 학습이 이루어짐에 따라, 학생은 이미 쌓을 수 있는 핵심능력들을 발전시키기 시작했다. 본서는 학생이 여러 치료법들에 관한 독서와 출판사의 웹사이트(thePoint라고 함)에 있는 비디오클립에 나와 있는 활동들을 봄으로써 말더듬인들에게 사용할 방법들에 관해서 배우는 것을 도울 것이다.

가장 관심을 갖게 될 장

우리는 이 책의 모든 장에 관심을 가져야 한다고 생각하지만, "전부 읽으십시오."라고 말하기보다는 조금 더 자세한 안내를 제공하려고 한다. 비록 교수가 학생이 읽어야 하는 장의 순서와 심지어 학생이 읽어야 하는 장들에 대한 확고한 생각을 가지고 있다 하더라도, 학생은 자신에게 가장 적합하다고 생각하는 순서로 책의 일부를 미리 읽는 것이 도움이 될 것이다. 예를 들면, 학생은 각 치료의 장의 조직과 제2장을 읽음으로써 치료의 원리에 대한 의미를 알고 그 다음에 세 개의 주요 장(4, 8, 13장)에 대한 개요를 읽어 보면 도움이 될 수 있다.

그 다음, 독자는 증거 기반 실제(evidence-based practice; EBP)가 각 개별 환자에게 가장 희망적인 치료법을 선택할 때 임상가를 어떻게 가이드하는지에 대해 이해하기 위해 제3장 "아동기 말더듬의 간접 치료: 치료 성과의 진단적 예측변인"을 읽고자 할지도 모른다. 독자가 잘 모르는 경우에, 증거 기반 실제(EBP)는 연구 증거(research evidence)와 임상 경험(clinical expertise) 및 환자 가치(client values)를 결부시키는 임상 실제를 가이드하는 데 사용되는 절차들을 시사한다. 그 치료에 관한 장들을 순서대로 읽으면, 독자가 초기 말더듬을 치료하는 것에서 만성적인 말더듬을 극복하는 쪽으로 치료 목표가 변경되는 것을 살펴볼 수 있기 때문에, 가장 잘 이해할 수 있을 것이다. 일단 독자가 치료법들을 자세히 알게 되면, 마지막 두 장(제19장과 제20장)은 이해하기 쉬울 것이다. 제19장은 치료를 실시하는 방법에 대한 신경생리학적 설명을 탐구한 것으로, 본서에서 가장 야심찬 장이다. 제20장은 이전의 여러 장들에서 나온 공통적인 주제들을 함께 논의한 다음에, 현재 사용하고 있는 치료법들을 개선시켜야 할 필요성과 충족되지 않은 환자의 요구들을 다루기 위한 새로운 치료법들을 개발해야 할 필요성이 무엇인지를 제시한다.

꼭 읽어야 할 장의 내용

학생이 본서를 읽을 때, 학생은 한 사람의 학자로서 훈련을 시작한 것이지만 또한 임상가가 되어가고 있는 것이다. 본서를 통해서 저자들은 학생이 이러한 학자와 임상가로서의 역할이 동일하다는 것을 알도록 돕고자 한다.

학생 자신의 방향을 잡기 위해 각 치료 장에 있는 도입 부분을 읽기 바란다. 어떤 치료법들은 엄밀하게 말하면 행동주의적이다. 또한 다른 치료법들은 인지적 절차들을 포함하고 있다. 본서에 수록된 한 치료법은 약물 치료를 사용하는 반면에, 다른 치료법은 전기음향적 장치(electroacoustic device)를 사용한다. 독자가 어떤 치료법의 잠재적 효과를 평가하거나 독자 자신이 그 치료법을 구현하는 것을 상상하기 전에, 각 치료법이 가지는 의미부터 파악할 필요가 있다.

한 사람의 학자로서 독자는 독자 자신의 절대적인 사고 능력(crtical thinking skills)을 발전시킬 필요가 있을 것이다. 그 치료법이 개발된 이론적 근거나 이론을 설명하는 각 치료 장의 부분에서 시작하는 것이 중요하다. 독자가 이론이 뭐냐고 묻는다면 다음과 같은 어떤 저자의 말로 답하고자 한다. "이론은 연구자들에게 바보가 잡동사니를 넣는 가방이라는 사실, 작은 돌멩이들, 빨대, 깃털, 기타 잡동사니로 가득 차 있고 수집된 사실들은 없는 구조화된 견해만을 제공하는 것이다" (Lynd, 1939, p.183).

말더듬 이론에 대한 한 예로, 저자들 중 한 사람인 Barry는 말을 더듬었다. 그가 사춘기일 때 체육시간을 마친 후에 샤워를 하지 않았는데 그날의 나머지 시간 동안 말더듬이 줄어서 어떤 생각이 떠올랐다. 현재, 이 생각은 다음과 같은 어떤 이론과 같은 무언가를 나타낸다. 즉 이 이론은 그가 경험했다고 생각한 무언가에 대한 설명을 제공하는데, 그 경험은 그에게 자신의 말더듬에 어떻게 대처할 것인가에 대한 계획을 하도록 했고, 말더듬 상황의 통제에 대해 좀 더 생각하도록 했다. 그러나 이것은 독자가 찾아야 한다고 생각되는 종류의 이론적인 근거는 아니다. 사실, Barry는 결국 이 이론(이미 당신도 결론 내렸듯이)이 형편없는 것이라고 결론 내렸다.

이 이론보다 좀 더 좋은 이론은 그 중재(치료)가 말더듬에서 필연적으로 변화(예: 말더듬인들의 생리, 신념, 학습에 어떻게든 영향을 미치기 때문에)를 가져오는 메커니즘을 설명하는 이론일 것이다. 예를 들면, 말더듬의 진단기인론(diagnosogenic theory)(Johnson et al., 1942)은, 말더듬은 부모들이 자녀의 정상적인 비유창성에 대해 과잉반응을 함으로써 촉발된다고 가정한다. 이 이론이 작용한다고 믿게 되는 메커니즘은, 부모가 자녀의 비유창성을 계속 교정하는 것은 시간이 지나면서 자녀에게 습관적인 패턴, 즉 완전한 말더듬의 일부로서 투쟁(struggle), 도피(escape), 회피 행동(avoidance behaviors)으로 이어지게 하는 부정적인 예기와 긴장을 가져온다는 것이다. 이 이론에 근거한 치료는 가설로 세운 메커니즘을 충실히 따랐다. 즉, 부모들이 말을 더듬는다고 생각한 것을 정상적인 구어 방해(speech disruptions)라고 재평가하도록 배웠다. 다른 말로 하면, 부모들은 이러한 비유창성들을 비심판적으로 보도록 배웠고, 그렇게 함으로써 아동은 자신이 비유창성을 이완시키고 유창한 구어를 촉진시키는 수용 가능한 방식으로 반응하도록 허용하게 된다.

두 번째 예시에서 독자가 살펴볼 수 있듯이, 그 이론은 어떤 현상이 발생할 것이라고 어떻게 믿게 되었는지와 그 현상을 어떻게 다루었는지 사이의 치밀한 연관성을 포함한다. 안타깝게도, 뛰어난 진단기인론은 일련의 흔히 있는 사실들에 의해 파기되었다. 이러한 사실들 중 하나는 부모로부터 말더듬으로 진단받은 아동의 비유창성이 그러한 진단을 전혀 받지 않은 아동들의 구어 비유창성과 동일하다는 가정이었다(Johnson & Associates, 1959). 이러한 두 집단의 아동들에게서 나타난 비유창성이 실제로 매우 상이하다는 흔히 있는 사실은 Johnson 등이 보고한 바로 그 데이터를 재검토한 McDearmon(1968)에 의해 드러나게 되었다. 비록 우리는 과제를 실시하기 위해 진단기인론을 확실히 취하고 있지만, 이제 우리는 과학적인 이론의 주요 장점들 중의 한 가지를 밝히고자 한다. 즉, 진단기인론은 검증할 수 있는 여러 가설들을 만들어내었기 때문에, 진단기인론이 틀렸음을 입증할 수 있었다. 그림 1.1은 진단기인론이 틀렸음을 입증하거나, 지지하거나, 수정하기 위해서 여러 이론들, 가설들, 가설들의 검증(실험), 여러 실험으로부터 얻은 결과 및 피드백 등에서의 관련성을 나타낸 것이다.

비평적인 시각으로, 당신은 각 장의 이론적 근거 부분을 자세히 조사하고자 할 것이다. 실제로 그 이론의 개발자가 연구한 이론에서 발생하는 여러 가설들과 치료법과 이론, 또는 이 두 가지 모두를 향상시키기 위해 연구할 수 있는(심지어 해야 하는) 추가적인 가설들을 고려하라.

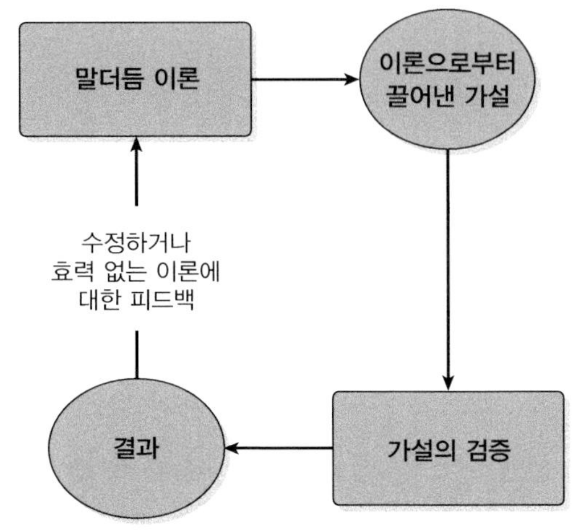

[그림 1.1] ■ 이론, 가설, 가설 검증, 결과, 피드백의 관계

추가 자료

Packman, A., & Attanasio, J. (2004). *Theoretical Issues in Stuttering.* London: Routledge Press. (본서는 현재 나와 있는 이론들과 과학적으로 더욱 연구할 필요가 있는 이론들을 잘 설명하고 있다. 말더듬에 대한 주요한 이론들을 토의하고 분석했다.)

The Stuttering Homepage. http://www.mnsu.edu/comdis/kuster/stutter.html (이 웹사이트는 여러 부모들이 서로 대화하도록 링크되어 있을 뿐만 아니라, 모든 연령의 말더듬인들을 위한 링크도 되어 있다. 이 웹사이트에는 과학적 및 인문학적 관점에서 쓰여진 말더듬에 관한 정보 자료도 많이 있다.)

Schneider, P. (n.d.). *Thranscending Stuttering: The Inside Story.* New York: National Stuttering Association. (이 DVD는 말더듬인들이 말더듬인들을 위해 제작한 것이다. 평생 동안에 말더듬을 다룬다는 것이 어떤 것인지에 대한 개인적인 견해를 제공한다.)

말더듬인

말을 더듬는 사람인 독자는 이 책을 읽는 여러 다른 이유들이 있을 수 있다. 독자는 현재의 치료 접근법에 대해 궁금해할 수 있고, 혹은 아마 처음 또는 이전에 치료를 받은 후에 치료를 다시 받을 생각을 하고 있을 수도 있다. 만약 독자가 전에 치료를 한 적이 있고, 그 치료가 효과 있었다면, 독자는 그 치료에 관한 최신정보에 관심을 가질 것이고, 독자가 그 치료의 혜택을 더 잘 유지하는데 도움이 되는 새로운 전략이 있는지 여부에 관심을 가질 수 있다. 만약 독자가 전에 치료에 참여했지만, 그 치료가 잘 되지 않았다거나 효과가 오래 지속되지 않은 것으로 생각될 경우에, 독자는 더 나은 대안을 찾고 있을 수도 있다. 반면에, 독자는 구어를 향상시키길 원하지만, 다양한 이유로 혼자 힘으로 하기를 원할 수도 있다. 대부분의 사람들은 자신들을 지도하고 지지해주는 코치 또는 치료사를 두는 것이 도움이 된다는 것을 알지만, 일부의 사람들은 자기 스스로 큰 성공을 이룰 수 있다는 의욕이 높아서 자기 스스로 실시한다. 만약 이것이 독자의 경우라면, 독자에게 적합한 것으로 보이는 핵심 아이디어를 추출할 수 있고, 자가-치료 프로그램을 만들 수 있을 것이다.

독자가 본서를 읽는 동기가 무엇이든지 간에 언어 치료사들은 현재 EBP라는 견지에서 환자들과의 협력을 생각하고 있다는 것을 독자는 알아야 한다. EBP에서, 임상가는 치료계획을 수립하기 위해 환자들과 만날 때, 세 가지 소스의 정보를 결부시키도록 교육받는다. 그 명칭이 의미하듯이, 이러한 세 가지 소스들 중 한 가지는 어떤 치료법이 잘 작용하는지에 대해 다양한 곳(본서를 포함하여)에서 제공된 증거이다. 두 번째 소스는 임상가 자신의 임상 경험이며, 세 번째 소스는 환자의 선호도, 가치 기준, 요구사항 등이다. 훌륭한 임상가는 환자의 요구를 가장 잘 충족시키기 위해 이러한 여러 소스들에 대한 정보를 융합하려고 항상 노력하지만, EBP 내에서 이러한 종류의 견해가 가진 분명한 특성은 환자가 자신의 의사소통을 개선시키기 위해 함께 협력함으로써 환자에게 가장 좋은 것이 무엇인지를 이해시키는 임상가의 의무를 강조한다는 것이다. 그림 1.2에 제시된 양식에서, 저자는 자신의 선호도와 가치 기준에 대해 환자 스스로 더 잘 알고자 하는 몇 가지 질문들을 제시한다. 만약 독자가 적극적으로 치료를 고려하고 있다면, 독자는 자신의 치료를 실시하는 것에 관한 의사결정을 할 수 있도록 돕기 위해 인터뷰를 할 가능성이 있는 치료사들과 함께 이 양식을 상의할 수도 있다. 그렇지 않고 독자가 자신의 구어를 독자적으로 다루기를 고려하고 있다 하더라도 이 양식이 도움이 될 것이다. 이 양식은 독자가 말더듬 문제에 전략적으로 대처할 수 있도록 하기 위해 자신의 말더듬에 관한 가장 큰 걱정이 무엇인지를 결정하도록 하는 데 도움이 될 것이다.

가장 관심을 갖게 될 장

청소년이나 성인으로서 독자는 아마 가장 관심가는 장이 3부(13~17장)에 있는 장들이라는 것을 알게 될 것이다. 이러한 장들은 말더듬인들을 위하여 개발된 네 개의 중재법을 다룬다. 제13장에서는 이러한 중재법들의 개요를 제시한다. 이 장에서 공통적인 철학과 절차들뿐만 아니라, 독특한 특성들을 알아본다. 또한 각 중재법이 광범위한 말더듬인들에게 효과적이라는 주장을 뒷받침하는 기존 증거에 대한 전반적인 강점에 대해서도 언급한다. 중재에 대한 감각을 갖기 위해 이 짧은 장을 검토하면 독자는 매우 흥미를 가지게 되어 순서대로 읽게 된다.

제1장과 제3부의 치료에 관한 여러 장 이외에, 독자가 읽고자 할 것으로 생각되는 두 개의 장(제2장과 제18장)이 있다. 그러나 이 장들은 독자가 관심을 가질 수 있는 그 이상의 많은 참고 자료와 요약된 논의가 있어서 다소 어려울 수 있다. 제2장에서, 우리는 치료의 한 모델을 설명하고 말더듬에 수반되는 경향이 있는 상이한 여러 종류의 문제들에 대해 논의한다. 제18장에서, Anne Bothe 등은 치료법 개발자들이 자신들의 치료법이 효과 있다는 가장 적절한 증거를 제공할 수 있는 방법을 논의한다. 이 책의 다른 장들의 저자들 모두가 이와 같은 개념의 일부를 언급할 수 있기 때문에, 독자는 제3부의 여러 치료의 장을 읽기 전에 이들 장을 먼저 읽고자 할 것이다. 그러나 독자가 단지 이러한 장들이 제3부에 있다는 것을 알고, 여러 말더듬 치료법의 측면을 자세하게 이해하고자 한다면 제2장과 제18장을 다시 읽게 될 것이다.

꼭 읽어야 할 장의 내용

표 1.1에 독자에게 특별히 관심을 불러일으킬 각 장의 내용을 열거했다. 게다가, 이 표에 독자가 그러한 장들을 읽을 때 자신에게 물어보고 싶은 질문들을 제시했다. 각 장은 다른 장들과 마찬가지로, 제2장에서 상세하게 설명했다.

추가 자료

National Stuttering Association. http://www.nsastutter.org/에서 이용가능.(이 웹사이트는 말더듬인들이 말더듬인을 위해서 운영하는 사이트이다. 여기에는 말더듬이를 위한 채팅방뿐만 아니라, 말더듬과 말더듬 치료에 관한 정보들을 얻기 위한 여러 링크들도 포함되어 있다.)

Schneider, P. (n.d). *Transcending Stuttering: The Inside Story.* New York: National Stuttering Association.(이 DVD는 말더듬이들이 말더듬이들을 위해서 제작했다. 이는 일생동안 말더듬을 다루는 것에 대한 개인적인 관점을 제공한다.)

Guitar, B., & Guitar, C. (2005). *If You Stutter: Advice for Adults* (개정판). Memphis: Stuttering Foundation.(이 책은 전문가들의 조언과 말더듬인들이 말더듬을 다루는 기법과 태도에 관한 정보를 제공한다.)

Fraser, M. (n.d.) *Self-Therapy for the Stutterer* (10판). Memphis: Stuttering Foundation.(말더듬 재단의 설립자가 저술했다. 이 책은 말더듬인 자신의 말더듬을 다루는 것을 배운 누군가로부터 자기 자신의 말더듬에 관해서 치료하기 위한 여러 권고사항들이 있다.)

말더듬 아동의 부모

말더듬 아동의 부모들인 독자는 자녀들에게 가장 효과적인 치료법을 확인하고자 하는 바람에서 본서를 읽을 수도 있다. 본서는 자녀의 연령에 맞는 것을 찾도록 하기 위해 학령기 전 아동과 학령기 아동으로 나누어져 있다. 독자는 또한 자녀를 돕

말더듬 치료에 대한 환자의 선호도

치료 형식/치료 기간

치료는 일반적으로 단기치료나 장기치료 형식으로 실시된다. 다음 중 당신의 요구에 더 잘 부합되는 것을 고르시오.

(a) 장기간에 걸쳐서 주 1회기로 실시됨(예: 1년)

(b) 매일 여러 시간 동안 실시하는 회기로 단기간에 걸쳐서 실시됨(예: 몇 주)

(c) 위의 두 가지를 약간 결합함

치료의 목표

다음의 목표들 중 중요도를 매기시오: 1점(중요하지 않음) ~ 5점(매우 중요함)

매우 유창한 구어 산출하기	1	2	3	4	5
말더듬을 조절한다는 느낌 갖기	1	2	3	4	5
대부분 혹은 모든 말하기 상황에 편안한 마음으로 참여하기	1	2	3	4	5

다음과 같은 특정 상황에서 편안한 마음으로 말하기

전화상황에서 말하기	1	2	3	4	5
자신이나 타인을 소개하기	1	2	3	4	5
친구들과 대화하기	1	2	3	4	5
낯선 사람들과 대화하기	1	2	3	4	5
상사에게 말하기	1	2	3	4	5
동료들에게 말하기	1	2	3	4	5

치료의 특성

당신이 선호하는 치료의 특성에 동그라미를 하시오:

유형: 개별 치료, 또는 집단 치료, 또는 이 두 가지 치료를 결합함

중점: 말더듬 심한 정도, 또는 말더듬에 대한 감정, 또는 이 두 가지를 결합함

그 밖에 치료에 대해 알고 싶은 사항

치료의 비용

회기당 비용

총 치료 비용

보험 적용 여부

치료 소요 시간

치료 목표를 달성하는 데 소요되는 시간 또는 회기 수

치료 결과의 유지나 추후 점검에 소요되는 시간 또는 회기 수

[그림 1.2] ■ 말더듬 치료에 대한 환자의 선호도

〈표 1.1〉 말더듬인을 위해 고려해야 할 섹션과 관련 질문

섹션	내용	고려해야 할 질문
실제적인 요구 사항	치료를 위해 요구되는 시간, 장비, 임상 경험과 같은 리소스	• 이 치료가 치료세션 자체나 이러한 치료 세션 외에 스스로 해야 할 과제에서 나의 말더듬에 대해 내가 원하는 시간 이상을 필요로 하는가? • 임상가가 나에게 사용하는 접근법에 대한 적절한 전문지식을 가지고 있다는 것을 어떻게 알 수 있는가?
핵심 요소	관련되는 사람들을 포함한 치료 절차들	• 치료절차를 설명할 때 이 치료에 내가 참여할 수 있다고 생각하는가? • 내가 치료를 시작하는 것에 대해 괜찮다고 생각하기 전에, 그 치료법의 어떤 측면들에 관한 좀 더 많은 정보를 필요로 하는가?
개별 환자에게 적합한 치료법의 조정	치료법을 개발할 때와는 다른 환경과 문화를 가진 개인에게 특별한 요구들을 맞추도록 변동시키는 치료법	• 나의 문화적 혹은 언어적 배경, 교육, 견해 때문에 다른 환자들과 다를 수도 있는 특정한 요구들이 있는가? • 그 사람을 위해서 개발된 치료법과 저자들이 제안하는 사람들과 내가 비슷한 배경을 가지고 있는가?
특정한 환자에게 적용	중재를 통해 성공적 경험을 한 사람들을 설명하는 사례 연구	• 그 설명이 나에게 적절한 것처럼 보이는가?

기 위해서 해야 할 일에 대해 조언을 찾고 있을 수도 있다. 이 마지막 이슈에 대해 직접적으로 언급한 장은 없지만, 독자는 대부분의 장에서 얻고자 하는 아이디어를 떠올릴 수 있다. 이러한 아이디어는 그 치료법을 실시하는 임상가와 치료를 할 때 가장 효과가 있을 것이다. 그러나 어떤 경우(특히 제6, 7장에서 설명한 치료법들과 같은 환경에 기초한 치료법들)에, 독자는 아동이 보다 더 유창하게 돕는 환경을 만들어줄 수 있는 변화에 대한 아이디어를 얻을 수 있을 것이다.

우리가 특정한 장들에 대해 이야기하기 전에 다루어야 할 한 가지 요점이 더 있다. 부모인 당신이 자녀의 치료에서 가장 중요한 동인(agents)이라는 것이다. 부모는 자녀에 대해 가장 잘 알고 있으며, 임상가보다 더 많은 시간을 자녀와 함께 하고 있는 것이다. 현명한 임상가라면 부모와의 협력이 치료의 효과에 매우 중요하기 때문에, 부모와의 좋은 치료 관계를 형성하고 싶어할 것이다. 가능한 한 강력한 협력이 있도록 하기 위해서 부모가 할 역할 중 하나는 임상가가 자녀에 대한 부모의 목표를 알도록 돕는 것이다. 예를 들면, 만약 자녀가 자신의 말더듬에 관해 크게 불이익을 받는 특정 상황에 대해 알고 있다면, 부모는 그 상황을 임상가에게 알려야 한다. 만약 자녀가 완벽하게 말하는 것보다 말을 하는 것 그 자체가 더 중요하다고 생각한다면, 부모는 그것도 알려야 한다. 만약 부모가 어떤 행동이 말더듬을 발생시켰거나 더 악화시켰다고 생각한다면, 임상가에게 알려주는 것이 안전할 뿐만 아니라, 그렇게 하길 잘했다고 생각하게 될 것이다. 이러한 장들을 읽으면, 부모는 임상가가 이루기 위해 노력하고 있는 것에 감사하게 될 것이다.

가장 관심을 갖게 될 장

독자의 자녀에게 적합한 연령대를 개괄하는 장(overview chapter)으로 시작하는데, 제4장은 학령 전 아동, 제8장은 학령기 아동의 치료에 관한 개요이다. 제4장과 제8장에서 독자가 배운 것에 근거하여, 독자는 아마도 자녀에게 가장 적합해 보이는 치료법들에 관하여 좋은 견해를 가지게 될 것이다.

독자의 의사결정에 영향을 미칠 수 있는 여러 특성들 중 하나는, 부모들이 치료에 어떻게 또 어느 정도로 참여해야 할 것이냐일 것이다. 일반적으로, 나이가 어린 아동일수록, 부모들이 치료에 더 많이 참여하게 된다. 그럼에도 불구하고, 어떤 치료법들은 다른 치료법에 비해 부모의 참여를 더 많이 요구하지만, 치료 접근법에 따라 부모의 참여도 다르다.

학령 전 부분인 제3장(치료만큼 중요한 평가에 초점을 맞춘 장)에는 주로 다른 부모들과 상호작용하고 주 치료사가 되도록 요구하지 않는 부모들을 포함시키고 있다. 다른 극단적인 면에서, 제7장은 부모와 자녀가 매주 임상실을 방문하는 동안에 제공되는 임상가가 주는 가이던스에 따라 자녀와 함께 매일 치료를 하는 부모를 필요로 하는 접근법을 설명한다. 제5, 6장에 있는 두 개의 다른 접근법은 그 사이 어딘가에 있을 수 있다.

학령기 부분인 제10, 11, 12장은 아동이 배운 기술을 가정환경으로 전이하는 활동에 참여하고 있는 부모와 함께 아동을 위한 주 치료사로서의 임상가를 포함한다. 제9장은 학령기 자녀를 위한 부모-실시 접근법(parent-administered approach)을 제시하고, 제7장의 학령기 전 버전처럼, 부모들이 그 치료법을 실시하되 자녀로부터 많은 입력(input)과 임상가로부터 계속적인 가이던스를 받아가면서 한다.

반드시 읽어야 할 장의 내용

실질적인 필수사항; 핵심 내용들; 개별 환자에게 맞추어 치료법 조정하기; 개별 환자에게 적용 등과 같은 섹션들로 시작하라. 이러한 섹션들은 독자들이 읽을 때 고려해야 할 질문들과 함께 표 1.2에 설명되어 있다. 독자가 이러한 섹션들을 읽고 관심을 가진다면, 독자는 이론적이고 실험적인 기초 섹션들에 있는 중재가 과학적인 지지를 받고 있는지를 조사해 보고자 할 것이다.

동료 교수

처음으로 이 책을 읽는 동료 교수인 당신은 아마도 당신이 가르치는 학생들의 요구를 본서가 얼마나 충족하고 말더듬 치료에 관한 당신의 견해와 맞는지를 알아보는 데 관심이 있을 것이다. 저자들은 본서에서 다양한 학생들의 학문적 및 임상적 요구와 광범위한 교수들의 견해를 다루려고 노력했지만, 당신이 최종적인 판단을 한 후에 이 책을 선정했다고 생각한다. 따라서 이 절에서 저자들은 당신이 학생들과 연구하는 데 가장 도움이 될 것이라고 생각하는 본서의 여러 측면들을 간단히 지적하려고 한다.

가장 관심을 갖게 될 장

제2장은 한 중재 모델 내에서 본서의 내용에 대한 개요를 제공하기 위하여 계획되었다. 그 중재 모델은 언어 장애 치료를 위해 Marc Fey 등이

〈표 1.2〉 말더듬 아동의 부모들을 위해 고려해야 할 섹션과 관련 질문

섹션	내용	고려할 질문
실제적인 요구사항	시간, 장비, 임상경험 등과 같은 리소스들이 요구된다.	• 가족으로서 우리는 이 접근법을 실시하는 데 요구되는 시간, 에너지, 비용 등을 감당할 수 있는가? • 이 접근법을 실시하기에 충분할 정도로 훈련받은 임상가를 찾을 수 있는가? 만약 그러하다면, 우리는 그 임상가를 믿을 수 있는 가?
핵심 요소	관련되는 사람들을 포함한 치료 절차들	• 이 접근법을 실시하는 데 우리가 어느 정도로 참여하고 또 우리가 참여하고자 하는 방식일 것이라고 생각하는가? • 설명한 절차들이 우리가 생각하는 그 문제를 우리 아동을 돕는 방법이라고 이해되는가? • 이 접근법의 목적들이 우리 아동을 위한 치료 목적에 적합한가? • 우리 아동이 이 접근법에 잘 반응할 것으로 생각되는가?
개별 환자에게 적합한 치료법의 조정	그 치료법을 처음으로 개발할 때 적용한 사람과 다른 문화와 환경에서 자란 사람의 특별한 요구에 맞도록 그 치료법을 어떻게 수정하는가?	• 우리가 익숙하지 않고, 이 섹션에 없는 이 접근법의 요소들이 있는가? • 이 치료법이 우리의 아동과 가족들의 요구사항에 적합하도록 하기에 충분히 유연성 있는 치료법인가?
개별 환자에게 적용	이 중재를 통해서 성공적인 경험이 있는 사람들을 설명한 케이스 스터디	• 이러한 예가 그 절차들에 대해서 가지는 임상가에게 추가적인 질문을 하게 하거나 임상가가 우리 아동에게 그러한 예시들을 어떻게 사용할 것인지에 대해서 도움을 주는가?

제안한 모델에 기초하고 있다(McCauly & Fey, 2006). 이 틀은 당신에게 도움이 되리라고 생각되는 방식에서 여러 중재들에 걸쳐있는 공통성을 강조하는 데 기여한다. 또한 이 틀은 학생 독자들이 삶의 질과 관련된 목표들, 구어 산출과 관련된 목표들과 같은 결과를 얻는 데 초점을 맞출 때 그 차이점들에 민감해질 수 있도록 국제 기능장애 및 보건 분류(International Classification of Functioning Disability, and Health: ICF, 세계보건기구, 2002)에서 제시한 분류를 소개한다.

세 장의 개관(제4장, 제8장, 제13장)을 읽는다면 당신은 학령 전, 학령기 아동, 청소년, 및 성인을 위한 중재의 범위를 감 잡을 수 있을 것이다. 이것은 학생들이 집중해야 할 장들과 이 책에 포함되지 않았으나 읽어서 보충해야 할 치료법들을 결정하는 데 도움이 될 것이다. 당신의 강의 계획을 더욱 보완하기 위하여, 학생들이 읽어야 할 독서(참고문헌) 목록에 치료법에 대한 목록을 추가할 것인지 여부를 결정하기 위하여 각 치료법 장들(chapters)과 관련해 짧은 독서(참고문헌) 목록을 작성할 수도 있다.

제19장은 말더듬과 관련된 신경 프로세스에 대한 기존 증거와 더불어 이것들이 성공적인 치료에 의해 어떻게 영향을 받을 수 있는지에 대한 고찰을 담고 있다. 당신이 가르치는 학생들의 배경과 당신이 말더듬의 신경생리학적 본질에 대해 초점을 맞춰온 범위에 따라서, 당신은 학생들에게 먼저 제19장을 읽도록 요구할 수도 있다. 이 장은 어쩌면 이 책에서 가장 도전해볼 만한 장이자 가장 재미있는 장일 수도 있다.

제20장은 학생들이 전체적으로 이 영역에서 다음 단계로 자신의 사고를 개발하도록 도울 것이다.

꼭 읽어야 할 장의 내용

동일한 양식으로 하위섹션을 사용했기 때문에, 당신은 특정 내용에 학생들의 관심을 두도록 쉽게 지도할 수 있다. 예를 들면, 당신이 각 중재에 대한 증거에 특히 관심이 있다면, 각 장에는 그 제목과 관련한 하위섹션이 포함되어 있다. 더욱이, 장의 개요, 장의 요약, 핵심 용어 등은 연구 보조물로서 강조될 수 있다. 저자들은 당신이 학생들에게 비판적 사고 기술을 가르치는 데 이 책이 도움이 될 것이라고 기대한다. 가장 근본적으로, 각 장은 치료법으로 제공된 실험 증거의 질에 대하여 학생들을 가르치는 데 사용될 수 있다.

다음은 비판적 사고를 가르치기 위한 세 가지 활동들의 예시이다.

- 어떤 치료법들은 그 치료법을 개발한 사람 자신이 지지하는 유일한 증거에 의해 지지되는 반면에 어떤 치료법들은 독자적인 임상가이자 연구자들이 제공한 증거에 의해 지지된다. 본서에 소개된 많은 치료법들이 이 두 부류의 증거를 얼마나 가지고 있는지 살펴보라.
- 각 장의 절(예: 학령 전 아동을 위한 중재법)에서, 학생들은 여러 치료법들을 비교할 수 있는데, 각 치료법에는 비교하기를 더욱 어렵게 만드는 여러 가지 한계점들이 있기 때문에, 각 치료법을 비교한다는 것은 매우 복잡한 일이다.
- 비판적 사고 훈련을 위한 또 다른 예는 하나의 개별 치료법을 지지하고 있는 실험적 기초를 향상시키기 위한 연구 설계를 개발 중인 집단에 치료하고 있는 학생들을 참여시키는 것이다. 비록 저자들에게 "향후 방향(future directions)"이라는 제목으로 각 장의 하위섹션에서 토의해 달라고 요청했지만, 종종 저자들은 그렇게 철저하게 하지 않았으며, 적용 가능한 환자들에 대해 명시하지도 않았다.
- 각 장에 있는 비판적 사고와 관련된 훈련에서, 학생들은 어떤 치료법이 근거로 하는 이론의 가설을 확인할 수 있다. 때에 따라 이 가설은 직접적으로 설명되기도 했고 논의 속에 함축되어 있기도 하다.

제 2 장

말더듬 치료법에 대한 소개: 확립된 중재법 및 최근의 중재법

Barry E. Guitar and Rebecca J. McCauley
(유재연 역)

본서의 목적

본서를 저술하게 된 저자들의 목적은 임상가들과 학생들에게 말더듬에 관한 증거 기반 실제(evidence based practice)를 소개하고, 여기에 설명된 여러 중재법들에 관한 추후 연구가 이루어지도록 하기 위함이다. 또한, 우리는 말더듬인과 가족들이 받을 수 있는 몇 가지 중재법들에 대한 정보를 제공하고자 한다.

본서에서 가능한 한 최근 내용을 기술하기 위해서, 저자들은 최근에 개발되거나 검증된 치료법에 대한 장들을 저술하도록 12개 집단의 저자들을 참여시켰다. 이러한 장 이외에도, 저자들은 Bothe와 동료 연구자들이 말더듬의 증거 기반 실제에 대한 최근의 견해를 저술하고, Neurmann과 Euler가 말더듬 치료에 대한 신경생리학적(neurophysiology) 상관관계를 저술한 장을 포함했다. 저자들은 또한 본서의 각 주요 섹션에 대한 여러 장들의 개요와 최종 요약 장을 저술했다. 주요 섹션들은 환자의 연령 수준에 따라 (a) 학령 전기 아동, (b) 학령기 아동, (c) 청소년 및 성인 등으로 구성되어 있다.

본서에서 치료법을 설명하는 방법

독자들이 저자들에게 여러 치료법들에 대한 정보와 그 치료법들이 가지고 있는 비슷한 주제가 무엇인지를 쉽게 이해할 수 있게 설명해 달라고 부탁했다. 따라서 이러한 저술의 틀(템플릿)은 독자들이 각 치료법의 실제적 요구사항, 이론적 방향, 실험적 증거, 그리고 치료법 적용 대상자 결정 등을 충분히 이해할 수 있게 구성되었다. 이러한 정보를 얻게 되면, 독자들은 자신의 환자들에게 적용하는 치료법의 가치를 평가할 수 있다. 그 틀의 구성요소는 아동 언어 장애 치료에 관한 최신 교재에서 사용된 구성요소와 유사하지만(McCauley & Fey, 2006), 아동 및 성인 말더듬에 적합하게 수정되었다. 그 틀의 구성요소는 표 2.1에 나열되어 있다.

치료에 관한 각 장에는 그 치료법에 관한 주된 **이론적 및 실험적 기초(Theoretical and Empirical Bases)**가 요약되어 있고, 그 치료법을 적용한 집단을 포함하여 치료법을 간략하게 소개한 **도입(Introduction)**이 있다. 그리고 이론적 근거들에 대해서 긴 논의가 포함되는데, 저자들이 자신들의 치료법의 개발뿐만 아니라, 그 치료법에 대한 가장 적절한 원리들을 안내하는 말더듬의 관점을 설명하고 있다. 덧붙여서, 특정한 치료 초점들(예: 유창성의 증가와 말더듬의 감소)도 이 섹션에서 설명된다.

그 다음 섹션인 치료법 **사용에 대한 실험적 근거**(Empirical Basis of Use)는 적어도 한 집단의 환자들에게 적용된 중재법의 가치를 지지할 수 있는 가장 적절한 연구 및 임상적 증거를 재조명한다. 치료법의 타당성을 지지하는 데 유용한 것으로 여겨지는 증거들은 제18장에서 고찰하기 때문에, 치료에 관한 장들을 읽기 전에 제18장을 읽을 것을 권장한다. 제18장을 저술한 배경은 저자들이 연구한 모집단과 관련하여 장에서 제시된 증거를 독자들이 평가하도록 마련한 것이다.

그러나 그 장 앞에서도, 우리는 여러분이 치료법의 효능을 지지하는 증거를 미리 이해하는 데 도움이 되는 세 가지의 용어를 소개했다. 몇 개 단락에 걸쳐서 실험적 근거에 대한 부분을 소개하려고 한다. 이 시점에서 몇 가지 좋은 개념을 도입하는 것이 여러 장들이 어떻게 구성되는지에 대해 전반적인 감각을 가지도록 할 수 있을 것이다. 그러나 저자들은 실험적 근거에 관한 장(부)이 각 치료-중심적 장에서 가장 중요한 것 중 하나라는 것을 믿기 때문에, 우리는 여러분이 그 내용을 평가하는 가장 좋은 위치에 있으며 그렇게 되기를 간절히 바란다.

우선, 우리는 통계적 유의성, 효과 크기, 임상적 유의성 등의 세 가지 중요한 개념들을 소개하려고 한다. 간단히 말하면, 각 개념이 의미하는 점이 있다. ***통계적 유의성*(statistical significance)**은 연구 결과가 실제인 것처럼 보이는지 여부와 관련이 있다(즉, 아마 우연과는 관련이 없을 것이다). ***효과 크기*(effect size)**는 연구 결과로부터 두 가지 조건 간의 차이, 또는 두 변인들 사이의 관계가 어떤 중요성을 가질 정도로 충분히 큰 것인지 여부를 판단하는 데 도움이 될 수 있는 계산이다. 마지막으로 ***임상적 유의성*(clinical significance)**은 연구 결과가 특정 크기(범위)이고 우연의 결과일 가능성이 낮을 뿐만 아니라, 그 결과가 환자와 임상가가 찾고 있는 종류의 영향을 가진 결과 측정(예: 말더듬 감소, 대중연설에 대한 태도 개선, 1년 이상 지속된 낮은 비율의 말더듬 유지)과 관련이 있어야 한다.

어떤 치료법이 가치가 있다는 것을 증명하기 위해 실시될 수 있는 여러 종류의 연구들에 대해 좀 더 많은 배경을 알아보는 것은 독자가 이러한 세 가지 용어들이 서로 어떠한 관련이 있으며, 중요한 여러 방법들에 있어서 어떻게 다른지를 알아보는 데 도움을 줄 것이다. 첫째, 말더듬 치료를 지지하는 데 사용한 연구들은 종종 두 집단 간 비교방식을 취한다. 주로 한 집단에게는 치료를 실시하고, 다른 집단에게는 치료를 실시하지 않는다(혹은 연구가 종료된 이후에야 치료를 한다). 또 다른 경우(이것이 훨씬 더 좋음)에는 그 두 집단에게 서로 다른 두 개의 치료법을 실시한다. 이 연구는 전혀 아무것도 하지 않는 것보다 무언가를 하는 것이 더 좋은지에 대한 정보뿐만 아니라, 두 개 치료법 중 어느 것이 그 연구에 참여한 사람들에게 더 효과적인지에 관한 정보도 주기 때문에, 좀 더 흥미로운 연구라 할 수 있다(비록 이러한 점들을 여기서 논의하지 않지만, 의미 있는 비교를 하기 위해서 두 집단에 속한 모든 사람들이 가능한 한 서로 비슷해야 한다는 것이 중요하다는 것을 명심하라. 그렇지 않으면, 그 비교는 단순히 어떤 결과를 나타내는 것에 불과한 것이 된다. 그 이유는, 예를 들면, 한 집단이 좀 더 심한 말더듬인 말더듬인이거나 혹은 다른 문제점들을 가진 사람들일 경우, 그들의 치료가 더욱 어렵기 때문이다. 이것을 이해하면 치료 연구를 설계하는 데 필요한 많은 단계들과 왜 그 연구들을 설계하기가 어려운지 그 이유를 이해하는 데 도움이 될 것이다).

여러분이 성인 말더듬인들을 위한 새로운 치료기법을 지지하기 위한 연구를 수행한다고 생각해보자. 매우 유사한 사람들의 2개 집단을 모집한다(예: 말더듬이 심한 정도와 연령 면에서). 한 집단에는 새로 창안해낸 치료기법[특별한 방법(super method)]으로, 또 다른 집단에는 전에 사용되었던 치료기법(표준 방법)으로 치료를 실시한다. 두 치료기법의 결과를 비교하기 위해 하나의 측정(종속변수) 결과만을 보았다고 가정해보자. 즉, 말더듬의 어떤 측면에서 치료를 통해 변화시키고자 고려한다(예: 음절당 말더듬는 비율(%SS)을 결과로 측정하고자 할 것이다). 이제 연구를 시작할 즈음, 두 집단 모두가 동일한 말더듬 수준(우월 집단의 경우는 평균 10.2%SS와 표준 집단의 경우는 평균 10.5%SS)이라고 가정해보자.

치료 종료 시에, 우월 집단 참가자들은 평균이

〈표 2.1〉 치료법에 대한 설명

구분	내용
도입	치료 접근법(그 치료법을 고안하기 위해 적용한 모집단, 그 치료법 개발을 가이드하고 있는 원리들, 그 치료 접근법의 실시방법 등을 포함)에 대해 간략히 요약함
이론적 기초	그 치료법의 근거가 되는 말더듬의 개념, 그 치료법이 갖는 또 다른 측면의 이론적 배경, 장기목표(예: 비유창성의 감소, 이차적인 특성들의 수정, 부정적인 태도 및 감정의 감소 등)에 대해 설명함
실험적 기초	그 치료법의 효과성을 지지하는 연구에 대해 구체적으로 논의함(치료 효과를 입증하는 증거의 질과 치료 효과의 규모에 대한 논의를 포함)
실제적인 요구사항	그 치료법을 실시하는 데 필요한 리소스들(치료 소요 시간, 임상가에게 요구되는 훈련이나 임상 경험, 치료 실시에 필요한 어떤 자료들이나 장비 등을 포함)에 대해 요약함
핵심 요소	그 치료 접근법(치료 절차들, 단계들, 목표들, 적용대상 등)에 대해 설명함
계속되는 의사결정을 돕는 평가방법	임상가가 그 치료법의 즉각적인 효과와 장기적인 효과를 평가하고, 이러한 치료법의 효과성을 향상시킬 필요가 있을 때, 여러 치료절차의 적용을 가이드하기 위해 따라야 하는 방법에 대해 설명함
개별 환자에게 적합한 치료법의 조정	환자와 환자 가족의 요구에 부합하도록 수정될 수 있는 방식에 대해 설명함. 예를 들면, 사회적 역할과 상호작용 양상에 영향을 미치는 문화적 요소나 개인적 요소를 고려함으로써 어떤 치료법을 수정할 수 있음
개별 말더듬인에게 적용한 치료법의 예시	개별 말더듬인에게 적용한 그 치료법의 선택과 실행, 그 치료법을 실행하는 동안에 발생되는 문제-해결, 결과로 얻은 성과들 등에 대해 설명함
향후 방향	치료법에 대한 기초적 증거를 강화하기 위해 필요한 여러 종류의 연구에 대해 논의함
추천 문헌	그 치료법의 여러 가지 측면들(치료절차 또는 실험적 근거 등)에 대해 심도 있는 논의를 제공하는 핵심 참고문헌들을 소개함

8%SS이고, 표준 집단 참가자들은 평균이 11%SS인 것을 알았다. 음, 그렇다면, 무엇이 그 차이를 만들었다고 생각하는가? 실제로, 원점수(raw numbers)라는 측면에서, 우월 집단이 표준 집단보다 더 나은 것으로 나타났다. 그러나 여러분이 생각하는 것처럼, 그 차이는 매우 작고 우연히 발생했을 수도 있다. 특히, 그 이유는 치료 시작 시에 각 집단의 %SS가 서로 다양하게 달랐다는 사실을 기억하기 때문이다. 통계적 차이 검증(아마도 t검정 또는 분산분석)을 통해 제공된 통계적 유의미성 정보는 그 차이가 우연에 의한 것이 아니라는 것을 의미한다. 우리의 목적을 위해, 0.01 수준에서 (통계적으로) 의미가 있다고 가정해보자. 집단 내의 다양성의 수준을 보여주는 같은 크기의 집단 사이에 해당 크기의 점수 차이가 나타날 때, 이것은 우연히 발생할 확률이 단지 백에 한 번밖에 되지 않는다는 것을 의미한다. 굉장하다! 당신의 치료기법이 기존의 치료기법보다 더 좋은 것이다.

표준 집단과 우월 집단 간 차이의 크기가 매우 중요한 것인가? 그 차이는 결국 3%에 불과했다. 명백하게, 10%의 %SS를 갖는 집단에게 3%의 경우가 매우 미미한 변화이기는 하지만, 높은 %SS(50%)로 치료를 시작하는 집단들보다는 약 10%의 평균 %SS로 시작하는 집단에게 더 중요한 것 같다. 효과 크기는 어떤 결과가 얼마나 중요한 것인지 혹은 상당히 중요한 의미인지를 평가하기 위한 통계학적 방법이다(Dollaghan, 2007).

여러 유형의 효과 크기 측정법이 있다. 특정 연구에서 어느 측정법을 사용하는가 하는 문제는 연구 설계(study's design)의 측면에 따라 달라진다. 그럼에도 불구하고, 효과 크기 측정치는 그 연구 결과가 얼마나 중요한지에 관한 정보를 제공해준다. 방금 설명한 것처럼, 두 개의 집단을 비교하는 중재 연구들에서, 가장 흔히 사용되는(아니면 가장 흔히 사용되지는 않더라도) 효과 크기 측정법 중 한 가지는 집단 간 차이의 표준화 측정치(Cohen's *d*)이다. 어떠한 측정법을 사용하든 간에 어떤 효과 크기를 이용할 수 있다면, 그 효과 크기를 통해 연구 결과를 받아들이는 사람들이 그 연구에 이용된 그 치료법을 선택하거나 추천하는 것에 대해 결정할 때 얼마나 많은 영향을 미치게 되는지를 파악하도록 도울 것이다.)

효과 크기의 측정법에 대한 권고는 표 2.2에 있다. 그러나 관련 치료 연구들의 관점에서 효과 크기를 고려해야 한다. 예를 들면, 중간 정도의 효과 크기가 유사한 연구 참여자들에 대한 여러 치료법에서 성취한 결과들보다도 더 좋다면, 그것과 연관된 연구 결과에 많은 관심을 가져야 한다. 효과 크기를 해석하는 방법에 영향을 미치는 또 다른 문제는 추정치로 그 측정치를 어떻게 신뢰할 수 있느냐 하는 문제이다(예: Dollaghan, 2007; Robey, 2004).

세 번째 용어는 **임상적 유의성**(**clinical significance**)이다. 앞에서 소개한 예로 돌아가서, 표준 치료 집단과 비교한 우월 집단에서의 더 나은 %SS 결과는 통계적으로 유의하고, 중간 정도의

〈표 2.2〉 효과 크기의 지표로서 Cohen's d의 어림잡은 잠정치 규칙(Cohen, 1992)

규칙	d 값
소	.2
중	.5
대	.8

효과 크기와 관련이 있다. 연구 결과가 실제로 임상가에게, 또 더 중요하게는, 치료법 참여를 고려중일 수 있는 환자에게 임상적으로 문제가 있는지 없는지 하는 의문이 여전히 남아있다.

이러한 점에서, 치료법 연구에서 어떤 결과 측정법을 사용하는지와 언제 사용했는지는 표준 치료보다 우월 치료를 지지하는 당신의 연구 결과들이 정말로 임상적으로 유의할 것인지에 대한 결정을 할 때에 임상적으로 매우 중요할 것이다. 말을 더듬는 성인이 말을 덜 더듬는 데 초점을 맞추고 단기간의 결과에 관심이 있는 성인에게는, 당신의 연구 결과들이 아마도 임상적으로 유의한 것으로 간주될 것이다. 그러나 말을 더듬지만, 장기간에 걸쳐서 덜 자주 더듬을 뿐만 아니라, 의사소통 효율성에서 영구적인 변화를 더 많이 가져오는 데 관심이 있는 또 다른 성인에게는, 당신의 연구 결과들이 임상적으로 의미 있는 것이 아닐 수 있다. 말더듬에서 그 변화 정도가 의사소통 효율성에 대한 자기 인식이 변화한 결과인지 여부와, 어떤 결과 측정에서도 나타나는 그 변화가 어떻게 영속적인지를 살피는 추가적인 결과 측정들은 임상적 유의성과 당신이 사용하는 새로운 우월 치료에 대한 여러 가지 의문들에 대해 답을 얻는 데 매우 가치 있을 것이다.

독자들은 더 강력한 근거 기반이 제공되는 치료법, 즉 임상적으로 유의하고 통계적으로도 유의한 연구 결과들로 지지되는 치료법들을 선호한다. 그러나 심지어 강력한 근거에 기반한 치료법들이라도 일부 개별 환자들에게 적용할 때 여러 제한점들이 있을 것이다. 따라서, 독자들은 더 관련이 있어 보이는 치료기법 개발의 초기단계에서 더 확실한 중재법에 관심을 보이는 것이 당연할 것이다. 그러나 그러한 중재법들을 적용할 때 특별한 주의들이 요구된다. 예를 들면, 임상가들은 치료법이 가지고 있는 여러 제한점에 대해 환자에게 알려주어야 할 뿐만 아니라, 그 환자에게 실시하는 그 치료법의 효율성을 평가하는 데 특히 신중해야 한다.

임상가들이 자신의 환자들을 위해 결과에 대한 좀 더 엄격한 평가를 이룰 수 있도록 하는 한 가지 방법은 진행 중인 평가에 무의식적인 편견이 작용하는 것을 제한하기 위해 동료들의 협력을 얻어서 한 개 이상의 체계적인 결과 측정법을 실시하고 점수화하는 것이다(Dollaghan, 2007). 이 방법을 모든 환자에게 사용하는 것이 이상적인 전략이지만, 임상가는 다른 임상가들의 호의를 얻지 못할 것이라는 두려움 때문에 다른 임상가의 시간을 내어달라고 요청하는 데 주의할 필요가 있다. 따라서, 논쟁의 여지가 있으며 중재법을 사용하는 상황이 말더듬에 대한 전문지식을 가진 동료들의 아량과 관심을 불러일으키고 그들이 당신의 경험에서 얻은 지식을 공유함으로써, 동료들에게 보상하여 예상외의 상황을 가져올 수도 있다.

그 치료법을 실시하기 위한 **실제적인 요구사항**에 대한 섹션에서는 어떤 치료법을 효과적으로 실시하기 위한 임상가의 능력이나 그 치료법을 실시하는 것에 대한 환자의 선호도에 영향을 미칠 수도 있는 현실 세계의 변수들을 설명한다. 이 섹션에는 임상가에게 요구되는 훈련 수준, 치료에 필요한 소요 시간(매일의 중재나 실제 세션이란 측면에서), 비용 같은 요인들이 포함되어 있다. 필요한 장비와 기타 자료들도 이 섹션에서 설명된다.

그 접근법의 핵심 요소에는, 치료 목표들이 정해지는 방식들, 환자를 치료하는 데 관련된 사람들(예: 임상가, 부모, 교사, 친구들), 중재법을 특징짓는 데 예상되는 일반적 단계들 등이 다소 자세하게 설명되어 있다. 이 섹션에는 또한 공식적인 치료의 종료 후에 사후 관리를 위해 혹은 공식적 사후 관리 기간이 종료된 후에 재발을 다루기 위해 사용되는 절차들에 대한 설명도 포함되어 있다. 임상가가 사용한 절차들, 특정 목표들을 이루기 위한 단계들, 치료를 실시하는 동안의 활동들 등도 설명되어 있다.

이전 섹션에서 제공된 정보는 임상가가 이 책에서 설명된 치료법이 근거 기반 실제에서 매우 중요한 단계인 특정한 환자에게 적절한 정도인지 결정할 수 있게 한다(Sackett et al., 2000). 임상가가 이 단계를 수행할 때 물어야 하는 여러 가지 질문들이 있다. "나의 환자가 이 치료법의 효과에 관한 연구에 참가한 사람들과 비슷한가?" "이 치료법의 결과가 나의 환자의 희망과 기대에 부응하는가?" "이 치료에 대한 시간과 비용이 환자가 지출하고자 하는 것과 상응하는가?" 환자나 가족과 이러한 질문들에 대해 논의하는 것이 답을 얻을 수 있는 가장 적절한 방법이 될 수 있다. 치료를 완벽하게 이해하고 있는 환자와의 논의는 의구심을 품게 하는 그 치료기법을 사용할 수 있게 하고, 환자가 당연히 그 치료를 수용하게 한다. 예를 들면, 자녀들에게 사용하도록 부모를 위해 설계된 어떤 치료법을 조부모 또는 다른 보호자들이 사용할 수 있도록 변형할 수 있다. 한편, 앞의 여러 질문들에 대한 논의는 어떤 환자에게 제공할 대체 치료법을 찾는 데 도움이 될 수 있다.

그 치료법이 환자에게 잘 맞는지의 여부를 알아보는 것 외에도, 임상가들은 자신이 그 치료법을 실시하는 데 적절한 사람인지를 자기 자신에게 물어볼 필요가 있다. 치료사들이 그 치료법을 실시하는 데 필요한 훈련을 받았고, 시간이 있고, 자질이 있는가? 어떤 경우에, 어떤 치료법은 그 환자에게 맞지 않아서가 아니라, 임상가에게 맞지 않아서 부적절할 수도 있다. 임상가의 능력 범위 내에 있는 기초가 잘 되어 있는 중재법을 찾지 못하면, 환자를 더 적절한 임상가에게 의뢰해야 한다.

계속되는 의사결정을 돕는 평가방법이란 섹션은 저자들이 목표를 성취했거나 절차들을 변경해야 할 때를 결정하는 데 사용되는 결과들을 서술하는 부분이다. 때때로 이러한 방법들이 중재에 관한 연구에서 사용된 방법들이지만, 저자들은 임상용으로 좀 더 많은 효율적인 방법들을 제시할 것이다. 우리는 독자들이 Richels와 Conture가 저술한 제3장을 주의 깊게 읽기를 바란다. 본서에서 대부분의 개별 치료법들이나 치료에 대한 평가에 초점을 맞춘 다른 장들과 달리, 제3장에서는 말더듬의 본질에 관해서 알려진 확실한 근거에 기반한 평가를 포괄적으로 자세히 설명한다. 추가적으로, 어떤 요소들이 어린 아동들의 치료에서 장·단기간의 결과물을 예측할 수 있는지에 대해 새로운 정보를 알려주고, 말더듬의 시작과 발달에 영향을 미치는 요인들에 대한 연구자들이 가지고 있는 이론들을 제시한다.

그 치료법을 개별 환자에게 맞게 조정할 경우, 문화적 및 개인적 요인과 관련된 수정 내용을 검토해야 한다. 사회적 역할과 상호작용 패턴이 문화적 하위집단과 개인에 따라 다르기 때문에, 임상가들은 그 치료법의 원리가 가지고 있는 내용과 개별 환자에게 도움이 되도록 수정이 필요할 수도 있음을 예측해야 한다.

말을 더듬는 사람에게 치료법을 적용할 때 치료사는 특정한 말더듬의 예를 제시하여 대상자가 치료방법을 결정할 수 있도록 설명을 제시해야 한다. 위의 절차(템플릿)로 말더듬 중재가 이루어지면 이 책을 읽는 독자들이 더 쉽게 말더듬 중재를 이해하게 된다.

향후 방향 섹션에서, 독자들은 저자들의 중재 연구가 계속 발전되고 그 중재의 사용을 뒷받침할 증거들이 연구될 방향을 한눈에 보게 될 것이다. 초기 중재 개발 단계에서, 증거 기반은 치료의 효율성에 대한 연구를 포함할 수 있다. 이러한 연구들은 중재 효과를 이끌어내기 위한 변인 조정을 검증하는 "실험실" 연구들이다. 이미 충분히 평가되어 왔던 중재이기 때문에, 이 중재에는 치료 효용성에 대한 증거들이 포함되어 있는 셈이다. 덜 통제된 실제 환경에서도 중재법의 효과가 비슷하게 나타나는지를 알아본 연구들이 있다. 저자들이 이 섹션에서 설명하는 연구 방향은 저자들이 실시하려고 했던 연구 방향일 수 있다. 한편으로, 저자들은 특정한 중재를 이용하여 실험적 근거의 질적 향상을 위한 개인적 필요성과 견해를 필요로 하는 사람들에게도 길을 제시할 수 있다.

추천 문헌 섹션에서, 독자들은 매우 중요한 배경지식 또는 중재의 증거 기반, 적용에 대해 더 상세하게 설명한 도서들을 확인할 수 있다.

독자들은 출판사의 교재 웹사이트인 ThePoint를 통해 각 치료법을 최종 점검할 수 있는 비디오들을 이용할 수 있다. 특정 정보는 이 책의 마지막 부분에 제시되어 있다. 아주 잘 설명해도 전달하기 어려운 각 중재에 대한 직감적인 경험을 독자들이 체험할 수 있을 것이다. 따라서, 직감적인 경험을 통해 임상가, 환자, 가족들은 그 중재법이 자신들의 요구에 맞는지 결정할 수 있다.

치료법의 구성 방법: 치료 구조 모델

이 섹션에서, 저자는 독자들이 여러 중재법들을 비교하고, 그 치료법들을 실제 현장에 통합하는 것을 더 용이하게 하도록 구조 모델(structural model)을 제시한다. 이 모델을 이해함으로써, 독자들은 임상가들이 여러 중재법을 사용하고 적용하는 데 있어 어떻게 임상가들이 선택했는지를 깊이 생각해볼 수 있다. 특히, 독자들은 어떤 치료법이 특정 환자에게 적용할 때 일반화가 낮다는 선행연구를 더 잘 이해할 수 있다. 이를 통해 어떤 독자들은 그 치료법의 실질적인 적용을 그만둘 수도 있고, 다른 독자들은 치료법을 더 조심스럽고 신중하게 수정하여 적용할 것이다. 체계적인 연구를 통해 그 치료법을 임상적으로 적용하고자 하는 사람들에게는 어떤 중재법의 수정과 적극적인 사용의 관련성을 이해하는 것이 매우 유용할 것이다.

치료법의 구조를 이해하게 되면, 치료 연구에서뿐만 아니라 임상 실제(clinical practice)에도 도움이 될 수 있다. 치료사들이 치료법의 구조를 이해하게 되면, 임상가들은 이전에 관심을 기울이지 않았던 요인들에 더 관심을 가지고 치료에 효과적이지 않은 요소들을 조정함으로써 임상 수행력을 향상시킬 수 있다. 마찬가지로, 치료법의 구조를 이해하면, 특정 환자들의 개인적 요구에 맞는 치료 요소를 찾아냄으로써 결국에는 치료의 개선을 나타낼 수 있다. 치료법의 구조를 이해하는 것은 잠재적으로 임상 연구에 도움이 되는데, 그 이유는 임상 연구는 추가적인 연구를 통해 치료의 필수적인 요소들을 찾을 수 있기 때문이다. 여러 가지 다른 치료법을 적용해도 유사한 결과를 가져온다. 어떻게 치료가 구성되는지를 알게 되면, 임상 연구자들은 이전에 명확하지 않았던 공유되는 중요한 요소 또는 다른 메커니즘을 사용하지만 비슷한 긍정적인 결과를 야기하는 다른 요소들을 파악할 수 있다.

다음의 세 가지 예들은 치료 구조에 관심을 가지는 것이 임상과 연구 문제 해결을 향상시킬 수 있는지를 더욱더 잘 설명할 수 있다.

- Mike라는 말더듬 성인이 치료실에서 임상가와 대화하는 동안 "pull-outs"(말소; 긴장을 감소시키는 기술)을 사용하여 자신의 말더듬을 조절하는 방법을 배웠다. 그와 임상가는 Mike가 친한 친구에게 연습된 농담을 하는 동안에 "pull-outs"을 사용하도록 하는 것이 Mike에게는 다음 치료단계로 적절하다고 결정했다. 유감스럽게도, 그 시도는 실패했고 Mike는 자신감을 잃게 되었다.
- 8세인 Esperanza는 어떤 단어를 더듬을 것으로 예상할 때 쉬운 시작을 사용하는 방법을 배우고 있었다. 그녀는 어느 날 학교 체육경기에서 우승하여 흥분된 상태로 치료실에 왔다. 그녀가 말하고 있을 때, 임상가는 그녀에게 쉬운 시작을 사용하도록 상기시키기 위해 반복적으로 말을 중단시켰다. 곧, Esperanza는 점점 말을 적게 했으며, 결국 교실로 돌아가겠다고 했다.
- 언어 치료사와 Joan은 부모들에게 의사소통 상호작용을 촉진하는 방법을 훈련시킴으로써 학령 전 말더듬 아동들을 치료해오고 있다. 그녀의 동료 치료사인 Bob은 어느 날 그가 부모들이 자녀를 돕기 위해 행동 형성법(behavior shaping)을 사용하도록 교육하는 것이 훨씬 더 효과적인 방법이라고 주장했다. 이로 인해 둘 사이에 의견 차이가 생겼고 의견 차이를 좁히지 못했다.

당신이 그 모델을 이해할 때, 이러한 예들을 염두에 두길 바란다.

치료는 시작부터 끝까지, 한 가지 이상의 **기본 목표들(basic goals)**을 달성하도록 진행되는 프로세스라고 인식되어야 한다(그림 2.1A). 그림에서 그 기본 목표들이 치료의 전반적인 과정들을 통해서 지속되는 것을 주시하라. 그러한 기본 목표들에는 필수적으로 치료에 대한 임상가들의 철학과 말더듬에 대한 임상가들의 견해들이 반영될 뿐만 아니라, 그 임상가들(혹은 가족들)이 추구하는 결과들과 선호하는 점들도 반영되어야 한다. 예를 들면, 학령 전기 아동에게는 그 치료의 기본 목표로서 아마 유창성에 초점을 둘 것이다. 청소년 혹은 성인일 경우, 기본 목표들에는 유창성, 의사소통의 효율성, 대인간 의사소통에서의 만족감 등이 어느 정도 포함될 수 있다.

기본 목표(들)에 도달하기 위해서, **중간 목표들(intermediate goals)**이 확립되어야 할 필요가 있다(그림 2.1B). 중간 목표들은 환자가 기본 목표들을 성취할 수 있도록 중요하고도 적절한 맥락에서 사용하는 여러 기술(skills), 능력(abilities), 인지(cognitions) 등으로 이루어져 있다. 여러 치료법들이 때로는 단 하나의 기본 목표에 초점을 두는

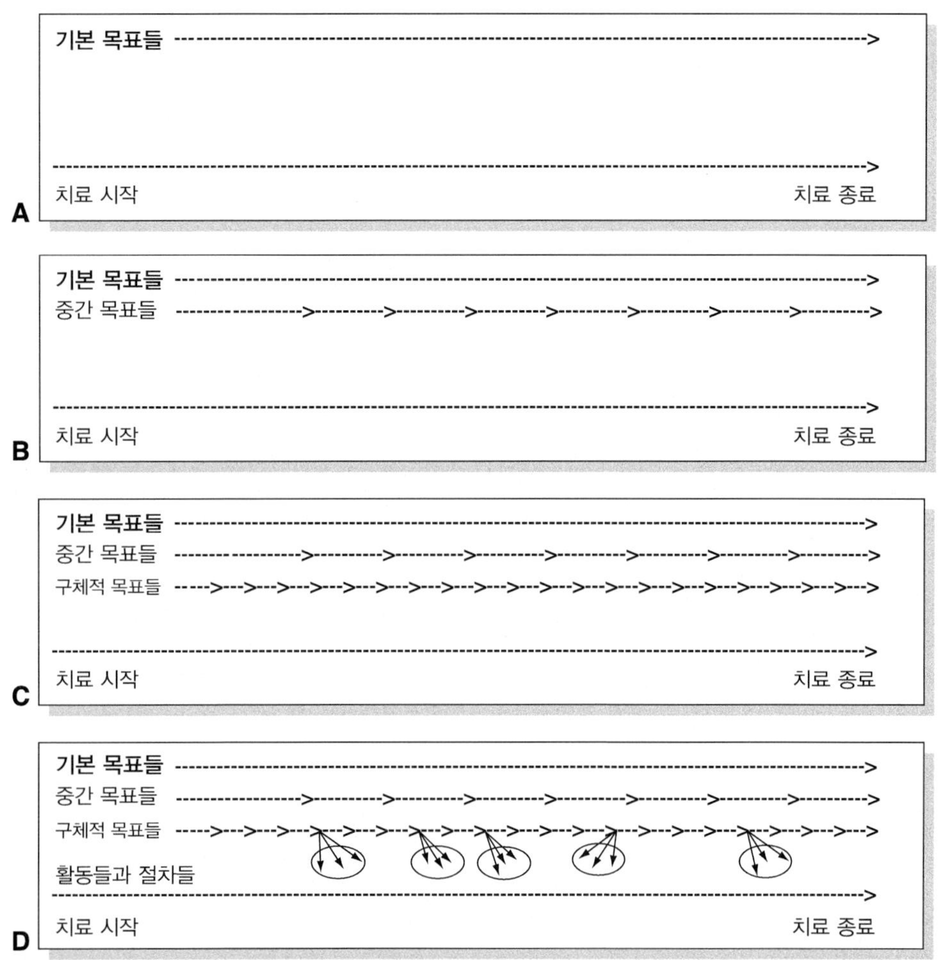

[그림 2.1] ■ (A) 치료 시작부터 종료까지의 타임라인(시간대)에 따른 기본 목표들. (B) 타임라인상에서 기본 및 중간 목표들. (C) 타임라인에서 기본, 중간, 구체적 목표들. (D) 각 구체적 목표에서 비롯되는 활동과 절차를 화살표로 나타낸 기본, 중간, 구체적 목표들.

반면에, 그 치료법들은 거의 항상 수많은 중간 목표들을 가지고 있다. 유창성 향상을 기본 목표로 하는 학령 전 아동을 예로 들면, 대화 상황에서 유창하게 말하는 것이 한 가지 중간 목표가 될 수 있다. 반면에, 어떤 청소년이나 성인을 대상으로 하는 경우에, 중간 목표는 여러 말하기 상황에 더 많이 참여하는 것이고 이것은 기본 목표인 의사소통 효율성 향상과 관련이 있다.

각 중간 목표는 또한 여러 구체적 목표로 세분되어야 할 필요가 있다. 구체적 목표들은 어떤 치료 계획의 가장 분명한 측면들을 나타내는데, 그 이유는 구체적 목표들이 치료 세션에 쓰이는 **활동들**(activities)과 **절차들**(procedures)을 선택하는 데 가장 직접적으로 영향을 주기 때문이다. 학령 전 아동의 사례에서, 대화 상황에서 유창성 중간 목표는 덜 구조화된 대화 상황에서 더 유창하게 말하도록 하는 것이 구체적 목표이다. 여러 가지 말하는 상황에 참여하는 것을 증가시키는 것을 중간 목표로 하는 성인에게 구체적 목표는 두려워하는 상황에서 역할놀이하는 것일 수도 있다.

구체적 목표들(specific goals)은 치료 진행 시간대에서 이루어지는 활동들과 절차들을 통해서 달성된다. **절차**란 임상가 혹은 부모가 환자가 구체적 목표 쪽으로 나아가도록 하기 위해 수행하는 행위들이다. 반면에, **활동**은 절차가 수행되고 있는 의사소통 상황이다. 예를 들면, 덜 구조적인 상황에서 유창하게 말하는 것이 구체적 목표인 학령 전기 아동을 위한 치료법에서, 부모가 유창성과 말더듬에 대해 구두적 후속자극을 제공하는 것이고, 활동은 아동이 탑승한 차 안에서 대화에 참여하는 것이다. 한편, 동일한 구체적 목표를 가진 다른 치료법의 경우, 임상가는 어머니가 집에서 조용히 대화하는 동안에 느리게 말하는 것을 절차로 택할 수도 있다.

이제 그 예들에 대해 생각해보고, 그 치료 구조에서 어떤 부분이 각 예에서 간과되어 좋지 않은 결과를 가져왔는지를 생각해보자. 예를 들면, 기본 목표와 중간 목표들이 서로 상충되거나 상이한 다른 절차들이 비슷한 결과들로 이어질 수 있는 경우들이 있는가?

말더듬은 말더듬인의 구어, 의사소통, 삶의 질 등에 광범위한 영향을 미친다(Curlee, 1993; Yaruss, 1998). 최근에, 연구자들은 말더듬과 관련된 중요한 뇌 구조들과 신경 손상(neural events)을 검증하기 위해 구어 행동에서 나타나는 말더듬의 신체적 증후들을 조사해왔다(Ingham, 2003). 여러 치료법들을 범주화할 수 있는 한 가지 효과적인 방법은 그 치료법이 목표로 하는 치료의 효과 정도에 따르는 것이다(표 2.3).

가장 기본적인 수준에서, 중재는 급성 말더듬(emerging stuttering) 혹은 만성 말더듬(chronic stuttering)을 중재하는 신경생리학적 요인을 변화시키는 것을 목표로 해야 한다. 약물(pharmacologic) 중재가 현재 사용되는 이러한 유형의 전략이다. 현재까지 약물 중재는 긴장과 불안[예: 메프로바메이트(meprobamate)[1]](Kent, 1963; Kent & Williams, 1959)을 감소시키는 진정제(tranquilizer)에서부터 말더듬과 관련된 것으로 간주되는 특정 신경전달물질(neurotransmitter)[예: 도파민(dopamine)]을 변화시키는 약물에 이르기까지 다양하다(Maguire et al., 2004). 말더듬과 신경생리학적 요인을 치료하는 또 다른 중재는 경두개 자기 자극법(transcranial magnetic stimulation; TMS)이다(Ingham et al., 2000). 본서에서 Maguire 등이 저술한 제17장에는 현재 개발과정에 있는 약물 중재에 대해 서술되어 있다.

말더듬의 구어 요인을 치료 목표로 둘 때 가장 명백한 수준의 치료 효과가 나타난다. 명백한 수준을 목표로 하는 치료는 주로 말더듬인들의 비유창성 감소나, 성인의 경우 구어 유창성 붕괴로 인해 주의를 끌게 되는 정도를 감소시키는 데 있다. 그러한 중재를 사용하는 임상가들은 유창성이 향상되면 의사소통과 삶의 질이 자연적으로 바뀔 것이라는 강한 믿음을 가지고 그렇게 할 수 있다. 이러한 중재법들이 가장 많기 때문에, 이 책의 13개 장 중 5개 장이 이러한 관점에서 여러 중재법들을 설명하는 것은 놀라운 일이 아니다.

---

1) 역주: 가장 널리 쓰이는 정신 안정제의 일종. 정신 안정, 근육 이완 등의 효과가 있음.

〈표 2.3〉 치료 목표에 대한 효과의 수준에 따라 범주화한 본서에서 논의된 중재법

치료 효과 수준	설명	관련된 치료법	치료법을 논의한 장
신경생리학	뇌 구조 및/또는 기능의 차이	약물 중재 또는 경두개 자기자극	제17장
구어	지속적인 구어 산출 방해	구어 산출에 중점을 둔 행동기법 또는 보완적/보조적 기법들	제6장, 제7장, 제9장, 제10장, 제11장, 제14장, 제15장, 제16장
의사소통	청자의 반응과 상호작용하는 화자의 말더듬의 태도(핵심행동과 2차 행동, 감정과 태도) 때문에 의사소통의 질과 양의 감소	부모-자녀의 상호작용을 강조하는 부모상담; 말더듬 중재를 위한 통합적인 접근	제3장, 제5장, 제6장, 제12장, 제15장
삶의 질	자기 스스로 혹은 다른 사람들에 의해 화자에게 주어지는 사회적, 학문적, 직업적 제한점	지원 환경 조성; 지원집단 또는 자조집단; 심리치료	제12장

환자들의 의사소통 기술과 말하는 태도에 직접적으로 영향을 미치도록 계획된 치료 절차를 포함하고 있는 중재는 두 개의 다소 다른 두 믿음과 연관되어 있을 수 있다. 첫째, 이러한 치료법들은 말할 때 의사소통 기술과 태도에서의 향상은 자연적 회복 혹은 유창하게 되기 위해서 필요하다는 믿음에서 시작된다. 이러한 관점은 아동기 치료에서 더 일반적으로 받아들여진다. 한편으로, 그러한 치료법들은 유창성의 변화에도 불구하고 말할 때 의사소통 기술과 태도가 추구할 가치가 있는 하나의 개별 목표라는 믿음에서 시작될 수도 있다. 이러한 관점은 나이든 아동들과 성인들의 치료에서 더 일반적으로 받아들여진다. 다섯 가지 중재법들이 이 수준에서의 효과를 목표로 한다.

아마도 모든 중재법은 삶의 질 향상에 초점을 둘 것이다. 역사적으로 직접적인 효과로서, Travis(1957)가 지지한 중재법들과 같은 심리치료 중재법들은 분명히 삶의 질을 추구했을 것이다. 그러나 삶의 질은 현재 광범위하게 연구되어 오고 있는 중재 전략, 즉 지원집단이나 자조집단들이 가지는 중요한 구성요소이다. 그러한 집단들은 말더듬인들이 자가-치유를 하게끔 자극을 준다. 부가적으로, 언어 치료사들은 종종 그런 집단들에게 자신들의 환자들이 향상된 유창성을 유지하는 것을 돕도록 권유한다. 제12장은 아동들과 청소년들에게 그러한 것을 권장한다.

결론

우리는 본서의 네 개의 장에서 증거 기반 실제, 치료 체계, 치료 효과 등의 주제를 다룰 것이다. 네 개의 장 중 세 개의 장은 핵심 섹션의 시작 부분에서 개관 형식을 취할 것이며, 나머지 한 개 장은 본서의 마지막 장이 될 것이다. 이 마지막 장은 말더듬의 증거 기반 실제에 대한 현재 상태를 설명할 것이고, 연구의 필요성을 기술할 것이다. 이러한 장

들을 통해, 저자는 독자들이 기본 목표들의 근본적 유사성을 찾기 위해 치료 절차와 활동의 차이를 뛰어넘을 수 있기를 희망한다. 뿐만 아니라 이러한 목표들이 나이에 따라 환자에게 다르게 적용된다는 것을 이해할 수 있기를 바란다.

그러므로 가장 낮은 수준(immediate level)에서, 우리는 독자들이 이 책을 다 읽었을 때에는 그들의 환자와 그들 자신의 치료 스타일에 가장 알맞은 치료를 채택하고 실시할 수 있기를 기대한다. 그리고 가장 높은 수준에서, 우리는 독자들이 어떻게 치료법이 구성되었고, 어떻게 그 치료법들이 시의적절하게 적용되는지, 어떻게 환자들이 향상되는지를 이해할 수 있기를 기대한다.

제 3 장

아동기 말더듬의 간접 치료: 치료 성과의 진단적 예측변인

Corrin G. Richels and Edward G. Conture
(전희숙 역)

도입

이 장의 목적은 임상가들에게 치료의 과정 및 결과에 관한 정보를 제공하는 것뿐만 아니라, 말더듬 아동으로 진단하기 위해 평가할 때 해야 할 일들에 대해 논의하는 것이다. 아동기에는 말더듬 남성이 여성보다 더 많기(남:여 = 2:1) 때문에(Ambrose, Cox, & Yairi, 1997), 저자는 이 장에서 아동들을 가리켜 "그"라는 대명사를 사용한다. 저자는 학령 전기(2.5~5세)와 초기 학령기(5세~6세 11개월) 말더듬 아동들(이하 아동 또는 아동들이라고 함) 평가에 초점을 둘 것이다. 그것은 이 연령대가 말더듬이 가장 많이 발생하는 시기이기 때문이다(Maansson, 2007; Yairi & Ambrose, 2005; Yaruss, 1999; Yaruss, LaSalle, & Conture, 1998). 더욱이, 학령 전기와 초기 학령기는 초기 말더듬과 일시적으로 비유창성을 나타내는 아동들을 감별 진단하는 것이 가장 중요한 시기이다(Curlee, 1993; Finn, Ingham, Ambrose, & Yairi, 1997).

이 장에서는 말을 더듬는 것으로 알려지거나 판단되는 아동들을 평가하는 방법에 대해 실험적 연구 결과뿐만 아니라 평가 절차들에 대한 이론적 기초를 먼저 살펴본다. 그 후에, 말더듬 아동들을 성공적으로 치료하는 것과 관련된 것으로서 평가에 대한 현재 여러 저자들의 접근법과 관련한 이론적 기초, 전략, 결과 자료 등을 제시한다.

이 장은 우리가 아동들을 평가하는 데 필수적인 측면뿐만 아니라 앞으로 탐구하고 수정하는 데 필요한 여러 영역들까지 요약한다. 이 장을 읽는 독자는 어린 말더듬 아동들을 치료할 때 아동과 가족들의 초기 평가가 중요하다는 것을 잘 알아야 한다. 더욱이, 임상가들은 어린 아동들과 그 가족들의 단적인 요구뿐만 아니라 서비스를 제공하는 다양한 세팅에 가장 적절하도록 접근법을 수정할 수 있어야 한다.

평가 및 치료에 대한 이론적 기초

아동기 말더듬을 평가하는 주요 목적은, 첫째, 어떤 아동이 확실히 말을 더듬는지를 객관적으로, 정확하게 확인하는 것이고, 둘째, 그 후에 이어지는 여러 가지 치료와 관련된 결정을 하는 것이다. 이러한 이슈들에는 계속 말더듬을 위험의 정도, 언어 치료의 적절성, 치료의 본질, 기간, 방법(예: 개별, 집단, 혹은 개별과 집단 모두) 등이 포함된다. 평가를 하는 또 다른 중요한 목적은 아동의 가족에게 그 문제의 본질에 따라 임상가의 접근법을 알려주는 것이다. 따라서 진단 시간에, 가족들도 치료의 본질, 기간, 예상되는 치료 성공 등을 더 잘 이해해야 한다.

아동기 말더듬 평가(및 치료)에서 임상가가 사용하는 방법들은 아동기 말더듬에 관한 임상가의 이론적 및 경험적 견해와 관련이 있다. 이 장의 이론적 구성은 아동기 말더듬에 대한 여러 이론적 연구들(Anderson, Pellowski, & Conture, 2005; Pellowski & Conture, 2002; Karrass et al., 2006)뿐만 아니라, 실험적 연구들(Anderson & Conture, 2004; Arnold, Conture, & Ohde, 2005; Byrd, Conture, & Ohde, 2007; Hartfield & Conture, 2006; Melnick, Conture, & Ohde, 2003; Pellowski & Conture, 2005)을 기초로 하고 있다.

말더듬의 "의사소통–정서" 모델(communication–emotional model; C–E 모델)이라고 부르는 이론적 모델(Conture et al., 2006)에 실험적 근거를 제공하기 위해서, 위에서 인용된 이론적 연구들과 실험적 연구들의 결과들이 최근에 인용되어 왔다. 이 모델에서는 말더듬이란 장애가 여러 가지 요인들이 복잡하게 상호작용한 다요인적 현상이라고 주장한다(Smith & Kelly, 1997). 이러한 요인들에는 의사소통적 변인, 언어적 변인, 정서적 변인, 운동적 변인 등이 있다(그림 3.1). 이 장은 아동기 말더듬을 포괄적으로 평가하고 치료 결과들을 더 잘 이해하고 예측하도록 돕기 위해, 우리가 개발하고 있는 여러 절차들과 C–E 모델(더 자세한 것은 Conture et al., 2006 참조)의 여러 요소들을 결부지으려고 노력했다.

C–E 모델의 주요한 가정 중의 하나는 말더듬이 많은 요인들에 기인한다는 것이다. 그중 어떤 요인들은 말더듬 사례들과 비교적 '먼' 요인(원인)으로 간주되고, 어떤 요인들은 말더듬 사례들과 비교적 '가까운' 요인(근인)으로 간주된다. 다른 말로 하면, '원위적' 요인들(예: 유전, 환경)은 말더듬 사례들에 직접 혹은 간접적으로 기여하는 '근위적' 요인들(예: 기질)을 종합하는 원인이나 요인들이다. 우리는 또한 자생력 있는 말더듬 모델들은 말더듬의 형태들(예: 음–음절 반복, 음 연장)을 설명해야 한다고 생각한다. 그 모델은 내면에서부터 겉으로 드러나는 말더듬의 실체들까지 연구해오면서, 우리는 환경과 유전이라는 원위적 요인들을 발견했다. 우리는 이러한 요인들이 단독으로 혹은 결합하여 작용하는데, 그것들이 동시적으로 더 많이 일어나는 것 같으며, 환경과 유전 요인들이 Smith와 Kelly(1997)가 주장한 것처럼 개인에 따라 서로 다르다고 본다. 이러한 원위적 요인들이 구어–언어 계획과 산출과 같은 근위적 기여 요인들과 관련되고, 아동의 의사소통 경험 및 관련 사건들(예: 아동의 경험들 그리고 그 후에는 부모가 자주 자신의 발화를 중단시킬 것이라는 기대를 가지게 되는)과 다소 관련된다. 이 모델은 말더듬이 사람의 경험뿐만 아니라 정서적 반응성과 조절력, 즉 기질(temperament)의 특성(trait)(기질적; dispositional)뿐만 아니라 환경적 요소(아동들의 기질에 대한 훌륭한 고찰은 Goldsmith et al., 1987 참조) 둘 다에 의하여 악화될 수도 있다고 주장한다.

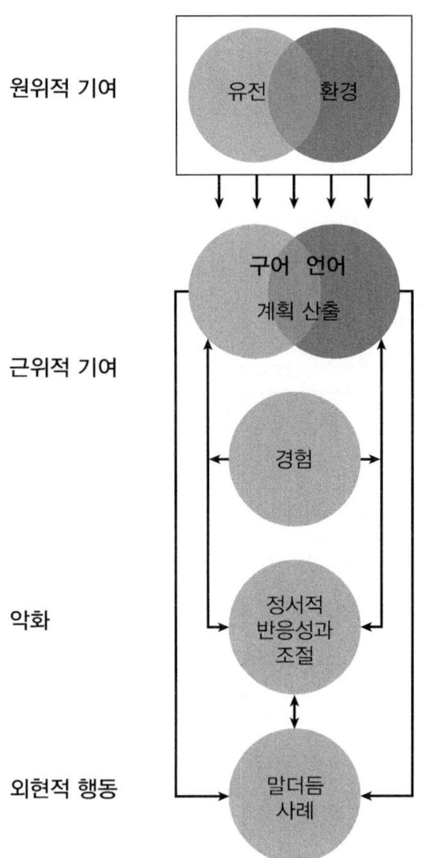

[그림 3.1] ■ 아동기 말더듬의 의사소통-정서 모델 (Conture et al., 2006). 이 모델의 관계 내에서, 말더듬에 영향을 미치고 있는 두 가지 수준의 요인들인 ① 유전 및 환경의 원인적 상호작용 요인과 ② 구어 및 언어 계획 및 산출 장애에 대한 근인적 상호작용 요인을 가정하며, ①은 ②를 이끌어내고, ②는 궁극적으로 말더듬을 이끌어낸다. 그러나 경험을 통해서, 정서적 반응성과 조절이 ②로 인해서 야기된 말더듬을 악화시키고, 상호작용시키고, 유지시키는 것으로 생각된다.

C-E 모델: 말더듬의 원인(遠因)

앞에서 언급한 C-E 모델에서 설명한 것과 같이, 말더듬 사례에 대한 근본적인 원인(distal contributors)은 유전과 환경이다(유전적 요인들에 대한 보다 일반적인 토의는 Yairi & Ambrose, 2002; Yairi, Ambrose, & Cox, 1996 참조, 환경적 요인들에 대한 논의는 Adams, 1993; Yairi, 1997b 참조). 유전과 환경이란 두 요인들은 단독으로 또는 결합하여 작용할 수 있지만, 근본적으로는 말더듬에 간접적으로 영향을 미친다. 예를 들면, 대화에서 비교적 비효율적인 구어-언어 계획 및 처리를 하는 어떤 사람의 유전적 성향은 빠르고 성숙하고 정교하게 의사소통하도록 요구하는 사회적, 의사소통적 또는 정서적 환경과 동시에 작용할 수 있다. 실제로, 이러한 원인들은 아마 말더듬에 영향을 미치는 어떠한 생득적 소인(inherent predisposition)["특이 체질(diathesis)"이라고도 함]이 일반적인 속도보다 훨씬 더 빠르게 말하도록 지속적으로 요구하는 부모들과 같은 많은 스트레스 요인들과 상호작용하여 악화될 수 있는 것이다(*특이 체질 스트레스 요인* 모델에 대한 더 자세한 논의는 Morgan & Simons, 1991 참조).

본질적으로, 그 모델의 유전적 및 환경적 측면들은 한 개인의 본질뿐만 아니라 그 개인의 환경 모두에 대한 간접적인 영향들까지 설명하려고 한다. 이 모델의 위쪽 부분은 한 개인의 유전적 기질이 그 개인의 일생에서 최소 및 최대 능력들(예: 신장, 체중, 지능)을 결정짓는다고 주장한다. 그러나, 개인의 환경은 자신의 유전적 잠재력을 최대로 발휘시킬 때 자신의 능력에 영향을 미치는데, 한 개인의 능력은 다양한 변인들(예: 피로, 주의)에 의해 수일, 수주, 더 긴 시간 내 혹은 사이에 변한다. 유전적 잠재력과 환경적 촉진, 억제, 영향 등은 우리의 모델 중에서 추측된 근인들과 악화시키는 요인들을 막기 위한 필수적인 차단제(건축용 블록; building blocks) 역할을 한다.

C-E 모델: 말더듬의 근인(近因)

말더듬 사례에서 근인은 구어-언어 계획과 산출이고, 약간의 경험이다. 이 장의 목적과 C-E 모델을 설명할 때 각 개인이 직면하는 '경험'을 포함하는데, 이는 세상과 상호작용하는 것을 의미하며, 학습 프로세싱, 즉 반응과 후속자극인 보상과 벌에 의해서 형성된 행동에 한정하지 않는다. 이 모델(Conture et al., 2006; 그림 2.1, p.19)은 구어-언어 계획과 산출을 분리된 현상과 겹치는 현상으로 나타낸다. 이 모델은 특히 대화를 하는 동안에 구어-언어 계획과 산출이 점진적으로 일어난다고 가정한다. 점차적으로, 계획과 프로세싱의 각 지점에서 제때에 다음 지점으로 나아갈 필요가 있다. 사실, 점진적인 구어-언어 계획과 프로세싱에서 주의집중과 정서적인 프로세스가 시간적으로 중첩될 때 말더듬이 가장 발생하기 쉽다고 본다(구어-언어 계획 및 산출과 말더듬과의 점진성에 대한 잠재적 중요성에 대한 추가적인 논의는 Bosshardt, 2006 참조). 예를 들면, 우리의 모델이 가지는 이러한 측면에서 우리는, 만약 어떤 아동이 어제 들은 이야기와 어머니를 관련시킬 때 동생이 계속 주의해서 보아야 할 것을 방해한다면, 더욱 어려움을 가지게 될 것이라고 예측할 것이다.

구어-언어 계획 및 프로세싱에 관한 저자들은 구어-언어 계획 및 산출에 대한 Levelt(1989)의 모델을 제시한다(이 모델의 구체적인 고찰, 지지하는 증거, 관련된 고찰 등에 대해서는 Indefrey와 Levelt(2000, 2004)와 Levelt, Roelofs, Meyer, 1999 참조). Harfield와 Conture(2006)는 다음과 같이 Levelt의 모델을 간략하게 설명했다.

> 이 모델은 구어-언어 계획 및 산출의 복잡한 프로세스를 세 가지의 하위체계 혹은 프로세싱 구성요소들, 즉 ① 개념부, ② 형식부, ③ 조음부로 나눈다. 간략히 설명하자면, ***개념부(conceptualizer)***는 여러 과업들 중에서 화자의 의도를 마음속으로 생각하고, 화자의 의도를 실현하고자 표현하는 데 요구되는 필수적인 정보를 선택한다. Levelt는 이 프로세싱 요소의 출력(output; 표현)을 "구두언어전 메시지(preverbal message)"라고 설명했다. 이 구두언어전 메시지는 차례로 그 다음의 프로세싱 요소, 즉 ***형식부(formulator)***로 입력(input)하는 역할을 하고, 이 형식부는 음성 계획(phonetic plan) 혹은 조음 계획(articulatory plan)을 하며 구두언어전 메시지의 요소들(elements)이나 조각들(fragments)을 수용한다. 이 형식부의 음성 계획 혹은 조음 계획은 차례로 ***조음부(articulator)***에 입력된다. 이 조음부의 역할은 호흡, 후두 및 상후두 등의 여러 시스템들이 협응하여 음성적 계획을 실행시키는 것이다(p.304).

점진적 프로세싱(incremental processing)에서 언급된 것처럼(때때로 인지, 형성, 조음 등의 요소들 간에 "시간 공유"라고 함), 일시적인 중첩은 신속하고 효율적으로 프로세싱하도록 한다고 생각된다. 바꿔 말하자면, 점진성이란 "어떤 프로세싱 수준에서 정보(언어 산출시)의 일부를 사용할 수 있게 되면, 그 정보는 그 다음 수준인 산출 시스템(Ferreira & Swets, 2002, p.58; "점진적 프로세싱"과 말더듬에 대해서는 Bosshardt, 2006 참조)에서 실행된다."는 것을 의미한다. 이러한 프로세싱은 대화를 하는 동안 우리가 말하고 싶은

것을 정확하게 계획하고 더 나아가 그때그때 산출할 수 없을 때 작동하지 않는다.

점진적 프로세싱: 사례

구어-언어 산출의 점진성이 어떻게 작용하고, 또 반대로, 어린 말더듬 아동들에게는 때때로 작용하지 않을 수 있다는 것을 좀 더 잘 인식하기 위해, 우리는 구어-언어 계획 및 프로세싱 시스템이 대화에서 "The dog ate it"이라는 생각을 어떻게 개념화하고 형식화하고, 그 다음에 명료하게 표현하는지를 생각하려고 한다(그림 3.2). 이것을 하기 위해서, 화자는 내면의 구두언어전 메시지에서 외면의 발화(overt articulation)로 "나아가야 한다." 먼저, *그 메시지* 혹은 개념부가 "'The dog' 라는 요소A"를 언어 형식부로 보낸다. 그리고 *형식부*가 "The dog"라는 것을 계획하고 있는 동안에, *개념부*는 "요소B 'ate'"로 나아간다. 그 과정 동안에, 형식부는 "The dog"를 *조음부*로 보낸다. 따라서 개념부가 "요소C 'it'"을 프로세싱하는 동안, 형식부는 "ate"(요소B)을 프로세싱하며, 조음부는 "The dog"(요소A)를 프로세싱한다.

화자가 겉으로 드러나게 발화를 시작하려고 할 때, 겉으로 드러나지 않은 여러 가지 활동이 "계속 일어나면서", 인지적, 언어적, 운동적 프로세싱을 동시에 포함하고 있어서 겉으로 드러나게 구어-언어를 시작하는 데 어려움을 겪는다는 것을 우리는 주시해야 한다. 우리의 견해로는, 발화 시작 지점에서 말더듬인들, 특히 빠르고 효과적으로 이러한 다양한 프로세스를 실행하는 능력이 부족한 사람(소수는 그런 능력이 전혀 없음)은 이상적이지 못할 수도 있다(예: Bloodstein & Grossman, 1981; Richels, Buhr, Ntourou, &

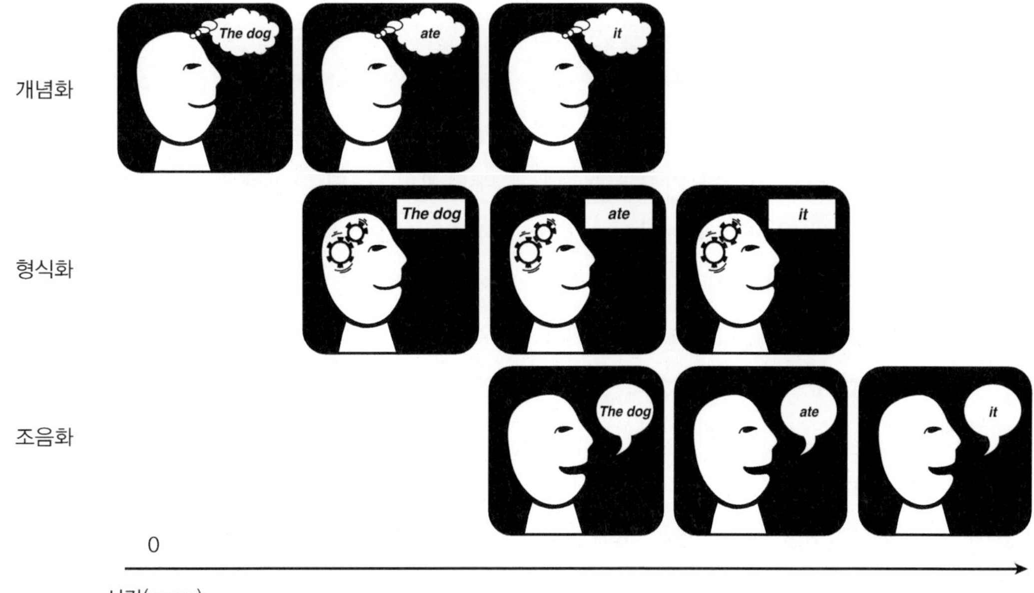

[그림 3.2] ■ "The dog ate it"이라는 말을 개념화하는 것에서부터 조음화하기까지의 점진적인 프로세싱을 그래프로 나타낸 예(Levelt, 1989).

Conture, 2009). 그럼에도 불구하고, 앞에서 언급한 바와 같이, 이러한 일시적인 중첩은 빠르고 효율적인 프로세싱을 가능하게 한다고 생각되며, 특히 요구되는 시간과 주제변경을 예상하기가 매우 어려운 대화를 하는 동안에 그렇다. 어떤 개인에게는 구어-언어 계획 및 프로세싱 요소에 대한 효율성이 유전적 영향으로 생각된다. 반면에, 그 사람이 의사소통을 하는 동안에 발생할 수도 있는 프로세싱에서의 불협응을 어떻게 극복하느냐 하는 것은 그 사람이 다른 의사소통 환경에서 얻은 경험의 영향을 받는 것으로 보인다.

실험적 기여요인

앞에서 언급한 것처럼, 저자들은 유전적 영향들이 어떤 개인의 개념화, 형식화, 조음화 등에 대한 기술과 능력의 수준에 영향을 주는 소인이 있을 뿐만 아니라, 이러한 기술과 능력 수준이 다르지만 이러한 요소들이 서로 협응(coordinating)하고 통합(integrating)하는 것에 영향을 주는 소인도 있다고 생각한다. 이러한 기술과 능력은 개인의 외적 및 내적 환경에 의해 촉진되거나 억제된다. 저자들은 유전적으로 타고난 기술과 능력뿐만 아니라 환경적 촉진 및/또는 억제와의 상호작용이 그 아동의 구어-언어 계획 및 산출의 정확성, 속도, 효율성 등에 영향을 미친다고 생각한다. 저자들은 유전(선천적)과 환경(양육)도 역시 "따로 분리된(insulated)" 구어-언어의 계획과 산출이 주의집중적, 인지적, 정서적 리소스 등에 내리는 동시적인 명령에 영향을 미친다고 생각한다. 선천적 요소와 후천적 요소가 지속적 상호작용에 의해 여러 방식으로 영향을 받게 되는 경험 역시 구어-언어 계획 및 산출의 발달에 중요한 역할을 담당한다. 예를 들면, 어떤 아동은 자신의 환경에서 방해하는(예: 말하는 중에 끼어드는) 사람, 부적절하게 빠른 속도로 말하는 사람, 너무 복잡한 의사소통 모델을 제공하는 사람, 말을 대신해주는 사람, 미숙한 구어-언어를 교정해주는 사람, 자신의 구어-언어 결함을 자주 비평하는 사람 등을 자주 경험할 수 있다. 만약 이러한 경험이 너무 일관적이고 빈번하다면, 그 아동은 의사소통을 회피하고 수정하고 줄이며, 아니면 남이 자신의 말을 교정하기 전에 의사소통 목적을 달성하기 위해 말을 서둘러 시작하려 하거나, 구어-언어 계획 및 산출을 계속 진행시켜야겠다는 생각을 할 수 있다. 어떤 아동은 그러한 환경적 전환(environmental diversions)과 주목하는 사람들의 요구(attentional demands)에 적응할 수 있는 반면에, 또 어떤 아동은 적응하지 못하여 결과적으로 그러한 의사소통 환경에서 계속적인 구어-언어 계획 및 산출을 시작하거나 지속하여 유창하게 말하기가 어렵다는 것을 알게 될 수 있다. 현재 저자들은 이러한 두 집단의 아동들을 무엇으로 구별할 수 있는지에 관해서는 분명하게 알지 못하지만, 어떤 아동에게는 이러한 악화시키는 경험들이 또 다른 악화시키는 요인들(예: 말더듬 아동의 정서적 반응성에 대한 역치 및 수준/강도와 정서적 조절력의 존재 유무와 효율성)에 더해져서 부추겨지게 된다고 생각한다.

정서적 기여요인

*정서적 반응성(emotional reactivity)*과 *정서적 조절(emotion regulation)*(검토를 위해 Eisenberg & Fabes, 1992 참조)이라는 용어는 아동기 말더듬에 관한 문헌에서는 매우 새로운 용어이다[말더

듬에 자율적 각성(autonomic arousal)/자율적 활성(autonomic activation)이 작용한다는 가능성은 오래전부터 있어왔다(예: Brutten & Shoemaker, 1967; Weber & Smith, 1990)]. 따라서 어떤 정의와 설명이 적절한 것처럼 보인다[흥미롭게도 각성/반응과 관련된 여러 변인들을 연구하는 실험적 시도가 말더듬 문헌에 나타나기 시작했다(예: Alm & Risberg, 2007; Guitar, 2003).

*정서적 반응성*이란 어떤 사람들이 자주 강렬한 정서적 각성을 경험하고, 그 경험에 반응하는 능력을 나타내는 성향(경향)을 의미한다. 정서적으로 각성되기 쉬운 정도와 정서적 경험의 강도 모두가 정서적 반응성의 측면에 포함된다. *정서적 조절*은 내적 감정과 정서와 관련된 생리적 프로세스의 발생, 강도 또는 지속 기간 등을 조절하는 프로세스를 말한다(Thompson, 1994). 정서적 조절이란 일반적으로 내적(정서적) 반응성을 조절한다는 측면에서 정의된다(Ahadi & Rothbart, 1994). 우리는 이러한 정서의 두 가지 측면, 즉 *정서적 반응성*과 *정서적 조절*이라는 측면이 말더듬의 경우 빈도, 지속 기간, 유형 및 심한 정도 등에 영향을 미친다고 본다.

이제까지 C-E 모델에 대한 설명이 말더듬 사례에 미치는 "하향식(top-down)" 영향을 강조하고 있음에도 불구하고, 경험, 정서적 반응, 조절 등의 근인들과 악화 요인들이 "상향식(bottom-up)"으로 구어-언어 계획 및 산출에 영향을 미칠 수 있다. 이러한 경우에 "상하향식"은 그 모델의 "상(top)"(예: 환경, 유전)에서 그 모델의 "하(bottom)"(예: 경험, 성격)로 요인들을 이동시켜 말더듬 사례들을 설명한다. 따라서 "상향식" 이동은 말더듬 사례들이 성격, 경험, 구어-언어 계획 및 프로세싱에도 영향을 미친다고 본다. 이러한 양방향 상호작용은 말더듬 그 자체가 악화될 때 말더듬에 대한 정서와 경험의 역할을 이해하는 데 매우 중요하다.

앞에서 언급한 의사소통을 시도하는 동안에 중단(방해)되는 경험을 한 어떤 아동의 예를 다시 참고해보면, 우리는 정서적 반응과 정서적 조절이 아동 반응의 본질이나 질을 결정할 수 있는 것으로 추측한다. 예를 들면, 정서적 반응성이 *낮고* 정서적 조절력이 높은 아동은 자신들의 말을 듣는 청자의 방해 때문에 행동에 영향을 받지 않을 것이다. 그 아동은 아마도 단지 그 방해에 관해 말하고자 할 것이다. 그러나 전형적으로 정서적 반응성이 높고 정서적 조절력이 높은 아동은 그와 같은 방해가 있는 경우에 말을 멈추거나 전혀 말하지 않으려는 경우가 더 많다. 정서적 반응성이 *높다*는 것은 아동이 방해받는 것(예: 좌절, 재주의 집중)에 대해 상당히 집중하여 빨리 정서적 반응을 한다는 것을 의미한다. 그러나 정서적 조절력이 높은 아동은 그러한 정서를 겉으로 표현하지 않을 것이며, 오히려 불안과 좌절감이 증가되는 것을 느끼게 될 때 강렬한 정서를 내면화한다. 정서적 반응성은 *높지*만 정서적 조절력이 *낮*은 아동은 말을 빠르게 시작하고, 소리를 높이고, 성질을 내는 것 같고, 혹은 자기를 방해하는 모든 사람들에게 "조용히(shush)" 하도록 한다고 추측된다. 물론 이러한 것들은 앞으로 연구되어야 할 것들이다.

물론, 저자들은 지금까지도 정서적 반응성과 정서적 조절력 간의 상호작용이 아동기 말더듬에 어떻게 영향을 미치는지에 대해 잘 알지 못한다. 그러나 우리는 앞에서 설명한 다양한 정서적 반응성 및 정서적 조절력의 시나리오가 각 아동이 말더듬을 경험하고 말더듬에 반응하는 데 영향을 미치는 잠재력을 가지고 있다고 주장하고 싶다. 특히, 이 두 가지가 "결합"(예: 정서적 반응성 높음, 정서적 조절력 낮음)하는 방식에 따라, 아동이 의사소통, 말더듬, 연관된 사건(예: 일대일 대화, 소집단 대화) 등과 관련된 경험에 대처하고, 수정하고, 또는 회피하는 데 영향을 미칠 수 있다. 정서적 반응성과 정서적 조절력이 여러 가지로 다르게 결합한다는 설명은 이 모델에서 아동의 환경에서 시작하여 발생된 사건(예: 의사소통 방해를 받음)이 어떻게 부드럽게 연결되는지를 설명하도록 돕는다. 이 설명은 또한 정서적 반응성과 정서적 조절력 사이에 이루어지는 잠재적인 무한한 결합들을 강조하고, 그 결합들은 변화하는 상황이나 환경에 따라 변경되거나 변화할 수 있다는 것을 강조한다.

평가 및 중재에 대한 실험적 기초

당연히 평가 및 C-E 모델에 대한 저자들의 실험적 근거는 자신의 연구뿐만 아니라 다른 사람들의 많은 연구들에도 있다(예: Adams, 1991; Conture, 1997, 2001; Conture & Caruso, 1987; Conture & Yaruss, 1993; Culatta & Goldberg, 1995; Forsnot, 1992; Gordon & Luper, 1992; Gregory & Hill, 1992, 1999; Hayes & Pindzola, 2004; Peters & Guitar, 1991; Pindzola, 1986; Pindzola & White, 1986; Wall & Myers, 1995; Yaruss, LaSalle, & Conture, 1998; Zebrowski, 1994). 여기에서 우리는 유전 및 환경을 모델로 한 것을 "상부"에서 시작하고, "하부", 즉 말더듬의 실제 사례들 쪽으로 진행하면서 평가 요소들에 대한 실험적 근거에 대해 논의할 것이다.

유전적 증거

우리는 말더듬이 유전적 요소들에 의한 것일 수도 있다는 광범위한 증거 때문에 평가방법에 유전에 관한 정보를 얻는 것을 포함한다. Yairi, Ambrose, Cox 등의 1996년 리뷰는 말더듬인의 20~74%가 역시 한 명 이상의 말더듬인 친척이 있는 것으로 보고했다. 마찬가지로, Graham과 Conture(2005)의 부모-보고-기반 연구에서는 학령 전 말더듬 아동(n = 57)의 가족들이 학령 전 비말더듬 아동(n = 57)의 가족들보다 적어도 말더듬 경험이 있는 한 명 이상의 가족 구성원이 더 많이 있는 것으로 보고되었다. 특히, 결과는 말더듬 아동의 가족 70%가 가족 구성원 중 한 명 이상의 말더듬인이 있다고 보고했다. 흥미롭게도, Graham과 Conture는 학령 전 말을 더듬지 않는 아동들과 비교했을 때 학령 전 말더듬 아동의 가족들이 주의력 결핍 과잉 행동장애(ADHD; Alm & Risberg, 2007; Healey & Reid, 2003)도 더 많이 있는 것으로 보고했는데, 이것은 실험적 연구가 더 필요한 주제인 것 같다.

말더듬의 유전에 대한 연구들은 본질적으로 두 가지 유전 모델, 즉 ① 단일유전자 혹은 주유전자(major gene) 유전, ② 복합유전자 혹은 다중유전자 설명(polygenic explanation)으로 나누어진다. 군집분석(segregation analysis) 연구에서, Ambrose, Cox, Yairi(1993)는 말더듬이 단일유전자에 의한 유전이 가장 많다고 주장했다. 최근 Shugart 등(2004)은 말더듬을 18번 염색체에 있는 유전자 집단과 연관시켰다. 이 연구자들(Shugart et al., 2004)의 18번 염색체에 있는 확인 가능한 유전자 집단에 대한 연구 결과들은 말더듬이 말더듬의 유전 가능성을 다중유전자성 설명의 결과로 보는 문헌에 추가되었다. 다중유전자성 유전은 복수 유전자(multiple genes)의 표출이 좀 더 환경적으로 의존하기 때문에, 환경의 영향에 좀 더 잘 변할 수 있는 것으로 보고 있다(Felsenfeld, 1996). 단일유전자 유전 이론들에서 드러나는 어떤 특정한 행동들의 가능성은 환경적 유발 요인이 더 적다. 그러나, 다중유전자성 유전에서는 좀 더 많은 환경적 요인들이 표현형(phenotype)(즉, 이러한 경우에는 말더듬)의 표출에서 중요하다고 주장했다.

환경적 증거

유전적 영향이 말더듬 발생에 하나의 원인으로서 강력함에도 불구하고, 환경의 영향도 동시에 발생하고 영향을 미치는 요인으로 여겨진다(Yairi, Ambrose, & Cox, 1996). 아동기 말더듬이 환경적 변인들에 영향을 받을 수 있다는 믿음 때문에, 우리의 평가방법에는 유전적 정보뿐만 아니라 아동의 환경에 대한 정보를 얻는 것도 포함한다. 이러한 변인들이 아동의 문제(예: 아동의 말-언어, 사회, 운동 등에서 범하는 많은 실수에 틀에 박힌 말로 코멘트하고 교정해주는 완벽주의자인 아버지)에 병적 수준(예: 아동 학대)으로 반응하지 않고 적절한지 주목해야 한다. 아동기 구어-언어 및 말더듬에 미치는 환경적 변인의 한 예로, Graham과 Hartfield(2006)는 표준화된 말-언어 검사 결과 말더듬 아동(n = 166)의 점수가 아동의 부모들의 교육수준과 그 가족들의 사회경제적 지위와 상관관계가 높다고 보고했다. 흥미롭게도 표준화된 구어-언어 검사에서 비말더듬 아동(n = 130)의 점수는 사회경제적 지위와 부모의 교육에 의해 덜 영향을 받았으나, 확실히 어머니의 교육수준에는 영향을 받았다. 이러한 연구 결과들에 근거하여 유전적 영향이 전혀 없다고 주장할 수는 없지만, 이 연구 결과들을 살펴보면 말더듬 아동의 구어-언어는 (구어 유창성도) 또래 비말더듬 아동들과 비교했을 때 사회경제적 지위와 부모들의 교육수준의 차이에 따라 더 크게 영향을 받는다는 것을 알 수 있다. 그 결과들을 보면 구어-언어라는 견지에서 말더듬 아동들이 비말더듬 아동들보다(및/또는 그 아동들의 환경은 그 아동들이 경험하는 유창성 문제에 더 반응적이다) 환경적 영향에 더 민감하거나 더 반응적이라는 것을 나타낸다고 설명할 수 있다. 유전과 환경이 중첩되어 말더듬에 미치는 영향에 대한 더 많은 근거는 아동들의 구어-언어 계획과 산출 특성에서 나타나는 차이점과 관련된 연구들에서 찾아볼 수 있다.

구어-언어 계획 및/혹은 산출 증거

아동의 말더듬에 영향을 미칠 수도 있는 여러 요인들에 관한 자료를 수집하여 평가할 때 구어-언어 계획 및 산출의 여러 측면들을 포함시켜야 한다. 우리가 이 영역에 대한 이론적 연구들을 검토할 때, 혼재된 문제들을 보게 된다. 2,628명의 아동들을 대상으로 한 조사연구에서, Blood 등(2003)은 조사된 아동들의 62.8%가 또한 구어 장애, 언어 장애, 비구어 장애 등을 동시에 가지고 있다[이것은 Arndt & Healey(2001)가 실시한 초기 조사연구와 일치되는 결과이다]고 보고했다. Homzie 등(1988)은 190명의 말더듬 및 비말더듬 성인들을 조사했다. 그 결과는 말더듬 성인들이 언어지체, 조음 오류, 쓰기 언어 문제 등에서 유의미할 정도로 병력이 더 많다고 보고했다. 더욱이, Yaruss, LaSalle, Conture(1998)는 말더듬 아동들의 40%가 또한 조음 문제를 가지고 있다고 보고했다. 위의 연구들 및 관련된 연구들의 결과(예: Bloodstein, 1995, 표 18 참조)들을 종합하면, 말더듬이 말더듬 표출뿐만 아니라 전형적인 구어 및 언어 특성들과 관련되어 구어-언어 능력의 다른 측면들에도 미묘하게 영향을 미칠 수 있다는 것을 나타낸다. 그러나 다른 연구자들(예: Watkins & Yairi, 1997; Watkins, Yairi, & Ambrose, 1999)은 "어린 말더듬 아동들에서 전반적인 표현 언어 장애의 증거는 없다"(Yairi & Ambrose, 2005, p.241)고 보고해왔다. 이러한 상반되는 결과들은 말더듬 아동이 구어-언어 능력과 발달이 비말더듬 아동과 다르다는 것을 완전히 지지하지도, 부인하지도 않는다. 그러나 이러한 결과들은 적어도 말더듬 아동들이 구어-언어 계획과 산출의 견지에서 덜 효율적이고 덜 발달되어 있음을 나타낼 수도 있다.

그러나 우리가 이 영역에서 더 많은 실험 연구를 살펴보면, 그 결과는 좀 더 분명해진다. 실험 연구들에 기초한 실증적 근거들을 살펴보면, 말더듬 아동들이 임상적으로 유의미한 장애가 없더라도, 말더듬이 적어도 부분적으로는 구문, 어휘 및/혹은 음운 프로세싱에서 느리고 덜 효율적이지만 관련이 있음을 제시한다(Anderson & Conture, 2004; Arnold, Conture, & Ohde, 2005; Au-Yeung & Howell, 1998; Byrd, Conture, & Ohde, 2007; Cuadrado & Weber-Fox, 2003; Hartfield & Conture, 2006; Melnick, Conture, & Ohde, 2003; Pellowski & Conture, 2002; Weber-Fox et al., 2004). 많은 구어-언어 요인들에 대한 실험 연구(고찰을 위해 Hall, Wagovich, & Bernstein Ratner, 2007 참조)에서, 말더듬과 연관이 있는 것으로서 단어 빈도(예: Hubbard & Prins, 1994), 단어 유형(예: 기능어와 내용어, Howell, Au-Yeung, Sackin, 1999), 문장과 절의 경계(예: Bernstein Ratner, 1997; Howell & Au-Yeung, 1995; Wall, Starkweather, & Cairns, 1981), 문장내 단어 위치(예: Buhr & Zebrowski, 2007), 발화 길이 및 복잡성(예: Bernstein Ratner, 1995; Bernstein Ratner & Sih, 1987; Logan & Conture, 1995, 1997; Melnick & Conture, 2000; Silverman & Ratner, 1997; Yaruss, 1999; Zackheim & Conture, 2003) 등을 연구했다. 이 영역에서 이론적 연구와 실험적 연구 간의 여러 차이점은 데이터의 본질(예: 표준화된 언어 검사의 표준점수와 그림 명명하기와 관련된 구어 반응 시간)과 구어-언어의 차이가 *임상적으로 유의미해야 한다*는 개념을 가지고 있다. 즉, 표준화된 언어 검사는 동일한 연령의 또래들(예: 대규모 모집단)과 비교하여 아동들의 구어-언어 능력의 차이들을 확인하기 위해 설계되었다. 모집단과의 차이는 우리가 임상적으로 유의미한 차이라고 생각한다. 대안적으로, 실험적 조작은 임상적으로 찾아내지 못할 수도 있는 매우 특정한 능력들에서의 미묘한 차이들을 분리해내기 위해 설계되었다. 그러나 실험적 조작에서 발견된 구어-언어 프로세싱 능력들에서의 미묘한 차이들이 실제로 임상적으로 유의미할 수도 있다.

이 토의와 관련된 실증적 연구를 발달시킨 한 가지 측면은 말더듬 아동의 구어-언어 계획과 산출 기술들 사이의 *괴리(dissociations)*를 연구한 것이다. 현재의 여러 목적상, 구어-언어 계획과 산출에서 괴리란 어떤 아동들이 한 가지 하위구성요소가 다른 여러 측면들의 언어적 형성과 괴리될 때 일어나는 것이라고 정의한다. 괴리의 한 예는 음운적 프로세싱이 어휘 인출(lexical retrieval), 형태-구문적 구조 등과 같은 언어적 형성 프로세스의 다른 하위구성요소들보다 상당히 덜 발달되거나 덜 효과적일 때이다(Anderson, Pellowski, & Conture, 2005). 이 영역에서 초기 연구 결과/이론(Anderson & Conture, 2000; Hall, 1996, 2004; Hall & Burgess, 2000)에 힘입어, Anderson과 Pellowski, Conture(2005)는 그러한 괴리를 연구하기 위해 Bates 등(2003)이 개발한 추론적 통계 방법을 사용했다.

Anderson 등은 말더듬 아동들(n = 45명)이 비말더듬 아동들(n = 45명)보다 표준화된 측정 결과 수행정도에서 차이가 나타난 것처럼, 구어, 어휘, 언어 등의 능력 간 괴리(예: 임상적으로나 통계적으로 유의한 차이)가 세 배 이상 더 크다고 보고했다. 예를 들면, 평균보다 1.5 표준편차 이상의 표현어휘 능력과 평균보다 1.75 표준편차 이하의 조음 능력을 함께 갖고 있는 아동은 표현어휘 능력과 조음 능력 간에 괴리가 있다고 설명할 수 있다. 말더듬 아동과 비말더듬 아동이 전체 언어 능력에서 같아지게 되었을 때도 이러한 영역 간 괴리가 있음을 주목하는 것이 중요하다(Coulter, Anderson, & Conture, 2009의 연구를 Anderson 등이 복제 연구하여, 유사한 결과를 산출했다). 유사한 연구를 Hall과 Yamashita, Aram(1993)이 60명의 언어 장애 아동들의 유창성과 언어 간의 관계를 연구하여, "매우 비유창한" 아동들(n = 10명; 8.04% 이상의 비유창성)이 형태구문적 능력보다 의미적 능력이 유의미하게 더 높았음을 발견했다. 언어의 하위구성요소에서 유사하게 뒤떨어진 성취정도의 확인이 명백히 임상적으로 중요하지만, 여러 구어-언어 능력 간에 겉으로 드러난 괴리가 프로세싱의 개념부, 형성부, 조음부 등의 수준 간에 나타날 수도 있다[(내적 수정 가설(covert repair hypothesis)에 대해서는 Postma & Kolk, 1993 참조]. 결과적으로, 괴리는 단순히 여러 영역들에서 성취 수준이 비슷하게 낮은 "두 영역 모두를 다루도록" 권고하기보다는 서로 다른 방법으로 치료 계획을 고려하도록 가르쳐준다. 더욱이, 그러한 괴리는 연구자들에게 특정한 이론적 관심이 될 수도 있다.

경험의 영향에 대한 증거

Conture 등(2006)은 말더듬에 영향을 미치는 원인(遠因)과 근인(近因)을 연결하는 한 가지로써 C-E 모델의 경험적 부분을 설명한다. 예를 들면, 말더듬에 대한 각 개인의 경험적 사례가 그 아동의 구어-언어 계획 및 프로세싱 능력뿐만 아니라 정서적 반응성 및 조절력에 대한 행동적, 성향적(기질적), 상황적 측면 등에 의해 어떻게 영향을 받고 있는가이다. 예를 들면, 말더듬 아동(n = 13)과 비말더듬 아동(n = 14)을 대상으로 한 준실험 연구에서, Schwenk, Conture, Walden(2007)은 자신의 어머니와 대화적 상호작용을 하는 동안에, 학령 전 말더듬 아동은 학령 전 비말더듬 아동보다 자신의 현재 환경에서 발생하는 시끄러운 방해에 대해 유의하게 더 많이 주의를 기울였고, 시끄러운 방해에 적응력을 유의하게 더 적게 보였다고 보고했다. 환경적인 주의산만에 대해 아동들이 반복해서 주의를 기울이고, 그러한 환경을 무시하거나 그러한 환경으로부터 벗어나지 못하는 상대적인 무능력은 그 아동들이 (비)일상적 환경적 방해인 내부적 방해(예: 배고픔, 염려, 목마름)뿐만 아니라 외부적 방해(예: 부산한 카메라의 움직임, 부모의 끼어듦) 모두를 어떻게 경험하며 그러한 방해에 어떻게 반응할 수 있는지에 대해 가능한 통찰력을 준다고 생각되었다.

저자는 이러한 결과를 유추하여 LCD 프로젝터가 주기적으로 전력이 모자라서 화면이 꺼지는 프레젠테이션 상황과 관련시킬 수도 있다. 이런 경우, 화자는 일시적이고, 갑작스러우며, 예기치 못하게 프로젝션 화면에서 자신의 슬라이드가 사라질 때 발표를 하고 있는 것이다. 슬라이드가 일시적으로 없어지는 것에 대한 화자의 반응 수준과 특징에 따라서, 그 화자의 여러 가지 인지적 및 태도적인 측면들이 그 슬라이드가 갑자기 사라짐에 따라 보이는 그 화자의 실제 프레젠테이션에 대한 태도를 이끌어낼 수 있다. 이러한 "일시적 사라짐"에 대한 처음의 반응은 화자의 구어-언어 계획과 프로세싱에 직접적인 영향을 미칠 뿐만 아니라, 그러한 환경에 적응하는 화자의 능력에도 영향을 미칠 것이다. 본질적으로, 발표자가 이러한 상황에 반응하고 적응하는 특성과 속도가 프레젠테이션의 질과 유연성에 큰 영향을 미칠 수 있을 것이다.

그러한 찰나의 환경적 사건들이 어린 아동 특히 말더듬 아동의 구어-언어 계획 및 산출에 어떻게 영향을 미치는지에 대해, 비록 안다고 해도 거의 알려져 있지 않다. 그러나 그들이 어느 정도의 영향을 받는지에 대해 좀 더 실험적인 연구가 필요하다고 주장하는 것이 매우 합리적인 것 같다. 말더듬의 악화에 대한 관심을 가지도록 영향을 미치는 것은 또한 평가하는 동안에도 중요한 요소이다. 어떤 아동들에게는 평가 과업 그 자체에 주의를 집중해야 하는 때에 평가 환경이 새로워 환경에 환경에 주의를 너무 끌 수 있다. 예를 들면, 아동이 현재 하는 과업에 집중하기보다는 자신의 반응이 정확한지 여부를 자주 물을 수도 있고, 아동이 인지한 "정확성" 또는 성취 수준에 초점을 맞출 수도 있다.

정서적 반응성과 정서적 조절에 대한 증거

정서적 프로세스는 *정서*가 주의집중뿐만 아니라 인지와도 직접적으로 관련되어 있다고 볼 수 있다(예: Damasio, 1994; Immordino-Yang & Damasio, 2007). 예를 들면, 어떤 사람이 고조된 정서적 상태(예: 두려움, 흥분, 즐거움)를 경험할 때, 어떤 목표(예: 숙제를 끝내기)를 성취하는 데 필요한 행동에 주의를 기울이거나, 집중하거나, 수행할 수 있는 능력이 영향을 받을 수 있다(Dolcas & McCarthy, 2006). 이러한 관점은 전형적인 의사소통 상호작용에서 자주 발생하는 주의집중과 말더듬 모두에서의 변화를 속도와 관련하여 고려해보는 것이 유익한 것 같다. 즉, 어떤 특정한 과제에 대한 사람의 주의력은 매우 일시적일 수 있는데, 이는 대부분의 말더듬인들과 부모들이 말더듬 행동을 설명하는 방식과도 일치한다. 아동기 말더듬에 정서적 프로세스가 미칠 수 있는 영향에 대해 몇 가지 개념적 틀을 제공하기 위해서, 우리는 정서를 지속적으로 조작하고 있는 "프로세스, 즉, 끊임없고 방심하지 않는 프로세스"로 보고 있는 Cole, Martin, Dennis(2004, p.319)의 개념을 사용했다. 그러나 정서에 대한 이러한 개념화(conceptualization)는 정서를 "일시적인 상태 변화[즉, 순간순간마다의 적응(moment-to-moment adjustments)]"(Cole, Martin, & Dennis, 2004, p.317)로 보게 한다. 동시에, 이러한 표현들은 모순되는 것 같다. 그러나 첫 번째 표현은 프로세싱하고 있는 정서가 지속적인 현상임을 주장하고 있고, 두 번째 표현은 항상 변하고 있는 정서의 본질과 강도를 경험하고 있다는 것이다. 정서가 항상 존재하지만 양과 질에 있어서 항상 변한다는 개념, "정서"를 기질이란 개념에서처럼 시간이 흐르면서 안정화되는 비교적 "고정된" 특성(trait) 혹은 행동으로 간주하기보다는 정서의 변화를 말더듬의 변화로 보는 것이 더 낫다(Anderson et al., 2003; Embrechts et al., 1998; Kagan, 1994; Rothbart & Bates, 1998). 우리는 말더듬이 환경 내와 환경 사이의 다양성이 잘 알려진 것처럼 빠르게 변화하는 변인들을 고려하는 것이 특히 중요하다고 믿는다(예: Johnson, Conture, Karrass, & Walden, 2009; Yaruss, 1997). 본질적으로, 우리는 주의집중 리소스뿐만 아니라 인지 리소스도 변환시키는 정서 상태, 특히 그러한 정서 상태 변화에서의 상황변화들이 적어도 어떤 아동들에게는 구어-언어 계획 및 산출을 시작하고 유지하는 데 영향을 미치고, 아마 그러한 계획/산출의 유창성에 장애를 가져올 수도 있는 데 영향을 미치는 능력이 있어야 한다고 주장한다.

말더듬 사례의 측정방법에 대한 증거

"말더듬 사례(instances of stuttering)"를 정의하는 것은 우리가 검사하고 있는 환자가 말을 더듬는지 아닌지를 어떻게 결정하고, 우리가 치료를 하는 동안에 일어나는 변화를 어떻게 기록하는지에 대한 토대를 제공한다. 첫째, 우리는 구어 비유창성을 구어-언어 산출이 앞으로 흘러나오는 것에서 일어나는 어떠한 막힘이라고 정의한다(Conture, 1990; Conture, 2001; Wingate, 1964). 그 다음으로, 구어 비유창성을 말더듬 같은 비유창성과 말더듬 같지 않은 혹은 기타 비유창성으로 나누었다(Yairi, 1997a). 말더듬 같은 비유창성에는 음소-음절 반복(예: b-b-b-b-but), 일음절 단어 전체 반복(예: and-and-and-and-and), 가청음 연장(예: aaaaaaand), 불가청음 연장(예: b____ut)이 포함된다. 기타 또는 말더듬 같지 않은 비유창성(때때로 정상적 비유창성이라고 함)은 구 반복(예: I went-I went-I went to the store), 삽입어(예: um, er, uh, well, like), 수정(예: I went, I will go)을 포함한다.

말더듬인 모집단 간의 말더듬(stuttering)과 비유창성(disfluency) 사례에서 실제로 나타나는 시각적 및 청각적 양태는 개인마다 다양하다. 그럼에도 불구하고, 말더듬과 비유창성의 범주는 겉으로 드러나는 모습이라는 견지에서 충분히 구별되는 특성들을 가지고 있는데, 실습과 임상경험이 있는 임상가들이라면 누구나 비교적 효율적이고 신뢰성 있게 각각의 차이를 확인할 수 있다. 이것은, 예를 들면, 말더듬 빈도에 대한 집계분석(tabulation)에서 임상가 내 오류와 임상가 간 오류가 발생하지 않는다는 말은 아니다(이 논제와 이러한 염려를 완화시키기 위한 의미 있는 시도에 관한 좀 더 구체적인 논의는 Einardóttir, 2009; Ingham, Cordes, & Finn, 1993 참조). 그러나 음성 전사(phonetic transcription), 평균발화길이(MLU) 계산, 혹은 표준화된 검사의 실시 등에 관해서도 동일하다고 말할 수 있다. 그 현안은 오류의 발생유무가 아니다. 오히려, 그 현안은 이러한 오류들이 의미를 진단 및 치료적으로 다르게 이끌어내느냐 하는 것이다. 그러한 오류들은 말더듬과 비말더듬 구어 사이의 경계에 있는 사람들의 말더듬을 측정할 때보다 자주 말을 더듬는 사람의 말더듬을 측정할 때 영향을 가장 적게 미치는 것 같다. 말더듬을 치료적 목적과 진단적 목적을 위해 확인할 때에 가변성이 나타나기 때문에 임상가들은 그저 한 가지 관찰이나 구어 샘플(예: 아동이 부모와 함께 이야기하기; Johnson et al., 2009)에 관한 진단에만 근거하지 않아야 한다. 임상가는 그 사람이 말더듬인지 혹은 말더듬이 아닌지에 대해 결정하기 전에 가능한 많은 검사들, 과제들, 상황들을 실시하는 동안에 나타나는 그 환자의 구어-언어(특히, 말더듬)의 모든 매개변수들을 평가하려고 시도해야만 한다(아동에게서 나타나는 말더듬의 반복적이고 다양한 샘플링에 대한 구체적인 논의는 Ingham & Riley, 1998 참조).

실제적인 요구사항

어떤 아동들에게는 많은 여러 가지 요인들로 인해 극적으로 말더듬의 빈도가 변할 수 있다. 따라서 말을 더듬고 있는 것으로 알려지거나 의심되는 아동의 철저한 평가는 많은 과업과 가능한 상황[예: 내러티브/대화하기(telling a narrative), 부모와의 대화, 임상가와의 대화, 시간압력이 있거나 없는 개방형 질문에 대한 응답 등]에 따라 말더듬의 다양한 측면[즉, 빈도, 지속 시간, 비유창성의 가장 일반적인 유형, 심한 정도, 만성 정도(chronicity)]에 대한 측정을 포함해야 한다. 우리의 임상실에서는 2.5~ 4시간에 걸쳐서 말더듬 평가를 실시한다. 그러나 저자들은 어떤 임상가와/혹은 임상 세팅에서는 평가하는 데 그만큼의 시간을 소비하지 않는다는 것을 안다.

현실을 감안할 때, 우리는 검사 기간당 1~2시간 이상을 사용할 수 없는 임상가들은 처음 몇 번의 치료 기간에 걸쳐서 평가를 계속할 것을 제안한다(예: 2~4주 기간에 걸쳐서 한두 시간씩 여러 번의 "진단 치료" 세션을 사용하라). 일반적으로, 평가 자체는 서로 연관된 4개의 부분, ① 대화, 내러티브 등에서의 구어-언어 행동 관찰, ② 아동에 대한 표준화된 구어-언어 평가, ③ 가족 또는 보호자와의 인터뷰, ④ 아동 부모와의 결과 공유 및 권고로 전개된다. 다음 절에서는 이러한 4가지를 고려하여 말더듬에 대한 합리적으로 철저하고 정확한 평가를 얻기 위해 필요한 자료, 시간, 교육 등을 자세히 설명할 것이다. 이 장의 목적을 위해, 우리는 평가에 참석할 모든 보호자 또는 가족 구성원을 아울러서 "부모"라는 용어로 사용한다.

대화에서 구어 행동의 관찰

이상적으로, 부모-아동의 상호작용을 관찰하는 것은 치료실 밖(예: 서로 연결되어 있는 방으로부터 시청각적 관찰을 통해서 이루어짐)에서 임상가와 함께 수행되어야 한다. 임상가를 치료실 밖으로 나오게 하는 것은 낯선 사람이 초시계를 누르고, 환자 폴더를 클립(clipping)하는 등의 모습에 비교적 불편해하지 않고 부모와 아동이 상호작용을 더 쉽게 하도록 한다. 이러한 상호작용이 이루어지는 동안에 아동과 부모 모두의 정서적 불편을 최소화하려는 노력은 아동이 그들의 환경에서 좀 더 잘 반응하는 경향이 있다는 타당한 결과들이 있다(Karrass et al., 2006; Schwenk, Conture, & Walden, 2007). 우리는 부모와 아동이 대화에 참여하도록 하는 것이 자연스러운 상호작용을 가능하게 한다고 생각한다. 우리의 목표는 치료실 내에 낯선 사람들을 있게 해서 아동의 말더듬이 인위적으로 악화되거나 아동이 입을 다물고 말을 전혀 하지 않는 것을 피하는 것이다. 대화 샘플을 얻기 위한 전체 시간은 부모와 아동의 정서적, 의사소통적, 사회적 역동에 따라 다양하다. 그러나 일반적으로, 대화 샘플을 얻는 데는 20~40분의 시간이 소요된다. 이러한 대화가 이루어지는 동안에 측정한 세부사항들은 다음 섹션의 제목인 "핵심 요소"에서 논의하겠다.

구어-언어 문제에 대해 평가를 한 모든 아동들처럼, 임상가들은 아동들에게 나타난 비유창성 빈도를 세고, 구어 속도를 측정하고, 말더듬 지속 시간을 측정하고, 아동이 나타낸 이목을 끄는 비구어 행동들이나 나이에 (부)적절한 음소의 오류들을 관찰하는 동안에, 효과적으로 언어 샘플을 수집하는 훈련을 받아야 할 필요가 있다. 이러한 것들을 동시에 측정하는 것은 약간 힘들 수도 있다. 그러나 언어 치료사에게 요구되는 다른 많은 능력들처럼, 기본적으로 다양한 과제들을 숙달하기 위해서는 시간을 들여서 연습해야 할 것이다. 이런 일들을 하기 위해 각 임상가들은 자신에게 맞는 시스템을 찾게 될 것이고, 표 3.1에 상세하게 설명한 "공개 작전(plan of attack)"은 두기(頭記) 저자에게 효과적이었다. 임상가가 평가 시에 한명 이상의 임상가를 포함할 계획을 할 수 있다면, 다음의 두 가지 요소들을 동시에 수행할 수 있다.

표준화된 구어-언어 검사

안타깝게도, 너무나 소수의 "말더듬" 아동이 구어-언어 발달에 대한 포괄적인 평가를 받는다. 이것은 말더듬이 또 다른 구어-언어와 연관된 문제[특히 조음/음운 장애(예: Blood et al., 2003)]를 동반한다는 것이 매우 자주 제기되는 문제이며, 실제로 이러한 말더듬 아동 중 많은 아동을 살펴보면, 한 아동이 2가지 이상의 문제점들을 함께 가지고 있을 때(예: Rousseau et al., 2007), 우선적으로 제공할 서비스를 결정하기 위해서는 이러한 구어-언어 발달 검사가 실질적으로 필요하다.

만약 단지 한 명의 임상가가 평가를 실시한다면, 표준화된 검사를 완료하는 데는 부모들이 검사자와 이야기하는 것을 마칠 때까지 아동들을 기다리지 않게 함으로써 아동들이 피로해지는 것을 최소화할 때 더 효율적인 것 같다. 즉, 부모와 임상가의 인터뷰를 하기 전에 아동을 검사하는 것이 가장 현명한 행동 방침일 것이다. 그리고 만약 시간제한이 필요하다면, "대화 샘플"과 "표준화된 검사"는 첫 번째 검사 세션에서 하고, 두 번째 검사 세션에서는 부모 인터뷰를 포함하고, 그 다음에 부모에게 결과를 제공하고, 권고를 한다. 표준화된 검사를 하는 시간이 아동에 따라 매우 다양한 것은 분명하다. 아동의 능력 수준, 주의집중 시간, 피로감, 분리 불안, 검사자의 능력 등의 다양한 요인들이 표준화된 검사를 완료하는 데 필요한 시간에 영향을 미칠 수 있다. 그러나 일반적으로, 검사에는 최소 1시간에서 최대 2시간이 걸린다.

또, 모든 구어-언어 장애를 대상으로, 언어 치료사는 검사 결과들을 적절하게 채점하고 해석하는 것을 극대화시키기 위해서 여러 측정 도구

〈표 3.1〉 말더듬 아동 및 그 가족들을 포함하는 진단 세션에서 실시계획, 순서(1~6)에 해당되는 논리

측정	순서에 대한 근거
(1) 비유창성 계수	비유창성 계수는 적응 효과를 방지하기 위해서 제일 먼저 한다(Wingate, 1988).
(2) 말더듬 지속 시간	지속 시간은 또한 적응에도 적용할 수 있는 요인이다.
(3) 구어 속도	가족이 발화 속도에 대해 생각하거나 줄이는 것에 집중하기 전에 평가의 시작 부분에서 실시한다.
(4) 언어 샘플링	"준비"하는 시간이 지난 후에 언어 샘플링을 하는 것이 더 정확할 것으로 생각된다(Miller, 1981).
(5) 비구어 행동과 관련된 것을 관찰	임상가와 아동이 대화를 하는 동안에 아동의 행동을 관찰하는 것이 적절하다.
(6) 구어음(말소리) 오류 관찰	임상가와 아동이 대화를 하는 동안에 오류를 관찰하는 것이 적절하다.

들을 적절하고 표준화된 방법으로 실시하는 것을 훈련받아야 한다. 임상가는 아동의 주의를 계속 끌기 위해서 표준화된 프로토콜을 지나치게 위반하지 않고 실시할 수 있도록 훈련받아야 한다. 예를 들면, 그림 어휘력 검사(Peabody Picture Vocabulary Test; Dunn & Dunn, 1981; 1997; 2006)는 테이블 밑에 있는 바닥에서 그림 혹은 창턱(windowsill)에 놓인 책으로 "공룡인형 지적하기"를 통해서 제시하는 방법으로 수행할 수 있다. 간단히 말하자면, 임상가는 다음에 오는 그림, 하위검사, 기타 등등을 의아해하는 대신 아동들에게 필요한 것들을 앞에 두고 그것에 초점을 맞출 수 있도록 유연성을 발휘할 수 있어야 한다. 그러나, 한 가지 중요하게 고려할 절차상 변인(procedural variable)은 임상가가 표준화된 검사에서 아동의 정반응을 칭찬하거나, 보상하거나, 강화하는 것을 피해야만 한다는 것이다. 만약 그러한 정반응에 대한 칭찬 혹은 보상을 주게 되면, 아동은 임상가의 칭찬이 없어진다면 그 검사가 더 어려워진다거나 아동이 실패하기 시작하는 것으로 인식하게 되어 아동이 잘 하지 못하게 된다는 것이다. 이러한 인식이 많은 아동들에게는 즉각적으로 과제에 대한 동기, 협력, 주의집중 등을 감소시킬 수 있다. 대신에, 아동에게 동기를 주고 주의력을 유지시키는 것을 돕기 위해서, 임상가는 아동이 검사에 임하는 행동(예: "정말로 좋은 지적이다. … 나는 네가 시도한 방법이 좋아. … 너는 정말로 잘 듣는구나.")을 보상하거나 칭찬할 수 있다.

부모 인터뷰

부모 인터뷰는 임상가가 아동 말더듬의 경우에 인과적으로 기여할 것이고 또한 분명한 여러 변인들의 전체적인 태피스트리(tapestry)를 엮기 위한 시작지점이다. 부모 인터뷰의 한 가지 기본적인 목적은 환경이 그 아동의 말더듬에 미치고 있을 수도 있는 영향의 종류와 정도를 확인하는 것이다. 이상적으로 부모 인터뷰는 아동이 표준화된 검사를 받고 있는 동안에 다른 장소에서 실시되는 것이다. 그러나 앞서 언급했듯이, 서로 다른

날에 실시될 수도 있다. 부모들은 아동이 듣고 있지 않을 때 자녀의 행동과 말더듬에 대해 솔직하게 많은 것을 듣고 싶어 한다. 일부 치료실에서는 평가할 때 부모들이 함께 있는 것을 전혀 허락하지 않을 것이다. 그러한 경우에, 부모들은 최소한 전화로 인터뷰해야 한다. 그러나 만약 아동과 같이 있지 않고는 부모 인터뷰를 할 수 없다면, 아동이 게임이나 장난감으로 가능한 한 산만해져서 아동이 듣지 못하게 하는 것이 다른 유일한 방법이다(아동과 부모들을 검사하기 위한 비슷한 전략들은 Boey et al., 2007과 Boey, 2008 참조). 부모 인터뷰에 소요되는 총 시간은 부모들이 얼마나 말을 많이 하는지, 질문을 얼마나 많이 하는지, 임상가가 아동의 말더듬 원인을 결정하는 데 부모가 얼마나 관심이 있는지, 가족상황(예: 이혼한 부모, 가족 중 최근 사망, 경제적 어려움, 학대 상황)이 얼마나 복잡한지에 따라 다르다. 그러나 일반적으로, 부모 인터뷰는 최소 30~45분에서 최대 2시간에 걸쳐서 할 수 있다. 이러한 시간 동안에 실시한 검사들의 자세한 항목들은 "핵심 요소"에서 논의할 것이다.

임상가들은 말더듬 발생 이후의 시기를 효율적으로 결정하고, 말더듬 및 연관된 구어-언어 행동의 가족력을 수집하고, 기질 특성 척도(Temperament Characteristics Scale; Oyler, 1996a)와 말더듬 예측 검사(Stuttering Prediction Instrument; Riley, 1981)의 "반응(Reactions)" 부분을 실시하기 위한 훈련을 받을 필요가 있을 것이다. 임상가들은 이러한 과제들을 수행하기 위해 부모와의 대화를 편안하게 유도할 수 있어야 한다(부모 인터뷰 시 사용되는 질문들의 양, 특성, 순서 등에 관한 좀 더 세부사항들은 Conture, 2001, pp. 67–77 참조). 말을 망설이는 부모가 이야기를 하도록 격려할 때에는 섬세함과 정교함이 상당히 수반되어야 하고, 역으로, 말을 계속하여 멈추지 않는 부모의 정서적 불편함은 바로잡아 주는 것이 필요하다. 그러나 이러한 인터뷰를 통해 부모들과 좋은 라포를 형성하는 것은 성공적인 치료를 실시하고, 임상가가 말더듬에 대해 생각하는 것과, 말더듬의 원인이 무엇이며, 말더듬을 중재하기 위한 접근방식 등에 대해 부모들에게 안내하기 위해 필요한 신뢰감과 존중감을 형성하는 데 대단히 중요하다.

결과 공유 및 권고사항

앞에서 언급한 바와 같이, 평가 시에 확립된 관계는 장기간에 걸쳐서 좋은 치료 관계를 유지하기 위한 단계를 설정하는 데 매우 중요하다. 검사 결과를 함께 나누고 추가 조치에 대한 권고사항들은 사려 깊고, 존중하며, 공감하는 방식으로 실시되어야 한다. 임상가는 임상적으로 아동에게 "잘못된" 뭔가가 실제로 있다는 것을 특정 가족에게 알려주는 첫 번째 사람이다. 일부 부모의 경우, 자녀가 진짜로 말을 더듬고 있다거나 더듬고 있지 않다고 하는 정보는 부모들이 평가를 받으러 올 때 가지고 있던 믿음에 대한 결론인 것이다. 그러나 어떤 가족들(특히 자신과 자녀가 완벽하다고 생각하는 가족들)은 자녀가 진단상 장애를 가지고 있다고 하는 정보를 심각하거나 불치병(terminal illness)이란 정보를 받은 것처럼 심각하게 받아들일 수 있는 것 같다. 따라서 결과를 알려주는 것과 권고에 필요한 시간은 15분에서 1시간이 될 수 있다.

부모들에게 진단 결과를 알려주고 권고를 하

기 위해, 임상가는 적어도 ① 관찰하는 동안에 취한 여러 측정, ② 표준화된 검사의 점수 및 백분위수, ③ 관련된 검사들(예: 기질 특성 척도, 말더듬 예측 도구)의 점수 등을 요약한 자료들을 가지고 있어야 한다. 뿐만 아니라, 임상가는 부모가 평가 후에 집으로 가져갈 수 있는 관련된 지원 문헌도 준비하고 있어야 한다(예: 미국 말더듬 재단의 웹 사이트 http://www.stutter-inghelp.org가 부모들을 위한 유용한 문헌과 다양한 동영상을 제공함). 마찬가지로, 임상가는 완벽한 진단보고서를 작성하기 전에 아동의 파일을 철할 뿐만 아니라 평가 종료 시에 부모에게 줄 한 쪽으로 된 요약 양식을 개발해야 한다(진단 요약 양식의 예는 그림 3.3 참조). 만약 치료를 권장하는 경우에, 부모들과 함께하는 이 시간은 사용될 치료법을 분명하고 인내심 있게 오리엔테이션하고, 만약 진단한 임상가와 치료할 임상가가 다르다면, 치료할 임상가의 이름을 알려주고, 진단 및/또는 처방된 치료법에 대해 부모가 어떠한 질문을 하여도 답을 주는 기회이다.

핵심 요소

시간, 훈련, 재료들에 대한 실제적인 필수사항들을 논의하고 나면, 다음에 논의할 것은 실재(practical)를 이론과 관련시키는 것이다. 이 섹션의 목적은 ① C-E 모델에서 각 조각이 적합한 곳, ② 각 부분에서 참여하는 사람, ③ 각 측정 도구를 실시하는 일반적인 절차들이란 견지에서 진단의 여러 부분을 상세하게 논의하는 것이다. 표 3.2는 좀 더 명료한 형식으로 이러한 정보를 제공한다.

환경 평가

아동이 생활하고 있는 곳에서 의사소통적, 정서적, 사회적 환경에 대한 실질적인 평가를 하기 위해서, ① 부모 인터뷰 질문들 중 선택된 항목, ② 구어 속도/부모와 아동의 언권(言權) 기술, ③ 말더듬 및 관련된 장애의 가족력, ④ 병력 및 발달사 등을 평가하려고 한다. 따라서 이 부분의 평가에서 주요 참가자들은 임상가와 부모이다. 부모 인터뷰는 다른 어떤 것들 중에서도 언제, 어떻게, 왜 자녀의 말더듬이 시작했는지에 대한 부모의 태도나 믿음의 본질들을 임상가가 확인하는 데 도움을 준다.

부모 인터뷰

임상가는 말더듬이 "어떻게" 변화되어 왔는지 혹은 말더듬이 현재 "어떠한지"에 관한 부모의 믿음을 보다 더 잘 이해하도록 하기 위한 기회로써 부모 인터뷰를 이용한다. 부모들은 자녀가 말더듬 발생 시기에 단어와 음절을 반복하고 있다거나, 단순히 말을 입 밖으로 산출하지 못했다고 보고할 수 있다. 어떤 부모들은 말더듬이 시간이 지남에 따라 변했다고 보고하는 반면에, 또 어떤 부모들은 말더듬이 발생 이래로 똑같다고 말한다. 사람들이 "왜" 말을 더듬기 시작하는지와 특히 자신의 자녀가 "왜" 말을 더듬는다고 생각하는지에 대한 부모의 믿음을 조사하는 것은 임상가에게 특히 도움을 준다. 흔히, 임상가가 부모의 잘못된 믿음을 떨쳐내도록 해주는 것은 초기의 치료 회기에 절대적으로 중요한 것으로 여겨진다.

또한 부모들에게 자녀의 말더듬을 모방하거나 보여주도록 요구하는 것도 교육적이다. 부모들은 임상가에게 부모가 걱정하는 것, 즉 말을 더듬는

환자명: Winston Churchill **생년월일:** 04/25/00

보호자명: Lori Churchill

주소: 15 Jolly Old, Englang, OH

연락처: 휴대폰: (615) 555-1212 **펀딩:** VHP

평가 날짜: 05/12/04 평가 시 **평가 시 연령:** 4;0

진단: Winston은 정상 범위 이하의 수용 어휘와 언어 능력뿐만 아니라 매우 빠른 구어 속도가 어느 정도 혼합 및/혹은 악화되어 있을 수 있는 심한 말더듬 장애를 나타낸다. 또한, Winston의 표현 및 수용 어휘와 언어 점수 사이에 유의미한 격차가 있다. 이런 격차는 Winston의 효율적인 언어 검색과 언어 사용 능력에서의 차이임을 시사할 수 있다. 예를 들어, 능력 수준에서 보이는 그러한 차이는 Winston의 말더듬에 영향을 미치거나 악화시킬 수 있다.

표준화된 검사 결과

말더듬 아동 = 말더듬 아동

검사/측정 도구	표준 점수	점수/백분율/백분위수	임상적 의미/평가
비유창성 수치			
총 비유창성/총 단어		20.5	*보통의 말더듬 아동*
총 말더듬는 수/ 총 단어		18.8	*보통의 말더듬 아동*
총 말더듬 수/ 총 비유창성		91	*보통의 말더듬 아동*
가장 일반적인 비유창성 유형		음-음절 반복	*보통의 말더듬 아동*
말더듬 심한 정도 검사-3(SSI-3)		29	*심함*
스토커 프로브		64%	*보통의 말더듬 아동*
말더듬 예측 검사		22	*보통 정도의 위험*
기질 특성 척도(TCS)		20	*보통의 말더듬 아동*
Kiddy-CAT		8	보통이 아닌 말더듬 아동
Goldman-Fristoe 조음 검사	112	79	정상 범위 내
구어 속도(아동): 표준 범위 (140~160)		535wpm(범위: 345~667)	*매우 빠른 속도*
구어 속도(어머니): 표준 범위 (160~180)		635wpm(범위: 484~909)	*매우 빠른 속도*
그림 어휘력 검사(PPVT-III B)	78	7	*정상 범위 이하*
수용 어휘 검사(EVT)	97	42	정상 범위 내
평균 발화 길이(MLU) 연령에 따른 기대치: 4.39 범위 3.45~5.33	4.46 z = +0.07	53%	정상 범위 내
초기 언어 발달 검사-3			
표현 언어 점수	72		*정상 범위 이하*
수용 언어 점수	86		약간 정상 범위 내
총 언어 점수	75		*정상 범위 이하*

[그림 3.3] ■ Vanderbilt 대학의 진단평가 후에 결과를 알려주기 위한 의뢰 양식 및 권고사항의 예시

〈표 3.2〉 의사소통-정서(C-E) 모델[a, b]의 필수적인 부분들에 대한 개요

모델의 해당 부분	측정법	참여자	데이터 입수
환경	부모 인터뷰	부모 및 임상가	말더듬에 대한 부모 태도; 맥락과 말하는 과제에서 나타나는 아동의 말더듬 빈도
환경	부모의 구어 속도	부모 및 아동	아동의 환경에서 의사소통의 길이, 복잡성, 속도
환경	말더듬 예측 검사	부모 및 임상가	중재 없이 말더듬의 만성에 대한 예상
유전	가족력	부모 및 임상가	가정에서 말더듬의 발생률과 다른 구어-언어 장애와 심리사회적 적응문제들에 대한 정보
구어-언어 계획 및 산출	부모 및 아동의 구어 속도	부모 및 아동	부모와 같이 있을 때 혹은 없을 때, 아동이 의사소통의 시작과 유지를 하기 위해서 얼마나 빨리 구어-언어를 계획하고 프로세싱하는지
구어-언어 계획 및 산출	부모 인터뷰	부모 및 임상가	아동이 말을 더듬는 경향이 있는 수준이 단어, 구, 문장 수준에서 어디인지
구어-언어 계획 및 산출	표준화된 검사	아동 및 임상가	동일한 생활연령 또래들과 비교할 때 표준화된 구어-언어 검사에서 수행력에 관한 현 시점에서의 정보
구어-언어 계획 및 산출	의사소통 책임감에 대한 스토커 프로브 검사	아동 및 임상가	말더듬의 빈도가 언어적 요구의 증가와 함께 변하는지
경험	부모 인터뷰	부모 및 임상가	아동이 자신의 구어 혹은 다른 개인적인 태도에 대해 놀림을 받았는지; 아동이 자신의 구어의 어려움들을 인식하는지; 아동이 말하는 것을 회피하는지; 아동이 말더듬을 언제, 어디서, 누구와 함께 있을 때 좀 더 많이 혹은 덜 경험하는지
경험	말더듬이 시작된 이후의 경과 시간	부모 및 임상가	말더듬이 얼마나 오랫동안 유지되었는지를 추측하기 위해 부모와 함께 임상가가 실시하는 브라케팅(bracketing) 절차
경험	Kiddy-CAT	아동 및 임상가	아동이 나타낸 인식과 불안정도를 추정하기
정서적 반응성과 정서 조절	부모 인터뷰	부모 및 임상가	아동이 실수했을 때 아동의 태도는 어떠한지; 아동이 규율, 갈등, 형제자매들과 어떻게 반응하는지; 가족에게 특별한 날이 무엇인지; 아동이 말하는 동안, 집, 학교에서 일어나는 실수, 비판, 좌절에 대해서 어떻게 다루고 반응하는지
정서적 반응성과 정서 조절	기질 특성 검사(TCS)	부모 및 임상가	7가지 질문을 5점 리커트 척도(Seven-question 5-point Likert scale)로 새로움에 대한 개별 능력, 두려움, 반응성 등을 평가
말더듬의 사례	말더듬 정도 측정 검사(SSI)	임상가	빈도, 지속 시간, 비구어 행동 등에 근거한 심한 정도의 측정
말더듬의 사례	비유창성 계수	임상가	말더듬과 비유창성에 대한 실제 빈도

[a] 예들은 관련 있는 측정법과 각 부분/측정과 입수한 데이터와 관련된 참여자들

[b] 관련된 다양한 진단 측정법, 참여자, 여러 측정 및 참여자들로부터 얻은 데이터

다고 믿는 아동의 행동을 말이 아닌 실제 행동으로 나타내어야 한다. 비록 일부 부모들은 그들 자녀의 말더듬을 시범해 보이도록 하는 요구를 빨리 이해하고, 기꺼이 임상가에게 그들 자녀의 말더듬이 어떠한 것이라는 것을 보여주지만, 또 다른 부모들은 그렇게 하고 싶어 하지 않는다. 그러한 부모들은 빠르고 반복적으로 말하지만, 그들의 자녀가 말을 더듬고 있을 때 그 자녀의 행동을 보여주지는 않는다. 그러한 부모들이 자녀의 말더듬을 시범 보여주는 것을 더 많이 저항하면 할수록, 아동의 말더듬에 대한 걱정 혹은 혐오감은 그만큼 더 크고, 이러한 부모들이 자녀의 구어 비유창성/말더듬에 대한 더 적절한 정도의 수용 혹은 인내심을 발달시키기까지는 더욱더 많은 어려움을 겪게 된다는 것이 우리의 임상적 경험이다(이러한 비공식적인 임상적 관찰은 물론 객관적인 실험 연구를 통해 지지나 반증을 거쳐야 한다). 실제로, 우리는 여러 번의 계속적인 치료 세션 후에도, 정상 범위(예: 0~2개 말더듬/100개 단어당) 내에서 말더듬을 산출하는, 소위 말하는 "경고 수준"의 말더듬에 대해 부모들은 자녀가 여전히 말을 더듬고 있다고 반복적으로 주장하기도 한다. 물론, 이러한 주장의 일부는 임상가가 치료실에서 보는 것보다 부모들이 집에서는 유창성의 측면에서 다른 아동으로 "본다는" 사실과 관련있다. 그러나 이러한 주장의 일부는 또한 부모가 어떠한 종류의 구어 비유창성이라도 절대 허용할 수 없다는 것(zero tolerance)에 기반하고 있을 수도 있다. 이러한 부모들이 가지는 의사소통의 유창성이란 깊고 넓은 바다에 매우 작은 말더듬이라는 조각이 떠있는 것에 대한 강한 혐오감, 반감, 수치심이 임상가로 하여금 진단을 할 때에 그것을 찾아내고, 치료하는 방향으로 가기를 원한다.

말더듬의 시작과 관련된 여러 이벤트라는 견지에서, 어떤 부모들은 말더듬을 "유발한" 특정 이벤트를 알아차릴 수 있다. 다른 부모들은 자녀가 단순히 급격한 성장을 겪고 있거나 어떤 다른 발달적 이벤트를 겪고 있다고 생각한다고 보고한다. 부모의 설명은 아동의 말더듬 원인에서 부모들의 역할에 관해서 가지는 죄책감의 정도에 대해 중요한 통찰을 제공할 수 있을 뿐만 아니라, 부모들이 그 문제가 부모 또는 임상가의 영향이라고 믿는 것이 얼마나 (불)변하기 쉬운 생각인지를 제공할 수 있다. 아동의 말더듬에 자신이 기여한다고 믿고 있는 부모들은 가족이 아동의 문제의 간접적인 피해자이고, 아동의 말더듬이 가족들에게 벌을 주고, 부모들이 도울 수 있는 것은 거의 없다고 믿는 부모들보다 가정환경을 변화시키는 것을 돕는 데 훨씬 더 쉽게 힘을 보탠다.

부모와 아동의 구어 속도

아동이 경험하고 있는 언어적 환경을 평가하는 또 다른 방법은 부모와 아동 모두의 구어 속도(speech rate)를 표집하는 것이다. 선행연구에서는 어머니와 아버지의 구어 속도가 아동 말더듬의 심한 정도와 비율에 영향을 미칠 수 있다고 한다(Kelly, 1993; 1994; Kelly & Conture, 1991). 추가적으로, Yaruss와 Conture(1995)는 어머니와 그 자녀의 구어 속도 간의 차이가 클수록, 아동의 말더듬의 심한 정도도 그만큼 더 크다는 것을 밝혔다. 구어 속도를 임상적으로 조작한 결과, 구어 속도를 감소시키면 학령 전 및 어린 말더듬 아동에게서 말더듬 빈도도 역시 감소된다는 것을 제시했다(Guitar et al., 1992; Ryan, 2000; Stephenson-Opsal & Bernstein Ratner, 1988; Wood & Ryan, 2000). 부모의 구어 속도를 직접적으로 혹은 간접적으로 변화시킬 수 있도록 하기 위해, 임상가는 대화적 구어를 하는 동안에 상호작용하는 각 파트너에 대한 기준 구어 속도를 얻어야 한다. 이러한 기준 구어 속도를 얻음으로써, 임상가는 부모와 아동의 구어 속도 간에 큰 차이가 존재하는지의 여부와 그러한 차이를 치료과정에 걸쳐서 추적해야 하는지의 여부를 더 잘 파악할 수 있다.

가족력

그림 3.4에 있는 양식을 사용하여, 임상가는 부모들에게 가족들 중에 ① 의사소통 장애, ② 주의력결핍 과잉행동 장애(ADHD), ③ 심리사회

날짜: ________
집단: ________

가계도

환자 이름: ________ 생년월일: ________ 연령: ________
정보: ________ 성별/관계: ________
검사자: ________

○ = 여성
□ = 남성

환자

각주:

S = 말더듬	**A** = 조음/음운
L = 언어	**V** = 음성
H = 청력	**AD** = 주의력결핍 장애/과잉행동 장애
LD = 학습 장애(난독증)	**D** = 우울증
SCH = 조현병	**PD** = 공황 장애
AD = 불안 장애	**O** = 기타(구체적으로)

[그림 3.4] ■ 구어-언어, 음성, 청각, 주의력결핍 과잉행동 장애, 심리사회적 장애, 학습 장애 등에 대한 가족사를 기록하는 데 사용하는 양식의 예

적 적응 장애 등이 있는지를 확인해 달라고 요구한다. 의사소통 및 그와 관련된 장애를 확인하도록 가족들에게 요구할 때, 임상가들은 ① 구어 장애(예: 말더듬, 발음), ② 언어 결함(예: 늦게 말함, 문법 미숙), ③ 음성 장애[예: 폴립(polyps), 결절(nodules), 구강암 및 후두암], ④ 학습 장애(예: 난독증, 난필증) 등을 설명한다. 주의력결핍이나 주의력결핍 과잉행동 장애의 경우, 주로 과잉행동, 충동, 부주의함, 혹은 이 세 가지의 결합이라고 의료인으로부터 말을 들어본 적이 있거나 부모가 그렇다고 믿는지를 부모에게 묻는다. 가정에서 심리사회적 적응 문제의 존재여부를 부모들이 결정하는 데 도움을 주기 위해서, 임상가는 우울증(depression), 공황 장애(panic disorders), 그와 유사한 장애 등과 같은 문제를 포함하는 심리사회적 적응 문제를 설명할 수 있다. 이러한 문제들 중 한 개라도 과거력이 있을 가능성이 있는 친척에 대해서, 그 친척이 ① 치료를 받았거나 치료와 관련되었음, ② 전문가의 진단을 받았음, ③ 치료를 위해 약을 처방받았음 등을 부모가 지적할 필요가 있다. 가족 구성원이 단순히 Lucy 아주머니를 "말을 바르게 하지 않는 이상한 여자" 혹은 "우울한 것으로 진단되어야 할 사람"으로 설명하는 것으로는 충분하지 않다. 가족력 인터뷰를 하는 동안에 얻은 정보는 말더듬의 가족 내력의 가능성을 추적하는 데뿐만 아니라 가족 역학에 대한 추가적인 정보를 제공하는 데도 임상가에게 의미가 있다. 예를 들면, 수반하는 여러 구어-언어 장애들에 대한 과거력이 있는 가족은 그러한 과거력이 없는 가족보다 치료 과정에 더 익숙할 수 있다. 마찬가지로, 만약 그 아동이 치료에 적응하는 것 외에 치료로부터 적절한 이득을 보는 것이 적을 것 같아 보이면, 임상가는 아동에게 치료에 대한 무관심이나 부모와/나 아동이 치료과정에 "참여"하는 것이 적절하지 않은 이유에 대해 있을 수 있는 원인으로 부모의 심리사회적 문제(예: 우울증)를 고려할 수 있다.

출생, 병력, 발달사

대부분의 클리닉에서는 스케줄을 짜거나 평가를 완료하기 전에 가족들이 어떤 종류의(미리 작성하는) 사전 정보 질문지를 완성하도록 요구한다. 이러한 인테이크 질문지에 일반적으로 가족들이 케어를 받을 환자의 출생, 병력, 발달사 등에 관한 자세한 정보를 적도록 요구한다. 일반적으로, 이러한 측면의 평가에 관련된 사람들은 사전 정보 프로세스, 부모, 임상가 등과 협력하고 있는 사람들이다. 사전 정보 질문들은 인터뷰 동안 임상가가 그 아동이 받아온 입원, 약물 치료, 기타 발달적 치료 등에 관한 추수적 질문을 이끌어가도록 돕는다. 예를 들면, 복잡한 병력 및 발달사가 있는 아동의 부모들은 이미 평가/치료 과정에 대해 경험이 있기 때문에, 치료에 대한 생각이 더 개방적일 수도 있다. 다른 한편으로, 부모들은 평가를 받은 아동이나 가족 중 다른 아동들에 대한 지속적인 의료적, 교육적, 심리사회적 중재와 더불어, 부모와 자녀가 또 다른 형태의 중재에 등록할 필요가 있을 수 있다는 것을 알고 매우 염려하게 될 수도 있다. 어느 경우이든, 인테이크 형식으로 얻은 정보로, 임상가는 치료 과정에 가족들에게 가져올 수 있는 이점과 방해물을 더 잘 측정할 수 있게 한다.

구어-언어 계획 및 산출 평가

아동의 구어-언어 계획 및 산출에 대한 충분한

정보를 얻기 위해, 규준 참조, 준거 참조, 임상가 관찰 등을 결합하는 것이 필요하다. 평가의 이 부분을 위해서는 아동과 임상가가 꼭 참여하는 것이 중요하다. 아동의 생활연령과 발달 연령(모자 분리와 같은, 새로운 것과 변화에 대한 적응성을 언급하는 것이 아님)에 따라서, 아동의 부모들이 평가실에 함께 있을 필요가 있다. 말할 나위 없이, 이것이 최적의 방법(선택)은 아니지만, 앞에서 언급한 것처럼, 어떤 학자는 이 절차가 기능을 한다고 한다(예: Boey et al., 2007).

이상적으로 말하면, 임상가와 아동은 평가에 쉽게 이용하는 데 필요한 프로토콜과 검사 자료들이 모두 있는 아동-친화적 탁자에 편안하게 앉는다. 구어-언어 계획 및 산출에 대한 포괄적 평가는 ① 구어 조음, ② 수용 어휘와 표현 어휘, ③ 표현, 수용 및 전체 언어 능력, ④ 자발적이거나 대화적 구어-언어 능력 등에 대한 측정을 포함한다. 이러한 네 가지 과제들을 이루기 위해 우리의 클리닉에서 자주 사용하는 양식과 프로토콜을 다음과 같이 제시한다.

구어 조음 평가하기

구어 조음과 언어 능력들을 평가하는 데 이용할 수 있는 표준화된 측정 도구들이 많이 있어서, 우리는 하나의 규정(prescription)이 아니라 여러 가지 선택들(options) 중 가능한 한 세트를 여기에 제시한다. 이상적으로 말하자면, 임상가는 자발적 샘플을 수집하는 동안에 실시한 아동의 구어-언어 관찰에 프로토콜을 맞춘다. 예를 들면, Goldman-Fristoe 조음 검사-2(Goldman-Fristoe Test of Articulation-2; GFTA-2)(Goldman & Fristoe, 2000)는 단단어에서 구어 조음 검사에 폭넓게 사용되는 검사도구이고, 자발적 구어에서 표적음을 유도하는 방법을 제공한다. 부차적으로, 임상가가 아동의 구어에서 많은 프로세스 오류들이 나타난다고 의심된다면, 이 검사와 Khan-Lewis 음운 분석(Khan-Lewis Phonological Analysis; Khan & Lewis, 2002)이나 Hodson 음운 형태 평가(Hodson Assessment of Phonological Patterns-3판; HAPP-3) (Hodson, 2004)를 결합하여 사용할 수 있다.

말더듬 아동들을 평가하거나 치료할 때 조음/음운을 고려하는 것의 중요성이 여러 가지 근거에서 지지될 수 있다.

1. 말더듬 아동들이 정상 유창성 아동들보다 조음/음운 장애를 나타낼 위험성이 다소 더 큰 것으로 나타난다(예: Arndt & Healey, 2001; Blood et al., 2003; Cantwell & Baker, 1985; Bloodstein, 1995의 표 18 참조; Byrd, Wolk, & Davis, 2007; Louko, Edwards, & Conture, 1999; Nippold, 1990; 2002 비교).
2. 말더듬 아동들이 비말더듬 아동들과 조음/음운 능력이라는 견지에서 다른 것 같다. 심지어 이 두 화자 집단이 정상 범위 내에서 조음/음운 능력을 나타낼 때에도 그렇다(Pellowski et al., 2001).
3. 비말더듬 아동들과 비교할 때, 말더듬 아동들이 읽기 능력에 영향을 미칠 수도 있는 음운 능력인 음운 표현의 총체적(예: 단어 수준) 프로세스에서 증대적(예: 음 수준) 프로세스로의 발달적 변화(development shift)를 하는 데 지체되는 것으로 나타난다(Byrd, Conture, & Ohde, 2007).

4. 말더듬을 지속하는 아동들은 궁극적으로 회복하는 아동들보다 음운 발달이 더 느린 것을 나타낸다. 이 연구 결과를 음운지체가 말더듬의 지속 혹은 회복을 예측할 수 있는 수단으로 취해서는 안 된다(Yairi & Ambrose, 2005).

따라서 조음/음운 문제의 수반 여부가 치료의 본질과 기간에 영향을 미칠 수도 있지만, 적어도 추가적이거나 수반되는 서비스들의 권고에는 영향을 미친다(말더듬과 음운 문제를 동시에 치료할 때 데이터에 기초한 경험적 접근법에 대해서는 Conture, Louko, & Edwards, 1993 참조).

표현 어휘 능력과 수용 어휘 능력

어휘 능력은 어떤 언어에 있는 개별 단어들의 저장 및 인출과 관련되어 있다. 그래서 어휘 능력을 평가하는 것은 아동이 자신의 환경에서 사용되는 단어들을 얼마나 잘 학습하고 있는지에 대한 필수 정보를 제공한다. 부가적으로, Anderson, Pellowski, Conture(2005)의 연구 결과는 말더듬 아동들이 조음 능력과 구문 능력에 비하여, 단단어를 효과적으로 학습하고 처리하는 능력에서 괴리가 있을 수도 있다고 제시한다.

정확히 말하면, 실험적인 괴리 현상이란 "… 두 개의 다른 과업에서 종속 변인 사이에 정적 관련성이 없는 것"이라고 한다(Tulving, 1983, p.73). 예를 들면, 말더듬 분야에서, 시도적 치료 회기 동안에, 말더듬인은 치료전 기초선과 비교하여 읽기에서 말더듬이 감소할 수 있으나, 대화에서는 치료전 기초선과 비교하여 말더듬이 거의 변화가 없거나 심지어 증가할 수도 있다. 하나의 종속 측정척도인 말더듬은 두 개의 다른 과업인 읽기와 말하기에서 다르게 수행되거나 괴리가 있다.

구어-언어 수행에 대한 여러 가지 표준화된 검사들에서 어린 아동들의 수행력에서 나타난 괴리에 대한 우리들의 연구(study of dissociations) 결과는 검사들 모두에 걸쳐서 대략 유사하게 발달되어야 하는 실험적 조작들(manipulations)을 포함하지 않았다. 대신에, 우리는 여러 가지 다른 검사들에서 얻은 아동의 수행력들을 설명했지만, 그러한 여러 검사들 모두에 걸쳐서 나타난 비교적 낮게 혹은 높게 수행한 아동에게는 관심이 없었다. 오히려, 우리는 두 가지 이상의 검사들 사이에 통계적으로 "괴리된 것"으로 결정된 점수를 얻은 아동에게 관심이 있었다[예: 어떤 아동이 표현 어휘 검사에서 높은 수행력을 보이지만 수용 어휘 검사에서는 낮은 수행력을 보일 때(유창성과 언어에 대해서도 비슷한 고려를 통한 연구에 대해서는 Hall, 1996; Hall, Yamashita, & Aram, 1993 참조; 아동기 말더듬에 관한 비슷한 고려를 한 연구에 대해서는 Hall, 2004; Hall & Burgess, 2000) 참조].

어휘력을 측정하기 위해, 그림 어휘력 검사(PPVT)(Dunn & Dunn, 1981; 1997; 2006)와 표현 어휘력 검사(EVT)(William, 1997; 2006)를 일반적으로 실시한다(EVT는 EVT와 PPVT 사이의 차이가 유의미한지를 결정하는 기준을 제시한다). 앞에서 언급한 바와 같이, 능력들에 있는 여러 괴리는 비효율적이거나 부적절한 구어-언어 프로세싱을 반영할 수도 있다. 비록 우리는 그러한 괴리들이 어떻게 말더듬에 영향을 미치는지에 대한 지식이 초보 단계에 있지만(Coulter, Anderson, & Conture, 2009), Anderson,

Pellowski, Conture(2005) 연구의 후속연구에서 학령 전 말더듬 아동 85명 중 24명이 표준화된 구어-언어검사들 간에 한 개 이상의 통계적으로 유의미한 괴리를 나타낸 것으로 밝혔다. 말을 더듬고 여러 괴리들을 나타낸 학령 전 아동들은 가장 흔한 비유창성 유형으로 삽입어 또는 수정을 유의미하게 더 많이 나타내는 경향이 있었다. 그래서 괴리된 점수들 간의 큰 차이가 총 비유창성과 말더듬과 같은 비유창성의 높은 빈도와 관련되는 경향이 있다. 그래서 적어도 겉으로 드러난 구어-언어 괴리들이 있는 아동들에게서 구어 비유창성이 영향을 받을 것 같으며, 그 결과는 이러한 아동들에서 그러한 괴리들은 치료를 하는 동안에 간접적으로 고려되거나 목표로 삼아야 할 필요가 있다는 것을 제시한다.

표현 언어 능력, 수용 언어 능력, 통합 언어 능력

어휘력 검사와 달리, 표현 및 수용 언어 능력에 대한 포괄적인 측정은 언어의 규칙을 적용하는 아동의 능력에 관한 정보를 임상가에게 제공한다. 이를 달성하기 위해 많은 측정 도구들을 이용할 수 있다. 그러나 학령 전 언어 기반 임상 평가 2(Clinical Evaluation of Language Fundamentals-Preschool 2)(Hresko, Reid, & Hamill, 1991; 1999)와 언어 기반 임상 평가 4(Clinical Evaluation of Language Fundamentals-4)(Semel, Wiig, & Secord, 2003; 2004)는 여러 하위검사들을 통해 아동의 강점이나 약점 영역을 증명할 많은 기회들을 제공한다. 그러나 만약 임상가가 매우 어리거나 미성숙한 환자를 평가한다면, 학령 전 언어 척도-3(Preschool Language Scale-3) (Zimmerman, Steiner, & Pond, 1997)을 사용하는 것이 적절한데, 이 검사는 출생에서 6세 11개월 이하의 아동을 대상으로 표준화되었고, 어린 아동에게 흥미로울 수 있는 다양한 조작가능한 사물을 제공한다. 아동의 표현 언어 능력, 수용 언어 능력, 통합 언어 능력에서 강점, 약점, 결함 영역을 확인하는 것은 치료 목표들을 확립하고 신속한 치료 과정에 방해될 수 있는 요인들을 부모에게 알려줄 때 중요한 요소가 된다.

자발 언어

표준화된 규준참조 검사들(norm-referenced tests)은 구어, 어휘, 언어 등의 능력에서 강점과 약점을 특정 영역에서 확인하려고 할 때 필요하다. 그러나 의사소통을 하려고 노력하는 동안에, 구어 및 언어의 관점에서 아동이 실제로 사용하는 것을 질적 측정하는 것도 동일하게 필요한 것이다. 따라서 평가의 한 부분으로 자발구어를 평가하는 동안에, 임상가는 아동의 평균 발화 길이(MLU)를 추정하기 위해 적어도 50개 발화 이상의 대화 샘플에서 명료도 계수를 구할 것이다.

명료도 계수는 100개 단어칸으로 되어 있는 비유창성 계수와 유사한 양식을 사용하여 실시할 수 있다. 임상가는 명료한 단어와 불명료한 단어를 (+), (-) 기호를 사용하여 구별할 수 있다. 이는 익숙하지 않은 청자가 잘 아는 문맥에서 구어 명료도에 대한 질적인 현상을 간단히 양적으로 측정하는 방식이다.

또한 MLU 계산은 50번까지 있는 줄과 정보와 계산을 적을 공간이 있는 양식에서 행해질 수 있다(그림 3.5). 자발 언어(spontaneous language) 샘플은 문법적 및 통사적 복잡성을 나타내는 중

아동의 이름: ____________________

아동의 나이: __________

DOB: __________

날짜: __________

자발 언어 샘플

자발 언어 샘플은 그 아동이 자연스러운 상황이나 임상가와의 대화/놀이 상황에서 말한 것을 모두 적어서 수집할 수 있다(폐쇄형 질문으로는 유도하지 않아야 함). 최소한 50개 발화를 수집한다. 오른쪽 칸에 형태소의 관점에서 그 발화의 길이를 기록한다.

총 형태소 수: _____ MLU 계산(MLU = 형태소 수/발화 수, 예: 100/25 = 4)

발화 길이	형태소
1. ____________________	______
2. ____________________	______
3. ____________________	______
4. ____________________	______
5. ____________________	______
6. ____________________	______
7. ____________________	______
8. ____________________	______
9. ____________________	______
10. ____________________	______
11. ____________________	______
12. ____________________	______
13. ____________________	______
14. ____________________	______
15. ____________________	______
16. ____________________	______
17. ____________________	______
18. ____________________	______
19. ____________________	______
20. ____________________	______
21. ____________________	______
22. ____________________	______
23. ____________________	______
24. ____________________	______
25. ____________________	______
26. ____________________	______

[그림 3.5] ■ 50개 발화에 대한 평균 발화 길이(MLU) 값을 수집하는 데 사용되는 양식의 예

발화 길이	형태소
27. ______________________	______
28. ______________________	______
29. ______________________	______
30. ______________________	______
31. ______________________	______
32. ______________________	______
33. ______________________	______
34. ______________________	______
35. ______________________	______
36. ______________________	______
37. ______________________	______
38. ______________________	______
39. ______________________	______
40. ______________________	______
41. ______________________	______
42. ______________________	______
43. ______________________	______
44. ______________________	______
45. ______________________	______
46. ______________________	______
47. ______________________	______
48. ______________________	______
49. ______________________	______
50. ______________________	______

[그림 3.5] ■ (계속)

요한 지표이다. 여러 연구들에서 아동의 발화 길이와 복잡성의 증가가 비유창성의 증가로 이어지는 것으로 나타냈다(예: Bernstein Ratner & Sih, 1987; Gaines, Runyan, & Myers, 1991; Logan & Conture, 1995; 1997; Logan & LaSalle, 1999; Richels et al., 2009; Zackheim & Conture, 2003). 따라서, 평가 시에 아동의 MLU에 관한 정보는 치료의 표적 또는 목표를 결정하는 데 매우 중요하다. 또한 아동의 평균 발화 길이도 아동이 자신의 언어적 시스템을 얼마나 힘들어하는지에 대한 통찰력을 제공할 수 있다. 즉, 구어, 어휘, 언어 등의 다른 모든 측정에서 표준 점수가 평균 범위 이하이지만, 아동의 MLU가 자신의 생활연령에서 예상되는 점수의 두 배인 아동은 자신의 구어 언어 산출 프로세스를 효율적으로 처리할 수 있는 것보다 단어들을 더 많이 연결시키려고 하는 것 같다(관련된 논의는 Yairi & Ambrose, 2005, 7장 참조). 반면에, 다른 측정들에서 표준 점수가 평균 이상이고, 그 아동의 MLU가 자신의 생활연령에서 예상되는 것의 절반인 아동은 말더듬을 피하기 위해 말을 적게 할지도 모른다(MLU와 연령에 대한 논의는 Klee et al., 1989 참조). 어느 경우든 치료를 받으러 오게 된 아동에게 미친 언어적 요인이 어떤 것인가에 대한 통찰력을 임상가에게 제공한다.

아동들의 자발 언어를 평가하기 위해 일상적인 대화 샘플을 사용하는 것 외에, 임상가는 "Mercer Mayer's Frog Where Are You"와 같은 글자가 없는 그림책에 근거하여 아동에게 어떤 이야기를 말하도록 하는 내러티브를 사용하고자 한다(이러한 이야기와 관계있고 그 연구 결과에 대한 연구 개요는 Berman & Slobin, 1994 참조). 말더듬 아동들에 대한 구어-언어를 샘플링하는 동안에 그러한 내러티브들을 사용하는 것은 아동 내 및 아동 간에 어느 정도의 표준화를 제공한다. 이 방법은 임상적 데이터를 얻는 데 비교적 용이하지만 추가적으로 임상적 데이터를 수집하는 데 중요하기 때문에 강력하게 추천되는 방법이다.

발화 길이와 복잡성의 증가가 미치는 상대적 효과를 결정하기 위한 또 다른 방법은 스토커 프로브 테크닉(Stocker Probe Technique)(Stocker, 1977)이다. 스토커 프로브 테크닉은 화자가 단단어 대답으로 하는 언어상 간단한 과업에서 이야기를 조직하여 말하는 언어적으로 복잡한 과업으로 나아가기 위한 하나의 체계적 방법이다. 아동에게 사물을 하나 제시하고는, 가장 낮은 복잡성 수준 I(예: 이것이 실물이냐? 아니면 장난감이냐?)에서 가장 높은 복잡성 수준 V(예: 그것에 대해 너의 이야기를 해봐라.)로 나아가는 일련의 다섯 개 질문을 한다. 한 개 사물마다 다섯 개 질문을 하기 때문에, 임상가는 짧은 시간에 많은 양의 구어를 끌어낼 수 있다. 스토커 프로브 테크닉은 실행하고 채점하기가 상당히 쉽다. 스토커 프로브 테크닉은 다양한 수준의 언어적 요구를 통해 환자를 체계적으로 나아가게 하기 때문에, 임상가는 어느 수준의 복잡성에서 그 아동이 유창하거나 비유창한 것을 관찰할 기회를 가진다. 아동이 견딜 수 있는 언어적 복잡성의 수준을 아는 것이 임상가가 유창성을 강화하기 위한 치료를 하는 동안에 아동에게 어느 수준으로 질문을 해야 하는지에 관해 유용한 통찰력을 제공한다.

경험 평가하기

말더듬 문제 및 그것과 관련된 문제(예: 사회적 상호작용에 미칠 수 있는 영향)에서 아동과 가족들의 경험에 관한 정보는 부모상담 중에 알아내야 한다. 따라서, 부모와 임상가는 이 부분의 평가에서 주요한 참여자이다. 임상가는 아동과 부모가 경험해왔던 것을 알아내기 위한 질문들을 해야 한다. 임상가는 가능한 한 많이 "집단적 성향(group tendencies)"을 가정하기보다는 개별 환자의 문제에 대해 열린 자세를 유지해야 한다. 앞에서 언급한 바와 같이, 필수 질문으로는 말더듬이 언제, 어디서, 누구와 함께 있을 때, 얼마나 오랫동안 지속하는지 등에 대한 질문을 포함한다.

부모 인터뷰

부모 인터뷰를 하는 동안에, 다음과 같은 여러 가지 "테마"들을 포함하여 다루어야 한다. ① *자각(awareness)*—예를 들면, 자녀가 자신이 말을 더듬는다거나 "말을 밖으로 낼 수 없다"는 것을 알고 있는가? 만약 그렇다면, "자각"에 대한 부모 평가의 근거는 무엇인가? ② *반응*—예를 들면, 자녀가 말하는 것을 피하는가? 자녀가 다른 사람들에게 자신이 말하도록 하거나 격려하는가? ③ *놀림 당함*—예를 들면, 자녀가 놀림을 받은 적이 있는가? 만약 그렇다면, 누가 얼마나 자주 아동을 놀리는가? 그러한 놀림에 대해 자녀와 부모의 반응은 어떠한가? ④ *상황에 따른 말더듬의 변화*—예를 들면, 자녀의 말더듬이 언제, 어디서, 누구와 함께 있을 때 더 심하거나 덜 심한 경험을 하는가? 약간은 내현적(절차, 비교적 무의식적)이고 외현적(서술적/사건적, 비교적 의식적)인 기억이 이러한 "테마들", 특히 첫 번째(자각)와 두 번째(반응)에서 하는 역할에 대해 알려진 것이 거의 없다. 예를 들면, 우리는 아동의 말더듬에 대해 아동 자신의 편에서 일어난 "걱정"의 시작이 (발생되는 것인지) 아동 자신의 외현적 또는 서술적/사건적 기억, 즉 과거에서 현재까지의 개인적인 경험들을 비교하는 의식적이고, 자전적인 기억을 반영하는지 그 여부에 대해서는 알 수 없다(내현적 및 외현적인 기억의 발달에 대한 추가적인 논의는 Rovee-Collier, Hayne, & Colombo, 2001 참조). 우리가 그러한 인지적-정서적 프로세스와 말더듬의 발생과 발달의 관계를 더 잘 이해하기까지, 어떤 아동들은 회복되고 또 어떤 아동들은 말더듬을 왜 지속하는지 그 이유에 대한 우리의 지식은 불완전 상태로 남아있게 될 것이다.

이러한 각 주제들은 아동들의 말더듬뿐만 아니라 아동/부모 반응들에 대한 여러 관점들을 제공한다. 이러한 주제들 중 하나인 상황적 다양성은 아동이 하루 혹은 일주일 동안에 자신의 말더듬으로 경험하는 변화 혹은 결핍에 대한 중요한 통찰력을 제공한다. 부모에게 말더듬에 대해서 좀 더 많은 좌절감을 주는 측면들 중 하나는 말더듬이 발생하는 다양성이라고 말하는 것이 올바르다. 부모들은 종종 왜 말더듬이 나타났다가 사라졌다 하는지 그 이유를 이해하지 못한다(예: 말더듬은 가정에서보다 클리닉에서 더욱 좋아진다). 부모에게 이러한 말더듬이 왔다갔다 하는 것은 무작위로 나타나고 또 의문스러우며, 심지어 고의적인 것처럼 느껴진다. 이러한 말더듬의 예측할 수 없는 발생은 부모와 말더듬 아동 모두에게 좌절감을 줄 수 있다. 따라서 부모가 말더듬을 더 잘 이해하도록 여러 말더듬의 다양성들 중에서 정규성(규칙성; regularity)을 찾는 것이 임상가의 일이다. 예를 들면, 일부 부모들은 자녀가 저녁때 특히 저녁 식사할 때 더 비유창하다고 보고한다. 이러한 정보는 임상가에게 그 아동이 어떠한 것이라도 말로 의사소통하는 동안에 혹은 하루가 끝나는 시점에 피곤해 있을 때 남아있는 유창성 과제도 더욱 어려움을 겪게 된다는 것을 시사한다. 말더듬이 누가, 언제, 어디서 발생하는가에 대한 정보 또한 임상가에게 치료 과정에 유창성을 검사(자세하게 조사)해볼 수 있는 여러 상황을 제공한다. 그러나 최근 연구에 따르면(Johnson et al., 2009), 비록 말더듬 빈도가 학령 전 말더듬 아동들 사이에서 대화 상대자(부모 대 임상가), 상황(가정 대 클리닉), 과제(대화 내러티브)에 따라 달라진다고 보고하지만, 이러한 차이들이 반드시 진단적으로 다른 것으로 나타나는 것은 아니다. 즉, 임상가는 클리닉에서 임상가와 말할 때처럼 아동이 집에서 말할 때 어머니가 관찰하는 것에 근거하여 심지어 말더듬 빈도가 이러한 두 상황에서 다소 다르더라도, 아동이 말을 더듬는다고 진단내리기 쉽다.

말더듬 발생 이후 경과한 기간

경험이 주는 한 가지 중요한 요소는 그 말더듬이 얼마나 오랫동안 또 얼마나 자주 발생하는가이다. 지금까지 Yairi와 Ambrose(2005)가 이러한 것에 대한 가장 좋은 정보를 제공했다. 뿐만 아니라 Maansson(2007)의 최근 결과들은, 우리가 이러한 퍼즐을 맞춘다는 사실에 근거한 지식이지만, "말더듬이 발생된 이후로 경과한 기간이 아동이 치료를 받지 않고도 어떻게 회복될 것인가에 관하여 어떠한 정보를 주는가?"하는 중요한 문제를 더해주고 있다.

비록 말더듬 아동들이 말더듬 발생 후 수년 동안에 치료를 받지 않고도 회복할 수 있지만(Yairi & Ambrose, 2005), 대체로 말더듬 발생 후 4년경에 말더듬 아동 중 74%가 회복되었다. 따라서 4년 이상 말을 더듬어온 아동은 자연적으로 회복되지 않는 것으로 보인다(이것은 확실한 것이 아니라 추측임을 주의하라). 그러나 임상가들은 일반적으로 어떤 아동이 치료를 시작하기 전에 회복될 것인지의 여부를 결정하기 위해 4년을 기다릴 수는 없다. 비록 Yairi와 Ambrose(2005)의 데이터는 임상가와 연구자들에게 중요한 자료이지만, 현재 저자들이 토의하는 것과 관련하여 그들의 연구 결과에서 얻은 가장 도움이 되는 것은 말더듬 발생 후 12개월 중 후반부 초에 말더듬을 회복할 아동의 말더듬의 비율/혹은 심한 정도가 감소하기 시작하는 반면에, 말더듬이 지속될 아동들에게서 말더듬의 비율과 심한 정도는 고정적이거나 증가한다는 사실이다. 따라서 말더듬 발생 후 6~12개월 정도를 기다리면서, 아마 그 아동을 매 3~6개월마다 모니터링하고, 아동의 말더듬 빈도의 "발달 경향"을 관찰하는 것은 임상가에게치료를 시작할 것인지 아니면 좀 더 지연시킬 것인지에 대한 결정을 하는 데 도움을 줄 수 있다.

불행하게도, 대부분의 아동들이 임상가에게 올 때까지 여러 달 동안 말을 더듬고 있었다. 따라서 임상가는 부모들이 얼마나 오랫동안 그 문제를 알고 있었는지를 평가하는 것으로 시작하여야 한다. 아동에서 말더듬이 발생한 대략적인 시기를 확인하기 위해서, 임상가는 브래킷 테크닉(bracketing technique)(Anderson et al., 2003; Yairi & Ambrose, 1992)을 사용할 수 있다. 브래킷 테크닉은 부모가 처음으로 말더듬을 관찰했을 때 그 때 아동이 몇 세였는지를 묻고, 그런 다음 그 때의 나이를 사용하여 특정 연도에서 정확한 달을 알아내는 쪽으로 간다. 기본적으로, 임상가는 비교적 기억하기 쉬운 이벤트, 예를 들어 생일, 명절, 방학들에 대한 기억을 돕는 연상 기호로 "고리(hooks)"나 기억에 도움이 되는 벤치마크로 이용함으로써, 다양한 시점에서 아동이 말을 더듬었던 것을 부모가 기억해내도록 질문한다(Ambrose & Yairi, 1999; Anderson & Conture, 2004; Richels & Conture, 2007).

Kiddy-CAT

아동의 자각 및 불안의 수준을 알아보기 위한 측정에는 평가가 포함되어야 한다. 최근에, Vanryckeghem과 Brutten(2006)은 어린 아동용 말더듬 자각 및 불안을 확인할 수 있는 아동용 의사소통 태도 검사(Kiddy-CAT)라고 하는 측정 도구를 개발했다[이 검사 도구는 DeNil과

Brutten(1991)이 개발한 나이든 아동의 의사소통 태도 검사(CAT) 도구의 학령 전/초등학교 저학년용이다]. 저자들은 이 검사의 원형(原型)을 사용한 경험이 있다. 이 검사를 실시하기 위해서, 임상가는 아동에게 자신의 말하기에 대한 어떠한 불안이라도 표현할 수 있는 기회를 주기 위해 설계된 12개의 예/아니오로 대답하는 질문들을 묻는다. 임상가는 각 질문을 하기 전에, "Do you think that…"이라는 전이구(carrier phrase)를 사용하고, 아동은 예 또는 아니오로 대답한다. 말더듬에 대한 불안이나 자각을 나타내는 어떠한 응답을 하더라도 1점을 부여한다. 점수가 높을수록 자각 및/또는 불안이 더 높은 것을 나타내는 반면에, 점수가 낮을수록 자각 또는 불안이 더 낮은 것을 나타낸다.

이 검사 혹은 그와 같은 다른 어떤 검사가 가지고 있는 한 가지 문제점은 4세 미만의 아동들이 모든 질문에 대해서 "네" 혹은 "아니오"로 대답하는 "반응세트"에 있을 수 있다는 사실이다. 만약 이러한 반응 유형이 일어날 경우, 경험이 많은 임상가는 이러한 "성향"을 쉽게 알아차리고, 아동에게 이 검사를 다시 받도록 지시하거나 그 아동에게 적절하지 않다는 것을 결정해야 한다. 이 검사의 또 다른 문제점은 특히 4세 이하 아동에게는 아동의 서술적/에피소드적 기억의 발달 속도와 그 수준인데, 이 기억 형태는 아동에게 무언가에 반응을 하도록 요구할 때 부분적으로는 과거와 현재의 경험 비교를 포함하여 자기와 관련된 질문을 이해하는지 알아보려고 하는 것 같다. 이러한 이슈 외에 이 검사는 현재 학령 전 아동들의 자각에 대한 기준 준거 검사들 중 하나이다. 포괄적인 평가/중재 접근법을 개발하고자 하는 임상가들은 그것을 심각하게 고려해야 한다. 각 가족 구성원들이 말더듬을 경험할 때 느끼는 정서 상태 혹은 상황적 측면들(정서 반응성과 정서 조절)은 다음에 평가할 영역이다.

정서적 반응성과 정서 조절

부모 인터뷰와 임상가 관찰은 정서, 정서적 반응성, 정서 조절 등의 상황적 측면에 대한 정보를 수집하는 가장 좋은 방법이다. 또한 이러한 관련된 변인들에 관한 훌륭한 정보를 제공하는 여러 가지의 양적 측정 방법들도 있다. 우리 치료실에서는 기질 특성 척도(Temperament Characteristics Scale)(Oyler, 1996a; 1996b)와 행동 유형 질문지(Behavioral Styles Questionnaire; BSQ)(Carey, McDevitt, & Associates, 1995)의 두 개의 부모 질문지를 가장 자주 사용한다. 이 검사들은, 예를 들면, 아동용 행동 질문지(Children's Behavior Questionnaire; CBQ)(Rothbart et al., 2001)와 같은 이용 가능한 다른 검사들이 주는 것처럼 처방적이지 않고 시사적이다. 부모 인터뷰와 기질 특성 척도와 BSQ에서 얻는 정보는 다음과 같다.

부모 인터뷰

부모 인터뷰를 하는 동안에, 임상가는 다음과 같은 질문을 할 것이다. ① 말할 때뿐만 아니라 모든 활동(예: 그림 색칠하기, 종이에 그려진 도형/그림 자르기, 그림 그리기, 새로운 기술 학습하기)을 하는 동안에 발생하는 실수에 대해 아동의 겉으로 나타난 모습이나 표출한 태도는 어떠한가? ② 아동이 훈육, 갈등, 형제 간의 경쟁에 대해 (비)구어적으로 어떻게 반응하는가? ③ 평소의 일상이 가족들과 비슷한가? 즉, 부모가 아동의 일상 활동을 일관적으로 계획하는가, 아니면 계획되지 않은 채로 굴러가는가(예: 취침/기상 시간이 매일 비일관적임, 아침/점심/저녁을 매번 다른 시간에 먹음)? 이러한 질문들은 모두 임상가가 환경(특히 환경적 변화)에 대한 아동의 기질적/상황적 반응과 적응력을 파악하는 데 도움을 준다. 더욱이, 이러한 질문들은 일상생활의 활동과 사건 전반에 걸쳐 부모가 아동을 가이드하기 위해 그 환경을 어떻게 구조화하고 형성하는지에 관한 정보를 제공한다.

부모는 자녀가 어떠한 종류의 실수라도 할 때 강하고 부정적인 반응을 지속적으로 보이고 "너무 어려워" 보이거나 완벽하게 되고 있지 않을 때 성질 부리기나 그 과업을 포기할 것임을 나타냄으로써 질문 1에 답할 수 있을 것이다. 우리는 이러한 "완벽하지 않으면 실패"라고 하는 아동은 자신의 구어-언어 계획과 산출에서 일반적으로 일어나는 잘못에 대해 유사한 반응을 보일 수 있다고 추측할 수 있다(종종 "아동의 편에서 백점 아니면 모두 틀렸다"고 생각하는 완벽주의적 접근은, 우리가 앞에서 토의한 바와 같이, 자녀가 말을 더듬을 때 그 자녀가 하는 것을 실제적으로 나타내 보이지 못하거나 꺼리는 부모들과 연관되어 있다). 마찬가지로, 질문 2에 대한 반응에서, 임상가는 그 아동이 유사한 행동(예: 고함지르기, 물기, 바닥에 털썩 주저앉기)으로 반응을 보이는 것을 알 수 있다. 혹은 질문 2에 대한 답을 할 때, 부모는 자녀가 그저 입을 다물고 말을 하지 않거나 부모의 비난에 대해 약간의 힌트를 보이면서 가족과의 상호작용을 하지 않는다고 한다. 우리가 믿기로는 이러한 정보는 치료 과정에서 중요한 파급 효과(ramifications)가 있다. 비교적 자기의 일상적인 환경, 특히 그 환경에서 일어나는 변화, 달라짐(차이), 새로운 것의 발생 등에 대해 강하고, 비교적 변덕스러운 반응을 일관되게 보이는 아동은, 그러한 변화가 매우 적절하고 쉬운 변화임에도 불구하고, 치료에서 변화하도록 요구하는 것에 대해 비슷하게 강력하고 변덕스러운 반응을 보일 수 있다. 우리가 생각하기에, 그러한 변덕은 자신의 말더듬 빈도에서 변화가 많은(up-and-down) 패턴을 반영하는 것일 수 있다. 달리 말하면, 치료하는 과정에서, 그러한 아동들은 말더듬이 스무스한(완만한) 하향추세를 보이지 않지만, 시간이 지나도 아동의 말더듬이 증가했다가 감소하고 또 증가하는 것과 같이 치료에 거의 영향을 받지 않는 패턴을 나타낸다. 반대로, 정서적 변동(upheaval)이나 불확실성을 나타내는 아주 작은 의미에서 입을 다물고 말을 하지 않는 경향이 있는 아동은 ① 치료에서 우리가 측정하고 실제 변화를 보기까지 충분히 말을 하기 시작하기까지는 수주에서 수개월이 걸린다. 혹은 ② 치료의 이득을 보기 위해서는 충분히 많은 치료 세션이 필요하여 비슷하게 장기간이 걸릴 수도 있다. 솔직히 말하자면, 진단평가 시에, 부모 관찰 및 이러한 유형의 행동에 대한 보고서는 치료를 그 아동의 개별적인 요구에 맞게 조정하는 데 있어서 아무런 가치가 없다.

부모 보고 질문지

앞에서 언급한 것처럼, 정서적 반응성과 정서적 조절을 알아보기 위한 몇 가지 양적 방법들에는 기질 특성 척도(Oyler, 1996a; 1996b)와 BSQ(Carey, McDevitt, & Associates, 1995)를 실시하는 것이 포함된다. 기질 특성 척도는 부모가 자녀의 분리 능력(separation skill), 두려움, 새로운 환경 및 사람에 대한 반응성 등에 대해 평가하도록 하는 일곱 개 질문을 임상가가 한다. 각 질문은 어린 아동의 행동의 어떤 측면들에 대해 5점 척도로 평가한다. 이 척도의 한 항목에서 낮은 점수(1~2점)는 반응성이 많고/억제하는 경향이 더 많다는 것을 나타내고, 높은 점수(4~5점)는 반응성이 더 적고/표현하는 경향이 더 많은 것을 나타낸다. 기질 특성 척도 점수는 7(행동적으로 매우 억제됨)부터 35(행동적으로 매우 표현적임)까지 하나의 연속선상에 있다. 예를 들면, 첫 번째 질문은 자녀가 어떻게 사람들과 사물에게 접근하는지를 부모에게 평가하도록 요구하여, 1점은 "일반적으로 후퇴함"으로 평가하고, 5점은 "쉽게 접근함"으로 평가한다. 3점은 평균이라고 생각되고, 대부분의 아동들이 여기에 속한다. 기질 특성 척도는 실시 및 채점하기가 매우 쉽다. Oyler의 데이터(1996a; 1996b)는, 비말더듬 아동들은 평균 24.60(표준 편차 = 3.75)인 반면에, 말더듬 아동들은 평균 19.72(표준 편차 = 3.46)를 나타낸다.

이제까지 기질 특성 척도(Temperament Characteristics Scale)를 사용하여 얻은 우리의 상당한 경험에 의하면, 18점 미만의 점수는 더 많이 억제되고 반응성이 높은 아동을 나타내는 반면, 23점 이상의 점수는 덜 반응적이고 더 많이 표현적인 아동이라는 것을 제시한다. 우리의 경험을 비추어 보면, 행동적으로 억제된 아동(즉, 더 많이 낮은 Temperament Characteristics Scale 점수)은 부모와 분리되는 것과 변화, 새로움, 차별 등을 다루는 데 더 많은 어려움을 경험하거나 나타내며, 강한 두려움을 가지며, 더 많이 행동적으로 표현하며, 좀 더 많이 반응적이고, 행동적으로 좀 더 조절되지 못한다. 또 기질 특성 척도는 간단하고, 짧은 시간 내에 실시하는 검사이며, 아동의 정서적, 사회적, 행동적 특성들과 관련하여 단지 한 개의 데이터 포인트 혹은 관찰을 나타낸다. 그럼에도 불구하고, 이 검사는 아동의 기질적/상황적 반응성과 부모의 그것에 대한 지각에 대한 좋은 전체적인 관점을 제공한다. 만약 임상가가 아동의 행동에 대한 좀 더 철저한 전체적인 관점을 얻고자 한다면, BSQ(Carey, McDevitt, & Associates, 1997)가 어린 아동들에게서 기질을 평가하는 데 이용할 수 있는 측정 도구들 중 하나이다.

BSQ는 110개의 질문이 있고, 부모들이 대답하는 데 평균 20분 소요된다. Anderson 외(2005, p.1225)의 논문에 언급했듯이, "BSQ는 9가지 수준(활동 수준, 적응성, 접근-위축, 기분, 강도, 주의산만성, 주의집중 시간/지속 시간, 감각 역치, 율동성)에서 3세에서 7세까지 아동들의 기질적 특징들을 부모들이 보고한 것을 평가한다." BSQ는 또한 직접 또는 출판사로부터 구입한 소프트웨어(Behavioral-Developmental Initiatives; http://www.b-di.com)를 사용하여 채점할 수 있다. 비록 기질 특성 척도와 유사하지만, BSQ는 임상가에게 치료하는 동안에 결정하는 것을 도울 수 있는 아동의 기질에 대한 좀 더 상세한 정보를 제공한다. Karrass 외(2006)가 개발한 3개의 BSQ 하위검사(정서적 반응성, 정서 조절, 주의집중 조절)의 결과 등을 관련시킴으로써, 기질 특성 척도는 정서 반응성($r = -.39$, $p < .01$), 정서 조절($r = .46$, $p < .01$), 주의집중 조절($r = .20$, $p < .05$) 등과 유의한 상관이 있음을 알았다. 예를 들면, 만약 기질 특성 척도나 BSQ에서 얻은 데이터가 그 아동이 새로운 사람들에게 마음을 여는 것이 느

리고, 환경 변화를 쉽게 다루지 못하며, 부모로부터 분리되는 것이 어려운 것으로 나타나면, 임상가는 처음 및 치료세션(8세션 정도)을 아동이 사람, 활동, 치료와 관련되는 환경 등에 적응하도록 돕는 것과 관련시키려고 할 수 있다(우리들이 경험한 이러한 아동들 중 일부는 치료에 적응하는데 약 두 달 이상 걸리고, 울기, 치료실로 들어가는 것을 거부하기, 매 치료시간을 시작할 때 몇 분간 성질을 부리며 던지기 등으로 치료 활동을 하지 못했다).

말더듬 사례

안면타당도(face validity)가 매우 높은 말더듬 사례에 관한 정보를 수집하기 위한 가장 전통적인 방법 중 한 가지는 임상가가 직접 관찰을 통해 수집하는 것이다. 따라서, 진단 회기에서 이러한 측면을 살펴보기 위한 주 참여자는 자발화를 수집하는 동안에 말더듬 아동과 부모를 관찰하는 임상가이다. 관찰을 통한 측정은 심한 정도(severity)와 빈도(frequency)라는 견지에서 실제 말더듬에 관한 양적 및 질적 정보를 제공한다. 다음은 말더듬 심한 정도 검사(Stuttering Severity Instrument-3; SSI-3)(Riley, 1994)와 비유창성 계수에 관한 세부내용들을 설명한 것이다.

말더듬 심한 정도

아마도 말더듬 심한 정도를 평가하기 위해 가장 널리 사용되는 측정 도구들 중 하나가 SSI-3일 것이다(Riley, 1994). SSI-3는 세 개(① 빈도, ② 지속 시간, ③ 신체적 수반행동) 부분으로 구성되어 있다. 빈도 부분은 읽기가능자(reader)와 읽기불가능자 부분으로 나뉘어 있다. 임상가는 두 부분 중 어느 부분이라도(모두는 아님) 사용한다. 빈도라는 개념은 말더듬의 실제 빈도와 관련이 있고, 전체 비유창성과는 관련이 없다. SSI-3의 지속 시간 부분은 스톱워치를 사용하여 10분에 1초까지 측정하는데, 적어도 10개의 지속 시간을 잰다. 얻은 10개의 지속 시간 중에서, 가장 긴 3개의 지속 시간의 평균을 이 부분의 척도 점수로 사용한다. SSI-3의 마지막 부분은 신체적 수반행동이다. 이 부분에서는 임상가가 말더듬인이 나타내는 ① 산만한 소리(distracting sound), ② 얼굴 찡그림, ③ 머리 움직임, ④ 사지 움직임(아동기 말더듬과 관련된 비구어적 행동에 대한 자세한 추가적인 설명은 Conture & Kelly, 1991 참조) 같은 비구어적 행동을 평가한다. 특별한 행동들의 예는 그 양식에 설명한다. 임상가는 관찰 없음은 0점, "고통스러워 보임"으로 관찰되는 행동은 5점으로 하는 5점 척도로 관찰된 각 행동을 평가한다. 세 개 부분의 점수를 합산하여 총점을 산출한다. 평가지 양식의 뒷면에 말더듬 심한 정도 동수치(equivalents)와 총점에 대한 말더듬 심한 정도 평가를 제공하는 세 개의 표가 있다. 임상가는 평가 시에 이 정보를 아동의 말더듬 심한 정도에 대한 지표와 함께 가족에게 제공한다. 평가 시 말더듬 빈도와 심한 정도를 신속하고 정확하게 표로 나타낼 수 있는 임상가의 능력은 이전에 논의된 여러 요인들(예: 아동의 성향/행동 반응성, 대화 길이, 아동과 대화하는 사람의 대화의 복잡성과 스타일 등)에 의해 영향을 받을 수 있다.

비유창성 계수

비유창성을 계수하는 목적은 대화에서 산출된 비유창성 및 말더듬 수의 추정치를 얻는 것이다. 그림 3.6은 심한 말더듬 아동을 진단할 때 수행된 비유창성 계수에 대한 한 예이다. 그림 3.6에서 보여주는 것과 같이, 세 개의 섹션이 있는데, 각 섹션은 100개의 단어 단위로 구성되어 있다. 각 비유창성 또는 말더듬은 말더듬의 유형을 나타내는 약자로 명시하고, 각 유창한 단어는 점(dash)으로 명시한다(예: SSR은 음/음절 반복, ASP는 소리가 나는 음소 연장, 이러한 약어들의 추가적인 정의는 그림 3.6의 설명 참조). 비유창성 계수의 종료 시에, 임상가는 총 단어 수에 대한 총 비유창성의 백분율, 총 단어 수에 대한 총 말더듬, 총 비유창성 수에 대한 말더듬의 비율 등을 계산할 수 있다. 총 단어당 말더듬의 백분율은 말더듬 예측 검사(Stuttering Prediction Instrument)와 SSI-3 모두에서 말더듬의 빈도를 알기 위해 사용되는 수치이다. 또한 경험적 증거는 전체 비유창성 수에 대한 말더듬의 비율이 말더듬 아동과 비말더듬 아동 간(Pellowski & Conture, 2002)뿐만 아니라, 지속적인 말더듬과 일시적인 말더듬 간(Yairi et al., 1996)의 구별을 제시한다. 현재까지 얻은 우리의 임상 경험은 말더듬과 같은 비유창성(stuttering-like disfluency)/총 비유창성의 비율이 70% 이상인 아동들은 지속적인 말더듬에 대한 위험이 있는 반면에, 말더듬과 같은 비유창성(stuttering-like disfluency)/총 비유창성 비율이 40% 이하인 아동들은 말더듬에 대해 위험이 훨씬 덜하다고 제시한다. 다음 섹션에서, 비유창성 계수가 치료 진행 과정을 추적하는 데 사용되는 방법을 논의하고자 한다.

계속되는 의사결정을 돕는 평가방법

철저한 평가를 하는 주된 목적 중 하나는 임상가들이 말더듬 아동을 확인하는 것뿐만 아니라, 진정으로 치료가 필요한 아동과 그렇지 않은 아동을 변별할 수 있도록 보장하는 것이다. 일단 그 결정이 이루어지고, 아동이 치료받을 스케줄이 계획되도록, 적어도 일부 진단 정보에는 치료기간, 본질, 상대적인 성공 등에 대한 지식을 제공하도록 도와야 한다. 따라서 ① 치료 결과를 잘 예측하는 진단평가의 요소들과 ② 결과를 결정하기 위해서 치료를 하는 동안에 계속적으로 말더듬 및 관련된 행동들을 측정하는 빈도와 방법을 고려하는 것이 중요하다. 그러한 예측을 하기 위해서, 우리는 진단평가 및 말더듬에서 나타나는 임상가에게 친숙한 측정방법(즉, 나중에 기술할 변화 점수들)에 대한 다양한 구성요소들을 자세하게 검토해야 한다.

예측 측정 도구

다음은 진단 데이터가 단기 결과(초기 12세션의 치료 세션에서 수집한 데이터)와 장기 결과(치료 종료 이전의 최소 12세션에서 수집한 데이터)들을 얼마나 잘 예측하는지를 실증하는 실험 연구에 대한 논의이다. 가족 중심 간접 치료 세션들(예: Richels & Conture, 2007)이 매주 1번 실시되고, 각 아동은 50분으로 구성된 치료에 참가한다.

단기간의 개선을 파악하는 예측변인

진단적 측정치와 치료결과 간의 상관관계를 검증하기 위해, 저자들은 말더듬에서 단기간의 개선(즉, 말더듬의 개선이 언어 치료 시작 후 가까

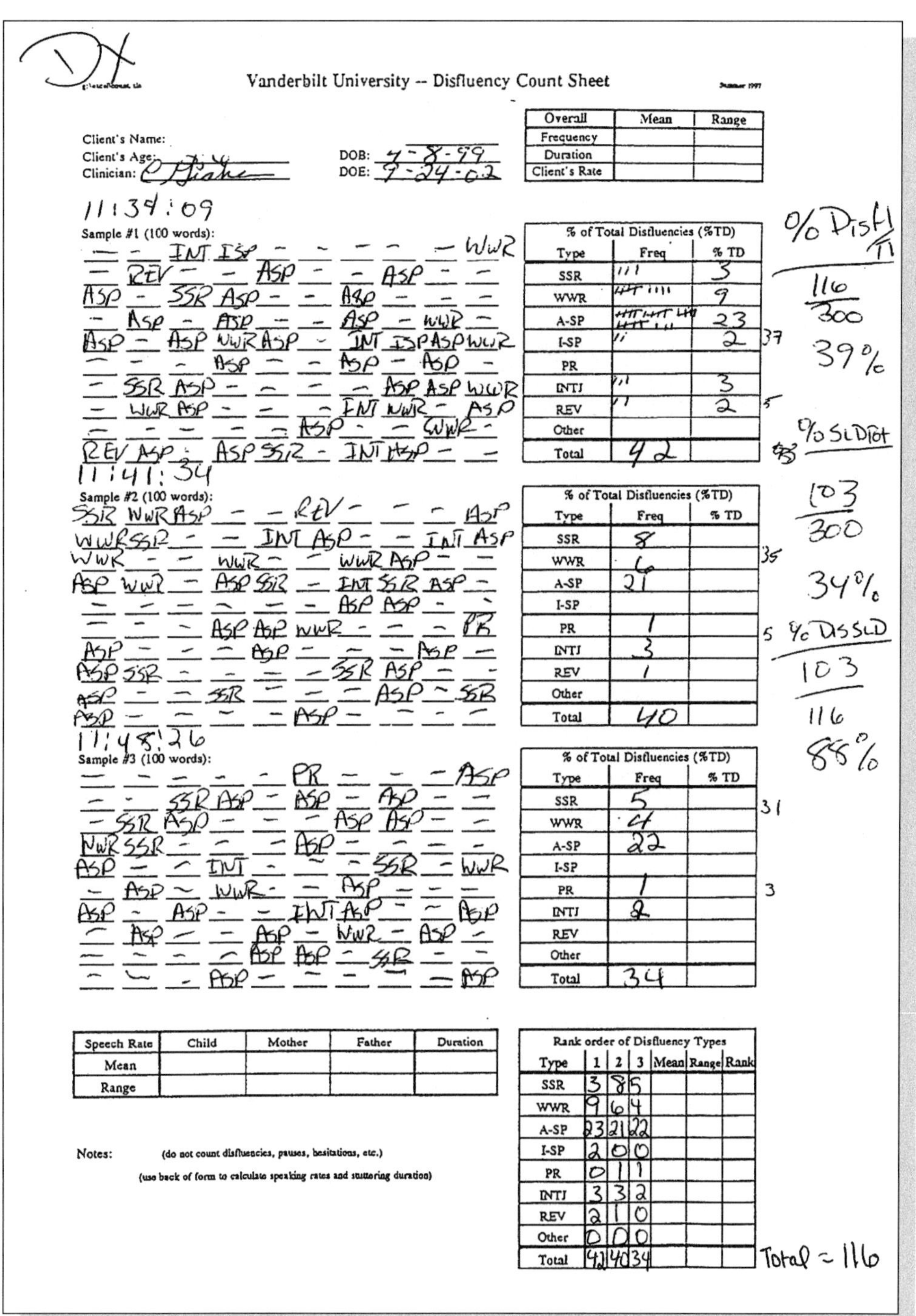

DX

Vanderbilt University -- Disfluency Count Sheet

Overall	Mean	Range
Frequency		
Duration		
Client's Rate		

Client's Name:
Client's Age:
Clinician:
DOB: 7-8-99
DOE: 9-24-02

11:34:09

Sample #1 (100 words):

— — INT ISP — — — — — WWR
— REV — — ASP — — ASP — —
ASP — SSR ASP — — ASP — — —
— ASP — ASP — — ASP — WWR —
ASP — ASP WWR ASP — INT ISP ASP WWR
— — — ASP — — ASP — ASP —
— SSR ASP — — — — ASP ASP WWR
— WWR ASP — — — INT WWR — ASP
— — — — — ASP — — WWR —
REV ASP — ASP SSR — INT ASP — —

% of Total Disfluencies (%TD)		
Type	Freq	% TD
SSR	///	3
WWR	~~////~~ ////	9
A-SP	~~////~~ ~~////~~ ~~////~~ ~~////~~ ///	23
I-SP	//	2
PR		
INTJ	///	3
REV	//	2
Other		
Total	42	

37 5

11:41:34

Sample #2 (100 words):

SSR WWR ASP — — REV — — — ASP
WWR SSR — — INT ASP — — INT ASP
WWR — — WWR — — WWR ASP — —
ASP WWR — ASP SSR — INT SSR ASP —
— — — — — — ASP ASP — —
— — — ASP ASP WWR — — — PR
ASP — — — ASP — — — ASP —
ASP SSR — — — — SSR ASP — —
ASP — — SSR — — — ASP — SSR
ASP — — — — ASP — — — —

% of Total Disfluencies (%TD)		
Type	Freq	% TD
SSR	8	
WWR	6	
A-SP	21	
I-SP		
PR	1	
INTJ	3	
REV	1	
Other		
Total	40	

35 5

11:48:26

Sample #3 (100 words):

— — — — — PR — — — ASP
— — SSR ASP — ASP — ASP — —
— SSR ASP — — — ASP ASP — —
WWR SSR — — — ASP — — — —
ASP — — INT — — — SSR — WWR
— ASP — WWR — — ASP — — —
ASP — ASP — — INT ASP — — ASP
— ASP — — ASP — WWR — ASP —
— — — — ASP ASP — SSR — —
— — — ASP — — — — — ASP

% of Total Disfluencies (%TD)		
Type	Freq	% TD
SSR	5	
WWR	4	
A-SP	22	
I-SP		
PR	1	
INTJ	2	
REV		
Other		
Total	34	

31 3

% Dis / TT
116/300
39%

% SLD/DT
103/300
34%

% DSSLD
103/116
88%

Speech Rate	Child	Mother	Father	Duration
Mean				
Range				

Notes: (do not count disfluencies, pauses, hesitations, etc.)
(use back of form to calculate speaking rates and stuttering duration)

Rank order of Disfluency Types						
Type	1	2	3	Mean	Range	Rank
SSR	3	8	5			
WWR	9	6	4			
A-SP	23	21	22			
I-SP	2	0	0			
PR	0	1	1			
INTJ	3	3	2			
REV	2	1	0			
Other	0	0	0			
Total	42	40	34			

Total = 116

[그림 3.6] ■ 진단평가 시에 사용하는 비유창성 계수 양식의 예. 가로점은 유창한 단어이며, 약자는 비유창한 단어를 나타낸다. 약어: **SSR** = 음소-음절 반복(sound-syllable repetition); **WWR** = 단어 전체 반복(whole-word repetition); **ASP** = 소리가 나는 음소 연장(audible-sound prolongation); **ISP** = 소리 없는 음소 연장(inaudible-sound prolongation); **INT** = 삽입어(interjection); **REV** = 수정(revision); **PR** = 구 반복(phrase repetition)

운 시점에 나타나는지)을 예측하는 데 유용해 보이는 이론적으로 타당한 진단적 변인들을 확인했다. 단기간의 예측변인들을 알아보기 위한 이 연구의 참가자는 3~7세 아동(n = 42; 평균연령 = 52.7개월; SD = 11.3개월; 83.3%가 남자 아동)이었다. 이 아동들은 언어 치료를 시작한 후, 곧 연구에 참가했고, 이 아동들 모두는 매주 1회 치료를 하는데, 첫 회기부터 12회기까지 참가했다. 앞에서 설명한 진단 측정 도구들과 방법들을 사용하여, 첫 진단 시에 아동의 생활연령과 말더듬 발생 후 경과기간에 대한 정보를 수집했다. 이러한 측정들 이외에도, 첫 진단적 평가 시와 매주 1회의 치료 회기 때마다 총 말더듬 빈도와 기타(정상적으로 유창한) 비유창성 빈도를 파악했다. 마찬가지로, 저자들은 첫 평가 시뿐만 아니라 매주 1회 치료 회기 시마다 말더듬과 총 비유창성의 비율(Pellowski & Conture, 2002)을 측정했다.

이러한 동일한 참가자들의 첫 진단 세션 동안에, 정서적 반응성은 일곱 개 항목의 기질 특성 척도(Oyler, 1996)에서 부모의 보고를 통해 측정되었다[앞에서 언급한 것처럼, 기질 특성 척도(Oyler, 1996)는 BSQ(Carey, McDevitt, & Associates, 1995)의 정서적 반응성 및 조절의 하위척도와 유의미하게 상관이 있는데, Karrass 등(2006)은 r = .20 및 .46으로 유의미한 것으로 보고했다]. 또한 첫 진단평가 시, 수용 및 표현 언어(Test of Early Language Development-Third Edition), 수용 어휘 (PPVT-III), 표현 어휘(EVT-II), 조음(GFTA-2에 있는 음소 및 음절의 하위검사) 등과 같은 구어-언어 행동들이 측정되었다. Anderson 등(2005)이 사용한 괴리를 알기 위한 계산법과 일치하는 방법으로 아동의 가장 높은 점수에서 아동의 가장 낮은 표준 언어 점수를 차감하여 언어 차이 점수를 계산했다. MLU는 임상가와 아동의 대화 샘플에서 계산되었다.

최종 데이터 분석을 실시하기 전에, 간접 치료에 참여한 아동들의 첫 12회기로부터 얻은 말더듬 및 말더듬과 관련된 비유창성 데이터를 통계적 절차 Proc Traj를 사용하여 그룹화했다. Proc Traj은 종단적 데이터를 뚜렷한 궤도(distinct trajectory)로 그룹화했다(Jones & Nagin, 2006; Jones, Nagin, & Roeder, 2001). 그림 3.7은 그 데이터(BIC = −2945.98)에 가장 적합한 세 집단의 결과를 보여주고 있는데, 이는 개선된 집단(n = 19), 변화 없는 집단(n = 10), 악화된 집단(n = 13)으로 나타났다(데이터에 대한 자세한 설명은 그림 3.6과 표 3.3 참조). 환자의 중도 탈락이란 견지에서, 이 샘플에서의 기록들은 이 연령 모집단을 가지고 연구한 우리의 연구와 유사하다(즉, 말더듬으로 진단받은 10명당 약 1~2명의 아동은 재정상 이유, 다른 도시로 이사 등의 다양한 이유로 치료를 마치기 전에 치료를 그만두어서, 임상적 접근이 그들의 요구, 스케줄 상충 등으로 적합하지 않음)

기술(記述)적으로, 개선된 집단의 SLD의 백분율은 12세션에 걸쳐 감소했다(하향선, $p < .05$). 변화 없음 집단은 일정한 SLD 백분율을 나타냈으며(일자형 경향은 아니며, p = .16), 악화된 집단은 SLD 백분율이 증가했다(상향선, $p < .001$). 다시 말해서 개선된 집단의 아동들은 12세션까지 말더듬이 유의하게 감소됨을 나타냈다. 변화 없음 집단의 아동들은 12세션까지 말더듬에서 유의한 변화를 나타내지 않았다. 마지막으로 악화된 집단의 아동들은 첫 세션에서 12세션까지 말더듬

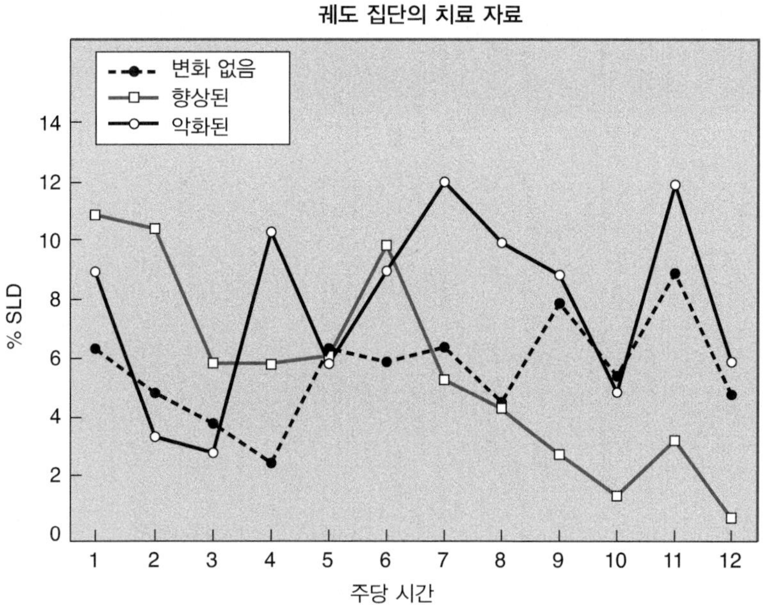

궤도 집단의 치료 자료

[그림 3.7] ■ 단기간(첫 12회기) 치료결과의 변화추이. 언어 치료를 시작한 학령 전 아동들을 12주 동안 말더듬 같은 비유창성(stuttering-like disfluencies) 백분율에서의 변화추이에 근거하여 집단으로 분류했다. 변화 없음(No change) 집단은 평평한 변화추이를 보이고(예: 유의한 변화가 없음), 향상된(Improved) 집단은 시간이 지남에 따라 말더듬 같은 비유창성의 백분율이 유의하게 감소된 것으로 나타났으며, 악화된(Worsened) 집단은 시간이 지남에 따라 말더듬 같은 비유창성의 백분율이 유의하게 증가한 것으로 나타났다.

이 유의하게 증가함을 나타냈다.

진단에서 측정한 어느 변인들이 궤도 집단 구성원(trajectory group membership)을 예측하는지를 검증하기 위해서 대응표본 t-검정(paired-sample t-test)을 실시했다. 연구 결과는 첫 진단에서, 악화된 집단과 비교했을 때, 개선된 집단의 아동들이 유의미하게 나이가 더 많았고($p < .01$), 말더듬(SLD)이 더 높게 나타났는데($p < 0.05$), 이는 결과적으로 SSI 점수보다 더 높았고($p < .01$), 조음 점수는 미미하게 더 낮았다($p < .10$). 따라서 단기간의 결과(즉, 처음 12 세션 이내의 아동들)에 대한 데이터는 나이든 아동들이 치료의 시작 시에 말더듬의 백분율이 더 높았음에도 불구하고 좀 더 빠르고 더 많이 향상을 보인 것을 시사한다. 다른 말로 하면, 이러한 연구 결과들은 생활연령, 말더듬의 백분율, SSI, 표준화된 조음검사 등에 대한 첫 진단 측정 결과가 임상가에게 적어도 단기간의 변화 또는 개선에 대한 통찰력을 준다는 것을 제시한다. 우리가 실시한 단기 및 장기간의 임상 연구 모두에서 얻은 주의해야 할 한 가지는 말더듬 아동들에 대한 우리의 임상 표본이 무작위로 이루어진 연구 표본과는 상당히 차이가 있을 수 있다는 것이다. 예를 들면, 연구자들은 말더듬의 발생이 가능한 한 근접한 시기의 아동들을 평가하려고 한다. 반면에, 이러한 임상 표본으로는, 일단 우리가 이 장에서 서술한 진단 절차들을 통해 그 아동이 치료를 받아야 한다고 결정하면, 그 아동은 말더듬 발생 이후의 경과기간, 성

〈표 3.3〉 구어, 언어, 유창성 및 그와 관련된 측정된 변인들[a]에 대한 점수의 중심 경향과 분산

변인	No.	평균	표준편차
초기 평가 시 발생 이후 경과된 기간(개월)	46	17.54	10.50
초기 평가 시 총 비유창성 %	44	14.38	8.25
초기 평가 시의 SLD %	44	11.35	7.30
초기 평가 시의 총 SLD와 비유창성의 비율 %	44	76.11	15.76
가장 일반적인 비유창성 유형(중앙치)	44	23	음소-음절 반복
SSI-3	42	22.71	7.57
기질 특성 척도	43	21.41	5.29
Goldman-Fristoe 조음 검사-2 계수 %	45	59.78	27.03
PPVT-III 계수 %	47	57.17	28.81
표현 어휘력 검사 계수 %	45	60.24	27.87
평균 발화 길이 계수 %	38	55.34	29.28
수용 언어 계수 %	42	57.02	31.83
표현 언어 계수 %	41	44.94	32.08
총 언어 복합체 계수 %	41	52.31	32.08
말더듬(SLD)에서의 변화 %	48	35.04	31.07
다른 비유창성에서의 변화 %	48	-3.39	43.52
총 비유창성에서의 변화(TD) %	48	22.09	28.97
SLD/TD에서의 변화 %	48	15.70	23.20
세션 수	48	36.08	16.26

[a] 모든 참여자에 대해서 측정이 가능하지 않았다(예: 아동이 피곤해하거나 검사하는 동안 과제 외의 행동을 하는 경우들이 해당된다). 따라서 각 변인에 대해 가능한 참가자의 수를 표시했다. 44명의 참가자들 중 23명(53%)은 가장 일반적인 비유창성 유형으로서 음소-음절 반복을 보였음을 주시하기 바람.

별, 이전에 받은 치료의 기간과 유형, 사회 경제적 지위 등과는 관계없이, 데이터 전집(data corpus)에 포함된다.

Conture(2001), Richels와 Conture(2007)에서 나타난 것처럼, 비록 이러한 결과들이 흥미롭지만, 치료를 시작하고, 유지하고, 종결하기까지의 아동기 말더듬 치료의 시간경과 과정은 일반적으로 12주 이상이다. 따라서, 우리는 치료결과를 진단 시에 예측할 수 있는 여러 요인들과의 관계에 대해 좀 더 장기간에 걸친 연구를 실시하는 것이 적절한 것으로 생각되었다. 이를 위해서 첫 진단 시에 취한 어느 요인들이 간접 치료를 하는 동안에 향상을 예측하는 것인지를 결정하기 위해서 여러 가지 분석을 실시했다.

장기간의 개선을 파악하는 예측변인

이러한 분석을 위해, 이전 연구에 포함된 48명의 학령 전 말더듬 및 어린 학령 아동(80%가 남성)들이 진단평가를 하는 동안에 좀 더 긴 장기 치료 결과를 예측하기 위해 여러 검사들을 받았다. 더 많은 데이터를 그 분석에 사용할 수 있기 때문에, 집단간(trajectory)에 의한 그룹핑(grouping)은 계산하지 않았다. 첫 진단을 할 때 수집된 데이터는 매주 여러 치료 세션에서 관찰된 SLD, 비말더듬/기타 비유창성 등의 평균 빈도에서 유도해낸 점수들과 상관이 있었다. 48명의 학령 전 말더듬 아동 각각에 대한 변화 점수는 첫 4개의 치료 세션(T1)과 마지막 4개의 치료 세션(T2)에서 SLD 빈도, 비말더듬/기타 비유창성, 총 비유창성 등

을 평균하여 계산되었다(Conture, 2001; Richels & Conture, 2007; Zackheim et al., 2003). 그 평균 데이터는 변화 백분율 = (T1 − T1/T1 + T2) × 100이란 공식을 사용하여 변화점수로 환산했다.

진단 시에 얻은 점수 변화와 비유창성 측정들 간의 상관관계는 어떤 변인들이 좀 더 장기간의 치료 변화 측정치들과 유의하게 관련되었는지를 파악하기 위해 계산되었으므로, 이러한 변인들을 분석에 포함해야 한다. 흥미롭게도, 단기간의 치료성과를 얻은 사례와는 달리, 첫 진단 시의 비유창성 계수들 중 어느 것도 장기간의 비유창성 변화 점수 중 어떤 것과도 유의한 상관을 보이지 않았다. 피어슨 적률 상관계수(Pearson product moment correlations)는 $r = .06$과 $r = .12$ 사이였다. 마찬가지로, 진단 시에 말더듬 심한 정도는 어떠한 점수 변화와도 관련하여 유의한 상관이 없었다. 피어슨 적률 상관계수는 $r = .01$과 $r = .16$ 사이였다. 마지막으로 사회경제적 지위, 연령, 성별 등과 변화 점수와의 상관관계를 계산했다. 성별과 총 비유창성에서의 점수 변화 사이에만 오직 유의한 상관관계를 보였다($r = .34$). 그러므로 통제 집단과 비교하여 성별은 총 비유창성에서의 변화를 예측하는 모든 모형에 포함되었다. 특히 이 특정한 샘플에서 여성(n = 10)이 남성에 비해 치료 과정에 걸쳐 평균 이상의 개선을 보였다. 이러한 결과는 이 특정한 표본에 나타난 인위적인 결과일 수도 있으며, 또 다른 샘플들에 일반화할 수 있거나 일반화할 수 없을 수도 있다.

구어 비유창성에 대한 초기 진단 측정들이 특별히 장기 치료에서 말더듬에서 일어나는 변화를 예측할 수 없지만, 임상가는 말더듬에서 장기적인 변화를 예측하기 위해 "정서적" 및 "구어-언어적" 변인들을 사용하려고 했다. 샘플 크기에 비해 상대적으로 구어-언어 변인들이 많기 때문에, 이 작업을 실시하는 데 있어 주요 구성요소 분석법(Principal Components Analysis)이 구어-언어 변인들을 한 개 요인으로 줄이기 위해서 실시되었다. 이 요인[우리는 이 요인을 언어복합체(language composite)라고 함]은 언어 점수에서의 변인의 51.9%를 설명했다. 그 후에, 두 개의 독립변인[기질(기질 특성 척도) 점수와 언어복합체]이 진단 데이터에서 장기 치료에서 일어나는 변화를 예측하는 데 사용되었다.

SLD의 변화(C-SLD), 총 비유창성의 변화(C-TD), 비SLD의 변화(C-NSLD), SLD를 총 비유창성으로 나눈 값의 변화(C-SLD/TD) 등을 예측하기 위해 4요인 회귀 분석을 실시했다. 4요인 회귀 방정식에 대한 F 값과 각 개별 예측변인들에 대한 표준 베타 값은 표 3.4에 제시했다. 초기 치료 및 언어 컴포지트(구성요소)로부터 C-SLD를 예측하는 회귀 방정식은 통계적으로 유의미했는데, 표현 기질이 유일하게 의미 있는 예측변인이었다. 본질적으로, 치료의 결과로서 아동들의 SLD는 자신의 기질 점수가 더 높을 때 크게 감소함을 나타냈다. 독자들은 기질 점수가 더 높은 것은 억제가 더 낮은 수준(즉, 행동적으로 더 많이 표현하는)이라는 것을 나타낸다는 것을 기억할 것이다. 또한 C-TD를 예측하는 회귀 방정식은 통계적으로 유의미했고, 표현 기질이 더 많은 아동들은 치료에서 총 비유창성이 더 많이 감소되었다. C-NSLD를 예측하는 방정식은 통계적으로 유의미하지 않았고, C-SLD/TD는 미미하게 유의미했는데, 그러한 치료에서 더 많이 변화된 아동들(총 비유창성당 말더듬이란 측면에서)은 치료 시작

〈표 3.4〉 기질과 언어복합체로부터 변화 점수를 예측하는 회귀통계(F = 변이 분석; β = 베타 크기)

예측변인	C-SLD F	C-SLD β	C-TD F	C-TD β	C-NSLD F	C-NSLD β	C-SLD/TD F	C-SLD/TD β
전체모델	6.29[a]		4.17[b]		1.13		2.95[c]	
기질		.40[b]		.36[b]		.23		.19
언어복합체		−.22		.03		.08		−.27[c]

주: df = (2, 40). 약어: **C-SLD** = SLD 변화; **C-TD** = 총 비유창성 변화; **C-NSLD** = 비말더듬 변화; **C-SLD/TD** = SLD를 총 비유창성으로 나눈 변화

[a] $p < .01$.

[b] $p < .05$.

[c] $p < .10$.

시 더 낮은 언어 능력이었던 그런 아동들의 언어 구성요소와 관련해서는 미미한 의미였다.

후자의 결과들(예: 말더듬에서 가장 큰 변화가 있는 아동들이 구어-언어 능력이 낮다는 결과)이 언어 능력/사용이 평균보다 많이 낮거나 언어 능력/사용이 가장 높은 아동들이 치료 동안에 말더듬에서 가장 큰 변화를 보여줌을 제시한다. 그 결과 그들의 언어 발달(언어 발달이 말더듬에 영향을 미친다)이 (간접)직접적으로 치료가 목표로 하지도 않고 또 영향을 미치지도 않은 치료의(시간적) 과정 동안에 성숙에 의한 자연적인 언어 개선을 돕거나 촉진한다는 것은 불확실하다. 확실히 이러한 연구 결과들은 아동기 말더듬에서 장기간의 변화를 예측/계획할 때, 연구자들이 구어 비유창성의 측정과 관련된 다른 변인들 이외의 변인들을 신중하게 고려해야 한다는 것을 제시한다(관련된 토의에 관해서는 Rousseau et al., 2007; Zebrowski, 2007; Zebrowski & Conture, 1992 참조).

예후 측정방법에 대한 요약

말더듬에서 일어나는 단기간의 변화는 말더듬에 대한 첫 진단 측정을 통해 예측할 수 있지만, 말더듬에서 일어나는 장기간의 변화는 첫 진단평가 시(예: 언어 치료를 시작하기 전)에 정서적 및 구어-언어 측정치들에 근거하여 좀 더 정확하게 예측할 수 있다. 이것은 치료를 하는 동안에 말더듬에서 나타나는 비교적 빠른 변화들이 초기 말더듬의 빈도, 본질, 심한 정도 등과 관련된다는 것을 제시하지만(예: 만약 어떤 아동이 처음에 많이 더듬으면, 그 아동은 변화할 여지와 빠르게 변화를 보일 여지가 많음), 말더듬에서 나타나는 장기간의 변화는 자연적이든 치료가 촉진한 것이든, 아니면 두 개 모두가 촉진한 것이든 간에 정서적 변인 및 구어-언어 변인들에서의 발달상 변화와 좀 더 관련된 것이라는 것을 제시할 수도 있다. 물론, 이러한 가능성들은 한 곳의 클리닉에서 비교적 소규모의 두 연구에서 얻은 결과에 근거한 것이고, 본 저자들뿐만 아니라 독자적인 연구자들이 복제 연구를 실시하여 그 연구 결과를 발표할 때까지 기다려야 한다.

저자가 생각하기에, 보다 더 흥미로운 연구 결과 중 하나는 가장 표현적인 기질, 즉 억제력이 가장 적은 아동들이 비교적 장기 치료에 걸쳐서 말더듬에서 가장 많이 감소를 보인다는 것이다. 이

러한 종단 연구는 정서적 및 구어-언어적 변인들이 말더듬이 계속될 아동과 말더듬에서 회복할 아동을 구별하고, 치료와 연관된 말더듬 빈도에서 변화의 기간을 예측할 수 있는 가능성이 있음을 나타낸다. 더욱이, 그림 3.6에 나타낸 변화의 패턴 혹은 궤적은 아동들 내에 하위집단이 있음을 나타낸다(말더듬 및 그 하위집단에 대한 심층 연구는 Schwartz & Conture, 1988; Yairi, 2007 참조). 또 현재나 다른 연구자들이 이러한 결과들을 또 다른 표본에서 되풀이해 발견한다면, 그 결과들은 치료를 받고 있는 환자들에게 치료를 어떻게 맞추고 또 그 환자가 매일, 매주, 매월 단위로 진전하고 있는지를 어떻게 평가할지에 대한 상당한 의미를 가질 것이다.

치료 기간 동안의 지속적 평가

비유창성 계수는 아동과 임상가 간의 대화 상호작용에 기반하여 모든 치료 세션의 시작 시에 실시된다. 치료 세션의 종료 시점에 평가하는 경우에, 유창성 데이터의 상승 가능성을 방지하기 위해서 세션의 시작 시점에서 말더듬을 평가하는 것이 중요하다. 세션의 종료 시점에, 아동은 환경, 임상가, 활동 등에 적응하는 기회를 가졌고, 또한 치료의 혜택도 즉시 받았다. 반대로, 며칠 또는 몇 주후(치료의 유지 단계의 아동들일 경우)에 받는 치료 세션의 시작 시점에 데이터를 취득하는 것은 아동의 말더듬 개선의 전이(carryover)를 더 잘 추산할 수 있는 것으로 보인다.

매 치료 회기를 시작할 때 그러한 샘플을 수집하기 위해서, 임상가가 아동이 말한 첫 100단어에서 비유창성을 세는 동안에 임상가와 아동은 자발적인 대화를 한다. 비유창성 계수 데이터는 이전 세션의 데이터가 있는 엑셀 스프레드시트에 입력한 후, 그래프로 나타내고(그림 3.6과 Richels & Conture, 2009 표 5.4), 임상가와 부모에게 컴퓨터 모니터로 보여준다. 각 치료 회기마다 수집하고 그래프로 나타낸 데이터를 사용하여, 임상가는 치료 전체 과정에서 이루어진 수행력을 평가할 수 있다(즉, 매 세션의 데이터로부터 치료 시작 이후에 얻은 수행력). "변화 없음"은 특히 "0" 혹은 계획된 회기의 날짜에 구어 비유창성에 대한 모든 측정에 아무런 정보가 없음을 나타낸다. 이런 방식으로 할 때, 만약 부모들이 진전이 부족하다고 언급하면, 우리는 부모들에게 정규적인 변화를 하려면 규칙적인 출석을 해야 한다는(그들이 그래프를 따라 하지 않았던 것) 것을 보여줄 수도 있다. 이와 같이 시각적으로 보여주어서 상기시키는 것은 부모들에게 규칙적인 출석의 중요성을 이해시키는 데 도움이 된다.

임상가는 매 세션마다 비유창성 빈도를 계수하고 누적 그래프로 그린 것을 치료의 성공, 여러 절차의 수정 필요성, 유지를 위한 아동의 준비도(예: 매주보다는 격주로 참석) 등에 대해 계속적인 판단을 하기 위해 사용한다. 매주마다, 임상가는 그 세션 데이터가 아동의 비유창성을 반영하는지 혹은 치료세션 자체를 나타내는 것인지를 결정하기 위해 부모 세션 동안에 수집한 부모 보고와 비교한다(자세한 내용은 Richels & Conture, 2007 참조). 각 세션과 부모 보고에서 얻은 자료를 비교하고 대조하면, 임상가는 각 아동의 의미 있고 시간에 적절한 진전을 극대화하기 위해 필요한 수정을 할 수 있게 한다.

치료 회기를 시작할 때 말더듬을 세는 규칙에서 한 가지 예외는 임상가는 향상되고 있다고 믿지만 부모들은 그렇지 않다고 믿는 아동의 말더듬 수를 셀 때이다. 가끔 이러한 현상은 말더듬에서 빠른 변화를 바라는 부모들의 높은 기대, 자녀의 구어에서 어떠한 실수나 구어 비유창성이라도 부모가 참지 못함, 부모의 완벽하지 못한 관찰 능력 등과 관련이 있다. 어느 경우이든, 이러한 아동들과 부모들을 만나면, 부모들에게 아동의 개별 회기에 실시한 첫 "말더듬 수"와 동일한 치료 회기에 실시한 마지막 "말더듬 수"를 보여주는 것이 도움이 될 것이다. 이러한 비교는 그 아동이 매 회기 동안 치료에서 변화가 확실히 일어나고 있다는 것을 부모에게 보여준다. 치료 회기 처음 계수와 치료 회기 마지막 계수를 비교할 때, "실제적" 변화는 무엇이겠는가? 이 점에 대해 빠르고 확고한 규칙들이 없지만, 우리의 경험에 비추어 볼 때, 한 치료 회기 내에 말더듬이 25% 이상 변화(감소)하는 것은 우연하게 일어나는 변화가 아니고, 한 치료 회기 내에 말더듬이 50% 이상 변화(감소)하는 것은 그 치료 회기와 관련된 것 그 이상의 실제적 변화와 많이 관련되어 있음을 나타낸다.

개별 환자에게 적합한 치료법의 조정

우리가 제3장을 통해 계속 토의해온 것처럼, 그리고 대부분의 경험 있는 임상가들이 인식하고 있는 것처럼, 평가와 치료 동안에 각 환자의 욕구들을 최우선적으로 관리하는 것이 중요하다. 우리가 제시하기 위해 노력한 것처럼, 포괄적 평가는 성공적인 치료를 하기 위한 중요한 기초 중 하나이다. 말더듬 빈도를 포함한 초기 구어-언어 특성이 치료에서 (적어도 단기간 동안의) 성공을 예측하게 할 뿐만 아니라, 비구어 특성들(예: 정서적 경향, 기질, 구어-언어적 특성)도 그 아동이 일상적 활동, 더 나아가 치료에 대해 구어적 및 행동적으로 어떻게 반응하는지에 대해 유의하게 영향을 미치는 것 같다. 따라서 다양한 측면의 아동과 부모의 행동, 구어 비유창성과 구어-언어 점수뿐만 아니라 주의집중 조절과 같은 관련 행동 특성들을 계속적으로 고려할 필요가 있다. 더욱이, 이러한 특성들 중 일부는 아동과 부모 모두가 공유하고 있을 수도 있다. 예를 들면, 아동-집단 치료에 참여하는 동안에 주의집중을 유지하기 어려운 아동은 부모 참여 치료에서나 평가 결과를 알려주고 주의집중을 유지하는 데 문제가 있는 부모가 있을 수도 있다(Rettew et al., 2006).

마찬가지로, 아동과 부모 모두가 새로운 상황에 적응하는 데 어려움을 겪을 수있고, 치료 환경에 준비하는 데 더 많은 시간(4~8회기 이상)이 필요할 수도 있다. 임상가는 일부 부모들에게 데이터 그래프를 이해시키고 설명하는 데 여러 회기가 소요될 수도 있다는 가능성에 대비해야 한다(그 그래프가 의미하거나 의미하지 않는 것이 무엇인지에 대해 주의 깊고, 천천히, 반복적으로 여러 주에 걸쳐서 설명해야 할 부모들도 있다). 사실, 이러한 경우에는 여러 번 하는 것이 어쩌면 미덕일 것이다.

임상가로서, 우리가 있는 곳에서 환자가 지각하는 것과 치료에서 우리 자신이 수행한 것에 대한 지각을 가끔 구별하기가 어렵다. 이것은 임상가들이 환자들의 수행에 영향을 미치는 것이 적다는 것을 제시하는 것이 아니라, 반대로, 임상가들이 치료에서 아동의 성공에 지대한 영향을 미칠 수 있음을 뜻한다. 그러나 임상가로서, 우리는 더 큰 그림, 예를 들면 부모의 역할, 치료를 받는 아동의 특성들, 가족 역동성[예: 그 환자와 누나(언니) 사이의 격렬한 형제(자매) 간 경쟁] 등을 찾기 위해 노력해야 한다. 그 결과, 우리는 평가에서 얻은 정보를 치료 동안에 더 잘 사용할 수 있게 된다. 우리는 평가 과정에서, 특히 부모 인터뷰 및 기타 서술적 측정을 할 때, 각 가족이 유일한 참여자가 될 기회를 주는 것이 매우 중요하다는 것을 제3장 전체에 걸쳐서 강조해왔다. 가족, 아동, 각 임상가 모두가 참여하는 것이 모든 참여자들을 위해 가장 성공적인 미래를 보장할 것이다.

사례 연구

이 섹션의 목적은 평가를 거쳐 치료를 진행하고 있는 특정 개인을 설명하는 것이다. 표 3.5는 평가에서 얻어진 서술적인 데이터를 보여주고, 그림 3.8은 치료 동안 얻어진 진전 데이터를 보여준다. 우리가 설명하는 아동은 대략 3세부터 더듬어 온 것으로 보고된 6세 남자 아동이다. 처음 만났을 때, 발생 이후 36개월이 경과했으며, 이 기간이 "자연 회복"의 가능성을 기대할 수 있는 영역 내에 있지만, 특별히 자연 회복을 할 것이라는 개연성은 없었다(Yairi & Ambrose, 2005 참조).

환경

이 남자 아동의 부모는 "발달성 말더듬"이라고 믿었기 때문에 아동에게 말더듬이 발생했을 때 치료를 받지 않았다. 이 남자 아동은 3.5세에 조음 장애가 의심되어서 처음으로 지역 학교 시스템을 통해 치료를 받기 시작했다. 아동은 30분 동안 주 2회 서비스를 받았지만, 부모들은 아동의 말더듬 행동에서 유의미한 향상을 보지 못했다고 했다. 부모와 아동 모두의 구어 속도가 "이상

〈표 3.5〉 6세 남자 아동의 사례연구에서 얻은 기술적/인구통계학적 데이터

변인	값
첫 평가 시 말더듬 발생 후 경과기간	36개월
첫 평가 시 총 비유창성(%)	18
첫 평가 시 SLD(%)	15.3
첫 평가 시 SLD와 총 비유창성의 비율(%)	85
가장 흔한 비유창성 유형	음소-음절 반복
말더듬 심한 정도 검사-3	27(중도-고도)
기질 특성 척도	12(억제적임)
Goldman-Fristoe 조음 검사-2의 순위(%)	30
피바디 그림 어휘력 검사-III의 순위(%)	73
표현 어휘 검사의 순위(%)	87
말더듬(SLD)의 변화(%)	2.70
기타 비유창성(OD)의 변화(%)	0
총 비유창성(TD)의 변화(%)	1.64
SLD/TD의 변화(%)	1.06
총 회기 수	25

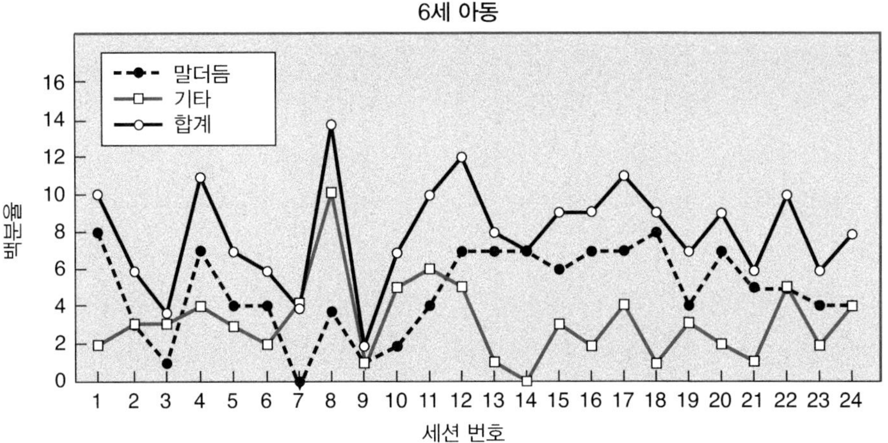

[그림 3.8] ■ 치료 세션 그래프의 예(마이크로소프트사 엑셀 스프레드시트로 개발했음). 주 1회 치료 세션 동안에 얻은 100단어 비유창성 계수에서 계산한 비유창성 측정치를 차트화한 것이다. 검정색 원은 SLD의 백분율을 나타내고, 사각형은 기타/비말더듬/정상적인 비유창성의 백분율을 나타낸다. 주의: 이 그래프는 말하는 준비단계가 상당히 느린 아동의 구어 비유창성 데이터로, 임상가가 진정으로 적당한 구어-언어 샘플을 얻기까지, 아동이 임상가, 치료 환경 등에 적응하는 데에는 8치료 세션 이상이 소요되었다.

적" 속도를 초과했고, 아동 아버지의 구어 속도는 가족 중에서 가장 빨랐다. 아동의 아버지가 어렸을 때 경미한 발달성 말더듬이어서, 가족력이 있었다. 아동의 부모들은 아동의 출생, 병력, 발달사 등에서 별다르거나 유의미한 사건들이 없었다고 보고했다.

구어-언어 계획 및 산출

조음 검사의 결과는 여러 능력들이 넓은 의미의 정상 범위 내에 있음을 나타낸다. 나타난 오류들에는 어두 유성 /th/를 /d/로, 또 어중 무성 /th/를 /f/로 대치하는 것이 포함된다. 수용 및 표현 어휘 검사는 정상을 상회하는 결과를 나타냈다. 또한 아동은 준거-지향 언어 선별검사(criterion-referenced language screening)를 통과했다. 자발 언어는 적절한 구문 및 문법 발달을 나타내었다. 그러나 이 아동의 조음(더 낮음)과 어휘(더 높음) 측정에 대한 백분위순 간의 차이는 두 개의 구어-언어 능력 사이에 상당한 괴리를 나타내었는데, 이 결과는 Anderson 등(2005)의 연구 결과와 일치한다. 본질적으로, 아동의 조음은 자신의 어휘 측정에서 나타난 결과보다 유의미하게 덜 발달되었다.

경험

부모 보고는 아동의 말더듬이 발생 시에는 문장의 첫 단어의 첫 음에서 반복이 나타나는 것이 특징이라고 하였다. 말더듬 발생 이후로 시간이 지남에 따라, 아동의 부모는 음의 연장과 발을 굴리는 비구어 행동을 수반한 "막힘(blocking)" 행동을 관찰했다. 부모는 아동이 말을 시작할 때 "시작계고 단어(starter words)"(예: "hey", "so")를 사용했고, 말하려고 하는 내용을 말하기 전에 단어 전체를 반복했다고 보고했다. 비록 아동이 발화상황으로부터 벗어나려고 하는 것 같지는 않았지만, 부모는 아동이 누군가에게 말하려고 할 때 "당신이 내 대신 말 좀 해주세요" 하는 것처럼 보였다고 했다.

정서적 반응성과 정서 조절

아동은 유치원에서 공부를 할 때에는 유창하게 말을 잘 했으나, 사회정서적 측면에서는 어려움이 증가한다고 보고했다. 부모들은 아동이 부모들과 떨어지는 것을 매우 힘들어하며, 학교에서 다른 활동들(예: 체육 시간, 급식)과 관련하여 우는 일이 있다고 했다. 어머니는 아동이 일상생활에서 어떤 변화(예: 어머니가 아동의 도시락에 평소와 다른 보온병을 넣으면, 아동은 매우 흥분한다)도 좋아하지 않는다고 했다. 또한 어머니는 아동이 "어떤 것을 마음에 둘 때" 다시 그 마음을 돌리는 것을 힘들어한다고 했다. 아동의 말더듬과 관련된 비구어 행동들과 더불어, 부모들은 "음성 틱(vocal tics)"이라고 하는 것이 나타난다고 했다. "음성 틱"은 치료사가 읽고 있는 동안, 다른 아동들이 이야기하고 아마도 그 환자가 듣고 있을 때도 관찰되었다. 아동은 혼자 중얼거리거나 거의 허밍(humming)하는 소리를 냈다. 부모들은 "음성 틱"이 비유창할 때 썰물처럼 증가했다가 감소하는 것을 관찰했다(부모들은 또한 이러한 "음성 틱"이 썰물같이 계절적이거나 알레르기와 관련이 있을 것이라고 생각했다).

말더듬의 경우

비유창성이 나타나는 동안에 관찰된 기타 비구어 행동에는 안면근육에서 나타나는 신체적 긴장이 있다. 아동의 부모들은 자녀가 문장의 나머지 부분을 말하기 위해 준비를 하는 것처럼 발화의 시작 부분에서 "시작계교 단어(starter words)"를 사용한다고 보고했다. 결과적으로, 단어 전체 반복이 두 번째로 가장 흔한 비유창성 유형으로 관찰되었다.

계속되는 의사결정

첫 평가를 실시하고 3개월 후에, 아동은 Richels과 Conture(2007)가 설명한 부모-아동 말더듬(간접적) 치료 집단에서 치료를 시작했다. 그림 3.8을 보면, 이 소년의 말더듬은 첫 평가와 치료의 시작 사이에 실제로 향상되었다가 치료가 계속되면서 악화된 것으로 나타났다. 사실, 이 소년은 평상시처럼(아동의 신학기 시작시에 아동이 어려움을 겪는 것과 동일한 행동) 치료 환경에 충분히 적응하여 말하기 시작하기까지 약 12세션(3개월)이 소요되었다. 이 그래프는 말더듬이 증가함에 따라 대화 구어의 질과 양이 증가함을 반영한다(즉, 복잡한 발화를 산출할수록, 말더듬도 그만큼 더 많이 나타났다. 예: Zackheim & Conture, 2003). 아동은 드디어 치료 과정에 적극적으로 참여하기 시작했고, 19세션부터(치료 시작한 지 약 5개월경) 유창해졌다. 만약 임상가가 그 아동이 내성적/무표현 행동 특성을 나타낼 뿐만 아니라 변화를 싫어하는 아동이라는 것을 알아차리지 못했다면, 부모와 임상가 모두는 치료 시작 후 3~5개월 동안은 효과적이지 않았다고 단순하게 생각했을 것이다. 그러나 부모와 임상가는 아동의 행동 스타일을 지원하기 위해서 함께 일할 수 있었고, 결국에는 아동의 구어 유창성에서 긍정적 변화를 촉진할 수 있었다. 물론, 집단 치료 환경은 그러한 아동들이 집단의 구성원, 활동 등에 변화가 전형적인 것, 즉 "그 변화는 일정하고" 변화는 두려운 것이라기보다는 적응해야 하는 것이라는 것을 배우도록 도울 수 있는 느리지만 좋은 방법이다.

향후 방향

응용 기초 연구에서는 행동적이고 심리생리학적으로 아동의 기질적(dispositional)이고 상황 정서적 반응성과 조절, 구어-언어 변인들과 이러한 변인들의 상호작용, 말더듬의 경우에 이러한 변인들이 결합된 영향 등을 연구하게 된다. 우리의 데이터가 제시하는 것처럼, 이러한 변인들은 단독 및 결합하여, 치료 결과에도 영향을 미치는 것으로 보인다.

부모의 정서적 반응성 및 조절에 대한 기질적/상황적 측면들이 미치는 영향에 대한 추가적인 실험 연구(empirical study) 또한 앞으로 유망한 연구과제인 것 같다. Vanderbilt 대학교의 Developmental Stuttering Lab에서 진행 중인 연구는 부모 태도와 자녀가 치료를 받는 동안에 부모들이 상호작용과 환경을 구성하는 방식에서의 변화가 아동이 유창한 구어를 유지할 수 있는지 없는지에 대해서 상당한 장기간의 영향을 미칠 수 있음을 제시한다. 아동과 부모 모두에게 있어 구어 언어 및 관련된 정서적 변인들 모두를 고려하는 포괄적인 접근법은 임상가와 연구자가 가능한 분야에 대한 폭넓은 개념적이고 실제적인 깊이 있는 관점을 가짐으로써 아동기 말더듬에 미치는 원인과 악화시키는 요인을 포괄적으로 보도록 도와야 한다.

이 장의 요약

- 가능할 때마다 언제든지, 평가와 치료는 확실한 이론적 근거에 의해서 지지를 받아야 한다.
- 포괄적이고, 효과적이며 철저한 평가는 포괄적이고, 효과적이며 철저한 치료에 필수적이다.
- 진단 정보는 인터뷰, 자발화 관찰, 구어와 언어의 표준화된 검사들의 실시 등에 근거해야 한다.
- 아동기 말더듬의 포괄적 평가의 핵심 요소는 다음과 같은 평가를 포함한다.
  - 부모 인터뷰(환경)
  - 구어-언어 계획 및 산출(아동)
  - 경험(부모와 아동)
  - 정서적 반응성과 정서 조절(아동과 가능하다면 부모)
  - 말더듬 사례 및 말더듬 심한 정도와 관련된 여러 측면(아동)
- 치료를 하는 동안에 하는 모든 결정은 모든 치료 세션에서 수집된 데이터, 여러 세션에 걸친 데이터의 종합, 부모가 제공한 데이터 등에 근거해야 한다. 그러한 데이터는 그래프로 만들어서, 일상적으로 하는 것처럼 아동의 보호자에게 제공해야 한다.
- 정서적 반응성, 조절에 대한 기질적/상황적 측면들이 아동기 말더듬에 어떻게 영향을 미치는지에 대한 지식이 비록 완전하지 않더라도 우리는 이러한 변인들이 아동이 치료에서 해야 할 변화의 속도, 양, 질 등에 어떻게 영향을 미치는지에 대해서 유념해야 한다.
- 말더듬 아동과 그들의 가족들 간에는 유사성이 있지만, 모든 아동과 가족들은 독특한 점이 있

다(예: 우리는 전형적으로 말더듬을 집단으로 연구한다. 그러나 개인이 치료센터에 오는 것처럼 집단이 치료센터에 오는 것은 아니다). 따라서 치료는 각 아동과 가족의 삶을 특별한 관점으로 계속적으로 봐야 한다.

추천 문헌

의사소통-정서 모델

Conture, E., Walden, T., Arnold, H., Graham, C., Karrass, J., & Hartifield, K. (2006). Communication-emotional model of stuttering. In N. Bernstein Ratner & J. Tetnowski(Eds), *Current Issues in Stuttering Research and Practice*(pp.17-46). Mahwah, NJ: Lawrence Erlbaum Associates.

아동기 말더듬의 간접 치료

Conture, E. G. (2002). *Stuttering: Its Nature, Diagnosis, and Treatment*(pp.167-177). Boston: Allyn and Bacon.

Melinick, K., & Conture, E. (1999). Parent-child group approach to stuttering in preschool and school-age children. In M. Onslow & A. Packman(Eds.), *Early stuttering: A Handbook of Intervention Strategies*(pp.17-51). San Diego, CA: Singular Publishing.

Richels, C. G., & Conture, E. G. (2007). An indirect treatment approach for early intervention for childhood stutteirng. In E. Conture & R. Curlee(Eds.), *Stuttering and related Disorders of Fluency* (3rd ed., pp.77-99). New York: Thieme Publishers.

정서적 반응성, 조절력, 기질 및 아동기 말더듬

Anderson, J., Pellowski, M., Conture, E., & Kelly, E. (2003). Temperamental characteristics of young children who stutter. *Journal of Speech, Language and Hearing Research, 46*, 1221-1223.

Guitar, B. (1997). Therapy for children's stuttering and emotions. In R. F. Curlee & G. M. siegal (Eds), *Nature and Treatment of Stuttering*(2nd ed., pp.280-291). Needham Heights,MA: Allyn & Bacon.

Karrass, J., Walden, T., Conture, E., Graham, C., Arnold, H., Harfield, K., & Schwenk, K. (2006). Relation of emotional reactivity and regulating to childhood stuttering. *Journal of Communication Disorders, 39*, 402-423.

Johnson, K., Conture, E., Karrass, J., & Walden, T. (2009). Influence of variations in stuttering frequency on talker group classification. *Journal of Communication Disorders, 42*, 195-210.

저자의 말

우리는 데이터 분석에 도움을 준 Janis Karrass 박사에게 심심한 감사를 드리지만, 이러한 분석을 실시하고 보고하는 데서 생길 수 있는 오류는 전적으로 우리의 책임임을 강조한다. 우리가 Vanderbilt University에서 아동기 말더듬을 평가하고 치료한 아동들과 가족들에게도 감사를 드린다. 이들 아동과 가족들이 우리에게서 배운 것보다 우리가 이들에게서 배운 것이 더 많다.

이 장에 관한 궁금한 점은 두 저자(cgrichels@aol.com; edward.g.conture@vanderbilt.edu)에게 문의할 수 있다. 이 장의 연구는 NIH/NIDCD (3R01DC000523-14; 1R01EC006477-01A2)에서 Vanderbilt University에 제공한 연구기금의 일부를 보조받아 이루어졌다.

제 4 장

학령 전 말더듬 치료의 개관

Barry E. Guitar and Rebecca J. McCauley
(신명선 역)

도입

이 섹션에서 언급된 세 가지 치료법은 모두 학령 전 아동들이 정상적으로 유창하게 되도록 돕기 위해서 설계된 것이다. 그러나 각 치료법은 이 목표를 성취하기 위해서 서로 다른 접근법을 취하고 있다. 그 주된 차이점은 가족이 아동의 유창성을 좀 더 잘 촉진시킬 수 있는 환경을 만들어주는 과업을 통해서 아동의 구어 행동을 직접적으로 또는 간접적으로 다루는 데 있다.

이 장에서 세 가지 치료법 간의 차이를 쉽게 이해하도록 각 접근법에 대한 개관 시 제2장의 여러 치료법의 구조에서 쓴 용어들을 주의하라. 특히, 우리는 임상가가 아동 및 가족과 함께 사용하는 기본 목표와 중간 목표, 활동 및 절차와 각 활동과 절차들이 일어나는 상황들을 기술했다. 추가적으로, 본서는 이론적 기초와 증거 기반 실제(evidence-based practice)에 초점을 두었기 때문에, 우리는 각 접근법의 기초가 되는 이론적인 견해와 접근법을 지지하는 연구 증거를 설명했다.

Palin 부모-아동 상호작용

이 접근법은 7세까지의 말더듬 아동을 대상으로 한다. Palin 센터의 임상가들은 12개월 이상 말을 더듬어온 아동들을 연구에 포함했다. 하지만 주 임상적 중재는 가족력, 발생 후 말더듬의 악화, 부모의 과도한 관심 등과 같은 요인들이 말더듬을 지속시키는 고위험 요인이라면 말더듬 경과 시간이 짧은 아동들을 치료하는 것이다.

이 접근법의 기본 목표는 ① 말더듬을 다루는 부모의 능력 향상, ② 말더듬에 대한 가족의 불안 감소, ③ 아동들의 말더듬을 정상범위 내로 감소시킴(3% 이하의 말더듬 음절) 등이다. 중간 목표는 ① 부모들이 가능한 한 유창성을 촉진시키는 사람이 되도록 하기 위해서 말더듬을 확인하고 상호작용 패턴을 변화시키는 것, ② 숙제장, 대화상의 반응, 설문지 등에 반영된 것처럼 부모들이 아동들의 말더듬에 관하여 자신감을 증가시키고, 걱정을 감소시키는 것, ③ 임상가가 측정하는 것과 부모의 평가지(rating sheets)에 반영된 것처럼, 아동의 말더듬을 점진적으로 감소시키는 것 등이다. 이러한 목표들을 달성하기 위해서 사용하는 주요 활동과 절차는 임상실에서 부모-아동 상호작용을 비디오 녹화하고 다시 보기, 부모가 아동과의 상호작용 촉진을 향상시키기 위한 부모와 임상가 사이의 토의, 부모가 가정에서 유창성을 촉진하는 상호작용에 대한 역할, 실시한 것을 반복하게 하는 것과 관련된 가정 숙제의 완성 등이다. 이러한 촉진 상호작용에 있는 맥락은 임상실에서나 가정에서나 "특별한 시간"으로, 다른 상황으로 여러 곳에서 실시된다.

Palin 부모-아동 상호작용 접근법은 기질적인 취약점뿐만 아니라 구어 운동 및 언어 능력에 영향을 미치는 선천적 혹은 후천적 신경생리학적 요인들을 포함한 다양한 요인들로부터 말더듬이 발생된다고 주장하는 다요인 이론의 관점에 기반을 두고 있다. 환경은 잠재적으로 대화적 압력과 사회적 압력을 통해 아동에게 스트레스를 주는 이러한 구조적(constitutional) 요인들과 상호작용한다고 가정한다. 치료는 부모 교육을 통해 이러한 압력을 줄이는 것을 목표로 한다.

Palin 접근법의 효과성을 지지하는 증거가 수년에 걸쳐 수집되었다. Matthews, Williams, Pring(1997)은 4세 아동에게 Palin 접근법으로 치료한 결과 말더듬이 상당히 감소한 사례 연구를 보고했다. 이 연구 이후에 Crichton-Smith(2002)가 4세의 또 다른 아동에게 단일 사례 연구를 실시한 결과 Palin 치료로 정상적인 유창성이 되었다고 보고했다. 이 접근법에 맞는 가장 강력한 치료 설계를 사용하여, Millard, Nicholas, Cook(2008)은 치료받기 전에 12개월 이상 말을 더듬어온 3~4세 11개월 사이의 연령대 아동 6명에게 Palin 치료법의 효과를 연구하기 위해서 단일대상설계를 통해서 복제연구를 했다. 치료를 받고 1년이 지난 후 평가에서, 이 아동들은 평균 말더듬 음절수가 8.4%에서 2.7%로 감소되었다. 기초선 기간 동안과 치료 이후에 나타난 말더듬의 빈도와 가변성에 대한 세밀한 분석 결과, 6명의 아동 중 4명에게서 말더듬이 상당히 감소되었고, 부모들도 그렇다고 보고했다. 나머지 2명의 아동 중 한 명은 단지 한 부모만이 말더듬이 감소되었다고 했고, 나머지 한 명의 아동은 의미있는 진전을 위해서 직접적인 치료가 필요했다.

효과성과 더불어, Palin 치료법의 또 다른 측면도 연구되었다. Nicholas, Millard와 Cook(2003)은 Palin 치료를 하는 동안에 아동들의 언어가 정상적인 속도로 계속 발달했고, 부모들의 변화가 아동의 언어에 부정적인 영향을 미치지 않았다는 것을 재확인했다. 또한 말하는 순서, 발화의 길이와 유형과 같은 부모들의 언어 행동이 Palin 치료법을 통해 변화되었음을 입증했다. Palin 센터의 임상가이자 연구자들은 치료 후에도 대상자들의 수를 계속 확대시켜서, 많은 데이터로 그 접근법에 대한 근거를 제공하게 될 것이다. 비록 그들은 치료를 받지 않은 통제 집단과 그들의 접근법을 비교하지는 않았지만, 이러한 연령의 아동들에게 적용할 수 있는 다른 접근법들과 비교되기를 바랄 것이다. 또한 그 연구자들이 자신들이 치료한 많은 아동들을 오랜 기간 동안 추적 점검했을 때 얼마나 많은 아동들이 비말더듬인으로 간주될 것인지에 대한 데이터를 모으는 것이 바람직할 것이다. 학령 전 아동의 전형적인 유창성이 이 접근법의 기본 목표이고, 두 개의 다른 학령 전 중재법을 기술하는 것도 이 섹션의 목표이다.

말더듬 예방 및 조기 중재

말더듬 치료를 위한 Gottwald의 접근법은 중재 없이는 말더듬에서 회복될 것 같지 않은 2~6세 아동을 대상으로 한다. Gottwald의 접근법은 ① 신체적 투쟁(physical struggle)과 말더듬에 대한 기타 반응들을 보이는 아동, ② 말더듬의 가족력 혹은 말더듬 악화와 같은 만성 말더듬을 예측할 수 있는 위험 요인을 가진 아동, ③ 위의 두 가지 기준을 모두 가진 아동에게 적합하다.

치료의 기본 목표는 이러한 아동들이 정상적인 유창성을 성취하도록 돕는 것이다. 중재 목표들은 아동과 가족에 따라 다르다. 일반적으로, 여러 중재 목표 중 하나는 아동에게 있는 스트레스를 감소시키는 것이다. 이러한 목표는 아동 자신의 완벽주의적 태도와 가정에서의 빠른 대화 패턴과 같은 아동의 환경에서 일어날 수 있는 요구를 포함한다. 두 번째 중재 목표는 아동이 자신의 유창성을 증진시키도록 돕는 것이다. 이러한 목표는 언어 산출 능력 혹은 운동 협응을 증가시키는 것을 포함할 수도 있다. 가족을 위한 활동과 절차는 아동에게 스트레스를 줄 수 있는 가족 상호작용 패턴을 확인하고, 임상가의 상담을 통해 이러한 패턴을 변화시킨다. 예를 들면, 임상가는 가족들이 변화되어야 할 목표를 알도록 가족 구성원들이 상호작용하는 비디오를 보게 하는 것과 가정에서 새로운 상호작용 패턴을 연습하도록 새로운 모델링을 제시하는 것 등을 지도한다. 아동에게 초점을 둔 활동과 절차는 천천히 좀 더 느리게 말하는 것과 투쟁 행동을 많이 하는 아동에게는 좀 더 쉬운 방식으로 말을 더듬는 것을 배우도록 도와주는 것이다.

가족들의 변화를 위한 환경(contexts)은 가정에서뿐만 아니라 임상실에도 있다. 아동이 느리고 이완된 말하기 방법 및/또는 더 느리게 말하고, 더 쉽게 말을 더듬는 방법을 배우는 환경에는 ① 임상실 내의 구조화된 상황, ② 그들에게 더 중요하다고 여겨지는 임상실 내의 덜 구조화된 상황, ③ 가족들과 함께하는 가정 상황 등이 있다.

Gattwald의 접근법은 아동이 성장함에 따라 구어 및 언어 산출 능력과 기술이 발달한다는 이론적 관점에 기초하고 있다. 특히 언어적이고 운동적인 기술이 포함되어 있다. 이와 동시에 아동들의 환경은 구어적, 언어적, 사회적, 정서적 영역을 수행하도록 많은 요구와 기대를 하게 한다. 어떤 아동들은 요구가 능력을 초과할 때, 말더듬이 일어난다. 이러한 이론적 관점에서 자연스럽게 도출된 치료법은 말더듬 아동들이 유창성을 위한 근원적인 역량을 증가시키고, 가족들이 말더듬 아동들의 유창성에 스트레스를 주는 요구를 감소시키도록 돕는다.

이 접근법의 효과에 대한 증거는 여러 출판물에 나와 있다. Starkweather, Gottwald, Halfond(1990)는 39명의 말더듬 아동들에 대한 사전-사후 치료 연구를 보고했다. 7명의 아동들이 치료를 도중에 그만두었고, 3명의 아동들은 보고서를 제출할 시점에도 여전히 치료를 받고 있었다. 그러나 나머지 29명의 아동들은 정상적 유창성을 성취했고, 치료 후 2년 동안 유지되었다. 치료를 도중에 그만둔 아동들은 가족들이 이사를 가거나 그 치료 접근법이 자신에게 적절하지 않다고 결정했기 때문에 치료를 그만두었다. Gottwald와 Starkweather(1999)는 이 장에서 설명한 Gottwald 접근법을 사용하여 치료한 15명의 아동들을 추가적으로 보고했다. 1명의 아동이 치료를 중단했지만, 남은 14명의 아동들은 정상적인 유창성 수준을 성취했고, 치료 후 1년 동안 유창성을 유지했다. Gottwald는 그 이후 27명의 아동들이 그 프로그램을 완료했고, 26명의 아동들은 치료 후 1년 동안 정상적 유창성을 유지했다는 증거를 본서에서 그녀가 쓴 장에서 제시했다. 26명의 아동들이 받은 치료 회기 수는 5~31회기, 평균 13.5회기였다.

Palin 센터에서, 통제 집단, 하나 이상의 다른 치료법을 사용한 비교 집단, 여러 집단에 무작위 배치 방법 등을 이용한 부가적 연구들이 이 중재법이 효과적이라는 것을 뒷받침할 것이다. 일생 동안 말더듬을 효과적으로 예방할 수도 있는 원천적 치료법에 대한 반대 주장들이 있다면, 통제 집단을 사용하지 않을 수도 있다. 그러나 통제 집단이 없다면, 연구 대상자들이 나타낸 긍정적인 결과가 단순히 어린 말더듬 아동들에게서 일반적으로 나타나는 자연 회복을 반영하는 것이 아니라는 점을 명확히 할 수 없다.

초기 말더듬 중재의 리드콤 프로그램

리드콤 프로그램(Lidcombe Program)은 6세까지의 말더듬 아동들을 중재하기 위해 구성되었다. 이 프로그램의 참여 기준은 아동이 말을 더듬고 있으며, 치료가 6세 이전에 시작되는 만큼 치료를 시작하기 전에 자연 회복을 고려한 적정 시간(예: 일반적으로 1년)이 경과되어야 한다. 말더듬 발생 후 1년 이내에 치료를 해야 할 다른 요인들이 있는지 여부를 임상가가 판단해야 한다. 그러한 요인 중 하나는 일정기간 동안 아동의 구어에 대한 부모의 심한 정도 평가이다. 부모의 하루하루 심한 정도 평가에서 안정된 감소가 나타나지 않은 상태로 몇 주나 몇 달이 지나간다면, 보통 치료를 시작한다. 치료 시작에 대한 임상가의 결정에 영향을 미치는 다른 요인은 아동 및 가족의 스트레스 정도와 아동의 성별과 말더듬을 유지시키는 가족력으로서, 이들은 말더듬을 지속시키는 위험 요인이다.

리드콤 접근법은 그 프로그램에서 말더듬의 진전을 평가하기 위해 두 가지 방법을 사용한다. 첫째, 부모가 임상가의 훈련을 받은 후 아동의 구어의 심한 정도를 매일 1~10점 척도로 평가한다. 1점은 정상적 유창성을 의미하고, 10점은 아동의 말더듬이 가장 심하다는 것을 의미한다. 둘째, 임상가가 부모 및 아동과 함께 매 주 세션 시작 시에 더듬은 음절의 백분율(percent syllables stuttered; %SS)을 측정한다.

리드콤 프로그램의 기본 목표는 치료 후 1년 이상 거의 말더듬 없는 구어를 유지하는 것이다. 첫 번째 중재 목표는 두 가지의 유창성 기준을 성취하는 것이다. ① 부모의 심한 정도(daily severity ratings) 평가에서 3주 연속 평균 2점 이하(최소한 4일은 1점), ② 임상가의 주 1회 평가에서 3주 동안 1%SS 이하이다. 두 번째 중재 목표는 위의 기준들을 유지하는 것이다. 임상가와 주 1회 미팅에서 2주에 1회씩 2번, 4주에 1회씩 2번, 8주에 1회씩 2번, 최종적으로 16주에 1회씩 미팅하는 것으로 줄여간다.

활동과 절차는 ① 임상가가 매주 1회의 미팅에서 아동의 구어를 평가하고 부모가 집에서 치료를 하도록 지도 및 지원하기, ② 말더듬이 없는 구어와 말더듬 구어를 위해 구두적 후속자극을 사용하는 부모와 아동 사이에 이루어지는 매일의 구조화된 대화, ③ 보다 더 일상적인 활동에서 부모가 구두적 후속자극을 계속해서 사용하는 구조화된 대화에서 비구조화된 대화로의 점진적 변화 등을 포함한다. 부모가 아동이 발화를 산출하도록 하고(예측 가능한 답이 따라오는 일련의 질문을 준비함으로써), 유창성을 촉진하기 위해 구두적 후속자극을 사용하는 1대1의 말하기 상황으로 시작한다. 일단 아동이 이런 상황에서 약 90%로 유창해지면, 부모는 아동이 자연스러운 대화에서 좀 더 자유롭게 말하고, 유창성을 유지하기 위해 구두적 후속자극을 계속하도록 한다. 내용은 차 안, 식료품 가게, 혹은 집안 여기저기에서 아동이 부모에게 말을 할 수도 있는 비구조화된 상황으로 점진적으로 변경한다. 그때 다른 한쪽 부모나 조부모와 같은 다른 화자들이 비구조화된 대화 동안에 구두적 후속자극을 사용하도록 그들을 훈련시킨다.

리드콤 프로그램의 개발자들은 말을 더듬기 시작하는 아동들의 구어 산출 패턴에 문제(deficits)가 있다고 가정한다. 이러한 문제로 아동들은 강세가 있는 음절과 강세가 없는 음절의 패턴을 산출하는 데 어려움이 있다. 따라서 치료는 아동이 자신의 구어 산출 패턴에 적응하도록 자극한다. 말더듬은 부모들이 주는 구두 후속자극에 따라 달라질 수 있기 때문에, 치료를 통해 (구어 산출 패턴에 적응)할 수 있다. 특히 유창성에 대한 정적 후속자극(칭찬)과 말더듬에 대한 부적 후속자극(인정 또는 수정 요구)은 리디콤 치료의 주요 구성요소이다.

리드콤 프로그램의 효과를 검증하기 위해 여러 연구들이 이루어졌다. Onslow, Costa, Rue(1990)는 4명의 학령 전 아동을 대상으로 치료 효과를 처음으로 연구한 결과, 중재에 긍정적으로 반응하고 치료 후 9개월 동안 유창성을 유지했다. Lincoln과 Onslow(1997)는 42명의 아동을 리드콤 프로그램으로 치료한 결과, 치료 후 4~7년 동안 유창한 구어를 유지했다고 보고했다. 250명의 아동을 대상으로 리드콤 프로그램을 성공적으로 실시한 결과, 아동들이 유창성의 두 가지 기준을 충족한 시점(치료 회기의 중앙값)이 11회기로 나타났다(Jones et al., 2000). 여러 연구에서 리드콤 프로그램이 치료를 하지 않은 것보다 더 효과가 있었지만, 최근 연구에서는 무작위 통제법(randomized control trial)으로 치료받지 않은 아동(n = 25)(p = .003)에 비해 리드콤으로 치료받은 아동이 통계적으로 유의하게 더 많은 진전을 보였다. 치료의 효과 크기(effect size)는 2.3%SS였다(Jones et al., 2005). 이는 임상 실험(clinical trial)에서는 매우 큰 효과이다.

치료 접근법 간의 차이점과 유사점

표 4.1에서 살펴볼 수 있듯이, 세 가지 치료 접근법 간의 가장 뚜렷한 차이점은 이 장의 서두에 설명한 바와 같이 아동의 구어를 직접적으로 다루는 정도이다. Palin의 부모-아동 상호작용은 가장 간접적인 접근법으로, 아동의 구어에 영향을 미치는 부모의 행동을 변화시키는 것이다. 부모-아동 상호작용에 대한 비디오 피드백과 부모 상담은 아동의 유창성과 가장 관련된 상호작용에 있는 여러 요소들을 부모들이 찾아내고 변화시키도

〈표 4.1〉 학령 전기 말더듬 아동을 위한 여러 중재법의 특성

조기 말더듬 중재를 위한 부모-아동 상호작용 예방과 조기 중재			
	치료		
변수	제5장: Palin 부모-아동 중재	제6장: 말더듬 예방 및 조기 중재	제7장: 리드콤 프로그램
목표의 특성	말더듬을 다루는 부모의 능력 증진시키기. 말더듬에 대한 가족의 불안 감소시키기. 아동의 말더듬을 정상 범위 내로 감소시키기	정상적 유창성	확립된 후에 1년 이상 말더듬이 거의 없는 구어 유지
대상자	7세까지의 말더듬 아동	중재 없이 자연 회복이 될 것 같지 않은 2~6세 말더듬 아동	6세까지의 말더듬 아동
중재자	임상가의 지도를 받은 부모	환경적 변화: 임상가의 지도를 받은 부모, 아동의 구어 변화를 위해: 부모의 도움을 받은 임상가	임상가의 지도를 받은 부모
세션의 특성	개별 회기; 부모 상담, 부모에게 비디오 피드백을 제공함	개별 회기; 환경적 변화: 부모 상담; 아동의 구어 변화: 임상가의 지시와 모델링 및 아동의 연습	개별 회기; 임상가가 모델링, 가정 치료의 수행에 대한 피드백, 아동의 진전과정에 대한 토의 등으로 부모들을 지도함
필요한 장비	비디오 녹화 및 재생 장비	비디오 녹화 및 재생 장비 사용	온라인으로 %SS를 평가할 수 있는 장비가 유용함
세션의 빈도	6주 동안 주 1회 1시간씩, 그 다음에는 6주 동안 주 1회 10분씩 전화 접촉, 그 다음 1시간 통합 회기, 그 다음 미팅을 1년 동안 3개월마다 점검, 총 8시간 접촉시간.	주에 1시간, 부모가 가정에서 아동과 함께 "특별한 시간"을 가짐	임상가와의 주 1시간, 1단계 동안에 집에서 부모와 매일 15분 치료, 2단계의 앞부분 동안에는 집에서 매일 간헐적인 치료
총 치료 기간	12주, 그 후에 1년간의 모니터링	주 1회씩 평균 12회기, 어떤 아동의 경우 주 1회 30회기 정도가 필요함	유창성을 성취하는 회기의 중앙치는 주 1회 11세션이지만 일부 아동은 더 많은 세션이 필요함; 유창성을 성취한 후 서서히 미팅을 줄여가는 데 1년 걸림
치료법의 일반적 특성	임상가는 의사소통 상호작용에서 아동의 스트레스를 감소시키기 위해 가족과 협력한다. 모델링과 가정 지도 후에 가족에게 비디오 피드백을 통해 실제 연습을 하게 함	임상가는 아동에게 주는 요구를 감소시키고, 아동을 위한 지원을 증가시키기 위해 가족과 협력한다. 또한 필요하다면 임상가가 아동의 구어에 직접적으로 관여함	임상가는 부모가 구조화된 일상 상황과 비구조화된 일상 상황에서 칭찬과 교정을 실시하도록 훈련한다. 임상가는 부모가 실시한 매일 심한 정도 평가와 임상실에서 임상가가 실시한 아동의 %SS를 통해 아동의 진전 과정을 토의함

록 돕는다. 아동의 말더듬을 직접적으로 다루지는 않지만, 부모들이 아동의 환경을 변화시킴으로써 말더듬이 정상적인 유창성 수준으로 점점 감소하는지를 확인하기 위해서 모니터한다.

Gottwald의 말더듬 예방 및 조기 중재 접근법은 간접적 접근법(부모의 행동에 변화를 줌)과 직접적 접근법(아동의 행동에 변화를 줌) 모두를 포함한다. 이 접근법의 간접적인 측면은 말더듬에 대해 부모를 교육하고 부모가 아동의 유창성을 더 어렵게 만드는 요인들을 확인하고 바꾸도록 돕는다. 직접적 치료는 부모와의 간접적 치료와 동시에 시작하며, 아동에게 더 느리게 말하고, 필요하다면, 말더듬는 순간에 긴장과 투쟁을 줄이도록 가르친다.

리드콤 프로그램은 아동의 구어에 대한 직접적인 치료법을 사용한다. 그러나 부모들도 치료 과정에 크게 관여한다. 부모들은 유창한 구어에 대해서 칭찬해주고, 말더듬에 대해 알려주고 교정(즉, 유창한 반복)을 요구한다. 만약 아동의 의사소통적 환경이 변한다면(간접적인 치료법을 실시할 때처럼), 그 변화는 부모가 아동의 유창성 혹은 매우 가벼운 말더듬을 보상하는 동안에 이루어지는 유창성과 일상적인 비구조화된 대화를 최대화시키기 위해서 설계된 일상적인 구조화된 대화에서만 발생할 것이라고 가정한다.

이러한 세 가지 접근법 간에 차이가 있음에도 불구하고, 이 접근법들 간에 인상적인 유사점이 있다. 예를 들면, 세 가지 접근법 모두가 부모와 아동이 1대1로 보내는 시간을 증가시킨다. Palin 부모-아동 상호작용 접근법은 주 3~5회 실시하는 가정 연습 세션인 "특별 시간"을 통해 1대1 부모-아동 시간을 보낸다. Gottwald의 말더듬 예방 및 조기 중재 접근법은 부모들이 아동이 새로운 기술을 연습하도록 도와주고, 적절한 의사소통 행동을 모델로 제시하며, 아동이 이루고 있는 변화를 강화하는 등의 매일의 구어 놀이 시간을 가지도록 한다. 리드콤 프로그램은 유창성의 증가와 말더듬의 감소에 초점을 맞춘 부모와 아동 간에 이루어지는 매일 구조화된 1대1의 의사소통으로 시작한다. 나중에는 부모가 같은 목적으로 매일 비구조화된 의사소통을 실시한다. 세 가지의 접근법 모두에서 아동 중심으로 아동이 부모와 함께 있을 것으로 예측할 수 있는 시간은 분명히 아동의 행복감을 향상시킬 것이며, 행복감 그 자체가 아직 입증되지는 않았지만 유창성을 향상시킬 것이다.

이러한 세 가지 치료법의 또 다른 유사점은 아동이 부모로부터 칭찬과 지지를 받는 정도이다. Palin의 부모-아동 중재법은 자녀에게 매일 바람직한 일반적인 행동을 칭찬하도록 부모들을 격려하고, 부모들이 아동에게 한 칭찬을 기록할 수 있는 기록지(log sheets)를 제공한다. Gottwald의 말더듬 예방과 조기 중재 접근법에서 치료시 부모가 자녀에게 하는 주요한 역할은 지지하는 것이다. 이 접근법은 부모가 아동의 새로운 구어 능력을 칭찬하는 것과 부모가 아동의 말을 듣는 것이 아동에게 얼마나 즐거운 것인지를 알게 한다. 리드콤 프로그램은 아동의 유창성에 대해 후속자극으로 칭찬을 이용하지만, 그것이 다른 접근법에서 사용한 칭찬처럼 아동의 자신감을 증가시킬 것이다. 아동이 긍정적이고 성공적일 것이라는 감은 아동의 유창성을 증가시키도록 돕는 자신감을 증가시킬 수도 있다.

세 번째 유사점은 세 가지 치료법 모두가 부모

들이 매주 아동의 말더듬을 평가하고, 임상가와 함께 말더듬에 관하여 아동의 진전사항이나 부족한 점을 토의하는 시스템을 제공한다는 것이다. Palin 프로그램은 부모들이 아동 말더듬의 심한 정도(뿐만 아니라 부모의 염려 수준)를 척도로 평가하게 한다. Gottwald 말더듬 예방 및 조기 접근법에서는 부모들이 임상가와 함께 유창성 기록지나 일지를 작성한다. 리드콤 프로그램은 심한 정도 척도를 매일 기입해서 매주 토의하는 회기에 가져오게 한다. 이러한 공통적인 요소는 부모들이 아동의 구어를 좀 더 유창하게 발달하도록 촉진하는 것으로 입증된다.

네 번째 유사점은 세 가지 접근법 모두에 부모들을 위한 지원이 편재되어 있다는 것이다. Palin의 부모-아동 상호작용은 부모에게 권한을 부여하고 확인하는 것을 많이 강조한다. 이 접근법의 개발자는 부모들에게 어떻게 하면 자녀와 상호작용을 가장 효과적으로 하는지 그 방법을 가르치기보다는 오히려 부모들이 아동의 유창성을 이미 돕고 있는 많은 것들에게 약간의 논의와 통찰력을 가지고 아동의 유창성을 더욱 촉진시키는 방법을 인식하도록 도와준다. Gottwald의 말더듬 예방 및 조기 중재 접근법은 가족 구성원의 감정에 초점을 두고, 가족들이 치료를 방해할 수 있는 죄의식과 같은 감정들을 다루도록 돕는다. 더욱이, Gottwald는 가족들이 유창성을 지연시킬 수 있는 환경적 요인을 확인하는 것을 강조한다; 가족들은 아동의 구어를 촉진시킬 수 있는 환경에서 브레인스토밍으로 임상가와 한 팀으로써 치료를 한다. 리드콤 프로그램은 부모가 자녀를 위한 주 치료사가 되도록 안내함으로써 부모를 지원한다. 그래서 부모에게 자녀 언어에 변화를 가져오는 경험을 하도록 제공한다. 임상 회기에서는 자녀를 치료하기보다는 오히려 부모를 지원하는 데 중점을 둔다. 이러한 접근법에는 모두, 부모 지원이 치료에 포함되어 있는 것 같다.

비록 표 4.1에는 나와 있지 않지만, 이러한 여러 중재법들이 가지고 있는 마지막 유사점은 학령 전 말더듬 아동들의 부모들에게 요구되는 시간이다. 먼저, 이러한 중재들은 임상가에게 요구되는 공식적인 회기의 수와 시간이 유사하다. 세 가지 접근법 모두는 집중적인 치료 단계 동안에 임상가와 약 12회기를 필요로 한다. 직접 또는 전화를 통한 회기는 몇몇 아동들과/혹은 제한된 환경의 가족들에게는 해볼 만한 방법이지만, 틀림없이 부모들이 아동과 함께하는 매일의 회기 및 치료 활동 과정에서 매일의 기록을 유지하는 것이 더욱 요구될 것이다.

요약

5장, 6장, 7장에 제시된 중재법들은 전 세계의 학령 전 아동들에게 사용되는 수많은 접근법들 중 세 가지에 불과하다. 이 접근법을 선택한 이유는 이 중재법을 개발한 연구자들이 얼핏 보아서도 이 접근법의 효과가 나타났고, 말더듬이 사라지고, 일정 기간이 지난 후에도 그 접근법들의 효과를 검증하기 위해서 주의를 기울였기 때문이다.

세 가지 접근법 중, 리드콤 프로그램이 가장 광범위한 연구 지지를 받았다. Onslow, Costa, Rue(1990)의 연구를 시작으로 이 프로그램의 효과를 검증하는 연구가 스무 개 이상 계속되었다. 흥미롭게도, 리드콤 프로그램을 출판한 해에 말더듬 예방 및 조기 중재의 효과성에 대한 첫 번째 증거가 출판되었다(Starkweather, Gottwald, & Halfond, 1990). Palin의 부모-아동 상호작용은 1980년대에 개발되었지만(예: Rustin, 1987), 최근에 들어서야 장기간이 걸린 결과에 대해 신중한 평가를 받고 있다(Nicholas & Cook, 2008).

각 접근법의 개발자들이 치료가 필요하다고 여겨지는 모든 아동에게 자신의 접근법을 사용하는 것은 흥미롭다. 미래 연구는 좀 더 간접적인 접근법을 필요로 하는 아동들과 좀 더 직접적인 접근법을 필요로 하는 아동들을 확인하는 것일 것이다. 또한 차후의 연구에서는 각 접근법의 결정적인 요소들이 무엇인지를 밝히는 것이 필요하다. 우리가 여러 접근법들을 비교하여 나타낸 바와 같이, 세 가지 접근법에 있는 공통적인 몇 가지 요소들은 1대1 시간, 부모가 자녀에게 주는 칭찬과 지원, 체계적인 평가의 과정, 부모를 위한 지원 등이었다. 중재법 간에 서로 다른 요소들을 비교해 이러한 요소들의 중요성을 평가하는 연구들이 있어야 한다.

Bloodstein(1995)은 치료 효과성 평가의 필요성에 관하여 설득력 있게 기술했다. 핸드북에서, 그는 어느 치료법이라도 "그 치료법이 더 이상 새로운 것이 아니고, 그 치료법에 관한 열의가 처음보다 점점 사라져갈 때…, 본질적으로 자격 있는 어떤 임상가에게서도 그 치료법의 효과성"이 입증되어야 한다고 했다(p.445). 따라서 실제 임상현장에서 이러한 모든 치료 접근법의 유용성이 입증되려면, 그 치료법의 개발자들이 그 치료법을 실시할 때 얻은 치료 효과처럼, "자격 있는 어떤 임상가"라도 실시하여 동일한 치료 효과를 얻을 수 있다는 증거가 나와야 한다.

제 5 장

Palin 부모-아동 상호작용

Willie Botterill and Elaine Kelman
(장현진 역)

도입

Palin 부모-자녀 상호작용(Palin PCI)(Kelman & Nicholas, 2008)은 부모들이 자녀의 자연스러운 유창성을 지지하고 증가시키는 것을 돕기 위해 부모-자녀를 짝으로 하는 놀이-중심 세션들, 비디오 피드백, 촉진시키는 논의 등을 사용하여 7세까지의 아동들을 위해 Michael Palin 센터(Palin Centre)에서 실시한 치료 프로그램이다. 이 프로그램은 Palin 센터에서 실시한 어린 아동들을 위한 처음이자 유일한 중재법이다. 이 프로그램은 다음과 같은 방식에서 부모-자녀 상호작용을 수정하는 다른 여러 접근법들과 다르다.

- 이것은 가르치는 접근법이라기보다는 촉진하는 접근법이다: 부모들의 본능적인 감식안(expertise: 척 보면 알게 되는 안목)을 유도하고, 강화하고, 개발시킨다.
- 부모들은 자신의 여러 목표를 설정하고 진행하는 것을 강화하기 위해 비디오 피드백을 사용한다.

지적한 바와 같이, 일단 Palin PCI를 마치면, 일부 아동들은 언어 치료 혹은 말소리 치료와 같은 다른 중재들로부터 이득을 얻는다.

치료 원리: 아동의 요구를 이해한다

Palin PCI는 구어 운동과 언어적 장점 및 약점에 대한 아동의 특정 프로파일에 대한 것을 임상가와 부모가 함께 이해하는 것에 근거한다. 이러한 프로파일은 평가 동안 확인되고, 메시지를 계획, 조직, 유창하게 전달하기 위해서 아동이 무엇이 필요한지를 조사하기 위한 내용을 제공한다.

치료 원리: 부모는 이미 돕고 있다

핵심 원리는 말더듬 아동의 부모들이 이미 자연스러운 유창성을 지원하는 방법으로 자녀와 상호작용하고 있다는 것이다. Palin 센터에서 본 어린 아동들은 그들이 말을 더듬는 것보다 훨씬 더 자주 유창하다. 부모들은 지속성 말더듬으로의 발달에 대해 걱정하기 때문에 도움을 구한다. 그리고 부모들은 자녀를 도울 준비가 잘 되어 있지 않다고 생각한다. Palin PCI는 부모들이 자녀들의 의사소통 기술에 대해 점점 더 알게 되고 유창성의 발달을 지원하는 행동을 부모들이 확인하도록 돕는다. Palin PCI는 아동의 유창성 요구를 충족시키고, 가정환경에서 이러한 상호작용을 증가시키는 데 초점을 두는 여러 방법으로 상호작용하도록 부모에게 권한을 주고 부모들의 능력을 강화하는 것을 목표로 한다.

치료 원리: 부모(또는 주양육자)는 직접적으로 연관되어 있으며 가정에서 치료를 제공한다

Palin PCI는 치료에 부모가 참여하는 것이 어린 아동의 말더듬을 감소시키는 데 필수적이라는 원칙에 근거하고 있다. 부모 모두가 첫 평가와 모든 치료 세션에 출석하고, 아동과 함께 숙제를 수행하고, 진전과정에 관한 피드백을 제공하는 것이 적절하다. 이 접근법의 중심은 부모와 임상가의 지식과 인식이 공유되고, 부모가 스스로 관찰을 하고, 부모 자신의 결정을 이끌어내고, 부모 자신의 목표를 세우고, 매주 부모의 진전과정을 반영하도록 격려되는 협력적인 치료관계의 수립이다. 이러한 협력관계 내에서의 임상가의 역할은 지시하고, 충고하고, 모델을 제시하는 것보다는 오히려 촉진하고 확인하는 것이다.

치료 원리: 말더듬을 공개적으로 논의한다

부모들에게 말더듬을 공개적으로 알리는 것을 격려한다. 부모들은 말더듬을 알리는 것에 대한 자신들의 두려움을 확인하도록 도움을 받으며, 연령에 맞는 아동-중심의 용어를 사용하도록 권고 받는다. 시작할 때부터 그 문제를 정상화하는 것이 아동과 부모들에게 말더듬과 관련된 불안과 공포를 상당히 감소시켜 줄 수 있다. 불안이 말더듬을 야기하지는 않지만, 말더듬은 불안을 야기한다.

치료 목표

Palin PCI의 1차 목표는 부모의 이해, 지식, 능력, 말더듬을 다룰 수 있는 자신감 등에 대한 기초를 확립하는 것인데, 이는 각 치료 단계마다 아동의 유창성을 돕고 보완할 수 있다. 또 다른 목표는 말더듬에 대한 가족의 불안을 줄이는 것인데, 궁극적으로는 어린 아동에게서 말더듬이 정상 범위 내에 일어나도록 줄이는 것이다.

치료 접근법에 대한 이론적 기초

초기 말더듬에 관한 어떠한 치료 접근법이라도, 개별 아동에게서 말더듬의 발생과 발달에 영향을 미칠 수 있는 많은 요인들을 고려해야 할 뿐만 아니라, 아동과 가족이 임상 현장으로 가져오는 강점과 리소스를 알고 이용해야 한다. 각 아동들이 가지고 있는 장애의 본질뿐만 아니라 그 아동들의 강점들을 이해하게 되면 시작부터 치료과정을 알게 된다.

다요인 관점(mutifactorial perspective)(Smith & Kelly, 1997; Starkweather & Gottwald, 1990; Wall & Meyer, 1995)은 아동의 저변에 깔려 있는 말더듬과 그 발생에 취약한 점으로 고려할 수 있는 요인, 말더듬의 발달에 영향을 미치는 요인, 일부 경우에 말더듬 지속에 영향을 미치는 요인, 말더듬의 순간에 영향을 미치는 요인이 있다는 증거가 점점 많이 나타남으로 인해 지지를 받고 있다.

말더듬 발생에 영향을 미치는 요인

유전

말더듬의 저변에 깔려 있는 취약점들은 아주 복잡하고, 계속 광범위한 연구의 초점이 되고 있다. 유전적 요인이 말더듬의 발생에 작용한다는 것은 논쟁의 여지가 없는 것 같고, 관련 연구들이 말더듬이 될 소인이 있는 특정 유전자를 찾는 데 접근하고 있다(Cox et al., 2000; Drayna, 1997; Shugart et al., 2004; Suresh et al., 2006). 그러나 유전자만이 행동, 특히 말더듬처럼 복잡하고 가변적인 행동들을 산출하거나 결정하는 것이 아님을 아는 것이 중요하다. 유전자는 단지 말더듬이 일어날 가능성을 증가시킬 뿐이다(Starkweather, 2002). 광범위한 요인들이 말더듬 같은 어떤 행동 특성이 나타나는 정도에 영향을 미친다는 것이 알려져 있다(Starkweather, 2002). Ambrose, Cox, Yairi(1997)가 또한 유전적 소인의 복잡성을 논의했는데, 이들은 빠른 구어 속도, 좌절에 대한 인내성이 낮음, 느린 반응 시간, 단어 재인 혹은 문장 형성 능력, 만성적 혹은 과도한 근육 긴장, 이러한 모든 것들의 결합 등과 같은 요인이 결과적으로 말더듬을 일으키는 유전적 변인일 수 있음을 제시했다.

말더듬 발생 여부에 더하여, Ambrose, Cox, Yairi(1997)와 Suresh 등(2006)은 모두 말더듬에서 회복되거나 말더듬을 지속시키는 소인도 역시 유전된다는 것을 제시하는 데이터를 보고했다.

신경생리학적 요인

유전의 본질이 여전히 연구 중인 반면에, 유사한 여러 연구 영역들이 말더듬의 발생이 뇌에서 어떤 근원적인 구조나 기능적 차이와 관련이 있을 수도 있다는 것을 제시한다(Foundas et al., 2000; Fox et al., 2000; Sommer et al., 2002).

뇌 영상과 뇌 기능에 대한 연구들에서 나타난 결과들이 아직 아동들을 대상으로 연구되지 않아서, 어떤 확인된 차이들이 말더듬의 발생의 원인인지, 말더듬 발생의 반응인지 결론짓는 것이 불가능하다. 그러나 근원적인 신경학적 기능부전이 말더듬 아동들에서 언어 계획하기와 운동 처리 간에 이루어지는 복잡한 쌍방향 상호작용을 붕괴시킬 수도 있다는 것이 제시되어 왔다(Caruso, Max, & McClowry, 1999; Ingham & Cordes, 1998; Peters, Hulstijn, & Van Lieshout, 2000).

구어 운동 기술

말더듬이란 구어 운동 조절에서의 붕괴를 나타내는데, 결과적으로 특히 성인들에서 수년 동안 이 영역과 관련된 상당한 연구들이 있었다. 그 연구 결과들은, 때로는 일치하지 않지만, 전형적으로 유창한 성인들과 비교할 때 말더듬 성인들의 구어 산출 프로세스에서 차이가 존재한다는 것을 제시한다. 아동들에서의 구어 운동 기술들에 대한 연구들은 성인들에 대한 연구에 비하여 적지만, 아동들에서 약간의 미묘한 결함을 나타내는 징후가 있다(Conture, 1991의 고찰 참조). 특히, 연구들은 말더듬 아동들이 구강 운동 기술들에서 열등(Riley & Riley, 1980), 음성과 손 반응 시간이 더 느림(Bishop, Williams, & Cooper, 1991), 심지어 지각적으로 유창한 구어를 하는 동안에도 후두 운동을 안정화하고 조절하는 데 어려움(Conture, Rothenberg, & Molitor, 1986) 등이 있다고 제시해왔다.

의사소통 환경: 상호작용 스타일

의사소통 환경과 상호작용 스타일이 말더듬의 발생에 작용할 수 있는 역할에 관하여 상당한 연구들이 실시되어 왔다. 그 연구 결과들은 말더듬 아동의 부모와 비말더듬 아동의 부모의 상호작용 스타일이 다르다는 증거가 없거나(이에 관한 고찰은 Nippold & Rudzinski, 1995 참조), 말더듬의 발생에서 어떤 역할을 한다는 증거가 없음을 제시한다. 그러나 Miles와 Bernstein Ratner(2001)는 비록 말더듬 아동 부모의 자극(input)이 비말더듬 아동 부모의 자극과 비슷하지만, 말더듬 아동들은 그들의 기저에 깔려 있는 언어적 취약성 혹은 기질적 취약성으로 인해 이러한 자극에 동화되거나 반응을 보이는 것이 더 어려울 수 있다고 주장했다. 아마도 말을 더듬을 소인이 있는 아동들의 기저에 깔려 있는 취약성들은 또한 전형적인 성인-아동 상호작용의 맥락에서 그 아동들이 유창해지는 것을 더 어렵게 만드는 것 같다.

요약

많은 연구자들이 대부분의 아동들에게서 말더듬의 발생이 아동의 발달하고 있는 언어 및 운동 능력들의 섬세하고 복잡한 균형에 영향을 미치는 생리적인 근거가 있는 것으로 나타날 것이라는 점에 대해서 의견이 일치한다.

말더듬 발달 및 지속 위험에 영향을 미치는 요인

아동의 근본적인 여러 취약점과 말더듬의 발달 및 지속 위험에 영향을 미치는 아동 자신의 기질과 언어적 및 사회적 환경 사이에 상호작용이 있다는 점에 대해서는 상당한 의견 일치가 있다 (Yairi & Ambrose, 2005).

언어적 요인

지금까지, 연구 결과들은 말더듬 아동들의 전반적인 언어 능력에는 차이가 없다는 것을 제시했다(Kloth et al., 1999; Watkins & Yairi, 1997; Yairi et al., 2001). 그러나 최근 연구에서, Anderson, Pellowski, Conture(2005)는 말더듬 아동들과 비말더듬 아동들의 표현 및 수용언어와 음운 능력을 평가하고, 이러한 능력들에 대한 구성요소들의 내적 혹은 구성요소들 간의 불일치 및 괴리를 연구했다. 그들은 말더듬 아동들이 이러한 능력들에서 불일치성이 정상 또래들보다 세 배 정도로 더 많은 것을 발견했다. 괴리를 나타내었지만 말을 더듬지 않은 아동들이 있었고, 말을 더듬었지만 괴리를 나타내지 않은 아동들이 있었다는 사실은 그들 자신들에서 언어적 괴리는 말더듬 발생에 대한 설명을 할 수 없지만 다른 요인들과 결합하거나 혹은 지속과 관련하여 관련이 있을 수 있다는 것을 의미한다.

음운 기술의 역할 또한 말더듬 아동의 높은 비율이 말소리 결함도 가지고 있다는 연구들과 함께 연구되어 왔다.(Yaruss, Lasalle, & Conture, 1998). 게다가, 음운 기술 감소와 말더듬의 지속 사이에 연관이 있음이 발견되었다(Paden, Yairi, & Ambrose, 1999).

성별

여아보다 남아들이 말더듬을 더 많이 지속한다는 연구 결과가 있다(Yairi & Ambrose, 2005). 말더듬 남아 대 여아의 비율은 말더듬 발생 시에는 1:1 정도로 낮으나(Yairi, 1983), 연령이 증가함에 따라 6:1로 증가한다(Bloodstein, 1995).

발생 후 경과 기간

대부분의 아동들에게 회복은 말더듬이 시작된 후 12개월 이내(Yairi & Ambrose, 1992; Yairi et al., 1996)에서, 18개월(Johannsen, 2000) 사이에 일어난다. 어떤 아동들은 이 기간 후에도 여전히 유창성을 습득할 것이지만(Yairi & Ambrose, 1999), 회복의 가능성은 나이(Seider, Gladstein, & Kidd, 1983)와 말더듬의 기간(Yairi et al., 1996)에 따라 감소한다. 이러한 연구들은 또한 말더듬을 지속하는 아동들은 시간이 지남에 따라 말더듬의 수준이 비교적 고정됨을 확인했다. 반면에, 말더듬을 회복하는 아동들은 발생 후 일 년 동안에 말더듬 양에서 뚜렷한 감소를 보이며, 이러한 개선 경향이 시간이 지남에도 계속된다.

심리적-정서적 요인

지속성 말더듬의 발달에 영향을 미치는 심리적 요인, 특히 기질에 대한 의미있는 연구가 계속되고 있다. Conture(2001)와 Guitar(2006)와 같은 연구자들은 여러 요인들 중에서 민감성, 억제, 반응성 등과 같은 기질 특성들이 말더듬을 유지하거나 격화시킨다고 주장한다. 이 연구는 연구는 말더듬 아동이 더 민감하고 억제된다고 제시한다(Andersom et al., 2003; Embrechts et al., 2000). 이 연구는 말더듬 아동이 자신의 말에서 일어난 붕괴를 인내하지 못하고, 그 문제를 개선하기보다는 그 문제를 악화시키는 방식으로 반응한다고 제시한다. 최근 Vanderbilt University의 Conture 연구팀의 연구 결과는 "학령 전 말더듬 아동들이 경험한 비교적 큰 정서적 반응성이, 아동들이 경험하는 감정을 조절하고 자신의 주의 집중을 유연하게 통제하는 것이 비교적 불가능함과 더불어, 이러한 아동들이 상당히 유창한 구어와 언어를 형성하는 데 겪는 어려움에 영향을 미친다"는 것을 제시한다(Karrass et al., 2006, p.402).

Palin 센터의 임상 환경 내에서, 부모들은 종종 말을 더듬는 자녀를 "매우 민감한", "쉽게 화를 내는", "꽤 걱정을 많이 하는 사람"으로 설명한다. 더욱이, 부모들은 말더듬는 자녀가 "그들 자신을 높은 기준에 맞추려고 한다.", "완벽주의자가 되려고 한다.", "만사를 정확하게 하려고 하는 것 같다.", 종종 "남에게 호감을 사려고 애쓴다."고 말한다. 또한 아동의 기질이 아동이 부모와의 여러 상이한 상호작용 스타일에 반응하는 방식에 영향을 미칠 수 있다고도 주장했으며(Felsenfeld, 1997), 아동의 기질이 말더듬의 발달과 지속에 중요한 역할을 한다는 생각을 지지하는 것 같다는 많은 연구들이 있다. 따라서 기질은 치료에서 고려해야 할 하나의 중요한 변인일 수 있다.

의사소통 환경: 상호작용 스타일

비록 부모의 상호작용 스타일이 말더듬의 발생에서 역할을 한다는 증거가 없지만, Kloth 등(1998)은 종단 연구를 통해 어머니가 자녀의 말더듬에 반응하는 자신의 상호작용을 변화시킨다는 증거를 제시했다. 이 연구 결과는 자녀의 말더듬 발생 후에 어머니들은 자녀의 말더듬이 발생하기 이전에 사용했던 방식에 비해 더 많이 중재하고, 더 많이 언권을 교대하고, 더 짧은 쉼을 사용하고, 정보를 더 많이 요구하고, 시인하는 말을 더 많이 사용하는 경향이 있는 것으로 나타났다.

Rommel(2000)도 역시 말더듬 발달에 영향을 미치는 요인들을 살펴보았고, 어머니의 언어가 복잡하고, 어머니와 아동 사이의 언어적 변인들 간의 차이가 클수록, 말더듬이 지속될 위험이 그만큼 더 높다는 것을 밝혔다.

요약

Anderson 등(2005)은 "유전적 소인 혹은 기질, 참기 어려운 붕괴들은 지속적인 말더듬을 야기시킨다. 아동은 구어 및 언어 산출을 방해하는 데 영향을 끼치는 이러한 괴리들을 조화시키거나 조정하려고 한다."라고 주장하는 Hall(2004)의 의견에 동의했다.

말더듬 순간에 영향을 미치는 요인

언어적 요인

발화의 길이 및 복잡성과 말더듬 빈도 사이의 관련성을 더욱 자세하게 연구한 조사연구들이 많다. 이러한 연구들에서 아동들이 좀 더 길고, 좀 더 복잡한 문장들을 사용할 때 더 많이 더듬는 것으로 나타났다(Logan & Conture, 1995; 1997; Logan & LaSalle, 1999; Melnick & Conture, 2000). 그러나 Yaruss(1999)는 이러한 결과는 자신의 연구에 참여한 일부 아동에게서만 나타난 사실이라고 지적했다.

다른 연구들은 말더듬의 위치에 영향을 미치는 요인들을 살펴보고, 발화를 시작할 때 내용어보다 기능어에서(Howell, Au-Yeung, & Sackin, 1999), 그리고 더 긴 단어들에서(Rommel, 2000) 말더듬이 발생되는 경향이 있다고 설명했다(Howell & Au-Yeung, 1995).

의사소통 환경: 상호작용 스타일

부모와 그들의 자녀들은 사회적으로 상호작용하는 환경에서 살고 있다. 자녀들의 사회적, 정서적, 행동적 발달은 그들의 부모들이 "부모" 노릇 하는 방식에 영향을 받는다. 더욱이 자녀들이 반응하고 발달하는 방식은 그들의 부모에게 영향을 미친다. 이는 각 자녀와 가족에게 독특한 관계를 꾸준히 발전시키고 있는 역동적인 관계인 것이다.

많은 초기 중재 접근법들은 부모들이 의사소통 환경이 말더듬의 양을 감소시킬 것이라는 믿음에서 자녀의 의사소통 환경에서 변화를 만들도록 도와주는 데 기초를 두어 왔다. 적어도 부모 상호작용 스타일을 바꿀 수 있는 몇 가지 증거가 있으며(Nicholas, Millard, & Cook, 2003), 부모가 자신의 구어 속도를 느리게 할 때(Guitar et al., 1992), 부모들이 쉼의 시간과 반응 지연 시간을 증가할 때(Newman & Smit, 1989), 부모들이 구조화된 언권 순서 바꾸기(turn taking)를 할 때(Winslow & Guitar, 1994), 말더듬이 감소된 것으로 나타났다. 흥미롭게도 그 결과들을 자세히 살펴보면, 부모들이 만든 변화의 영향이 어떤 아동들에게서는 말더듬의 빈도를 감소시키지만 또 다른 아동들에게서는 감소시키지 않는 다소 특이한 것(Zebrowski et al., 1996)처럼 보이는 것으로 나타났다.

부모의 상호작용 스타일의 수정이 말더듬의 빈도를 줄일 수 있다는 근거가 있을 뿐만 아니라, 말더듬이 부모 상호작용 스타일에도 영향을 미친다는 근거가 있다(Meyers & Freeman, 1985a; 1985b; Zenner et al., 1978). 이러한 연구들은 말더듬 아동과 비말더듬 아동의 어머니들 모두가 비말더듬 아동들과 비교하여 말더듬 아동들과 상호작용할 때 더 빠른 구어 속도를 사용하고 (Meyers & Freeman, 1985b), 더 빈번히 중단시키고(Meyers & Freeman, 1985a), 더 많이 불안해하는(Zenner et al., 1978) 것으로 나타났다. 여러 저자들은 치료 과정에서 가족과 가족 역동성이 중요한 역할을 하는 것을 강조했다(Cook & Botterill, 2005; Kelly & Conture, 1992; Manning, 2001; Wall & Myers, 1995). Shapiro(1999)는 "말더듬과 다른 의사소통 장애들이 존재하며, 또 그것을 가족 환경에서 다뤄야 한다"(p. 125)고 결론지었다.

요약

의사소통 동안에 말더듬의 순간에 영향을 미치는 중요한 언어적 고려사항과 상호작용 스타일이 있다. 이러한 것들은 각 아동과 가족에 따라 차이가 나타나는 독특한 것이며, 치료를 계획하고 진행할 때 고려할 중요한 것이다.

Michael Palin 센터 다요인 체계

그림 5.1에 나타낸 다요인 체계(multifactorial framework)는 발생할 소인이 있는 쉬운 생리적 요인들과 언어적 요인들이 말더듬의 발생과 발달에 의미가 있다는 것을 제시하는 앞에서 개괄한 연구를 해석한다. 더욱이, 이러한 요인들과 정서적 및 환경적인 측면들과의 상호작용이 말더듬의 심한 정도와 지속에 영향을 미치며, 아동과 가족에게도 영향을 미칠 것이라 여겨진다. 각 아동에

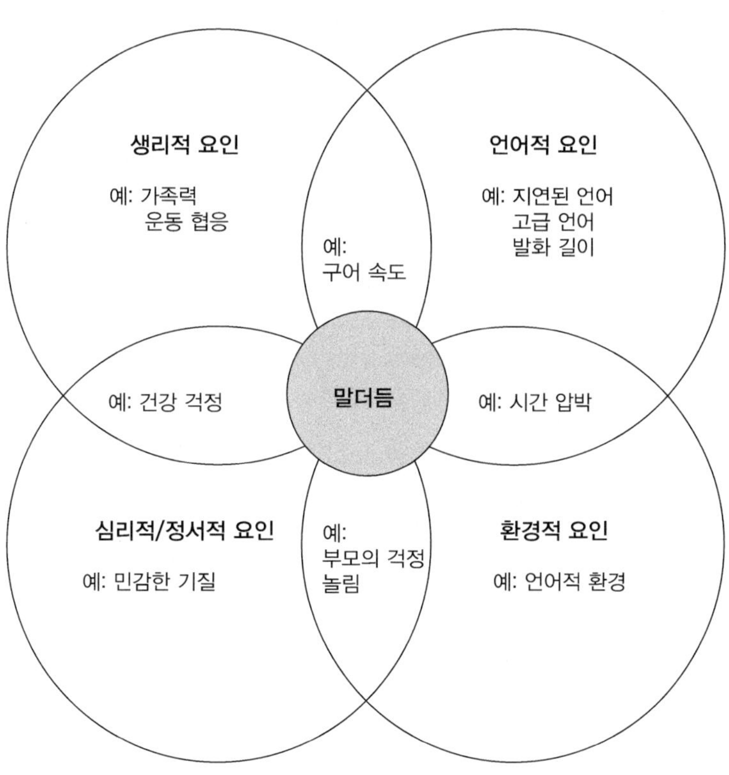

[그림 5.1] ■ Palin 센터의 다요인 체계

게 있어서, 말더듬의 발생과 그 이후의 발달이 회복 혹은 지속의 원인이 되는 이러한 요인들이 독특하게 결합하여 작용한다.

평가 및 치료

앞에서 설명한 상관성 때문에, 각 아동의 문제점과 관련 있는 요인들을 확인하기 위해서 포괄적이고 다요인적 평가를 실시하는 것이 필수적이다. 아동의 구어, 언어, 유창성 등의 능력을 평가한 것과, 이외에 아동 및 부모나 양육자와의 구조화된 인터뷰에서 얻은 정보는 말더듬이 지속될 위험이 있는 아동을 확인하기 위한 근거를 제공한다. 또한 그것들은 개별 아동의 필요사항에 부합하도록 권고를 하고 치료법을 조정하기 위해 필요한 정보를 제공한다.

취약점에 대한 개요

어떤 아동을 다른 아동보다 더 취약하게 만드는 위험의 수준 또는 그러한 요인들의 "가중치"를 정확하게 예측하는 것은 아직 불가능하다. 더욱이 그러한 어떤 개별 아동의 최종 결과가 치료의 유무에 관계없이 어떠할 것이라고 정확하게 예측하는 것도 여전히 불가능하다(Bernstein Ratner, 1997). 그러나 연구는 말을 더듬을 위험이 있는 아동을 확인하는 데 도움이 될 가능성이 가장 높은 요인들을 분리할 수 있었다(Kloth et al., 1999; Yairi & Ambrose, 1999). 현재 연구 및 임상적 전문 지식을 바탕으로, Palin 센터의 치료사들은 지속 가능성에 따라 아동에 대한 치료를 선택한다. 이것은 가족사, 발생 후 경과 기간, 발생 이래로 말더듬의 변화, 말더듬에 대한 아동 또는 부모의 걱정 등에 대한 정보에 기반하고 있다. 연구 프로그램에 참여한 아동들은 12개월 이상 말을 더듬어온 경우에만 선택되었다. 일상적으로, 불안의 수준이 높을 경우 기간이 적더라도 말을 더듬어 온 아동들에게 치료가 제공된다.

치료 – Palin PCI

Palin PCI는 말더듬 소인이 있는 근본적인 약점들은 아동이 일반적인 성인–아동 상호작용의 맥락에서 유창해지는 것을 더욱 어렵게 만들 수 있다는 전제를 근거로 한다.

Palin PCI의 주 초점은 아동 자신, 아동의 여러 능력의 프로파일, 그 환경 속에서 자연적으로 일어나고 있는 유창성의 개발을 더욱 촉진시킴 등이다. Palin PCI는 또한 유창성을 지원하는 이미 존재하는 행동들을 돕고 강화시키는 데 있어서 부모 혹은 양육자의 지식과 자신감을 형성시키는 것도 목적으로 한다.

치료의 목적은 아동의 자연스러운 유창성을 돕고, 아동과 가족 모두에게 미치는 말더듬의 영향을 최소화하는 다음과 같은 전략을 확립하는 것이다.

1. 상호작용 전략: 이 전략은, 예를 들면 발화의 속도, 길이, 복잡성 등의 변화, 차례 지키기, 쉼의 사용, 코멘트하기, 아동의 지시 따르기 등을 포함한다.
2. 가족 전략: 이 전략은 말더듬에 대한 불안 조절하기, 매우 예민한 아동 대처하기, 자신감 증가시키기, 행동 관리하기, 차례 지키기 등과 같은 전략을 포함한다.
3. 아동 전략: 이 전략은 일부 아동들에게 적절한 것을 포함한다. 그 전략에는 직접적인

구어 수정, 유창성 증진 전략, 언어 치료, 또는 말소리 치료 등이 포함된다.

치료에 대한 실험적 기초

이 섹션에서는 말더듬에 대한 Palin 센터의 개념화에 대한 이론적 근거와 이러한 관점을 지원하는 증거들을 제공한다.

Palin PCI는 Palin 센터에서 1980년대 초반에 개발되었다(Rustin, Botterill, & Kelman, 1996). 그 이후로 Palin PCI는 치료를 함께하는 전문 임상가와 가족들의 경험에서 비롯되었고, 학술연구원과 이 분야에서 저명한 저자에 의해 영향을 받고 변경되어 왔다.

증거-기반 실제(evidence-based practice)는 이제 언어 치료 분야에서 윤리적 치료에 필수적인 요소이다. Sackett 등(2000)은 증거-기반 실제의 다차원적인 본질을 강조하고, 증거-기반 실제를 "가장 좋은 연구 증거와 임상적 전문지식과 환자의 가치와의 통합"이라고 설명한다(p.1). Palin 센터에서 임상 과업은 광범위한 여러 이론적 관점들이 구어 및 언어 이론뿐만 아니라 심리학 분야에서도 온 것으로 알려졌고, 우리의 실제를 지원하기 위해 폭넓은 증거 기반을 제공한다. 더불어, Palin 센터는 전문적 발전을 계속하고, 센터의 연구 지식을 개선하며, 그 서비스를 받고 있는 아동과 부모들의 의견을 지속적으로 찾는 적극적인 임상 연구 프로그램을 유지하는 것에 헌신한다.

이 섹션에서는 Palin 센터가 Palin PCI의 효과를 조사하는 데 사용하고 있는 임상 연구 구조에 대한 설명을 제시한다. 그 구조는 Pring(2005, p.245)이 말더듬 연구에 적용한 Robey와 Schultz(1998)가 제안한 모델에 기초하고 있다. 그 모델은 치료가 최적의 조건하에서 연구되고, 치료가 여러 임상적 조건하에서 연구되는 치료 효과성(efficacy) 연구에서부터, 치료 효율성(effectiveness) 연구에까지의 진전을 옹호한다. 그 진전이 발전함에 따라서, 결과에 영향을 미치는 요인들을 구별해서 조사했다. 비연속이 아닌 분석적인 연속으로 설명되는 다섯 가지 국면이 있다.

국면 1

국면 1에서, 임상 보고서와 소집단 연구, 단일 사례 연구 등은 잠정적 치료 효과를 증명하는 데 사용된다. 제5장에서 보고된 사례와 같이, 개별 환자들을 위한 Palin PCI의 긍정적 영향을 상술하고 있는 임상 보고서들을 수년 동안 이용해왔다(Rustin, Botterill, Kelman, 1996). Matthews와 Williams, Pring(1997)은 Palin PCI와 관련한 말더듬 빈도 데이터를 보고하는 단일 사례 연구를 발표했다. 이 연구에서, 4세 소년의 진전을 치료 전 6주 동안, 치료 중 6주 동안, 치료 후 6주 동안 모니터했다. 아동이 1주에 한 번 20분 동안 클리닉에서 아동의 부모와 노는 동안에 얻어진 구어 샘플에서 더듬은 단어의 퍼센트를 계산했다. 치료 결과, 치료 동안 아동의 말더듬 빈도에서 유의미한 감소가 있었고, 이는 치료 후 국면 동안에도 유지되었다.

Millard와 Nicholas, Cook(2008)은 참여자 수의 증가, 비임상적 측정, 장기간 사후 검사 데이터 등을 포함하여 Matthews와 Williams, Pring(1997)이 사용한 설계와 방법들을 채택하고 개선시켰다.

Millard와 Nicholas, Cook은 말더듬이 발생한 후 12개월 이상 말더듬을 지속한 6명의 5세 이하 아동들을 대상으로 유창성 발달을 연구하기 위해 단일-대상자 연구방법을 사용했다. 말더듬 빈도 측정은 가정에서 각 부모와 놀고 있는 아동을 비디오로 녹화하여 수집했다. 이 녹화 자료에서, 말더듬 빈도 자료를 매주 한 번 6주 동안 치료 전 기초선 국면, 6주의 클리닉 치료 국면, 6주의 가정 중심 치료 국면 동안 얻었고, 치료 후 1년 동안 매 월 1회씩 사후 국면 동안에 수집했다. 누적합계 분석은 기초선 국면에서 말더듬의 가변성 범위 밖에 있는 우연에 의한 것으로 여겨질 수 없는 데이터에서 체계적인 변화가 있는지 여부를 결정하기 위해 각 참여자의 말더듬 빈도 자료를 가지고 실시했다(Montgomery, 1997). 이 분석결과는 6명의 아동들 중 4명이 강화 국면(consolidation phase)의 끝에 양 부모들과 함께 말더듬 빈도에서 유의미한 감소가 있었음을 밝혔다. 이 4명의 아동들의 치료는 단지 상호작용의 발달과 관리 전략들에만 초점을 맞추었다. 1명의 아동은 한 부모에서만 말더듬이 감소했지만, 나머지 아동들은 사후 점검 기간의 끝 무렵에 말더듬이 유의미하게 감소했다. 이들 아동들 모두는 1년간의 치료 후 사후 점검 국면 동안에 직접 치료를 계속 받았다.

말더듬 아동들에 대해 단일-대상 연구 설계를 사용하는 데 많은 장점이 있다. 치료를 시작하기 전에 측정을 반복적으로 사용하는 것이 치료 전 회복에 대한 어떠한 징후를 발견하게 할 수 있다. 그렇게 하면 각 아동의 개별적 변화성을 관찰할 수도 있고, 아동의 전반적 유창성 기술에 대해 대표적인 그림을 제공한다(Ingham & Riley, 1998). 그 후 아동의 유창성에서의 진전 사항을 정상적 변화와 비교하여 측정할 수 있는데, 이로써 치료 보류에 대한 문제를 제거할 수 있다. 단일-대상 연구 설계는 특히 이질적인 여러 장애들에 대해서, 정규 임상적 연구의 과업에서 사용될 수 있기 때문에, 임상적으로 더 적절한 설계라고 주장된다(Pring, 2005).

국면 2

국면 2에서 이루어진 연구들은 치료가 얼마나 역할을 하는지, 어느 환자가 어떤 특정 프로그램에 적합한지, 필요한 치료의 양은 어느 정도인지, 치료를 시행한 방법 등을 보여주기 위해 설계된다.

국면 1의 임상 보고서들과 단일대상 연구 데이터에서 얻은 정보와 더불어 임상 현장에서 다른 연구자들로부터 얻은 증거를 고려하면, Palin PCI가 왜, 또 어떻게 역할을 하게 되는지에 관한 가설들을 발전시키게 된다. 이 연구 체제에서 국면 2는 변화의 메커니즘에 관한 조사를 하는 것으로 구성될 것이다.

Palin PCI는 부모 상호작용 스타일의 수정에 강력한 중점을 두고 있기 때문에, 이것이 치료 프로세스의 일부로서 변화될 것이라고 가정할 수 있다. Millard, Nicholas, Cook(2008) 연구의 일부로서 수집된 기록들을 사용하여, Nicholas, Millard, Cook(2003)이 보고한 예비 데이터는 부모들이 Palin PCI 동안에 변화할 수 있고, 이러한 변화들이 시간이 지나도 유지될 수 있다고 주장한다. Nicholas 등은 아버지들이 정보를 요구하는 발화의 비율을 유의미하게 감소시켰고, 그들이 말하는 차례에서 길이를 감소시킨 반면에, 어머니들은 지시하는 발화의 수를 유의미하게 감소시킨 것을 발견했다. 따라서 이러한 식의 연구는 장기적인 데이터와 피험자 수를 증가시켜 분석하는 것을 포함하여 더 큰 규모의 연구로 확장되어야 한다는 증거이다.

Millard, Edwards, Cook(2009)은 표현언어 점수가 평균 이상이어서 치료를 받기 시작한 5명의 아동들에게서 이 점수에 상대적인 감소가 있는 것을 관찰했다. 이 아동들 각각은 치료 후 6개월경 평균 이상의 점수를 유지하지 못했지만, 정상범위 내의 점수를 성취했다. 아동들의 수용능력들이 보통 이상의 발달궤도를 유지했기 때문에, Millard 등은 과거에 주장되어 왔던 것처럼 그러한 상대적인 감소가 관찰된 것은 언어환경이 언어발달을 유지시키는 데 부적당했다고 설명될 수 있었던 것으로 결론을 내렸다. 그들은 데이터가 유창성과 언어 사이에 어떤 관계가 있을 가능성을 더욱 지지하는 것으로 주장했다(Miles & Bernstein Ratner, 2001).

국면 2는 또한 효과성 연구들에서 사용된 적절한 결과측정법들을 확인하려고 노력한다. 우리는 결과측정법들은 말더듬 빈도뿐만 아니라, 말더듬의 다차원적 특성, 아동과 부모 모두에게 미칠 수 있는 영향, 환자의 기대 및 요구사항 등을 반영해야 된다고 생각한다.

음절 말더듬(ss, syllables stuttered)의 백분율로 나타내는 말더듬 빈도는 어린 말더듬 아동의 치료에서 성공의 유일한 증거로써 자주 언급된다. 비록 이것이 필수적인 방법임이 확실하지만, 말더듬 빈도는 말더듬 행동의 한 가지 차원의 견해를 제공할 뿐이다. 어린 아동들의 말더듬은 때에 따라, 상황에 따라 상당히 다른 것으로 잘 알려져 있다. 그리고 집보다 치료실에서(혹은 이와는 반대) 훨씬 더 유창한 것은 아동에게 일반적이다. 하나의 구어 표본에서 한 번 측정하여 말더듬 빈도를 얻는 것은 아동의 전반적인 유창성을 대표하는 것이 아닐 것이다. 비록 다양한 상황에서 여러 번의 측정을 사용하는 것이 이 문제를 어느 정도 해결하는 방향으로 가고 있지만(Ingham & Riley, 1998), 그 문제의 다른 중요한 측면들은 반영되지 않는다. Palin PCI의 목적들은 단순히 말더듬 빈도를 감소시키는 것보다 훨씬 더 광범위하고, 말더듬에 관한 부모의 지식을 발전시키고, 자녀의 구어에 대한 부모의 걱정을 줄이고, 자녀의 말더듬을 더 효과적으로 관리하기 위한 전략들에 대한 부모의 지식과 자신감을 증대시키는 것 등을 포함한다. 부모 혹은 양육자는 치료 과정의 통합적인 부분이므로, 그들에게 추가적인 임상 결과 자료를 제공하는 것은 필수적이다. 하지만, 이러한 광범위한 사안들을 적절하게 측정하는 평가 도구들이 거의 없다.

결과에 대한 부모의 평정

부모 개입(parent's input)의 필요성을 알아보기 위해, Millard(2002)는 부모들이 치료에서 가장 중요한 결과로 여기는 것이 무엇인지를 알아내고, Palin PCI를 받는 부모들을 위한 결과 측정 도구를 개발하기 위해서 질적 연구를 실시했다. 연구설계는 Delphi 접근법의 원리들을 따랐다. Delphi 접근법은 어떤 주제에 대한 어떤 집단의 의견이나 판단을 얻고(Goodman, 1987), 명시된 절차를 통해 의견 일치에 도달하는 것을 목표로 하는 구조화된 방법론이다(Mosley & Mead, 2001). 이 경우, 그 "집단"은 전년도에 자녀와 함께 치료를 받기 위해 Palin 센터에 참여했던 부모들로 이루어져 있다. 그 결과 평정 척도는 자녀들이 받는 치료의 본질을 반영하는 폭넓은 주제를 포함했다. 말더듬 빈도와 심한 정도의 감소 이외에도, 부모들은 아동의 불안, 좌절, 구어에 대한 염려 등의 감소와 말하는 기술과 언권 바꾸기 기술(turn-taking skill)에서 아동의 자신감의 증가 등이 개선의 중요한 지표라고 생각했다. 부모들은 또한 치료 프로그램의 중요한 결과를 위해 전체적으로 가족에게 미치는 영향과 함께 말더듬을 효과적으로 관리할 때 부모들 자신의 걱정의 수준과 자신감에서 긍정적인 변화도 고려했다. 결과를 묻는 설문지는 그 변화를 평가하기 위해서 치료 전과 치료과정 중간중간에 수치화된 값을 얻을 수 있는 일련의 척도들로 구성되어 있다. 이 평정 척도는 Palin 센터에서 유창성과 여러 언어 측정 도구들과 결합하여 일상적으로 사용되며, Millard, Edward, Cook(2009)에서 찾아볼 수 있다.

국면 3

연구 구조의 국면 3은 대규모 효과 연구와 관련이 있다. 비록 무작위 통제군 시도(RCTs; randomized controlled trials)가 일반적으로 치료 효과 연구에 '기준이 되는' 방법론으로서 간주되지만(Jones et al., 2001), 이 시도에 제한점이 없는 것은 아니다.

대규모 RCTs의 강점은 그 결과를 연구 참가자들보다 더 광범위한 모집단에게 일반화할 수 있다는 것이다. 그 제한점은 집단 연구들은 치료에서 개인적 반응들을 반영하지 못하고, 집단 결과들은 한 개인이 특정 치료에서 어떻게 반응할 것인지를 예측하기 위해 사용될 수 없다는 것이다. 대규모 대상자 수의 필요성은 관찰될 수 있는 종속 변인들의 범위를 제한할 수 있어서, 잠정적으로 정보를 주는 결과나 놓치고 있는 새로운 것을 찾는 결과를 가져올 수 있다(Schwartz & Conture, 1988; Watkins & Yairi, 1997). 실제에서, 치료의 개별성과 말더듬의 이질성을 설명하는 데 요구되는 대규모의 대상자 수는 자원(resources)과 가입량(recruitment)에 유의한 영향을 가지고 있다. 또한 "치료를 하지 않은" 통제 집단에게 치료를 수행하지 않는 윤리적 고려점과 가장 좋은 임상적 통제 집단을 대치하는 방법론적 제한점이 있다(Pring, 2005). 말더듬을 지속할 위험이 있는 어린 아동들을 대상으로 Palin PCI를 연구하기 위해 RCT를 실시하려고 할 때, 우리는 이러한 모든 어려움에 부딪혔다. Onslow, Andrews, Lincoln(1994)처럼, 치료를 하지 않은 통제 집단을 유지하는 것에 대한 임상적 및 윤리적 어려움들이 비현실적이고 부적절한 연구 설계를 가져왔고, 우리는 포기해야 했다.

단일 대상 연구에서 주안점은 높은 내적 타당도를 얻기 위해 대조군(controls)을 포함시키는 것이다. 즉, 그 결과들을 연구한 개별 참여자에게 무리하지 않게 적용할 수 있다. 단일 대상 연구들의 외적 타당도는 낮다. 즉, 그 결과들은 전체 모집단에 일반화할 수 없는데, 이는 국면 3 연구에서 중요한 것이다. 그러나 개별 연구 참여자들에게 시행하는 반복 실험 결과들은 외적 타당도를 높이는 데 도움이 되며(Pring, 2005), 반복 실험은 적절히 설계되고 잘 통제된 단일 대상 실험 설계들은 RCTs를 포함한 증거의 강력한 자료(sources)인 것으로 고려될 수 있다고 하는 주장이 있다(Kully & Langevin, 2005). 이러한 환자 집단의 치료를 연구하기 위해 단일 대상 연구를 사용하는 것의 이점 때문에, 그리고 RCT를 실행할 때 고유한 차이점 때문에, 우리는 반복 연구된 단일 대상 연구들의 실행(implementation)을 통해 우리의 연구 프로그램을 계속하고 발전시키기로 결정했다.

Millard, Nicholas, Cook(2008)이 보고한 아동들에 더하여, Millard, Edwards, Cook(2009)은 Palin PCI를 받은 6명의 아동으로부터 얻은 결과를 추가적으로 설명했다. 또다시, 말더듬 빈도 데이터는 아동이 부모와 함께 노는 동안에 가정에서 비디오 녹화를 하여 수집했다. 이러한 말더듬 빈도 데이터는 치료 전 6주, 클리닉 치료 동안 6주, 가정 중심 치료 기간 6주 동안에 주 1회씩 수집한 것이었다. 추후 점검 단계는 6개월 리뷰 약속날짜(review appointment) 전 6주 동안 실시되었고, 또다시 주 1회씩 비디오 녹화를 했다. 누적합계 분석에 따르면, 6명의 아동들 모두가 연구의 종료 시점에 말더듬 감소를 보였는데, 연구자들은 그 데이터가 4명의 사례에서 치료 기간에 유의하게 도달된 것이기 때문에 이러한 결과는 치료 효과와 관련된 것이라고 확신할 수 있다. 연구 참가자들 중 누구도 아동의 말더듬 개선을 위한 전략 개발에 초점을 둔 직접치료를 받지 않았다. 말더듬 빈도의 감소와 더불어, 부모의 평정 척도에서는 부모들이 자녀의 유창성이 향상되고 있는 것으로 지각했고, 부모들이 자녀의 말더듬을 관리하는 것에 대해 좀 더 지식이 풍부해지고 자신감을 보이는 것으로 느꼈으며, 자녀들이 치료를 받기 전보다 치료를 받고 난 6개월 후에는 말더듬에 대해 덜 걱정하고 염려하고 있는 것으로 나타났다.

Millard, Nicholas, Cook(2008) 및 Millard, Edwards, Cook(2009)의 연구 결과들을 종합하면, Palin PCI가 말더듬을 지속할 위험이 있는 어린 아동들의 말더듬 감소에 효과적일 수 있음을 나타낸다. 그 결과들은 아동들의 약 3분의 2가 임상실 치료 또는 가정 중심 치료(통합) 기간 동안에 말더듬의 감소를 보이고 Palin PCI의 간접적인 요소들만을 필요로 하는 것을 나타낸다. 이 결과는 Conture 및 Melnick(1999)가 보고한 결과들과 유사하다. 비록 이 결과는 직접적으로 치료에 영향을 미치는 현재의 여러 설계 및 방법들에서는 불가능하지만, Palin PCI를 받은 아동들에게서 말더듬이 장기적으로 감소할 것이라는 증거들도 있다.

국면 4

국면 4에서, 연구자들은 이익을 얻을 환자들을 계속 명확히 하고, 치료 및 치료 실시에 대한 변인들을 탐구한다. 중요하게도, 그 연구는 치료 효과성을 조사하는 방향으로의 변경을 강조한다. 따라서, 잘 조절되고 특별한 환경 내에서 언어 치료 전문가에 의해 시행되는 것과 같이 적절한 조건하에서 PCI는 효과적이다. 또한 말더듬 아동의 임상 모집단의 다른 하위집단을 다른 세팅으로 시행할 때 효과적인지 규명하는 것은 중요하다. 앞에서 설명한 Matthews, Williams, Pring(1997)의 연구는 비전문 임상가가 비특수화된 임상 환경에서 그것을 실시했기 때문에 국면 4 연구인 것으로 고려될 수 있다. Crichton-Smith(2002)가 이 단일 사례 연구를 이후에 반복 연구했는데, Palin PCI를 받은 4세 아동은 정상범위 내로 말더듬의 감소를 실증했다. 따라서 반드시 이 접근법에서 전문가는 아니더라도 Palin PCI에서 훈련받은 언어 치료사들이 성공적으로 Palin PCI를 실시할 수 있다는 초기의 증거가 있다.

국면 5

국면 5 연구는 비용 효율성, 환자의 만족, 삶의 질에 미치는 치료의 영향 등에 초점을 둔다. 부모 평가 척도는 이미 이러한 사안들과 연관된 유용한 정보를 제공하며, 국면 2와 국면 3 연구의 개발에 통합되어 있다.

요약

Palin 센터에서의 연구는 지난 5년간 빠른 속도로 발전되고 증진되어 왔다. 선정된 연구의 틀은 연구 활동을 조직하고 우선순위를 정하는 데 도움을 주었다. 광범한 방법들에 대한 주의 깊은 고려와 경험은 결과적으로 적절하고 현실적인 여러 가지 연구 설계와 프로토콜(protocols)을 가져왔다. 그 증거가 Palin PCI가 말더듬 아동들에게 효과적일 수 있다는 것을 나타내고, 이 연구 결과가 Palin 센터 내에서 임상적인 결정들을 하는 데 이용된다. 그러나 연구 증거 이외에도 여러 정보들이 고려된다. 전문가의 경험과 의견이 매우 가치 있으며, 통상적으로 환자들로부터 비공식적 피드백도 받고 있다.

실제적인 요구사항

훈련

학부 또는 대학원 교육에서 일상적으로 배우지 않는 모든 치료 방법들과 마찬가지로, 추가적인 교육과 감독(supervision)이 Palin PCI가 윤리적이고 적절하게 제공되고 있는지를 확인하기 위해서 필요하다. Palin PCI 훈련 과정은 3일간 진행되며, Palin PCI를 클리닉에서 수행하는 데 필요한 지식과 기술을 피훈련자들에게 제공하기 위해 설계된 워크숍이다. 3일 동안의 워크숍에는 다음과 같은 내용들이 포함되어 있다.

- 이 연령대에 적용되는 최신 문헌 및 준거 리뷰
- 말더듬의 다요인적 특성에 대한 이론적 관점 및 치료에 대한 의미
- 사례사와 상세한 아동 평가를 위한 이론적 배경
- 유창성, 구어, 언어, 사회적 의사소통 기술 등에 대한 공식적 및 비공식적 측정 도구들에서 기술을 개발하기
- 임상적 결정을 하기
- Palin PCI를 제공하기 위한 이론적 배경 및 실제적인 임상 기술
- 부모와 협력하여 치료하는 임상 기술

훈련 코스(training course)는 상호적인 워크숍인데, 피훈련자들은 임상 훈련과 실험 훈련(practical exercises)에 참여하며, 임상가, 부모들, 말더듬 아동들의 비디오테이프를 보고 역할놀이 활동에도 참여한다. 훈련은 일반적으로 훈련 전과 훈련 후, 그리고 6개월 뒤에 기입하는 표준 설문지를 사용하여 평가된다. 이러한 설문지를 통해 수집한 데이터에서 피훈련생들은 말더듬을 다루는 데 있어서 지식과 기술, 자신감 등을 얻으며, 이런 것들이 그들의 임상 실제에서 긍정적 변화를 가져오는 것으로 나타났다(Botterill, Biggart, & Cook, 2006). 피훈련생들은 또한 Palin 센터에서 팀으로 전화나 이메일, '상담원'과도 만나게 된다.

Palin PCI를 국면별로 가이드하고, 최근 연

구의 증거를 포함시킨 새로운 매뉴얼(Kelman & Nicholas, 2008)이 최근에 출간되었다. 앞에서 설명한 임상 훈련 과정을 포함한 이 매뉴얼은 Palin 센터에서 Palin PCI를 실시할 때 치료사가 갖춰야 할 것이다.

평가 기술

임상가들은 아동의 구어기술, 언어기술 및 사회적 기술 등을 측정하기 위해 공식적 및 비공식적 평가를 사용하는 것이 필요하다. 또한 비디오 녹화 혹은 오디오 녹음 장치를 사용한 말더듬의 양적 및 질적 분석을 실시하는 능력도 필요하다. 임상가는 또한 부모로부터 사례사 정보를 얻어서 명료하고 이해하기 쉬운 말로 부모들에게 제시되는 사례 요약을 사용하기 위해서 다른 평가 결과들과 같이 이 정보를 처리한다.

치료 기술

Palin PCI 접근법의 중심에는 임상가 및 부모 간의 협력과 파트너십(partnership)에 대한 아이디어가 있다. 여기에는 부모들이 이미 알고 있는 것과 자녀를 돕기 위해 이미 행하고 있는 것을 발견하도록 촉진시키기 위해, 임상가들이 자신의 핵심 상담기술에 관한 밑그림을 그리고, 부모들의 말을 주의 깊게 경청하고 관찰하는 것이 포함된다. 이러한 방식에서, 임상가들은 부모들에게 정보를 알려주고, 가르치고, 혹은 조언을 해주기보다는 오히려 부모들로부터 정보를 유도하고 사용한다.

전문 장비 및 기술

비디오 카메라와 텔레비전 모니터가 Palin PCI에 통합된다. 삼각대도 유용하다. 이러한 장비를 작동시키기 위해서는 어느 정도의 자격과 자신감이 필요하다.

조정(accommodation)

치료실은 아동의 연령에 적합한 다양한 놀이 자료들과 바닥이나 테이블에서 아동들이 놀 수 있는 공간을 확보할 필요가 있다. 치료실은 비디오 녹화를 하고 볼 수 있을 정도로 충분히 커야 한다. 놀이를 원격으로 비디오 녹화할 수 있는 상영실(viewing room)을 별도로 두는 것이 유용한 옵션이 될 수 있다.

행정

다음과 같은 서류가 필요하다.

- 치료 및 비디오 녹화를 위한 동의서
- 상세한 사례사 양식을 포함한 평가 기록 양식
- 특별 시간 지침서 및 가정-치료 용지(home-work sheet); 이것은 가정-기반 과제의 세부사항을 기록하고, 각 치료 세션의 시작 시에 논의를 촉진시킨다.
- 부모들이 매일 아동들에게 주어서 격려가 되는 특정한 칭찬을 기록하는 칭찬 일지(praise logs)
- 치료 기록 양식

부모들에게는 또한 *How to Talk So Kids Will Listen and Listen So Kids Will Talk*(Faber & Mazlish, 1980)라는 책을 읽어보도록 권한다. 이 책은 쉽게 접할 수 있고, 대부분의 부모들이 다양한 방법을 통해서 도움이 될 수 있는 양육에 관한 도서이다. 감정을 다루는 장은 특히 자녀가 매우 민감하다고 말하는 부모들에게 적당하다. 칭찬에 대한 장은 자녀가 행동적이라고 말하는 아동들을 칭찬하는 방법을 부모에게 제공하고, 긍정적인 행동이라고 말하는 아동들에게는 긍정적인 속성을 나타내는 형용사를 사용하여 아동에게 칭찬을 한다. 예를 들면, "의자 위에 네 옷을 놓아주어서 고맙다(설명). 그렇게 하는 것이 너에게 매우 도움되고/사려 깊고/책임감 있는(태도) 것이다." 부모들은 자녀의 유창성에 미치는 자신감의 영향에 대해서 종종 알고 있으며, 부모들이 아동에게 이미 주고 있는 칭찬에 대해 이렇게 자세하게 설명을 덧붙일 때 그 차이점을 인식하면 좋을 것이다.

소요 시간

Palin PCI는 다른 방법들에 비해 더 많은 평가 시간을 필요로 한다. 하지만, 치료 단계에서는 보통보다 더 적은 시간이 요구된다. 아동 평가 및 분석에는 약 90분이 소요되고, 부모 인터뷰에는 추가로 90분이 더 걸린다. 이 3시간은 아동과 가족의 특별한 요구에 개별적으로 맞춘 접근을 보장한다.

그 다음에 치료는 처음 6주 단계 동안에 한 시간 치료 세션(기록 관리를 위한 5분을 포함)을 6회 하고, 그 후에는 통합 단계 동안에 10분 접촉(전화, 편지 혹은 이메일을 통해)을 6회 실시한다. 그 다음에 1시간의 검토 세션을 통합 기간에 실시한다. 따라서 3개월 과정에 걸쳐서 Palin PCI 프로그램을 제공하는 데는 총 8시간이 필요하다.

그 후에, 그 아동을 1년 동안 3개월마다 모니터링한다. 어떤 아동들은 한 주에 1번 치료 세션을 6회까지 받을 수 있는 직접적인 유창성 개입을 더 필요로 한다. 구어 및 언어 문제를 동시에 나타내는 아동들은 이러한 특정 장애들을 목표로 하는 추가치료를 받을 수 있다.

핵심 요소

개관

Palin PCI 접근법의 주된 초점은 아동과 그 아동의 능력에 대한 프로파일이다. 그 목표는 무엇이 유창성을 돕는가에 대한 부모들의 지식을 증가시키고, 이미 존재하고 있는 행동들을 보완함으로써 아동의 일상적인 사회환경 내에서 자연스런 유창성을 촉진시키는 것이다. 이 접근법은 부모들이 아동의 의사소통 기술과 자신감에 영향을 미칠 수 있고 또 영향을 미치고 있으며, 어린 아동의 경우에는 부모들이 변화 과정의 중심이 된다는 믿음에 근거하고 있다(Kelman & Nicholas, 2008).

그 접근법은 각 아동 개인과 변화하려는 요구들에 따라 유연하게 적용된다. 대부분의 아동들에게, Palin PCI의 목표는 정상 범위 내에 있는 유창성(< 3%SS) 혹은 부모들이 더 이상 걱정하지 않을 때까지의 유창성에 도달하는 것이다. 좀 더 복잡한 요구들을 가진 아동들에게, 그 목표는 아동의 자연스런 유창성을 지원하고 아동의 자신감을 발달시키는 가족 전략을 확립하는 것이다. 중재에도 불구하고 계속 말을 더듬는 소수의 아동들에게, 그 접근법은 아동과 가족들 모두에게 미치는 말더듬의 영향을 최소화하는 것을 목표로 한다.

여러 회기의 Palin PCI 동안에, 부모들은 자신

이 클리닉에서 자녀와 함께 놀고 있는 동안에 녹화된 비디오를 본다. 부모들은 자녀의 필요사항에 대해 이해를 이끌어내면서 자녀의 유창성을 촉진할 것이라고 판단되는 상호작용 및 의사소통 스타일을 확인하고 보완하는 과정을 통해 가이드를 받는다. 부모들은 또한 자신감과 자존감을 형성하는 아이디어와 전략들도 소개받는다. 더욱이, 부모들은 피로감과 일상에서의 부족함과 같은 다른 문제들이 자녀의 유창성에 미치는 영향에 대해 염려가 많아질 때에, 이러한 부분을 치료 과정의 일부분으로 다루어야 한다.

다요인적 평가를 한 후에, Palin PCI는 세 가지 구분된 단계들로 실시된다. 첫 번째 단계는 부모 모두(적절한 경우에)가 자녀와 함께 참여하는 임상실-기반 세션을 주 1회 6번 하는 것으로 구성되어 있다. 두 번째 단계는, 통합 기간으로, 부모들과 치료사 모두가 밀접하게 모니터링하는 구조화된 가정-기반 연습 세션에서 추가로 6주 동안 Palin PCI를 계속해서 실시한다. 세 번째 단계는 부모들의 진전 보고 및 임상실에서의 공식적인 재평가를 기반으로 추가적인 임상적 의사결정을 하는 리뷰 세션(Review Session)으로 시작한다. 어떤 경우에는, 보충적인 임상실-기반 치료 세션들이 적절한 경우에 추가적인 Palin PCI, 언어 또는 음운 치료, 또는 직접적인 유창성 치료 등을 제공할 수 있다. 모든 아동들은 치료 후에 적어도 1년 동안 모니터링한다.

다요인 평가

다요인 평가는 아동의 수용 및 표현 언어, 조음, 구어 속도, 사회적 의사소통 능력, 일반적인 프레젠테이션 등을 포함하여, 가족의 환경 속에서 아동의 강점들과 저변에 깔려 있는 취약점들에 대한 철저한 평가로 이루어진다. 상세한 사례사 정보는 아동의 말더듬에 영향을 미치는 것으로 생각되는 발달적, 가족적, 심리사회적, 건강, 성격 등의 요인들을 확인하기 위해서 부모들로부터 수집하며, 부모들은 부모 평정 척도를 완성한다.

평가가 끝날 무렵에, 부모들은 평가 결과의 공식적인 보고나 요약을 제공받는다. 이 공식적 보고의 목적은 부모들에게 자녀의 현재 말더듬과 관련이 있는 여러 요인들과 함께 말더듬의 다요인적 본질에 대한 분명한 이해를 하도록 제공하는 것이다. 공식적 보고에는 권고 사항과 아동이 겪는 어려움들에 가장 알맞다고 생각되는 치료에 대한 이유를 제공한다. 그 과정을 통해서, 환자-임상가 관계의 발전과 부모들의 문제 해결 능력들과 관리 능력들을 최대한 활용하도록 부모들을 돕는 것에 큰 강조점을 둔다.

단계 1: 임상 세션 내에서

첫 세션: Palin PCI의 소개 및 세팅

첫 세션의 목표는 말더듬과 유창성에 대해 공개적인 대화를 확립하고, 치료 프로그램에서 상호간에 책임을 발전시키고, 평가 결과를 고찰하고, 어떠한 질문이 있으면 그를 명확하게 하고, 부모가 치료에 포함되는 것에 대해 확실히 이해하는지를 확인하는 것이다.

비디오 녹화 및 치료 동의서 양식에 사인을 받고, 처음 5분간은 임상 세팅에서 부모들이 자녀들과 노는 것을 비디오 녹화한다. 비디오 녹화는 부모가 앞으로의 세션에서 그들의 아동의 유창성을 강화할 수 있는 여러 방법들을 찾기 위한 근거로서 사용될 것이라고 설명하는 것이 중요하다. 부모들이 초기에 비디오카메라를 의식하는 것은 새로운 장난감과 활동들에 관한 아동의 자연스러움과 호기심에 의해 곧 상쇄된다. 여러 치료들 간에, 치료사는 비디오를 볼 것이고, 유창성을 촉진하는 상호작용을 확인할 것이다. 부모들은 다음 세션을 시작할 때 그 비디오를 볼 것이다.

다음으로, 부모들에게 특별 시간(Special Time)에 대한 개념을 소개한다. 특별 시간은 자녀와 함께 치료 프로그램 전체를 지속하는 가정 실습 세션들로 설계된다. 가정 연습 세션은 각 부모가 개별적으로 아동과 놀아주는 고정된 5분 놀이 시간으로 구성된다. 부모들에게 주당 최소 3회에서 최대 5회로 하는 한 세트의 특별 시간을 가질 것에 동의를 구한다. 첫 세션 후 1주 동안에, 부모들은 동의한 세션 수를 채우기 위해서 일상의 특별 시간을 확립한다.

특별 시간의 목표는 이완된 일대일의 놀이 세팅에서 어떤 상호작용 목표를 실시하는 것을 연습하도록 계획된 시간을 부모들에게 제공하는 것이다. 특별 시간 이후에는, 부모/양육자가 구조화된 방식에서 자신이 세운 목표를 되돌아보도록 돕는 과제 일지를 작성하도록 한다. 임상가는 부모들이 목표로 세운 변화를 어떻게 실행하고 있는지를 모니터링하기 위해서 이러한 기록 일지를 사용한다.

두 번째 세션

이 세션의 첫 과제는 특별 시간 일과가 성공적으로 확립되었는지를 확인하는 것이다. 수행한 것보다 더 스스로 충실하게 했다는 것을 알게 되면, 그들의 방식은 적절하게 조정된다. 만약 부모들이 특별 시간을 할 수 없는 경우에는 무엇이 방해하고 있는지를 발견하고 어떻게 이 문제를 해결할 수 있는지에 대해 건설적으로 논의한다. 특별 시간이 가정 환경 내에서 "변화의 수단"이기 때문에, 그 특별 시간이 최소의 빈도로 확립될 때 Palin PCI 프로그램을 시작한다.

그 다음에 치료사와 부모들은 아동의 유창성에 영향을 미칠 것 같은 요인들에 중점을 두기 위해서 평가 요약한 보고서를 다시 보고, 부모들이 이미 알고 있지만 도울 만한 것을 검토한다. 예를 들면, 그 평가에서 아동이 잘 발달된 언어능력을 가지고 있지만, 아동의 말소리 능력은 아직도 발달하고 있으며, 아동이 형제자매들과 말하기 위해서 경쟁할 때 가장 말을 많이 더듬으며, 아동이 "자신의 시간"을 가지고 있을 때 도움이 되는 것 같다는 사실들이 밝혀진다. 출판사의 웹사이트(the Point)에 있는 처음 두 개의 비디오 클립들이 부모들과 함께 이 과정을 설명하고 있다.

비디오 클립(비디오 클립) 1을 보면, Evan의 어머니와 아버지가 2주 전에 실시한 평가에서 나타난 것처럼 Evan의 현재 어려움들에 영향을 미쳐 왔다고 부모들이 생각하는 요인들을 논의하고 있다. 이 논의 후에 Evan의 유창성을 돕는다는 견지에서 부모가 생각하는 Evan에게 필요한 것에 대한 논의를 한다.

비디오 클립 2를 보면, Elaine은 Jayneequa의 유창성에 도움이 필요할 수도 있다고 생각되는 것을 성향대로 말하도록 Jayneequa의 어머니에게 요구했다.

이 세션의 다음 단계는 비디오테이프에서 부모가 이미 돕고 있는 예를 살펴봄으로써, 자녀의 유창성을 지원하는 상호작용 스타일을 확인하기 위해 이 전 주에 임상실에서 만든 비디오테이프를 사용하는 것이다. 이러한 예들에는 부모들이 놀이를 이끌어가는 것, 쉼을 격려하는 것, 서두르지 않고 느긋한 태도를 가지는 것 등으로 아동이 여유 시간을 가지도록 돕는 것이 포함될 수 있다. DVD에 있는 다음 클립은 어머니가 이미 유창성을 촉진시키고 있는 행동을 어머니가 확인하도록 임상가가 돕는 것을 보여준다.

비디오 클립 3을 보면, Jayneequa의 어머니는 자신이 Jayneequa와 놀고 있는 첫 비디오를 봤다. Elaine은 그녀에게 그녀가 도움을 받고 있는 것이 무엇인 것 같으냐고 물었다. 그녀는 자기가 환자이고, Jayneequa에게 시간을 할애하고 있음을 알았다. 그러고 나서 Elaine은 그녀에게 이것이 어떻게 Jayneequa의 유창성을 돕는지를 물었다.

각 부모들은 상호작용 비디오에서 그들 자신이 참여한 세션을 관찰하고, 임상가는 부모에게 그들이 즐거워하는 상호작용의 측면에 관해서 개별적으로 언급하도록 요구한다. 이러한 격려하는 접근법(encouraging approach)으로 시작하는 것이 안심시켜 주며, 긍정적인 경험을 하도록 하는 단계를 설정한다. 처음에 그들의 관찰들은 꽤 일반적일 수도 있다. 예를 들면, "우리들 모두가 게임을 즐겁게 하는 것 같았다." 혹은 "우리는 많이 웃고 있었다!"이다. 그 다음에 임상가의 역할은 부모들이 이미 아동의 유창성 요구들을 지원하고 있는 행동들을 주목하고 이러한 관찰을 강화하도록 부모들을 안내하는 것이다. 일부 부모들은 잘 되어가고 있는 것을 알아보는 데 어려움을 느끼며, 그 대신에 좀 더 부정적인 측면에 집중한다. 이러한 마지못해 하는 부모가 이미 자신이 하고 있는 꽤 도움이 되는 것을 찾을 수 있도록 임상가가 어떻게 도울 수 있는지를 알아보기 위해 다음 비디오 클립을 보자.

비디오 클립 4는 부모들에게 이러한 방식으로 어떻게 변화시키는지를 보여준다. Dylan의 아버지는 비디오를 시청하는 것이 어렵다는 것을 알고, 얼마나 불안하고 부자연스럽게 느껴졌는지를 설명한다. Elaine은 무엇이 잘 되었었는지를 질문하고, Dylan의 아버지는 이러한 질문에 대답하기 어렵다는 것을 발견한다. Elaine은 비디오의 일부분을 선택하여, Dylan의 아버지가 다시 살펴보고 무언가 긍정적인 것에 초점을 두도록 돕는다. 그들은 Dylan의 아버지가 Dylan에게 적합하게 상호작용 속도를 늦추도록 유도하는 것을 따르도록 하는 것이 얼마나 도움이 되는지를 아버지가 알 수 있을 때까지 함께 이 작업을 실시한다. 그 다음에 그들은 이러한 것을 특별 시간에 할 목표로 설정한다.

또한 임상가는, 예를 들면 아무도 말을 하고 있지 않을 때 그 상호작용에 일어나는 쉼에 관심을 끌게 함으로써, 비디오를 시청하는 동안에 중요한 순간을 강조하여 필요할 때에 부모들을 촉구할 수 있다.

임상가: 여기서 무슨 일이 일어나고 있습니까?

부모: 아무 일도 없어요. 아무도 말하지 않고 있어요.

임상가: 당신의 자녀가 필요한 것을 염두에 두면서, 쉼이 어떻게 도움이 되겠어요?

부모: 그 쉼이 침착하도록 하는 데 도움이 돼요.

임상가: 그 쉼이 무슨 차이를 만듭니까?

부모: 그 쉼이 우리 모두의 속도를 느리게 하고, 그가 서두르지 않고 있다는 것을 알 수 있어요. 그는 자기 자신의 시간에 맞춰 대답하거나 대답하지 않을 수 있어요.

임상가: "그리고 그것이 어떻게 도움이 됩니까?

부모: 음… 그렇게 하니까 그는 일반적으로 더 유창해요.

부모들은 비디오를 볼 때 잘하고 있는 것이 무엇인지를 찾는 것보다 부모들 스스로를 비평하기가 더 쉽다는 것을 종종 발견한다. 따라서 임상가들은 부모들이 아동의 유창성을 돕는 행동에 초점을 두도록 돕는 방법을 모색하는 것이 중요하다.

부모: 나는 내가 모든 것을 그를 위해서 하는 데에 바쁜 것을 볼 수 있어요.

임상가: 그리고 당신이 그를 위해서 하지 않고 있을 때, 어떤 일이 일어나고 있나요?

부모: 나는 그가 그것을 하도록 바라보고 기다리고 있어요.

임상가: 그리고 그것이 어떻게 도움이 되는가요?

부모: 글쎄, 그가 자신을 위해서 그것을 하겠죠.

임상가: 그리고 그것이 무슨 차이를 만듭니까?

부모: 그는 자신이 그것을 할 수 있다는 것을 알게 되고 자신감을 키워요.

임상가: 그리고 그가 좀 더 자신감 있어 하는 때는 언제인가요?

부모: 그는 종종 좀 더 유창해요.

임상가: 그래서 그것이 일어날 때를 찾아봅시다.

"당신은 도움이 될 것 같은 무슨 일을 하고 있습니까?" 혹은 "여기서는 무엇이 잘 작동하고 있습니까?"와 같은 일반적인 질문들은 일반적인 오리엔테이션을 제공하며, 일부 부모들로부터 관찰을 유도하는 데에 효과적일 수 있다. 다른 부모들에게는 임상가가 비디오에 수집된 특정한 행동들을 참조시킴으로써 좀 더 특별한 지도와 오리엔테이션을 제공할 것이다. 임상가는 부모들에게 아무리 간단한 행동일지라도, 이미 나타난 도움이 되는 행동들을 부모들이 알아차리도록 돕는 데 초점을 맞춘 질문들을 신중하게 사용한다. 비디오의 일부 구간을 잠시 멈추거나 다시 보기와 질문("당신이 잘 수행했던 그 때 당신은 무엇을 했습니까?", "당신이 그렇게 했을 때 무슨 일이 일어났습니까?", "그렇게 하니 무엇이 달라졌습니까?", "그것이 당신의 유창성에 어떻게 도움이 되었습니까?"와 같은 것)들을 사용하는 것이 부모들이 아동의 요구와 그러한 것들을 특별히 연결시키는 긍정적인 방법으로 상호작용할 수 있도록 관찰하도록 하는 데 도움을 준다.

앞에서 설명한 것처럼, 비디오를 시청하고, 관찰한 것을 토의하고, 목표를 설정하는 동의 과정은 각 부모와 함께 개인을 기준으로 실시된다. 부모들은 아동의 비디오를 객관적으로 관찰하는 것을 빨리 배운다. 부모가 임상가와 토론을 하는 동안, 그들은 다른 아동의 비디오에 대한 코멘트를 하지 않는다. 그러나 만약 코멘트하기를 원한다면, 그들의 코멘트는 긍정적이고 건설적이어야 한다는 사실을 기억해야 한다.

임상가는 이러한 특정한 상호작용들이 자녀의 유창성을 돕게 되는 이유에 대해서 부모들의 생각과 아이디어를 유도해내기 위한 질문들을 사용한다. 예를 들면, 아동에게 반응하기 전에 알아차릴 수 있는 쉼을 관찰하면, "그러한 쉼이 어떻게 되고 있느냐?"와 같은 질문을 하는 것이 부모가 자녀의 행동에 대해 긍정적인 후속자극으로 생각하도록 하며, 어떤 확실한 근거가 이러한 특정한 상호작용 스타일을 권장하게 된다. 그런 다음 각 부모는 좀 더 자주 실시할 것 같은 상호작용 스타일을 개별적으로 선정한다. 이것을 아동과 함께 있는 비디오 녹화를 보는 활동 세션에서 간단하게 연습하고, 그 후에 그 비디오를 다시 본다. 그들이 목표로 하는 것이 무엇이며, 확인된 부모의 행동이 다음 주에 가정에서 할 특별 시간 동안에 연습할 목표가 되는 이유를 알게 될 때, 각 부모는 확신감을 가지게 된다.

부모들이 유창성 증가에 가장 자주 도움이 되는 것으로 알고 있는 상호작용 스타일은 아동이 상호작용하는 놀이를 이끌고 그 상호작용의 속도를 맞추는 것과 관련되어 있는 것 같다. 일단 부모가 이를 알아차리고, 아동이 좀 더 자주 이끌어 가도록 기다리면, 아동은 놀이 계획, 언어 수준 및 상호작용 속도 등을 맞추게 된다. 아동이 이끌어 가는 일이 많으면 많을수록, 부모들은 아동이 따라올 수 있도록 하기 위해 그만큼 더 많이 관찰하고 들어줄 필요가 있으며, 아동의 수준에 맞는 언어 수준과 언어 속도를 맞추는 것이 더 쉬워진다. 부모들은 또한 자신들의 상호작용이란 한 가지 측면에서 변화를 하는 것이 종종 다른 측면에 영향을 미치게 되어, 결과적으로 예를 들면 차례 지키기, 대화 차례에 대한 균형을 맞추기 혹은 발생하는 쉼의 수 등에서의 변화를 초래하게 된다는 것을 깨닫기 시작한다.

부모들이 도움이 된다고 생각하고 더 자주 하고 싶다고 생각하는 목표 행동들을 확인할 때, 부모들은 또한 이러한 목표를 증가시키는 것이 어떻게 아동의 언어 능력, 음운, 일반적 자신감, 자율성 등을 지원하는지를 임상가와 같이 찾아본다. 예를 들면, 쉼의 사용 증가를 목표로 하는 것이 종종 짧고 간단한 문장을 산출하게 하고 전반적인 속도의 감소를 일으키는 것과 같이, 한 개 목표 영역에서의 변화가 보통 다른 목표 영역으로 이동하는 것과 관련되기 때문에, 부모들이 치료 동안에 세 개 이상의 목표를 가지지 않는 것을 아는 것이 중요하다.

부모들이 자신들이 치료하고 있는 목표들이 바라는 효과(예: 특별 시간 내에서 비유창성의 형태나 빈도에서 감소)를 내고 있다는 것에 만족하면, 부모들이 아동의 유창성을 촉진시킨다고 알고 있는 방식으로 아동과 상호작용할 수 있는 날 동안에 다른 핵심 시간(예: 학교에서 가정으로 걸어오는 동안, 자동차 안에서, 식사시간)을 확인하도록 부모들을 격려한다. 이러한 것들을 정규 특별 시간에도 할 수 있고, 특별 시간과 함께 과제 기록지에도 적을 수 있다(과제 기록지를 어떻게 조직화하고 완성하는지에 대한 예시는 그림 5.2와 그림 5.3 참조). 부모들은 계속 이러한 중재가 가지는 효과를 코멘트하고, 그것이 일상화되고 자연스러워질 때까지 자신들의 상호작용을 모니터할 때 기회를 점진적으로 증가시킨다.

부모/양육자는 실시하기로 합의한 특별 시간의 목표들과 회기 수를 확인하는 과제 일지를 가지고 가는 것으로 매 회기를 끝마친다. 부모/양육자는 각 특별 시간의 종료 시점에 과제 일지를 작성하고, 그 다음 회기에는 목표를 실시하면서 겪은 경험에 대한 코멘트를 적은 과제 일지를 제출한다.

세션 2부터 6까지의 구조

각 치료 세션에는 다음과 같은 구성요소들이 포함되어 있다. 먼저, 임상가는 부모의 과제 기록지에서 얻은 피드백을 체크하고, 특별 시간 목표들과 그 영향에 대한 모든 질문들에도 답변을 한다. 그런 다음에, 부모들이 자녀와 함께 5분간 놀이를

특별 시간 과제 기록지

부모 이름: ______________________ 아동 이름: ______________________

특별 시간 횟수: __________

특별 시간의 목표: ____

____

날짜	활동	목표에 관한 의견
이번 주 활동에서 당신이 배운 것을 한 문장으로 쓰시오:		

[그림 5.2] ■ 특별 시간 과제 기록지 예: 치료 숙제의 일부분으로 행해진 특별 시간의 활동들을 관찰하고 기록하기 위해 사용된다.

하고, 그들의 상호작용 목표들을 실습하는 새로운 비디오를 촬영한다. 임상가와 부모들은 새로운 상호작용 비디오를 시청하고, 자녀의 의사소통 요구사항을 지지할 긍정적인 변화들에 초점을

특별 시간 과제 기록지

부모 이름: Mary **아동 이름:** Jo

특별 시간 횟수: 4

특별 시간의 목표: Jo의 리드에 따라서 쉼을 더 사용한다.

날짜	활동	목표에 관한 의견
08/01/22	상점 놀이	나 자신의 것을 하는 것보다는 Jo가 하고 있는 것을 따라가기 위해서 나는 조금 기다리고 관찰했다. 내가 평상시에 쉬는 쉼보다 더 많이 쉬는 것은 어려웠지만, 나는 평상시보다 쉼을 좀 더 많이 사용했다고 생각하며, 더 편안하게 느꼈다.
08/01/24	인형 놀이	그녀는 인형 놀이를 좋아하며, 나에게 무엇을 할래라고 말하면서 꽤 잘난 척을 했다. 나는 들은 대로 행동했고 그녀는 그것을 좋아했다.
08/01/26	배 아파요(tummy ache game)[1] 게임1 놀이	Jo는 나에게 그것을 가지고 노는 방법을 보여주었고, 나는 그 게임에 참여했다. 나는 쉼을 두는 것이 더 좋았고, 이제는 쉼을 두는 것이 더 쉽다는 것을 알았다. 그리고 이러한 모든 것들은 좋은 일들이 더 많은 것 같아서 좋게 생각되었다.

이번 주 활동에서 당신이 배운 것을 한 문장으로 쓰시오:

[그림 5.3] ■ 특별 시간 과제 기록지를 완성한 예

1) 역주: 보드 게임의 한 종류임.

맞춘 그 비디오에 대해 토의한다. "무엇이 잘 되어 가고 있는가?"와 같은 여러 질문을 하고, "당신은 도움이 되고 있는 무엇을 볼 수 있는가?"와 "그렇게 하면 어떤 변화가 일어나겠는가?"와 같은 후속질문들을 한다. 그런 다음, 부모들은 특별 시간에 대한 새로운 목표를 확인하고, 과제 기록지를 받아가서 완성시킨다. 다음의 비디오 클립에서는 이 시나리오가 어떠한지를 보여준다.

비디오 클립 5를 보자. Evan의 부모들이 세션 3에 참여하고 있다. 부모들은 자신들이 설정한 목표에 대해서 이야기하고, 그들이 연습을 통해서 배운 것에 대해 토의하고 있다. Evan의 아버지는 Evan의 말 속도에 맞추어서 쉼(pause)을 좀 더 자주 사용하려고 노력하고 있다. 그는 Evan의 자연스러운 말 속도가 매우 느리다는 것을 인식하는 것에 대해서 말한다. 어머니의 목표는 상호작용을 할 때 두 사람의 말 사이에 간격을 두고, 쉼을 할 때 채울 필요성을 느끼지 않는다. 그 다음에 부모들은 그 비디오를 시청한다. Willie는 잘 이루어지고 있는 것이 무엇인지를 그들에게 질문한다. 그녀는 그들의 아이디어를 강화하고 "다른 것은 무엇인가?" "그것이 어떻게 도움이 됩니까?" 또는 "그것이 어떤 차이를 만듭니까?"와 같은 질문을 계속한다. 마지막으로, Willie는 부모들이 다음 주의 목표를 확인하도록 돕는다.

Palin PCI의 기타 구성요소

앞서 설명한 Palin PCI의 주요 요소들에 덧붙여서, 세션 2에서 6까지는 말더듬을 공개적으로 알리기, 자신감을 증강시키기, 대화를 주고받기, 느낌/감정들을 다루기, 문제 행동들을 다루기 등과 같은 주제들을 포함한다. 이러한 주제들에 대한 토의는 부모들을 교육시키는 기술들이 명확하고 이해하기 쉬운 방식으로 설명되어 있는 Faber와 Mazlish(1980)의 저서에 있는 특정 장들을 참고하면 좋다. 그러고 나서 부모들은 매일 아동들에게 준 칭찬의 예들을 기록하고, 그 칭찬에 대한 아동의 반응을 적는다. 이것을 과제 기록지와 함께 매주 임상가에게 제출한다.

평가 동안에, 부모들이 자녀 관리 혹은 그들이 아동의 유창성에 영향을 미치고 있다고 생각하는 일상들의 확립(예: 취침 시간)과 관련된 것들에 관심들을 강조한다면, 추가적인 전략들을 토의하고, 6주 프로그램에 참여시킨다. 임상가들은 그 상황에 대해 특별히 말하고 나서, 부모들이 그 문제를 다루기 위한 대안적인 여러 방법들로 그 문제를 풀 수 있도록 도와준다. 그 방법들은 일부 가정 규율(예: 취침시간이나 차례 지키기에 관한 것) 협상하기, 상(벌) 및/혹은 보상 체계 사용하기, 명백한 경계 설정하기 및 일관성 유지하기 등을 포함한다.

단계 2: 가정 중심 통합치료 기간

Palin PCI의 6회기는 그 다음 6주간의 활동에 대해 토의한 것에 뒤이어 이전 회기들과 동일한 방식으로 시작하는데, 이를 가정 중심 통합치료 기간(home-based consolidation period)이라고 한다. 이 6주 동안에, 부모들은 가정에서 자녀와 함께 특별 시간을 계속 갖고, 자신이 세운 목표들을 실행하며, 과제 일지를 작성한다. 또한 부모들은 자녀의 자신감을 발달시키고, 가정 내에서 차례 지키기를 촉구하고, 다른 적절한 관리 방침을 위한 활동들을 계속 통합시킨다. 비록 그 가족은 가정 중심 통합치료 기간 동안에 클리닉을 방문하지 않지만, 편지, 전화, 혹은 이메일 등을 통해 과제 일지를 계속 보고함으로써, 임상가가 아동의 진전사항과 반응을 모니터할 수 있도록 한다. 만약 이 기간 동안에 아동의 유창성이 악화되거나 다른 문제들이 발생한다면, 부모들은 가능한 한 빨리 임상가와 통화를 하여 알린다. 또한 임상가가 과제 일지를 전달받지 못한다면, 치료사가 가족에게 연락을 한다는 것에 합의한다. 검토(review) 회기는 6주 가정 중심 통합치료 기간의 종료 시점에 실시한다.

단계 3: 리뷰 세션 및 임상적 의사결정

리뷰 세션에서, 부모들은 평가 척도를 작성하고, 특별 시간과 통합 기간 동안에 일어난 다른 어떤 문제들에 대해 논의한다. 부모들은 또한 그들이 만든 변화에 대해 관찰한 것과 이러한 변화가 아동의 유창성 및 의사소통 능력에 미친 효과에 대해 의견을 나눌 기회도 갖는다. 공식적인 유창성 분석은 구어 샘플을 녹음한 테이프를 가지고 이루어지며, 부모-자녀 상호작용하는 비디오를 만들어서 부모들과 함께 본다. 이것은 부모들에게 진전에 대한 객관적인 증거를 제공하고, 6주 동안에 걸쳐서 부모들이 만들어낸 변화의 효과를 생각할 기회를 제공한다. 치료사는 진전을 강화하고, 부모들이 자녀의 유창성과 자신감을 증가시키는 데 특히 중요하다고 생각하는 요인들과 부모들에게 계속해서 진전을 만들어낼 방법에 대해 토의하도록 한다.

평가 결과, 부모 설문 응답, 매주 가정 과제지로부터 얻은 피드백 등은 부모와 치료사가 모니터링만 하는 단계(Monitoring Only)로 이미 나아갈 준비가 되어있는지를 결정하는 데 도움이 될 것이다. 모니터링만 하는 단계로 이동하기 위한 기준은 유창성에서 알아볼 수 있을 정도의 증가, 말더듬의 양과 심한 정도에서의 감소, 부모의 자신감 증가, 부모의 걱정 감소 등과 같은 요인들을 조합하는 것이다. 이 시점에서, 우리는 아동들의 2/3가 모니터링만 하는 단계로 나아갈 것으로 기대하며, 부모들은 정규적인 특별 시간을 계속 가질 것이며, 가정 과제지를 작성하여 계속 제출할 것이다. 그들은 보통 6~12주 간격으로 치료 후 적어도 1년 기간 동안에 가족과 협의된 시간에 다시 검토할 것이다.

충분히 향상되지 않고 있는 아동이나 정체기(plateau)에 도달해서 부모들이 계속해서 걱정하는 아동들은 임상실 내에서 직접적 유창성 치료 세션을 시작할 것인데, 이와 더불어 특별 시간 이외에 가정 연습 세션 동안에 부모들이 지원할 것이다. Palin PCI의 이론적 기초의 부분에서, 우리는 어떤 아동들은 말더듬에 더 취약하다고 믿는다는 것을 나타낸다. 이러한 아동들은 말더듬을 지속할 생리적 "가중치"가 더 클 수도 있고, 그들의 구어 운동 조절 시스템을 더 효율적으로 관리하기 위해 지원을 필요로 할 수 있다. 그 대신에, 이러한 영역들을 직접적으로 치료함으로써 그들의 구어, 언어 및/혹은 운동 시스템에서 나타나는 어떠한 불일치점(mismatches)을 확인하는 고민들이 필요하다.

Palin PCI의 장점

Palin PCI에는 많은 장점들이 있다. 첫째, 직접적인 치료가 권고되지 않는 아동들에게 실시할 수 있다. 예를 들면, 매우 어린 아동들에게 사용할 수 있으며, 주의집중력, 듣기, 인지, 상위-언어, 혹은 자가-모니터링 기술 등이 잘 발달된 아동들에게는 적합하지 않다.

둘째, 이 접근법은 부모들에게 자녀의 말더듬을 알도록 하는 것을 격려하지만, 이 프로그램의 초기 단계에서 주 초점은 아동의 구어에 있지 않다. 이 초점은 성질이 매우 민감한 아동들과, 말더듬 행동이 받아들여질 수 없다고 제시됨으로써 직접적인 치료를 권고할 수 있는 아동들에게 사용할 수 있는 장점이 있다.

셋째, Palin PCI는 그 프로그램의 직접 치료 구성요소를 또한 권고할 아동들에 대한 근거를 마련한다. 평가 및 치료를 하는 동안에 얻은 통찰, 지식, 기술 등은 그 프로그램에서 치료 단계 동안에 배운 구어를 다루는 기술들을 아동이 전이하도록 돕는 데 중요한 역할을 한다.

요약

Palin PCI 접근법의 핵심 요소는 부모들이 자녀의 유창성을 촉진시키기 위해 여러 전략들을 개발하는 것을 돕기 위해 비디오 피드백을 사용하는 것이다. 이러한 전략들은 집에서 구조화된 특정 세션으로 연습되고, 그 후에 대화를 주고받기, 자신감을 증강시키기 등과 같은 다른 전략들과 결합되고 일반화된다. 가족들은 6회의 임상 세션에 참가하고, 그 후에는 집에서 이루어지는 6주 과정의 통합 단계에서 그 프로그램을 계속하는데, 그 후에 검토를 하고, 필요할 경우 직접 인풋을 더 하거나 다른 치료들을 하거나 모니터링만 하는 단계로 나아간다.

계속되는 의사결정을 돕는 평가방법

중재에 관한 의사결정을 지원하기 위한 첫 평가

평가 프로토콜은 아동의 말더듬에 대한 인지, 언어, 사회, 정서 및 생리적 요소들을 포함한다. 그 정보는 포괄적인 아동 평가와 부모들의 상세한 인터뷰 동안에 수집된다.

평가 프로토콜에는 다음과 같은 것들이 포함된다.

- 아동의 구어, 언어, 사회적 의사소통 등의 능력에 대해 공식적 및 비공식적 측정을 한다.
- 더듬은 음절의 백분율(%SS)을 계산하고, 더듬은 순간의 말더듬 유형과 지속 시간에 관한 코멘트를 하기 위해 녹음된 구어 샘플을 전사하고 사용한다.
- 아동의 걱정 수준과 자신의 문제에 대한 지각 정도를 측정하기 위해 인터뷰를 한다.
- 각 부모/양육자와 아동의 놀이상황을 비디오로 녹화한다. 이 자료는 각 부모/양육자와의 상호작용 동안에 아동의 자연스러운 구어 샘플을 제공하고, 아동의 능력에 관한 더 구체적인 통찰을 하게 한다. 또한 부모-아동 상호작용 스타일에 대한 첫 기록을 제공한다.
- 말더듬의 이력과 발달, 가족 내에서 기타 관련된 사안들(예: 취침시간, 아침에 학교 도착시간, 형제간의 경쟁심 등과 같은 가족일상을 관리하는 데 겪는 어려움)을 살펴보기 위해 부모 모두로부터 자세한 사례사를 수집한다.

- 부모 평정 척도는 자녀의 문제점을 관리하는 데 부모의 지식, 걱정, 자신감 등의 정도에 관한 통찰을 제공한다(Millard, 2002).

이러한 자세한 평가 절차는 그 가정환경 속에서 그 아동의 여러 강점과 부족한 점에 대한 프로파일을 얻을 수 있도록 보장한다. 이러한 모든 자료로부터 얻은 정보는 그 공식의 근거를 제공한다. 이 정보는 평가 결과의 요약이고, 자녀의 말더듬의 발생 및 발달과 관련된 것으로 보이는 우리가 확인한 여러 요인들이다. 이 요약은 부모들과 함께 논의하고, 말더듬의 다요인적 틀이란 맥락에서 설명된다. 이것은 그 문제를 함께 이해하고 Palin PCI의 기초인 협력 관계를 장려하는 데 중요하다. 부모들과 자녀들은 말더듬을 인정하고 불안을 감소시키기 어려운 숨겨진 이유에서 시작하여 말더듬에 대해 공개적으로 토론하여 그들을 더 쉽게 다룰 수 있게 된다.

일단 적절한 중재가 확립되면, 평가로부터 얻은 정보는 치료 프로그램에서 어느 영역으로 목표를 잡아서 가야 하는지를 보여준다.

Palin PCI에는 부모들의 상호작용과 행동 관리 전략들을 고려할 때 부모들을 일상적으로 참여시킨다. 또한 구어와 관련된 전략들을 개발시킬 때는 아동을 참여시킨다. 비록 Palin PCI의 실시가 회기 수와 회기 계획이라는 측면에서 여러 가족들에 걸쳐서 비슷하지만, 회기의 내용은 아동 및 가족의 개별적인 필요에 따라서 다르다. 이러한 것들은 부모와의 상의와 평가에서 확인된 개인의 필요에 따라 결정된다.

치료 효과의 모니터링을 위한 지속적 평가

그 프로그램은 주 1회 세션을 6주간 하는 패키지로 실시되며, 그후 집에서 부모들이 특별 시간 동안에 하는 6주의 통합 기간(consolidation period)으로 이어진다. 자녀의 유창성, 자신감 정도 및 다른 여러 전략들과 함께 가족의 진전 등에 대한 부모의 서면 및 구두 보고를 통해 12주 내내 진전을 모니터한다. 치료 세션 동안에 각 부모들이 확인한 상호작용 목표들을 기록하는 가정 과제 기록지는 매주 부모들이 작성해서 모니터와 피드백을 위해 임상가에게 전달한다. 부모들에게 또한 자녀의 진전과 치료의 과정에 대한 그들의 견해에 대한 구두 피드백을 제공하도록 장려한다. 임상 세션 동안에, 비디오 녹화를 하여, 놀이를 하는 동안에 아동의 유창성에 대한 샘플과 부모-자녀 상호작용에서 일어나는 변화를 기록하기 위해 제공한다. 임상가는 또한 세션 내내 아동의 유창성 수준을 관찰한다. 이러한 부모의 구두 및 서면 피드백의 결합은 치료사의 관찰과 함께 치료의 다음 여러 단계와 중재의 적절성과 효과성에 관한 결정을 가능하게 한다.

12주 끝 무렵, 가족들은 자녀의 진전정도를 검토하고 재평가하기 위해 클리닉에 다시 왔다. 앞서 말한 바와 같이, 이에는 유창성 분석을 할 녹음된 구어 샘플과 부모들이 실시한 평가 척도가 포함된다. 부모와 자녀 간 상호작용하는 비디오 녹화도 이루어진다. 이러한 재평가와 부모와의 논의에 근거하여, 추가 치료가 필요한지, 그렇다면, 어떤 형태의 치료가 실시되어야 하는지에 대한 결정을 한다. 그 옵션에는 아동을 말더듬에 관하여 좀 더 직접적으로 치료할 것인지 혹은 포괄적인 평가를 하는 동안 확인되고 해결되지 않은 아동의 구어 및 언어 기술에서 장애(예: 음운장애)가 있는 다른 영역에 초점을 맞춘 치료를 할 것인지가 포함된다.

치료실에서 여러 측정한 것을 기록한 대로 말더듬의 수준이 정상 범위 내(< 3% SS)에 있을 때, 그리고/혹은 부모들이 더 이상 걱정하지 않을 때, 그리고 가족들이 가정에서 유사한 패턴을 보인다고 보고할 때, 더 이상 치료 세션들은 필요하지 않다. 부모들은 또한 평가 척도와 구어 피드백으로 나타낸 대로 말더듬에 관한 불안의 감소와 높은 수준의 자신감을 보고할 것이다.

대부분 가족들은 12주 말에 이 단계에 도달하고, 보통 매 6주에서 12주에서 최대 1년 동안 부모들이 동의한 대로 규칙적인 간격으로 계속 모니터하고 리뷰한다. 똑같은 평가를 최소 1년 동안 리뷰 세션에서 실시한다. 만약 부모들이 걱정을 표현한다면, 차후에 조치가 필요한지를 결정하기 위해서 리뷰 약속을 해야 한다.

개별 환자에게 적합한 치료법의 조정

치료 프로그램들은 임상가들에게 일련의 단계들과 치료 단계들을 통해 임상가를 가이드하는 유용한 구조를 제공한다. 그러나 모두에게 적용할 수 있는 접근법(one-size-fits-all approach)은 모든 환자들의 요구들을 충족시키지 못하는 것 같으며, 이것은 말더듬 아동들에게 분명한 사실이다. 대부분의 연구자들과 임상가들은 동일한 말더듬 아동은 없다는 의견에 동의한다. 따라서 각 아동은 자신의 특수한 요구들에 맞춰진 치료를 필요로 할 것이다.

앞에서 언급한 바와 같이, Palin PCI는 자세한 평가로 시작하며, 그 평가에서 나온 결과를 가지고 개별화된 치료 프로그램을 고안한다. 가족의 상황들과 함께 아동의 요구들이 치료의 특정한 구성요소들에 반영된다. 이것은 아동과 가족을 위한 개인적 및 문화적 요소들이 평가 및 치료 과정에 통합된다는 것을 의미한다.

다양한 문화적 배경과 언어적 배경에서 자란 아동들과 가족들에게도 이 접근법을 실시하는 것을 보장하기 위해, 평가 및 치료를 도울 지원자나 통역자가 종종 필요하다. Palin 센터에서, 개인 간의 요인들이 주고받는 정보를 방해하지 않기 위해 가족 구성원보다는 적절하게 훈련된 전문 통역자를 이용한다. 통역자들은 또한 특정한 문화(예: 장애에 대한 태도, 부모들의 역할, 치료에 대한 기대)에 대한 일반적 정보를 임상가에게 제공하는 데 있어 매우 중요하다. 그러나 각 가족은 그들만의 태도와 관습에서 독특함을 가지고 있을 것이며 문화에 대한 일반화는 이러한 것을 항상 고려해야 한다.

비슷하게, 가족들의 개인적 환경이 어떻든지 간에, 그 가족들이 Palin PCI에 평등하게 다가가도록 하는 것이 중요하다. 양쪽 부모들 모두가 가정에서 자녀와 같이 있을 때, 두 부모 모두가 평가 및 치료 프로그램에 참여한다. 한쪽 부모가 가정에서 떨어져서 거주할 때(예: 직업이나 학업으로 해외에 거주), 치료는 참여할 수 있는 한쪽 부모가 진행하고, 다른 쪽 부모가 가정으로 돌아왔을 때에는 같이 참여할 수 있도록 한다. 부모들이 별거하거나 이혼했지만 양쪽 부모가 그 아동을 돌보고 있다면, 양쪽 부모에게 같이 세션에 참여할 것인지 따로 참여할 것인지를 물어본다. 편모 혹은 편부 가정인 경우에, 중요한 다른 양육자(예:

참여하고자 하는 새로운 파트너나 조부모)가 있다면, 그들을 치료회기에 참여하도록 초청한다. 다른 사람(예: 수양 부모, 유모, 조부모)이 아동을 돌보고 있다면, 이러한 사람이 평가 및 치료에 참여할 수 있다.

다른 개인적 요인들이 치료의 시기(timing)와 본질에 영향을 미칠 수 있다. 관계나, 건강 및 재정, 주택 문제 등을 경험하고 있는 부모들은, 이러한 문제들이 그 가족에게는 더 우선시될 수 있기 때문에, 치료 과정에 참여하는 것이 어려울 수도 있다. 임상가들은 지원을 하거나, 실제적 지도를 제공하거나, 부모들이 다른 곳에서 지원을 받도록 도울 수도 있다. 이러한 상황에서, 실질적으로 치료에서 얻을 수 있는 것을 기대하는 것이 중요하다. 부모들은 치료의 한 부분으로서 항상 새로운 과제들을 해내려고 노력하고, 다른 스트레스 상황에서 이것을 하려고 노력하는 데는 민감성과 유연성을 필요로 하는데, 그렇게 할 때에야 성공적인 결과에 도달하게 된다.

모든 구어 및 언어 치료에서처럼, Palin PCI가 여러 측면들에서 어려움을 겪는 어떤 문화 집단들이 있다. 예를 들면, 장난감을 가지고 논다는 아이디어에 익숙지 않고, 학령 전 자녀와 상상놀이를 잘 할 수 없는 부모들이 있다. 그러나 부모들에게 요리 활동이나 공원에 함께 가기와 같은 특별 시간 동안에도 가정에서 할 수 있는 다른 적합한 활동들을 고려하도록 격려할 수 있다. 더욱이 눈맞춤, 말하는 순서, 수면 양생법(sleep regimens) 등을 사용하는 것과 관련하여 문화적 차이가 존재할 수도 있다. 그러나 그 치료의 기본 원리는 가족이 그들에게 맞는 것이 무엇인지와 이것을 말더듬 아동의 욕구를 지원하도록 어떻게 적용하는지를 함께 확인하는 것이기 때문에, 이러한 것들은 보통 Palin PCI의 틀 내에서 관리된다.

Palin PCI의 강점 중 하나는 부모들이 본능적으로 무엇이 자녀들을 도와주는지를 알고, 오래 전부터 이러한 지식에 근거해서 이미 행하고 있다는 전제에 근거한다는 것이다. Palin PCI는 부모들이 더 많은 것들을 행할 수 있도록 돕는다. 그러므로 부모들에게 행하고 있는 어떤 것을 중지하도록 요구하거나 새롭고 다른 스타일을 사용하기 시작하도록 요구하지 않아야 한다. 이것은 부모들의 문화적 혹은 개인적 스타일이 어떻게 자녀와 함께 상호작용하고 자녀를 관리하는지에 관계없이, 부모들이 말을 더듬고 있는 자녀에게 가장 도움이 될 것이라고 생각하는 이러한 측면들을 개발하고 있을 것임을 의미한다. 이러한 점에서, Palin PCI의 핵심은 개인적 및 문화적으로 개별 가족들의 요구에 맞추어야 한다는 것을 의미한다.

개별 아동에게 적용

M과 그의 부모는 M이 3세 8개월일 때 M의 유창성에 대한 전체적인 평가를 받기 위해 치료실을 방문했다. M은 2.5세에 점차적으로 더듬기 시작했다. 그의 어머니는 M은 또래에 비해 제한된 어휘를 사용하여 말하기가 늦었고, "M은 음이 바르지 않았고, 분명하게 말한 적이 전혀 없어요."라고 말했다. 18개월에 걸쳐 M을 상담 및 모니터링했던 지역의 언어 치료사가 Palin 센터에 의뢰했다. M의 어머니는 그 기간 동안에, M의 유창성

이 불완전했고, 말을 더듬을 때마다 말더듬이 더 오래 유지되어 다시 나타났다고 말했다. 어머니는 말더듬이 차도가 없이 지난 6개월 동안에 걸쳐서 점점 더 심해졌다고 했고, 흥분과 피로하면 말더듬이 더 악화된다는 것을 발견했다고 했다. 어머니는 또한 M은 자신감 있는 어린 소년이었는데 그러한 자신감이 6개월 동안에 감소되어 왔다고 보고했다. 평가 시간에, 어머니는 M이 새로운 상황들에서 머뭇거렸고, 말을 더 적게 했으며, 다른 사람들이 그것에 대해 말하기 시작한다고 알렸다. M의 어머니는 말을 하기 위해 투쟁하는 M을 보면서 자신이 점점 더 불안해지게 되고, 그녀가 받았던 여러 조언을 따랐음에도 불구하고, 그녀에게 도움이 되는 것은 아무것도 없었다고 설명했다. 어머니는 M이 학교에 가기 시작하면 그가 놀림 또는 괴롭힘을 당할 수도 있다고 걱정했다. 아버지는 M의 말더듬이 시간이 지나면 좀 더 좋아질 것이라고 믿으면서 보다 느긋한 접근 방식을 가지고 있었다.

말더듬에 대한 모계 가족력이 있었다. M의 할아버지는 평생 동안 더듬었고, 삼촌은 10대까지 더듬었지만 그 이후에 회복되었다.

첫 평가 동안에, 구어 샘플을 비디오 녹화해서 분석했는데, 6.4% 음절 비율을 더듬는 것으로 나타났다. 12회까지의 반복이 있었고, 연장은 6초 동안 지속되었고, 막힘은 안면긴장을 수반했다.

자신의 말에 대해 물으면, M은 때때로 "나에게는 말하는 것이 어려워."라고 말한다. 부모들은 M이 자신의 "음성이 좋지 않기 때문"이라고 한다고 했으며, 그들은 자녀가 말하기 어렵다고 생각되는 단어들을 포기하거나 바꾸려고 하는 경우를 여러 번 관찰했다고 했다. M의 부모들은 평가하는 날에 M이 한 말은 "좋은 경우"였으며, 그의 말더듬은 종종 훨씬 더 심했다고 설명했다. 0에서 7점까지 있는 평가척도에서, 0은 정상이고, 7은 매우 심한 것인데, 부모 모두는 M의 구어를 평가 시에는 5점으로 평가(좋은 날)했고, 다른 날에는 7점으로 평가했다. 부모들의 말더듬에 대한 걱정이라는 측면에서 0점은 전혀 걱정하지 않음이고 7점은 매우 걱정함을 나타내는 평가에서 부모들은 6점으로 평가했다.

평가를 하는 동안에, M의 수용언어 능력에 대한 공식적 측정은 영국 그림 어휘력 척도(BPVS)(Dunn et al., 1997)로 실시했는데, M은 자신의 연령대에서 평균 이상의 점수를 얻은 것으로 나타났다. 표현언어 능력 검사인 Renfrew Action Picture Test(Renfrew, 1997) 결과는 그가 평균이상이라는 정보를 주었을 뿐만 아니라, 그의 문법 지식의 사용도 평균이었다. 더욱이 그의 말소리 체계에서 미성숙한 증거가 있었다. 3세 8개월경에, 그는 여전히 /k/와 /g/와 같은 음을 전방화 하고 있었고 "sweet"을 "weet"로 내는 것과 같이 혼합어를 축약했으며, 이런 현상 때문에 가끔 사람들이 그의 말을 알아듣지 못했다. M의 주의집중 기간(attention span)은 짧은 것으로 관찰되었다. 그의 부모들은 기질이란 측면에서 M이 쉽게 흥분하고 쉽게 얻으려고 하는 민감한 아동이라고 설명했다.

이러한 평과 결과들은 M의 말더듬의 발달과 가장 관련이 있는 것 같은 요인들로 확인되고, 지속되는 말더듬에 취약한 수준을 나타내었다.

지속되는 말더듬에 취약한 M의 수준은 다음과 같은 지표들에 근거하여 중등도에서 고도 사이에 있는 것으로 여겨진다.

- 구어 및 언어 발달 지체의 이력
- 구어 및 언어 기술의 불일치
- 말더듬이 시작된 이후의 경과 기간
- 시간이 지남에 따라 악화되고 있는 말더듬
- 말더듬 가족력
- 부모들의 불안
- 실수에 대한 아동의 민감도와 반응도

이러한 평가의 강점은 Palin PCI의 과정을 가족에게 제공하는 것이다. M의 연령, 짧은 집중 지속 기간(concentration span) 및 유창성 실패에 대한 민감도 등을 볼 때 단계에서 직접적인 구어를 다루는 접근법보다는 다른 옵션을 만드는 것이 더 적절하다.

Palin PCI는 다음과 같은 영역들에 초점을 둠으로써 M과 그의 가족의 요구들에 맞추어졌다.

- 특별 시간 확립하기
- M의 자신감 증강하기
- M 자신의 감정을 더 쉽게 조정하도록 돕기
- 피로 및 취침 시간 모니터하기
- M이 말하려는 것을 생각하고 계획하기 위한 충분한 시간을 갖도록 돕는 상호전략을 목표로 한다.

회기 1

회기 1은 평가의 결과들과 M의 특정한 필요사항들(말할 복잡한 것들, 그런 것들을 말할 것을 계획하고, 구성하고, 산출하는 데 더 필요한 시간 등)을 상기시키는 것으로 시작한다. M의 부모들은 또한 M의 민감함에 대해 걱정했고, M의 걱정을 다루는 가장 효과적인 방법이 무엇인지를 궁금해했다. M의 부모들은 평가 이후에 이미 단어 산출 시 수반하는 M의 투쟁 행동에 대해 더 공개적이게 되었고, 그 투쟁 행동에 대해 더 느긋해졌음에 주목하게 되었다고 보고했다.

특별 시간을 도입하고, M의 어머니와 치료회기의 횟수를 협상하여, 어머니는 주 6회 실시할 수 있다고 결정했고, M의 아버지는 주 4회 실시하는 데 동의했다. 치료실에서 5분간 M과 놀이를 하는 각 부모들에 대한 비디오를 촬영했다.

부모들이 자녀의 감정을 읽는 것에 관심이 있기에, Faber와 Mazlish(1980, pp. 1–47)의 책에서 "Helping Children Deal with Their Feelings"라는 장을 읽도록 추천했다.

회기 2

과제를 완료했는지를 확인한 후에, M이 좀 더 유창해지도록 하기 위해서 부모들이 알고 있는 현재 M의 능력들에 근거하여 M이 무엇을 필요로 하는지 고려하기 위해 부모들을 초청했다. 부모들은 "M의 뇌가 입보다 빠르며", 그가 종종 표현하려고 하는 복잡한 아이디어를 계획하고 구성하기 위해서 좀 더 많은 시간을 가지는 것이 필요하다고 생각한다고 말했다. 그러고 나서 그들은 전 주에 촬영한 비디오를 시청했다. 그들에게 M과의 의사소통을 관찰하고, 그들이 도움이 될 것이라고 생각하는 것을 하고 있는 것이 무엇인지를 알아보도록 권고했다. M의 아버지는 처음에는 이것이 어렵다는 것을 알았지만, 일단 어떤 특정한 섹션에서 관찰하는 것을 지도받자, 대화의 속도(pace)가 완화되고 서두르지 않았고, 아무도 말하지 않을 때 종종 쉼들이 나타났다는 것을 알았다. 그는 또한 그들 각자가 대화 차례를 동등하게 가지는 것을 알았다. 이러한 관찰은 그들이 M의 유창성을 지원하기 위해서 어떻게 도울 수 있는지에 대해 논의를 하게 했다. M의 아버지에게 자신의 특별 시간 동안에 집중하고자 원하는 목표를 생각하도록 요구했을 때, 그는 여러 질문보다는 M에게 코멘트하는 것이 더 좋다고 생각한다고 말했고, 그래서 그는 코멘트를 더 많이 하는 데 집중했다. M의 어머니는 그녀가 여러 차례 쉼을 했고, 좋은 시선 맞춤을 했으며, M의 맞은편에서 그의 자세와 맞추어 앉아서 얼굴을 볼 수 있었고, 그도 어머니를 바라볼 수 있었다. 어머니는 쉼을 하고, 놀이에서 M이 이끄는 대로 따라할 때 그것이 도움이 된다는 것을 결정했고, 이것이 M이 보조를 맞추도록 도울 것이고, 놀이에 초점을 두도록 돕기 때문에 M이 이끄는 것을 더 많이 따르도록 하려고 결심했다. 이러한 목표들은 M의 요구들을 확인하고, 그것이 M이 자신의 유창성, 언어, 자신감 등을 돕도록 하는 지라는 견지에서 논의되었다.

Faber와 Mazlish(1980)의 연구 결과에서 아동들이 감정을 다루는 것을 돕는 것에 관한 이 장을 부모들과 함께 논의했다. 부모들은 듣기, 아동의 감정을 알리기, 충고를 주려고 하는 유혹을 견디기 등과 같은 책에서 제시된 몇몇 전략들을 실시하기로 결정했다.

그 주의 목표들은 어머니는 M의 안내들을 따르고, 아버지는 질문을 하는 대신에 코멘트를 더 많이 하는 것을 포함했다.

회기 3

부모 모두는 과제를 완료했지만, 부모들은 자신들의 목표뿐만 아니라 원했던 것을 실시할 수 없었음을 걱정했다. 그러나 일단 부모들이 새로운 비디오를 찍은 후 그것을 관찰하자, 부모들은 자신들이 생각한 것보다 더 잘하고 있음을 깨달았다. M의 아버지는 코멘트를 더 많이 하고 있었으며, 그가 알 수 있는 방식으로 쉼을 하고 속도를 조정하는 것이 M에게 도움이 되었다는 것을 알았다. M에게 간단한 언어와 말더듬 감소를 유지하도록 돕는 방법을 알았기 때문에 더 짧은 문장을 사용할 수 있다는 아버지의 목표가 자주 아동의 문장과 일치되었다.

M의 어머니는 그의 지도에 따라 할 수 있는 자신의 능력에 기뻐했고, 또한 그녀는 더 자주 쉼을 하고 그의 속도를 더 잘 맞추고 있다고 생각했다. 어머니는 M의 자연스런 속도가 느리며, 추가적인 시간이 필요한 것 같다고 인식하게 되었다.

M의 부모들은 M의 자신감을 증강시키는 것을 돕고 싶어했다. 그래서 Faber과 Mazlish(1980)에서 칭찬에 관한 장을 읽어보도록 추천했다.

그 주간 동안의 목표들은 어머니는 M의 구어 속도에 맞추고, 아버지는 M의 문장 길이에 맞추는 것을 포함했다.

회기 4

정상적인 환경하에서는 6회의 연속적인 세션들이 계획될 것이다. 그러나 M의 가족들은 떨어져 있기 때문에, 4세션 후에 짧은 쉬는 시간을 가졌다. 이 시기 동안에 여러 날 동안 말더듬이 증가되었다. M의 부모들은 이러한 증가는 흥분, 피로, 정상적인 일상의 부족 때문이라고 믿는다고 했다. 부모들은 이제 무엇을 해야 하는지를 알았기 때문에 이번에는 그 상황을 매우 다르게 다루었다고 보고했다. 그들은 정상적인 일상으로 회복시키고, M이 정시에 잠자리에 들도록 노력했다. 그 결과로, 부모들이 그 세션에 다시 돌아왔을 때, 그들은 M의 구어가 제자리로 돌아오기 시작했음을 느낄 수 있었다. 부모들은 비디오를 촬영했고, 자신들의 의사소통 스타일에서 변화가 있음을 보고 이를 통해 강화받을 수 있었다. 어머니는 자신의 코멘트들이 질문보다 더 도움이 된다는 것을 알게 되었고, 아버지는 M이 이끄는 놀이를 따를 때에 더 잘 반응한다는 것을 알게 되었다.

그 주의 목표들에는 어머니에게는 코멘트를 더 많이 하도록 하고, 아버지에게는 M의 리드를 더 자주 따르도록 하는 것이 포함되었다.

회기 5

아들에게 무엇이 좋아지고 있는지에 대해 알려달라고 했을 때, 부모 모두 좀 더 유창해진 것, 특히 특별 시간에 그런 것을 보고 기뻤다고 했다. 부모들은 M의 구어에 대해 좀 더 느긋해졌고, 그들이 행하고 있었던 것에 대해 자신감을 좀 더 느꼈다고 말했다. 부모들은 또한 그들에게서 일어나고 있는 여러 변화들과 그 변화들이 미치고 있는 영향에 대해 좀 더 편안함을 느낀다고 보고했다. 부모 모두 Faber와 Mazlish(1980)의 칭찬에 관한 장을 읽었다. 부모들은 칭찬의 중요성을 깨달았고, 일반적으로 칭찬을 매우 잘 하고 있다고 생각했지만, 칭찬에 관한 장에서 설명된 특정한 칭찬에 대한 가치를 추가적으로 알 수 있었다. 그들은 이러한 방식으로 하루에 한 번 M을 칭찬하고, 그 내용을 칭찬 일지에 기록하는 것에 동의했다. 그들은 새로운 비디오를 녹화했고, 그들이 많이 잘하고 있는 전략들을 강화했다. 또한 부모들은 M이 특별 시간 동안에 좀 더 자주 유창했다고 코멘트했다. 부모 모두가 자신들이 세운 현재 세 가지 목표들이 충분하다는 결정을 내렸다.

회기 6

이 세션은 이전과 동일한 형식을 따랐으며, 가정 중심의 통합 기간 동안에 자신의 목표들에 대한 치료를 어떻게 계속할 것인지에 대한 논의도 포함하고 있다.

6주 후에, 그들은 M의 구어를 재평가하기 위해 다시 방문했고, 부모들은 부모 평가 척도를 완성했다. M의 유창성은 증가했고, 부모들은 그가 이뤄내고 있는 진전을 기뻐했다. 부모들은 M의 유창성을 관리하는 데 좀 더 자신감이 생겼다. 사실상, 부모들은 향후 3개월 동안에 걸쳐서 가끔 모니터링과 함께 가정 과제지를 보내는 등 그들이 하던 것들을 지속하는 데 충분히 자신이 있었다.

그림 5.4는 시간 경과에 따른 M의 말더듬을 추적한 것이다. 이러한 측정들은 M이 가정의 놀이 세션 때 어머니와 상호작용하는 것을 10분 동안 촬영한 비디오 샘플에서 얻었다. 이 비디오테이프들은 (a) 기초선을 확립하기 위한 치료 6주 전, (b) 치료 동안 6주, (c) 가정 중심 통합 단계 동안 6주, (d) 가정 중심 통합 단계 후 6주 등의 기간 동안 일주일 간격으로 수집되었다. 그 다음 6개의 경우는 약 6주 간격으로 수집되었다. (b)국면에서 말더듬의 증가는 국경일 휴일(holiday break)로 인한 상당한 들뜬 기분과 관련되었다. (d)국면에서 두 번의 증가는 유아원(nursery school) 입학과 관련되었다. M은 적응하는 데 약간의 시간이 걸렸지만, M의 부모들은 더 이상의 도움 없이 이 기간 동안 M을 보는 데 대해 매우 안정감을 느꼈다.

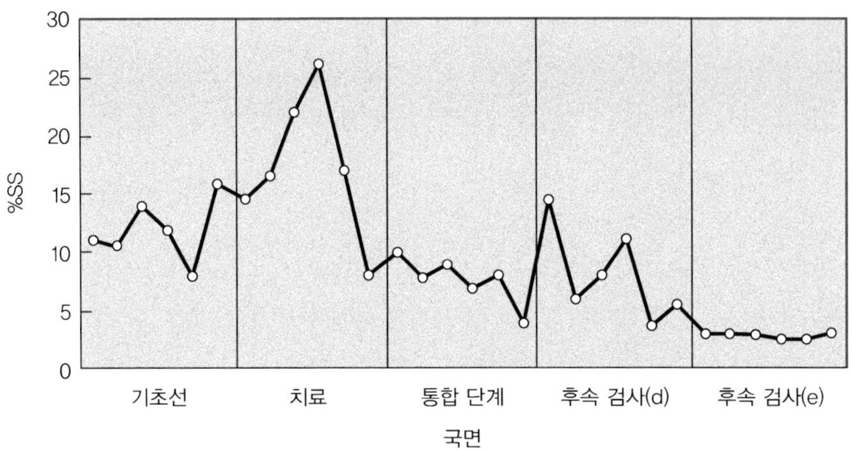

[그림 5.4] ■ M의 유창성: 기초선, 치료 및 후속 검사의 다섯 단계에 걸친 음절 말더듬 백분율(%SS)

사례 연구

가족들이 Palin 센터에 평가를 요청했을 때, P는 4세 2개월이었다. P는 18개월 동안 말을 더듬어왔고, P의 부모들은 P의 말더듬이 전혀 나아지지 않았기 때문에 매우 걱정했다.

P의 평가 결과는 구두언어 이해력이 평균 이상인 것으로 나타났다. 그러나 P의 표현언어 점수는 복잡한 문법 구조들을 계획하고 조직화하는 데 약간의 어려움이 있고, 단어 재인(word retrieval)에 특정한 어려움이 있는 것으로 나타났다. P는 자신이 말을 더듬고 있다는 것을 알고 있었고, 그 말더듬을 관리하기 위한 전략이 없었다. P는 가끔 "말을 산출하는 것이 어렵다.", "그것이 약간 당황하게 만든다."라고 말했다.

그 상호작용하는 비디오에서 P의 부모들이 다양한 방법으로 그녀의 유창성을 지원하고 있는데 그중 어떤 방법은 쉼 사용을 증가시키고, 상호작용 속도를 느리게하며, P의 리드를 더 많이 따르는 것과 같은 것으로, P가 겪는 특정한 어려움 쪽에 맞추어서 보강하는 방법들이었다.

부모 인터뷰를 하는 동안에, P의 부모들은 P가 여동생보다 말을 늦게 시작했고, P의 말이 매우 유창한 적이 없었다고 했다. 부모들은 말더듬이 변해왔고, P가 말을 산출하기 위해 노력할 때 가끔 말문이 막히고 얼굴을 찡그리기 때문에 걱정한다고 했다. 부모들은 P의 말이 일대일로 말하는 상황에서 또 시간적 압박이 없을 때 가장 유창하다고 했다. P는 말이 명료한 두 명의 언니와 한 명의 남동생이 있고, 양 가계에 지속성 말더듬에 대한 강한 가족력이 있었다. 부모들은 P가 민감하고, 걱정이 많고, 작은 것에도 쉽게 흥분한다고 설명했다. 그 가족들은 P가 3세 때 치료사를 찾았고, 부모들은 P가 치료를 받기에는 너무 나이가 어리고, P의 말더듬은 그 연령에는 매우 정상이라는 권고를 받았다. 부모들은 말더듬에 관심을 두어서는 안 되고, 그 말더듬이 아마 없어질 것이라는 말을 들었다.

P의 부모들은 P의 말더듬 심한 정도를 7점 척도에서 5점으로 평가했으며, 그녀의 말더듬에 대한 부모들의 걱정은 7점 척도에서 6점으로 평가했다. 부모들은 가정에서 차례 지키기가 한 주제라는 것을 확인했는데, 그것을 잘 다루는 방법에 대해 걱정을 했다. 그들은 P를 위해 모두가 멈추거나 기다리도록 시도해 왔지만, 형제자매들은 그렇게 협조적이지 않았다. 그들은 또한 P가 노력할수록 P의 구어가 나빠진다고 보고했다. P의 부모들은 취침시간과 같은 일상을 체계화하는 데 자녀들 사이에 차이점이 있다고 말했다. 그들은 P에게 잠이 필요했으며 종종 그들이 느끼기에 P에게 적절한 시간보다 더 늦게 잠들기 원한다고 말했다.

그 부모들은 "그녀가 노력하지 않아서 그래서 그녀가 단어를 인출하는 데 어려움을 겪는다."라고 말했으며 P가 도움을 받을 수 있고 그들이 도울 수 있는 것을 이해하기 원한다고 말했다.

사례 연구 질문사항

1. 사례사에서 어떤 요인들이 이 아동이 말더듬을 지속할 위험이 있다는 것을 나타내는가?
2. 부모의 불안은 초기 말더듬의 관리 시에 어떤 역할을 하는가?
3. 아동의 리드를 따르는 것이 어떻게 부모와 아동 간 상호작용에 영향을 미치는가?
4. Palin PCI에서 전이를 어떻게 관리하는가?
5. 유창성에 관하여 좀 더 직접적인 치료를 하는 시기와, 본질로 고려해야 할 요인은 무엇인가?

향후 방향

훈련(치료)

Palin 센터는 포괄적인 치료 프로그램을 가지고 있으며, 영국(UK) 전역에 있는 Palin PCI에서 대학원 후 교육을 제공하고 있다. 그 결과로, Palin PCI는 조기 말더듬 치료를 위한 표준 패키지로서 영국 전역에 있는 언어 치료 클리닉에서 광범위하게 사용되고 있다. 이 치료 프로그램은 유럽의 여러 국가들과 미국 등 영국 이외의 국가로도 확장되고 있다.

그 외 장애에 Palin PCI의 적용

Palin PCI 치료 패키지는 개정되었고(Kelman & Schneider, 1994), 현재 영국에 있는 많은 Early Years Centres에서 구어 및 언어 지체 아동들에게 제공되고 있다. 이것은 의사소통 장애 아동(예: 학령기 및 학령 전기)을 치료하는 다른 전문가들이 사용할 수 있도록 더욱더 맞춤화되었다. Palin PCI는 복잡한 구어 및 언어 장애 아동(예: 자폐 아동, 학습 장애 아동)에게 효과적으로 사용되고 있다.

연구

앞으로의 연구는 Palin PCI에 반응할 것 같은 아동들, 추가의 직접적 유창성 치료가 필요할 것 같은 아동들 및 단지 직접적 유창성 치료만 필요한 아동들에 관한 가설을 개발하는 데 더욱 초점을 둘 필요가 있다. 또한, 앞으로의 연구는 Palin PCI가 확실히 말더듬을 감소시키고 그 프로그램의 어느 구성요소들이 이러한 변화를 초래하는 데 필수적인가 하는 메커니즘을 이해할 필요가 있다. 비전문가가 일하는 광범한 환경뿐만 아니라 구어 및 언어 장애들이나 이중 언어 아동들과 같은 다른 대상자에게 적용할 때에도 Palin PCI의 임상 효과를 고려하는 것은 중요할 것이다.

요약

우리는 Palin PCI가 시간이 흐르면서 계속적으로 변경되고 발전될 것이라고 기대한다. 꼭 그렇게 되어야 할 것이다. 상대의 반응을 반영한 실천, 사용자 피드백 및 연구의 발전 등은 계속해서 이러한 과정을 알리게 될 것이고, Palin PCI는 그에 부응해 발전할 것이다.

이 장의 요약

- 말더듬은 다요인에 의한 것으로 보인다. 소인적으로 존재하는 생리적 및 언어적 요인들은 말더듬의 발생 및 발달에서 의미 있는 것일 수 있고, 이러한 요인들과 정서적 및 환경적 측면들과의 상호작용이 말더듬의 심한 정도와 지속 및 그 아동과 가족에게 영향을 미칠 수 있다.
- 자세한 다요인적 평가는 말더듬뿐만 아니라 지속하기 쉬운 아동의 취약성 정도에 영향을 미칠 수 있는 요인들을 확인하고, 치료적 중재를 해야 할 여러 영역들을 나타낸다.
- Palin PCI의 주 초점은 아동, 아동의 능력 프로파일, 환경 내에서 자연적으로 발생하는 유창성의 발달을 더욱 촉진시키는 것 등이다.
- Palin PCI는 1주에 1회 하는 치료 세션과 가정 연습으로 특별 시간을 6주에 걸쳐서 실시하며, 그 다음에 6회의 가정 중심 통합 기간을 실시하며, 그런 다음에 리뷰하고 필요할 경우 더 추가적으로 실시한다.

Palin PCI는 다음과 같은 것을 함으로써 그 효과를 얻는다.

- 부모나 양육자에게 도움이 되는 지식과 자신감을 기르고, 유창성을 지원하는 이미 실행하고 있는 행동들을 강화하기
- 부모와 자녀의 구어 및 언어의 강점 및 약점에 대해 특정 프로파일을 함께 이해하도록 하기
- 말더듬을 할 소인이 있는 아동들은 또한 전형적인 성인-아동 간 상호작용 맥락에서 유창해지기가 더 어려울 수 있다는 것을 알리기
- 부모들이 이미 자녀의 유창성을 지원하고 있는 것을 발견하도록 돕기 위해 비디오 피드백을 사용하고, 자녀의 유창성 요구를 충족시키는 여러 방식으로 상호작용하는 부모들의 능력을 강화하기
- 부모들 자신의 목표를 설정할 때 부모들과 협력하고, 자녀들이 진전함에 따라 부모들 자신과 자녀들을 강화하기
- 부모들에게 무엇을 하라고 말하기보다는 부모의 본능적인 전문지식을 유발하고, 발전시키고, 강화하는 것을 촉진하기
- 부모들이 문제를 성공적으로 관리하기 위해서 많은 전략들을 사용할 수 있는 부모들의 능력에 맞춰 그 문제와 자신감에 대한 지식을 부모들에게 제공하기

이 장을 정리하는 질문

1. 어떤 요인들이 지속성 말더듬이 될 위험성이

있는 아동인지를 나타내는가?

2. 이 연령 집단들을 위한 이 프로그램과 리드콤 프로그램과 같은 직접 치료 프로그램 사이에 유사점과 차이점은 무엇인가?
3. 치료에서 이 프로그램이 부모들을 참여시키는 방식은 부모들을 포함하는 다른 프로그램들과 비교했을 때 어떤 차이점이 있는가?
4. Palin PCI의 핵심 원리들은 무엇인가?
5. 당신은 부모들이 치료할 목표를 확인하도록 어떻게 도울 수 있는가?
6. 치료사들이 치료 과정에서 부모들을 돕기 위해 필요한 기술에는 어떤 것들이 있는가?
7. 어떤 요인들이 치료 결과의 가변성에 영향을 미치는가?
8. 치료를 받기에 적합한 아동으로 판정하는 요인은 무엇인가?
9. 이 프로그램이 문화적으로 다른 사람들에게는 어떻게 적용될 수 있는가?
10. 이 프로그램을 심한 언어 발달 지체인 말더듬 아동에게 어떻게 적용할 수 있는가?

핵심 용어

다요인 관점(mutifactorial perspective): 수많은 다른 요인들이 말더듬의 발생, 발달 및 지속 등에 관련 있을 수 있기 때문에, 이 사실을 또한 치료 시 고려해야 한다.

특별 시간(Special Time): 5분, 부모와 자녀가 가정에서 특정한 유창성-촉진 목표들을 연습하기 위한 놀이 중심의 세션들.

Palin 부모-자녀 상호작용(Palin PCI): 부모들이 자녀의 유창성을 촉진하는 상호작용 스타일을 개발하는 것을 돕기 위해서 비디오 피드백을 사용하는 치료 프로그램.

추천 문헌

Guitar, B. (2006). *Stuttering: An integrated approach to its nature and treatment* (3rd ed). Baltimore: Lippincott Williams & Wilkins.

Kelman, E., & Nicholas, A. (2008). *Practical intervention for early childhood stammering: Palin PCI.* Milton Keynes, United Kingdom: Speechmark Publishing Limited.

Matthews, S., Williams, R., & Pring, T. (1997). Parent-child interaction therapy and dysfluency: A single-case study. *European Journal of Disorders of Communication, 32,* 346-357.

Millard, S., Nicholas, A., & Cook, F. (2008). Is parent-child interaction therapy effective in reducing stuttering? *Journal of Speech Hearing and Research, 51,* 636-650.

Millard, S.K., Edwards, S. & Cook, F. (2009) Parent-child interaction therapy: Adding to the evidence. *International Journal of Speech & Language Pathology, 11.* 1. 61-76.

제 6 장

말더듬 예방 및 조기 중재: 다차원적 접근법

Sheryl R. Gottwald
(허도련 역)

도입

치료 원리

말더듬 조기 중재의 여러 이점들이 지난 20년 동안의 많은 연구 결과들(예: Gottwald & Starkweather, 1999; Onslow, Packman, & Harrison, 2003; Yaruss, Coleman, & Hammer, 2006 등 참조)에 의해서 밝혀졌다. 이 장에서 소개할 조기 중재 말더듬 치료법은 다차원적인 방법이다. 그 방법으로는, 첫째, 아동의 유창성 능력은 직접 치료에 참여함으로써 강화된다. 둘째, 아동의 환경에서 받는 유창성 스트레스는 일생 동안 지속되는 말더듬 문제를 예방하기 위해 아동에게 최상의 환경을 제공함으로써 감소된다.

예상되는 환자의 본질

이 방법을 통해, 2세에서 6세 사이의 아동 및 그들의 가족들이 치료를 받을 수 있다고 생각된다. 학령기 전 말더듬 아동들의 상당수가 도움 없이 문제가 해결될 것이기 때문에(Ryan, 2001; Yairi & Ambrose, 1999), 가족들은 여러 요인들을 토대로 치료를 받을지 여부를 결정하기 위해 상담을 받는다. 말더듬의 여러 유형들 중 '투쟁'을 보이는 아동들은 자신들의 구어 어려움들에 반응하고 있고, 이외에도 가족력 및 말더듬 문제의 악화 등과 같은 많은 위험 요인들을 보여주는 아동들(Ryan, 2001; Yairi et al., 1996)은 가능한 한 빨리 치료에 참여하도록 권장된다.

일차적 목표

이 치료 접근법의 일차적 목표는 이차성 말더듬의 예방이다(Cole, 1986). 조기에 중재를 함으로써, 지속적으로 말을 더듬을 위험이 있는 어린 아동이 정상적으로 유창하게 말하는 것을 배울 수 있는 기회를 가진다. 어떤 가족들에게는 그 방법을 성공적으로 완료하는 데 있어 훨씬 더 긴 시간이 소요되지만, 그 방법은 비교적 짧은 시간에 걸쳐서 실시된다. 중재는 주로 가족 단위로 실시되지만, 이 단위는 융통성 있게 조절될 수 있다. 또한 아동의 부모들, 형제자매, 아동의 생활에서 중요한 사람들(예: 조모, 보호자, 교사)이 중재에 적극적인 참여자로 초대될 수 있다.

방법

아동들과 그들의 가족들은 일주일에 한 번 한 시간 동안의 치료 세션에 참여한다. 이 세션 동안에, 아동들은 더 느리고 더 이완된 방법으로 말하기, 정상적인 비유창성들을 사용하거나 혹은 말더듬을 더 적게 투쟁한 단어의 산출로 교체하기 등을 배울 것이다. 아동의 가족들은 유창성과 말더듬에 대해 배울 것이고, 자녀들의 유창성을 지원할 수 있는 요인들을 확인할 것이며, 이를 토대로 유창성을 지원하기 위해서 자녀들이 말하는 환경을 수정하는 방법을 배울 것이고, 자녀들과 그 자녀의 생활에 영향을 미칠 수 있는 다른 사람들과 함께 자녀의 말에 대해 이야기하는 방법을 배울 것이다.

치료 접근법에 대한 이론적 기초

말더듬의 본질에 대한 관점

말더듬이란 구어의 움직임들이 저조하게 협응되고, 잘 계획되지 않고, 타이밍이 부적절하거나 혹은 느린 하나의 장애이다(Starkweather, Gottwald, & Halfond, 1990). 게다가, 화자의 인지 체계성(cognitive organization), 구어-언어 형성(formulation), 기질, 상호작용에 대한 화용적 요구들 등이 부드럽고 힘들이지 않고 빠른 방식으로 구어를 산출할 수 있는 화자의 능력에 영향을 미친다. 언어적 아이디어를 조직하는 것, 단어를 인출하는 것, 융통성 있게 반응하는 것, 상호작용을 시작하는 것 등에서 겪는 어려움 때문에 학령기 전 말더듬 아동들은 유창성에 어려움을 겪을 수 있다(Starkweather & Givens-Achkerman, 1997).

이 장에서 설명하는 방법은 말더듬 발달에 대한 "요구 및 능력 모델(demands and capacities model)"(Adams, 1990)에 근거한 것이다. 초기 아동기 전반에 걸쳐서, 아동들은 말을 유창하게 하는 데 필요한 기술(skill)을 습득한다. 이러한 기술에는 구어 운동 조절(speech motor control), 언어 형성(language formulation), 사회-정서적 성숙(social-emotional maturity), 인지 능력(cognitive ability) 등이 포함된다. 동시에, 청자 혹은 아동 자신으로부터 아동에게 부여하는 요구(기대; expectations) 또한 커진다. 기술과 기대가 동시에 발달할 때, 아동은 정상적으로 유창하게 말을 할 수 있다. 만약, 어느 때에 아동에 대한 기대가 기술 범위를 넘어선다면, 말더듬이 발생한다. 만약 아동의 기술이 충분히 빨리 발달하거나 혹은 환경적 기대가 적다면, 말더듬이 발생하지 않는다.

예를 들면, Danny와 그의 가족이 치료를 시작하기 전에, 일 년에 걸쳐서 말을 더듬어온 4.5세 남아인 Danny를 생각해보자. Danny의 어머니와 그의 두 여동생은 빠르게 말했다. 반면에, Danny는 가족들이 말하는 것보다 훨씬 더 느리게 말했다. 그러나 Danny는 가족들의 빠른 속도 수준에 맞춰서 그들과의 대화에 참여하려고 노력했다. Danny가 자신의 의견을 표현할 차례를 얻기 위해 서두를 때, 말더듬이 빈번히 나타났다. 치료에서, Danny는 가족과 대화할 때 좀 더 느리고 편안한 구어 스타일을 사용하는 방법을 배웠다. 이러한 적응(adaptation)이 Danny가 유창성을 더 잘 관리할 수 있도록 하면서, 구어 운동 조정(speech motor coordination)을 용이하게 했다.

Danny의 가족은 Danny와 대화를 주고받는

차례를 지키는 것, 대화 주고받기 사이에 멈추는 쉼 시간(pause time)을 허용하는 것, 그들 스스로 더 느린 말속도를 사용하는 것 등을 배웠다. 이러한 환경적 변화는 Danny가 받는 말더듬과 관련된 시간 압박감을 감소시켰다. 이러한 환경적 요구들을 감소시키고, Danny가 자신의 구어 운동 시스템을 보다 더 잘 조절할 수 있는 능력을 지원함으로써, Danny는 정상적인 유창성으로 말할 수 있었다.

유창한 구어를 산출할 수 있는 능력

아동들은 끊김 없이, 빠르고, 힘들지 않은 방식으로 말을 하기 위해 여러 영역의 능력들을 개발한다. 그 첫 번째가 구어 운동 조절 영역이다. 이 영역에는 음절 산출의 속도와 각기 다른 구어 동작의 속도와의 협응이 포함된다. 외적 자극과 내적 자극에 빨리 반응하는 것, 근육군을 빨리 움직이는 것, 상호작용하는 방식에 맞춰 움직임 시간을 조절하는 것 등과 같은 능력들은 구어 운동 조절에 영향을 미친다(Starkweather, 1987).

연구는, 말을 빨리, 계속적으로 하는 아동의 능력은 아동이 성장함에 따라 발달한다는 것을 제시한다(Kowal, O'Connell, & Sabin, 1975; Walker et al., 1992; Yairi, 1981). 2세 아동들은 5세 아동들보다 더 느리게 말하고(Amster, 1984), 더 많이 끊어지는 말을 사용한다(Wexler & Mysak, 1982). 또한 리듬, 협응, 구어 산출 타이밍 등을 다루는 아동의 능력도 발달한다(Allen & Hawkins, 1980; Starkweather, 1987).

언어와 관련된 유창성 능력에는 단어를 회상하는 능력, 문장의 문법을 형성하는 능력, 길고 복잡한 발화를 산출하는 능력, 다양한 목적으로 언어를 사용하는 능력, 상호작용하는 능력 등이 포함된다. 우리는 일반적으로 문장의 길이가 증가할 때, 학령 전기 아동들의 발화 속도가 증가하리라는 것을 안다(Amster, 1984). 이 때 구어 운동 제약(speech motor constraints)이란 견지에서, 구어 속도의 증가가 말더듬 아동들의 유창성을 방해할 수도 있다.

많은 연구들이 언어 능력(language capacity)과 말더듬 사이의 관계를 평가했다. 말더듬 아동들은 대조군들과 비교했을 때 언어 점수가 낮은 것으로 종종 보고되었다(Arndt & Healey, 2001; Kline & Starkweather, 1979). Wilkenfeld와 Curlee(1997)의 연구에서, 말더듬은 긴 발화에서 더 많이 일어나는 경향이 있다고 주장했다. 또 다른 연구에서는, 언어의 복잡성이 증가함에 따라 말더듬도 더 증가한다고 주장했다(Weiss & Zebrowski, 1992). 이 연구에서, 아동들이 좀 더 강하게 주장하는 언어를 사용할 때(예: 요청, 진술, 농담 등과 같은 말을 할 때) 질문에 응답할 때와 비교해 말더듬이 더 자주 일어났다($x^2(1) = 28.66$, $p < .001$). 또한 언어 형성 요구들(language formulation demands)이 증가할 때, 비유창성들의 빈도도 증가했다(Peterson & Gordon, 1982).

인지 및 사회-정서적 능력의 향상은 유창한 구어를 촉진시킬 것이지만, 문헌에서는 이러한 관계들을 명확하게 밝히지 못했다. 말더듬 아동이 비말더듬 아동에 비해 좀 더 민감하고 완벽주의적이라는 몇 가지 증거가 있다(Oyler & Ramig, 1995). Anderson 등(2003)은 그들의 연구에 참가한 말더듬 아동들이 동일 연령 또래의 비말더듬 아동들에 비해 좀 더 과잉경계적(hypervigilant)

이었고($F(1,60) = 7.45$, $p = .008$), 적응이 더 느렸으며($F(1,60) = 6.14$, $p = .016$), 화장실 이용과 같은 생리적 기능을 관리하는 것에 더 많은 어려움을 보였다($F(1,60) = 4.93$, $p = .03$)는 것을 추가적으로 증명했다. 이 연구자들은 이러한 기질적 특성들이 아마 말더듬 증가에 영향을 미칠 것이라고 주장했다.

유창성에 대한 요구

아동들이 쉼을 거의 갖지 않고 빠르게 말하도록 하는 환경적 요인들은 아동의 유창성 시스템에 운동적 요구를 하고 있는 것이다. 예를 들면, 아동의 생활에서 중요한 영향을 미치는 사람들의 구어-언어 행동들이 의도하지 않게 아동의 운동적 요구를 증가시킬 수 있다. 아동이 좀 더 복잡한 문장으로 대답해야 하고, 문장을 명확하게 하기 위해 불명확한 한 개 문장을 반복하고, 긴 문장을 말하고, 서두르는 분위기에서 말하고, 빠르게 말하는 부모에게 맞추어 말하고, 어른이 기다릴 때 정보를 제공해야 하는 경우라면, 아동들은 시간적 압박이 증가하는 것을 느낄 것이다(Starkweather & Givens-Ackerman, 1997). 빠르고 계속적으로 말해야 하는 이러한 요구는 구어 운동 시스템이 더 느린 속도에서 작동하는 아동들에게서 말더듬을 촉발시킬 것으로 보인다.

좀 더 진전된 말더듬(advanced stuttering) 아동들은 부모들이 자녀보다 말을 더 빠르게 한다는 사실을 입증한 연구가 있다(Kelly, 1994; Yaruss & Conture, 1995). 또한 말더듬 아동들의 어머니가 비말더듬 아동의 어머니보다 더 빠르게 말을 한다고 밝힌 연구도 있다(Meyers & Freeman, 1985a). 더욱이, Guitar 등(1992)은 단일대상 연구 설계를 통해서 부모의 말속도가 아동의 말더듬과 유의미한 상관관계가 있다는 것을 밝혔다. 말더듬 아동의 어머니가 자신의 말속도를 줄일 때, 자녀의 말더듬이 감소했다($r = .70$, $p < .01$).

아동들이 다른 사람들을 방해했거나, 다른 사람들에 의해 방해를 받았을 때, 아동들의 말더듬은 증가했다(Meyers & Freeman, 1985b). 마찬가지로, 다른 사람이 말을 마치기 전에 화자가 말을 하기 시작할 때, 말더듬은 더 많이 발생하는 것 같았다(Kelly & Conture, 1992). 아동들은 대화 상대자의 빠른 말속도와 대화 주고받기 스타일에 의해 설정된 대화 속도를 유지하는 데 압박감을 느낄 수 있다. 하지만 어떤 아동들은 대화 상대자에 맞춰 빠르게 말할 수 있는 구어 운동 능력을 가지고 있지 않을 수 있으며, 그렇기 때문에 그 아동들의 유창성이 제대로 발휘되지 못할 수도 있다.

언어, 인지, 성격 등의 요구사항들은 또한 유창성에 스트레스를 줄 수 있다. 성인들이 아동들에게 긴 대답 또는/혹은 복잡한 대답을 요구할 때, 아동들의 말더듬은 증가했다(길이: $t(22) = 5.216$; $p < .001$; 복잡성: $t(22) = 5.21$; $p < .001$; Gaines, Runyan, & Meyers, 1991). 여러 연구들에서, 아동 어머니의 언어 복잡성은 아동의 말더듬이 지속되는 것과 유의한 상관이 있었다. 아동의 어머니가 더 복잡한 언어(Kloth et al., 1999)를 사용하거나 긴 문장과 많은 수의 다른 단어(Rommel et al., 2000)를 사용한다면, 자녀들이 몇 년 후에도 말더듬을 지속할 가능성이 더 많았다.

운동 구어 능력(motor speech capacity)이 충분히 발달하지 않은 아동은 말을 하는 데 추가적인 정신적 노력을 해야 한다. 만약 그 아동이 또한 좀 더 복잡한 질문에 답을 해야 하고, 어떤 이야기에 관해 자세하게 기억해야 하거나, 흥분하거나 불안한 경험을 하는 동안에 말을 해야 한다면, 유창성에 악영향을 미칠 것이다. Levelt(1989)와 다른 사람들(Peters & Starkweather, 1990)이 언급한 것처럼, 하나의 수행 영역(예: 인지, 언어 또는 사회-정서적)에서의 요구가 다른 영역(예: 구어 운동 기술)에서의 기능을 감소시킬 수도 있다.

치료 접근법에 대한 이론적 근거

말더듬이 한 개의 병인보다는 여러 개의 요인들이 복합적으로 작용하여 야기되는 것이라고 널리 알려져 있다(Guitar, 2006). 말더듬에 대한 가족력이 있고, 민감하고 과민반응을 보이는 아동이고, 빠른 말속도로 상호작용하는 가정에 있으며, 좀 더 복잡한 언어를 사용하는 아동은 이러한 위험 요인들 중 한 개만 보이는 아동보다 말더듬의 위험성이 더 높을 수 있다. 유창성에 대한 이 아동의 능력은 약한 구어 운동 시스템과 유창성 붕괴에 대한 내성이 적은 성격 특성으로 인해 위태로울 수 있다. 이러한 능력들은 아동의 환경에서 은연중에 표현되는 보다 더 복잡한 방식으로 더 빨리 움직이고 말하도록 하는 요구들에 의해 더 많은 스트레스를 받을 수 있다.

이 모델에서 나온 치료 계획은 개념상 단순해 보일 수 있지만, 개별 환자들에게 적용할 때는 결코 단순하지 않다. 임상가는 말을 더듬기 쉬운 아동의 능력들을 확인하고, 그 후에 직접 중재를 통해 그러한 능력들을 개발하도록 지원한다. 동시에, 임상가와 가족은 아동의 기술 사용에 스트레스를 주고 있는 요구들을 확인하고, 유창성 향상을 위한 보다 이상적인 환경을 제공하기 위해 그러한 요구들을 수정한다.

여러 능력들과 요구들은 아동과 가족들이 성장함에 따라서 변화한다는 것을 명심하는 것이 중요하다. 따라서 "요구와 능력" 모델은 고정되어 있는 것이 아니다. 아동의 유창성 기술(능력)은 시간이 지나고, 연습을 함에 따라 발달할 것이고, 그러한 기술을 아동이 사용할 것이라는 기대감(요구) 또한 변화할 것이다. 아동의 치료 팀은 치료 계획을 계속 발전하고 있는 아동의 유창성 요구들의 본질을 충족시키도록 수립하는 것이 필수적이다.

치료 접근법에 대한 실험적 기초

많은 치료 프로그램들이 어린 아동들의 유창성을 위한 능력들을 향상시키는 데 도움을 줄 수 있는 전략들을 제시했다(예: Ingham, 1999; Onslow & Packman, 1999; Pindzola, 1987; Riley & Riley, 1991; Runyan & Runyan, 1993). 마찬가지로, 많은 학령 전기의 치료 경향은 부모들이 자녀의 유창성을 지원할 때 요구를 줄이도록 돕는 것에 초점을 두어왔다(예: Guitar, 2006; Rustin & Cook, 1995; Yaruss, Coleman, & Hammer, 2006). 일부 프로그램들은 유창성 기술과 환경적 요구들을 동시에 다룬다(예: Conture, 2001; Fosnot & Woodford, 1992; Gottwald & Starkweather, 1995; Gregory, 1999). 그러한 프로그램들이 이 장에서 서술하는 다차원적인 치료 프로그램의 지원을 제공하기 때문에, 이 장에서는 먼저 이러한 프로그램들의 샘플링 결과들을 검토할 것이다. 그 다음으로, 한 개 이상의 환경적 요구들을 수정하는 것이 유창성에 미치는 영향을 검증했던 연구들을 검토한 후, 마지막으로 이 장에 설명한 그 방법에 대한 결과 데이터를 검토할 것이다.

능력 및 요구에 맞춘 프로그램의 결과 데이터

Conture와 Melnick(1999)은 초기 말더듬을 치료하기 위한 부모-아동 집단 접근법에 관해 보고했다. 집단 구성원들은 12주를 주기로 하여 매주 1회씩 만났다. 부모들은 문장의 길이와 복잡성을 조정하면서 아동들에게 느리게 말하는 방법을 배웠다. 또한 부모들은 아동의 말을 방해하지 않고 아동과 말하는 것을 배웠다. 부모들은 한 번에 한 가지 기술을 통합하는 데 초점을 맞추고, 변화 과정에서 도움이 되기 위해 집단 지원을 사용하는 방법을 배웠다.

아동 집단에서, 청소년들 또한 적절한 대화 순서를 갖는 방법, 말할 순서를 기다리는 방법, 타인들의 말을 경청하는 방법 등에 대해 배웠다. 직접 치료를 하는 접근법을 사용해야 한다고 판단이 되면, 이를 통해 아동들은 자신들의 구어에서 타이밍과 긴장을 조절하는 여러 기술들을 배웠다.

저자들이 공유한 이러한 중재 효과에 대한 데이터는 이 프로그램을 마친 200명의 청소년들 중에서 70%가 중재 개시 이후 12~36주 내에 거의 정상 유창성(8주 기간에 걸쳐서 말더듬 음절이 3% 이하)을 유지한 것으로 나타났다. 말더듬을 지속한 30%의 청소년들 중에서, 약 10%가 더 길게 치료를 한 후에 회복되었고, 나머지 20%의 청소년들은 적절한 유창성을 성취하긴 했으나, 다른 중재법이 필요한 것으로 나타났다. 20%에 해당하는 청소년들과 그 가족들은 부모-아동 집단 치료 프로그램을 성공적으로 마치지 못했기 때문에, 본 연구의 치료를 더 이상 따르지 않았다.

Yaruss와 Coleman, Hammer(2006)는 부모 상담과 말더듬 아동에 대한 직접 치료 모두를 포함하는 가족 중심 치료 접근법을 설명했다. 매주 1회씩 혹은 격주에 1회씩 스케줄이 짜인 6~8세션으로 구성되어 있는 부모 요소(parent component)를 아동의 직접 치료를 실시하기 전에 부모를 대상으로 실시했다.

부모들은 아동들의 치료에 영향을 미칠 수 있는 여러 방법들을 배웠고, 치료를 받기 전에 유창성을 지원한 아동들과의 상호작용에서 사용하던 방식들을 수정했다. 그 프로그램은 말더듬과 유창성 발달에 대해 부모들을 교육하는 것으로 시작되었다. 그 후 임상가는 대화 속도가 빠르거나 요구하는 질문을 사용하는 등의 유창성 스트레스가 있을 것이라 예상되는 부모-아동 간 상호작용에서의 여러 측면들을 최소화하도록 도왔다.

아동이 그 프로그램의 부모 중심 부분을 끝낸 후에도 계속 말을 더듬는다면, 아동에게 직접적인 치료를 시작한다. 치료의 아동 중심 요소들은 구어 수정, 말더듬 수정, 효과적인 의사소통 기술 개발 등을 포함하여 아동의 욕구에 따라 여러 접근법들을 통합하는 것이다.

Yaruss, Coleman과 Hammer(2006)는 말더듬을 지속할 위험이 있는 17명의 학령 전 아동들에 대한 결과 데이터를 보고했다. 그 아동들은 치료 전에 평균 음절 말더듬 빈도가 16.4%[표준편차(SD) = 6.6%]였고, 부모-아동 훈련 프로그램 치료를 실시한 후에 평균 음절 말더듬 빈도가 3.2%(SD = 2.0%)였다. 임상 환경에서 치료 전과 치료 후의 말을 더듬은 비유창성 빈도에서 유의미한 감소($z = -3.517$; $p < .001$)가 나타났다. 이들 중 11명은 부모-아동 훈련 프로그램 치료만으로 정상적인 유창성을 성취한 반면에, 남은 6명의 아동들은 아동 중심 중재를 추가적으로 받아야 했다. 치료가 성공적으로 완수된 이후에, 1명을 제외한 모든 아동들이 치료 후 1~3년 사이에 실시된 사후 점검 평가 동안에 정상적인 유창성을 사용하고 있었다.

17개 가족들 중 11개 가족들이 치료 프로그램에 대한 가족들의 만족도를 평정하는 설문지를 완성했다. 91퍼센트(11개 가족 중 10개 가족)의 가족들이 부모-중심 치료에 매우 만족한다고 보고한 반면에, 한 가족은 보통으로 만족한다고 보고했다.

환경 수정의 영향을 검증한 연구

비록 추가적인 연구가 필요하지만, 부모들이 자신의 특정한 유창성 요구들을 수정할 때 자녀들의 유창성 기술들이 향상된다는 증거들이 있다(Nipold & Rudzinski, 1995). 예를 들면, Langlois와 Long(1988)은 대화 주고받기가 유창성에 미치는 영향을 검증하는 사례 연구를 보고했다. 부모와 아동이 가족 내에서 같은 수로 대화를 주고받도록 했을 때, 아동의 말더듬 빈도가 감소했다. 마찬가지로, Winslow와 Guitar(1994)는 가족이 말하기 시간 규칙을 도입함으로써 대화 주고받기를 구조화했을 때 학령기 전 아동의 유창성 기술들이 향상되었다고 보고했다.

이 연구의 많은 부분이 아동 어머니의 발화 속도를 감소하는 것이 학령 전 자녀의 유창성 능력에 어떤 영향을 미치는지에 초점을 맞추고 있다. Stephenson-Opsal과 Bernstein Ratner(1988)는 어머니의 구어 속도 감소와 학령 전 자녀의 말더듬에서의 감소 사이에 유의한 상관을 나타내는 두 개의 사례 연구들을 발표했다. 또 다른 연구에서, Guitar와 Marchinkoski(2001)는 어머니들의 구어 속도를 감소시킬 때, 연구에 참여한 6명 중 5명의 아동들도 구어 속도에서 유의한 감소를 보였음을 발견했다. 단일 사례 연구에서, Guitar 등(1992)은 어머니의 구어 속도 감소와 학령 전 자녀의 일차성 말더듬의 감소 사이에 매우 높은 관련성을 발견했다.

Starkweather와 Gottwald(1993)가 실시한 예비 연구는 아동들의 환경에서 발생한 변화와 치료 과정에서 아동의 유창성 수준에서 일어난 변화 간의 관계를 조사했다. 조사한 환경적 변인들에는 부모의 구어 속도, 부모가 아동에게 한 질문의 수, 부모가 자녀들의 구어를 방해한 수 등이 포함된다. 비록 이러한 모든 행동들이 치료를 하는 동안에 변화되었지만, 아동의 말더듬 감소와 유의한 상관이 있는 변인은 부모의 구어 속도의 감소였다($r = .47$; $p < .05$; $N = 14$).

이 장에서 서술한 다차원적 방법에 대한 결과 데이터

다차원적 방법의 유효성은 Starkweather, Gottewald와 Halfond(1990)가 처음으로 보고했다. Temple University의 말더듬 예방 클리닉(Stuttering Prevention Clinic)에 참여한 초기의 55개 가정들 중에서, 16개 가정들이 아동에게 직접적인 치료를 하지 않고 제한된 평가 후에 단지 간단한 부모 상담(1~3세션)만을 받았다. 그들의 자녀들은 그들의 연령에 맞는 거의 정상적인 유창성 기술들을 나타내었고, 말더듬에 관한 지속적인 고위험성이 있는 것으로 생각되지 않았으며, 부모들은 직접적인 중재 없이 자녀의 유창성을 다루는 데 자신감을 나타내었다. 부모들이 보고한 것에 따르면 16명의 아동 모두는 가족이 클리닉에서 나온 이후 2년 동안에 실시한 추적 점검 전화에서 정상적인 유창성을 계속 나타내었다.

초기에 이 연구에 참여한 55명의 가족들 중에서, 39명의 아동과 그들의 가족들이 말더듬 예방 클리닉에서 치료를 받은 후에 포괄적인 평가에 참여했다. 그 아동은 2년차 대학원생이 실시하는 주 1회 1시간의 직접 개별 치료에 참여하는 한편, 그 아동의 가족들은 또 다른 대학원생과 함께 아동의 유창성 환경을 다루는 치료에 참여했다. 이들 중 7명의 가족들이 프로그램을 완료하기 전에 중도포기를 했다. 1990년에 연구 결과를 보고하기 전에 중도포기한 가족들을 접촉했을 때, 그 아동들 중 4명이 계속 말을 더듬고 있었다.

나머지 32명 아동들 중에서, 3명은 보고할 당시에 여전히 치료를 받고 있었고, 29명은 그 프로그램을 성공적으로 완료했다. 각 가족들을 치료 종료 후 2년까지 모니터했다. 부모의 보고에 의하면 아동들은 정상적으로 유창하게 말을 계속했다. 평균 치료 회기 수는 12세션이었지만, 일부 아동들은 치료를 종료하기 전까지 40세션까지 필요로 했다.

Gottwald와 Starkweather(1999)는 이 장에서 설명한 방법을 사용하여 두기 저자가 1993~1996년까지 남부 뉴햄프셔에서 치료한 15개 가족들에 관해 보고했다. 한 아동은 그 프로그램을 그만두었고, 전화 후속 점검에서 계속 말을 더듬었다. 나머지 14명의 아동은 정상 유창성을 성취했고(1% 이하의 말더듬), 전화상의 부모 보고에 따르면 치료 종료 후 적어도 1년 동안 정상 유창성을 계속 사용했다. 평균 치료기간은 가족 상담 및 아동에게 실시한 직접 치료를 포함하여 14.5회기였다.

1997년부터 2006년까지, 추가적으로 30 가족들이 이 다차원적 치료 방법에 참여했다. 가족들은 자녀들이 지속성 말더듬이 될 위험이 높은 경우에 치료를 등록했다(Ryan, 2001; Yaruss, Coleman, & Hammer, 2006). 구체적으로, 다음과 같은 여러 요인들이 아동들에게서 나타난다면 위험성이 높다고 생각되었다. ① 아동의 말더듬 문제들이 상당히 더 빈번하게 나타나거나 오랫동안 투쟁했다고 가족이 보고했다. ② 말더듬의 가족력이 있었다. ③ 아동이 남자였다. ④ 아동의 말더듬이 4세 이후에 나타났다. ⑤ 아동이 다른 구어, 언어 및 운동 지체 등을 함께 나타내었다. 서비스를 시작한 생활연령은 2세 10개월에서 6세 2개월의 범위였으며, 평균 연령은 4세 3개월이었다. 23명의 남자 아동들과 7명의 여자 아동들이 있었다. 치료를 받기 전에 말을 더듬은 기간은 3.5개월에서 24개월로 다양하게 분포되었으며, 가족들이 도움을 찾기 전에 평균 13개월이 경과했다. 그 가족들 중 13개 가족들(43%)이 말더듬의 가족력을 보고했으며, 아동들 중 16명(53%)이 말더듬 이외에 다른 구어 및 언어 문제들을 가졌다.

중재를 시작할 때 말을 더듬는 음절 비율을 계산하기 위해서 적어도 세 가지 다른 구어 샘플들을 분석했다. 치료를 시작할 때, 그 집단의 더듬는 음절은 평균 9.03%로, 더듬는 음절의 수치는 3.5~19.8%의 범위에 있었다. 이러한 결과를 보고

할 시점에서 세 가족이 치료를 계속했다. 이 프로그램을 완료한 27 가족들은 치료 종료 전에 5~31회기 범위의 세션을 실시했고, 평균 13.7회기 동안 참가했다. 마지막 세 개의 치료 회기 동안에 평균 더듬은 음절 비율은 27명의 아동이 치료 종료 시에 말을 더듬지 않은 것(0% 더듬은 음절로)부터 3.5% 더듬은 음절까지의 범위로 평균 1.51%였다. 치료 종료 후 1년 이내에 가족에게 전화 통화를 하여 사후 점검을 했을 때, 27명 중 26명의 아동(96%)이 정상적인 유창성을 계속 사용한다고 부모들이 보고했다. 다른 주로 이사를 간 한 소녀는 가정이 이사를 한 다음에 다시 말을 더듬기 시작했다. 그 소녀는 초등학교 내에서 말더듬 추가 치료를 필요로 했고, 경도 말더듬을 계속 나타내었다.

실제적인 요구사항

중재를 위한 환경

가족 및 직접적인 아동 치료는 아동의 발달에 맞는 적절한 장난감들을 갖춘 조용한 놀이 공간에서 실시한다. 그 환경은 그들이 자신들의 감정들을 공유하고, 지원적인 유창성 모델을 개발하려고 노력하고, 또한 그 가족의 프라이버시를 보호해 주어야 한다. 그러한 조건들이 이루어질 수 있을 때, 이 방법은 가정, 유치원 또는 유아원, 병원이나 대학 병원, 시설 클리닉 등을 포함하는 다양한 환경에서 효과적으로 실시될 수 있다.

자료 및 장비

아동에게 직접적인 치료는 놀이를 통해 실시된다. 그러므로 아동의 발달에 적절한 놀이에 기초한 자료들을 이용할 수 있어야 한다. 아동의 기술 수준에 따라, 봉제 동물을 가지고 노는 티파티(tea party) 놀이 혹은 레고 쌓기와 같은 여러 장난감들이 자발적인 구어를 촉진하기 위해 필요하다. 아동이 여러 기술들을 배워가는 과정에 있을 경우에 보다 더 구조적인 연습이 필요하다. 이러한 경우에는, Candyland 혹은 Go Fish와 같은 Table-top 게임들이 더 바람직할 것이다.

임상가는 또한 각 회기 동안에 캠코더와 재생 장비를 갖출 필요가 있다. 비디오 녹화는 진전과정을 입증하고 변화가 필요한 치료 영역들을 확인하기 위해 계속적인 평가 데이터를 수집하는 데 도움이 될 것이다. 임상가와 함께 테이프에 녹화된 상호작용을 시청함으로써, 가족들은 아동의 유창한 구어와 더듬은 구어와 관련된 상호작용의 측면들을 확인할 수 있다. 더욱이, 이를 통해 가족들은 자신이 가지고 있는 기술 발전을 평가할 수 있다. 예를 들면, 부모들은 자신들이 보다 더 느린 구어 속도를 얼마나 잘 실행했는지를 평가하기 위해 비디오 녹화를 사용할 수 있을 것이다.

임상 기술

이러한 조기 중재 방법을 실시하는 임상가들은 ASHA에서 발급하는 임상전문가 자격증(Certificate of Clinical Competence)이 있어야 하며, 학령 전 아동을 치료한 경험이 있거나 혹은 자격 있는 언어 치료사로부터 직접 감독을 받아야 한다. 마찬가지로, 임상가들은 유창성과 말더듬의 발달 및 지속성 말더듬이 될 위험 징후 등에 대해 잘 알고 있어야 한다. 이 방법을 사용하는 전문가들은 유창성을 형성하는 법(예: 아동들이 구어 속도를 줄이기, 부드럽게 발화를 시작하기, 단어들을 구나 문장으로 결합하기, 말소리를 쉽게 산출하기 등을 돕는 방법을 이해하기)과 어린 아동들의 말더듬을 수정하는 법(예: 아동들이 말더듬을 확인하고, 평가하고, 변경하도록 돕는 방법 이해하기) 등에 대해 다뤄본 경험이 있어야 한다. 행동 변화의 과정, 학습의 원리, 강화의 중요성 등에 대한 이해 또한 이 방법을 성공적으로 사용하는 데 매우 중요하다.

가족과 함께 치료하는 것이 이 방법의 필수적인 요소이기 때문에, 임상가들은 아동 환자뿐만 아니라 환자의 부모, 형제자매, 교사, 확대된 가족의 구성원, 아동의 삶에 중요한 사람들 등과 상호작용할 때, 편안함과 자신감을 가질 필요가 있다. 임상가들은 아동을 치료한 경험이 많지만, 가족과 함께 직접적으로 치료한 경험이 적어 치료에 익숙하지 않을 수 있다. 언어 치료사는 가족과 함께 시간을 보내고, 치료에 가족들의 장점들을 이용하고, 아동을 돕기 위해 가족들을 참여시킴으로써, 가족에 대한 중재를 효과적으로 하는 데 필요한 경험을 얻을 수 있을 것이다.

가족들이 학령기 전 말더듬 아동들을 지원하기를 원하는 임상가들은 이 방법을 효과적으로 실시하기 위해 상담 기술들을 익힐 필요가 있을 것이다. 이 때, 감정과 태도들이 행동에 영향을 미친다. 자녀의 말더듬의 원인이 된 것에 대한 죄의식에 사로잡혀 있는 부모는 치료에 전념할 수 있는 에너지가 적을 것이다. 이러한 감정과 태도들을 고려하지 않으면, 부모들이 계속해서 중재를 방해받을 가능성이 있다(Egan, 2002; Flasher & Fogle, 2004; Hill & O'Brien, 2000; Luterman, 2001; Murphy & Dillon, 2003).

이 프로그램의 소요 시간

아동 치료와 가족 상담을 결합한 이 프로그램은 주 1회 60분간 실시하도록 설계되었다. 아동을 직접 치료하거나 가족 상담에 소비되는 총 시간은 필요에 따라 다르다. 반면에, 임상가는 아동과 가족 모두에게 그 시간 동안 더 느리고 편한 방법으로 말하는 방법을 지도하는 데 전념할 수도 있다. 일반적으로, 이 한 시간 동안의 세션 중 일부를 아동의 구어 능력이나 감정을 다루는 쪽으로 할애할 수 있고, 그 나머지 시간 동안을 가족을 돕는 데 보낸다.

아동과 가족들 모두의 요구를 충족시키는 세션들은 보통 아동, 가족, 임상가들이 몇 가지 선호하는 장난감들 주위에서 자연스럽게 상호작용하는 놀이 시간으로 시작한다. 이 시간에 임상가들은 아동의 유창성뿐만 아니라, 가족들이 이전에 배운 중재들을 사용하는 것을 관찰하도록 한다. 임상가는 종종 이 놀이 시간을 비디오테이프로 녹화하여, 부모들과 임상가들이 아동의 유창성을 돕는 여러 요인들을 평가할 수 있게 한다.

아동의 치료 프로그램 초기에 녹화한 부모-아동 놀이 샘플에서 thePoint에 대한 이 장에서의 비디오 클립 1을 보라. 이 놀이 부분에서, 아동은 여러 번 말더듬이 발생한다. 어머니는 비교적 느린 구어 속도를 사용하나, 길고, 복잡한 대답을 하도록 요구하는 질문을 한다. 어머니는 아동이 말을 더듬을 때, 어떻게 반응해야 하는지 확실히 아는 것 같지 않다.

이러한 놀이를 한 뒤에, 부모들과 임상가는 지난주에 걸친 아동의 유창성 패턴에 대해 논의할 수 있으며, 부모들이 연습한 여러 기술들에 대해 이야기할 수 있고, 현재의 세션(예: 압박감에 대한 아동의 반응과 같은, 변화를 함으로써 덕을 볼 수도 있는 환경적 요인들)의 방향으로 이슈들을 확인할 수 있다. 부모들과 임상가는 확인된 이슈에 대한 여러 해결책들에 대해 생각하고, 부모들은 가족을 위해 가장 알맞은 해결책을 선택할 것이다. 만약 그 해결책이 임상가가 시범으로 보여줄 수 있고 부모들이 연습할 수 있는 구어, 언어 혹은 상호작용 기술(예: 시간 압박을 감소시키기 위해서 2초간의 쉼을 사용하기)이라면, 그들은 세션의 다음 파트를 아동과 함께 놀이를 하면서 그 기술을 연습하는 데 사용할 수 있다. 만약 그 해결책이 부모가 가정에서 실시해야 할 것(예: 한 활동에서 다음 활동으로 전이할 때 더 많은 시간을 확보하기 위해 매일의 일과를 조정하기)이라면, 부모들은 나중에 그 문제를 다룰 수 있도록 그들의 가정 연습 기록지에 수정 방법을 기록한다.

그 다음으로, 부모와 임상가는 자신들이 정상적인 유창성의 발달을 촉진할 것이라고 생각하는 기술들을 아동과 함께 놀이를 하면서 가르칠 수 있다. 아동은 좀 더 느리게 말하는 방법과 말할 차례를 기다리는 방법을 배울 수 있다. 더욱이, 아동은 말더듬을 확인하고 그 말더듬을 좀 더 이완되고 일반적인 비유창성으로 대체하는 방법을 배울 수 있다. 가족은 그 회기에서 다루어진 이슈와 기술에 근거하여 그 다음 주에 걸쳐서 수행할 과제들을 가지고 치료실을 떠날 것이다.

이 프로그램의 핵심 요소

치료 목표

학령 전 아동이 계속해서 말을 더듬을 위험이 있는 것으로 확인되고, 가족들이 다차원적 치료 프로그램에 참여하고자 하는 의사를 표현하면, 치료를 시작한다. 치료의 목표는 ① 아동의 환경에서 비롯될 수 있는 유창성에 대한 요구 또는 스트레스 요인들을 감소시키기 ② 정상적으로 유창한 구어를 산출할 수 있는 아동의 여러 능력을 지원하기의 두 가지이다. 치료는 각 가족에 맞춰 개별화하고, 아동과 가족의 요구가 변화함에 따라 진전시켜 나간다.

프로그램에서 가족 요소의 목적

아동의 생활에서 중요한 사람들이 먼저 유창성 및 말더듬 발달에 대해 배울 것인데, 그러면 그들이 가족에게 교육받은 토의를 하는 데 필요한 정보를 가지게 된다. 그 다음에 가족 구성원들은 유창성에 스트레스를 주는 것들과, 아동이 부드럽게 말하도록 하기 위해 그러한 스트레스 요인들을 변화시키는 방법에 대해 배울 것이다. 가족들은 자녀에게 보다 더 적절한 유창성 모델들을 제공하는 다른 방식으로 말하는 방법도 배울 것이다. 가족들은 자녀와 함께 어떻게 연습할 것이며, 새로운 기술들을 아동이 사용하는 것을 언제 강화하며, 아동의 자부심을 어떻게 지원하는지도 배울 것이다.

가족들은 그 아동을 치료하는 임상가를 관찰하고, 다른 가족들과 아이디어를 함께 나누고, 임상가의 지도하에 여러 기술들을 연습함으로써, 임상가와 토의를 통해 이러한 기술들을 개발할 것이다. 가족들은 새롭게 확인된 기술들의 이점들을 검증하기 위해 계획된 가정 연습 활동들을 실행한다.

가족들은 유창성에 영향을 미치는 환경적 변인들뿐만 아니라 자녀들의 매일의 유창성 수준도 모니터할 것이다. 가족들은 자녀들에게 나타나는 더 쉽거나 더 어려운 말하는 시간들을 기록할 것이다. 그 후, 가족들은 아동의 유창성 수준을 지원하거나 스트레스를 주는 것으로 나타난 요인들을 확인할 것이다. 마지막으로, 가족들은 가족들이 확인한 스트레스 요인들을 감소시키기 위한 여러 가지 수정을 개발하고 실시할 것이다.

직접적인 아동 치료의 목적

아동들은 학령 전 여러 해를 지나오면서 각 능력의 영역에서 자연적인 성장을 경험할 것이다 (Starkweather & Givens-Ackerman, 1997). 유창성 요구가 감소된 보다 더 적합한 환경에서 의사소통을 함으로써, 아동들은 유창성 능력의 성장을 지원할 수 있는 경험을 얻을 것이다.

임상가들은 어린 아동들이 자기의 능력 향상을 돕기 위해 가르칠 수 있는 것들이 많다. 아동들은 더 천천히 그리고 더 긴장을 이완하는 방법으로, 투쟁하는 말더듬을 변화시키는 방법 등을 배울 것이다. 임상가들은 이러한 새로운 기술들을 개발하고 확립시키기 위해서 심상, 의미 있는 어휘, 모델링, 칭찬 등을 사용할 것이다. 아동들이 준비가 되면, 임상가들은 그 기술들을 좀 더 부담이 되는 환경에서 사용하도록 기회들을 점차적으로 제공할 것이다. 활동들은 인지, 언어, 구어 운동, 화용적 스트레스 요인들 등을 서서히 증가시키도록 계획된다. 이러한 활동은 활동 구조를 감소시키고, 대화 상대자의 수를 증가시키고, 대화 속도를 증가시키고, 말할 종류(예: 복잡한 질문에 대답하기, 다시 말하기, 설명하기)를 변화시키기 등을 통해서 이루어질 수 있다.

동기는 치료에서 성장을 위한 핵심적인 것이다. 동기는 아동이 치료에서 연습을 하고 그들이 치료 체계의 각 단계에서 성공을 경험할 때, 그들이 즐거움을 느끼는 데 필수적인 것이다. 아동들은 새로운 기술들을 배울 때, 치료를 받는 중과 후에도 투쟁하는 말더듬의 순간을 여전히 경험할 수 있다. 아동들이 말하는 데 겪는 어려움들과 관련된 느낌을 살펴볼 수 있는 기회를 가짐으로써 그들이 계속 치료에 참가하고자 하는 것이 대단히 중요하다.

가족들과 함께 치료를 실시하기 위한 전략 및 절차

치료 시 중점이 되는 가족 체계

아동은 가족 체계(family system)라는 상황 속에서 성장해 나간다는 것을 기억하는 것이 중요하다. 어떤 아동의 가족은 어머니, 아버지, 형제자매로 구성된다. 또 어떤 아동의 가족 체계에는 핵가족일 뿐만 아니라, 조부모, 기타 확대 가족 구성원(extended family members), 그리고 "가족"으로 여겨지는 사람들도 포함된다. 이러한 가족 체계의 일부분을 변화시키려는 계획을 할 때(예: 학령 전 말더듬 아동), 모든 부분들이 계속 변화되어야 한다는 것을 고려해야만 한다.

한 예가 이 점을 분명히 하는 데 도움이 될 것이다. 좀 더 느린 말하기 속도를 사용하는 방법을 배우는 아동들은 좀 더 느리고, 좀 더 편안한 태도로 가족과 대화를 시도할 것이다. 가족 구성원들은 어떤 방법으로든 그 변화에 반응할 것이다. 가족들은 스스로 속도를 늦출 수도 있고, 좌절감을 느끼거나 더 빠르게 말하려고 시도할 수도 있다. 만약 가족들이 아동이 개발하고 있는 기술에 대해 알게 되고, 그것의 유용성을 이해하게 된다면, 그들은 좀 더 많이 지원하는 방식으로 반응할 준비가 더 잘 될 것이다.

가족들은 아동의 주요 양육자이자 파트너이다. 가족들의 격려, 수용, 모델, 무조건적인 사랑 등은 아동이 훨씬 더 쉽게 따를 수 있는 변화의 길을 만들어줄 것이다. 더욱이, 말더듬은 화자뿐만 아니라 청자에게도 영향을 미치는 구어 장애이다. 가족들은 아동들이 말하는 것에서 겪는 투쟁에 대한 감정과 반응을 가지게 될 것이다. 따라서 아동들은 그러한 가족들의 반응을 관찰하고, 가족들의 감정을 내면화하는 것 같다. 가족들은 좀 더 지원하는 방식으로 아동들의 구어에 반응하도록 돕기 위해 가족의 감정을 알아보는 기회를 가지는 것이 도움이 된다.

가족 체계는 가족이 변화를 겪으면서 덩달아 영향을 받을 수 있는 다른 체계와 상호작용한다. 이러한 체계들에는 확장된 가족, 이웃, 아동의 유치원 등이 포함될 수 있다. 가족들은 친척이나 이웃들이 아동이 치료에서 배우는 것을 모르고서 어긋난 행동을 할 때 그들의 감정을 상하지 않게 하면서 그들과 정보를 공유하는 방법을 자주 나에게 묻는다. 예를 들면, 친척들은 아동에게 "숨을 깊이 들이쉬어라. 천천히 말해라."라고 말할 수 있다. 마찬가지로, 교사들도 아동의 유창성을 더 잘 지원할 수 있도록 학급을 꾸려나가는 데 있어서 지도를 요청한다. 아동이 어떤 기술을 배운다면, 그 가족들도 또한 그 기술과 가정, 이웃, 확장된 가족 등에서 그 기술의 사용을 지원할 수 있는 방법에 대해 배울 수 있다.

치료에서 가족의 역할

표 6.1에 설명한 것처럼 가족들은 치료에서 다양한 많은 역할들을 할 수 있다. 임상가들은 각 가족이 어떻게 관여하고 싶은지를 선택하도록 요구할 수 있다. 가족들은 자신들이 지향하는 치료의 목표와 체계를 확인하는 것을 도울 수 있다. 한 쌍의 부모들이 대가족 모임 동안에 아동의 말더듬이 증가되는 것에 관해 특히 걱정을 했다. 확장된 가족이 종종 함께 모였고, 그들은 활발하고 빠르게 말하는 집단이라고 했다. 부모들은 이러한 기회가 자녀에게 좀 더 즐거운 기회가 되도록 만들기를 원한다. 우리는 치료 과정에서 초기에 이 방향으로 나아가는 목표를 세웠다.

가족이 할 수 있는 또 다른 주요 역할은 단순히 아동들을 지원하는 것이다. 아동들이 학습하고 있는 기술들을 가족들이 이해한다면, 가족들은 아동들이 그 기술을 사용할 때 칭찬을 할 수 있다(예: "와~, 네가 크게 힘들지 않게 사용할 수 있는 성과인걸."). 또한 가족들은 자신들이 유창성에 상관없이 아동들의 말을 듣는 것 자체가 얼마나 즐거운 것인지를 아동에게 알려줄 수도 있다.

〈표 6.1〉 말더듬 초기 중재에서 가족의 역할

1. 목표 개발을 돕는다.
2. 아동에게 정서적 지원을 제공한다.
3. 아동이 여러 기술들을 사용하는 것을 칭찬한다.
4. 아동과 함께 여러 기술들을 연습한다.
5. 아동의 구어 환경을 변화시킨다.
6. 새로운 말하기 방법들을 배운다.
7. 다른 사람들을 교육한다.

가족들은 아동들이 하는 노력을 칭찬하고, 말하기가 때때로 얼마나 어려울 수 있는지를 알려주고, 앞으로 말하기가 점점 더 쉬워질 것이라는 것을 아동에게 알려줌으로써 용기를 줄 수 있다.

가족들은 치료실 밖에서 아동들과 파트너가 되어서 연습을 할 수 있다. 아동들이 새로운 기술들을 배움에 따라, 아동들은 그 기술을 더 쉽게 사용하기 위해 그 기술들을 연습할 필요가 있다. 가족들은 매일 구어 놀이 시간을 정하여, 아동들이 성공할 수 있는 수준에서 구어 기술을 연습하도록 재미있는 활동들을 선택할 수 있다. 가족들은 스스로 그 기술을 사용하는 모델이 될 필요가 있고, 아동들이 성공을 경험하도록 놀이 활동을 선택하는 방법을 알 필요가 있다. 가족이 하는 또 다른 역할은 아동에게 부여되는 요구가 감소하도록 아동들의 말하기 환경을 수정하기, 아동의 유창성을 촉진하도록 새로운 말하기 방식을 학습하기, 자녀들의 유창성 요구에 대해 다른 사람들을 교육하기 등을 포함할 수 있다.

가족과 함께하는 회기에서, 임상가는 가족 구성원들에게 그 회기의 초점을 확인하고 초래된 문제들을 위한 해결책들을 개발할 수 있는 구조를 따를 수 있다. 이 활동들의 순서는 표 6.2에 제시되어 있다. 첫째, 임상가는 가장 최근의 치료 회기 이래로 자녀의 유창성을 확인한 가족의 경험들을 검토할 수 있다.

이 장의 비디오 클립 2, 3을 보라. 비디오 클립 2(부모들의 보고)에서, 부모들은 한 주 동안 자녀의 유창성을 경험한 정보를 공유한다. 비디오 클립 3(부모 자기 평가)에서, 어머니는 자신의 말속도가 발전되고 있는 것에 대해 어떻게 느끼는지를 설명한다.

〈표 6.2〉 가족 치료 세션의 요소

1. 지난주 동안 경험한 가족의 유창성 경험을 보고받는다.
2. 가족과 함께 변화를 위한 부분을 확인한다.
3. 그 세션에 중점을 둘 부분을 선택하도록 가족에게 요청한다.
4. 그 부분을 해결하기 위해서 가족과 함께 여러 방법을 강구한다.
5. 선호하는 전략을 선택하도록 가족에게 요구한다.
6. 적합하다면 가족이 임상가와 함께, 또 아동과 함께 하는 전략을 연습한다.
7. 가족은 치료실 밖에서 전략을 활용한다.
8. 가족은 다음 세션에서 전략의 효율성을 보고한다.

가족들은 자신들이 만든 유창성 차트 및 일지를 공유할 것이며, 자녀들이 경험한 것을 논의하고, 전 주에 가정 연습 회기를 어떻게 진행했는지를 평가할 것이다.

다음으로, 임상가는 가족들이 탐구하기 원하는 여러 문제들, 가족들이 향상되길 원하는 구어 기술들, 토의를 함으로써 이익을 얻을 것이라고 생각하는 이슈들 등에 대해 말하도록 가족들을 격려함으로써 현재 세션에서 초점을 두고 있는 영역을 확인하도록 가족들에게 요구할 수 있다. 가족들이 무엇에 주력해야 할지 확신할 수 없을 때가 많다. 그러면 임상가는 가족들이 자녀와 상호작용하는 것을 자신이 관찰한 것에 근거하여 가족들에게 여러 제안들을 제공할 수 있다.

부모들이 자녀의 유창성 기술들에 영향을 미치는 이슈를 찾기 시작하는 이유에 관한 하나의 예로서 이 장의 비디오 클립 4(부모들이 분석한 이슈)를 참조하라.

초점의 영역을 확인한 후에, 가족과 임상가는

여러 문제점들에 대한 해결책을 고민하거나, 여러 기술들을 연습하거나, 혹은 토의를 통해서 느낌을 탐색할 것이다. 개방형 질문(예: "대가족이 함께 모여 있는 동안에 당신의 가족이 무엇을 했는지 좀 더 자세히 말씀해 주실래요?"), 문제점들을 다른 말로 바꾸어 말하기(예: "당신의 자녀는 여러 사람들과 동시에 말을 할 때 더 많이 더듬는다는 것 같군요. 당신은 조용한 장소에서 소수의 사람들과 말할 기회를 자녀에게 어떻게 제공했나요?"), 가족들이 말한 것을 요약하기(예: "당신은 자녀를 위해 그들과 좀 더 쉽게 친해지는 방법을 알고 싶어하는군요.") 등은 상담 전략에 유용할 것이다. 그 회기의 종료 시점에, 가족들은 아동의 유창성 발달을 촉진하기 위해 다음 주에 걸쳐서 시도할 수 있는 전략이나 기술을 얻게 될 것이다. 그 다음 주에 다시 만날 때, 임상가는 그 기술의 효과성을 공유해줄 것을 가족들에게 요청할 수 있다.

부모들이 확인한 문제들의 해결책을 개발하는 부모들의 샘플에 대해서는 비디오 클립 5(부모 브레인스토밍 해결책)를 참조하라.

가족들이 교육받은 소비자들이 되도록 돕기

프로그램의 이 부분의 목표는 가족들이 유창성 및 말더듬의 발달에 관해 배워서 자녀들을 잘 지원할 수 있는 결정을 내리는 데 필요한 정보를 갖게 되도록 가족을 돕는 것이다. 각 가족에 필요한 정보는 서로 다르지만, 표 6.3에 열거한 영역들이 가장 빈번하게 다루어진다. 내가 가족들에게 가장 먼저 요구하는 일 중 하나는 가족들이 직접 또는 전화로 친구와 한 자신의 말을 녹음하도록 하는 것이다. 가족 구성원들은 그 녹음을 들을 때, 자신들이 자발적으로 말할 때 구어에 비유창성이 많이 있다는 것을 발견하고는 깜짝 놀랐다. 우리는 단어 전체 반복 및 구 반복 또는 "음(um)"과 "아(ah)"와 같은 삽입어의 사용과 같은 정상적인 비유창성이 화자들에게 아이디어를 형성하고 표현할 시간을 조금 더 많이 준다는 사실을 논의한다. 이러한 비유창성은 말할 때 발생하는 전형적인 부분이고 치료가 완료될 때 자녀의 구어에서도 예상되는 것이다.

다음으로, 가족 구성원들은 말더듬이 심한 정도에서 악화되고 있다는 것을 보여주는 자녀의 구어 행동에 대해 알게 되면 이익을 얻을 것이다. 만약 가족들이 연장을 할 때 수반하는 음도의 상승이 긴장 상승을 나타낸다는 것을 알게 되면, 가족들은 이러한 행동을 쉽게 확인하고 지원할 수 있는 쪽으로 다룰 수 있다. 마찬가지로, 가족들이 다양한 형태의 말더듬과 좀 더 심한 문제와 관련된 말더듬 형태들을 배우면 도움이 될 것이다. 이러한 정보를 가지게 되면, 자녀의 막힘을 관찰한 가족들은 부모가 코멘트한 것처럼 아동이 "그가

〈표 6.3〉 교육받은 소비자들이 되도록 가족들을 돕기

논의할 이슈
1. 말더듬의 원인
2. 자연 회복
3. 정상적인 유창성의 특징
4. 말더듬 위험 증후
5. 말더듬을 지속시키는 것들
6. 치료 절차
7. 재발
8. 행동 관리
9. 아동과 말더듬에 관해 말하기
10. 말더듬에 대해 다른 사람들을 교육하기

말하기 전에 그저 생각하고 있다"고 추측하기보다는, 구어 시스템이 막히는 시점에서 얼어붙어 있다는 것을 이해할 것이다. 아동이 치료의 유지 단계에 있을 때, 말더듬 위험 신호에 대한 지식이 있다면 도움이 될 것이다. 만약 부모가 단어 전체 반복과는 반대로 단어 부분 반복이 증가하거나 혹은 아동이 삽입어(음, 어)를 많이 사용하기 시작한다면, 이러한 행동들은 좀 더 직접적인 가정 관리 그리고/혹은 적극적인 중재를 필요로 한다는 신호가 될 것이다.

가족들은 또한 시간 압박, 중단 및 길고 복잡한 문장들의 사용 등과 같은 말더듬을 유지하게 할 수 있는 요인들에 대해 배우면서 이익을 얻을 것이다. 이것은 가족들이 가정에서 자녀들의 유창성 패턴들을 더 잘 관찰하도록 도울 수 있다. 또한 **퇴행**(regression)이란 요인을 다루는 것도 이로운 것으로 증명되었다. 유창성 기술들은 일반적으로 직선적 패턴(linear pattern)으로 발달하지 않는다. 아동들은 어떤 기술들을 습득할 것이고, 유창성에서 성장을 보일 것이고, 그런 후에, 추가적인 유창성 발달이 나타나지 않는 얼마의 기간 동안 변동이 없을 것이다. 아동들이 약간의 발전을 한 후에 더 많이 말을 더듬는 퇴행 기간이 일어나는 것은 드문 일이 아니다. 만약 가족들이 유창성 발달 과정을 이해하고, 퇴행이 일어날 수도 있음을 인식한다면, 가족들은 퇴행이 일어나자마자 말더듬이 증가되는 방향으로 가는 것에 대비할 수 있다.

내가 가족들의 행동 관리 기법들에 관해서 가족들과 대화할 때, 가족들은 종종 유창성에 대해 지나치게 스트레스를 주지나 않을까 하는 두려움으로 말더듬 아동에게 기대를 많이 하지 않는다고 보고한다. 우리는 일관된 행동 관리의 중요성에 대해 말하고, 아동들을 책망할 때 아동이 말을 할 것이라고 기대하거나(혹은 허용하거나), 기대하지 않고 훈육하는 여러 방법들을 토의한다.

가족들은 종종 자녀들과 함께 말더듬에 대해 대화를 해야 하는지 말아야 하는지에 대해 걱정을 표현한다. 또한 가족들은 만일 대화를 한다면, 말더듬에 대해 어떻게 대화해야 하는지 걱정하고, 가족들이 자녀의 구어 장애에 대한 의식을 증가시키는 경우, 자녀가 더 불안해져서 말을 더 많이 더듬게 될 것을 걱정한다. 나는 가족에게 심지어 아주 어린 말더듬 아동이라도 가끔 말하기가 어려운 어떤 수준을 보통 알고 있다고 말해준다. 만약 부모가 이 주제를 말하고 싶지 않거나 못마땅해하는 반응을 할 경우, 자녀들은 말더듬이란 피해야 하는 무엇이라고 여기는 인상을 가지게 될 것이다. 자녀가 말을 더듬지 않으려고 애쓰는데 소비하는 노력은 대부분의 말더듬 문제를 더 악화시키는 것 같다.

가족들은 자녀들이 의미 있는 단어를 사용할 때 투쟁 말더듬을 하는 것을 알 수 있다. "그 단어들은 말하기 힘든 단어야.", "어떤 때는 단어들을 말하기가 어려워. 그렇지만 네가 나이가 들어갈수록 그 단어를 말하기가 더 쉬워질 거야."라고 하는 중립적인 코멘트로 격려할 수 있을 것이다. 그렇지 않으면 그것은 아동이 표현한 감정이나 저변에 깔려 있는 감정들을 알리는 것이 될 수도 있다. 특별히 투쟁한 단어를 더듬은 후에, 한 아동이 자기 어머니한테 "나는 다시는 말을 하지 않을 거야."라고 말했다. 이때 어머니가 "네가 말을 하려고 했지만 말을 할 수 없다는 것을 엄마가 알게 되어 놀랐어."라고 아동에게 알려주는 것이 중요하다. 나는 부모들에게, 자녀들이 자신을 표현하는 데 시간이 얼마나 오래 걸리든지 간에 들을 것이고, 가족들은 자녀가 좀 더 쉽게 말하도록 돕기 위해 여러 가지를 배우고 있다는 것을 자녀에게 알려줌으로써 말하는 것의 어려움에 대해 끝까지 논의하는 것을 격려한다.

유창성을 지원하기 위한 가족 구성원들의 구어 및 언어 기술 수정하기

대화에서 시간 압박의 증가는 다양한 방식으로 일어난다(Starkweather & Givens-Ackerman, 1997). 아동들이 복잡한 질문에 대답하려고 할 때, 시간 압박이 나타날 것이다. 질문을 한 사람은 대답을 기다리고 있지만, 아동은 그 질문을 처리하고 대답을 조직하기 위한 시간을 필요로 한다. 마찬가지로, 가족이 어딘가로 가려고 바쁘게 움직이는 동안에 아동이 의사소통을 시도할 때, 형이나 누나가 대화의 차례를 기다리고 있을 때, 아동들이 빨리 말하는 성인과 말을 할 때, 시간 압박은 증가한다. 만약 가족들이 표 6.4에 제시한 내용과 같은 시간 압박을 증가시키는 요인들 중의 일부를 조정할 수 있다면, 아동이 말을 더듬지 않고 말하기가 더 쉬워질 것이다.

가족들이 좀 더 느리게 말할 때에, 아동의 유창성 기술이 향상된다는 연구 결과들이 반복적으로 제시되어 왔다(Starkweather & Gottwald, 1993; Stephenson-Opsal & Bernstein Ratner, 1988). 그러므로 말더듬 아동에게 빠르게 말하는 성인들이 구어 속도를 좀 더 느리게 하는 방법을 가르치는 것이 도움이 될 것이다. 성인들은 좀 더 자주 쉼(pausing)을 둠으로써, 또 지속음(continuant sounds)을 약간 길게 늘림으로써 구어 속도를 느리게 하는 것을 배운다. 자녀와 상호작용하는 것을 녹화한 비디오를 시청하는 동안, 부모들이 나의 모델을 듣고, 나와 함께 연습을 하고, 자신이 사용한 느린 구어 속도를 평가할 기회를 가진 후에, 부모들이 더 느린 구어 속도를 사용하는 데 가장 편안함을 느낀다는 것을 발견했다.

〈표 6.4〉 가족 구성원들의 구어 및 언어를 수정하기

1. 아동의 구어 속도에 좀 더 맞춰서 구어 속도를 사용하기
2. 대화 차례 주고받기 사이에 쉬기
3. 길고 복잡한 대답들을 요구하는 질문들을 사용하지 않기
4. 유창성과 관계없이 자녀의 구어 내용에 응답하기
5. 의미 있는 단어들을 사용하여 투쟁한 말더듬을 알리기

말 속도를 감소시키는 치료를 하는 동안에, 나는 가족들에게 대화의 속도를 느리게 하는 것도 권한다. 전형적인 대화에서, 대화의 상대자는 화자의 첫 문장이 끝날 때 말을 시작한다. 대화 차례 지키기 사이에 쉼 시간이 거의 없기 때문에, 어린 아동들은 상당히 큰 시간 압박을 가지게 된다. 또한 연구 결과는 아동들이 방해받을 때보다 다른 사람을 방해할 때 더 많이 더듬게 되는 경향이 있다고 했다(Kelly & Conture, 1992; Meyers & Freeman, 1985b). 게다가, 대화 차례 지키기가 성립되었을 때, 유창성 기술이 향상된다는 것을 제시하는 연구도 있다(Winslow & Guitar, 1994).

내가 가족에게 제시한 하나의 제안은 말더듬 아동과 상호작용할 때 가족들이 2초의 쉼을 사용하라는 것이다. 아동에게 반응하기 전이나 또 다른 문장을 말하기 전에 하나, 둘 하고 세면서 쉼을 함으로써, 가족 구성원들은 대화 차례 사이에 추가 시간을 허용하고, 이렇게 함으로써 상호작용과 관련된 시간 압박이 감소된다. 또한 나는 가족들에게 다른 사람의 대화 차례를 존중하는 것

의 중요성에 대해 이야기하도록 요구했다. 이러한 논의를 한 다음에, 가족들은 가정에서 대화 주고받기를 모니터하는 재미있는 방법들을 개발할 수도 있다. 가족 중 한 명이 저녁 식탁에 동전이 든 컵을 한 개씩 각 가족에게 주었다. 그리고 가족 구성원들은 만약 그들이 다른 사람을 방해했다면 페니를 주고, 만약 다른 사람들이 자신을 방해했다면 페니를 받았다. 비록 이 게임을 오랜 기간 동안에 걸쳐서 연장하지는 않았지만, 이 게임은 자신의 말하는 차례를 기다리는 것의 가치를 강조하는 데 도움이 되었다.

질문에 대답하는 것 그 자체가 말더듬 아동들의 유창성을 방해하는 것 같지 않다(Wilkenfeld & Curlee, 1997). 그러나 아동들이 질문에 대해 더 길고, 좀 더 복잡한 문장을 사용하여 대답할 때, 아동들은 말을 더 많이 더듬는 것 같다(Gaines, Runyan, & Meyers, 1991). 부모들은 예 또는 아니오 질문들 또는 특정한 대답을 요구하는 질문들을 묻는 것을 배울 수 있다(예: 너는 오늘 쉬는 시간에 그네를 탔니, 아니면 세발자전거를 탔니?). 부모들은 또한 자녀들과 말하기 전에 유치원 교사들 또는 아기 돌보미들(daycare providers)과 의사소통할 수도 있다. 이러한 방식으로, 부모들은 자녀들에게 잘 아는 주제에 대해 이야기할 수 있고, 자녀들과 좀 더 동등하게 의사소통 부담을 서로 나눌 수 있다.

가족들이 아동의 말하는 환경을 수정하도록 돕기

가족들은 또한 표 6.5에서 설명한 것처럼 스케줄과 활동 보조(pace)와 같은 환경적 요인들을 조정함으로써 말하는 시간 압박감을 줄일 수도 있다. 어떤 부모들은 30분 일찍 일어나기로 결심을 했는데, 그 이유는 자녀들이 일어났을 때 좀 더 이완된 방식으로 자녀들을 돌볼 준비를 할 수 있기 때문이다. 가족들은 아침 식사 시에 대화들을 좀 더 편하게 하며, 시간 압박이 감소되었고, 아동의 유창성이 증가되었다고 보고했다. 또 다른 가족들은 그들이 너무 많은 활동 계획이 있었고, 일주일 내내 이것저것을 바쁘게 하고 있음을 깨달았다. 그들은 집에서 함께 편안한 시간을 가지기 위해서 이러한 활동들 여러 개를 취소하기로 결정했다.

가족들의 일상생활에서 부모들이 가정 활동으로 바쁘고 아동과 충분한 대화를 할 수 없을 때가 있다. 예를 들면, 부모들이 제한된 저녁 식사 시간을 정하려고 할 때, 학령 전 자녀가 하는 말을 귀기울여 듣기가 어려울 수 있다. 이 때 말더듬 아동은 부모가 자신의 말을 듣지 않는다고 느낄 수 있으며 부모의 관심을 얻고 유지하려고 더 많은 노력을 해야 할 것이다. 이러한 노력이 증가하게 되면, 아동은 말을 더 많이 더듬게 될 것이다. 나는 부모들이 효과적인 청자가 될 수 없을 때에는 "조용히 있는 것"을 고려해 보도록 부모들에게 제시한다. 부모가 아동에게 한 번 더 집중할 수 있을 때까지 부모는 아무 말을 하지 않고 활동에

〈표 6.5〉 아동의 말하기 환경을 수정하기

1. 방해 요소들을 제거하기 위해 대화 주고받기 규칙을 세우기
2. 활동을 하고 활동을 전환하는 동안에 충분한 시간을 허용하기
3. 유창성을 강조하지 않고 대화를 주고받는 방식을 아동에게 보여주기
4. 스트레스가 많은 시점에서 말하는 것을 소거하기
5. 매일 부모-아동의 특별 놀이 시간을 설정하기
6. 가능한 곳은 어디에서든지 구조화되고 일상적인 틀을 유지하기

참여하는 것이 아동을 돕는 것일 수 있다. 아동이 선호하는 영화를 보거나, 책을 읽거나, 장난감을 가지고 조용히 노는 것과 같은 활동들은 침묵의 시간을 선택하는 데 적절한 것일 수 있다.

나는 또한 부모들이 말더듬 자녀들을 위해 매일 특별 놀이시간을 마련하라고 권고한다. 부모들은 다른 가족 구성원, 전화 또는 방문자의 방해 없이 자녀에게 부모의 모든 관심을 할애할 수 있는 15~20분의 시간을 선택해야 한다. 이러한 놀이 시간 동안에, 부모들은 자녀가 정상적으로 유창한 구어를 사용할 수 있는 놀이 활동을 선택하도록 도움을 줄 수 있다. 자녀의 능력 수준에 따라, 부모들은 여러 가지 게임 하기(예: Candyland 또는 Memory)와 같은 좀 더 구조화된 테이블용 활동들 또는 레고 쌓아 올리기와 같은 덜 구조화된 활동들을 제공할 수 있다.

놀이 활동의 목표는 두 가지이다. 이 두 가지 목표는 아동들이 긴장을 이완하여, 요구를 하지 않는 환경에서 정상적인 유창성으로 말하기를 연습하는 시간이고, 부모들이 아동들의 부드럽게 말하기를 쉽게 하도록 하는 환경적인 변인들을 조작하는 시간이다. 개별 아동에게 유창성을 지원하는 요인들에 따라서 부모들은 좀 더 느린 구어 속도를 연습하고, 놀이를 할 때 자녀에게 좀 더 침묵을 허용하고, 자녀가 이러한 특별 놀이 시간 동안에 길고 복잡한 언어를 사용하도록 요구하는 것을 금지한다. 부모들은 놀이 활동이 치료에서 배우고 있는 여러 전략들을 성공적으로 수행할 수 있는 기회이기 때문에 이 놀이 시간을 기대하는 것으로 보고했다.

부모들은 쇼핑을 가기 위해 집을 나서려고 준비하는 것과 같은 전환하는 시간 동안에 자녀들이 더 많이 말을 더듬는다고 보고해왔다. 임상가는 이러한 때에 말더듬이 증가하는 데 영향을 미칠 수도 있는 스트레스 요인들에 대해 이야기할 수도 있다. 부모들은 이러한 전환의 시간 동안 많은 일들(예: 자녀들이 자켓이나 간식을 가지고 있는지, 집을 나서기 전에 모두가 화장실을 다녀왔는지, 자동차 안전벨트를 적절하게 채웠는지 등을 확인하는 것)을 해야 한다고 보고한다. 부모들이 이러한 것들에 초점을 두고 있는 것과 동시에, 자녀들은 앞으로 할 활동들에 대해 많은 질문들을 한다. 부모들이 잠재적인 유창성 스트레스 요인들(예: 자녀의 메시지에만 완전히 집중할 수 없는 부모, 새로운 활동에 불안해하거나 흥분해하는 아동)을 확인할 때, 부모들이 그러한 요구사항들을 감소시키려고 노력하는 것이 더 쉽다. 어떤 부모들은 전환의 시간 동안에는 말을 하지 않는다는 규칙들을 수립했다. 부모들은 일단 어떤 활동이 진행 중일 때는 부모의 말을 듣는 것이 더 쉬울 것이라고 자녀들에게 말했다. 또 다른 부모들은 일단 변화가 일어나면, 여러 활동들의 스케줄에 대해 전환하기 전에 자녀들과 함께 이야기를 했다.

가족들이 말더듬에 기인한 감정을 다루도록 돕기

가족들은 아동의 정서적 요구들을 충족시킬 수 있기 전에 가족들 자신의 감정들을 먼저 이해할 필요가 있다. 가족들은 자녀의 말더듬과 관련된 많은 감정들이 있다. 가족들은 만약 말더듬이 지속된다면 자녀의 장래에 대해서 걱정하는 감정들을 가장 자주 보고한다. 이러한 불안은 여러 가지 방식으로 표현된다. 어떤 부모들은 자녀가 계획적으로 말을 더듬지 않는다는 것을 알지만 아동이 말을 더듬을 때 화를 낸다고 보고했다. 또 어떤 부모들은 자녀의 말더듬을 너무 걱정하기 때문에 자녀에게 반응하는 것조차도 부모에게는 어렵다고 보고했다. 또 다른 부모들은 자녀가 말을 더듬는 순간 자녀를 외면하거나 대답을 빨리 해 버린다고 보고했다.

부모들은 또한 자녀의 말더듬에 대한 죄책감과 자신들이 이 문제의 발달을 초래한 무언가를 잘못한 게 틀림없다는 믿음을 나와 함께 나누었다. 부모들은 배변 교육을 너무 엄하게 했다거나, 그 아동이 말더듬을 시작했다는 이유로 아동을 데려가지 않고 휴가를 가는 등과 같은 것을 언급한다. 부모들은 자녀들이 그러한 어려운 구어 문제를 직면하게 된 슬픔을 표현했다. 만약 시간과 에너지를 제한하는 부모들의 뇌리를 사로잡을 수 있는 이러한 모든 감정을 다루지 않는다면, 부모들은 자신들의 아동의 유창성 요구를 충분히 관리하지 못할 것이다.

따라서 자녀의 유창성과 관련된 가족의 감정을 서로 나누어 가지기 위해 가족들을 돕는 시간을 가지는 것이 꼭 필요하다. 가족들의 감정에 대해 말함으로써, 가족 구성원들은 서로를 더 잘 이해하게 되어 서로에 의해 감정이 굳어버리지 않을 것이다. 예를 들면, 가족들은 지원적인 환경에서 죄의식이라는 감정을 표현한 후에 자녀의 말더듬을 일으킨 원인이 무엇인지에 대해 좀 더 객관적으로 바라볼 수 있다.

가족들은 자신의 감정을 더 잘 이해하게 된 후에야 자녀들을 도울 수 있다. 가족들에게 아동에게 의미 있는 말로 아동의 감정을 표출하도록 권고할 수 있다. 어린 아동들은 말을 하기 어려울 때 종종 당황하게 되고, 부모에게 자신이 왜 말을 잘 할 수 없는지 그 이유에 대해 질문할 것이다. 혹은, 아동들은 자신을 말로 표현하기가 어려울 때 화를 내는 표현방식으로 발로 바닥을 찰 수 있다. 또 어떤 아동들은 말더듬이 발생할 때 말하는 것을 완전히 중단해 버리거나, 자신이 말할 메시지를 마무리짓지 않으려고 할 것이다.

나는 부모들이 자녀가 말을 어렵게 하는 시간 동안에 느끼고 있는 것을 어떻게 생각하고 있으며, 자녀가 그러한 감정들을 어떻게 표현하고 있는지에 관해 말을 해달라고 요구한다. 그런 다음에 우리는 부모들이 자녀가 자신의 감정들을 함께 나누는 것을 돕는 말을 하도록 한다. 일반적으로 "말이 막힐 때 너는 굉장히 화가 나지." 또는 "네가 무언가를 말하려고 시도하지만 그것을 할 수 없을 때 약간 겁이 나지."와 같은 간단한 말을 한다. 나는 부모들에게 자녀들은 아직도 성장하고 있고, 자녀들이 성장하게 되면 말을 더 쉽게 할 수 있을 것이라는 사실을 아동들에게 알려주라고 격려한다.

나는 부모들이 자녀가 말하는 것을 배우는 것과 발달하고 있는 여러 가지 다른 많은 기술들을 학습하는 것을 비교하도록 제안한다. 만약 아동들이 자전거를 타는 법을 배울 때 바퀴를 돌리는 훈련이 필요하고 처음에는 그것이 약간 불안하다는 것을 이해한다면, 아동들이 겪는 구어 어려움에 대해 걱정을 덜 하는 방식으로 반응하도록 하는 것이 더 쉬울 수 있다. 만약 부모들이 중립적인 방식으로 말더듬에 반응한다면, 아동도 중립적인 방식으로 하는 것이 더 쉬울 것이다.

때때로 말더듬은 가족이 아동을 생각할 때 그 가족의 입장에서 유일한 것이라고 생각하는 큰 이슈가 되었다. 아동의 미래에 대한 불안과 걱정에 대한 감정들이 모두 말더듬에 대해 한마음으로 뭉쳐질 수 있고, 가족은 아동의 다른 성격 특성들을 볼 수 없게 될 수도 있다. 따라서 가족 치료의 또 다른 초점은 가족이 아동의 모든 강점들에 대한 가치를 다시 한 번 보도록 가족을 돕는 것이다. 나는 가족들에게 자신들의 관점에서 아동 그 자체에 대해서, 아동이 잘하는 것, 아동을 특별하게 만드는 것 등과 같은 것에 대해 이야기하라고 요구한다. 그 다음에, 가족들은 이러한 강점들을 강조하기 위한 방법들을 생각한다. 어떤 가족은 어린 자녀가 평행봉과 같은 기구를 잘 다루는 기술이 있음을 알아차렸기 때문에, 뒷마당에 체육 시설을 만들었다. 곧 아동은 체육 시설을 잘 다루게 되었으며, 이웃 아동들에게 그 체육 시설에서 재미있게 놀 수 있는 방법을 가르치는 역할을 했다. 이 가족은 자녀가 겪는 구어 어려움에서 떠나 아동의 여러 강점들에 초점을 두는 쪽으로 나아갔다. 아동의 자신감이 증가되자, 구어 조절 및 협응이 전반적으로 향상되는 것으로 보였다.

학령 전 말더듬 아동이 다른 가족들과 경험을 나누는 것이 종종 가족들에게 도움이 된다. 만나는 사람의 수, 만남 공간, 직원 등이 허용할 때마다, 나는 집단 치료와 함께 개별 가족 치료를 보충한다. 집단 참여는 부모들에게 다른 가족들이 자녀의 유창성에 대한 요구사항들을 관리하는 방법을 배울 수 있는 기회를 제공한다. 그것은 또한 부모들에게 자신의 감정을 서로 나누고, 진정으로 이해하는 다른 부모들로부터 지원을 받을 수 있는 기회이다. 받아들여지고 지원하는 환경에서 여러 감정들을 탐구하는 기회를 가짐으로써, 부모들은 보통 더 직접적으로 자녀의 유창성에 대한 요구사항들을 해결하는 방향으로 열정을 보이게 된다. 만약 집단 치료가 불가능할 경우, 나는 학령 전 아동을 위한 유창성 서비스에 참여했거나 현재 참여하고 있는 다른 가족들과 만나도록 권고한다.

아동의 직접 치료

경미한 투쟁을 동반한 말더듬 아동

이러한 아동들은 전형적으로 단어 전체 반복과 단어 부분 반복들을 많이 사용한다. 비록 2회 이상의 반복 단위가 있을 수 있고, 반복들이 종종 빠르지만, 비유창성과 관련된 투쟁은 거의 없다. 근육 긴장은 적고, 음도는 영향을 받지 않으며, 음절 구조는 변하지 않고 남아있다.

임상가는 먼저 아동이 정상적인 유창성으로 가능한 한 쉽게 말할 수 있는 치료 환경을 만들 것이다. 각 아동은 독특한 유창성 프로파일을 가지고 있을 것이기 때문에, 임상가들은 각 아동에게 적절한 환경 요인들을 찾기 위해서 평가 및 지속적인 관찰을 하는 동안에 얻은 정보를 사용할 것이다. 유창성을 강화하는 환경에는 다음과 같은 요인들 일부 혹은 전부가 포함될 수 있다 (Gottwald & Starkweather, 1999).

- 느리고 정상적인 말 속도
- 긴장 이완된(덜 힘이 들어가는) 구어 스타일
- 느리고 이완된 대화 속도
- 다양한 쉼과 침묵
- 비자발적인 말을 하도록 요구하는 것을 감소시킴
- 아동의 연령에 맞는 정상적인 비유창성의 사용

- 길고 복잡한 대답을 요구하는 질문을 배제

더욱이, 임상가는 그 회기를 이완되고 서두르지 않게 유지하여 각 활동을 완료하는 데 충분한 시간을 허용해야 할 것이다. 아동들은 자신이 즐거워하고 성공적으로 수행할 수 있는 활동들에 참여하도록 초대받을 것이다. 만약 아동이 문장 수준에서 유창성 기술들을 효과적으로 사용할 수 있다면, 임상가는 문장 수준에서 연습을 할 수 있는 활동들[예: 컬러폼(colorforms)으로 장벽게임하기, 간식을 만들기 위해 요리책 이용하기]을 선택할 것이다. 유창성 기술이 향상됨에 따라, 임상가는 아동에게 제시하는 활동들 속에서 유창성의 요구를 증가시킬 것이다. 예를 들면, 치료의 마지막 단계에서, 아동은 레고 만들기나 콩주머니 던지기 게임을 하는 동안에 유창성 기술을 사용할 것이다. 이 두 과업 모두 신체적 활동과 정서적 개입이 증가된 좀 더 자발적인 상호작용을 하게 한다.

다음으로, 임상가들은 아동들이 좀 더 느리고 좀 더 긴장 이완된 구어 스타일을 사용하도록 도울 것이다. 먼저, 임상가들은 좀 더 느린 구어 속도의 모델을 보일 것이고, 말을 할 때 좀 더 긴 쉼을 사용할 것이다. "느린"이란 개념을 강조하기 위해, 임상가들 역시 좀 더 느린 방식으로 나아갈 것이다.

여러 언어 능력들이 충분히 발달된 아동들에게는 아동이 이해할 수 있는 단어들을 사용하여 느린 구어를 설명하는 것이 종종 도움이 된다. 임상가들이 가능한 라벨들을 제공하지만 나는 좀 더 느리고, 좀 더 긴장을 이완하는 구어에 대한 명칭에 가장 적합한 이름을 제공하기를 제안한다. 나는 자주 "토끼와 거북이"라는 이솝 우화의 요약 버전을 읽는다. 우리는 느리고 꾸준한 거북이가 경주에서 이긴 것에 관해 이야기하고, 느리게 말하는 방법이 얼마나 도움이 되는지를 말한다. 이러한 소개를 한 다음에, 어떤 아동들은 좀 더 느린 구어를 "거북이 말(turtle talk)"이라고 이름을 붙였다. 또 어떤 아동들은 "공룡 구어(dinosaur speech)", "졸리는 구어(sleepy time speech)" 또는 "달팽이 구어(snail speech)" 등으로 라벨을 붙였다. 아동들은 그들이 경험해본 이러한 동물들로 "느린"이란 개념과 쉽게 연결시킬 수 있었다.

이러한 느리고 좀 더 이완된 구어 형태의 샘플은 비디오 클립 6(거북이 이야기 라벨링)을 참조하라.

일단 라벨을 선택하면, 학령 전 아동들은 거북이 혹은 달팽이처럼 온 몸을 움직이면서 치료실을 이리저리 돌아다닌다. 나는 아동에게 느리게 말하는 것이 느리게 움직이는 것과 어떻게 닮았는지를 보여주고, 아동들에게 이러한 감소된 말 속도를 모델로 보여준다. 가끔 더 빠른 말 속도라는 라벨을 붙이는 것이 도움이 될 때도 있다. 나는 아동들이 "토끼 구어(hare speech)" 혹은 "소방차 구어(fire engine speech)"와 같은 아동들의 평범한 생활과 어느 정도 분리되는 빠른 구어 라벨을 선택하기를 권한다. 예를 들면, 만약 아동들이 빠른 말하기를 "경주 자동차 구어(race car speech)"라고 라벨을 붙이면, 그들은 경주에서 이기기 위해서 빨리 달리는 경주 자동차를 모방하고자 할 것이다.

어떤 아동들은 자신들에게 적절한 속도로 말하지만, 말을 할 때 근육 긴장 수준이 더 높을 수도 있다. 이러한 아동들에게는 보다 더 쉬운 구어 스타일에 초점을 두는 것이 도움이 된다. 나는 좀 더 긴장 이완된 구어 스타일을 모델로 제시하는데, 이를 "쉬운 말하기(easy speech)" 혹은 "부드러운 말하기(soft speech)"라고 하며, 이는 긴장되고 애를 써야 하는 "어려운 말하기(hard speech)"와 비교된다. 아동들은 이러한 다른 방법으로 말하는 방식을 다시 선택한다. 학령기 전 아동들이 선호하는 한 가지 이름은 "곰 인형 말하기(teddy bear speech)"이다. 대부분의 아동들은 보통 부드럽고 껴안을 수 있는 봉제 동물(stuffed animal) 인형을 좋아한다. 나는 쉬운 말하기와 아동들이 봉제 동물 인형들을 느끼는 것과 비교했다. 그리고 우리는 바위와 같은 단단한 것들과 대조하고, 나는 "바위 말하기(rock speech)"라고 할 수 있는 단단하고, 긴장된 말하기를 모델로 제시한다.

먼저, 아동들은 Go Fish 카드 게임을 하는 동안에 사용한 문장들과 같은 짧고, 간단한 문장들에서 새로 배운 구어 스타일을 사용한다. 나는 더 느린 구어를 사용하는 아동에게 구두 칭찬을 많이 한다. 아동들은 함께 놀이를 할 때, 부모들이나 내가 목표로 한 구어 속도를 사용한 말을 듣는다. 때때로, 나는 "잊어버리고", 더 빠르거나 더 긴장된 구어를 사용할 것이다. 아동들은 내가 더 빠르거나 더 긴장된 방식으로 말을 할 때 나를 따라잡는 데 많은 재미를 느낀다. 또한 아동들은 가정에서 가족들이 더 느린 구어를 사용하여 말하는 것을 들을 수 있다. 학령 전 아동들은 느리게 말하는 것을 잊어버린 가족 구성원에게 "속도위반 딱지"를 나누어주는 데 많은 재미를 느낄 수 있다 (Conture, 2001).

부모와 아동이 구조화된 활동에서 느린 구어로 하는 것에 대해 편안해지게 되는 샘플 활동에 대해서는 비디오 클립 7(거북이 말하기 1을 연습하기)을 참조하라.

아동들이 느린 속도나 부드러운 구어(gentle speech)에 더 숙련됨에 따라, 유창성 요구는 증가된다. 아동의 프로파일에 따라, 임상가들은 보다 더 긴 문장과 좀 더 자발적인 구어를 요구하는 활동들을 선택할 것이다. 더불어, 화용적 요구들 또한 대화 속도와 함께 증가된다. 아동들에게 집단에서 의사소통을 할 때 혹은 부모에게 어떤 활동을 설명하거나 형제자매들에게 지시할 때, 새로 익힌 구어 속도를 사용하도록 요구할 것이다. 아동들이 문제-해결 과제들을 할 경우에 인지적 요구들이 부과되었다. 시간이 제한된 게임들을 하거나 현장 학습을 하는 것과 같은 활동에 흥분과 긴장이 관련되면 정서적 요구들이 증가된다.

덜 구조화된 활동들로 좀 더 느린 구어의 사용을 확장시키는 방법에 대한 예는 비디오 클립 8과 9(거북이 말 3 연습 및 스토리텔링)를 참조하라.

어떤 아동들은 비교적 이완된 방식에서 표적 속도로 말을 하지만, 그들이 말하는 문장의 시작 부분에서 여전히 말을 많이 더듬는다. 나는 이러한 아동들이 좀 더 쉽게 시작하도록 하기 위해 문장의 시작 부분에서 단어 전체 반복을 사용하도록 가르치는 것이 도움이 되는 것을 발견했다. 우리는 그 방식을 "쉬운 바운스(easy bounces)" 또는 "바운시 말(bouncy words)"이라고 부르고, 모든 사람들이 때때로 이러한 종류의 말을 사용한다고 아동들에게 말한다. 예를 들면, 우리는 메모리 게임(예: "I I got a ____.")을 하는 동안에 구조화된 문장들의 시작에서 단어 전체 반복을 사용하여 연습한다. 이러한 단어 전체 반복은 본질적으로 느리고 이완되며, 의도적으로 하는 것이다. 임상가는 자발적인 구어와 단어 전체 반복에 대한 코멘트(예: "그것이 내가 하는 쉬운 바운스야.")를 할 때, 문장의 시작 부분에 단어 전체 반복을 모델로 많이 제시한다. 아동이 자발적으로 단어 전체 반복을 사용할 때, 임상가는 그것을 지적하고, 아동이 "바운시 말"을 사용하는 것에 대해 칭찬한다. 부모들이 단어 전체 반복이라고 해서 반드시 말더듬이인 것이 아니며, 정상적으로 유창한 학령 전 아동들도 말을 할 때 단어 전체 반복을 많이 사용한다는 것을 이해하는 것이 중요하다. 만약 부모들이 매우 편안하게 느낀다면, 부모들은 자신들의 구어에서 단어 전체 반복을 모델로 하는 것을 배울 수 있고, 아동이 단어 전체 반복을 사용하는 것도 칭찬할 수 있다.

아동들이 정상적인 비유창성을 사용하도록 돕는 방법과 전략의 사용을 확대하기 위해 아동들이 가족들과 함께 사용할 수 있는 신호(signal)를 개발하는 데 아동들을 참여시키는 방법에 대한 예들은 비디오 클립 10과 11인 쉬운 바운스(easy bounces)와 비밀 신호(secret signal) 가르치기를 참조하라.

아동을 직접 치료하는 동안에, 나는 대화 차례 주고받기(turn taking)란 개념도 가르친다. 나는 아동에게 치료실에는 오직 한 가지 규칙만 있는데, 그 규칙이란 한 번에 한 사람만 말을 할 수 있다는 것이라고 말해준다. 나는 아동들이 말할 차례를 원할 때를 나에게 알려주는 방식을 제시한다. 어떤 아동은 무엇인가를 말하고자 할 때 손을 팔에 올리거나 유치원에서 배운 것처럼 손을 드는 것이 쉽다는 것을 안다. 내가 치료한 많은 어린 아동들의 경우에, 대화 차례 주고받기는 바로 대화가 출현하기 시작하는 기술이라는 것을 명심하는 것이 중요하다.

일부 학령 전 아동들은 유창성을 관리하기 위한 시도로 볼륨(음량)을 사용할 것이다. 이러한 경우에, 나는 아동들에게 "실내"와 "야외"에서 사용하는 음성에 관해 가르친다. 우리는 두 가지 방식으로 말하기를 연습한 다음에 치료실에서 선호하는 "실내" 음성을 확인한다. 적절한 소리 크기의 정도를 모델링하고, 아동의 "실내 음성"의 사용을 칭찬함으로써, 이러한 이차성 행동은 일반적으로 어려움 없이 사라진다.

심지어 매우 어린 아동들이라도 말하는 것이 때로는 어려운 것임을 어느 정도 이해할 수 있기 때문에, 나는 내가 치료하는 모든 아동들에게 이에 대해 코멘트한다. 나는 아동들에게 그들과 함께 놀고 말하는 것이 얼마나 즐거운 것인지에 대해 아동들에게 말하는 것으로 시작한다. 나는 아동들의 스토리텔링하는 능력들을 칭찬하고, 아동들의 유창성 수준과는 관계없이 아동들이 나와 함께 나누는 것들에 많은 관심을 나타낸다. 우리가 놀이를 할 때, 나는 가끔 내가 말하는 것이 나에게 얼마나 어려운 일인지를 중립적인 방식으로 내가 말이나 코멘트를 할 때 거짓-말더듬(pseudo-stutter) 방식으로 나타낸다. 그런 다음에 아동들이 여전히 말하는 방법을 배우고 있기 때문에, 때때로 모든 사람들, 특히 아동들은 아직도 말하는 방법을 배우고 있기 때문에, 가끔 말하는 것에 어려움을 겪는다는 것을 아동들에게 말해주는 코멘트를 한다. 나는 아동들이 이러한 이야기를 나눔에 참여하도록 요구하지 않지만, 그들이 참여할 경우에 아동들의 코멘트를 인정한다.

말을 할 때 투쟁하는 아동 치료하기

만약 아동이 계속 말을 더듬으면, 아동이 말더듬에 대한 불쾌한 경험을 도피하기 위해서 투쟁하는 동안 말더듬은 더 굳어지고 긴장은 고조될 것이다(Gottwald & Starkweather, 1999). 학령 전기 아동들은 말더듬을 멈추기 위한 여러 가지 시도를 할 때 대개 상당히 노골적이다. 아동들은 말이 막힐 때 자신의 뺨을 훅 내밀고, 뺨을 누르고, 발을 구르고, 자기 다리를 때리거나 아래위로 뛰기도 한다. 5세 남자 아동이 나에게 말하기를, 특히 심하게 투쟁한 말더듬을 한 후에는 결코 말을 다시 하지 않았다고 했다. 임상가들은 이러한 아동들이 자신의 말더듬에서 투쟁을 감소시키는 방법을 배우도록 도울 것이다.

행동을 바꾸기 위해, 아동들은 그 행동이 무엇인지, 그 행동이 언제 일어나는지를 반드시 알아야 한다. 내가 치료하는 대다수의 학령기 전 아동들은 자신들의 구어에 대해 생각하고 말하는 데 필수적인 상위언어적 기술들(metalinguistic skills)이 아직 발달되지 않았다. 따라서 아동들이 이해할 수 있는 용어(말)로 말에 대해 이야기하는 것이 도움이 된다. 나는 그 아동이 일반적으로 사용하는 긴장 이완된 형태의 말더듬을 모델로 제시하고, 아동에게 그러한 종류의 말하기를 이름붙여보라고 요구한다. 아동들이 선호하여 제안한 몇몇 라벨들은 "울퉁불퉁(bumpy)", "끈적끈적(sticky)" 및 "미끄러운(slippery)"이라는 것이다. 나는 현재 일어나고 있는 말더듬의 구어 행동을 설명하는 라벨을 아동들이 찾도록 돕는다.

일단 어떤 라벨이 선정되면, 아동들과 나는 각자가 서로 다른 사람들의 구어에서 말더듬을 확인하는 게임을 한다. 우리는 말더듬을 들을 때마다 점수를 모으고, 가장 많이 점수를 모은 사람이 게임에서 승자가 된다. 있는 그대로, 나는 확인한 말더듬 아동의 종류들에 라벨을 붙이고[예: "네, 그것은 범피 구어(bumpy speech)에요!"], 아동들이 들은 것에 대해 칭찬하고, 그 게임을 계속한다. 이러한 활동을 통해서, 아동들은 말더듬이란 회피해야 할 필요가 있는 무언가가 아니라는 것을 배운다. 아동들이 더 많은 점수를 얻기 위해 고의로 말을 더듬기 시작할 때, 아동들은 말더듬에 대해서 좀 더 편안하게 느끼게 되고, 앞으로는 말더듬을 회피하기 위한 노력을 덜 할 것이다.

그 다음에 나는 아동들에게 어떻게 더듬은 단어를 다르게 말하는지를 보여준다. 아동의 요구와 성숙에 따라, 나는 한 개 이상의 수정 전략을 모델로 보여줄 것이다. 만약 아동들이 연장(prolongation)을 많이 사용한다면, 나는 단어나 단어의 일부 중 반복하는 곳에서 느리고, 리드믹하고, 이완된 방식으로 한 번에 하는 "바운싱 구어(bouncy speech)"(예: "s→o"는 "so so"가 된다)를 하는 것을 모델로 나타낸다. 만약 아동들이 반복을 많이 사용한다면, 나는 그 단어를 느린 방식(예: stre-stre-stretchy는 "streeetchy"가 된다)으로 말하는 곳에서 "스트리치 구어(stretchy speech)"를 모델로 제시한다. 막힘이 있는 아동들에게는 어두 자음을 느리고, 부드러운 방식(예: "→she"는 "shhhhhe"가 된다)으로 산출하는 곳에서 "슬라이딩 구어(sliding speech)"를 모델로 나타낸다.

가끔은 비유창성을 수정하여 모델로 제시하는

것만으로도 충분하다. 아동들은 자주 직접적인 지도 없이도 더 쉬운 비유창성을 모방할 것이다. 이러한 경우가 아닐 때, 나는 아동에게 말더듬을 덜 긴장된 비유창성으로 대체하는 방법을 보여준다. 그 다음에, 아동들은 처음에는 나의 지시[예: "너는 그 단어를 바운시 방식(bouncy way)으로 말할 수 있니?"]에 따라, 그 다음에 혼자 독립적으로 그 말더듬을 대체하는 것에 대해 보상받는다. 학령기 전 아동들은 종종 더 쉽고 더 전형적인 비유창성으로 빠르게 전환할 것이며, 그 다음에 투쟁하는 말더듬을 전환할 것이고, 그 다음에는 말더듬을 종료한다.

직접 치료를 실시하는 동안에 계속해서 아동의 감정을 다루는 것이 중요하다. 이 장의 서두에서, 나는 양육 환경에서 감정을 표현하도록 아동에게 기회를 제공하는 것에 대해 언급했을 뿐만 아니라, 말을 하는 것은 아동이 성장하고 배워감에 따라 더 쉬워질 것이라고 아동을 안심시키는 것에 대해서도 언급했다. 나는 임상가들이 아동에게 자신의 감정을 서로 나누고자 할 때 필요한 언어를 제공할 것을 권고한다. 나는 감정 표현을 중심으로 활동들을 계획하고, 학령 전 아동과 함께 무엇이 우리를 화나게 하고, 슬프게 하고, 혼란을 주고, 당황하게 하는지를 살펴보는 시간을 갖는다.

이와 관련하여 유용했던 한 가지 절차는 아동과 함께 동화를 읽는 것이다. 나는 아동이 좋아할 것이라고 생각하고, 또 그 이야기 속에서 아동이 배웠으면 하는 감정들을 보여준다고 생각하는 동화들을 선택한다. 그 동화를 읽은 후에, 아동과 함께 인형을 만들거나 동화 속에 나오는 인물들을 그림으로 그릴 수도 있다. 그런 다음에, 인형이나 그림을 이야기의 등장인물이 표현한 여러 감정들에 대해 이야기하거나 역할 놀이를 하는 데 사용한다. *Goldilocks and the Three Bears(골디락스와 곰 세 마리)*는 우리에게 "무서워하는 것"에 대한 감정을 말할 기회를 제공하고, *The Three Little Pigs(아기 돼지 삼형제)*는 늑대가 표현한 "매우 화가 난" 감정을 역할 놀이 할 수 있는 기회를 제공한다. 마찬가지로, 나는 "슬픈" 감정에 관해 이야기를 시작하기 위해 *Cinderella Story(신데렐라 이야기)*와 *Three Billy Goats Gruf(염소 삼형제)*를 사용해왔다.

한 아동은 감정과 색깔이 관련되어 있었다. 아동의 어머니가 화가 났을 때, 어머니는 아동에게 "빨간" 감정을 느낀다고 말했다. 그 가족은 여러 가지 다른 감정들에 대해 색깔도 다른 것을 선택했다. 예를 들면, 노란색은 행복한 경우이고, 파란색은 슬픈 경우였다. 어느 날 아침에 일어나면서 어린 자녀가 "나는 오늘 빨간 기분으로 일어났어요, 엄마."라고 인사했다. 그리고 그들은 화를 나게 만드는 것들에 대해서 이야기했고, 서로 힘찬 포옹을 하는 것으로 끝을 내었다.

계속되는 의사결정을 돕는 평가방법

평가의 목적은 정상적인 유창성으로 말할 수 있는 아동들의 능력들을 평가하고 현재 그러한 능력들에 스트레스를 줄 수도 있는 요구들을 확인하는 것이다. 평가는 처음으로 전화 연락을 할 때부터 실시되며, 치료 프로그램을 실시하는 내내 계속된다. 각 치료 세션을 시작할 때 실시한 평가는 임상가들이 아동의 유창성이 어떻게 발달되고 환경적 변화에 어떻게 반응하는지를 계속해서 모니터하도록 돕는다.

말더듬 진단하기

가족과의 첫 접촉

첫 전화 접촉은 가족 구성원들이 아동의 유창성에 관한 여러 관찰 사항들과 걱정들을 표현하는 기회이다. 가족들이 말더듬에 대해 잘 아는 누군가와 자신의 걱정을 나누는 기회를 가질 때, 그들이 가지는 불안의 수준은 종종 감소된다. 이것은 임상가에게도 아동들의 구어 능력들과 있을 수 있는 환경적 스트레스 요인들에 대해 알게 되는 좋은 기회이다. 임상가들은 또한 아동들이 현재 말을 더듬고 있고, 또 계속 말을 더듬을 가능성을 평가하기 시작할 것이다. 나는 말더듬에 대한 가족들의 질문들에 답하고, 유창성 및 말더듬 발달에 대한 정보를 제공한다.

전화상으로 가족들과 이야기를 하는 동안에, 나는 가족들에게 성, 말더듬 가족력, 말더듬이 발생한 이후 경과 기간, 말더듬 문제의 발달, 기타 구어, 언어, 또는 발달 장애의 존재 등과 같은 지속성 말더듬(Ryan, 2001; Yairi et al., 1996)에 대한 위험 요인들의 존재를 결정하기 위해 질문을 한다. 만약 많은 위험 요인들이 존재하거나, 가족들이 아동의 말에 대해 지나친 걱정을 표현한다면, 나는 가족들이 치료의 필요성을 확인하기 위한 공식적인 평가를 고려하도록 권장한다. 전화 상담만으로 가족들에게 아동을 위해 정상 유창성의 발달을 조성하는 데 필요한 정보와 지원을 제공할 경우가 있다. 가족들이 전화 접촉 후에 아동들의 유창성을 관리하는 데 편안함을 느낄 때, 나는 다음 수개월 이상에 걸쳐서 우리가 계속 접촉을 유지하는 것이 유창성에 대한 그들의 관심을 다시 한 번 더 강화하는 것이라고 제시한다.

가족과 학령 전 아동 담당 직원과 인터뷰하기

이 부분의 공식적인 평가의 목적은 아동의 구어, 언어, 운동 발달, 말더듬 내력 등에 대한 상세한 데이터를 포함하여 기본적인 가족력 정보를 수집하는 것이다. 이 인터뷰는 또한 우리가 유창성에 스트레스를 줄 수도 있는 환경적인 변인들을 확인하고, 가족 및 교사들이 받기를 원하는 정보의 종류를 결정하고, 치료 시에 적극적으로 참여해야 할 이러한 의미 있는 사람들에게 정서적 지원을 해야 할 수준을 평가하는 데 도움을 줄 것이다.

내가 치료한 아동의 아버지는 자녀의 말더듬이 설소대가 너무 짧기 때문이라고 생각했다. 또 다른 어머니는 남편과 자신이 조부모에게 남겨두고 휴가를 가버렸기 때문에 자녀가 말을 더듬게 되었다고 확신했다. 두 가족이 인터뷰를 하는 동안에 자녀에게서 말더듬이 발달하는 데 가장 많이 영향을 미친 것 같은 복합 요인들을 더 잘 이해하도록 제공해준 정보와 정서적 지지로부터 이득을 볼 것이 분명했다.

분석용 구어 샘플 수집하기

나는 여러 능력들과 요구들을 모두 직접적으로 평가하기 위해 아동이 가족, 교사 및 나와 상호작용하는 것을 녹화한 샘플을 수집한다. 가능하다면, 가족들도 가정과 유치원에서 아동들과 상호작용하는 비디오테이프를 만든다.

가족의 집에서 녹화한 부모-자녀 놀이 세션들의 샘플은 비디오 클립 12(초기 부모-자녀 상호

작용)를 참조하라. 당신은 아동의 말더듬뿐만 아니라 부모의 상호작용 스타일을 관찰할 수 있을 것이다. 부모들은 아동의 놀이에 참여하고 아동의 아이디어에 대한 칭찬을 한다. 그러나 부모들은 많은 다양한 질문들을 묻고, 빠르게 말하고, 때로는 아동에 관해 말하기도 한다.

적어도 세 가지 다른 내용에서 얻은 비디오테이프 샘플들을 전사하고, 각 참여자들이 각 샘플의 중간에서 얻은 최소 25발화(상호작용당 300~500음절)를 아동과 성인 모두의 행동들을 검사하는 데 사용했다.

직접적인 성인 구어 평가

이 장의 앞에서 말한 것과 같이, 성인 구어의 어떤 측면들은 아동의 유창성에 영향을 미칠 수도 있다(Starkweather & Gottwald, 1993). 이러한 변인들에는 구어 속도, 길고 복잡한 대답을 요구하는 질문들, 구어 요구 및 방해 등이 포함될 수도 있다. 따라서 하나의 평가 요소는 상호작용하는 데 상당한 시간을 소요하는 아동들과 같이 있는 사람들(예: 부모, 교사 및 형제자매)에게서 이러한 구어 변인들을 측정하는 것이다. 나는 가족과 교사들이 아동들과 상호작용할 때 가족과 교사들의 말을 먼저 듣고, 그 후에 그들의 구어 속도를 주관적으로 측정한다. 만약 내가 가족 구성원이나 교사가 아동보다 훨씬 더 빠르게 말하는 것을 관찰하면, 나는 성인의 구어 샘플을 비디오테이프로 녹화 수집하고, 샘플을 전사하고, 비교적 길이가 같은 10개의 연속적인 발화들의 구어 속도를 측정할 것이다.

학령기 전 말더듬 아동들이 길고, 복잡한 발화들을 사용할 때, 말더듬이 더 많이 일어난다는 연구 결과가 있다(Weiss & Zebrowski, 1992; Wilkenfeld & Curlee, 1997). 따라서 나는 부모들과 교사들이 아동에게 더 길고 더 복잡한 반응들을 요구하는 질문의 수를 센다. 예를 들면, "아직 끝내지 못했니?"와 같은 질문은 "오늘 선생님이 왜 너의 공을 가지고 가셨니?"라는 질문보다 적게 요구하는 질문이다. 이와 같이, 만약 말더듬 아동들이 "오늘 공원에서 어떤 일이 있었는지 아버지께 말씀드리렴."과 같이 구두로 반응하도록 요구받는다면, 여러 세부사항들을 기억해야 하고, 대답할 언어를 구조화해야 하고, 성인의 관심을 유지해야 하고, 더 길고 더 복잡한 문장을 산출해야 한다는 스트레스가 아동들이 말을 더듬게 되는 충분한 이유가 될 수 있다. 따라서 나는 아동에게 요구된 여러 언어 과제들의 복잡성을 검토한다.

또한 연구 결과는 말의 방해(중단; interruptions)와 말더듬 사이에 관계가 있을 가능성을 보여준다(예: Kelly & Conture, 1992; Winslow & Guitar, 1994). 이러한 점을 근거로 하여, 나는 성인들이 아동들의 말과 동시에 겹쳐서 말하는 빈도를 세었고, 성인들이 자녀들에 비하여 말한 시간이 얼마나 많은지를 측정했다. 만약 그 성인이 대화 흐름을 독차지한다면, 아동들은 자신의 생각을 표현하는 데 시간적 압박감을 느낄 것이다. 다른 한편으로, 만약 성인이 전혀 고려하지 않고, 아동들이 전체적인 상호작용에 책임이 있다면, 이 추가적인 의사소통 압박감이 또한 유창성에 스트레스를 주는 것으로 나타날 것이다.

평가의 이 단계에서, 임상가들은 또한 성인들이 아동의 말더듬에 어떻게 반응하는지를 검사할 것이다. 한 단일 사례 연구에서, Guitar 등(1992)

은 어머니의 비수용적인 발화가 자녀의 투쟁하는 말더듬과 유의미한 관련이 있다고 했다. 말더듬과 관련된 구두 언어적 코멘트들이 기록되고, 얼굴 표정과 신체 움직임 등과 같은 비구어적 반응들도 기록된다. 또한, 나는 성인들이 말을 더듬는 아동에게 말한 긍정적이거나 부정적인 반응의 수를 세는 것이 유용하다는 것을 발견했다. Shames와 Florance(1980)는 이 점에 있어 수용적이거나 비수용적인 표현들을 부호화하는 방법을 제공했다. 만약 아동들이 부정적인 코멘트를 많이 받고, 자신의 말에 투쟁을 한다면, 자아존중감은 위태로워질 것이다. 만약 아동들이 자신의 여러 능력들에 대해 부정적으로 느낀다면, 수행에 대한 아동들의 부정적인 기대들이 강화되고, 그렇게 되면 말더듬은 더 쉽게 발생할 것이다.

아동의 구어, 언어, 유창성 기술 분석하기

어떤 아동이 말을 더듬고 있는지 아닌지를 결정하기 위해, 나는 유창성 문제의 빈도와 심한 정도 모두를 평가한다. 만약 아동이 산출한 음절의 3% 이상을 더듬는다면, 그들은 말더듬 문제를 가진 것으로 간주한다. 또한 그 문제의 심한 정도 수준은 다음과 같은 여러 요인들에 근거한다.

- 말더듬의 빈도
- 반복(repetition)당 반복 단위(iterations) 수
- 반복의 속도(rate)와 리듬(rhythm)
- 적절한 모음을 중성모음(schwa)으로 대치함
- 말더듬의 유형(연장과 막힘이 있을 경우 더 심한 것임)
- 연장과 막힘의 길이
- 음도 상승, 떨림(진전; tremors), 강도 변화 등의 유무
- 이차 행동의 유무
- 또래 아동이나 가족/교사 등이 말더듬에 대해 보이는 관찰가능한 반응
- 유창성을 지원하는 수용 범위의 문제
- 시범 치료(trial therapy)에 대한 반응

먼저, 나는 구어 샘플에서 유창한 음절의 수를 세고, 그 음절들을 산출하기 위해 사용한 노력의 수준을 평가한다. 나는 또한 나타난 정상적인 비유창성 유형을 세고 기록한다. 아동의 유창한 구어의 속도는 이 때 측정한다.

다음으로, 일차성 말더듬의 수와 종류가 기록된다. 이러한 계산에 포함되는 말더듬의 유형들에는 ① 단음절 단어 반복, 단어 부분 반복, 음소 반복, ② 음도 상승이 있는 연장 혹은 음도 상승이 없는 연장, ③ 단어를 말하기 전 막힘 또는 단어 중간에 막힘 등이 있다. 총 음절당 발생 빈도를 결정하며(예: 더듬은 음절의 %), 총 말더듬당 각 말더듬 유형의 발생 빈도도 결정한다. 만약 어떤 아동이 근육 긴장이 증가되어 많은 수의 막힘을 사용한다면, 이것은 치료 기간뿐만 아니라 치료 방법의 선택에 대한 예후적 상태에 영향을 미칠 수 있다. 예를 들면, 반복이 많고 말 속도가 빠른 아동은 속도 감소 치료에 잘 반응할 수 있을 것이다. 반면에, 막힘이 많은 아동은 이미 천천히 말을 하고 있고, 막힘 대신에 좀 더 정상적인 비유창성으로 대체하도록 설계된 프로그램에서 더 많은 이익을 얻을 수 있을 것이다.

반복되는 각 구어 형태에서 매 반복당 평균 반복 횟수도 계산한다. 이러한 반복의 속도와 리듬을 평가하는 이유는, 빠르고 불규칙적인 반복이

좀 더 진전된 말더듬 문제를 나타내기 때문이다. 마지막으로, 음도 상승, 음성 떨림, 말더듬 근처에서 성량의 변화 등이 일어나는데, 이는 이러한 요인들이 긴장의 증가와 말더듬 문제가 좀 더 진전된 것을 나타내기 때문이다. 이러한 비공식적인 계산 이외에도, SSI 3판(Riley, 1994)과 같은 공식적인 말더듬 측정 도구는 아동들의 말더듬과 대표적인 말더듬 아동 집단의 말더듬을 비교하기 위해서 실시된다.

이차 행동들의 수와 종류들이 언급되었다. 학령기 전 아동들은 매우 자주 말더듬을 회피하거나 도피하려고 노력한다. 내가 치료한 몇 명의 어린 아동들은 어려움을 겪는 단어를 말하기 위해서 투쟁할 때 발바닥으로 바닥을 치고, 펄쩍펄쩍 뛰고, 빙빙 도는 등의 행동을 했다.

또한 임상가들은 유창성을 촉진하는 성인의 구어, 언어 및 상호작용 행동들을 아동들과 함께 직접적으로 확인하는 작업을 할 것이다. 임상가들은 아동과 함께 놀이를 하는 동안에 다양한 유창성을 향상시키는 전략들을 사용할 것이다(Starkweather et al., 1990). 이러한 전략들은 가족 놀이 세션에서 관찰하여 감지한 요구들에 따라 아동마다 다를 것이다. 예를 들면, 만약 부모들이 임상 놀이 세션에서 요구하는 질문들을 많이 사용한다면, 나는 그러한 상호작용 변화가 아동의 유창성에 영향을 미치는지를 보기 위해 복잡한 질문들은 피할 것이다.

말더듬에 대한 아동들의 자각과 반응뿐만 아니라, 이 주제를 다루려고 하는 그들의 의지를 평가하는 것도 도움이 된다. 심지어 내가 치료한 어떤 매우 어린 아동들이 자신이 말하는 것에 어려움을 겪는 것에 대해 걱정을 표현했다. 부모들은 아동이 "엄마, 왜 나는 그 단어를 말할 수 없어요?"라고 질문한 사실을 보고했고, 아동들은 나에게 "나는 바르게 말하지 않아요.", "나는 말할 수 없어요."라고 말했다.

나는 우리가 놀이를 할 때, 거짓-말더듬(일부러 꾸며 하는 말더듬; pseudo-stuttering)을 함으로써 아동들의 자각을 평가하고, 걱정하지 않는다는 태도를 반영하며, 때로는 나의 구어가 범피(bumpy)/스티키(sticky)하다고 있는 그대로의 방식으로 코멘트하기 시작한다. 만약 아동들이 나의 거짓-말더듬에 대해 어떤 방식으로든 눈에 띄게 반응하지 않는다면, 나는 다시 한 번 거짓-말더듬을 하고는 그것을 코멘트할 것이고, 아동들이 한 번이라도 범피/스티키한 구어를 사용하도록 아동들에게 요구할 것이다. 이 때 아동들은 자주 눈을 크게 뜨고 나를 바라보면서, "나도 그와 같은 말을 하네요!"라고 나에게 말한다. 이것은 임상가가 아동이 이해할 수 있는 언어를 사용하여 안심시키는 방식으로 아동에게 말하는 기회를 제공한다.

유창성은 여러 영역에서 여러 능력들이 관여하여 나오는 것이기 때문에, 말더듬을 진단평가하는 동안에 그러한 능력들을 평가하는 것이 필수적이다. 임상가들은 다양한 공식적인 측정 도구와 비공식적 측정 도구를 사용하여 아동의 조음, 수용 및 표현 언어 기술, 화용적 기술 등을 평가한다. 인지적 기술, 대근육 운동 기술과 소근육 운동 기술, 사회·정서적 기술 등은 아동의 놀이, 다른 사람들과의 상호작용, 평가 절차에 대한 아동의 반응 등을 통해 비공식적으로 평가될 수 있다. 만약 비공식적 평가 후에 중요한 점이 발생한다면, 아동들은 공식적인 평가를 위해 적절한 분야로 의뢰되어야 한다.

피드백 세션에서, 나는 제일 먼저 가족들에게 구어 운동, 언어, 인지, 사회-정서적 수용 영역 등에서 자녀의 발달 수준에 대한 정보를 제공한다. 그런 다음에 나는 자녀의 유창성을 지원하거나, 스트레스를 주는 것 같은 특정한 환경적 요인들에 대해 이야기한다. 나는 반복적으로 가족들과 교사들에게 그들이 현재 아동들과 상호작용하는 방법이 틀리지 않았으며, 그들의 상호작용 스타일이 말더듬을 발생시키지 않았다고 말한다. 사실, 나는 그들에게 거의 모든 가족들이 대부분의 아동들에게 정상적인 유창성 발달을 강화하는 전형적인 생활 방식을 나타낸다고 말한다. 말을 더듬고 있는 아동은 어떤 방식에서는 소인(素因)이 있는 것 같다. 나는 부모들에게 짧은 기간 동안에 환경적 변인들을 바꿈으로써, 가족들은 이러한 아동의 독특한 유창성 요구보다 더 잘 충족시킬 수 있다고 말한다.

지속적 평가

각 치료 회기의 첫 10분은 ① 아동의 현재 유창성 수준, ② 잠재적인 유창성 요구들(demands)을 평가하는 데 할애된다. 가족은 치료 세팅에 따라 함께 놀이를 하거나 아동의 유치원 교실에서 상호작용을 한다. 임상가들은 그 상호작용을 관찰하고, 지난 회기에 요구했던 것으로 확인된 환경적 변인들의 상태를 기록한다. 임상가들은 또한 지난 치료 회기 이후에 생겨났을 수도 있는 또 다른 요구들도 기록할 것이다. 데이터 컬렉션 그리드(자료 수집 인터넷망; data collection grid)를 사용하여, 임상가들은 아동이 이러한 상호작용을 하는 동안에 산출한 100음절 코퍼스(100 syllable corpus)당 말더듬 빈도를 계산할 것이다.

이 10분 동안의 끝부분에서, 부모들 및/또는 교사들은 가정에서 매일 실시한 평가들을 공유할 것이다. 성인들은 하루 전반에 걸쳐서 사용한 아동의 전반적인 유창성의 수준을 평가하기 위해 숫자 척도를 사용한다. 이 숫자 평가 척도는 Onslow, Packman과 Harrison(2003)이 설명한 것 중 하나에 근거한다. 이는 부모들이 1부터 10까지의 수를 선택하는데, 1은 아동들이 하루 종일 정상적인 유창성을 사용한 것을 나타내고, 10은 아동이 지금까지 보여준 가장 심한 말더듬과 관련된 것이다. 그런 다음에 성인들은 이것을 자녀의 유창성 변화 및 유창성 수준의 변화에 영향을 미쳐왔을 수 있는 환경적 변인들을 말하기 위해 그래프로 나타낸다.

즉각적이고 장기적인 결과 평가하기

아동의 말더듬 빈도와 심한 정도가 감소하고, 가족이 아동의 유창성 발달을 지원하기 위한 환경을 바꾸는 방법을 배움에 따라, 치료 회기는 여러 달 동안 격주로 줄이고, 그 다음에는 몇 달 동안은 한 달에 한 번으로 줄인다. 나는 자녀의 말더듬 빈도가 3% 미만으로 음절을 더듬고, 투쟁하는 말더듬이 제거되었을 때 치료를 종료할 수 있는 여건 중 일부가 충족되었다고 생각한다. 이 때, 가족들이 종료를 하기 전에 자녀의 유창성을 다루는 것에 대해서 편안함을 느껴야 한다.

가족들은 치료 세션을 언제 감소할 것이며, 얼마나 자주 치료 세션들을 계획할 것인지에 관한 결정을 할 때 참여한다. 어떤 가족들은 다른 가족들에 비해 개별 세션을 빨리 종료하는 것에 충분한 자신감을 느낀다. 가족들이 치료를 종료하면, 가족들에게 아동의 유창성, 구어 및 언어 기능 등과 같은 어떠한 측면에 관한 질문이 있을 때는 언제라도 치료실로 전화하도록 권장한다. 나는 치료 종료 이후 일반적으로 1년 동안 가족들과의 전화 연락을 유지한다. 만약 가족들이 1년 후 전화상의 사후 점검에서 아동들이 정상적이거나 정상에 가까운 유창성을 계속하여 보인다고 보고하면, 차후에 가족들이 연락을 요구하지 않는 한 더 이상의 연락은 하지 않는다.

개별 환자에게 적합한 치료법의 조정

이 장에서 설명된 다차원적 접근법은 임상가들에게 초기 말더듬에 대한 개별화된 치료를 개발하는 토대를 제공한다. 다차원적 접근법은 융통성 없는 지시사항들로 계획되지 않았다. 대신에, 다차원적 프로그램은 임상가들이 가족들의 개별적인 여러 요구들을 충족시키기 위해 계속적인 방식으로 변형하여 전개할 수 있는 중재방안을 제공한다. 이 중재 방법을 실행할 때 보이는 이러한 융통성은 다차원적 접근법의 성공에 있어 필수적이다.

개인들은 다른 여러 방법들로 변화에 반응한다. 어떤 사람들에게는 그들의 행동에서 차이를 알려주고, 그 변화 과정을 받아들이는 것이 더 쉽다. 모든 가족 구성원이 그 프로그램의 모든 측면에 참여할 필요가 없다고 가족들에게 말한다. 나는 가족 구성원들이 편안하게 느낄 수 있는 치료 요소에 초점을 맞추도록 격려한다.

언젠가 나는 부모 모두가 사업 관련 직업을 가진 부모들과 함께 치료한 적이 있었다. 부모들은 외아들의 말더듬 문제를 매우 걱정했으며, 부모 모두가 첫 평가에 참가했다. 우리가 치료 프로그램에 대해 이야기할 때, 아버지는 자신의 구어 속도를 느리게 하는 능력에 대한 의구심을 표현했으며, 어린 아들과 바닥에서 놀이를 하는 것에 대해 불편함을 느낀다고 이야기했다. 반면에, 어머니는 좀 더 이완된 방식으로 말하는 것을 배우는 데 흥미가 있다고 이야기했으며, 가정에서 유창성을 지원하는 놀이 환경을 만드는 방법을 배우기를 원했다. 그래서 어머니는 자신의 의사소통 스타일을 조절하는 한편, 아버지는 어머니의 여러 노력들을 지원했다. 아버지는 또한 아들의 향상하고 있는 구어 기술들을 칭찬했다. 부모 모두는 유창성과 말더듬에 대해 배웠다. 이러한 가족 참여가 이루어진 후, 아동의 유창성은 11세선경에 정상적인 수준으로 향상되었으며, 그 향상은 다음 해에 걸쳐서 유지되었다.

문화적, 언어적, 사회경제적 배경이 다른 가족들과 치료할 때, 임상가들이 개별 가족들에게 익숙한 시스템에 대해 아는 것이 기본이다. 그 후에 임상가들은 그들과 함께 치료하는 가족들의 욕구를 가장 잘 조화시키기 위해 다차원적 치료법을 변경할 수 있다. 내가 필라델피아 주에서 히스패닉인인 이웃을 치료할 때, 나는 그 이웃의 말더듬 아동의 어려움에 대해 의논하기 위해 유치원 모임에 그 아동의 부모들을 먼저 초대했다. 나는 소위 '전문가'로서, 가족들을 문제 해결하기와 계획하기에 적극적으로 관련시키는 것에 어려움을 느꼈다. 사회복지사와 문화적 차이에 대해 토의한 후에, 나는 낮에 커피 마시는 시간을 정하기 시작했다. 나는 말더듬 아동의 가족뿐만 아니라 친척들과 친구들을 초대했다. 우리는 둘러앉아 다과를 먹으면서 우리의 생활과 아동들의 생활에 대해 말했다. 이 이웃 가족들은 격식이 없고, 이웃이란 것에 기반한 중재에 대해 더 편안한 마음을 가졌다. 이러한 방식으로, 네트워크를 확장(말더듬 아동의 친척, 친구, 이웃사촌들)시킴으로써 유창성과 말더듬의 발달에 대해 배우게 되었고, 아동의 어머니가 유창성 요구들을 감소하도록 돕는 데 참여하게 되었다.

내가 치료했던 아동들의 가족들은 종일 근무와 자녀들을 위한 많은 활동 스케줄로 짜여 있는 경우가 많았다. 어떤 가족들에게는 자녀와 함께 주 1회의 치료 세션과 매일의 구어 놀이 시간에 시간을 할애하는 것이 어려웠다. 나는 가족들이 근로 시간 외(예: 이른 저녁, 점심 시간 약속)에 만날 수 있는 기회를 더 많이 제공하도록 내 스케줄을 조정했다. 나는 또한 가족들이 구어 놀이 시간을 이미 일상적인 스케줄(예: 목욕 시간, 이야기 시간)의 한 부분으로 되어 있는 활동 속에 반영하도록 도왔다.

이 방법을 실시할 때 겪게 되는 최종적인 어려움은 아동들과 관련되어 있다. 연구 결과들(Anderson et al., 2003; Olyer & Ramig, 1995)이 제시하는 바와 같이, 말더듬 아동들은 정상적으로 유창하게 말하는 또래들에 비하여 더 민감할 수도 있다. 내가 치료했던 어떤 아동들은 자신들의 말더듬을 직접적으로 치료하는 것을 거부했다. 그러한 아동들은 자신들의 말더듬을 수정하도록 하는 나의 제안들을 즉각적으로 비평했다. 이러한 집단의 아동들이 말더듬을 편안하게 바라보고, 말더듬을 다루고, 궁극적으로는 말더듬을 변화시키려는 마음을 가지도록 하는 데는 상당한 시간이 소요되었다. 나는 아동이 말더듬에 대해 탐구할 수 있도록 안전하고 재미있게 유도하면서, 아동들에게 적합한 더 느린 속도로 나아갔다. 그 아동들의 가족들은 말더듬에 대해 개방적으로 말하는 방법, 즉 실제로 더듬고 있는 방식의 문제와 자녀들이 느낄 것으로 예상되는 감정을 반영하는 방법 등을 배웠다.

개별 환자에게 적용: Merrill 가족

평가

처음으로 전화로 대화를 하는 동안에, Merrill 부인은 최근에 말더듬 문제가 좀 더 두드러지게 된 3.5세 아들의 지속성 말더듬 문제에 대해 상당한 걱정을 표출했다. 그녀는 Chris가 "약 2세경에 말을 하기 시작한 이후"로 말을 더듬어 왔으며, Chris가 최근에는 자신이 왜 말을 잘 할 수 없는지에 대해 어머니에게 물어왔다고 보고했다. Merrill 부인은 Chris가 자신의 구어 문제에 대한 반응에 대해 걱정했고, "가능하면 빨리 이 문제를 치료할 수 있길 원한다."고 했다.

Chris는 첫 평가 시에 3세 9개월이었다. Chris의 어머니, 아버지와 7세인 형 Kevin이 그의 평가 세션에 동행했다. 처음 20분 동안에 가족들이 함께 놀이를 했는데, 나는 나중에 분석하기 위해 그 상호작용하는 모습을 녹화했다. 내가 잠재적인 유창성 방해 요인들이라고 느꼈던 가족들의 상호작용 특성 중의 몇 가지는 다음과 같다.

- 부모들이 질문들을 많이 했는데, 때로는 대답할 때 복잡한 언어를 요구하는 경우도 있었다.
- 부모들은 아동의 수준에 맞춰 말하지 않았다. 부모들은 Chris의 놀이에 대해 가끔 코멘

트를 했지만, Chris와 함께 놀지는 않았다.

- 부모들은 Chris가 놀이를 하고 있을 때, 부정적인 제안을 시작하면서, Chris가 다르게 놀 수 있는 방법을 자주 제시했다(예: "아니야, Chris, 이런 식으로 해.").
- 어머니는 Chris가 문장 사이에 아주 짧게 멈춘 시간보다 훨씬 빠르게 말하였다. 그녀가 말한 문장들은 일반적으로 길고 복잡했다. 아버지는 좀 더 느리고, 좀 더 이완된 상호작용 스타일을 사용했다.

부모와 함께 사례사 인터뷰를 하는 동안에, 나는 부모들이 사설기관에서 재무분석가로 일하고 있음을 알게 되었다. Chris는 주 5일 유치원에 다녔고, 형이 등교시와 하교시에 동반했다. 부모들은 그들의 하루가 일, 특별 교육 활동, 가정 일 등으로 아침부터 저녁까지 항상 바쁘다고 했다. Merrill 부인은 그들이 가족 지원 네트워크를 가졌고, 두 자녀들은 사촌들과 함께 상당한 시간을 보냈다고 했다.

그의 부모들과 형제와 함께 놀이하는 동안에, Chris는 말한 음절의 6.42%를 더듬었다. 말더듬에는 약간의 음도 상승과 함께 연장이 많은 비율을 차지했다. 말더듬 이후에는, Chris는 종종 조용히 있었으며, 가끔 부모들이 물어도 대답을 하지 않았다. 내가 Chris와 그의 형과 놀이를 할 때, Chris는 말한 음절의 5.4%를 더듬었다. 또다시, 연장이 주 말더듬 형태였고, 종종 연장에 긴장 증가를 동반했다.

Chris는 이해 및 표현 언어 검사에서 높은 쪽의 평균 범위에 있는 점수를 획득했다. 마찬가지로, Chris의 조음 기술들은 그의 연령에 적절했으며, 구어도 알아들을 수 있었다. Chris는 평가 시간 동안에 복잡한 레고 구조물을 만들었으며, Chris의 부모들은 Chris의 학업 전 여러 기술들의 숙달에 대해서는 유치원에서 가장 뛰어났다고 보고했다.

Chris의 부모들은 Chris가 새로운 상황에 적응을 하는 데는 오랜 시간이 걸리는 민감한 아동이라고 했다. Chris에게 변화는 어려운 것이며, Chris의 기대들이 충족되지 않을 때에는 빠르게 불안해했다. 또한 Chris의 부모들은 Chris가 또래와 성인들에게 편안함을 느끼게 되면 너그럽고 충실해진다고 보고했다.

중재 프로그램

가족 요소

가족들이 처음으로 배운 것은 좀 더 느리고, 좀 더 이완된 구어 스타일을 사용하는 것이었다. 우리는 아동들뿐만 아니라 부모들에게도 의미 있는 이미지를 제공하기 위해 그렇게 말하는 것을 "거북이 말"이라고 라벨을 붙였다. 그 모델(거북이 말)은 좀 더 느린 말 속도뿐만 아니라 이완된 대화 속도도 포함한다. 가족들은 서로 대답하기 전에 쉼을 갖는 것을 배웠다. 가능한 한, 가족 구성원 모두가 이러한 가족들에게 초점을 맞춘 세션들에 참여했다.

Chris는 집에서 가족들이 느린 구어를 사용하는 것을 모니터링하는 것을 좋아했다. Chris는 가족들이 더 빠른 구어를 사용하는 것을 알아차릴 때마다 부모들에게 속도위반 딱지를 주었다. Chris는 치료실에 올 때마다, 부모가 그 주에 받은 티켓의 수를 자랑스럽게 보고했다.

가족이 실시한 그 다음 변경은 유창성 요구들을 최소로 하는 이완된 방식에서 매일 함께 노는 15분에서 20분 동안을 확보하는 것이었다. 부모들은 이 구어 놀이 시간을 교대로 실시했고, Chris의 형도 자주 참가했다. 치료 시에 논의를 한 후에, 부모들은 활동들을 선택하고, Chris가 정상적으로 유창하거나 또는 거의 유창해지도록 하는 방식으로 상호작용을 구조화하는 법을 배웠다. Chris의 유창성 기술들이 향상됨에 따라, 그 가족은 서서히 요구들을 증가시키고 구조들을 감소시켜 나갔다.

그 가족은 그날 동안, 특히 구어 놀이 시간 동안에 Chris의 전반적인 유창성을 평가하기 위해서 매일 매일의 상황을 도표로 만들었다. 우리는 그러한 평가를 사용했고, Chris의 유창성에 영향을 미친 다른 요인들을 논의하기 위해 가족들이 도표에 적을 것을 기록했다. 부모들은 피로가 말더듬의 증가와 밀접하게 관련되어 있는 것을 알았다. 그래서 Merrill 부부는 아동들이 매일 저녁 적당한 시간에 잠들도록 하여, 구조화된 취침 시간을 실시했다.

Chris는 아버지보다는 어머니와 이야기할 때 더 많이 더듬는 것 같았기 때문에, 우리는 유창성과 관련이 있을 수 있는 상호작용 스타일에서 나타나는 차이점들에 대해 이야기했다. 여러 유형의 가족 상호작용에 관한 테이프들을 보고 난 후에, Merrill 부인은 Chris에게 하는 질문의 수를 줄이기로 결심했다. 우리가 Chris와 함께 놀이를 할 때, Merrill 부인은 질문을 하는 대신 설명을 하는 연습을 했다. Merrill 부인은 치료실에서 이렇게 하는 것에 편안해지자 그 기술을 집에서 하도록 전환했다. 그녀는 Chris에게 질문을 하기 시작하는 자신을 여러 번 알아차렸다고 말했다. 그녀는 멈추었고 자신의 아이디어를 코멘트하는 것으로 바꾸어 말했다.

Chris를 위한 직접 치료는 우리가 소위 "거북이 말(turtle talk)"이라고 부르는 이완된 구어(relaxed speech) 스타일을 사용하는 것을 중심으로 진행했다. 처음에는, Chris가 연습 활동이 놀이 중심이고, 재미있고, 보상이 주어졌을 때조차도 이 새로운 말하기 방식을 사용하는 데 흥미를 보이지 않았다. 그러나 Chris에게 "경찰관"이 되어, 자신의 가족들이 사용하는 느린 구어(slower speech)를 평가할 기회를 주었을 때, Chris는 모든 상황에서 "거북이 말" 하는 것을 배우는 것에 좀 더 관심을 보였다. 나는 Chris가 더 느린 구어, 더 부드러운 구어를 사용하는 것과 Chris가 부모의 구어 속도를 판단하는 것에 대해 자주 칭찬을 해주었다.

Chris는 또한 언권 교환(turn taking)의 중요성에 대해 배웠다. 그는 다른 가족들, 특히 형의 말을 종종 방해했다. 우리는 사무실에서 게임을 하여, 언권 교환을 적절하게 실시하면 점수를 받았으며, 그 후에 가족이 가정에서 동일한 게임을 했다. Chris가 부모들의 주목을 받기 원할 때에는, Chris가 말을 시작하기 전에 부모들에게 가까이 다가가서, 부모의 팔에 자신의 손을 올려놓고, 가족이 Chris를 쳐다볼 때까지 Chris가 기다리도록 정했다.

8주에 걸쳐 진행된 5회기 동안에, Chris는 치료실에서 정상적인 유창성(<1% 말더듬 음절)을 사용하는 능력이 발달했다. 부모도 가정에서 유창성이 상당히 향상되었다고 보고했다. 직접 중재 이후 4주의 방학 후에, Chris의 부모들이 가정에서

정상적인 유창성에 근접한 구어 사용을 지속했다고 보고했다. 그 이후 6개월에 걸쳐 가정으로 전화를 하는 동안에, 부모 보고에 따르면 Chris는 전혀 말더듬 없이 정상적인 유창성을 지속했다.

사례 연구

John은 4.5세의 소년으로, 가족들과 함께 중정도의 말더듬 문제를 나타내어 지난 7개월 이상에 걸쳐서 1,930분의 치료 회기들에 참여해왔다. 초기 평가 동안에, Jonh은 세 가지 다른 말하기 상황에서 평균 8.6%의 음절 말더듬을 나타내었다. 그의 주요 말더듬 형태는 음 연장이었고, 가끔 음도 상승이 있었다. John은 2세에 말을 더듬기 시작했고, 그의 어머니는 말더듬이 그 이후에 빈도와 투쟁에서 증가해 왔다고 보고했다. John의 조음 능력은 낮은 평균 범위에 있는 반면에, 언어 능력은 99%로, 평균 이상의 범위로 평가되었다. John에게는 상당히 말을 많이 하는 누나 두 명이 있었고, 말더듬의 가족력이 있었다. John의 아버지는 업무 관계로 자주 이동했고, 치료 회기들에 참여할 수 없었다.

첫 3개월 동안의 치료에서, John은 말을 더듬는 구어(예: "어색한") 대신에 느리고, 더 이완된 구어 스타일의 사용을 학습했다. 3개월 말경에, John은 마지막 3회기의 치료 동안 평균 3.7% 음절로 말을 더듬었다. 그의 어머니는 가정에서도 유창성이 증가되었다고 보고했다.

그 후에 John과 가족들은 1개월간의 여름 방학을 한 후, 사후 점검을 위해 방문했다. 이 방문에서, John은 세 가지 다른 구어 샘플에서 평균 3.2%의 음절 말더듬을 나타내었다. 말더듬 형태는 주로 단어 전체 반복과 단어 부분 반복이었다. John의 어머니는 그 달 동안에 가정에서 전반적인 매일의 유창성 수준을 위와 같은 정도로 측정했다. John은 이 기간 동안 평균 2로 평가되었는데, 1은 정상적인 유창성을 나타내고, 10은 고도 말더듬을 나타내는 것이었다. 이러한 호전되고 있는 유창성 평가에도 불구하고, John의 어머니는 John이 유치원에 다니기 시작했고, 이것이 John의 유창성에 어떻게 영향을 미칠 것인지를 확신하지 못하기 때문에 가끔 내 사무실로 방문을 계속하기를 요청했다.

그 후 3개월에 걸쳐서, John과 그의 어머니와 여동생들은 한 달 1~2회 30분간의 치료 세션에 참여했다. John의 가족들은 대화 차례를 주고받는 방법과 각 가족 구성원이 말할 차례를 가지는 방법에 대해 배웠다. 게다가 John은 좀 더 느리고, 좀 더 이완된 구어 스타일을 유지하면서 실내에서 사용하는 음성을 배웠다. John의 어머니는 이 기간 동안에 1은 주로, 2는 가끔으로 집에서의 John이 하는 구어를 평가했다. 우리가 John의 유창성이 2 수준이었던 날들에 대해 논의할 때, 그의 어머니는 그런 날에 발생했던 적은 양의 말더듬에 영향을 미칠 가능성이 있는 변인으로 일상생활에서의 피로와 예기치 못한 방해들을 확인했다. 치료 중에, John은 정상적인 유창성을 나타내었다.

문제

두 번째 3개월 기간의 치료가 끝날 무렵에, John의 어머니와 나는 지난 치료 기간에 걸쳐서 John에게 일관되게 확실한 유창성 기술을 제공한다고 입증되었던 치료를 장기간 쉬어보는 것에 대해 다시 상의했다. John의 어머니가 아버지와 함께 이 옵션에 대해서 논의했을 때, 아버지는 John이 아직도 약간의 말더듬을 나타낸다고 걱정을 표했다. John의 아버지는 John의 어머니가 John을 평가한 것에 대해 항상 동의하지는 않으며, John이 약간 높은 수준의 말더듬을 가진 것으로 생각한다고 말했다.

1. 당신은 John의 아버지의 걱정을 어떻게 다룰 것인가?
2. 만약 John이 그의 아버지가 제시한 것처럼 가정에서 여전히 말을 더듬고 있다면 당신은 어떻게 결정할 것인가?
3. 당신은 John과 그의 가족이 정규적으로 계획된 치료 세션을 계속해야 하는지를 어떻게 결정할 것인가?
4. 만약 당신이 추가로 언어 치료를 하는 것이 John과 가족에게 적절하다고 결정한다면, 다음 치료 기간 동안에 당신이 목표로 하는 것은 무엇인가?
5. 아버지가 주장하는 치료 연장 스케줄을 고려한다면, 당신은 추가적인 치료에서 아버지를 포함시킬 것인가? 만약 그렇다면, 당신은 어떻게 아버지를 참여시킬 것인가?

향후 방향

이러한 다차원적인 방법은 지속성 말더듬 위험이 있는 2.5세에서 6세 사이의 학령기 전 아동들을 대상으로 성공적으로 실시되어 왔다. 각 가족은 유창성을 지원하기 위해 환경적 요인들을 수정하는 여러 방법들에 대해 배웠으며, 각 아동은 몇몇 형태의 직접적인 유창성 치료에 참가했다. 추가적인 연구를 하면 아래의 질문들에 해답을 얻는 데 도움이 될 것이다.

- 매우 어린 말더듬 아동들을 위한 치료는 연기될 수 있으며, 여전히 긍정적인 결과들을 가져오는가? 이러한 대기 기간 동안에 가족을 지원하는 것이 필수적인가? 만약 그렇다면, 이러한 지원들은 어떤 것들로 구성되는가? Onslow, Packman, Harrison(2003)은 학령 전기의 후반에 리드콤 프로그램을 시작하고, 그 프로그램의 실시를 연기하는 것은 해롭지 않다고 권장했다.
- 각 프로그램이 시작할 때부터 직접적인 아동 치료와 환경적 수정 모두를 포함할 필요가 있는가? 처음에는 개입 요소를 최소로 하고, 그런 다음에, 필요하다면 좀 더 직접적인 중재를 실시해야 하는가? Yaruss, Coleman, Hammer(2006)는 그들이 초기 중재 프로그램에서 연구한 아동들의 60%가 환경적 수정만을 실시했을 때에도 정상적인 유창성을 성취하고 유지한 것을 보여주는 데이터를 발표했다.
- 이 방법이 주의집중 혹은 지적 장애와 같은 다른 영역의 어려움을 가진 아동들에게 실시했을 때 효과적인가?
- 조음 혹은 언어 장애를 가진 아동들에게 이 방법을 사용했을 때 정상적인 유창성을 습득하는 데 시간이 더 길게 걸리는가?

이 방법의 효과성을 계속해서 입증하기 위해

서, 여러 중재 현장들로부터 수집된 효과성 데이터를 반드시 수집해야 한다. 치료는 그 치료 프로그램에 대해 편견을 가지지 않고, 적절하게 훈련받은 다양한 임상가들에 의해 제공되어야 한다. 이 장의 결과 부분에서 설명된 세 번째 가족 집단을, 직접적인 유창성 치료를 종결한 이후 1년 동안 추적했다. 아동들이 자신의 구어, 언어, 운동 기술 등이 발달함에 따라 정상적인 유창성을 유지하는지를 확인하기 위해 더 긴 기간 동안 가족들을 추적하는 것은 유용할 것이다.

이 장의 요약

- 말더듬 치료에 대한 이러한 다차원적인 조기 중재 방법은 대부분 학령 전 아동들이 비교적 단기간에 정상적인 유창성을 발달하도록 돕는다. 지난 10년에 걸쳐서, 이 방법은 남부 뉴햄프셔의 두 지역에서 실시되어 왔다. 치료를 받은 아동들의 96%는 치료 종료 후 1년까지 정상적인 유창성을 유지했다.
- 그 방법은 지속성 말더듬일 가능성이 있는 2세에서 6세 사이 학령 전 아동들과, 그들의 생활에서 중요한 의미를 갖는 사람들에게 적절하다.
- 그 방법은 말더듬 시작과 발달에 대한 요구-능력 모델에 근거한다. 이 방법은 아동들이 자신의 유창성 기술들을 강화하도록 하기 위해, 매주 직접적인 개별 치료를 실시한다. 더불어, 매주 가족 치료는 가족들이 아동들에게 유창성 기술을 연습할 수 있는 최상의 환경을 개발하도록 돕기 위해 실시된다.
- 아동들은 ① 좀 더 느리고, 더 이완된 방식으로 말을 하고, ② 정상적인 비유창성을 어떻게 사용하고, 그리고/또는 ③ 더듬은 단어를 더 적게 투쟁하여 산출하는 말더듬으로 어떻게 바꾸는지 등을 배울 것이다.
- 가족들은 ① 말더듬과 유창성 발달에 대해, ② 유창성을 지원하기 위해 아동들의 말하는 환경을 어떻게 수정하는지, ③ 아동들의 생활에서 아동들과 다른 중요한 의미를 갖는 사람들과 같이 아동의 구어 요구에 대해 어떻게 말하는지 등을 배울 것이다.
- 치료는 아동들이 시간이 지남에 따라 다양한 관계(contexts)에서 비유창성이 3% 미만을 나타낼 때, 그리고 그들의 가족들이 스스로 아동의 유창성 요구를 관리하는 데 편안함을 느낄 때 완료된다. 가족들을 위한 평균 치료 기간은 이 장에서 12세션에서 14세션이라고 보고되었다.

이 장을 정리하는 질문

1. 다차원적 치료 접근법의 대상자는 누구인가?
2. 요구 및 능력 모델(Demands and Capacities Model)은 이러한 다차원적 치료 접근법에 대해 어떻게 체계를 제공하는가?
3. 왜 이 중재 프로그램은 아동뿐만이 아니라 가족에게도 초점을 두는가?
4. 정상적인 유창성 발달을 지원하는 능력들은 무엇인가?
5. 학령기 전 아동들의 유창성을 어렵게 하는 환경적 요인들은 무엇인가?
6. 부모의 여러 구어 변인들과 학령기 전 말더듬 아동들의 유창성 사이의 연관성을 지지하는

연구는 무엇인가?

7. 임상가는 학령기 전 말더듬 아동들의 가족들이 교육받은 의뢰인이 되도록 어떻게 돕는가?
8. 이 접근법에서, 학령기 전 아동을 위한 직접적인 치료는 유창성 형성법, 말더듬 수정법, 혹은 이 두 가지 방법의 결합을 포함한다. 이 접근법에서 말더듬 수정 원리들은 어떻게 실시되어야 하는가?
9. 가족이 이 다차원적 접근법을 종료할 준비가 된 시기는 언제인가?
10. 이 방법을 적용한 학령기 전 아동들의 예상되는 구어 결과는 무엇인가?

핵심 용어

(유창성을 위한) 능력: 말을 빠르게, 부드럽게, 쉽게 하는 능력에 영향을 미치는 여러 기술 영역들로 구어 운동 조절, 언어 형성, 사회-정서적 성숙, 인지적 기술 등이 포함된다.

(유창성에 대한) 요구: 아동으로부터 비롯되거나 아동의 의사소통 파트너들이 부과할 수 있는, 정상적으로 유창하게 말하기 위한 아동의 능력에 스트레스를 주는 조건 등.

재발: 어느 정도의 회복 기간이 지난 후에 말더듬이 다시 나타나는 것.

추천 문헌

Gottwald, S. R. & Starkweather, C. W.(1995). Fluency intervention for preschoolers and their families in the public schools. *Language, Speech and Hearing Services in Schools, 11*, 117-126. (이 논문은 교육적 관점에서 유창성 중재의 실행에 초점을 둔 다차원적 방법을 설명함)

Gottwald, S. R. & Starkweather, C. W.(1999). Stuttering prevention and early intervention: A multiprocess approach. In M. Onslow & A. Packman(Eds.), *The Handbook of Early Stuttering Intervention*(pp. 53-82). San Diego, CA: Singular Publishing Company. (이 방법을 이 장에서 다시 한 번 더 설명했으며, 남부 New Hampshire에서 1993년에서 1996년 사이에 제1 저자로부터 치료를 받았던 15명 가족들을 추가적으로 추후 점검을 한 데이터를 포함했음)

Starkweather, C. W., Gottwald, S. R. & Halfond, M. M.(1990). *Stuttering Prevention: A Clinical Method.* Englewood Cliffs, NJ: Prentice-Hall. (이 책은 1983년부터 1990년에 걸쳐 Temple University에서 실시되었던 것처럼, 이러한 조기 중재 방법에 대해 최초로 자세한 설명을 제시했음)

제7장

학령 전 말더듬 아동을 위한 리드콤 프로그램

Elisabeth Harrison and Mark Onslow
(황하정 역)

도입

대상 환자의 특성

리드콤 프로그램(Lidcombe Program; LP)은 어린 말더듬 아동들, 특히 6세 미만의 학령 전 아동들을 위해 고안했다. 이 프로그램은 더 나이든 아동들에게도 성공적으로 사용되어 왔지만, 말더듬 아동들을 위한 조기 중재법으로 계획된 것이다(Onslow, 2003, p.4). 호주에서, LP는 학령 전 말더듬 아동들에게 가장 널리 사용되는 치료법이다(Packman et al., 2003). 이 프로그램은 또한 말더듬 외에 건강상의 문제나 의사소통 장애로 복잡한 사례력이 있는 학령 전 아동들에게도 사용된다(Hewat, Harris, & Harrison, 2003).

치료 원리

LP는 초기 말더듬에 대한 직접적 중재법으로 간주되는데, 그 이유는 LP의 치료 요소들이 어린 말더듬 아동들의 고질적 구어 행동의 발생률을 무의미한 수준까지 감소시키는 데 중점을 두고 있기 때문이다. LP 치료는 아동 구어 행동에 대해 특정 목표가 있는데, 예를 들면, 요구 능력 모델(이 책 6장의 Gottwald 참조)에 기초한 중재법이 말더듬에 책임이 있는 것으로 판단되는 아동의 생활환경 특성까지도 치료의 초점으로 삼는 것과는 구별된다. LP 요소들은 행동 치료에 그 기원을 두고 있다. 즉, LP 요소는 아동 반응과 부모의 후속자극에 관심, 계속적인 구어 측정, 두 단계 사이의 진전에 기반한 성취 등을 포함한다. 이 프로그램 요소들은 다음 섹션에서 더 자세하게 서술한다.

LP는 부모의 참여를 상당히 요구한다. 프로그램을 부모들이 말더듬 자녀들과 매일 대화를 하는 동안에 실시하며, 임상가들의 역할은 부모들을 훈련하는 것이다. 치료 실시방법을 배우는 것과 더불어, 부모들은 임상가를 통해 자녀들의 말더듬 심한 정도를 측정하는 방법을 배운다. 치료와 측정에 대해 부모들을 훈련하는 것 외에, 임상가는 적절한 시기에 아동들이 그 프로그램을 통해 진전을 보이는지를 확인한다.

LP의 또 다른 원리는 아동들이 치료 과정을 즐긴다는 것이다. 아동들이 치료를 이해하고, 자신의 구어를 모니터하고, 어떤 방법으로든 자신들의 구어 패턴을 수정하리라고 기대하지 않는다.

아동들에게 단지 부모들과의 대화에 참여하고, 재미를 느끼기를 기대한다. 후자의 원리에서 중요한 것은 아동이 그 과정을 즐기지 않는다는 어떠한 신호라도 보이면, 그 신호는 무언가 잘못되어 가고 있다는 확실한 신호로 간주하여, 임상가와 부모들이 실시하고 있는 치료 방법을 재빨리 변경해야 한다는 것이다.

일차적 목표

LP 단계 1의 목표는 아동들의 말더듬 빈도를 유의미하지 않은 수준까지 감소시키고, 임상적으로 유의미한 기간 동안 그 감소된 상태를 유지하는 것이다. 구어 측정으로 표현하자면, 단계 1의 목표는 연속 3주에 걸쳐서 ① 주당 7번 측정 중 4번의 측정에서 심한 정도 평정치가 평균 2 미만, ② 치료실 내 최소 300음절 혹은 10분간의 대화에서 더듬은 음절 1% 미만 등의 기준을 달성하는 것이다(심한 정도 평정 및 더듬은 음절 백분율에 대한 정의는 다음 섹션을 참조). 단계 2의 일차적 목표는 아동이 수개월에 걸쳐서 동일한 구어 기준을 계속 성취하는 것이다. 일반적으로 아동들이 단계 2를 완료하는 데 10~12개월 정도 걸린다.

치료 접근법에 대한 이론적 기초

말더듬 본질에 관한 관점

LP의 개발은 말더듬에 대한 본질과 원인이란 관점에서 이뤄진 것이 아니다. LP 개발의 처음 동기는, 뒤에 기술한 바와 같이, 말더듬에 대한 이론적 견해에 기반한 일련의 실험 연구들이었다. LP 개발자들 중 한 연구 단체에서 말더듬의 원인과 본질에 관한 이론적 견해(Packman, Code, & Onslow, 2007)를 개발했는데 그것은 LP 개발과는 별개이다. 그럼에도 불구하고, 이 섹션에서 기술한, 이 이론적 견해는 LP 치료법이 효과가 있음을 시사하는 많은 증거를 설명할 수 있다.

언어학적 강세 혹은 어조는 음절에 따라 달라지는데, 운동 근육 활동을 변화시켜 음도, 지속 시간, 그리고/또는 강도를 바꿈으로써 변화하게 된다. "V모델"(Packman et al., 1996)에 기초하는 음절 시작(Syllable Initiation; SI) 이론(Packman, Code, & Onslow, 2007)은 말더듬이란 비말더듬 화자들이 경험하지 않는 음절 시작에서 겪는 어려움과 관련된다고 주장하는 말더듬에 대한 이론적 모델들 뿐만 아니라 행동 연구 및 뇌 연구 결과들을 결합하고 있다. 음절 시작에서 겪는 이러한 어려움은 발화의 첫 음절에서 혹은 여러 음절들을 순서대로 말할 때 음절 전이(syllable transitions)에서 말더듬이 종종 발생하는 원인이 된다. 알 수 없는 말단적인(직접적이지 않은) 원인으로 인하여, 운동 근육 활동을 필요로 하는 음절들 간 강세의 차이가 가장 클 때 음절 전이에서 말더듬이 발생한다. 따라서 SI 이론에서는 말더듬 문제를 구어와 언어의 경계선에 두고 있다. 어휘집(lexcon)으로부터 단어들을 회상하여, 음운적 단어 수준에서 음절화할 때 말더듬이 발생한다. 예를 들면, "fall out"이라는 단어들을 "fa-lout"이라는 음절로 말할 때, /l/은 "어휘적 경계(lexical boundary)에 걸쳐 있다."(Levelt & Wheeldon, 1994, p. 245). 따라서 이 모델은 그 단어의 경우 /l/에서 말더듬이 발생하기 쉽다고 예측한다. SI 이론에 따르면, 말더듬은 언어 문제도 아니고 구어 운동 문제도 아니라, 음절에서 일어나는 언어와 구어의 상호작용 문제인 것이다.

말더듬을 아동들이 음절에 강세를 변화시켜야 할 때 겪는 어려움이라고 보는 관점에 대한 지지는 아동들이 옹알이를 할 때나 단어 산출의 초기 단계에 있을 때는 말을 더듬지 않는다는 사실에서 비롯된 것이다. SI 이론은 각 음절마다 동일한 강세가 있는 단 단어에서 다양한 강세가 있는 단어들로 옮겨 가는 것이 말더듬 발달의 계기라고 강조한다. 즉, 아동들은 좀 더 어른스러운 구어 산출을 발달시키는 동안 강세가 없는 음절들을 배운다. 예를 들면, 초기 발화가 "da-da"라면, 이것이 후에 첫 번째 음절에 강세가 있는 "da-ddy"로 된다. SI 이론은 아동들이 언어학적 강세를 변화시키는 것을 배우는 동안 운동 근육의 저항이 아동의 능력을 능가하는 그 지점에서 운동 근육의 저항이 증가할 때 말더듬이 발생한다고 강조한다. Packman 등(출판 중)은 어떤 타당한 과학적 이론과 마찬가지로, SI 이론도 잘못일 수 있다고 주장한다. 예를 들면, 말더듬이 음절 시작과 관련된다는 견해는 만일 모음을 연장하여 산출하는 동안 말더듬이 발생하거나 음절 구분이 없는 곳에서 발생하다면 틀린 것일 것이다.

Packman, Code와 Onslow(2007)는 LP가 운동 구어 발달 잠재력에서 상당한 여지가 있고 구어 신경망이 확고히 확립되기 전에 아동들의 근본적인 신경 프로세싱 패턴을 일부 조정하도록 아동들을 강력히 촉구하기 때문에 사실상 LP가 효과적이라고 주장해왔다. 그러나 현재, 그 주장을 지지하는 직접적인 연구 증거는 없다.

치료 접근법에 대한 이론적 근거

요약하면, 일부 LP 개발자들의 이론적 관점은 LP 치료 접근법에 대한 이론적 근거를 제시하지 못했으며, 말더듬의 원인, 발달, 본질 등에 관한 어떠한 또 다른 이론적 관점도 제시하지 못했다. 대신에, LP에 대한 이론적 근거는 더듬은 구어에 영향을 미치는 조작적 방법들(operant methods)의 가능성을 제시하는 많은 광범위한 문헌들을 열거하고 있다. 간단히 말해서, LP가 근거로 하는 이론적 관점은 더듬은 구어와 말더듬 없는 구어에 관한 후속자극(contingent)이 구어에 영향을 미칠 수 있다는 것이다. 특히, 더듬은 구어와 말더듬 없는 구어에 대한 부모의 구두 후속자극(verbal contingencies)이 초기 말더듬에 임상적으로 유용한 영향을 미친다는 것을 제시하려고 의도한 것이 LP의 특성이다.

말더듬에 관한 여러 조작적 방법들의 효과는 많은 문헌들에서 광범위하고 충분히 잘 알려져 있어서 여기에서는 자세하게 설명하지 않는다. 이 책은 여러 책들을 고찰했고(예: Bloodstein & Ratner, 2008; Ingham, 1984; Nittrouer & Chaney, 1984; Onslow, 2003a; Prins & Hubbard, 1998), LP에 참여한 말더듬 아동들의 치료에 이 문헌을 적용하는 것은 "실험실에서 거실로(from laboratory to living room)"(Onslow, 2003a)(p. 21)라는 책에 설명되어 있다. 그러나 요약하면, 말더듬을 대상으로 한 여러 조작적 방법들에 대해 제일 먼저 일반적으로 인정받은 실험은 시끄러운 소음을 말더듬에 후속자극으로 제시했던 Flanagan, Goldiamond와 Azrin(1958)의 연구였다. Flanagan 등의 첫 연구 이후에, 말더듬에 미치는 조작적 영향들에 대한 연구가 전 세계적으로 이루어졌는데,

미네소타 대학에서 Martin 등(예: Martin & Berndt, 1970; Martin & Haroldson, 1971; 1977; Martin & Siegel, 1966a; 1966b; Martin et al., 1975)이 실시한 연구가 가장 유명한 것이었다. 이러한 연구들은 두 명의 학령 전 아동들을 대상으로 Martin, Kuhl과 Haroldson(1972)의 유명한 타임아웃 인형(puppet) 연구로 이어졌다. 이 연구와 두 명의 학령 전 아동들의 말더듬에 대해 "천천히"라는 후속자극이 미친 효과에 대한 Reed와 Godden(1977)의 연구는 부모들이 학령 전 자녀들의 말더듬에 영향을 미치는 구두 후속자극들을 제공한다는 아이디어를 직접적으로 주었다.

치료 접근법에 대한 실험적 기초

LP를 지지하는 실험적 증거는 최근 여러 문헌에서 설명되었다(예: Harrison, Onslow, & Rousseau, 2007; Onslow, 2003a; 2004). 이것을 설명하기 위해서, "임상적 실험 증거(clinical trials evidence)"와 "치료 과정 연구(treatment process research)"라는 절에서 증거를 제시한다. 치료 절차 섹션에서는 임상 실험 섹션에 포함되지 않은 다양한 주제를 다룬 연구를 기술하고 있다. 임상 실험들을 크게 I~III국면의 분류 시스템(Robey, 2005 개요 참조) 범위 내에서 분류했다. 이 분류는 전통적으로 약학 실험에서 사용되지만, 언어치료 분야에 적용하기 위해 수정하여 사용할 수도 있다. 표 7.1은 Onslow 등(2008)의 연구에 근거하여, 이 분류 시스템을 어떻게 수정했는지를 요약하고 있다. Onslow 등(2008)은 또한 임상 실험이 치료 효과의 연구 결과에 대한 해석가능한 필수적 장치라고 주장하며, 말더듬에 관한 임상 실험을 다음과 같이 정의하고 있다: "① 적어도 한 가지 치료법으로 전체를 치료한 결과, ② 적어도 한 개의 사전 치료와 긍정적인 결과를 보고한 사례에서 적어도 3개월 후의 한 번의 추후 점검 결과, ③ 임상실 밖에서 대화를 녹음한 것에서 가져온 개별적인 구어 관찰을 포함하는 결과 등을 결정하기 위해 예측하고자 하는 노력"이다. 이러

〈표 7.1〉 Onslow 등(2008)에 근거한 말더듬 치료법을 적용한 임상 실험 개발 국면의 요약

국면 I	새로운 치료법에 대한 예비 연구 일반적으로 1~10명의 참가자 치료의 안정성과 적용가능성 탐색 비무작위 표집
국면 II	치료의 안정성과 적용가능성을 지속적으로 연구 치료에 "효과를 나타낸 사람"의 비율을 추산 일반적으로 10명 이상의 참가자 일반적으로 비무작위 표집
국면 III	"표준 기준" 무작위 표집 다수의 참가자 치료 효과 크기를 수리적으로 추산 가능

한 정의는 이 장에서 거론하는 연구들을 선정하는 데 사용되었다.

임상 실험 증거

국면 I 임상 실험

LP에 관한 국면 I의 첫 번째 임상 실험은 Onslow, Costa와 Rue(1990)가 학령 전 연령의 남아 3명과 여아 1명을 대상으로 한 연구를 발표했다. 치료실 내외에서 평가한 더듬은 음절 백분율(%SS)과 분당 음절 수(SPM)는 치료 전 2개월, 1개월 및 1일의 간격으로 실시한 평가와 치료 후 1일, 1개월, 2개월, 4개월, 6개월, 9개월의 간격으로 실시한 아동들의 녹음 자료를 바탕으로 평가했다. 아동들 모르게 실시한 비밀 평가(covert assessment)도 포함되었다. 이러한 예비 실험의 결과들은 제한된 수의 참가자들로부터 얻은 약간의 신중한 증거이지만 치료가 유용한 효과가 있었다는 점이 고무적이었다.

LP에 대한 국면 I의 추가적인 증거는 두 개 임상 실험에서 발견되었다. LP에 대한 그 다음의 임상 실험 보고(Harrison, Wilson, & Onslow, 1999)는 원격 치료 서비스 방식(telehealth format)의 결과를 발표했는데, 그 치료는 주로 전화 통화로 이루어졌고, 자료를 우편으로 보내거나 인터넷과 휴대전화를 사용하여 전달함으로써 보완했다. 그렇게 전달된 자료들에는 치료를 실시하는 부모들의 오디오 녹음과 비디오 녹화 및 부모의 심한 정도 평정이 포함되었다. 저자들은 그들의 지역에서 치료를 실시할 수 없었던 5세 10개월 된 소년에 대한 보고를 제시했다. 더듬은 음절 백분율(%SS)과 분당 음절 수(SPM)에 대한 구어 측정값들은 치료 전, 치료 후 12개월째, 19개월째, 23개월째에 참가자가 집에서 가족들과 대화하는 동안 오디오 녹음과 시청각 녹화를 사용하여 수집했다. 치료 전 점수는 12%SS에서 17%SS 범위에서 높았고, 치료 후 기간 동안의 점수는 모든 평가에서 1.0%SS 미만으로 감소했다.

원격 치료 서비스 방식에서 국면 I의 두 번째 LP 관련 실험은 Wilson, Onslow와 Lincoln(2004)이 보고했다. 첫 번째 연구(Harrison, Wilson, & Onslow, 1999)에서 보고된 그 사례처럼, 이 실험은 인터넷 또는 휴대전화 기술을 포함하지 않는 "저차원 기술(low-tech)"의 방식으로 실시되었다. 5명의 학령 전 아동들(여아 3명, 남아 2명)을 치료실 밖의 다양한 상황들에서 10분간의 녹음 및 녹화를 통해 평가했다. 1개의 녹화는 비밀리에 수집했다. 결과들을 %SS, SPM으로 나타내었고, 치료 전 2개월, 1개월, 1주의 평가 및 치료 후 1주, 1개월, 2개월, 4개월, 6개월, 8개월, 12개월에 평가를 했다. 이러한 결과들은 표준화된 말더듬 치료 서비스를 이용하지 못하는 아동들이 궁극적으로 효과적이라고 증명된 치료 옵션을 가질 수도 있다는 몇 가지 전망들을 제공했다.

국면 II 임상 실험

LP에 대한 국면 II의 임상 실험을 Onslow, Andrews와 Lincoln(1994) 등이 발표했다. 그 실험은 소수의 참가자들을 제외하고는 통제 집단(대조군)을 유지하는 데 성공하지 못했다. 12명의 아동들을 치료 전 2개월, 1개월, 1주 간격으로 조사했고, 치료 후 1주, 1개월, 2개월, 4개월, 6개월, 9개월, 12개월의 간격으로 조사했다. 연구 결과는 치료실 밖에서 이루어지는 다양한 말하기 상황을 녹음한 녹음테이프에 근거했고, 환자에게 밝히지 않고 실시한 비밀 평가도 포함했다. %SS에 대한 주요 연구 결과는 모든 아동들에 대해서 보고되었지만, SPM은 데이터의 신뢰성과 관련된 여러 이유들로 인해 단지 소수의 아동들에 대해서만 보고되었다. 상당수의 아동들이 포함된 이 실험은 LP가 초기 말더듬에 효과적인 치료 방법일 수도 있다는 견해에 신뢰성을 더해주었다. 국면 II의 추가적인 증거는 Onslow 등(1990; 1994)의 여러 실험들에서 16명의 아동에 대한 장기간 연구 결과 데이터와 함께, Lincoln, Onslow, Reed(1997) 등이 발표했다. 치료 전 녹음을 하지 못했던 27명의 아동들을 추적 점검했지만, 이러한 후향성(회고적, retrospective) 데이터는 임상 실험에 대한 Onslow 등(2008)의 기준을 충족하지 않았다. %SS의 점수는 1~7년의 기간 동안에 1년 간격으로 수집한 아동들의 오디오 녹음을 기반으로 했다.

LP에 대한 국면 II의 부가적 증거는 LP에서 치료 시간의 예측인자들에 대한 연구 맥락에서 보고되었다[Rousseau et al., 2007; "임상 집단 연구(Clinical Cohort Studies)" 섹션 참조]. 29명의 학령 전 아동에 대해, %SS의 결과 측정을 두 번의 치료 전 평가와 아동들이 단계 2를 시작한 이후 6, 12, 24개월에 걸쳐서 수집했다. 임상실 내 및 임상실 밖의 녹음 자료를 수집했고, 일부 임상실 내 자료는 시청각 자료로 수집했다. 단계 1을 완성한 이후 24개월에서, 모든 아동들의 %SS 점수는 치료 효과가 크게 나타난 것으로 밝혀졌다. 이 연구의 29명 아동은 보고되었던 LP의 국면 II 실험들에 참여한 대상자 수의 약 두 배였다. Rousseau 등(2007a)이 보고한 단계 1을 완성하는 데 걸린 기간의 중앙값은 16회기였는데, 이는 이전에 보고된 것보다 더 많은 시간이었다. 그 이유는 최근에 치료 매뉴얼(http://www.fhs.usyd.edu.au/asrc)이 바뀌어서 아동들에게 단계 1을 완성하고 단계 2를 시작하는 데 연속 3주 동안 프로그램 기준을 맞추도록 요구하고 있기 때문이다. 이제 LP 개발자들은 아동들이 단계 2를 시작하기 위해 충분히 정상적인 소리로 하는 구어를 획득하는 데 걸리는 기간의 중앙값이 12 치료 회기라는 경험적 규칙(rule of thumb)을 사용한다. 이러한 경험적 규칙을 적용하는 데 있어 주의할 점은 어떠한 개별 아동이 아니라, 일반적으로 담당 사례수(caseload)에 적용한다는 것이다. 회복 틀 연구(recovery plot studies)("임상 집단 연구" 섹션 참조)는 개별 치료 시간의 범위가 광범위함을 보여준다.

LP에 대한 국면 II 임상 실험에서 긍정적 결과에 대한 첫 번째 반복 연구는 Miller와 Guitar(2009)의 보고에서 나타났다. 참가자들은 학령 전 여아 4명, 남아 11명으로 15명이었으며, 대학 클리닉 내에서 임상가들이 대학원생들의 조력을 받아 치료했다. %SS의 결과들은 치료 전과 치료 후 12개월에서 58개월의 범위에 걸친 추적 검사 기간에 클리닉 내와 클리닉 밖에서 녹음한 자료를 통해 수집했다. 그 아동들은 단계 2에 도달하는 데 중앙값으로 17 치료 회기가 걸렸으며, "높은" 치료 효과를 보여주었다.

LP의 원격 치료 서비스(telehealth) 적용에 대한 국면 I 실험들은 Leswis 등(2008)이 실시한 국면 II 무작위 실험으로 이어졌다. 9명의 아동을 치료 집단에 무작위로 배치했고, 13명의 아동은 치료를 받지 않는 통제 집단에 무작위로 배치했다

(무작위 실험에서, 종종 그 실험이 참가자 모집을 중지할 때 무선표집 과정에서 각 집단에 인원수가 다르게 배치되는 결과가 초래되는 경우가 있음). 주요 치료 결과 측정은 클리닉 밖에서 수집한 무선표집 전과 후의 대화 구어 샘플에 근거하여 산출한 %SS이었다. 무선표집 후 9개월에 80% 이상 %SS 점수가 감소된 아동이 "치료 효과를 나타낸 참가자(responder)"라는 정의를 사용하여, Lewis 등은 6명의 실험 집단 아동이 치료에 효과를 보였고, 반면 통제 집단 아동은 단지 2명만이 자연 회복을 하는 동안에 "효과를 나타낸 참가자"였다고 보고했다. 실험 집단은 치료 전 말더듬과 추후 점검 말더듬을 고려하면 유의한 효과를 나타내었다. 그러나 무선표집 전에 %SS 점수, 성별, 연령, 가족력 등을 조정하면, 통제 집단과 비교하여 실험 집단은 무선표집 후 9개월 시점에 말더듬 빈도가 73% 감소했다. Wilson, Onslow, Lincoln(2004)의 국면 I 실험에서 나타난 것처럼, 원격 치료 방식은 비용 효과(cost efficient)가 없었다. 치료 시간을 측정했더니, 원격 치료 버전은 표준 버전에 비해 임상가의 시간 자원이 약 세배 정도 필요한 것으로 나타났다. 그러나 표준적인 임상 서비스를 받기 어려운 아동들에 대해서는, 원격 치료가 초기 아동기에 치료를 받지 않은 것보다 훨씬 바람직할 것으로 여겨진다.

국면 Ⅲ 임상 실험

국면 I과 국면 II의 임상 실험과 국면 III 임상 실험 사이의 본질적인 차이점은 더 많은 참가자들이 정상적으로 참여했다는 점과 효과 크기의 실제 추정치를 얻을 수 있다는 점이다(표 7.1 참조). 이러한 본질적 차이는 실험들이 무작위 표집으로 편견들을 없애주기 때문이다. 비무작위인 국면 I과 국면 II 실험은 실제 효과 크기를 과대평가한 것으로 잘 알려져 있다(Kunz & Oxman, 1998).

LP에 대한 국면 III의 첫 번째 증거는 치료받은 아동 집단과 치료를 받지 않은 통제 집단이 참여한 무작위 통제 실험(Jones et al., 2005)에서 나타났다. 이 실험은 자연 회복의 효과와 비교하여 치료의 가치를 포괄적으로 평가할 수 있게 했고, 치료 효과가 바로 그 치료 때문이라는 것을 처음으로 정확히 평가 가능하게 했다. 29명의 아동들을 LP 집단으로 무작위 추출했고, 25명의 아동들을 통제 집단으로 무작위 추출했다. 실험 결과는 매일 여러 말하기 상황에서 아동들의 발화를 오디오테이프에 녹음하여 산출한 %SS 점수였다. 각 구어 샘플은 적어도 300음절이었다. 무작위 추출 이전과 무작위 추출 이후 9개월에 아동들을 평가했다. LP 집단에서 2명이 중도 탈락했고, 통제 집단에서는 5명이 중도 탈락했다. 교차비(odds ratio)가 7.7로서, 집단 간 차이가 컸고, 통계적으로 유의미했다. 이것은 LP를 받은 아동이 LP를 받지 않은 아동보다 임상적으로 최소한의 말더듬 수준에 도달할 가능성이 7.7배 더 많다는 것을 의미한다.

Jones 등(2008)은 Jones 등(2005)의 연구에 참여한 몇 명의 아동들에 대한 장기 추적 데이터를 제공했는데, 2005년 연구에서 이들의 평균 연령은 9세(범위 7~12세)였으며, 무작위 선별 후 평균 연령은 5세(범위 3.5~7세)였다. 즉, 치료 집단의 아동들은 치료를 시작했을 때 평균 5세 이상이었다. 29명 중 20명의 아동들에 대한 장기간의 결과를 확보했으며, 그들 중 19명이 최초의 실험에서 치료를 성공적으로 완료했다. 이들 중 3명의 아동이 사후 점검 시에 재발해서, 성공 비율은 86%였다. Jones 등(2007)은 연구 표본 절반의 부모들이 성공적인 치료 종료 후에 약간의 말더듬이 있었다고 보고했는데, 이것은 Lincoln, Onslow, Reed(1007)의 연구와 일치하는 것이었다. 따라서 이는 단계 2 이후에 부모들이 더듬은 구어에 대해 지속적인 구두 후속자극을 제공하고, 말더듬 없는 구어에 대해서는 가끔 구두 후속자극을 제공하는 것이 중요하다는 것을 입증했다. 표 7.2는 LP의 임상 실험 연구를 요약한 것이다.

치료 과정 연구

임상적 집단 연구(Clinical Cohort Studies)

두 개의 대규모 집단 연구들은 치료받은 아동 집단의 회복 구성 틀(shape of the recovery plot)을 확립하고, 치료 단계 1을 완료하는 데 요구되는 시간과 관련하여 어떠한 변인들이 있는지 여부를 확립하기 위해 회고적 파일 점검 방법론(retrospective file audit methodologies)을 사용했다. Jones 등(2000)은 시드니에서 LP 치료를 시작한 261명의 아동 집단을 연구했는데, 그 중 250명이 단계 1을 완료했다. 이 아동들은 LP 치료에 대한 회복 구성 틀을 확립하는 데 적용되었다. 게다가, 로지스틱 회귀분석(logistical regression)으로 단계 1을 완성하는 데 걸리는 시간을 예측하는 어떠한 사례사 변인이 있는지 여부를 결정했고, 비록 적은 인원을 대상으로 했지만, 단계 1을 완료하는 데 요구된 클리닉 방문 횟수의 중앙값이 11이었다는 것을 확인했다(이 결과에 대한 주요 주의점은, 이 집단의 아동들은 단계 2로 진행하기 위해서는 연속 3주 동안 프로그램 기준을 충족해야 한다는 요구사항들을 명시하지 않은 매뉴얼로 치료를 받았다는 것이다. 결과적으로, 치료 시간 중앙값에 대한 이 추산은 매뉴얼에 명시된 현재 치료 버전에 비해서는 낮을 것 같다. 이러한 이유로 인하여, 앞에서 설명한 바와 같이, LP 개발자들은 단계 2로 나아가기 위해 충분히 정상적인 말이라고 들리는 구어를 습득하기 위해서는 약 11~12번의 치료실 방문을 제시한다).

〈표 7.2〉 Onslow 등(2007)의 실험의 정의를 사용한 LP의 임상 실험에 대한 요약

국면 I	Onslow, Costa, & Rue(1990) Harrison, Wilson, & Onslow(1999) Wilson et al.(2004)
국면 II	Onslow, Andrews, & Lincoln(1994) Lincoln et al.(1996)[a] Lincoln, Onslow, & Reed(1997) Rousseau et al.(2007a) Miller & Guitar(2009)
국면 III	Lewis et al.(2008) Jones et al.(2005) Jones et al.(2008)

[a] 참가자는 학령기 아동들이었음

Starkweather와 Gottwald(1993)가 실시한 이전의 결과와 일치하여, 치료 전 말더듬 심한 정도가 단계 1을 완료하는 데 걸리는 시간을 예측했다. 그러나 Starkweather와 Gottwald(1993)가 실시한 또 다른 연구 결과와는 반대로—또 그 당시에 일반적이고, 직관적 기대치와는 반대로—발생 이후 경과 시간이 짧은 것이 단계 1의 치료 시간이 더 길어지는 것과 관련이 있다는 증거가 있다. 다른 말로 하면, Jones 등(2000)의 데이터는 학령 전 동안에 발생 후 긴 기간이 짧은 치료 기간과 관련이 있음을 제시한다.

Kingston 등(2003)은 LP로 치료받은 66명의 6세 이하 영국 아동 집단을 대상으로 Jones 등(2000)의 연구를 반복 연구했다. 결과들은 단계 1을 완료하기 위한 치료실 방문의 중앙값이 11회라는 Jones 등의 연구 결과를 확인했는데, 이 Jones 등의 연구는 단계 1을 종료하기 위한 구어 수행 준거에서 연속 3주를 명시하지 않은 초기 매뉴얼 버전에 근거한 것이었다(앞 단락 참조). 더욱이, Jones 등의 연구 결과는 처음의 말더듬 비율이 단계 1에 소요되는 치료 시간을 예측하는 중요한 인자임을 확인했다. 두 연구의 결과들은 메타 분석을 하여, 학령 전기에 12개월 이하로 말을 더듬어온 아동들이 12개월 이상 말을 더듬어온 아동들보다 단계 1을 완료하는 데 유의미하게 더 긴 시간이 걸린다는 결과들을 확인했다. Jones 등과 Kingston 등의 연구들은 말더듬 발생 후 6개월 이전에는 치료를 시작해서는 안 되며, 그 아동이 학교에 입학할 6세 무렵에 말더듬을 효과적으로 조절한다는 것을 확신하는 시기에 맞추어서 치료를 해야 한다는 LP에 대한 경험적 근거에 의한 권장 규칙(rule of thumb)을 주로 담당했다(Packman, Onslow, & Attanasio, 2003).

LP 관련 치료 시간에 대한 이러한 회귀 연구(regression studies)들에 더하여, Rousseau 등(2007a)이 29명의 아동을 성공적으로 치료한 전향적 연구(prospective study)가 흥미를 불러일으켰다. 전향적 방법론으로 말미암아 단계 1 치료 시간에 대한 예측인자로서 음운론 및 언어에 대한 연구가 이루어졌다. 치료 시간을 예측하는 치료 전의 심한 정도에 대한 선행 연구들이 반복 연구되었지만, 말더듬의 심한 정도와 언어(평균 발화 길이; MLU) 및 수용 언어(Clinical Evaluation of Language Fundamentals; CELF) 점수를 함께 보는 것은 단계 1을 완료하는 데 소요되는 시간 변동을 35~45% 정도 예측했다. MLU는 치료 시간과 부적 상관관계가 있었고, CELF는 치료 시간과 정적 상관관계가 있었다. 더 우수한 언어 기술이 더 빠른 치료 결과와 관련이 있다는 것을 보여준 이전의 연구 결과는 직관적인 것으로 여겨지며, Jones 등(2000)과 Kingston 등(2003)의 연구 결과와 일치한다. 그러나 Rousseau 등은 이 연구 결과의 수용 언어 구성요소가 비직관적이고 설명하기 어렵다는 것을 발견했다. 수용 언어가 낮은 아동이 수용언어가 더 높은 아동보다 치료 효과를 더 빨리 나타내는 이유는 무엇인가?

Koushik 등(2007)은 몬트리올의 공중 보건소에서 매뉴얼에 따라 엄격하게 LP로 치료를 한 13명의 학령기 말더듬 아동들을 연구했다. 정규 치료 전 임상실 녹음과 평균 72주(범위, 9~187주)의 사후 점검 기간에 %SS 결과들을 수집했다. 사후 점검 %SS 점수는 각 아동들과의 여러 차례 전화 통화 녹음을 통해 확보했다. 이 아동들 중 12명의 평균 %SS는 치료 전 9.5%였으며, 사후 점검에서는 1.8%였다. 이 연구 발표의 놀라운 특징은 단계 1을 완료하는 데 중앙값 7.5회의 클리닉 방문이 요구되었다는 것인데, 이것은 Rousseau 등(2007)이 학령 전 아동들을 대상으로 LP에 대해 보고한 중앙값 16회의 클리닉 방문보다는 훨씬 더 적은 것이다. 나머지 한 명의 아동은 연장 구어 기법의 전통적인 구어 재구성 절차를 포함시켜 LP를 보충할 필요가 있었고, 그 임상적 조정을 잘 수행했다. 이것은 부모가 치료에 대해 구두 후속자극을 준수하는 데 따르는 문제 때문에 꼭 필요한 것으로 나타났다.

측정 절차

LP의 측정에 관한 최초의 치료 과정에서 연구는 치료 과정 동안에 사용되는 말더듬 심한 정도(SR)에 대한 10점 척도를 다루었다. 이 SR 척도는 편리하고, 환자 모르게 측정가능하며, 비용이 저렴한 측정 방법이다. Onslow, Costa와 Rue(1990)는 4명의 학령 전 말더듬 아동과 아동 부모들에 대한 사례 연구를 제시했다. 각 아동들에 대해, 200~300음절로 이루어진 24개의 샘플을 수집했다. 두 부모들의 경우, 구어 샘플의 90% 이상을 0점과 1점의 측정값 점수 차이로 부모와 임상가가 독립적으로 평가했다. 세 번째 부모는 샘플의 약 70%가 임상가와 일치하게 평가했고, 네 번째 부모는 매우 신뢰할 수가 없어서 이러한 부모들에게는 임상 과정 동안에 훈련을 할 필요성을 나타내었다. Onslow, Costa와 Rue(1990)는 또한 어머니들이 사용한 SR 척도는 임상가가 말더듬을 계수하는 측정법과 동일한 방식으로 샘플들의 심한 정도를 순위 배열할 수 있어서 스피어만 상관관계(Spearman correlations) .83과 .78로 높게 나타났다. 그 후에, Eve 등(1995)은 높은 급내 상관(intraclass correlations)을 나타낸 바와 같이, 3개의 청자 집단(말더듬 전문 임상가, 일반 임상가, 비임상가)들이 충분한 개인내 및 개인간 평가 신뢰도를 가지고 그 척도를 사용할 수 있음을 증명했다. Hayhow, Kingston과 Ledzion(1998)은 LP 치료 과정 동안에 관리 결정을 설명하기 위해 %SS와 SR 점수 사용법을 증명하는 사례 연구를 보고했다. Harrison, Onslow와 Menzies(2004)는 어떠한 측정 절차도 없이 치료를 받은 아동들의 절반을 대상으로 한 실험 설계에서 LP를 4주간 "처방"받도록 38명의 아동들을 무작위로 추출했다. 연구 결과들은 LP 내의 측정 절차들은 관측된 치료 효과에 영향을 미치지 않을 것이고, 따라서 그 절차로 실시한 치료 효과가 아동의 구어에 대한 증가된 관심 때문일지도 모른다는 상쇄 우려를 비추었다.

말더듬 계수 측정법은 신뢰도라는 관점에서 문제가 있는 것으로 여겨진다(예: Cordes & Ingham, 1994; Kully & Boberg, 1988). 추가적으로, 학령 전 아동의 경우에, 비록 일반적으로 말더듬의 진단에 논란의 여지가 없지만(Onslow, Packman, & Payne, 2007), Bloodstein(1970)의 "계속성 가설"은 어떤 개인의 말더듬 구어(stuttered speech events)와 정상적 비유창성(normal disfluencies) 사이를 구별하는 데 문제가 있을 수 있다고 주장한다. 실제로, 학령 전 아동들의 말더듬과 비말더듬 간에 구어 행동(speech behaviors)이라는 견지에서 공통 부분이 있다는 것을 제안하는 많은 연구 결과들이 있었다(예: Adams, 1977; 1984; Curlee, 1993; Johnson & Associates, 1959; Van Riper, 1971). 결과적으로,

Lincoln, Onslow와 Reed(1997)는 LP에서 수용할 만한 구어 수행력에 대한 기준으로 1.0%SS를 사용하는 것이 타당하다고 주장했다. 그들은 숙련된 임상가가 성공적으로 치료를 받았던 아동과 통제 집단 아동의 구어 샘플에서 %SS를 측정하여 얻은 결과를 보고했다. 그 결과는 LP 치료를 받은 학령 전 아동과 학령기 아동은 연령을 일치시킨 전형적인 구어를 산출하는 통제 집단 아동과 비교할 때에 비슷하게 낮은 수치의 %SS를 받았음을 보여주었다. 그 연구의 두 번째 부분에서는, 숙련된 임상가들과 비전문적인 청자들에게 성공적으로 LP 치료를 받은 학령 전 아동과 학령기 아동의 구어 샘플에서 "말더듬" 혹은 "말더듬 아님"을 판단했고, 연령을 일치시킨 통제 집단 아동의 구어 샘플에서도 비슷하게 판단을 내렸다.

Onslow, Harrison, Jones 그리고 Packman (2002)의 연구는 LP로 치료받은 141명의 아동들을 회고적으로 연구했다. 그들은 치료실을 방문할 때마다 임상가가 측정한 %SS와 부모들이 측정한 SR 점수 간의 강한 상관관계를 입증했다. 중요한 연구 결과는 아동들의 구어가 치료 단계 1을 종료하기 위한 목표 구어 준거의 위 또는 아래에 있는지라는 견지에서 두 개 측정의 81%가 일치했다는 것이다. 이는 %SS와 SR 점수 모두가 임상적 의사 결정을 안내하기 위해 치료 과정 중에 필요하다는 중요한 원칙을 강조한다. 그렇지 않으면, 상황의 19%에 관해서는 잘못된 정보를 얻게 될 것이다. %SS 또는 SR 점수 하나만을 보는 것은 잘못된 정보를 얻을 수 있으며, 임상가는 이러한 상황에 대해 알지 못할 것이다. 그러나 만약 임상가가 한 번의 치료실 방문에서 일치하지 않는 %SS와 SR 점수를 수집한다면, 그 문제는 임상가의 판단에 일치하지 않는 부모의 SR 점수의 측정(calibration)을 확인하거나 부모가 무엇이 말더듬의 순간인지 아닌지에 대한 잘못된 판단을 하고 있는지를 밝히는 것으로 해결할 수 있다. 게다가, Onslow, Harrison, Jones와 Packman(2002)은 %SS와 SR 점수가 치료의 첫 2~5주 동안에 아동들의 말더듬 심한 정도에서 3분의 1의 감소를 나타낸 것을 보여주었다. Onslow 등의 데이터는 Jones 등(2000)과 Kingston 등(2003)이 치료 시간에 대한 예측요인으로서 임상가들의 %SS 점수를 시험한 바와 같이 부모들의 SR 점수 또한 치료 시간을 효과적으로 예측하는 요인이라는 것을 보여주었다.

안정성 및 적용가능성

아마 말더듬은 말더듬이라고 하는 진단이 원인이 되었다고 하는 Johnson(1942)의 역설적인 이론의 역사적이고 광범위한 영향 때문에, LP의 도입 및 개발은 신중한 반응을 보였다(개괄은 Onslow et al., 2004 참조). 주된 염려는 그 치료의 직접적인 방법들(학령 전 아동들에게서 더듬은 구어에 대해 주의를 끌게 된 결과)이 안전하지 않다는 것(예: Cook & Rustin, 1997)이었다. 이러한 염려는 8명의 성공적으로 치료된 학령 전 아동들을 대상으로 LP의 심리적 영향에 대한 연구를 하도록 이끌었다(Woods et al., 2002). 연구 결과는, 아동 행동 체크리스트(Child Behavior Checklist)(Achenbach, 1988; 1991)에 따르면 치료 후에 아동들에게서 불안의 징후가 전혀 없었다는 것을 보여주었다. 더욱이, 치료 후에 애착 Q-Set(Attachment Q-Set)로 측정했을 때, 부모와 아동 사이의 관계에서 부정적인 변화의 징후도 없었다. 이러한 연구 결과들은 LP가 학령 전 아동들에게 역으로 영향을 미친다고 믿을 아무런 이유가 없다는 증거를 제공하는 것 같다.

LP의 여러 구성요소에 대한 실험 연구

세 개의 연구는 LP의 적용가능성에 대한 실험 연구라는 맥락에서 LP의 일정 몫을 제안했다. Harris 등(2002)은 그 치료법이 자연 회복의 효과 이상으로, 학령 전 아동들의 말더듬 발달 전개를 중단할 수 있는지 여부를 결정하기 위한 연구를 시도했다. 실험에 대한 근거는 치료를 할 수 있다는 증거가 없다면 그 치료법은 적용가능하지 않다는 것이었다. Harris 등(2002)은 12주의 LP "치료"를 받거나, 치료를 받지 않는 아동들로 23명의 말더듬 아동들을 무선 할당했다. 이러한 짧은 "치료"를 받은 후에, 두 집단 모두가 향상했으나, LP 치료를 받은 집단이 12주의 연구 기간 동안 통제 집단에 비해 임상적으로 의미 있게 더 큰 향상을 보였다. 이러한 데이터는 아동들이 장기간뿐만 아니라 단기간의 LP 치료를 받은 후에도 더 나아진다는 결과를 보여줌으로써, Jones 등(2005)의 임상 실험 연구 결과를 보충한다.

Franken 등(2005)은 Harris 등(2002)이 사용한 연구 설계와 비슷한 설계를 사용했다. 데이터는 LP와 단기간에 걸쳐 실시한 요구 능력 모델(다음 섹션 참조)에 기초한 치료를 비교함으로써 LP의 적용가능성이 타당함을 규정했다. 연구 결과들은 12주 후에, 두 집단의 반응에서 차이가 없음을 보여주었다. 그러나 이러한 데이터는 자연 회복으로 발생하는 것보다 더 많이 호전되었다는 것을 증명하기 위해 통제 집단을 사용하는 것만큼 설득력이 있는 것은 아니다. 두 치료 모두 효능이 있었다고 볼 수 있으며 이 연구도 단지 자연 회복에 대한 효과를 제시했을 뿐이다. Harrison, Onslow, Menzies(2004)의 실험에서는 참가자들의 절반에게 여러 측정 절차(앞의 "측정 절차"섹션 참조)를 제공했을 뿐만 아니라, 그 아동의 절반에게는 모든 LP 구두 후속자극을 제공하고 나머지 절반 아동에게는 오직 말더듬 없는 구어에 대해서만 구두 후속자극을 제공했다. 이 연구 설계는 더듬은 구어에 대한 구두 후속자극의 효과를 검증했다. 연구 결과 더듬은 구어에 대한 구두 후속자극은 치료 효과에 영향을 미친 것으로 나타났다. 모든 아동들은 4주간의 치료 후에 동일한 정도의 말더듬이 감소했지만, 4주 후에 더듬은 구어에 대한 구두 후속자극을 받지 않은 아동들은 치료 효과가 줄어들기 시작했다.

기저를 이루는 메커니즘

현재, LP의 효용성에 영향을 미치는 메커니즘들이 밝혀지지 않았다. 한 가지 메커니즘은 구어 운동 활동(speech motor activity)에서의 변화일 수도 있다. 청소년과 성인을 위한 전통적인 행동 치료법에는 구어 재구조화(speech restructuring)가 포함되어 왔는데, 이 구어 재구조화는 말더듬과 양립할 수 없는 새로운 구어 패턴을 환자들이 배우도록 요구하는 방법이라면 어떤 것이라도 구어 재구조화라고 정의한다. 구어 재구조화 과제들의 예로는 부드러운 접촉(soft contacts)이나 부드러운 시작(gentle onsets), 연장된 모음(prolonged vowel sounds), 지속적인 기류(continuous airflow), 지속적인 유성성(continuous voicing) 등으로 조음하도록 환자가 배우는 것을 포함한다(이 부분에 대한 개요는 Ingham, 1984; Packman, Onslow, Menzies, 2000 참조). 일련의 연구 결과들에서는 이러한 치료법들이 음향적 구어 분절화(acoustic speech segments)의 지속 시간을 증가시키는 것과 관련되어서, 그 결과 그 말더듬을 상쇄시키는 것으로 보이는 구어 운동 변화(speech motor changes)를 반영한다는 명확하고 평이한 증거들을 제시해왔다(Robb, Lybolt, & Price, 1985; Shenker & Finn, 1985; Webster, Morgan, & Cannon, 1987).

두 아동들을 대상으로 한 예비 연구(Packman, van Doorn, & Onslow, 1992)는 음향적 구어 분절들의 변동성 감소가 LP의 효과와 관련되어 있다고 주장했다. 음향 활동이 구어 운동 활동을 반영한다는 가정에 근거하여, Onslow, Stocker, Packman 그리고 McLeod(2002)는 이 연구 보고를 추적 점검했고, 운동 구어 활동에서의 변화가 치료의 효과와 관련되어 있는지 여부를 확인하기 위해 8명의 아동을 대상으로 LP를 통한 성공적인 치료 전과 후를 엄선된 음향 측정법으로 연구했다. 연구 결과 사실이 그러하다는 어떠한 증거도 없었다. 그러나 아동들이 LP에 대해 효과를 받았을 수 있는 모든 구어 운동 조정에 대한 징후들이 미미하다는 것을 고려하면, 이 주제에 대한 명확한 결론을 내리기 위해서는 추가적인 연구가 필요하다. 그러한 연구 방법에는 대규모 연구 집단 또는 실험실 연구를 포함할 필요가 있고, 치료 전후의 아동들의 운동 구어 분석을 포함할 필요가 있다.

좀 더 고무적인 연구 결과들은 부모의 언어 습관 변화가 LP의 명백한 효과에 영향을 미칠 가능성을 증가시킨다는 것을 밝혀 왔다. 일반적으로 요구 및 능력(DC) 모델이 이 경우에 해당될 것이라고 제기된다. DC 모델은 Starweather와 그의 동료들(Adams, 1990; Gottwald & Starkweather, 1995; Starkweather, 1987; Starkweather & Givens-Ackerman, 1997; Starkweather & Gottwald, 1990; Starkweather, Gottwald, & Halfond, 1990)이 주도적으로 개발했다. DC 모델은 학령 전기 동안의 말더듬 발생에 대한 설명을 제시하는데, 즉 유창한 구어를 산출하는 데 필요한 요구가 아동의 능력을 벗어날 때 말더듬이 발생한다는 것이다. 이 모델은 아동기에 유창성에 대한 능력은 구어 운동 조절, 언어 발달, 사회 및 정서적 기능, 인지 발달 등의 발달적 측면들에 영향을 받는다는 점을 사실로 가정한다. 유창성에 대한 요구들은 아동이 생활하는 환경으로부터 대부분 발생한다. 이러한 것에는 서두르고 예상치 못하는 생활 방식, 시간 압박, 복잡한 언어 사용에 대한 압박, 흥분과 불안을 야기하는 요인, 인지와 같은 언어관련 기능 영역에서 향상에 대한 부모의 요구 등이 포함될 수 있다.

DC 모델은 언어 변인들이 초기 말더듬을 조절하는 데 기여할 수도 있다고 하며, 이를 증명하는 일부 증거 자료를 제시하고 있다. Stephenson-Opsal과 Ratner(1988)는 말더듬 아동들의 어머니들이 자신의 구어 속도를 아동에 맞춰 감소시킬 때, 구어 속도에 상응하는 변화 없이, 아동들의 말더듬이 감소했다고 발표했다. 사후 점검 연구에서, Ratner(1992)는 부모들에게 천천히 말하도록 지시했을 때, 부모들이 발화의 길이와 복잡성의 감소 및 화자 간의 대화 대기 시간(latency)의 증가 등과 같은 많은 변화들을 보였다고 발표했다. 종합하면, 이러한 연구들은 부모의 구어 속도의 감소가 결국, 아동들의 말더듬을 완화시킬 수 있는 많은 언어적 변인들을 감소시킬 수 있다는 것을 보여준다.

Latterman, Shenker와 Thordardottir(2005)는 4명의 학령 전 남아를 대상으로 LP 적용 후, 아동들의 언어를 연구했는데, 치료 후 언어 기능에서 변화의 증거를 찾지 못했다. Bonelli 등(2000)이 LP로 치료한 9명의 아동을 대상으로 한 집단 연구에서는 비슷한 결과들을 얻었다. 치료 후에 언어 기능의 포괄적이고 체계적인 변화에 대한 데이터에서 아무런 증거가 없었다. 모든 아동들이 치료 전후 기간 동안에 정상적인 발달 범위 내에 있었다. 최근에 Rousseau 등(2007)은 LP를 실시하기 전 29명의 아동들에 대한 좀 더 포괄적인 연구를 보고했는데, 이들은 단계 1을 마칠 때에 거의 0에 가까운 말더듬을 성취했다. Rousseau 등(2007)은 그 집단이나 집단 내에 있는 개별 아동 어느 누구도 치료 후에 아동의 언어 기능에서 명백한 변화가 없다는 것이 사실임을 규명했다. 종합해보면, Bonelli 등(2000)과 Rousseau 등(2007)의 연구 결과들은 모두 주목하지 않을 수 없게 하는데, 그 이유는 말더듬을 통제하는 역할을 한 어떠한 언어 변인들이 역할을 하게 된 때는 치료의 초기 단계 동안이 아니고, 단계 1 동안에 유창성이 확립된 후에 이루어졌기 때문이다. 흥미롭게도, 비록 Bonelli 등과 Rousseau 등의 연구들은 그 메커니즘을 설명할법한 치료를 한 후 언어 기능에서 변화가 없음을 알았지만, 두 연구 모두에서 아동들이 LP를 받았을 때 아동들의 언어 발달이 단기간 정체되는 몇 가지 징후를 보고했다. Rousseau 등은 MLU, 다른 단어 수, 문장 발달 점수 등과 같은 측정치를 보고했다. Bonelli 등은 이러한 효과는 이해할 만하고, 언어 및 음운 발달(Crystal, 1987)에 대한 "양동이" 이론("bucket" theory)과 일치한다고 주장했다.

Bonelli 등(2000)은 더듬은 구어에 대한 후속자극 그 자체가 직접적으로 아동의 언어 변화를 유도하기 때문에, 조작적 절차들이 아동의 말더듬에 영향을 미치는 것으로 밝혀질 때 그 절차를 시행할 수 있다고 주장했다. 예를 들면, LP에서, 더듬은 발화에 대한 교정과 더듬지 않은 발화에 대한 칭찬을 요구하는 것은 단순히 짧은 발화를 유도하는 것일 수 있다. 좀 더 짧은 발화가 좀 더 긴 발화보다 말더듬이 더 적게 발생할 것이고, 또한 언어학적 복잡성도 덜 할 것이다. 실제로, 추적 연구에서, Onslow, Ratner, Packman(2001)은 말더듬이 나타나면 실험실에서 타임아웃에 의해 말더듬을 조절했던 한 남아가 어휘 다양성(lexical diversity)에서 상응하는 감소를 나타내었다고 밝혔는데, 이 결과는 Bonelli 등이 주장한 그 가능성을 지지하는 것이었다. 표 7.3은 LP의 치료 과정에 대한 연구를 요약한 것이다.

치료의 실제적인 요구사항

소요 시간

부모와 아동들은 일반적으로 단계 1을 하는 동안에 매주 1회 치료실을 방문하여 임상가와 함께 45~60분간 치료에 참여한다. 단계 2 동안에는 치료 시간이 보통 30분으로 짧아지고, 방문 빈도는 단계 2의 초기에는 2주에 1번 방문하는 것에서 최종 방문 시에는 간격을 두고 16주에 1번 방문하는 것으로 그 빈도가 감소한다. 때때로 질병 및 휴가로 인해 치료실 결석을 고려하면, 임상가들과 부모들은 대부분의 아동들이 단계 1을 완료

〈표 7.3〉 LP의 치료 과정 연구 요약

임상적 계획 연구	Jones 등(2000) Kingston 등(2003) Rousseau 등(2007) Koushik 등(2007)
측정 절차	Onslow, Costa, & Rue(1990) Eve 등(1995) Hayhow, Onslow, & Menzies(1998) Onslow, Harrison, Jones, & Packman(2002) Harrison, Onslow, & Menzies(2004)
안전성과 적용가능성	Woods 등(2002) Harris 등(2002 Harrison, Onslow, & Menzies(2004) Franken, Kielstra-Van der Schalk, & Boelens(2005) Bonelli 등(2000)
기저를 이루는 메커니즘	Onslow, Ratner, & Packman(2001) Packman 등(1992) Onslow, Stocker, Packman, & McLeod(2002) Lattermann, Euler, & Neumann(2008) Rousseau 등(2007)

하는 데 4~7개월(16~30회 치료실 방문)이 소요되고, 단계 2를 완료하는 데는 추가로 10~12개월(7~10회 치료실 방문)이 소요될 것으로 예상할 수 있다.

그 프로그램을 완료하는 데 필요한 시간에 대한 정보는 신중하게 살펴볼 필요가 있다. 단계 1을 완료하는 데 소요되는 중앙값 치료 시간에 대한 이전 섹션에서 보고된 실험 증거는 임상가들이 두 개의 대륙에서 실시한 여러 클리닉에서 수집한 데이터에 근거한 것이었다. 일부 데이터는 공공기관 서비스에 종사하는 언어 임상가로부터 얻은 것이었고, 일부는 학생 임상가로부터 얻었고, 나머지는 연구 임상가로부터 수집한 것이었다. 그리하여 실험 장소와 전문성 수준의 폭이 중앙값 치료 시간에 대한 신뢰를 확신하도록 이끌었지만, 여전히 해결하지 못한 치료 시간에 대한 의문은 남아 있다. 예를 들면, 치료 시간이 얼마여야 하는지, 각 임상가가 치료 시간을 벤치마크할 수 있을 때까지 얼마나 많은 경험이 있어야 하는지에 대해서는 모른다. 임상가들이 그 프로그램을 완료하기 위해서는 아마 어느 정도 수의 환자들을 치료하여 성공적으로 지도해 왔어야 할 것이다. 아마 단순히 성공적인 "완료"의 수가 중요하지 않을 것이다. 치료받기 전 심하게 더듬은 한두 명의 아동을 성공적으로 치료한 것과 치료 과정 동안에 일어나는 여러 문제들을 통해 겪은 경험이 더욱 중요할 것이다. 그래서 부모들에게 예상되는 치료 시간을 말할 때 임상가들이 신중해야 할 이유가 있다. 우리는 자녀의 치료가 "중앙값" 치료 시간을 충족하든지 아니면 비교적 더 긴 치료 시간을 소요하든지 간에 치료 과정을 계속할 것이라는 것을 부모들에게 말해주는 것이 특정 아동의 치료에 대한 불확실성을 안심시켜 주는 것이라는 것을 알게 되었다.

부모들의 관점을 고려할 때 LP의 시간 요구에 대한 또 다른 관점이 있다. 단계 1의 초반에, 부모들과 아동들은 가정에서 매일 10~15분 동안 치료에 참여한다. 이것은 얼핏 실질적인 것으로 보이지 않지만, 부모들은 치료 실시의 가장 어려운 측면 중의 하나가 매일 말더듬 치료를 위한 시간을 마련하는 것이라고 호소한다(Packman, Hansen, & Herland, 2007). 치료를 위해 가장 좋은 낮 시간은 아동들이 각성되어 있고 협조적일 때인 반면에, 피해야 할 시간은 아동들이 피곤하거나 집중이 되지 않을 때라는 것이 어려운 부분이다. 따라서 그 결과 치료를 위한 가장 좋은 시간은 보통 아침이나 이른 오후라는 것이다. 부모들은 이러한 시간들은 이미 다른 일이나 활동으로 약속되어 있기 때문에, 별도로 계획하여 치료 시간을 내야 한다고 했다.

단계 1의 첫 주가 지나면, 일반적으로 10~15분간의 구조화된 치료 대화의 필요성이 감소된다. 대신에, 부모들과 아동들은 자연스럽게 일어나는 대화를 하는 동안에 치료를 실시한다. 이러한 변화는 부모들이 오로지 치료만을 위해 더 이상 시간을 챙겨 놓을 필요가 없다는 것을 뜻하지만(시간에 덜 초점이 맞춰지기는 하지만), 부모들은 여전히 자녀들에게 매일 치료를 실시하는 데 시간을 보낸다.

임상가에게 요구되는 훈련 및 전문 지식

LP를 사용하려는 임상가가 이용할 수 있는 여러 정보 자료들이 있다. 이러한 정보는 포괄적인 책(Onslow, Packman, & Harrison, 2003)에서부터 LP 트레이너 컨소시엄(LPTC; http://www3.fhs.usyd.edu.au/asrcwww/index.html)을 통해 제공되는 전문 교육 워크숍까지 다양하다. 본서를 집필할 당시, 오스트레일리아, 캐나다, 덴마크, 독일, 뉴질랜드, 영국, 미국 등에 기반을 둔 13명의 LPTC 멤버들이 있다. 이 LPTC는 그들 국가에서 주는 언어 치료 전문가 자격증을 가지고 있는 비영리 목적의 연구원과 임상가 집단이다. 훈련 자료들은 접근가능한 임상가 훈련을 제공하기 위한 목적으로 특수하게 개발되어 왔지만, LP 프로그램을 사용하려는 임상가를 위한 자격증 과정이 없을 뿐만 아니라, 그 프로그램을 사용하기 위해서 등록이나 증명을 요구하는 공식적 및 비공식적 과정은 없다. LP를 사용하기 위해 임상가들에게 LPTC 워크숍에 참여하도록 "요구"하지는 않는다. 사실, 많은 임상가들이 치료 매뉴얼이나 임상 연구 보고의 간단한 설명이나 책의 한 장만을 읽은 후에 LP 프로그램을 처음으로 사용한다는 것을 알고 있다. 그러나 그들은 그 훈련이 매우 귀중하다고 생각하는 컨소시엄 워크숍에 참여한 임상가들로부터 계속적인 피드백을 받고 있다. 우리는 임상가들이 워크숍에 참여하고, 그 후에도 워크숍에 참여했던 임상가들과 계속 의논하기를 강력하게 권고한다.

그와 동시에, LPTC 워크숍에 참석하는 것만으로 임상가가 그 프로그램을 정확하게 사용할 것이라는 확신은 없다. 부모들이 어떤 임상가가 LP 치료법을 사용하는지에 대한 권고를 요청할 때, 우리는 부모들에게 그 프로그램에 대한 서면 정보를 주고, 만약 LPTC 훈련 워크숍에 참석했었다면 그 임상가에게 알아보라고 권고한다. 그 서면 정보는 부모들이 인터넷(http://www.fhs.usyd.edu.au/asrcwww/Downloads/index.htm로 링크 후에 "Lidcombe Program Brochures" 참조)에서 내려받을 수 있는 팸플릿이다.

LP에서의 훈련을 완료한 이후 또는 최소한 서면 자료로부터 그 프로그램과 그 프로그램의 구성요소들에 대해 철저한 이해를 한 이후에, 우리가 권고하는 또 다른 측면의 훈련은 그 프로그램을 사용한 경험이 더 많은 다른 임상가들과 계속적인 훈련과 상담을 하라는 것이다. 출발점으로서, 우리의 웹사이트(http://www3.fhs.usyd.edu.au/asrcwww/index.html)에 등록된 LPTC의 회원들은 LP 사용에 능숙하고, 임상가들과 기꺼이 상의하고 조언하고자 하는 지역 임상가들을 직접적으로 많이 알고 있다. LP를 사용하는 세계의 임상가들의 전형적인 특징 중 한 가지는 임상적 문제를 해결하려고 할 때 다른 임상가들로부터 조언을 구하고 다른 임상가들과 소통하는 것의 가치를 인식하고 있다는 것이다.

필요한 자료

LP 치료는 아동들의 여러 일상생활 환경에서 실시하기 때문에, 부모가 사용하는 자료들은 단순히 자녀들의 일상생활 놀이 및 가정의 일상에서 사용되는 것들이다. 유일하게 추가되는 것은 아동의 말더듬 심한 정도를 매일 측정하여 기록하는 방법을 부모들에게 가르치는 것이다. 웹상에서 사용할 수 있는 편리한 양식(http://www.fhs.usyd.edu.au/asrcwww/Downloads/LP_SR_Chart.pdf; "측정 빈도(frequency of measures)" 섹션 참조)이 있지만, 부모들은 좀 더 편리하게 사용할 수 있는 다른 양식으로 이러한 측정값을 임상가에게 보고할 수 있다. 다른 방법들의 예로는 PDA에 근거한 차트, 임상가에게 음성 또는 문자 메시지(Bennett & Harrison, 2005), 수첩 사용(diary notes) 등이 있다.

치료실을 방문하는 동안에, 임상가들과 부모들은 소아 언어 치료 세팅에서 흔히 볼 수 있는 책, 장난감, 놀이용품, 스티커 등을 활용할 수 있다. 다음 리스트는 임상가들이 LP를 사용할 때 흔히 유용하다고 보는 장비의 지침으로 제공하지만, 필수적으로 갖춰야 할 목록으로 간주하지는 않는다.

1. 부모를 위한 정보. 아동이 단계 1을 시작하기 전에, 부모들에게 그 프로그램의 본질을 알게 하고, 아동, 부모 자신, 그리고 임상가들이 따라야 할 규칙들에 대해 명확히 예상하도록 LP에 대한 정보를 제공하여야 한다. 그 정보를 받을 수 있는 한 가지 자원은 "Tom's Story"라는 제목의 DVD(http://www3.fhs.usyd.edu.au/asrcwww/에서 이용가능함)인데, 이 DVD에는 치료 과정에 대한 부모들의 견해가 수록되어 있다. 호주 Stuttering Research Centre 웹사이트에 있는 LP에 관한 팸플릿은 부모들을 위해 작성되어 왔으며, 여러 나라 언어로 이용 가능하다.
2. 구어 측정용 장비. 클리닉 방문을 하는 동안에 임상가들이 수집하는 말더듬 비율 측정법은 더듬은 음절 백분율(%SS)이다. 이것은 전체 말한 음절 수를 명백하게 더듬은 음절 수로 나누어서 계산하고, 이것을

백분율로 바꾸어서 계산한다. 버튼 누르기 빈도(button press timing)와 계수 장치(counting device) 사용은 임상가들이 아동과 부모가 대화를 하는 동안에 타당한 %SS 측정을 수집하도록 해준다[버튼 누르기 빈도와 계수 장치의 예에는 TrueTalk(www.synelec.com.au)와 EasyRater(www.users.bigpond.com/lunjef)와 같은 포켓용 배터리 조작 장치들이 있다. 말더듬 계수 CD롬(Sttuttering Counts CDROM)(http://www.latrobe.edu.au/hcs/resources.htm#stuttering), 말더듬 관리 시스템(Stuttering Management System)(http://www.speech.ucsb.edu/allDownloads.php)과 같은 컴퓨터 프로그램도 있다].

3. 치료실 방문 동안에 사용하기 위한 치료 자료. 임상가들이 LP 클리닉 방문 동안에 사용하는 전형적인 자료에는 다음과 같은 연령대별 치료 자료들이 포함되어 있다. ① 일부는 매 페이지마다 최소한의 시각 정보가 있고 나머지는 좀 더 복잡한 그림이 있는 다양한 그림책, ② 아동, 부모, 임상가가 함께 놀 수 있는 다양한 장난감 세트로, 트랙과 역으로 구성된 기차 세트; 동물, 사람, 트랙터, 농장으로 구성된 농장 세트; 찻잔 세트와 주방 기구, ③ 블록 세트, 색깔 및 모양 선별 조립용품, 계산대, 조각 퍼즐 맞추기 등과 같이 비교적 작고 많은 조각들로 이루어진 장난감과 게임들.

핵심 요소

치료 단계

LP는 단계 1과 단계 2로 구성된다. 단계 1의 목표는 아동들의 말더듬 빈도와 심한 정도를 준거 수준(184쪽 참조)으로 감소시키는 것이다. 단계 2의 목표는 아동들이 12개월 동안 이 수준을 유지하는 것이다.

참가자

단계 1과 단계 2에서 부모, 아동, 임상가의 역할은 아동들의 말더듬이 감소함에 따라 어느 정도 바뀐다. 단계 1 동안 부모와 아동은 매주 1회 치료실을 방문하여 각 주마다 동일한 임상가와 일정이 잡히다가, 단계 2 동안에는 그보다 적은 빈도로 일정이 잡힌다.

우리의 경험상, 아동의 어머니가 전형적으로 그 프로그램에서 부모 역할을 하는데, 환경이 허락된다면 아버지, 할아버지, 할머니 또는 형, 누나가 그 역할을 수행할 수도 있다. 때때로 양쪽 부모 모두가 LP를 수행하기 위해 훈련받는 역할을 맡는다. 이 경우는 종종 부모들이 따로 살면서, 아동의 양육 책임을 공동으로 나누어 가질 경우이다. 보모나 유치원 교사는 시간적 제약으로 인하여, 부모의 역할을 거의 할 수 없다. 유모나 가정보육시설 부모들(family daycare parents)처럼 개별 아동의 보호자는 프로그램에서 부모의 역할을 할 수 있을 것이다. 우리의 경험상, 부모 역할을 맡아야 하는 부모가 아닌 사람을 선택할 때 중요한 요소는 그 사람이 매일 치료 활동에 보낼 수 있는 시간의 양이다.

단계 1의 초기에, 부모들은 치료를 실시하는

방법과 자녀의 말더듬 심한 정도를 측정하는 방법을 배운다. 부모들은 자녀와 함께 매주 치료실을 방문하고, 임상가와 함께 치료실 방문 활동에 참여한다. 부모들은 자신들의 관찰, 인상(생각; impressions) 및 심한 정도 평정 등을 보고하고, 임상가와 함께 보고 내용의 의미를 토의한다. 부모가 배우게 되는 가장 결정적인 요소는 구두 후속자극을 효율적으로 전달하는 것이다.

이 프로그램에서 아동들의 역할은 단순한데 바로 즐거워하는 것이다. 아동들은 자기 자신 혹은 자신의 구어를 모니터하도록 요구받지 않으며, 특정 시간에 말더듬 없는 구어나 더듬은 구어를 산출하도록 요구받지도 않는다. 아동들은 단순히 자신의 부모와 함께 대화에 참여하며, 앞서 설명한 것처럼, 부모들은 자녀의 말더듬 없는 구어와 더듬은 구어에 대한 구두 후속자극을 전달한다.

임상가들은 주로 부모들을 훈련하고, 아동의 진전 과정을 모니터링하고, 치료 과정 중에 발생하는 모든 문제를 다루는 등의 역할을 한다. 임상가의 역할은 진전 과정을 지속시키고 모든 프로그램의 구성요소들이 각 아동과 부모를 위해 최적의 상태로 사용되도록 보장하는 것이다. 만약 명확한 이유 없이 몇 주 이상 진전 과정이 미미할 경우에, 임상가는 경험이 많은 동료들과 상의하고, 진전이 계속 이루어지도록 여러 가지를 수정할 책임이 있다.

활동과 절차

부모들이 사용하기 위해 배우는 첫 프로그램 구성요소는 SRs이다. 이러한 평정 척도는 10점 척도로 이루어지는데, SR1은 "더듬지 않음", SR2는 "매우 경미한 말더듬", SR10은 "매우 심한 말더듬"으로 정의한다. 임상가들은 먼저 SR 척도를 사용하는 부모들의 신뢰도를 확립한다. 이것은 치료실에서 자연스러운 대화를 하는 동안 자녀의 구어의 심한 정도를 평정하도록 부모에게 요구함으로써 이루어진다. 만약 부모의 평정이 임상가의 평정과 1점 척도치 내에 있다면, 임상가는 부모가 그 척도를 사용하는 것을 보증하며, 부모들이 매일 SRs를 수집하도록 요구한다. 대부분의 경우에, 부모들에게는 하루 동안 단 한 번 평정하도록 하는 것이 편리하다. 대안으로, 부모는 매일 최대 및 최소 SRs를 평정할 수 있다. 다른 방법은 부모에게 10분 동안에 SR을 평정하도록 하는 것이다. 만약 이 방법을 사용할 경우, 매일 다양한 구어 샘플을 수정하기 위해서 부모들은 각 주에 걸쳐서 하루의 측정 시간대 혹은 발화 상황을 바꿀 필요가 있다. 예를 들면, 월요일 평정은 아침 식사 중에, 화요일 평정은 이른 오후에, 수요일 평정은 어린이집으로 가는 동안 차안에서 등으로 측정하는 것이다. 이런 방법으로, 특정 날의 SRs를 여러 주간에 걸쳐서 비교할 수 있다. 이 세 번째 방법은 매주 실시한 것이 있어야 직접 비교가 가능하기 때문에, 첫 번째 및 두 번째 방법보다 덜 바람직하다. 그러나, 만약 부모들이 어린이집에서 하루 종일 보낸 후에 자녀를 데려올 경우와 취침 시간까지 짧은 시간 동안만 있을 경우처럼, 부모들이 전체 여러 날에 SRs를 평정하기 어려울 경우에 유용하다.

SRs 사용에 대한 부모 교육 예는 이 장의 thePoint에 있는 비디오 클립 1을 참조하라.

부모가 자녀의 말더듬 심한 정도를 측정하고

도표화하는 방법을 배우고 나면, 다음 단계로 배울 것은 구조화된 대화 상황들에서 치료를 실시하는 방법이다. 단계 1의 초기에, 이러한 구조화된 대화 상황들은 아동 구어 전반에서 말더듬이 생기지 않도록 구성한다. 보통 부모들은 짧고 언어학적으로 단순한 반응들을 유도함으로써 이를 성취한다. 아동들은 하나, 둘 또는 세 개 단어만으로 반응할 것이고 뒤이어 부모는 아동에게 "부모의 구두 후속자극"이라는 후속자극으로 코멘트를 한다. 이러한 후속자극들은 아동의 반응에서 말더듬이 없느냐 있느냐에 따라 달라진다. 후속자극은 표 7.4에 예시와 함께 요약했다.

대부분의 경우에, 부모들은 수시로 5개의 후속자극들 중에서 각 자극을 사용하고, 말더듬에 대한 후속자극보다 말더듬 없는 구어에 대한 후속자극을 몇 배로 더 많이 주기 위해 신경을 쓴다. 부모와 임상가는 후속자극 유형의 배합과 그 사용 빈도가 각 아동에게 최적인지를 확인하기 위해 매 치료실 방문 시에 후속자극의 선택에 대해 토의한다. 예를 들면, 만약 한 아동이 말더듬 없는 구어에 대한 칭찬을 받는 것을 좋아하지 않는 징후를 보인다면, 그 후속자극은 일시적으로 주지 않고, 아동이 구조화된 대화 상황에서 일상적인 치료 부분으로서 그 후속자극을 받아들일 때에만 다시 도입한다. 치료에 대한 이러한 논의는 전형적으로 매 치료실 방문의 1/3정도를 차지할 것이다.

단계 1의 초기에, 구조화된 대화에서 부모가 실시하는 치료 회기는 보통 매일 10~15분간 실시하는데, 그때마다 아동이 활기 있고 협조할 의지가 가장 많을 때 실시한다. 이러한 구조화된 대화는 종종 그림책에 대해 이야기할 것이며, 그때마다 아동이 이야기할 것에 대해 여러 가지 흥미 있는 주제를 선택할 기회를 준다.

임상가가 부모에게 구조화된 대화에 대해 가르치는 예는 비디오 클립 4를 참조하라.

처음에, 임상가는 말더듬이 없는 짧은 반응을 이끌어내기 위해 이원적 선택(binary choices)(예: "이것이 빨간색인가요, 파란색인가요?"), 문장 완성하기 또는 빈칸 채우기(cloze) 과제(예: "Jack과 Jill이 달려 나왔는데…"), wh-형 질문들(예: "코알라는 지금 어디에 숨어 있나요?")과 같은 여러 단서들을 사용하여 치료 대화를 시범 보인다. 아동이 몇 가지 짧은 반응을 한 후에, 임상가는 더 많은 한 단어 과제로 돌아가기 전에, 좀 더 긴 반응을 이끌어내기 위해 때때로 개방형 질문들을 할 수도 있다. 구두 후속자극들도 이러한 구조화

〈표 7.4〉 LP에서 부모의 구두 후속자극의 유형과 예

아동의 말더듬 없는 구어에 대한 부모의 구두 후속자극	
인정	"그것은 스무스한 말이었어."
칭찬	"와, 잘 말했어!"
자기 평가의 요구	"말을 스무스하게 했니?"
명백한 말더듬에 대한 부모의 구두 후속자극	
인정	"범프(bump)가 있었구나."
자기 수정의 요구	"더듬은 단어/구를 다시 말할 수 있니?"

된 대화 중에 시범 보이고, 임상가는 아동이 너무 많은 후속자극으로 과부하되지 않도록 해야 한다. 시범 관찰 후에, 이어서 부모가 치료 대화를 계속하고 임상가로 하여금 부모를 관찰하게 한다. 그렇게 되면, 이러한 관찰은 임상가가 자연스럽게 한 주 미리 매일의 치료에 대한 추가적인 논의를 하는 것과 함께, 부모에게 피드백을 제공하는 것으로 이어진다.

임상가와 부모가 구조화된 치료 대화를 시범으로 보여주는 사례들은 비디오 클립 2와 3을 참조하고, 임상가가 가정에서 구조화된 대화를 지도하는 것을 보여주는 사례는 비디오 클립 9을 참조하라.

아동이 구조화된 대화에서 실시하는 치료에 적응하게 되고, 부모들이 구조화된 대화로 치료를 실시하는 데 익숙해지면, SRs는 종종 치료에 반응하는 첫 신호를 나타내기 시작한다. 흔히, 첫 신호가 심한 정도에서 일반적인 감소를 보이는 것인데, 이것은 단계 1의 첫 4주 내에 일어나는 것으로 예상된다(Onslow, Harrison, Jones, & Packman, 2002). 심한 정도가 감소될 때, 임상가들은 부모들에게 일상적인 상황에서 발생하는 비구조화된 대화에서 구두 후속자극을 사용하기 시작하도록 권한다(구두 후속자극의 예는 비디오 클립 8, 비구조화된 치료 대화의 예는 비디오 클립 11 참조). 부모들은 말더듬보다는 말더듬 없는 구어에 좀 더 많은 후속자극을 계속 사용하고, 각 개별 아동이 수용할 만한 후속자극 유형을 계속하여 사용하도록 한다. 이러한 변화는 치료 대화가 날마다 10~15분에 국한되는 것이 아니라는 것을 의미한다. 대신에, 구두 후속자극은 매일의 시간과 장소에 상관없이 사용된다. 그 후에, 치료 대화는 어떤 날에는 구조화된 10분간의 대화를 실시하고, 또 어떤 날에는 비구조화된 대화를 덜 집중적으로 실시한다.

비디오 클립 12와 14를 참조하라.

시간이 흘러 SR이 계속 감소함에 따라, 점점 더 많은 치료가 비구조화된 대화 상황에서 이루어지고, 비구조화된 대화 상황에서 치료가 점차적으로 감소된다. 아동이 단계 2 준거에 도달한 후, 거의 모든 치료는 비구조화된 대화 상황들에서 실시된다.

단계 2의 목표는 아동들이 단계 1의 통과를 결정하는 데 사용된 것과 동일한 준거 구어 수행을 유지하고, 장기간에 걸쳐서 그 변화를 지속하는 것이다. 부모들은 단계 2를 하는 동안에 SRs를 계속 수집하지만, 치료실을 방문하기 전 1주일 동안만 한다. 치료실 방문 횟수가 줄어듦에 따라, 부모들은 점진적으로 모든 구두 후속자극을 중단하고, 일어날 수도 있는 재발을 관리한다. 치료 종결은 아동들이 그 프로그램에서 이러한 실행 부수적 단계를 완료할 때 결정된다.

중재를 위한 맥락

LP에서 비구조화된 대화의 치료는 많은 세팅에서 실시할 수 있다. 비록 대부분의 치료가 가정에서 자연스럽게 일어나지만, 임상가들은 많은 상황들에서 융통성 있게 치료를 실시하도록 부모를 격려한다. 이것은 아동이 단계 1을 몇 주간 실시하는 동안 쉽게 준비되며, 부모와 아동은 구조화된 치료에 편안해지게 된다. 이 시점에, 자동차를 타고 함께 여행할 때, 공원에서 노는 동안에, 기타 등등과 같은 비구조화된 대화에서 종종 치료를 실시하게 된다.

모든 치료실 방문 회기 시에, 임상가와 부모는 이전 주에 실시했던 치료의 장소와 시간에 대해 토의한다. 이런 방식으로, 임상가는 치료 시 사용된 치료의 양과 다양한 상황들을 모니터할 수 있다. 가정 환경 내에서도, 부모들은 단계 1의 초반에 정확하게 할 수 있었던 것만큼 비구조화된 대화에서 치료를 위한 세팅을 다양하게 변화시킬 것을 권고받는다.

계속되는 의사결정을 돕는 평가방법

치료에 사용되는 측정법

LP에 사용되는 말더듬 심한 정도 측정법에는 두 가지가 있다. 첫 번째 측정법은 %SS이다. 타당성 및 편의를 위해, 일반적으로 300음절 또는 10분간의 샘플을 사용한다. 이들 샘플은 아동과 부모 간의 대화 중에 측정한다. 앞서 설명한, 버튼을 누르는 타이밍 및 계수 장치를 사용하여 보다 간단히 실시간 측정한다.

두 번째 측정법은 10점 척도를 사용하는 SR이다. 이 척도에는 세 가지 설명자만 있는데 SR1은 "말을 더듬지 않음", SR2는 "매우 경미한 말더듬", SR10은 "매우 심한 말더듬"을 나타낸다.

측정 빈도

임상가들은 치료실 방문 시마다 치료를 시작할 때에 아동 구어 샘플의 %SS를 측정한다. 이것을 수행하기 위해서, 임상가들은 보통 아동이 치료실에 있는 장난감을 가지고 놀거나 아동에게 흥미가 있는 주제에 관하여 이야기하는 동안에 부모와의 자연스러운 대화 상황에 아동들을 참여시킨다. 때때로 아동들은 계수 장치(counting device)에 호기심을 보이고, 버튼을 누르고자 하며, 화면을 주시한다. 임상가가 아동이 말한 단어들을 계수하는 데 그것을 사용한다는 것을 아동에게 짧게 설명하면 아동들의 관심을 충족시킨다.

임상가가 %SS를 평가하는 예는 비디오 클립 13을 참조하라.

%SS 측정법은 임상가가 매주 아동의 말더듬 비율을 모니터하고, 부모와 함께 말더듬의 변화에 대한 토의의 출발점을 제공하도록 해준다. 그 측정 결과는 아동의 치료실 차트(한 아동의 SR 차트 예는 그림 7.1 참조)에 기재한다. 드문 경우이지만, 아동의 말수가 적어서 %SS를 측정하지 못할 때는, 치료실 외의 장소에서 말더듬에 대해 부모와 SRs를 측정하는 것에 대해 토의한다.

부모들은 매일 자녀의 말더듬에 대해 SR(심한 정도 평가) 점수를 매기고, 그것을 차트에 기재하고, 매주 치료실을 방문하여 그 차트를 보고한다.

부모가 SRs를 보고하는 예는 비디오 클립 5를 참조하라.

임상가는 처음에는 부모들에게 %SS 측정을 위해 사용되는 치료실 구어 샘플들로 평정하도록 요구함으로써 부모들을 훈련한다. 부모들에게 그 척도를 맨 처음 설명할 때 그 설명자에 덧붙일 유일한 정보는, SR10은 자녀의 가장 심한 말더듬이 아니라 부모가 상상할 수 있는 가장 심한 말더듬이라는 것이다.

임상가는 부모들에게 치료실 내 구어 샘플들에 SR을 매기도록 요구함으로써 매주 부모가 평정한 SR의 신뢰도를 계속 점검한다.

임상가가 부모가 평정한 SR에 대한 신뢰도를 점검하는 예는 비디오 클립 6과 10을 참조하라.

드문 일이지만, 부모들과 임상가들이 실시한 SRs가 일치하기 어려울 때가 있다. 이러한 경우에, 부모들과 임상가 모두 아동의 말더듬을 확인하는 방법에 관한 더 많은 정보가 필요하다. 부모는 자녀의 구어에서 단순히 짧은 쉼이라고 확인한 것이 사실상 명백한 말더듬이라는 것을 인식하지 못할 경우도 있다. 또는 일반적으로 단계 1 종료 시점에, 부모는 정상적인 비유창성에 과민 반응하여, SR에 대해 임상가보다 더 높게 채점할 수도 있다. 이러한 불일치를 해결하는 한 가지 유

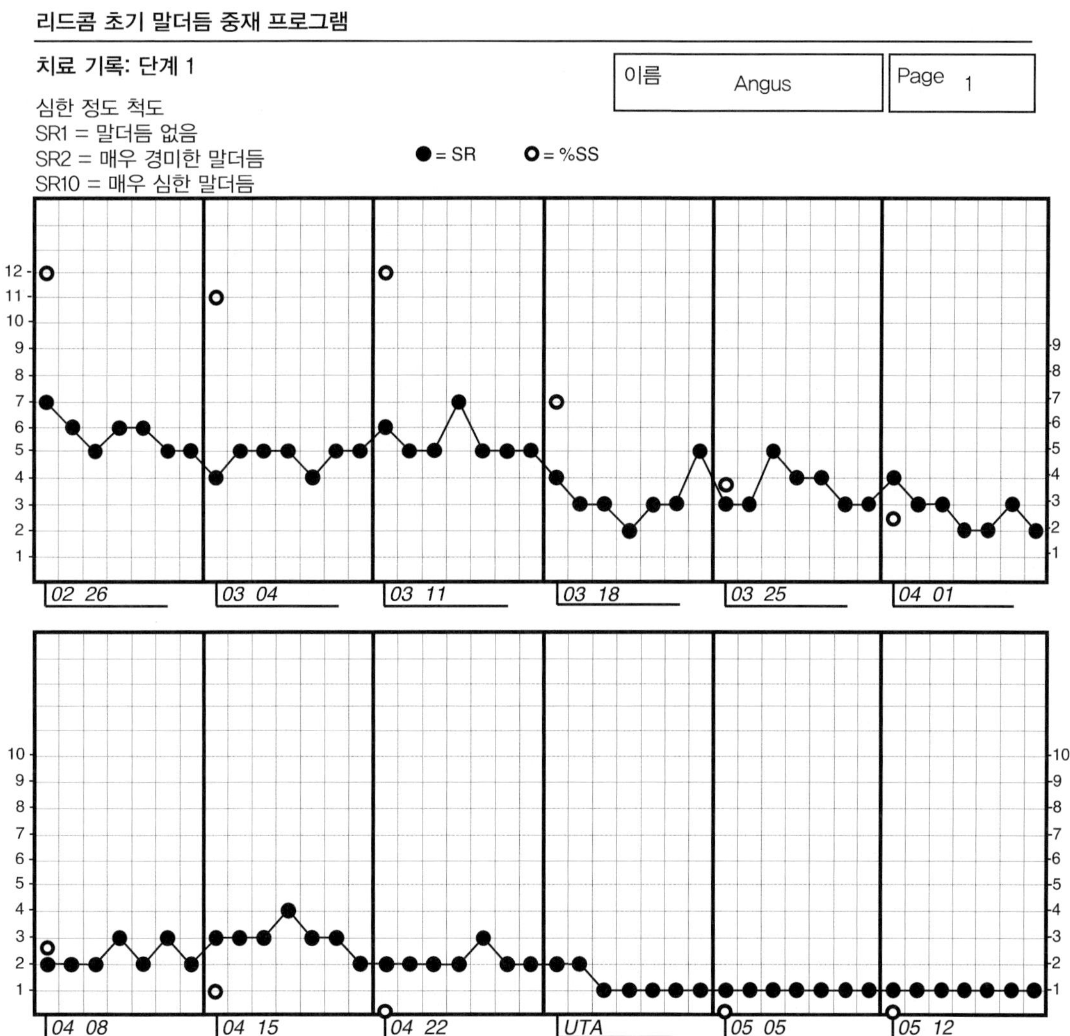

[그림 7.1] ■ 학령 전기 아동용 심한 정도 평정 차트의 예시

용한 방법은 아동의 오디오 또는 비디오 녹화를 부모와 임상가가 함께 시청하는 것이다. 부모와 임상가가 함께 시청하며, 정상적인 비유창성과 명백한 말더듬을 확인함으로써 그들의 일치도를 높일 수 있다.

가끔은 부모들이 그저 SRs를 수집하지 않아서 매주 클리닉 방문 시에 보고할 것이 아무것도 없다. LP 치료는 임상가들이 치료를 결정할 때 부모들이 측정한 SRs에 의존하기 때문에 이러한 측정이 없으면 진행할 수가 없다. 따라서 임상가들은 지체 없이 그 문제를 처리할 필요가 있고, 왜 SRs를 수집하지 못했는지 그 이유를 부모와 함께 찾아본다. 그 이유는 SR 차트를 분실한 것과 같은 간단한 것일 수도 있고, 부모가 매일 평정해야 할 때를 잊어버릴 수도 있다. 임상가가 부모들에게 SRs에 대한 설명과 SRs 수집 방법을 불명확하게 제시했거나 세부정보가 부족했을 수도 있다. 원인이 무엇이든 간에, 문제가 확인되고, 매일 SRs가 성공적으로 수집될 때까지 치료를 연기해야 한다.

결정 순서도

학령 전기 말더듬 아동을 위한 LP 치료에 관한 결정 순서도(flow chart)는 그림 7.2를 참조하라.

개별 환자에게 적합한 치료법의 조정

각 아동과 가족들에게는 구어 치료법들 사용에 영향을 미치는 여러 상황들이 있다. 임상가들에게는 치료법들을 적용할 때 창의적으로 사고하는 능력이 기본 역량이다. 임상가들이 특정 치료법(지금의 경우에는, LP)을 사용할 때 겪는 어려움은 각 치료법의 개별적인 차이점들을 고려하는 한편 해당 프로그램의 고유성을 유지하는 것

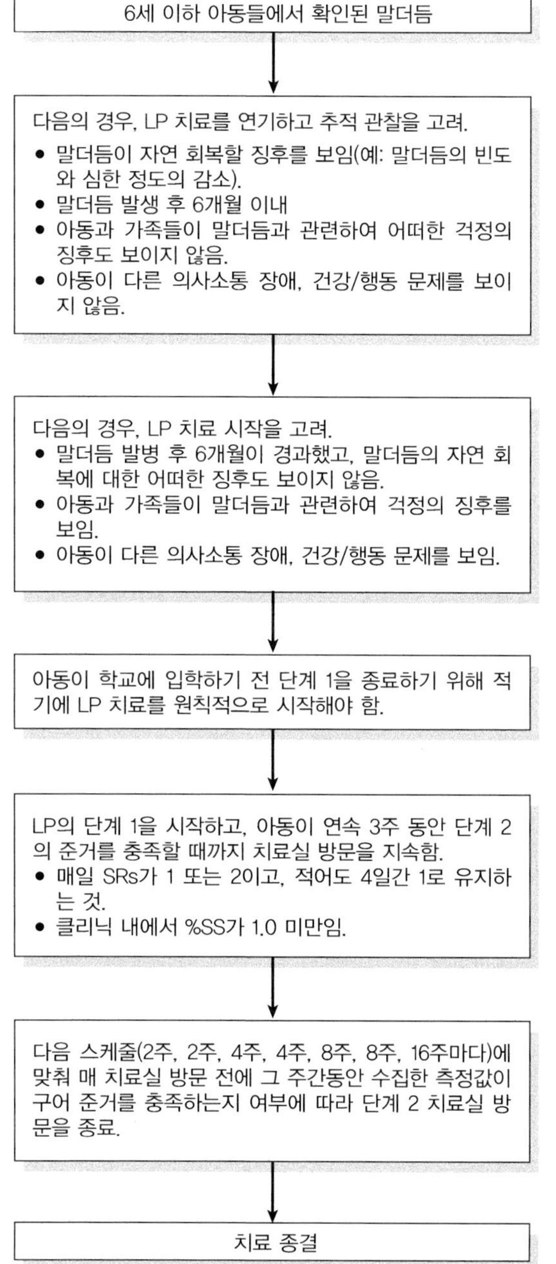

[그림 7.2] ■ 학령 전기 말더듬 아동을 위한 리드콤 프로그램 관련 결정 순서도

이다. 임상가들은 여러 문화(국가)와 언어 집단에서 LP를 성공적으로 사용해 왔으며, 우리는 개인적인 상황들로 말더듬 치료가 복잡해질 가능성이 있는 아동들에게 LP를 적용하는 것에 대해 이미 기술했다. Hewat, Harris와 Harrison(2003)은 다른 의사소통 장애들이나 의학적 진단을 받은 아동들, 문화적 및 언어적으로 다양한 배경을 가진 아동들, 예민하거나 수줍음을 많이 타는 아동들, 직업이 있거나 바쁜 부모의 아동들 등과 같은 아동들에게 리드콤 프로그램을 사용하는 방법을 설명했다. 그러한 여러 주제들을 재논의하기보다, 다음 섹션에서는 세 가지의 다른 잠재적 어려움이 있는 임상 집단들에게 임상가들이 어떻게 LP를 사용하는지를 다룰 것이다.

특정 모집단이 가질 수 있는 문제

부모가 별거 중인 아동

편부모라고 해서 학령 전 아동에게 LP를 실시하기 어렵다고 할 본질적인 이유는 없다. 결국, 양부모가 있는 가정이라고 해도 대개 어머니가 치료를 실시하고, 구어 측정 결과를 수집하고, 매주 1회씩 치료실을 방문한다. 편부모가 전적으로 가정에 대한 모든 책임을 홀로 지고 있어서 치료를 위해 할애할 수 있는 시간이 더 적기 때문에 어려움이 발생할 수도 있다. 간혹 편부모가 어려움 없이 일과 속에서 말더듬 치료에 대한 추가적 책무를 감당할 수도 있다. 이러한 어려움은 가족 내에 아동의 수가 적고, 치료와 치료실 방문을 위해 할애하는 시간이 일상생활에서 극히 적을 때 가장 발생하기 쉽다.

더 어려운 경우는 아동의 부모들이 별거하고 있고 아동에 대한 책임과 시간을 서로 나누어 놓은 상황이다. 부모들 사이에서 효과적인 의사소통이 이미 있는 경우에, 측정 및 치료 활동에 대한 협력이 거의 어려움 없이 이루어질 수 있다. 임상가는 합동으로 치료실 방문 동안에 부모와 함께 SR의 신뢰도를 확립하고, 각 부모가 아동에게 최적의 방식으로 치료를 수행한다는 점을 확인시킨다. 이것은 반드시 부모들이 동일한 방식으로 치료를 실시할 필요가 있다는 것을 의미하는 것이 아님을 강조하는 것이 중요하다. 부모들이 여러 가지 서로 다른 방식으로 자녀와 상호작용하고, 서로 다른 주제에 대해 말하며, 서로 다르게 게임하는 것을 기대할 수 있을 것이다. 따라서 치료 상황은 그에 따라 달라질 것이다. 부모들은 교대로 치료실을 방문하거나, 한 부모가 참석할 수 없는 경우에는 짜여진 일정을 변경할 수도 있다. 임상가는 매번 치료실 방문 시에 SRs와 치료를 계속해서 모니터할 수 있고, 그렇게 함으로써 아동의 진전 과정을 확인할 수 있다.

별거한 부모들이 아동을 돌보는 일에 관여할 때 좀 더 어려운 상황이 발생하고, 부모들 간에 갈등이 생긴다. 비록 서로 다른 시간에라도, 임상가와의 협의에 따라 부모들이 치료에 관한 협력에 합의하는 것이 아동의 진전을 지원한다는 사실을 부모들에게 설명하는 것이 유용하다. 만약 이러한 합의가 이루어지면, 임상가는 격주로 치료실을 방문하는 부모와 함께 평소와 같이 치료를 진행할 수 있다. 드문 경우이나, 부모들 간에 지속적인 의사소통이 없고 각 부모의 교육이 2주마다 실시될 때, 아동의 진전 속도가 느릴 것으로 예상할 수 있다. 이런 경우에 부모들 사이에 더 많은 협력 관계가 확립될 때까지 아동의 치료를 연기할 필요도 있다.

말을 더듬는 쌍둥이

터울이 있는 형제자매들(singleton siblings; 쌍둥이가 아닌 형제자매)과 비슷한 쌍둥이들은 동일한 방식이나 동일한 심한 정도로 말을 더듬지 않는 것 같다. 따라서 부모가 할 첫 번째 단계는 매일 두 아동 모두에 대해 SRs 점수를 수집하는 것이다. 만약 부모가 이것을 하기가 어렵다면, 부모와 임상가에게 더 좋은 접근법은 먼저 한 아동을 대상으로 SRs 측정과 치료를 시작하고, 치료를 먼저 시작한 아동이 단계 2에 도달할 때까지 다른 아동의 치료를 연기하는 것이다. 어느 아동의 치료를 먼저 시작해야 하는지를 결정할 때 고려해야 할 요인에는 어느 아동이 말더듬으로 고통을 더 많이 받는지, 어느 아동이 또래의 부정적인 반응을 받고 있는지, 혹은 어느 아동이 일반적으로 다른 아동보다 자신의 차례를 기꺼이 기다리려 하는지 등과 같은 두 아동의 말더듬의 심한 정도(부모들은 말더듬이 덜 심한 자녀로 시작하는 것이 쉬울 수 있음)가 포함될 것이다.

쌍둥이들을 동시에 치료하기로 결정을 할 경우에, 만약 부모가 두 아동 모두를 매일 측정하기보다 격일로 한 아동씩 측정하는 것이 더 쉽다고 생각하면, SRs를 격일로 수집할 수 있을 것이다. 단계 1의 초기에 구조화된 치료는 쉽게 조정되는데, 그 이유는 부모와 두 아동들이 함께 참여하여, 서로 대화를 주고받고, 주제나 자극 자료를 택하기 때문이다. 그러나 시간이 지남에 따라, 아동들이 다소 다른 속도로 진전되거나 서로 다른 구두 후속자극에 잘 반응할 경우가 있다. 부모들은 이러한 약간 다른 치료적 측면들을 조정하기가 매우 힘들다는 것을 알게 될 것이고, 임상가로부터 주기적인 조언을 받는 것이 유익할 것이다.

말을 더듬는 부모

말을 더듬는 부모는 처음에는 자녀와 함께 LP 치료를 실시하는 자신의 능력에 대해 염려할 것이다. 부모들의 염려는 자신이 말더듬 없는 구어를 매번 시범 보일 수 없다는 것을 인식하는 것에 기인하거나 또는 자신이 매번 동일하게 말더듬 없는 구어를 할 수 없을 때 자녀들에게 말더듬 없는 구어로 말하도록 격려하는 것이 비현실적일 것이라고 하는 생각에 기인한다. 이전에 자신의 자녀를 도울 수 있을까 의문이 들었던 부모들이 이러한 우려를 표현해왔다. 초기에 이러한 의혹이 있음에도 불구하고, 우리의 경험상 말을 더듬는 부모라 하더라도 확실히 자녀에게 LP를 성공적으로 사용할 수 있다.

말더듬 부모들과 함께 LP로 치료받는 대부분의 어린 아동들은 어느 순간에 부모들의 "범피(bumpy) 단어"에 대해 언급할 것이다. 임상가들은 그 상황이 발생했을 때 부모들이 대응할 준비를 할 수 있도록, 단계 1의 초반에 부모들과 함께 이러한 가능성에 대해 논의하는 것이 유용하다. LP와 일치하는 적절한 반응은 자녀의 지적을 인정하고 자녀의 말더듬 없는 구어를 강조하는 것이다. 이에 대한 예로는 "네 말이 맞아. 다만 아빠는 네가 하는 것처럼 막힌 단어를 없앨 수가 없구나."라고 말할 수 있다.

개별 환자에게 적용

중재의 주요 구성요소에 대한 설명

Theo의 어머니 Barbara는 Theo가 3세 8개월일 때 언어 치료실에 최초 평가를 의뢰했다. Theo와 어머니는 Theo의 아버지 Peter와 여동생 Katelyn과 함께 평가 세션에 참가했다. Theo는 9개월 전에 말을 더듬기 시작했으며, 부모들은 말더듬의 발생이 갑작스럽고 심하며, Theo의 말더듬이 여러 번의 음절 반복(주로 15번의 반복)과 가청 기류와 함께 고정된 자세를 보였다고 설명했다. Theo의 부모는 비록 Theo가 외조모 구어와의 유사점 때문에 말을 더듬는다는 것을 인지했지만, 처음에는 Theo의 말더듬 심한 정도에 불안했다고 보고했다. 몇 주를 기다린 후에, Theo의 말더듬의 심한 정도가 감소하는 동안, 어머니는 지역 아동 건강 센터로부터 조언을 받았다. 어머니는 초기 말더듬과 중재 서비스에 대한 일반적인 정보를 제공받았으며, Theo가 3.5세가 될 때까지 여전히 말을 더듬으면 언어 치료실의 평가를 받아보라는 조언을 받았다.

치료실 내 대화 동안에 Theo의 구어 샘플은 6%SS와 SR6으로 측정되었다. Theo의 말더듬은 음소 및 음절의 복합적인 반복(multiple repetitions)이었다. 아버지와 어머니는 이 샘플이 Theo의 말더듬이 가장 가벼울 때의 전형적인 말더듬 정도였으며, 비록 같은 유형의 말더듬이지만 Theo는 때때로 더 자주 말을 더듬었다는 데 동의했다. 임상가는 Theo에게 LP를 시작하도록 권고했으며, 부모는 치료 대기자 명단에 등록하는 것에 동의했다.

두 달 후, Theo가 3세 10개월이 되었을 때, LP의 단계 1을 시작했다. Theo의 말더듬은 평가 이후 점진적으로 더 심해졌으며, 첫 LP 치료실 방문 동안에 수집한 구어 샘플은 12%SS와 SR8로 측정되었다. Theo는 어머니와 자유롭게 대화했고 치료실의 장난감을 가지고 놀이하는 것을 즐기는 것으로 보였지만, 임상가와 대화하는 것을 주저했다. 임상가는 어머니에게 SRs를 설명했고, 앞으로 다가올 한 주 동안 매일의 평정을 기록하는 방법을 보여주었다. Theo의 어머니와 임상가는 지난 몇 주에 걸쳐 Theo의 다양한 말더듬 심한 정도에 대해 토의했으며, 어머니는 그 척도를 사용하여 "최소 SR4, 최대 SR9"의 범위로 측정했다. 그후, 임상가는 말더듬 없는 구어와 말더듬에 대한 부모의 구두 후속자극을 설명했으며, 다음 주 동안에는 말더듬 없는 구어에 한해서만 구두 후속자극을 사용하라고 권고했다. 어머니는 이에 대해 동의했으며, 이후, 임상가의 지시를 따라 Theo와의 짧고 구조화된 치료 대화에서 말더듬 없는 구어에 대해 칭찬과 인정을 바르게 사용했다.

단계 1의 두 번째 치료실 방문에서, Barbara는 지난 한 주 동안에 Theo의 SRs가 SR9와 SR6 사이에서 변동했다고 보고했다. 그들은 매일 "talking game"(Theo가 구조화된 대화에서 치료를 설명함)을 했고, Theo의 대부분 반응은 말더듬이 없고, 두 단어에서 네 단어 길이의 짧은 발화였다. Theo의 치료실 내 구어 샘플은 12%SS로 측정되었다.

세 번째 치료실 방문에서, Theo의 SRs는 감소하여, SR6에서 SR3의 범위에 있었다. 치료실 내에서 구어 샘플은 2%SS로 측정되었고, 어머니 Barbara는 비구조화된 대화에서 치료를 하는 동안 말더듬 없는 구어에만 후속자극을 사용했다.

그 다음 5주에 걸쳐서, Theo와 어머니는 아파서 세 번의 치료실 방문에 참석할 수 없었다. Theo의 SR 차트를 보면, Theo의 말더듬 심한 정도가 달라졌음이 명확히 나타났으며, Barbara는 그 주간 동안 치료적 대화를 거의 할 수 없었다고 보고했다. 그 주간을 제외하면, Theo의 단계 1 치료는 추가적인 큰 어려움 없이 계속 실시되었다.

결과에 대한 설명

Theo는 32주 후에 단계 1을 완료했으며 그 기간 동안 치료실 방문을 27회 했다. 단계 2의 처음 8주 동안에, Theo는 두 차례에 걸쳐서 준거 구어 측정값을 충족시키지 못했다. 임상가와 논의 후, 어머니가 사용한 전략은 비구조화된 대화 중에 말더듬 없는 구어에 대한 구두 후속자극의 비율을 증가하는 것이었고, Theo의 SRs는 그 이후 다시 SR1으로 떨어졌다. 단계 2를 시작하고 7개월이 지난 후에, Theo는 성공적으로 단계 2를 완료하고 치료를 종료했다. 그때까지 Theo는 여러 달 동안 일관되게 SR1의 평정값을 성취했다.

사례 연구

Claire는 아버지 Tom, 어머니 Rosemary, 그리고 두 명의 손위 형제자매인 Stephen(5세)과 Mason(7세)과 함께 산다. Claire는 3세 9개월경에 언어 치료사에게 최초 평가를 받았다. Claire의 부모들은 약 14개월 전에 Claire의 말더듬이 점차적으로 발생하기 시작했다고 보고했다. 처음에는, 부모들은 대개 매번 2~3회 반복하는 음소 반복과 단어 반복을 가끔 목격했다. 이러한 반복들이 좀 더 빈번해지게 되었고, Claire는 음을 연장하기 시작했다. Claire는 가끔 두어 번 정도 당황해했고, "혀가 움직이지 않아요."라고 했다. 가정에서 녹화된 Claire의 구어 비디오 샘플은 9%SS와 SR 7로 측정되었고, Claire의 부모들은 최근 몇 주에 걸쳐서 Claire가 전형적인 말더듬을 보인다는 것에 의견일치를 보였다. 임상가는 LP를 개괄적으로 말해주었고, Claire를 위한 치료법으로 LP를 추천했다. 부모들은 동의했으며, Claire는 몇 주 후에 단계 1을 시작했다.

단계 1의 처음 몇 번의 치료실 방문에서, 임상가는 SR 척도를 소개하고, 말더듬 없는 구어나 말더듬은 구어 모두에 대해 구두 후속자극을 사용하는 구조화된 치료 대화를 시범으로 보여주었다. 어머니는 자기가 모든 구두 후속자극을 바르게 사용할 수 있다는 것을 증명해 보이고는 매일 치료 대화를 수행하여 SRs를 규칙적으로 수집할 수 있다고 보고했다. 임상가와 어머니는 치료실 내 Claire의 구어 샘플에 대한 SRs에서 일관된 합의를 도출했다.

Claire는 치료실 방문을 즐거워하는 것으로 보였으며, 어머니는 Claire가 가정에서 구조화된 대화에서 치료에 참여하는 데 어려움이 없다고 보고했다. 어머니는 Claire가 이러한 대화를 하는 동안에 매우 적게 말을 더듬었으며, 자신은 말더듬 없는 구어에 대해 세 가지 구두 후속자극 모두를 사용했다고 말했다.

Claire의 SRs는 3주에 걸쳐서 감소되었고, 그 후에 몇 주 동안 SR3과 SR4로 유지되었다. Claire의 치료실 내에서의 구두 샘플들은 매 치료실 방문 초반부에 측정했는데 안정되어 갔으며, 3%에서 5%SS의 범위 내에서 일정하게 유지되었다.

임상적 적용/비판적 사고를 할 때 제기되는 질문

1. Claire의 SRs가 여러 주에 걸쳐서 만족할 만한 감소가 일어나지 않은 이유는 무엇인가?

2. Claire의 어머니에게 가정에서 Claire 구어의 SRs에 대해 어떤 질문을 할 것인가?
3. Claire가 가정에서 치료 대화를 즐겁게 경험하고 많은 말더듬 없는 구어 훈련을 받은 이후에도 계속 변화시킬 필요가 있는가?
4. 어머니와 Claire가 다음 클리닉 방문 치료 대화를 한다면, 당신이 특별히 기대하는 것은 무엇인가?
5. 당신이 Claire의 치료에서 도입하고 싶은 가장 중요한 변화는 무엇인가?

향후 방향

새로운 모집단에 확대해 적용하기

비록 LP가 6세 이하의 아동을 대상으로 고안되어 연구되었지만, 학령기 집단을 대상으로 한 국면 II 임상 실험 하나가 보고되었다. Lincoln 등(1996)은 7~12세 연령 범위에 속한 11명의 아동을 대상으로 LP 치료의 효과를 연구했다. 치료 2개월 전, 1개월 전, 1주 전, 치료 1주 후, 1개월 후, 2개월 후, 3개월 후, 4개월 후, 6개월 후, 9개월 후, 12개월 후에, 비밀 평가를 포함하여, 오디오테이프 녹음을 통해 %SS 및 분당 음절 수 측정값을 수집했다. 학령 전 아동을 대상으로 한 국면 II 임상 실험과는 대조적으로, Lincoln 등(1996)은 치료 후 12개월에 치료실 이외의 상황에서 뚜렷하게 "중간(medium)" 정도의 효과를 보고했다. 더욱이, LP 치료를 받은 학령기 아동을 대상으로 한 최근의 회고적(비임상 실험) 추적 연구(Koushik et al., 2007)에서도 역시 이 연령 집단에 대한 효과가 "중간" 정도였다고 보고했다[Koushik 등(2007)의 추적 연구 데이터는 치료실 이외의 상황에서 녹음한 것에 근거한 것이기 때문에 현재 논의하는 내용을 고려할 때 가치 있는 것이므로, Lincoln 등(1996)의 추적 연구 결과와 비교될 수 있음]. 분명한 효과에서의 차이는 LP에 대한 세 개의 국면 II 임상 실험과 이러한 보고들에서 가장 최근의 추후 점검 %SS 점수들을 비교함으로써 알 수 있다. 학령기 아동에 대해서, Lincoln 등(1996)과 Koushik 등(2007)은 가장 최근의 추후 점검에서 각각 평균 1.0%SS와 1.8%SS를 보고했다. 그러나 Miller와 Guitar(2007), Onslow, Andrews와 Lincoln(1994), Rousseau 등(2007)의 연구에서 평균 12개월 치료 후 %SS 점수는 각각 0.5%SS, 0.1%SS, 0.8%SS로 훨씬 더 낮았다. 이러한 데이터는 학령기 아동이 학령 전 아동에 비해 LP에 반응을 덜 보인다는 인상을 준다. 이러한 예상은 학령 전과 비교하여 학령기 동안에 구어 운동 활동성의 자유로운 정도가 더 적을 것이고(예: Wohlert & Smith, 2002), 그렇기 때문에 말더듬 재활에 잘 대처할 수 없을 것으로 보이기 때문에, 확실히 이론적으로 가능한 것이다. 더불어, 학령 전 동안에 아동의 치료 회복은 의심할 여지 없이 자연 회복의 효과가 도움이 되며, 이것은 학령 전 아동이 LP의 임상 실험에서 더 뚜렷한 효과를 보이는 이유를 설명할 수 있을 것이다. 그러나 LP와 관련된 국면 III 임상 실험을 하지 않으면, 학령기 아동의 실제 효과 크기에 대한 신뢰할 만한 추정을 가능케 하는 것이 무엇인가 하는(이전에 언급한 "국면 III 임상 실험(Phase III Clinical Trials)" 섹션 참조) 이러한 이슈는 아직 해결되지 않은 채로 남아 있다.

앞서 개괄한 LP의 임상 실험은 이미 그 치료의

효능을 다루었고, 신중히 통제된 과학적 조건 하에서 실시되었다. 그러한 조건들이 임상 세팅에서 행해지는 표준화된 언어 치료 서비스 전달을 주로 포함했지만, 그 조건들은 또한 실험 기간 동안 실험에 참여한 아동들의 치료에 전념해온 전문 임상가(specialist clinicians)와 연구 참여를 동의한 부모들을 포함한다. 치료 개발에 있어서 중요한 한 가지 이슈는 치료 효과성이란 개념이다. 이것은 비연구자 집단, 즉 지속적으로 치료 방법에 대한 상당한 연수 교육(continuing education)을 받은 일반 임상가(generalist clinicians)가 그 치료법을 사용할 때 그 치료법이 얼마나 잘 작동하는지와 관련이 있다. 본서를 집필할 당시, 그러한 일반 임상가들이 LP를 사용할 때 LP의 효과성을 밝혀낼 연구를 계획했다.

증거 검증을 위한 끊임없는 요구

앞의 여러 페이지에서 개괄한 LP를 지지하는 대부분의 증거는 본질상 말더듬의 심한 정도, 회복에 걸리는 기간, 불안, 음향적 요소 등과 같은 종속 변인들과 관련 있는 변인들의 감소이다. 종속 변인이란 측면에서 연구 이슈들을 조사하는 것은 아니지만, 풍부하고 자세한 설명을 사용하는 이슈들에 대한 정보를 증강시키는 구조적이거나 질적인 연구 영역에서 LP에 대해 배울 것이 많이 있다(말더듬 연구에서 감소와 구조적 연구 영역에 대한 비교는 Cheek, Onslow, & Cream, 2004 참조). 그러한 연구의 좋은 예는 이 책을 집필할 때 부모의 LP에 대한 경험을 확립할 목적으로 진행되고 있던 한 연구이다. 이 연구의 결과는 부모들이 중재를 수행하도록 훈련하는 임상가에게 알려줄 것이고, 대학교에서 전문가로서 준비를 하는 동안에 학생들에게 LP를 지도하는 임상가들에게 알려줄 것이다.

LP는 매뉴얼화되어 있다. 다시 말해서, 어느 임상가라도 매뉴얼을 다운로드하여 그 임상가들이 발표한 임상 실험에서 수행한 것과 똑같이 치료를 수행하도록 자세하게 설명되어 있다. 아동과 부모는 단계 1 동안에 매주 한 번씩 치료실을 방문하도록 매뉴얼에 명시하고 있다. 그러나 반드시 그러한 모델이 가장 효율적인 것은 아니다. 현재 LP의 서비스 전달과 다른 여러 가지 양식을 알아보기 위해 두 개 연구 프로젝트가 진행 중이다. 두 연구 중 첫 번째 연구는 아동들과 부모들이 집단으로 임상가를 방문하여 얼굴을 대면하는 표준 집단과 시청각 보조물을 공급하는 집단 세션을 비교하기 위해 설계된 무선 표집 실험이다. 이 연구의 목적은 치료 효율성 이득(treatment efficiency gains)이 어떠한 치료 유효성의 손실 없이 얻어지는지 그 여부를 결정하는 것이다. 진행 중인 또 다른 무선 표집된 실험은 부모와 아동이 매주 2번 방문과 2주에 1번 방문하는 치료 형식을 비교함으로써 치료 효율성에서 이득이 얻어질 수 있는지 그 여부를 결정하기 위해 설계했다.

LP의 특정 구성요소가 어떻게 치료 결과에 영향을 미치는지를 알기 위해 추가적인 연구들이 진행 중에 있다. 현재, 저자 및 동료들은 구두 후속자극의 필요성에 대한 Harrison 등(2002)의 연구 결과를 더 연구하기 위해 설계된 연구 프로젝트를 진행 중이다. LP로 치료받고 있는 부모들이 실제로 자녀에게 주는 구두 후속자극의 수와 유형을 연구하기 위해 부모와 자녀를 연구할 것이다. 이 연구에서는 또한 부모들이 준 구두 후속자극의 수와 범위가 치료 기간을 예측할 수 있는지 여부도 조사할 것이다. 또한 아동과 부모들에게 있는 다양한 구어 및 비구어 변인들이 어떠한 예측치를 가지는지 여부를 판단하기 위해 설계된 대규모 연구가 진행되고 있다.

이 장의 요약

- LP는 6세 이하 아동용으로 개발된 말더듬 치료 프로그램이다.
- LP는 아동들의 말더듬을 거의 0수준으로 감소시킨다.
- LP는 반복된 임상실험의 증거; 무작위 통제 연구; 대규모 집단 회복 예비 연구(large cohort recovery plot studies); 심리적, 언어적, 음향적 평가의 결과; 사회적 타당도; 치료 과정 연구 등으로 지지를 받는다.
- LP의 목표는 아동의 말더듬을 거의 0수준(단계 1)으로 감소시키고, 그 감소된 결과를 임상적으로 유의한 기간 동안 유지하는 것(단계 2)이다.
- 부모들이 자녀들과 함께 일상 대화를 하는 동안에 LP 치료를 실시한다.
- 심한 정도 평정(SRs)은 LP 프로그램 실시 전반에 사용되고, 다음의 정의에 따른다. SR1 = "말더듬 없음", SR2 = "매우 경미한 말더듬", SR10 = "매우 심한 말더듬"
- LP에서 부모가 사용하는 5개의 구두 후속자극이 있는데, 그 중 3개는 말더듬 없는 구어에 대한 것이고, 2개는 더듬은 구어에 대한 것이다.
- 치료의 효율성을 증가시키고, 어린 말더듬 아동들의 가족들이 더 쉽게 LP를 사용하게 할 목적으로 추가 연구가 계획 중이거나 이미 연구 수행 중에 있다.

이 장을 정리하는 질문

1. LP가 대상으로 하는 말더듬 아동의 연령군은 무엇인가?
2. LP의 사용을 배제해야 하는 말더듬의 유형이나 아동, 가족, 임상가의 특징이 있는가?
3. LP에 기초한 실험적 근거는 이 장에서 "임상실험 증거"와 "치료 과정 연구"라는 두 제목하에 분류되어 있다. 연구 증거에 대한 이러한 범주 간의 차이점은 무엇인가?
4. 아동이 단계 2를 시작하기 위한 구어 기준에 도달하는 데 소요되는 치료 세션의 현재 대략적인 중앙값은 얼마인가?
5. 아동이 말더듬 발생 후 6개월 이전에 LP를 시작하면 안 된다는 권고를 뒷받침할 수 있는 실험 증거는 무엇인가?
6. SR1, SR2, SR10의 척도값이 설명하는 것은 무엇인가?
7. LP에서 누가 SRs를 수집하며, 그들은 어디에서 언제 SRs를 수집하는가?
8. 부모와 임상가가 측정한 SRs에 대한 일치를 보장하기 위해 임상가가 취해야 할 조치는 무엇인가?
9. LP에서 부모가 사용하는 5가지의 구두 후속자극은 무엇인가?
10. 부모가 치료실 밖의 대화 상황에서 LP 치료를 자녀에게 제공하기 때문에 수행하게 되는 부모와 아동의 매주 1회 치료실 방문의 기능은 무엇인가?

11. 구조화된 대화에서의 치료와 비구조화된 대화에서의 치료 간에 5가지 차이점은 무엇인가?
12. 단계 2의 구어 기준은 무엇인가?
13. 만약 임상가가 단계 1 동안에 발생하는 문제를 해결하는 방법에 대해 확신이 없다면, 임상가가 이용할 수 있는 도움이나 정보의 원천은 무엇인가?

핵심 용어

구두 후속자극(verbal contingency): 말더듬이나 말더듬 없는 구어 직후에 부모가 하는 코멘트로 각각 가벼운 벌이나 강화의 의미로 제공된다.

단계 1: LP에서 표적 구어 수행을 달성하기 위해 아동에게 요구되는 치료의 일부분.

단계 2: 임상적으로 의미 있는 기간 동안 표적 구어 수행을 유지하기 위해 아동에게 요구되는 치료의 일부분.

더듬은 음절 백분율(percent syllables stuttered; %SS): 아동이 말한 음절들 중에서 분명하게 더듬은 음절의 퍼센트를 설명하는 측정값으로 임상가가 측정한다.

말더듬(stuttering): 아동의 구어를 듣고 있는 동안에 부모 및/또는 임상가가 판단한 명확한 말더듬의 순간. 모호하다고 판단되는 말더듬의 순간은 정상적인 비유창성일 수 있기 때문에 LP에서 제외된다.

말더듬 없는 구어(stutter-free speech): 아동의 구어를 듣고 있는 동안에 부모 및/또는 임상가 둘 중 한 사람 혹은 두 사람 모두가 명확한 말더듬의 순간들이 없는 것으로 판단한 구어 시간의 길이.

심한 정도 평정(severity rating; SR): 10점 척도로, 1 = 전혀 더듬지 않음, 2 = 매우 경미한 말더듬, 10 = 매우 심한 말더듬으로 평가한다.

추천 문헌

Attanasio, J.(2003). Some observations and reflections. In M. Onslow, A. Packman, & E. Harrison(Eds.), *The LP of early stuttering intervention*(pp.207–214). Austin, TX: Pro–Ed.

Harrison, E., Ttofari, K., Rousseau, I., & Andrews, C.(2003). Troubleshooting. In M. Onslow, A. Packman, & E. Harrison (Eds.), *The LP of early stuttering intervention*(pp.91–99). Austin, TX: Pro–Ed.

Packman, A.(2003). Issues. In M. Onslow, A. Packman, & E. Harrison (Eds.), *The LP of early stuttering intervention*(pp.199–206). Austin, TX: Pro–Ed.

Packman, A., Code, C., & Onslow, M. (2007). On the cause of stuttering: Integrating theory with brain and behavioral research. *Journal of Neurolinguistics, 20,* 353–362.

제 8 장

학령기 말더듬 아동을 위한 치료법 개관

Barry E. Guitar and Rebecca J. McCauley
(정훈 역)

도입

앞에서 설명한 학령 전 말더듬 아동들에 대한 치료법들은 한결같이 환자들의 유창성을 완성하는 것을 목표로 한다. 반면에 학령기 아동들에 대한 치료법은, 어쩌면 학령기 아동 집단에서 말더듬을 완벽하게 제거하는 것이 더 어렵기 때문에, 이 아동들의 목표와 기대에 따라 다를 수 있다. 여기서 제시한 학령기 아동들과 청소년들에 대한 네 가지 치료법은 다양한 목표(완벽하고 정상적으로 들리는 유창성에서 말더듬이 남아 있음에도 불구하고 효과적인 의사소통으로 말을 하는 유창성)들을 보여준다. 처음 두 개의 학령기 아동 치료를 위한 리드콤 프로그램(Lidcombe Program)과 유창성 규칙 프로그램(Fluency Rules Program)은 유창한 구어에 초점을 둔 치료법이다. 그 다음 두 개 치료법인 인지 행동 치료(Cognitive Behavior Therapy)를 포함한 스무스 구어(Smooth Speech)와 포괄적 치료(Comprehensive Treatment)는 의사소통 태도와 기술뿐만 아니라, 유창성 향상에 중점을 둔다. 독자는 치료법에 대한 설명을 읽을 때, 치료 목표의 복잡성이 치료 요소의 수에 어떻게 영향을 미치는지를 알아보라. 또한 각 치료법이 학령기 아동과 청소년기 아동들의 말더듬이 종종 학령 전기 아동들의 말더듬보다 더 복잡하다는 사실을 어떻게 다루는지를 생각해보라. 우리는 그 치료법들의 목표, 절차, 이론적 근거, 지지하는 증거 등을 열거한 후에, 이 장의 마지막 섹션에서 네 가지 접근법을 비교하고 대조할 것이다.

학령기 말더듬 아동용 리드콤 프로그램 (Harrison, Bruce, Shenker, Koushik의 9장)

이 치료법은 학령 전 말더듬 아동들을 위한 리드콤 프로그램(LP)을 응용한 것이다. 이는 6세에서 12세 사이의 학령기 아동들, 특히 비교적 경도의 말더듬 아동들에게 사용되었다. 이 치료법은 학령 전 버전을 비교적 약간 수정하여 실시하기 때문에, 이 치료법의 절차에 대한 설명도 제7장에서 제시한 LP 원본과 매우 유사하다.

이 치료법의 기본 목표는 말더듬 없는 구어를 성취 후 1년 이상 그 말더듬 없는 구어를 유지하는 것이다. 첫 번째 중간 목표는 유창성의 두 가지 기준[① 부모에 의한 1일 말더듬 심한 정도 척도가 평균 연속 3주 동안 2점 이하(적어도 4일은 1점), ② 같은 3주 동안 매주 1회 임상가가 실시한 아동 구어에 대한 척도가 1%SS 이하]을 성취하는 것이다. 두 번째 중간 목표는 임상가와의 미팅을 매주 1회에서 2주에 1회씩 2번, 4주에 1회씩 2번, 8주에 1회씩 2번, 마지막으로 16주에 1회로 점차적으로 감소시키는 동안에 이러한 유창성 기준들을 유지하는 것이다. 임상가와의 미팅을 점차적으로 감소시키는 기간 동안 학령 전 아동들과 비교하여 학령기 아동의 말더듬에서 가변성이 더 많다는 증거가 있다. 다시 말해, 학령기 아동들은 치료가 끝날 즈음에 유창성에서 더 많은 기복 현상을 보이는 것 같다(Koushik et al., 2007; Lincoln et al., 1996).

학령 전 LP를 사용할 때와 마찬가지로, 학령기 LP는 그 프로그램에서 진전과정을 결정하기 위해서 두 가지 말더듬 측정법을 사용한다. 첫 번째 측정법은 심한 정도의 평정(severity rating; SR)인데, 이것은 훈련 후에 부모들이 아동 구어에 대해 매일 평가를 실시하는 1~10점 척도이다. 척도 점수 1점은 아동의 말더듬이 정상적인 유창성을 나타내며, 10점은 가장 좋지 못한 수준을 나타낸다. 학령기 아동에게 LP를 사용하는 한 가지 옵션은 아동에게는 SRs를 사용하도록 아동 자신들을 훈련하고, 임상가에게는 부모와 아동이 치료 세션 동안에 아동의 매주 SRs를 부모 아동과 토론하게 하는 것이다. 두 번째 측정법은 아동의 더듬은 음절 백분율(%SS)인데, 이것은 임상가가 매주 부모와 아동을 면담 시작할 때 측정한다.

여러 활동과 절차에는 ① 임상가와 함께하는 매주 치료 세션에서 임상가가 아동의 구어를 평가한 다음, 부모가 가정에서 치료를 실시하도록 지원하는 것, ② 부모와 아동 간의 매일의 구조화된 대화에서 부모는 말더듬 없는 구어와 더듬은 구어에 대한 구두 후속자극을 사용하는 것, ③ 구조화된 대화를 비구조화된 대화로 점진적으로 교체하는데, 부모가 계속해서 구두 후속자극들을 사용하지만, 이제는 좀 더 일반적인 일상 활동들에서 구두 후속자극을 사용하는 것 등이 포함된다. 부모가 아동의 언어 출력(예: 예측가능한 대답이 따라 나오게 되는 일련의 질문을 설정함으로써)을 제한하고, 유창성을 촉진하기 위해 구두 후속자극을 사용하는 일대일 말하기 상황으로 상황을 시작한다. 일단 이러한 상황에서 아동이 약 90% 유창하게 되면, 부모는 아동이 자연스러운 대화 상황에서 좀 더 자유롭게 말하도록 하며, 유창성을 유지하기 위해 구두 후속자극들을 계속 준다. 아동이 차에서, 식료품 가게에서, 집 주변 등에서 부모에게 이야기할 수 있는 상황을 점차적으로 비구조화된 상황으로 변화시킨다. 그런 다음에 다른 부모 또는 조부모와 같은 다른 화자들이 비구조화된 대화를 하는 동안에 구두 후속자극을 사용하여 비구조화된 대화에 참여한다.

비록 아동의 구어를 변화시키기 위한 주요 원동력은 유창성에 대한 부모의 칭찬과 말더듬 수정에 대한 요구이지만, 학령기 아동을 위한 LP도 역시 아동에게 동기를 부여하기 위한 구체적인 보상을 포함시킬 수도 있다. LP를 학령기 아동에게 사용할 때 또 다른 변형은, 만약 부모가 매일 치료를 실시할 수 없다면, 가정에 있는 다른 사람이나 학교에서 나이가 더 많은 학생 혹은 직원이 LP 치료법에서 전통적인 부모의 역할을 대신할 수도 있다.

학령기 아동을 위한 LP의 이론적 근거에는 말더듬의 원인에 대한 추측을 포함시키지 않지만, 말더듬은 반응-후속강화 자극을 통해 변화될 수 있기 때문에 조작적인 행동으로 여겨진다고 단순히 주장한다. 이 중재법에서, 자극은 구두 언어(verbal)인데, 즉 유창성에 대한 부모의 칭찬과 아동의 말더듬에 대한 부모의 인정 또는 말더듬을 수정하도록 아동에게 요구하는 것 등이다.

학령기 아동용 LP를 뒷받침하는 근거는 학령 전 아동용 LP의 근거와 비교적 상당히 많이 비교되었다. 두 개의 연구가 보고되었다. Lincoln 등(1996)은 7세에서 12세 아동 11명을 대상으로 이 연령 집단에 실시한 LP에 관한 결과를 처음으로 보고했다. 치료 전후 측정들을 여러 번 실시했고, 그 결과 모든 아동들이 상당한 유창성을 습득했으며, 대부분은 습득한 유창성을 1년 유지 프로그램 동안에 유지했다. 학령기 아동들이 습득한 이러한 진전의 정도는 상당히 인상적인 것이다. 그러나 이 초기 연구의 결과들을 신중히 해석해야 하는데, 그 이유는 11명 중 4명의 아동들이 유지 프로그램을 완료하지 않았고, 그 유지 프로그램이 끝난 후에 유창성 습득이 유지되었다는 것을 입증하는 데이터가 없기 때문이다. Koushik 등(2007)은 LP로 치료한 6세에서 11세 사이의 아동 12명을 보고했다. 평균 %SS는 시작 시 9%[표준편차(SD) = 7.5%]에서 추적 점검 시 1.8%(SD = 1.3%)로 감소했다. 추적 점검은 안정적인 유창성이 습득된 후에, 9주부터 15개월까지(평균 6개월) 측정되었다. 추적 점검 시에, 12명 중 5명의 아동들은 1.0%SS 이하였으며, 7명은 2.0%SS 이하 점수였고, 9명은 3.0%SS 이하였으며, 12명은 4.0%SS 이하의 점수였다. 이 두 개의 연구에서, 유지 단계(단계 2)에서 학령기 아동들의 유창성은 LP로 치료한 학령 전 아동들에게서 나타난 결과보다 변화가 더 심함을 알았다.

유창성 규칙 프로그램 (Runyan, Runyan의 10장)

이 프로그램은 학령 전 말더듬 아동들과 저학년 말더듬 아동을 위해 계획되었지만, 여기에서는 학령기 아동에게 초점을 둘 것이다. 이 프로그램의 저자들은 이 접근법을 주로 말을 더듬지만, 다른 구어, 언어, 학습 또는 인지적 문제가 없는 아동들을 대상으로 사용했다. 하지만 저자들은 이 프로그램을 언어 문제, 학습 장애, 인지 장애 혹은 자폐 등의 아동들에게도 적용하기 쉽다는 것을 발견했다.

이 프로그램의 기본 목표는 자연스럽게 소리 나는 유창한 구어를 성취하는 것이다. 중간 목표들은 아동이 유창하게 되도록 순차적으로 학습하는 여러 "규칙들(rules)"이라는 견지에서 나타낸다. 첫 번째 중간 목표들은 모든 아동들이 그 규칙들 중 모두 혹은 일부를 학습하고 사용해야 하기 때문에 보편적인 규칙(Universal Rules)이라고 한다. 그 규칙들은 ① 구어 속도 줄이기, ② 단음절 단어들 및/혹은 부분 단어들의 반복 제거하기, ③ 연장 제거하기 등이다. 두 번째 중간 목표(규칙)들은 일차적 규칙들(Primary Rules)이라고 하며, 보편적인 규칙을 학습한 이후에 전혀 유창하게 되지 않는 아동들에게 사용된다. 이러한 규칙들은 ④ 말을 더듬는 동안에 숨을 멈추고 있기보다는 말을 하는 동안에 적절하게 숨을 쉬기, ⑤ 후두에서 막힘을 하기보다는 부드럽게 발성을 시작하기, ⑥ 혀 또는 입술에서 막힘을 하기 보다는 조음자들(articulators)을 가볍게 터치하기 등이다. 눈을 깜빡거리기 혹은 고개를 끄덕이기와 같은 부수 행동들(accessory behaviors)을 계속 사용하는 아동에게는 초기 목표들을 적절하게 충족시킨 후에, 일곱 번째 목표(규칙)인 ⑦ 말을 더듬을 때 다른 구조들로 움직이기보다는 말을 하기 위해서 단지 말 도우미(speech helpers)만을 사용하기를 도입한다.

유창성 규칙 프로그램을 위한 여러 활동 및 절차는 여러 규칙들이 적용되는지를 결정하기 위해 아동의 말더듬에 대한 분석을 시작한다. 그런 다음에, 임상가는 아동에게 적절한 보편적 규칙들을 가르치고, 아동이 그 규칙들을 사용하는 방법을 배울 수 있는 상황으로서 게임 및 기타 활동에서 대화형 구어를 사용한다. 예를 들면, 임상가는 아동이 말더듬을 확인하는 것을 배울 수 있도록 돕기 위해 "잡기 놀이(나 잡아봐라)" 게임에서 아동이 말을 더듬는 유형을 모델로 보여준다. 그 다음에, 임상가는 아동이 자신의 구어에서 말더듬을 확인하면 아동을 강화한다. 일차적 규칙들을 가르치는 것은 호흡 지원, 모음 내기(voicing), 조음기관 운동 등을 포함하는 구어 산출에 대한 기본사항을 가르치는 것으로 시작한다. 그런 다음에 임상가는 독립된 음에서 자발적인 구어로 나아가는 언어적 단계에서 아동이 유창한 구어 산출을 연습하도록 지도한다. 아동이 유창한 구어 쪽으로 진전이 이루어져 가면, 일반화를 촉진하기 위해 여러 가지 절차들을 사용한다. 치료 초기에, 치료를 받지 않을 때 아동이 말을 더듬는 단어들을 치료실에서 연습한다. 치료가 진행됨에 따라, 부모들과 교사들은 학교와 가정 환경에서 유창성 규칙들을 아동이 사용하도록 상기시키기 위한 시각적 단서들을 개발하기 위해 임상가 및 아동과 협업한다. 치료가 끝날 무렵에, 임상가는 전화를 해서 가정에서 아동이 자신의 유창성을 유지하기 위해 유창성 규칙을 사용하도록 스스로에게 신호를 주는 빈도를 서서히 줄인다.

저자들은 말더듬의 병인학적 모델(etiologic model)에 근거하여 치료법을 개발하려고 시도하지 않고, 오히려 말더듬 아동들에 대한 임상적 관찰에 근거한 치료 절차들을 만들어냈다. 예를 들면, 그들은 이러한 아동들이 자신의 말더듬을 스스로 교정할 수 있을 정도로 자신의 말더듬에 대해 충분히 자각하지 못하고 있다고 생각한다. 따라서 치료의 초기 단계는 부정적인 정서를 만들어내지 않고 말더듬에 대한 자각을 강화시키는 것을 포함한다. 그들의 이론적 근거 부분에서 발견한 두 번째 임상적 관찰은 나이든 말더듬 아동들이 종종 유창한 구어를 위한 구어 산출 프로세스를 협응시키는 것에 어려움을 겪는다는 것이다. 따라서 나이든 아동을 위한 유창성 규칙 프로그램 치료의 중요한 구성요소는 정상적인 구어 산출에 대해 배우고, 유창한 구어를 산출하기 위해서 필요한 요소들을 염두에 두고 사용하는 데 초점을 둔 구조화된 단계를 연습하는 것이다. 요약하면, 대부분의 치료법들처럼, 유창성 규칙 프로그램은 말더듬을 유발하는 결함들에 관한 이론에서 비롯된 것이 아니다. 즉, 이 프로그램은 말더듬을 유발하는 결함들을 변화시키는 것에 목표를 둔 절차들을 주의 깊게 고려하고자 생겨난 것이 아니다. 대신에, 유창성 규칙 프로그램은 이 연령 집단에 타당해 보이고 효과적으로 여겨지는 구성요소들을 발견함으로써, 순전히 임상적 경험(clinical spirit)에 근거하여 구성되었다.

유창성 규칙 프로그램의 효과성에 대한 증거는 세 권의 책에 보고되었다. Runyan과 Runyan (1991)은 3세에서 7세 사이의 9명의 아동들의 공립학교 환경에서 치료한 결과를 보고했다. 1년에서 2년 동안의 추적 점검 결과는 모든 아동들이 "유창성에서 유의한 향상을 성취하고 유지했고, 정상 구어 속도와 모든 이차 행동들이 제거되었다"는 것이다. 그러나 이 저자들은 모든 아동들이 여전히 반복을 1~2회 하는 경미한 반복을 했다고 했다. 유창성 규칙 프로그램을 약간 수정한 후에, 그들은 사설 치료실에서 치료한 14명의 3세에서 11세 아동들을 보고했다(Runyan & Runyan, 1993). 그 보고를 할 때에, 14명 중 10명의 아동들은 평균 9개월 치료 후에 정상으로 소리 나는 구어를 하면서 종료했다. 다른 4명의 아동들은 계속 치료를 받았다. 1999년에, Runyan과 Runyan은 또 다른 6명의 아동(2명은 학령 전 아동이고, 4명은 학령기 아동)을 보고했다. 5명의 아동은 정상 구어를 하여 치료를 종료 했고, 6명(2학년인 심한 말더듬)은 보고를 할 당시에 계속 치료를 받고 있었다.

나이든 말더듬 아동과 말더듬 청소년의 치료를 위한 스무스 구어와 인지 행동 치료(Craig의 11장)

이 접근법은 9세에서 14세 사이의 말더듬 아동들과 말더듬 청소년들에게 추천한다. 말더듬 발생의 경과 기간과 심한 정도는 어떤 아동들이 이 접근법에 적합한지를 결정하는 데 중요한 고려 사항이 아니다.

이 접근법의 기본 목표는 환자들이 타인과의 의사소통 및 상호작용 능력을 향상시키도록 돕기 위해 스무스 구어(smooth speech)와 심리적 기술들(psychological skills)을 가르치는 것이다. 중간 목표들은 다음과 같다. ① 대화 상황에서 천천히 그러고는 점진적으로 점점 더 정상적인 구어 속도로 말하는 스무스 구어 기술을 사용하여 말더듬 없이 말하는 것을 배우기, ② 매일의 일상 상황에서 말더듬을 최소로 하는 구어를 일반화하기 위해 계획된 전이 활동 단계를 완성하기, ③ 말하는 것에 대한 공포와 부정적 태도를 감소시키기 위한 여러 인지 테크닉들을 사용하는 것을 배우기, ④ 자기 연습과 자기 평가를 포함해 환자가 더 많은 책임을 지는 것과 가족의 지원을 포함한 유지 계획을 개발하기.

활동 및 절차는 다음과 같이 9단계로 구성되어 있다. ① 임상가는 환자의 말더듬 빈도, 구어 자연스러움, 불안, 의사소통 태도 등을 평가한다. ② 임상가는 환자에게 대화할 때 점진적으로 정상적인 구어 속도를 사용하여 스무스 구어를 하도록 3일 동안에 걸쳐서 가르친다. ③ 임상가는 환자에게 하루에 두 번씩 적절한 속도로 말한 것을 비디오테이프에 녹화하며, 평가를 위해서 재생한다. ④ 환자는 회기에 참여하고 있는 부모와 함께 매일 저녁 가정에서 스무스 구어를 연습한다. ⑤ 일단 환자가 클리닉과 가정에서 말더듬 없는 스무스 구어를 숙달하면, 환자는 최소한의 말더듬으로 스무스 구어를 유지하면서 일상적인 상황들로 전이하게 된다. 환자는 또한 전이 과제를 녹화하고 임상가의 지도를 받아서 그 과제를 평가한다. ⑥ 전이 단계 동안에, 환자는 지도와 토론을 통해서 자신의 진전을 책임지는 것에 대해서 배운다. 예를 들면, 환자는 자신의 목표들을 세우고, 그 목표들을 성취한 것에 대해 자신에게 보상을 한다. ⑦ 전이 단계 동안에, 환자는 근육 이완과 긍정적인 자기 대화와 같은 인지 행동 기법들을 배우고, 이러한 기법들을 여러 전이 활동을 하는 동안 적용한다. ⑧ 집중 프로그램의 마지막 1~2일 동안에, 환자는 자신의 구어를 평가하는 데 대한 좀 더 많은 책임을 지는 것과 재발을 다루는 방법을 계획하는 것을 포함하여 장기 유지 전략들을 다룬다. ⑨ 환자 및 가족은 환자가 유창성을 유지하기 위해서 노력할 때, 그 환자를 지원하기 위해 가족이 임상가와 미팅에 참여한다. 1년에 걸쳐서, 환자 및 가족은 진전사항을 검토하고 여러 유지 이슈들을 다루기 위해서 간헐적으로 임상가와 만난다.

이 접근법의 이론적 근거는 두 가지이다. 첫째, 말더듬은 구어의 전체적인 패턴을 변경하는 느린 속도와 발성의 부드러운 시작과 같은 유창성 기술들을 사용함으로써 보상해야 하는 신경심리학적 결함에서 발생하는 것이라고 가정한다. 아동들의 구어에 이러한 변화가 확립되면, 그러한 변화는 그렇게 하지 않으면 그들이 도달하지 못할 유창한 구어를 하기 위한 복잡한 협응을 가능하게 한다. 둘째, 나이든 아동들의 말더듬에는 말더듬이 발생한 지 수년 동안 구어와 연관되는 불안 및 회피와 같은 심리적 요인들이 중첩되어 있다고 가정한다. 따라서 근육 이완 및 사회적 기술 훈련과 같은 다양한 인지 행동 기법들이 이러한 요인들을 다루기 위해 추가되어 왔다.

스무스 구어 치료법의 효과성을 지지하는 증거는 주로 Craig 등(1996)과 Hancock 등(1998)의 두 개의 연구에서 비롯된다. 이 연구들은 치료 전 더듬은 음절의 백분율과 ① 치료 직후, ② 치료 1년 후, ③ 치료 5년 후 더듬은 음절의 백분율에서 나타난 변화를 평가했다. 상이한 두 가지 치료 형식이 사용되었는데, 치료실 기반 집중 치료(clinic-based intensive treatment)(치료실에서 5일 치료를 받음)와 가정 기반 비집중 치료(home-based nonintensive treatment)(다른 날에는 부모가 치료를 제공하면서 5주에 1번 치료실을 방문함)이다. 두 가지의 치료 형식 모두 1년 유지 단계 요소를 포함하고 있었다. 연구 결과는 치료 직후에 상당한 변화를 나타내었고, 이러한 치료 효과는 상당히 유지되었다. Craig가 저술한 장(제11장)에 있는 표 11.1은 말더듬 빈도의 백분율 변화와 효과 크기를 제시했다. 논문에 제시된 데이터는 치료 후 12개월과 2~6년 후 모두에서, 치료실 기반 치료와 가정 기반 치료 모두에 대한 평균 %SS가 약 3%SS인 것으로 나타났다. 이러한 데이터는 치료실, 전화 상황, 혹은 가정에서 측정한 것에 상관없이 비교적 비슷했다. 그러나 표준편차가 대략 평균 크기였다는 것은 치료 결과에서의 가변성이 상당히 크다는 것을 나타낸다는 것에 주의해야 한다.

학령기 말더듬 아동을 위한 포괄적 치료(Yaruss, Pelczarski, Quesal의 12장)

이 접근법은 7~17세 아동들에게 사용하기 위해 설계되었다. 이 중재법의 기본 목표는 말더듬 아동들이 효과적인 의사소통자가 되도록 하는 것이다. 일부 아동들에서, 이것은 말더듬 아동들이 여전히 말을 더듬지만 그들의 말더듬이 사회적, 학업적, 직업적 목표를 달성하는 데 방해하지 않음을 의미할 수도 있다. 중간 목표에는 ① 말더듬의 심한 정도를 최소화하기, ② 말더듬에 대한 아동들 자신과 다른 이들의 부정적 반응을 감소시키기, ③ 아동들의 실생활에서의 의사소통 능력을 향상시키기, ④ 아동들이 유창성과 의사소통에서 증진된 것을 일반화하고 유지할 수 있도록 돕기 등이 포함되어 있다.

그 중재법의 활동과 절차에는 ① 말더듬의 심한 정도를 줄이는 다양한 기법(예: 느린 구어 속도, 쉬운 시작)을 학습하기, ② 쉬운 상황에서 어려운 상황으로 단계적으로 여러 기법들을 연습하기, ③ 임상가와 함께 말더듬이 일어나는 때에 무슨 일이 일어나는지를 탐색하기, ④ 말더듬과 관련된 공포와 신체적 긴장을 감소시키기 위해 자발적 말더듬을 사용하기, ⑤ 쉬운 상황에서 어려운 상황으로 위계화하여 자발적 유창성을 사용하기, ⑥ 임상가와 말더듬과 관련된 생각과 공포를 토의하고, 말더듬에 관한 새로운 방식의 생각과 감정을 개발하기, ⑦ 경험과 감정을 공유하기 위해 다른 말더듬인들과 만나기, ⑧ 아동과 아동의 말더듬에 대한 수용을 증가시키기 위해 아동이 속한 환경에 있는 다른 사람들을 교육하기 등이 포함되어 있다.

이 접근법에 기틀이 된 이론적 근거는 말더듬의 원인이 아니라 일반적으로 학령기 아동들에서 말더듬이 어떻게 나타나는지에 초점을 둔다. 특히, 말더듬 핵심 행동들(예: 반복)에 더하여, 말더듬의 중대한 측면들은 그 아동들의 말더듬에 대한 행동적, 인지적, 정서적 반응들이다. 결과적으로, 이러한 반응들이 말하는 것에 대한 자기 인식을 약화시키고 말하는 것에 대한 광범위한 회피 때문에, 아동들의 의사소통 효과에서 장애를 초래할 수도 있다. 마지막으로, 의사소통 장애는, 그로 인해 학령기 말더듬 아동들이 학업적, 사회적, 직업적 기회에 충분하고 자유롭게 참여하지 못할 수 있기 때문에 종종 그 아동들의 삶의 질을 떨어뜨린다.

아직 학령기 말더듬 아동들을 위한 포괄적 치료에 대한 효과성의 증거는 없다. 그들의 전체 치료 패키지의 결과에 기초한 데이터 대신에, 그 저자들은 말더듬의 심한 정도를 감소시키기와 말더듬에 대한 부정적인 반응들을 변화시키기 등과 같은 자신들의 접근법에서 몇몇 하위구성요소에 대한 연구들을 언급한다. 그들의 프로그램의 효과성에 대한 앞으로의 연구를 고려할 때, 저자들은 말더듬 빈도와 심한 정도에 대한 측정 이외에, 말더듬에 대한 반응, 의사소통 기능, 삶의 질 등에 대한 측정들을 살펴봐야 하는 필요성을 설명했다.

접근법 간의 차이점과 유사점

표 8.1은 각 접근법의 핵심 특징들을 요약한 것이다.

네 가지 접근법들 사이에 차이점은 많으나, 먼저 그 접근법들의 다양한 목표와 그 목표들을 성취하기 위한 방법들을 생각해보자. 학령기 아동을 위한 리드콤 프로그램은 단순히 아동들이 자신들의 정상적인 환경에서 힘들이지 않고 말더듬이 없는 구어를 발달시키는 것을 도와주는 것에 초점을 두고 있다. 이 목표를 성취하기 위해, 임상가들은 아동들에게 유창성을 습득하는 방법에 대한 어떠한 지시도 하지 않고 유창한 구어(칭찬)와 더듬은 구어(수정을 요구함)에 대해 구두 후속 자극을 사용한다. 유창성 규칙 프로그램은 아동들에게 자연스럽게 소리 내는 유창한 구어를 가르치는 것을 목표로 하지만, 또한 보상 및 수정요구와 같은 지시를 사용한다. 아동들은 특별히 구어 속도를 느리게 하기, 한 번에 한 단어로만 말하기(반복하는 것보다), 간략하게 말하기(음을 연장하기보다) 등을 배운다. 더 심하게 영향을 받은 아동들은 말더듬 순간을 다루는 것을 돕기 위해 기술들(예: 적절한 호흡 하기, 편안한 발성의 시작, 가벼운 조음기관 접촉)을 배운다. 인지 행동 치료를 포함한 스무스 구어의 목표는 앞에서 언급한 두 개 치료법들의 목표보다 범위가 다소 넓다. 그 목표들은 말더듬 조절하기(단순히 유창하게 말하는 것을 배우기보다)와 사회적 기술과 의사소통 태도 향상하기를 포함한다. 말더듬 조절은 점차적으로 정상적인 소리로 형성되는 느리고 연장된 구어의 위계를 통해 배운다. 근육 이완은 환자들이 더 심한 말더듬을 수반하는 근육 긴장을 다루는 것을 돕기 위해서 배운다. 긍정적인 자기 말하기(self-talk)와 같은 인지 기법들은 환자들이 의사소통 및 사회적 기술과 태도를 향상시키도록 돕기 위해 사용된다. 이 치료법을 사용할 대상자들이 고학년 아동들과 청소년들임을 아는 것이 중요하다. 이 연령 집단은 리드콤이나 유창성 규칙 프로그램의 대상 연령인 저학년 아동들과 비교할 때 더 긴 기간 동안 말을 더듬어온 경향이 있다. 아동들이 수년 동안 말더듬과 씨름하면서, 그들의 말더듬 패턴은 몸에 많이 배었고, 제거하기가 더 힘들어졌을 것이다. 그래서 "조절된 말더듬"을 하기가 말더듬 없는 구어보다 더 현실적인 목표인 것이다. 더욱이, 고학년 아동들을 위한 치료법들은 많은 고학년 아동들이 의사소통에 대해 부정적인 정서를 가지고 자신들의 말더듬에 반응함으로써 말하는 것에 대한 회피와 사회적 고립으로 이어진다는 사실을 다룰 필요가 있다(Bloodstein & Berstein Ratner, 2007). 아동들이 나이들어감에 따라, 말더듬의 특징들과 후속자극들에서 일어나는 이러한 변화는 포괄적 치료 접근법이 왜 아동들을 유창한 화자보다는 효과적으로 의사소통자가 되도록 돕는 것을 목표로 하는지 그 이유를 설명한다. 아동들은 구어 속

〈표 8.1〉 학령기 말더듬 아동용 중재법의 특성

치료법				
종류	학령기 아동용 리드콤 프로그램	유창성 규칙 프로그램	스무스 구어 및 인지 행동 치료	포괄적 치료
목표	말더듬 없는 구어를 확립한 후 1년 이상 지속을 보이는 말더듬 없는 구어 혹은 거의 말더듬 없는 구어	자연스러운 유창한 구어	말더듬의 관리, 의사소통과 사회적 상호작용의 향상	효과적인 의사소통 및 삶의 질 향상

〈표 8.1〉 (계속)

대상자	6~12세	학령기 말더듬 아동; 수반 장애가 있는 아동에게 적용될 수 있음	나이든 아동과 청소년 (약 9~14세)	7~17세의 학령기 아동
중재자	치료사가 지도한 부모; 만약 부모가 가능하지 않을 경우, 나이가 더 많은 형제자매 혹은 교사의 도움으로 대체할 수 있음	치료사가 일차적인 중재인이지만, 부모와 교사도 아동이 자신들의 가정과 학교 환경에서 "규칙"을 기억하도록 도울 수 있음	집중 치료 버전: 치료사. 부모가 세션에 참여하고 전이 및 유지를 도울 수 있음 가정 치료 버전: 치료사가 지도한 부모	치료사가 아동에게 직접적으로 치료를 하지만, 아동의 환경에 있는 타인도 팀의 부분이 될 수 있음
세션의 특성	개별 세션; 치료사는 모델링, 가정 치료의 실행에 대한 피드백 제공, 아동의 진전에 관한 토의 등으로 부모를 지도함	설명한 바와 같이 이 치료법은 개별적으로 실시되지만, 저자들은 아동 집단에서도 효과가 좋다고 나타남	집중 치료 버전: 집단 혹은 개별적으로 실시할 수 있음; 치료사가 구어 패턴을 가르치고 피드백을 줌 가정 치료 버전: 개별 치료, 매주 1회 방문 시 치료사가 부모를 지도하여 개별적으로 실시함	치료 세션들은 아동에 따라 개별적으로 혹은 집단으로 실시될 수 있음; 모든 아동들에게, 다른 말더듬 아동들과 집단 미팅을 추천함
필요한 장비	말더듬과 음절을 계수하는 기구; 부모들은 녹음 및 녹화 설비를 사용할 수 있음	비디오 클립에서 아동의 호흡을 모니터하는 장비를 제시했으나 아무런 장비가 필요하지 않음	말더듬과 음절을 계수하는 기구; 녹화 및 재생 장치, 작은 디지털 녹음기	아동이 자신의 말더듬을 탐구하도록 돕기 위해 녹화 및 재생 장비가 사용될 수 있으나 특별한 장비가 필요하지 않음
세션의 빈도	가정에서 매일 10~15분 치료실에서 매주 1회	세부사항은 없지만, 매주 여러 세션을 가정할 수 있음	집중 치료 버전: 연속 5일 가정 치료 버전: 5주 동안 5일	매주 1회 혹은 2회; 치료를 시작할 때에는 여러 번 하는 것이 더 효과적임
총 치료 기간	유창성을 습득하는 데 8~12주가 걸리며, 유창성 습득 후 1년 동안 점진적으로 치료실 방문 빈도를 줄여나감	평균 지속기간은 약 9개월(범위; 2~20개월)	1년에 걸쳐서 치료사가 체크하면서 가족이 관리하는 유지 프로그램 1주 (혹은 5주)	개별적 다양성 때문에 치료의 지속기간을 예측하기가 어려움
치료법의 일반적인 특성	치료사가 부모들이 구조화되거나 비구조화된 매일의 여러 상황들에서 칭찬과 수정을 실시할 수 있도록 훈련함; 치료사는 부모의 일일 심한 정도 평정과 치료실에서 치료사가 측정한 아동의 %SS로 아동의 진전을 토의함	치료사는 말더듬을 유창한 구어로 바꾸기 위해 계획된 개별화된 "규칙"을 아동에게 가르침; 일단 배우면, 이러한 규칙들을 다양한 게임과 활동의 대화 상황에서 사용함; 치료사는 아동의 구어 산출을 형성하기 위해 칭찬과 수정을 사용함	치료사는 아동이 유창성을 유지하는 동안 점진적으로 속도를 증가하는 스무스 구어 패턴으로 아동을 훈련하는 행동수정기법을 사용함; 행동 형성 또한 아동이 전이하고 유창성을 유치하는 것을 돕는 데 사용할 수 있음	행동, 인지, 정서 등을 결합한 치료법을 사용함; 말더듬을 좀 덜 심하게 만들고, 잔존 말더듬이 있음에도 불구하고 아동이 의사소통하는 것을 돕는 것을 강조함

도와 근육 긴장을 감소함으로써 말더듬을 수정하는 것을 배운다(그들은 이전에 공포를 유발하던 자극에 둔감해지고, 그들의 과거와 미래에 말하는 것에서 겪게 될 경험에 대해 달리 생각하도록 도움을 받는다). 이러한 중재는 네 가지의 접근법이 모두 가지고 있는 광범한 목표들이며, 치료는 말더듬뿐만 아니라, 공포, 예기, 말더듬이라는 그 사람의 자아 개념을 제거해야 한다는 효과적인 치료에 대한 Bloodstein의 유명한 기준들 중 하나를 충족시키는 방향을 지향한다(Bloodstein & Berstein Ratner, 2007). 요약하면, 네 가지의 프로그램은 그 목표들을 어떻게 초점에 근접시키는가 하는 것에 대해 연속적으로 제시되었다. 리드콤 프로그램은 가장 근접하게 유창한 구어에 초점을 맞추고 있고, 유창성 규칙 프로그램은 유창한 구어에 초점을 맞추고 있지만, 간단한 치료에 반응하지 않는 아동들에게 말더듬을 수정하기 위한 몇 가지 기법들을 사용한다. 스무스 구어는 유창성뿐만 아니라 의사소통 태도도 목표로 한다. 포괄적 치료는 목표로 유창성을 선택하지 않지만, 대신에 효과적인 의사소통을 목표로 한다.

이러한 치료법들이 표적으로 삼는 목표, 활동, 연령 범위 등에서 다름에도 불구하고, 그 치료법들은 많은 유사점들을 가지고 있다. 공통적인 요소들을 검토하면, 학령기 말더듬 아동을 위한 치료법들을 더욱 연구하기 위한 중요한 치료 원리들을 찾을 수 있을 것이다. 우리가 알 수 있는 바와 같이, 그 유사성들은 차이가 있는데, 이러한 차이는 매우 중요할 수 있다. 예를 들면, 네 가지 치료법 모두는 임상가가 증가되기를 원하는 행동들에 대한 강화를 사용한다. 그 접근법들 중 두 개는 바람직한 행동에 대해 아동들을 체계적으로 강화한다. 리드콤 프로그램은 구두 후속자극들(유창성에 대해서는 칭찬, 말더듬 수정에 대해서는 요구)에 근거하며, 스무스 구어 접근법은 그 프로그램의 많은 측면들을 완성하기 위해서 아동에게 재정적 보상들을 사용한다. 유창성 규칙과 포괄적 치료는 덜 체계적이지만, 유창성 규칙을 위한 구두 칭찬과 놀이 휴식의 기회가 바람직한 행동을 강화하기 위해 비체계적으로 사용된다는 것은 프로그램의 설명과 비디오 클립을 통해 분명히 드러난다. 말더듬 치료 결과가 강화를 체계적으로 주는 방법과 그 강화를 체계적으로 용암하는(fading) 방법이 영향을 미치는 지 그 여부는 앞으로의 연구에서 풀어야 할 의문점이다.

이 네 가지 치료법들의 공통적인 또 하나의 요소는 아동들이 새로운 행동을 배우고 사용하는 것을 돕는 데 여러 위계들(hierarchies)을 사용하는 것이다. 위계들은 단순히 쉬운 과제 또는 상황에서 더 어려운 것으로 나아가는 치료의 단계들이다. 그 위계들은 거의 보편적인 학습 원리이고, 종종 아동이 새로운 행동을 숙달하도록 돕고, 그 새로운 행동을 치료실 밖의 여러 상황에서 사용하여 일반화하도록 돕는 두 가지 목적으로 사용된다. 위계들은 구조화된 대화에서 비구조화된 대화로, 단계 1에서 매주 1회의 정기적인 치료실 회기에서 단계 2의 점진적으로 줄어드는 회기로의 리드콤 프로그램의 전환에 내재되어 있다. 단계 1 내에서, 아동은 가장 유창한 구어를 이끌어낼 상황 및 언어적 수준에서 말해야 하지만, 주의 깊게 구조화된 위계는 요구하지 않는다. 다른 한편으로, 유창성 규칙들, 스무스 구어, 포괄적 치료 프로그램 등에서의 위계는 좀 더 구조화되는데, 특히 뒤로 두 개 접근법들이 모두 복잡한 행동들을 먼저 배우고, 이러한 행동들을 일상생활에서 일반화하는 데 사용하는 접근법이다. 독자가 네 가지의 치료법들 모두에서 위계들에 관해 읽을 때, 그 위계들이 임상가가 혼자 개발했는지 아니면 아동들이 그 위계들을 만들 때 적극적인 일부로 참여했는지를 유의하여 보아야 한다.

논의할 마지막 유사점은 아동의 가족이 치료에 참여하는 정도에 관한 것이다. 가족은 능동적인 임상가로서 치료를 시작할 때 참여하거나, 아니면 나중에 치료 효과의 일반화 및 유지를 위한 일부로서 유창성 증가가 성취되면 참여할 수도 있다. 리드콤 프로그램과 스무스 구어 프로그램의 가정 중심 치료 버전 모두는 부모가 아동의 임상가로서 행동하도록 요구한다. 스무스 구어 프로그램에 관한 장에서, Craig는 가정 중심 치료 버전이 부모가 임상가의 역할을 하기 때문에 좀 더 효과적일 수 있다고 주장했다. 이는 가정 중심 치료 프로그램에 관한 연구에서 아동들이 평균 10.5세(9~14세 범위임)였는데, 심지어 이처럼 나이든 아동이더라도 부모가 그들의 임상가로서 역할을 할 때 효과적으로 작용할 수 있다는 것을 나타낸다는 점에서 특히 중요한 의미가 있다. 치료실 중심 스무스 구어 프로그램에서도, 부모들은 치료 회기 동안에 참가한 후에 아동이 가정에서 유창성 기술을 연습하도록 도와줌으로써, 치료 시작 시부터 매우 능동적인 역할을 수행한다. 유창성 규칙 프로그램에서도 역시 부모와 다른 가족 구성원들이 참여하지만, 그들은 유창성 기술을 배우고, 아동이 그러한 기술을 다른 환경에서 사용하는 전이 활동을 시작한 후에야 참여한다. 유창성 규칙 치료의 전이 및 유지 국면 전반에 걸쳐서, 부모들은 가정에서 아동이 유창성 기술을 사용하도록 단서를 점진적으로 더 많이 제공한다. 포괄적 치료에서의 가족 참여는 약간 다르다. 그 치료법에서의 강조점은 말더듬의 본질을 부모가 이해하는 것과 아동은 항상 어느 정도 말을 더듬으며, 이것은 실패의 징후가 아니라는 사실을 아동이 수용하는 것에 중점을 둔다. 포괄적 치료에서 아동의 부모들은 아동이 유창성 기술을 연습하도록 돕기보다, 오히려 말을 더듬어도 괜찮은 환경을 만들어 줌으로써 아동이 개방적으로 자유롭게 의사소통하는 환경을 조성하도록 노력한다. 가족들이 치료에 참여하는 것과 더불어, 네 가지의 중재법 모두는 또래와 담임교사를 참여시킨다. 독자가 각 장을 읽어봄으로써, 각 치료법이 이 부분을 어떻게 달성하는지를 살펴보라.

요약

여기에 제시된 네 가지의 치료법들은 모두 집에서뿐만 아니라 학교 환경에서 말더듬 문제들에 직면하는 학령기 아동들을 목표로 한다. 이 접근법들 중 2개는 치료하기에 가장 어려운 것으로 많이 여겨지는 연령 범위인 고학년과 청소년들에게 적용가능하다(Craig et al., 1996). 이러한 접근법들의 공통점은 가족 참여, 기술들의 숙달을 확립하고 새로운 행동들을 일반화하기 위한 위계의 사용, 행동의 변화를 위한 다양한 종류의 강화의 사용 등이다. 먼저 설명한 두 개의 접근법들(리드콤와 유창성 규칙)에 대한 목표들은 후자의 두 개의 접근법들(스무스 구어와 포괄적 치료)의 목표들보다 더 낙관적이다. 즉, 첫 두 개 접근법들은 정상적으로 발화하는 유창한 구어를 목표로 하는 반면에, 마지막 두 개 접근법들은 아동들이 말더듬을 감소하거나 조절하도록 돕고, 아동들의 의사소통 효과성을 향상시키는 것을 목표로 한다. 이런 차이점은 후자의 두 개 접근법들이 전자의 두 개 접근법들보다 고학년 아동들을 위해 설계된 것이라는 사실로 설명될 수 있다.

제 9 장

학령기 말더듬 아동용 리드콤 프로그램

Elisabeth Harrison, Melissa Bruce, Rosalee Shenker, and Sarita Koushik
(김수형 역)

도입

조기 말더듬 중재에 대한 리드콤 프로그램(LP; Lidcombe Program)은 원래 6세까지, 즉 학령 전 아동용으로 개발되었다(Onslow, 2003). 그러나 LP는 또한 6~12세의 학령기 말더듬 아동들에게도 일부 성공적으로 사용되었다. 이 장의 목표는 독자들이 학령기 아동들에게 LP를 사용할 수 있는 방법을 이해하도록 제공하고, 이러한 적용과 관련된 연구 결과를 설명하고, 그 프로그램이 나이 든 아동들에게도 유용하도록 세심하게 조정할 수 있는 방법을 설명하는 것이다.

배경

LP는 처음에 6세 미만의 아동들을 위해 고안되었고, 가장 초기의 연구 결과들은 그 연령 집단에 한정되었다(Onslow, Costa, & Rue, 1990; Onslow, Andrews, & Lincoln, 1994). LP는 학령 전 말더듬 아동들에게 효과 있고(Harris et al., 2002; Jones et al., 2008; Kingston et al., 2003), 사회적으로 타당하고(Lincoln, Onslow, & Reed, 1997), 부작용이 없는(Woods et al., 2002) 것으로 나타났다.

LP(Onslow, Packman, & Harrison, 2003)는 1990년대 초기에 the University of Sydney의 연구자들과 시드니에 위치한 Bankstown Health Service의 말더듬 분과에 속한 임상가들 간의 공동연구를 통해 호주 시드니에서 개발되었다(요약에 대해서는 Onslow, 2003 참조). 그 후 몇 년이 지나면서, 공동연구자들이 그 프로그램 효과의 최적화를 추구하면서 그 프로그램 절차들을 다듬었다. 학령 전 아동들에게 사용될 때 임상가들이 그 프로그램에 대해 묻는 질문에 답하기 위해서 지속적인 연구들이 이루어지고 있다(제7장 참조).

LP는 호주 이외의 국가에서 사용되었다. 이제 덴마크, 캐나다, 독일, 네덜란드, 뉴질랜드, 싱가포르, 남아프리카 공화국, 영국, 미국 등을 포함하는 여러 국가에서 사용된다. 따라서 그 프로그램이 다양한 문화에서 임상가와 가족들에 의하여 성공적으로 실시될 수 있다는 증거가 이어지고 있다(예: Hayhow, Kingston, & Ledzion, 2003; Jones, Blakeley, & Ormond, 2003; Shenker & Wilding, 2003; Wahlhaus, Girson, & Levy, 2003).

이 프로그램은 행동 치료의 여러 원리에 영향을 받았다(Packman, 2003). 이 프로그램의 목표는 단계 1 동안에 힘들이지 않고 말더듬 없는 구어를 확립하고, 단계 2 동안에 그러한 기간을 확대해 유지하는 것이다. 이 프로그램은 부모들이 실시하고, 치료는 아동의 말더듬 없는 구어를 증가시키고, 아동들의 일상 대화에서 말더듬을 제거하는 데 초점을 둔다. 부모들은 여러 상황에서 낮 시간에 아동들과 대화를 나누는 동안에 말더듬 없는 구어와 말더듬에 대해 구두 후속자극을 사용한다. 다시 말하면, 부모들은 아동들의 말더듬 없는 구어와 말더듬 모두에 대해 때때로 코멘트를 한다. 임상가들은 부모들이 아동들에게 도움이 되고 아동들에게 기분 나쁘거나 침습적이지 않은 여러 가지 방식으로 이것을 수행한다는 것을 확인한다. Packman(2003, p.204)은 다음과 같이 LP의 목표를 설명했다: "사실, 일상생활에서 전투를 하는 것과 같은 어려운 의사소통적 요구에도 불구하고, 리드콤 프로그램의 목표는 아동들이 자연스러운 환경에서 말더듬 없이 말하게 하는 것이다."

부모들은 프로그램의 목표를 향하여 잘 진전되고 있는지를 모니터링하기 위해 아동들의 말더듬의 심한 정도 평정 척도(severity rating; SR)로 매일 심한 정도를 평가한다. LP는 두 단계로 나누어지는데, 단계 1의 목표는 아동들이 매일의 일상 구어에서 유의하지 않은 정도의 수준으로 말더듬을 감소시키는 것이다. 구어 기준이란 측면에서 말하자면, 단계 1의 목표는 아동들이 더듬은 음절의 퍼센트(%SS)와 3주 연속 동안 말더듬의 심한 정도와 관련한 측정치이다. 단계 2의 목표는 아동들이 이러한 구어 기준을 그 다음의 수개월에 걸쳐서 유지하는 것이다.

이론적 기초

기저를 이루는 가정(assumpions)

말더듬의 원인이 연구 중에 있다는 것을 고려하여(이론적 모델에 대한 최신 동향을 요약한 것은 Packman & Attanasio, 2005 참조), 그 저자들은 말더듬의 본질에 관한 아무런 전제(assumptions)를 하지 않는다. 실제로, Packman(2003, p.203)은 "리드콤 프로그램은 하나의 행동 치료이며, 말더듬의 본질이나 원인에 대한 특정한 이론적 견해에서 비롯되기보다는 오히려 실험적으로 개발되었다."고 했다. 말더듬의 원인을 확인하는 것은 결과로 나타난 행동을 수정하기 위해 필수적인 것이 아니라고 전제하면서, LP가 심리학 연구문헌에서 입증된 학습 원리들에 근거한다고 말할 수 있을 것이다. 그러므로 LP의 기저로 설명할 수 있는 한 가지 전제는 어린 아동의 말더듬은 조작적인 것 같은 행동이며, 반응-후속자극을 받아들이고 있다는 것이다. 이 전제를, 말더듬은 조작적이다(stuttering is an operant)라는 개념과 혼동하지 않아야 한다. 말더듬에 대한 행동적 연구를 고찰하여, Martin과 Ingham(1973, p.126)은 "말더듬 빈도가 자극-후속자극(response-contingent consequences)을 통해 수정될 수 있다는 실험적 증거는 반드시 말더듬이 하나의 조작적 행동이라고 하는 의미가 아니다. 뿐만 아니라, 말더듬의 발생 및 발달이 환경적 결과라는 견지에서 가장 잘 설명된다는 의미도 아니다."라고 결론 내렸다.

말더듬 원인에 관해서 현재 의견 일치가 없는 것이 분명하지만, 어린 아동들에게서 말더듬이 행동 치료에 반응한다는 실험적 증거가 있으며, 이를 다음 섹션에서 요약했다.

리드콤 프로그램에 대한 이론적 근거

LP는 잘 수립된 행동 치료 원리[특히 반응-후속자극(RCS)]는 말더듬 없는 구어의 빈도를 증가시키고, 더듬은 구어의 빈도를 감소시키기 위해 사용한다. LP에서 표적으로 하는 아동의 두 가지 반응은 말더듬 없는 구어와 분명한 말더듬이다. LP에서 이러한 반응에 적용하는 후속자극들은 부모의 구어 후속자극들이다. 특히 아동들의 말더듬 없는 구어의 예들은 부모의 구두 칭찬(예: "매우 부드럽게 말하는구나!"), 말더듬 없는 구어의 인정(예: "그게 부드러운 말인 거야"), 또는 말더듬 없는 구어를 자기 평가하도록 요구하기(예: "그게 부드러운 말이니?") 같은 것일 수 있다. 더듬은 구어의 예들은 말더듬을 교정하도록 요구(예: "다시 한 번 더 말할 수 있겠니?"), 또는 말더듬의 인정(예: "그 말이 더듬은 것 같구나.") 등일 수 있다. 그래서 말더듬 없는 구어와 말더듬의 경우에 다른 후속자극들이 적용될 수 있다.

행동 학습에 대한 조작적 원리들은 수십 년간에 실시된 실험적이고 과학적인 연구를 통해 잘 수립되었다. 좀 더 구체적으로 말하면, 성인들이 RCS 사용을 통해 유창성이 증가하고 말더듬이 감소할 수 있다는 연구들이 입증되어 왔다(Flanagan, Goldiamond, & Azrin, 1958; Martin & Haroldson, 1977; Martin & Siegal, 1966a, 1966b; Martin et al., 1975). Martin, Kuhl과 Haroldson(1972)은 2명의 학령 전기 아동들의 말더듬 구어에 RCS를 적용하여 얻은 결과를 처음으로 발표했다. 실험실 연구에서, 각 아동은 개별적으로 박스 안에서 빛이 나고 치료사에 의해 조절되는 손인형과 대화를 했다. 손인형과의 20분 기초선 대화를 여러 번 한 후에 아동의 말더듬 여부에 따라 타임아웃이 실시되었다. 타임아웃은 손인형이 효과적으로 사라지고 그 상호작용이 중단되도록 하는 짧은 시간 동안 빛을 소거하는 것이다. 그러고 나서 그 빛이 다시 들어와서 인형이 다시 나타나고 대화를 재개하도록 한다. 말더듬은 두 아동 모두에게서 사라졌으며, 그 효과는 실험이 끝난 후 1년 동안 일반화되고 유지되었다. 이러한 결과들을 복제하려는 후속 노력들은 성공적이지 않았지만(Onslow, 2003), 어린 아동들에게서 더듬은 구어를 감소시키기 위해 RCS를 사용하는 가능성이 수립되었다. 결과적으로, LP의 개발자들은 현재 우리가 LP로 알고 있는 전체 치료 패키지가 나올 때까지, 임상적으로 실험을 하면서 치료를 수정했다. 실제로, 이러한 부모가 시행하는 치료 방법에 대한 초기 연구 이래로, 긍정적인 결과들이 많이 보고되었다(Jones et al., 2000; 2005; Harris et al., 2002; Kingston et al., 2003; Lattermann, Euler, & Neumann, 2008; Shenker et al., 2005).

실험적 기초

학령기 아동에게 LP를 사용하는 것을 지지하는 유망한 예비 연구가 몇 개 있다. 특히, 두 개의 연구가 이 연령 집단에게 사용된 LP의 효과를 검증했다(Koushik et al., 2007; Lincoln et al., 1996). Lincoln 등(1996)은 LP로 치료한 7~12세 아동 11명에 대해서 보고했다. 그들은 모든 아동이 단계 1을 완료하는 데 1시간 클리닉 방문을 평균 12회 했으며, 12개월 추적 점검 시에 감소된 말더듬을 유지했음을 발견했다. 비록 모든 참여자들이 LP

에 반응했지만, 초기 연구에 참여한 학령 전기 아동들과 비교했을 때, 치료 후 구어 측정에서 약간 더 많은 변동이 있었다(Onslow, Andrews, & Lincoln, 1994). 그러나 Lincoln 등(1996)의 연구에 참여한 아동의 부모들은 자녀의 치료 후 구어에 만족하고 있다고 보고했다.

Koushik 등(2007)은 치료 시작 시에 5세 10개월~10세 8개월이었던 12명의 학령기 아동(남아 9명과 여아 3명)을 후속 연구했다. 대부분이 아동들은 문화적 및 언어적으로 다양한 배경 출신이었다. 8명의 아동들은 4세 또는 그 이상의 연령일 때 제2언어에 노출되어서, 제2언어로 프랑스어, 이탈리아어, 그리스어, 포르투갈어를 사용했고, 그들의 모국어는 영어였다. 4명의 아동들은 모국어가 영어였고 출생과 동시에 프랑스어, 히브리어, 베트남어 또는 이탈리아어에 노출된 이중 언어 화자였다. 12명의 아동들 모두의 모국어가 영어였고, 치료실을 방문하는 동안에 영어를 사용했다. 겉으로 드러나지 않은 관찰자들의 평균 %SS 점수는 치료 전 9.0[표준 편차(SD) = 7.5]이고, 추적 점검 시 1.8(SD = 1.3)이었다. 모든 아동들이 평균 7.5주(5~10주 범위) 내에서 단계 1을 완료했다. 4명의 아동들은 단계 1 완료 후 6개월 미만으로 추적 점검한 반면에, 나머지 8명의 아동들은 단계 1 완료 후에 38~187주 동안에 추적 점검했다. 추적 점검 시에, 7명의 아동들이 단계 2의 기준을 계속해서 충족한 반면에, 5명의 아동들은 추적 점검 시에 평균 2.1~3.8%를 나타냈다. 비록 Lincoln 등(1996)은 학령기 아동들이 단계 2에 도달하기 위해서는 좀 더 긴 치료 기간이 필요하다고 주장하지만, 이는 Koushik 등(2007)의 연구의 아동들의 경우에 해당되지는 않았다. 그러나 그 연구 결과는 학령기 아동들의 유창성이 단계 2 동안에 좀 더 가변적일 수 있다는 Lincoln 등(1996)의 연구 결과와 일치한다. 그럼에도 불구하고, 이러한 예비 연구 결과들은 학령기 말더듬 환자를 치료하고 있는 임상가들을 고양시킨다. 그들은 LP는 아동의 연령 또는 언어적 배경에 관계없이 임상적으로 유의미한 기간에 걸쳐서 효과적인 치료법일 수 있다고 주장한다.

실제적인 요구사항

자원

LP를 사용하고자 하는 임상가들은 포괄적인 교재(Onslow, Packman, & Harrison, 2003), DVD(http://www.3.fhs.usyd.edu.au/asrcwww/ASRC_shop/index.htm), 치료 매뉴얼(http://www.3.fhs.usyd.edu.au/asrcwww/Downloads/index.htm), 여러 교재에 소개된 장(Harrison, Kingston, & Shenker, 2007; Harrison, Inslow, & Rousseau, 2007) 등을 포함하여, LP에 관한 정보가 소개된 여러 자료들을 이용할 수 있다. 국제 Lidcombe Program Trainer's Consortium의 회원들이 여러 국가에서 제공하는 언어 임상가들을 위한 이틀간의 훈련 워크숍이 있다(http://wwwe.fhs.usyd.edu.au/asrcwww/professional/index.htm). 그 워크숍은 소집단 토의와 전체집단 토의, 짧은 강의, 시범 비디오 영상, 다양한 훈련 활동 등을 통해 정보와 훈련을 제공한다. 따라서, 만약 임상가가 그 워크숍을 이용하면, 문서로 작성된 자료로 그 프로그램을 실행하려고 할 때보다 참가자들은 더 우수한 학습 결과를 얻을 수

있을 것으로 보인다.

리드콤 프로그램의 소요 시간

임상가와 부모에게 이 프로그램을 실행하는 데 요구되는 시간은 다른 말더듬 중재에서 요구되는 클리닉 치료 시간과 비슷하다. 그럼에도 불구하고, 리드콤 프로그램에 필요한 시간은 일부 가족들에게 어려움으로 나타날 수 있다. 부모, 아동 및 임상가는 단계 1 동안에는 매주 1회 1시간 클리닉을 방문하며, 단계 2 동안에는 방문이 더 짧고, 횟수도 줄어들게 된다. 단계 1 초기에, 부모들은 가정에서 하루에 10~15분 치료하며, 아동의 심한 정도 평가(SR)를 기록하기 위해 매일 저녁 1분 정도 시간을 할애한다. 아동과의 상호작용을 비디오 녹화나 오디오 녹음을 하고, 정기적으로, 부모들은 나중에 임상가와 토의한다. 그렇기 때문에 부모와 아동, 임상가에게 필요한 시간과 관련해 복잡한 문제는 없다. 이 장의 후반부에서 문제들이 발생할 경우 사용할 수 있는 전략들에 대해 토의한다.

장비

LP 치료 활동들은 각 개별 아동의 흥미와 인지 수준에 따라 조정되기 때문에, 특별한 도구가 필요하지 않다. 부모와 임상가는 치료실과 가정에서의 치료 대화 동안에 사용할 자원을 고려할 때, 아동의 흥미와 의견에 따른다. 학령기 아동들은 최신 유행하는 장난감에 흥미를 갖지만, 우리는 여전히 전통적인 게임, 장난감, 책, 잡지, 만화, 카탈로그 등이 자극 매체로 더 유용하다는 것을 발견한다.

임상가는 매번 치료실 방문을 시작할 때 아동, 임상가, 부모가 대화를 하는 동안에 %SS 측정값을 수집한다. 따라서 임상가는 약 10분 동안의 대화에서 말더듬과 말더듬은 음절들의 평균값이 필요하다. 이 과업에 사용할 수 있는 한 가지 도구는 TrueTalk이다(http://www.synelec.com.au/synergy/home.html). 다른 옵션들에는 Philadelphia Children's Hospital에서 Joseph Donaher가 개발한 계수 장치인 Palm Pilot(http://www.chop.edu/consumer/jsp/division/generic.jsp?id = 79351), Ingham 등(2001)이 개발한 Stuttering Measurement System Training Program, Bakker와 Riley(1997)가 개발한 Computerized Scoring of Stuttering Severity가 있다.

학령기 아동의 특성

학령기 아동을 치료하기 위한 실제적인 요구사항들을 고려할 때, 치료 프로그램과는 별개로 문제점을 나타낼 수도 있는 이 아동의 일반적인 특성들 중 일부를 기억하면 도움이 된다. 첫째, 학령기 아동은 어린 아동들과 비교했을 때 부모들 및 다른 성인들과의 관계가 다르다. 성인들은 일반적으로 나이든 아동에게 지시하는 것이 적어지므로, 아동의 의견을 더 많이 묻고, 그들이 선호하는 것을 고려한다. 성인-아동 관계의 변화로 말더듬 치료를 포함하여 일상생활의 모든 영역에서 협상하는 일이 더 많이 이어질 수 있다. 둘째, 학령기 아동들은 활동 및 약속을 더 자주 하기 때문에, 학교생활 시간이 증가되고 아동과 부모들을 위한 시간이 제한된다. 아동은 학교와 관련된 활동들에 소요하는 시간 외에도, 집 밖에서 여러 관심사를 발달시킨다. 스포츠, 취미, 교우관계 등은 아동에게 점점 더 중요해진다. 셋째, 아동은 나이듦에 따라 자신과 또래의 차이점에 대해 부정적인 태도를 형성하기 시작할 수 있다. 만약 그러한 부정적 태도들이 말더듬에 관하여 발전한다면, 아동은 언어 치료를 받거나 치료 활동에 참여하지 않으려고 저항할 수도 있다. 넷째, 집단 괴롭힘이 학교생활을 하는 동안에 더 일반적으로 일어나게 될 것이다. 결과로 일어나는 한 가지는 아동이 여러 사람들로부터 두드러지고, 집단 괴롭힘을 받을 위험에 처하게 된다는 것이다. 그 결과, 말더듬 아동은 말더듬이 덜 드러나도록 하기 위해서 대화적인 상호작용 스타일을 변경함으로써 그러한 잠재적 문제점들을 회피하기 시작할 것이다.

여기에 추가할 수 있는 학령기 아동의 또 다른 일반적인 특성들이 있겠지만, 중요한 점은 임상가들이 치료 프로그램들을 적용할 때 관련된 여러 영역을 아우르는 지식에 접근할 필요가 있다는 것이다. 학령기 아동의 말더듬 치료를 하는 경우에, 임상가들은 자신이 알고 있는 지식, 예를 들면 아동, 가족, 교육, 말더듬 등에 대한 지식을 포함시키는 중재를 계획하고 실행한다. 임상가들은 이러한 지식과 특정한 치료 프로그램(이 경우에서는 리드콤 프로그램)에 관한 지식을 결부시키며, 그 지식을 특정 아동과 가족들에게 적합하게 적용한다. 이것을 염두에 두면서, 다음 절에서는 학령기 아동의 몇몇 전형적인 특성들에 특별히 강조점을 둔 LP의 적용을 살펴본다. 물론, 실례로 제시된 예시들이 포괄적이지는 않지만, 임상가들은 자신이 담당하고 있는 사례에서 특정한 학령기 아동에게 LP를 적용하는 방법을 고려할 때 그 예시들이 유용하다는 것을 발견할 수 있을 것이라는 기대감을 갖고서 그 예시들을 제시했다.

리드콤 프로그램의 핵심 요소

개관

부모들은 일상의 의사소통을 하는 동안에 학령기 자녀들과 LP를 실시한다. 부모들이 이 프로그램을 실시하는 방법을 알기 위해, 임상가들은 단계 1을 계속하는 동안 주 1회, 1시간 치료실 방문에서 부모들을 교육한다. 임상가의 역할은 부모들이 그 프로그램의 구성요소들을 실시함에 있어 기술과 능숙함을 습득하도록 부모들을 교육하고, 가이드하고, 상의하는 것이다. 비록 단계 2 동안에 역할이 다소 변경되지만, 치료실 방문의 빈도가 줄어들더라도 프로그램의 두 단계 내내 임상가와 부모들 간에 밀접한 협력이 유지된다.

단계 1에서, 그 부모는 처음에는 구조화된 치료 대화에서 시작하여 나중에는 비구조화된 치료 대화로 치료를 실행하는 것을 배운다. 임상가는 부모와 아동이 가정에서 매일 치료 대화를 진행하면서 주 1회 부모를 지도하고 상담한다. 이러한 치료 대화를 하는 동안에, 부모는 아동의 두 가지 필수적인 반응(말더듬 없는 구어와 분명한 말더듬)을 듣는다. 이러한 반응들은 아동의 반응이 말더듬 없는 구어인지 더듬은 구어인지에 따라 달라지는 부모의 구두 후속자극을 이끌어낸다. LP에서, 말더듬 없는 구어에 대해서는 세 가지 구두 후속자극이 있고 분명히 말을 더듬은 구어에 대해서는 두 가지 구두 후속자극이 있다. 다섯 가지의 구두 후속자극에 대한 예시는 표 9.1에 제시되었다.

그 치료는 아동과 함께 대화를 하는 동안에 사용되는 부모의 구두 후속자극들로 구성되어 있다. 부모들은 아동의 말더듬 없는 구어의 빈도를 증가시키기 위한 목적으로 후속자극들을 선택적

〈표 9.1〉 리드콤 프로그램에서 부모의 구두 후속자극의 유형과 예

아동의 말더듬 없는 구어에 대한 부모의 구두 후속자극	
인정	"그것은 스무스한 말하기였어."
칭찬	"와, 잘 말했어!"
자기 평가 요구	"말을 스무스하게 했니?"
분명한 말더듬에 대한 부모의 구두 후속자극	
인정	"나는 울퉁불퉁한/더듬은 단어/연장된 단어/막힌 단어를 들었어."
자기 수정 요구	"[더듬은 단어/구]를 다시 말할 수 있니?"

이고 신중하게 사용한다. 임상가의 지도를 받아서 부모는 후속자극들을 바르게 사용하는 방법을 배우는데, 일반적으로 말더듬 심한 정도가 꾸준히 감소되는 결과를 가져와서 아동에게 재미있는 방식이 된다. 단계 1은 아동이 단계 2 구어 기준을 성취하고, 이러한 기준을 3주 연속 유지할 때 종료된다.

단계 2에서, 부모들은 말더듬 없는 구어와 말더듬에 대해 때때로 구두 후속자극을 제공하지만, 임상가의 지도에 따라 점차적으로 구두 후속자극을 줄여나간다. 단계 2는 아동들이 말더듬 없는 구어를 유지하는 것을 돕기 위해 구성된다. 부모들은 단계 2 동안에 재발에 대한 어떤 징후들이라도 발견하고 대응한다.

단계 1과 단계 2에 걸친 아동들의 진전과정은 심한 정도 평정 척도(SR)를 사용하여 모니터한다. 그 척도는 10점 척도로, 다음의 세 가지 정의가 있다(Lincoln & Packman, 2003).

- 1 = 전혀 말을 더듬지 않음
- 2 = 매우 가벼운 말더듬
- 10 = 매우 심한 말더듬

임상가는 매번 치료실 방문 동안에 더듬은 음절 백분율(%SS)을 추가적으로 측정하여 계산한다(Lincoln & Packman, 2003). 더불어, SR과 %SS 측정은 아동의 진전과정을 모니터하기 위해 임상가와 부모가 사용하고, 치료적 대화에 변화를 계획할 때(예: 비구조화된 치료적 대화를 도입할 때를 결정하려 함) 이용하기 위한 정보를 제공하기 위해 사용한다.

이 장의 thePoint에서 비디오 클립 5를 참조하라.

구어 측정이라는 관점에서 표현한다면, 단계 1의 목표는 아동들이 다음의 기준들을 달성하고, 3주 연속 그 기준들을 유지하는 것이다.

- 최소 300음절의 치료실 대화에서 1%SS 이하
- 1주 동안 매일 SRs이 1 또는 2이고, 최소 일주일에 4일은 SRs이 1이다.

단계 2의 목표는 아동들이 차후의 여러 달에 걸쳐서 이러한 구어 기준을 유지하는 것이다(Webber & Onslow, 2003).

심한 정도 평정

임상가는 단계 1의 첫 치료실 방문 동안에 부모와 아동에게 SR 척도를 소개한다. 이 척도에 대해

부모에게 제공하는 간단한 구두 설명에는 아래의 정보가 포함된다.

- SR은 10점 척도이다.
- SR1, SR2, SR10으로 정의된다.
- 부모들은 매일 차트에 SR 점수를 기입한다.
- 부모들은 그 차트를 매번 치료실 방문 때마다 가져온다.
- SR 점수는 매주 치료에 대한 토의와 의사결정을 위한 근거로 사용된다.
- SR 차트는 http://www3.fhs.usyd.edu.au/asrcwww/Downloads/index.htm.에서 다운로드할 수 있다.

임상가는 아동에게 필요한 만큼 설명을 조절한다. 이것에는 그림 9.1에 제시된 그림과 비슷한 SR 척도의 그래픽 버전을 아동에게 보여주는 것이 포함될 수 있다.

비디오 클립 2를 참조하라.

이러한 설명들의 주된 목적은 부모, 아동, 임상가 사이에 분명한 의사소통을 촉진시키고, 치료 과정에 아동의 참여를 조성하는 것이다. SRs 수집에 흥미를 가질 때만 SRs를 수집하도록 아동을 훈련하는 것은 이차적인 문제이다. 이때 아동의 SRs는 LP의 구성요소가 아니라는 점이 강조되어야 하며, 따라서 SRs를 수집하거나 기록에 대한 아동의 참여는 항상 선택사항으로 간주된다. 우리의 경험상, 학령기 아동들은 말더듬 심한 정도를 측정하는 데 어떤 것이 포함되는지 완전히 이해하지 못하면서도 그 척도에 대한 임상가의 설명을 듣는 것을 일반적으로 좋아한다. 그러나 일부 아동들은 SRs에 대해 듣는 것 이외에 자신의 평정 결과들을 수집하는 것에도 흥미를 가질 것이다. 비록 이러한 아동들이 표준 SR 차트에서 자신이 평정한 점수들을 기록하는 것을 즐거워하지만, 많은 아동들은 자신의 학교 다이어리, 특별한 노트, 그 목적을 위해 자신들이 만든 차트 사용을 선호한다.

비디오 클립 6은 임상가가 부모 및 아동과 SR에 대해 토의하는 것을 보여준다.

임상가가 부모에게 치료실 방문 동안에 아동의 구어 샘플에 대해 SR를 매겨보도록 요구함으로써 임상가의 SR과 부모의 SR 사이의 일치도를

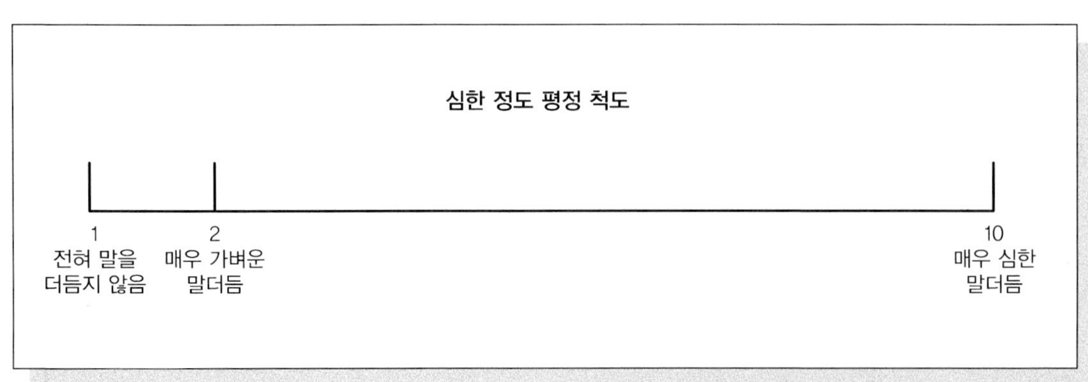

[그림 9.1] ■ 심한 정도 평정 척도 도표의 예

수집한다. 만약 그 평정 결과가 임상가가 매긴 SR의 1척도 값(one scale value) 내에 있다면, 임상가는 그 부모에게 SR 일치 여부를 말해주고 SR 차트에 그 평정 값을 기입하는 방법을 보여주며, 부모가 매일 SR를 수집하도록 요구한다. 대부분의 경우에, 매일 한 번 SR을 기록하는 것만으로도 아동의 말더듬 심한 정도를 나타내기에 충분하다. 때때로 부모는 하루에도 시간대에 따라서 말더듬 심한 정도가 변하는 것(예: 아침 식사 시에는 말더듬이 덜 심했는데, 오후와 저녁에 말더듬이 더 심해지는 경우)을 목격할 수도 있다. 어떤 부모가 그러한 가변성을 보고할 때에, 임상가는 그 부모에게 매일 2회 SR를 매겨보도록 요구하고, 아침과 오후에 다른 기호를 사용하여 표시하도록 하거나 그 차트에 간단히 메모를 남겨두도록 하여, 매번 치료실 방문동안에 추가적인 정보를 임상가와 함께 공유하고 토의할 수 있도록 한다.

가끔, 처음에는 임상가와 부모의 SRs가 1점 이상 차이가 날 수 있는데 이런 일이 일어났을 때, 임상가는 부모와 함께 토의를 시작한다. 임상가는 부모에게 처음에는 여러 가지 이유로 인해서 평정이 차이 날 수 있고, "맞고", "틀린" SR이 없으며, 시간이 지남에 따라 평정의 일치도가 확립될 것이라고 확신시킨다. 우리의 경험상, 일치도가 낮은 가장 흔한 이유는 아동의 말더듬 정도에 대해 임상가와 부모 둘 중 한쪽이 익숙하지 않기 때문이다. 부모는 아동의 경미한 말더듬 몇 개를 놓쳐버렸을 수 있다. 부모의 평정은 조음 오류나 언어 현상과 같은 구어와 관련된 다른 장애들에 영향을 받을 수도 있다. 임상가는 소리를 내면서 하는 기류가 없는 고정된 자세(막힘)가 특징인 말더듬의 경우를 아동의 구어에서 "멈춤(pauses)"으로 부정확하게 판별할 수 있다. 때때로 우리는 부모와 함께 오디오나 비디오로 녹화된 아동의 구어 샘플들을 보고 특정 말더듬을 좀 더 정확하게 토의할 수 있지만, 이는 거의 필요하지 않다. 말더듬 유형들에 대한 토의를 하는 것으로 SR 1점 내에서 SR 일치도를 증가시키는 것이 충분하다.

비디오 클립 3은 임상가, 아동, 부모와 함께 SR에 대해 토의하는 것을 보여준다.

아동들이 또한 자신들의 SRs를 수집할 때, 이것들은 부모들의 SRs를 보완하는 것으로 여겨진다. 아동 SRs는 부모 SRs를 대체하지 않는다. 이러한 이유는 부모들이 모든 LP 치료 구성요소들을 전달할 주요한 책임을 가지기 때문이다. 아동의 주요 역할은 말더듬 없는 구어와 더듬은 구어에 대한 필수적인 반응을 나타내는 것을 치료 대화 상황에서 즐기는 것이다. 즉, 부모와 아동의 역할은 그 프로그램이 학령 전기 아동이든 학령기 아동을 위한 것이든 상관없이 근본적으로 동일하다는 것이다.

아동의 SRs는 LP에서 이차적으로 중요한 것이기 때문에, 아동과 임상가의 SRs 간에 일치도가 반드시 근접하도록 확립할 필요는 없다. 만약 부모와 임상가의 평정이 앞에서 설명한 과정과 유사한 과정을 사용하여 일치도가 얻어지는 경우는 바람직하다고 간주된다. 임상가는 아동에게 자신의 구어 샘플을 평정하도록 요구하고, 그 평정 결과를 기록하는 방법을 아동에게 보여주며, 매일 1번씩 평정한 결과를 수집하여, 매번 치료실 방문때마다 수집된 평정 결과를 가지고 오도록 요구한다. 나이든 학령기 아동들보다 더 어린 아동들이 자신의 SRs를 수집하는 것을 더 좋아하고, 그 평정 결과는 아동들이 부모들과 떨어져서 학교나 친구들과 노는 동안에 자신의 말더듬 심한 정도에 대한 유용한 정보를 제공할 수 있다.

부모의 구두 후속자극

단계 1 동안에, 부모 훈련은 매주 1시간 클리닉 방문 시에 이루어지고, 부모들은 아동의 말더듬 없는 구어와 명백한 말더듬에 대해 제공하는 구두 후속자극을 배운다. 물론, 모든 후속자극들이 모든 학령기 아동들에게 사용되는 것은 아니며, 모든 아동이 부모의 구두 후속자극 다음에 발화를 하는 것은 아니다. 클리닉 방문 동안에, 부모들이 사용하는 후속자극의 형태와 빈도뿐만 아니라 정확히 말로 표현하는 것에 대해 아동, 부모, 임상가 간에 모두 협의한다. 이 협의에서 한 가지 중요한 단서는 말더듬 없는 구어에 대한 후속자극이 말더듬에 대한 후속자극보다 최소 다섯 배 이상 더 자주 사용된다는 것이고, 이 비율은 일상적으로 더 높게 나타나기도 한다.

구두 후속자극은 이러한 부모가 실시하는 치료에서 기초적인 요소이다. 클리닉 방문 동안, 언어 치료사는 아동에게 후속자극을 실시하는 것, 그 후속자극을 개별 아동의 필요에 맞추는 것 등을 부모에게 지도한다. 임상가는 부모가 클리닉 방문 동안에 치료 프로그램을 실시하는 것을 관찰하고, 부모와 아동이 함께 그 다음 주에 수행할 일일 치료를 계획한다.

학령기 아동들은 학령 전기 아동들에 비하여 자신의 구어를 자발적으로 자기-평가하는 것을 더 좋아하며, 따라서 이러한 비본질적인 반응들을 일상적으로 모니터할 수 있다. 아동이 말더듬 없는 구어를 평가하든 더듬은 구어를 평가하든 상관없이, 이러한 반응들에 대한 부모의 구두 후속자극들은 정확한 자기-평가에 대한 칭찬인 것이다.

부모와 아동들이 구두 후속자극의 유형과 사용되는 상황들에 대해서 토의하도록 장려한다. 학령기 아동들은 또래들이 없을 때 사용하는 것을 더 좋아하는 편이다. 구두 후속자극으로 사용되는 언어는 “잘 말했어.” 혹은 “말이 참 부드럽네.”와 같은 코멘트가 일반적이지만, 어떤 아동들은 “영웅같이 말했구나.” 혹은 “놀랍다.”와 같은 보다 독특한 언어를 선호한다.

자극 자료

치료 동안에 사용하는 자료는 특정 아동에게 흥미를 유발하고 관련성이 있어야 한다. 일반적으로, 연령에 적합한 게임이나 책, 특히 아동들이 삽화를 설명할 때 자발적 구어를 하도록 자극하는 것들을 일반적으로 사용한다. 단계 1의 첫 1주가 지난 후에, 치료적 대화에는 설명하기와 영화, 스포츠 사건, 취미 등에 대해 지속적으로 토의하기와 아동이 선택한 또 다른 주제들이 포함될 수 있다.

치료 활동의 범위 내에서 읽기 과업을 포함하려고 계획할 때는 신중히 고려해야 한다. 낭독은 일상적인 교실 과업이며 따라서 언어 치료의 기능적인 목표이지만, 일상 상황에서 아동들이 말하는 것 중에는 아주 적은 양에 불과하다. 결과적으로 낭독은 아동의 실생활 말하기를 반영하는 활동 범위 중 하나로서 작은 치료 과업일 뿐이다.

어떤 학령기 아동은 부모의 구두 후속자극을 강화하기 위해 물질 강화나 토큰 강화가 필요하지 않을 것이다. 이러한 아동들에게는, 자신의 진전과정 그 자체가 보상이 되며, 진전되고 있는 점수를 기록한 틱 차트(tick chart)나 노트와 같은 간단한 것들이 이것을 명확하게 나타내는 데 충분할 것이다. 또 다른 아동들에게는, 그들의 동기 부여 자극에 더 강력한 강화가 필요한 것처럼, 필요한 경우에 토큰 강화를 사용할 수도 있다. 이러한 경우에, SRs가 점진적으로 감소하거나 치료 과정에 참여하는 경우, 보상이 될 수 있다. 유창성의 일반화를 촉진하기 위한 다양한 말하기 상황에서 아동이 토큰을 획득할 수 있도록 토큰 강화를 구조화해야 한다.

구조화된 혹은 비구조화된 치료적 대화

단계 1

부모들과 아동들이 매일 단계 1 초기에서 신중하게 구조화된 대화를 하는 동안에 치료를 수행하는 것을 구조화된 치료 대화라고 한다. 단계 1 후기에서, 치료는 아동과 부모들 사이에서 일어나는 일상의 대화를 하는 동안에 발생한다. 이러한 대화들은 자연적으로 일어나고, 더 이상 부모에 의해서 아주 신중하게 구조화되지 않는다. 그래서 비구조화된 치료 대화라는 용어를 사용한다. 단계 1의 모든 치료 대화에서 공통적인 주제는 부모들이 아동의 말더듬 없는 구어와 더듬은 구어에 대해 구두 후속자극을 사용하는 것이고, 또한 앞서 설명한 것처럼, 부모들은 그러한 구두 후속자극을 자녀의 말더듬 없는 반응의 빈도를 증가시키는 방식으로 신중하게 사용한다.

단계 1 초기에서 치료 대화를 신중하게 구조화하는 목적은 세 가지이다. 첫째, 부모들이 후속자극들을 바르게 사용하는 방법을 배울 수 있도록 한다. 둘째, 아동들이 치료 대화에 익숙해 질 수 있게 한다. 셋째, 부모들이 해당 대화를 체계화함으로써 대다수 아동들의 반응들이 말더듬 없는 것이 된다. 이러한 대화들은 주로 10~15분 지속되며, 아동이 주의 집중하고 다른 무언가에 의해서 산만해지지 않을 때 가끔 실시한다. 이는 많은 학령기 아동에게 구조화된 치료 대화들이 그 날의 이른 시간에 실시될 수 있으며, 다른 아동들에게는 방과 후에 실시되는 것이 가장 좋다는 의미이다. 치료를 위한 하루의 가장 좋은 시간을 논의할 때, 부모와 아동은 자신들의 생각을 말할 수 있을 것이다. 우리는 일상적으로 잠자기 직전의 시간은 피해달라고 부모들에게 요구한다. 모든 아동들에게 이상적인 단 하나의 시간대는 없기 때문에, 임상가들은 부모와 아동과 함께 상담할 때 스케줄을 짜고, 그 스케줄을 어떻게 진행할 것인지를 보기 위해서 그 다음 주에 대한 매일의 스케줄들을 만든다. 차후의 클리닉 방문 시에 그들은 무엇이 괜찮았고, 무엇이 비현실적인지에 대해서 논의하고 다음 주의 계획들을 세우기 위한 방편으로 그 정보를 사용한다. 치료할 날의 시간에 대한 이러한 협의는 LP 치료에서 흔히 있는 치료에 대한 개인별 최적화의 또 다른 측면이다. 임상가들은 부모와 아동이 매번 클리닉 방문 동안에 구조화된 치료 대화에 참여하는 것을 관찰한다. 그들은 어떤 것이 잘되고 있는지에 대해 피드백을 주고, 그 후에 필요에 따라 일어나는 변화들에 대해 논의하고 시범을 보인다.

비디오 클립 4는 임상가가 구조화된 치료 대화에 대해 부모와 아동에게 가르치는 것을 보여준다.

구조화된 치료 대화가 단계 1의 첫 주 동안에

잘 작용하고 있다는 것이 확실해진 이후에, 임상가들은 비구조화된 치료 대화를 도입한다. 임상가들은 부모들이 일상생활을 하는 동안에 자연스럽게 일어나는 여러 상호작용에서 동일한 구두 후속자극을 사용하도록 요구한다. 비록 아동이 말더듬을 스스로 수정하도록 요구받지만, 임상가들은 부모들이 말더듬 없는 구어에 대해서도 후속자극을 시작하도록 일반적으로 권고한다.

비디오 클립 7은 임상가가 부모와 치료에 대해 토의하는 것을 보여준다.

우선, 비구조화된 치료적 대화는 매일 실시되는 치료 중 단지 작은 일부분이며, 대부분의 치료는 여전히 구조화된 치료적 대화에서 실시한다. 모든 클리닉 방문 시에, 임상가는 사용되고 있는 구두 후속자극의 양과 유형들을 모니터하고, 구두 후속자극이 아동에게 고정적(constant)이거나, 집중적(intensive)이거나, 간접적(invasive)이지 않은 방식으로 사용되고 있는지를 확인한다.

비디오 클립 8은 임상가가 아동과 함께 치료 피드백을 논의하는 것을 보여준다.

Onslow(2003, p.78)는, 비록 학령 전기 아동들에 대한 저술이지만, 다음과 같은 관점을 상세하게 설명했다. "말에 대한 부모의 반응이 아동의 생활에 영향을 미치거나 그러한 경험이 강력하다고 아동이 느껴서는 결코 안 된다. … 만약 아동의 일상생활에서 날마다 부모들이 지속적으로 그렇게 한다면, 임상적 실패는 순식간에 발생할 것이다. 마지막으로 아동과 가족들과의 일상적인 의사소통이 감소되었다는 점, 또는 부모와 아동의 관계가 변한다는 점에서 그러한 치료가 간접적인 것이어서는 안 된다."

학령기 아동이 가지는 LP 치료 대화의 중요한 특징은 임상가들과 부모들이 일관되게 그들의 치료에 대한 모든 논의에서 아동의 참여를 격려하는 것이다. 학령기 아동들이 일상적으로 치료 논의에 포함될 때, 그 아동들은 독특하고 재미있는 치료 대화를 위한 좋은 아이디어와 제안들을 내놓는다. 종종 아동들의 아이디어로 결국 부모나 임상가가 바보스러운 짓을 하는 데 동참한다는 사실은 모두에게 재미를 더한다.

단계 1을 실시하는 동안에, 임상가들은 1주에 한 번 치료실을 방문하는 동안에 아동의 진전 사항을 모니터한다. 임상가들은 부모와 아동과 함께 이전 주에 있었던 치료에 대해서 토의하고, SRs에 나타난 치료의 전반적인 영향을 체크하고, 다음 주 동안에 치료를 변화시킬 필요가 있는지를 결정함으로써, 아동의 진전 사항에 대한 모니터링을 끝낸다. 단계 1의 초기에는 구조화된 치료 대화를 실행하다가 단계 1의 마지막에는 비구조화된 치료 대화로 변경하는 것이 일반적이다; 임상가는 이러한 점진적인 변화가 일어나도록 조정한다.

아동들이 곧 단계 2의 기준(앞에서 "기준에 대한 개요 부분"을 참조)을 충족시킬 것이 확실해질 때, 임상가들은 부모들이 아동의 선생님이나 다른 성인들과 유사하게 말더듬 없는 구어를 듣고 있는지를 확인하도록 요구할 수 있다. 또한 아동들과 부모들에게 집에서 자연스러운 대화 상황에서 매주 5분 구어 샘플을 오디오 또는 비디오로 녹음하여 치료실을 방문할 때 가지고 오라고 요구할 수 있다. 임상가는 부모의 SRs의 일관성과 정확성을 확인하기 위해 이 녹음 샘플을 사용한다. 아동들이 3주 연속으로 기준 구어 측정을 달성하면 단계 2를 시작한다.

단계 2

단계 2에서는 매주 1회 치료실 방문을 하지 않고 치료실 방문 빈도를 줄인다. 첫 번째 두 번의 방문은 2주 간격, 그 다음 두 번의 방문은 4주 간격, 그 다음 두 번의 방문은 8주 간격, 마지막 방문은 16주 후에 한다. 만약 아동들이 기준 구어 측정치(각 치료실 방문 전 주에 부모가 매일 기입한 SRs가 1이나 2이고, 각 치료실 방문 동안에 임상가가 수집한 %SS가 1% 이하임)를 유지한다면, 아동들은 해당 스케줄을 따라 향상된다. 대부분의 아동들은 단계 2에서 치료실 방문 시, 최소 한 번 만에 기준 구어 측정치에 도달하지 못한다. 이러한 경우가 발생할 때, 임상가는 치료실 방문에 대한 스케줄을 통해 진행하는 것을 지연시키거나 해당 스케줄의 이전 단계로 돌아갈 결정을 할 수도 있다. 드문 경우이긴 하나, 임상가가 단계 1 치료로 돌아가는 것을 결정할 수 있다.

체계적으로 수행될 때 가장 큰 효과를 볼 수 있는 단계 2 과정에서는 임상가들이 구두 후속자극에 대한 점진적 철회를 관리한다. 예를 들면, 부모들은 매주 횟수를 약간 더 감소시키며 매일 사용하는 구두 후속자극의 횟수를 감소시킬 수 있다. 또는, 부모들은 매주 하루씩 치료 없는 날을 증가시키면서 매일 사용하는 구두 후속자극의 빈도를 줄일 수 있다. 임상가들은 아동의 진전과정을 모니터하기 위해 구어 측정 도구와 부모의 보고를 사용한다. 따라서 임상가들은 개별 접근법을 취하여, 각 아동에 대한 치료를 끝내는 이상적인 속도를 찾을 수 있다. 어떤 아동들에게는 그 속도를 다소 높일 수 있는 반면에, 어떤 아동들에게는 그 과정이 좀 더 느리게 완성될 수 있다. 만약 부모들이 치료실 방문 사이에 심한 정도가 증가되는 어떠한 증후라도 발견한다면, 임상가들은 부모들에게 말더듬 없는 구어에 대해 후속자극을 증가시키는 것을 시작으로 치료를 지속하도록 격려할 수 있다. 또한 만약 말더듬을 다루기 위한 부모들의 전략이 3~4일 안에 SRs를 감소시키는 결과를 가져오지 않는다면, 부모들은 임상가와 만나 조언을 들어야 한다고 말할 수 있다.

계속되는 의사결정을 돕는 평가방법

첫 평가

첫 평가 혹은 평가 과정들이 LP의 구성요소로 명시된 것은 아니다. 일상적인 말더듬 평가는 말더듬의 진단과 LP를 사용한 중재를 권고하기 전에 실시한다. 이 책의 목적을 위해서, 첫 평가에 일반적으로 포함되는 주제 영역과 인구통계학적 정보를 표 9.2에 제공한다.

지속적 평가

지속적 평가(ongoing assessment)는 LP의 단계 1과 2 동안에 계속 실시한다. 치료에 대한 의사결정 및 빈도의 측정과 관련하여 정보 제공에 대한 임상가의 사용방법에 대해서는 제7장에 상세히 설명되어 있다. 의사결정에 대한 순서도도 설명되어 있다. 독자는 184~186쪽에 제시되어 있는 평가방법에 관한 부분을 참조한다. LP를 학령기 아동에게 실시할 때에도 지속적인 평가 절차는 동일하다.

〈표 9.2〉 첫 평가에 일반적으로 포함되는 주제 영역 및 인구통계학적 정보

주제	세부사항
아동과 부모들이 보고한 말더듬의 사례사	• 아동의 말더듬 발생 시기 • 말더듬 유형과 최근 몇 개월간에 나타난 변화 등을 포함하여 말더듬 발생 시기와 최근의 말더듬 현상에 대한 설명 • 부모나 교사가 제공하는 피드백의 유형 및 빈도(예: "천천히 말해봐", "먼저 숨을 쉬어봐" 등), 그리고 이러한 피드백에 대한 아동의 반응 • 상황 회피와 단어 회피 • 말더듬에 대해 놀리거나 괴롭히는 사람의 유무, 혹은 또 다른 문제들의 유무
이전에 받은 말더듬 치료	• 공식적/비공식적 치료 • 이전에 받은 치료의 유형과 기간 • 유용했던 것, 성공적이었던 것, 즐거웠던 것, 유용하지 않았던 것, 성공적이지 않았던 것, 즐겁지 않았던 것 등에 대한 아동의 의견
현재 상황	• 말더듬에 대한 현재의 걱정 • 최근에 학교에서의 경과, 좋아하는 과목과 학교 활동들 등 • 학교 이외에서 좋아하는 활동, 취미, 친구들 등 • 또 다른 구어 및 언어 문제나 학습 문제

개별 아동과 가족에게 적합한 치료법의 조정

부모의 역할

어떤 가족들에게는, 부모들이 학령기 아동들과 함께 LP 치료를 수행할 수 있는 충분한 시간을 찾는 것이 어려울 수 있다. 이것은 부모들이 아동들을 돕고자 하는 동기는 강하지만 개인적인 여러 상황들 때문에, 자신의 시간에 여러 가지 많은 요구가 있는 경우에도 발생할 수 있다. 이것은 종종 단계 1의 첫 주에 부모와 임상가가 논의를 하는 중에 분명해진다. 가끔 이 문제를 해결하기 위해 임상가와 부모들이 최선의 노력을 반복적으로 함에도 불구하고, 부모는 단지 몇 번의 치료적 대화만 할 수 있을 정도인데, SR은 최소한의 치료로는 아동들의 말더듬 심한 정도에 영향을 거의 미치지 않는다. 이러한 경우에, 좋은 관계를 형성하고 있는 나이든 형제자매가 LP 시행에 있어 부모의 역할을 할 수 있으며, 부모는 필요에 따라 감독을 할 수 있다. 나이든 형제자매, 조부모, 기타 관계자 누구라도 부모의 역할을 대체할 수는 있으나, 임상가로부터 훈련을 받는 것이 필수적이며, 그 사람은 환자와 같이 모든 치료실 방문에 참석해야 한다.

학령기 아동들에 대한 다른 일반적인 치료 장소는 선배 멘토나 교사의 도움이 LP에서의 부모 역할을 수행할 수 있는 학교이다. 또한 선배 멘토나 교사는 SRs를 수집하고, 치료적 대화들을 실시하도록 훈련받을 필요가 있고, 따라서 선배 멘토나 교사들이 환자와 임상가가 함께 있는 세션에 참가할 필요가 있을 것이다. 선배 멘토나 교사는 또한 임상가 및 환자와 함께 매주 치료실 토의에 참가할 것이며, 필요에 따라 공동의 문제를 해결하는 데 애쓸 것이다. 학교 방학을 앞두고, 학교라

는 장소를 떠나서도 치료 효과가 유지되도록 계획을 세우는 것이 필요하다. 방학 동안에 치료 후 대화와 SRs를 계속하기 위해서는 부모 또는 다른 사람들의 도움이 필요하다.

문화적 및 언어적 배경이 다른 환자들

문화적 및 언어적 다양성(cultural and linguistic diversity; CLD)의 적응은 임상가, 아동, 가족들 간의 협의를 통해 이루어진다. 개별화된 치료에 대한 협의는 모든 LP 사례에서 일어나지만, CLD 가족들 내에서 흔히 고려해야 하는 특정한 이슈들이 있다. 이러한 이슈들 중 하나는 부모의 구두 후속자극의 본질이다. LP 매뉴얼의 번역판에 비영어사용자의 구두 후속자극에 대한 몇 가지 예시가 있다(http://www3.fhs.usyd.edu.au/asrcwww/downloads). 더욱이, 치료실 협의 동안 부모들과 임상가들은 다른 언어로 하는 구두 후속자극에 대해 결정할 수 있다.

CLD 가족들에 대한 또 다른 일상적인 이슈는 부모들과 아동이 동일한 모국어를 하지 않을 때 발생한다. 이러한 가족들을 위해서는, 가정에서 치료 대화에 나이든 형제자매를 참여시켜서 LP 치료가 가끔씩 두 개의 언어로 실시되도록 하는 것이 도움이 될 수 있다. 치료를 모국어로 먼저 실시할 것인지 아니면 제2언어로 동시에 실시할 것인지에 대한 개별적 결정이 내려질 수 있다.

다른 의사소통 장애를 함께 가진 아동들

다른 구어 및 언어 문제를 가진 학령기 아동들, 특히 동시에 인지 장애가 있는 아동들은 두 개의 치료 단계 동안에 진전이 느릴 수 있다. 여러 의사소통 장애를 가진 개별 환자들에 대해, 임상가들은 아동의 구어 및 언어 능력들을 모두 고려하여 그들의 필요에 적합한 최적의 치료 목표들을 설정해야 한다. 학령기 아동들을 치료할 때, 아동의 치료 목표는, 예를 들면 말더듬과 언어 간의 경과 기간에 따라 변경할 필요가 있다. 다시 말해, 어떤 특정한 시점에서 가장 적합한 단기 목표에 대해서는 각 개인에 맞는 결정을 한다.

2명의 개별 환자들에게 적합한 치료법의 적용

환자 1: Michael

평가

Michael이 첫 평가를 받았을 때는 6세 8개월이었다. 그의 말더듬 발생은 2세 때였고, 평가 방문 이전에는 말더듬 심한 정도가 가변성이 적었다. 그의 가족 중에는 말더듬의 경력이 있는 사람이 없었다. 평가를 하는 동안에, Michael는 때때로 자신의 말에서 충돌(bumps)이 있고, "말을 하는 데 정말로 긴 시간이 걸려요."라고 말했다. 그는 또한 자신의 말로 인해 불편함을 겪지 않았으며, 말더듬에 대해 학교에서 놀림을 받지 않았다고 말했다.

Michael의 구어는 평가 세션 동안에 세 가지 다른 맥락(대화, 이야기 말하기, "스트레스"받는 상황에서 말하기 과업)에서 평가되었다. 다음과 같은 측정값들이 얻어졌다.

대화 – 8.6%SS
이야기 다시 말하기 – 10.1%SS

스트레스 과업 - 11.7%SS

Michael은 음절 반복과 음도 상승과 함께 소리를 내는 연장이 특징인 중증도의 말더듬을 가진 것으로 진단되었다. 또한 Michael은 설명 과업에서 어려움을 겪었고, 종종 단어들을 찾고 있는 것처럼 보였다. 모든 언어 평가와 함께 LP가 권고되었다.

치료

Michael은 언어 평가를 완료한 후 몇 주 뒤에 LP를 시작했다. 그의 어머니는 Michael이 말더듬 치료 과정을 좋아하며, 어머니에게 "스무스한 말하기"세션을 같이 할 수 있느냐고 자주 묻는다고 보고했다. Michael에게 맞춰 변경한 LP 치료의 한 가지 측면은 말더듬 없는 구어에 대한 자기 평가에 대해 체계적인 보상을 주는 것이었다. 말더듬 없는 구어에 대한 자발적인 자기 평가가 LP의 일상적인 부분이지만(Onslow, 2003, p.71), 자기 평가는 아동("스무스한 말하기를 많이 했어요!")과 부모("그래, 맞아. 잘했어.") 사이에 오가는 구어 교환에서 흔히 있는 것이다. Michael이 말더듬 없는 구어를 인식할 때마다 벽에 걸린 달력에 체크 표시를 하고 어머니에게 말하면 어머니는 올바른 자기 평가를 칭찬하고 스티커를 하나 주었다. Michael의 목표는 매일 10개의 스티커를 모으는 것이며, 이를 연속 7일 동안에 성취할 때마다 작은 상을 받았다.

단계 1을 시작한 후 5주차에, Michael의 어머니는 치료가 효과적일지에 대해서 여러 의문을 가지고 있으며, 보다 더 빠른 결과들이 나타나기를 희망하고 있다고 보고했다. 결과적으로, 어머니와 Michael은 일주일 넘게 치료적 대화를 실시하지 않았다. 임상가는 어머니에게 단계 1을 수행하는 데 예상되는 치료 시간에 관한 정보를 주었고, 첫 평가 때 녹음한 자녀의 구어 테이프를 들려주었다. Michale의 어머니는 그 당시 녹음한 구어와 현재 구어가 서로 다르다는 것에 놀라움을 표현했다. 어머니는 하루하루 그리고 매주마다 Michael의 SR에 미세한 변화를 관찰할 때마다 심한 정도에 분명한 감소가 있었다는 것을 놓친 것을 인정했다.

또 다른 어려움이 단계 2 동안에 발생했는데, 이때는 Michael의 SRs가 여름휴가 후에 학교로 돌아옴과 동시에 증가했을 때였다. 그 다음 치료실 방문에서, Michael의 구어 샘플은 4.4%SS로 측정되었다. 임상가는 SRs가 기준 수준으로 감소할 때까지 짧은 기간 동안에, 구조화된 치료적 대화 및 비구조화된 치료적 대화의 횟수를 증가시키는 것을 권고했다. 이 전략은 성공적이었고, 그 이후 단계 2의 치료실 방문 시에 구어 기준을 충족시켰다(표 9.3과 그림 9.2 참조).

환자 2: Curtis

평가

Curtis는 평가를 받을 때 8세 11개월이었다. 말더듬 발생은 6세 때였으며, 그 이후로 심한 정도가 변해왔다. 그의 말더듬은 발생 후에 약 6개월 동안 사라졌다가, 그 후에 심한 정도가 증가되어서 다시 나타났다. 평가를 받기 전 2년 동안에 말더듬은 일정한 상태를 유지했다. Curtis는 7세였을 때 학교에서 말더듬 치료를 1년 동안 받았지만, 치료 효과는 거의 없었다. 그의 아버지는 Curtis의

〈표 9.3〉 Michael의 단계 1 치료실 방문에서 수집한 구어 측정치의 요약

치료실 방문 횟수	치료실 내 %SS 값	이전 주에 보인 평균 SR	임상가의 코멘트
1	10.1	7.1	단계 1 시작. 구조화된 치료적 대화 상황들을 도입함.
2	10.5	6.9	
3	9.2	5.7	비구조화된 치료적 대화 상황들을 도입함.
4	6.0	5.0	어머니는 Michael이 자발적으로 말더듬을 자기수정한다고 보고함. 구조화된 치료적 대화 상황에서 SR1; 말더듬 없는 구어에 대한 후속자극을 좋아함.
5	5.0	5.1	이 주에는 오직 2번의 치료적 대화를 가졌음.
6	–	5.0	치료실 방문에 참석할 수 없었음.
7	2.6	2.4	말더듬 없는 구어에 대한 자발적인 자기평가에 대해 후속자극들을 도입함.
8	1.2	2.0	모든 치료는 이제 비구조화된 치료적 대화 상황에서 함.
9	1.0	1.4	
10	0.3	1.1	
11	0	1.1	단계 2를 시작함.

말더듬 심한 정도가 말더듬 치료를 받은 그 해 동안에는 약간 감소했고, 치료를 그만두자마자 말더듬이 다시 증가했다고 보고했다.

Curtis는 말더듬이 가끔 자신을 괴롭히지만, 자신은 말더듬 때문에 단어나 상황을 회피하지 않는다고 했다. 그는 학교에서 축구를 할 때 자신의 말에 대해 놀림을 받았으나, 그 자리를 떠나는 것으로 반응했다고 한다.

평가 세션 동안에, Curtis의 아버지는 Curtis의 말더듬에 대해 매우 걱정했으며, 말을 수정하라고 자주 지적함으로써 Curtis를 도우려고 노력했다고 한다. Curtis의 아버지는 자신의 이러한 조언이 Curtis를 짜증나게 하거나 좌절하게 해서, 그 결과 Curtis가 말하는 것을 거부하게 되었음을 알게 되었으나 달리 어떻게 해야 하는지 몰랐다고 설명했다.

평가 시에, Curtis의 구어는 대화, 설명, 읽기 과업을 실시하는 동안에 평가되었고, 결과는 다음과 같다.

대화 – 7.0%SS

설명 – 7.0%SS

읽기 – 0.9%SS

Curtis는 중증도의 심한 말더듬으로 진단받았고, 반복이 특징이었다. 반복에는 단어 부분 반복("ca–ca–ca–can"), 단어 전체 반복("that–that–that–that–that one"), 삽입어("But um oh um um would you…") 등이 있었다. 자연스럽게 프로그

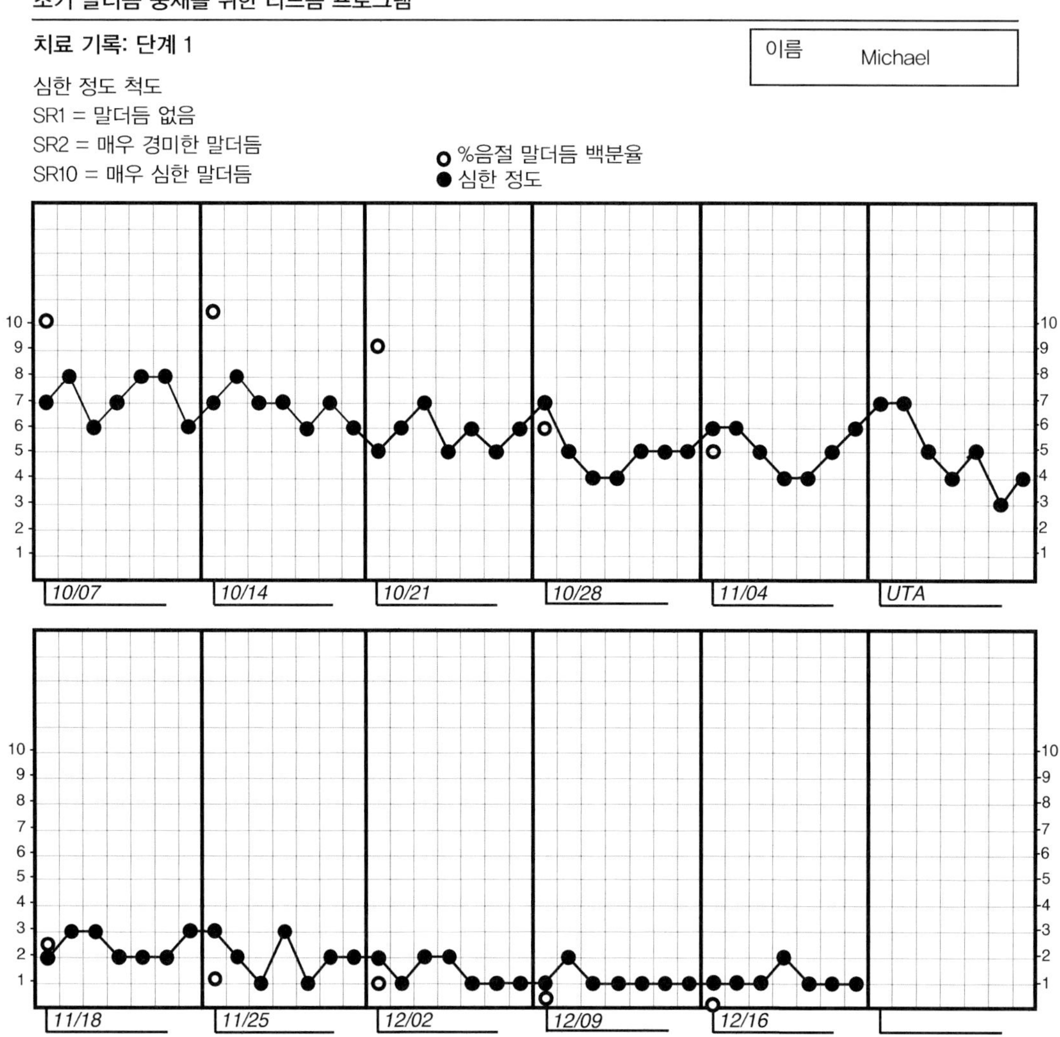

[그림 9.2] ■ Michael의 단계 1 치료 기록

램에 포함된 정적 강화가 아버지에게 전달하는 피드백의 질을 향상시킬 것으로 임상가가 기대했기 때문에 추천되었다.

치료

단계 1 과정에서의 첫 번째 치료실 방문에서, Curtis의 아버지는 말더듬 없는 구어에 대한 칭찬으로 오직 구두 후속자극을 한 가지만 사용할 것을 요구받았다. 임상가는 Curtis와 아버지 사이의 구어에 대한 정적 상호작용을 촉진하기 위해 이러한 방식으로 후속자극들을 제한하기로 결정했다. 임상가는 Curtis가 이전에 아버지로부터 수정을 요구하는 피드백을 받는 것에 익숙해져 있다는 것을 알고 있었다.

Curtis의 아버지가 매일 1회씩 SR을 측정하는 것 외에, Curtis는 별도의 차트에 자신이 평정한 것을 기록했다. 이는 Curtis가 자신의 구어를 긍정적인 방식으로 모니터링하도록 격려했고 아버지의 평정과 자신의 평정을 비교할 수 있게 했다. Curtis가 단계 1을 진행함에 따라, Curtis의 평정과 아버지의 평정 사이에 1점 이상 차이가 나는 날이 가끔 있었다. Cutis는 치료사들과 아버지와 함께 평정에 대해 치료실에서 하는 토의에 참여했고, 심한 정도 평정이 감소하는 것을 보고 기뻐했다.

임상가는 Curtis와 그의 아버지가 모두 첫 주의 치료가 성공적이었다고 확인한 후, 단계 1의 두 번째 치료실 방문에서 말더듬에 대한 구두 후속자극을 도입했다. 그런 다음에 Curtis에게 말더듬에 대해 자기평가를 하도록 1:7의 비율(자기수정을 1회 요구하면 말더듬 없는 구어에 대한 칭찬을 7회 함)로 요구하는 것을 추가했다.

몇 주 후, Curtis는 자신의 심경에 변화가 있어, 말더듬 없는 구어에 대한 구두 후속자극을 더 이상 좋아하지 않았다고 했다. Curtis는 그 후속자극들이 "아기를 달래는 말(babyish)"처럼 들린다고 말했다. Curtis의 SRs가 그 치료법에 잘 반응하고 있다는 것을 보여주는 사실에도 불구하고 이러한 것이 나타났다. 치료에서 나타난 변화에 대해서 몇 가지 가능성들을 논의한 후에, 임상가는 자기 모니터링 방식 도입을 제안했다. 이를 위해서, 우선 Curtis는 벽에 붙이는 차트를 만들어 자신의 말더듬 없는 구어를 평가할 때마다 체크 표시를 했다. 그가 체크 표시를 추가할 때마다, 자신의 평가가 바르게 평가되었다는 사실을 아버지와 함께 확인했다. Curtis는 이렇게 하는 것을 좋아했고, 자신의 치료에 대한 책임감을 더욱더 많이 느끼게 된다고 보고했다. 이는 또한 아버지가 말더듬 없는 구어에 대해 구두 후속자극을 실시할 필요성을 없게 만들었다.

단계 1이 끝나갈 무렵, Curtis는 치료사에게 자신의 말더듬이 매우 낮은 수준이 되었기 때문에, 주 1회 하는 치료 세션을 끝낼 수 있는지에 대해 물었다. 치료사는 이러한 평가에 대해 동의했고, 구어에 대해 성취한 성과를 어떻게 유지할 수 있을지에 대해 그의 아이디어를 물었다. Curtis와 치료사는 Curtis가 매일 SRs를 계속하는 것에 동의했고, 그의 SR이 2 이상이라면, Curtis는 같은 날 집에서 10분간의 구조화된 치료적 대화에 참여할 것이고, 비구조화된 대화에서 자기 모니터링하는 빈도를 증가하는 것에 동의했다. 또한 Curtis와 치료사는 단계 2 동안에 Curtis의 진전된 모습을 보인다면, 아버지가 매번 치료실 방문 시에 단계 2 구어 기준 충족에 대한 후속자극으로 작은 물질적 보상을 하여 강화하는 것에 동의했다. Cutis가 좋아하는 보상물은 지역 할인점을 이용하기 위해 추가로 용돈을 받는 것이었다. 단계 2 치료실 방문은 일상적인 스케줄에 따라 계획했고, Curtis에 대한 치료는 큰 어려움 없이 방문을 통해 진행했다(표 9.4와 그림 9.3 참조).

사례 연구

배경 정보와 평가

Darren은 평가 시에 6세 1개월이었고, 3세 때에 말더듬을 시작하여, 그 이후부터 심한 정도가 점점 증가하기 시작했다. Darren의 어머니인 Joan은 어린 시절에 말을 더듬었고, 청소년기에 회복되었다. Joan의 형제자매들은 어릴 때 말을 더듬었고, 그 형제자매 모두 성인이 되어서도 계속 더

〈표 9.4〉 Curtis의 단계 1과 단계 2에서 치료실 방문 시에 수집한 구어 측정치의 요약

치료실 방문 횟수	치료실 내 %SS 값	이전 주에 보인 평균 SR	임상가의 코멘트
1	9.3	6.3	단계 1을 시작함, 구조화된 치료적 대화를 도입함, 말더듬 없는 구어에만 부모의 구두 후속자극을 도입함 .
2	5.4	4.0	명백한 말더듬에 대해 부모의 구두 후속자극을 도입함.
3	2.1	2.3	비구조화된 치료적 대화를 도입함.
4	0.7	1.4	Curtis가 말더듬 없는 구어에 대한 부모의 구두 후속자극을 싫어함.
5	0.5	1.1	
6	0.2	1.1	
7	1.0	1.0	단계 2를 시작함.

듬고 있다.

Darren은 자신이 말을 더듬는다는 사실을 알고 있었고 자신이 마치 삼촌처럼 말한다고 설명했다. Darren은 자신의 말더듬에 대해서 신경 쓰는 것 같지 않았고 자신의 말더듬을 "건너뛰는 것(skipping)"이라고 언급했다. Joan은 Darren을 매우 수다스러우며 친절하고, 친구들이 많고, 누나 Kelly와 사이가 좋다고 설명했다. 비록 Darren이 이전에 공식적인 말더듬 치료를 받은 적이 없지만, 가끔 어머니는 Darren이 말을 더듬을 때 "천천히 말하기" 혹은 "더듬은 단어를 다시 말하기"를 상기시켰다.

Darren이 다니는 학교의 언어 임상가는 최근에 Darren의 조음 및 언어 평가를 실시했다. 결과는 형태-구문적 발달에서 경도-중도의 지체, 이야기 기술에서 경도-중도의 지체, 조음에서 경도의 지체가 있는 것으로 나타났다. Darren의 말더듬 평가 결과는 심한 말더듬으로 진단되었는데, 연장(예: "naaaaaap"), 단어 부분 반복(예: "c-c-c-could")과 함께 코를 벌렁거리고(nasal flaring), 눈을 크게 뜨는 것(eye widening) 등의 특징이 있었다. 더욱이, 그는 종종 잔류 공기 상태에서 말하며, 빠르고, 천명음을 짧은 구에서 나타내었다.

치료

중재는 언어와 조음치료를 하면서 말더듬을 다루는 쪽으로 LP를 시작할 것을 권고받았다. 처음 3회의 단계 1 치료실 방문 동안에, Joan은 신뢰할 수 있을 정도로 SRs를 사용하고, 구조화된 치료적 대화 및 비구조화된 치료적 대화에서 말더듬 없는 구어와 더듬은 구어에 대해 여러 구두 후속자극들을 사용하는 방법을 배웠다. Joan은 비구조화된 대화를 하는 동안에, 매일 말더듬 없는 구어에 대해서는 약 15~20번의 후속자극과 말더듬에 대해서는 5번의 후속자극을 사용한다고 보고했다. Joan은 10분간의 비구조화된 치료적 대화에서 동일한 비율의 후속자극을 사용했다.

네 번째 치료실 방문 시에, Joan은 Darren이

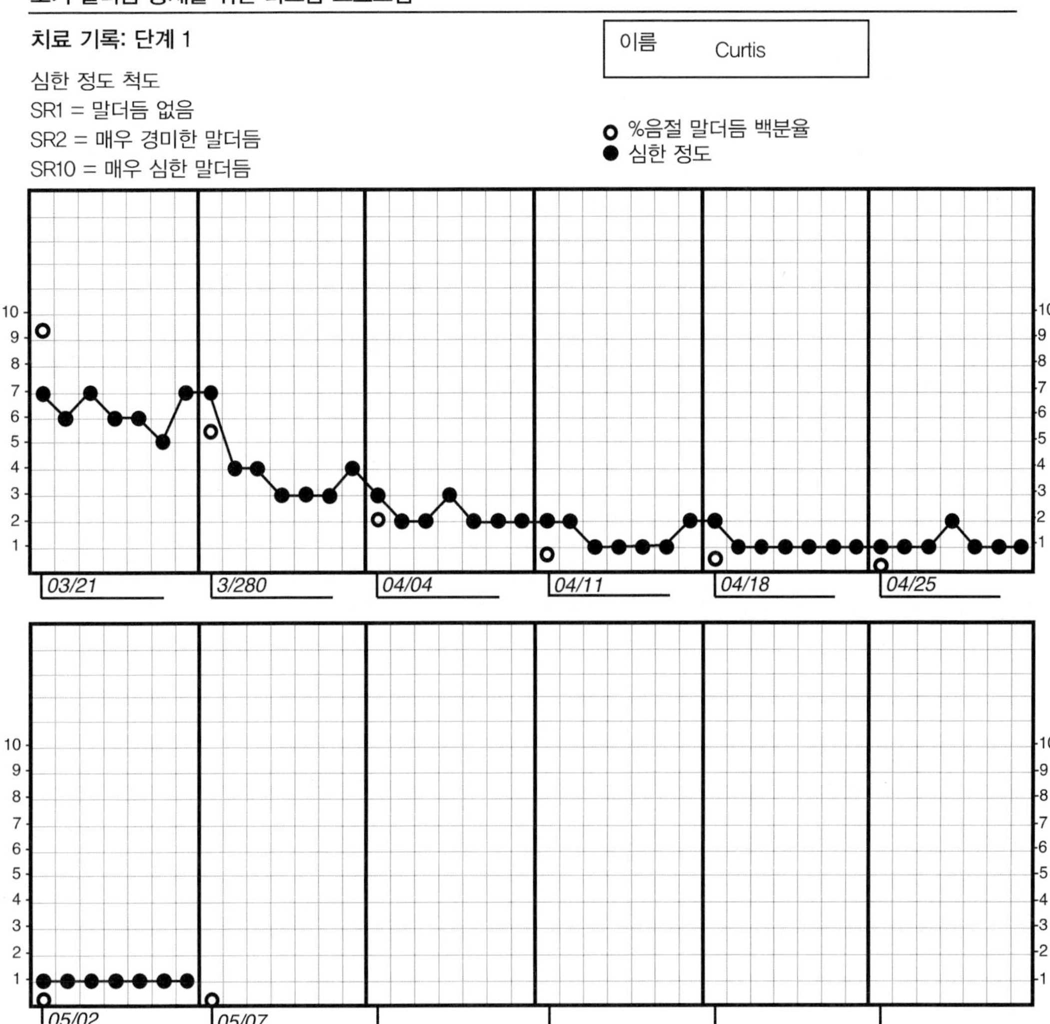

[그림 9.3] ■ Curtis의 단계 1 치료 기록

이전 주에 매일 어느 시간대에 SR1을 나타내었고, 단 하루도 SR이 2를 초과한 적이 없었다고 보고했다. 그 날에 대한 기초선 구어 샘플을 수집하는 동안에, Joan은 SR을 2로 매겼지만, 임상가는 SR을 6으로 매겼다.

첫 3회의 클리닉 방문 동안에 Darren의 구어의 기초선 샘플은 12%SS, 8%SS, 6%SS로 측정되었다. 4회와 5회 클리닉 방문에서, 그의 기초선 샘플은 9%SS, 12%SS였다.

사례 연구 질문

1. 가정에서 Joan에게 치료에 대해 물을 세 가지 중요한 질문은 무엇인가?
2. 클리닉 방문 동안에, 임상가는 그 프로그램 요구사항을 충족시키고 있는지를 어떻게 증명할 수 있는가?

3. 클리닉 방문 4회 동안에 동일한 구어 샘플에 관해서 Joan의 SR과 임상가의 SR 사이에 상당한 차이가 있다. 이들 간의 SR 점수의 신뢰도를 1평정 점수 내에서 확립하기 위해서 임상가가 취할 수 있는 단계는?
4. 클리닉 방문 4회와 5회에서 Darren의 %SS 측정치가 증가한 이유 세 가지는 무엇인가?
5. Darren의 LP 치료에 변화를 주는 브레인스토밍은 단계 2 구어 기준으로 향상될 수 있도록 도움을 주는가?

향후 방향

학령기 아동들을 대상으로 한 리드콤 프로그램의 유망한 방향(즉, 임상 실험)과 관련하여 연구할 필요가 있다. 우리는 말더듬이 지속되거나 학령기에 접어들어 더 복잡해지는 상황에서 신중하게 계획된 연구 프로토콜을 통해서 성공적 치료를 예상하게 하는 변인들을 확인하거나 이해할 수 있을 것이다. 미래의 연구 방향은 다음과 같이 요약할 수 있다.

(1) 학령기 아동을 대상으로 한 리드콤 프로그램의 사용과 관련하여 다양한 임상 현장으로부터 더 많은 데이터 수집
(2) 단계 1 임상 실험 실시
(3) 대안적인 장치들이 동일하거나 혹은 더욱 효과적인지 여부를 결정하기 위한 그 프로그램(즉, 방문 간격, 치료 형식)의 여러 측면들의 체계적인 다양화
(4) 리드콤 프로그램과 현재 학령기 아동용 치료 프로그램들의 효율성을 비교하는 연구들의 실시

이 장의 요약

- LP는 원래 학령 전 아동을 위한 말더듬 치료법으로 개발되었다. LP는 일부 학령기 말더듬 아동들에게도 효과적인 치료법이 될 수 있다는 실험 연구 및 임상적 사례 기록의 증거가 있다.
- 학령기 아동들에게 LP를 사용하는 경우에, 임상가는 이 연령 집단에 대한 폭넓은 관련 지식을 가져야 한다.
- LP는 단계 1과 단계 2로 구성되어 있다. 치료실 방문은 단계 1에서 매주 1회 계속해서 진행되고, 단계 2에서 그 빈도가 점점 줄어든다.
- 치료실 방문은 부모들과 임상가들 간에 교육, 상담 및 문제 해결을 위해 사용된다.
- 부모들은 매일 자녀의 말더듬 심한 정도를 10점 평정 척도를 사용하여 측정한다.
- 치료는 아동들과 대화하는 동안에 말더듬 없는 구어 및 더듬은 구어에 대해 부모가 구두 후속자극을 사용하는 것으로 이루어진다.
- 아동들이 미리 정해진 구어 기준을 충족할 때, 단계 2를 도입한다. 아동들이 수개월 동안 단계 2의 기준을 유지하면 치료를 종료한다.

핵심 용어

강화(reinforcement): 정적 피드백은 부모가 아동의 말더듬 없는 구어에 대해 후속자극으로 아동

에게 물질 강화제 혹은 토큰을 제공할 수 있다.

더듬은 음절의 백분율(%SS): 더듬은 음절의 수를 말한 음절의 전체 수로 나누어서 계산한다.

반응-후속자극(response-contingent stimulation): 증가되거나 감소되는 행동 이후에 즉각적으로 주어지는 구두 혹은 비구두 피드백. 정적 피드백은 자기 교정으로 이루어진 유창성 이후에 주어진다.

부모 개입 치료(parental-implented treatment): 부모 혹은 보호자가 실시하는 치료적 중재이다. 언어 임상가가 치료 프로그램을 지도하지만, 보호자가 실시한다.

심한 정도 평정(severity ratings): 아동 말더듬의 심한 정도에 대한 부모/보호자 및/혹은 아동이 실시한 지각적 평정. 1은 말더듬이 없는 경우, 2는 매우 경미한 말더듬, 10은 매우 심한 말더듬을 뜻한다. 이 평정 척도는 Eve 등(1995)이 연구하고 입증했다. 심한 정도의 평정은 시간이 지남에 따른 말더듬의 변화를 모니터하기 위해 임상적 측정 이상으로 유용하게 사용된다.

추천 문헌

Lincoln, M., Onslow, M., Lewis, C., & Wilson, L. (1996). A clinical trial of an operant treatment for school-age stuttering children. *American Journal of Speech-Language Pathology, 5,* 73-85.

Onslow, M., Packman, A., & Harrison, E. (2003). *The Lidcombe program of early stuttering intervention: A clinician's guide.* Austin, TX: Pro-Ed.

Rousseau, I., Packman, A., & Onslow, M. (2005, June) A trial of the Lidcombe Program with school age stuttering children. Paper presented at the Speech Pathology Australia National Conference, Canberra, Australia.

제 10 장

유창성 규칙 프로그램

Charles M. Runyan and Sara Elizabeth Runyan
(안진영 역)

도입

유창성 규칙 프로그램(Fluency Rules Program; 이하 FRP)(Runyan & Runyan, 1986; 1991; 1993; 1999; 2007)은 1980년대 초기에 공립학교에 근무하는 언어 임상가(speech language pathologist; 이하 SLP)가 학령 전 말더듬 아동과 저학년 말더듬 아동의 치료를 효과적이고, 효율적이며, 좀 더 쉽게 실시할 수 있도록 개발했다. 그 후에 지금처럼, 학교 현장에 있는 SLP는 많은 담당 사례수, 스케줄, 교사의 근무 시간, 방학 등과 같은 여러 사정으로 인해 아동에게 실시할 수 있는 치료 세션이 부족하게 되는 문제에 직면했다. Runyan과 Bennett(1982)는 버지니아에 있는 공립학교 SLP의 평균 담당 사례수가 60명이 넘었으며, 이 아동들은 1학년 동안에 평균 25회밖에 치료를 받지 못하고 있다는 것을 보고했다. 또한 이 연구에서는 많은 공립학교 SLP가 말더듬 치료를 실시하는 데 능숙하지 않아서, 종종 자신이 담당할 사례에서 말더듬 아동을 제외시킨다고 보고했다(St. Louis & Durrenberger, 1992; St. Louis & Lass, 1980; 1981). 특히 의사소통 문제를 동시에 가지고 있는 아동에게는 말더듬 치료를 제외시키고 있었다(Blood & Seider, 1981).

이러한 문제들에 대응하여, FRP는 그 이름에서 암시되듯이 규칙을 기반으로 한 말더듬 치료 프로그램으로 개발되었다. 학령 전 아동과 같이 어린 아동은 다음과 같은 규칙들(예: "낯선 사람과 말하지 마세요." "수영장에서 뛰지 마세요.")의 중요성에 대해 인식하고, SLP는 도움으로, 아동은 "유창성 규칙을 따름으로써" 유창해질 수 있기 때문에, 그 규칙들을 사용했다. FRP는 효과적이고, 관리하기 쉽고, 시간적으로 효율적이기 위해서, 개별 규칙들을 간단하고, 아동이 유창한 구어 산출이란 개념을 이해할 수 있는 언어로 고안되었다. FRP가 만들어진 이후에, FRP는 불필요한 규칙들을 제거하고, 효과적인 규칙들을 강화하고, 새로운 임상 기법들을 개발함으로써 계속 수정되어 왔다. 대부분의 프로그램 수정은 우리가 아동을 치료하는 과정 중에 전개되어 왔다. 현재의 FRP는 서로 다른 목표들이 있는 세 부분으로 구성되어 있다. FRP의 첫 번째 섹션에는 ① 천천히 말하기(speak slowly), ② 한 번에 한 단어 말하기(say a word one time), ③ 짧게 말하기(say it short)와 같은 세 가지 보편적 규칙들이 포함되어 있다. 이러한 규칙들은 구어 속도를 감소시키고, 단음절 단어 반복 및 단어 부분 반복뿐만 아니라 연장을 제거하기 위한 것이다. 두 번째 섹션인 일차적 규칙에서는 아동이 더듬은 구어와 유창한 구어 간의 생리적 차이를 이해하는 데 도움이 되는 세 가지 규칙들을 제시한다. 마지막 세션인 이차적 규칙에서는 말더듬의 이차 행동을 제거하는 한 가지 규칙을 제시한다.

유창성 규칙 프로그램의 이론적 기초

FRP는 모든 말더듬 아동을 대상으로 유창한 구어를 확립하기 위해 고안된 유창성 형성 프로그램(fluency shaping program)이다. 우리의 임상 경험에 의하면, 어린 말더듬 아동(younger children who stutter)이 보이는 특정한 문제는 이러한 비유창한 행동이 발생할 때 아동의 자각력이 부족하다는 것이다. 비록 아동은 자신이 단어를 반복하고 있다는 것을 대충 알지만, 자신이 얼마나 자주 비유창하게 말하며, 정확히 언제 그 비유창성이 일어나는지는 알지 못한다. 어린 말더듬 아동은 언뜻 보기에 반복을 할 때마다 그것을 인식하여, 그 반복을 제거할 수 있는 자각 수준까지 자신의 구어 산출 체계를 모니터하기 위해 필요한 지각적 기술들을 발달시키지 못했다.

나이든 말더듬 아동(older children who stutter)에게 말더듬은 자각 및 산출 모두에 문제를 나타낸다. 즉, 나이든 아동은 말을 더듬을 때마다 그 말더듬을 자각하지 못할 뿐만 아니라, 말이 어떻게 산출되는지에 대해서도 자각하지 못한다. 따라서 이러한 아동은 자기 모니터링 기술을 계속 향상시켜야 할 뿐만 아니라, 유창한 구어 산출에 대한 생리적 요소들이나 기본 지식을 배워야 한다. FRP는 아동에게 자기 모니터링 기술을 향상시키고, 구어 산출 기술을 조정하기 위한 특별한 전략들을 제공한다.

자기 모니터링을 하는 아동의 여러 능력들을 향상시키고, 구어 산출 요소들을 가르치기 위하여, FRP는 두 가지 치료 전략들을 사용한다. FRP의 기본적인 전략은 아동이 치료를 즐거워해야 하고, 치료에 참여하는 것을 기대해야 한다는 것이다(Onslow, Packman, & Harrison, 2003; Raming & Dodge, 2005; Runyan & Runyan, 2007). 임상가와 부모는 무언가 경험하는 것(예: 음악, 스포츠)을 즐거워하는 아동이 새로운 기술을 빨리 습득한다는 것을 잘 알고 있다. 종종 특정한 유창성 규칙을 실시하기 위해 대화적인 구어를 사용하여 아동이 선택한 장난감으로 게임을 하면서 치료를 실시하여 긍정적인 치료 환경을 만들어낼 수 있다. 치료가 재미있고 행복한 경험이 되기 위해 갖추어야 할 또 다른 핵심 구성요소는 치료 과정 중에 아동의 자각 수준과 관련이 있으며, 어떠한 것에도 제약받지 않는 치료사의 의지인 것이다.

thePoint 웹사이트에서 이 장에 대한 비디오 클립 1은 이러한 놀이지향적인 치료 환경을 제시한다. 더욱이, 비디오 클립 1은 세 번째 보편적 규칙인 "짧게 말하기(Say It Short)"를 보여준다.

사설 임상 현장에서, 우리는 비록 아동이 유창하게 되어서 치료를 종결할 준비가 되었을 때에라도 단번에 치료를 그만두지 못하고, 아동이 치료받으러 오는 것을 정말 즐거워하여 치료를 점진적으로 종료시킨 적이 있다. 이러한 태도는 계획된 회기를 점점 줄여나가도록 했으며, 유창성이 달성된 이후에 너무 빨리 치료를 종료하지 않게 하여 재발을 방지하는 데 도움이 되었을 수도 있다.

두 번째 FRP 치료 전략은 치료 프로그램을 실시하는 동안에 시각적 단서나 시각적 상징들을 자유롭게 사용하는 것이다. FRP에서 가장 중요하게 향상된 것은 유창성 규칙(Runyan & Runyan, 1999; 2007)을 아동에게 상기시키기 위해서 시각적 또는 비구두적 신호를 개발한 것이다. 손짓 신호 단서와 이에 상응하는 유창성 규칙은 표 10.1에 제시했다. 이러한 비구두적 단서를 개발하는 것에 앞서, 임상가는 아동이 유창성 규칙을 "어겼다는" 것(예: 말더듬의 경우)을 상기시키기 위해 아동을 구두로 제재했다. 이러한 제재는 시간을 소모하게 하고, 대상자의 구어 흐름을 방해했다. 구두적인 약속을 비구두적인 단서로 대체하는 것이 의사소통의 흐름을 촉진시키고, 아동에게 자기 모니터링 기술을 향상시키고, 유창한 구어를 산출하도록 하기 위한 임상적 기회를 극대화시킨다. 치료실 환경(decorations)을 포함하여, 상징적인 자료를 이용한 시각적 단서들도 아동에게 이전에 유창한 구어에 대한 규칙을 가르쳤던 것을 상기시키는 데 이용해왔다(Hammett, 1994). 예를 들면, 거북이와 달팽이를 닮은 그림과 장난감 동물들을 느린 속도로 말하도록 촉구하는 데 사용했다. 마지막으로, 시각적 단서들은 FRP의 전이 단계에 중요한 요소인데, 아동이 말을 하고 있을 때 그 규칙들을 적극적으로 상기시키는 손짓 신호를 계속 사용하는 동안, SLP, 교사, 양육자 등이 유창성 규칙에 대한 긍정적인 상기물이 될 만한 상징적인 물건을 준비하여 배치하도록 권장한다.

유창성 규칙 프로그램의 사용에 대한 실험적 기초

Runyan과 Runyan(1991)은 평균 연령 5세 5개월(3세 8개월~7세 1개월)인 아동 9명(남자아동 5명, 여자아동 4명)을 대상으로 치료한 결과를 보고했다. 말더듬 정도 측정 검사(Stuttering Severity Instrument; SSI)(Riley, 1972)에 근거하여, 아동 중 3명은 경도, 4명은 중도, 2명은 심도의 유창성 장애로 판명되었다. 5명의 아동은 치료 종료 후 2년 동안에 추후 점검을 한 반면에, 4명의 아동은 1년 동안 추후 점검을 했다. 모든 아동은 공립학교에서 FRP로 치료받았으며 매주 2~3회씩 30~40분 동안 치료를 받았다. 결과 데이터를 통해 모든 아동이 유의하게 유창성 개선을 보였으며, 정상적인 구어 속도를 유지하고, 모든 이차 행동이 제거된 것으로 나타났다. 유창한 구어 산출의 향상은 치료를 한 지 1년 이내에 나타났으며, 추후 점검 기간에도 유지되었다. 하지만 각 아동의 구어에는 여전히 경미하게 2회 이하의 단어 부분 반복으로 구성된 말더듬의 징후들이 남아 있었기 때문에, 걱정이 되었다. 안타깝게도 이러한 아동은 더 오랜 기간에 걸쳐 추후 점검을 할 수 없었기 때문에, 추가적인 데이터를 얻기가 불가능했다. 또 중요한 것은, 이 아동들은 7개의 모든 규칙들을 FRP의 1991 버전으로 치료받았다는 것이다. 보편적 규칙을 언제나 일차적 규칙에 선행하여 가르치지 않았으며, 시각적 단서로 개발한 손 동작을 치료

〈표 10.1〉 각 유창성 규칙에 해당하는 손 동작

유창성 규칙	손 동작
보편적 규칙	
1.천천히 말하기(speak slowly)	1. 속도를 늦추라는 의미로 손을 위아래로 움직이기 2. 아픈 귀/행복한 귀
2.한 번에 한 단어 말하기 (say a ward one time)	1. 손가락 하나를 위로 올리기 2. 아픈 귀/행복한 귀 3. 손가락을 구부리기
3.짧게 말하기(say it short)	1. 엄지손가락과 집게손가락을 서로 가까이 대기 2. 아픈 귀/행복한 귀
일차적 규칙	
4.구어 호흡하기(speech breathing)	공중에 호흡곡선을 그리기
5.“성대”를 부드럽게 시작하기 (start “voice box” smoothly)	완만한 경사를 올라가는 것처럼 오른손을 약간 올리면서 손가락은 가까이 잡아당기기
6.“조음기관”을 가볍게 접촉하기 (touch the ‘speech helper’ together lightly)	엄지손가락과 집게손가락을 가볍게 접촉시키기
이차적 규칙	
7. 말을 할 때 “조음기관”만 사용하기 (use only the ‘speech helpers’ to talk)	이차 행동을 모방하기

에 아직 사용하지 않았다.

그 후, Runyan과 Runyan(1993)은 사설 치료실에서 치료받은 아동 14명의 치료 결과를 보고했다. 이 집단은 여자아동 1명과 남자아동 13명으로 구성되었다. 말더듬 지각 검사(SPI)(Riley, 1981)에 근거하여, 2명, 8명, 4명의 아동은 각각 심도, 중도, 경도 말더듬인 것으로 분류되었다. 치료 시작 시 평균 연령은 8세 9개월(2세 3개월~11세)이었다. 이 아동들 중 9명은 이차 행동을 나타내었다. 경도 말더듬 아동 4명과 중도 말더듬 아동 1명은 이차 행동을 나타내지 않았다. 치료를 종료했을 때, 연구자는 아동 10명이 자연스러운 구어에서 3점 이하의 허용 점수 범위 내에 있는 것으로 판단했다. 나머지 아동 4명은 계속 치료를 받았다. 치료를 종료한 아동 10명의 평균 치료 기간은 9개월(3~20개월)이었다. 유창해졌다고 하여 치료를 종료한 학령 전 여자아동 1명은 현재 대학생이 되었으며, 말더듬이 재발된 상태이다. 그녀의 가족들과 연락이 닿지 않아서 재발의 내력을 알 수는 없었다.

Runyan과 Runyan(1999)은 평균 5세 11개월이었던 남자아동 6명(이 중 2명은 학령 전 연령이었음)에 관한 데이터를 추가적으로 보고했다. 치료를 하기 전에, 그 아동들 중 4명은 중도의 말더듬으로 판단되었고, 2명은 심도의 말더듬으로 판단되었다. 아동 5명은 말더듬 행동이 제거된 후에 치료를 종료했다. 학령 전 아동 1명의 치료 기간은 23개월이었던 반면에, 다른 아동 4명의 치료 기간은 평균 9개월이었다. 계속 치료를 받고 있는 가장 나이든 아동(2학년)은 여전히 말더듬이 심한 것으로 평가되었지만, 이차 행동과 말더듬당 단위반복수가 감소하여 뚜렷한 개선을 보이고 있었다. 그 아동은 마지막 추후 점검 시 5학년이 되었을 때에도 계속 말더듬을 보이고 있었고, 치료를 받고 있었다. 여러 이유로, 그 아동은 한 달에 한 번만 치료를 받았다.

이 프로그램(Runyan & Runyan, 1991)을 사용하여 치료한 첫 번째 아동 집단의 결과들은 FRP가 공립학교 환경에 있는 아동에게 효과적이라는 것을 입증했다. 두 번째 집단에서 아동 17명 중 6명과 사설 치료실에서 치료받은 아동 6명은 공립학교에서도 치료를 받았다. 우리의 임상 경험에 근거하여, FRP가 공립학교와 사설 치료실과 협력하는 방식에서 성공적으로 실시될 수 있다고 생각한다.

치료의 실제적인 요구사항

FRP를 효과적으로 적용하기 위해 필요한 특별한 장비는 없다. 그렇지만 임상가가 가져야 할 두 가지 자질이 치료 과정에 유익할 것이다. 첫 번째 자질은 유창한 구어와 더듬은 구어 사이의 차이점을 아동에게 가르칠 필요가 있을 때, 구어 산출에 대한 해부학 및 생리학의 기초를 이해하고 있는 것이다. 이 지식은 아동이 더듬을 때와 유창할 때의 해부적 및 생리적 차이점을 이해할 때 치료사의 지시를 더 잘 따르고자 하기 때문에 중요하다. 두 번째 자질은 개별 치료 대상자의 구어 산출을 극대화할 수 있도록 재미있고, 흥미롭고, 참여를 유도하는 활동들을 창출하는 것이다.

프로그램의 핵심 요소

보편적 규칙

FRP의 첫 번째 섹션에는 ① 천천히 말하기, ② 한 번에 한 단어 말하기, ③ 짧게 말하기 등 세 가지 보편적 규칙들이 있다. 치료를 시작할 때부터 모든 아동에게 이러한 규칙들을 사용한다. SLP는 첫 평가 결과에 근거하여 보편적 규칙들이 각 아동에게 적절한지를 결정한다. 예를 들어, 어떤 아동의 말이 너무 빠르고 단어를 여러 번 반복할 경우에, SLP는 보편적 규칙 1과 2를 적용한다. 또 어떤 아동이 정상적인 속도로 말하지만 단어를 반복하고 연장할 경우, 규칙 2와 3을 적용한다. 아동이 후두 막힘이나 구강 긴장과 같이 좀 더 진전된 말더듬 양상을 보일지라도, 이 보편적 규칙들은 모든 아동의 치료 초기에 초점이 된다. 임상적으로, 우리는 초기에 구강 및 후두 긴장을 보인 아동이 적절한 보편적 규칙들을 적용한 후에 이러한 행동이 제거된 사례를 보았다. 즉, 구어 속도(규칙 1: 천천히 말하기), 반복(규칙 2: 한 번에 한 단어 말하기), 필요할 경우, 연장(규칙 3: 짧게 말하기) 등을 결합하여 사용했더니, 후두 및 구강 긴장을 직접적으로 다루지 않고도 제거되었다.

비디오 클립 2는 보편적 규칙에 대한 설명을 제공한다.

규칙 1: 천천히 말하기

구어 속도를 감소시키면 말더듬이 감소한다는 것이 잘 입증되었기 때문에(Bloodstein, 1987; Gregory & Hill, 1980; Jones & Ryan, 2001; Max & Caruso, 1998; Perkins, 1992; Raming, 1984), 구어 속도를 조절하는 것은 많은 치료 프로그램(예: Cooper & Cooper, 1985; Costello, 1983; Guitar, 1998; Ingham, 1999a; 199b; Kully & Langevin, 1999; Meyers & Woodford, 1992; Neilson & Andrews, 1993; Shames & Florance, 1980)에 포함되는 임상적 구성요소이다. 비록 '천천히 말하기'라고 명칭을 붙였지만, 이 규칙의 치료 목표는 실제로 정상적으로 느린 속도를 사용하는 것이다. 1~5학년 아동에게 정상적인 구어 속도는 1학년일 경우 분당 약 125단어(WPM)이고, 5학년일 경우 142단어로 다소 체계적으로 증가한다. 반면에 음절의 경우, 그 속도는 분당 148~170음절(SPM)이다(Pindzola, Jenkins, & Lokken, 1989; Purcell & Runyan, 1980). 구어 속도를 감소시켜서 얻는 이점은 아동이 반복이나 연장을 감지하고 확인하는 데 더 많은 시간을 확보할 수 있다는 것이다. 구어 속도를 감소시키면 운동 타이밍을 단순화하거나 유창한 구어 산출을 하는 데 필요한 생리적 능력을 습득하기 위해 필요한 모니터링 능력을 발달시키는 데 충분한 시간을 갖게 된다(Perkins, 1992; Wall & Myers, 1995). 구어 속도를 줄임으로써 말더듬을 감소시키는 것 이외에, Conture(1990), Healey와 Scott(1995), Runyan과 Runyan(1993)은 이 규칙이 주는 이차적 이점을 제시했다. 이 연구자들은 말더듬 아동의 구어 속도가 감소될 때, 치료 동안에 차분해지는 효과가 있는 것 같다고 했다. 또한 Runyan과 Runyan(1999)은 치료를 하는 동안에 임상적 초점을 구어 속도를 감소시키는 데 두었을 때, 말더듬의 빈도가 계속 감소한 반면에, 정상적으로 느린 구어 속도는 그대로 유지되었다고 제시했다. 느린 구어 속도를 통해 말더듬이 지속적으로 감소된 것은 느린 구어 속도로 인해 치료적 환경이 차분히 유지되어서 부분적으로 발생한 효과일 수도 있다.

thePoint에서 비디오 클립 3은 교정(correction)을 유도하기 위해 임상가가 손 동작을 사용하는 것을 보여준다.

이 규칙을 도입하고 실행할 때, 정상적으로 느린 속도에서 발화하는 임상가의 모델링이 매우 중요하다(Ramig & Dodge, 2005; Runyan & Runyan, 1991; 1993). 임상가가 연령에 적합한 느리고 정상적인 구어 속도를 시범으로 보여준 후, 아동은 SLP가 말하는 방식으로 말하도록 지시를 받는다. 느린 속도와 빠른 속도를 대조하기 위해 상징적인 자료(예: 거북이, 토끼, 달팽이 vs 사자, 말, 치타)를 사용할 수 있다. "천천히 말하기"라는 개념을 가르치기 위해, SLP는 달리기가 빠른 동물과 느린 동물 간의 경주를 흉내 낼 수 있다(Meyers & Woodford, 1992). 이러한 경우, 빠른 동물이 돌부리에 걸려 넘어지거나 아래로 굴러 떨어지는 것과 같은 난관에 처해 있는 동안에 느린 동물이 승리를 거둔다. 동물들이 너무 빨리 달렸을 때, 돌부리에 걸려 넘어지거나 아래로 굴러 떨어지는 난관을 겪는 것처럼, 사람이 말을 너무 빠르게 할 때 단어를 버벅거리며 말을 더듬을 수 있다는 것을 설명할 수 있다. 이러한 개념에 대한 이해를 더 구체적으로 확립하기 위해, 임상가는 거짓 말더듬(pseudo-stuttering)을 산출하면서 매우 빠르게 말하는 동안에, 너무 빠르게 달리기를 하는 척하면서 아동과 함께 역할놀이를 할 수 있다. 그 다음에 임상가와 아동은 치료실 주위를 천천히 걸으면서, 정상적으로 느리고 유창하게 이야기를 하고, '우리가 천천히 걸으면서 느리게 말을 할 때' 자신의 밸런스와 구어를 얼마나 잘 조절할 수 있는지에 대해 토의한다.

이 규칙을 위한 시각적 단서는 아동의 구어 속도가 너무 빨라질 때 '느리게' 말하라는 의미로 손을 위아래로 움직이는 것이다. 두 번째 비구두적인 암시는 '아픈 귀/행복한 귀'인데, 이는 아동이 빠르게 말할 때 임상가가 가짜로 아픈 척을 하며 귀를 막거나 또는 느린 구어 속도는 임상가의 귀를 행복하게 만들기 때문에 '행복한 귀'를 가리키며 방 주위를 도는 것이다.

규칙 2: 한 번에 한 단어 말하기

일반적으로, 단어 부분 반복이나 단음절 단어 전체 반복은 말더듬에서 치료적 중재가 필요한 중요한 구어 특성이다. 따라서 '한 번에 한 단어 말하기' 규칙은 FRP의 성공에 중요한 것이다.

한 번에 한 단어 말하기의 개념을 가르치기 위해, 두 개의 아이템을 대조시켜서 사용할 수 있다. 예를 들면, 다른 두 개의 동전을 비교할 수 있다. 첫 번째 동전 열에는 서로 다른 동전(예: 페니(1센트 동전), 다임(10센트 동전), 니켈(5센트 동전) 등)을 일렬로 놓는데, 이는 유창한 구어를 나타낸다. 두 번째 동전 열에는 비슷한 동전(예: 페니, 페니, 페니, 니켈, 다임)을 놓는데, 이는 단어 반복과 같은 비유창한 구어를 나타낸다. 요일이나 월의 이름을 말하고 숫자를 세는 것과 같은 시리즈들은 각 단어의 중요성을 설명할 수 있으며, 아동이 각 단어의 의미를 이해하도록 하기 위해 반복할 필요는 없다. SLP는 시범을 보이기 위해 아동이 어떤 단어의 의미를 이해하려면 "10회 이상" 그 단어를 들을 필요가 있는지를 아동에게 질문한 다음에, 그 단어를 10회 이상 반복할 수 있다. 이 개념을 가르치기 위한 또 다른 기법은 '다른 발걸음(different feet)'을 사용하는 것이다. 시범을 보이기 위해, SLP는 아동과 치료실 주위를 천천히 걸을 때 느린 속도로 말을 한다. SLP는 걸으면서 서로 다른 발걸음을 사용할 때 그 걸음이 쉽고 부드러운 걸음이라는 것을 설명할 수 있다. 그런 후, 임상가는 발걸음을 멈추고 한 발로 여러 번 깡충 뛰어서 동일한 발로만 걸음을 걷는 것이 얼마나 어렵고 험난한지를 설명할 수 있다. 다른 단어를 매 발걸음에 말한 후에 한 단어를 반복하면서 같은 발로 깡충 뛰기를 하는 이 활동을 반복하는 것은, 말을 하는 동안에 동일한 단어를 "계속" 말하면 그 말이 혼란스러워지고(bumpy), 이해하기 어렵게 될 수 있다는 것을 보여줄 것이다.

이 규칙에 대한 손 동작은 집게손가락을 위로 드는 것인데, 이는 스포츠팬들이 자신의 팀이 최고라는 것을 나타내는 방식이나 어떤 사건이 반복적으로 일어났을 때 지적하는 방식과 유사하다.

비디오 클립 4에서, 보편적 규칙들을 고찰했다. 클립 4도 역시 임상가가 "행복한 귀"를 이용하여 유창성을 강화하는 방법을 시범으로 보인다. 비디오 클립 5는 임상가가 아동의 구어에서 나타나는 반복을 확인하기 위해 손가락 한 개를 위로 올리는 동작을 사용할 때 아동이 알아차리는 변화에 대한 예시를 보여주고 있다.

소수의 경우에, 어떤 아동은 자신이 반복한 단어를 임상가가 확인시켜 주는 것에 대해 부정적으로 반응한다. 아동에게 스트레스를 주지 않으면서 반복이 일어날 때 아동의 자각력을 증가시키기 위한 임상적 목표를 성취하기 위해, 우리는 비구두적으로 상기시키는 단서로서 손가락 하나를 절반 정도만 위로 들거나 약간 구부리는 방법을 사용해왔다.

손가락을 구부리는 동작 기법을 사용하는 예는 비디오 클립 5를 참조하라.

SLP는 질문을 하는 방식으로 "네가 하려는 말을 몇 번이나 되풀이해서 말하면 안 되겠지?"라고 묻는다. 아동은 그러한 반복을 나타낸 것을 부인할 수도 있지만, 그것에 대한 자각을 비구두적으로 나타낸다. 이러한 상호작용은 아동에게 "무엇인가 잘못하고 있다"는 것을 표면상으로 인정하도록 할 필요 없이 자각력을 향상시키는 목표를 수행하는 것이다.

'아픈 귀/행복한 귀'라는 비구두 단서는 아동이 어떤 단어를 반복할 때 자각력을 증가시키기 위해서도 사용할 수 있다. 아동이 그 단서에 대한 자각력을 확실히 하기 위해, 치료사는 아픈 척하면서 자신의 귀를 잡으며 바닥에 "넘어지는 것처럼" 할 수 있다.

이 활동은 the Point에 있는 비디오 클립 6에서 설명했다.

애니메이션으로 나타낸 이 활동은 아동의 주의집중을 유도하고, 유창한 구어를 촉구한다. 만약 이 유창성이 지속되면, 치료사는 자신의 귀를 잡고 "내 귀는 행복한 귀야. 왜냐하면 내 귀를 아프게 하는 단어 반복이 없기 때문이야."라고 말하면서 치료실을 돌아다니며 춤을 출 수 있다. '행복한 귀'와 '아픈 귀'를 합쳐서 아동에게 단어를 한 번만 말하도록 지속적으로 상기시킨다. '행복한 귀' 단서는 치료가 진행해 나감에 따라 점점 더 중요해지는데, 그 이유는 반복이 감소할수록 각 단어를 한 번만 말하는 데 초점을 둔 치료가 유지되어야 하고, 행복한 귀의 사용은 이 규칙을 암묵적으로 상기시킬 수 있기 때문이다.

규칙 3: 짧게 말하기

이 규칙은 연장을 제거하기 위해 고안되었고, 더듬은 구어에 연장을 보이는 아동에게만 가르친다. 이 규칙은 연장을 나타내는 아동에게 치료 절차의 중요한 요소이며, 초기 중재 회기 동안에 도입된다. 손가락 단서들도 아동이 잠시 동안의 반복을 유지시키는 것을 돕기 위해서 사용된다.

비디오 클립 7은 임상가가 아동이 유창할 때 칭찬을 먼저 하고, 그 다음 한 번만 반복할 때 아동에게 단서를 주는 것을 보여준다.

'길고 짧다'는 개념은 치료를 받으러 오는 아동의 연령에 적합한 언어로 잘 개발되어 왔다. 그러나 필요한 경우, 아동에게 친숙한 길고 짧은 사물들(예: 연필, 동물)을 대조시켜서 이러한 개념을 가르칠 수 있다. 단어를 연장하지 말고 음절에서 음절로, 단어에서 단어로 빠르게 이동해야 한다는 것을 설명하기 위해 많은 치료 기법들이 제안되었다. 이 개념을 이해시키기 위해 피아노를 치듯 움직이는 손가락(piano fingers)(Runyan &

Runyan, 1993), Conture의 엄지손가락과 마주보는 손가락 비유(Conture's Thumb & Opposing Finger Analogy)(1982) 등을 성공적으로 사용해 왔다. 기본적으로, 이러한 기법들은 연속적으로 각 손가락을 터치하거나 일련의 각 사물을 빠르고 가볍게 터치하기 위해 엄지손가락을 사용한다. SLP가 각 손가락은 각각 다른 소리를 나타내고 유창한 구어는 소리에서 소리로 빠르고 유연하게 이동한다는 것을 설명하고 시범으로 보여준다. 다음으로 SLP는 엄지손가락이 한 손가락이나 사물에 너무 오래 머무를 때 연장된 소리가 발생하는 것을 나타낼 수 있다. 빠르고 유연하게 흐르는 구어에 대한 느낌을 경험하도록 하기 위해서, 임상가와 아동은 다른 소리들을 산출할 때 자신의 손가락을 두드리면서 같은 목소리로 짧은 구를 반복한다. 개구리가 가라앉지 않고 연잎에서 연잎으로 가볍고 유연하게 점프하는 Conture(1982)의 '연잎/개구리 비유'와 아동이 물에 빠지지 않고 배럴(barrel)에서 배럴로 점프하는 '배럴 다리 비유'도 유창한 구어의 부드럽게 흐르는 타이밍이라는 관점과 이 유창성 규칙의 개념을 가르치는 데 이용했다. 마지막 기법은 '한 번에 한 단어 말하기' 규칙을 과도하게 반복하여 사용하는 것과 유사한 것인데, 이 기법은 SLP가 과장된 연장(예: 5초)을 사용하여 어떤 단어를 산출한 다음에, 아동이 마치 그 단어의 뜻을 이해하기 위해 "오랫동안 그 단어를 들을 필요가 있는 것"처럼 하라고 아동에게 요구한다.

이 규칙을 사용하기 위한 손 동작은 무언가를 짧게 해야 한다는 것을 나타내기 위해 전통적인 방식으로 엄지와 검지를 가까이 두는 것이다.

비디오 클립 8은 치료사가 짧게 말하기를 유도하기 위해 손 동작을 사용함으로써 아동이 연장된 단어를 확인하고 있는 것을 보여준다.

이전에 언급한 두 가지 규칙처럼, SLP는 아동이 어떤 음을 연장할 때 아픈 척하며 자신의 귀를 움켜잡을 수 있고, 그 다음에 연장이 발생하지 않고 어느 정도의 시간이 지난 후에 자신의 귀는 "행복한 귀" 라고 하며 귀를 가리킨다.

일차적 규칙

일차적 규칙은 아동이 구어의 생리를 이해하도록 하는 데 매우 중요하다(이러한 이유로, 일차적 규칙이란 명칭을 붙임). 세 가지 일차적 규칙은 보편적 규칙을 통해 말더듬 행동이 제거되지 못하고, 추가적으로 직접적인 생리적 지도와 중재가 필요한 아동을 돕기 위해 계획되었다. 후두 긴장, 호흡 관리, 구강 긴장과 같은 생리적 문제를 보이는 많은 아동에게 보편적 규칙의 적용이 말더듬의 모든 측면을 제거하는 데 효과적이었다는 것을 기억하라. 따라서 SLP는 인내심을 가져야 하며, 보편적 규칙과 관련된 치료 과정을 서둘러서도 안 되고, 생리적 문제가 있을 경우 좀 더 직접적인 치료가 필요하다는 것을 빨리 추측해야 한다.

결국, SLP는 보편적 규칙들만으로는 말더듬을 제거할 수 없고, 직접적인 생리-기반 치료가 필요하다는 결정을 반드시 내려야 한다. 우리의 경험상, 아동이 반복과 연장이 일어날 때를 빠르고 정확하게 확인함으로써 보편적 규칙에 대한 개념을 이해했음을 나타내지만, 여전히 지속적으로 말더듬을 보일 경우에 일차적 규칙을 사용한다.

일차적 규칙을 사용하기로 결정할 때, 첫 단계는 구어 산출 과정에 대한 개요를 제시함으로써 이러한 규칙들을 이해하는 데 필요한 생리학적 개념을 가르치는 것이다. 일련의 순차적인 생리적 사건들을 간단한 용어를 사용하여 구어 산출에 대해 설명하고 시범 보일 수 있다. 첫째, 구어 산출은 "말이 흘러나오게 하는" 기류나 호기로 시작한다. 둘째, 공기가 흘러나올 때 그 공기가 "목소리 상자(Mr. Voice Box)" 혹은 성대를 지나면서, 그 성대를 진동시켜서 소리를 만들어낸다. 마지막으로, 혀와 입술을 움직여서 소리의 "형태 혹은 모양"을 만들어, 이 소리가 단어로 형성된다. 이러한 생리적 개념과 일차적 규칙들을 설명하는 것을 돕기 위해서, 우리는 Conture(1982)의 정원 호스(garden hose) 비유를 사용하는데, 이 비유에서는 정원용 호스 노즐(hose nozzle)을 양 입술로, 정원 호스를 성도와 혀로, 수도꼭지를 후두로 동일시한다. 이 비유를 통해 해부학적 구조, 기류, 유성성(voicing), 가벼운 구강 접촉 등과 관련된 생리학 사이의 관계를 먼저 설명한다. 이러한 설명을 한 다음에 유창한 구어 산출을 하기 위해서 각 구조와 움직임을 어떻게 정확하게 사용할 것인지에 대해서 설명한다. 우리의 임상 경험에 의하면, 일차적 규칙이 필요한 대부분의 아동은 후두 긴장과 호흡 기류의 관리와 관련된 어려움을 겪고 있다. 따라서 이러한 아동을 치료할 때에는 일차적인 유창성 규칙 4와 5를 사용한다. 그리고 구강 긴장만을 보이는 아동을 치료할 때에는 규칙 6을 사용한다.

보편적 규칙과 마찬가지로, 일차적 규칙을 적용할 때 인내심이 필요하다. 그 이유는 종종 이러한 아동이 매우 복잡한 운동 기술을 숙달하려고 노력하고 있다는 것을 깨닫지 못하고, 임상가들이 유창한 구어 산출을 위한 생리적 요소들에 대해 가르치는 단계로 너무 빨리 나아가기 때문이다. 일단 일차적 규칙을 사용하는 것을 결정하면, 임상가와 아동 모두는 이러한 규칙들을 숙달하고 유창하게 말하는 데는 상당한 양의 치료 시간이 필요하고 연습을 해야 한다는 것을 명심해야 한다.

규칙 4: 구어 호흡을 사용하기

우리는 다른 임상가들(Conture, 2001; Healey & Scott, 1995; Ramig & Bennett, 1995)과 비슷한 방법을 사용하여 호흡곡선을 그려서 흡기 구간과 호기 구간을 표시하고, 구어 산출은 호기 구간에 일어나야만 한다는 것에 초점을 맞추어 설명하여 구어 호흡(speech breathing)을 가르친다. 그 다음에 아동은 호기를 하는 동안에 호흡을 멈추지 않고, 공기를 천천히 밖으로 내뱉으며, 말을 시작하기 전에 공기를 아주 조금 내보내도록 배운다. 구어 호흡에 대해 직접 치료를 실시할 때, 시각 및 촉각 피드백을 결합하여 사용하면 임상적 성공에 도움이 된다. 예를 들면, 아동에게 흉골 바로 아래에 있는 "복부"에 자신의 한쪽 손을 올려두고, 다른 한쪽 손으로는 칠판이나 종이에 호흡곡선(Ramig & Dodge, 2005)을 그리는 것을 가르칠 수 있다. 그 다음, 아동은 자신의 "복부"에서 공기가 안으로 들어왔다가 밖으로 빠져나가는 것을 느끼면서 검지로 호흡곡선을 따라가면서 호흡을 상상하고 느껴야 한다. 우리는 흡기 구간이 자동차가 달리도록 에너지를 공급하는 자동차의 가스탱크에 가솔린을 주입하는 것과 비슷하며, 반면에 구어에 대해서는 공기 흡입(air intake)이 소리를 산출하게 하는 에너지를 제공하는 것이라고 설명한다. 그 다음, 우리는 호기를 시작한 직후 구어를 시작해야 하는 지점의 호흡곡선 위에 "X"를 표시한다. 그리고 우리는 호기의 시작 지점인 호흡곡선의 "꼭대기"에서 "X"로 표시된 지점까지의 거리가 중요하다고 설명하는데, 이 거리는 성대가 수월하게 진동하고 소리를 만들어 내려면 "공기가 빠져나갈 수 있도록" 성대가 개방되어 있어야 하는 구간이기 때문이다.

우리는 나이든 아동에게 시각적 및 촉각적 피드백을 주기 위해 Computer Assisted Fluency Establishment Trainer(CAFET)(Goebel, 1984)를 사용해왔다. CAFET는 구어 및 호흡 기능으로부터 얻은 피드백 신호들을 통합하여, 이러한 신호들을 컴퓨터 화면에 시각적으로 나타낸다. 이 피드백은 아동이 호흡곡선을 보고 느끼게 하여, 구어 호흡의 호기 단계와 구어 개시를 조화시킨다.

비디오 클립 9는 초 · 중등학생이 구어 호흡을 실시하는 장면을 보여준다. 이 부분을 실행하는 동안에, 임상가가 손으로 아동의 손가락을 잡고 호흡 시에 흉골 바로 아래에서 일어나는 변화를 추적한다. 임상가는 비정상적으로 빠른 호흡을 감지하고, 아동에게 그 움직임에 대하여 부연 설명을 한다. 비디오 클립 10은 임상가가 아동이 구어 호흡을 느끼도록 돕는 방법에 대해 설명한다. 흥미로운 것은 어떤 구를 산출하는 동안에 아동의 복부에 놓인 책이 약간 "뜰 때", 자신의 흉벽/복벽의 방향이 반대로 움직인다는 것이다. 이렇게 외현적으로 드러나는 "소위 말하면 팔굽혀 펴기 행동"(pushing behavior, 올라갔다 내려갔다 하는 행동)은 다른 말더듬 환자들에게서 보고되고 관찰된 것과 같이 후두 긴장과 관련된 것이다.

규칙 4에 대한 손 동작은 임상가가 아동이 숨쉬는 사이클의 리듬에 따라 임상가 자신의 집게손가락을 사용하여 공중에 호흡곡선을 그리는 것이다. 구어가 시작할 때를 신호로 나타내기 위해서, SLP는 호흡곡선을 따라가면서 집게손가락을 빠르게 위로 움직인다.

규칙 5: 성대를 부드럽게 움직이기 시작하기

이 규칙은 여러 유창성 치료 프로그램의 치료 구성요소인 '부드럽게 발성 시작하기'라는 개념을 가르친다(Cooper & Cooper, 1985; Costello, 1983; Culatta & Goldberg, 1995; Curlee & Perkins, 1969; Goebel, 1984; Leith, 1984; Guitar, 1998, 2006; Herring, 1986; Kully & Langevin, 1999; Leith, 1984; Nielson, 1999; Neilson & Andrews, 1993; Pindzola, 1987; Ramig & Bennett, 1995; Riley & Riley, 1984; Schwartz, 1999; Shine, 1988; Wall & Myers, 1995; Webster, 1979; 1980; Zebrowski & Kelly, 2002). FRP에서 정의하는 '발성의 부드러운 시작(gentle onset of phonation)'이란 발화의 시작 시에 발생하는 강도가 시간이 지남에 따라 점진적으로 증가하는 것을 의미한다. 이 규칙은 평가를 하는 동안에 "단어가 목구멍에서 막혀요"라고 느끼는 아동 혹은 "네가 말을 하려고 할 때 어디에서 긴장을 느끼니?"라고 질문했을 때 목을 가리키는 아동에게 효과적이다(Conture, 2001).

"후두 같은 입술(laryngeal lips)"이란 비유를 사용하여 이 규칙의 개념을 가르치는데, "실제"

입술이 우리의 성대와 비슷하다는 것을 설명하는데 필요하다. SLP는 자신의 "실제" 양 입술 사이에 공기를 불면, 양 입술이 진동하여 소위 "혀를 입술 사이로 진동시키며 소리(raspberry sound)"가 나듯이, 공기가 성대 사이를 통과하여 성대를 진동시킬 때, 성대가 목 안에서 소리를 만들어 낸다는 것을 설명한다. 그 다음에 SLP는 이러한 소리를 만들기 위해서는, "실제 입술"이 가까이 근접하여 공기가 흘러나와서 양 입술을 진동시키고 소리를 만들어 낸다고 설명한다. 그 다음에, SLP는 만약 양 입술이 너무 꽉 조이게 되면, 공기 흐름이 정지될 것이며, 후두 입술이 진동할 수 없으며, "실제 입술"로 만들어진 소음이 멈추어질 것이라는 것을 시범으로 보여줄 수 있다. SLP는 이것으로 성대가 너무 꽉 조이게 될 때 말이 멈추어지게 되는 것을 설명한다.

비디오 클립 11은 후두 입술 비유를 치료에 적용한 것에 대한 시범을 보여준다.

아동이 '부드러운 시작'이라는 개념을 이해한 후에, SLP는 목소리의 부드러운 시작이 목소리 크기나 강도가 낮다는 것을 의미하는 것이 아니라는 것을 설명한다. 시범을 보이기 위해, SLP는 발화의 부드러운 시작을 약간 길게 연장하여 대화적인 말의 강도에 이를 때까지 목소리 크기를 점점 크게 한다.

이 규칙은 두 가지 손 동작으로 나타낼 수 있다. 하나는 입술을 가리키는 것이고, 또 다른 하나는 서서히 강도를 증가시키면서 "성대를 스무스하게 시작하기"를 보여주기 위해 마치 완만한 경사를 오르듯이 손가락을 공중으로 천천히 올리는 것이다.

규칙 6: "조음기관"을 서로 가볍게 접촉시키기

이 규칙은 말을 더듬는 동안 입 주변(예: 입술, 혀, 턱)에 긴장을 보이는 아동을 돕기 위해서 고안되었다. 구강 긴장을 보이는 아동은 가벼운 접촉과 심한 접촉이 서로 다르다는 것을 이해할 필요가 있다. 이러한 아동은 구강 해부 구조들에서 과도한 긴장으로 인하여 말더듬이 종종 발생한다고 보고한다(Dell, 2000; Ramig & Dodge, 2005). 이러한 아동에게는 구어를 산출하는 동안에 "조음기관(speech helpers)"(즉, 입술과 혀 등)이 성대 위로 기류를 흐르게 하여 소리를 만들어내게 하고, 이 소리를 단어로 형성하는 역할을 한다는 것을 상기시킨다. 소리를 단어로 형성하도록 하는 가장 좋은 방법은 조음기관들을 서로 가볍게 접촉시키는 것이다(Guitar, 1998; 2006; Healey & Scott, 1995; Kully & Langevin, 1999; Luper & Mulder, 1964; Neilson, 1999; Shine, 1980; Van Riper, 1982; Wall & Meyers, 1995; Williams, 1971; Zebrowski & Kelly, 2002). 종종, 보호자들은 자녀가 말더듬이 발생하고 심해지는 것에 대처하려고 노력할 때, 아동에게 "그저 더 열심히 해라"라고 격려해준다. 분명한 것은, 아동이 신체적으로 노력을 많이 하면서 구어를 산출하려고 생리적 움직임을 시도하면, 구어와 관련된 해부 구조들뿐만 아니라 이차 행동에서도 과도한 긴장이 쉽게 발생할 수 있다는 것이다. 일반적으로는 열심히 노력하는 것이 성공으로 이끈다고 생각하지만, 구어에서는 쉬운 것이 더 좋은 것이라는 것을 가족과 아동에게 확신시켜라.

구어를 산출하는 데 과도한 긴장을 사용하면 비효율적이라는 것을 증명하기 위해, 임상가와 아동은 "단어가 튀어나올 때까지(until a word pops out)" 양 입술을 최대한 세게 접촉시키면서 양순파열음(예: 버)을 산출해본다. 아동과 임상가가 이 양순파열음을 산출하려고 할 때, SLP는 얼굴이 찡그려질 정도로 매우 세게 자신의 양 입술을 접촉시키면서 우스꽝스러운 행동을 보인다. 심지어 우리는 그 소리를 산출하기 위해 과장하며 바닥에 "넘어지는" 흉내까지 냈었다. 이러한 방식으로 "구어를 산출하려고 심하게 노력"을 한 후에, 우리는 아동에게 이렇게 "힘들게 노력하는 것"이 소리나 단어를 말하는 데 도움이 되는지 물어본다. 아동은 지나치게 노력하면서 구어를 산출하려고 하는 것은 헛된 것이라는 것을 빨리 인식하고 느낀다. 그런 후 SLP와 아동이 자신의 양 입술을 가볍게 접촉시키면, 노력 없이도 쉽게 구어를 산출하는 것을 연습할 수 있다.

비디오 클립 12는 아동이 자신의 양 입술을 서로 꽉 조이면서 이차 행동을 나타내는 것을 보여준다. 치료사는 아동의 과도한 노력이 유창한 구어를 산출하는 데 도움을 주지 못하는 이유를 유머러스하게 보여주기 위해 과장된 노력을 한다.

이 규칙을 알려주는 시각적 상기 단서는 집게손가락과 엄지손가락을 매우 가볍게 접촉시키는 것이다.

이차적 규칙

규칙 7: 말을 할 때 오직 "조음기관"만 사용하기

마지막 유창성 규칙은 유창한 구어 산출과 관련 없는 해부 구조의 움직임을 포함하는 이차 행동(예: 고개 돌리기, 다리 떨기, 눈 깜빡이기 등)을 제거하기 위해 고안되었다. 이 규칙은 비구어 해부의 움직임들이 "말하는 것과는 전혀 관련 없다"는 것과 해부적 움직임들을 사용하는 것이 유창한 구어 산출을 하는 데 도움이 되지 않을 것이라는 개념을 가르치는 것이다.

이차 행동을 제거하기 위해, 임상가는 구어가 산출되는 방법을 검토한다. 기류가 단어를 날라주고, 이 기류가 성대를 진동시키고, 성대가 소리를 생성하고, 입술과 혀가 움직여서 그 소리를 단어로 형성한다. 그 다음 임상가는 아동에게 구어가 산출되는 방법에 대해서 이야기할 때, 입술, 혀, 턱, 기타 구어 산출 구조들이 움직이는 것을 설명한다. 다른 별도의 움직임은 필요하지 않다. 임상가는 아동에게 "네가 말을 할 때 다른 신체 부위를 움직일 필요가 없다"고 설명한다. 이러한 설명을 한 후에도, 아동은 이차 행동과 관련된 신체적 움직임을 깨닫지 못할 수 있다. 거울을 사용하면, 아동이 불필요한 신체 움직임을 자각하고, 불필요한 행동이 빠르게 제거되도록 한다.

"이 동작(이차 행동)"이 구어를 산출하는 데 도움이 되지 않는다는 것을 알려주기 위해, 임상가가 거울 이외에 사용할 수 있는 또 다른 치료 방법은 아동이 나타내는 이차 행동을 과장하여 보여주는 것이다. 예를 들면, 만약 아동이 말을 시작할 때 고개를 돌린다면, 임상가는 고개를 돌리는 행동이 구어가 산출되는 방법을 설명할 때 보았던 해부 구조가 아니기 때문에 유창한 구어를 산출하는 데 도움이 되지 않을 것이라고 설명한다. 이 설명을 보여주기 위해, 거울을 사용할 수 있는 경우, 임상가는 거울 앞에 서서 "말하려는 단어가 튀어나올 때까지 최대한 자주 내 고개를 돌려

보겠어."라고 말한다. 그런 다음에, 임상가는 과장하며 고개를 여러 차례 돌린다. 분명히 아무 일도 일어나지 않고, 말을 시작하기 위해 고개를 돌리는 것이 도움이 되지 않으므로 제거해야 한다는 것을 명확히 제시할 수 있다. 이 규칙에 대한 비구두적 단서는 이차 행동의 사용이 불필요하다는 것을 상기시키는 것으로써 아동의 이차 행동을 흉내 내는 것이다.

유창성 규칙 프로그램 실행하기

보편적 규칙

SLP는 평가를 하는 동안에 어떤 유창성 규칙에 "문제"가 있는지, 어떤 유창성 규칙이 치료 계획에 포함될 필요가 있는지를 결정한다. 비록 보편적 규칙들이 치료 초기에 항상 사용되지만, SLP는 어떤 아동이 이차 행동을 수반하거나 이차 행동 없이 구강 및 후두 긴장을 보이는지를 알아야 하며, 필요할 경우에 일차적 규칙과 이차적 규칙을 실시할 준비를 해야 한다. 치료를 시작하기 전에, 보편적 규칙에 대한 설명을 명확하게 이해시키는데 필요한 언어 개념(예: 한 번만 말하기, 짧게 말하기, 천천히 말하기)도 가르쳐야 한다.

치료를 실시하기 전에, SLP는 진단보고서를 검토하고, 보편적 규칙 중에서 어느 규칙을 실시하는 것이 필요한지 결정해야 한다. 만약 치료를 위해 한 가지 이상의 보편적 규칙이 필요하다면, 본서에 제시된 순서대로 치료를 시작하도록 계획한다. 즉, 만약 아동이 빠르게 말을 하며 반복을 나타낸다면, 규칙 1(적절한 손 동작을 사용하여 구어 속도를 느리게 하도록 하는 개념)로 치료를 시작한다. 구어 속도가 감소된 후에, 규칙 2(한 번에 한 단어 말하기)를 도입한다. 도입된 마지막 규칙을 더 강조하면서 치료를 하되, 두 가지의 보편적 규칙을 동시에 사용한다. 적용가능한 규칙들을 검토하여 각 치료 회기에 대한 계획을 세우고, 그 다음에 아동이 자신의 구어를 모니터할 수 있는 기회를 최대한 제공하기 위해 놀이 상황에서 대화적 구어를 사용한다.

비디오 클립 13에서, 임상가들이 각 치료 세션에서 적용할 수 있는 유창성 규칙들을 어떻게 검토하는 것으로 시작해야 하는지를 보여준다.

치료 계획에 임상적 편의를 위해 규칙 2(한 번에 한 단어 말하기)를 실행하는 것을 포함할 때, 모든 반복의 형태를 확인하고 그것을 말더듬으로 취급한다. 첫 번째 치료 세션 동안에 규칙 2를 도입할 때, 아동에게 치료를 하는 동안에 모든 단어는 한 번만 말하면 된다고 알려준다. FRP를 개발할 초기에, 어떤 비유창성이 말더듬인지 아니면 정상적 비유창성인지에 대하여 아동과 토의하는데 너무 많은 시간이 소모된 적이 있었기 때문에, 이 확인 전략을 채택했다. 따라서 우리의 현재 임상 규칙은 모든 비유창성 유형들(정상으로 여겨질 수 있는 것과 말더듬으로 간주될 수 있는 것)을 제거되어야 할 행동으로 확인하는 것이다.

보편적 규칙들의 적용을 시작할 때, 아동은 치료를 위해서 표적으로 삼은 세 가지 규칙 중 한 가지 이상의 규칙을 어겼을 때를 결정하기 위해서 임상가의 구어를 모니터한다. "한 번에 한 단어 말하기" 규칙을 사용하여, SLP는 아동에게 "내가 종종 어떤 단어를 한 번에 한 번 이상 말하면서 단어 반복을 보일 거야. 그러면 네가 손가락 하나를 위로 올려서 단어 반복이 일어났다는 것을 나에게 알려줄래?"라고 말한다. 이러한 임상 활동은 아동이 단어 반복이 일어났을 때를 자각하도록 할 뿐만 아니라, 아동이 한 번에 한 단어 말하기의 개념을 이해하고 있다는 것을 임상가에게 증명하는 것이다.

비디오 클립 14에서, 아동이 한 번에 한 단어만 말하기의 개념을 이해한다는 것을 보여주기 위해 자신의 손가락을 들어올린다. 비디오 클립 15에서, 특별한 요구가 있는 한 아동이 자신도 역시 한 번에 한 단어 말하기의 개념을 이해한다는 것을 보여준다. 비디오 클립 16에서, 아동 2명과 함께 있는 임상가가 한 아동이 다른 아동의 구어에서 반복을 확인할 수 있는 방법을 보여준다. 비디오 클립 22에서, 반복에 대한 또 다른 접근 방법에서 임상가는 아동 2명 모두가 반복 행동을 자각하는 것을 보일 때까지 여러 번 과장된 반복을 사용한다.

만약 2명의 SLP가 치료에 참여한다면, 이러한 자각 활동은 한 임상가가 어떤 단어를 반복할 때 다른 치료사가 손가락을 위로 올리며 "한 번만(one time)"이라고 말하면서 서로 "잡아내기(catch)"를 함으로써 실시할 수 있다. "나 잡아봐라(catch me)"(Guitar, 2006; Ramig & Dodge, 2005) 또는 "잡았다(gotcha)" 활동(Seltzer & Culatta, 1979)을 이용하는 이 보편적 규칙을 도입한 후에, 임상가는 반복된 단어를 사용한 임상가를 "잡아내기"(예: 확인하기)를 도와주면서 아동이 참여하도록 한다. 치료에 대한 흥미를 유지하기 위해 치료사는 단어를 반복한 사람을 먼저 잡은 사람을 파악하기 위해 점수를 기록하여 이러한 "잡아내기" 활동을 경쟁적인 게임으로 실시할 수 있다.

"잡아내기 활동(catching activity)"의 예를 비디오 클립 17에서 참조하라.

임상가들은 계속해서 자주 단어를 반복하고, 단어 반복을 확인하는 개념이 명확하게 정립될 때까지 "서로 잡아내기"를 계속한다.

초기에 이 활동을 하는 치료 기간 동안에, 임상가들은 아동이 정확히 확인한 %와 이러한 정확한 확인을 얼마나 빨리 했는지를 계산한다. 임상가가 산출한 반복을 아동이 정확하고 빠르게 확인하는 능력이 증가할 때, 임상가는 아동의 구어에서 나타난 반복을 확인하도록 한다. 아동이 어떤 단어를 반복할 때, 임상가가 "잡아내기(catching)"를 하는 것으로 활동을 전환할 때, 임상가가 "네가 나를 도와준 것처럼 나도 네가 단어를 반복할 때 알려줄게."라고 말하면서 수행할 수 있다. 아동을 포함하여 다른 사람들의 구어에서 나타난 단어 반복을 확인하는 것으로 활동을 유연성 있게 전환하고, "나 잡아봐라" 게임 형식을 사용하여 치료를 계속한다. 치료를 계속해 나가면서 아동이 자신의 구어에서 나타난 단어 반복을 얼마나 빨리 확인할 수 있는지로 치료의 초점을 변경한다. 임상가는 아동에게 "네가 반복한 단어를 내가 잡기 전에, 네가 먼저 되도록 빨리 알아차려서 손가락을 들어올려."라고 말하여 아동을 격려한다. 아동이 자신의 구어에서 반복이 일어났을 때, 그것을 자각하여 정확하고 빨리 신호를 인식할 수 있게 되는 것은 긍정적인 임상적 증후이다.

비디오 클립 18은 아동이 자신의 구어에서 반복을 확인하고 있지만, 자신이 실수를 범하고 있

다는 것을 깨닫고 있는 것을 보여준다.

때때로 아동의 구어에서 단어 반복을 확인하는 과정으로 전이할 때 문제에 부딪친다. 왜냐하면 아동이 '내가 무엇을 잘못하고 있구나'를 느끼게 하기 때문이다. 그렇지만 보통 아동이 치료사의 구어에서 반복을 확인하는 것을 도와주어서 치료사가 얼마나 행복한지를 아동에게 말해주면서, 이제는 치료사가 아동이 구어를 더 잘 산출하도록 도울 수 있다는 것을 말해줌으로써 그 전이 과정을 성취할 수 있다. 보편적 규칙 2에서 설명한 것처럼, 손가락을 구부리는 신호는 아동이 반복하는 단어를 "잡아낼"때 관심을 가지게 되었기 때문에 개발되었다. 이 단서는 이러한 상황이 일어날 때 사용할 수 있다.

보편적 규칙을 가지고 치료를 진행할 때, 아동은 해당하는 각 규칙의 뜻과 의도를 이해할 것이고, 자신의 구어를 모니터링하여 결과적으로 표적 행동(예: 반복 빈도의 감소)을 감소시키는 데 숙련될 것이다. 아동이 나타내는 표적 행동의 빈도가 감소할 때, SLP는 아동의 비유창성을 비례적으로 증가시켜서, 아동이 다른 사람에게서 일어나는 비유창성도 계속해서 인식할 수 있도록 하여 치료의 초점을 유지하도록 해야 한다.

보편적 규칙들을 그들의 대화적 구어 속에 통합시키기 위해 아동에게 충분한 치료 시간을 인내하면서 허용해야 한다는 것을 명심하라. 임상 경험상, 어떤 아동의 경우에, 치료 과정에 시간이 더 오래 걸리지만, 여러 회기를 실시한 후에 말더듬이 갑자기 사라질 수도 있다. 우리가 가장 드라마틱하게 임상적 성공을 거둔 것은 단위반복수를 8회 정도 보이며 말한 단어의 80% 이상을 더듬었던 매우 비협조적인 학령 전 아동을 치료했을 때이다. 아동이 잘 협조하지 않은 상태에서 여러 회기의 치료를 실시하고 한 번의 상담을 실시하여도 임상적 진전은 미미했었다. 그 후에, 우리는 그 아동이 퍼즐에 흥미를 보인다는 것을 발견하여 치료 프로그램 속에 퍼즐 활동을 포함시켰다. 그랬더니 그 아동은 자발적으로 말을 더 많이 산출하기 시작했고, 보편적 규칙들을 잘 적용할 수 있었다. 아동은 유창성 규칙들을 빠르게 사용했고, 2회의 치료 회기가 지난 후에, 어머니는 아동이 저녁식사 자리에서 아버지의 구어에서 우연히 나타난 반복을 자발적으로 "알아차렸다(caught)"고 보고했다. 이 저녁식사 상황 이후에 말더듬이 극적으로 감소했고, 그 다음 치료 회기 즈음에는 아동이 말을 더듬지 않았다. 추가적인 치료를 3회기 정도 더 실시하는 동안에도 말더듬이 나타나지 않았으며, 부모는 아동이 가정에서도 전혀 더듬지 않는다고 보고했다. 20년 후에도 그는 유창한 상태를 유지하고 있다.

일차적 규칙

아동이 점진적으로 보편적 규칙(자신의 구어에서 나타나는 반복과 연장을 빠르고 정확하게 확인하기)을 숙달했지만 여전히 계속 말을 더듬을 때, 일차적 규칙을 적용할 것이다. 일차적 규칙을 도입하기 전에, 네 가지 치료 원리들을 아동에게 설명하고 설정한다. 첫째, 아동은 유창한 구어 산출에 대한 기본적인 기술들을 배워야 한다. 이러한 지식은 아동이 말더듬에 대해 분명하게 알고, 더듬은 구어와 유창한 구어가 산출되는 방법 간의 차이점을 알고, 유창한 화자가 되기 위해 자신이 어떻게 말하는 방법을 변경시켜야 하는지를 이해하도록 한다. 이 원리를 지도하는 것을 돕기 위해서, 스포츠(Manning, 1991), 악기 연주, 댄싱 등과 같이 아동의 연령에 적합한 신체 활동에 비유하는 것이 유익하다. 즉, 어떤 아동이 언어 치료를 받으면서 농구 리그에서 운동을 하고 있다면, SLP는 구어의 운동 기술과 농구의 운동 기술을 비교할 수 있다. 즉 두 활동 모두가 어떤 목표를 달성하기 위해 근육 움직임의 협응과 상당한 연습이 필요하다. 예를 들면, 농구에서 자유투를 던지는 것과 유창한 구어를 비교할 수 있다. 자유투를 성공시키기 위해, 선수는 심호흡을 하고, 골대에 시선을 맞추어, 손과 팔을 쭉 뻗어야 하는 기본 기술을 기억해야 한다. 이러한 기본 기술 중 어느 하나를 잘못 수행하면, 자유투를 성공할 수 없다. 이전에 설명했듯이, 유창한 구어를 위한 기본에는 기류 관리(예: 호기), 성대를 부드럽게 진동하기(예: "아"를 산출하기), 소리로 단어를 형성하기 위해 가볍게 조음 접촉하기 등이 포함된다. 이러한 기본들을 정확하게 수행하지 않는다면, 말더듬이 발생할 수 있다.

두 번째 치료 전 원리로 임상가는 "유창한 화자"가 되기 위해서는 아동이 "유창성을 느껴야(feel fluency)" 한다는 것을 설명한다. 첫 번째 원리에서 설명한 것처럼, 치료를 시작할 때, 아동은 유창한 구어를 위한 기본적인 운동 기술들을 배울 것이다. 이 지식은 아동이 유창한 구어와 더듬은 구어 간에 느껴지는 차이를 비교할 수 있게 해준다. 골대에 공을 던지는 예시를 다시 사용할 수 있지만, 이번에는 성공적으로 완성된 운동 이벤트의 기본적인 기술에 대해 느끼는 것의 중요성을 설명한다. 농구 선수들은 종종 공을 던지는 순간에 곧바로 그 슛이 "정확했다고 느끼기" 때문에 그 공이 골대로 들어갈 것을 즉각적으로 안다. 이러한 순간적인 느낌과 인식은 오로지 어떤 운동 과업에 대한 기본적인 기술을 반복하여 연습해야지 획득할 수 있다. 말더듬은 말을 시작할 때 더 자주 일어나기 때문에, 유창성에 대한 느낌은 발화의 첫 "음"에서 시작된다. 또한 구어가 유창하게 시작되면, 그 문장의 나머지는 더 유창해지는 것 같다. 자동차를 미는 것으로 이 개념을 설명할 수 있다. 편안하게 미는 것(easy push)이 자동차를 움직이게 하고, 일단 움직이게 되면, 그 자동차를 계속 움직이게 하는 데 큰 힘이 들지 않는다. 그러므로 아동이 발화의 시작부터 끝까지 유창함을 느끼도록 하는 것이 중요하다.

세 번째 치료 전 원리는 기본적인 기술들을 연습, 연습, 또 연습하는 것이 유창한 구어를 숙달하는 데 필요하다는 것을 아동이 깨닫게 하는 것이다. 스포츠 선수나 악기 연주자, 무용가(댄서) 등 누구나 연속적인 근육 움직임을 포함하는 기술을 완성하기 위해서는 연습이 필요하다는 것을 안다. 아동이 연습의 필요성을 이해하면, 아동이 말을 시작할 때마다 연습할 기회가 된다는 것을 아동에게 말해준다.

"어려운 음소 같은 것은 없다"라는 마지막 원리는 아동이 생각하고 있는 "어려운" 음소라는 개념을 없애는 것을 목적으로 한다. 이러한 생각을 없애기 위해 아동에게 말하기 가장 어려운 음소가 무엇인지 묻는다. 이러한 아동의 생각을 파악한 후에, 만약 아동이 배우려고 하는 유창한 구어의 근본을 연습한다고 생각하면, 모든 음소들이 유창하게 나와야 하기 때문에 어떠한 음소를 시도해도 문제가 되지 않는다는 것을 아동에게 말한다. 이 개념을 설명하기 위해 두 가지의 스포츠 비유를 사용한다. 첫 번째 비유는 농구를 예로 사용한다. 우리는 새로운 공이든 낡은 공이든, 가죽공이든 고무공이든 문제가 되지 않는다고 설명한다. 왜냐하면 농구공을 슈팅하는 기본 기술이 정확하다면, 어떤 공이든 농구골대 안으로 들어갈 것이기 때문이다. 두 번째 비유는 골프게임과 발화를 관련시킨다. 말을 산출하는 데 다양한 "음소"가 필요한 것처럼, 골프게임을 하는 데 여러 클럽들이 사용된다. 이 두 가지 기술에서, 만약 기본 원리가 정확하게 사용된다면, 그 사람은 어떠한 골프 클럽이라도 정확하게 사용할 수 있을 것이고, 어떠한 음소로 시작되는 단어라도 유창하게 말할 수 있을 것이다. 하지만 발화와 골프 모두에서, 사람들은 종종 자신이 특정 "음소"로 시작되는 단어를 말할 수 없고, 특정 클럽으로 골프공을 칠 수 없다고 생각한다. 왜냐하면 과거에 그들이 이러한 특정 활동에서 어려움을 가끔 경험했기 때문이다. 이러한 간헐적으로 경험한 어려움으로 인해 자신이 특정 음소로 시작하는 단어를 말할 수 없거나, 특정 클럽으로 공을 성공적으로 칠 수 없다고 믿게 된다. 다시 말해서, 저자들은 발화와 골프의 기본 원리들을 완벽하게 연습한다면, 어떤 단어나 클럽을 선택하더라도 모두 성공적으로 사용할 수 있기 때문에 문제가 되지 않는다는 것을 강조한다.

이러한 치료 원리들을 설명한 다음에, 아동이 난이도에 따라 임의적인 순서로 제시된 구(예: 모음, 반모음, 비음, 유성 마찰음, 유성 폐쇄음, 무성 마찰음, 무성 폐쇄음)의 첫 위치에 있는 소리군(group of sounds)을 산출하는 시범을 따라 하는 것으로 치료를 시작한다(Goebel, 1984). 첫째, 50개의 연속 구로 된 3개 세트를 말더듬 없이 산출할 수 있을 때까지, 아동은 SLP가 모델로 제시한 구의 첫 모음(예: "Animals are your friend", "Everyone is invited", "Under the table")을 따라 한다. 아동은 지시를 받고, SLP는 그 자료들을 반복하는 동안에 아동이 구어에 대한 기본 기술들을 기억하고 구어가 어떻게 유창하게 산출되고, 또 유창함을 느끼게 되는지에 집중하도록 지속적으로 상기시킨다. 일단 이러한 초기 치료의 목표가 달성되면, 아동은 그 다음 난이도 수준에서 첫 위치에 있는 음(예: 반모음)으로 이동한다. 치료 프로그램을 실시하는 동안에 치료에 변화를 주면, 보통 50개로 된 한 세트의 구를 완벽하게 완료한 후, 임상가가 아동과 짧은 시간의 대화를 하는 것으로 나아간다. 처음에, 구를 반복하는 활동에서 대화적인 구어로 하는 활동으로 변화시키면 말더듬이 발생할 수도 있을 것이다. 50개 구를 성공적으로 유창하게 산출한 후에 말더듬이 발생한다면, 임상가는 아동에게 자신의 구어를 항상 모니터하고, 자발적인 구어를 산출할 때에는 자신의 초점을 잃어버리지 않도록 기억을 상기시킬 기회를 제공한다. 아동이 모든 난이도 수준에서 구를 성공적으로 산출할 때까지 치료를 계속한다. 일단 이러한 단계적인 목록들을 성공적으로 완료하면, 아동은 자신이 첫 위치에 있는 모든 "음"을 산출했다는 것을 상기시키고, 만약 유창한 구어의 기본 기술들을 유창하다고 느끼도록 사용한다면, 아동이 유창하게 산출할 수 없는 어려운 음이 전혀 없다는 것도 입증된 것이다.

치료의 다음 단계는 대화 구어에서 새롭게 학습한 기본적인 기술과 유창성에 대한 느낌을 사용하는 것이다. 이 치료 시점에서, 아동과 임상가는 말더듬이 재발될 가능성에 대해서 준비해야 한다. 왜냐하면 치료의 초점이 시범에 따라 구를 산출하는 것에서 좀 더 복잡한 대화 구어로 나아가기 때문이다. 우리는 아동이 자신이 말하려고 하는 것을 생각하지 않아도 되고, 구어가 산출되는 방법에만 초점을 두기 때문에 모델링한 구어가 더 쉽다고 설명한다. 이제 대화 구어를 연습할 때, 아동은 내용과 산출 사이에 주의집중을 할당해야 한다. 치료의 초점을 대화 구어로 변경시켜서 나타나는 영향을 줄이기 위해서, 아동이 간단한 질문에 대답하는 것을 요구하는 질문과 대답 형식(예: 경찰관은 무슨 일을 하지?, 앰뷸런스가 뭐야?)을 사용한다. 질문에 대답하기 전에, 아동에게 질문을 듣고, 대답을 생각하고, 그 질문을 고쳐 말하며(즉, 이전에 모델링한 구와 유사한 과제), 그 다음에 그 질문에 대답하라고 지시한다. 이 과제를 통해서, 아동이 유창성 규칙들을 기억하고 연습하도록 지도한다. 만약 대화 구어를 연습할 때 말더듬이 지속적으로 발생하면, 치료는 말더듬이 나타나는 음소를 포함하고 있는 구를 따라 말하는 연습을 포함한 이전 단계로 되돌아간다. 아동은 구어의 기초에 초점을 두고, 이전에 더듬었던 단어들을 유창하게 산출할 수 있다는 것을 확신시키기 위해 구를 따라 말하는 동안에 유창성을 느끼도록 상기시킨다. 50개로 된 구 목록 세트 3개를 말더듬 없이 산출한 후, 치료는 대화 구어에서 다시 연습을 시작하기 위해 질문과 대답하는 형식으로 되돌아간다.

아동이 한 치료 세션 동안 유창하게 유지될 때까지 질문과 대답을 사용하는 치료를 계속한다. 그런 다음 치료의 초점은 치료사와 아동 간의 전통적인 대화로 나아간다. 만약 아동이 대화 구어를 연습하는 동안에 더듬는다면, 치료는 더듬은 단어를 포함하고 있는 50개의 구를 유창하게 모델링하는 것으로 되돌아간다. 말더듬이 발생했을 때 대화적인 구어를 연습하고 구를 모델링하는 것으로 되돌아가는 것은 유창성이 도달될 때까지 혹은 치료사, 아동, 가족이 치료의 효과가 극대화되었다고 결정할 때까지 계속한다. 우리의 경험상 유창성은 여러 치료 세션 내에 도달되었지만, 다른 말하기 환경에서 유창한 구어를 사용하는 것은 어려웠다. 이러한 아동을 돕기 위해, 아동에게 치료실 밖에서 말더듬이 발생한 단어의 목록을 가지고 오라고 요구한다. 다음 치료 세션을 시작할 때와 대화적 구어를 사용하여 연습하기 전에, 아동은 모델링한 구 양식을 사용하여 이러한 단어들을 연습한다. 치료실 밖에서 사용되는 다른 기법들은 이 장의 다음 전이 섹션에서 제시할 것이다.

이차적 규칙

아동이 구어 산출에 관여하지 않는 근육과 관련된 이차 행동을 나타낸 즉시 이차적 규칙을 적용한다. 이러한 이차 행동은 유창한 구어를 산출하는 데 역효과를 낳기 때문에, SLP는 이차 행동을 제거하기 위해서 이차 행동이 발생할 때 즉각적으로 행동을 취해야 한다. 이차적 규칙의 적용은 이차성 말더듬 행동들이 제거될 때까지 어떠한 유창성 규칙이든 적용하기 전에 미리 실시해야 한다. SLP는 아동이 이차적 규칙에 대한 개념을 이해하는 것으로 납득할 수 있을 때, 치료를 이전의 활동으로 되돌린다. 만약 이차 행동이 재발한다면, SLP는 기존에 실시하고 있던 치료를 중단하고, 이차적 규칙에 대한 개념을 가르치는 것으로 되돌아가야 한다.

전이

유창한 구어를 치료 세팅에서 가정과 학급으로 전이할 때, 시각적으로 상기시킬 정보를 광범위하게 사용한다. FRP가 효과적이기 위해서, 아동은 말하는 모든 환경에서 유창성 규칙을 기억해야 한다. 학교 환경에서 SLP, 담임교사, 교과목 담당교사 및 아동은 유창성 규칙을 기억나게 하는 것으로서 각 교실에 작고 산만하지 않은 아이템을 배치한다(예: 공책에 붙어 있는 스티커 또는 칠판 모서리에 붙어 있는 냉장고 자석). 교사와 아동만이 그 아이템과 아이템의 의미를 알고 있으면 된다. 그러고 나서, 아동이 유창성 규칙을 사용하는 것을 잊어버린다면, 교사는 그 아이템이 있는 방향을 흘낏 보거나 지정된 아이템을 만져서 기억을 상기시킬 수 있다. 집에서도 이와 같은 시각적 상기물을 사용할 수 있다. 부모는 대화 장소(예: 거실, 부엌, 침실, 식탁)에 이러한 상기물(예: 코끼리는 절대 잊어버리지 않기 때문에 코끼리 상징물은 효과적임)을 놓을 수 있고, 가족들은 필요에 따라 그 상기물에 주의를 환기시킬 것이다. 이런 미묘한 시각적 단서들과 부모들이 선택적으로 사용하는 개별 손짓도 가족들에게 부차적인 이득을 가져온다. 이러한 상기물은 말더듬이 발생했을 때 직접 직면할 필요가 없으며, 특히 초기 전이 단계 기간에 자주 구두로 상기시키면, 발생할 수 있는 가족의 갈등을 감소시킨다. 우리는 가족들이 시각적 상기물을 항상(100%) 사용하지 말고, 유창성 규칙을 사용하여 유창해질 때 아동을 상기시키기 위해 가끔(예: 식탁에서, 차 안에서, 잠자기 전) 사용할 것을 권고한다. 이상적으로 치료의 전이 단계는 치료실을 벗어나 일반화되어서 궁극적으로는 여러 환경들에서 유창한 구어로 이어지는 결과를 보일 것이다.

시각적 상기물과 게임 및 장난감을 결합한 효과적인 치료 전략은 아동이 치료실과 가정에서 유창성 규칙을 사용하도록 동기를 부여할 수 있다. 치료를 하는 동안에, 기본 규칙들을 연습할 때, 어려운 활동과 유창성 규칙들의 올바른 적용을 보상하기 위해 게임이나 다른 재미있는 활동을 진행할 스케줄을 정기적으로 계획한다. 다른 말로 하면, 아동이 치료에 협조적이고 열심히 노력하면, 아동과 치료사는 놀이를 할 수 있는 휴식 시간을 갖게 될 것이다. 이러한 "놀이용 휴식"은 치료를 벗어난 진짜 휴식이 아니라, 아동에게 좀 덜 구조화된 세팅에서 유창성 규칙들을 연습할 수 있는 기회를 제공하는 것이 기본 목표인 것이다. 이러한 "놀이용 휴식"은 아동에게 재미있게 노는 동안에도 여전히 유창성 규칙들을 기억해야 한다는 것을 상기할 기회도 제공한다.

가정에서 전이를 촉진시키기 위해, '장난감 대여' 코너를 마련하여 만약 아동이 빌린 물건을 가지고 놀 때 유창성 규칙을 사용하기로 약속한다면 이전에 사무실에서 사용한 게임이나 장난감을 다음 치료 섹션까지 빌려주도록 허락한다. 사전에 협의를 하여, 부모는 아동이 빌린 물건을 사용하여 놀이를 하고, 이러한 활동을 하는 동안에 유창성 규칙들을 실시하는 것에 동의한다. 장난감 대여를 통해 얻을 수 있는 추가적인 이점은 부모가 아동의 진전에 긍정적인 기여를 할 수 있는 이 시점에서 부모의 참여를 좀 더 많이 이끌어낸다는 것이다. 아동과 함께 치료실에서 이용하는 이러한 게임들이 가지는 가치도 동일한 가치를 가진다. 우리가 장난감 대여를 시작했을 때 비협조적이었던 아동 두 명이 있었는데, 이들은 치료를 하는 동안에 "play breaks" 비디오 게임 덕분에 치료에 흥미를 새롭게 느끼게 되고, 협조적이게 되어, 그 아동이 진전을 보일 때 그 게임을 빌려갈 수 있었다. 두 아동은 성공적으로 치료를 완료했는데, 우리는 장난감 대여를 이용한 것이 성공적인 치료에 일부분 역할을 했고, 이러한 게임에 대한 흥미가 치료 진전을 가져왔다고 생각한다.

전화 통화도 가정 환경에서 유창성이 전이되도록 돕기 위해 사용된다. 일반적으로 전화 통화는 아동이 여러 치료 세션에서 효과적으로 유창성 규칙들을 사용할 때, 치료 프로그램의 끝 부분에서 사용한다. 가정에서 자각력을 높게 유지하기 위해, 아동에게 전화를 하여 오늘 유창성 규칙들을 사용하고 있는지 묻는다. 부모의 허락을 먼저 받아서, 일주일에 여러 번 전화를 건다. 이러한 전화 통화는 일주일 정도 계속하다가, 전화 통화의 빈도를 월 1회 정도로 점차 감소시킨다. 그러나 무작위이지만 주기적으로 다시 여러 번 전화를 건다. 이 전화 통화의 의도는 전화벨이 울릴 때마다 치료사가 유창성 규칙들을 사용하도록 하려고 알람의 역할로써 전화하고 있다는 것을 아동이 생각하도록 하는 것이다. 장난감 대여 코너에 참여하면, 장난감이나 게임을 사용하는 방향으로 대화가 이루어질 수 있고, 구어나 유창성에 초점을 맞추지 않기 때문에 전화 통화가 좀 더 효과적이다. 이러한 전화 통화는 아동이 치료실 이외의 다른 환경에서 유창성을 평가할 수 있는 좋은 기회도 제공한다.

계속되는 의사결정을 돕는 평가방법

우리가 실시하는 평가 절차의 두 가지 목적은 말더듬이 지속될 수 있어서 치료 중재가 필요한지를 결정하는 것과 더듬은 구어 및 유창한 구어 산출 사이의 차이점에 대해 부모와 아동을 교육하는 것이다. 이러한 목적을 달성하기 위해, 가족의 첫 인터뷰, 인터뷰 후 평가, 아동의 구어 평가, 추후 점검 평가 동안에 기초선 평가 정보를 수집하고 공유한다.

부모와 가족이 첫 평가를 받으러 왔을 때, 우리가 계획한 프로토콜(protocol)은 임상가들 중 한 명이 가족과 함께 접수 면접을 실시하고, 두 번째 임상가와 또 다른 임상가는 말더듬 장애에 대한 초기 임상 정보를 얻기 위해 아동을 치료실/놀이방으로 데려가서 함께 시간을 보낸다. 만약 아동이 가족들과 떨어지지 않으려고 한다면, 아동과 가족 모두가 구어 샘플을 얻기 위해 치료실/놀이방으로 간다. 대부분, 아동은 구어 샘플을 수집하는 것에 포함된 놀이 활동을 좋아하며, 잠시 후에 임상가와 부모가 치료실/놀이방을 나가서 첫 인터뷰를 실시할 수 있다. 첫 인터뷰 시 초점은 사례사 정보를 수집하고 아동의 유창성 장애에 대한 부모의 인식을 알아보는 것이다.

첫 인터뷰

부모 인터뷰로부터 얻은 정보는 말더듬을 지속시킬 수 있고, 치료 중재를 고려해야 할 가능성을 증가시키는 요인들을 결정하는 데 매우 중요할 수 있다. 이러한 인터뷰 질문으로 말더듬 발생 후 경과 기간, 가족력, 성별, 말더듬 병력, 발병 연령 등과 같은 요인들을 조사한다(Yairi & Ambrose,

2005; Curlee, 2007).

말더듬 발생 후 경과 기간

말더듬의 발생 후 경과 기간은 말더듬이 계속될 수 있음을 매우 잘 나타내는 지표이다. 만약 아동의 말더듬이 15개월 이상 지속되었다면, 말더듬의 지속 가능성은 크게 증가한다.

가족력

치료의 필요성을 뒷받침하는 또 다른 중요한 요인은 지속성 말더듬의 가족력이다. Yairi와 Ambrose(2005)는 회복성 말더듬 혹은 지속성 말더듬의 가족력은 말더듬 아동 가족들의 약 65% 사례에서 발생했고, 지속성 말더듬 아동을 가장 잘 예측하는 요인이라고 보고했다.

성별

가장 쉽고 좀 더 중요한 예후적 요인들 중 하나는 아동의 성별이다. 말더듬의 발생률이 여성보다는 남성에게서 더 높고, 말더듬 남성의 수와 말더듬 여성의 수의 차이가 말더듬이 아동기에 발생하여 성인기까지 더 증가하는 것으로 잘 알려져 있는 사실이다(Yairi & Ambrose, 2005).

말더듬 병력

만약 말더듬에 대한 발달 정보에서 말더듬과 같은 비유창성(SLDs)(예: 단어 부분 반복, 단음절 단어 전체 반복, 비운율적 발성)의 빈도가 말더듬 첫 발생 후 15개월 안에 감소하지 않은 것으로 나타나면, 치료적인 중재를 고려해야 한다. Yairi와 Ambrose(2005)는 말더듬으로부터 자연 회복이 된 아동은 보통 첫 말더듬 발생 후 1년 이내에 말더듬 빈도나 말더듬의 심한 정도의 감소를 경험한다고 보고했다.

발생 연령

말더듬의 최근 발생[1)]은 치료의 필요성을 나타내는 중요한 요인일 수 있다. Yairi와 Ambrose (2005)는 말더듬이 지속된 아동은 말더듬이 지속되지 않은 아동보다 말더듬의 발생이 3.5개월 늦었다고 보고했다. 남자아동의 경우 최근 발생은 약 36개월 이후인 반면에, 여자아동의 경우 최근 발생은 34개월 이후이다.

인터뷰 후 평가

사례력 정보를 수집한 이후에, 임상가들은 역할을 바꾼다. 처음에 아동과 대화를 했던 임상가는 이제 부모와 대화를 하여, 말더듬에 대한 부모의 질문에 답변을 하고, 더듬은 구어와 유창한 구어 간의 생리적 차이를 설명하고, 오늘 관찰된 행동이 부모가 평가를 통해 알아내려고 한 것과 유사한지를 결정한다. 이렇게 역할을 변경함으로써, 임상가들의 첫 인상이 유사한지, 그렇게 역할을 바꾸는 동안 아동의 비유창성에 증가를 보였는지, 또 역할을 바꾸는 동안 어떤 변화가 있었는지의 여부를 결정하기 위하여, 평가 회기 이후와 평가 후 인터뷰의 최종 부분 전에 관찰한 것을 비교할 수 있다. 첫 인터뷰에서 최종적으로 하는 것은 두 임상가들과 부모가 함께 만나는 것이며, 그 동안에 세 번째 임상가는 아동과 상호작용을 계속한다. 평가 후 인터뷰 동안에, 임상가들은 가족들

---

1) 역주: late onset: 시간적 개념이 분명치 않음. 의미상 최초 발생이 타당함.

에게 첫 평가의 결과를 알려주고, 필요하다면 시도 치료에 대한 그들의 인상을 평가 회기의 끝에 알려준다.

임상가들은 치료를 권고할지 결정하기 위하여 예후 체크리스트(표 10.2)를 사용하여 각 항목에 대한 중요도를 부모와 토의한다. 임상가는 '예/아니오'로 기입할 수 있는 체크란을 알려주고, 임상가가 예후에 대하여 가장 중요한 것으로 고려한 항목을 각 범주의 상단에 배열했음을 설명한다. 선정된 6개 질문들에 대하여 "예" 반응이 많을수록 말더듬이 지속될 가능성이 더 크고, 치료가 필요하다는 것을 부모들에게 알려준다. 다음은 체크지를 사용하는 방법에 대한 예이다. 첫 인터뷰 섹션에서, 첫 번째와 두 번째 질문(예: 발생 후 경과 기간이 15개월 이상; 지속성 말더듬에 대한 가족력)에 "예"로 체크된다면, 즉각적인 치료가 권고된다. 두 번째와 세 번째 질문(예: 지속성 말더듬에 대한 가족력; 남성)에 "예"로 체크되었으나, 첫 번째 질문의 반응이 "아니오"(예: 말더듬 발병 후 경과 기간이 15개월 미만)라면, 첫 번째 질문의 의미를 설명한 후에 치료를 즉각적으로 시작할 것을 권고한다. 첫 번째와 두 번째 질문에 대해 "아니오"라는 반응이라면 나머지 항목들을 설명하고, 가족에게 비디오 영상 분석 결과를 논의하고 치료적 중재의 가능성에 대한 최종 결정을 하기 위하여 한 번 더 방문할 것을 권고한다.

〈표 10.2〉 진단 정보 예후 체크리스트

평가			예	아니오
첫 인터뷰	발생 후 경과 기간	말더듬 발생 후 기간이 15개월 이상 지났는가?	□	□
	가족력	지속성 말더듬의 가족력이 있는가?	□	□
	성별	남자 아동인가?	□	□
	말더듬 이력	SLD의 빈도 혹은 전반적인 말더듬의 심한 정도가 발생 후 증가했는가?	□	□
	발생 시기	말더듬이 3세 이후에 발생했는가?	□	□
인터뷰 후 평가		첫 진단과 시도 치료의 인상을 논의한다.		
구어 평가	단위반복수*	2회 이상의 반복이 존재하는가?	□	□
	말더듬 빈도	기초선 데이터를 기록한다.		
	이차 행동(투쟁, 긴장)의 유무	기초선 데이터를 기록한다.		
	조음 장애 수반	치료 모형에 포함하기 위해 결정한다.		
	언어 장애 수반	치료 모형에 포함하기 위해 결정한다.		
사후 점검 평가		Yairi 측정법에서 4 이상인가?	□	□

* iterations: 한 단어를 반복한 횟수

구어 평가

첫 평가 전체를 비디오 녹화하여 구어 분석에 사용한다. 구어 평가 동안에 얻은 정보는 말더듬의 심한 정도를 결정하는 데 초점을 맞춘다. 말더듬의 전반적인 심한 정도를 결정하기 위하여, 단위반복수, 말더듬 빈도, 이차 행동의 존재 여부, 다른 의사소통 장애의 존재 여부 등의 요인들을 고려한다(Curlee, 2007; Yairi & Ambrose, 2005).

단위반복수

단위반복수(number iterations)는 말더듬 지속에 대한 민감한 측정법인 것 같다. Yairi와 Ambrose(2005)는 정상적으로 유창한 아동은 전형적으로 1회의 단위반복수(예: 그리고그리고)를 산출했고, 평균 1.1회의 단위반복을 나타낸 반면에, 말더듬 아동은 평균 1.5회의 반복을 나타내었으나, 더 많은 단위반복수를 자주 산출했다고 보고했다. 사실, 이 연구자들이 단수 혹은 복수의 반복 단위가 일어나는 빈도를 검토했을 때, 말더듬 아동의 70%가 1회 반복 단위를, 18%가 2회 반복 단위를, 7%가 3회 반복 단위를, 5%가 4회 반복 단위를 나타내었음을 발견했다. 이러한 백분율은 정상적으로 유창한 아동과 비교하여 현저하게 차이를 보였다. 정상적으로 유창한 아동의 89%가 1회 반복 단위를, 10%가 2회 반복 단위를 나타내었으며, 3회나 4회 반복 단위는 거의 일어나지 않았다. 이 연구자들은 말더듬 아동이 산출한 반복은 종종 2회 이상의 반복 단위였고, 100음절당 반복 단위의 발생 빈도가 정상적으로 유창한 아동의 빈도보다 더 컸다고 결론지었다.

말더듬 행동의 빈도

비유창성 또는 SLD의 빈도는 지속성 말더듬 장애를 나타내기 위해 언급되어 왔다. Adams(1984), Conture와 Caruso(1987), Curlee(2007)는 모든 비유창성의 총합이 말한 단어의 10%를 초과하는 경우를 유창성 장애라고 생각했다. SLD만을 고려할 때, 말을 더듬지 않는 아동은 이러한 비유창성 유형을 3% 미만으로 산출한다. 지속성 말더듬 아동은 말을 더듬지 않는 아동보다 SLD를 약 8배 이상 더 많이 산출하기 때문에, 이런 아동은 계속 더듬을 확률이 더 높다.

이차 행동

말더듬 발생 시기 즈음에 이차 행동이 있는 것으로는 지속성 말더듬 장애를 예측하지 못한다. 그러나 근육 긴장, 기류 막힘, 머리와 목 움직임 등과 같은 행동들이 말더듬 발생 후 15개월 이상 지속된다면, 말더듬이 지속될 위험이 매우 높다.

구어 장애 또는 언어 장애의 공존

다른 종류의 구어 장애 및 언어 장애를 나타내는 아동이 반드시 지속성 말더듬이 될 경향이 있는 것은 아니다(Yairi & Ambrose, 2005). 비록 구어 장애나 언어 장애가 공존한다는 것으로 지속성 말더듬을 예측하기가 제한적이더라도, 아동을 위한 포괄적 치료 계획을 개발하려면 아동에게 이러한 의사소통 장애가 존재하는지를 결정하기 위해 첫 평가를 하는 동안에 관찰하고 평가하는 것이 매우 중요하다.

추적 평가

첫 방문 동안에 수집된 진단 정보가 치료 중재 프

로그램의 필요성 여부를 결정할 수 없을 경우에, 첫 방문 동안에 녹화한 비디오테이프 분석을 통하여 수집된 정보가 예후를 추정하는 데 도움이 되도록 두 번째 평가 세션을 계획한다. 두 번째 방문에서는 임상가가 이번 방문 동안에 나타낸 아동의 비유창한 행동이 첫 평가 회기에서 나타낸 것과 일치하는지를 확인할 것이다.

두 번째 평가 세션에서, 비디오테이프를 검토하여 결정한 Yairi의 방식으로 SLD 측정치를 부모들에게 제시한다. 그 SLD 측정치는 예후를 진단하는 데 도움을 줄 수 있는 단일 점수를 계산하기 위해서 말더듬 행동의 빈도, 유형, 범위 등을 사용한다. 이 단일 점수는 100음절을 근거로 하여 [(단어 부분 반복 + 단음절 단어 반복) × 평균 반복 단위 + 2 × 막힘 및 연장의 빈도] 공식으로 계산한다. 만약 점수가 4를 초과하면, 그 아동의 구어 문제가 지속적으로 나타날 특성인 것으로 간주할 수 있고, 치료를 시작해야 한다(Yairi & Ambrose, 2005). 진단 체크리스트는 마지막으로 치료 결정을 위해서 다시 사용한다. 먼저 첫 평가로부터 얻은 결과와 이전에 체크한 각 항목의 타당성을 재검토하고 확인한다. 만약 비디오테이프의 분석 결과에서 아동이 Yairi 방식의 SLD 측정법으로 4점 이상이거나 세 번의 구어 샘플에서 적어도 2회 이상 반복 단위를 나타낼 경우 치료 프로그램을 권고한다.

개별 환자에게 적합한 치료법의 조정

FRP의 장점 중 하나는 치료 프로그램을 실시하는 속도에만 차이가 있을 뿐, 모든 아동에게 같은 방법으로 실시한다는 것이다. FRP를 실시하는 속도는 아동이 각 유창성 규칙들에 대한 개념을 이해하는 정도, 가족과 아동이 치료에 참여하는 지원 가능성에 따라 결정된다. 이 여러 규칙들을 단순화하는 것이 폭넓은 지지를 받아왔으며, 아동의 환경에 있는 사람들끼리 약속한 손 동작을 사용하여 아동에게 유창성 규칙들을 상기시켜서 치료 과정에 쉽게 참여할 수 있기 때문에, 이 프로그램은 부모들과 공립학교 임상가들로부터 긍정적인 평가를 받았다. 지금까지, 부모가 우리의 지시대로 유창성 규칙과 그에 상응하는 손 동작을 가정에서 선택적으로 사용하는 데 망설인 적이 없다. 사실, 우리는 FRP를 실시하기 위한 가장 좋은 모델은 전문 치료실(예: 사설 치료실, 대학, 병원), 부모, 공립학교의 임상가 모두가 비슷한 치료 프로그램에 참여할 때라고 강력히 주장한다.

FRP를 사용해온 저자들이 경험한 가장 기뻤던 사례는 인지 장애가 있는 아동을 성공적으로 치료했을 때이다. 우리는 수년간 학습 장애, 자폐, 다운증후군과 같은 장애가 있는 아동을 성공적으로 치료해왔다.

비디오 클립 6은 다운증후군 아동을 보여준다. 비디오 클립 19는 이 아동이 나타내는 반복을 제거하는 데 어려움을 겪었던 공립학교 SLP와의 상담 장면을 촬영한 것이다. FRP를 짧은 기간 사용하여 치료한 후에, 그 아동은 말더듬 치료에 반응을 보였다. 그 부분에서 살펴볼 수 있듯이, SLP는 아동의 반응에 매우 흥분했다. 그 아동은 더 이상 반복을 보이지 않았다.

FRP는 원래 학령 전기 말더듬 아동과 저학년 학령기 말더듬 아동을 돕기 위한 것이지만, 모든 학년의 아동을 대상으로 사용할 수 있다. 물론 고학년 아동 중에서도 종종 일차적 규칙을 사용하여 유창한 구어 산출에 대한 생리적 측면에 치료의 초점을 둘 때가 있다. 고학년 아동에게는 음향학적으로 자신의 구어를 모니터하라고 지시하는 신호보다 손 동작을 더 많이 사용한다. 또한 손 동작은 유창한 구어를 지원하는 구어 산출의 생리적 메커니즘을 사용하고 더듬은 구어와 유창한 구어 간에 차이를 느껴볼 것을 상기시키는 역할도 한다.

개별 환자에게 적용

Cody(4세 2개월, 남자아동)는 우리의 사설 치료실에서 평가를 한 다음에 6회기 동안 치료를 받았다. 말더듬 예측 검사(Stuttering Prediction Instrument; SPI)(Riley, 1981)에 근거하여, Cody는 중도의 말더듬으로 평가되었다. Cody는 말한 단어의 27%를 더듬었으며, 최대 반복 횟수는 11회였고, 3번의 긴 반복 횟수의 평균은 9회였다. 연장과 이차 행동, 혹은 말더듬의 가족력은 언급되지 않았다. Cody의 구어 속도, 언어, 조음 능력 등은 정상 범위 내에 있는 것으로 판단되었다. Cody가 어머니와 떨어져 있지 않으려고 해서, 평가 세션은 대기실에서 녹화했다. 평가 세션 동안에 시도 치료를 실시했다. 구어 속도가 정상이고 연장이 나타나지 않았다는 소견에 근거하여, 보편적 규칙 2(한 번에 한 단어 말하기)를 적용했다. 시도 치료의 한 요소로서, 2명의 임상가가 적절한 손 동작을 사용하여 그들이 한 구어에서 반복한 단어들을 확인했고, Cody에게 반복한 단어들을 확인하는 것을 도와달라고 했다. *비디오 클립 20*을 보면, Cody는 한 번에 한 단어를 말하기 위해 손가락을 들어올리는 손 동작을 미묘하게(소파 근처 Cody의 손을 주목) 사용한다. 두 번째로 Cody는 손 동작을 좀 더 자신감 있게 사용하여 반복을 확인했다. 손 동작을 사용한다는 것은 Cody가 그 개념을 이해하고 있다는 것을 명확하게 보여주며, 치료는 누가 먼저 반복한 단어를 찾아내는지를 경쟁적으로 계속해서 사용할 것을 권고한다.

다음 회기(*비디오 클립 21*)에서, Cody는 임상가가 산출한 단어 반복을 100% 정확하고 빨리 확인하는 것을 배웠다. 또한 그 회기 동안, '아픈 귀'의 개념을 사용했고, Cody의 구어에서 반복을 확인하는 활동으로 전환했다. 비디오 클립 22에서, Cody는 임상가의 구어와 자신의 구어에서 발생한 반복을 확인하는 것을 계속했다. 비디오 클립 6과 19에서, 치료사가 아픈 귀를 가지고 있어서 어떤 단어를 한 번에 한 번 이상 반복해서 말하면 치료사의 귀가 아프다는 것을 Cody에게 상기시키기 위해 큰 고무 귀를 착용하여 우스꽝스러운 시범을 보였다. 이 부분에서, 아동도 손 동작을 사용하여 자신이 유창성 규칙을 자각하고 있다는 것을 보였다. 다섯 번째 회기 전에, 어머니는 반복의 빈도가 현저하게 감소하고, 심지어 단위반복 수도 많이 줄었다고 보고했고, 우리도 그 부분을 동일하게 관찰했다. Cody가 유창한 구어를 산출했기 때문에, 임상가는 Cody가 유창한 구어를 사용하고 한 번에 단어를 말하면 칭찬해 주었다. 여섯 번째 회기 동안에, Cody는 반복을 2회만 보였고, 어머니는 "가정에서 반복을 전혀 나타내지 않는다."고 언급했다. 치료를 종료했고, 가족에게 만약 반복이 재발할 경우 치료를 다시 받으러 오도록 했다. Cody는 8년 후에도 유창함을 유지하고 있었다.

향후 방향

이전의 출판물(Runyan & Runyan, 1999; 2007)에서 언급한 것처럼, 우리는 모든 치료 환경에 있는 임상가가 FRP를 사용하고, 전문가 회의에서 자신의 임상 결과와 경험을 계속해서 공유하도록 격려한다. FRP의 궁극적인 효용성과 유용성은 좀 더 많은 수의 말더듬 아동들이 다른 환경에서 다른 치료사에게 치료를 받고, 더 오랜 기간 동안 그 효과가 유지될 때에만 입증될 수 있다. 우리가 FRP를 개발하고 사용해온 수년 동안에, 우리는 여러 임상적인 인상을 받았고, 더 많은 임상가들이 참여하고, 더 많은 아동을 치료하고, 더 많은 데이터를 확보하게 될 때에야 비로소 답을 얻게 될 의문을 갖게 되었다. 이러한 의문 중 일부는 다음과 같다.

- 유창성 규칙을 실시하기 위한 가장 좋은 모델은 무엇인가? 만약 전문 치료실, 공립학교 임상가, 부모가 모두 그 프로그램을 실시하는 데 참여한다면 임상적 중재가 더 효과적인가? 우리의 임상 경험에 의하면, 그것이 더 효과적이다.
- 공립학교 학사 일정으로 치료 스케줄이 제한적이라는 것을 고려할 때, FRP가 공립학교에서 사용하기에 효과적인 치료 프로그램이라고 할 수 있는가? 우리의 임상 경험과 수집한 몇몇 데이터에 의하면, 공립학교에서도 효과적으로 사용할 수 있다.
- FRP는 부모가 필요한 훈련을 받은 후 전문가의 감독하에 시행하는 프로그램으로서 실시될 수 있는가? 우리의 임상 경험에 의하면, 부모도 성공적으로 FRP를 실시할 수 있다. 그러나 우리가 사용하는 재미있는 활동과 유머있는 행동은 부모가 사용하기 어려울 수도 있다. 가장 효과적인 모델은 부모가 전문 치료실에 간헐적으로 방문하여 부모-중심 프로그램에 대해 감독을 받은 후, 전문 언어 치료사와 단기 집중 프로그램을 실시해보는 것이다.
- 조음, 언어, 인지 문제를 동반한 아동은 말더듬 행동을 제거하는 데 더 많은 임상 기간을 필요로 하는가? 우리의 임상 경험에 의하면, 조음 장애를 동반한 말더듬 아동은 추가적인 기간을 필요로 하지 않지만, 언어 장애나 인지 문제를 동반한 말더듬 아동은 치료 기간을 더 많이 필요로 한다. 그러나 이 장에서 논의한 것처럼, 이러한 의사소통 문제를 동시에 가진 말더듬 아동도 FRP를 사용하여 성공적으로 치료받았고, 치료를 완료했다.
- 부모-주도 치료 프로그램이 가능하다고 가정하면, 부모가 의사소통 문제를 동반한 말더듬 자녀에게 치료 프로그램을 효과적으로 실시할 수 있는가? 우리의 임상 경험에 의하면, 부모가 복합적인 의사소통 장애에 대한 치료 프로그램을 효과적으로 실시할 수 있다는 것에는 의심의 여지가 있다. 그러나 치료 프로그램에 대한 여러 측면을 선택하도록 지원하는 데 부모를 개입시킬 수 있다.

- 개별 환자처럼 집단 치료 형태를 통해서도 FRP를 효과적으로 실시할 수 있는가? 우리의 임상 경험에 의하면, 그렇게 할 수 있었고, 실제로도 집단 치료를 통해 그 프로그램을 더 효율적으로 실시할 수 있다.
- 치료적 중재를 위해 일차적 규칙이 필요한 경우, 유창하게 된 아동의 수가 줄어드는가? 우리의 임상 경험에 의하면, 직접적인 생리적 중재가 필요한 아동일 경우 유창해진 수가 훨씬 적었다. 또한 일차적 규칙이 필요할 경우, 그 치료 진전에 더 오랜 기간이 소요되었다.

이 장의 요약

FRP는 학령 전 및 초등학교 저학년 아동을 위한 효과적이고 효율적인 말더듬 치료 프로그램으로 공립학교 SLP에게 제공하기 위해 고안되었다.

FRP는 보편적 규칙, 일차적 규칙, 이차적 규칙이라는 세 가지 부분으로 이루어졌다.

- 보편적 규칙은 모든 아동에게 사용되며, 구어 속도를 감소시키는 것과 반복 및 연장을 제거하는 것에 중점을 둔다.
- 일차적 규칙은 더듬은 구어와 유창한 구어 사이에 있는 생리적 차이점을 아동이 이해하도록 돕는 데 중점을 둔다.
- 이차적 규칙은 이차 행동을 제거하는 것이다.
- 치료는 아동의 반응을 최대한 이끌어내기 위해 대화를 하는 동안에 각 규칙에 대한 적절한 손 동작을 사용하여 재미있는 환경에서 실시해야 한다.
- 치료는 말더듬에 대한 아동의 자각을 증가시키고 말더듬의 발생 빈도를 감소시키는 보편적 규칙으로 시작한다.

만약 보편적 규칙들을 통해 말더듬이 제거되지 않는다면, 일차적 규칙을 사용한다. 일차적 규칙을 사용하기 전에, 유창한 구어의 기본 배우기, 유창성 느끼기, 연습의 필요성, 산출하기 어려운 단어가 없다는 개념 등의 네 가지 치료 원리를 제시한다.

치료실에서 다른 환경으로 유창한 구어가 전이되도록, 임상가는 아동의 환경에서 유창성 규칙에 해당하는 손 동작을 사용하여 그 규칙들을 상기시키는 역할을 하는 학급 담임교사, 공립학교 치료사, 사설 치료사, 부모를 포함해야 한다.

이 장을 정리하는 질문

1 세 가지 보편적 규칙은 무엇인가?
2. 세 가지 일차적 규칙은 무엇인가?
3. 이차적 규칙은 언제 사용해야 하는가?
4. 각 유창성 규칙에 대한 손 동작은 무엇인가?
5. 임상가가 보편적 규칙에서 나아가 일차적 규칙을 실시하는 것은 언제인가?
6. FRP에서 우리는 유창한 구어가 일련의 3단계로 구성되어 있다는 것을 아동에게 설명한다. 그 3단계는 무엇인가?
7. 이차 행동을 어떻게 제거하는가?
8. 아동이 유창한 구어를 가정과 학교 환경으로 전이하도록 돕기 위해서 권고하는 세 가지 치

료 기법을 열거하라.

9. FRP는 아동에게 어려운 음이란 개념을 이해시키기 위해 어떻게 설명하는가?
10. "나 잡아봐라" 활동을 설명하라. 임상가는 이 활동을 아동의 구어로 어떻게 전이시킬 수 있는가?
11. 아동이 초기 말더듬인지 아니면 정상적으로 유창한 아동인지를 결정하기 위한 기준을 설명하라.

추천 문헌

Bennett, E. M. (2006). *Working with people who stutter: A lifespan approach.* Upper Saddle River, NJ: Pearson Merrill Prentice Hall.

Conture, E. G. (2001). *Stuttering: Its nature, diagnosis, and treatment.* Needham Heights, MA: Allyn and Bacon.

Guitar, B. (2006). *Stuttering: An integrated approach to its nature and treatment*(3rd ed.). Baltimore, MD: Lippincott, Williams & Wilkins.

Manning, W. (2001). *Clinical decision making in fluency disorders*(2nd ed.). Vancouver, British Columbia, Canada: Singular Thompson Learning.

Raming, P. R., & Dodge, D. M. (2005). *The child and adolescent stuttering treatment and activity resource guide.* New York, NY: Thompson Delmar Learning.

Yairi, E., & Ambrose, N. G. (2005). *Early childhood stuttering.* Austin, TX: Pro-Ed.

제 11 장

나이든 말더듬 아동과 말더듬 청소년의 치료를 위한 스무스 구어 및 인지 행동 치료

Ashley Craig
(김민혜 역)

도입

말더듬은 아직 확실한 치료법이 없기 때문에 만성적인 장애가 될 수 있다(Bloodstein, 1995). 또한 말더듬은 초기 아동기에 시작하는 장애이다(American Psychiatric Association, 1994). 따라서 유감스럽게도, 이는 나이가 들어가면서도 계속 말더듬 아동들이 말더듬의 결과로 초래될 수 있는 손상을 극복하고 적응해야 한다는 것을 의미한다. 그러한 손상의 여러 측면들에는 원치 않은 구어 장애와 당혹, 좌절, 수치, 불안 및 사회 회피 등과 같은 관련 문제들이 포함된다. 최근의 연구는 수많은 아동들이 이러한 문제를 가질 위험군에 속한다고 지적하는 데 중대한 관심이 있다(Craig et al., 2002). 6~10세 아동의 말더듬의 출현율이 약 1.44%(신뢰 구간 95%, 0.66~2.22%)이며, 반면에 말더듬 청소년의 출현율은 약 0.5%(신뢰 구간 95%, 0.2~0.86%)로 더 낮다(Craig et al., 2002). 이러한 데이터는 나이든 아동들과 청소년의 상당수가 말을 더듬는다는 것을 제시한다. 나이든 아동에서부터 청소년까지의 출현율의 감소는 아마 자연 회복, 말하는 것에 대한 회피, 치료의 성공 등과 같은 여러 요인들의 결합 때문일 것이다.

우려에 대한 추가적인 원인은 말더듬 아동의 나이가 들수록 말더듬이 증가하는 결과가 삶의 질을 저하시킬 위험을 초래한다는 것이다(Craig et al., 2003). 적절한 구어 기술은 성공적인 사회적 상호작용에 중요하며, 말더듬은 본질적으로 아동이 효과적으로 말하는 것을 제한할 수 있다고 가정하는 것은 합리적이다(Craig et al., 2003). 추가적으로, 종단 연구에서 구어 장애 아동(그 중 말더듬) 중 유의미한 소수 집단(약 15%)이 초기 성인기에 불안 장애의 위험성이 증가된 것으로 나타났다(Beitchman et al., 2001). 이는 시간이 지남에 따라 말더듬으로 인한 영향이 많은 말더듬 아동을 사회적 및 심리적으로 무기력하게 만들 것이라는 점을 의미한다. 이는 나이든 말더듬 아동들에게서 의사소통 불안이 증가한다고 보고한 연구 결과를 지지한다(Blood et al., 2001; Hancock et al., 1998). 확실히, 말더듬 성인은 상당히 높은 수준의 상태 불안(state anxiety)과 특성 불안(trait anxiety)을 가지는 것으로 나타났다(Craig, 1990; Craig et al., 2003; Craig & Tran, 2006; Mahr & Torosian,

1999; Menzies, Onslow, & Packman, 1999). 더욱이, Stein, Baird, Walker(1996)는 말더듬인의 상당한 비율이 사회 공포증(social phobia)을 가진 사람에게서 전형적으로 보이는 불안 수준을 가진다고 했다. 실제로, 저자들은 많은 말더듬인이 **사회 불안 장애** 혹은 **사회 공포증**을 가진 것으로 진단받았다고 주장했다.

이러한 이유들로, 나이든 아동들과 청소년들의 말더듬을 관리하기 위해 효과적인 치료법이 개발되어야 하고, 그로 인해 가능한 모든 장애(손상)에 미치는 영향을 감소시킬 수 있을 것이다. 불행하게도, 이 연령 집단의 치료 효능을 조사한 잘 통제된 연구는 부족한 실정이다. 이러한 증거의 부족으로 인해 많은 임상가들 사이에 나이든 말더듬 아동 또는 말더듬 청소년을 치료하는 것이 너무 어렵다는 의견이 야기되었다(Craig et al., 1996). 그러나 **인지 행동 치료법(CBT)** 내에 **스무스 구어법(Smooth Speech)**(유창성 형성 치료 및 연장 구어의 변형)이 대다수의 나이든 말더듬 아동 및 청소년 대상자들의 말더듬 감소에 매우 성공적임을 보여주는 일련의 증거가 있다(Craig et al., 1996; Craig & Hancock, 1996; Craig, Hancock, & Cobbin, 2002; Hancock et al., 1998; Hancock & Craig, 2002). 스무스 구어와 같은 유창성 형성법들은 직접적으로 말더듬을 목표로 하는 치료법이다(Craig, Feyer, & Andrews, 1987). 스무스 구어는 환자들이 자신의 구어 패턴에 적응하고 구어 패턴을 변경함으로써 자신의 말더듬을 조절하도록 가르친다. 스무스 구어와 CBT 치료의 결합은 말더듬을 조절하는 방법을 가르친다. 스무스 구어는 환자에게 ① 어구(spoken phrases)를 말하기 바로 전과 말하는 동안에 기류를 연속적인 패턴으로 산출하기, ② 어구를 말하는 동안에 기류가 지속적으로 흐르도록 유지하면서 규칙적으로 어구-쉼-어구-쉼의 구어 패턴 유지하기, ③ 구어의 자연스러움 유지하기 등을 훈련한다. CBT는 환자에게 ④ 말을 할 때 전반적으로 근육 긴장 활동 낮추기, ⑤ 대화와 사회적 능력 향상시키기, ⑥ 말하기와 관련된 부정적인 생각과 두려움 감소하기, ⑦ 구어와 사회적 행동에 대한 자기 조절감 증가시키기 등을 훈련한다. 이 장에서는 스무스 구어 및 CBT 프로그램의 여러 목표들, 필수 구성요소, 실제적인 요구사항들과 응용 등을 자세하게 설명하고 논의할 것이다(Craig, 1998a).

CBT와 스무스 구어 유창성 형성 치료법을 결합하면 나이든 아동과 청소년의 집단에서 단기간(1주 후)에 90% 이상 말더듬이 감소했고, 장기간(4~6년 후)에 약 70~80% 정도 말더듬의 감소에 효과가 있는 것으로 밝혀졌다(Craig et al., 1996; Hancock et al., 1998). 또한 나이든 아동의 단기간과 장기간 대규모 집단 모두에서 구어 속도가 유의하게 증가하고, 의사소통 공포가 유의하게 더 낮아진 것으로 밝혀졌다(Hancock et al., 1998). 이 결합 치료법의 일차적인 목표는 나이든 말더듬 아동과 말더듬 청소년에게 광범위한 구어 및 심리적 기술들을 가르침으로써 그들의 삶의 질을 개선시키는 것이다. 이러한 기술들은 그들이 자신의 말더듬 증상들을 조절하고, 사회적인 상호작용 능력을 강화하고, 타인과의 의사소통을 하는 방향으로 자신의 태도를 개선시키도록 도울 것이다.

이 장의 목적상, 말더듬은 "어떤 사람이 말하고자 하는 것(내용)을 알지만, ① 특히 말을 시작할 때, 불수의적인 음절 반복, ② 불수의적인 음의 연장, ③ 구어에서 비의도적인 막힘 등을 경험하기 때문에 구어의 유창성과 흐름이 방해되는 것"이라고 정의될 것이다(Andrews et al., 1983; Craig et al., 1996, p.811). 또한 말더듬은 머뭇거림, 삽입어, 재시작 또는 미완성 구, 미완성이나 깨어진 단어 등을 포함한다. 관련된 증상에는 눈 깜빡거리기, 얼굴 찡그리기, 머리 흔들기, 팔 흔들기(Craig et al., 1996) 등이 있다.

말더듬 치료로서 스무스 구어와 인지 행동 치료에 대한 이론적 기초

이론가들은 불안과 같은 심리적 요인들이 말더듬에서 독립적 원인으로 역할을 한다고 설명해왔다(Bloodstein, 1995). 하지만 말더듬이 심인성 장애라는 이 주장을 지지하는 증거는 거의 없다. 즉, 심리적 요인들이 말더듬의 지배적인 원인으로 역할을 한다는 증거가 거의 없다는 것이다(Craig et al., 2003). 반대로, 말더듬이 생리적 결함에 의한 것이라는 주장이 더 많이 제기되어 왔다(Andrews et al., 1983; Bloodstein, 1995; Hulstijin, Peters, & Van Lieshout, 1997). 예를 들면, 최근의 연구는 말더듬이 아마 유전적 원인에 대한 신경학적 결함의 결과(Fox et al., 1996; Sommer et al., 2002)일 것이라고 주장한다(Yairi, Ambrose, & Cox, 1996).

말더듬을 수반하는 어떠한 심리적 문제들은 이차적 요인이지만, 그럼에도 불구하고 말더듬에 중요한 영향을 미치는 요인들로 보는 것이 좋다(Craig et al., 2003; Craig & Tran, 2006). 말하는 것과 관련된 불안과 사회 공포의 수준이 증가되는 것과 같은 이차적 요인들은 말더듬의 심한 정도에 부정적으로 영향을 미칠 수 있으며(Craig & Tran, 2006), 결과적으로 삶의 질을 저하시키는 것으로 받아들여진다. 말더듬이 신체적 원인으로 연령이 증가함에 따라 이차적으로 심리적 복잡성이 발달할 가능성이 있다는 가정은 스무스 구어와 CBT를 결합한 치료의 기본적인 이론적 근거이다.

위의 가정을 감안할 때, 치료는 주로 말더듬의 신체적 문제와 그 신체적 문제 및 연관된 증상들을 해결하는 것에 방향을 두는 것을 중요하게 고려한다. 따라서 스무스 구어는 먼저 구어 기술들을 제공하여 환자가 자신의 말더듬을 조절할 수 있도록 가르친다. 말더듬은 종종 사회적 맥락과 관계없이 환자의 구어를 통해 불수의적인 비유창성으로 구성되기 때문에, 스무스 구어와 같은 유창성 형성 기법은 바람직한 것으로 간주된다. 말더듬은 또한 신경생리적, 지각적, 음향적, 운동적, 신경근육적, 호흡적, 언어적 차원들을 포함하는 복잡한 것이다(Smith & Kelly, 1997). 결과적으로, 나이든 말더듬 아동들에게는 단지 말더듬 증상들을 수정하는 것보다 오히려 모든 구어 산출을 재형성하는 어떤 기법이 필요하다고 생각된다. 더욱이, 스무스 구어 및 CBT 프로그램은 말더듬이 말하기 직전과 말하는 동안에 높은 수준의 근육 긴장(예: 얼굴 및 후두의 긴장)을 보여왔기 때문에 구어 근육의 긴장을 감소시키도록 설계되었다(Bloodstein, 1995; Craig & Cleary, 1982; Freeman & Ushijima, 1975; 1978).

이론적으로, 스무스 구어란 ① 호흡계, 상후두계, 후두계 등의 협응을 향상시킴으로써 구어를 프로세싱하는 뇌의 기능(capacity)을 강화하고, ② 말하기와 관련된 요구들을 감소시키고(예: 구어 속도 감소 치료와 기류 증가를 통해), ③ 운동 기능부전(motor dysfunction)을 감소시키는 것(예: 근긴장도 감소, 기류 증가, 느린 구어 속도 기법)으로 가정되었다. 추가적으로, 스무스 구어는 말더듬 순간과 상관없이 구어 행동을 표적으로 하여 변경하는 집중적인 치료법(예: 전체적인 구어 속도를 감소시키고, 어구를 산출하기 전과 산출하는 동안에 기류를 증가시킴)이다. 나이든 아동이나 청소년은 일반적으로 2~5세경부터 말을 더듬어왔기 때문에, 이러한 집중적이고 다면적인 치료법이 필요한 것으로 생각되었다. 그러므로 저자의 견해에 따르면, 대부분의 경우에 그들의 말더듬 증상들은 어린 아동에게서 나타나는 말더듬에 비해 굳어져 있거나 만성적이고, 말더듬을 관리하는 데 더 많은 어려움이 따른다. 그러나 나이든 아동에게는 어떤 적극적인 치료의 결과로서 신경 가소성(neural plasticity)의 변화가 일어날 잠재력이 있다는 것을 고려해볼 때에, 유창성 형성법은 의미 있는 구어와 유창성 변화를 유도할 능력이 있으므로 바람직한 치료법이다.

스무스 구어와 같은 유창성 형성 기법만으로는 이 장의 뒷부분에서 논의한 여러 가지 이유들로 인해 말더듬을 치료하는 데 충분하지 않을 수 있다. 말더듬은 유전적 소인(70%)과 환경적 영향(30%) 간의 상호작용이라는 증거(예: Andrews et al., 1991)가 있다. 따라서 앞에서 언급했듯이, 말더듬은 신체적 원인보다는 다른 요인들과 관련되어 있을 것이다. 나이든 아동들에게서, 청소년기에 나타나기 시작하는 사회적 상호작용의 복잡성의 증가와 성숙 때문에, 그 결과로 오는 심리적 결과들로 인해 그럴 가능성이 매우 높은 것으로 보인다. 많은 청소년들은 말(혹은 말더듬)을 할 때 당황하고 좌절하게 될 것이고, 일부는 곤란한 상황과 좌절감이 높을 것 같은 상황들을 회피하는 것을 배우기 시작할 것이다. 더욱이, 말더듬이 심해질 가능성은 사회적 상호작용이 더 많이 요구될수록 증가하고, 심한 정도도 보통 피로나 불안이 증가할수록 더 심해진다(Craig & Tran, 2006). 어려운 것으로 인지된 단어들도 좀 더 심한 말더듬과 연결될 수 있다(Bloodstein, 1995; Craig et al., 2003). 따라서 치료는 말더듬의 이러한 심리적 및 사회적 측면들을 다루는 방향으로 설계되는 것이 중요하다.

이차적 심리적 요인들이 나타나면서 말더듬의 복잡성이 증가한다면, 인지 기반 치료는 결합된 방식의 CBT 구성요소를 통합한다. 이러한 치료에는 사회적 기술 훈련 및 자기주장 훈련, 수줍음이나 회피 행동을 극복하기 위해 설계된 행동 기법(예: 점진적 노출 기법, 보상, 반응 대가 전략들), 긴장 이완 기법을 이용한 직접적 불안 관리, 태도 변화 기법, 재발 예방 전략 등이 포함되어 있다.

인지 행동 치료를 결합한 스무스 구어의 효용성에 대한 실험적 기초

도입 부분에서 설명한 것처럼, 나이든 아동들을 위한 말더듬 치료에서의 유창성 형성 전략에 대한 잘 통제된 연구가 부족하다. 그럼에도 불구하고, 성인에게 실시한 유사한 치료들에 대한 증거를 간략히 설명함으로써, 나이든 아동들을 대상으로 한 스무스 구어 치료의 실험적 근거를 연구하기 시작하는 것이 유익할 수 있다. 예를 들면,

호흡 조절 기법들(Azrin & Nunn, 1974)은 임상적 실험 설계를 사용하여 성인들을 대상으로 연구되어 왔다. 호흡 조절 프로그램에는 스무스 구어 치료에서 사용한 유사한 기류 기법들이 포함된다. 이 프로그램은 참가자들이 구어 근육 및 가슴 근육을 이완시키면서, 규칙적으로 쉬면서, 숨을 부드럽고 깊게 호흡해야 한다. 이것은 또한 이완 기법, 자기 수정 전략 및 자기 조절 전략, 사회적 지원 등을 포함하고, 전이 및 일반화 기법을 사용함으로써 장기간 유지를 촉진시키는 CBT 기법에 통합되어 왔다. 성인 말더듬인을 대상으로 통제된 연구들에서 능동적인 위약 통제 집단(active placebo control)과 비교하여 말더듬에서 유의미한 감소가 있었음을 보고했다(Azrin, Nunn, & Frantz, 1979; Ladouceur, Boudreau, & Theberge, 1981; Saint-Laurent, & Ladouceur, 1987). 그러나 조절된 호흡 그 자체는 말더듬 치료법으로서 효과적이지 않다고 밝혀졌다(Andrews & Tanner, 1982). Evesham과 Fransella(1985)는 두 가지 형태의 유지 전략들로 스무스 구어와 유사한 유창성 형성 기법의 효용성을 연구했다. 한 집단은 표준 유창성 형성 치료를 받은 반면에, 다른 집단은 구성적 치료(construct therapy)라고 하는 심리 치료를 부가적으로 받았다. 두 집단 모두에서 유의미하게 말더듬이 감소된 것을 발견했지만, 말더듬을 음절 백분율, 분당 말한 음절 수, 구어 태도 등과 같은 다양한 방법으로 측정했을 때, 구성적 치료를 받은 집단이 24개월 후에 더 높은 치료 효과가 있음을 보고했다. 집중적인 구조화된 형식에서 실시된 CBT 방법 내의 스무스 구어도 성인들에게 매우 효과적임을 발견했다(Craig, Feyer, & Andrews, 1987; Boberg & Kully, 1994). 예를 들면, 헨리 왕자 병원 프로그램(Prince Henry Hospital program)(Craig, Feyer, & Andrews, 1987; Ingham & Andrews, 1973)이라고 알려진 프로그램에서, 첫 주에는 느린 속도에서 시작하는 스무스 구어를 배우고, 6개 집단으로 이루어진 구조화된 평가 회기들에서 점진적으로 속도를 증가시킨다. 규칙적인 시·청각적 피드백 회기들을 매일 실시하고, 목표는 사회적으로 수용할 수 있는 대화 기술들을 사용하여 그 주가 끝날 때까지 정상적인 속도로 말하는 것이었다(예: 독백 형식으로 말하지 않기). 이 기술들의 전이는 둘째 주에 실시했다. 참가자들은 그 주의 말에 두 번의 가정 대화(home conversation)를 하는 것으로 전이를 시작했으며, 그 후 가장 쉬운 위계(가정 대화)에서 시작하여 점점 어려운 위계(집단 앞에서 말하기나 낯선 사람에게 전화로 말하기), 즉 등급화된 대화 수준으로 진행했다. 셋째 주는 참가자들의 유창성을 유지하도록 돕기 위해서 가족 구성원들이 토의하는 방식으로 그 주의 끝에 미팅에 참여하는 일반화 및 유지 전략으로 구성되었다. 3주 내내 성공을 하면, 후속 자극으로 적은 금액의 보상들이 주어졌고, 스무스 구어 기술들을 강화하기 위해 둘째 주와 셋째 주 동안에 짧은 평가 회기들이 매일 있었다. 둘째 주와 셋째 주에 걸쳐서 각 참가자들이 임상가와 유창성에 대한 장애물에 대해 토의할 시간을 갖도록 격려했다.

소수의 연구자들은 유창성 형성 기법들이 인지 행동 기법 내에서 통합된 스무스 구어와 비슷한, 길거나 짧은 기간에 나이든 아동들과 청소년들의 말더듬을 감소시키는 데 효과적이라는 것을 발견했다(Boberg & Kully, 1994). Boberg와 Kully(1994)는 성인 17명과 청소년 25명을 대상으로 연구했는데, 대상자의 69%가 치료가 끝난 뒤 12개월에서 24개월이 지난 뒤에도 "만족스러운" 수준의 유창성을 유지하고 있음을 발견했다(전화 통화로 수행을 측정했음). Runyan과 Runyan(1986)이 개발한 유창성 규칙 프로그램은 스무스 구어 유창성 형성 프로그램에서 사용된 기법들과 유사한 기법들을 사용했으며, 학령기 아동 12명 중 9명(75%)이 12개월 후에 유창성이 유의하게 향상했다고 보고했다(Ranyan & Runyan, 1999). Kully와 Boberg(1991)는 유창성 형성법과 말더듬 수정법(예: 말소, 쉽거나 어려운 말더듬)을 결합하여 10명의 어린 말더듬 아동들에게 적용했는데, 10명 중 8명의 아동들이 치료 후 즉각적으로 말더듬이 유의하게 감소했음을 발견했다. 이 8명의 아동들을 추적 검사한 결과, 이들은 8개월에서 18개월이 지난 뒤에도 향상을 보였다.

아마 지금까지 가장 설득력 있는 증거는 Craig, Hancock 등(Craig et al., 1996; Hancock et al., 1998)이 실험한 통제된 실험 연구로부터 얻은 데이터일 것이다. 그들은 두 개의 도시에서 말을 더듬는 97명의 나이든 아동과 젊은 청소년들을 대상으로 세 가지 치료법의 효과성을 치료받지 않은 통제 집단과 비교한 임상 실험을 실시했다. 임상 실험의 목적은 CBT 치료법 내에서 통합된 집중적인 스무스 구어 프로그램의 효과성을 평가하는 것이었다. 두 번째 목적은 말더듬에 대해 덜 집중적인 스무스 구어와 CBT 치료의 효과를 결정하는 것이었다. 세 번째 목적은, 이 장과는 관련이 없지만, 구어 근육 피드백 치료법이 말더듬을 줄이는 데 성공적인지 아닌지를 알아보는 것이었다.

치료 전 아동들의 평균 연령은 10세 8개월(범위, 9~14세)이었고, 대부분은 남자 아동(82%)이었다. 세 가지 치료법이 임상 실험으로 연구되었지만, 이 장에서는 두 가지 스무스 구어 프로그램에 대한 결과만을 제시할 것이다. 두 가지 스무스 구어 프로그램에서 참가자는 그 치료 프로토콜에서 훈련받은 임상가에 의해서 4개 또는 5개 집단에서 치료를 받았다. 임상가와 환자의 비율은 두 집단 모두 비슷했다. 첫 번째 치료(n = 27)는 집중적인 치료 형식으로 구성되었는데, 이 치료 형식에서 스무스 구어는 첫째 날에는 느린 속도(평균 구어 속도의 4분의 1)로 시작하여, 넷째 날에는 점진적으로 속도를 정상 속도로 증가시키는 구조화된 구어 평가 세션에서 연속 5일 동안에 걸쳐서 배운다. 아동들에게는 각 세션에서 적어도 5분 동안 유창한 대화로 상호작용하도록 요구했다. 사회적으로 받아들일 수 있다고 생각되지 않는 대화 스타일(예: 독백)은 임상가가 허용하지 않았다. 수행에 대한 비디오 자기 평가(유창성, 구어의 자연스러움, 대화 기술)는 한 주에 걸쳐서 일정한 간격으로 실시되었고, 단순한 사회적 상호작용에서 좀 더 어려운 사회적 상호작용으로의 단계적인 노출 접근방식은 치료실 밖으로 유창성 기술들을 전이하기 위해 여러 구어 과제들을 사용했다. 유창성 기술의 일반화와 유지에 관한 부모들과의 논의는 그 주의 마지막 날에 실시했다. 그 프로그램의 각 단계를 성공할 때마다 금전적으로 보상했다.

두 번째 프로그램(n = 25)은 덜 집중적인 형식에서 스무스 구어를 가르치는 것과 관련되고, 시도 치료(Craig et al., 1996)라는 점에서 "가정 중심(home based)" 치료라고 이름 붙였다. 임상가가 연속 5~6일간 어떤 특정한 치료와 환자 집단에만 전적으로 전념하도록 치료 일정을 마련하기 어렵기 때문에, 스무스 구어법이 비집중적인 형식에서 적용할 수 있는지의 여부를 파악하는 것이 중요하다고 고려되었다. 이 프로그램은 가정 환경에서 실시하는 것에 더 중점을 두었고, 치료실에서의 구조화된 평가 회기들은 덜 강조하도록 구성되었다. 결과적으로, 이 프로그램은 추후 점검 회기를 포함시키지 않고, 5주 동안 주 1회 참여하도록 되어 있다. 첫째 날에 느린 구어 속도를 시작으로 스무스 구어를 가르쳤지만, 목표는 첫째 날 치료를 마칠 즈음에 아동이 정상 구어 속도에서 스무스 구어를 사용하여 말하는 것이었다. 부모들은 스무스 구어를 사용하고 가르치는 방법을 배웠다. 임상가가 부모들이 스무스 구어를 사용하고, 말더듬을 확인하고, 구어 과제를 수행하는 데 소요한 시간을 신뢰할 만하게 측정하고, 아동이 스무스 구어를 사용하는지를 신뢰할 정도로 모니터할 수 있게 되었다고 생각할 때, 부모들이 자녀를 위해 임상가의 역할을 담당하도록 격려했다. 이 프로그램을 시행한 둘째 날(즉, 2주차)에는 구어 과제들을 성공적으로 완료한 것에 대한 적절한 보상을 한 후에 대화를 포함하는 집단 게임 상황에서 스무스 구어를 강화했다. 추가적으로 인지 행동 전략들을 사용했다. 인지 행동 전략들은 관련 문제들과 유창성 방해물에 관한 토의, 구어 일지를 계속 기록하는 것(유창한 구어/말더듬 및 태도를 측정)과 같은 자기 모니터링 능력, 전이 및 유지 절차 등으로 이루어졌다. 일지 기록 활동은 5주간의 프로그램 동안 매주 실시했다. 임상가와 부모들이 그 과제 활동들을 평가했다.

이 장에서 관심이 가장 적은 세 번째 치료법(n = 25)은 구어 근육 생체 피드백 프로그램(speech muscle biofeedback program)으로 구성되었다(Craig et al., 1996). 세 가지 프로그램 모두는 CBT에 통합되었다. 또한 나이든 말더듬 아동으로 구성된 치료를 받지 않은 통제 집단(n = 20)도 평가되었다. 대상자들은 첫 내원을 했을 때 2년 이상 말을 더듬은 사람들로서 통제 집단에 배정되었다. 그들이 무작위로 집단에 배정된 것이 아님에도 불구하고, 실험 집단의 결과가 틀렸다고 의심할 충분한 이유는 없다. Craig 등(1996)에서 보여 주었듯이, 네 집단 모두가 연령, 성, 체격, 말더듬 병력(즉, 비슷한 말더듬 비율과 치료 이력)에서 유사했다.

그 연구에 참여한 대부분의 아동들은 일찍 말을 더듬기 시작했고(평균 연령 4.7세, 범위 2~11세), 대부분 평균 6년 동안 말을 더듬었다. 아동들의 약 3분의 2는 그 연구 이전에 어떤 형태의 치료를 받았으나, 대부분의 경우, 그 중재는 몇 년 전에 실시되었다. 스무스 구어 치료를 받기 전 3개월 이내에 치료를 받은 아동들은 없었다. 언어 능력을 통제하기 위해, 연령에 맞는 구어로 정상적으로 진전하고 있는 아동들만 프로그램에 참여시켰다. 윤리적인 이유로, 치료를 받지 않은 통제 집단 아동들은 대기기간 3개월 후에 치료를 제공했다. 참가자들은 치료 직전, 치료 직후, 치료 후 3개월과 12개월에 평가받았다. 장기간 추적 점검은 2년에서 6년 후(치료 종료 후 평균 5년)에 실시했다. 하지만 장기간 추적 점검에서 피험자의 연락 두절이 발생했는데, 비집중적인 스무스 구어 프로그램에서 6명, 집중적인 스무스 구어 프로그램에서 3명의 피험자들이 연락되지 않았다. 중요한 것은 12개월 평가에서 재평가를 할 수 있었던 집단과 재평가를 할 수 없었던 집단 사이의 유창성에서 유의미한 차이가 없었다는 점이다(Hancock et al., 1998).

말더듬의 심한 정도는 더듬은 음절들의 백분율(%SS)과 분당 구어 혹은 음절의 속도(SPM)로 평가했다. 아동들을 ① 클리닉에서 임상가와 함께 대화하기, ② 클리닉에서 가족 구성원 혹은 친구에게 전화로 말하기, ③ 가정 환경에서 가족 구성원 혹은 친구에게 말하기 등의 세 가지 상황에서 평가했다. 구어의 자연스러움은 임상가, 부모, 아동이 리커트 척도(1; 부자연스러움 ~ 5; 매우 자연스러움)를 사용하여 평가했다. 불안(anxiety)은 소아용 상태-특성 불안 평가 척도(State-Trait Anxiety Inventory for Children; STAIC)(Spielberger, Grosuch, & Lushene, 1970)를 사용하여 평가했고, 상태 불안(검사 시 참가자가 불안을 어떻게 느끼는지)과 특성 불안(참가자가 일반적으로 불안을 어떻게 느끼는지)을 평가하여 측정했다. 구어에 대한 태도는 5년 후의 장기 후속 점검에서만 평가했다. 이는 의사소통 태도 검사(Communication Attitude Test-R; CAT-R)(Brutten & Dunham, 1989; De Nil & Brutten, 1991)를 사용하여 평가했다. 긴장 이완된 환경, 즉 아동이 부모 혹은 임상가로부터 어떠한 압박감 없이 편안하게 느낄 수 있는 치료실에서 불안과 구어에 대한 태도를 평가했다.

집중적인 스무스 구어 프로그램과 가정 중심 스무스 구어 프로그램 두 가지 모두 나이든 아동과 청소년의 말더듬을 감소하는 데 매우 효과적인 것으로 밝혀졌다(Craig et al., 1996; Hancock et al., 1998). 두 가지 프로그램의 시간에 따른 결과와 치료의 기능으로서의 결과는 퍼센트 향상 점수(%Imp)와 효과 크기의 형식으로 표 11.1에 제시되었다. %Imp는 [(치료 전 %SS - 치료 후 %SS)/치료 전 %SS] × 100 공식으로 측정했다. 효과 크기는 [(치료 전 %SS - 치료 후 %SS)/치료 전 %SS의 표준 편차(SD)] 공식을 사용하여 측정했다. 표 11.1을 살펴보면, 치료실에서의 대화, 전화상 대화 각각에서 1.6~2 이상으로 매우 큰 효과

〈표 11.1〉 치료실에서의 대화와 전화 대화에서 두 가지 스무스 구어 치료법의 말더듬 빈도(%SS)에 대한 평균 % 향상 점수(% Improvement Scores; %Imp)와 효과 크기(Effect Sizes; ES)

기간 간격과 내용	집중적 스무스 구어		가정 중심 스무스 구어 치료	
	%Imp	ES	%Imp	ES
치료 전에서 치료 직후				
치료실 대화	95%	2.2	90%	2.1
전화 대화	94%	2.1	83%	1.6
치료 전에서 치료 후 1년 뒤				
치료실 대화	72%	1.7	76%	1.7
전화 대화	72%	1.7	61%	1.3
치료 전에서 치료 후 평균 5년 뒤				
치료실 대화	76%	1.8	80%	1.8
전화 대화	76%	1.8	71%	1.4

크기를 나타냄으로써 단기간(즉, 치료 후 즉시)에 말더듬이 상당히 감소한 것을 나타낸다. 치료 전에서 치료 후 1년과 치료 전에서 치료 후 평균 5년에서, 말더듬의 감소는 1.3~1.8의 범위에 있는 큰 효과 크기를 유지했다. 이것은 큰 효과 크기가 0.8 이상으로 간주되는 것을 생각하면 유의미한 결과이다(Cohen, 1988). 여기에 제시하지는 않았지만, 말더듬 빈도 수준이 가정 대화를 측정했을 때에도 유사하게 감소했다(Craig et al., 1996; Hancock et al., 1998).

그림 11.1은 스무스 구어로 치료받은 두 개 집단과 말더듬 통제 집단(단지 3개월 동안만)의 치료실 대화 상황에서 취합한 단기 및 장기 유창성 결과(%SS)를 나타낸 것이다. 그림에서 살펴볼 수 있듯이, 통제 집단에 비해 스무스 구어를 실시한 두 집단에서 말더듬이 상당히 또 매우 유의한 감소를 보였다. 그림 11.1에서 살펴볼 수 있듯이, 통제 집단은 3개월 기간에 걸쳐서 말더듬이 더 악화된 반면에(효과 크기가 약간 감소를 보임), 스무스 구어를 실시한 집단들은 3개월 동안에 말더듬이 많이 감소한 것으로 나타났다. 평균 5년 후에, 치료를 받은 두 집단 모두 약 75% 이상 말더듬 개선을 유지하고 있는 것으로 나타났는데, 그 저자들은 이 결과를 치료에 대한 매우 바람직한 목표로 여겼다. 비록 말더듬의 심한 정도 점수가 치료 후 3개월, 1년, 평균 5년에 약간 증가했지만, 이러한 증가 정도는 크지 않은 것이었다. 반면에, 연령을 일치시킨 통제 집단 아동의 말더듬 심한 정도는 그 연구에 참여했을 때 3개월 동안 증가한 상태로 남아 있었다. 효과적인 치료를 받지 않았기 때문에, 통제 집단은 3개월 후에 개선을 보일 것 같지 않았다.

CBT 기법 내에 있는 두 가지의 스무스 구어 치료를 받은 아동들은 통제 집단(3개월 까지)과 비교하여 구어 속도가 유의하게 증가했다. 구어 속도는 5년 후에 두 통제 집단을 추적 점검할 때까지 계속 증가했다(Hancock et al., 1998). 증가한 비율은 5년 후에 증가된 성숙에 기인한 것일

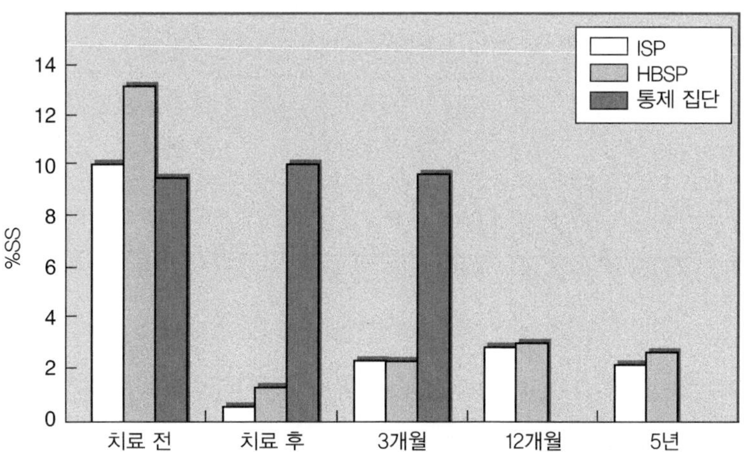

[그림 11.1] ■ 두 가지의 스무스 구어 집단과 통제 집단의 대화에서 평균 말더듬 빈도(%SS). ISP는 집중적인 스무스 구어를 사용한 집단이며, HBSP는 가정 중심 스무스 구어를 사용한 집단이다[출처: Craig et al.(1996), Hancock et al.(1998)].

수도 있다(이 시점에 대상자들의 연령은 16~18세 범위에 있었다). 그러나 장기적으로 스무스 구어 프로그램 참가자들은 치료 전과 비교하여 말을 더 적게 더듬었으며 말을 더 빨리 했고, 사회에서 기대하는 정상적인 속도로 말했다. 이러한 말더듬의 감소와 구어 속도의 증가는 CBT 기법을 사용하는 유창성 형성 치료법이 장기적으로 말더듬의 심한 정도를 감소시키는 데 매우 성공적일 수 있다는 것을 입증한다.

스무스 구어로 치료받은 아동들은 치료 후 자연스럽게 말했다. 임상가, 부모, 아동 스스로 평가했을 때 자연스러운 점수로 인지되었음을 발견했다(Craig et al., 1996; Hancock et al., 1998). 이것은 스무스 구어로 치료받은 사람들이 치료 후에 부자연스러운 스타일로 말할 것이라는 임상가들 사이에서 흔히 있는 오해를 생각하면 중요한 결과이다(Hancock et al., 1998). 사용하고 있는 유창성 형성 전략은 연속적인 기류(스무스 구어를 가르치는 것과 같은)보다는 오히려 연속적인 발성(연장 구어 치료의 일부 형식과 같은)을 강조하는 경우에 해당할 것이다. 이것은 또한 유창성 형성 치료법과 함께 CBT의 여러 측면들을 포함하는 것의 중요성도 나타낸다. 예를 들면, 참가자들은 집단에서 자연스러움과 대화에서의 여러 사회적 기술 측면에 대한 코멘트를 제공하는 시청각 피드백 세션을 사용하여 자신의 구어 스타일을 수정할 수 있는 기회를 갖는 것이 필수적이다. 이러한 여러 세션에서, 구어에 대한 부정적인 태도에 직면하여 적응할 수 있게 된다.

그림 11.2는 스무스 구어 프로그램을 받은 나이든 아동의 특성 불안 수준이 전형적인 구어를 산출하는 모집단에서 나타날 것으로 예상되는 수준으로 시간이 지남에 따라 실제로 감소된 반면에, 통제 집단의 불안 수준은 유의미한 변화가 없는 것을 보여준다(Hancock et al., 1998). 이것은 치료를 받은 청소년들이 스무스 구어 치료를 받지 않은 집단보다 자신(특히, 자신의 구어)에 대해 덜 불안해하는 것을 제시할 수 있다. 이러한 결과는 유창성 형성과 같은 말더듬 치료법들이 심리적으로 유익하다고 주장하는 다른 연구 결과(Blood,

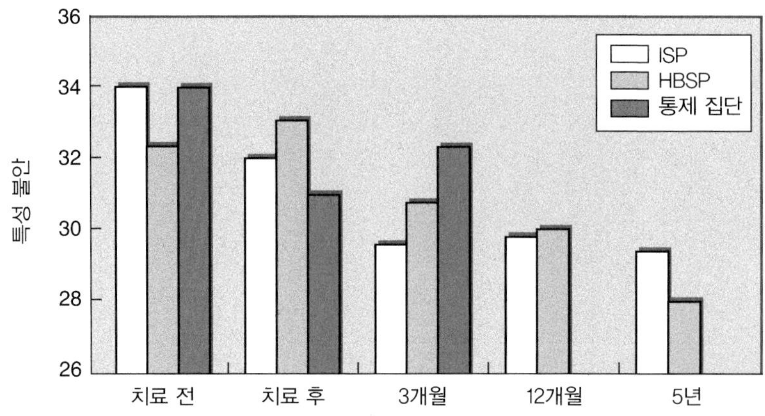

[그림 11.2] ■ 두 개의 스무스 구어 집단과 통제 집단에 대한 평균 특성 불안 점수. ISP는 집중적인 스무스 구어 집단이고, HBSP는 가정 중심 스무스 구어 집단이다[출처: Craig et al.(1996) and Hancock et al.(1998)].

1995; Blood et al., 2001)와 비슷하다. 이러한 임상적 실험 연구의 결과들은 효과적인 치료를 받은 나이든 아동과 젊은 청소년이 그들의 연령에 예상되는 것보다 만성적인 불안 수준이 더 낮은 수준을 성취할 것이라고 강력히 제시한다. 추가적으로, 의사소통에 대한 부정적 태도도 역시 집중적인 스무스 구어를 받은 집단(평균 = 11.8, SD = 7.7)과 덜 집중적인 스무스 구어를 받은 집단(평균 = 13, SD = 8.3) 모두에서 유의하게 감소한 것으로 나타났다. 이러한 수준은 나이든 말더듬 아동에게서 나타날 것으로 예상되는 수준(De Nil & Brutten, 1991)보다 더 낮다. 이것은 치료를 받은 아동들이 구두언어적으로 더 많이 의사소통을 하려고 했으며, 이는 추후 증거를 통해 그들의 심리적 안정이 강화된 것을 제시할 것이다.

기준 1%SS 이하는 가장 적은 말더듬을 나타내고(Craig et al., 1996), 기준 2%SS 이하는 치료 기준점(예: 2%SS 미만의 말더듬은 집중 치료 프로그램을 받을 필요가 없다는 것을 제시함)으로 사용되어 왔을 뿐만 아니라, 재발 기준(즉, 2%SS 이상인 말더듬은 심한 말더듬으로 고려됨)(Craig, 1998b)으로도 사용되어 왔다. 따라서 치료 후에 이 기준 이하의 말더듬 대상자들의 비율을 결정하는 데 유용하다. 집중적인 스무스 구어 방식으로 치료를 받은 대부분의 아동들은 치료 직후에 2%SS 미만을 나타낸 반면에, 80% 이상의 아동은 경미하게 말을 더듬었다(즉, <1%SS). 그러나 12개월경에, 소수의 아동들이 이러한 매우 낮은 수준(4%만 <1%SS였고, 50% 미만은 <2%SS였음)에서 말을 더듬었다. 흥미롭게도 5년 후에, 말을 적게 더듬는 대상자의 비율은 상당히 증가했다(40% 이상은 <1%SS이고, 반면에 80%는 <2%SS였음). 덜 집중적인 스무스 구어 프로그램에서도 유사한 경향이 나타났다. 75% 이상의 아동들이 중재 직후 2%SS 이하였다(이들 아동의 60%는 <1%SS였음); 이 백분율은 12개월 후에 감소되었다(60%는 <2%SS, 36%는 <1%SS). 알려지지 않은 이유로, 덜 집중적인 프로그램 참가자들은 집중 프로그램 참가자들보다 12개월 후에 효과가 더 좋았다. 한 번 더, 아동들과 청소년들에서 50%는 매우 경미하게 말을 더듬고, 64%는 2%SS 이하로 5년 추적 점검 시까지 향상된 것으로 나타났다.

만약 2%SS를 재발 기준으로 본다면, 스무스 구어의 집중적인 형식에서 재발 비율이 20% 정도일 것이고, 덜 집중적인 프로그램에서는 재발 비율이 36%가 될 것이라고 할 수 있다. 그림 11.3은 부모들이 자녀가 치료 전 수준으로 재발했거나, 재발하지 않았거나(의미 있는 말더듬 없음), 여전히 말을 더듬지만 치료 전 수준만큼 높지 않은 것을 나타낸다. 응답한 부모 중 13%만이 자

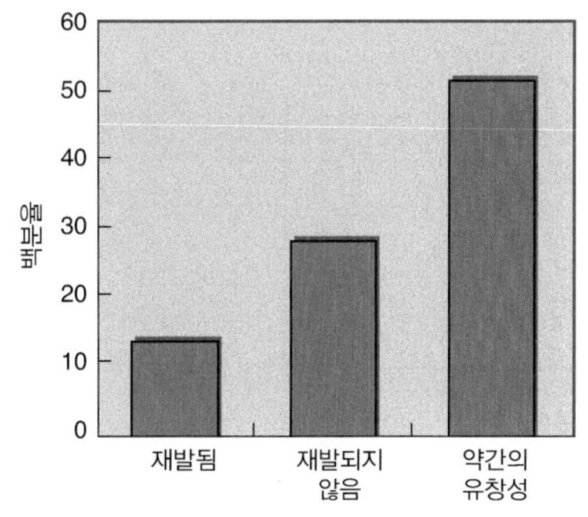

[그림 11.3] ■ 치료 후 평균 5년에, 자녀가 치료 전 수준으로 재발됨, 치료 후 전혀 재발되지 않음, 걱정할 만큼 심각하지는 않지만 약간 말더듬이 나타남 등으로 믿고 있는 부모들의 백분율[출처: Craig et al.(1996)과 Hancock et al.(1998)]

녀가 치료 전 수준으로 재발했다고 믿었다. 이는 2%SS 기준을 사용할 때 예상되는 재발 수준보다 더 낮은 재발 추정치이다. 하지만 부모들의 53%는 자녀가 치료 종료 후 5년 뒤에 약간의 말더듬을 보였다고 생각했다. 이러한 부모의 일부가 자녀의 말더듬을 재발을 나타낸 것으로 잘못 진단했을 가능성이 있다. 비록 그렇다 할지라도, 이러한 재발 비율은 만족스러운 것이다. 다른 곳에서 설명한 것처럼(Craig, 1998b), 이러한 재발 비율은 비만, 정신분열증, 약물 중독 등과 같은 많은 다른 문제에서 보이는 것만큼의 높은 비율은 아니다. 그렇긴 해도, 일단 나이든 아동들이 스무스 구어 치료를 받으면, 재발의 위험을 이러한 비율 이하로 감소시키려는 노력이 중요하다. 사실, 우리는 "재발-방지" 혹은 재발 후 치료라고 명명한 추가적인 치료들이 나이든 아동들의 재발 위험을 감소시키는 데 효과적이라고 주장해왔다(Craig et al., 2002; Hancock & Craig, 2002).

그림 11.4는 추가적인 재발 방지 치료가 재발했던 경험이 있는 청소년들 혹은 유창성을 유지시키는 데 어려움이 있는 청소년들에게 유용할 수 있다는 증거를 제공한다. 이 연구(Hancock & Craig, 2002)는 앞에서 보고한 첫 치료 프로그램에 참여하고, 치료 효과를 유지시키는 데 어려움을 겪고 있었던 12명의 청소년들에게 재발 방지 치료의 효과를 연구했다. 집단은 4명의 아동과 부모들로 구성되었고(즉, 적어도 각 집단마다 8명), 재발 방지 프로그램은 1주일에 두 번씩 2주 동안 실시했는데, 만약 치료 기술이 치료실 환경 밖에서 적절하게 전이되지 않고 일반화되지 않을 경우, 3주째에는 5번째 날을 선택하는 옵션이 있었다. 이 때 숙련된 임상가가 그 집단을 지도했다. 재발 방지 프로그램은 말더듬에서 유의한 감소뿐만 아니라, 추가적인 재발 치료 후에 2년 동안 구어 속도 및 구어의 자연스러움이 증가하여 성공적이었다. 재발 방지 프로그램은 첫 스무스 구어 프로그램과 비교했을 때 CBT 요소들(즉, 태도 변화 치료, 자기 관리 치료, 긴장 이완 치료)에 강력

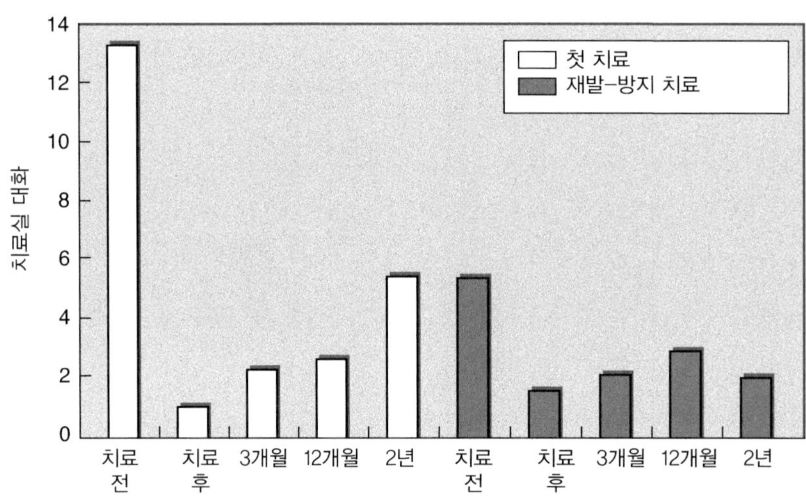

[그림 11.4] ■ 첫 치료 후 2~6년, 재발 방지 치료 후 2년까지의 치료실 대화에서의 평균 음절 말더듬 퍼센트(%SS) [출처: Hancock & Craig(2002)].

한 주안점을 두었다. Hancock과 Craig(2002)는 재발 방지 프로그램을 받고 얻은 구어 속도와 첫 프로그램 이후에 얻은 구어 속도를 비교했을 때 시간이 지남에 따라 구어 속도가 증가한 증거를 제공했다.

표 11.2는 재발-방지 프로그램이 재발의 위험성을 감소시키는 데 효과적일 수 있다는 더 많은 근거를 제공한다. 세 가지 "재발 기준"은 12명의 청소년들이 클리닉에서 대화, 전화, 자신들의 집에서 대화 등에서 재발을 얼마나 많이 경험했는지에 대한 추정치를 제시한다. 첫 프로그램 실시 2년 후에, 12명의 청소년 모두가 2%SS 이상이었는데, 이는 재발-방지 프로그램 실시 2년 후 12명의 청소년들 중 단지 1/4과 비교가 되었다. 12명의 청소년들 중 7명은 첫 프로그램(재발-방지 프로그램) 실시 2년 후 부적 의사소통 태도를 나타냈다. 재발-방지 프로그램 후 2년 동안에, 이 수치는 12명의 청소년들 중 5명으로 다소 감소되었다. 그러나 상당수의 청소년들이 재발-방지 프로그램 실시 후에 2%SS 미만의 말더듬 비율과 정상적인 의사소통 태도들을 성취한 결과에 만족스러워했다. 12명의 청소년들 중 아무도 첫 프로그램 실시 2년 후 정상적인 의사소통 태도를 성취한 사람은 없었고, 반면에 7명이 재발-방지 프로그램을 실시한 2년 후에 정상적인 의사소통 태도를 성취했다. 이는 복합적인 접근법(첫 프로그램과 재발-방지 프로그램/재발 치료)이 말더듬을 감소시키고 구어와 관련된 공포를 제거하는 데 장기적으로 매우 성공적일 수 있다는 매우 좋은 결과를 제시한다.

요약하면, 이 통제 실험 및 재발 방지 연구의 결과는 매우 만족스러웠다. 그 연구의 결과는 스무스 구어 및 CBT 프로그램에 참여한 나이든 아동 대다수가 말더듬과 불안 수준이 유의미하게 감소한 결과를 나타냈다. 더욱이, 그들의 구어 산출도 자연스러웠다. 이것은 스무스 구어 기법이 지속적인 발성(vocalization)보다는 오히려 연속적인 기류에 중점을 두고 가르치고, 또 참가자들에게 자신의 구어 산출에 대한 피드백을 제공했기 때문일지 모른다. 아동들은 또한 또래들의 일반적인 속도로 말했다(즉, 180~200SPM 범위). 게다가, 재발의 위험에 대해서는, 현재 장기적으로 재발 위험을 감소시키는 것으로 알려져 있는 재발 방지 프로토콜을 확립하고 있다. 이 임상 실험

〈표 11.2〉 첫 프로그램 및 재발 방지 프로그램에 대한 세 가지 재발 방지 기준을 사용하여 재발한 12명에 대한 백분율

사례	재발 기준				≤2%SS와 정상적인 의사소통 태도		
	>2%SS			부정적인 의사소통 태도			
N = 12	치료실	전화	가정		치료실	전화	가정
첫 치료 프로그램 이후 2년	100	100	92	58	0	0	0
재발 방지 프로그램 이후 2년	25	25	25	42	58	58	58

주: 세 가지 재발 방지 기준은 점수가 >2%SS; 부정적인 의사소통 태도; >2%SS, 부정적인 의사소통 태도였다[출처: Hancock & Craig(2002)].

에 대한 예상 밖의 긍정적인 결과는, 나이든 아동들의 유창성 형성 치료뿐만 아니라, 덜 집중적인 스무스 구어 형식과 가정 중심 스무스 구어 형식도 효과적인 것이 발견되었다는 것이다. 흥미롭게도, 가정 중심 스무스 구어/CBT 프로그램을 받은 많은 말더듬 아동들이 3개월, 12개월, 5년 후의 추적 점검에서 2%SS 미만의 말더듬 비율을 보였다. 아마 치료에 적극적인 파트너로 부모를 이용하는 것이 더 나은 결과를 만들어냈을 것이다. 어떤 경우에도, 이러한 차이는 크지 않았다. 관련된 두 가지 치료법에 대한 이러한 연구 결과들은 임상가들이 자신 있게 유창성 형성 프로그램을 특히 개별 환자의 선호에 따라 사용하는 방법을 변경할 수 있다는 대안을 제공한다.

스무스 구어 및 인지 행동 치료 프로그램의 실제적인 요구사항

치료 훈련

나이든 말더듬 아동 치료에 대한 특별한 본질을 고려해 본다면, 스무스 구어 치료를 사용하고자 하는 임상가는 말더듬 영역(특히, 말더듬 아동 및 청소년)에 관해 상당한 수준의 전문지식을 가져야 하고, 스무스 구어 및 CBT 프로그램의 구성요소에 관한 필요사항들을 잘 알고 있어야 한다. 분명히, 스무스 구어에서 훈련은 필수적이다. 스무스 구어는 아동이 지속적으로 사용해야 하는 하나의 기술이며, 만약 임상가가 스무스 구어 사용을 숙련하지 못한다면, 청소년이나 나이든 아동에게 스무스 구어를 성공적이고 적절하게 사용하는 것에 대해 가르치는 것이 어려울 것이다. 스무스 구어를 잘 가르치지 못하면, 나이든 아동은 부자연스러운 스타일로 말을 하게 되므로, 대화 상황에서 스무스 구어를 사용하는 것을 꺼리게 될 수 있으며, 결과적으로 치료 효과의 전이가 어렵고, 재발 위험이 높을 수 있다.

스무스 구어를 배우고 적용하는 것은 어렵지 않다(이 장 후반부의 기본 기술에 대한 설명 참조). 그래서 임상가들은 문서로 된 지시사항을 가지고 스무스 구어를 배울 수 있다. 그럼에도 불구하고, 임상가들에게 스무스 구어 치료 방식, 특히 지속적인 기류를 강조하는 스무스 구어를 사용한 경력이 있는 임상가로부터 훈련과 피드백을 받도록 권고한다. 스무스 구어를 사용하기 위한 지침은 관련된 비디오 클립을 통해 제공된다. 스무스 구어와 연장된 구어 간의 차이를 다시 한 번 언급하는 것이 중요하다. 임상가들은 여전히 지속적인 발성을 강조하는 연장된 구어를 사용하는 것이 가능하다. 이 장의 저자들의 관점은 그러한 치료법이 유행에 뒤떨어지는 유창성 형성 기법으로 여겨져야 한다는 것이다. 말을 더듬고 연장된 구어를 배우는 많은 사람들은 지속적인 발성에 특별히 중점을 둠으로써 그것을 유지하는 데 실패하는데, 그 이유는 그들이 비정상적이고 불분명한 발음에 신경을 쓰는 경향 때문이다(Craig & Calver, 1991). 여전히 지속적인 발성을 강조하던 스무스 구어의 개발 초기(1970년대 중후반)에, 임상가들이 공개적으로 특정 기술을 사용하는 것을 우려하는 소리를 흔히 들을 수 있었다. 연장된 구어는 무성음의 산출을 심하게 왜곡할 수 있고, 매우 이상한 소리를 내는 구어 방식을 만들 수 있어서, 종종 단조롭고 지루한 구어 스타일을 만들어낼 수도 있을 것이다. 이를 피하기 위해, 우리는 임상가들이 스무스 구어를 교육받도록 권고한다. 나이든 말더듬 아동들을 치료하기 위해 스무스 구어와 함께 CBT를 사용하는 것을 지지하는 가장 이용가능한 근거를 주자면(Craig et al., 1996), CBT 방법을 훈련받지 않은 임상가들은 인지 행동 기법들의 훈련도 받아야 한다는 것이다. CBT는 많은 장애군에서 그 효과에 대한 강력한 근거가 있고(Hersen, 2002), 많은 CBT 훈련 워크숍을 이용할 수 있다. 대안적으로, 언어 치료사는 스무스 구어와 CBT 프로토콜을 함께 적용하는 것을 도울 수 있는 임상심리학자와 공동 연구를 신중하게 해야 할 것이다(Craig, 2003). 또한 임상가들은 지원적이고 전문가적인 방법으로 치료에서 상호작용하는 것이 매우 중요하다. 나이든 말더듬 아동(그리고 아동의 가족)과의 긍정적인 관계는 성공적인 치료 결과를 성취하는 데 매우 중요하다.

소요 시간

말더듬은 만성적인 문제이기 때문에, 말더듬을 관리하기 위해서는 집중적인 치료가 필요할 것이다. 특히 나이든 아동, 청소년, 성인들은 부적절하게 학습된 반응들을 없애는 것이 매우 어렵기 때문에 집중적인 치료가 필요하다. 더욱이, 스무스 구어의 목적상, 스무스 구어는 다른 많은 말더듬 수정 프로그램들보다 좀 더 시간 집약적인 프로그램일 것이다. 역사적으로, 성인용 스무스 구어/CBT 프로그램 프로토콜은 추적 점검을 하지 않고, 연속 3주에 걸쳐 실시되도록 계획되었다(Craig, Feyer, & Andrews, 1987). 나이든 아동들과 청소년용 스무스 구어/CBT 프로그램은 소요 시간을 주요하게 고려하도록 계획되었다. 임상 현장에서 임상가가 사용하지 않는 치료법의 효과성을 연구하는 것은 시간이 많이 소요되기 때문에 의미가 없을 것이다. 연속 5일 동안 실시하는 집중적인 치료가 수용할 만한 타협안을 제공한 것이라고 생각되었다. 비록 5일이란 기간은 많은 임상가들이 조정하기에 여전히 어려울 수 있지만, 더 적은 날로 프로그램을 계획하는 것은 효과성을 감소시키는 결과를 초래할 수 있다. 그럼에도 불구하고, 만약 연속 5일간의 집중적인 스무스 구어 치료 소요 시간이 너무 길다면, 부모들을 치료에서 역할을 수행할 수 있도록 훈련시켜서, 덜 집중적인 구조로도 효과를 볼 수 있다는 증거가 있다(Hancock et al., 1998). 가정 중심 스무스 구어 프로그램은 시간이 덜 소요되도록 계획되었으며, 5주에 5일을 필요로 한다. 이 형식이 바쁜 임상 현장에서 일하는 임상가가 사용하기에 더 적합할 것이다. 비록 연속 5일 혹은 5주에 5일이라는 시간을 할애한다는 점에서 어려움이 있지만, 이 치료법이 잠재적으로 가지는 유의미한 향상들은 치료에 소요되는 시간의 어려움 이상으로 훨씬 더 클 것이다.

스무스 구어/인지 행동 치료 프로그램에 필요한 자료

스무스 구어 및 CBT 프로그램들은 첨단 기술(high-end technology)을 필요로 하지 않는다. 그러나 어느 정도의 자료들과 장비가 필요할 것이다.

1. 구조화된 평가 회기들을 실시하기 위한 특수화된 장비가 개인 혹은 6명까지 구성된 집단을 평가할 때 필요하다. 과거에는 기

계적 평가 장치들이 각 대상자가 말한 음절, 더듬은 수, 말한 시간 등의 온라인 측정을 촉진하기 위해 사용되었는데, 이 데이터는 %SS와 SPM을 결정하는 데 필요하다. 현재는 휴대용 장치들[예: True Talk(http://www.synelec.com.au/synergy/home.html), Chopper(http://www.chop.edu/consumer/jsp/division/generic.jsp?id = 79351)]과 컴퓨터 소프트웨어는 평가 회기를 실시하는 데 이용가능하다. 임상가들은 이 장비를 성공적으로 사용하여 음절과 말더듬을 정확하게 계수하기 위해 훈련하는 데 참가할 필요가 있다. 보통, 치료 전후뿐만 아니라, 치료 후 장기적인 결과를 결정하기 위해 상당한 기간 이후에 %SS와 SPM을 평가하는 것이 바람직하다. 이 평가는 대상자들의 대화적 구어를 사용하여 실시할 수 있다. 대상자들이 말할 때 온라인 상태에서 평가하거나 혹은 대상자들의 구어를 녹음했다가 오프라인 상태에서 평가하는 방법을 사용한다. 치료 결과를 결정할 때 %SS와 SPM을 사용하기 때문에, 이러한 측정들을 부정확하게 기록하면, 치료 결과에 부정적인 영향을 줄 수 있다.

2. 시청각 피드백 장비. 피드백의 특성 때문에, 임상가들은 시청각 테크놀로지에 대한 지식을 가질 필요가 있다. 임상가가 각 대상자들을 평가할 수 있고, 각 아동이 자신의 대화뿐만 아니라 다른 대상자들의 대화도 정상 및 유창성에 대해서 평가할 수 있도록 피드백 평가 양식을 개발할 필요가 있다. 그러한 양식지의 예는 부록 11.1에 제시했다. 시청각적 회기 동안에 대상자들은 자신들과 다른 대상자들을 평가한다. 이 평가지는 4명의 대상자가 평가할 수 있도록 치료실에 비치되어 있다. 임상가들도 또한 각 대상자들을 평가하고, 대상자들은 자신들이 평가한 것과 임상가의 평가를 비교한다. 이 피드백 평가지에는 대상자들이 그들 스스로 사회적으로 수용할 수 있는 방식(예: 얼굴 표정, 긴장, 눈 맞춤, 구어 속도, 개별적인 집단 구성원들과 관련 있어 보이는 다른 특징들을 모니터하기)의 사회적 기술을 나타내었는지에 대한 측면들도 포함되어야 한다.

3. 대상자들은 치료의 전이, 등급화된 노출단계(graded exposure phase)에서 자신의 대화를 녹음하기 위해 소형 휴대용 디지털 혹은 테이프 녹음기들이 필요할 수 있다. 대상자들은 유창성(혹은 말더듬), 구어 속도, 자연스러움 등의 측면에서 자신의 대화의 질을 평가할 수 있는 것이 중요하다. 이는 대상자들이 자신의 약점을 강조하고, 약점을 극복할 수 있는 전략들을 논의할 수 있게 한다. 만약 임상가들이 이러한 대화를 듣기를 계획한다면, 추가적인 녹음/재생 장비들이 필요할 것이다. 과제 평가 방식들은 아동이 자신들의 대화를 평가하는 데 필요하다(그림 11.5).

4. 대상자들과 부모들이 치료의 여러 단계(국면)들을 철저하게 이해하기 위해서, 대상자들과 부모들에게 치료 매뉴얼들을 나누어주는 것이 필요할 것이다(Craig, 1998a; 이메일 주소: feedbackent@internode.

on.net). 임상가들은 매뉴얼에 있는 프로토콜에 익숙해질 필요가 있다.

5. 불안 및 의사소통 태도와 같은 구조들을 평가하기 위해서는 심리학적인 설문지에 대한 접근이 필요할 것이다. Spielberger 등(1970; 1983)의 Trait/State Anxiety(아동 및 성인용), McNair, Lorr, Droppleman(1971)의 Profile of Mood States와 같은 기분 상태 설문지, Brutten와 Dunham(1989)의 Communication Attitude Test, Revised Children's Manifest Anxiety Scale(Reynolds & Richmond, 2000) 혹은 Social Phobia and Anxiety Inventory for Children(Beidel, Turner, & Morris, 2000)와 같은 아동용 사회적 불안 설문지, Adult Manifest Anxiety Scale(Reynolds, Richmond, & Lowe, 2003) 혹은 Social Phobia and Anxiety Inventory(Turner, Beidel, & Dancu, 1996)와 같은 성인용 사회적 불안 척도 등을 자주 사용한다.

스무스 구어 및 인지 행동 치료 프로그램의 핵심 요소

스무스 구어의 특징

스무스 구어가 두 가지 프로그램 모두의 기본 기술임을 감안할 때, 임상가가 스무스 구어의 특성을 체계적이고 종합적으로 이해하는 것이 매우 중요하다. 스무스 구어 기술은 어구들을 말하는 동안에 증가된 기류(예: 10% 이상 더 많이 말하기)를 배출시키기 위해 요구되는 규칙적인 호흡 패턴을 참가자들이 개발할 수 있도록 허용하고, 대부분의 사람들(일반적으로 160~200SPM 범위)보다 조금 더 천천히 말하며, 어구들 사이에 규칙적인 쉼을 포함하는 예측가능한 패턴으로 말하게 한다. 스무스 구어는 자발적 구어와 다르기 때문에, 스무스 구어를 사용하고자 하는 사람들은 스스로 기본 기술을 사용해야 한다. 스무스 구어를 사용하고자 하는 나이든 아동들이 겪어야 할 과제는 모든 사회적 상황에서 자신의 구어를 모니터하고 조절하는 것이다.

스무스 구어의 특성들은 thePoint 사이트에서 비디오 클립 3을 참조하라.

스무스 구어의 특성들은 다음과 같다.

1. 말을 하는 동안에 기류가 증가한다. 속삭일 때 말더듬이 거의 사라지기 때문에, 스무스 구어 기술들은 참가자가 자신이 말을 하는 동안에 계속해서 기류를 증가시키는 것에 대해 생각하도록 한다. 이것을 배우는 간편한 방법은 말이란 목소리를 순조롭게 하여 속삭이는 것이거나, 순조롭게 속삭이면서 말하는 것이라고 생각하는 것이다. 말을 시작할 때와 말을 계속할 때 지속적으로 나오는 기류는 말을 다하는 동안에 기류에서 끊어짐이 없음과 관련된다. 이것을 잘 하기 위해서는 파열음(예: b, p, t, d, g, k)과 일반적으로 적은 기류를 필요로 하는 음들(예: 모음)을 말할 때 주의해야 한다. 모든 단어와 음에서, 말더듬 아동은 자연스러운 음에 가능한 한 가깝게 조음하면서, 평소보다 더

많은 기류로 음을 산출하는 방법을 배워야 한다. 산출한 기류의 양은 정상적으로 말할 때 요구되는 양보다 약 10~15% 더 많아야 한다. 더욱이, 스무스 구어는 부드러운 시작(gentle onsets)(즉, 말을 시작할 때 계속적인 기류)을 강조한다. 모든 말은 속삭이

과제 실시일	06년 6월 9일	06년 6월 10일	06년 6월 11일
구어 상황	가정	가정	가정
대화 상대	어머니	아버지	아버지(반복 실시함)
기류의 질 (매우 좋음/좋음/기류 부족)	좋음	좋음	좋음
구어 속도 (매우 빠름/적당함/매우 느림)	적당함(160SPM)	매우 빠름(220SPM)	적당함(180SPM)
어구(phrasing)[1] 및 쉼(pausing)의 질 (주로 있음/있음/거의 없음)	있음	있음	있음
자연스러움 (매우 자연스러움/자연스러움/부자연스러움)	자연스러움	자연스러움	자연스러움
이완 정도 (매우 이완됨/이완됨/긴장됨)	이완됨	긴장됨	이완됨
말더듬 출현 수	목표: 3 실제: 1	목표: 3 실제: 5	목표: 3 실제: 2
말한 시간	5분	5분	5분
통과 여부: 예/아니오	예	아니오	예
추후 과제에서 다루기 원하는 것	어구/쉼의 질 개선	기류의 질 개선, 이완, 구어 속도를 더 느리게 하기	기류의 질 개선, 말더듬 빈도 감소시키기

[그림 11.5] ■ 말더듬 치료를 받았던 9세 아동의 3개의 과제 평가를 위해 과제수행의 질을 평가하는 데 사용된 자기 평가 양식의 예시. 환자는 과제 2에서 통과하지 못했고, 그 다음 날에 그 과제를 반복하여 성공적으로 수행함[출처: Craig(1998a)].

1) 역주: 어구(phrasing)란 두 개 단어를 이어서 말하는 것.

는 것으로 시작하는 것처럼, 추가적인 기류로 시작해야 한다. 표 11.3은 나이든 아동에게 제공할 수 있는 일반적인 조언을 제시한 것이다.

2. 말은 어구-쉼-어구-쉼-어구-쉼의 구조로 구조화되어 있다. 이러한 구조화는 화자가 자신의 말을 예상하고 관리할 수 있게 하는 구조를 제공한다. 말을 하는 내내(동안에는) 기류가 수반되며, 1~2초 길이의 쉼으로 말이 분리된다. 이 1~2초 쉼은 구어 운동 능력을 증진시키는 수단으로 화자에게 짧은 쉼을 제공한다. 표 11.4는 아동에게 제공할 수 있는 일반적인 조언을 제시한 것이다.

비디오클립 4는 환자가 증가되고 지속되는 기류를 사용하여 어구를 연결시키는 것을 학습하는 것을 보여준다.

3. 입술, 목구멍, 가슴 주변에서 근긴장이 감소된다. 이는 얼굴, 가슴, 목 부위를 의식적으로 이완시켜 성취하거나 이러한 부위들의 긴장을 줄이기 위해 간단한 근육 단련 운동(isometric exercises)을 함으로써 성취한다. 근육 단련 운동은 5초간 근육을 조이고, 유지시키고, 그런 다음 긴장을 전부 풀고, 긴장이 빠지는 것을 느끼는 것을 포함한다(Craig, 1998a). 필요하다면 이를 반복할 수 있다. 말더듬인들은 또한 근긴장 바이오피드백을 사용해서 근긴장을 조절하는 것을 배울 수도 있다(Craig et al., 1996; Craig, 1998a). 표 11.5는 이러한 특징을 성취하기 위해 아동에게 주어지는 일반적인 조언을 제시하고 있다.

〈표 11.3〉 스무스 구어와 CBT 프로그램 참가 아동들에게 주는 일반적인 기류에 대한 조언

단어나 구를 말할 때, 먼저 숨을 내쉬는 것으로 시작해야 하고, 단어나 구를 다 말할 때까지 숨을 계속 내쉬어야 한다. 만약 숨을 멈춘다면, 당신의 구어는 무 자르듯이 동강나게 되고, 부드럽지 않을 것이다. 모든 단어들이 같이 흘러나와서 "한 개의 긴 단어"가 되도록 어구를 발음하라. 자연스러운 소리가 나도록 유지하라; 즉, 구어를 할 때 자연스러운 변화를 사용하라.
모음과 같은 일부 음(a, e, i, o, u)들이 산출될 때는 기류가 적기 때문에, 그 음들을 낼 때에는 좀 더 많은 호흡으로 시작할 필요가 있을 것이다. 우리는 "h" 음(부드러운 기류)으로 시작하는 것을 제시한다. 그와 같은 모음(특히 구어 시작에서)을 시작하기 전에 "h" 음을 사용하여 그 단어를 부드럽게 하면, 그 상태를 유지한다. 한 예를 들겠다: 다음의 어구들을 시작하기 전에 "h"음을 넣어라: "Ah-are-you," "h-I-am." 시작할 때와 어구를 말하는 동안에, 숨을 내쉬는 것을 확인하면서, 다음의 어구를 할 수 있는 한 천천히 말하라: "h-I want-to-go-to-the-beach."
어구가 자음으로 시작할 때, 공기가 혀, 입술, 이, 구개 사이에서 빠져나오는 것을 확인하라. 또한 혀, 입술, 턱은 떨리지 않고, 부드럽게 움직여야 한다. 많은 기류로 다음의 단어들을 천천히 말하라: "me", "we", "you", "no", "ray", "lie", "show", "say", "zoo", "far", "van", "thing", "they".
"b"와 "p", "d"와 "t", "k"와 "g"와 같은 파열음은 입에서 공기를 잡았다가, 파열하는 식으로 나오게 하면 산출된다. 스무스 구어를 하려면 공기의 흐름을 끊었다가 나오게 하기보다는 공기가 새는 듯하게 이런 음들을 내야 한다. 이러한 글자들을 말하는 두 가지 방법들 간의 차이를 알아보라.

출처: Craig(1998a).

〈표 11.4〉 스무스 구어 및 CBT 프로그램 참가 아동들에게 주는 어구-쉼-어구에 대한 일반적인 조언

스무스 구어를 하려면 어구를 말하는 동안에 지속적으로 기류를 사용해야 한다. 또한 그 어구들 사이에 일정한 쉼이 있어야 한다. 많은 양의 기류를 가지고 매우 느리고 짧은 쉼을 하기 위해 규칙적으로 멈추면서 다음의 글을 말하라.
I-want-to-go[쉼]to-the-beach.[쉼] Would-you-like-to-come-also?[쉼] I-want-to-go-early.[쉼] How-about-tomorrow-morning?[쉼] And-we-should-bring[쉼] some-food-lunch[쉼] and-some-money[쉼] so-we-can-buy-dinner.

출처: Craig(1998a).

4. 말하는 동안에 억양을 변경한다. 억양의 자연적인 변화를 권고해야 하며, 단조로운 구어는 권하지 않아야 한다. 또한 말더듬인에게 자연스럽게 강세를 두는 방법을 가르쳐야 한다. 표 11.6은 아동에게 주어지는 일반적인 조언을 제시한다.

스무스 구어를 가르칠 때, 스무스 구어가 다음에 제시된 것이 아님을 강조하는 것이 중요하다.

1. 느린 구어(slow speech). 구어의 속도를 늦추는 것은 아동이 스무스 구어를 배울 때 중요하다. 그러나 느린 구어와 스무스 구어가 서로 다른 기술이라는 것을 알려줘야 한다. 아동은 사회에서 용인되는 정상 속도(약 200~240SPM)보다 더 느린 구어 속도(160~200SPM)로 좀 더 느린 구어를 사용하는 것이 중요하다. 느린 구어도 역시 배워야만 하는 독립적인 기술이라는 것을 강조해야 한다.
2. 연장 구어(prolonged speech). 어구를 산출하는 동안에 지속적인 발성(vocalizing)을 하면, 진동의 양상을 감각적으로 느낀다. 더욱이, 연장된 구어를 하면, 결과적으로 단음도로 소리 나는 구어를 산출하게 되어 말더듬을 감소시킬 수 있다. 그러나 단음도 구어는 사회에서 용인되기 어렵기 때문에 사용될 수 없다. 우리는 지속적인 발성을 유도하기보다는 지속적인 기류를 필요로 하는 스무스 구어의 사용을 지지한다.
3. 자발적 구어(spontaneous speech). 정상적으로 산출된 구어(자발적 구어)와 스무스 구어 사이를 구별하는 것도 중요하다. 자발적 구어는 어떤 특정한 패턴이나 조절 없이 산출된다. 스무스 구어는 조절된 구어(기류 + 쉼)이며, 일반적으로 좀 더 느린 구어(160~220SPM)와 결합된다.

〈표 11.5〉 스무스 구어와 CBT 프로그램 참가 아동들에게 주는 구어 근육 긴장에 대한 일반적인 조언
얼굴과 목 주위의 근육을 조이고, 5초간 유지하는 연습을 한다. 긴장이 천천히 사라지게 한다. 그 느낌이 얼마나 더 편안한지 느낀다. 스무스 구어를 사용하여 연습할 때는 말을 하기 전에 이렇게 한다. 그러면 말더듬이 크게 감소할 것이다.

출처: Craig(1998a).

〈표 11.6〉 스무스 구어 및 CBT 프로그램 참가 아동들에게 주는 자연스러움에 대한 일반적인 조언
이제 동일한 톤으로만 말하려고 해보라. 그 소리가 정말로 이상하지 않은가? 당신은 말할 때 여러 가지 범위의 톤을 사용하는 것을 배워야만 한다. 이제, 당신이 할 수 있는 한 최대로 높은 톤으로 말해라. 이제는 당신이 할 수 있는 가장 낮은 톤으로 말해라. 높은 톤으로 시작하여 낮은 톤으로 끝내는 동안 기류를 천천히 내면서 다음의 어구를 말해라. 그런 다음, 낮은 톤으로 시작하여 높은 톤으로 끝내도록 말해라. 그 소리들이 정상적이라는 것을 확인하라.
"I-am-going[쉼]to-the-beach-tomorrow."
얼마나 자연스럽게 소리가 나는지를 녹음해서 들어보라. 공기를 부드럽게 해서 시작했는가? 그리고, 어구를 말하는 내내 기류가 있었는가?

출처: Craig(1998a).

스무스 구어를 언제 사용하는가?

유창성 형성 기법들은 참가자들이 지속적으로 그 기술들을 사용하도록 요구한다. 그래서 유창성 형성 기법의 사용은 말더듬인의 말더듬 심한 정도, 연령, 치료와 연습이 가능한 시간, 유창성 기술을 사용할 수 있는 개인의 능력, 전체적인 유창성을 위한 우선순위, 말더듬에 대한 공포를 느끼는 정도 등과 같은 요인들에 의해 결정될 것이다. 유창성 형성 기법으로 배운 스무스 구어는 말더듬인에게 가능한 한 많이 사용하도록 요구한다. 이는 초기에 집중 치료가 필요한 이유이다. 유창성 형성 기법은 치료를 마친 후 첫 해에 지속적인 모니터링과 규칙적인 추적 점검 세션들을 요구한다는 점에서 매우 부담스러운 것이 문제이다. 그러나 매우 심한 말더듬인들에게는 유창성 형성 기법이 말더듬을 감소시키는 데 매우 성공적인 기법일 수 있다. 또한 이 기법은 유창성과 높은 수준의 노력을 최우선순위로 요구할 것이다.

어떤 사람의 말더듬이 매우 경미하거나(예: <2%SS), 집중적인 치료를 원하지 않거나 스스로 지속적으로 스무스 구어를 사용하고자 하지 않는 경우에, 말더듬 수정법을 사용할 수 있다. 이 접근법에서는 말더듬인이 스스로를 말을 더듬을 위험이 있다고 생각할 경우에만 스무스 구어 기술을 사용하는 것이 필요하다. 예를 들면, 그들은 자신이 말을 더듬는다고 말하고 생각할 때 말더듬을 최소화하거나 예방하도록 말더듬 수정법을 사용할 수 있다. 예를 들면, 그들은 속도를 늦추거나 멈추고, 기류를 증가시켜서 시작하고, 부드럽게 말하고, 자신이 말을 더듬을 위험이 감소하는 것을 느낄 때까지 그 순간에 근육의 긴장을 감소시킬 수 있다. 이 접근법은 매우 성공적일 수 있다. 때때로 말더듬을 신경 쓰지 않는 사람과 자신의 전체 구어 패턴을 변경할 준비가 되어 있지 않은 사람은 이 접근법을 선호할 것이다. 단지 경미한 말더듬을 나타내거나 말더듬을 지나치게 걱정하지 않는 나이든 아동들을 위해서는 말더듬 수정법을 치료법으로 선택할 수 있다. 이 치료법의 또 다른 장점은 많은 치료 시간을 필요로 하지 않는다는 것이다(예: 이 기법은 집중적인 방식보다는 매주 한 시간 동안의 세션으로 치료할 수 있다). 이 치료법은 이와 같은 접근법이 그 사람의 요구를 충족시키는지를 확인하기 위해 그 사람의 진전 과정을 모니터하는 것이 중요하다.

바른 호흡법

임상가는 스무스 구어를 사용할 때 호흡 조절에 대해 토의하는 것이 중요하다. 호흡 조절에 대해 토의하는 것은 성공적인 치료를 촉진할 수 있고, 말더듬인이 이완될 수 있도록 도울 수 있다. 호흡은 너무 깊거나 너무 자주 하지 않지만, 충분해야 한다(예: 분당 약 10회의 호흡을 함). 표 11.7은 환자에게 호흡 조절을 실시할 때 적용할 수 있는 몇 가지 제안사항이다.

인지 행동 치료법의 가치

CBT 기법은 행동을 변화시키는 데 효과적인 것으로 알려진 가치 있는 전략들을 제공한다(Craig,

〈표 11.7〉 호흡 조절에 대한 조언

몇 가지 호흡 운동을 해보세요. 이 운동을 통해서, 숨을 항상 코로 들이쉬고, 입으로 내쉬세요. 너무 많은 공기를 들이마시지 말고, 그저 천천히, 편안하게 호흡하세요. 똑바로 서서 두 손의 손가락 끝을 흉곽 아래에 대세요. • 숨을 확 내쉬면서, 쉼 호흡을 하세요. • 숨을 들이마시세요(속으로 3까지 세세요). • 숨을 내쉬세요(속으로 3까지 세세요). • 공기를 모두 내쉬세요. • 숨을 들이마시세요(속으로 3까지 세세요). • (속으로 4까지 세면서) "아"라고 말하면서, 숨을 내쉬세요. • 공기를 모두 내쉬세요. • 숨을 들이마시세요(속으로 3까지 세세요). • 1, 2, 3, 4라고 말하면서 내쉬세요.

출처: Craig(1998a).

Feyer, & Andrews, 1987). CBT는 일반적으로 성취 가능한 행동 목표들을 우선순위 매기고, 치료 기술과 인지 행동 목표들에 대한 정기적인 평가를 확립하기 위해 설계된 기법들을 포함한다. 또한 CBT 기법은 보상/반응 대가-기반 시스템(cost-based system)을 개발함으로써 동기를 증가시키고, 불안과 심리적 흥분과 같은 인지적 문제들을 다루기 위한 태도 변화 기법을 실시하기 위해 설계된다. 예를 들면, 행동 및 태도 변화 기술을 강화하기 위해, 보상 스케줄과 행동적 과제를 사용한다. 가장 중요한 것으로, CBT는 클리닉 밖에서의 변화와 장기간의 변화를 향상시키기 위해 전이, 일반화, 유지 절차 등을 사용한다(Hersen, 2002).

스무스 구어 및 인지 행동 치료 프로그램

표 11.8은 집중적인 스무스 구어와 CBT 프로그램에 결합되어야 할 필수적 구성요소들을 나타내고 있다. 그 프로그램의 자세한 부분은 다른 곳에 설명되어 있다(Craig, 1998a; Craig et al., 1996; Hancock et al., 1998).

평가

처음에 나이든 아동이나 청소년을 적절하게 평가하는 것은 필수적이다. 자세한 사항은 이 장의 다

〈표 11.8〉 표 11.8 CBT 기법들과 결합한 1주용 스무스 구어 집중 유창성 형성 프로그램에서 사용된 구성요소

사전 평가, 사후 평가, 및 장기 치료 평가(치료 전, 치료 후, 치료 후 최소 3개월)
- 말더듬의 심한 정도에 대한 행동 평가(%SS, SPM, 자연스러움)
- 다양한 상황들에서 의사소통 태도 평가(예: CAT-R)
- 다양한 상황들에서 불안(특성 불안, 상태 불안, 사회적 불안) 평가(예: Spielberger State/Trait Anxiety Scales)

스무스 구어 훈련(3일 연속)
- 말더듬과 스무스 구어에 대한 교육
- 4~5명의 집단에서 3일 동안의 스무스 구어 평가 회기
- 평가 회기에서 느린 속도에서 시작하여 정상 속도까지 구어 속도를 점진적으로 증가
- 평가 회기에서 유창성 및 대화적 기술에 대한 피드백과 모델링
- 자연스러운 구어 산출을 보장하기 위한 시·청각적 피드백 회기
- 성공적인 과제에 대한 보상
- 매일의 치료 후 느린 속도로 스무스 구어를 사용하여 가정에서 밤에 연습하기

유창성 기술들의 전이 및 일반화(2일 연속)
- 구어 과제들의 난이도를 위계적으로 등급화하기(쉬운 것에서 어려운 것으로)
- 평가 목적용으로 만든 구어 과제 테이프
- 과제 문제들에 성취에 대한 자기 평가 및 임상가의 피드백
- 성공적인 과제에 대한 보상
- 자세 조절(attitude control)과 이완 기술과 같은 부가적 기술 학습하기
- 오전과 오후에 짧은 평가 회기를 통해 스무스 구어 기술 강화하기

유지 및 장기 후속 점검
- 치료실에서 시작하여 가정 환경으로 확대되는 구조화된 유지 절차
- 가족 및 친구들이 제공하는 사회적 지원 전략
- 자조 및 자기 조절 기술과 같은 재발 방지 치료 기술 학습하기

출처: Craig et al.(1996)과 Hancock et al.(1998).

음 섹션에 제시되어 있다. 다양한 상황에서 최소한의 %SS, SPM, 자연스러움 등을 사용하여 말더듬의 심한 정도를 평가할 필요가 있다. 이러한 측정들을 하기 위해서는 아동의 구어를 오디오나 비디오로 녹화해야 한다. 클리닉이나 가정, 전화 상황 등과 같은 어떤 상황들과 연관된, 만성적 불안 및 사회적 불안과 상태 불안 등과 같은 특징들을 평가하는 것도 중요하다. 또한 의사소통 태도를 평가하는 것도 중요하다. 개인에게 실시한 중재가 얼마나 효과적이었는지를 결정하기 위해, 모든 측정들을 최소 2번(중재 시작 직전과 중재 직후) 실시한다. 또한 중재 기술들이 유지되는지를 확인하기 위해 최소 6~12개월의 기간 후에도 그 참가자들을 평가해야 한다.

스무스 구어 훈련

집중적 프로그램의 첫 3일 동안에, 참가자들은 말더듬과 스무스 구어의 특성에 대해 간략하게 교육을 받는다. 그 후에, 참가자들은 구조화된 대화 상황에서 스무스 구어 기술들을 훈련받기 시작하고, 임상가들은 3일 동안(예: 오전 9시~오후 4시)에 걸쳐서 유창성 평가 회기들을 실시한다. 한쪽 부모나 가족 구성원이 이러한 회기들에 참가할 것과 4~5명의 참가자로 집단을 구성할 것을 권고한다. 참가자들은 평가 회기들에서 매우 느린 속도(대략 50SPM)로 시작하면서 말더듬 없이 말하는 것을 배운다. 참가자들이 스무스 구어를 사용하는 동안에 (말더듬 없이) 유창하게 말할 수 있다면, 참가자들의 진전에 따라 5~10SPM의 단계로 더 빠른 구어 속도로 진행하도록 한다. 참가자들이 특정한 속도에서 유창성을 유지하는 데 어려움이 없다면, 10SPM의 단계들을 진행할 수도 있다. 그러나 참가자들이 더듬는다면(더듬어서 그 단계를 다시 해야 한다면), 5SPM의 단계들로 진행하는 것이 길게 봤을 때 더 효과적일 것이다. 느린 구어 이외에, 참가자들에게 말하는 동안에 기류의 양을 증가시키고, 느린 속도로 음절들을 연장하도록 요구한다. 참가자들에게 숨을 내쉬고 구어 속도를 조절하면서 말을 하도록 훈련을 시키고, 치료사의 구어 모델을 제시하는 동안에 쉽고 이완된 호흡으로 호흡 조절을 하는 것에 대해 지도한다. 스무스 구어의 또 다른 기본적인 특징은 부드러운(gentle) 시작과 끝냄의 사용이다. 이것은 참가자들이 기류로 말을 시작하고 부드러운(soft) 조음 접촉을 사용하는 것을 포함한다. 더욱이, 어구-쉼 구어 패턴(phrase-pause speech pattern)을 가르친다. 따라서 어구를 끝낼 때는 가벼운 끝냄으로 쉼을 하는데, 이것은 조절된 호흡 패턴을 발전시키는 동안에 근육 긴장을 감소시키는 역할을 하고 자연스러운 호흡법을 보충할 수 있을 것이다.

세션들은 단음도로 독백을 함으로써 매우 좌절한 각 아동이 약 5분 정도 말하는 것을 포함하고 있다. 이러한 평가 세션들을 즐겁게 실시하기 위해, 임상가들은 재미있는 활동을 만들기 위해 집단으로 할 수 있는 다양한 게임(예: 보드게임, 카드게임)을 사용하여 세션 동안에 말하는 것을 자극하도록 권고한다. 나이든 아동이나 청소년에게도 너무 빠르거나 느리지 않은 구어 속도를 사용하고 단음도와 독백 스타일로 말하는 것이 아닌 사회적으로 수용할 수 있는 방식으로 말하도록 요구한다. 평가 세션에서 참가자들에게 수용가능한 말하기 스타일을 설명하고 모델을 보여주는 것은 임상가의 책임이다.

대화 세션 이외에도, 그 집단이 말하는 속도로 말하는 동안에, 특별한 비디오 자기 평가 세션을 3일 동안에 규칙적인 간격(하루에 2회씩이 최적)으로 실시한다. 스무스 구어를 사용하여 말하는 동안에 그 집단의 구성원들을 계속 녹음하며, 그 후에 각 아동에게 피드백을 제공하기 위해 그 녹음 자료를 재생한다. 모든 집단 구성원들은 피드백을 제공할 기회를 가지며, 모든 구성원들은 자신의 성과에 대해 피드백을 받는다. 임상가들도 피드백을 제공한다. 평가할 구성요소에는 유창성의 질, 기류의 양, 자연스러움, 수용가능한 대화 스타일, 구어 속도 등과 같은 요소들이 포함된다.

비디오 클립 5는 정상 속도로 스무스 구어를 사용하고 있는 10대의 예를 보여준다.

대상자들의 동기를 증가시키기 위해서, 각 평가 회기를 성공적으로 완료한 후에 즉각적이지만 적은 재정적 보상을 후속자극으로 줄 수 있다. 성공적인 완료란 5분 동안 전혀 말을 더듬지 않고, 수용할 수 있는 말하기 스타일, 목표 속도로 말하기 등으로 정의한다. 스무스 구어 기술을 강화하기 위해서, 대상자들에게 평가 회기 후에 매일 밤마다 가정 환경에서 가족 구성원과 함께 구어 과제를 완료하도록 요구한다. 그들에게 매일 하루를 마무리할 때 그들이 완료한 구어 속도로 말하도록 요구한다. 그래서, 예를 들면 그들이 첫 날 80SPM에 도달하면, 그들은 가정에서 이 속도로 과제를 완료할 것이다. 각 과제는 대상자가 가정에서 유창성을 어떻게 유지하는가 하는 관점에서 그 다음날 임상가와 함께 논의하고 평가한다.

요약하면, 참가자들이 수용할 수 있는 대화 기술을 가지고 스무스 구어를 사용하는 동안에 여러 세션을 말을 더듬지 않고 마쳤다면, 그들은 그 프로그램을 통해 진전을 보인 것이다. 치료사는 이러한 여러 세션에 걸쳐 참가자에게 적절한 구어를 모델로 제시하고 형성한다. 사회적 수용성(social acceptability)을 강화하기 위해, 수행(성과)에 대한 비디오 피드백을 하루 동안 일정한 간격으로 제공한다. 스무스 구어에 대한 바람직한 목표는 어구를 말하는 동안 지속적인 기류로 내는 정상 속도와 그때 자연스럽게 내는 소리로 말한 긴장 이완된 구어로 구성되어 있다.

세그먼트 6은 모델링에 따라 스무스 구어를 산출하는 예를 보여준다.

유창성 기술의 전이 및 일반화

참가자들이 요구된 구조화된 평가 회기들을 완료하고, 치료실에서 정상적인 구어 속도로 말하는 동안에 말더듬을 최소한으로 보이며 자신의 구어를 조절하는 것을 학습했을 때, 그들은 그 프로그램이 끝날 때까지 전이 및 일반화 회기를 진행한다. 참가자들에게 좀 더 쉬운 과제들(예: 가족 구성원과 좀 더 느린 속도로 말하기)로 시작하여 좀 더 어려운 과제들(예: 전화 상황에서 낯선 사람에게 5분 동안 말하기 또는 청중 앞에서 연설하기)로 끝냄으로써, 난이도의 위계에 근거하여 여러 구어 과제들을 수행하게 한다. 참가자들에게 맞는 과제의 난이도를 구성하기 위해, 우리는 참가자들이 쉽다고 한 것과 어려울 것이라고 생각하는 것을 파악하고자 그들과 상담을 한다.

그 프로그램은 참가자들이 수행하고(제일 먼저 가장 쉬운 과제를 수행한다), 각 과제를 오디오로 녹음할 것을 요구한다. 그러고 나서 참가자들은 녹음을 듣고, 자신들이 수행한 것의 질을 평가한다. 자기 평가를 하기 위해 자기 평가지를 제공한다(자기 평가지의 예는 그림 11.6 참조). 평가는 말더듬의 빈도(이상적인 것은 없지만, 예를 들면, 분당 1회라는 낮은 목표를 설정), 스무스 구어 기술들의 질, 구어 속도 등과 같은 요소들에 근거한다. 그림 11.5에 그 기준들을 제시했다. 참가자들이 자신들의 평가 기준을 계속 충족시키는지 아닌지는 오직 과제를 통해서만 진행된다. 만약 문제들이 어떠한 어려운 수준에서라도 일어난다면, 임상가는 참가자들과 이를 논의하여 난이도가 더 낮은 수준으로 돌아가서 숙달된 후에 돌아온다. 임상가는 여러 과제들을 하는 동안에 참가자들의 수행에 대해 피드백을 지속적으로 제공해야 한다. 참가자들은 말을 너무 많이 더듬음, 지나치게 빠른 구어 속도, 부적절한 대화와 의사소통 기술, 또는 좋지 못한 억양 등과 같은 이유로 인해 과제를 실패할 수도 있을 것이다. 이에 대응하여, 임상가는 유창성 기법들의 사용 실패와 관련된 어려움들을 논의해야 하고, 예를 들면, 더 느린 구어 속도를 사용하는 것 또는 태도적인 장벽을 극복하려고 노력함으로써 그들을 도울 방법들을 제시해야 한다. 성공적인 성과에 대해 약간의 금전적 보상을 후속자극으로 주고(보통 각 과제에 1달러), 과제의 수는 능력과 성공에 따라 각 아동 개별적으로 주어질 수 있다.

	월	화	수	목	금	토	일
(느린) 스무스 구어의 기본 기술 (주 4회)							
자세 조절 (하루 3회)							
실생활 과제 및 자기 평가 (주 3회)							
간단한 이완 운동 (주 5회)							

[그림 11.6] ■ 1주일간의 연습 스케줄. 1주 동안 성취해야 하는 목표들의 샘플을 포함함. 실시해야 하는 활동의 횟수가 제시됨. 예를 들면, 기본 기술은 1주에 5일 연습. 자세 조절은 적어도 하루에 3번 이상 매일 실시

아동들이 자신의 유창성 향상을 위해서 임상가 혹은 부모들에게 의존하게 되지 않도록 개인의 성공 기대치를 격려해야 한다. 자기 조절감(feelings of self-control)을 강화시키기 위해서(Craig, Franklin, & Andrews, 1984), 대상자들이 이 중재에 포함된 자기 평가 양식들을 사용하도록 권장해야 한다. 자기 평가 및 자기 모니터링 전략들을 사용하는 것은 전이 및 일반화 기간 동안 절대적으로 중요하다. 앞에서 언급한 것처럼, 말더듬의 빈도 기록, 추정 구어 속도, 기류의 질, 말하는 동안 이완, 문맥 및 말한 대상자 등의 각 과제는 아동들이 책임 있는 태도들을 발전시키는 데 도움이 될 것이다. 아동들의 현실성 있는 목표 및 평가를 위해서, 임상가는 그들의 수행을 녹화하여 아동들의 자기 평가를 간략하게 검토해야 한다. 자기 책임감을 더욱 강화하기 위해서, 아동은 치료실 혹은 가정에서 그 프로그램을 사용할 때 발생하는 어떠한 말더듬의 순간이라도 수정하도록 훈련받아야 한다. 대상자들은 그들이 말을 더듬은 직후에 1~2초 동안 멈추도록 배움으로써 이것을 할 수 있다. 그런 다음, 그들은 2~5초 동안 기류를 증가시킨 상태에서 더듬은 단어와 구를 유창하게 반복하면서 천천히 말하기 시작한다. 임상가와 부모들이 이 연습을 강화하는 것이 중요하다. 이것을 "말더듬과 회복(stutter and recover)"이라는 용어로 말해왔다.

자기 책임감을 유지하기 위해, 참가자들 사이에 짧은 집단 토의를 4~5일 동안 하는데, 이때 주제는 다음과 같다. ① 부모나 치료사의 만족감보다는 스스로를 돕는 것의 중요성, ② 유창성을 유지하기 위해 자신에게 동기를 부여하는 이유, ③ 동기 수준을 향상하는 방법에 대한 전략, ④ 매일 연습하는 것과 유창성을 유지하기 위한 동기를 유지하기 위해 그 연습 형식을 변경하는 것의 중요성

참가자들은 그 프로그램의 저녁 시간 동안에 가정에서 자신의 유창성과 자신의 연습 목표들을 달성한 것에 대해 자기 강화를 사용하도록 훈련받을 수 있다. 예를 들면, 그들은 "나는 매우 잘 말했어."와 "나는 내 말더듬을 책임지고 있어." 등과 같이 스스로에게 어떠한 긍정적인 말을 하도록 요구받을 수 있다.

이것은 비디오 클립 8에서 토의하고 시범을 보여준다.

아동들의 생각, 느낌, 행동들 간의 관계를 향상시키는 것은 중요하다. 이러한 인지적 기법들은 어떠한 태도적인 공포나 장벽들을 감소시키기 위해서도 적용될 수 있다. 어려운 말하기 상황 전, 중, 후에 적절한 자기 대화(self-talk)에 대한 예를 토의하고, 연습할 수 있다(예: "나의 말더듬은 내가 조절한다. 내가 책임진다." 또는 "나는 말더듬에 대해 걱정하기보다는 유창성 기술에 대해 생각할 것이다."). 자기 대화는 또한 참가자들이 말더듬에 대해 부정적인 경험에 대처하는 것을 돕기 위해 치료를 하는 동안에 사용할 수 있다. 앞서 설명한 바와 같이, 조절의 본질적인 부분에는 실패를 포함한 모두 가능성을 예측할 수 있다. 참가자들은 실패했을 때, 그 실패를 다루는 기술들을 배울 수 있다. 예를 들면, 참가자들이 피곤하거나 나쁜 감정을 느끼는 상황과 같은 위험성이 높은 상황이나 사람들 앞에서 말하거나 권위자 앞에서 말하는 것과 같은 위협적인 상황을 인지하는 것을 훈련받을 수 있다. 그런 다음에, 그

들은 이러한 상황들에 대처하는 방법들(예: 말더듬인을 밀어붙이고 절망적인 감정을 가지게 하기보다는 오히려 유창성 기술에 초점을 맞출 필요가 있는 하나의 징후로 봄)을 배울 수 있다. 게다가, 참가자들은 호흡 자각 및 조절과 같은 단순한 이완 기법, 그리고 근육 긴장과 불안에 대한 조절력을 강화할 수 있는 짧은 수축 운동(isometric exercises)을 배울 수 있다(Craig, 1998a). 참가자들이 말하기 어려운 상황에 대처하도록 돕기 위해서는 긍정적인 사고를 사용하여 좀 더 분명하게 생각하도록 돕기 위해 신체적 이완의 가치에 대해 논의해야 한다. 참가자들에게 불안을 불러일으키는 말하는 상황 전, 중, 후에 사용할 수 있는 간단한 이완 운동들을 연습하도록 격려해야 한다.

비디오 클립 7에서 임상가는 전이 및 유지에 대해 논의한다.

유지 및 장기간의 추적 점검

프로그램의 마지막 1~2일에서, 유지 및 재발 방지 절차들을 전이와 일반화 기술들과 함께 가르친다. 만약 시간이 문제 된다면, 이러한 기술들을 가르치기 위해 추가적으로 1~2일을 더 계획할 수 있다.

재발 방지 기술과 자기 관리 기법들에는 환자가 장기간 자기 책임감을 받아들이는 것, 특히 자기연습 목표들을 채택하고, 규칙적인 평가를 실시하고, 어떤 연습방법에 전념하는 데 요구되는 노력을 유지하는 것에 부딪히는 어떠한 동기적 장벽들을 뚫고 나가는 것 등이 포함된다.

인지 기법들은 말더듬에 대한 통제력을 지각하는 수준을 향상시키는 것을 목표로 하는 긍정적이고 현실적인 자기 대화를 포함해야 한다[예: "나는 나의 말을 (마음대로 할 수 있는) 주인이야."]. 통제력 또는 자제력(self-mastery)을 지각하는 것은 체중 감량, 식단 변화, 금연 등과 같은 말더듬 이외의 문제에 대한 장기적인 결과와도 관련이 있는 것으로 밝혀졌다(Craig, Franklin, & Andrews, 1984). 또한 근육과 주제별 이완 기법(muscle & thematic relaxation techniques)[예: 호흡 의식, 등척성 운동(isometric exercise), 평화로운 장면 영상 등]과 같은 이완 운동에 중점을 둘 수도 있다. 이 기법들은 근육의 긴장 및 불안의 통제력을 강화하기 위해 설계된다. 사고 통제 기법(thought control techniques)과 이완을 결합시키는 것에 대한 가치는 어려운 말하기 상황들에서 논의되고 강조되어야 한다. 그림 11.6은 그와 같은 일정에 대한 몇 가지 일반적인 목표들을 나타내는, 장기적인 유창성 유지를 권장하는 데 사용할 수 있는 연습 일정을 제시한다.

가족과 친구로부터 받는 사회적 지지

사회적 지지가 장기간의 유창성 유지에 결정적으로 중요하다는 것을 고려한다면(Craig, 1998b), 참가자의 가족이 장기간 유창성 유지 프로그램에 참여하는 것은 절대적으로 중요하다. 적어도, 가족은 가정, 학교, 사회적 상황 등에서 유창성을 권장하고 유지하는 자기조절 전략들의 사용을 교육받아야 한다. 그 프로그램을 완료한 후에 1년 동안 규칙적인 간격을 두고 참가자와 그들의 가족이 함께 유창성 기술의 유지에 관하여 임상가와의 만남을 약속해야 한다.

환자의 가족들이 사회적 지지를 제공할 수 있는 방법들이 많이 있다. 예를 들면, 가족들은 말더듬인들이 유창하게 말을 할 때, 말더듬인들을 칭찬함으로써 유창한 구어를 보상할 수 있다. 구두적 칭찬 또는 미소와 포옹과 같은 비구두적 형태로도 지지하고 있다는 것을 나타낼 수 있다. 만약 말더듬인이 특히 친구들과 함께 있을 때 칭찬을 받는 것을 불편해하면, 좌절감 또는 당황스러움을 피하기 위해 아동과 의견을 절충해야 하지만, 칭찬은 강력한 동기를 부여한다. 성공적인 성과에 대한 적절한 보상이 규칙적인 훈련을 좀 더 쉽고 즐겁게 만들 수 있다. 보상들은 세련되어야 하고, 동기를 부여해야 하며, 장 · 단기간에 모두 사용되어야 하며, 개인적인 욕구를 충족해야 할 필요가 있다. 그래서 개인에게 맞는 매력적인 보상 목록을 작성할 필요가 있다. 보상의 효력을 잃지 않기 위해서는 보상을 남용하지 않는 것이 중요하다. 자연스러운 보상(미소 짓기, 포옹, 칭찬 등)을 자주 사용하는 것이 보상의 효력을 잃는 것을 예방하는 데 도움이 될 것이다.

가족 구성원들은 또한 반드시 말더듬인에게 화를 내거나, 좌절감을 주거나, 무시하는 것으로 벌을 주지 않는 것을 배워야 한다. 왜냐하면, 벌이 해로운 영향을 미칠 수 있기 때문이다. 하지만 말더듬인에게 자신이 말을 더듬는 순간에 집중하게 하는 것과 더듬은 문장을 유창하게 반복하도록 격려하는 것과 같은 가벼운 형태의 벌은 문제가 되지 않는 것 같기 때문에 사용할 수 있다. 그러한 설명은 위협적이지 않고 긍정적인 방식으로 하고, 이러한 접근방법을 말더듬인과 절충하는 것이 중요하다. 예를 들면, 부모는 말더듬에 대해 주의를 환기시키는 것에 동의할 수 있지만, 사전에 그렇게 하겠다고 한 경우에만 가능하다.

가족 구성원들은 가정 환경에서 느리고 이완된 구어를 모델링함으로써 도울 수도 있다. 이는 말더듬인이 자신의 구어를 느리게 하고, 얼굴, 목, 가슴 근육을 긴장 이완시키는 것에 도움이 될 것이다. 말더듬인이 규칙적으로 하는 공식적인 유창성 회기들을 유지하는 것이 도움이 될 수 있는데, 이 세션들에서 나이든 아동이 자신의 유창성 기술을 연습하고, 가족 구성원들은 수동적인 역할(그저 듣기만 하고, 대화에 상호작용함), 혹은 능동적인 역할(가르치고 교정하는 것뿐만 아니라 듣고 이야기하기)을 한다. 주 3~4일, 하루에 10~15분을 회기 시간으로 하는 것이 가장 효과적인 것으로 나타났다.

가정 중심 스무스 구어/인지행동 치료 프로그램

이 장에서 이 시점까지 설명한 스무스 구어 및 CBT 치료 프로그램의 집중적인 형식의 핵심 구성요소들을 덜 집중적인 형식으로도 적용할 수 있다(Craig et al., 1996; Hancock et al., 1998). 이 프로그램을 변형시킨 것에 대한 설명 또한 이 치료법의 실험적 기초에 대한 설명을 하는 이 장에서 제공한다.

평가방법

스무스 구어/CBT 프로그램을 실시하기 전에 고려해야 하는 더 구체적인 필수요건은 포괄적인 평가에 대한 필요성이다. 첫 평가의 목적은 개별 환자가 실제로 말을 더듬는지의 여부를 파악하고, 말더듬의 특성 및 심한 정도를 결정하는 것이다. 또한 첫 평가는 가족력과 개인사를 파악하기 위해서도 중요하다. 말더듬의 원인이 치료 유형과 치료 과정에 영향을 미칠 수도 있다는 것을 고려한다면, 가족력과 개인사를 파악하는 것에는 말더듬이 유전적 요인 또는 뇌 손상 등과 같은 또 다른 원인들에 기인한 것인지의 여부가 포함된다. 예를 들면, 뇌에 외상성 손상을 입은 결과로 말을 더듬는 사람에게는 이 프로그램을 개별적으로 적용할 때 추가적으로 신체적 혹은 심리적 결함들을 고려해야 할 필요가 있을 것이다. 치료 목표들을 선택하기 위해서는, 평가를 통해 현재 나타내고 있는 말더듬의 유형과 말더듬 심한 정도를 밝혀야 하는데, 예를 들면, 어떤 환자의 말더듬이 심한 막힘을 두드러지게 보인다면, 막힘에 대한 치료 목표를 선택해야 한다. 저자의 견해에 따르면, 최근에, 말더듬 심한 정도를 파악하는 데 가장 효과적이고 쉬운 방법은 %SS와 SPM 등과 같은 행동 측정법을 사용하는 것이다. 유창성 변화를 기록하기 위해서 치료 전반에 걸쳐 말더듬에 관한 측정(최소한 %SS와 SPM를 수집해야 함)을 계속 실시하는 것이 중요하다. 특히, 치료 중과 치료 후에 자연스러움(naturalness)도 평가해야 한다. 자연스러움은 대개 리커트 척도(Craig et al., 1996; Martin, Haroldson, & Triden, 1984)를 사용하여 평가한다. 표 11.8에서 주장했듯이, 말더듬에 대한 이러한 행동적 측면들은 치료 직전, 치료 후뿐만 아니라 장기간(예: 공식적인 치료 종료 후 최소한 3개월 이후에 실시)에 걸쳐 평가하는 것이 중요하다.

또한 말더듬과 함께 나타나는 얼굴 증후들(facial symptoms)과 같은 요소들의 관찰을 촉진하도록 설계된 비디오 녹화들로 말더듬의 수반 특징들을 평가한다. 추가적인 평가에는 자세한 개인 정보, 치료 진료에 대한 병력과 재발 유무에 대한 정보, 말더듬 위험성이 높은 특정한 말하기 상황 또는 회피가 일어나는 말하기 상황 등이 포함된다. 진단은 또한 다양한 구어 과업(예: 직접 전화하기 전과 후)과 관련된 특성 불안(예: 편안하고 긴장이 풀린 환경에서 측정된 개인의 일반적인 불안 수준)과 상태 불안(예: 특정 상태나 사정과 관련된 불안)에 대한 평가를 포함해야 한다. 사회적 불안, 의사소통 공포, 조절에 대한 지각[예: 통제위(locus of control) 또는 자기 효능 기대치] 등도 평가되어야 한다(Craig, Franklin, Andrews, 1984). 말더듬 아동들이 우울증에 취약하다는 것을 제시할 근거가 없지만(Craig, 2000), 전반적인 기분과 성격 평가가 임상적인 목적으로 유용할 수 있다(McNair, Lorr, & Droppleman, 1971). 말더듬인들이 가족 구성원 및 친구들과 어떻게 상호작용하는지에 대한 평가는 말더듬에 대한 심리적 및 대인간의 역동성에 관한 가치 있는 정보를 제공할 수 있다. 치료 효과를 제한하는 복잡한 요소들(예: 조음 장애 또는 학습 장애의 공존)도 평가해야 한다.

개별 환자에게 적용

Mark(모든 이름은 가명임)가 처음 치료를 받은 나이는 9세였다. 그는 말더듬의 가족력(어머니와 증조부가 말을 더듬음)이 있었으나, 그의 형과 여동생은 모두 말더듬의 징후를 보이지 않았다. Mark의 어머니는 말더듬이 경미했기 때문에, 치료를 받거나 받으려고 한 적이 없었다. Mark는 2세부터 말을 더듬었고, %SS의 범위가 가정에서는 4%SS, 학교와 스포츠 경기 혹은 친구의 집에서 상호작용하는 것과 같은 사회적 상황이 요구되는 장소에서는 12%SS로, 대부분의 상황에서, 경도에서 중증도로 평가되었다. 또한 Mark의 심한 정도는 피곤하거나, 스트레스를 받거나, 흥분할 때 증가했다. 그의 구어 속도는 말더듬의 심한 정도에 따라 다양했는데, 가정에서 편안할 경우에는 약 160SPM으로 말을 했다. 그러나 밖이나 스트레스를 받을 때는 말더듬 심한 정도가 증가하기 때문에, Mark의 구어 속도는 100~120SPM으로 감소했다. Mark와 부모 모두는 치료를 받는 데 관심을 가졌다.

심리학적으로 평가할 때, 비록 Mark의 불안은 평가하는 날 조금 높았지만(상태 불안은 그의 연령 및 성별에 대해 정상보다 약 1SD 이상임), Mark는 특별히 더 불안해하지(정상 범위에서) 않았다. 그는 또한 CAT-R 의사소통 태도 검사에서 정상보다 더 높은 점수를 받았는데(Brutten & Dunham, 1989), 이는 그가 이야기하는 것에 대해서 두려움이 증가했다는 것을 제시한다. Mark는 조용하고, 지적이고, 친근한 소년으로 보였다. 그는 스무스 구어와 CBT 집중 프로그램을 실시하기 전에 치료를 받았었다. 예를 들면, 그는 어릴 때(4~5세) 두 명의 언어 치료사들로부터 개별 치료를 받았었다. 그는 4세 때 처음에는 조음 치료와 상담으로 구성된 치료를 받았고, 5세 때에는 리드콤 프로그램에 근거한 행동 프로그램 치료를 받았다. 불행히도, 그는 첫 치료 후에 개선되지 않았고, 행동적 부모 기반 프로그램 이후에 차츰 개선되었지만(%SS 값이 약 2% 이하로 내려갔음), 2년 후에 재발했다. Mark를 청소년 이전 연령에 집중적인 스무스 구어 프로그램에 배정하도록 결정했다. 그는 치료를 받을 자신의 말더듬과 재발 병력 및 중증도의 심한 정도에 관심이 있었다. 부모들은 가정 중심 스무스 구어 프로그램보다는 집중적인 형식을 선택했는데, 그 이유는 여러 가지 옵션들을 논의한 후에 집중적인 형식을 더 선호했기 때문이다.

그의 첫 평가 후 약 6~8주 뒤에, Mark는 1주간의 집중적인 스무스 구어 및 CBT 프로그램을 받았다. Mark는 4명의 비슷한 연령의 다른 아동들과 함께 1주간의 프로그램을 성공적으로 완료했다. Mark의 어머니는 4일 동안 프로그램에 참석했고, 그의 할머니는 하루 동안 참석했다. Mark의 어머니와 아버지는 장기간 유지에 대한 논의를 하기 위해 마지막 날에 참석했다. 일정은 매일 오전 9시에 시작하여 오후 4시에 종료했는데, 마지막 날은 오후 5시에 종료했다. Mark는 이 프로그램을 실시한 5일 동안 즐거워했다. Mark가 조용하고 약간 수줍어하는 성격임을 감안할 때, 비록 시청각 세션에서 어려움을 보였지만, 그는 스무스 구어를 잘 익혔고, 3일째에 속도 평가 일정을 완료했다. 그는 자연스러운 스타일로 스무스 구어를 사용하는 것을 배웠다. Mark는 느린 속도(100SPM)에서 말하는 것과 그가 치료실 밖에서 사용할 수 있는 정상 속도(160~180SPM)보다 느린 것에서부터 좀 더 빠르게 말하는 것을 명확하게 배우는 구어 속도를 조절하는 것도 숙달했다.

Mark는 그 프로그램의 전이 및 일반화 단계에서도 잘 수행했다. 그는 여러 일대일과 전화 상황에서 대화하기와 쇼핑 과제들(점원에게 말하기)을 성공적으로 완료했고, 자신의 구어를 녹음하고 자신의 수행력에 대해 자기 평가하는 것을 배웠다. 그는 자신의 구어에서 실패한 것을 다루는 방법과 경미한 말더듬을 수용하는 방법을 배웠다. 그림 11.5는 자신의 과제를 평가한 예를 보여준다. 그가 과제 2(아버지에게 말하기)를 실패했을 때, 즉시(그 다음 날) 그 과제를 다시 실시하고, 실패하게 된 스무스 구어를 사용할 때 자신의 약점에 집중하도록 권고받았다. 따라서 그는 구어 속도를 느리게 하고, 대화를 실시하기 전에 좀 더 많이 이완시키고, 기류 조절을 증가시키는 것에 집중했다. 이는 결과적으로 과제를 성공적으로 완료하게 이끌었고, 그 다음에 그는 자신의 태도 조절 기술들을 적용하는 것을 배웠다. 이는 자신의 정신(mind)에 스며드는 어떠한 부정적인 생각들도 멈추고(예: 부정적인 생각들을 지우기), "어려웠지만, 나는 조절했어."와 같이 스스로에게 현실적이고 긍정적인 생각을 말로 표현함으로써 부정적인 사고들을 대체할 뿐만 아니라, 재빠르게 "긴장했다가 이완하는" 등척성 운동(isometric exercise)[1) 접근법을 사용하여 말하기 전과 후에 이완시키는 것 등을 포함하는 사고 조절(thought control)과 관련된다. Mark의 동기를 유지시키기 위해서, 과제를 통과할 때마다 그에게 1달러를 지급하는 강화 체계를 구성했다. 그의 부모들이 강화물로 지급할 돈을 제공했고, 임상가가 그 강화물을 지급했다.

1주간의 프로그램 후, Mark의 말더듬은 전화 상황 및 치료실 밖에서의 대화 상황에서 90%(<1% SS) 이상 감소했고, 구어 속도는 약 180SPM으로 안정적이었다. 불안은 감소했고, 의사소통 태도는 상당히 향상되었다. 그러나 Mark는 흥분할 때 (예: 친구들과 놀 때) 말더듬을 통제하는 데 계속 어려움이 있었다. 이 문제를 Mark와 그의 어머니와 함께 논의했다. Mark에게는 자신의 생활을 즐기는 것이 중요하기 때문에, Mark가 흥분하게 되는 것을 조절하고 그 시간을 감소시키기 위해 Mark와 훈련하는 것은 바람직하지 않을 것이라고 결정했다. 그래서 Mark에게 일어나는 어떤 불안이나 죄책감을 최소화하기 위한 방법으로 합리적인 자기 진술(rational self-statements)을 배우는 데 중점을 두었다(예: "내가 흥분하게 되었을 때, 내가 말을 조금 더듬는다고 누가 신경을 써. 나는 내가 원한다면 나의 말더듬을 통제할 수 있어"). 또한 Mark가 놀면서 흥분하게 되었을 때, Mark가 경미하게 말을 더듬는 것에 대해 부모들이 편하게 생각하도록 하기 위해 Mark의 부모와 함께 협력하여 노력하는 것이 중요했다.

유지 기간에 지켜야 할 사항은 그 프로그램의 마지막 날에 확립되었으며, Mark와 그의 부모들과 함께 개발했다. Mark는 치료 종료 후 18개월 동안 최소한의 말더듬으로 계속해서 유창성을 유지했다. 3개월마다, Mark와 어머니는 임상가와 함께 유창성 유지에 대해 논의하고, 문제점들을 조정하기 위해 약 1시간의 추적 점검 세션에 참가했다. 추적 점검의 빈도는 Mark가 성공적으로 유창성을 유지함에 따라 점차적으로 감소되었다. 하지만 만약 Mark에게 어떠한 어려움이 있다면, 그 문제가 악화되고 재발의 원인이 되기 전에 치료실로 오도록 권장했다. 그림 11.7은 프로그램 종료 후 첫 3개월 동안에 매주 한 번씩 Mark의 수행을 스스로 기록한 장기간 연습 스케줄을 제시한 것이다. Mark의 스케줄은 주 1회 지켜야 할 사항으로 구성되었다.

---

1) 역주: 근육이나 관절의 움직임 없이 근육을 자극시키는 운동. 벽이나 계단 같은 고정된 물체에 힘을 발휘하는 정적 운동을 말함.

	월	화	수	목	금	토	일
기본 기술 (느리게 말하기), 스무스 구어(주 4회)	5pm 통과		5pm 통과		8am 통과	첫 시도 시 실패, 재시도하여 통과	
태도 조절 (매일 3회)	3회	3회		3회	5회		
실생활 과제 및 자기 평가 (주 3회)		전화하기 통과			교실에서 말하기 통과	쇼핑하기 통과	
간단한 이완 운동(주 5회)	아침	아침		아침	아침, 오후	아침	

[그림 11.7] ■ Mark의 주간 연습 스케줄. 그의 매일의 목표와 그 결과를 스케줄 표에 함께 제시했음.

기본 기술(foundation skills). Mark에게 가정에서 가족 구성원과 자신의 스무스 구어 기술에 집중하여 느린 속도(100SPM)로 자주 대화하도록 요구했다. 그는 일주일에 4일 5~10분 동안 이 기술을 연습했다. 그 과제의 수행 시간은 변동 가능했다. 예를 들면, 숙제, 사회적 일정, 건강 등에 따라 등교 전 아침 혹은 등교 후에 그 과제를 할 수 있었다. 각 기초 과제를 한 후에, 자신의 수행을 평가하고, 그 결과를 기록지에 적도록 했다.

긍정적인 태도(healthy attitude) **유지하기**. Mark에게 자신의 생각을 통제하는 훈련들을 연습할 때마다 훈련 일정을 작성하도록 했다. 그의 현실적이고 긍정적인 생각들은 다음과 같았다. "나는 내가 말을 더듬는 것을 알고 있지만, 나는 유창해질 수 있다." 혹은 "나의 말더듬은 나 스스로 조절할 수 있다. 나는 잘 조절하고 있다." 그에게 이러한 말들을 자신에게 일주일에 4일 동안 최소한 하루에 세 번씩(필요할 경우 더 많이) 반복하도록 했다. 그에게 금요일에는 교실에서 여러 사람 앞에서 말하도록 했다. 따라서 Mark는 금요일에 다섯 번 자신의 생각을 통제하는 것을 연습했고, 학급에서 말하기 전 아침에 기본 기술을 수행했다.

실생활 과제(real-life assignments). Mark는 쇼핑하는 동안 점원에게 말하기, 전화로 사람들에게 말하기, 친구 만나기 등을 포함하여 집 밖에서 수행하는 세 가지 과제를 완료했다. 그에게 이러한 과제들 중 적어도 하나를 녹음(그의 구어 중 최소한 5분 동안 이루어진 과제를 녹음)하여 평가하고, 그림 11.5에 있는 평가 시트지를 사용하여 자신의 수행을 평가하도록 요구했다.

긴장 이완(relaxation). Mark는 일주일에 5일은 적어도 한 가지 이상의 신속한 긴장 이완 등척 운동을 수행해야 했다.

향후 방향

이제 스무스한 구어 및 CBT 기법을 사용하여 말더듬을 효과적으로 치료하고 관리할 수 있음을 결론적으로 보여주는 나이든 아동 및 청소년을 대상으로 한 통제된 임상 실험 연구에서 실질적이고 과학적으로 신뢰할 수 있는 증거가 존재한다(Boberg & Kully, 1994; Craig et al., 1996; Craig et al., 2002; Hancock et al., 1998; Hancock & Craig; 2002; Kully & Boberg, 1991). 다양한 연구들로부터 얻은 고무적인 결과들을 감안할 때, 이제 CBT 전략들과 통합한 스무스 구어와 같은 유창성 형성법이 나이든 말더듬 아동 및 청소년에게 효과적인 치료법이라는 것은 의심할 여지가 없다. 임상가들은 대부분의 시간 동안 스무스 구어 기법이 아동이 자연스럽게 정상 속도로 말하는 것과 더불어 실질적으로 말더듬을 감소시키는 결과를 가져올 것이라고 확신해야 한다. 임상가는 또한 심리적 문제를 충분히 다루는 것을 보장하기 위해 자신의 치료에 CBT 구성요소들을 통합하는 것도 장려해야 한다. 더욱이, 임상가들은 스무스 구어를 다양한 방법(예: 집중적인 vs. 덜 집중적인)으로 제공할 수 있음을 확신할 수 있다. 따라서 임상가는 스무스 구어 치료법을 아동의 말더듬의 심한 정도와 심리적 상태, 가족의 상황, 임상가 시간의 가용성 등과 같은 요인들에 따라 환자의 특정한 요구사항을 충족하기 위해 맞출 수 있을 것이다. 임상가는 청소년의 말더듬 치료가 불가능하다고 더 이상 두려워할 필요가 없다.

한 가지 중요한 의문점은 나이든 아동들과 청소년들(소년들과 소녀들 모두)에게서 발견된 결과들을 다른 연령 집단으로 확대할 수 있을지 여부이다. 우리는 이미 스무스 구어와 CBT 집중 치료가 성인 남성과 여성들에게 효과적이라는 것을 제시하는 몇몇 증거를 가지고 있다(Andrews, Guitar, & Howie, 1980; Craig, 1998b; Craig, Feyer, & Andrews, 1987). 그러나 성인들에게 실시한 모든 스무스 구어 치료의 효율성에 대한 연구들은 현 시점까지 이러한 증거를 확증하기 위한 통제된 임상적 실험 설계를 사용하지 않았다. 이 점이 성인을 대상으로 한 앞으로의 연구에서 우선시되어야 할 것이다. 또한 스무스 구어와 CBT를 8세 이하의 어린 아동들(어린 아동들을 대상으로 한 통제된 실험 연구는 Craig 등(1996)의 연구뿐임)에게 사용할 수 있을지도 의문이다. Craig 등(1996)의 중재 프로그램은 채택가능하고, 또 이를 6~8세 아동용으로 형식을 약간 수정하여 실행하는 것도 가능하다. 분명히, 이것도 통제된 연구에서 얻은 증거가 필요하다. 그러나 스무스 구어/CBT 프로그램에 참여한 대상자들에게서 유의미한 인지적 및 행동적 자기 조절 기술들(예: 이 프로그램과 행동적 약속에 충실한 태도적 의지)이 나타나더라도, 스무스 구어 프로그램이 6세 이하의 많은 아동들에게 효과적으로 사용될 수 있을지는 의문이다.

앞으로의 연구는 효율성에 대한 이슈들을 계속적으로 탐구해야 한다. 예를 들면, 포괄적인 스무스 구어와 CBT 치료의 어느 구성요소들이 치료적으로 효과적이고, 어느 구성요소들이 필요하지 않은지(예: 과다 치료)를 연구해야 한다. 우리는 이미 집중적인 형식의 필요성을 검증함으로써 이 과정을 시작했다(예: Craig et al., 1996). 더욱이, 여러 임상 실험들이 스무스 구어와 CBT의 효율성을 확인하기 위해 앞으로 계속되어야 한다. 아마도 스무스 구어의 사용에 대해 앞으로 받을 주요한 어려움은 많은 임상가들이 이러한 치료 스타일에 가지는 부정적인 고정관념일 것이다. 예를 들면, 많은 임상가들은 이 치료 기법이 아동의 구어 패턴들을 수용할 수 없게 변경하여, 아동들이 산출하는 구어 패턴이 비정상적인 소리(느리고 단음도)로 들릴 수 있다고 생각한다. 이 장에서 보고된 임상 실험의 결과에 근거하여, 이 결과들을 올바르게 적용한다면 그 경우는 해당되지 않는다. 이 장을 읽고 임상가들이 스무스 구어와 CBT를 청소년 대상자들에게 사용하도록 촉진하기를 바란다. 이것이 삶의 질을 향상시킬 가능성이 상당히 크다.

이 장의 요약

- 많은 나이든 말더듬 아동들은 치료하지 않고 그대로 둔다면, 불안 장애가 발생할 위험이 있다(Beitchman et al., 2001).
- CBT 기법 내에 통합된 스무스 구어는 나이든 아동들과 청소년들에서 효과적인 말더듬 치료법인 것으로 나타났다.
- 말더듬이 신체적으로 야기된다고 가정한다면, 치료는 신체적 문제를 우선적으로 다루어야 할 것이다.
- 부가적으로 심리학적 기반 중재(CBT)는 사회적 공포나 재발 위험 등과 같은 말더듬과 관련되었을 수 있는 부가적 문제를 다루어야 한다.
- 스무스 구어와 CBT는 말더듬을 단기간에는 최소 90%로, 장기간에는 80%로 감소시키는 것으로 나타났다.
- 임상가들에게 스무스 구어와 CBT를 실시하는 훈련을 받도록 조언을 한다.
- 스무스 구어는 1주일간의 집중적이거나 덜 집중적인 가정 중심 형식으로 실시될 수 있다.
- 유창한 기술들을 일반화하고, 첫 치료 이후에 재발 방지 치료를 제공하는 것이 중요하다.

감사의 말

이 장에 제시된 연구는 National Health and Medical Research Council in Austraila, the Big Brother Movement of Australia, an Australian Rotary Health Research Grant와 the University of Technology, Sydney 등의 지원을 받아 이루어졌다. 또한 Sydney시에 있는 공동 연구원인 Karen Hancock 박사와 Brisbane시에 있는 Mater Hospital에 근무하는 공동 연구원들, 또한 수년간 말더듬으로 치료를 받은 많은 아동들과 청소년들에게 감사를 표한다.

핵심 용어

사회 불안 장애[social anxiety disorder; **사회 공포증**(social phobia)]: 자신이 당황할 수도 있는 사회적 상황들에 대해 알아차릴 수 있을 정도로 지속적인 공포를 나타내는 불안 장애.

스무스 구어(smooth speech): 대상자의 구어 산출에서 지속적인 발성보다는 지속적인 기류를 강조하는 유창성 형성 기법.

유창성 형성(fluency shaping): 말더듬 순간을 수정하기보다는 대상자의 구어를 완전히 수정하는 말더듬 치료의 유형.

인지 행동 치료(cognitive behavior therapy): 인지, 정서, 행동이 상호작용한다는 개념에 근거하는 심리학적 치료. 이 치료법은 사고가 부정적인 감정과 행동을 결정할 수 있다는 가정에 근거한다.

재발(relapse): 말더듬이 개선된 후에 말더듬 증상이 개인적으로 받아들여질 수 없는 것으로 여겨질 만큼 다시 나타나는 것.

재발-방지 프로그램(anti-relapse program): 말더듬 치료 후에 재발이 일어날 위험성이나 취약성을 감소시키기 위해 특별히 설계된 심리학적 프로그램.

추천 문헌

Craig, A.(1998). *Treating stuttering in older children, adolescents and adults: A guide for clinicians, parents and those who stutter.* Gosford: Feedback Publications Press.

Craig, A.(2000) The developmental nature and effective treatment of stuttering in children and adolescents. *Journal of Developmental and Physical Disabilities, 12,* 173–186.

Craig, A., Hancock, K., Chang, E., McCready, C., Shepley, A., McCaul, A., Costello, D., Harding, S., Kehren, R., Masel, C., & Reilly, K.(1996). A controlled clinical trial for stuttering in persons aged 9 to 14 years. *Journal of Speech and Hearing Research, 39,* 808–826.

Hancock, K., & Craig, A.(2002). The effectiveness of retreatment for adolescents who stutter. *Journal of Speech, Language, Hearing. Asia-Pacific, 7,* 138–156.

Hancock, K., Craig, A., Campbell, K., Costello, D., Gilmore, G., McCaul, A., & McCready, C.(1998). Two to six year controlled trial stuttering outcomes for children and adolescents. *Journal of Speech and Hearing Research, 41,* 1242–1252.

제 12 장

학령기 말더듬 아동을 위한 포괄적 치료: 전반적인 말더듬 치료

J. Scott Yaruss, Kristin Pelczarski, and Robert W. Quesal
(문지은 역)

도입

이 장은 학령기 말더듬 아동에게 사용할 수 있는 포괄적인 치료 접근법을 설명한다. 이 치료법은 여러 가지 관련 전략들을 사용하는 것을 포함하는데, 그 각 전략들은 아동의 여러 의사소통 능력들 중의 한 가지 특정한 측면을 개선시키는 것에 목표를 두고 있다. 이 치료법에 대한 일차적인 목표 혹은 우선시된 결과는 구어 유창성에서 어떤 특정한 향상이나 더듬은 구어에서 특별히 감소된 퍼센트가 아니라, *효과적인 의사소통*이다. 보통, 이 치료 접근법은 "유창성" 치료 그 자체를 고려하는 것이 아니라, 그보다는 오히려 말더듬이 아동의 일상생활에서 자신의 목표를 성취하고 자신을 표현하기 위한 아동의 능력에 부정적인 영향을 미치지 않을 것이라고 확신하는 것에 목표를 둔 치료 기법들을 종합한 것이다.

이러한 폭넓은 목표를 실현하기 위해서는 이 장에서 좀 더 자세하게 설명할 여러 가지 핵심 원리들을 통합해야 한다.

- 첫째, 임상가는 말더듬의 광범위하고 다면적인 특징에 대한 철저한 이해와 함께 치료에 접근해야 하며, 특히 *말더듬에 대한 경험은 구어 비유창성의 산출 이상을 포함해야 한다.*
- 둘째, 임상가는 *학령기 아동들을 위한 확실한 말더듬 치료법이 없다*는 사실을 받아들여야 한다. 결과적으로, 아동은 성공적으로 치료를 한 후에도, 어떤 모습으로든 계속 말을 더듬을 수 있다.
- 셋째, 임상가는 *말을 더듬는 것은 괜찮은 것*이고, 그 치료의 목표가 효과적으로 의사소통하는 아동의 능력을 말더듬이 방해하지 않다는 것을 확인하는 것임을 인정해야 한다.
- 넷째, 임상가는 *아동의 환경에 있는 부모들, 교사들, 또래들과 함께 치료를 하고*, 그들이 말더듬의 특징을 이해하도록 돕고, 아동이 말을 더듬는다는 사실을 받아들이는 법을 배우도록 돕는 준비를 해야 한다.
- 마지막으로, 치료는 아동의 말더듬에 대한 경험의 각 요소들을 목표로 하는 *다양한 개*

별화된 전략들을 통합해야 한다. 치료의 요소들에는 ① 유창성을 강화하기 위해 구어 산출을 변화시키고, 각 말더듬 순간의 심한 정도를 최소화시키기 ② 말더듬에 대한 아동의 부정적인 반응을 감소시킬 뿐만 아니라, 아동의 환경에 있는 사람들에게서 경험한 부정적인 반응들도 감소시키기 위해 의사소통 태도를 변화시키기 ③ 아동이 다양한 현실 상황에서 자신의 메시지를 효과적으로 전달할 수 있다는 것을 확신하기 위해 아동의 의사소통 능력을 향상시키기 ④ 아동의 전반적인 삶의 질에 영향을 미치는 말더듬의 전체적인 영향을 감소시키기 등이 포함될 것이다.

종합하면, 치료법의 이러한 측면들은 아동이 자신의 구어에 남아있을 수도 있는 어떠한 말더듬에도 불구하고, *효과적으로 의사소통*할 수 있는지를 확인하도록 돕는다. 이 장의 목적은 이러한 핵심 원리들을 각각 설명하고, 학령기 말더듬 아동들을 위한 이러한 폭넓은 목표들을 달성하기 위해 구체적인 전략들을 제공하는 것이다.

치료 접근법에 대한 이론적 기초

이 치료 접근법은 치료에서 다루어져야 할 말더듬의 본질과 구어 및 의사소통의 여러 측면에 대한 특정한 관점에 기초했다. 이러한 관점들은 말더듬의 원인에 대한 특정한 이론에 기초한 것이 아니라, 말더듬이 말더듬인들의 삶에서 어떤 장애로 나타나는지에 대한 이론에 기초한 것이다.

말더듬의 본질

이 치료 접근법의 가장 기본적인 가정은 말더듬이란 광범위하고 다면적인 장애라는 것이다. 우리는 "말더듬이란 그저 말더듬 그 이상인 것이다(stuttering is more than just stuttering)"라는 진술에서 이러한 생각을 표현했다(Yaruss, 1998a; 2007; Reardon-Reeves & Yaruss, 2004; Yaruss & Quesal, 2004; 2006; 또한 Cooper, 1993; Manning, 1999; 2001; Murphy, 1989; Shapiro, 1999; Sheehan, 1970; Starkweather & Givens-Ackerman, 1997; Van Riper, 1982; Williams, 1957 도 참조). 이 경우에, 우리는 학령기 아동(청소년과 성인도 마찬가지임)이 겪는 말더듬 *경험*은 구어 비유창성을 산출한 것보다 훨씬 그 이상의 것을 포함한다는 것을 의미한다. 말더듬에 대한 이러한 관점은 아동의 유창성과 말더듬 행동들에 대한 표면적인 측면들을 고려하는 것으로 시작하지만, 그 표면적 측면들이 마지막 지점이 될 수는 없다. 다음에 제시되는 절에서는 말더듬에 대한 이러한 광범위한 관점에 포함되는 말더듬의 각 구성요소들을 설명한다.

구어 유창성과 말더듬 행동

단어 부분 반복, 연장, 막힘 등과 같은 말더듬인들이 나타내는 구어 비유창성은 전반적인 말더듬의 중요한 구성요소를 차지한다. 수년간에 걸쳐서 말더듬인들의 유창성을 강화하기 위해 그들의 구어를 바꾸는 것을 돕기 위해 많은 접근법들이 개발되었다(Bloodstein, 1993; Bloodstein & Bernstein Ratner, 2008). 여러 전략들은 대부분 치료 접근법들의 가장 근본적인 측면들 중에서 유창성 향상을 목표로 하며, 이 장에서 설명할 치료법들은 아동들이 좀 더 유창하게 말하는 것을 돕기 위해 여러 가지 전략들을 포함한다. 여러 예들은 아동의 구어 근육계에서 타이밍과 긴장을 변화시키기 위한 전략들을 포함하고 있을 뿐만 아니라, 말을 더듬는 동안에 신체의 긴장을 감소시키기 위한 전략들도 포함한다. 그러한 전략들의 목표는 아동이 좀 더 유창한 구어를 산출하고 말더듬이 의사소통에 최소한의 영향을 미치도록 말더듬을 관리할 수 있다는 것을 확신시키는 것이다.

하지만 표면적인 특성은 말더듬에 대한 단지 하나의 구성요소만을 나타낸다. 어떤 말더듬인에게는 외현적 말더듬 행동이 가장 중요한 구성요소가 아닐 수도 있다(예: Manning, 2001; Shapiro, 1999; Yaruss et al., 2002). 많은 말더듬인들은 또한 자신의 비유창성과 관련된 다양한 부정적인 *결과들(후속자극)*을 경험한다. 이러한 결과들을 말더듬에 대한 화자의 *반응*, 일상 상황에서 그들의 *기능적 의사소통*에 말더듬이 미치는 영향, 그들의 전반적인 *삶의 질*에 말더듬이 미치는 영향 등의 견지에서 설명할 수 있다(Yaruss, 1998a; Yaruss & Quesal, 2004; 2006). 이 장의 다음 절에서 말더듬의 이러한 구성요소들에 대해 더 자세히 설명할 것이다.

말더듬에 대한 정서적, 행동적, 인지적 반응

많은 학자들이 논의한 것처럼(예: Cooper, 1993; DeNil & Brutten, 1991; Guitar, 2006; Logan & Yaruss, 1999; Manning, 2001; Murphy, 1989; Shapiro, 1999; Sheehan, 1970; Vanrycheghem & Brutten, 1996; 1997; Watson, 1998; Yaruss & Quesal, 2004; 2006), 모든 연령의 화자들은 자신들의 말하기 어려움들에 대해 다양한 정서적인 반응들을 경험할 수 있다. 예를 들면, 더듬은 구어 혹은 유창한 구어 모두에 수반하는 당황, 불안과 공포, 수치심과 죄책감, 분노, 고립과 외로움, 부적응 및 기타 부정적인 감정 등을 느낄 수 있다(예: Cooper, 1993; Murphy, 1989; Vanryckeghem et al., 2001; Watson, 1998; Yaruss & Quesal, 2006). 이러한 반응들은 학령기 아동들에게 특히 어려움으로 다가올 수 있는데, 그 이유는 많은 어린 아동들이 아직 자신의 강한 감정들을 조절하는 데 필수적인 대처 기술들을 갖추지 못했기 때문이다. 결과적으로, 임상가들은 말더듬 치료의 종합적인 접근의 한 부분으로 이러한 반응들을 다룰 필요가 있다.

많은 화자들도 또한 말더듬에 대한 *행동적 반응*을 나타낸다. 흔한 예로는 신체적 긴장과 화자들이 말더듬 순간으로부터 벗어나려고 힘을 주려고 시도하는 것과 같은 투쟁이 있다(예: Johnson, 1961; Van Riper, 1982; Wingate, 1964). 또 다른 행동적 반응에는 회피 행동이나 도피 행동이 있는데, 이런 행동은 아동이 말하기 어려운 상황에 노출되는 것을 최소화하려는 시도일 수 있다. 예를 들면, 교실에서 낭독하는 것을 거부한다든지, 학교 구내식당에서 스스로 음식을 주문하지 않는다든지, 친구에게 전화로 말하지 않는다든지, 혹은 자신이 유창하게 말할 수 있다고 생각하는 단어만 선택하여 단어를 바꾸어 말하는 것 등이 있다. 비록 이러한 회피 행동들이 말더듬을 최소화시켜주는 것처럼 보이지만, 말하기 상황들을 회피하는 아동은 교육적 또는 사회적 발달에 중요한 핵심 활동들에 참여할 수가 없다(Murphy, Quesal, & Gulker, 2007). 따라서 이러한 행동들은 아동이 효과적인 의사소통을 하는 것을 더욱 어렵게 할 수 있기 때문에, 포괄적인 치료 접근법의 일부분으로서 다루어져야 한다.

그 밖의 다른 부정적 반응들에는 낮은 자존감, 자신감 감소, 자기 효능감 감소 등과 같은 인지적 반응들이 있다(Blood & Blood, 2004; Healey & Scott, 1995; Manning, 2001; Ramig & Bennett, 1995; 1997; Ramig & Dodge, 2005; Reardon-Reeves & Yaruss, 2004; Starkweather & Givens-Ackerman, 1997; Vanryckeghem, Brutten, & Hernandez, 2005; Yaruss, 1998a; Yaruss & Quesal, 2004; 2006). 말더듬 아동들은 말더듬에 대한 걱정과 다른 사람들이 자신들을 어떻게 생각할지에 대해 궁금해하며 많은 시간을 보낼 것이다. 낮은 자존감과 자신감은 또한 말더듬과 관련 없는 영역들(예: 사회적 상호작용)에서도 아동의 삶에 광범한 영향을 미칠 수 있으며, 그래서 이러한 반응들을 다루는 것은 특히 치료에서 중요한 요소이다.

기능적 의사소통 능력

이 장의 도입부에 언급한 바와 같이, 이 치료 접근법의 핵심 목표는 아동이 다양한 "실재"의 말하기 상황들에서 효과적으로 의사소통할 수 있다는 것을 확신시키는 것이다. 이러한 의사소통을 할 수 있는 능력은 주어진 상황에서 아동이 나타내는 말더듬의 양에 의해서가 아니라, 아동이 어떻게 그 상황에서 자신의 메시지를 쉽고 완전하게 전달할 수 있는지에 의해서 결정된다. 물론, 유창성이 향상되면 아동이 효과적으로 메시지를 전달하는 데 도움이 될 수 있다. 만약 유창성이 좋아진 것이 두려운 단어를 회피하거나 아동이 일관된 기준으로 그 단어들을 사용하는 데 어려움이 있어서 너무 힘든 말하기 기법들을 사용하여 성취한 경우라면, 여전히 의사소통 효율성은 감소할 수 있다. 계속 효과적인 의사소통에 중점을 두는 것이 말하기 기법의 습득 또는 부정적인 반응을 감소하는 데만 초점을 맞추는 것이 아니라는 것이다.

효과적인 의사소통에 집중하는 것도 또한 임상가들이 말더듬 아동의 말더듬 행동에서 나타날 수도 있는 가변성을 다루는 것을 도울 수 있다. 많은 연구자들이 시간과 대화 상황에 따라 말더듬 빈도에서 차이가 있는 것을 관찰했다(Costello & Ingham, 1984; Yaruss, 1997a). 이러한 가변성은 치료를 상당히 복잡하게 만들 수 있는데, 왜냐하면 치료실 내에서 특정한 기법을 사용하는 아동의 능력은 교실이나 매점과 같은 다른 상황에서 동일한 기법을 사용하는 아동의 능력을 그대로 나타내지 않기 때문이다. 가변성은 화자들이 여러 기법들을 다양한 상황에서 사용할 수 있다는 것을 확신시키기 위해 위계와 일반화 계획의 사용을 통해 치료에서 자주 다루어진다(Brutten & Shoemaker, 1967; 1974; Darley & Spriesterbach,1978; Shumak, 1955; Hillis & McHugh, 1998; Ingham & Onslow, 1987). 이것은 이 장에서 설명한 치료 접근법에서도 마찬가지이다. 하지만 이 장에서는 아동이 나타내는 말더듬의 정도와 상관없이, 아동의 유창성에 미치는 영향이란 관점에 대한 설명을 적고, 아동들이 자신의 메시지를 전달하고 유창하게 말하는 능력에 미치는 영향이란 관점에서는 좀 더 많이 설명했다. 따라서 치료의 구성요소들을 말더듬 빈도보다는 *기능적* 의사소통(Frattali, 1998)이란 견지에서 설명했으며, 기능적 의사소통을 다루는 것을 진행 중인 치료 세션에서 보이는 노력의 중요한 부분으로 설명했다.

삶의 질

말더듬은 사람의 삶에 지대한 영향을 주며, 때때로 치명적인 영향을 줄 수 있다. 말더듬은 부정적인 정서 및 인지적 반응과 일상 상황에서 의사소통의 어려움을 초래하는 것 이외에도, 화자의 전반적인 삶의 질에 영향을 미칠 수 있다(Frattali, 1998). 많은 사람들은 취업을 하고, 사회적 상황에 참여하고, 우정을 발전시키고, 학업적 성취를 이루는 것 등과 같은 자신의 삶에서 하고자 하는 것들을 이루는 데 말더듬이 어떻게 방해를 하고 있는지를 설명해왔다(Hayhow, Cray, & Enderby, 2002; Hugh-Jones & Smith, 1999; Yaruss et al., 2002). 특히, 아동들은 자신의 환경에서 어느 정도는 부정적인 반응(예: 괴롭힘, 놀림)을 경험할 수 있다(Blood & Blood, 2004; Davis, Howell, & Cook, 2002; Langevin, 1997; 2000; Langevin et al., 1998; Murphy & Quesal, 2002; Murphy, Yaruss, & Quesal, 2007a; 2007b; Yaruss et al., 2004). 결국, 이러한 경험은 아동들이 일상에 참여하고, 자기 자신과 자신의 말하기 어려움을 받아들이는 데 부정적인 영향을 미칠 것이다.

이 치료 접근법에서, 궁극적인 치료의 목표와 치료의 성공을 측정하는 것은 말더듬이 아동의 삶에 부정적인 결과를 가져오지 않는다는 것을 확인하는 것이다. 아동이 치료 후에 말더듬이 다소 지속될지라도 삶의 질의 향상은 이루어질 수 있다. 만약 아동이 유창하거나 비유창한 구어를 하는 동안에 긴장을 다루는 방법을 알거나, 아동이 최소한으로 부정적 반응들을 경험하거나, 아동이 여러 상황에서 효과적으로 의사소통할 수 있다면, 말더듬이 아동의 전반적인 삶의 질에 미치는 영향은 크게 감소할 것이다. 그 결과, 그 아동이 여전히 말더듬 행동을 나타낼 것이지만, 말더듬으로 인한 장애는 경험하지 않을 것이다. 이러한 결과는 이 장에서 성공에 대한 포괄적인 정의로 여겨질 것이다.

이론적 틀

말더듬의 광범위한 본질과 학령기 말더듬 아동들(청소년 및 성인들을 포함)을 위한 다면적 치료법에 관한 우리의 관점을 공식화하기 위해, 우리는 말더듬과 같은 복잡한 장애를 설명하기 위해 특별히 계획된 이론적 틀에서 우리의 연구와 임상적 실제를 둘러보았다. 세계보건기구(the World Health Organization; WHO)에서 개발한 이 틀은 ***국제 장애 분류(International Classification of Functioning, Disability, and Health; ICF)***(WHO, 2001)라고 부른다. ICF는 세 가지 중요한 구성요소, 즉 ① 신체 구조 및 기능, ② 활동 및 참여, ③ 개인적 및 환경적 상황 요소 등의 측면에서 정상 기능 혹은 장애가 있는 기능 모두를 포함하는 인간 보건 경험을 설명한다. ICF는 특히 언어 치료사와 관련이 있는데, 왜냐하면 ASHA 분야의 실제 영역이 "WHO 틀에서 확인된 모든 요소와 요인들을 포함"(ASHA, 2001)하기 때문이다. 말더듬은 이러한 틀에서 다음과 같이 설명될 수 있다.

신체 구조 및 기능

ICF의 첫 번째 구성요소는 인체의 모든 주요 구조(예: 신경계, 골격계 및 근육계, 구어 산출과 관련된 시스템 등)뿐만 아니라, 그러한 구조들이 실행할 수 있는 모든 기능들(예: 사고, 인지, 동작, 말하기 등)을 설명한다. 어떤 사람이 신체 구조나 기능에서 어려움을 겪는다면, 이것을 **손상** *(impairment)*이라고 한다. 신체 구조의 손상과 관련된 의사소통 장애의 예로는 구개열, 실어증, 폐쇄성 두뇌 손상, 일부 음성 장애 등이 있다.

말더듬 성인에게서 신경해부학적 차이를 강조한 연구들이 있지만(Foundas et al., 2001; 2003; Giraud et al., 2008; Jäncke, Hänggi, & Steinmetz, 2004; Sommer et al., 2002), 말더듬인들의 신체 구조에서 명확하게 나타나는 손상은 알려져 있지 않다. 그러나 말더듬인들은 신체 *기능*에서 손상을 나타낸다. 이 기능적 손상은 말더듬의 표면적 행동들(예: 반복, 연장, 폐쇄 등)에서 나타난다. 모든 말더듬인들은 어느 정도 신체 기능에서 이러한 손상을 나타낸다.

활동 및 참여

ICF의 두 번째 구성요소는 사람들이 살아가면서 참여하는 일상의 활동이다. 이러한 범주들은 앞서 설명한 치료의 "기능적 의사소통" 및 "삶의 질"이란 측면과 직접적으로 관련이 있다. 의사소통과 관련된 일상 활동으로는 대화를 시작하거나 유지하기, 전화 통화하기, 사회적 행사나 공동체적 삶에 참여하기 등이 있다. 일상 활동들에서의 어려움을 **활동 제한(activity limitations)** (예: 대화를 시작하는 능력에서의 제한)이라고 하고, 참여에서의 어려움을 **참여 제약(participation restrictions)**(예: 사회적 활동에 참여하는 능력에서의 제약)이라고 한다.

학령기 말더듬 아동들이 경험한 활동 제한으로는 수업 시간에 낭독하기, 칠판에 문제 풀기, 친구 사귀기, 전화로 이야기하기 등의 어려움이 포함된다. 만약 아동들이 자신의 의사소통 능력에서 이러한 제한점들을 경험할 경우, 그들은 자신이 하고자 하는 방식으로 생활에 참여하는 데 많은 제한을 경험할 수 있다. 학령기 아동들의 이러한 참여에는 교육적 및 사회적 목적들을 달성할 수 있는 능력이 포함된다. 학령기 말더듬 아동들이 활동 제한 및 참여 제약을 인식하는 것은, 연방법(federal legislation)[즉, 장애인 교육법(IDEA)] (United States Congress, 1997; United States Department of Education, 2001; 2002)이 교육 목적을 달성하기 위한 수행을 할 때 아동들의 능력이 부정적인 영향을 미치는 경우 아동들이 치료를 받을 자격이 있음으로 규정하고 있기 때문에 공립학교에서 근무하는 임상가들과 특히 관련된다.

개인적 및 환경적 상황 요인

ICF의 마지막 구성요소는 개인의 일상생활의 경험에 영향을 미치는 개인적 및 환경적 요인이다. 이러한 환경적 요인들은 동일한 장애를 가진 사람들이 왜 상이한 경험을 겪을 수 있는지(예: 왜 어떤 말더듬인들은 말하기의 어려움으로 인해 제한을 받지 않는데, 어떤 말더듬인은 제한을 받는지)뿐만 아니라, 왜 말더듬과 관련 있는 개인의 경험이 상황에 따라 크게 차이가 나는지를 설명한다.

이전에 설명한 정서적, 행동적, 인지적 반응들을 포함하는 개인적 요인들이 특히 의미가 있는데, 그 이유는 개인적 요인들이 화자의 활동 제한이나 참여 제약의 경험을 폭넓게 조정하기 때문이다(Yaruss, 1998a; Yaruss & Quesal, 2004). 만약 어떤 화자가 자신의 말더듬에 부정적으로 반응한다면, 그 화자는 말하기 상황을 더 많이 회피하게 될 것이며, 일상 활동을 수행하고 일상에 참여하기 위한 자신의 능력을 제한하는 다른 행동들을 하게 될 것이다. 환경적 요인들에는 화자의 지지 체계(치료사와 가족 구성원 등을 포함), 타인의 반응(또래로부터 괴롭힘이나 놀림을 받는 경험과 같은 부정적인 경험을 포함), 상이한 말하기 상황에 따른 영향 등이 있다. 만약 그 환경적 반응들이 부정적이라면, 이것 또한 일상에서 목표를 성취하려는 화자의 능력에 영향을 미칠 것이다. 말더듬에 대한 화자의 경험은 이러한 개인적 및 환경적 반응들에 의해 주로 결정되기 때문에, 말더듬 치료의 포괄적인 접근법에서 화자의 경험을 다루는 것이 중요하다(사실, 이러한 상황적 요인들이 부정적인 영향의 발생을 조정하는 데 중요한 역할을 하기 때문에, 이 상황적 요인들은 다음 절에서 치료의 활동 및 참여 구성요소들을 논의하기 전에 논의할 것이다).

치료에 대한 이론적 설명

ICF 체계는 말더듬 장애에 대한 화자의 경험의 핵심 요소들을 기술하고, "말더듬은 말더듬에 그치지 않는다."라는 말의 의미를 개괄하기 때문에, 말더듬을 설명하는 데 유용하다. 그래서 ICF는 말더듬 아동들을 위해 포괄적인 치료 프로그램에 포함되어야 할 다양한 각 요소들에 대한 명분을 제공한다. "장애 전체를 치료"하기 위해, 임상가들은 말더듬 장애와 관련된 모든 측면들을 다루기 위해 ICF를 따를 수 있다.

치료 목표의 본질

임상가가 치료를 성공적으로 이끌기 위해 할 수 있는 가장 중요한 단계 중 하나는 분명하고, 다른 사람들이 이해할 수 있고, 연구를 통해 평가될 수 있는(치료의 효과를 확인하고 다른 임상가들이 추적 점검을 촉진하도록 하는 것) 방식으로 치료 목표를 기술하는 것이다. 특히 학교에서 근무하는 임상가는 IDEA와 국가 교육 표준의 요구사항을 유지하면서 교육적으로 부정적인 영향을 해결하는 방향으로 치료 목표를 작성해야 한다(참고로 "교육적으로 부정적인 영향"이란 말은 ICF에서 설명한 동일한 활동 제한 및 참여 제약을 의미한다. 따라서 활동 및 참여 제한을 최소화하는 것이 치료의 주요 초점이 되어야 한다).

그러나 다면적인 치료 프로그램을 고려할 때, 겉보기에 관련이 없는 목표들을 길게 열거하는 것은 환자와 임상가 모두에게 혼란을 줄 수 있다. ICF는 임상가가 보다 일관성 있고, 포괄적인 방식으로 자신의 목표들을 조직하도록 도울 수 있다. 특히, 임상가는 다음과 같이 ICF의 세 가지 주요 구성요소 각각에 대한 목표들을 작성할 수 있다.

- 신체 기능: 신체 기능의 손상을 최소화하는 것을 목적으로 하는 목표들에는 유창성을 증가시키도록 설계된 유창성 형성 기법들과 말을 더듬는 동안에 긴장을 감소시키도록 설계된 말더듬 수정 전략들이 포함된다.
- 개인적 및 환경적 상황 요인: 개인적 및 환경적 반응을 최소화하는 것을 목적으로 하는 목표들에는 아동과 다른 사람들이 말더듬을 좀 더 받아들이기 위한 교육 및 둔감화(desensitization)가 포함된다.

- 활동 및 참여: 활동 제한 및 참여 제약을 최소화하는 것을 목적으로 하는 목표들에는 아동이 교육적 및 사회적 노력(시도)에 있어서 성공하기 위해 필요한 모든 일상 활동들에 참여할 수 있다는 것을 확신시키는 것이 포함된다.

개별 아동의 치료 계획에 포함되는 목표들은 그 아동의 특정 요구들에 따라서 다양할 것이다. 어떤 아동들에게는 ICF의 세 가지 범주 각각에서 목표들을 작성할 것이고, 또 다른 아동들(혹은 동일한 아동이라도 치료의 시점이 다른 경우)의 목표들은 단지 한두 개의 범주에서 작성될 것이다. 이러한 점을 고려할 때, 이러한 목표들은 IDEA와 ASHA의 실천 영역과 일치하는 종합적인 치료 접근을 제공한다.

치료 접근법에 대한 실험적 기초

치료 목표들을 선택할 때, 임상가는 자신이 치료하는 아동에 따라 요구가 다르다는 것을 염두에 두어야 한다. 이러한 이유로, 임상가는 모든 환자들에게 동일한 절차를 사용하여 치료하는, 즉 "한 가지 방식을 모든 환자에게 적용하는(one size fits all)" 치료를 하지 않아야 한다(Quesal, Yaruss, & Molt, 2004). 치료 목표들은 각 아동에 맞게 개별적으로 정해야 하기 때문에, 그러한 목표들을 성취하는 데 필요한 기법들과 전략들도 개별적으로 선택해야 한다. 개별화된 치료 접근법의 효과를 증명하려고 할 때, 치료 효과를 밝혀왔던 기존의 보편적인 연구 방식으로는 개별화된 치료 접근법의 효과를 입증하기가 어렵다. 각 환자들은 자신만의 유일한 목표들을 달성하기 위해 치료를 받기 때문에, 그 환자들은 본질적으로 자신만을 위한 유일한 치료를 받고 있는 것이다. 따라서 치료에 참여하고 있는 모든 사람들에게 동일한 방법으로 결과를 측정하는 것이 반드시 적절한 것은 아니다.

치료 효과에 대한 많은 연구들은 치료의 성공을 결정하기 위한 일차적 측정으로서 여러 구어 유창성 측정법들을 사용하지만(Bothe et al., 2006; Davidow, Bothe, & Bramlett, 2006), 개별화된 치료 프로그램을 사용하는 임상가들은 어떤 화자들에게는 향상된 유창성이 가장 중요한 측정법이 아니라는 것을 알 것이다(Manning, 2001; Murphy, 1989). 그러한 사람들에게는 말더듬인들이 여러 교육적 활동에 참가하기 위해서 자신들의 말더듬에 대해 덜 걱정하도록 돕는 것이 적어도 치료의 어느 단계에서는 더 중요할 수 있다. 그런 점에서, 말더듬 장애에 대한 반응이나 활동에서의 변화 및 참여 요소들은 손상에서의 변화보다 더 중요할 것이다. 따라서 치료 전·후의 유창성 비교는 개별화된 치료에 대한 진정한 결과를 알아보기에는 충분하지 않기 때문에, 전반적인 치료 평가 계획의 일부로만 사용되어야 한다.

이러한 이유들 때문에, 아직까지 학령기 말더듬 아동에 대한 *전체적*이고 광범위한 것에 근거한 치료 접근법의 효능성에 대한 보고는 발표되지 않았다. 비록 우리가 그 치료법의 개별 구성요소가 특정 아동들에게 효과가 있는지 여부를 평가할 수 있다고 주장하지만, 그 치료법이 증거 기반 실제의 예로써 사용될 수 있는지에 대해 의문을 가질 수 있을 것이다. 우리의 임상 연구(Murphy, Yaruss, & Quesal, 2007a; 2007b; Quesal, Yaruss, &Molt, 2004; Yaruss & Quesal, 2004; 2006)에 따르면, 우리는 개별 아동에게 사용되는 특정 치료법이 그 아동에게 적절하고 효과적이라는 것을 확인함으로써 치료의 효과 여부에 대한 대답을 찾아왔다.

기존의 실험 데이터

이 절에서는 전체적인 치료법의 다양한 구성요소를 지지하는 실험 데이터를 ICF의 관점에서 살펴본다.

신체 기능의 손상

많은 연구자들이 말더듬인들의 구어 유창성을 향상시키고, 말더듬을 변화시키도록 돕는 전략들을 설명했다(Bloodstein & Bernstein Ratner, 2008; Conture, 2001; Guitar, 2006; Manning, 2001; Shapiro, 1999). 전통적으로, 이러한 전략들은 크게 "유창성 형성법(speech modification)"과 "말더듬 수정법(stuttering modification)"으로 나뉜다. 간단히 말해, "유창성 형성법"은 말더듬인들의 유창성을 향상하기 위해 말하는 방법을 바꾸는 것을 배우도록 돕는 반면에, "말더듬 수정법"은 말더듬인들의 더듬는 방법을 바꿔 말더듬인들의 의사소통에 지장을 덜 주도록 돕는 것을 포함한다. 사용하는 접근법과는 상관없이, 이러한 많은 변화들은 좀 더 천천히 말하기와 같은 말하기 타이밍에 적응하기뿐만 아니라, 말을 산출하는 동안에 조음기관들의 신체적 긴장 감소와 같은 구어 근육 긴장의 변화를 포함한다(Conture, 2001).

유창성 형성 접근법은 개별 화자가 좀 더 느리게 말하거나 구어 산출과 관련된 신체 긴장을 감소시킬 때, 그들이 그러한 기법들을 사용하는 동안에 좀 더 유창하게 말할 수 있게 된다는 증거들을 제시한 많은 실험 연구 문헌으로부터 지지를 받았다(Andrews, Guitar, & Howie, 1980; Boberg & Kully, 1994; Bothe, 2002; Bothe et al., 2006). 말더듬 수정 기법들은 화자들이 자신의 구어 메커니즘에서 일어나는 긴장을 조절할 때, 그들이 말을 덜 더듬을 수 있다고 제시하는 소수의 연구들로부터 지지를 받는다(Laiho & Klippi, 2007; Prins & Miller, 1973; Starke, 1994; Van Riper, 1958; Williams & Dugan, 2002). 많은 논문들이 각 개인이 구어 유창성을 증가시키고 말더듬과 관련된 긴장을 감소시키는 것 모두를 통해 자유롭게 말할 수 있다는 것을 확인하기 위해, 필요한 경우, 두 가지 접근법의 요소들을 통합시키는 가치를 강조했다(Healey & Scott, 1995; Ramig & Bennett, 1995; 1997; Ramig & Dodge, 2005; Reardon-Reeves & Yaruss, 2004; Williams & Dugan, 2002).

개인적 및 환경적 상황 요인

많은 저자들은 포괄적인 치료 접근법들에서 개인적 상황 요인(종종 "의사소통 태도"라는 용어로 말함)들을 다루는 것에 대한 중요성을 논의했다(Manning, 2001; Reardon-Reeves & Yaruss, 2004의 리뷰 참조). 여전히, 부정적 의사소통 태도를 최소화하기 위해 계획된 치료 전략들의 효과를 명확히 기술한 연구들은 비교적 적다. 이에 대한 관심을 모으기 위해, 저자들은 사람들이 태도적인 반응을 변화하도록 돕는 다양한 방법들의 효과를 강조하기 위해 상담심리학과 기타 인지 및 행동 치료에 대한 많은 문헌들에서 결론을 이끌어냈다(Murphy, Yaruss, & Quesal, 2007a; 2007b). 이러한 문헌들 중에 가장 주목할 만한 것은 상담심리학 연구에 잘 정리되어 있는 인지 재구성(cognitive restructuring) 및 둔감화(desensitization)에 대한 전략들이다(Barret, Dadds, & Rapee, 1996; A. Beck, 1976; J. S. Beck, 1995; Murphy, Yaruss, & Quesal, 2007a; Rapee et al., 2000).

또한 말더듬에 대한 사회의 시각, 차별, 따돌림이나 놀림과 같은 아동이 직면하는 어려움 등과 연관된 환경적, 맥락적 요인을 검증하는 의미 있는 연구(Blood & Blood, 2004; Davis, Howell, & Cook, 2002; Langevin, 1997; 2000; Murphy, Yaruss, & Quesal, 2007a; 2007b)가 있다. 동시에, 말더듬인들이 자신의 환경에서 말더듬에 대한 여러 반응들을 변화시키도록 말더듬 아동들을 도울 수 있는지 또는 어떻게 도울 수 있는지를 검증하는 연구는 상대적으로 거의 없는 실정이다. 개인적 및 상황적 요인을 가지고 본 저자는 다른 많은 연구(Murphy, Yaruss, & Quesal, 2007b)를 이용하여, 이러한 말더듬 연구의 단점을 다루려고 노력해왔다. 더욱이, 아동의 환경에 있는 사람들이 보이는 부정적인 반응의 영향을 최소화하기 위해 고안한 여러 치료 전략들에 대해 강력한 실험적 지지가 있음은 분명하다.

활동 및 참여

최근 몇 년 동안에, 말더듬 성인들을 위한 몇몇 치료 프로그램들이 실제 상황들에서 말더듬에 대한 부정적인 반응의 변화를 증명하기 시작했다(Montgomery, 2006; Yaruss 1997b). 그러나 말더듬 아동들에 대해서는, 교실 및 사회적 상황들에서의 삶의 질 또는 기능적 의사소통에서 변화를 검증하는 연구가 아직 없는 실정이다. 연구자들은 유창성 향상을 목적으로 하는 치료가 반드시 활동 또는 참여에서도 향상시킬 것이라고 가정했을 수도 있다. 그럼에도 불구하고, 말더듬 아동들이 치료 후에 일상적인 활동을 수행하고 삶에 완전히 참여하기 위해 자신들의 능력에서 일어나는 변화를 경험하는 것을 입증할 실험 데이터가 필요하다.

치료 결과에 대한 연구에서 포괄적 실험 데이터 수집하기

필요한 실험 데이터의 수집을 돕기 위해, 이 장의 저자들은 ① 임상가가 아동의 생활에 미치는 말더듬의 부정적인 영향에 기초하여 아동의 치료 적격성을 결정하는 것을 돕기, ② 말더듬 장애에 대한 다양한 치료 접근법의 실험적 평가를 지원하기, ③ 치료 과정 동안에 아동이 경험하는 변화들에 대한 임상가의 평가를 촉진시키기 등의 목적으로 사용될 수 있는 일련의 측정 도구들을 개발했다. *화자의 말더듬 경험에 대한 전반적인 평가(Overall Assessment of the Speaker's Experience of Stuttering; OASES)*(Yaruss & Quesal, 2006; Yaruss, Coleman & Quesal, 2007a; 2007b)라고 하는 이러한 도구들은 ICF의 재정 지원을 받아 WHO가 제안한 말더듬의 주요한 구성 요소들을 측정할 목적으로 특별히 계획되었다.

물론, 이것들은 말더듬 장애의 여러 측면들을 다루기 위해 개발된 유일한 측정 도구들은 아니다. 비교적 소수의 도구들이 학령기 아동에 대해 다루고 있지만(Brutten & Vanryckeghem, 2006;

DeNil & Brutten, 1991; Manning, 2001을 참조), 그러한 도구들의 필요성이 많이 제시되었다(Yaruss & Quesal, 2006의 고찰 부분 참조). 임상가들이 치료 결정을 할 때 그들을 지지할 좀 더 확고한 문헌에 접근할 수 있도록 하기 위해, 추후 연구에서는 치료 과정 동안에 학령기 아동의 경험에서 일어나는 변화를 입증하기 위해 그러한 측정 도구들을 더 많이 사용할 것이라고 기대한다.

임상가들이 개별화된 치료에서 수집할 데이터

포괄적인 연구 데이터를 다양한 치료 접근법들을 지지하는 데 사용할 수 있음에도 불구하고, 임상가들은 여전히 자신들이 사용하는 치료법이 자신이 치료하는 각 아동들에게 효과적인지를 입증할 필요가 있을 것이다. 그래서 임상가들은 자신들이 치료하는 특정 아동의 말더듬 장애의 다양한 모든 측면에서 중재 효과를 입증하기 위해 치료 전, 중, 또는 후의 데이터를 수집할 필요가 있을 것이다. 이렇게 고려되어야 할 데이터 유형의 구체적인 예들은 이 장 후반부의 평가방법에 관한 섹션에서 제시한다. 이러한 점에서, 중재 과정 동안에 임상가가 수집하고 평가한 데이터는 증거기반 실제의 적용에 대한 필수적인 측면을 차지한다는 것을 알아야 한다.

치료의 실제적인 요구사항

소요 시간 및 자료

개별화된 치료 접근법과 관련된 많은 과제들 중 하나는 아동의 치료 기간을 미리 결정할 수 없다는 것이다. 아동마다 목표가 다르고 그 목표를 달성하기 위한 각 아동의 능력도 다르기 때문에, 아동이 받을 치료 기간과 매주 치료 횟수도 상이하다. 따라서 어떤 아동들은 일주일에 한 번의 치료 세션으로도 치료 효과를 볼 수 있지만, 어떤 아동은 일주일에 두 번 치료 세션으로 치료 효과를 볼 수도 있다. 많은 아동들이 개별 치료 세션에 집중하는 것으로 치료 효과를 보지만, 일부 아동들은 집단 치료로 치료 효과를 본다. 치료 세션의 일정과 형식도 아동이 치료 진행과정이 어느 정도로 진행되었는지 또 그 시기에 아동의 특정한 목표가 무엇인지에 따라서 달라질 것이다. 예를 들면, 아동이 말하는 기법들을 집중적으로 연습할 때에는 치료를 좀 더 자주 받도록 일정을 짜고, 그 후에 일반화나 개인적인 반응 쪽으로 치료를 할 때에는 덜 자주 받도록 일정을 짜는 것이 도움이 될 수 있다.

치료 세션의 일정을 계획하는 것이 아동들이 세션들 사이에서 수행해야 하는 치료만큼 중요한 것은 아니다. 이 장에서 설명한 치료 유형에서는, 아동이 말하는 기법들을 사용하고, 개인적인 반응들을 변화시키고, 실제 상황에서 기능적 의사소통 능력들을 확장하려고 시도할 때, 진짜 치료가 시작된다. 그래서 치료 세션들의 목적은 아동에게 세션들 사이에 연습이 필요하다는 것을 가르치는 것이다(이러한 방식으로, 치료 세션들은 피아노 레슨과 같은 관점으로 볼 수 있다. 레슨 동안에 피아노 교사의 목표는 아동에게 “피아노 연주”를 가르치는 것이 아니라, 오히려 피아노를 연주하는 것을 배우기 위해서는 레슨 사이에 연습을 해야 한다는 것을 아동에게 가르치는 것이다). 이러한 접근방식에서는 아동의 참여가 치료의 궁극적인 성공에 특히 중요한 결정 요인이다. 물론, 아동이 말하기 또는 의사소통 패턴을 변경할 수 있도록 돕는 것과 관련된 모든 치료에서 이것은 진실인 것 같다.

임상가의 경험

많은 연구자들은 실제 치료를 하고 있는 많은 임상가들이 말더듬 아동을 치료하는 것을 불편해한다는 사실에 주목해왔다(Brisk, Healy, & Hux, 1997; Cooper & Cooper, 1985; 1996; Kelly et al., 1997; Mallard, Gardner, & Downey, 1988; St. Louis & Durrenberger, 1993; St. Louis & Lass, 1980; Sommers & Caruso, 1995; Van Riper, 1977; Wingate, 1971). 따라서 치료의 임상적 요구사항들은 대단히 중요하다. 심지어 실험 연구를 통해 효과적이라고 입증된 치료법일지라도, 만약 임상가가 그 치료법에 익숙하지 않다면 그 치료법은 성공적으로 실행될 수 없을 것이다. 예를 들면, 만약 임상가가 아동들의 말에 말더듬을 나타내는 것을 받아들일 수 없다고 생각한다면, 그 임상가는 치료에서 둔감화 요소를 다루는 데 특히 어려움을 가질 수 있다. 따라서 이 접근법의 중요한 요구사항은 말더듬과 아동들이 말을 더듬는 것이 괜찮다는 사실을 배우고, 받아들이고, 궁극적으로, 허용하는 것이다. 다행스럽게도, 임상가가 말더듬을 받아들여야 한다는 경험은 말더듬 아동이 겪어야 하는 경험과 똑같은 것이다. 말더듬 아동들은 말더듬에 대해서 배우고, 둔감해지고, 말더듬에 대한 공포를 감소시키고, 구어 근육에서 일어날 수 있는 긴장을 조절하는 여러 전략들에 대해 배울 필요가 있다. 임상가들 또한 이러한 것들에 대해 배울 필요가 있다. 임상가들은 이러한 지식을 습득할 수 있고, 단순히 치료에 참여하고, 아동들이 해야 할 것을 하도록 요구함으로써, 이러한 기술들을 환자에 맞게 발전시켜 나갈 수 있다고 믿는다. 치료에 참여함으로써, 임상가들은 말더듬 아동들을 돕는 자신들의 능력을 향상시킬 뿐만 아니라, 말더듬에 대한 더 좋은 이해를 발전시킬 수 있을 것이다.

치료 접근법의 핵심 요소

이 장에 걸쳐, 우리는 치료에 말더듬 장애 전체를 고려하고 있다는 것을 확실히 하기 위해 ICF를 사용했다. 이 주제를 계속 다루기 위해, 우리는 ICF의 관점에서 치료 접근법의 핵심 구성요소들을 제시할 것이다. 우리는 각 구성요소들(손상, 개인적 및 환경적 반응, 활동 제한/참여 제약)을 설명했지만, 치료법 자체는 순차적인 방식으로 제시되지 않는다. 즉, 치료법은 손상을 제일 먼저 다루고, 그 다음에 개인적 반응, 그 다음에 환경적 반응 등의 순서로 다루지 않는다. 그 대신에, 치료법의 구성요소들은 각 요소들과 중첩되고 또 상호작용하며(예: 긴장 감소 활동은 손상 및 부정적인 개인적 반응 모두를 다룸), 어떤 구성요소들은 치료 전반에 걸쳐 다른 시간대에 반복적으로 다루어진다. 또한 각 아동들은 자신의 특정한 필요에 근거하여 치료를 받는다. 다른 말로 하면, 비록 ICF의 모든 구성요소들이 모든 아동에게 고려되지만, 각각의 그러한 구성요소들을 고려하는 것이 반드시 모든 아동의 치료에서 다루어진다는 의미는 아니다(예: 말더듬에 대한 부정적 반응이 경미한 아동에게는 말더듬 장애에 대한 반응 요소들을 다루는 데 많은 시간을 소비하지 않을 수 있음). 임상가는 치료를 받는 각 아동이 직면하는 특정한 문제들을 다루는 데 필요한 것으로서, 치료의 구성요소들을 이끌어내야 한다.

손상 최소화하기

말더듬 손상을 최소화하기는 아동들이 좀 더 유창하게 말하는 것을 배우도록 돕는 것을 포함한다. 위에서 언급한 바와 같이, 이를 성취하기 위해 사용한 대부분의 기법들은 구어 산출의 타이밍과 긴장의 변화를 포함한다. 특히, 손상을 최소화하기는 아동들이 의사소통에 더 적게 지장을 받기 위해 자신들의 말더듬 행동들을 변화하도록 돕는 것 또한 포함한다. 따라서 유창성을 강화하기 위한 전략들을 설명한 후에, 말을 더듬는 동안에 긴장과 투쟁을 최소화하기 위한 전략들도 검토한다.

유창성을 증가시키기 위해 타이밍 변화시키기(더 느리게 말하기와 쉼)

아마도 아동(및 성인)들이 유창성을 향상시키기 위해 자신들의 구어의 타이밍을 수정하도록 돕는 가장 일반적인 전략에는 ① 말하는 속도 감소(Andrews & Ingham, 1972; Boberg & Kully, 1985; O'Brian et al., 2003; Webster, 1980), 또는 ② 쉼(pausing)의 증가(Conture, 2001; Gregory, 2003) 등이 포함될 것이다. 어떤 접근법들은 상당히 느리고(연장된 구어에서처럼), 비교적 긴 쉼(예: "지연 반응")을 사용하는 반면에, 어떤 접근법들은 눈에 띄지 않는 타이밍의 변화를 사용할 것이다. 다른 많은 접근법들처럼, 우리는 말더듬을 최소화하기 위해 말하는 속도 감소와 쉼의 증가를 사용한다. 그러나 이러한 타이밍을 급격하게 변화시켜서 구어의 자연스러움을 감소시키지 않도록 해야 한다.

구어 속도의 감소를 사용하는 화자는 균형 맞추기(trade-off)의 어려움에 직면한다. 그들이 천천히 말하면 말할수록 더 유창해지는 것 같지만, 그만큼 덜 자연스러운 소리를 낼 수도 있고, 그만큼 덜 자연스럽게 느껴질 수도 있다. 천천히 말하기와 쉼을 하는 데는 그만큼 더 많은 노력이 필요하다. 이러한 균형 맞추기는 학령기 아동들에게는 이상한 것이다. 학령기 아동들은 말더듬으로 인해 자신의 말이 또래들과 다르게 들리는 것을 원하지 않는다. 그와 동시에, 그들은 말을 너무 천천히 함으로 인해 자신의 말이 또래들과 다르게 들리는 것도 원하지 않는다. 결과적으로, 아동들은 아무 것도 선택하지 않을 수 있고, 따라서 그 기법들로부터 혜택을 전혀 얻을 수 없을 것이다. 이것은 많은 아동들이 치료의 효과를 *일반화시키는 데* 어려움을 겪게 되는 주된 이유 중 하나이다. 이러한 문제점들을 최소화하기 위해, 아동들은 말하는 속도를 *최소*로 감소시키고 비교적 *짧은* 쉼을 사용하는 것을 배울 수 있다. 다행스럽게도, 유창성을 강화하기 위해 단지 타이밍에서 작은 변화를 주는 것(연장 구어 치료의 후반 단계에서처럼)이 필요하다(O'Brian et al., 2003; Onslow et al., 1996). 따라서 아동들은 자신의 유창성을 향상시키려는 경우에만 속도를 늦추고 쉼을 약간 증가시키는 것을 배우고 이러한 수정법을 사용할 수 있다.

물론, 아동들이 말하는 속도를 더욱 극적으로 느리게 하거나, 더 느린 말하기 속도를 좀 더 자주 사용하면 더 유창해질 것이다. 그럼에도 불구하고, 말을 언제, 얼마나 느리게 할지 결정하는 것은 아동이 할 일이다. 이 기법의 목표는 이러한 수정이 너무 극적이어서 아동이 대화 상황에서 그 수정을 유지할 수 없다는 것을 느끼지 않고 유창성을 향상시키는 것과 구어 타이밍을 수정하는 것 사이에 균형을 맞추도록 하는 것이다. 이러한 균형에서 중요한 것은 치료가 아동에게 "완벽한" 혹은 "정상적인" 유창성을 요구하는 것이 아니라, "향상된" 유창성을 성취하도록 요구하는 것이다.

이러한 방식으로 구어 속도를 수정하고 쉼을 증가시키는 것은 실질적으로 비말더듬 화자를 위한 일반적인 전략이다(Goldman-Eisler, 1954; 1956). 예를 들면, 어떤 화자가 새로운 단어나 친숙하지 않은 단어를 접할 때, 그 사람은 그 단어를 정확히 말하기 위해 구어 속도를 늦추는 선택을 한다. 비말더듬인들은 이러한 것을 힘들이지 않고 수행할 수 있다. 하지만 말더듬 아동들은 어려운 단어를 말하도록 돕는 방법으로 자신의 구어 속도를 감소시키고 나서, 그러한 어려움이 지난 후에 정상적인 수준으로 구어 속도를 증가시킬 수 있도록 연습할 필요가 있다. 아동들은 걷기나 자전거 타기 등과 다른 운동 과제들을 수행할 때 속도를 조절할 수 있다는 것에 주목할 가치가 있다(Coleman, Yaruss, & Hammer, 2007). 어떤 아동이 자전거를 탈 때, 직선 도로와 같이 비교적 빠르게 탈 수 있는 확실한 시점을 알고 있다. 커브에 접근하거나 울퉁불퉁한 도로에서 자전거를 탈 때는, 사고가 나지 않기 위해 속도를 늦출 필요가 있을 것이다. 연습을 통해, 아동은 이러한 조절법을 사용하는 것을 배워서 가능한 한 자연스럽게 자전거를 계속 탈 수 있다. 이와 같은 방식으로, 아동은 연습을 통해 구어 속도를 조절하는 것을 배워서 가능한 한 자연스럽게 계속 말할 수 있다.

더욱이, 어떤 아동이 자전거를 탈 때, 아동이 사용해야 할 정해진 속도(시간당 마일)는 없다. 자전거가 달리는 속도는 타고난 능력, 자전거 타는 경험, 도로 상태 등과 같은 요인에 달려 있다. 아동은 주어진 상태에서 자전거를 가능한 한 유연하게 탈 수 있도록 하기 위해 이러한 요인들을 평가하는 것을 배운다. 같은 방식으로, 구어 타이밍에서의 변화들도 특정한 구어 속도에 근거해서는 안 된다. 즉, 아동에게 초당 음절의 속도로 말을 하거나, 밀리초의 쉼을 사용하도록 요구하지 않는다. 모든 아동은 타고난 능력들이 다르고, 말하는 모든 상황도 다르다. 그래서 말더듬 아동은 여러 상황들에서 최적의 부드러움(유창성)을 성취하는 데 필요한 타이밍을 조정하는 것을 배워야 한다.

비록 타이밍에서 작은 변화가 좀 더 극적인 변화보다 아동이 배우고 유지하기가 더 쉽지만, 이러한 작은 변화를 수정하는 것도 훈련을 필요로 한다. 따라서 치료사들은 아동들이 새로운 말하기 기술들을 배우도록 돕기 위해 적당한 시간을 마련해야 한다. 이는 더 쉬운 상황에서 어려운 상황들로 나아가는 위계를 통해 수행함으로써 이룰 수 있다(Yaruss & Reardon, 2003). 예를 들면, 아동이 모방과 읽기와 같은 쉬운 과제에서 더 느린 속도를 사용하는 것을 배우다가, 구조화되거나 자발적인 말하기와 같은 좀 더 어려운 과제들로 나아갈 수 있다. 말하기 과제들의 위계를 완료한 후에, 아동이 쉬운 말하기 상황에서 더 어려운 말하기 상황으로 나아가는 위계를 통해 과업을 성취할 수 있다. 더 쉬운 상황들에는 치료실 또는 집 환경과 같은 것이 있고, 좀 더 어려운 상황들에는 학교 매점과 운동장, 교실과 같은 상황들이 있다. 또 어떤 아동들에게는 특정 과제들 또는 환경들이 더 쉽거나 더 어렵다. 그 결과, 임상가들은 치료실 밖에서 아동을 치료할 필요가 있을 것이고, 아동의 위계를 개발할 때 아동이 앞장서서 하도록 한다. 일반화를 촉진시키기 위한 위계의 사용에 대한 세부 사항은 "활동 및 참여"라는 섹션에서 토의한다.

요약하면, 아동들의 구어 유창성을 향상시키기 위해 타이밍 변화를 사용할 때 고려해야 할 네 가지 기본적인 고려 사항이 있다. ① 타이밍 변화는 너무 급격해서는 안 된다. ② 타이밍 변화를 항상 사용할 필요는 없다. ③ 달성해야 할 타이밍에 대한 임의적 기준은 없다. ④ 아동이 성공적으로 타이밍 변화를 사용하는 것을 배울 수 있도록 하기 위해서, 쉬운 상황에서 어려운 상황으로 가는 위계에 따라 타이밍 변화를 연습해야 한다.

유창성 향상을 위한 긴장 변화시키기(가벼운 접촉)

아동이 말을 할 때 신체적 긴장이 적을수록 말더듬과 관련 있는 긴장이 더 적어지는 것 같다. 따라서 유창성을 향상시킬 수 있는 또 다른 변화는 "가벼운 접촉(light contact)" 혹은 "부드러운 시작(gentle onset)"에서 볼 수 있는 것과 같은 조음기관의 신체적 긴장을 감소시키는 것이다(Reardon-Reeves & Yaruss, 2004; Runyan & Runyan, 1986; 1993). 이러한 기법들을 사용하여, 아동은 신체적 긴장을 더 적게 하여 조음기관들을 서로 접촉시키는 것을 배운다. 가벼운 접촉이 가지고 있는 문제점은 아동이 하기에 어려우며, 특히 대화 상황에서는 더 어렵다는 것이다. 이러한 사실은 특히 아동들이 서두르거나 흥분했을 때 더 그렇기 때문에, 아동들은, 비록 이 기법이 말더듬을 최소화하는 데 도움이 된다는 것을 알더라도, 어려운 상황들에서 이 기법을 사용하는 것을 쉽게 포기할 수 있다.

앞에서 설명한 구어 속도를 변화시키는 것에서처럼, 아동은 가벼운 접촉을 항상 사용하려고 시도하지 않아야 한다. 대신에, 아동들은 긴장이 증가하고 있다는 것을 느끼는 순간에만 가벼운 접촉을 사용할 수 있다. 이것을 달성하기 위해, 아동들은 구어 근육 체계에서 나타나는 긴장에 대해 알아야 한다. 따라서 가벼운 접촉을 가르치는 것에는 역시 말하기와 관련된 근육들(호흡, 발성, 조음 등에 관여하는 근육을 포함)에 대해 아동에게 가르치고, 아동이 구어를 산출하는 동안에 근육이 다른 방식으로 긴장되는 것을 배우도록 도와주는 것이 포함된다. 아동이 자신의 구어 메커니즘에 대해 더 잘 이해하면, 그만큼 유창성을 촉진시키는 변화들을 더 잘 할 수 있을 것이다. 아동은 근육에서 나타나는 긴장을 민감하게 감지하는 데 숙달될수록, 가벼운 접촉을 사용해야 할 때를 더 잘 결정할 수 있을 것이다. 타이밍을 변화시킬 때처럼, 이 기법을 사용하는 것에는 상당한 연습이 필요하다. 그러나 시간이 지남에 따라, 아동은 유창성을 향상시키기 위해 구어 근육에서 발생하는 긴장을 감소시키는 것이 좀 더 쉬워질 것이다.

유창성 향상을 위한 타이밍과 긴장 변화시키기(쉬운 시작)

아동들은 항상 변화하려고 노력하기보다는 타이밍과 긴장의 변화를 통해 유창성을 강화하려고 노력할 때 그들이 직면하는 어려움을 최소화 할 수 있다. 대신에, 아동들은 유창성을 증가시키기에 충분할 만큼 구어를 천천히 말하는 분별력 있는 수정을 사용할 수 있으나, 그것이 많이 어렵거나, 구어의 자연스러움을 방해하거나, 자유롭게 의사소통하는 능력을 제한하지 않도록 해야 한다. 비록 아동들이 이 목표를 향해 노력할지라도, 아동들은 유연하고 지속적인 방식으로 자신들의 구어를 관리하는 능력을 향상시켜서, 그러한 균형을 찾는 노력이 필요하다.

아동들이 이러한 균형을 달성하도록 치료사가 도울 수 있는 한 가지 방법은 아동이 산출하는 모든 단어를 더듬지 않는다는 점과, 더듬는 단어가 무작위로 분포되지 않는다는 점을 인식시키는 것이다. 대부분의 말더듬은 발화의 시작에서 발생한다(Brown, 1938; 1945; Taylor, 1966). 일단 화자가 발화의 첫 단어(또는 심지어 첫 음)를 산출하면, 그 발화의 나머지 부분은 종종 유창하게 산출된다. 그러므로 유창성을 향상시키기 위해 구어를 수정하는 과업은 아동들이 전체 발화에서 자신의 타이밍과 긴장 수정에 초점을 두는 것이 아니라, 그 발화의 첫 번째 음에만 초점을 두도록 단순화할 수 있다.

그 결과는 “쉬운 시작(easy starts; easy beginnings)”(Gregory, 2003; Reardon-Reeves & Yaruss, 2004)이라고 하는 하나의 기법으로, 화자가 약간 느린 구어 속도(타이밍 감소), 가벼운 접촉(신체적 긴장 감소)과 나머지 발화 부분은 정상 속도로 전환하여 발화를 시작하는 기법이다. 발화의 나머지 부분에 정상 속도 및 정상적인 긴장을 사용하는 것은 화자가 구어의 자연스러움을 유지하는 것을 허용하면서, 좀 더 전반적으로 느리고 가벼운 접촉보다 더 쉽게 사용하도록 하는 기법이다. 아동이 모든 어구(phrase)마다 쉬운 시작을 사용할 필요가 없지만, 쉬운 시작을 사용하는 많은 기회를 가지기 위해 쉼(pausing)과 말을 하는 것(phrasing)을 통합할 수 있다. 어떤 아동이 손가락 끝으로 농구공을 회전시킬 때 다른 움직임도 추가로 하는 것과 흡사하게, 아동은 쉬운 시작을 사용하여 말을 할 때 때때로 다른 “움직임”을 추가할 수 있다. 다른 움직임을 덧붙이는 것은 구어의 흐름을 계속 유지하면서 타이밍과 긴장의 변화를 통해 유창성을 향상시킨다.

thePoint 사이트에 있는 비디오 클립 1은 쉬운 시작에 대한 설명과 아동이 산출하는 여러 예들을 포함하여, 쉬운 시작을 도입하는 방법의 예를 보여준다.

이 장에 제시된 모든 기법들에서처럼, 쉬운 시작(easy starts)을 얼마나 자주, 그리고 언제 사용하는지를 배우는 것에는 연습이 필요하다. 어린 아동 및 언어 장애나 인지 장애가 있는 아동들은 이러한 기법을 사용하는 것을 너무 어려워할 수 있기 때문에, 그들이 유창성 증가를 성취하기 위해서는 좀 더 적절하게 수정하여 사용할 필요가 있다. 아동은 유창성을 개선하는 것이 필요할 때, 타이밍과 긴장에서 많이 수정해야 하지만, 그 과제가 너무 어려워지거나 의사소통이 제대로 이루어지지 못할 정도로 많이 수정하지 않아야 한다(임상가들은 치료의 목표가 의사소통을 향상시키는 것이며, 그 향상된 유창성은 이 치료법이 달성하려는 목표인 의사소통에서의 전반적인 향상들 중 일부분이라는 점을 받아들이는 것이 필요함).

말더듬의 심한 정도를 줄이기 위한 긴장 변화시키기(탐색과 거짓 말더듬)

비록 완벽하지는 않지만, 타이밍과 긴장 변화시키기는 아동들이 좀 더 유창하게 말하도록 도울 수 있다. 앞에서 언급한 바와 같이, 이 기법들은 사용하기가 어려워서, 아동들이 항상 사용할 수가 없다. 더욱이, 아동들이 타이밍과 긴장 변화시키기를 사용할 때조차도 가끔 말을 더듬을 것이기 때문에, 임상가들은 아동들이 이 기법들을 사용하려고 시도할 때 말을 더듬어도 괜찮다는 것을 배우도록 돕는 것이 중요하다.

비디오 클립 2는 치료사가 말을 더듬어도 괜찮음을 상기시키면서, 여러 기법들을 유연하게 사용하는 것에 대해 논의하는 것을 보여준다.

아동들이 말을 더듬을 때, 그들은 다른 방식으로 더듬을 수 있다. 아동들은 높은 수준의 신체적 긴장을 나타내거나, 거의 긴장 없이 더듬을 수 있다. 아동들이 말을 더듬는 동안에 긴장을 많이 나타낼수록 그만큼 의사소통에서 장애를 더 많이 경험한다. "더 쉽게" 말을 더듬는 것은 의사소통에 더 적게 영향을 미친다. 따라서 아동들이 보다 더 쉽게 *말하는* 것을 학습하도록 돕는 것 이외에, 임상가들은 아동들이 보다 더 쉽게 *더듬도록* 도와줌으로써 의사소통을 향상시키는 것을 도울 수 있다.

신체적 긴장을 변화시키는 것은 어려울 수 있다. 아동들이 말을 더듬는 동안(특히 연장이나 막힘을 하는 동안)에 신체적 긴장이 있음을 인식할지라도, 말하는 동안에 긴장이 일어나는 방법(예: 어떤 근육들이 관련되는지)이나 그 긴장을 감소시킬 수 있는 방법을 이해하지 못할 수도 있다 (Williams, 1971; 1983). 부모들과 임상가들은 아동들에게 근육을 "이완시켜라."라고 말해왔을 수도 있지만, 아동들은 그렇게 하는 방법을 이해하지 못하거나, 말을 하는 동안에 긴장을 감소시키는 것이 어렵다는 것을 알아차릴 수도 있다. 그래서 말을 더듬는 동안에 아동이 긴장을 변화시키도록 돕는 중요한 첫 단계는 말더듬 순간 동안에 아동들이 행동하고 있는 것이 무엇인지를 알도록 돕는 것이다. 어떤 아동들은 턱의 근육들을 긴장시키는 반면에, 어떤 아동들은 후두의 근육들을 긴장시키고, 또 어떤 아동들은 숨쉬기를 제한한다. 아동들은 눈 깜빡임과 입술 말아올리기, 기타 신체적 긴장 움직임 등과 같은 행동들을 나타낼 수 있다(Conture & Kelly, 1991; Bloodstein & Bernstein Ratner, 2008 참조; Van Riper, 1982; Wingate, 1964). 아동들은 근육을 어떻게 긴장시키는지를 더 많이 이해할수록, 그 긴장을 그만큼 더 많이 *변화*시킬 수 있을 것이다.

아동들이 자신이 어떻게 말을 더듬는지에 대해 배울 수 있는 한 가지 방법은 말더듬 순간을 "탐색(exploring)"하고, 자신이 말을 더듬을 때 입이나 목구멍 또는 호흡 메커니즘에서 무슨 일이 발생하는지를 설명하는 것이다. 이러한 것을 배우기 위해, 아동들은 거울이나 비디오테이프를 사용하여 자신의 말더듬을 바라보거나, "거짓 말더듬"(이 절의 후반부에서 논의함)을 사용하여 자신의 말더듬을 모방할 수 있다. "구어 기계(speech machine)"(말하기와 관련된 자신의 신체 일부분)에 대해 배운 후(Reardon-Reeves & Yaruss, 2004), 아동은 유창한 구어를 산출하는 동안에 말하기와 관련된 신체 부분들이 어떻게 협응하고, 더듬은 구어를 산출하는 동안에 어떻게

서로 협응하지 않아서 긴장되는지에 대해 토의할 수 있다.

비디오 클립 3에서, 구어 산출에 사용된 신체의 일부에 대해 논의를 하는 중에, 임상가는 신체적 긴장을 나타내기 위해 주먹을 비유로 사용한다. 또한 거짓 말더듬을 쉽게 내는 예도 있다.

아동들이 말더듬에 관해서 배울 수 있는 한 가지 방법은 말더듬의 순간 동안에 "얼어붙는 것(가만히 있는 것)"이다. "막힘(또는 반복) 상태로 머물러 있음"으로써, 아동들은 자신의 구어 메커니즘으로 자신들이 하고 있는 것에 대해 생각할 시간을 갖게 된다. 임상가는 아동이 말더듬의 순간에 "멈춰 있는" 동안에 호흡 메커니즘 또는 음성 산출에 관여하는 근육에서 일어나는 신체적 긴장에 대해 아동이 생각하도록 지도할 수 있다. 아동은 신체적 긴장이 어떻게 생성되는지를 이해한 후에, 그 긴장을 *줄이는* 여러 방법들을 실험하기 시작할 수 있다. 이것은 아동이 주먹을 쥐도록 한 후, 그 주먹의 긴장을 바꿔보도록 지도하는 것과 같은 비구어적인 방법으로 도입할 수 있다. 임상가는 아동에게 주먹을 쥘 때, 주먹 근육에서 일어나는 긴장의 양을 조절해 보라고 설명할 수 있다. 만약 아동이 주먹 근육에 긴장을 높이거나 낮추기로 마음먹는다면, 긴장을 자기 마음대로 할 수 있기 때문에, 주먹을 꽉 쥐거나 느슨하게 쥘 수 있을 것이다. 이러한 방식을 통해, 임상가는 아동이 말을 더듬을 때 조절할 수 없더라도, 연습을 통해 말을 하는 데 사용된 근육들에서 일어나는 신체적 긴장을 감소시킴으로써 자신이 말을 더듬는 방식을 변화시킬 수 있다는 것을 아동이 배우도록 도울 수 있다.

비디오 클립 4에서는 말더듬의 순간 다음에 근육을 이완시키는 것에 대한 논의를 보여준다. 또한 구어 산출 시에 사용되는 신체의 여러 부분에 대해 논의한 다음에, 말을 더듬는 동안에 신체에서 긴장이 발생하는 위치에 대해 배우는 한 가지 방법으로 거짓 말더듬을 사용한 예가 있다.

말더듬 순간에 머무는 것은 치료 초기 단계에 있는 아동들에게는 매우 어려울 수 있다. 부분적으로, 이것은 아동들이 이러한 방법으로 자신들의 말더듬을 직면하는 것이 불편할 수 있다는 사실에 기인한다. 하지만 말더듬 아동들은 자신들의 말더듬을 직면할 필요가 있으며, 탐색을 통한 이러한 직면은 아동들이 다른 방법들을 통해서 공포를 직면하는 것보다 덜 놀라울 수 있다(이는 둔감화를 설명하는 다음 섹션에서 좀 더 자세하게 설명함). 아동들은 또한 이 훈련을 어렵게 느낄 수 있는데, 왜냐하면 치료를 처음 시작할 때 자신의 구어를 계속해서 모니터할 수 있도록 하는 충분한 자기 모니터링 능력을 아직 갖추지 못했기 때문이다. 말더듬의 순간을 "잡아내는" 것을 배우는 것은 이러한 자기 모니터링 기술들을 발전시키는 것을 도울 수 있으며, 이러한 발전은 이 치료법에서 사용되는 다양한 기법들을 성공적으로 사용할 수 있는 기초를 제공한다.

아동들이 말을 더듬을 때 자신이 하고 있는 것에 대해 배우도록 도와주는 또 다른 방법은 **거짓 말더듬(pseudostuttering)**을 사용하는 것이다. 거짓 말더듬 또는 "수의적 말더듬(voluntary stuttering)"(Sheehan, 1970; Van Riper, 1973)이란 의도적으로 말을 더듬는 것을 의미한다. 거짓 말더듬은 탐색 훈련의 일부분으로서 자기 마음대로 말더듬을 산출할 수 있고, 둔감화 훈련의 일부분으로서 대화 상황에서 산출할 수도 있다. 거짓 말더듬은 아동이 자신의 말더듬에 대해 알고, 자신이 말더듬을 산출하는 동안에 나타나는 긴장을 변화시키는 방법에 대해 배우도록 도울 수 있다. 앞에서 설명한 탐색 훈련에서처럼, 임상가는 말더듬 순간에 호흡, 발성, 공명 등의 체계에서 무슨 일이 발생하는지를 아동에게 질문하고, 그 다음에 아동이 긴장을 감소시키는 방향으로 지도할 수 있다. 아동들은 부적 연습 훈련의 형태를 경험함으로써 취소나 말소(Van Riper, 1973)와 같은 전통적인 말더듬 수정 기법들을 사용할 수 있는 튼튼한 기초를 마련한다. 말을 더듬는 동안에 신체적 긴장의 양을 감소시키기 위한 기법들은 아동이 좀 더 쉽게 의사소통하도록 도울 수 있지만, 그 기법들이 아동이 좀 더 유창하게 말하도록 돕는 데 반드시 필요한 것은 아니다. 이러한 이유로, 긴장 감소 기법들을, 아동이 좀 더 유창하게 말하도록 돕기 위해 앞에서 설명한 타이밍 및 긴장을 수정하기 위한 또 다른 기법들(Healey & Scott, 1995; Ramig & Bennett, 1997)과 결합시켜야 한다. 모든 아동들은 자신의 말더듬 손상이 의사소통에 미치는 영향을 최소화하도록 타이밍 및 긴장 수정 전략들을 다양하게 결합시킬 필요가 있다. 또한 많은 아동들은 자신의 말더듬에 수반되는 부정적인 정서적, 행동적, 인지적 반응들을 다루는 데 도움이 필요하다. 다음 절에서는 말더듬 장애로 인해 겪는 여러 가지 전반적인 경험들을 다룰 것이다.

부정적인 개인적 반응 최소화하기

말더듬은 아동들을 당황하게 할 수 있다. 말더듬은 수치감이나, 자아 존중감 저하로 이어질 수 있고, 부정적인 사회적 결과를 가져올 수 있다. 말더듬은 아동들이 겉으로 드러나는 말더듬을 최소화하거나 모든 말하는 상황 등을 회피하려는 노력으로 단어를 대치하는 원인이 될 수 있다. 그래서 아동들은 이러한 부정적 정서 및 인지 반응들을 경험해서는 안 된다. 그들의 손상을 최소화하도록 아동들을 돕는 것(타이밍과 긴장의 변화를 통해)은 이러한 부정적인 반응들을 최소화하도록 도울 수 있다. 그러나 불행하게도 이는 많은 아동들에게 충분하지 않다. 약간의 말더듬이 그들의 말에 여전히 남아 있는 한, 부정적 반응을 경험할 가능성도 남아 있다. 많은 학령기 아동들은 이러한 정서적, 행동적, 인지적 반응들에 대처하는 데 필요한 기술들을 갖추고 있지 않기 때문에, 언어임상가들이 도와줄 필요가 있다. 다행스럽게도, 도울 수 있는 방법이 많다.

둔감화

임상가가 아동들이 말더듬에 대한 공포를 극복하도록 도울 수 있는 한 가지 방법은 치료에 **둔감화 (desensitization)** 전략을 사용하는 것이다(Beck, 1995; Kaufman, 1985; Rapee et al., 2000; 말더듬 치료 적용에 관해서는 Dell, 1993; Murph, 1989; 1999; Murph, Yaruss, & Quesal, 2007a; Sheehan, 1958; Van Riper, 1958 참조). 둔감화는 개인이 자신을 괴롭히는 행동 혹은 사건들에 대해 덜 반응하도록 하거나 더욱더 받아들이도록 돕는 과정이다. 예를 들면, 사람들이 높은 장소 혹은 거미에 공포를 느낀다면, 그들이 그러한 공포를 극복하도록 돕기 위해 둔감화를 사용할 수 있다. 둔감화는 사람들이 공포를 느끼는 것(예: 높은 장소, 거미, 혹은 이 경우에는 말더듬)에 자신을 노출하는 것을 포함한다. 둔감화는 한 번에 이루어지는 것이 아니다. 거미를 두려워하는 사람을 거미가 가득 차 있는 방에 넣는 것은 실제로 그 사람의 두려움을 증가시킬 수 있다. 대신에, 둔감화는 쉬운 상황에서 시작하여, 점차적으로 더 어려운 상황들로 (즉, 위계에 따라) 나아갈 때, 그 공포를 감소시킨다. 그러므로, 고소 공포증이 있는 사람은 건물의 1층에서 시작하여, 2층, 3층, 그보다 높은 층에서 스스로 느끼는 공포를 *점진적으로* 둔감해 나가야 한다.

말더듬 아동들에게는, 치료실과 같은 안전한 상황에서 말더듬 행동의 매우 쉬운 예(예: 쉬운 반복)를 통해 둔감화를 시작하는 것이 필요하다. 비록 아동이 치료실 및 다른 상황에서 수없이 더듬어 왔더라도, 그것이 저절로 둔감화되는 것은 아니다. 둔감화를 위한 핵심은 적극적으로 불안에 직면하고, 의도적으로 두려움을 느낀 행동을 수행하는 것 등을 해나가는 *의도성*이다. 이 장의 앞부분에서, 의도적인 말더듬 혹은 거짓 말더듬에 대한 개념이 아동이 말더듬의 순간을 *탐구*하도록 돕는 하나의 방법으로 도입되었다. 치료의 이 시점에서, 임상가는 아동이 의도적으로 두려움에 직면하고, 부정적인 경험보다는 오히려 긍정적이고 힘을 주는 경험과 말더듬을 관련시킴으로써 아동이 말더듬에 둔감해지도록 돕는 하나의 방법으로 거짓 말더듬을 다시 사용할 수 있다.

처음에, 아동에게 고의적으로 말을 더듬으라고 요구할 때, 아동은 그것을 매우 불편하게 느낄 수 있다. 임상가가 아동이 가장 공포를 느끼는(혹은 싫어하는) 것을 직면하라고 요구한 것이기 때문에, 이는 놀라운 일이 아니다. 그럼에도 불구하고, 아동이 그 공포를 극복하려면, 그 공포가 약화될 때까지 계속해서 공포를 경험하는 것 이외에 다른 방법은 없다. 이것이 위계를 사용하는 중요한 이유이다. 위계를 사용함으로써, 임상가는 아동이 쉽게 성취할 수 있는 상황을 확인할 수 있다. 그 예로, 임상가와 함께 거짓 말더듬하기, 문을 닫은 방 안에서 혼자 거짓 말더듬하기, 혹은 앞에서 설명한 것과 같은 탐색 활동의 일부분으로 거짓 말더듬하기 등이 있다. 일단 아동이 신중하게 통제된 상황에서 거짓 말더듬을 조금이라도 산출할 수 있으면, 그 아동은 자신에게 맞는 위계의 "사다리를 오르는" 과정을 시작할 준비가 된 것으로, 점점 더 어려운 상황에서 더 공개적으로 말을 더듬을 수 있다. 궁극적으로, 그 목표는 아동이 어떤 상황에서도 공포를 느끼지 않고 자유롭게 말할 수(더듬을 수) 있도록 하는 것이며, 이에 따라 말더듬은 아동이 말하고자 하는 것을 말할 수 있는 능력을 덜 방해하게 될 것이다. 이것은 시간이 걸리겠지만, 임상가의 도움이 있다면 아동은 공포를 극복할 수 있을 것이며, 이는 아동이 말더듬에 대한 공포를 가져오는 신체 긴장, 투쟁, 회피 등을 감소시키도록 도울 수 있을 것이다.

인지적 재구성

임상가가 아동들이 말더듬에 대한 자신의 부정적인 반응을 최소화시키도록 도울 수 있는 또 다른 방법은 **인지적 재구성하기(인지적 재구조화; cognitive restructuring)**의 과정을 통하는 것이다 (Barrett, Dadds, & Rapee, 1996; A. Beck, 1976; J. S. Beck, 1995; Cooper, 2000; Kaufman, 1985; Kaufman, Raphael, & Espeland, 1999; Rapee et al., 2000; Starkweather & Givens-Ackerman,

1997; Murphy, Yaruss, & Quesal, 2007a). 인지적 재구성하기는 사람들이 자신의 삶에서 직면하는 문제들에 대해 다르게 생각하도록 돕는다. 본질적으로, 인지적 재구성하기의 목표는 자신의 신념을 평가하고, 자신의 신념을 이용가능한 증거와 비교함으로써 비현실적인 사고와 신념을 좀 더 현실적인 사고와 신념으로 변화시키는 것이다. 이 과정에는 각 개인이 어떤 문제에 대해 자신의 현재 생각들을 확인하도록 돕고, 그 다음에 그 문제가 일으키는 어려움을 최소화시키기 위해 그러한 사고방식을 점진적으로 수정하는 것이다. 이러한 단계에는 유창한 구어와 더듬은 구어에 대해 배우기, 말더듬과 관련된 공포의 원천을 확인하기(예: 청자의 반응), 불안을 만들어내는 상황들을 시험해 봄으로써 그러한 공포가 실제적으로 일어나는지의 여부를 결정하기, 새로운 증거에 근거하여 이전과는 다른 사고방식과 신념을 형성하기 등이 포함될 것이다.

그래서 아동이 말을 더듬는 순간 동안에 자신의 행동에 대해 배운 후에(말더듬을 탐구하는 연습에서처럼), 아동은 특정 말하는 상황에서 자신을 불안하게 만드는 원인에 대한 목록을 만들 수 있다. 예를 들면, 만약 두려워하는 상황이 교실에서 낭독하는 것이면, 임상가와 아동은 아동이 그 상황을 두려워하는 이유에 대해 모든 것을 생각하도록 돕기 위해 브레인스토밍 활동을 할 수 있다(Murphy, Yaruss, & Quesal, 2007b). 이를 더 쉽게 하기 위해서, 임상가는 아동이 자기의 두려움을 낭독할 때 잘못될 수도 있는 것에 대한 목록과 관련시키도록 도울 수 있다. 아마 그 목록에는 긴 막힘을 산출하기, 다른 아동들이 자신을 놀리기, 자신의 초점을 잃어버리기, 단어를 부정확하게 발음하기 등이 포함될 수 있을 것이다. 임상가는 이러한 공포들을 인정해야 하고, 아동이 느끼는 것을 이해한다는 것을 알도록 도와야 한다. 동시에, 임상가는 두려워하는 사건들 중 하나가 발생할 경우, 실제로 무엇이 일어났는지를 아동이 생각하도록 도울 수 있다. 만약 아동이 이러한 가능성을 비극적인 것으로 본다면, 임상가는 비교적 안전하고 지원적인 상황에서 아동이 두려워하는 사건들을 경험하도록 돕기 위해 둔감화 위계를 사용할 수 있다. 만약 아동이 읽기를 할 때 긴 막힘을 나타낸다면, 실제로 일어난 것이 무엇인지를 알아보도록 하기 위해 역할 놀이를 할 수 있다(여기서 다시 한 번, 아동은 말더듬 순간 그 자체에 둔감화되는 것과 동시에 다른 방식으로 말을 더듬는 것을 탐색하는 방법으로서 거짓 말더듬을 사용할 수 있다).

비록 아동이 궁극적으로 "실제 생활"에서 공포를 느낀 상황에 직면하고, 자신의 공포를 재평가할 수 있는 지점까지 여러 상황들의 위계에 따라(예: 한 명의 친구가 있는 치료실에서 책 읽기, 언어 치료사만이 있는 교실에서 책 읽기, 치료사와 교사가 있는 교실에서 책 읽기) 치료를 해야 하지만, 처음에는 이러한 활동들이 치료실 안에서 이뤄질 것이다. 아동이 이러한 방식으로 둔감화 과정을 따를 것이기 때문에, 아동은 공포를 느낀 상황이 예상했던 것만큼 두렵지 않다는 것을 알게 될 것이고, 이제 그 상황에 대해서 달리 생각할 수 있다는 것을 알게 될 것이다. 이와 같은 유형의 인지 재구성과 둔감화 과제들을 통해서, 임상가는 아동이 말더듬에 대한 자신의 생각과 느낌을 바꿀 수 있도록 도움으로써 아동은 좀 더 자유롭게 의사소통하고, 말더듬에 대해 좀 덜 부정적으로 반응할 수 있을 것이다.

자조 집단 및 지원 집단

아동들이 말더듬에 대한 자신의 부정적인 반응들을 극복하는 것을 배울 수 있는 또 다른 방법은 자조 집단 및 지원 집단을 통하는 것이다(Bradberry, 1997; Ramig, 1993; Reardon & Reeves, 2002; Reeves, 2006; Starkweather & Givens-Ackerman, 1997; Yaruss, Quesal, & Reeves, 2007). 말더듬인들을 위한 많은 자조 집단들은 전 세계적으로 만들어졌다(Krall, 2001). 미국의 National Stuttering Association(NSA) 및 Friends: The National Association for Young People Who Stutter라는 두 단체는 아동들이 자신의 말더듬에 직면할 때 혼자가 아님을 알도록 돕기 위해 설계된 활성화된 프로그램을 가지고 있다. 자조 집단은 아동이 다른 말더듬 아동들을 만나는 것을 도울 뿐만 아니라, 말더듬에 관하여 이야기하고, 말더듬에 반응하는 여러 가지 방법들을 탐색하며, 말을 더듬어도 괜찮다는 것을 배우는 환경도 제공한다.

자조 집단도 아동들이 말더듬을 극복한 성인들을 만나도록 돕는다. 이것은 아동들이 계속 말을 더듬을지라도, 인생에서 자신이 원하는 일을 할 수 있다는 것을 배울 수 있게 한다. 또한 이것은 아동들의 공포와 불안을 약화시킬 수 있다. 자조 집단은 부모들에게 말더듬과 관련된 문제들을 다른 가족들이 어떻게 극복했는지를 알 수 있는 기회를 제공함으로써 부모들을 도울 수도 있다. 따라서 저자들은 치료하는 모든 가족들이 어떠한 방식으로든 말더듬 자조 집단에 참여하도록 격려한다(Yaruss, Quesal, & Reeves, 2007).

반응과 손상의 관련성

독자들은 말더듬에 대한 부정적인 반응을 최소화하기 위한 많은 전략들이 앞에서 언급한 말더듬 손상에 관한 절에서 실질적으로 소개되었다는 점을 알 것이다. 유창한 구어와 비유창한 구어 모두에서 타이밍과 긴장을 감소시키는 기법들을 다양한 방식으로 소개할 수 있지만, 저자들은 인지적 재구성과 둔감화의 측면들을 통합시켜서, 말더듬에 대해 배우고 탐색하는 과정에서 소개하는 것을 선호한다. 이러한 방법으로, 말더듬 손상을 다루기 위해 실시한 많은 것들이 부정적 반응도 다루며, 아동이 말더듬에 대한 자신의 반응을 개선하는 동시에 유창성 향상도 이루게 된다. 이와 동일한 과정을 아동들의 활동과 참여에 미치는 말더듬의 부정적인 영향을 검사할 때에도 적용할 것이다. 그러나 말더듬 장애의 그러한 구성요소들을 다루기 전에 환경의 역할을 고려해야만 한다.

부정적 환경에 대한 반응 최소화하기

말더듬 아동들만이 말더듬에 영향을 받는 것은 아니다. 부모, 교사, 또래 등도 말더듬 장애의 영향을 경험한다. 이러한 사람들 중에는 말더듬 특성에 대해 혼란스러움을 느끼는 사람도 있을 것이다. 또 어떤 이들은 말더듬이 아동의 미래에 어떤 영향을 미칠지에 대한 불안을 경험할 수도 있을 것이다. 특히, 현재까지의 연구에서 부모가 말더듬의 원인이라고 제시하지는 않았지만, 부모들은 말더듬 장애의 발생이나 발달에 부모가 어떤 역할을 했을지도 모른다는 죄책감을 가지고 있을 것이다. 또 어떤 사람들은 말더듬의 명백한 투쟁과 비정상적인 외면적인 특징들 때문에 아동에 대해 당황감, 동정심 등을 느낄 수도 있을 것이다.

또한 아동의 주변 환경이 아동 자신에게 영향을 미칠 수 있다. 또래들이 아동이 말하는 데 겪는 어려움에 대해 괴롭히거나 놀릴 수 있다(Murphy, Yaruss, & Quesal, 2007b). 어쩌면 교사들은 아동을 먼저 불러야 할지, 마지막에 불러야 할지, 혹은 무시해야 할지를 잘 모르기 때문에, 어떻게 아동을 도울지에 대해 확신이 없을 수도 있다(Crowe & Walton, 1981; Lass et al., 1992). 당연히, 부모들은 아동이 말더듬을 극복하기를 원하고, 회복하는 것을 보고 싶고, 유창한 말을 유지하도록 하기 위해 아동에게 압박을 줄 수도 있다(Crowe & Cooper, 1977). 게다가, 앞에서 지적한 바와 같이 심지어 많은 언어 임상가들도 말더듬 아동들을 도울 수 있는 자신의 기술들을 만족하지 못하며, 이것이 또한 의사소통하고자 하는 아동의 의지와 능력에 영향을 미친다.

간단히 말하면, 말더듬 아동들이 가장 필요로 하는 것은 자신이 말하는 것에 겪는 어려움을 수용하고 이해하는 것이지만, 아동들은 자신의 말더듬 장애를 이해하지 못하는 환경에서 살고 있는 것이다. 임상가가 이것을 도울 수 있는 가장 좋은 방법은 *교육*을 통하는 것이다. 즉, 그 교육 내용은 말더듬의 본질, 치료의 목표 및 절차, 괴롭힘과 놀림, 아동의 삶에 말더듬이 미치는 잠재적인 영향 등에 관한 것이다. 불행하게도, 임상가가 아동의 환경에 있는 여러 사람들에게 접근하는 것이 어려울 수 있기 때문에, 이러한 교육을 제공하는 것이 어려울 수도 있다(Gottwald & Hall, 2003). 결국, 아동이 자신의 환경에 있는 사람들을 교육하도록 도와주어야 한다. 임상가는 이 과정에서 아동을 지원하는 중요할 역할을 담당하지만, 아동은 또래, 교사, 부모 등을 교육하도록 권한을 가져야만 한다.

또래: 괴롭힘과 놀림

말더듬 아동들이 자신들의 또래들과의 관계에서 겪는 주요한 문제들 중 하나는 괴롭힘(bullying)이다(Blood & Blood, 2004; Davis, Howell, & Cook, 2002; Langevin et al., 1998; Murphy, Yaruss, & Quesal, 2007b). 또래들은 여러 가지 이유들로 말더듬 아동들을 괴롭힐 수 있는데, 왜냐하면 말더듬 행동이 또래들의 주의를 끌 수 있으며, 말더듬 행동이 외적으로 예측할 수 없는 형태로 다양하기 때문이다. 괴롭힘은 말더듬 아동들에게 특히 어려울 수 있는데, 왜냐하면 또래들에게 구두로 반응하는 것이 어렵기 때문이다(괴롭힘을 받으면 감정이 어느 정도 고조되기 때문). 종종, 괴롭힘을 받는 아동들은 비록 매우 개인적인 문제에 대해 상처가 되는 코멘트들을 무시하는 것이 굉장히 어려울지라도, "그냥 무시해" 혹은 "그 상황을 벗어나" 등과 같은 조언을 듣는다. 임상가들은 아래의 세 가지 주요 방법들로 말더듬 아동들을 도울 수 있다.

첫째, 이 장을 통해 설명한 많은 치료법들은 아동의 부정적인 정서적 및 인지적 반응들을 최소화하도록 돕는 것을 목표로 한다. 교육하기, 둔감화하기, 수용하기 등의 훈련들은 아동이 자신의 말더듬 때문에 경험하는 공포, 당황, 수치심 등을 감소시키도록 돕는다. 이러한 훈련들이 공포를 완전히 제거하지는 않지만, 공포를 감소시킨다. 아동이 말더듬에 대해 덜 걱정하게 되고, 말더듬을 더 많이 수용하게 될 때, 이것이 아동이 괴롭힘을 당할 때 정서적으로 덜 부담되는 방식으로 반응을 보일 수 있도록 하는 토대가 된다.

둘째, 임상가들은 아동들이 앞으로 놀림의 가능성을 최소화하는 방법으로 다른 사람들의 상처 주는 코멘트에 대응하는 방법을 배우도록 도울 수 있다(Langevin, 2000; Murphy, Yaruss, & Quesal, 2007b; Yaruss et al., 2004). 전형적으로, 괴롭히는 사람들이 아동의 말(또는 다른 특징)에 대해 코멘트를 할 때, 그들은 부정적인 반응을 불러일으키려고 하는 것이다. 많은 말더듬 아동들이 자신의 구어에 대한 강한 부정적인 감정들을 숨기고 있기 때문에, 말더듬인들이 쉬운 표적이 되고 있는 것이다. 만약 말더듬인들이 덜 부정적인 정서로 반응한다면, 괴롭히는 사람도 동일한 만족감을 갖지 못할 것이고, 결국에는 다른 표적으로 넘어갈 것이다(Kaufman, Raphael, & Espeland, 1999). 그래서 괴롭히는 사람들의 코멘트를 최소화하기 위해, 말더듬 아동들은 괴롭히는 사람들이 예견하는 부정적인 반응을 하지 않아야 한다는 간단한 사실에 입각한 코멘트로 반응하는 법을 배울 수 있다. 그 예들로서는 말더듬에 대한 인정("그래, 네 말이 맞아. 나는 말을 더듬어.") 또는 그 코멘트가 확실하거나 지루하다는 표시("그래, 나도 알아.", "너 전에도 그렇게 말했었지." 또는 단순히 "그래서?") 등이 있다. 괴롭히는 사람의 태도를 바꾸기 위해 그러한 반응들을 보여야 할 것이다. 왜냐하면 괴롭히는 사람은 말더듬 아동으로부터 부정적인 답변을 듣는 데 익숙해져 있기 때문이다(Murphy, Yaruss, & Quesal, 2007b). 또한 말더듬 아동은 구어 산출에 겪는 어려움들 때문에, 그러한 반응을 나타내기가 어려울 것이다(말더듬 아동이 이러한 반응들을 유창하게 나타낼 필요는 없다. 유창성은 이 접근법의 성공과는 관련이 없다. 말더듬 아동이 괴롭히는 사람에게 말더듬을 수용하도록 의사소통하는 개방적이고 직접적인 방법으로 반응할 필요가 있다). 임상가들은 아동들이 이러한 반응을 훈련하도록 도울 수 있다. 브레인스토밍과 문제 해결 전략들, 역할 놀이, 반복된 연습 등의 사용을 통해, 말더듬 아동들은 괴롭히는 사람들에게 반응하는 방법을 결정할 수 있고, 실제 상황에서 그러한 반응들을 사용하기 위해 준비할 수 있다.

비디오 클립 5는 다른 아동들이 그 아동의 말더듬에 대해 어떻게 반응하고, 또 그 아동이 다른 아동에게 어떻게 반응하는지를 논의하는 것을 포함하고 있다.

셋째, 임상가들은 다른 아동들이 괴롭힘에 의해 상처를 주는 코멘트를 할 가능성을 최소화할 수 있다. 사실, 다른 아동들(또는 "방관자")(Colorose, 2003)은 실제로 괴롭힘의 부정적인 영향을 최소화하는 데 도움을 주는 역할을 할 수 있다(Craig & Pepler, 1995; Smith & Sharp, 1994). 문제는 그들도 말더듬에 대해 혼동할 수 있고, 자신들의 코멘트가 상처를 주는 결과라는 것을 이해하지 못할 수도 있다는 것이다. 임상가들은 수업 시간에 말더듬에 대해 다른 아동들을 교육함으로써 이를 최소화하도록 도울 수 있다. 그러나 이상적으로, 말더듬에 관해 다른 아동들을 교육할 수 있는 가장 좋은 사람은 말더듬 아동이다.

이 과정은 앞에서 설명한 것처럼 아동이 말더듬을 인정하는 간단하고, 사실에 입각한 코멘트들을 제공하는 것을 배우는 것으로 시작될 수 있다. 이러한 코멘트들은 말더듬을 공개해서 다른 아동들에게 말더듬이 공포나 조롱의 대상이 아니라는 것을 보여주도록 돕는다. 이 과정은 아동이 말더듬을 인정하고 공식적인 방법으로 학급 친구들을 가르칠 수 있는 방향으로 나아갈 수 있다. 이 과정은 독후감(예: "내가 이 책을 선택한 이유는 책에 나오는 인물이 마치 나처럼 말을 더듬기 때문이야.")의 한 부분 혹은 좀 더 공식적인 출판물(예: 월간지 *Better Hearing and Speech*, 주간지 *National Stuttering Awareness*, 혹은 일간지 *International Stuttering Awareness*)의 일부분의 형태로 이루어질 수 있다.

수업 시간에 자신의 말더듬에 대해 발표하게 하는 것(Murphy, Reardon, & Yaruss, 2004; Murphy, Yaruss, & Quesal, 2007b; Yaruss et al., 2004)은 말더듬 아동들에게 말더듬은 자신의 잘못이 아니며, 말을 하는 기법들이 항상 잘 작용하는 것이 아니며, 그 기법들을 사용하는 것이 어려우며, 말더듬에 대해 아동을 놀리는 것은 올바르지 않으며, 많은 말더듬인들이 자신의 삶에서 여전히 위대한 일들을 성취하고 있다는 것 등을 포함하여, 말더듬에 관한 여러 "사실들"을 다른 아동들에게 말할 기회를 주는 것이다. 많은 말더듬 아동들이 말더듬에 대해 다른 아동들을 가르칠 수 있을수록, 그만큼 그러한 것을 배운 다른 아동들이 괴롭히고 놀리는 것에 동참하지 않게 될 것이며(Atlas & Pepler, 1997), 이것은 말더듬 아동들이 말하기 어려움 때문에 조롱을 당하게 되는 공포 없이 자유롭게 의사소통할 수 있는 안전한 환경을 형성하도록 돕는다.

이러한 활동들의 목표는 말더듬 아동의 어떠한 행동을 통해서도 괴롭히는 사람을 바꾸지 못한다는 것을 주시하는 것이다. 많은 괴롭히는 사람들은 자신의 낮은 자존감 또는 다른 사람들한테서 차이를 수용하는 것의 어려움으로 인해 괴롭히는 행동을 한다는 연구가 있다(Coloroso, 2003). 다시 말해서, 괴롭히는 사람들은 말더듬 아동들이 나타내는 어떠한 특징들이 있기 때문이 아니라, 그들 자신들이 직면하고 있는 문제들 때문에 괴롭힌다. 그 대신, 괴롭히는 행동에 아동이 적당하게 대응하는 것을 배우는 것의 목표는 단순히 아동의 말더듬을 떠나서 괴롭히는 사람에게로 초점을 다시 맞추고, 교실에 있는 다른 아동들이 그 괴롭히는 사람을 지원할 가능성을 최소화하는 것이다. 다행스럽게도, 말더듬 아동들 또는 다른 어려움들을 겪는 아동들에게 괴롭힘의 영향을 최소화하는 방법에 관한 연구들이 점점 많아지고 있다(Gertner, Rice, & Hadley, 1994; Guralnick et al., 1996). 그와 같은 계획들이 성공적이라고 임상가들이 확신할 수 있는 핵심 방법들 중 하나는 학급 교사들의 참여와 지원을 얻는 것이다.

교사 교육하기

저자들의 경험에 의하면, 많은 교사들이 말더듬 아동을 돕길 원했지만, 무엇을 해야 도울 수 있는지 알지 못했다. 많은 언어 임상가들이 말더듬에 대해 오래되거나, 부정확한 견해를 갖고 있는 것과 마찬가지로(Cooper & Cooper, 1985; 1996), 많은 교사들도 말더듬 장애에 대해 잘못된 정보를 얻고 있다(Crowe & Walton, 1981; Lass et al., 1992). 말더듬에 관해서 공개적으로 언급하는 것이 오랜 기간 금기시되었기 때문에(말더듬 장애에 주의를 끄는 것 또는 아동이 자기 의식하는 것에 대한 두려움), 교사들은 본질적으로 많은 말더듬인에게 영향을 미치는 "암묵적인 모의"에 동참하고 있다(Starkweather & Givens Ackerman,

1997). 이러한 장벽을 깨뜨리기 위해서, 교사들과 아동들은 말더듬에 대해 언급해야 한다.

교사와 말더듬 아동들과의 대화를 시작함으로써, 임상가들은 말더듬 아동들이 자신의 또래들을 교육하는 것과 같은 방법으로 말더듬에 관해 교사들을 교육하는 권한을 줄 수 있다. 아동이 말더듬을 알리는 간단하고 사실에 입각한 코멘트를 사용하면 교사들이 말더듬이 두려워해야 하는 것이 아니라는 것을 알도록 도울 수 있다. 임상가들은 아동들이 교사와 함께 공유하고자 하는 특정한 사실들을 확인하도록 도울 수 있고, 이러한 것들은 공개적으로 말더듬을 알리고, 팸플릿("말더듬에 대한 나의 사실") 또는 편지의 양식으로 교사가 아동의 말더듬이 교육에 미치는 영향을 최소화하도록 도울 수 있는 방법을 제공할 수 있다. 아동들이 그러한 팸플릿이나 편지에서 제공한 몇 가지 제안들 중에는 "제가 제 차례를 기다리는 동안에 너무 겁먹지 않도록 먼저 저를 불러 주세요.", "제가 손을 들지 않으면 저를 부르지 말아주세요.", "저를 반 전체 앞에서 말하도록 하는 대신에, 일대일로 책에 대해 말하도록 해주세요." 이렇게 하는 것이 아동을 자신의 구어(Murphy, 1989; Murphy, Yaruss, & Quesal, 2007a)에 관해 "전문가"가 되게 하는 일이며, 자신의 환경에서 변화할 수 있도록 한다.

비디오 클립 6에는 아동이 자신의 말에 대해서 전문가가 되고, 다른 사람들에게 말에 대해 가르치는 것에 대한 섹션이 있다.

말더듬 아동이 찾는 특정한 해결책은 치료 시 아동의 목표, 현재 아동의 치료 과정, 교사가 제공할 수 있는 지원 수준 등과 같은 여러 요인들에 달려 있을 것이다. 교실 분위기는 아동이 둔감화 위계를 실시하는 동안에 직면하는 부담감을 완화시키도록 돕는 데 사용될 수 있다. 교실 분위기의 목표는 아동의 의사소통을 지원하는 방법을 찾기 위해 교사와 함께 아동이 직접적으로 실시하도록 돕는 것이다. 활동 제한과 참여 제약에 관한 절에서는 아동이 자신이 배운 기술들을 실생활 속으로 범위를 넓혀서 사용하도록 돕는 것에 대해 좀 더 많은 것을 설명할 것이다. 임계 변화(critical transition)를 마련하고 교실에서 아동의 성공을 더욱더 향상시키기 위해, 임상가는 그 아동을 지원하는 데 부모들이 적극적으로 참여하도록 도와주어야 한다.

지원적인 부모가 되도록 돕기

이상적으로, 부모들은 아동에게 지지와 이해를 제공하고, 말더듬 때문에 아동이 직면하는 어려움을 아동이 극복하도록 돕고, 아동이 말을 더듬어도 괜찮다는 것을 알고 있는 안전한 환경을 제공함과 동시에 말하기의 여러 전략들을 연습할 기회를 제공하기 등의 치료 과정에 적극적으로 참여할 것이다. 그러나 언어 치료사들은 부모들과 접촉이 비교적 적기 때문에, 이런 상황을 성취하는 것이 많은 언어 치료사들에게 특별한 어려움이 될 수 있다(Gottwald & Hall, 2003). 언어 치료사들은 개별화 교육 프로그램(IEP) 회의에서만 부모들을 만날 수도 있으며, 규칙적인 접촉을 할 수 있는 유일한 방법은 아동이 치료 세션 후에 집으로 가져가는 과제를 통한 것일 수도 있다. 사설 또는 클리닉 세팅에서는 부모들이 올 수 있으나, 부모들은 여전히 치료 세션이 주로 또는 전적으로 아동을 대상으로 실시되기를 기대할 것이다.

부모들은 아동의 치료에서 자신들의 역할을 제한적인 것으로 볼 것이고, 치료사가 대부분의 역할을 다할 것이라고 기대할 것이다. 치료의 성과를 최대화하기 위해서, 부모들은 아동을 지원해야 하고, 이렇게 하기 위해서, 부모들은 말더듬의 본질 및 치료의 목표를 확실하게 이해해야 한다.

말더듬 아동들의 부모와 함께 치료할 때 임상가들이 수행해야 하는 중요한 과업 중의 하나는 부모들에게 말더듬 장애와 일반적인 치료에 관한 것을 교육하는 것이다. 부모들에게 WHO의 ICF 모델의 기본 구조를 제공하는 것은 이 과업을 시작하는 데 도움이 된다. 다면적인 ICF 구조는 말더듬 장애의 광범위한 기반의 본질을 수집하고, 부모가 "말더듬이란 말을 더듬는 것 이상"이며, "말더듬의 치료는 말을 더듬는 것 이상을 다룬다는 것"을 인식하도록 돕는다. 부모들은 말더듬에 대한 아동의 부정적인 반응들을 해결하기 위해 목표, 아동의 환경 내에 있는 사람들의 반응들, 아동의 일상 활동에의 참여 등이 모두 성공적인 치료의 일부임을 이해할 필요가 있다. 이는 부모들이 "말더듬을 멈출 것"이라고 생각하여 아동을 치료실로 보내기 때문에 부모들이 기대하는 입장과 상반된다. 물론, 말더듬을 최소화하는 것이 치료 프로그램의 중요한 부분이지만, 이는 전체적인 접근법에서 일부분일 뿐이다. ICF 모델은 부모들이 좀 더 폭넓은 치료 목표에 대한 이해와 임상가들이 치료에서 하는 것을 왜 하는지 그 이유를 알도록 도와준다.

그러나 또래들과 교사들을 교육하면서 관찰한 것과 마찬가지로, 말더듬의 본질에 관해 부모들을 교육할 수 있는 가장 좋은 사람은 실제로 말더듬 아동이다. 말더듬 아동이 부모를 교육하기 위해 아동에게 말더듬에 대해 공개적으로 이야기하는 방법에 대한 귀중한 교훈을 가르치고, 아동에게 자신의 개인적인 환경을 변화시키는 데 힘을 실어주고, 부모들이 말더듬이란 것이 아동의 삶에서 아동을 잡아매는 것이 아님을 배우도록 도울 수 있다. 아동과 부모들 사이에 이러한 대화를 시작하는 것은 앞에서 언급한 아동과 교사 사이에 대화를 하는 것과 거의 동일한 방법으로 할 수 있다. 종종 그 과정을 시작하는 것은 임상가이지만, 그 후에는 아동이 부모들이 알고 있으면 좋을 것 같은 것을 부모에게 말하도록 지원해야 한다. 아동들이 제공할 수 있는 메시지 유형의 예들은 아동이 좀 더 쉽게 의사소통하는 데 도움이 되는 것(그리고 그렇지 않은 것)에 대한 제시, 말을 더듬을 때의 느낌에 대한 설명, 치료의 여러 전략들과 그 전략들을 아동들이 항상 사용하기 어려운 이유 설명 등을 포함한다. 이러한 대화의 목적이 부모가 아동에게 말더듬에 대해 이야기하기 위함은 아니다. 오히려 그 반대이다. 아동이 자신의 말에 대한 전문가이기 때문에, 부모에게 말더듬에 대해 이야기해야 할 사람은 아동인 것이다.

불행하게도, 모든 부모들이 이러한 대화에 열린 마음을 가질 수 없기 때문에, 임상가가 말더듬에 대해 부모들을 교육하는 것에 좀 더 직접적으로 개입해야 할 필요성이 있을 수 있다. 어떤 부모들은 자녀가 충분히 노력할 때에만 말더듬을 극복할 수 있을 것이라는 생각을 고수할 수도 있을 것이다. 부모들이 아동의 말더듬을 받아들이는 것이 어렵다는 것을 이해할 수 있지만, 그러한 비현실적인 압박은 아동이 말하는 데 겪는 어려움을 받아들이는 노력에 해로운 영향을 줄 수 있다. 우리는 그러한 시점에서, 자조 혹은 지원 집단(예: the NSA, Friends)에 참여하는 것이 도움이 된다는 사실을 발견했다. 자조 집단이 아동들이 말더듬을 받아들이는 것을 도울 수 있는 것처럼, 지원 집단은 부모들에게 말더듬이 자녀들의 인생에서 자녀가 하고자 하는 것을 방해하는 것이 아님을 배우도록 도울 수 있다(Yaruss, Quesal, & Reeves, 2007). 부모들은 말더듬이 자녀의 삶을 "망친다"고 주로 걱정하기 때문에, 아동이 어떻게든 말더듬을 멈추기만을 간절히 바란다. 아동이 말을 계속 더듬더라도 괜찮다는 것을 보여주는 것이 부모들의 불안을 감소시키는 데 도움을 줄 수 있다. 궁극적으로, 이것은 부모들이 치료 과정에서 좀 더 적극적이고 좀 더 지원을 아끼지 않는 참여자가 되도록 도울 것이다.

비디오 클립 7은 말할 때 긴장이 일어나고 그 긴장이 풀리는 것에 대한 비유로, 긴장 주먹(tense fist)을 사용하는 것에 대해 검토하는 것을 포함한다. 이 예에서, 아동은 어머니에게 긴장 주먹에 대해 알려주고, 그 다음에 거짓 말더듬을 사용한 말소를 모델링으로 보여주고, 신체 긴장이 일어나는 지점을 살펴보는 것으로 나아간다.

부모들의 걱정을 감소시키도록 돕는 또 다른 요인은 그들의 자녀가 친구들과 이야기하고, 학교에 참여하는 것과 같은 자녀들이 하고 싶어 하는 일에서 성공하는 것을 보는 것이다. 아동들이 여러 기법들을 사용하는 데 더욱 능숙해지고, 자신의 말더듬을 더욱 수용하게 됨으로써, 부모들은 아동들이 정말로 좋아질 것이라고 볼 것이다. 임상가들은 아동들이 여러 치료 전략들을 클리닉 밖의 일상생활 경험 속에서 매일 사용하도록 도와야 하고, 그래서 부모들이 아동들의 변화들을 볼 수 있게 한다. 궁극적으로, 이것이 일상 활동 제한과 참여 제약이란 관점에서 아동의 삶에 말더듬이 미치는 부정적 영향을 최소화하도록 돕는 것이고, 그리고 이것은 우리가 이 장에서 논의할 치료의 최종 구성요소인 것이다.

활동 제한 및 참여 제약 최소화하기

치료의 전반적인 목표는 아동이 말더듬과 관련된 부정적인 영향을 최소화하도록 돕는 것이고, 이를 이루기 위한 많은 치료 전략들을 앞에서 설명했다. 아동은 타이밍과 긴장의 수정을 통해 말더듬을 변경하고 유창성을 강화하고, 말더듬 손상을 최소화하는 방법을 배웠다. 아동은 불안 및 공포; 긴장, 투쟁, 회피; 부정적 태도; 둔감화와 인지 재구조화를 통해 정서적, 행동적, 인지적 반응 등을 감소시켰다. 아동은 말더듬에 대해 부모, 교사들, 동료들을 교육함으로써 환경에서의 부정적인 영향을 최소화하는 방법을 배웠다. 마침내, 아동은 말더듬이 자신의 삶을 옭아맬 수 없다는 것을 배웠다. 이러한 모든 변화들은, 아동이 말을 더듬는다는 사실과 관계없이, 일상적인 활동들과 일상의 일들에 좀 더 많이 참여하도록 만들 것이다.

임상가는 아동이 치료에서 배운 기법들을 다양한 실제 상황에서 사용할 수 있다는 것을 확인함으로써 말더듬의 부정적인 영향을 최소화할 수 있다. 즉, 부정적인 영향을 최소화하기 위한 핵심은 *일반화*를 증가시키는 것이다. 불행하게도, 일반화는 어려운 것이다. 많은 저자들은 사람들이 치료실 밖에서 자신의 능력을 일반화하는 데 부딪치는 어려움에 대해서 저술해왔고, 많은 프로그램화된 치료 접근법들이 이것을 지원하기 위해 자세한 일반화 전략들을 통합하고 있다(Hillis &

McHugh, 1998; Ingham, 1999; Ryan, 1974). 일반화가 달성되지 않으면, 치료의 결과는 불확실하다. 치료실 내에서의 유창성은 좋지만, 치료실 내에서만 제한된 유창성은 소용이 없다. 마찬가지로, 받아들이는 것, 자유롭게 말할 수 있는 능력, 긴장을 조절하는 능력, 기타 치료에서 얻은 성과 등 이 모든 것들의 안정성이 단 하나의 장소에만 제한된다면, 아무 소용이 없다. 따라서 임상가는 아동이 치료실 밖으로 이러한 능력들을 전이할 수 있도록 도와야 한다.

교실과 학교는 아동의 삶 속에서 가장 중요한 환경으로, 학교에 근무하는 임상가들은 아동의 일반화를 돕는 데 강점을 가지는 것으로 보인다. 하지만 임상가들의 담당 사례 수와 집단 치료의 필요성 때문에, 학교에 근무하는 많은 임상가들은 치료실 밖에서 치료하기가 어렵다. 사설 혹은 클리닉 환경에서 근무하는 임상가들은 비록 "실제 상황"과 멀리 떨어져 좀 더 고립된 환경에 있는 것 같지만, 아동들을 개별적으로 치료하기에 더 좋은 환경에 있다. 이러한 임상가들은 쇼핑몰이나 다른 장소에서 치료를 하는 것과 같은 "현장 학습"을 실시할 수 있지만(Reardon-Reeves & Yaruss, 2004; Yaruss & Reeves, 2003), 그렇다 하더라도 그러한 상황들은 부자연스러우며 아동이 매일 경험하는 것과는 차이가 있다. 궁극적으로, 아동은 치료실에서 얻은 효과를 실제 생활 속으로 가져오기 위해 스스로 노력해야 할 것이다. 임상가는 아동이 이런 것을 하는 데 지원할 수 있지만, 결국에는 아동 자신이 그 간격을 채워 나가야 한다.

임상가는 앞에서 설명한 위계화 및 둔감화의 원리에 근거하여 일반화를 촉진할 수 있다. 아동들이 치료실 밖에서 치료 기법들을 사용하는 것이 어려운 이유 중의 하나는 그 기법들을 사용하는 것이 불편하게 느껴지기 때문이다. 비록 치료 기법들이 아동들이 좀 더 유창하게 말하도록 돕지만, 그 기법들은 정상적인 구어(다른 아동의 구어)와는 눈에 띄게 다르다. 점진적인 둔감화 과정을 통해, 아동은 치료실 밖의 상황에서 자신이 배운 새로운 말하기 방법을 사용하여 좀 더 편안해질 수 있다.

우리가 학생이 일반화를 증진하도록 도움을 준 한 가지 방법은 "일반화 보물찾기 게임" 활동을 통한 것이다. 이 활동에서, 임상가는 아동과 함께 일상생활에서 아동이 직면하는 모든 핵심 상황들에 대한 목록을 작성한다. 예를 들면, 학교 가기 전에 아침에 집에서 부모와 형제들과 이야기하기, 등교할 때 버스를 기다리고 타는 동안 친구들과 이야기하기, 하루 종일 여러 수업에서 선생님들과 이야기하기, 교실과 학교의 여러 장소에서 친구들과 이야기하기, 특별 활동 시간에 코치나 다른 교사들과 이야기하기, 학교 밖 사회적 장소에서 친구들과 이야기하기 등이 있다. 각 아동마다 말하는 상황 목록이 다르기 때문에, 임상가는 각 아동에게 개별화된 상황 목록을 만들어야 할 것이다. 그 다음에, 아동은 쉬운 상황에서 어려운 상황으로 위계의 순위를 매긴다. 단지 아동만이 자신에게 어떤 상황이 더 쉽고 어떤 상황이 더 어려운지 알기 때문에, 임상가는 아동과 함께 이 활동을 정리할 필요가 있을 것이다. 마지막으로, 임상가는 아동이 이 상황 목록을 표로 만들어서, 아동이 연습하고 있는 주요 구어 치료 기법들을 칸에 작성하도록 도울 수 있다(우리는 스프레드시트 또는 워드 프로세서 프로그램에서 목록을 그 날 동안 발생한 상황들 순서에 따라 또는 아동의 위계에 따라 분류할 수 있다).

일반화 보물찾기 게임을 완성하기 위해, 아동은 보물찾기 인쇄물을 가지고 일상생활에서 실시한다. 아동이 목록에 있는 어떤 상황에 직면한다면, 아동은 연습할 필요가 있는 여러 기법들 중 하나를 사용한다. 목록에 있는 상황들이 난이도 순서로 정렬되어 있기 때문에, 아동은 자신이 가장 성공할 것 같은 쉬운 상황들에서부터 시작할 수 있다. 그런 다음, 아동이 보다 더 어려운 상황들로 나아갈 때, 아동은 자신이 이전에 너무 어렵다고 생각했던 상황들에서 기법들과 전략들을 사용할 수 있다는 것을 알게 될 것이다. 아동이 그러한 상황들에서 그 기법들을 항상 사용하도록 요구하는 것이 아니라, 아동이 그렇게 할 수 있다는 것을 단순히 증명하는 것임을 주목하라. 이것은 기법들에 대한 자기 효능감의 지각을 높이고(Manning, 2001; Ornstein & Manning, 1985), 아동이 그 기법들을 사용하는 데 둔감해지도록 돕는다. 결과적으로, 일반화 보물찾기는 아동이 실제 상황들에서 기법들을 사용할 가능성을 증가시킨다. 아동이 자신의 기법들을 더 자주 사용할수록, 자신의 삶에서 말더듬의 부정적 영향을 감소시키고, 그렇게 함으로써 활동 제한과 참여 제약을 최소화한다.

비디오 클립 8은 일반화 보물찾기의 도입을 보여준다.

치료 구성요소들의 요약

치료의 모든 구성요소들은 아동이 일상생활 속에서 직면하는 모든 상황들에서 효과적으로 의사소통할 수 있도록 돕는다. 타이밍 및 긴장 수정은 말더듬 손상을 최소화시키고, 둔감화 및 인지적 재구성 활동은 아동의 부정적 반응들을 최소화시키며, 교육 및 권한 부여 전략들은 아동의 환경에 있는 사람들의 부정적인 반응들을 최소화시키고, 일반화 과정들은 말더듬의 부정적인 영향을 최소화시킨다. 이 장의 다음 두 섹션들에서는 임상가가 치료를 받고 있는 개별 아동에게 그 치료법이 성공적이라는 것을 확실히 하기 위해 사용할 수 있는 여러 방법들을 설명한다.

평가방법

포괄적인 치료 접근법은 평가에도 포괄적인 접근법을 필요로 한다. 말더듬은 쉽게 측정되는 특성들(예: 표면적 비유창성)뿐만 아니라, 덜 쉽게 측정되는 특성들(예: 말더듬에 대한 반응들)을 포함하고 있기 때문에, 우리는 다양한 평가 기법들을 사용한다. 더욱이, 우리는 ICF에 치료의 기반을 두기 때문에, 평가도 또한 ICF에 기반해야 한다. 이러한 이유로, 앞에서 설명한 OASES를 개발했다. 이 OASES는 말더듬 손상, 반응, (활동 제한 및 환경적 영향 모두를 통합하는) 기능적 의사소통 능력, (참여 제약 및 환경적 영향을 통합하는) 삶의 질 등에 대한 정보를 아동의 시각에서 제공한다. 다른 많은 측정법들도 이러한 정보들을 줄 수 있다.

표면적 비유창성("손상")을 측정하기 위해, 유창성을 계수하는 다양한 기법들을 사용할 수 있고(Conture, 2001; Yaruss, 1997b; 1998b 내에 있는 고찰 참조), 게다가 말더듬 정도 측정 검사(Stuttering Severity Instrument; SSI-4)(Riley, 2009)와 같이 표면적 말더듬을 측정한 반응들을 평가하기 위해, 임상가들은 학령기 말더듬 아동을 위한 행동 평가 테스트(Behavior Assessment Battery for School-Age Children Who Stutter; BAB)(Brutten & Vanryckeghem, 2006)의 구성요소들을 사용할 수 있다. 임상가들은 또한 아동, 부모, 교사, 기타 타인으로부터 얻은 보고들을 포함하여 "포트폴리오 기반 평가" 절차를 통해 여러 반응들을 실증할 수 있다(Reardon-Reeves & Yaruss, 2004). "Hands Down"(아동의 긍정적 및 부정적 속성들을 열거함) 및 "Worry Ladder"("아동이 걱정들"을 순서대로 열거함)(Chmela & Reardon, 2001)와 같은 지필로 적는 평가들도 사용할 수 있고, 아동, 부모, 교사가 응답하는 다양한 "Checking In" 설문지도 사용할 수 있다(Reardon Reeves & Yaruss, 2004). 마지막으로, 임상가들은 개별 환자를 위해 특별히 계획된 다양한 측정 도구들을 사용할 수 있다(치료 결과를 결정하기 위해 다양한 평가들을 사용하는 사례 연구에 대해서는 Murphy, Yaruss, & Quesal 2007a; 2007b 참조)

평가는 진단 및 치료 과정 전반에 걸쳐서 수행해야 한다. 반복 측정은 말더듬 장애의 존재와 심한 정도에 관한 정보를 제공할 뿐만 아니라, 직접 목표를 작성하고 치료를 계획하고, 시간이 지남에 따라 변화 내용을 사실 그대로 알려주고, 아동의 의사소통 능력들이 치료의 종료를 보장할 만큼 충분히 향상되었는지를 결정하고, 아동의 의사소통 능력 향상이 유지되고 있는지를 확인하기 위해 치료 종료 후 아동을 추적 점검하는 등에 사용할 수 있는 정보도 제공한다. 아동의 말더듬 장애 전체를 평가함으로써, 임상가들은 자신의 치료가 아동의 삶에 말더듬이 미치는 부정적인 영향을 감소시키는 목표를 달성했는지를 확인할 수 있을 것이다.

개별 환자에게 적합한 치료법의 조정

말더듬 장애는 말더듬의 심한 정도, 아동의 기질, 아동의 반응 및 아동의 환경에 있는 타인의 반응, 말더듬의 결과를 가져오는 사회적인 벌, 기타 많은 요인들 등을 포함한 다양한 요인들에 근거하여 아동들마다 다르게 발달한다. 따라서 "모두에게 적용되는" 한 가지 접근법으로 모든 아동의 개별적인 경험을 다룰 수 없다. ICF는 개인 간의 차이점을 고려하여 계획되었기 때문에, 결과적으로 치료 접근법도 이러한 차이점들을 고려해야 한다. 임상가들은 말더듬 장애의 전체적인 양상을 검토하고, 개인의 입장에서 그 장애를 고려하고, 개별 아동의 요구에 맞게 치료법을 적용하기 위해 이러한 유연성을 이용할 수 있다.

이것을 효과적으로 실시하기 위해, 임상가는 아동의 경험들을 공감해 주어야 한다. 말더듬을 관리하는 것은 쉽지 않으며, 임상가가 아동을 좀 더 이해하면 할수록, 그만큼 좀 더 효과적으로 도울 수 있다. 아동의 경험들에 대해 알려면 시간이 좀 걸리지만, 아동의 경험들에 대해 아는 것이 이러한 치료의 기본인 것이다. 즉 임상가는 아동의 구어, 말더듬에 대한 아동의 반응, 말더듬의 본질인 조절력을 상실할 때 아동이 대처하는 방법(Perskins, 1990), 조절력의 상실과 관련된 감정 등에 대해 익히 잘 알고 있어야만 하는 것이다.

예를 들면, 말더듬에 대해 강한 부정적인 반응을 하는 아동들은 둔감화 치료를 할 필요가 있다. 아동이 이미 신체적으로 긴장한 상태에서는 타이밍을 수정하기가 어려울 수 있기 때문에, 이런 아동들에게는 말을 더듬는 동안에 긴장을 감소하기 위한 기법들이 유창성을 강화하기 위한 기법보다 선행할 것이다. 긴장을 감소하기 위한 기법들은 아동이 말더듬 순간을 탐색하도록 돕는 것을 포함하는데, 이 자체가 둔감화 효과를 가지고 있다. 아동이 둔감화됨에 따라 그 아동은 타이밍과 긴장에서 적은 노력으로 말을 할 수 있을 것이다. 아동은 또한 말더듬에 대해 좀 더 개방적이 될 수 있을 것이고, 이것이 아동이 자발적인 말더듬과 말더듬에 대해 다른 사람들과 말하는 것과 같은 기법들을 사용하는 데 도움을 줄 수 있다. 따라서 아동은 말더듬과 관련된 통제력의 상실감을 다루는 것을 배움으로써, 속도를 감소시키는 것과 말을 멈추는 것과 같은 유창성 기술들을 더 잘 사용할 수 있게 된다. 다른 한편으로, 말더듬에 대해 부정적 반응을 적게 하는 아동들은 둔감화나 말을 더듬는 동안 긴장을 줄이기 위한 기법들을 덜 필요로 하는 것 같다. 이러한 아동들은 유창성에서 진전이 더 빠른 것을 보여주는 것 같고, 치료는 오직 유창성 기술들에만 초점을 맞출 필요가 있을 것이다.

또한 아동의 환경에 있는 다른 사람들의 반응을 고려하는 것도 중요하다. 이러한 이유로, 부모, 교사, 형제자매, 또래, 기타 사람들 또한 치료 과정에 포함될 수도 있다. 부모들은 치료에서 항상 중요한 역할을 하지만, 이 역할은 가족에 따라 각기 다를 것이다. 어떤 가족에서는, 부모들이 집에서 유창성을 좀 더 촉진시키는 환경을 만드는 방법을 배워야 할 수도 있다. 또 어떤 가족에서는, 부모가 아동의 말더듬을 수용하고 있다는 것을 아동에게 보여주기 위해 말더듬에 대한 가족들의 태도를 바꿀 필요가 있을 수도 있다. 학교에서는, 교사들이 아동이 교실에서(예: 낭독하는 동안) 새로 배운 기술들을 사용하는 것을 도울 수 있다. 교사들은 또한 아동과 언어 임상가가 말더듬에 관하여 교실에서 발표를 하는 것을 도울 수 있다. 또래들에게는 괴롭힘과 놀림에 관해 가르칠 수 있으며, 말더듬 아동이 말더듬에 관해 놀림을 받는다면 또래들이 그 아동을 도와주도록 가르칠 수 있다.

요약하면, 치료에 대한 적응은 아동의 의사소통을 방해하는 여러 반응들, 긴장 및 투쟁, 기타 정서적 및 인지적 요인의 정도에 근거한다. 목표는 말더듬 아동들이 말더듬에 대한 걱정 없이 말하는 것과 말하고 싶을 때에 말할 수 있도록 자신의 구어에 대해 좀 더 자신감을 가지게 하고, 교육적 및 사회적 노력으로 성공을 달성할 수 있도록 전반적인 의사소통 능력을 향상시키는 것이다.

개별 환자에게 적용

Dean은 약 4세 때 말을 더듬기 시작했으며, 6~9세 사이에 임상 세팅에서 치료를 받았다. ICF 모델에 따라, 치료 목표들은 Dean의 ① 말더듬 손상, ② 개인적 및 환경적 상황 요인, ③ 활동 제한 및 참여 제약을 다루기 위해 설정되었다.

신체 기능에서의 손상

치료 시작 무렵에, Dean는 단어 부분 반복, 가끔

연장, 중간 정도의 신체적 긴장을 동반한 막힘 등으로 이루어진 중도~고도 수준의 말더듬 행동을 나타내었다[SSI-3(Riley, 1994)에서 25점을 받음]. 이 손상 수준에서의 목표는 Dean이 의사소통을 좀 더 쉽게 할 수 있도록 Dean에게 말더듬 수정법과 유창성 형성 기법들을 가르치는 것이었다.

구어 시스템 배우기

첫째, Dean은 호흡, 발성, 조음 등의 시스템을 나타내는 도표와 모델들을 사용하여, 말하는 데 필요한 신체 부위에 대해 배웠다(이것은 또한 점토 모델이나 아동의 신체를 사용하여 실시할 수 있다). 이러한 논의는 Dean이 구어 메커니즘에 대한 지식을 완전히 가졌다는 것을 입증할 수 있을 때까지 계속했다(*비디오 클립 3 참조*). 그러고 나서 Dean은 치료에서 배운 학습을 강화하고, 임상가가 Dean이 이해했는지를 평가하기 위해 어머니와 함께 관련 시스템을 복습했다. 구어 메커니즘에 대한 지식은 나중에 신체적 긴장에 대해 논의하는 데 기초를 제공한다.

신체적 긴장에 대한 자각 증가시키기

다음으로, Dean은 구어 메커니즘에서 어떻게 신체적 긴장이 만들어지는지를 배웠다. 먼저, 팔과 다리와 같은 커다란 근육 조직들을 예로 이용해서, Dean은 긴장의 증가와 감소를 눈으로 볼 수 있었다. Dean은 식별 과제에서 더 높고 낮은 긴장 수준의 차이를 확인한 후, 자신의 긴장 수준을 바꾸는 연습을 했다. 손가락과 입술과 같은 좀 더 세밀한 근육 조직들은 훈련 말미에 포함한다(*비디오 클립 4 참조*).

Dean이 긴장을 조절하는 것을 배우도록 돕기 위해, 임상가는 먼저 신체적으로 긴장하는 방식으로 단단어 및 짧은 구문을 시범 보이고, 그 다음 좀 더 이완된 방법으로 시범을 보인 후, 마지막으로 "두 방식의 중간" 방식으로 시범을 보인다. 그런 다음에 임상가는 Dean이 모든 구어 메커니즘의 관련된 부분들을 고려할 때까지 자신의 신체에서 긴장을 확인(예: "너의 혀를 긴장시켰니? 뺨은 어떠니?"등의 질문을 함)하도록 이끌었다. 또, Dean의 어머니는 Dean이 배우고 있는 학습을 강화하기 위해 치료에 참여했다. 이러한 활동들을 마칠 즈음에, Dean은 말을 할 때 비구어 활동들뿐만 아니라, 구조화된 말하기 과제를 할 때에도 신체적 긴장을 자유자재로 증가시키고 감소시킬 수 있었다.

거짓 말더듬

다음으로, Dean에게 구어 근육들에서 일어나는 긴장을 더 잘 이해시키기 위해 거짓 말더듬이 도입되었다. 치료의 초기 단계에서, Dean이 비유창성의 다양한 유형들(예: 단어 부분 반복, 연장, 막힘)이 어떻게 산출되는지를 배우도록 돕기 위해 거짓 말더듬을 사용했다. 이러한 활동은 또한 Dean이 신체적 긴장을 조절하고 이후에 실시하는 둔감화 활동들의 기초를 세우는 능력을 강화했다(*비디오 클립 3 참조*).

일단 Dean이 가짜로 말을 더듬을 수 있게 되면, 임상가는 여러 비유창성 유형을 종이에 적어서 반으로 접고, 모자 안에 넣는 게임을 도입했다. 그 다음에 Dean에게 모자 안에서 종이 하나를 선택하여 자신이 산출할 거짓 말더듬의 유형을 결정하도록 했다. 임상가와 Dean은 번갈아가며 그 거짓 말더듬을 긴장된 방식으로 산출할 것인지,

이완된 방식으로 산출할 것인지, "긴장된 방식과 이완된 방식의 중간"으로 산출할 것인지의 여부를 선택했다. 이 활동은 긴장을 수정하는 것을 연습하고, Dean에게 자신의 구어에 대한 결정을 하는 데 적극적으로 참여하도록 하는 또 다른 기회를 제공한다.

말더듬 수정 전략

일단 Dean이 비구어 활동들에서 신체적 긴장을 만들고 수정하기 위한 기법들과 거짓 말더듬을 숙달하면, 그는 "막힘 상태에서 머무르는 것"으로 나아간다. 이 활동에서, Dean은 정상보다 더 오랫동안 거짓 말더듬의 순간에 머무르도록 도움을 받았고, 그래서 그는 신체적 긴장이 증가하는 곳(지점)에 대해 생각을 할 수 있었다. 그는 이미 자신의 구어 메커니즘에서 신체적 긴장을 평가하는 방법을 배웠고, 그래서 그는 재빨리 긴장하고 있는 곳을 감지할 수 있었다. Dean은 자신의 신체를 그림으로 그려서, 그가 긴장을 많이 느낀 곳에는 더 진하게, 긴장을 덜 느낀 곳에는 더 연하게 색칠했다. 이 활동은 그가 구어에 사용한 자신의 신체 부분들과 말을 더듬는 동안과 유창한 구어를 산출하는 동안에 긴장이 어떻게 변하는지에 대해 배운 모든 것을 확고히 하는 것을 도왔다.

그 후 Dean은 긴장을 서서히 줄이면서 말더듬 순간에 "미끄러지며 나옴(slide out)"으로써 "말소"(Van Riper, 1973)를 배우는 것으로 나아갔다. Dean에게, "미끄러져 나오기"란 용어는 전통적인 "말소"라는 용어 대신으로 사용되었기 때문에 "미끄럼틀에서 미끄러져 내려가는" 것으로 비유할 수 있다. 이 비유는 그가 더듬었던 단어를 지나갈 때 긴장의 변화를 시각화하도록 도와주었다 (Reardon-Reeves & Yaruss, 1994 참조). Dean은 처음으로 단단어에서 거짓 말더듬을 이용하여 말소를 연습했다. 그 후 그는 위계를 높여서, 임상가가 제공한 두 단어 구를 연습하고, 그 다음에는 자신이 만든 두 단어 구를 연습했으며, 그 다음에는 임상가가 제공한 더 짧거나 긴 문장들, 그리고 궁극적으로, 자연스럽게 만들어낸 문장들을 연습했다. Dean은 자기가 말더듬 순간을 미리 예측할 수 없을 때, 이 기법이 가장 유용한 전략임을 발견했다. 그가 자신이 말더듬 한가운데에 있음을 발견할 때, 그는 자신을 "알아차릴" 수 있을 것이고, 그러면 이러한 말더듬 수정 기법을 긴장을 최소화하고 지속적으로 말을 더 쉽게 하기 위해서 사용할 것이다*(비디오 클립 3과 4 참조)*.

유창성 형성 전략

치료의 일차적인 목표가 효과적인 의사소통이라는 것을 강화하기 위해, 유창성 형성 기법들을 도입하기 전에 말더듬 수정 기법들을 가르쳤다. 그러나 구어 유창성을 향상시키는 것은 여전히 말더듬 손상을 다룰 때 필수적인 구성요소이기 때문에, 다음과 같은 활동들은 Dean이 유창한 구어 및 더듬는 구어를 하는 동안에 타이밍과 긴장을 변화시켜서 자신의 구어 유창성을 향상시키도록 돕는 데 사용했다.

Dean의 유창성 형성법은 말 속도의 감소, 대화 주고받기 사이와 어구의 경계 지점에서 쉼의 증가를 포함했고, 임상가는 Dean에게 이러한 변화들을 연습할 기회를 주기 위해 다양한 연습과 놀이 활동들을 이용했다. 이러한 활동들은 위계에 따라 구성되었으며, 구조화된 모방과 모델링 활동으로 시작하여, 읽기, 임상가가 산출한 문장,

자기가 산출한 문장 등으로 나아가서 궁극적으로 대화적 구어로 발전했다. 임상가는 Dean이 이러한 구어 기법들을 항상 사용할 필요는 없으며, 자신의 유창성을 향상시키기를 원할 때마다 사용할 수 있다는 것을 배우도록 도왔다.

그 다음에, 임상가는 Dean이 긴장 수정에 대해 배운 것과 함께 "쉬운 시작"의 사용을 통해 자신의 구어 속도를 늦추는 것에 대해서 배운 것을 결합하도록 도왔다. 앞에서 언급한 것처럼, 쉬운 시작은 말더듬이 가장 많이 발생할 것 같은 지점인 말의 시작 부분에서 말하는 속도를 약간 느리게 하기와 긴장을 감소시키기 등을 포함한다. 말을 시작한 후에, 나머지 부분은 정상 속도로 산출한다. Dean이 쉬운 시작을 연습하도록 돕기 위해, Dean은 첫 음이 비음, 활음, 유음(이러한 음소들은 이 기법으로 산출하는 데 가장 쉬운 소리들이기 때문)으로 된 짧은 어구의 목록을 읽는 것으로 시작했다. 그 다음에 Dean은 점점 더 어려운 음(마찰음과 파열음)으로 나아갔다. 그가 점점 더 어려워지는 여러 상황들의 위계에 따라 연습을 계속함으로써, Dean은 쉬운 시작 기법이 말더듬이 일어날 가능성을 최소화하기 위한 유용한 전략이라는 것을 알게 되었다.

이러한 유창성 형성 기법들을 치료 초기에 배운 말더듬 수정 기법들과 결합할 때, Dean은 말더듬 손상을 다룰 준비가 되었다. 그럼에도 불구하고, 부정적인 반응을 최소화하는 것과 그가 자신의 일상 활동에서 제한되거나 생활 속에 참여하기 위한 자기의 능력이 제한되지 않는다는 것을 확신하는 것을 포함하여 고려할 필요가 있는 여러 가지 추가적인 목표들이 있었다(*비디오 클립 1 참조*).

개인적 및 환경적 상황 요인

말더듬과 관련된 개인적 및 환경적인 부정적 반응들을 최소화하기 위해, 임상가들은 Dean과 그의 환경에 있는 사람들 모두에게 말더듬 수용을 증가시키도록 계획된 활동들을 사용했다. 이것은 Dean이 자신의 말하는 여러 능력들에 대해 좀 더 편안함(자신감)을 느낄 수 있도록 해주어서, 그는 말을 더듬거나 더듬지 않는 것과 상관없이 의사소통을 효과적으로 할 수 있었다. 이 목표는 관련된 여러 활동들을 통해 다루었다.

개인적 상황 요인

자세한 인터뷰나 OASES의 초기 버전의 결과에 기초한 진단 검사 결과는 Dean이 자신의 말더듬에 대해 수많은 부정적인 정서적, 행동적, 인지적 반응들을 품고 있는 것으로 나타났다. 예를 들면, Dean은 자신의 구어를 변화시키는 데 무력했고, 말더듬 때문에 자신이 말하고자 하는 것을 말할 수 없는 것으로 나타났다. 그는 의사소통에 영향을 미치는 도피 행동 및 회피 행동들을 사용했다고 했고, 더듬지 않으려고 힘쓰는 노력의 일환으로, "어"나 "음"과 같은 삽입어를 종종 사용했다고 보고했다. 이러한 말더듬의 여러 측면들은 주로 둔감화 활동들을 통해 다루어졌다.

Dean이 말더듬에 대한 강한 공포를 나타내었기 때문에, 임상가는 Dean이 둔감화 훈련에 전념하도록 도왔다. 치료 초기에, 그는 말더듬을 탐구하는 부분으로서 거짓 말더듬을 사용했다. 이제, 그는 "통제력의 상실감" 없이 구어 장애를 경험하도록 돕기 위해 거짓 말더듬을 사용했고, 이는 그의 공포를 감소시키는 데 도움이 되었다. 어떤 거짓 말더듬 활동에는 Dean과 임상가 둘 다 차례가 되기 전에 먼저 거짓 말더듬을 사용하도록 요구하는 보드게임 놀이가 포함되어 있다. 또 다른 활동들에서, Dean과 임상가는 거짓 말더듬을 사용하여 그림을 설명하거나 이야기를 했다. 둔감화를 증진시키기 위해, Dean과 임상가 또한 누가 거짓 말더듬을 "가장 길게", "가장 높게", "가장 우습게", "가장 크게" 산출하는지를 순서대로 했다. 이전과 마찬가지로, Dean은 위계에 따라서 점진적으로 공포스러운 상황들을 접했다. Dean의 초기 목표는 임상가만 있는 치료실에서 가짜로 말을 더듬는 것이었다. Dean이 이 목표에 좀 더 편안해진 후에, 다른 아동들, 임상실 직원, 기타 사람들과 치료실 밖에서 가짜로 말을 더듬을 수 있을 때까지, 위계에 따라 점진적으로 진행했다. 또한 이러한 활동들은 Dean이 말더듬에 대해 불편해하는 감정을 감소시키는 데 도움을 주어서, 회피 행동들을 사용하는 일이 거의 없어질 것 같았다.

임상가는 또한 Dean이 인지적 재구조화에 전념하게 도와서, 말더듬에 대한 자신의 믿음을 평가할 수 있도록 했다. 첫째, 임상가는 Dean의 부정적인 사고(예: 자신이 원하는 것을 말할 수 없음)에 대해 Dean과 이야기를 나누었고, Dean이 그러한 생각들(예: 자신이 말을 더듬으면 다른 사람들이 자신의 말을 듣지 않을 것이다)을 하게 된 원인을 확인하도록 도왔다. 그 다음으로, Dean은 그러한 생각들이 진실인지를 알아보기 위해 이러한 생각들(이런 경우에, 다른 사람들과 거짓 말더듬을 사용하기)을 검증했다. Dean은 대부분의 사람들이 자신의 말더듬에 대해 관심을 갖지 않는다는 것을 알게 되었고, 이것이 그가 새로운 믿음을 개발하도록 해서, 말더듬에 대한 걱정을 덜하게 되어 보다 자유롭게 말할 수 있게 되었다.

환경적 상황 요인

Dean이 말더듬에 대해 걱정하는 핵심 요인은 다른 사람들이 자신의 말더듬을 어떻게 바라보는지에 대한 그의 지각이다. 따라서 Dean이 말더듬에 대한 자신의 사고들을 (재)평가하도록 돕는 것과 더불어, 치료에는 말더듬에 대해 가족 및 또래와 같은 Dean의 환경에 있는 사람들을 교육하는 것이 포함되었다. 예를 들면, Dean의 어머니를 자주 초대해서, Dean이 학습해온 것을 어머니와 함께 복습할 수 있었다. 이것은 자기의 말에 대해서는 "전문가"라는 Dean의 지위를 강화했고(부정적인 반응을 최소화하는 또 다른 전략), Dean과 그의 어머니가 말더듬에 대한 개방적 상호작용을 유지하게 했다. 이러한 식으로, Dean은 말더듬에 대한 자신의 생각과 감정을 공유할 수 있었고, 그의 어머니는 Dean의 말더듬을 수용할 수 있게 되었다.

더욱이, Dean은 또래들과 같은 다른 사람들이 말더듬에 대해 코멘트할 때 반응하는 방법을 배웠다. 비록 Dean이 자신의 말더듬에 대해 괴롭힘 또는 다른 부적절한 반응들을 경험하지 않았더라도, 그는 여전히 친구들이 자기 말에 관해 코멘트할지도 모른다는 것을 두려워했다. 비록 Dean이 자신의 말에 관해 배웠지만, 그의 또래들은 아직 말더듬에 관해 많이 알지 못한다는 사실을 깨달았다. 결과적으로, 또래들이 왜 그가 다르게 말하는지 또는 왜 그가 때때로 말하고자 하는 것을 말할 수 없는지와 같은 질문을 하더라도, 그는 놀라지 않을 것이다. 치료 초기에, Dean은 호기심 어린 코멘트(예: "넌 왜 다르게 말하니?")와 의도적으로 상처를 주는 코멘트(예: 괴롭힘의 경우들) 간의 차이를 빠르게 배웠지만, 이러한 코멘트를 들으면 상처를 받을 것이라고 생각했다. Dean은 호기심어린 코멘트들에는 말더듬에 관한 정보를 제공하는 것으로 반응할 수 있음을 배웠다. 그리고 코멘트들이 상처를 주는 경우, "그래, 나는 말을 더듬어. 이건 내가 말하는 방식일 뿐이야."와 같은 말로 사실에 입각한(matter-of-fact) 태도로 반응할 수 있음을 알았다. Dean은 그 코멘트는 말하는 *내용*이 아니라, 말하는 *방법*이 차이를 만든다는 점을 알게 되었다. 그러한 반응들을 연습함으로써, 그는 치료에서 브레인스토밍과 역할놀이 활동들을 하여 다른 사람들이 그의 말에 관해 코멘트할 때 성공적으로 반응할 수 있게 되었다 (*비디오 클립 8 참조*).

활동 제한 및 참여 제약

OASES에 대한 Dean의 반응들은 그가 학교에서 특정한 여러 상황들에서 의사소통하는 데 어려움이 있다는 것을 나타낸다. 예를 들면, Dean은 낭독하는 것을 꺼렸고, 질문을 하거나 질문에 답하고자 할 때 항상 손을 들지 않은 것으로 나타났다. 비록 앞에서 설명한 둔감화 및 인지적 재구조화 활동들이 Dean의 회피 행동을 감소시켰지만, 그는 여전히 좀 더 어려운 상황들에서 어려움을 겪고 있다고 보고했다. Dean이 어려운 상황들에서도 효과적으로 의사소통하도록 돕기 위해, "일반화 보물찾기" 활동을 도입했다. Dean과 임상가는 Dean이 특정한 날에 직면하는 모든 상황들에 대한 순위 목록을 함께 만들었다. 이 목록에는 엄마에게 아침 인사하기, 아침식사 시간에 형과 이야기하기 등과 같은 비교적 쉬운 상황들뿐만 아니라, 수업 시간에 낭독하기, 선생님께 질문하기, 자기 소개하기 등과 같은 좀 더 어려운 상황들도 포함되었다. 그런 다음에 Dean은 여러 다른 상황들에서 연습하는 동안에 이 목록을 참고로 사용했다. Dean은 보다 쉬운 상황들에서 쉬운 시작 및 거짓 말더듬을 사용하는 것으로 시작했고, 각 기법들을 얼마나 사용했는지를 알아보기 위해 체크리스트를 사용했다. Dean이 위계에 따라 계속하면서, 일상적인 상황 전체에서 자신의 기법들을 모두 사용할 수 있을 때까지, 점점 더 어려운 상황들에서 전략들을 사용했다. 이 과정에서, Dean은 "어려운" 상황들에 대한 자신의 두려움이 감소된 것을 발견했다. 그 결과, 자신의 의사소통에 미친 말더듬의 부정적인 영향이 크게 감소했고, Dean은 어떤 상황에서도 자유롭게 말할 수 있게 되었다(*비디오 클립 7 참조*).

요약

치료의 끝에서, Dean은 자신의 구어에서 말더듬의 양이 감소되었으며, 부정적인 개인적 및 환경적인 반응들이 최소화되었으며, 활동 제한과 참여 제약이 감소되었다. 비록 Dean은 계속 말을 더듬었지만, 그는 다양한 상황에서 효과적으로 의사소통하도록 돕는 방법들을 습득했다. Dean은 말더듬이 더 이상 자신이 말하고자 하는 것을 말하지 못하게 하거나, 학교 활동의 참여를 막거나, 친구들과의 상호작용을 막지 않는다고 했다. 이러한 긍정적인 결과들은 말더듬이 "경도에서 중도 사이"로 명백하게 감소된 것을 나타내는 SSI-3의 점수와 말더듬의 전반적인 부정적 영향이 확연히 감소된 것을 나타내는 응답자의 OASES 점수에 의해서 확인되었다.

향후 방향

이 치료 접근법과 관련하여 가장 시급하게 필요한 것은 말더듬 아동이 자신의 유창성을 향상시키고, 부정적인 반응을 최소화시키고, 말더듬 장애가 일상 활동에서의 의사소통과 삶의 참여에 미치는 부정적인 영향을 감소시키도록 도와주는 데 효과적이라는 실험적 입증이다. 저자들은 말더듬 아동의 관점에서 말더듬 장애의 전체를 평가하기 위해 포괄적인 측정 도구의 개발을 통해 이와 같은 치료 효과에 대한 입증을 제시하는 방향으로 연구를 했다. 실험 연구는 이 접근법의 효과성에 대한 의문점을 다루어줄 필요가 있을 것이다. 한편, 임상가는 여기에 제시된 여러 기법들이 학령기 말더듬 아동의 삶에 미치는 말더듬의 부정적인 영향을 감소시킨다는 것을 증명하고자 자신들의 치료 결과를 평가하면서 사용할 수 있다.

이 장의 요약

- 말더듬은 아동들의 주요 상황들에서 의사소통할 수 있는 능력과 삶의 질을 포함하여, 아동들의 삶의 많은 측면에서 영향을 미칠 수 있는 다면적인 장애이다.
- 임상가들은 ASHA 치료 실제의 범위에서 요구되고, IDEA의 원리(원칙)들에서 구체화되고, WHO의 ICF에서 기술된 것처럼, 말더듬 장애 전체를 다루어야 한다.
- 치료는 말더듬 *손상*(예: 관찰가능한 말더듬 행동들), 개인적 및 환경적 *상황 요인*(아동과 아동의 환경에 있는 사람들의 정서적, 행동적, 인지적 반응들), *활동 제한 및 참여 제약* 등을 다루기 위해 다양한 전략들을 포함하여 이끌어낼 수 있다.
- *손상*을 최소화하는 것에는 구어 산출에서 타이밍과 긴장의 변화가 포함된다. 이러한 기법들은 직접 가르치지만, 사용하고 유지하기가 어렵고, 특히 여러 말하는 상황들에서는 더욱 어렵다.
- 아동의 부정적인 *반응*들을 감소시키려는 둔감화와 아동이 직면하는 여러 문제들을 달리 생각하도록 돕기 위한 인지적 재구성을 포함한다.
- 부모들, 교사들, 또래들을 포함하여 아동의 *환경*에 있는 사람들 간에 부정적인 반응들을 감소시키는 데는 둔감화와 말더듬 특성과 말더듬 치료에 대한 교육이 포함된다.
- *활동 제한과 참여 제약*을 최소화하는 것에는 치료에서 얻은 효과를 실제 상황으로 일반화하도록 지원하고, 아동이 자신이 직면하는 모든 상황에서 효과적으로 의사소통할 수 있다는 것을 확신하도록 지원하는 전략들이 포함된다.
- 임상가들은 치료 전, 동안, 후에 아동의 말더듬에 대한 경험 모두에 대한 데이터를 수집함으로써 치료 효과를 기록해야 한다. 오직 손상에만 초점을 맞춘 측정은 포괄적 치료 접근법의 일부로서 아동이 경험하는 모든 변화들을 충분히 반영하지 못할 것이다.

이 장을 정리하는 질문

1. 이 장에서 서술한 치료의 주요 목표는:
   (A) 말더듬 없는 구어

(B) 더듬은 음절이 2% 이하인 구어
(C) 효과적인 의사소통
(D) 힘이 덜 드는 말더듬
(E) 위의 모든 항목

2. 이 장에서의 치료법이 근거하고 있는 틀은:
(A) *국제 손상, 불능, 장애 분류(International Classification of Impairment, Disability, and Handicap)*
(B) *국제 기능, 불능, 건강 분류(International Classification of Functioning, Disability, and Health)*
(C) *국제 질병 분류(International Classification of Diseases)*
(D) *지적 장애의 진단 및 통계 매뉴얼(Diagnostic and Statistical Manual of Mental Disorder)*
(E) 답 없음

3. 이 장에서 설명하는 치료법에서, 아동들이 좀 더 유창하게 말하도록 돕기 위해 다루는 두 가지 중요한 변인은:
(A) 타이밍과 긴장
(B) 노력과 투쟁
(C) 속도와 타이밍
(D) 회피와 연기
(E) 위의 모든 항목

4. 이 장의 저자가 믿고 있는 것은:
(A) 모든 말더듬 아동들은 적절한 치료를 받으면 정상적인 유창성을 성취할 수 있다.
(B) 일부 아동들은 성공적인 치료를 한 후에, 어떤 양식으로든 계속 말을 더듬을 수도 있다.
(C) 만약 아동들이 치료 후에도 계속 말을 더듬는다면, 임상가들은 그 치료법을 바르게 적용하지 않았을 것이다.
(D) A와 C
(E) 답 없음

5. 이 장에서 설명한 치료에 포함된 전략은:
(A) 유창성을 높이고 말더듬의 심한 정도를 최소화하기 위해 구어 산출을 변화하기
(B) 아동의 말더듬에 대한 부정적 반응들을 줄이도록 의사소통 태도들을 변경하기
(C) 아동이 자신의 메시지를 효과적으로 전달할 수 있다는 것을 확인하기 위해 의사소통 능력들을 향상시키기
(D) 아동의 전반적인 삶의 질에 말더듬이 미치는 영향을 줄이기
(E) 답 없음

6. 다음 중 말더듬에 대한 정서적인 반응의 예가 아닌 것은 무엇인가?
(A) 당황
(B) 불안과 공포
(C) 수치심과 죄의식
(D) 투쟁
(E) 분노

7. 아동이 교실에서 낭독하기를 거부할 때, 그 아동이 보여주는 것은:
(A) 회피
(B) 말더듬에 대한 행동적인 반응
(C) 정상적인 비유창성
(D) A와 B
(E) 위의 모든 항목

8. 말더듬의 가변성이 주로 나타내는 것은:
(A) 말더듬인 개개인 간의 차이
(B) 특정 개인 내 차이

(C) 때(순간)마다 다름
(D) 상황마다 다름
(E) 위의 모든 항목

9. "포트폴리오 기반 평가"란:
(A) 시간이 지남에 따라 변화를 기록한다는 의미이다.
(B) 말더듬인, 부모, 교사 및 기타 사람들로부터 받은 보고를 포함한 것이다.
(C) 표준화된 평가 절차이다.
(D) A와 B
(E) 말더듬 아동들에게 사용해서는 안 된다.

10. 다음 중 말더듬의 *장애* 정도를 평가하기 위해 사용되는 것은 무엇인가?
(A) 유창성 빈도
(B) 말더듬 정도 측정 검사(Stuttering Severity Instrument; SSI-4)
(C) 의사소통 태도 검사(Communication Attitude Test; CAT)
(D) 학령기 화자의 말더듬 경험의 전반적 평가(Overall Assessment of the Speaker's Experience of Stuttering—School-Age; OASES-S)
(E) A와 B

11. 다음 중 말더듬 장애의 *개인적, 환경적 상황* 수준을 다루는 목표가 아닌 것은 무엇인가?
(A) 말더듬을 2% 이하의 더듬는 음절 수준으로 감소시키기
(B) 아동을 말더듬에 둔감화시키기
(C) 아동이 말더듬을 더 수용하도록 교육하기
(D) 부모가 말더듬을 더 수용하도록 교육하기
(E) 교사가 말더듬을 더 수용하도록 교육하기

12. 이 장에서 설명한 치료 체계 내에서, 치료 목표들은:
(A) 모든 아동들에게 총 세 가지 범주들(손상, 활동 제한과 참여 제약, 개인적 및 환경적 상황 요인) 내에서 작성될 것임
(B) 일부 아동들에게는 한 가지 또는 두 가지 범주만 작성될 것임
(C) 동일한 아동에게서 치료 시점에 따라 한 가지 혹은 두 가지 범주만 작성될 것임
(D) B와 C
(E) 위의 모든 항목

13. 이 치료를 받는 아동들에게 가장 중요한 결과 측정은:
(A) 말더듬의 양적 감소
(B) 말을 더듬는 동안 투쟁의 감소
(C) 연기 및 회피의 감소
(D) 말더듬에 대한 둔감화
(E) 한 가지 측정만이 아니다—각 아동에 따라 다른 결과를 측정하는 것이 적절한 정도의 차이를 가져올 것이다.

14. 이 치료법을 실시하기 위한 가장 중요한 방법은:
(A) 일주일에 한 세션을 개별 세션에서 한다.
(B) 일주일에 적어도 두 세션을 개별 세션에서 한다.
(C) 일주일에 한 세션을 집단 세션에서 한다.
(D) 일주일에 적어도 두 세션을 집단 세션에서 한다.
(E) 개별화된 치료로 실시하는 가장 좋은 방법을 미리 결정하는 것은 불가능하다.

15. 말더듬 아동들을 치료하는 임상가는:
(A) 말더듬에 관해 배워야 한다.
(B) 말더듬에 둔감해져야 한다.

(C) 말더듬을 두려워하지 않는 것을 배워야 한다.

(D) 말더듬에 연관된 긴장을 다루기 위한 전략들을 배워야 한다.

(E) 위의 모든 항목

핵심 용어

거짓 말더듬(pseudostuttering): 말더듬-비슷한 구어 행동들의 의도적인 산출. 말더듬인이 자신이 말을 더듬는 순간에 어떻게 행동하는지에 대해 배우도록 돕는 관찰 과정의 부분으로서 치료에서 사용된다. 더욱이 말더듬인이 점점 더 어려운 상황에서 말더듬의 공포를 직면하도록 도움으로써, 둔감화 과정을 돕기 위해 사용된다.

국제 기능, 장애, 건강 분류(ICF): 인간 보건 경험의 전체를 설명하는 하나의 틀. 신체 기능과 신체 구조(손상을 포함)의 구성요소뿐만 아니라, 활동과 참여(제한 또한 포함)를 포함한다. 더욱이, ICF는 개인의 보건 활동들에서 차이점을 야기하는 개인 및 환경적 상황 요인들을 포함한다.

둔감화(desensitization): 공포를 느끼는 상황에의 점진적 노출을 통해 부정적 반응을 최소화하는 과정으로, 쉬운 상황에서 시작하여 점점 더 어려운 상황으로(즉, 위계적으로) 나아간다.

손상(impairment): 신체 기능 혹은 신체 구조로 인해 개인이 경험할 수 있는 어려움. 말더듬 연구에서, 유창한 구어 산출의 어려움이 신체 기능의 손상으로 나타난다. 세계보건기구의 국제 기능, 장애, 건강 분류(ICF)의 구성요소 중 하나이다(WHO, 2001).

인지적 재구조화(cognitive restructuring): 개인이 당면하는 문제들에 대해 다른 방식으로 생각하도록 돕는 과정. 개인의 신념과 태도에 대한 교육, 평가 및 재검토 등을 통해서 비현실적인 생각들을 평가하고 고치는 것을 포함한다.

참여 제약(participation restrictions): 직장 유지, 가족 부양, 타인과의 상호작용, 사회적 삶의 참여 등을 포함하여, 삶의 목표들을 충족하는 데 있어 개인이 경험할 수 있는 어려움. 세계보건기구의 국제 기능, 장애, 건강 분류(ICF)의 구성요소 중 하나이다(WHO, 2001).

활동 제한(activity limitations): 개인이 일상 활동들을 수행하는 데 있어서의 어려움. 관련 예시로, 구두 메시지 산출, 타인과의 의사소통, 대화 시작 및 유지 등을 포함한다. 세계보건기구의 국제 기능, 장애, 건강 분류(ICF)의 구성요소 중 하나이다(WHO, 2001).

추천 문헌

Murphy, W., Yaruss, J. S., & Quesal, R. W. (2007). Enhancing treatment for school-age children who stutter. I : Reducing negative reactions through desensitization and cognitive restructuring. *Journal of Fluency Disorders, 32,* 121-138.

Murphy, W., Yaruss, J. S., & Quesal, R. W. (2007). Enhancing treatment for school-age children who stutter. II: Reducing bullying through role-playing and self-disclosure. *Journal of Fluency Disorders, 32,* 139-162.

Reardon−Reeves, N. A., & Yaruss, J. S.(2004). *The Source for Stuttering: Ages 7-18.* East Moline, IL: LinguiSystems.

Yaruss, J. S., & Quesal, R. W. (2004). Stuttering and the International Classification of Functioning, Disability, and Health(ICF): An update. *Journal of Communication Disorders, 37,* 35−52.

Yaruss, J. S.(Ed.) (2002, 2003). Facing the challenge of treating stuttering in the schools(Part Ⅰ: Selecting goals and strategies for success; Part Ⅱ: One size does not fit all). *Seminars in Speech and Language, Vol. 23(3), 24(1).*

제 13 장

성인 및 청소년 말더듬 치료의 개관

Rebecca J. McCauley and Barry E. Guitar
(김효정 역)

도입

이 장에 제시된 네 가지 중재법은 우리가 제시한 중재법들 중 가장 가변적이다. 이 네 가지 중재법들 중에서, 두 가지는 행동 접근법이고, 두 가지는 기계적 장비와 약제를 사용하는 것으로 논란의 여지가 있는 중재법이다. 성인 말더듬에 대한 중재법들이 매우 다양한 것은, 아마도 성인 말더듬은 변화에 대한 저항이 크기 때문일 것이다. 변화에 대한 이러한 저항이 말더듬인들에게 동기를 유발하며, 말더듬인들이 각기 다른 광범위한 중재법들을, 심지어 임상가들 사이에 의심과 회의를 불러일으키는 중재법조차도 고려하게 한다.

치료를 받으려고 하는 사람들 중에는 자신들의 말 문제들에 관한 중재를 한 번도 받아본 적이 없는 경우도 있을 것이다. 그러므로, 그들은 말더듬의 본성에 관한 연구자들이나 임상가들의 견해가 어떠한지를 거의 모를 수도 있고, 다른 말더듬인들과의 접촉도 거의 없었을 것이다. 그들에게는 중재의 질을 평가하는 데 대한 논리적인 바탕들이 분명하지 못할 것이다. 게다가, 어떤 치료도 받아보지 못한 성인들에게는, 당황이나 수치심과 관련된 정신적 장벽이 특별히 견고할 수 있다.

반면에, 치료를 받으려고 하는 많은 성인들은 이전에 적어도 몇 번 치료를 받은 적이 있었을 것이다. 과거에 치료가 도움이 되지 않았거나, 재발로 인해 단지 잠깐의 치료 효과를 본 사람들에게, 치료를 받으려고 하는 행동에는 실망과 좌절의 위험이 따른다. 결과적으로, 처음으로 치료를 받으려는 사람과 과거 치료 경험이 있으며 치료를 받으려는 사람뿐만 아니라, 그들과 함께 상호작용하는 임상가나 다른 중요한 사람들은 특히 이 장의 구조화된 비교(structured comparisons) 및 다음의 여러 장에서 공유된 조직(shared organization)에서 도움을 받을 수 있을 것이다.

본 개요에서, 우리는 제2장에서 설명한 치료 모델과 관련된 용어를 사용하여, 네 가지 각 중재법들의 목표, 절차, 활동 등을 차례대로 설명할 것이다. 또한 우리는 네 가지 치료법들이 기초로 한 이론들과, 이 치료법들의 효과성의 주장을 지지하는 임상적 증거를 요약할 것이다. 마지막으로 우리는 네 가지 중재법들을 서로 비교, 대조할 것이다.

캠퍼다운 프로그램 (O'Brain, Packman, Onslow의 14장)

이 접근법은 말더듬 성인을 위해, 보다 최근에는 청소년을 위해 고안되었다. 캠퍼다운 프로그램(Camperdown Program)에 관한 장의 저자 구성을 보면 알 수 있듯이, 이 프로그램은 학령 전 아동(제7장) 및 학령기 아동(제9장)을 위한 리드콤 프로그램에 참여한 동일한 연구자들과 임상가들에 의해 개발되었다. 이 프로그램의 기본 목표는 전형적인 말하기 상황들에서 나타나는 말더듬을 개선하거나 제거하는 것이다. 중재 목표는 환자가 ① 연장된 구어를 사용하여 자신의 말더듬을 조절하기, ② 말더듬 심한 정도 및 구어 자연스러움에 대한 평정 척도를 사용하기, ③ 임상적 말하기 상황에서 일상 말하기 상황으로 말더듬에 대한 자신의 조절력을 일반화하는 방향으로 나아가도록 돕기 위해 문제 해결 전략들을 사용하기 등을 배우는 것으로 이루어져 있다. 최종적인 중재 목표는 자신의 조절력을 유지하기 위해 고안된 과제를 독립적으로 수행하는 것에 환자가 책임감을 갖도록 하는 것이다.

캠퍼다운 프로그램은 4단계로 시행된다. 1단계에서, 참가자들은 과장되게 연장하는 구어를 사용하는 경험을 하고, 말더듬 심한 정도와 자연스러움에 대한 평가척도들을 신뢰할 수 있게 적용하는 경험을 얻는다. 2단계에서, 참가자들은 구어의 자연스러움을 유지하면서, 치료실 내에서 말더듬을 조절하기 위해 여러 측면들의 말하는 방식을 탐색하고 채택한다. 3단계에서, 참가자들이 일반화 및 유지를 하는 데 요구되는 기술들을 얻도록 도와주기 위해서 여러 문제 해결 과제들에서 경험을 하도록 집단 세션들을 제공한다. 이러한 단계들을 마친 뒤에 네 번째이자 마지막 단계를 실시하는데, 이 단계에서는 개별 환자들이 스스로 일상적인 상황들에서 자신들이 획득한 유창성을 유지하기 위해 활동 계획을 짜고 수행한다. 프로그램을 구성하고 있는 절차들과 활동들을 설명하는 매뉴얼은 인터넷에서 구할 수 있다.

O'Brian 등은 캠퍼다운 프로그램을 비이론적(atheoretical)인 것으로 특징지었지만, 그들은 말더듬의 원인에 대해 자신들이 새롭게 이해한 것(emerging understanding)을 간단하게 설명하고, 그 프로그램의 기초를 이루고 있는 행동 방법들을 언급한다. 그들은 이 프로그램이 말더듬 성인들의 유창성을 촉진하는 것으로 이전에 밝혀진 치료법에서 가져온 여러 요소들 및 절차들을 절충적으로 결합하여 개발했다고 설명한다. 따라서 캠퍼다운 프로그램 그 자체를 지지하는 증거 이외에, 그들이 여러 가지 특정한 절차적 요소들에 대한 증거(예: 환자들에게 단 한 명의 화자의 여러 예들을 듣게 하는 것만으로 연장된 구어를 가르침)를 설명하는 것은 놀라운 일이 아니다.

캠퍼다운 프로그램에 관하여 이 장을 저술한 저자들이 제시한 증거는 매주 개별 세션과 하루 종일 계속되는 집단 연습 세션들에서 볼 수 있는 성인을 위한 것이었다(O'Brian et al., 2001). 이 프로그램을 소수의 청소년들에게 사용하는 것에 관한 예비 증거(Hearne, 2006)를 포함하여, 이 프로그램의 계속적인 개발과 관련된 추가적인 증거도 요약되었다.

보다 최근에, 캠퍼다운 프로그램은 또한 원격의료(telehealth) 형식으로 제공될 때 효과적인 것으로도 나타났는데, 이 원격의료 형식에서는 언어 치료사와 함께 매주 혹은 격주로 전화 회기를 통해 개인이 보낸 문서, 오디오, 시청각 자료 등을 사용하는 것으로 보완한다(O'Brain, Packman, & Onslow, 2008). 이러한 원격의료 형식은 매우 외딴 시골 지역에서 치료 문제들(treatment challenges)이 제기되는 호주에서 특별히 관심을 받은 형식이다.

유창성 플러스 프로그램 (Kroll, Scott-Sulski의 15장)

유창성 플러스 프로그램(Fluency Plus Program; FPP)은 청소년 및 성인 말더듬인들을 위한 집중적인 치료법이다. 이 치료법은 토론토의 말더듬 센터(Stuttering Centre of Toronto)에서 Kroll 등이 25년에 걸쳐 개발했다. 개발자들이 제시하는 이 프로그램의 독특한 특징은 이 프로그램의 개발에서 조사(research)가 안내역할을 한 점, 매우 구조화된 유지 요소들을 만드는 데 주안점을 둔 점, 이 프로그램으로부터 가장 이익을 볼 수 있는 동기가 강한 환자들을 확인하기 위해 초기 평가들을 실시하는 것의 중요성 등이다. 사실, 앞의 두 요소는 캠퍼다운 프로그램에서도 요구되는 요소이다.

유창성 플러스 프로그램(FPP)은 구어뿐만 아니라 의사소통에도 동시에 영향을 미치는 통합적인 치료 모델이다. 이 프로그램의 기본 목표는 "의사소통에 대한 태도(communication mentality)"를 성취하는 것인데, 이것은 "부정적인 정서를 적게 가지고, 어떤 장소에서, 언제든지, 누구와도 효과적이고 효율적으로 말할 수 있는 능력"을 말한다(15장, p.286). 그 목표를 성취하기 위해, 환자는 세 가지 하위 목표에 초점을 맞추어야 한다. ① 유창성을 촉진시키는 구어 스타일을 사용하는 방법을 배우기, ② 모든 사회적 상황에서 이러한 조절된 말하기 스타일을 사용하도록 돕는 여러 기술과 태도를 개발하기, ③ 유지를 지원하기 위해 자기-주도적 문제 해결 능력 및 연습 일상(practice routines)을 개발하기이다.

FPP는 참가자들에게 1년간 참여할 것을 요구한다. 이 프로그램은 매주 4.5시간의 세션 5회, 거의 매일 2~4시간 소요되는 과제로 구성된 3주 동안의 집중적인 단계로 시작한다. 이 집중적인 단계 이후에, 참가자들은 치료실에서 1시간의 각 세션에 좀 덜 빈번하게 11개월 동안 참여한다. 일단 이 프로그램의 공식적인 참여가 끝나면, 환자들은 프로그램 동기들로 구성된 지원 집단에 계속 참여하고, 1년에 2회 제공되는 짧지만 집중적인 재교육 과정을 이수하도록 요구된다.

FPP와 관련된 활동은 음절들을 "길게 늘여 말하기"의 사용과 같은 8가지의 유창성-향상 행동들("표적들"이라고도 함)에 대해 매우 구조화된 연습을 포함하고 있다. 또 다른 활동들은 환자들이 말더듬과 의사소통에 대해 자신이 생각하고 느끼는 방식을 변화시키도록 다루는 "인지적 재구성(cognitive restructuring)"을 촉진하도록 고안되었다. 구어 산출 및 인지적 재구성 활동은 저자들이 설명한 세 가지 중첩되는 단계인 ① 유창성을 촉진하는 목표들의 확립, ② 전이 및 인지적 재구성, ③ 유지 및 관계 지속하기에 포함되어 있다.

FPP의 이론적 기원은 말더듬의 개념을 원인적 면에서 다차원적이고, 부적응적 구어 행동들에 대해 학습된 행동적 및 정서적 반응들로 구성된 상태라고 보고 있다. 학습된 행동들로서, 이러한 부적응적 행동들과 정서들은 추가적인 교육을 통해 수정할 수 있는 것으로 본다. 이 프로그램의 통합된 체계는 유창성 형성법에서 가져왔고, 저자들은 말더듬 수정 절차를 핵심 구어 행동들, 비구어적인 수반 행동들(예: 눈 깜빡임), 말더듬과 관련된 태도들 및 정서들 등을 다루는 것으로 간주한다.

Kroll과 Scott-Sulsky 등은 FPP를 지원하기 위해 30년 동안 그 프로그램을 발달시키는 과정에서 축적된 여러 가지 증거들을 검토했다. 먼저, 그들은 Webster(1974)가 개발한 매우 구조적이고 집중적인(3주 동안) 행동 치료를 통해 얻은 증거를 논의하는 것으로 시작했다. 초기에 실시되었던 치료 전과 치료 후 설계(Woolf, 1967)뿐만 아니라, Leibovitz와 Kroll(1980)의 회고적 연구(후향성 연구)(retrospective study)는 행동 치료가 유창성과 말하기에 대한 태도 각각과 관련된 결과들에 긍정적인 영향을 미쳤다는 것을 제시했다. 그러나 재발이 자주 그리고 유의하게 일어난다는 우려가 후속 연구를 하도록 이끌었다. 이러한 연구들(Kroll, Gaulin, & Tammsalu, 1981)은 유창성 및 태도의 개선이 시간이 지남에 따라 일부 감소함에도 불구하고, 치료 후 1~2년간 치료 전 수준 이상 유지된 것을 보여주었다.

Kroll 등은 연구와 환자를 치료한 임상적 경험을 기초로 하여, 인지 재구조화 활동들을 포함시키기 위해 그 프로그램의 집중적인 부분을 수정했다. 인지 재구조화 활동들은 환자들이 재발 방지를 위한 행동적 전략을 계속 발달시키는 동안에 부정적인 태도로 되돌아가는 것을 막기 위해 계획되었다. 더욱이, Kroll 등은 1년에 걸쳐 환자들을 점점 적게 만나면서, 환자들이 점진적으로 자신들의 유창성과 태도를 스스로 다루는 데 익숙해지도록 하는 유지 프로그램을 포함했다. 이 연구자들이 실시한 최근의 연구 결과(De Nil & Kroll, 1995; De Nil et al., 2003)는 집중적인 치료 동안에 유창성에서 극적인 향상이 계속될 수 있으며, 치료 후 1~2년 뒤에 참가자들을 검사했을 때 5~20%의 제한된 퇴행을 나타내었다고 제시했다.

일련의 종단적인 신경영상 연구들(De Nil et al., 2003; Kroll & De Nil, 2000; Kroll, De Nil, & Houle, 1999)은 효과적인 중재 및 유지를 하는 동안에 뇌 활성화가 어떻게 변화하는지를 제시하는 새로운 형태의 증거를 제공하고, 따라서 효과적인 치료의 핵심 요소들과 생물학적 메커니즘을 강조할 수도 있는 단서들을 제공한다. 이러한 연구자들은 13명의 말더듬인 집단을 대상으로 3주간의 집중 치료 프로그램의 시작 전, 끝난 후, 1년 후(예: 공식적인 유지 활동의 종료 시점)이렇게 세 시점에서 세 가지 구두 과업(예: 묵독하기, 낭독하기, 동사 생성하기)를 수행하는 동안에 뇌 활성화를 검사하기 위해 양전자방출단층촬영(positron emission tomography; PET)을 사용했다. 더불어, 이 연구자들은 정상적으로 유창한 10명의 화자 집단을 통해 얻은 결과와 이 말더듬인 집단의 결과를 비교했다.

이러한 연구들(De Nil et al., 2003; Kroll & De Nil, 2000; Kroll, De Nil, & Houle, 1999)에서, 말더듬인들은 비말더듬인들에 비하여 집중적인 치료를 하기 전에 구두 과업들에서 높은 수준의 뇌 활성화(비말더듬인과 비교하여)를 보였다. 이렇게 활성화가 증가된 것은 말하는 동안에 노력이 비교적 증가된 것을 반영한 것이라고 생각된다. 집중적인 치료를 마칠 때, 비록 말더듬인들이 높은 수준의 활성화를 계속 보였지만, 좌반구에서 더 많이 활성화되었음을 보였다. 이 연구자들은 (연구에서 나타난) 좌반구의 더 많은 활성화는 치료에서 유창성 모니터링 행동들을 목표로 의도적으로 사용한 것(effortful use)과 일치한다고 설명했다. 약 1년 후에, 1년간의 유지 활동들을 한 결과, 치료를 받은 말더듬인들의 활성화 패턴들은 비말더듬인들과 더욱더 비슷한 것으로 나타났다. 이러한 결과들은 치료를 받은 말더듬인들이 개인적으로 계속해서 유창성 유지 활동들을 하기 때문에 유창한 구어를 위해서 더 적은 인지적 능력이 요구된다는 것을 제시하는 것으로 해석되었다. 비록 성공적으로 치료된(말더듬과 태도의 측정이란 견지에서 정의할 때) 개인들만 대상으로 연구했지만, 연구자들은 유창성을 유지하는 데 실패한 사람들의 뇌 활동을 검사하는 것에 대한 잠재적 가치에도 주목했다.

보조적인 결과 측정으로 신경영상을 통해서 얻은 측정을 추가하는 것은 치료 연구에 흥미로운 방향을 제시하는데, 그 이유는 신경영상 정보가 연구 참여자들과 비슷한 사람들에게 그 치료기법을 사용하도록 방향성을 연구자들에게 줄 수 있기 때문이다. 그러한 결과 측정값은 특정한 치료 구성요소들의 중요성과 계속 말을 더듬을 가능성에도 불구하고, 유창성을 유지할 수 있는 개인들의 성공을 가능하게 하는 뇌 메커니즘에 대해 밝혀줄 수도 있을 것이다. 치료에 실패한 사람과, 치료는 성공했지만 다양한 기간이 지난 후에 재발한 사람을 포함하는 더 많은 연구는 임상가가 개별적인 요구에 맞게 치료법을 선택하도록 도울 수 있는 안목(통찰력)을 제공할 수도 있을 것이다. 치료의 신경생리학적 관련요인을 검증하는 시점의 수를 증가시키는 것은, 예를 들면 집단 간 차이에 대한 해석을 제한할 수 있고 명확한 데이터를 제공함으로써 유익한 점을 제공하는 것 같다. 그러한 풍부한 정보는 성인 말더듬에서 완전하고 장기 지속적인 회복이 적다는 점에서 특히 환영받는 것 같다.

SpeechEasy 디지털 유창성 보조기 (Ramig, Ellis, Ryan의 16장)

SpeechEasy는 이 책에서 설명한 두 가지 말더듬 중재법 중 하나로 비행동적 방법들을 포함한다. SpeechEasy는 보청기 비슷한 기기로 세 가지 종류(귓속형, 귀걸이형, 완전 귓속형)가 있다. 각 기기는 사용자의 구어의 주파수 특성을 온라인으로 바꾸어서, 기기를 통해 약간 지연시켜 사용자에게 다시 들려준다. 즉, 이 기기는 주된 치료적 조작으로써 지연 청각 피드백과 주파수 변조 피드백 모두를 사용한다. SpeechEasy는 항상 그런 것은 아니지만, 종종 행동적 치료법과 함께 사용된다. 이 장은 저자들이 SpeechEasy의 사용과 함께 행동적 치료법을 결합하여 사용해야 한다고 분명하게 설명하고 있고, SpeechEasy의 개발에 직접 참여하지 않은 저자들에게 좀 더 쉽게 이해할 수 있는 독자적 관점에서 설명하기 때문에 특히 중요하다.

SpeechEasy는 주로 성인용으로 고안되었지만, 가끔 아동들에게도 사용해왔다. 제조사인 Janus Development Group은 10세 이상인 아동에게 사용하기를 권고했는데, 이는 그 연령대의 아동들은 말더듬의 본질을 이해할 수 있기 때문에 그 장비가 어떻게 유용한지를 이해할 수 있다고 가정하기 때문이다. Ramig 등과 제조사 모두가 아동이 좀 더 전통적인 접근법에 참여하는 기회를 가진 후에만 그 장비의 사용을 고려할 것을 강조한다. 그 이유는 적어도 부분적으로는, 연령과 상관없이, 이전에 행동적 치료를 받은 경력이 있으면서 이 장비를 사용하려는 사람들이 좀 더 성공할 것 같다고 생각하기 때문이다. 이는 이전에 행동적 치료를 받은 경력이 있는 사람들은 말을 할 때 유성음을 좀 더 지속적으로 사용하는 것과 같이 유창성을 증가시킬 뿐만 아니라 이 장비를 더 효과적으로 만드는 방법으로 자신의 구어 패턴을 변경시켜 본 경험이 있기 때문이다.

Ramig 등은 SpeechEasy에 관한 두 개의 연관된 이론적 근거를 제기했다. 첫 번째 근거로, 그들은 말더듬의 원인을 구어 산출을 위한 청각 프로세싱의 비정상과 관련지어서, 말을 하는 동안에 나타나는 말더듬인의 청각 입력의 수정에 대해, 몸에 배었으나, 이득이 없는 프로세싱 패턴을 피하기 위한 방식으로 보는 관점을 제공하고 있다. 두 번째 근거로, 그들은 SpeechEasy의 개발보다 앞선 연구들로부터 말더듬에 미치는 변조된 청각 피드백(altered auditory feedback)의 긍정적인 효과들을 나타내는 결과들을 지적했다. 여러 가지 종류의 변조된 청각 피드백(지연, 주파수 변조)이 일부 말더듬인들에게 유창성 면에서 유익한 것으로 나타났기 때문에(Armson & Stuart, 1998; Curlee & Perkins, 1973), SpeechEasy의 개발자들은 SpeechEasy를 시간 지연과 주파수 변화를 통합하여 설계했다.

불행하게도, SpeechEasy를 지지하는 많은 실험 연구들이 제조사와 공동으로 SpeechEasy를 만든 연구 집단에서 실시한 것이다. 이러한 연구 지지는 다양한 청중 규모(audience size)와 구어 과제(예: 대본이 있는 전화 통화)와 같은 다른 상황에서 사용한 말더듬인들의 SpeechEasy 사용에 대한 이점을 나타내는 여러 연구들의 결과에 근거했다. 그러나 본질적으로 이러한 연구가 "실내(in-house)"에서 이루어졌다는 것이 연구자들과 이 장치에 대해 강한 비난을 받게 했다(Finn, Bothe, & Bramlett, 2005). Finn 등은 "거짓 과학(사이비 과학)(pseudoscience)"을 실시한 연구자들을 고발하기에 이르렀고, 이 고발은 적어도 모든 연구자들이 무의식적 편견을 통제하는 데 갖는 어려움과 부분적으로 연관된다.

Ramig 등(Pollerd et al., 2007)은 SpeechEasy 기를 4개월에 걸쳐 사용한 참여자들에게서 다양한 결과들을 보여주는 연구를 했다. 본서에서 그들이 저술한 장에서, Ramig 등은 말을 하는 동안에 변조된 청각 피드백을 사용한 여러 연구들에서, 중재에 대한 반응에서 개인마다 다른 것은 예외라기보다는 일반적인 것이어서, SpeechEasy가 일부 사용자들에게 효과가 적을 수 있다는 것은 지극히 정상적인 것이라고 주장한다. 더욱이, 이 연구자들은 사용자들이 SpeechEasy를 사용하여 말더듬 감소에서 효과를 얻었음에도 불구하고, 일치된 만족감을 표현하지 않았다고 했다(Molt, 2006; Runyan, Runyan, & Hibbard, 2006). 이러한 불확실한 연구 결과들 때문에, Ramig 등은 어떤 사람들이 자연스러운 말하기 상황으로의 일반화를 포함하여 가장 이득을 경험할 것인지 확인할 뿐만 아니라, 지금까지 연구된 기간보다 더 긴 기간 동안 계속해서 SpeechEasy를 사용하는 사람들의 효과를 검사하도록 계획된 심화 연구가 필요하다고 했다. 해결할 문제들은 다음과 같다. 장기간 사용자들이 기기에 적응하면 효과가 상실되는가? 장기간 사용자들이 기기를 사용하지 않았을 때에도 효과를 유지하는가?

FPP의 경우에서처럼, SpeechEasy에 관심을 갖는 연구자들은 현대의 신경영상 기법들을 사용하여 이 치료법의 결과로 얻게 되는 유창성 효과의 기초일 수도 있는 신경생리학에 관한 가설들을 확인하기 시작했다. 그러나 FPP에 대해 갖게 되었던 예상과는 반대로, SpeechEasy와 뇌 기능의 변화는 그 중재를 통해 유발된 영구적인 변화라기보다는, 오히려 SpeechEasy를 실제로 사용할 때의 예들로 제한된다는 가설이 세워졌다.

Ramig 등은 신경영상을 사용하여 SpeechEasy를 작용하는 방법을 제시하는(예: Foundas et al., 2004) 연구를 설명했다. 정상적인 청취 조건과 SpeechEasy로 산출된 것과 다소 비슷한 소리를 청취하는 조건하에서 신경생리학적 비교를 하는 동안에, 청각 프로세싱과 관련된 뇌의 영역들이 가장 많이 영향을 받은 것으로 보였다. 이 결과는 SpeechEasy가 어떻게 이로운 효과를 만들어 내는지에 관한 개발자들의 가설을 간접적으로 지지한다. SpeechEasy를 사용하는 동안에 뇌 활동의 측정이 불가능한 이유는 금속 기기들을 자기공명영상(MRI) 검사를 하는 동안 착용할 수 없기 때문이다.

말더듬의 약물 치료
(Maguire, Riley, Franklin, Gumusaneli의 17장)

얼마나 많은 말더듬인들이 말하는 어려움으로부터 자유롭게 해줄 마법의 알약을 바래왔던가? 17장에서, Maguire, Riley, Franklin, Gumusaneli는 여러 가지 약물들(그 중 어느 하나도 마법의 알약은 아니었음)을 설명했는데, 이 약물들은 말더듬을 개선시키기 위해 실험적으로 사용되었지만 비교적 소수의 말더듬인 집단에게만 효과가 있었다. 약물을 도입할 때, 정신 질환 치료를 위한 약물 요법에서 관찰된 것처럼, 저자들은 행동 중재를 함께할 때 약물이 가장 유용할 것으로 예상했다(Simon et al., 2006; Kim, 1996). 또한 저자들은 특히 말더듬에 수반될 수 있는 문제인 사회 공포증(Stein, Baird, & Walker, 1996)이 말더듬을 위한 약물 치료의 또 다른 적절한 표적(목표)이 될 수 있다는 것을 제시한다.

예상한 것처럼, 어떠한 장애의 치료에서든지 약물의 사용은 의료적 문제이다. 따라서 말더듬의 약물 치료에 대한 의사 결정은 말더듬 치료에 고려되고 있는 약물들을 가장 잘 알고 있는 신경과 의사 혹은 정신과 의사에게 처방받아야 한다. 이상적으로는, 언어 임상가가 의료 팀의 일부로서 역할을 하는 것이다. 사실, 이 장의 처음 두 저자들이 이러한 정신과 의사–언어 임상가 팀을 구성했다.

다른 전문가들(예: 언어 치료사)이 제공한 자문을 참고하여, 약물 복용량과 지속적인 약물 사용 등과 관련된 의료적 권고는 의사의 책임이다. 환자가 말더듬을 다루는 데 약물 사용에 관심을 보이지 않더라도, 약물과 말더듬에 관한 지식이 있는 의사는 말더듬을 악화시키는 약물에 대해 경고해줄 수 있을 것이다. 팀 접근에서, 언어 임상가는 행동적 결과의 측정을 담당하고, 지속되는 부정적인 태도들을 다루기 위해 고안된 추가적인 행동적 치료 전략들과 활동들을 실시한다. Maguire 등은 말더듬의 심한 정도에 대한 가족 구성원들의 관찰을 포함하여, 광범위한 결과 측정법들을 제시한다. 그들은 더 나아가 어떠한 결과 측정에서 30% 감소가 나타난 것은 임상적으로 의미 있는 것으로 보아야 한다고 제안한다.

말더듬 치료로서 약물만으로 치료하는 경우는 거의 없었지만, 저자들은 약품만으로 치료하는 중재의 원리, 절차, 증거 등에 초점을 맞추고 있다. 이러한 집약된 초점은 모든 중재에서 특히, 어떤 중재가 심각한 결점뿐만 아니라 이득이 있을 것으로 예상되는 경우에 그 중재를 사용할지 결정할 때인 치료의 첫 단계에 적당하다.

약물 중재(pharmacologic intervention)는 대체로 행동 치료만을 사용하는 것보다 환자에게 노력과 수행을 덜 요구하기 때문에 더욱 바람직해 보일 수 있다. 그럼에도 불구하고, 어떤 약물, 특히 뇌 기능에 영향을 미치는 약물은 관련된 부작용의 가능성이 있기 때문에, 이 책에서 토의한 다른 여러 중재법 외에 약물 중재를 선택하기 전에 위험성과 이득에 대해 신중하게 고려해야 한다.

말더듬 치료에 사용하려고 하는 약물에 대한 여러 가설들은 대체로 말더듬인들의 뇌 구조와 기능의 차이에 대한 새로운 정보에 기초하고 있다. 특히, 가설들은 말더듬에서 신경전달물질의 역할에 대한 추론 및 말더듬의 신경학적 기반에 관한 모델에 근거를 두고 있다. 이 모델은 두 세트의 구조들, 즉 내측 전운동계 및 외측 전운동계가 움직임(motion)[1]을 계획하고 실행하는 것을 일차적으로 담당하고 있다고 가정한다(Alm, 2004; Goldberg, 1985; Nudelman et al., 1992).

내측 전운동계에서 작용하는 것으로 알려진 신경전달물질 도파민은 몇몇 연구들에서 말더듬을 악화시키는 역할을 하는 것으로 알려져 왔다(Maguire et al., 2000b). *내측* 전운동계는 기저핵(특히 선조체 영역)뿐만 아니라 보조 운동 피질(supplementary motor cortex)을 포함하고 있으며, 자동화된 구어 산출 동안에 움직임을 계획하고 시작하는 데 영향을 미치는 것으로 생각된다. 이와 반대로, *외측* 전운동계는 섬세하고 주의 집중적인 구어 산출(감각 피드백, 즉 청각 및 체성감각 모두를 많이 사용하는 것과 관련된 말하기 조건) 동안에 움직임을 계획하고 시작하는 데 영향을 미치는 것으로 생각된다. 특히, 이러한 조건들은 합독하기(choral reading), 역할 놀이, 메트로놈 피드백에 맞춰 말하기(Alm, 2005) 등과 같은 말더듬 중재에 중요하다. 외측 전운동계는 외측 전운동 피질과 소뇌로 구성된다.

저자들에 의하면, 신경전달물질인 도파민이

---

1) 역주

〈motion〉: 동작 중인 동작; 육안 등으로 그 움직임이 파악되는 동작.

motion은 일정 범위를 움직이는 정도(정적인 상태에서도 예측가능한 범위)-제한적 의미

〈movement〉: 완료되는 동작; 목적지에 도달하는 동작; 제한적인 의미가 아니라 동적인 의미. 예를 들어 팔을 움직이는데, 정상적인 움직임의 모습이 아니라 다른 방법으로 혹은 다른 패턴으로 움직이는 것을 말한다.

〈motor〉: 동작을 가능하게 하는 힘, 기관; 움직이기 위한 근력, 힘 정도.

〈behavior〉: 다른 사람의 눈에 어떻게 비칠지 의식하는 문맥에서의 '행동'으로, 우리말 뜻으로는 '행동거지'에 해당한다.

〈action〉: 사람이나 조직 등이 어떤 특정한 때와 장소에서 뭔가를 하는 '행위, 행동'을 의미. 스스로의 의지로 무언가를 행하는 것

〈activity〉: 수영, 창작, 야구 경기 등 '활동'을 의미하며, 행동하고 있는 상태를 나타낼 때도 있다.

〈conduct〉: 사람의 '행동'을 법적 타당성이나 선악 판단이라는 관점에서 말할 때 사용하는 단어.

〈occupation〉: 그것으로 인해 시간을 사용하는 어떤 '활동'

내측 전운동계의 기능에 큰 영향을 미치기 때문에, 도파민의 활동을 감소시키는 약물을 말더듬에 사용하는 것은 가장 많은 연구적 관심을 받아왔다. 그러한 약물의 사용에 관한 또 다른 지지는 뚜렛 증후군(Tourette's syndrome)(저자들은 이 장애가 말더듬과 어떤 발달적, 환경적, 유전적 요인들을 공유하고 있음을 언급했다)의 증상을 감소시키는 데 효과가 있다는 것이다.

Maguire 등은 그 증거를 고찰할 때, 도파민 활동의 직접적인 감소를 수반하는 두 가지 약물[리스페리돈(risperidone)[2]과 올란자핀(olanzapine)] 연구에 관심을 두었다. 이 두 약물은 이전에 조현병(schizophrenia)[3] 치료에 사용되어 왔고, 말더듬을 감소시키는 것으로 나타난 다른 약물[예: 할로페리돌(haloperidol)]과 관련이 있다. 따라서, 그것들을 2세대 항정신병약물이라고 한다. 이러한 새로운 종류의 항정신병약물은 종종 오래된 약물의 사용을 허용할 수 없게 만드는 심각한 부작용을 피하기 위한 희망에서 설계되었다.

Maguire 등은 말더듬에 약물 치료의 효과들을 검증하는 것을 발표할 당시에, 가장 좋은 증거를 제공한다고 생각한 자신들의 실험실(Maguire et al., 2000a)에서의 무선 통제 실험을 고찰했다. 그 연구는 6주간 계속되었고, 12명의 남자와 4명의 여자 말더듬인들이 리스페리돈1 또는 위약(플라시보)[4]을 투여받은 동안에 말더듬의 심한 정도를 추적했다. 참가자 및 평가자들은 투여하고 있는 것이 리스페리돈인지 위약인지 모르고 있었으므로, 그 연구는 집단에 이중맹검(double bliniding)과 무선 배치(random assignment) 요소들을 포함했는데, 이것은 치료 연구들에서 연구의 질을 보증하는 것으로 알려진 두 가지 연구 설계 방법이다(Dollaghan, 2007). 말더듬 심한 정도 측정에는 네 가지가 사용되었다[예: 말더듬 음절 백분율(%SS), 가장 긴 말더듬 지속 시간, 총 구어 시간에서 더듬은 시간 비율(TS%), 말더듬 정도 측정 검사-제3판(SSI-3)(Riley, 1994)에서 얻은 점수]. 덧붙여, 수용(compliance)에 대한 측정, 무관한 비정상적인 움직임의 측정, 기타 잠재적인 부작용에 대한 측정 등이 데이터에 포함되었다.

치료 6주 후, Maguire 등(2000a)의 결과는 동일한 시점에 리스페리돈을 복용한 참가자들이 위약(플라시보) 집단보다 말더듬 심한 정도가 유의미하게 더 낮은 수준을 나타냈다. 더욱이, 치료받은 참가자들의 치료 후 말더듬 심한 정도는 자신의 기초선 수준보다 유의미하게 더 낮았다. 이러한 긍정적인 연구 결과들은 네 가지 말더듬 심한 정도 측정 중 세 가지(즉, %SS, %TS, SSI-3의 전체적인 결과)에서 나타났다. 리스페리돈의 부작용은 몇몇 참가자들에게서 불면증으로 나타났고, 여성 참가자 중 한 명에게는 호르몬에 영향을 미친 것으로 나타났다. 이 여성 참가자가 경험한 호르몬의 영향에는 월경 주기 및 모유 분비에 혼란이 있었는데, 이 불쾌한 부작용들은 약물 치료를 종료한 후 사라졌다. 말더듬에 사용된 이전의 초창기 항정신병약물에서 보고되었던 운동 이상이 없어진 것은 특히 유리한 점으로 보인다.

Maguire 등이 저술한 장에서, 그들은 리스페

---

2) 역주: 주로 조현병, 양극성 장애 그리고 파괴적 행동과 파탄적 행동 장애의 치료에 사용되는 항정신병제임.

3) 역주: '정신분열증' 용어를 2011년 이후 '조현병'으로 사용하고 있음.

4) 역주: 심리적 효과를 얻으려고, 실제로는 약리학적으로 생리작용이 없는 물질로 만든 비활성 약.

리돈 분류에 속하는 제2의 약물, 즉 올란자핀에 대한 연구를 보고했다(Maguire et al., 2004). 리스페리돈보다 더 광범위하게 신경전달물질에 영향을 미치는 올란자핀은 리스페리돈의 원치 않는 호르몬 영향을 피하기 위한 방법으로 연구에 사용되었다. Maguire 등의 2004년 연구에서, 12주 동안 23명의 말더듬인에게서 올란자핀의 효과를 살펴보았다. 이중 은폐 실험과 리스페리돈 연구(Maguire et al., 2000a)에서 사용된 다른 방법들이 올란자핀 연구에서 사용되었다. 말더듬의 심한 정도는 SSI-3과 두 가지 추가적인 측정 방법[① 임상가가 측정하는 것과, ② 말더듬 심한 정도, 통제위(locus of control), 회피 행동에 대한 지각을 참가자 스스로 측정하는 것]을 사용하여 측정되었다. 잠재적인 운동 부작용 및 혈당치와 관련된 부작용도 추적되었다.

효과의 크기가 보고되지 않았지만, Maguire 등(2004)의 연구에서 말더듬 심한 정도는 세 가지 말더듬 측정 모두에 근거하여 위약(플라시보)을 복용한 집단보다 진짜 약을 복용한 집단에서 유의하게 더 많은 개선을 보였다. 움직임(movement) 부작용, 호르몬 부작용, 잠재적인 신진대사 부작용 등의 문제는 나타나지 않았지만, 졸음과 약 8파운드 정도 평균 체중의 증가가 보고되었다. 아마 이 장에 보고된 참가자의 만족감에 대한 가장 사실적인 증거는 23명의 참가자들 모두가 그 연구가 종료된 후에도 올란자핀을 계속 복용하기로 결정했다는 저자들의 보고일 것이다. 이러한 약물 사용의 긍정적인 결과와 낮은 부작용이 보고되었음에도 불구하고, 그 장의 저자들은 이 연구의 표본 크기가 작았다는 것을 인정했고, 말더듬에 대한 이러한 약물의 사용과 관련된 위험성 및 이점에 관하여 연구가 지속적으로 이루어질 필요성에 대해 지적했다.

약리학적 전문 용어들에 익숙하지 못한 사람들이 읽기에 가장 어려운 과제일 수도 있는 이 장의 절에서, Maguire 등은 말더듬과 관련된 과도한 도파민 수준에 간접적인 치료를 하는 약물들[예: 파고클론(pagoclone)[5)]]의 가능성에 관해 토의했다. 특히, 이러한 약물들은 다음과 같이 작용한다. 도파민 수준을 직접적으로 다루는 대신에, 파고클론과 같은 약물들은 도파민에 반응하는 세포들(즉, 도파민 생성 세포들)의 활동을 줄인다고 알려진 신경전달물질인 감마아미노뷰티르산(GABA; gamma-aminobutyric acid)에 *작용약*(혹은 지원약이라고 말함)으로써 작용하는 것처럼 보인다. 그러므로, 파고클린은 도파민이 생성된 *후에는 직접적*으로 도파민에 작용하지 않는다. 대신에, 파고클론은 도파민 생성을 막음으로써 간접적으로 작용하기 때문에, 도파민에 길항물질로 작용하는 약물들이 보이는 일부 부작용들을 피하는 동시에 잠재적으로 유익한 효과를 가진다.

그 장에서, 저자들은 특히 파고클론에 대한 대규모 연구에 대해 서술한다(Maguire et al., 출판 중). 이 연구에서, 여러 치료실에 참여한 132명의 참가자들 집단을 대상으로 위약, 이중 은폐, 무선 배치 등을 포함한 8주간의 연구 프로젝트를 실시했다. 저자들은 말더듬 행동, 구어의 자연스러움, 사회적 불안, 환자와 임상가의 말더듬에 대한 지각이라는 다섯 가지 결과 측정을 보고했다. 예비 결과는 파고클론을 복용한 참가자들이 다섯 가지 측

5) 역주: 뇌 GABA의 활성을 증가시켜 뇌 언어 영역에서 보다 정상적인 기능을 회복시키는 데 도움을 줄 수 있는 조절제.

정 모두에서 개선되었음을 제시했다. 특히 주목할 만한 결과는 사회적 불안의 감소와 구어 자연스러움의 향상과 관련된 것이다. 또한 초기 데이터는 부작용(주로 두통과 피로를 보임)이 드물고, 비교적 적었다고 제시했다.

SpeechEasy에 대한 연구들처럼, 약물 치료에 대한 연구들도 엄격한 기준이 부족하다는 강력한 비판을 받았다(Bothe et al., 2006). 더욱이, 이 장에서 자세히 고찰한 것도 저자의 실험실에서 이루어진 연구에만 초점을 두었기 때문에 비판을 받을 수 있다. 하지만 저자들이 비교적 엄격한 연구들에 기초한 새로운 약물 치료법들을 위해 앞으로의 방향을 제시하기 위한 노력을 하는 동시에, 말더듬의 약리적 치료법들과 관련된 심각한 위험들을 인정하는 것은 칭찬할 만하다.

추후 연구 방향에 대한 논의에서, 저자들은 위험성과 이점을 더 명확하게 추정하기 위해, 대규모의 참가자 집단을 대상으로 더 장기간의 무선 통제된 실험이 필요하다고 언급했다. 좀 더 논쟁적으로, 그들은 약물 치료법이 궁극적으로는 청소년과 아동들에게 사용될 것이라고 주장하지만, 미국 식품의약국(U.S. Food and Drug Administration)에서는 성인의 말더듬을 치료하는 데 그 약물의 사용을 아직 승인하지 않았다는 것도 인정했다. 저자들은 이 장에서 그들이 설명한 연구에 근거하여, 파고클론은 그러한 승인을 받을 수도 있다고 했다.

비교

우리가 이 장의 초반부에서 지적한 바와 같이, 우리가 이 책에 포함시킨 성인들을 위한 네 가지 말더듬 중재법들은 지속성 말더듬을 극복하기 위해 좀 더 전통적이고 매우 색다른 도구들을 통합하는 것이다. 표 13.1은 이들 다양한 도구들의 이해를 돕기 위한 것이다.

SpeechEasy 및 약물 중재의 사용은 일부 독자들을 절망시키고, 심지어 무모하고 힘든 일로 여겨지게 할 수도 있다. 그러나 SpeechEasy 및 약물 중재를 선택하는 대부분의 성인들에게는 이 기법들이 행동 중재법들을 보완하는 것으로 간주될 수 있다. SpeechEasy 및 약물 중재를 선택한 일부 성인들에게는, 이 기법들이 본질적으로 행동적인 치료법이 아니기 때문에 그리고 실시하기가 더 간단하기 때문에, 대안적이고 유일한 중재 방법으로 선호될 수 있다.

말더듬을 위한 SpeechEasy와 약물 중재법 모두는 부정적 영향을 걱정하는 생각이 깊은 연구자들과 임상가들에 의해 강한 비판과 비난을 받았다. 그럼에도 불구하고, 이 중재법들은 어느 정도 다른 유익함을 제공할 수도 있다. 물론, 가장 명확하고, 가장 즉각적으로 나타나는 유익함은, 그 중재법을 단독으로 사용하든지 행동적 중재법과 결합하여 사용하든지 간에, 그 중재법을 사용함으로써 말더듬인 자신이 자신의 유창성이 향상된다고 믿는 것일 것이다. 하지만 이러한 논란이 많은 중재법들이 주는 또 다른 잠재적인 유익함은 그 중재법들의 효과성을 입증하고, 그 중재법들이 작용하는 메커니즘을 설명하기 위해 설계된 연구들에서 유래했을 것이다. 특히, 이러한 연구들은 성인들에게서 말더듬이 유지되고, 그럼으로 해서 만성적이 되는 데 사용될 수 있는 생리적 메커니즘을 우리가 이해하는 데 기여할 수 있을 것

〈표 13.1〉 말더듬 성인 및 청소년을 위한 여러 중재법들의 특징

특성	치료법			
	제14장: 캠퍼다운 프로그램	제15장: 유창성 플러스 프로그램	제16장: SpeechEasy	제17장: 약물 중재법
목표의 본질	일상적인 구어 상황에서 말더듬을 제거하거나 유의미하게 감소시키기	정서 및 태도에 최소한의 영향을 받으면서 모든 상황에서 효과적이고 효율적으로 의사소통하기	청각 피드백의 변조를 통해 일상적인 말하기 상황에서 유창성을 지원하기	유창성을 향상시키기 위한 방법으로 뇌 화학 작용을 변경하기
대상자	주로 말더듬 성인이지만, 최근에는 말더듬 청소년도 대상이 됨	주로 그 프로그램에서의 진전과 유창성의 추후 유지에 대한 책임을 기꺼이 받아들일 수 있는 말더듬 성인	성인 및 청소년, 이상적으로 이전에 말더듬을 치료받은 적이 있는 사람	성인
중재자	처음에는 언어 치료사가 개인 및 집단 활동들을 이끌어 가지만 중재의 후기 단계에서는 환자가 더 큰 책임을 진다고 가정함	언어 치료사는 환자가 자신의 치료에 중요한 역할을 하도록 하면서 점진적으로 환자에게 책임을 양도함	언어 치료사는 SpeechEasy를 착용하게 하고 대상자를 치료함; 청각사는 언어 치료사와의 협의뿐만 아니라 청력 검사와 이어몰드를 제공함	약물 사용에 대한 지식이 있는 신경과 의사 및/또는 정신과 의사; 정신과 의사는 또한 인지 행동 중재에 대한 특별한 전문 지식을 제공할 수 있음; 행동 결과를 모니터하고 행동 중재를 제공하는 언어 치료사
세션의 특성	초기 세션은 연장된 구어에서 모델링과 지도 및 유창성과 자연스러움 평가를 포함함; 후기 세션은 문제 해결 및 환자의 유지에 대한 책임을 포함함	초기의 집중적인 세션들은 인지적 재구조화 목표들과 관련된 집단 상담뿐만 아니라, 유창성 강화 행동들에 대한 매우 구조화된 연습들을 포함함; 후기 세션은 유창성 목표들을 일상적인 상황들로의 전이를 포함함	개별적인 정보 및 상담 세션	약물 중재에 대해 결정을 논의하고 신체적 및 행동적 효과에 대한 추후 모니터링을 제공하기 위한 개별 미팅
테크놀로지 요구사항	연장된 구어 녹음의 복사 및 녹음한 것을 재생하는 도구(오디오 또는 시청각 기기); 자기 평가를 위한 개인용 녹음 장치	비디오 및 오디오 녹음기와 재생 장치; 발성 바이오피드백 장치; Dr. Fluency 컴퓨터 소프트웨어	오디오 장치 자체 이외에도, 청력 검사 및 이어몰드 준비에 필요한 청각 관련 장비	중재 팀의 의료인이 잠재적인 부작용에 대한 의료적 모니터링에 사용하는 실험 장치

〈표 13.1〉 (계속)

특성	치료법			
	제14장: 캠퍼다운 프로그램	제15장: 유창성 플러스 프로그램	제16장: SpeechEasy	제17장: 약물 중재법
세션의 빈도	초기에는 매주 1회의 개별 세션을 여러 번 하고, 1회의 집중적인 집단 세션을 결합하여 사용하는 것으로 개발됨	하루에 5시간/일주일에 5일씩 3주간 집중적인 세션을 한 후에, 격주로 한 달에 한 번, 격월로 한 번 하는 것으로 전환하도록 계획된(격주에 한 번에서 한 달에 한 번, 격월에 한 번으로) 일련의 유지 세션을 11개월에 걸쳐서 실시함	최소한 2세션(한 번은 평가를 위해, 다른 한 번은 제조사의 맞춤 장치가 도착했을 때; 또한 이 장치의 사용과 함께 지속적인 행동 치료를 권고함)	기초선 및 플라시보/약물 치료 기간(8~24주) 동안에 초기에는 매주 1회 평가를 받기 위해 방문; 그 이후의 치료 및 부작용을 모니터하기 위한 추적 점검 방문
총 치료 기간	가변적임; 14장의 한 예는 치료 기간은 약 13주이고, 유지 기간 동안에 세션의 빈도를 6개월 동안에 걸쳐서 감소함	1년(3주간의 집중적인 치료와 11개월간의 비집중적인 유지 기간을 포함)	환자의 요구에 따라 가변적임; 그러나 저자들은 SpeechEasy의 장점이 그 장치를 착용할 때에만 한정될 가능성이 있으므로, 어떤 의미에서, 전체 기간은 결정할 수 없음을 제시함	환자의 요구 및 잠재적인 부작용의 위험에 따라 가변적임
치료법의 일반적 특성	환자 개인이 유창성을 확립하기 위해 연장 구어의 한 예를 모방하는 행동적 방법; 일단 유창성이 달성되면, 환자는 유창성 및 자연스러움을 달성하기 위해 자신의 구어를 수정함	여러 가지 행동적 방법이 유창성을 촉진하는 데 사용되는 반면에, 인지적 방법은 의사소통 태도를 개선하도록 돕는 데 사용됨	교육용 세션들은 환자에게 장치의 사용법과 제한점에 대한 정보를 제공함; 계속되는 행동 치료는 말을 더듬는 동안에 발성의 유지를 촉진하도록 해서 SpeechEasy가 받은 음성 신호로부터 피드백을 변경할 수 있도록 함	팀과 연관된 의사가 약물 처방과 관련한 의료적 검사 및 사례나 수집을 실시함; 언어 치료사가 적절하다고 간주할 때 행동 중재에 대한 실시와 결과를 모니터링함

이다.

이 절에 제시된 두 가지의 전통적인 중재법인 캠퍼다운 프로그램과 FPP를 검토해보면, 이 말더듬 집단에게 특히 가치 있거나 심지어 결정적으로 중요할 수도 있는 적어도 한 가지 치료 요소를 강조한다. 그 요소는 환자들이 유창성 효과의 유지에 적극적이 되도록 하는 것에 중점을 두고 있다. 비록 말더듬 성인이 치료에서 배웠던 구어 기법들을 사용하도록 상기할 필요가 있다는 것을 항상 시사하지만, 강조를 받는 개인의 편에서는 일생동안 그리고 간헐적으로 지지받는 노력이 없으면 유창성 효과의 유지는 일어나지 않을 것이라고 생각된다. 사실, 이 절에 제시된 네 가지 중재법들 모두, 필요에 따라 말더듬에 대해 잘 알고 있는 전문가들과 최소한 주기적으로 접촉해야 한다는 것을 가정하고 있다.

두 가지의 행동적 중재법들 모두는 행동 수정법의 원리들을 근거로 한 유창성 형성 기법들을 포함한다. 더욱이, FPP는 이 프로그램이 환자가 회피 행동에 대처할 뿐만 아니라, 공포와 불안을 다루도록 돕기 위해 계획된 인지 재구성하기를 포함하고 있다. 그러나 각 프로그램의 기초는 40년 이전에 말더듬 치료법으로 사용되었던 "연장된 구어"로부터 유래된 유창성 기술들을 배우는 것인 것 같다(Goldiamond, 1965; Webster & Lubker, 1968). 유창성 기술들은 성인들에게서 나타나는 만성적인 말더듬이 특징인 잘못 적응된 조건화된 긴장, 도피 및 회피 반응들을 고쳐 배우기(unlearning)보다는 말더듬을 예방하는 데 초점을 두고 있다(Guitar, 2006). 연구는 비록 일부 성인들이 유창성 기술들을 학습 및 일반화한 후에 유창성을 유지할 수 있지만, 대부분의 성인들은 그렇지 못하다는 것을 제시한다(Guirat, 1976; Guitar & Bass, 1978). 비록 유창성 기술들을 훈련한 후에 재발하는 이유들이 정확하게 알려지지 않았지만, 말더듬 경험에 대한 부적응 반응들을 고쳐 배우는 것(단지 말더듬을 예방하려고 노력하는 것보다)은 치료의 중요한 요소가 될 수 있다. 환자의 말더듬 경험에 대한 둔감화 방법으로 수의적 말더듬(voluntary stuttering) 및 다른 방법들은 설명한 두 가지 행동적 중재법들에서 유창성 기술들과 인지 재구조화에 대한 검증할 수 있고 가치 있는 부가적 요소일 것이다.

이러한 두 가지 중재법들이 가진 각각의 독특한 특성들은 또한 좀 더 광범하게 연구할 필요가 있는 여러 차이점들이 있다는 것을 제시한다. 예를 들면, 캠퍼다운 프로그램(Camperdown Program)과 관련이 있는 연구자들은 원격 의료의 형태를 이용하여 프로그램을 제공할 때 필요한 여러 가지 수정을 연구했다. 이러한 형태의 서비스 제공 방식은 지리적으로 고립된 지역이나 치료실 기반 중재법의 이점을 이용할 수 없는 성인들 사이에 치료의 매력성과 접근성을 증가시킬 것이다. 비록 원격 의료의 효율성은 아직 이러한 개념을 지지하지 못하지만, 이는 유창성 장애 영역에서 임상에 능숙한 언어 치료사가 부족한 문제를 다루는 데도 나타날 것이다(O'Brian, Packman, & Onslow, 2008).

FPP와 관련된 저자들과 말더듬에 대한 약물 중재법과 관련된 저자들은 말더듬 문제의 중요한 측면으로서 치료 시에 인지적 치료 기법들의 잠재적인 가치를 강조한다. 현재의 심리적 및 정신의학적 중재법들에서 인지 행동 치료(Beck, 1995)의 탁월성을 고려한다면, 말더듬 치료법들에 이러한 방법들을 좀 더 명확하게 통합시키는 것이 시의적절하고 가치 있는 좀 더 명확한 연구인 것 같다. 그러한 방법들은 특히 말더듬인들이 경험하는 유창성에서의 지속적인 변화를 결정적으로 방해하는 사회적 제약을 다루는 데 아주 적합한 것 같다(Guitar, 1976; Guitar & Bass, 1978).

말더듬 문제와 치료 결과들을 설명하기 위해 사용된 측정의 범위는 독자들의 열정적인 관심을 보장하는 이 절에 포함된 여러 장들의 또 다른 측면이다. 이 측정들은 말더듬에 대한 전통적인 행동 측정들(예: %SS), 말더듬에 대한 사회 및 태도적인 영향을 검사하기 위해 최근 개발된 도구들, 치료 효과, 치료의 근본적인 메커니즘, 말더듬이라는 장애 자체에 대한 연구에서 뇌 영상 기기들의 사용 등을 포함한다. 여러 측정들의 전체 범위를 포함하는 것이 여러 가지 효율적인 치료로 도움을 받는 것에 대한 포괄적인 그림을 제공함으로써뿐만 아니라, 효과적인 중재(그 중재의 표면적 특성들과 관계없이)가 어떻게 작용하는지에 대한 비평적인 통찰력을 제공함으로써 미래의 환자들과 치료사들에게 놀랄 만한 약속을 보장한다. 그러한 통찰력은 말더듬인들의 구어와 사회적인 삶에서 좀 더 빠르고 지속적인 변화를 이끌어낼 수 있는 전통적 여러 접근법들을 더욱 개선하도록 이끌 것이다. 더욱이, 그 통찰력은 논쟁이 되고 있는 여러 중재법들을 적절한 환경에서 사려 깊게 선택하는 데 있어 좀 더 엄격하게 검증되고, 더 잘 이해되고, 이용할 수 있도록 만드는 데 기여할 것이다.

제 14 장

캠퍼다운 프로그램

Sue O'Brian, Ann Packman, and Mark Onslow
(김선희 역)

도입

캠퍼다운 프로그램(Camperdown Program)은 말더듬 성인을 위한 구어 재구조화 치료법이다. "**구어 재구조화**"라는 용어는 환자에게 말더듬과 양립할 수 없는 새로운 구어 패턴을 배우도록 하는 어떤 치료법을 말한다. 구어 재구조화의 예에는 연장 구어(prolonged speech), 스무스한 구어(smooth speech), 리드믹한 구어(rhythmic speech) 등이 포함된다. 캠퍼다운 프로그램에서, 말더듬을 조절하기 위하여 사용된 치료 기법은 연장 구어이다. 연장 구어는 Goldiamond(1965)가 처음 고안했고, Webster와 Lubker(1968), Curlee와 Perkins(1969), Ryan(1971), Ingham과 Andrews(1973)가 다양한 기법들로 발전시킨 치료법과 관련이 있다.

Ingham과 Andrews(1973)의 프로그램에서, 연장 구어의 여러 형태인 부드러운 접촉(soft contacts), 부드러운 시작(gentle onsets), 계속적인 발성(continuous vocalization) 등은 임상가의 지시와 모델을 제시하는 테이프를 사용하는 것을 교육했다. 하지만 캠퍼다운 프로그램에서는 연장 구어를 여러 형태로 산출하는 법을 명확하게 설명하지 않고 교육한다. 대신에, 환자들은 "Rainbow Passage"(Fairbanks, 1960)의 첫 문장을 낭독할 때, 구어 패턴을 느리고 과장되게 보여주는 기준 비디오 혹은 오디오 시범자인 저자 Mark Onslow의 **시범**을 모방하도록 요구받는다.

전형적인 연장 구어의 예는 thePoint에서 이 장에 대한 비디오 클립 1을 참조하라.

치료실에서 말더듬 없는 구어(stutter-free speech)를 확립시키기 위한 프로그램화된 지시문은 없다. 대신에, 환자들은 과장된 연장 구어를 사용하여 말더듬을 조절하는 것을 연습한다. 그런 다음에 환자들은 좀 더 자연스러운 소리로 말하는 동안 말더듬을 조절하는 데 필요한 이 패턴의 여러 형태들 중 어떤 것이라도 사용한다.

환자와 언어 임상가가 말더듬 **심한 정도 평가(SR)** 9점 척도를 사용하면, 치료 과정에서 좀 더 전통적인 여러 말더듬 빈도 측정법을 대체하게 된다. 환자들은 첫 세션부터 말더듬 심한 정도와 **구어의 자연스러움(NAT)**에 관해 **자기 평가** 하는 법을 배운다. 이러한 기술은 이후에 환자들이 치료적 환경으로부터 일상적인 구어 상황들로 자신의 말더듬 조절을 일반화하도록 할 때 여러 가지 문제 해결 전략에서 사용된다. 이 문제 해결 전략은 공식적인 전이 과제를 대체한다.

캠퍼다운 프로그램의 목표는 일상적인 구어 상황에서 말더듬을 제거하거나 유의하게 감소시키는 것이다. 비록 첫 실험은 말더듬 성인을 대상으로 실시되었지만(O'Brian et al., 2001; 2003a), 최근에 이 프로그램은 소수의 말더듬 청소년을 대상으로도 사용되었다(Hearne, 2006). 캠퍼다운 프로그램은 초기에 매주 1회 일대일 치료 세션과 1회의 집중적인 집단 연습 세션을 결합하여 사용되었다. 그러나 이후의 실험은 원격의료 서비스 제공 모델(telehealth service delivery model)을 사용하여 매주 1회 또는 격주로 하는 세션을 했을 때 효과적인 것으로 제시되었다(O'Brian, Packman, & Onslow, 2008).

캠퍼다운 프로그램은 다음과 같은 4단계(그림 14.1)로 구성된다. 이 단계는 ① *교육하기*(이 세션에서 환자는 말더듬을 조절하기 위하여 과장된 방법으로 연장된 구어를 산출하는 방법을 배우고, 9점 척도의 SR과 NAT 척도도 사용하는 법을 배움) ② *치료실 내에서 말더듬 없는 구어 확립하기*[이 단계에서 환자들은 일관되게 수용가능한 말더듬 없는 구어(9점 척도의 NAT 평가에서 3점 이하)를 산출할 때까지 연장된 구어를 연습하고 치료실 내에서 다양한 구어 산출 패턴을 배움] ③ *문제 해결하기*(이 단계에서 환자들은 매일의 말하기 상황들에서 자신의 말더듬 없는 구어를 일반화하는 것을 돕는 전략들을 시도함) ④ *유지하기*(이 단계에서 환자들이 치료에서 얻은 성과를 유지하기 위한 책임을 가짐)이다. 이에 대한 매뉴얼[1]은 University of Sydney의 웹사이트에 있는 Australian Stuttering Research Centre에서 다운로드할 수 있다(http://www.fhs.usyd.edu.au/asrc).

캠퍼다운 프로그램의 이론적 기초

말더듬은 관찰가능한 행동, 즉 *반복된 움직임(repeated movements), 고정된 자세(fixed postures), 불필요한 행동(superfluous behaviors)*(이러한 용어들에 대한 설명은 Teeson, Packmen, & Onslow, 2003 참조)이란 견지에서 설명할 수 있다. 그러한 구어 붕괴(speech disruptions)는 정상적인 의사소통을 방해하고, 삶의 질에 심각한 영향을 미칠 수도 있다. 말더듬은 일상적인 말하기 상황에서의 단절을 초래할 수 있고, 직업을 얻거나 지속하는 데 어려움을 초래할 수도 있다(Craig & Calver, 1991; Hayhow, Cray, & Enderby, 2002). 말더듬은 사회적 불안과도 관련된 것으로 알려져 있으며, 치료를 받고자 하는 성인들의 절반은 사회 공포증(social phobia)이라는 정신 질환이 병존하는 것으로 진단받는다(Kraaimaat, Vanryckeghem, & Van Dam-Baggen, 2002; Menzies, O'Brain, Onslow, Packman, St Clare & Block, 2008).

말더듬은 구어 산출을 위한 신경 처리 과정에서의 결함이 원인이라는 증거가 있다(Buchel & Sommer, 2004). 우리는 이러한 결함이 음절을 개시하는 것과 관련된다고 주장했다(Packman,

1) 역주: 부록에 제시함.

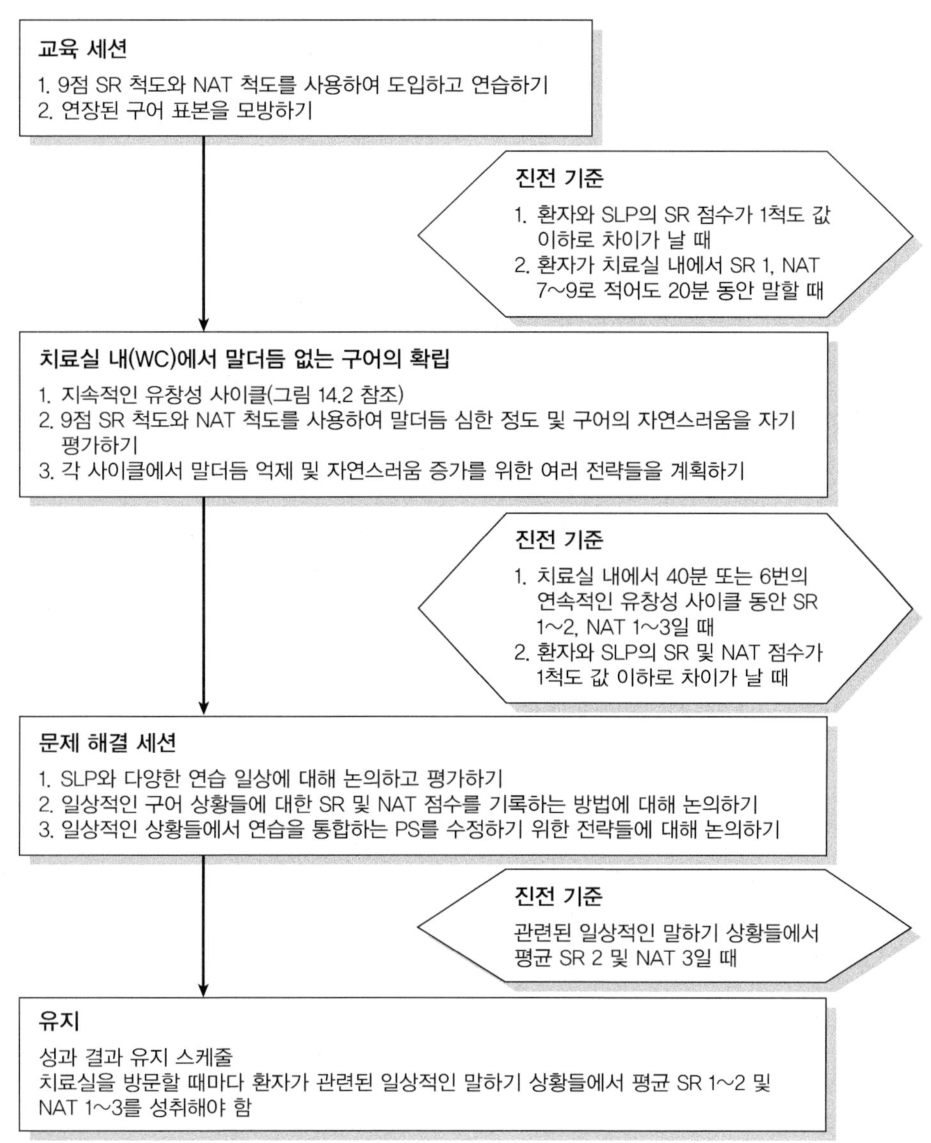

[그림 14.1] ■ 캠퍼다운 프로그램의 단계 요약

Code, & Onslow, 2007 참조). 우리의 음절 시작(syllable initiation; SI) 이론은 우리의 말더듬 작동 모델(working model of stuttering)인 가변성 모델(variability model; Vmodel)에서 발전되었다(Packman et al., 1996). SI 이론에 따르면, 말더듬은 음절에서 음절로 옮겨갈 때 가변적인 언어적(음절) 강세를 실현시켜야 하는 운동적 노력에서 나타나는 가변성에 의해 촉발된다는 것이다. 언어적 강세를 요구하는 과업들이 음절 사이에서 요구되는 노력의 변화가 가장 클 때 음절 시작에서 문제가 촉발된다. 이러한 촉발에 대한 역치(threshold)는 개인마다 다르고, 개인이 말하는 맥

락에서 자신의 각성 수준에 따라 다르다.

비록 우리가 말더듬의 원인에 대한 이론적 입장을 대략적으로 설명했지만, 우리는 캠퍼다운 프로그램이 말더듬의 원인을 제시하는 이론으로부터 개발되지 않았다는 점을 강조한다. 즉, 이 프로그램은 어느 이론으로부터 파생된 것이 아니라, 말더듬의 원인으로 여겨지는 요인들에 대한 특별한 지식에서 개인적으로 만들어진 이론이다. 사실, 캠퍼다운 프로그램은 실용주의적으로 만들어졌다. 이 프로그램에서 사용되는 거의 모든 구성요소들은 음향 실험실(sound laboratory) 혹은 임상 연구에 의해 지지를 받았다. 이 부분에 대해서는 다음 섹션에서 자세히 설명한다.

비록 전통적인 구어 재구조화 프로그램의 많은 구성요소들이 제시되었지만(아래 참조), 그 프로그램은 절차들을 하나로 묶은 패키지이고, 그 프로그램을 작성한 시점에서 우리는 어느 구성요소가 그 프로그램의 효용성을 위해 꼭 필요한 요소인지를 몰랐다. 여러 구성요소를 결합시켰기 때문에 치료 효과가 나타난 것 같고, 어느 구성요소가 필수적인지를 확인하려면 주의 깊고 통제된 연구가 필요하다.

캠퍼다운 프로그램의 목표들은 일상의 구어 상황에서 자연스럽게 말하는 말더듬 없는 구어를 습득하는 것이고, 이것을 가능한 한 오랫동안 유지하도록 환자들을 돕는 것이다. 이러한 목표를 이루기 위해, 환자는 연장 구어를 사용하여 자신의 구어를 재구조화하고, 자연스럽게 말하는 구어를 형성하고, 그 후에 말더듬의 심한 정도와 구어의 자연스러움에 대해 자기 모니터링을 하면서 이러한 구어를 일반화하는 것을 배운다. 이렇게 자기 관리(self-managed)를 하도록 하는 절차들을 사용하여 궁극적으로는 환자 자신의 진전에 대해서는 환자의 책임이라는 생각을 일관되게 가져야 한다.

구어 재구조화가 나타날 때처럼, 단순히 말더듬 없는 구어를 달성하면 많은 말더듬인이 경험하는 말하기에 대한 부정적 태도 및 회피에 초점을 두지 않는다고 오랫동안 주장되어 왔다. 우리가 실시한 연구(Cream et al., 2003)에서 성인들은 연장 구어를 사용하여 말더듬을 조절할 수 있지만, 그들의 일상생활에서 이러한 조절을 유지하기가 어렵다는 것이 밝혀졌다. 그것을 실행하기가 어려울 뿐만 아니라, 말더듬 개인이 연장 구어를 사용할 때 자신이 진정한 자신이 아닌 것으로 느낄 수도 있다. 말더듬인은 말더듬을 효과적으로 조절하고 있을 때조차도, 자신을 여전히 정상적인 유창한 화자와는 다르다고 느낄 수 있다. 또한 많은 말더듬인이 사회적 불안으로 고통을 받기 때문에, 말하는 것에 대한 부정적 태도는 치료를 받고 있는 사람에게 중요한 이슈일 것이다.

캠퍼다운 프로그램은 부정적 태도 및 감정을 줄이는 것을 직접적인 목표로 하지 않지만, 이 프로그램의 문제 해결 단계에서 이러한 점을 고려한다. 문제 해결 단계에서, 환자와 SLP는 함께 환자가 일상의 상황에서 연장 구어의 효과적인 사용을 최대화할 수 있는 다양한 방법들을 찾아본다. 사회적 불안이 심각한 문제일 때, 우리는 환자에게 인지 행동 치료를 시도해볼 것을 권유한다(McColl et al., 2001 참조).

캠퍼다운 프로그램의 사용에 대한 실험적 기초

이 절에서는 두 가지 형태의 증거, 즉 ① 치료 과정을 지지하는 증거, ② 프로그램 자체에 대한 효과성의 증거를 제시한다.

치료 과정에 관한 증거

캠퍼다운 프로그램은 전통적인 연장 구어 프로그램이 계획한 여러 기본 가정들 중 일부에 의문을 품고 실시한 실험 연구 결과에 따라 개발되었다. 이러한 연구의 첫 걸음은 Harrison 등(1998)이 실시한 연구였는데, Harrison 등의 연구는 확립 국면(instatement phase)의 강도를 하루에 12시간 동안의 1회로 감소하고, 전이 국면(transfer phase)을 모두 생략하여 임상실에서 연장 구어를 통해 얻은 성공적인 결과를 보고했다. 이전에 연구된 연장 구어 프로그램들(Boberg & Kully, 1985; 1994; Ingham, 1987; Neilson & Andrews, 1993; Onslow et al., 1996)은 기숙제(residential) 요소를 포함하여 훨씬 더 오랜 기간 동안(전형적으로 2~3주 동안의 집중적인 임상실 출석) 실시되어 왔다. 또한 대부분의 프로그램은 공식적인 전이 과제(예: 위계에 따른 과제에 대해 사전 결정된 표준 시리즈의 많은 평가를 통해 수행-결과 진전)를 통합했다. 좀 더 단축된 프로그램(Harrison et al., 1998)과 좀 더 정밀한 프로그램(Onslow et al., 1996) 수행에 대한 결과 비교는 표 14.1에 제시했다.

Harrison 등(1998)의 연구 결과는 공식적인 전이 단계 혹은 좀 더 긴 확립(instatement) 기간을 유지할 필요가 있는지에 대한 의문을 갖고, 특히 환자와 SLP 모두가 나중에 소비하게 될 시간과 자원이란 측면에서 여러 근거들을 제시했다. 또한 모든 연장 구어 치료의 궁극적인 목표가 환자가 치료실 밖의 일상적인 말하기 상황에서 말더듬 없이 말하게 하는 것이라면, 전이 단계 또는 긴 확립 단계는 장기간 동안 환자를 실제 상황에서 고립시키는 것으로 여겨진다. 이러한 결정은 James 등(1989)의 연구로 지지받았다. James 등(1989)은 하루 8시간의 집중적인 치료와 비교하여 매주 2회의 2시간 세션이 동일한 효과를 나타내는 것을 입증했다.

전통적인 연장 구어 치료 과정에 관한 두 번째 관심은 조작화(operationalization)의 문제이다(Ingham, 1984). 연장 구어의 특징들(부드러운 접촉, 가벼운 시작 등) 중 어떠한 것도 조작적으로 정의되지 않았다. 더욱이, SLP들이 연장 구어의 표적 행동들을 신뢰성 있게 확인할 수 없었다는 증거가 있다(Onslow & O'Brian, 1998). Onslow와 O'Brian(1998)의 연구는 숙련된 SLP가 표적 연장 구어 행동들(특히, 부드러운 접촉, 가벼운 시

〈표 14.1〉 Onslow 등(1996)과 Harrison 등(1988)의 연구 결과 비교

	치료 후 평균 %SS	치료 후 평균 %SS 감소	치료 시간
Onslow 등(1996)	0.57	96.5	130
Harrison 등(1998)	0.38	93.7	24

작, 지속적인 발성 등)의 존재 유무와 정확성에 대한 그 신뢰도를 연구했다. SLP들에게 연장 구어를 사용하는 참가자들의 비디오 샘플을 시청하게 하고, ① 이 참가자들이 부드러운 접촉, 가벼운 시작, 지속적인 발성 등을 사용했는지의 여부, ② 만약 이것들을 전부 사용했다면, 참가자들이 이러한 표적 행동을 정확하게 사용했는지의 여부를 결정하도록 했다. Onslow와 O'Brain(1998)은 이 참가자들에게서 연장 구어의 표적 행동을 정확하게 사용했는지를 확인하려고 시도할 때 SLP들의 의견이 일치하지 않았으며, 심지어 표적 구어 행동들이 참가자의 구어에서 나타났는지 아닌지조차도 신뢰성 있게 판단할 수 없었다고 보고했다. 이러한 결과는 그 프로그램으로 치료를 하는 동안에 SLP들이 아마 연장 구어 표적 행동에 대해 환자에게 일관성 없는 피드백을 제공했을 것이라는 사실을 제시한다. 그러므로 이 연구에서 표적 행동들을 가르치는 것이 치료의 효과를 위해 필수적인 것은 아닌 것 같다.

연장 구어 치료법들의 또 다른 가정은 이 구어 패턴의 모든 구성요소들이 말더듬의 효과적인 조절을 위해서는 필수적이라는 것이다. 이전의 여러 프로그램들에서는 환자들이 연장된 구어로 실험할 기회가 거의 없었고, 자신의 더듬는 구어를 조절하는 데 필요한 구어 패턴의 특징들만을 사용했다. Packman, Onslow, van Doorn(1994)이 실시한 실험 연구에서는 참가자들이 연장된 구어를 자신의 말더듬을 조절하기 위해 사용하지만 어떻게 사용해야 하는지에 대해서 교육을 받지 않았을 때 참가자들의 구어 패턴에서 일어난 변화들을 조사했다. 말더듬에 대해 치료를 받은 적이 없는 세 명의 참가자들은, 분당 약 40음절(SPM; syllables per minute)로 구어를 연장하라고 교육을 받은 후, 말더듬을 조절하기 위해 필요한 구어 패턴의 특징들은 무엇이라도 사용하도록 지시받았다. 이 연구에서 모든 참가자들이 0에 가까운 말더듬 평가를 받았고, 그들의 구어에 대한 그 후의 음향학적 분석 결과는 세 참가자들 모두에게서 다른 구어 패턴의 변화를 나타내었다. 이 데이터는 말더듬인이 연장 구어 패턴의 여러 특징들 중 어느 것만을 선택하여 사용해도 이득을 얻을 수 있음을 제시했다.

Packman 등(1994)의 연구도 치료실에서 말더듬 없는 구어를 확립하기 위해 프로그램화된 교육의 필요성에 대한 의문을 갖게 했다. 전통적인 프로그램들에서 환자는 느리고 부자연스러운 수준에서 연장된 구어를 배운 다음, 목표 속도 또는 자연스러움 수준에 도달할 때까지 구어 속도 또는 구어 자연스러움 기준 중 하나를 충족시키는 여러 단계를 통해 체계적으로 진행한다. 그러나 Packman 등(1994)의 연구에서 참가자들은 이러한 여러 단계를 거치지 않았음에도 불구하고 자연스럽게 말하는 말더듬 없는 구어에 도달했다. 이 참가자들은 매우 느린 연장 구어를 단지 경험하고 연습하는 것만으로도 말더듬 감소를 성취했다.

마지막으로, 전통적인 연장 구어 프로그램은 환자가 프로그램의 여러 단계를 통과하도록 하기 위해서 임상가가 각 말더듬의 순간을 확인하는 것을 필요로 했다. 하지만 연구 결과는 비록 SLP가 데이터에서 믿을 수 있을 정도의 범위에 있지만, 샘플에서 말더듬의 수나 위치에 대해 만족할 만한 수준으로 일치하지 않는 것을 나타낸다(Curlee, 1981; Ingham & Cordes, 1992; 1997; Kully & Boberg, 1988; Packman & Onslow,

1955). 다행스럽게도, 말더듬 심한 정도를 평가하는 절차들을 사용하면, 훈련을 제한적으로 받았거나 전혀 훈련을 받지 않은 사람이라도 신뢰할 수 있을 정도로 측정할 수 있다는 증거가 많다(Cullinan & Prather, 1968; Eve et al., 1995; Martin & Haroldson, 1992; Onslow, Andrews, & Costa, 1990; Yairi & Ambrose, 1999). 그러한 증거는 또한 말더듬 성인이 같은 평가 척도를 사용하여 자신의 말더듬 심한 정도를 신뢰할 수 있을 정도로 자기 평가할 수 있다는 것을 제시한다(Aron, 1967; Naylor, 1953).

요약하면, 캠퍼다운 프로그램에서 사용된 절차들은 임상 실험 전의 증거와 국면 I 및 국면 II의 임상 실험에서 얻은 증거를 결합시킨 것을 참고하여 개발되었다(Harrison et al., 1998; James et al., 1989; Onslow & O'Brain, 1998; Packman et al. 1994). 국면 I 임상 실험은 소수의 참가자들을 대상으로 새로운 치료법의 가능성을 보고자 실시한 예비 연구이다. 그러한 임상 실험에서 일차적으로 고려한 것은 그 치료법을 사용했을 때 기본적인 안정성의 문제와 그 치료법이 환자와 서비스 제공자의 관점에서 실행가능한가에 관한 문제이다. 국면 II 임상 실험은 보통 좀 더 많은 피험자를 대상으로 실시하여, 얼마나 많은 참가자들이 그 치료법에 반응할 것인지에 관한 추정을 일차적으로 확립하는 것이다. 이전에 언급한 실험으로 실시한 연구는 다음의 요소들이 연장 구어 치료 프로그램에서 말더듬 없는 구어를 성공적으로 확립하는 데 꼭 필요한 요소가 아닐 수도 있다는 것을 제시한다.

1. 여러 날의 집중적인 치료 형식
2. 획일화되고, 처방적인 연장 구어 패턴
3. 프로그램화된 지도
4. 공식적인 전이 절차
5. 실시간으로 말더듬을 계수하기

따라서 캠퍼다운 프로그램의 첫 번째 임상 실험은 이러한 절차들을 어느 것도 포함시키지 않았다.

효용성의 증거

캠퍼다운 프로그램의 효과를 밝히기 위한 6개의 임상 실험이 있다(O'Brian et al., 2001; 2003a; Hearne, 2008; O'Brian, Packman, & Onslow, 2008; Cocomazzo, 2009; Carey et al., 2010). 이 프로그램의 효과를 밝히는 가장 강력한 증거는 4개의 국면 II의 임상 실험에서 나왔다(O'Brian et al., 2003a; Packman, & Onslow, 2008; Cocomazzo, 2009; Carey et al., 2010). 다른 두 개의 실험은 국면 I에 대한 사례 연구이다. 이 연구들을 그 치료법이 조직적인 단계들을 통하여 어떻게 개발되었는지를 나타내기 위해 연대순으로 제시한다.

캠퍼다운 프로그램에 대해 처음 발표된 연구(O'Brian et al., 2001)는 캠퍼다운 프로그램의 유지 단계에 도달한 처음 3명의 참가자로부터 얻은 예비 조사 데이터를 보고한 국면 I 실험이었다. 이 참가자 3명은 연령이 32세, 37세, 51세인 남자였고, 시드니 인근 병원 치료실의 대기자 명단을 통하여 모집했다. 참가자 2명은 8년 전과 24년 전에 말더듬 치료를 받은 적이 있지만, 세 번째 참가자는 치료를 받은 적이 없었다. 이 연구는 치료실 안팎에서 3명의 참가자 모두 유의한 말더듬 감소를 보였으므로 캠퍼다운 프로그램이 이러한 참가자들에게 매우 효과적이라는 것을 제시했다. 각 참가자에 대한 더듬은 음절 비율(%SS)의 치료 전과 치료 후의 평균 점수는 각각 6.1%와 0.5%(참가자 1), 5.4%와 0.6%(참가자 2), 10.4%와 1.0%(참가자 3)였다. 이러한 결과는 구어 속도나 구어 자연스러움과 관련된 감소가 아닌 평균 18시간의 치료 시간 내에 달성되었다. 각 참가자의 치료 후 샘플에 대한 평균 NAT 점수는 평균 1~3의 범위였는데, 이는 정상적으로 유창한 화자의 범위 내에 있는 것이다. 그들은 감소된 말더듬의 수준을 10~13개월 동안 유지했다. 이러한 긍정적인 연구 결과는 많은 수의 참가자들을 대상으로 하는 실험을 추가적으로 연구할 필요가 있음을 나타낸다.

두 번째로 발표된 O'Brian 등(2003a)의 연구는 17~58세의 성인 참가자 30명을 대상으로 국면 II 실험에 관한 결과를 보고했다. 프로그램 시작 2주 전에 치료 전 평가를 실시했다. 치료 후 평가는 유지 단계 시작 직후, 유지 단계 시작 6개월과 12개월 후에 실시했다. 각각의 평가에서, 참가자들은 치료실 밖의 세 가지 상황(가족 구성원과의 대화, 친구와의 대화, 전화상의 대화)에서 자신의 구어를 휴대용 테이프 녹음기로 녹음했다. 결과는 분당 음절수(SPM)에서 %SS와 구어 속도로 측정했다. 이러한 결과는 관찰자가 개별적으로 수집했다. 이러한 측정 결과의 검사자간 신뢰도 및 검사자내 신뢰도는 수용할 만한 수준이었다. %SS에 대한 검사자내 신뢰도와 검사자간 신뢰도는 각각 1.0과 0.99였고, SPM에 대한 신뢰도는 각각 0.99와 0.93이었다. 구어 자연스러움도 9점 척도(Martin, Haroldson, & Triden, 1984)로 평가하여, 연령(±2)과 성별을 맞춘 정상적으로 유창한 통제 집단의 점수와 비교했다. 이 연구에서 사용된 2개의 추가적인 결과 측정들은 환자의 자기 보고 데이터와 사회적 수용도(social validity) 데이터였다. 자기 보고 데이터는 일일 평균 말더듬 심한 정도와 구어 자연스러움 평가, 환자 자신의 구어에 대한 만족도, 연장된 구어에 대한 사용과 느낌 등에 대한 정보를 알아보고자 하는 것으로, 유지 단계를 시작한 후 3~6개월에 참가자들에게 제공했다. 마지막으로, 참가자의 치료 후 구어에 대한 사회적 수용도는 참가자들의 치료 전 구어와 치료 후 구어를 비교하고, 참가자들의 치료 후 구어와 통제 집단의 구어를 비교, 평가했다. 비전문가 청자들에게 한 쌍의 구어 샘플을 제공하고 어떤 것이 듣기에 더 편안한지를 선택하도록 지시했다(청자 편안함에 대한 설명은 O'Brian et al., 2003b 참조).

O'Brain 등(2003a)의 연구 결과에서는 유지 단계에 도달하기 위해 참가자들에게 필요한 평균 시간이 20시간(범위: 13~29시간)인 것으로 나타났다. 유지 단계에서 그 집단의 평균은 0.4%SS[표준편차(SD) = 0.6%]이었고, 치료 후 12개월경에는 0.4%SS(SD = 0.6%)를 유지했다. 그 집단 참가자들의 50% 이상에 대한 구어 자연스러움 점수도 역시 통제 집단의 점수와 1점 이내에 있었다. 자기 보고는 크게 믿을 만한 것은 아니지만, 이 결과는 일반적으로 자기 보고에 의해 확인되었다. 이 연구의 가장 큰 문제점은 치료 과정 동안에 참가자가 약 30% 정도 중도탈락을 보였다는 것인데, 이 수치는 연장 구어에 대한 선행 연구와 비교하여 개선된 수치였다(Onslow et al., 1996). 치료를 중단한 이유로는 이사, 이직, 연장 구어를 불편해 함, 프로그램의 요구사항을 충족시키지 못함 등

이 있었다. 안타깝게도, 참가자 1명은 유지 기간 도중에 사망했다. 그렇지 않았다면, 이 임상 실험은 그 치료법의 효용성에 대해 강력한 증거를 제시했을 것이다.

캠퍼다운 프로그램을 성인에게 실시할 때 효과가 있었으므로 말더듬 청소년에게도 이 프로그램의 적용이 가능한지를 알아보려는 시도 연구가 촉진되었다. Hearne 등(2008)은 캠퍼다운 프로그램을 13, 14, 16세인 세 명의 남자 청소년에게 사용한 결과를 발표했다. 이 청소년들은 임상가와의 개별 세션 동안에 임상가의 시범을 통해 연장 구어 기법을 사용하는 것을 배울 수 있었으나, 일상 상황에서 그 기법을 사용하는 것을 일반 성인 환자들보다 더 많이 거부했다. 평가는 치료 전, 집중 치료 시작 1개월 후, 유지 단계를 시작할 때, 집중 치료 시작 6개월, 12개월 후에 실시했다. 각 평가에서, 참가자들에게 낯선 사람들과의 10분간 전화를 2회 하도록 요구했다. 이 대화를 테이프에 녹음했고, 관찰자들(이 연구와 관련 없고, 각 참가자들과 사전 및 사후 상태에 대해서는 모르는 두 명의 숙련된 SLP)이 %SS를 측정했다. 앞에서 설명한 9점 척도를 사용하여, 일일 치료 SR 점수도 수집했다. 이들의 자기 보고 SR 평가는 객관적인 %SS 점수로 추적되어, 데이터의 표면적인 신뢰성을 높였다.

이들 참가자 3명 각각이 서로 다른 결과를 얻었는데, 참가자 한 명은 성공적으로 유지했고, 다른 참가자 한 명은 말더듬이 재발한 후 유지하는 동안에 포기했고, 마지막 참가자는 치료 도중에 포기했다. 최고의 결과는 가장 나이 많은 청소년이 성취했고, 최악의 결과는 2명의 어린 청소년에게서 관찰되었다. 이러한 최악의 결과는 캠퍼다운 프로그램 중 문제 해결 구성요소가 어린 청소년이 다루기에는 너무 어렵거나 너무 많은 노력을 필요로 한다는 데서 비롯된 것으로 생각되었다. 데이터가 제한적이어서 결론을 도출해 내기는 어렵지만, 3명의 청소년 중 2명이 단기간에 치료실 안팎 모두에서 성공적으로 말더듬을 감소시킬 수 있다는 사실은 이 연령 집단에게도 캠퍼다운 프로그램의 단계 II 실험을 정당화하기에 충분한 증거를 제공한다.

비록 캠퍼다운 프로그램이 성인의 말더듬 감소에 효과적이라고 밝혀졌지만, 많은 호주 사람들은 지역적인 거리와 생활 방식 요인으로 인해 이 치료법에 접근하는 것이 불가능하다. 따라서 그 다음 실시된 연구(O'Brian, Packman, & Onslow, 2008)는 원격의료 서비스 제공 모델을 통하여 제공된 프로그램의 실행가능성을 알아보기 위해 계획된 국면 II 실험이었다. 이 임상 실험은 거리와 생활 방식 요인의 복합적인 이유로 치료실 치료 세션에 참가할 수 없었던, 22~48세의 성인 환자 10명의 결과를 평가하는 것이었다. 이 참가자들은 모두 원래의 프로그램을 수정한 방식을 경험했는데, 서면과 오디오 혹은 시청각 매체를 사용하여 가정에서 치료의 구성요소들을 혼자 수행했고, SLP가 전화를 통하여 각 세션을 실시했다. 원래 프로그램의 일반적인 개념을 유지하되, 이메일 서신과 전화 상담을 결합하여 치료를 실시했다. 어느 참가자들도 평가나 치료를 받기 위해 치료실에 방문한 적이 없었다. 집중 집단 치료를 받는 날을 제공했으며, 확립 단계는 가정에서 완료했다. 처음에는 SLP가 참가자들에게 전화를 통하여 유창성 사이클을 수행하는 방법을 가르쳤으며, 그 후에는 전화를 통하여 필요할 경우에 도움을 지원했다. 하지만 이 단계의 치료 대부분은 참가자들이 개별적으로 수행했다.

이 임상 실험에 대한 결과 평가는 치료 직전, 치료 직후, 치료 6개월 후에 실시했다. 각 평가에서, 전화 통화를 통해 3개의 10분짜리 오디오 녹음을 수집했는데, 하나는 SLP에게 말하는 것이고, 두 개는 낯선 사람에게 말하는 것이었다. 각 전화 통화는 환자에게 미리 알려주지 않은 시간에 치료실에서 전화를 걸었다. 참가자들은 집, 직장, 다니는 대학교, 친구나 친척 집, 혹은 일상 환경에서 전화를 받았다. 자기 보고식 말더듬 SR 점수도 ① 평가를 한 그 주간 동안에 매일 대표적인 SR 점수와 가장 심했던 SR 점수, ② 환자가 대표적인 일상으로 선택한 5가지 상황에 대한 대표적인 SR 점수(이러한 상황 중 한 가지는 어려운 상황으로 여겨져야 함)를 통해 얻어졌다. 이러한 상황에는 가족 구성원에게 말하기, 직장 환경에서 말하기, 음식이나 음료수 주문하기, 대학 강의시간에 말하기, 직장에서 상사에게 말하기 등이 포함되었다.

일차적인 종속변인 측정은 %SS와 SPM이었다. 전화 통화로 샘플을 수집했고, 연구와 관련 없고, 참가자들의 사전 및 사후 치료 상태에 대해서는 모르는 SLP들이 평가했다. 이차적인 측정은 NAT와 자기 보고식 말더듬 SR 점수였다. 연구 결과, 집단 전체가 치료 전에서 치료 직후에 말더듬이 82% 감소했고, 치료 전에서 치료받은 6개월 후 사이에 말더듬이 74% 감소한 것으로 나타났다. 이 두 결과는 자기 보고 데이터로 확인되었다. 치료 전 샘플보다 치료 직후의 샘플에서 모든 참가자들의 구어 속도가 증가했는데, 집단 평균은 184SPM에서 228SPM으로 증가했다. 집단의 절반 이상이 치료 후에 말을 더듬지 않는 화자들 범위 내에 있는 NAT 점수를 성취했다. 이 연구의 장점은 말더듬 측정 결과에 대한 신뢰성, 결과 측정이 치료와는 독립적이라는 사실, 모든 참가자들이 실험기간 내내 참여했다는 사실 등이다. 이 연구의 가장 문제시되는 측면은 2~3명의 참가자들이 치료 6개월 후 평가에서 말더듬이 경미한 증가를 보였다는 점이다. 가장 유의하게 재발을 나타낸 참가자는 치료 개선 효과가 치료 6개월 후 82%에서 56%로 감소되었다. 그러나 이 연구는 캠퍼다운 프로그램의 원격의료 제공 모델의 실행가능성을 확인해준 연구이다. 최근에 이 원격의료 형태와 표준 치료 형태를 비교한 무작위 대조군 실험(Carey et al., 2010)에서 원격의료 치료를 통해 개선되었다는 결과를 보고했다. 치료 시작 9개월 후에 평가한 40명의 참가자들로부터 얻은 결과는 두 집단 모두에서 말더듬에 유의한 감소를 나타내었고, 두 집단 사이에 %SS 결과에 차이가 없음을 나타내었다. 그 치료 효과는 12개월 추적 점검 기간 동안에 유지되었다. 원격치료를 받은 집단은 임상가의 시간이란 측면에서 더 효율적이었는데 표준 치료를 받은 집단보다 평균 약 4시간 더 적은 시간이 요구되었다.

마지막으로, Cocomazzo(2009)는 호주 멜버른에 있는 La Trobe University의 La Trobe Communication Clinic에서 실시한 캠퍼다운 프로그램의 학생 실시용 버전을 보고했다. 참가자들은 12명의 성인(21~47세의 연령)으로 SLP 2명의 감독하에 언어 치료학과에 재학 중인 4학년 학생 24명에게 치료를 받았다. La Trobe 대학의 학기 중에 실시될 수 있도록 하기 위해 원래 프로그램의 구조를 수정했다. 이것은 각 참가자가 개인적인 진전 정도와 관계없이 표준 20시간 프로그램으로 치료를 받았음을 의미한다.

결과 측정을 목적으로 하는 평가는 프로그램을 시작하기 전, 프로그램 완료 직후, 치료 종료 12개월 후에 실시했다. 각 평가에서, 치료실에서 10분간의 비디오 녹화 1개와 치료실 밖에서 10분간의 녹음 2개를 사용했다. 프로그램에 대한 학생 치료사의 보고와 더불어 참가자로부터 자기 평가도 수집했다.

일차적인 종속변인 측정은 %SS와 SPM이었다. 구어 속도에서는 전혀 감소가 없는 상태에서, 치료 직전부터 치료 직후까지 말더듬 빈도가 86% 감소했고, 치료 직전부터 치료 후 12개월경까지 말더듬 빈도가 56% 감소했다. 안타깝게도, 2명의 참가자는 치료 후 12개월경 사후 평가에서 재발된 것으로 나타났다. 이러한 결과는 일반적으로 참가자의 자기 보고를 통해 확인되었다. 이 연구의 장점은 그 치료법이 개발되었던 장소에서 임상감독자의 지도하에 있는 학생 SLP가 독립적으로 실시했다는 점이다.

요약하면, 성인 참여자에게 여러 치료 형식으로 캠퍼다운 프로그램을 실시하여 얻은 효과성에 관해 상당히 많은 증거가 있다. 또한 나이든 청소년을 대상으로 한 캠퍼다운 프로그램의 효과성에 대해서도 몇 가지 증거가 있다. 더욱이 이러한 데이터를 강화하기 위하여 그 프로그램의 장기적 효과에 대한 증거와 개별적인 장소에서도 똑같이 실시한 것에 대한 증거가 필요하다.

캠퍼다운 프로그램의 실제적인 요구사항

캠퍼다운 프로그램(O'Brian et al., 2003a)을 집단치료의 형식으로 실시한 첫 실험에는 SLP 3명과 몇몇 장비들이 필요했다. 그러나 일단 환자들이 이 과정에 익숙하게 되면, SLP 1명이 이러한 피드백을 줄 수 있다. 이 시나리오에서, 환자들은 원격의료를 통한 시도 치료(O'Brian et al., 2008)에서 실시했을 때처럼 동일한 방식으로 이 치료법을 실시할 때 많은 책임을 가지게 된다. 집단 치료의 형식으로 이 프로그램을 실시할 때에는 SLP와 환자들을 수용하기에 충분히 큰 방도 필요하다.

서비스 전달 모델과 상관없이, 이 프로그램에 필요한 필수적 장비는 연장 구어의 샘플 녹음자료 복사본 및 그것을 재생할 수 있는 도구, 관련된 녹취자료, 구어 녹음 장비, 이 프로그램을 진행하는 동안 환자의 진전을 기록하기 위한 도구 등이다. 견본 녹음자료는 견본에 대한 시청각 버전이거나 오디오 버전이 있을 수 있다. SLP와 환자에게 이용가능한 장비에 따라 치료실에 컴퓨터, TV 모니터, 녹음기, 기타 현대식 디지털 매체 등이 있을 수도 있다. 컴퓨터 버전의 장점은 항상 테이프 되감기를 할 필요가 없이 확실하게 즉각적인 접근이 가능하다는 것이다. 환자는 견본을 치료실 밖에서 재생하고 청취하기 위하여 오디오나 시·청각 형태로 다른 녹음 장치(예: MP3 녹음기, 휴대용 전화기)에 종종 옮긴다. 견본 텍스트는 시각장애인용으로 기록된 것도 있고, 특히 빨리 기억하지 못하는 환자들을 위해서 제공할 수도 있다. 또한 환자들이 자기 평가의 목적으로 자신의 말을 녹음하고 들을 수 있기 위해서 개인용 구어 녹음 장비도 필요하다. 환자는 가능할 때 치료실 밖에서 여러 상황을 녹음하고 연습하기 위하여 그러한 장비가 필요하다. 또, 환자는 이러한 목적으로 광범위한 현대식 테크놀로지를 찾아왔다. 여전히, SLP는 환경에 따라 환자에게 작은 휴대용 테이프 녹음기를 빌려줄 수도 있다. 단순한 지필 기록 형태는 보통 이 치료 프로그램의 모든 단계에서 진전을 기록하는 데 충분하다. 보통 환자가 말더듬 없는 구어를 확립할 때 SR 점수와 NAT 점수를 나타내는 데 개별적인 도표를 최적으로 사용한다(부록 14.1 참조). 환자가 점수를 쉽게 볼 수 있는 이 방식은 문제 해결 전략을 계획할 때 이전의 사이클을 거쳐 점수를 훑어볼 수 있게 한다. 환자에게 매주 특정 상황에 대한 일일 SR 점수와 NAT 점수를 기록하도록 요구한다. 보통 일지 수첩이 이러한 목적에 적합하다. 이 프로그램을 작동하는 데 기타 다른 장비는 필요하지 않다. 여러 말더듬 빈도 측정법과 표적 속도를 이용한 프로그램화된 지시사항이 이 프로그램을 실시하는 동안에 제공되기 때문에, 속도를 재는 기계는 필요하지 않다.

캠퍼다운 프로그램의 절차는 제한적인 공식적 훈련을 받은 SLP들이 실시할 수 있도록 계획되었다. 예를 들면, 녹화된 샘플을 보고 연장 구어를 가르친다는 것은 SLP가 연장 구어를 능숙하게 사용할 필요가 없고, 단지 환자가 그 샘플을 얼마나 표본과 가깝게 산출하는지에 대해 피드백만 준다는 것을 의미한다. SR 척도의 사용을 전혀 훈련받지 않았거나 이전에 그 척도를 거의 다루어본 적이 없는 관찰자들의 집단에 의해 수용가능한 신뢰도가 일관성 있게 얻어졌다는 연구 결과가 있다(Cullinan, Prather, & Williams, 1963; Curran & Hood, 1977; Eve et al., 1995; Lewis & Sherman, 1951; Sherman, 1952; 1955; Young, 1961; 1969). 마지막으로, Ingham 등(1985), Ingham, Gow, Costello(1985), Ingham 등(1984)은 모두 Martin, Haroldson, Triden(1984) 등이 개발한 자연스러움 척도를 SLP와 훈련받지 않은 환자가 신뢰할 정도로 사용할 수 있다고 보고했다. 따라서 이 프로그램을 실시할 수 있는 SLP에게는 훈련이 거의 필요하지 않은 것 같다. Cocomazo(2009) 연구에 참가한 학생 SLP들이 이 프로그램을 성공적으로 실시했다는 사실은 훈련이 거의 필요하지 않다는 것을 제시한다.

소요되는 시간이라는 견지에서 캠퍼다운 프로그램의 유지 단계에 도달하는 데 걸리는 시간의 양은 개인마다 다르다. 그러나 평균 시간은 약 20시간이다(O'Brian et al., 2003a). 이 프로그램이 개별적으로 실시되는 경우에, SLP의 시간은 환자당 평균 14~15시간으로 줄어든다. 그 이유는 환자가 가정에서 실시하는 것을 요구하는 양이 환자가 일상적인 치료실 방문 동안에 "반복 연습(drill work)"을 요구하는 양보다 더 많기 때문이다. 표준 서비스 제공 모델(standard service delivery models)에서는 SLP가 외부에서 환자와의 일대일 대면 접촉을 요구하는 시간이 거의 없다.

접근법의 핵심 요소

캠퍼다운 프로그램은 4단계(*교육 세션, 치료실 내에서 말더듬 없는 구어의 확립, 문제 해결 세션, 유지*)로 구성된다. 이러한 단계는 일차적인 구어 목표 및 기준(다음 섹션에서 설명)과 함께, 그림 14.1에 제시했다. 캠퍼다운 프로그램은 전통적으로 매주 1회의 개별 세션과 집중적인 집단 대면 세션의 결합, 혹은 전화와 치료실 밖에서 환자가 스스로 수행하는 과제로 이루어지는 장거리 중재 프로그램으로 실시할 수 있다. 형식과 상관없이,

이 프로그램의 기본적인 개념과 4단계는 주로 바뀌지 않고 남아 있으며, 각 단계를 위한 목표도 그렇다.

단계 I: 교육 세션

이 단계에서, 환자는 ① 9점 SR 척도를 사용하여 자신의 말더듬 심한 정도를 평가하기, ② 표본을 모방하여 연장 구어 패턴을 산출하기, ③ 9점 NAT 척도를 사용하여 자신의 구어 자연스러움을 변화시키고 평가하기 등을 배운다.

1. 말더듬 빈도를 측정하는 대신에 치료실 안팎 모두에서 SLP와 환자가 9점 SR 척도를 사용한다. 이 척도에서 1 = 말더듬 없음, 2 = 매우 경미한 말더듬, 9 = 매우 심한 말더듬을 나타낸다. 환자는 첫 번째 치료실 내원 시에 이 척도를 사용하는 것을 배운다. 처음 몇 번의 치료실 내원에 걸쳐서 환자와 SLP 간의 일치도를 확립한다. 치료실 안팎에서 수집한 짧은 구어 샘플로 평가한 것을 신뢰할 수 있는 일치도를 보일 때까지 매주 비교하고 토의한다. "신뢰할 수 있는 일치도"란 환자와 SLP가 매긴 SR 점수가 1척도 값 이내로밖에 차이가 나지 않는 것이라고 조작적으로 정의한다. 이 단계에서, 환자는 매일 대표적인 SR 점수와 가끔 가장 심한 SR 점수를 그래프로 표시하는 것도 연습한다.
2. 신뢰할 수 있는 일치도에 도달했을 때, 환자에게 자신의 일상에서 적어도 어렵게 여겨지는 한 개 상황을 포함하여, 다섯 개의 대표적인 상황들을 선택하도록 요구한다. 그 상황들에는 가족 구성원과의 대화, 직장 환경에서의 대화, 친구들과 술을 마시는 상황, 음식 주문하기, 대학교 개인 지도 시간에서 말하기, 직장 상사와 말하기 등이 있다. 환자는 나중에 그 프로그램의 후반에 실시한 SR 측정과의 비교를 위해 그 상황에 대한 *전형적인* 치료 전 SR 점수를 기록한다.

비디오 클립 2는 임상가가 환자에게 SR 척도 사용법을 가르치는 사례를 보여준다.

2. 참가자가 연장 구어 패턴을 배우는 동안에, SLP는 부드럽게 접촉하는 음소, 부드럽게 시작하는 단어 또는 모음 연장 등과 같은 특정한 특성(자질)을 정의하거나 설명하지 않는다. 그 대신에, 환자는 연장 구어 표본에 대한 비디오를 보거나 오디오를 듣는데, 그 표본은 연속 구어(connected speech)에서 느리고 과장된 방식으로 연구자 중 한 사람(Mark Onslow)이 Rainbow Passage를 읽는 것으로 구성되어 있다. 환자가 그 읽기 표본을 보고 들을 때, 관련된 인쇄된 글도 이용할 수 있다. 환자는 먼저 비디오를 본 다음 비디오를 모방하여 가능한 한 근접하게 그 구어 패턴을 재현한다. SLP는 어떠한 특정한 설명도 참조하지 않고 환자가 연장 구어를 모방한 것의 정확성에 대한 피드백을 제공한다. 피드백은 환자에게 좀 더 근접하게 표본을 모방하도록 다시 시범 비디오를 돌려보게 하는 역할을 한다. SLP는 대개 텍스트를 작은 단위로 나누어서 모방하게 하고 피드백을 준다.

임상가가 환자에게 연장 구어 사용법을

가르치는 예는 비디오 클립 3을 참조하라.

참가자는 Rainbow Passage를 낭송하는 동안 연장 구어 패턴을 숙달한 뒤에, 독백에서 연장 구어를 사용할 시도를 하고, 그 후 여전히 느리고 과장된 방식으로 자발적인 대화에서 연장된 구어를 사용한다. 환자가 이러한 느리고 과장된 수준의 연장 구어를 일관되게 사용하는 목적은 말더듬을 완전히 제거하기 위함이다. 환자는 단계 II로 나아가기 전에 전체 한 세션 동안 치료실 내에서 말더듬 없는 구어(NAT 점수가 7~9점으로, 비록 자연스럽지 않은 구어일지라도)를 반드시 습득할 수 있어야 한다.

3. SLP는 9점 척도의 NAT 평가 척도를 소개하고 시범을 보인다. 그 후, SLP는 환자가 다양한 자연스러운 수준에서 말더듬 없는 구어를 산출하도록 촉진한다. 이때 목표는 여러 형태의 연장 구어를 시도하는 동안 말더듬 없는 구어를 유지하는 것이다. NAT 척도는 산출하는 구어가 어느 정도로 받아들여질 수 있는 것인지를 수치화한다.

단계 II: 치료실 내에서 말더듬 없는 구어 확립하기

이 단계 동안에 환자는 다음의 내용을 배운다.

1. 치료실 내에서 자연스럽게 일관적으로 말더듬 없는 대화적 구어를 사용하기
2. SR 척도와 NAT 척도를 사용하여 자신의 자기 평가 기술을 연마하기
3. 기초적인 문제 해결 기술들을 사용하기(문제 해결 기술은 단계 III에서 말더듬 없는 구어를 일상 상황으로 일반화되는 것을 돕기 위해 사용할 것임)

이 단계는 하루 이상 집중적인 집단 형식으로 실시될 수 있다. 이 단계는 SLP와의 개별 치료를 여러 세션에 걸쳐서 시행하거나, 우선 환자와 환자가 서로 전화로 가르치게 하고, 그 후에 자신의 가정에서 이 단계의 대부분을 완료하도록 한다. 이러한 형식에서 기본 절차는 동일할 것이다.

1일 집중적인 양식을 사용할 때, 단계 II는 8시간 집단 세션 동안에 행해진다. 이 세션 동안, 환자는 최소 14번의 **유창성 사이클**을 순환한다. 초기 사이클은 세 번의 5분 단계로 이루어져 있다. 두 번의 말하기 국면인, *연습 국면* 및 *시도 국면*과 한 번의 *평가 국면*이 있다. 그림 14.2는 한 번의 전체 사이클을 보여준다.

부록 14.1은 유창성 사이클 및 유창성 단계에 대한 기록 양식이다. 연습 국면(Practice Phase)에서는 3~4분 동안 SLP의 감독하에 비디오 시범을 모델로 보거나 보지 않으면서, 비디오 시범과 비슷하게 과장된 말더듬 없는 연장 구어를 사용하는 연습을 한다. 시범 녹음과 함께 매번 3~4번 반복하는 읽기가 도움이 되지만, 환자는 종종 다른 사이클을 시작할 때 NAT 9점에서 자발적 구어를 사용하는 것을 더 선호한다. 주 요구사항은 NAT 9점에서 말더듬 없는 구어로 말하는 것이다. SLP와 연장 구어에 대해서 토의를 하고 피드백을 받는 시간은 5분 이내로 제한해야 한다. SLP의 피드백은 *교육 세션*에서 연장 구어를 교육할 때와 같은 방식으로 제공된다. 좀 더 자연스러운 구어를 경험하기 위한 연습을 시도해서는 안 된다. 이때

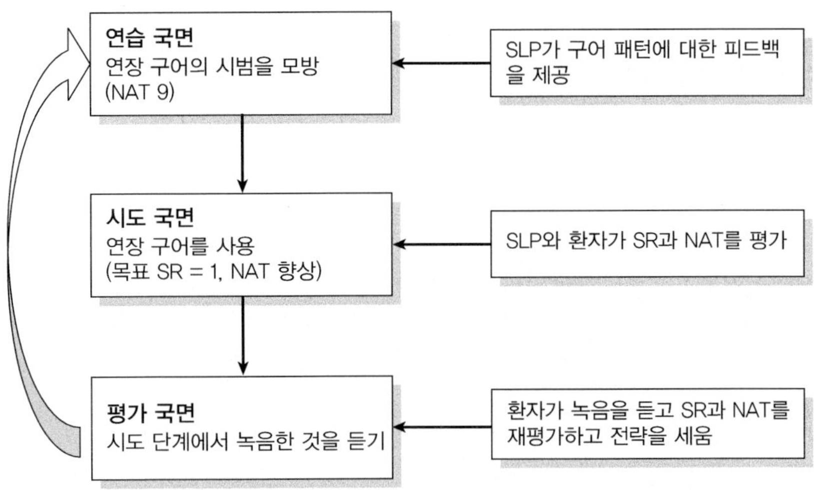

[그림 14.2] ■ 1개의 유창성 사이클 중에 있는 국면

목표는 정확한 모방을 강화하는 것이다.

시도 국면(Trial Phase)은 SLP의 지도하에 독백으로 말하는 것으로 3~4분으로 구성되며, 이 때 환자는 연장 구어 패턴의 어떤 특징(자질)이 되었든지 간에 말더듬을 조절하는 데 필요한 연장 구어 패턴의 자질을 사용하도록 지도받는다. 이 국면 동안에, 환자는 다음과 같은 우선순위에 따라 세 가지의 목표, 즉 ① SR 점수를 1~2점으로 유지하기, ② 가능한 한 자연스럽게 말하기, ③ 자기평가 SR 및 NAT 점수와 SLP의 SR 및 NAT 점수를 실시간으로 비교하기 등을 성취하는 것을 노력하도록 지도받는다.

각 시도 국면은 환자가 오디오 녹음한다. 각 시도 국면의 끝에, SLP와 환자는 환자의 구어에 대한 SR과 NAT 점수를 개별적으로 기록한다. 만약 이 실험에 대한 SR 점수가 SLP가 실시한 점수보다 2 이상 크면, 환자가 말더듬을 조절하기 위해 연장 구어의 다른 특징을 더 많이 사용할 필요가 있다고 추측되므로 좀 더 많은 연습이 필요하다고 여겨져서 환자는 다음 구어 국면을 하는 동안에 연습 국면으로 되돌아갈 필요가 있다. 동시에, SLP와 환자는 다음 사이클에 관한 전략을 수립한다.

평가 국면(Evaluation Phase)은 환자가 ① 오프라인에서 말더듬 심한 정도를 재평가하기(특히 환자와 SLP 점수 사이의 격차가 있을 경우), ② 그 단계를 수행하는 동안에 구어 자연스러움을 평가하기, ③ 다음 단계에서 연장 구어 사용을 위한 전략을 결정하기 위하여 앞의 두 말하기 단계에서 녹음한 내용을 들을 수 있는 기회이다. 예를 들면, SR 점수가 너무 높은 경우(>2), 환자는 연장 구어의 다른 특성을 사용하거나 더 일관적이고 과장된 연장 구어를 도입하는 것 중 하나를 고려할 것이다. 비록 말더듬이 없더라도 허용할 수 없을 정도로 부자연스럽게 말한다면, 환자는 그 다음 사이클 동안에 연장 구어의 양을 감소시킬 수도 있다. 이것은 말더듬 없는 구어의 일반화를 돕기 위하여 이후 문제 해결 세션 동안에 사용할 하나의 기법으로서 권장할 절차를 확립하는 것이다.

유창성 사이클의 예는 비디오 클립 4를 참조하라.

이러한 연습-시도-평가 사이클의 첫 번째 6개 사이클에 대해, 각 국면은 5분간 소요된다. 연습 및 시도 국면은 SLP와 함께 개별적으로 실시하고, 평가 국면은 독립적으로 실시한다. 나머지 8개 사이클에 대해, 연습 및 평가 국면은 5분간 유지하지만, SLP와 함께하는 개별적인 시도 국면의 독백을 20분의 집단 대화로 대체한다.[2] 환자들은 독백에서 계속 말하는 것보다는 오히려 집단에서 대화에 참여하도록 권고받는다. 집단 세션에 대한 세 가지 목표는 개별적인 시도 국면의 목표와 동일하게 유지시킨다. 각 환자는 연습 및 평가 국면에서 SLP와 짝을 이룬다. 연습 국면에서, 환자는 연장 구어를 연습하고, 집단에서 연장 구어를 사용하는 것에 대한 전략들을 계획한다. 평가 국면에서, 환자는 마지막 집단 세션에서 산출한 자신의 말을 SLP와 함께 평가하고 토의하며, 그 다음 사이클에 대한 전략을 계획한다.

그 프로그램은 그날 동안에 이루어지는 위계적인 진전을 포함하지는 않지만, 다음의 지침들을 여러 구어 국면들에 적용한다.

1. 연습 국면은 항상 다음 말하기 국면 동안에 시도 국면 다음에 실시한다.
2. 시도 국면에서 SR 1~2점을 받으면 뒤이어 오는 말하기 국면 동안에 연습 혹은 시도 국면으로 이어진다.
3. 시도 국면에서 SR 2점 이상의 점수를 받으면 항상 다음 말하기 국면을 하는 동안에 연습 국면을 한다.
4. 매 세 번째 사이클은 이전의 결과와는 상관없이 연습 국면으로 시작한다.
5. 여섯 사이클을 마친 후에, 만약 환자가 계속 NAT 6점 이상(즉 과장된 구어 패턴을 일관되게 사용함)에서 구어를 산출한다면, SLP는 좀 더 자연스러운 구어를 하는 쪽으로 이동하는 것이 바람직할 것이다.

매주 1회 하는 세션에서 SLP가 개별 환자와 함께 프로그램의 이 단계를 실시해야 한다면, 다음의 사항을 적용할 필요가 있다. 먼저, SLP는 각 국면의 목적을 개괄하고 설명한다. 그 후에 SLP와 환자가 함께 과장된 연장 구어를 연습하고, 말더듬 없이 연장 구어를 시험해보고, 그 다음 말을 하면서와 그 말을 녹화(녹음)한 것에 대해 SR 및 NAT 점수를 평가하는 것 등의 연습-시도-평가의 전체 1 사이클을 실시한다. 환자가 문제 해결 전략들을 통해 생각하도록 촉진하기 위해 각 국면을 마친 후에 점수를 차트에 기재한다. 이와 함께, SLP와 환자는 진전 규칙들을 고려하여, 다음의 전체 사이클을 위한 전략을 세운다. 진전 규칙 및 이전의 결과에 따라 진전을 위한 전략들을 환자가 형성하는 것을 도우면서 SLP와 함께 여러 사이클을 실시한다. SLP는 환자가 일반적인 절차를 이해하는 것에 만족하는 경우, 환자가 다음 세션까지 집에서 그 사이클을 수행하도록 권장한다. 환자가 사이클을 적어도 5회 연속으로 하거나 치료실을 방문하는 내내 일관되게 비교적 자연스러운 말더듬 없는 구어(NAT 점수 3점 이하)를 산출할 수 있는 경우에, 다음 단계를 진행한다. 이 치

2) 역주: 이 프로그램은 최소한 [14개의 유창성 사이클]로 진행된다.

료 단계에 사용되는 양식은 부록 14.1에 있다.

단계 III: 문제 해결 세션

이 단계에서, 환자는 말더듬 없는 구어를 일상 상황으로 일반화하는 것을 목표로 한다. 환자는 목표를 이루기 위해 ① 말더듬 없는 구어를 위하여 적절한 연습 방식 확립하기, ② 매일 일상생활에서 말더듬 심한 정도와 구어의 자연스러움 평가하기, ③ 일상생활에서 말더듬 감소 및/혹은 유창성 유지를 위한 전략 개발하기를 수행한다.

1. 각 회기를 시작할 때, SLP는 환자가 치료실 내에서 말더듬 없는 구어, 즉 자연스러운 구어를 여전히 산출할 수 있는지를 확인한다. SR 점수가 2 이상이면, 그 환자는 더 자연스럽지 않은 수준에서 연장 구어 형태를 연습한 후에, 말더듬 심한 정도의 증가 없이 자연스러움을 증가시켜야 한다.
2. SLP와 환자는 다음 주에 사용할 구어 기법들에 대한 일상적인 연습을 토의하고 재확립한다. 그 환자에게 초기 문제 해결 회기들 동안의 여러 주에 걸쳐서 NAT 7~9점으로 연장 구어 기법을 계속 연습시키는 것이 적절할 수도 있다. 그러나 환자가 일단 일상적인 상황에서 대부분 시간 동안 일관성 있게 말더듬을 조절할 수 있으면 NAT 4~5점 수준에서 연습하는 것이 보통 더 적절하다.
3. SLP와 환자는 지난 주 동안에 성취한 전형적이거나 가장 나빴던 일일 SR 점수 및 NAT 점수와 말더듬을 조절할 수 없었던 상황들에 대하여 토의한다. 또한 그들은 치료실 외의 다양한 구어 과업들에 대한 평가에 대해서도 토의한다. 그들은 환자가 녹음한 구어 과업에 대한 녹음자료를 함께 듣는다.
4. SLP와 환자는 일상의 어떠한 특정 상황에서라도 말더듬을 더욱 감소시키기 위하여 문제 해결 전략들을 토의한다. 이러한 전략에는 말더듬과 연관된 불안을 감소시키는 방향으로 간단한 인지 행동 전략들을 추가하는 것이 포함될 수도 있다. 예를 들면, 환자가 말더듬과 연관된 부정적 사고를 확인하고 수정하도록, 또 불안을 유발하는 상황들을 점진적으로 직면하도록 격려할 수 있다. 환자가 적어도 연속적으로 3주간 자신에게 중요하고 연관된 일상의 말하기 상황에서 NAT 3점 이하와 SR 2점 이하 점수를 나타낼 때 다음 단계로 나아간다. 고려할 원인이 없이 4회기 이상 치료실 밖에서 실시한 평가에서 더 이상의 감소가 없었다면, 환자들은 또한 진전을 보이고 있을 수도 있다. 예를 들면, 환자가 직장을 옮기거나 과도한 개인적 스트레스를 받는다면, 짧은 기간 동안 진전이 정체될 것으로 예상할 수도 있다.

임상가가 문제 해결을 통해 환자를 지도하는 예는 비디오 클립 5를 참조하라.

단계 IV: 유지

이 단계에서, 환자가 SLP의 도움 없이 문제 해결 활동을 수행하면, 회기를 자주 갖지 않는다. 환자는 매일 SR과 NAT를 기록하고, 특히 문제 상황들에 대한 SR과 NAT를 기록하도록 권고받으며, 구어 개선 효과를 유지하기 위한 전략들을 개발하도록 권고받는다.

계속되는 의사결정을 돕는 평가방법

캠퍼다운 프로그램에서 사용된 방법들은 ① 치료 전 · 후의 일상생활에서 말더듬 심한 정도와 구어의 자연스러움을 실증하고, 치료 과정 동안에 일어나는 진전을 기록하고, 치료 결정들을 알리고, 단기 및 장기 목표들을 설정하기 위해 SR과 NAT 점수들을 SLP와 환자가 측정하고, ② 치료 전 · 후에 치료실 밖에서 만든 녹음(녹화)로부터의 말더듬 빈도를 실증하고, 환자가 자기 보고한 것에 대해 SLP가 %SS를 선택사항으로 계산하는 것이다.

다음의 연구들은 캠퍼다운 프로그램에서 사용한 구어 측정법들을 지지하는 증거를 제공한다. O'Brian 등(2004)은 9점 척도에서 %SS 점수와 SR 점수 사이에 강한 선형적인 상관성이 있음을 보고했다. 즉, 높은 %SS 점수는 대개 높은 SR 점수를 나타내며, 그 반대의 경우도 같은 결과를 나타낸다. 이러한 결과에서 유일하게 예외되는 경우는 고정된 상태(막힘)의 수가 적거나 구어 샘플에서 별다른 질적 양상을 동반하지 않은 반복(innocuous repetitions)의 수가 많을 경우였다. 첫 번째 경우에서, %SS는 낮은 반면에 SR 점수가 높을 것이고, 두 번째 경우에서, %SS는 높을 것 같지만 SR 점수는 낮을 것으로 보인다. 따라서 저자들은 대부분의 경우에서 SLP가 두 점수를 상호 교환하여 사용할 수 있다고 결론지었다. 말더듬 환자와 정기적으로 만나는 SLP가 사용할 경우에는 두 측정법의 개인 간 혹은 개인 내 일치도가 높음을 보였다. O'Brian, Packman, Onslow(2004)는 치료 과정 동안에 사용될 경우에, 9점 척도로 자기 보고한 대부분의 환자들에 대해 SLP와 환자 간의 높은 일치도를 보고했다. Finn과 Ingham(1994), Ingham 등(1989)도 성인 말더듬인들은 9점 구어 자연스러움 척도를 사용하여 자신의 구어에 대한 소리와 느낌 모두를 신뢰할 수 있을 정도로 평가할 수 있다고 보고했다.

캠퍼다운 프로그램에 대한 평가에서 임상가들이 ① 사례사 조사 및 말더듬에 대한 정보 제공, ② 치료실에서 구어 샘플 수집, ③ 환자가 선택한 적어도 다섯 종류의 일상생활의 구어 상황에서 자가 말더듬 심한 정도(SRs) 측정 수집, ④ 치료실 밖에서 환자와 낯선 사람들과의 대화 녹음/녹화 자료 2개 수집(이 사항은 옵션, 수집하면 유용함)을 수행한다. 말더듬 행동의 평가 및 사례력 수집 시 나타난 증상들에 근거하여 환자와 SLP가 함께 말더듬을 진단한다.

1. 평가 시에, 다음과 같은 사례력 정보를 수집한다. 이 사례력 정보에는 개인적인 세부정보(이름, 주소, 이메일 주소, 전화번호, 직업, 환자의 모국어 등), 말더듬에 대한 환자의 설명(심한 정도 및 말더듬을 일으킨 요인, 말더듬 발생 시기, 말더듬 발생 이후의 패턴 등), 이전에 받았던 구체적인 치료 경력(프로그램을 완료했는지의 여부, 치료 결과 등), 말더듬을 조절하기 위해 사용한 전략들 및 그 전략들의 효과성, 말더듬과 특정한 말하기 상황에 대한 불안, 말더듬의 가족력, 환자가 치료를 통해 성취하기 원하는 것, 일반적인 건강상태와 기타 의사소통 문제에 대한 정보 등이 포함되어 있다. 평

가할 때 환자에게 제공한 정보는 환자의 관심과 지식수준에 따라 다르다. 환자의 관심과 지식수준에는 전형적으로 말더듬에 관한 일반적인 정보, 말더듬의 특성과 원인, 말더듬과 관련된 불안, 다른 유형의 치료법과 그 치료법의 효과에 대한 증거, 치료를 계속 받고 싶을 경우 시간 약속과 지원에 대한 일반적인 정보 등이 포함되어 있다. 만약 요청한다면, 발표된 연구 결과들에 대한 더 구체적인 정보를 제공한다.

2. 평가 시간 동안에, SLP와 10분간의 대화 동안에 치료 전 SR을 측정한다. 이 샘플은 SLP가 %SS 비율을 알 수도 있게 하지만, 이것이 필수적으로 해야 하는 것은 아니다.
3. 환자들에게 적어도 하나의 어려운 말하기 상황을 포함해 자신의 일상생활을 대표하는 다섯 가지 어려운 상황들을 생각하도록 지시한다. 상황들에는 배우자(또는 가족 구성원)와 대화하기, 친목 모임에서 친구들과 대화하기, 미팅 중에 말하기, 직장에서 전화 사용하기, 상사 또는 선생님과 대화하기, 유치원 교사와 대화하기, 음식점 또는 테이크아웃 전문점에서 음식 주문하기, 개인 지도하기(giving a tutorial) 또는 발표하기, 전화로 모르는 사람과 대화하기 등이 포함될 수 있다. 그런 다음, 환자는 치료를 시작하기 전 상황들의 *일반적인*(*종종 최악의*) SR을 실증한다.
4. 치료실 밖 가능한 장소에서, 환자가 이야기하는 것을 치료 전에 1~2개 녹음/녹화를 한다. 이것을 치료실에서 조직할 수도 있다. 환자의 승인을 받아, 각각의 전화 통화 시 환자가 녹음하는 것을 모르는 시간에 치료실(주로 학생 임상가 혹은 행정직원)에서 전화를 건다. 환자들은 집, 직장 및 기타 일상 환경에서 이러한 전화를 받을 수 있다. SLP가 이 전화 통화를 SR로 평정하고, 이 평정은 치료 후 비슷한 상황의 녹음과 비교하는 데 사용된다. 그렇지 않으면, 환자는 일상 상황에서 환자의 구어를 녹음하여, 같은 목적으로 사용할 수 있다.

이전의 절에서 설명한 것처럼, SR과 NAT 점수는 치료 과정 동안에 일상적으로 사용된다. 말더듬 비율을 측정하는 대신에 치료실 안팎 모두에서 SLP들과 환자들이 9점 SR 척도를 사용한다. 환자들은 처음 치료실을 내원할 때 이 척도를 사용하는 것을 배운다. 초기에 몇 번의 치료실 내원에 걸쳐 환자의 평정과 SLP의 평정 간 일치도를 확립한다. 치료실 안팎에서 수집한 짧은 구어 샘플로부터 매긴 평정점수를 환자의 점수와 SLP의 점수 간에 타당한 일치도가 보일 때까지 교육 세션 동안에 매주 비교하고 토의한다.

SR 척도는 각 유창성 사이클의 두 개의 구어 국면들에서 말더듬 심한 정도를 평가하기 위하여 말더듬 없는 구어 상태를 유지하는 동안에 사용된다. 이 척도는 또한 문제 해결 세션 동안에 치료실 밖에서의 말더듬 심한 정도 평가에 근거도 제공한다. 환자들은 SR 척도를 다른 목적으로 사용할 수 있다. 환자들은 그 척도를 말더듬 심한 정도에 관한 전반적인 측정과 개별 상황들이란 측면에서 자신들의 말더듬 측정들을 보고하기 위해 사용할 수 있는데, 여기서 개별 상황들은 녹음(녹화)한 것으로부터 말더듬을 신뢰할 수 있을 정도로 측정하기가 어려울 것이다. 예를 들면, 어느 한 날, 특정한 기간에 최악의 상황 혹은 최선의 상황, 연습 대화의 평가 등에 대해 전형적인 말더듬을 나타내는 특정한 상황들에 대한 평가일 수 있다. 이 피드백은 SLP와 환자가 적절한 일반화 전략들의 확립과 수정에 관한 토의를 하는 데 사용된다. 마지막으로, 이 척도는 유지 단계에 대한 프로그램 규준들과 관련하여 말더듬 심한 정도를 평가하기 위해 사용된다. 이 SR 척도는 치료 연구 결과의 평가 과정에서 말더듬 빈도 측정을 보완하지만, 대신하지는 않는다.

그 프로그램은 구어 재구조화를 포함하기 때문에, 프로그램을 실시하는 내내 환자의 구어의 질을 평가하고 실증하기 위해 SLP와 환자가 9점 NAT 척도(Martin et al., 1984)를 사용한다. 이 9점 NAT 척도에서, 1점은 매우 자연스럽게 내는 구어를 나타내고, 9점은 매우 부자연스럽게 내는 구어를 나타낸다. 궁극적인 목표는 환자들이 최종적으로 3점 이하의 NAT 점수를 달성하는 것인데, 그 이유는 이전의 연구들(Ingham, Gow, & Costello, 1985; Martin et al., 1984; Runyan, Bell, & Prosek, 1990)에서 일반적으로 정상 화자들의 NAT 점수가 3점 이내에 있다고 보고되었기 때문이다.

NAT 척도는 환자가 교육 세션 동안에 부자연스러운 구어에 익숙해지면 도입한다. NAT 척도는 문제 해결 세션에서 치료실 밖의 여러 상황에서 구어의 질을 보고하기 위하여 사용된다. 그 뒤 구어의 질과 말더듬 심한 정도 사이의 균형에 관한 방향으로 여러 전략들을 논의한다. 말더듬 심한 정도가 낮은 상태를 유지할 때마다, 환자들의 구어 자연스러움을 증가하도록 환자들을 격려한다. 한편, 만약 말더듬 심한 정도에서 증가가 보고된 것이 구어 비자연스러움의 증가(NAT 척도에서 낮은 점수)와 관련이 있는 것으로 보인다면, 환자들이 더 많은 다른 형태로 연장된 구어를 연습하도록 격려한다. 이러한 세션에서, 환자들은 일반화를 지원하기 위한 전략으로 다른 NAT 수준들을 확인하고 사용하는 것도 배운다. 예를 들면, 환자들은 특히 어려운 전화 통화를 시도하기 전에 NAT 4~5점 수준에서 구어를 연습하기로 결심할 수 있다.

NAT 척도는 SLP들이 환자에게 그들의 말에 대한 피드백을 제공하고, 구어의 질에 관한 환자들의 자기 평가를 신뢰할 만한 것으로 밝혀 왔다(Finn & Ingham, 1994; Ingham et al., 1989; Ingham & Onslow, 1985). 그러나 우리의 경험상, 대부분의 환자들은 자신의 말이 얼마나 자연스럽게 "들리는지(sounds)"에 따라 평가하기보다는 얼마나 자연스럽게 "느껴지는지(feels)"에 따라 평가하는 경향을 보인다. 그러므로 환자들이 오프라인에서 매긴 평정은 종종 비교할 만하지만, 온라인으로 매긴 환자의 평정은 SLP가 매긴 평정보다 거의 항상 점수가 더 높게(더 부자연스러운 구어) 보고된다. 이 문제점은 오디오테이프 녹음을 사용하여 환자들이 정기적으로 자신의 구어의 질을 듣고 평가하게 하여 해결하는 것이 가장 적절하다. 환자들이 평정 점수를 더 높게 보고하는 것은 Ingham 등(1989)의 연구 결과와 비슷하다. Ingham 등은 청자들이 말더듬 없는 구어가 매우 자연스럽게 들린다고 보고했음에도 불구하고, 3명의 참가자들 중 2명은 자신의 말더듬 없는 구어를 부자연스럽게 느꼈다고 보고했다.

환자들이 치료실로 내원하는 기간 내내 치료

실에서 적정 수준 이상으로 자연스럽게 말을 하고(NAT 3점 이상), 지속적으로 말더듬 없는 구어(SR 1에서 2점 사이)를 유지할 수 있을 때, 이 프로그램의 문제 해결 단계로 나아간다. 환자들이 치료실 밖에서 SR 점수가 일반적으로 2점[치료실 밖에서의 1~2회 녹음(녹화)에서 확인하는 것이 더 바람직함]이거나 이유 없이 여러 주 이상(일반적으로 약 4주) 더 이상 말더듬 감소가 없을 때 이 프로그램의 유지 단계로 나아간다.

개별 환자에게 적합한 치료법의 조정

캠퍼다운 프로그램은 "모두에게 적용되도록 고안된" 치료법이 아니다. 이 프로그램은 모든 단계(집단 형식에서 치료실 내 말더듬 없는 구어의 확립은 제외)에서 개인의 문화적 또는 개인적 요인들과 관계없이, 개별 환자의 요구와 기대를 수용하기 위해 설계된 것이다. 캠퍼다운 프로그램은 치료 개념을 중심으로 구조화되며, 집단 모델보다는 주로 개별 임상가-환자를 기본으로 실시하기 때문에, 어떤 환자의 특정한 요구에 맞도록 이 프로그램의 모든 측면을 적용하는 것이다. 예외는 단계 II를 사용하는 집중적인 집단 치료를 하는 날에 나타나고, 환자들이 그날 동안 꽤 엄격하게 고정된 틀을 따른다. 이러한 형식을 준수하는 데 어려움이 있는 환자는 누구라도 정상적으로 집단 프로그램을 할 수 없지만, 개별적으로 전체 치료 프로그램을 실시할 수는 있을 것이 쉽다. 또한 이 프로그램은 각 환자에게 특정한 치료 시간을 명기하지는 않았다. 따라서 학습 장애나 어떤 목표를 달성하기가 어려운 환자는 아마 유지 기준을 성취하는 데 좀 더 오랜 기간이 걸릴 것이다.

이 프로그램은 영어가 모국어가 아닌 사람들을 위하여 사용되어 왔다. 이러한 환자들을 위해, 치료는 처음에 영어로 실시되었다. 이러한 환자들이 영어로 치료를 받을 때 말더듬이 감소한 반면에, 그들의 모국어로 치료를 할 경우 좀 더 확연한 문제가 남아있는 경우가 매우 자주 있었다. 이러한 경우에, 치료는 특별히 다른 언어로 실시되었다. 다른 언어는 거의 추가적인 연습을 필요로 하는데, 처음에는 부자연스러운 NAT 수준에서, 그 다음 좀 더 자연스러운 NAT 수준으로 나아간다.

개별 환자에게 적용

아래에 소개할 환자는 연구 목적으로 치료를 받았다. 따라서 %SS 측정은 치료 전과 후에 수집되었다. 이 측정들은 검증 목적으로만 제시하며, 일상적인 클리닉 환경에서는 요구되지 않는다.

평가

Emilio는 보통 자신의 말더듬과 자신의 삶 모두에 대해 매우 느긋한 태도를 보이는 다정하고 여유로운 30세 남성이었다. 그는 이탈리아에서 태어났지만, 약 8세경에 가족과 함께 호주로 이주했다. 이탈리아어가 모국어였지만, 어릴 때부터 배워왔던 영어도 능숙했다. 그는 최근에 결혼을 했으며, 교우관계가 넓고 가족들과의 관계가 좋았다. 그는 졸업 이후에 보안 회사에서 엔지니어로 근무 중이었다.

Emilio는 그가 학교에 입학할 무렵부터 존재했다고 믿고 있는 지속성 말더듬일 뿐만 아니라 중도 말더듬을 호소하며, 시드니 대학교 Australian Stuttering Research Centre 말더듬 치료실을 스스로 방문했다. Emilio는 말더듬의 심한 정도가 학창 시절 동안에 악화되었지만, 성인이 되고 나서는 약간 감소했다고 생각했다. Emilio는 특히 자신이 불안하거나 매우 지쳤을 때 주로 "말이 막혀 꼼짝 못하게 됨"이라고 자신의 구어를 설명했다. Emilio는 또한 가족들과 이야기할 때만 유일하게 사용하는 이탈리아어로 말할 때 대개 더 악화되었다고 말했다. Emilio는 종종 어려운 단어들을 미리 살펴보고 규칙적으로 단어 회피 및 대치를 사용했다. Emilio가 과거에 말더듬을 감소시키기 위해 사용했던 유일한 기법은 속도를 느리게 하는 것이었는데, 이 기법이 많은 도움이 되지는 않았다고 보고했다.

Emilio는 이전에 말더듬 치료를 받은 적이 없다. 그 이유는 비록 말더듬이 심했지만, 그가 그것을 큰 문제라고 인식한 적이 없었기 때문이다. 가까운 친구들과 가족은 항상 그의 말을 수용적으로 받아들였으며, 그의 말에 대해 거의 코멘트를 하지 않았다. Emilio가 학교에 다니는 동안에도, 그의 친구들은 Emilio의 있는 그대로를 받아들였으며, 그가 놀림을 받을 때 그를 옹호해 주었다. 하지만, 지금은 Emilio가 말더듬이 직장에서 승진에 영향을 미치기 시작했다고 느꼈다. 그는 직장 상사와 고객, 특히 전화로 의사소통을 해야 하는 업무에서 상당한 어려움을 가졌다. 특히 이러한 상황들에서, 그는 말더듬이 자신을 좌절시킨다고 느꼈다. 그가 보고한 말더듬 가족력은 없었다.

평가 시에 치료실에서 치료 전 측정을 실시했다. SLP와 5분간 대화를 하는 동안에, Emilio의 구어는 4.8%SS로 평가되었다. 9점 SR 척도를 설명했고 시범을 보여주었다. 그 다음에 Emilio는 이 구어 샘플을 4로 매겼지만, 반면에 SLP는 5로 매긴 것으로 확인되었다. 말더듬은 가청 기류(audible airflow)를 동반하거나 동반하지 않은 채 비교적 지속 시간이 짧은 약간 고정된 포즈(fixed postures)를 보이고, 약간 반복된 움직임(repeated movements)이 나타나는 특징을 보였다. 경미하게 불필요한 구두적 행동과 비구두적 행동을 약간 보였다. 그는 이 구어가 전형적으로 "상당히 좋은 상태(reasonably good patch)"이지만, 그럼에도 불구하고 일상 상황에서 자신의 말더듬 심한 정도를 대표하는 것이라고 설명했다.

SLP는 말더듬에 대한 본질과 예상되는 원인에 대한 기본 정보와 캠퍼다운 프로그램으로 개별 치료를 실시할 때 일어날 수 있는 것들에 대한 개요를 Emilio에게 제공했다. 또한 SLP는 치료라는 것은 단지 자신의 말더듬을 조절하기 위한 수단을 제공할 뿐이며, 치료에서 얻은 이득을 장기간 유지하기는 어려울 수 있음도 말해주었다. Emilio는 다음 주에 치료를 시작하기로 결정했다. 치료 전 심한 정도의 범위에 대한 더 나은 표지를 얻기 위하여, Emilio에게 그 주 동안에 낯선 사람으로부터 5분 정도의 전화를 2회 받게 될 것이라고 알려주었다. 이 전화 내용을 녹음해서 심한 정도를 측정할 것이다. 또한 Emilio에게 자신의 말더듬이 다양하게 나타나는 여러 상황들에서 자신의 말을 몇 개 매우 짧게(1분) 녹음해 오도록 요구했다. 그러한 가능한 상황들은 직장에서 아내와 통화하기, 부모에게 이탈리아어로 말하는 것이었다.

단계 I: 교육 세션

Emilio는 그 프로그램의 첫 단계를 달성하기 위

해 치료실을 3번 방문했다. 이 동안에 자신의 말더듬을 조절하기 위해 과장된 방식으로 연장 구어를 사용하는 방법을 학습하고, 자신의 말더듬의 심한 정도와 구어의 자연스러움을 평가하기 위해 9점 척도를 신뢰성 있게 사용하는 방법을 학습했다. 1회기는 SLP와 짧은 대화 녹음자료를 가지고 시작했다. 이것은 Emilio의 SR 점수와 SLP의 SR 점수를 비교하는 데 사용되었다. Emilio와 SLP는 그 샘플에 대하여 5로 평가하여 일치했다. 평가나 말더듬에 해당하는 것에 대하여 논란이 있으면, 토의의 근거를 위해 녹음을 사용할 수 있었다. 그 주 동안에 이 녹음은 치료실에 있는 낯선 사람과의 대화를 녹음한 2개의 녹음자료와 함께, 말더듬의 심한 정도를 평가하기 위해 사용되었다. Emilio는 자신의 말을 2개의 짧은 녹음자료로 만들었는데, 말더듬에 대하여 토의하고, 샘플들을 SR 척도에 따라 평가했다. 환자는 모든 샘플들에서 SLP의 평가와 비교하여 1척도 점수 내에 있는 것으로 평가했다. 치료 시작 시에 2번 5분간 낯선 사람과의 전화 녹음자료에 대한 %SS 점수는 5.6%SS와 5.8%SS였다(치료 전 %SS 점수는 표 14.2 참조). SLP와 환자가 SR 점수에서 일치했기 때문에, Emilio에게 그의 일상생활의 대표적 단면을 반영하는 5~6가지 상황을 선택하게 한 후, 이러한 단면 각각에 *전형적인* 치료 전 SR 점수를 부여하도록 요구했다. Emilio가 선택한 상황들과 점수는 표 14.3에 제시되어 있다. Emilio와 SLP는 치료실 내와 치료실 밖의 (녹음된) SR 점수를 다음 2회기에 걸쳐서 계속 비교했다. Emilio의 평가는 SLP의 평가 점수와 일관되게 1척도 점수 내에 있었다.

회기 1에서, SLP는 Emilio에게 연장 구어 기법도 도입했다. SLP는 Emilio에게 전사를 한 다음에 여러 번 예시 녹음자료를 듣고, 자신이 들은 구어 패턴이 어떤지를 생각하도록 지시했다. Emilio는 "느리다", "술 취한 것 같다", "단조롭다", "불명료하다" 등으로 표현했다. 그 후, Emilio와 SLP는 "느린", "술 취한", "단조로운", "불명료한" 등

〈표 14.2〉 언어 임상가 및 두 명의 대학교의 낯선 사람들과 말할 때 Emilio의 치료 전과 치료 후 %SS 점수

상황	치료 전 %SS	치료 후 %SS	유지 단계 후 %SS
임상가와 치료실 내	4.8	0	0
낯선 사람 1과 치료실 밖	5.6	0.1	0.6
낯선 사람 2와 치료실 밖	5.8	0.5	0.5

〈표 14.3〉 Emilio가 선택한 대표적인 상황들에서 치료 전 및 치료 후의 자기-보고 심한 정도 평정(SR) 점수

상황	치료 전 SR	치료 후 SR	유지 후 SR
아내와의 대화	4/5	2	1
친구들과의 대화	4/5	3	2
직장 전화 통화	5/6	2	2
이탈리아어로 대화	5/6	2	2
음식 및 음료 주문	7/8	3	2/3

의 소리로 내려고 하는 예시를 따라 함께 텍스트(읽기 자료)를 읽었다. 부가적으로 모델을 제공하지 않고, 환자가 이전에 사용하지 않던 구어 패턴을 사용하는 것에 대하여 보다 더 편안함을 느끼도록 하기 위하여 SLP는 또한 텍스트(읽기 자료)를 읽는다. 그 문단을 더 작은 부분으로 나누었고, Emilio에게 녹음자료의 어떤 부분들을 더욱 주의해서 듣고, 그 모델에 더 가깝게 말하도록 피드백을 주었다. 마지막으로, SLP는 Emilio에게 예시의 오디오 복사본과 관련 텍스트(읽기 자료)를 주고, Emilio가 그 녹음자료처럼 말할 수 있다고 느낄 때까지 가정에서 그 구어 패턴을 연습하도록 지시했다.

그 다음 주 동안, Emilio는 표본 문단 읽기와, 그 표본 문단을 녹음한 것을 따라 반복적으로 자주 연습했다. 그는 자동차에 CD 플레이어가 있었고, 매일 출퇴근하는 동안 반복해서 들었다. 따라서 두 번째 세션에서, 그는 표본 문단과 비슷하게 말한 부자연스럽지만 말더듬 없는 연장된 구어를 사용하여 Rainbow Passage를 일관성 있게 읽을 수 있었다. 그 세션 및 다음 주 동안에, 그는 이 구어 패턴을 신문을 읽는 동안에 사용했고, 그 후에는 자발적인 독백에서도 사용했다. 세 번째 세션 끝 무렵에, 그는 이 구어 패턴을 사용하여 말더듬 없는 구어를 유지하면서 SLP와 20분 이상 대화할 수 있었다. 흥미롭게도, 이 연습을 한 후, Emilio는 정상 구어 속도로 말할 때에도 그 세션 나머지 시간 동안 대부분 말더듬 없는 구어를 유지했다. 또한 그는 집에서 그 모델을 연습한 후에, 그의 말더듬 심한 정도가 크게 감소했다고 했다.

그 다음에 Emilio에게 9점 척도 NAT를 소개했는데, 이 척도에서 1점은 정상적으로 들리는 구어(SLP의 말처럼)를 나타내고, 9점은 매우 부자연스럽게 들리는 구어(그 표본 구어와 비슷한 것)를 나타내는 것이다. 그 다음에 SLP는 그 세션 시작 시에 Emilio의 구어를 약 NAT 7로 평정했고, Emilio가 임상가에게 말했을 때(연장 구어를 약간 사용함)에는 NAT 3으로 평정했다. 그 다음에 Emilio는 그가 약 NAT 5로 말할 수 있었다는 것을 발견하는 동안에 자신의 말더듬을 조절하는 데 필요한 연장 구어의 자질 중 어떤 자질이라도 사용하도록 지도를 받았다.

세 번째 세션의 끝 무렵에, Emilio는 그 프로그램의 단계(단계 II)로 나아가기 위해 요구사항들을 충족시켰다. 이 요구사항들은 ① SLP와 적어도 20분 동안 SR 1점 및 NAT 7~9점 수준에서 대화하기, ② 임상가와 클리닉 내외에서의 SR 점수가 ± 1점 내에서 일치하기, ③ NAT 척도에 숙달하기, ④ 여러 NAT 평정 수준에서 연장 구어를 사용할 수 있기 등으로 구성된다.

단계 II: 자연스럽게 말하는 말더듬 없는 구어 확립하기

Emilio는 이 프로그램의 확립 단계 동안에 매주 1회 1시간 세션을 위해 치료실을 계속하여 방문했다. Emilio는 이 단계를 완료하기 위해 3세션을 했는데, 그 세션들의 목표는 ① 치료실에서 일관되게 자연스럽게 소리 나는 말더듬 없는 구어 확립하기, ② 자기 평가 기술 연습하기, ③ 몇 가지 기본적인 문제 해결 전략 개발하기 등이다.

Emilio는 처음에 프로그램의 유창성 사이클과 국면들(연습, 시도 및 평가)(앞에서 설명한 것 참조)에 대한 설명을 듣고, 자신의 기록지(부록 14.1 참조)에 데이터를 기록하는 방법을 배웠다.

Emilio와 SLP는 첫 번째 단계 II 세션(치료실 세션 4)에서 3개의 전체 사이클을 함께 실시했는데, 이 때 SLP는 진전의 규칙을 설명하고, Emilio가 각 사이클에 필요한 전략을 결정하고, 기록지에 있는 질문에 따라 그러한 전략들의 결과를 평가하는 것을 촉구했다. SLP는 Emilio에게 이전 시도 국면에서 SR 1~2점을 받은 한, 모든 사이클에서 연습 국면을 실시할 필요가 없다고 조언했다. 하지만 매 세 번째 사이클 혹은 Emilio의 SR이 2점 이상일 때, 그는 연습 국면으로 사이클을 시작할 필요가 있었다. 예를 들면(Emilio의 진전에 대해서는 부록 14.1의 기록지 참조), Emilio는 첫 시도 국면에서 SR 1점, NAT 4점에서 말하려고 했다. 이는 그가 이미 집에서 말더듬 없이 꽤 자연스럽게 말하는 것을 성공했다고 생각했기 때문이다. 그 시도 국면의 끝 무렵에, Emilio는 자신이 거의 말더듬(SR 2점) 없이 NAT 3점에서 말했다고 생각했지만, 사실 자신의 구어 녹음을 들은 후에는 약간 더 듬었기 때문에 자신의 구어가 NAT 2점에 더 가깝다는 데 동의했다. 따라서 다음 시도 국면을 위한 Emilio의 전략은 자신의 구어 자연스러움을 NAT 5점으로 증가시킴으로써, 말더듬 심한 정도를 SR 1점으로 낮추는 것이었다. 사이클 2에서 이것을 함으로써, 그는 다시 한 번 자신의 말더듬이 완전히 조절하(SR 1점)에 있도록 했다. 사이클 3에서, 연습 국면 후, 그는 자신의 구어 조절을 다시 NAT 5점에서 강화하려고 했다. 이 국면의 녹음을 들은 후에, Emilio는 마치 자신이 NAT 5점으로 말한 것처럼 느꼈지만, 자신의 구어가 NAT 4점에 좀 더 가깝다고 결정했다.

이 세션이 끝날 무렵에, Emilio는 그 다음 주 동안에 집에서 이 사이클을 계속 진행하도록 권고받았는데, 각 사이클에서 연습하는 방법에 대한 좋은 전략을 생각하고, 매 시간에 자신이 세운 목표를 성취했는지의 여부를 평가하는 것을 확인하도록 권고받았다. 그는 스스로 매일 최소한 몇 개의 사이클을 실시하도록 노력하고, 그 결과를 자신의 기록지에 기록하도록 권고받았다. 이 치료 단계의 궁극적인 목표는 NAT를 2점이나 3점을 유지하면서 SR 점수를 최대 1점이나 2점으로 일관적으로 성취하는 것이고, 이 목표를 최소한 6회 연속 시도한 것에 대해 자신의 기록지에 기록해 놓아야만 한다. 그는 또한 이 목표를 성취하기 위해 적게는 1~2회, 많게는 6~7회씩이나 치료실 내원을 할 수도 있기 때문에, 이 목표를 성취하기 위해 미리 정해진 사이클의 수가 없다는 것을 재확인받았다.

Emilio는 그 다음 주(치료실 세션 5)에 자신의 기록지를 갖고 돌아갔다. 그는 5일간 매일 30분 정도 그 사이클을 연습하여, 총 17사이클을 마쳤다. 부록 14.1은 집에서 진행한 첫 여덟 사이클과 그의 의사 결정 과정을 보여준다. 요약하면, Emilio는 연장된 구어 기법을 연습한 후에, 말더듬 없는 자연스러운 구어를 산출하는 방법을 실험했다. 그는 그 사이클을 진행하는 동안에, 자신의 말더듬을 더 잘 조절하게 되었고, 자신의 평가 기록에 따라 기법을 사용하는 정도를 결정했다. 그 과정은 치료실 방문 동안 계속되었고, 여러 다른 전략들을 Emilio와 함께 토의했다. 그 세션의 끝 무렵에, 그는 시도 국면 동안에 SR 1점과 NAT 2점을 성취했다. 또다시, Emilio의 교육은 그 다음 주 동안에 집에서 실시하는 유창성 사이클과 함께 계속되었고, 각 사이클에서 연습하는 방법 및 매번 자기 목표를 성취했는지 여부를 평가하는 것에 관한 좋은 전략을 수립했다.

Emilio는 그 다음 주(치료실 세션 6)에 적어도 6번의 연속적인 시도에서 자신의 목표인 SR 1 및 NAT 3 이하를 달성하여 돌아왔다. 전체적으로, Emilio는 이 목표를 달성하기 전에 전체 29사이클을 완료했다. Emilio는 SLP와 NAT 2~3으로 말하면서 세션 내내 완전하게 말더듬 없는 구어를 유지할 수 있었다. 따라서 Emilio는 이 프로그램의 단계 III으로 나아갔다.

단계 III: 문제 해결 세션

같은 세션(치료실 세션 6) 동안에, 처음에 SLP는 Emilio에게 단계 III의 목표들을 설명했다. 목표들은 Emilio가 새로운 구어 기술을 연습하기 위한 적절한 방법을 확립하고, 치료실 밖에서 수집된 데이터에 기초하여 문제 해결 전략들을 개발하고, 실생활에서 이러한 기술들을 일반화하는 것을 돕기 위한 것이다. Emilio와 SLP는 함께 실제 연습 일과를 수행했다. 그들은 Emilio가 출퇴근하기 위하여 운전하는 시간이 각각 매일 약 40분 소요되기 때문에, 출퇴근 시간은 Emilio가 구어를 연습할 좋은 기회라고 결정했다. Emilio는 출퇴근 시 처음 20분은 라디오를 청취하고 긴장을 풀었고, 그 뒤 20분 동안에는 구어를 연습했다. 이 일상 일정은 다음과 같았다. ① 표본을 참고하여 NAT 7~9점 수준에서 연습하기, ② 운전을 하면서 자기가 본 것을 설명하면서, NAT 7점 수준에서 약 5분 동안 말하기, ③ 직장이나 집에 도착할 때까지 NAT 3점 수준에서 나머지 시간 동안 말하기.

그 다음에 Emilio와 SLP는 그 다음 세션에서 토의할 치료실 밖의 데이터를 수집하는 것에 대한 과제를 수행했다. 그는 ① 매일 *일상적인* SR(그 SR은 그 날 약 70% 정도 성취한 것임), ② 매일 가장 심한(나쁜) 상황의 SR, 가장 나쁜 점수가 일어난 상황에서의 NAT 점수, ③ 첫 세션에서 확인된 각 표적 상황들에 대한 SR과 NAT 점수 등을 기록했다. 그는 또한 자신이 적절하게 말한 여러 상황들을 기록하고, 매주 이러한 기록물의 예를 가져오도록 권고받았다.

Emilio는 그 프로그램의 단계 III으로 나아가기 위해 7회의 치료실 세션을 더 받았다. 각 세션의 구조는 동일한 기본 형식을 따랐다. 각 세션은 Emilio가 자신이 말더듬 없는 구어를 사용하고 있음을 확인하기 위한 약 5분 동안의 말하기로 시작되었다. 그 후에 말더듬 심한 정도와 구어 자연스러움에 대한 자기 평가를 했다. 만약 SR 1점 및 NAT 2점이란 기준을 성취하지 못하면, 그 기준을 성취할 때까지 연습했다. 둘째로, Emilio와 SLP는 Emilio의 그 주에 걸친 일상의 연습 과정을 토의했다. 그는 매일 차 안에서 대부분의 구조화된 연습을 했지만, 또한 아내와 대화를 하고, 앞에서 설명한 것과 동일한 일정을 보내면서 2주간 매일 아침 식사 시 짧은 시간 동안 하도록 계획했다. 모든 연습이 이미 진행 중인 일상에서 계획되었기 때문에, Emilio는 연습을 하기 위한 시간을 따로 찾을 필요가 없었고, 그가 연습하는 시간을 기억하는 것이 어렵지 않았다.

셋째, Emilio는 매주 토의를 위하여 자신의 치료실 밖 데이터를 제출했다. 이 기법은 매주 Emilio가 자신의 진전에 초점을 두도록 돕고, Emilio가 다양한 상황에서 말더듬 없이 말하는 것을 강화하고, 보다 더 직접적인 목표가 필요한 특정 상황들을 확인하고, 이러한 상황들을 다루기 위한 특정 전략들을 계획하는 데 사용된다. 초기에, SLP는 Emilio가 이러한 상황들을 보조하기 위하여 사용할 수도 있는 전략들을 제시했다. 그러나, 7주 이후에, Emilio는 스스로 전략들을 생각하고, 전략들을 검증하고, 다음 주에 SLP에게 그 결과를 보고하도록 격려를 받았다. 마지막으로, Emilio는 피드백과 충고를 받기 위하여 각 치료 회기를 기다리지 않아도 됨을 알게 되었다. 대신에, Emilio는 지속적으로 자신의 구어를 평가하고, 매일 다양한 상황에서 자신을 평정했다. 그런 후, Emilio는 스스로 전략들을 이행하고 평가했다. 예를 들면, 초기에 Emilio는 다른 환자들이나 직장 상사에게 전화로 말하는 것에 문제가 있었다. Emilio와 SLP가 고안해낸 전략들에는 전화를 하기 전에 구어 기법을 연습하고 스스로 짧은 대화 내용을 처음 시작하기, 전화를 하기 직전에 말더듬 없이 지속적으로 말할 수 있는 누군가에게 짧게 말하기, 높은 NAT 점수로 전화하기를 시작한 후에, 점차로 자연스러움을 증가시키기 등이 있다.

Emilio에게 가능하면 자주 자신의 구어를 녹음하도록 요구했다. 이것은 세 가지 목적을 위해서다. 첫째, 매주 SLP에게 가져오는 녹음자료는 Emilio의 치료실 밖의 자기 보고식 자료의 타당성을 지원하게 된다. 둘째, Emilio는 심한 정도와 자연스러움에 대한 자신의 평가가 정확한지를 확인하기 위하여, 말한 직후에 자신의 구어 녹음자료를 다시 들을 수 있다. 자신이 얼마나 부자연스럽게 말하는지를 과대평가하는 경우가 빈번하며, 그 결과에 대하여 대단히 놀라게 된다. 또한 그것은 Emilio가 명백히 부자연스럽게 소리를 내지 않으면서 필요할 때 연장된 구어의 사용을 증가시킬 수 있도록 강화한다. 마지막으로, 앞서 언급한 것처럼, 오디오 녹음자료는 자체가 구별하는 자극으로서 자주 사용되어, 환자가 말을 더듬을 수도 있는 상황들에서 말더듬 없는 구어를 연습하도록 이끌기 때문에 치료 목적의 용도가 있다.

각 치료 회기 끝에, Emilio와 SLP는 다음 주에 성취하고자 하는 바에 대한 계획을 정했다. Emilio의 SR 점수는 여러 주의 과정을 거쳐 대부분의 일상 상황에서 점차적으로 감소했다. 그러나 약 5주 후에, 이것이 Emilio가 이탈리아어로 말하는 상황들로 쉽게 전이되는 것이 아니라는 것이 명백해졌다. 따라서 Emilio에게 자동차 안에서 평소의 연습 회기들 동안에 이탈리아어로 연장구어를 연습하도록 격려했다. 2주 내에, Emilio가 이탈리아어로 말할 때에도 말더듬이 감소했다.

단계 III에서 7주 후에, Emilio는 그 프로그램의 유지 단계로 나아갈 수준을 충족시켰다. Emilio의 SR 점수는 대부분의 시간 동안에 대부분의 일상 상황들에서 약 2 정도에 머물렀다. 표 14.3은 이 기간의 끝 무렵에 스스로 선택한 각 상황들에서의 전형적 SR을 보여준다. 이때, SLP는 Emilio가 보고한 SR 점수를 확증하기 위해 대학의 낯선 사람 2명이 예상치 못하게 Emilio에게 다시 연락하게 했고, 5분 동안의 대화를 녹음했다. 이 두 녹음 자료에 대한 점수는 각각 0.1%SS와 0.5%SS였다. 치료실 밖에서의 %SS 점수가 낮고 Emilio 스스로 만족스럽게 문제를 해결하기 때문에, Emilio는 그 프로그램의 유지 단계로 나아갈 준비가 되었다.

단계 IV: 유지

Emilio는 SR 점수를 1~2로 유지하여 문제를 해결할 수 있다는 것을 보여주어, 치료 회기의 빈도를 줄이며 단계 IV에 약 6개월 동안 머물렀다. 이 시간 동안에, Emilio는 자신의 말더듬 심한 정도가 증가할 때 그것을 조정할 수 있었다. 그러나 말더듬 심한 정도가 악화되었을 때, Emilio는 이 프로그램의 강점 중 하나인 적절한 조절하로 다시 돌아올 수 있도록 하는 전략들을 수행할 수 있었다.

향후 방향

이 단계에서, 캠퍼다운 프로그램의 효율성에 대한 대부분의 증거는 그 프로그램을 개발하고 처음으로 연구한 연구 집단의 멤버들이 수집했다. 그러나 예외인 증거는 La Trobe 대학교의 학생이 실시한 프로그램이다(Cocomazzo, 2009). 이 프로그램은 학기가 제한되어서 환자에게 유지 기준에 도달할 때까지 치료를 계속할 수 없었기 때문에 반복 연구(replication)가 불가능했다. 따라서 유창성 장애 전문가보다는 일반적인 SLP들이 독립적인 치료 장소에서, 이 프로그램을 사용하여 그 결과를 제시하는 것이 널리 효과적임을 보여주게 될 것이다.

또 유의할 점은, 지금까지 장기간 결과 측정은 첫 실험에서 수집한 치료 후 12개월 데이터뿐이라는 것이다. 치료 후 이 정도의 기간 동안에 대한 데이터를 수집한 연구들이 없다. 비록 캠퍼다운 프로그램에 문제 해결 전략들을 통합하여 환자들에게 치료 결과 유지를 좀 더 통제하려는 의도가 있었지만, 전통적인 프로그램들의 집중적인 성격이 치료 결과를 좀 더 장기간 동안 유지하도록 이끌 수도 있을 것이다. 또한 비록 이전의 연구들(O'Brian et al., 2003a; O'Brian, Packman, & Onslow, 2008)이 예전의 치료법과 결과에 아무 차이가 없었다는 것을 보여주었지만, 이전의 치료법으로 치료를 받았던 환자들에게 캠퍼다운 프로그램이 보다 적합한지 그렇지 않은지에 대한 결정적인 증거는 아직 없다.

원격의료로 치료한 연구 결과들(Carey et al., 2009; O'Brian, Packman, & Onslow, 2008)도 역시 캠퍼다운 프로그램을 제공할 수 있는 또 다른 방법들을 연구해야 할 근거를 제공한다. 몇몇 다른 국가들에서처럼, 호주에서도 서비스 제공자로부터 거리가 멀리 떨어져있고, 임상가와 정기적으로 일대일 만남이 거의 불가능한 경우가 있을 수 있다. 더욱이, 앞에서 언급한 것처럼, 대다수의 말더듬 성인은 직장을 다니는 연령대이고, 그들 중 많은 환자들은 치료실 내원을 위해 직장에서 시간을 내기가 어렵다. 현대의 테크놀로지 진보를 통해, 이러한 사람들에게 어떠한 치료 프로그램이라도 제공해줄 많은 가능성들을 고려할 수 있게 되었다.

이 장의 요약

캠퍼다운 프로그램은

- 치료 전 실험실 증거를 기반으로 개발되었고, 국면 I과 II의 임상 실험들로 진행되었다.
- 연장 구어를 근거로 한 행동 치료법인데, 연장 구어는 표준 실례를 모방함으로써 학습한다.
- 말더듬 심한 정도와 구어 자연스러움에 관한 측정은 SLP와 환자가 실시하는 환자 평정 척도들을 포함한다.

- 말더듬 계수 측정은 요구하지 않으므로, 장비가 많이 필요하지 않다.
- 절차라기보다는 개념이고, 따라서 다양한 서비스 전달 모델에서 실시 가능하고, 환자의 필요에 따라 개별화될 수 있다.
- 약 15~20시간 필요하다. 따라서 전통적인 치료법들보다 더 효율적이다.

이 장을 정리하는 질문

1. 캠퍼다운 프로그램의 네 가지 단계는 무엇인가? 각 단계의 일차적인 목표들은 무엇인가?
2. SLP나 환자가 "부드럽게 접촉해서 내는 소리"를 산출할 수 없다면 무엇이 문제인가? 그 이유는?
3. SLP나 환자가 일상적인 치료실 환경에서 치료실 내 %SS 평정 점수를 매주 1회 측정할 필요가 없는 이유는 무엇인가?
4. 환자가 일상적인 구어 상황에서 자신의 새로운 구어 패턴을 사용할 것으로 예상되는 적절한 시기는 언제인가?
5. 말더듬 없는 구어를 일상적인 상황들로 전환하려고 시도할 때, 환자가 개발하고 일상적으로 사용하기 위해 가장 중요한 두 가지 기술은 무엇인가?
6. 프로그램 전반에 걸쳐 환자의 진전을 누가 어떻게 평가하는가? 동일한 방법들을 최종 결과의 평가에도 사용하는가? 어떤 추가적인 정보가 유용한가?
7. 프로그램을 매주 1회 일대일 치료실 방문 모델로 실시할 때 어떤 장비가 필요한가?
8. 만약 환자가 직접 규칙적으로 치료실을 방문할 수 없는 경우에, 프로그램을 어떻게 수정할 필요가 있는가?

핵심 용어

구어의 자연스러움 평가 척도[speech naturalness (NAT) rating scale]: 말더듬 없는 구어의 자연스러운 정도를 양적으로 평가하는 9점 등간 지각 평가 척도. 이 척도에서 1 = 자연스러운 구어, 9 = 매우 부자연스러운 구어를 나타낸다.

구어 재구조화(speech restructuring): 환자가 말더듬을 제거하기 위해 환자에게 말하는 방법의 변경을 요구하는 치료 기법. 연장 구어, 스무스 구어, 리드믹한 구어 등이 예로 포함될 수 있다.

심한 정도 평가 척도[severity rating(SR) scale]: 말더듬의 심한 정도를 양적으로 나타낼 수 있는 9점 등간 지각 평가 척도. 이 척도에서, 1 = 말더듬 전혀 없음, 2 = 매우 경미한 말더듬, 9 = 매우 심한 말더듬을 나타낸다.

유창성 사이클(fluency cycle): 환자가 ① 과장된 방법으로 연장하는 구어 기법을 연습하기, ② 가능한 한 자연스럽게 말을 하는 동안에 환자가 말더듬의 제거를 위하여 이 패턴의 여러 특징들을 사용하여 말하기를 연습하기, ③ 마지막으로 말더듬의 존재 여부와 심한 정도 및 말의 자연스러움 정도 등을 평가하기 위해 녹음한 구어를 듣기(그림 14.2 참조) 등을 포함하는 세 단계의 절차.

자기 평가(self-evaluation): 환자들이 치료실 내

외의 환경에서 말더듬이 얼마나 많이 나타나는지와 말더듬 없는 구어가 얼마나 정상적인지를 일상적으로 평가하는 절차.

표본 녹음(exemplar recording): Mark Onslow는 과장되게 연장한 구어로 말한 Rainbow Passage(Fairbanks, 1960)의 첫 세 개 문장을 오디오 또는 시청각 녹화했다.

추천 문헌

O'Brian, S., Packman, A., & Onslow, M. (2004). Self-rating of stuttering severity as a clinical tool. *American Journal of Speech-Language Pathology, 13,* 219–226.

O'Brian, S., Packman, A., Onslow, M., & O'Brian, N. (2004). Measurement of stuttering in adults: Comparison of stuttering-rate and severity-scaling methods. *Journal of Speech, Language and Hearing Research, 41,* 1081–1087.

Onslow, M., & O'Brian, S. (1998). Reliability of clinician's judgments about prolonged speech targets. *Journal of Speech, Language and Hearing Research, 41,* 969–975.

Packman, A., Onslow, M., & van Doorn, J. (1994). Prolonged-speech and modification of stuttering: Perceptual, acoustic and electroglottographic data. *Journal of Speech and Hearing Research, 37,* 724–734.

제 15 장

유창성 플러스 프로그램: 말더듬 청소년 및 말더듬 성인을 위한 유창성 형성과 인지적 재구성 절차들의 통합

Robert Kroll and Lori Scott-Sulsky
(고영옥 역)

도입

이 장에서는 현재 우리의 말더듬인들을 위한 집중적인 치료 프로그램인 유창성 플러스 프로그램(Fluency Plus Program; FPP)을 소개하고자 한다. 우리가 설명하는 이 말더듬 치료 프로그램은 25년 이상의 기간에 걸쳐 발전했고, 청소년과 성인 모두에게 실시되었다. 이 기간 동안, 우리는 이 프로그램의 효능성 및 효율성 모두를 확인하려는 노력으로 실험실 실험에서 우리의 치료 방법론을 지속적으로 연구했다. 우리는 치료에 대한 환자의 반응들을 연구하고, 그들의 피드백을 경청하고, 우리의 관찰 및 임상적 논의를 기반으로 하여 프로그램을 수정해왔다. 우리는 문헌에 이어서, 가장 포괄적인 말더듬 치료 프로그램이라고 생각할 프로그램을 개발하기 위해 동료들과 회의에 참여하고 수많은 대화를 통해서 탐구하려고 노력해왔다.

확실히, 젊고 열심히 일하는 임상가/과학자로서 이러한 일을 할 때, 그 그림은 더욱 분명해지는 것 같았다. 이 장의 첫 저자가 1970년대 중반에 대학원 연구를 마쳤는데, 이 시기는 여러 말더듬 프로그램들이 개발되고 있었고 잘 쓰여지고 구조화되고 상당히 쉽게 따를 수 있는 임상적 절차라는 인식이 전문가 사회에 퍼져있었다. 필요한 모든 것을 "패키지"로 구입할 수 있는 지원 재원이 있었고, 그 프로그램을 실시하기 위해 따라야 할 임상가 및 환자용 매뉴얼, 양식, 소책자, 절차 등을 갖추고 있었다. 이런 모든 것은 유리알처럼 너무나 분명해 보였다.

우리가 이러한 프로그램들을 실시하기 시작했을 때, 우리는 곧 "매뉴얼에 쓰여있지 않은 부분들"을 많이 발견할 수 있었다. 그 프로그램에 포함되지 않은 것처럼 보이는 것들이 프로그램을 실시하는 동안에 문제로 제기되었다. 따라서 처음의 프로그램을 다듬고, 수정하고, 보충하는 과정이 시작되었다. 이 과정은 역동적으로 진행 중이며, 여기서 요약한 것은 가장 효과적인 치료법들에 관한 부가적 정보와 함께 연구하고 임상적 노력으로 계속 밝히게 될 때 더욱 수정될 것이다. 따라서 우리는 다음의 조건에 따라 이 장을 저술했다. 우리가 여기서 설명한 절차들은 우리가 토론토에 있는 구어-말더듬 연구소(Speech and Stuttering Institute)에서 만난 많은 환자들에서 발견한 가장 실질적이고 효과적인 것이다. 그러나 이러한 형태의 치료법은 이 장의 후반에서 설명할 많은 환자들에게는 적절하지 않다. 이 절차에 적절한 대상 후보자라고 생각하는 어떤 환자들은 여러 가지 이유로 그 치료법에 대하여 기대한 만큼 반응을 나타내지 않을 것이다. 이러한 점들도 이 장에서 토의될 것이다. 요약하면, 이러한 절차들이 말더듬인들에게 할 수 있는 것과 할 수 없는 것에 대한 실질적인 것들을 독자에게 제공하려고 노력하고 있는 것이다. 독자가 자신의 치료실이나 기관에서 FPP의 치료법을 적용할 수 있도록 충분한 정보를 제공하려고 노력할 것이다.

이 장을 저술하는 데 제한된 지면 때문에 치료 프로그램을 실시하는 동안 제기되는 모든 이슈들을 망라하기는 매우 어렵다. 말더듬에 대한 치료 프로그램을 설명하는 것은 그 주제에 관한 완전한 책을 쓰는 것과 거의 같다. 사실, 이 책의 모든 저자들이 자신들이 저술한 프로그램의 이론적 근거, 방법론, 절차들 등에 대하여 하나하나 모두를 자세하게 완전히 토의한다면, 우리는 여러 시리즈로 된 책들을 꽂을 수 있는 빈 책장이 필요할 정도가 될 것이다.

우리는 여러 가지 이유로 FPP를 독특한 프로그램으로 보게 되었다. 첫째, 이 프로그램은 실험연구와 임상 관찰 사이에 강력한 연관이 있음을 기초로 한다. 이 프로그램을 계속적으로 개선하는 데 크게 공헌한 임상가/과학자들이 수년간 관심을 보인 것은 다행스러운 일이다. 저자의 연구팀은 환자와 프로그램 변인들, 또 이것들과 치료결과와의 상관관계 모두를 계속해서 조사했다. 주요 병원과 대학과의 연계를 가짐으로써, 저자들은 치료를 하는 동안과 치료 후의 변화들을 관찰하기 위하여, 환자들의 대뇌 피질 구조 속을 가장 최신의 장비를 사용하여 알아볼 수 있었다. 저자들은 이 장의 후반부에서 이 연구를 요약할 것이다.

FPP에 대해 확인 중인 또 다른 특징은 이 프로그램을 환자에게 제시하는 방식이다. 환자와 임상가의 역할은 엄격한 평가 절차 동안 분명하게 개괄하는 것이다. 환자들에게 그 프로그램의 특성이 집중적이라는 것과 반복훈련(drill) 및 연습(practice)에 많은 시간이 필요하다는 것을 알려준다. 그 프로그램의 성공 여부는 평가 동안에 환자와 임상가의 의사결정에 크게 근거하게 된다. FPP로부터 효과를 볼 것 같은 환자들은 실현가능할 때 곧 그 프로그램을 시작하도록 권고받게 된다. 그 프로그램의 대상자로 포함될 수 있는 기준에 적합해 보이지 않은 환자들에 대해서는 다른 대안을 찾는다. 또다시, 이러한 기준에 대해서는 이 장의 후반부에서 더 구체적으로 상술할 것이다.

또 다른 FPP의 가장 가치 있는 측면은 유지 측면의 요소이다. 우리는 이 프로그램의 발전에 대해 개괄할 것이고, 집중적인 치료 이후에 유지의 중요성을 설명할 것이다. 유지는 앞으로 가야 할 가장 중요한 영역들 중 하나이다. 구조화된 유지 프로그램을 실시하는 것은 많은 말더듬인들에게서 완전히 혹은 부분적으로 말더듬이 악화되는 것을 방지한다고 증명되었으며, 우리가 장기 치료 효과들을 검증할 수 있게 하는 것 같다.

FPP는 말더듬 행동뿐만 아니라 말더듬인에게 영향을 미치는 많은 심리적 요인들 모두를 다룬다. 우리는 말더듬인이 겪고 있는 많은 부분을 다루기 위해 가능한 한 포괄적인 프로그램을 제공하려고 노력해왔다. 아마 FPP의 가장 특징적인 부분은 이 프로그램이 제공할 수 있는 것과 제공할 수 없는 것이 무엇인지 환자에게서 받은 정직한 메시지와 관련된 것이다. 본질적으로, FPP는 환자 개인이 의사소통하는 방법을 선택한다는 것을 환자에게 보여준다. 미리 정해진 유창성 기술 세트를 학습하고 적용함으로써, 또 건강한 정신을 가지고 구어 상황들에 접근함으로써, 높은 수준의 유창성을 달성할 수 있다. 물론 이것은 많은 양의 노력(commitment)과 집중적인 훈련을 필요로 한다. 요약하면, 환자는 이러한 행동 치료법에서 얻은 성취들이 직접적으로 자신이 고수하는 프로그램의 요소들과 적극적인 참여와 관련되어 있다는 것을 배운다.

치료 접근법에 대한 이론적 기초

말더듬 본질과 말더듬 치료

많은 문헌에서 말더듬에 대한 정의들과 설명을 찾아볼 수 있다. 대부분의 정의와 설명들은 저자의 특정한 성향 혹은 이론적 관점을 반영한다. 논의를 할 목적으로, 이 장의 저자들은 말더듬에 대한 하나의 공식적인 정의와 하나의 덜 공식적인 설명을 선택했다.

말더듬에 대한 한 가지 정의는 말더듬 장애란 구어의 흐름, 즉 유창성이 불수의적인 구어 운동 현상(speech motor events)에 의해 방해를 받게 되는 복잡하고 다차원적인 상태라고 정의한다(Bloodstein, 1995). 이 정의에서 주목을 끄는 두 개의 핵심 단어가 있다. 첫 번째, "다차원적(multidimensional)"이란 용어는 말더듬은 여러 요인들이 공존한 결과이며, 어떤 특정한 방식에서 이러한 요인들이 결합될 때 결과적으로 말을 더듬는 사람의 비유창한 구어를 초래한다는 것을 의미한다. 이러한 복합적인 요인들에는 유전적, 성격적, 심리사회적, 생리적, 정서적 등의 요인들이 포함된다. 말더듬의 이러한 차원을 다루는 여러 이론들과 실험 연구들을 조사하는 것은 이 장의 목적이 아니다. 실제 치료를 하고 있는 임상가가 그 구어 패턴의 발생, 발달, 지속성 등을 설명하기 위해 이러한 영역에서의 단서들을 계속적으로 찾아보도록 노력해야 한다.

두 번째 핵심 단어는 "불수의적(involuntary)"이라는 말더듬의 구어 운동 현상이라는 견지에서 여러 방식으로 설명될 수 있다. 비록 말더듬이 일어날 때 구어를 조절할 수 없다는 무력감과 무언가 결핍되었다고 생각하는 느낌들에 관한 글이 많지만, 현재의 프로그램 목적은 구어가 의식적으로 조절할 수 있는 수준이라는 것임을 주목하게 하는 것이다. 따라서 말더듬이란 행위가 치료를 받지 않은 사람에게는 완전히 어쩔 수 없는 것이라고 보이고 그렇게 생각할 수도 있지만, 우리의 집중적인 치료 프로그램에 참여하여 성공한 사람들은 의식적이고, 의지적인 형태의 부드럽고, 자연스럽게 흘러나오는 구어를 산출하는 데 필요한 기술들을 습득할 것이다.

이제 말더듬에 대한 덜 공식적인 설명으로 돌아가보자. 이 설명은 말더듬 장애의 두 가지 기본적인 측면인 ① 말더듬 문제, ② 말더듬 행동을 나타낸다. 말더듬 문제는 삶의 이슈로서의 말더듬을 의미한다. 여기서 우리는 자존감, 자아 개념, 자신감, 또래(동료)와의 상호작용, 태도, 정서, 심리적 요인, 삶의 질 등과 같은 이슈들을 알아본다. 다른 한편으로, 말더듬 행동은 일반적으로 말더듬이라고 하는 부적응 구어 행동을 의미한다. 이러한 특정한 행동들 또는 비유창성 유형에는 소리를 내지 않는 막힘, 음소, 음절, 단어 등의 반복, 음 연장, 비운율적(dysrhythmic) 발성 등이 포함된다. 또한 문헌에는 비유창성의 유형에 대한 수많은 분류 시스템들이 많다(Conture, 1990; Cordes, 2000; Johnson & Associates, 1959; Sander, 1961; Silverman, 1974; Young, 1961). 말더듬 행동에 대한 추가적인 구성요소에는 말더듬과 관련된 이차 행동, 부수 행동, 후속 행동 등이 포함된다. 이러한 행동에는 머리 움직이기, 눈 깜박이기, 발 구르기, 얼굴 찡그리기, 기타 미묘한 여러 가지 행동과 때로는 그렇게 미묘하지 않은 투쟁 행동 등이 포함된다. 말더듬 문제의 세 번째 측면은 회피이다. 회피는 말더듬인이 말더듬을 예상하고 겉으로 드러나는 말더듬을 위장하거나 회피하기 위해 계획된 행동들을 할 때 일어난다. 회피 행동에는 단어 대치, 구 수정, 시작계교 또는 문장의 시작 부분에서 자동적인 구(automatic phrases)와 같은 삽입어의 사용 등이 포함된다.

말더듬은 많은 이론적 구성들과 말더듬을 평가하고 치료하기 위해 계획된 많은 임상 전략들과 관련이 있다. 북미의 언어 임상가들은 전통적으로 청소년 및 성인들에게서 확인된 말더듬 치료와 관련한 2개의 임상 캠프(clinical camps) 중 한 곳에서 훈련을 받는다. 2개의 집단 중 첫 번째는 말더듬을 구어에서 운동 깨어짐(motor breakdowns)에 대한 반응으로서 학습된 회피 및 투쟁의 패턴을 나타내는 것으로 본다. 치료 절차들은 투쟁, 회피 및 불안 등을 감소시키기 위하여 부정적인 감정을 감소하는 것에 초점을 둔다. 더욱이, 개별 환자가 좀 덜 힘들이고, 긴장이 없고, 좀 더 막힘이 없이 자연스럽게 흘러나오는 구어 패턴을 습득하기 위하여 긴장, 막힘 및 더듬은 구어의 분절(fragmentation) 등을 수정하는 것을 돕기 위해 특정 테크닉을 가르친다(Guitar, 2006).

두 번째 집단은 행동적 원리들을 체계적으로 적용함으로써 말더듬 반응을 유창한 구어로 수정하는 접근법을 사용한다. 이러한 틀에서, 말더듬의 어떤 측면을 적절한 반응-후속자극을 통해 변경할 수 있는 본질상 학습된 행동으로서 바라본다(Brutten & Shoemaker, 1967; Flanagan, Goldiamond, & Azrin, 1958; Shames & Sherrick, 1963). 더듬은 구어 반응에 대한 최근의 연구들은 말더듬이 어떤 신경적 기질을 밝혀내기 시작했고, 말더듬이 구어 산출에서 신경학적으로 운동 일탈(motor aberrations)의 결과에 근거한다고 설명한다(Braun et al., 1997; De Nil & Kroll, 2001; Fox et al., 1996; Ingham, 2001; Kroll & De Nil, 1998; Wu et al., 1995). 말더듬에 대한 설명으로서 신경적 기질(neurologic substrates)과 개인이 말하는 것에 대한 조건화된 반응이라고 고려한다면, 치료 절차는 유창한 구어 산출에서 사용되는 호흡, 발성, 조음 등의 동작들을 재구성하려고 시도할 것이다(Boberg & Kully, 1985; Kroll & Beitchman, 2005; Kroll & De Nil, 1995; Webster, 1974).

다년간, 우리 훈련 멤버들은 말더듬 치료에 관하여 그들의 입장을 주장해왔다. 말더듬에 대해 정신역동적인 견해를 더 많이 가지고 있는 임상가들은 말더듬 장애에 대해 너무 깊이가 없는 시각을 가진 순수 행동주의자들을 비난했다. 그들은 행동주의자들이 말더듬 문제들을 좀 더 "깊게" 바라보지 않고, 그들의 치료 접근법은 지나치게 단순하고 표면적이라고 주장했다. 이와 유사한 방식으로, 행동주의자들은 과학적 연구와 방법론에 입각한 엄격한 적용을 지키지 않는다고 상대 임상가들을 비난했다.

말더듬의 본질에 대한 이 두 관점들을 생각해 보면, 말더듬에 관한 가장 전통적인 구어 치료 프로그램을 두 가지 중요한 범주로 나눌 수 있다. 첫 번째 범주는 말더듬 수정법이고, 두 번째 범주는 유창성 형성법이다(Guitar, 1998). 말더듬 수정법은 말더듬 장애를 하나의 문제로서 다룬다. 말더듬 수정법은 심리적인 측면들을 다루고, 태도, 느낌, 정서 등의 결과로 말더듬이 생긴다고 한다. 관련 영역들로는 자가 수용, 회피 및 불안 감소, 태도 변화 등이 포함된다. 공포를 줄이는 것이 말더듬 수정 치료법의 중요한 목표이다. 이런 유형의 치료법은 비유창한 순간과 관련된 긴장과 투쟁을 제거함으로써 자신의 말더듬 순간들을 수정하도록 가르친다. 특정한 기법들로는 취소들(의도적으로 더듬은 단어를 반복하기), 말소들(말더듬이 일어날 때 말더듬의 순간을 수정하기), 예비세트들(말하기 전에 적절한 운동 순서들을 마음속으로 계획하기) 등이 포함된다. 이 모든 기법들은 Van Riper(1973)가 처음으로 개발(advocate)했다. 말더듬이 진전된 사람을 위한 궁극적인 목표는 말더듬의 패턴을 좀 더 편안하고, 쉽고, 공개적인 구어로 바꾸는 것이다. 여기서 그 목표가 좀 더 유창하게 더듬는 것이지, 완벽하게 정상적인 유창성으로 말하는 것이 아니라는 점을 아는 것이 중요하다.

유창성 형성 치료 기법은 주로 환자에게 바라는 최종 결과 혹은 목표라는 견지에서 일반적으로 말더듬 수정법과 다르다. 말더듬 수정법은 더 쉽고, 힘이 적게 들어가도록 더듬는 방법을 습득하기 위해 말더듬의 순간을 수정하려고 노력하는 반면에, 유창성 형성법의 목표는 말더듬을 말더듬 없는 구어로 대체하는 것이다. 유창성 형성법 치료에서 유창성은 강화되고, 점진적으로 정상 구어와 비슷하게 형성된다. 치료 절차들은 호흡, 발성, 조음 수준 등에서 유창성 기술을 훈련함으로써 더듬은 구어를 재구성하려고 노력한다. 말더듬과 관련이 있는 공포와 회피 감소 혹은 기타 정신적 요인들에는 거의 관심을 두지 않는다. 유창성 형성 치료법의 지지자들은 관찰 가능하고, "측정 가능한" 구어 행동들에만 자신들의 노력을 기울인다. 따라서 공포 혹은 정서적인 상태와 같은 측정할 수 없는 현상들은 필수적으로 다루려고 생각하지 않는다. 일단 새로운 구어 패턴들이 치료실 내에서 확립되면, 유창성 형성 프로그램들은 치료실 밖으로 그 기술들을 전이 및 일반화하는 방향으로 나아간다.

임상 연구가 집중적으로 이루어진 1980년대에는 말더듬 행동을 감소시키거나 완전히 제거시키는 데 효과적으로 여겨지는 임상 절차의 핵심 구성요소들을 확인하는 것을 목표로 했다(Boberg, 1976; Cooper, 1976; Ryan, 1979; Shames & Florance, 1980; Shine, 1981; Webster, 1979). 특정한 임상 절차들이 실험적 타당성을 확인하려는 주제였다. 효과적인 것으로 여겨진 임상 절차는 계속 유지되었고, 여러 발표된 임상 프로그램에 통합되었으며, 비효과적인 것으로 여겨진 임상 절차들은 폐기되었다. 초기에 그 문헌들에서 치료 결과의 연구에 다소 문제가 있었기 때문에, 말더듬에 관한 연구가 책임감과 치료 효과성이라는 개념을 강조하기 시작했다(Gregory,

1979; Ingham, 1984a). 사실상, 말더듬인을 위한 우리의 임상적 치료 절차들을 좀 더 충분하게 면밀히 살펴보면, 치료의 타당성과 관련된 의문점들이 여전히 최신 교재들과 장에서 다루고 있는 주요 주제이다(Cordes & Ingham, 1998; Ingham & Cordes, 1999).

치료법 효능 및 효과

통제된 실험실 치료 세팅에서 이끌어낸 효능성에 관한 진보된 결과가 실증되고 보고되었지만, 일반적인 임상 세팅에서의 치료 효과성은 뒤처져있다. 경험상, 전통적인 말더듬 치료 프로그램에서 형식 및 치료 스케줄은 임상 치료에서 얻는 실질적인 이점들을 배제하는 요인들 중 하나이다. 환자들은 대부분 주 1회 1시간 동안의 세션 또는 기껏해야 주 2회 치료를 받았다. 이러한 간격의 치료는 치료 기간을 오래 끌게 하여 대부분의 경우에서 2~3년 또는 심지어 그 이상 지속되게 한다. 이러한 치료 형식은 치료 과정이 불가피한 상황에서 사용될 것이다. 어떤 경우에, 환자는 자신의 삶의 많은 측면에 대한 조언을 임상가에게 너무 의존하게 될 수도 있다. 현재의 말더듬 문제와 관련이 없는 직업, 사회, 결혼 또는 기타 문제와 관계있는 이슈들이 치료 동안에 주된 초점이 되기 시작할 것이다. 결국에는 치료사가 구어 향상을 위한 환자의 여러 가지 일에 의문을 가지기 시작할 것이다. 실제로 일반적인 치료 시나리오는 25~35세의 남자 환자와 동일한 연령 또는 좀 더 어린 여자 임상가가 한 팀을 이뤄 치료를 하는 것이다. 많은 경우에, 이러한 치료 과정이 연장선상에 있지 않은가 하는 데는 거의 의문이 없다.

노인 치료 형태와 관련한 또 다른 주요 이슈는 환자에게 최소한의 요구만 한다는 것이다. 치료 과정에서의 자기 의존과 주도권(ownership)에 대한 이슈는 치료 프로그램에 고려되어 있지 않다. 대부분의 교육과 연습은 치료실의 재량에 놓여졌다. 환자에게 "우리가 오늘 무엇을 논하는지에 대해 생각해 보세요."라고 지도하거나 아니면 가정에서의 연습량을 너무 적게 제공하고 세션을 마치는 경우가 너무 많다.

이 치료실 내에서 실시하는 치료 접근법은 구어 기술들의 전이 또는 일반화와 관련한 심각한 문제들을 초래했다. 그럼에도 불구하고, 치료 후 여러 개월이 지난 후에, 구어 유창성은 환자와 임상가의 관계가 좀 더 편안해지고 안전감을 느낌에 따라 필연적으로 증가할 것이다. 그러나 불행하게도 환자에게 이러한 유창성 증가는 실제적인 환경들에서의 의사소통 스트레스 증가를 견뎌내는 의식적이고 의도적인 유창성 산출보다는 오히려 주로 의사소통 스트레스의 감소 및 청자들과의 익숙함 때문에 일어난 것이다. 그렇다면 환자들은 치료실과 치료실 밖에서 자신의 구어가 매우 달라지는 이유에 관해 고민할 것이다. 환자가 치료실 밖으로 구어 기술들을 일반화하는 데 어려움을 겪는 것에 대해 치료 과정에서 종종 의문을 제기할 것이다. 다시 돌아와서, 앞에서 언급한 방해 요인들뿐만 아니라 치료가 장기간에 이루어진다는 본질 때문에, 말이 좋아진 것에 대한 정확하고 완벽한 평가는 종종 불가능하다. 임상가들은 이런 경우에 구어 유창성에서 변화들을 볼 수 없음에도 불구하고 태도와 적응을 통해서 얻어지는 것을 알도록 환자들을 격려할 것이다.

따라서 치료 연구들의 결과와 치료실 내에서 관찰된 결과 사이에 차이가 더 커져가고 있는 것이 관찰되었다. 실험실에서 유도해낸 실험적 증거는 더듬은 구어를 좀 더 정상적으로 말하는 형태로 효율적으로 수정할 수 있다는 것을 제시했지만, 여전히 실제 임상가들은 매우 비효율적인 치료 프로그램과 형식을 계속하며, 종종 모호하게 가르치고 부적절하게 정의된 목적으로 치료를 한다. 치료를 집중적으로 해야 할 뿐만 아니라 환자에게 치료 과정에 대한 더 큰 책임감을 부여할 필요성이 1970년대 중후반에 최초로 보고된 여러 집중적인 프로그램에서 강조되었다(Boberg, 1976; Webster, 1979).

하나의 전문가로서 발전해오는 이 지점에서, 말더듬을 치료하는 가장 효과적인 방법들에 관하여 전문가들 사이에 많은 논쟁과 양극화가 커지는 것은 현실에서 말더듬 문제 및 말더듬 행동 모두에 관련된 프로그램을 천천히 만들게 한다. 임상 연구자들은 다차원적 접근법들의 이점들을 증명하는 것처럼, 자신들의 프로그램들을 포괄적이고, 총체적이고, 통합적인 프로그램이라고 더욱 더 많이 설명한다. 한때 자신들의 치료법에 대하여 매우 강하고 다소 엄격한 관점을 표현한 임상가들과 연구자들이 초기의 버전에서 다루지 못했던 중요한 변인들을 확인하고는 점차적으로 새로운 요소들을 편입시키고 있다. 사실, 잘 알려진 책인, *Stuttering: An Integrated Approach to It Nature and Treatment*(Guitar, 2006)는 이러한 경향을 반영한다(Kroll et al., 2006). 이 책은 캐나다의 토론토에 있는 The Speech and Stuttering Institute에서 우리의 치료법인 유창성 플러스 프로그램의 개관을 통해 우리가 바라는 통합적 치료 모델을 제시한다.

치료 접근법에 대한 실험적 기초

이 장의 목적은 ① 말더듬과 관련하여 실험실에서 유도된 절차들과 임상적 치료 간의 불일치를 해결하기 ② 유창성 확립, 기술 전이, 유창성 유지 등을 다룰 뿐만 아니라, 유창성 목표를 위하여 심리적 장벽들도 다루는 통합된 치료 프로그램을 확립하려는 우리의 노력을 요약하는 것이다. 우리 모델은 30년 이상에 걸쳐서 발전되어 왔고, 다음에 구체적인 프로그램 단계와 수정에 대해 연대 순으로 서술했다.

초기 연구

이 장의 첫 저자는 1970년대 후반에 토론토에 있는 Clarke Institute of Psychiatry(Clarke 정신의학 연구소)에서 실시한 캐나다인을 위한 첫 번째 말더듬 성인 집중적인 치료 프로그램 중 하나를 소개했다. 이 치료법은 Webster(1974)가 개발한 정밀 유창성 형성 프로그램(Precision Fluency Shaping Program)에 기반을 두었고, 청소년들과 성인들이 집중적으로 일일 양식(daily format)으로 사용할 수 있도록 계획되었다. 이 치료법의 기본 전제는 말더듬인이 구어 메커니즘의 기본적 규칙들 대신 더듬은 구어를 정상적인 유창한 소리로 대체하는 것을 배워야 한다는 것이다. 이 프로그램은 환자들이 집단 치료와 개별 치료를 매일 5시간 이상 집중적으로 3주 동안 실시한다. 확립 단계는 말 속도와 호흡, 음성, 조음 조절 등과 관련된 유창성 기술들을 훈련한다. 일반화 단계는 자연스러운 상황에서 이러한 기술들에 대한 연습을 포함한다. 이 프로그램은 여러 가지 이유로 우리의 관심을 끌었다. 첫째, 고도로 구조화되고 조직화된 프로그램 자료들이 임상적 활동들을 논리적이고 잘 계획된 순서에 맞춰 이뤄지게 한다. 둘째, 이 프로그램의 기법들과 절차들은 임상 실험에서 도출되었다. 마지막으로, 이 프로그램은 본질상 집중적인 프로그램이고, 환자가 3주간 전일제로 수행하기를 요구한다. 이러한 요인들은 인간 학습의 기본 원리들이 이 접근법 전체에 걸쳐서 결합되었고, 이 프로그램을 우리 치료에 도입하게 할 정도로 확신을 주었다.

Leibovitz와 Kroll(1980)은 토론토에 있는 정밀 유창성 형성 프로그램에 참여한 환자들을 무작위로 100명 선택하여 첫 후향연구(retrospective study)를 실시했다. 그들은 무작위로 선택된 12~60세의 78명의 남성과 22명의 여성으로부터 얻은 치료 전 및 치료 후 비디오테이프 샘플에서 말더듬 빈도를 보고했다. 투쟁, 회피, 예기 행동에 관한 자기 보고식 데이터를 제공하도록 고안된 도구인 말더듬 지각 검사(Perceptions of Stuttering Inventory; PSI)(Woolf, 1967)를 사용하여 추가적인 치료 전 및 치료 후 데이터를 수집했다. 이러한 초기 연구가 감소된 PSI 점수를 보여주는(표 15.1과 15.2) 것처럼, 이 집중적인 프로그램에 참여한 대상자의 90% 이상이 긍정적 태도 변화 이외에도 유창성에서 유의미하게 향상된 것을 보고했다. 그러나 저자들은 이러한 데이터가 단지 치료 전 및 치료 후 점수를 나타낼 뿐이라고 주의를 주었고, 참여한 많은 환자들이 보충적인 상담, 지원, 추후 점검 없이는 이러한 증진들을 적절하게 유지할 수 없을 것이라고 예측했다. 저자들은 참여자들이 고도로 구조화되고 엄격한 집중적인 치료 프로그램으로부터 그들 자신에게 필수적으로 기능하는 것으로의 전이는 종종 결과적으로 부분적이거나 완전히 회귀를 초래했다고 보고했다. 그래서 치료 후 환경에서 유창성 이슈들로 환자들을 돕기 위하여 고안된 치료실 내 집단 회기들로 이뤄진 유지 요소들을 덧붙여 원래 프로그램을 수정하기 시작했다.

〈표 15.1〉 집중적인 치료 실시 전과 후의 대화 상황에서 각 비유창성 수준에 따른 사례 수

비유창한 단어 %	치료 전	치료 후
0~3%	2	58
4~10%	14	30
11~26%	45	12
27~41%	25	0
42 +	14	0

출처: Leibovitz and Kroll, 1980.

〈표 15.2〉 집중적인 치료 전후 PSI 점수에 대한 총 사례 수

	전체 점수	치료 전 사례 수	치료 후 사례 수
정상 범위	0~10	9	82
	11~20	16	15
	21~30	30	2
	31~40	26	1
	41~50	15	0
	51~60	4	0

출처: Leibovitz and Kroll, 1980.

추후 점검 연구

치료의 효과성을 더 구체적으로 평가하기 위해, Kroll, Gaulin, Tammsalu(1981)는 자조 모임에 참석하고 있는 프로그램에 참여한 23명의 참가자들로부터 얻은 치료 전, 치료 후, 추후 점검 데이터를 보고했다. 그 연구의 참가자는 15~59세의 범위에 있는 남성 21명과 여성 2명으로 구성되었다.

치료 후 경과 시간은 1개월에서부터 5년 11개월(평균 2년 5개월)이었다. 이 연구 결과, 치료 직후 구어 유창성이 유의하게 향상된 것으로 증명되었다. 추후 점검 데이터의 결과, 치료 후 수준(특히 대화 상황)에서 약간 퇴행이 보고되었지만, 그 수준은 치료 전 수준보다는 여전히 개선된 것이었다. 대화에서 비유창성 평균 백분율 점수는 치료 전에 28.5%, 치료 후에 3.7%, 추후 점검 시에 7.8%였다. 퇴행이 치료 후 1년 6개월에 최고조로 나타났지만, 그 후로 점점 더 개선되어 곧 유창성이 안정된 상태가 되었으며, 결과적으로는 치료 전 수준보다 아주 높은 유창성 점수를 보였다(표 15.3).

이 연구의 저자들은 또한 그들의 피험자들로부터 일상생활 기능에 대해 자기 보고 형식의 평가도 수집했다. 단지 피험자들의 20%만이 치료 전, 일상생활의 발화 상황에서 만족스러운 결과를 보고했다. 대조적으로, 치료 후 다양한 기간이 지난 후에, 피험자의 86%가 일상적인 대화 상황에서의 어려움이 거의 없거나 전혀 없다고 보고했다.

집중적인 말더듬 치료 후에 공식적인 유지 단계 요소에 필요한 사항 이외에도, 원래의 프로그램에서 특별히 목표로 삼지 않았던 것이 이 프로그램을 실시하는 동안에 다루어야 할 필요가 있는 많은 영역들을 확인했다. 말더듬에 대한 부정적인 감정, 수정된 구어 패턴의 수용, 불안에 대처하는 방법을 배우는 것, 현실적인 기대치와 목표들을 확립하는 것, 특정한 신념과 태도를 분석하는 것, 이 장의 후반부에서 논의할 기타 다양한 영역들과 관련된 여러 이슈를 다루기 위해 많은 시간이 필요하다는 것을 알게 되었다. 환자들이 자신에 대한 자각(self-perceptions), 태도, 전반적인 신념체계 등을 변경하도록 돕고자 고안된 전략들을 통합시킬 필요가 있다는 것을 발견하기 시작했다. 즉, 우리의 집중적인 치료 프로그램의 통합적인 한 부분으로서 인지적 재구성하기(cognitive restructuring)를 전개시켰다. 실제로, 최근 문헌들은 인지적 혹은 정서적 재구성하기와 함께 행동 기법들을 보완하는 여러 주장들을 포함하고 있다(Blood, 1995; DiLollo, Neimeyer, & Manning, 2002; Ladouceur, Caron, & Caron, 1989; Neilson, 1999). 매우 초기에 우리가 임상적인 노력을 할 때, 우리는 태도와 다른 인지 영역의 수정 없이 행동적 변화만으로는 치료를 하는 동안과 가장 확실히는 치료 후 환경에서 문제점들을 필연적으로 초래할 것이라는 것을 깨달았다. 이러한 깨달음은 그 후에 집중적인 성인 말더듬

〈표 15.3〉 치료 후 기간에 따른 집단별 23명 대상자들 대화에서의 평균 비유창성 백분율 점수

대상자 수	치료 후 기간	치료 전 점수	치료 후 점수	추적 점검 점수
4	1~6개월	27.5	1.4	6.4
5	7~12개월	35.1	4.3	11.2
5	1.1~3.0년	27.3	4.3	8.2
6	3.1~5.0년	24.0	6.7	9.0
3	5.1~6.0년	28.8	1.7	4.1

출처: Kroll, Gaulin, & Tammsalu, 1981.

치료 프로그램을 실시하고 있는 다른 사람들로부터도 확인되었다(Andrews & Craig, 1988).

우리의 프로그램은 그 후 외현적 구어 행동과 관계된 행동적 목표들과 더불어 구체적인 인지적 재구성 목표들을 포함하여 수정되었다. 우리는 공식적인 유지 국면을 강화하려고 노력을 기울였다. 집중 프로그램 이후에, 환자들은 1년 동안 점진적으로 용암(fading)하는 추적 점검 집단 세션들로 구성된 유지 프로그램에 등록했다. *유창성 유지 매뉴얼: 지속적인 연습을 위한 지침*(Kroll, 1991)은 체계적인 가정 연습 프로그램(systematic home practice program)을 개발하도록 프로그램 참여자들을 돕고 유창성에 관한 장 · 단기 목표들을 수립하기 위해 쓰였다. 사실, 집중적인 프로그램들이 수립된 지 수개월, 수년 후에, 유창성을 유지하는 것이 치료 후 환경에서 환자가 직면하는 가장 중요한 과제 중 하나로 확인되었다(Boberg, Howie, & Woods, 1979; Ingham, 1984b). 우리는 또한 공식적인 유지 프로그램들 이외에 과거 환자였던 사람들을 지원하는 시스템들을 많이 수립했다. 이들 시스템에는 재교육 과정들(refresher courses)이 포함되었고, 자조(self-help) 집단들에 초점을 두었는데, 이 두 가지 시스템 모두를 이 장의 후반부에서 토의할 것이다. 따라서, FPP는 위의 구성요소들을 포함하도록 발전되었다.

우리의 집중적인 프로그램에 대한 이후의 후속 점검 연구들은 우리의 초기 연구 결과를 확인하고, 치료 후 환경에서 환자의 장기적인 구어 수행력에 대한 추가적인 관점을 가지게 한다. 일반적으로, 이러한 연구들은 대부분의 환자들이 말더듬 치료 직후에 극적인 감소를 보이다가 집중적인 치료 이후 1년 또는 2년간 5~20% 범위로 회귀 비율을 보이는 것으로 나타났다(De Nil & Kroll, 1995; De Nil et al., 2003; Kroll et al., 1997).

신경영상법을 사용한 치료 효과 측정

신경영상 기법을 사용한 우리의 세미나식 연구는 말더듬인의 구어 프로세싱 및 치료 전, 치료 후, 유지 프로그램 1년 후의 뇌 활성화를 확인하는 데이터를 추가했다(De Nil et al., 2003; Kroll & De Nil, 2000; Kroll, De Nil, & Houle, 1999). 발달성 말더듬으로 진단된 성인 13명(20~40세)과 비말더듬 성인 10명(19~34세)을 대상으로 묵독과 낭독 과제, 동사 생성하기 과제를 수행하는 동안에, 양전자방출단층촬영(PET)을 사용하여 그들의 뇌 활성화 패턴의 기능적 영상을 수집했다. 말더듬 참가자들은 3회 시기로 구분하여, FPP 집중 치료 전, 3주간의 집중 치료 직후, 치료 1년 후에 촬영했다. 치료 전, 집중 치료 후, 추후 점검 시기에 유창성을 계수하고 말더듬 심한 정도 검사(Stuttering Severity Instrument; SSI) 점수(Riley, 1972)를 얻었다. 이 시기에 PSI 점수도 얻었다(표 15.4).

다른 결과들 이외에도, 우리는 말더듬인들이 일반적으로 구어 과제들을 수행할 때에 피질의 활동들이 증가되는 양상을 보이는 것을 입증했다. 이러한 활동의 증가는 치료 전에 관찰되며, 구어 산출 동안에 노력이 증가된 것을 반영하는 것으로 생각된다. 흥미롭게도, 피험자들은 치료 직후 좌편중화된 피질의 과도한 활성화가 있었음에도 불구하고, 피질의 과활성화의 지속적인 패턴을 나타내었다. 우리는 이 과다활성화를, 심지어 치료 직후 유창성의 수준이 매우 높더라도,

〈표 15.4〉 말더듬 대상자(n = 13)의 3주 집중 말더듬 감소 치료 전, 치료 직후, 치료 1년 후의 읽기와 대화 구어에서 측정한 비유창성 평균 백분율 및 평균 SSI와 PSI 점수

대상자	읽기에서 유창성 평균 %	대화에서 유창성 평균 %	평균 SSI 점수 %	평균 PSI 점수
치료 전(n = 13)	6.07(7.45)	7.07(4.85)	15.3(5.79)	48(15.8)
치료 후 (n = 13)	0.76(0.83)	1.61(2.72)	8.15(2.07)	18(11.9)
1년 후(n = 13)	1.07(0.95)	3.46(2.90)	10.3(3.92)	21(11.1)

출처: De Nil et al., 2003.

FPP로써 유창성 기술들을 의도적으로 모니터링하는 것과 관련된 인지적 요구의 결과라고 해석했다. 여기서 가장 주목할 것은 1년간 성공적인 유지 후에 관찰된 패턴인데, 완전하지는 않지만, 비말더듬 화자에게서 보이는 패턴들에 가깝게 말더듬 피험자들에게서 이러한 피질의 활성화가 시작되는 것이 보였다. 우리는 이 결과를 유창성 연습에 대한 일관된 프로그램을 실시한 후에 화자의 말이 좀 더 자동적인 것으로 되었다는 것으로 해석했다. 이러한 일련의 신경영상 연구들은 집중적인 치료 후, 유창성 유지 프로그램들의 필요성을 강력히 제시한다. 기술 훈련과 인지 재구조화로 이루어진 공식화된 연습 과정(Kroll, 1991)이 환자가 좀 더 쉽게 접근할 구어 패턴을 확립하는 데 중요한 역할을 한다(그림 15.1). 물론, 추가적인 연구들이 이루어지면, 치료 후 뇌 활성화 변화라는 점에 대해 더 많은 점을 밝힐 것이므로, 유지 프로그램의 이러한 중요한 요소들로 말미암아 우리의 노력이 더욱 크게 나타날 것이다. 더욱이, 유지 기간 동안에 재발하는 환자들에 대한 연구들은 우리에게 유용한 예측의 정보를 제공해줄 수 있다.

청소년 및 성인들에 대한 말더듬 치료의 임상 경험 및 연구 경력을 25년 이상 쌓은 후에, 우리는 효과적인 치료를 위해 반드시 포함해야 할 특정하고 본질적인(fundamental) 원리들이 있다는 것을 확신을 가지고 말할 수 있다. 첫째는 프로그램이 실험에 근거한 절차들이어야 한다는 것이다. 이 말은 우리의 훈련법(discipline)에서 매우 자주 논의되는 증거 기반 실제의 중요성에 대한 자각이 증가하고 있음을 반영한다(Cordes & Ingham, 1998). 둘째로, 프로그램은 포괄적이어야 하고, 확립, 전이, 유지 단계들을 포함해야 한다는 것이다. 셋째로, 비록 프로그램의 초기에는 관찰 가능한 행동들을 다룰 지도 모르지만, 태도, 느낌, 정서 및 어느 치료 국면들에서나 개인의 반응에 영향을 미칠 수 있는 기타 인지적 요소들에도 관심을 기울여야만 한다. 넷째로, 프로그램은 집중적인 스케줄에 맞춰서 실시되어야만 한다. 마지막으로, 말더듬에 관한 효과적인 행동 프로그램들은 여러 가지 기본적인 학습 원리들을 통합해야 한다.

다음의 목록은 저자들이 말더듬인들에게 효과적이고 가장 적합한 치료 프로그램을 제공하는 데 있어 중요하다고 생각하는 것을 반영한다.

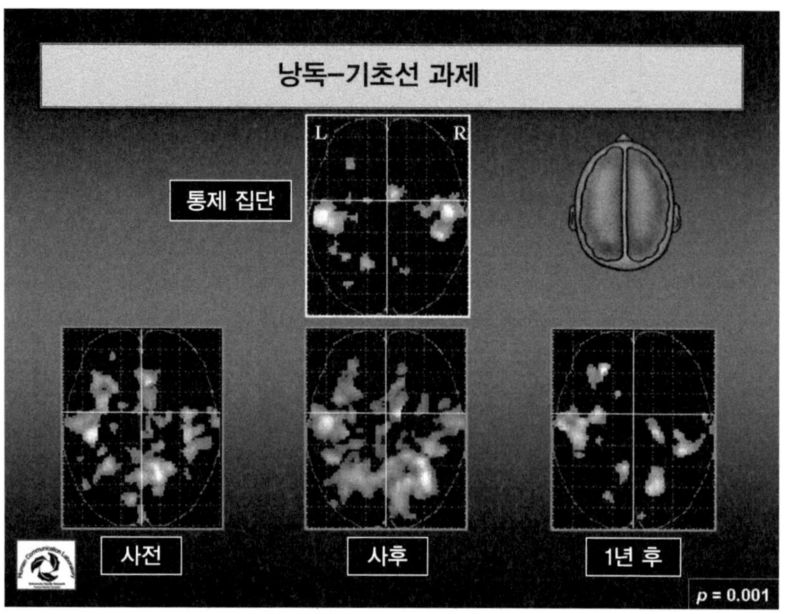

[그림 15.1] ■ 낭독하는 동안에 통제 집단 및 말더듬 집단의 양전자 방출 단층촬영검사로써 치료 직후에는 광범위하게 활성화가 증가하고, 치료 1년 후 유지 단계 그 이후에 감소를 나타내고 있음(Kroll, De Nil, & Houle, 1999).

구어는 복합적인 행동을 나타낸다

비록 말더듬이 경미한 사례인 것 같을 때조차도, 말더듬에 대한 간단한 해결책은 없다. 단순히 쉬운 호흡이나 느린 구어를 가르치는 것만으로는 우리가 말더듬으로 바라보는 부적응적인 구어 행동의 전체를 수정하기에는 불충분하다.

여러 치료 기법들은 일차적으로 관찰가능한 행동들에 초점을 둔다

치료의 일차적인 초점은 구어 산출 프로세스의 여러 신체적 양상을 수정하는 것이어야 한다. 이것은 왜곡된 호흡, 발성, 조음 등의 행동들을 치료하는 것을 포함할 것이다. 그 목표는 이러한 구어 발화 행동들을 구어를 위한 운동 패턴들을 재훈련하기 위해 계획된 일련의 연습들을 통해 수정하는 것이다.

유창성 기술 훈련을 인지적 재구성으로 보조한다

치료 동안에 태도적 및 정서적 요인들을 다루어야 한다. 만성 말더듬을 나타내는 사람은 종종 치료 과정에 영향을 미치는 대처 전략들을 발전시킨다. 포괄적 치료 프로그램은 혼잣말 전략, 공포와 불안에 대처하기, 회피 행동을 제거하기 등을 다룰 것이다.

집중적인 치료를 실시한다

치료의 강도를 치료 형식(예: 매일 여러 치료실 내 회기들로 구성된 일일 프로그램)이라고 할 수 있다면, 강도의 강화(intensification)란 회기들 사이에 그 환자가 가정에서 연습해야 할 것으로 기대하는 수행이라고 할 수도 있다. 예를 들면, "당신은 오늘 밤 가정에서 몇 분간 이것을 실시하시오."

와 같이 애매한, 목표가 없는 지시를 하는 것으로는 불충분하다. 우리는 환자에게 각 회기를 마칠 때 가정에서 연습할 것을 인쇄된 자료로 제공하여 명확하게 지시하는 가이드라인을 주어야 한다는 것을 알았다. 우리가 치료 회기들 사이에 여러 시간의 가정 연습을 요구하는 것은 일반적이다.

유창성 기술은 과잉 학습되고 과장되어야 한다

치료 초기 단계 동안에, 구어의 세부적인 것에 대해 환자의 인식을 증가시키기 위해 유창성 기술들을 매우 과장된 방법으로 가르친다. 이러한 행동들을 과잉 학습되거나 구어 산출이 쉽게 이루어질 때까지 개별적으로 지도하고, 각 수준에 맞추어서 연습을 한다. 그런 후, 이러한 행동들을 단순한 구어 반응들에서 대화로 전이시킨다.

반응 가변성의 감소

바라는 행동들에 대한 특정한 정의뿐만 아니라 수용가능한 구어 반응의 범위를 환자에게 알려주는 것이 필수적이다. 환자에게 특정 유창성 기술들에 대하여 바라는 실행 수준을 충분하게 상술하지 않으면서 "더 쉽게 숨을 쉬어라", "느리게 말해라" 등으로 말하는 것은 적절하지 않다. 녹음된 연습 회기들을 분석하는 유사한 방식으로 가정 과제를 평가해야 한다. 치료 회기들 동안에, 환자의 구어 반응의 정확성에 대한 즉각적인 피드백을 환자에게 제공해야 한다. 시간을 재는 장치, 생체 피드백 장치, 녹음된 구어 분석, 임상가의 피드백 등과 같은 것을 통해서 이러한 피드백을 제공할 수 있다.

용암과 환자의 자기 신뢰

치료 기법, 자료, 장비(예: 초시계) 등은 치료 기간 동안 중요한 시기에 도입되고, 환자가 각 프로그램 단계(step)에서 성취기준 이상을 성취할 때에는 치워버린다. 이러한 방식으로, 환자가 중재 프로그램 단계나 기기의 일부에 매우 의존하게 되는 상황은 피한다. 프로그램을 통한 목표는 구어 프로세스에 대한 행동적, 인지적 구성요소들의 모든 측면들에 관한 자기 신뢰를 성취하는 것이다.

반드시 유창성 기술의 전이를 다루어야 한다

이 치료 프로그램을 임상 환경에서만 실시할 수는 없다. 특정한 전이 활동들을 전반적인 치료 프로그램의 통합적인 한 부분으로 계속해야 한다. 전이 활동의 시기와 유형은 자연스러운 환경에서 새롭게 배운 유창성 기술을 통합시키기 위해 환자의 요구와 각오에 부응하여 스케줄을 짜야 한다. 전이 활동의 순서는 초기 훈련 동안에 사용되었던 진행과정과 동일하게 구조화되고 합리적인 진행과정을 따라야 한다.

유지 프로그램들은 통합되어야 한다

포괄적인 치료의 모든 단계를 완료하기 위해, 환자에게 치료 후 환경에서 독립적으로 따를 일련의 지침과 절차들을 제공해야 한다. 이러한 지침들은 구체적이어야 하고, 성취한 유창성을 유지하기 위해 효과적인 연습 스케줄을 개발하는 방법에 대해 자세한 사항들을 환자에게 제공해야 한다. 유지 단계 또는 추적 점검 세션은 치료 프로그램의 일부이며 점진적으로 용암법(fading)에 근거하여 실시해야 한다.

치료 후 지원 집단들에게 가교를 제공한다

이러한 치료 후 집단들은 치료 프로그램 동안에 제공된 구조화된 프로그램과 환자의 독립적인 가정 연습 일과 사이에 하나의 가교를 나타낸다. 이러한 치료 후 집단들은 이전에 프로그램 참가자들이 집중적인 프로그램 동안에 습득한 본래의 치료 기술들에 초점을 맞추기 위한 규칙적인 스케줄에 따라 모인 치료 미팅으로 확립되어 왔다. 이러한 미팅 동안에 환자 피드백, 대화, 문제 해결 등이 권장된다. 대부분의 경우에, 미팅은 전문가의 중재 없이 진행되며, 그 집단은 집단 지도자를 뽑는 것을 포함하여 공식적이고 조직화된 구조를 고수한다.

반드시 재교육 프로그램이 제공되어야 한다

과거 프로그램 참가자들은 이 프로그램을 공식적으로 종료하지 않는다. 환자들이 원래 프로그램의 세부사항들을 다시 습득하고, 2일 동안의 세미나에서 환자들이 전문가의 피드백을 받을 수 있고, 큰 집단에서 의사소통하면서 겪을 수 있는 어려움에 직면할 수 있도록 1년에 2번 재교육 프로그램들을 실시한다. 환자들은 이러한 재교육 프로그램에 자발적으로 참여한다. 저자들은 재교육 프로그램들이 치료실에서 먼 거리에 거주하여 일련의 추적 점검 유지 세션에 참여할 수 없는 환자들에게 특히 효과적이라는 것을 발견했다.

치료의 실제적인 요구사항

필요한 훈련 수준

유창성 플러스 집중 성인 프로그램(Fluency Plus Intensive Adult Program)은 자격 있는 언어 임상가가 실시해야 한다. 비록 우리가 이 프로그램의 반복 가능성(이 프로그램이 어디에서 누구와 실시해도 동일하도록, replicability)을 보장하기 위해 충분한 세부사항을 포함하도록 노력했지만, 임상가가 말더듬인을 치료하고 상담한 중요한 배경 지식과 치료 및 상담 경험을 갖도록 권고한다. 이상적으로, 임상가는 많은 임상 시간들을 Speech and Stuttering Institute 직원(staff)으로 경험하고, 8개 표적 행동들을 정확하게 산출하고, 이 프로그램에 필요한 장비 및 매뉴얼들에 익숙해져야 한다.

치료 소요 시간

유창성 플러스 집중 성인 프로그램은 3주간의 집중 단계와 11개월간의 유지 단계로 이루어져 있다. 집중 단계는 월요일부터 금요일까지 매일 4.5시간 회기를 가지며, 매일 치료실 내원 이후와 주말에는 2~4시간 동안 가정에서 과제를 수행하는 것으로 이루어져 있다. 환자들이 집중 치료 단계 동안에는 직장이나 학교에 출석하지 않도록 권고한다. 유지 단계 동안, 환자들은 활동을 연습하고 기록하는 데 매일 약 1시간 정도 필요하다. 환자에게 또한 1시간 유지 회기를 17회 정도 참석할 것을 요구하는데, 이 유지 회기는 12개월간의 치료를 실시하는 데에 주 1회, 월 2회, 월 1회로 계획된다. 유지 단계 미팅에 직접 참석할 수 없는 환자들은 스케줄로 잡혀 있던 유지 단계 미팅 당일이나 그 전날 전에 자신의 구어 샘플을 녹음한 것과 연습 스케줄에 따라 녹음한 것을 준비하여 우편이나 이메일로 보내야 한다.

필요한 장비

FPP를 실시하기 위해 임상가가 필요로 하는 장비에는 치료 지침서(매뉴얼), 아날로그 스톱워치, 비디오카메라, 비디오테이프, 비디오 모니터, 오디오 레코더 및 오디오테이프 등이 포함된다. 또한 각 환자가 치료실 안팎에서 사용하기 위해 집중적인 국면 기간 동안에 발성 시작 바이오피드백 장치(voice onset biofeedback device)에 접근할 필요가 있다. Speech & Stuttering Institute에서, 우리는 두 가지 형식의 발성 시작 바이오피드백을 사용한다. 첫째는 전자식 "음성 모니터(voice monitor)"로, 이 기기는 정해진 강도와 강도 변화에 대한 매개 변수 내에서 음성이 시작되면 녹색 표시등의 불빛으로 피드백을 제공한다(Smith & Kroll, 1979). 둘째는 Dr. Fluency 컴퓨터 소프트웨어 프로그램인데, 이것은 시간이 지남에 따라 음성 시작에 대한 강도 및 강도 변화에 대한 그래프를 제공한다(Friedman, 1992). 집단 강의 세션과 짝을 지어서 하는 연습 세션을 수행하기 위해 충분한 물리적 공간이 필요하다. 환자들은 치료하는 동안과 치료한 후에 사용할 아날로그 스톱워치, 오디오 레코더, 오디오테이프 2개가 필요하다.

치료 비용

FPP를 실시하는 비용은 요구된 임상 시간과 이용할 수 있는 자료를 반영한 것이다. 그러므로, 이러한 비용은 지역과 치료 세팅에 따라 다를 것이다. 실질적으로 말하자면, 한 사람에게 최소한 77시간의 직접적인 치료 시간, 12시간의 치료 준비 시간, 16시간의 치료 분석 시간, 10시간의 행정적인 상담 관리 시간이 소요된다. 집단의 크기와 스케줄 변동에 따라, 협력 치료사는 치료 세션들과 치료실 밖 전이 활동들에서 임상적 피드백을 제공하도록 요청받을 수도 있다. 자료 비용에는 매뉴얼과 양식들에 해당되는 비용이 포함되고, 장비 비용에는 바이오피드백 장치들과 컴퓨터 소프트웨어가 포함된다. 치료실 공간 또한 고려하여 계산에 포함해야 한다.

접근법의 핵심 요소

치료 목표

FPP의 궁극적인 치료 목표는 **의사소통 사고방식(Communication Mentality)**을 습득하는 것이다. 의사소통 사고방식은 누구나 가질 수 있는 부정적인 정서를 약간 가지면서도 누구에게나, 언제든지, 어디든지 효과적이고 효율적으로 말하는 능력이다. 이 목표를 충족시키기 위해서, 세 가지 기본 치료 목표가 반드시 성취되어야 한다.

1. 환자들은 유창성을 촉진하는 표적 행동들을 **확립**함으로써 구어 근육 움직임 패턴에 대한 통제력을 습득해야 한다.
2. 환자들은 **전이** 기술의 습득과 태도, 믿음 및 감정 등에 대한 **인지적 재구조화**의 습득을 통하여 모든 말하는 상황에서 적절한 통제된 구어를 산출하는 능력을 습득해야 한다.
3. 환자들은 치료에서 얻은 결과를 장기간 **유지**하기 위한 기술을 습득해야 한다.

중재 단계

FPP는 세 가지 중첩되는 중재 단계들로 구성되는데, 각 단계의 세 가지 치료 목표는 다음과 같다.

1. *유창성을 촉진하는 목표들의 확립* 운동-구어 시스템은 표적들이라 하는 8개 유창성-촉진 구어 행동들의 확립을 통하여 재구성된다. 표적이란 정의된 매개변인(parameter)들 내에서 수행된 특정 근육 운동 패턴이라고 정의할 수 있다. 확립 국면은 구어 및 말더듬에 대한 해부 및 생리에 대한 실질적이고 적절한 교육을 환자에게 제공함으로써 지원된다.
2. *전이 및 인지 재구조화* 표적 행동들의 확립 및 신체적 숙달과 동시에, 전이 및 인지 재구성 프로세스 또한 성취된다. 전이란 새롭게 습득된 구어 패턴을 치료실 외부 및 다양한 구어 활동들에서 사용하는 것으로 정의할 수 있다. 그리고 인지 재구조화는 환자가 말더듬 및 의사소통에 관한 생각과 느끼는 방식에서의 변화뿐만 아니라 말하는 상황들로 들어갈 때 가지는 정신적 자세에서의 변화라고 생각할 수 있다. 환자들에게 이 프로그램을 통하여 성공적인 전이를 촉진하는 중요한 개념은 도입한다. 이러한 각 개념은 명확한 인지 재구조화 목표들에 의해서 지원된다. 이러한 식으로, 전이 및 인지 재구조화는 상호 의존적이고 동시적으로 성취된다고 생각할 수 있다.
3. *유지 및 연락 유지* 환자들에게 습득한 유창성을 오랜 기간 유지하기 위한 중요한 개념들을 도입한다. 매일의 연습 활동들에 관한 상세한 프로그램을 기록 관리와 목표 설정 전략들과 함께 도입한다. 환자들은 연습, 평가 기술 유지, 문제 해결, 계속적인 태도적인 목표 등을 지원하기 위해 일련의 1년간의 추적 점검 세션들에 참석하도록 계획한다. 환자들은 또한 이 프로그램을 마친 사람들로 구성된 자발적 자원봉사 지원 집단인 Demonsthenes Society의 회원이 되고, 매년 보충 교육 세미나에 참여하도록 권장받는다.

프로그램 진행

다음에 제시되는 FPP 진행과정에 대한 설명에서, 우리는 이 프로그램에 필요한 행동 기술을 확립하고자 사용한 절차 및 활동들을 개괄하고자 했다. 더욱이, 우리가 인지 재구성하기의 목표들을 다루는 부분은 굵은 이탤릭체로 표시했다. 이 프로그램의 순서와 임상적 목표에 대한 요약은 그림 15.2를 참고하라.

집중적인 국면

1일차

치료 전 측정 각 환자는 비디오 녹화를 하는 인터뷰에 참여하고, 구어 유창성을 측정할 읽기 샘플을 녹화한 것을 제공해야 한다.

이 장의 thePoint에서 비디오 클립 1과 2에 관한 한 예를 참조하라.

이들 각각의 측정에 대해서, 분당 말한 단어와 더듬은 단어의 백분율이 계산되고, 말더듬의 형태와 빈도가 분석되며, 이차 행동들을 적는

	일	확립 목표	전이 목표	인지 재구조화 목표	유지 목표
집중적인 단계	1	음절 연장 표적(2SS)	가정에서 숙제로 자기 평가	자기 수용하기	
	2		피드백 자가 수정 전화 상황 연습	상황 공포 다루기	
	3	심호흡 표적	2SS로 구어 산출하기	말더듬에 대한 객관적인 관점을 가지기 항상 구어 수정을 수용하기	
	4	부드럽게 시작하기 표적	겉으로 드러나지 않는 연습	불안 관리하기 구어 수정에 대한 개방성을 성취하기	
	5	느리게 변화하기 표적 기압 감소시키기 표적			
	6	조음 기관 압력 감소 표적 음절 연장 표적(1SS) 진폭 곡선(amplitude contour) 표적			
	7	완전한 조음 기관 움직임 표적	대화 상황 연습 치료실 밖 대화를 녹음함	수정한 구어 패턴 습관들이기	
	8		1SS로 구어 산출하기 치료 전 테이프 보기	여러 사람 앞에서 말하기 상황 둔감화 긍정적인 준비 정신 습관화하기 과학적인 관점에서 말더듬을 보기 변화에 대해 준비하기 회피 행동을 자각하기	
	9	음절 연장 표적(0.5SS)			
	10	음절 연장 표적(새롭게 성취한 정상)	0.5SS로 구어 산출하기	수정한 구어를 수용하기	
	11		모니터하여 만든 유창성 vs. 우연하게 한 유창성 치료실 밖 대화 상황	항상 새로 습득한 정상을 수용하기 비유창성을 조절한다는 견지에서 성공을 바라보기	형성하기
	12		전화 상황 전이	전화 상황에서 말하기에 둔감화 새로 습득한 정상에 익숙해지기 말하기 상황에 접근하려는 의욕을 증가하기	구조화된 전이
	13		새로 습득한 정상으로 구어 산출하기 치료실 밖으로 전이하기	표적에 대한 객관적 평가 부정적인 혼잣말 관리하기	
	14				자발적인 전이 미니 프로그램
	15				목표 설정을 유지하는 기록 검토
집중적인 단계 후	1년				①추적 점검 미팅 ②재교육 세미나 ③치료를 종결한 사람들을 위한 지원 집단 ④사회자(toastmasters)

[그림 15.2] ■ 유창성 플러스 프로그램 단계 및 임상 목표 요약

다. 또한 각 환자는 의사소통 기능 지각, 투쟁 · 회피 행동의 존재 지각, 말더듬 예기 지각 등을 측정하기 위해 두 개의 서면 척도를 실시한다. Speech and Stuttering Institute에서 사용한 태도 척도는 PSI(Woolf, 1974)와 에릭슨의 의사소통 태도 척도-S24(Erickson Sclae of communication Attitudes-S24)(Andrews & Cutler, 1974)이다.

도입 구어, 말더듬 및 FPP의 철학과 구성 방식에 대해 간략하게 개괄한 다음에, 비공식적 집단 도입 활동을 실시한다. ***이 프로그램에 참여한 많은 참가자들은 다른 말더듬인들과 만나고 말해본 경험이 거의 없다. 집단 치료 모델의 큰 장점 중 하나는 가장 중요한 인지 재구조화 목표를 성취할 수 있는 기회이다. 말더듬 집단의 다른 멤버를 수용하고 긍정적인 관심을 보임으로써, 각 참가자들의 자기 수용 프로세스가 시작된다. 부정적인 자기 인식에서 긍정적인 수용으로의 정신적인 변화가 구축된다. 많은 환자들이 다른 말더듬인들과 서로의 경험과 감정을 나누는 것을 배우면서 편안해졌다는 감정을 표현한다. 말더듬인들이 혼자가 아니라는 것을 알 때 편안함을 발견한다.***

상담 매 치료실 방문 일정은 다양한 활동들을 통한 집단 상담에 할애된다. 각 활동은 특정한 인지 재구조화 목표들을 성취하는 데 매우 중요한 개념들을 도입하고 탐구할 기회로써 역할을 한다. 우리는 자발적으로 질문을 할 때가 가장 잘 배울 수 있는 순간이라는 사실을 알고 있기 때문에, 환자들에게 항상 질문과 토의를 하도록 권고한다. 이러한 이유로, 이 프로그램은 그들이 제기할 때 상담의 필요성을 수용하기에 충분한 융통성을 유지해야 한다.

연장된 음절 표절(Syllable Target)의 확립 연장된 음절 표적은 2초간 연장하는 속도로 도입한다.

비디오 클립 3과 4를 참조하라.

이 표적을 정의하는 네 가지 규칙을 제시한다.

1. 각각의 음절을 2초간 연장(prolonged or stretched) 하면서 아날로그 스톱워치로 측정한다.
2. "연장할 수 있는 첫 음(first stretchable sound)"(모음이나 유성 지속음)을 1초간 연장한다.
3. 그 음절의 나머지 음은 나머지 초 동안 연장한다.
4. 음절 사이의 흡기를 위해서 1초의 쉼(pause)을 삽입한다.

이러한 표적은 연장 가능한 음(예: ON, IN)으로 시작되는 단음절 단어를 이용하여 확립된다. 그 다음, 연장 가능한 다음절 단어(예: NOR MAL, RE VERT)는 정확하게 타이밍을 맞춘 지속 기간과 조음기관들의 안정된 위치와 움직임에 대한 자각을 위해 세심한 주의를 기울이면서 도입된다. 다음으로, "연장 불가능한" 음들의 두 개 범주[무성음 마찰음(/h/, /f/, /s/, /ʃ/, /tʃ/, /θ/)과 파열음(/p/, /b/, /t/, /d/, /k/, /g/)]을 정의한다. 이러한 음들로 시작하는 음절들을 산출할 때, 연장 불가능한 음은 짧게 산출되고, 뒤에 있는 연장 가능한 음은 1초 동안 연장된다. 만약 환자들이 2초 연장의 극도로 특이한 지속 기간을 두는 이유를 이해하는 데 도움을 받는다면, 그들은 이 치료 단계에서 가장 이익을 얻을 수 있을 것이다. 이것은 연장 음절 표적이 더듬은 구어의 힘과 속도를 감소시킬 필요가 있다는 것을 설명한다. 이것은 구어 움직임에 대한 자세한 것을 느끼고 인지하고, 또 이러한 것을 수정하기 위한 기회를 제공한다. 연장 음절 표적은 다른 각 표적을 확립하기 위한 기초이다. 더욱이, 환자들은 2초의 극단적인 연장이 짧게 변형되어서, 자연스러운 구어 속도로 가는 데 1초 연장에서 0.5초 연장, 최종적으로 자연스럽고 기능적인 의사소통을 하는 것으로 생각되는 범위인 "새로 확립된 정상적"인 구어 속도로 나아간다.

가정 과제 가정 과제들은 치료실에서 습득한 기술들과 개념들을 강화하기 위해 매번 치료 종료 시 제공된다. 가정 과제의 완료는 표적을 치료실 밖 환경으로 전이하는 과정의 시작을 의미하기 때문에, 치료실 환경에 대한 지나친 의존성을 방지한다.

자기 평가(self-evaluation) 매일 자신의 집에서 과제를 하는 것을 녹음하게 하고, 표적 정확도에 대해 이 녹음을 검토하도록 아동을 지도한다. 스톱워치로 지속 시간을 정확하게 측정하여 모니터링하고, 안정적인 조음 위치와 움직임을 느끼며, 녹음을 재생하여 들음으로써 일관성 있게 자기 평가를 하도록 환자를 지도한다.

2일차

피드백하기 매번 치료실에 내원하여 시작할 즈음에 오디오로 녹음해온 숙제를 검토하고, 표적을 정확하게 수행했는지에 관하여 피드백을 제공한다. 환자들이 점점 자기 평가를 할 수 있게 되고, 집단 구성원들로부터 피드백을 받게 되면 임상적 피드백은 점차적으로 줄어나간다. 표적으로 한 매개변수를 정확하게 수행했는지에 대한 코멘트를 통해 또 다른 객관적이고 지원적인 피드백을 제공하도록 환자들을 권고한다. 환자의 수행이나 실천이 부족한 경우에, 환자의 부족한 점을 다루기 위한 개별 미팅 스케줄을 짠다.

자기 수정 환자들에게 자기 수정이라고 하는 표적 오류들에 반응하는 방법을 도입한다.

1. 어떠한 사소한 표적이라도 알아차리지 못하면 빨리 멈추고, 남아 있는 공기를 내뿜어라.
2. 새로 호흡을 하라.
3. 오류를 정확하게 알아차린 음절을 반복하고 다음 음절로 나아가라.

자기 수정을 하는 데는 세 가지 중요한 장점들이 있다. ① 환자들은 임상가 피드백에 과도하게 의존하지 않고 자신의 표적 행동 오류를 자주적으로 평가하고 수정할 기회를 가진다. ② 부정확한 연습 시도를 정확한 연습 시도로 대체한다. ③ 말더듬의 순간 뒤에 따라오는 막힘 혹은 말한 것을 전부 다시 시작하는 등의 비생산적인 행동들을 대체한다.

계속적인 읽기에서 2초 연장(Two-Second Stretch in Continuous Reading) 계속적인 읽기 연습에서 2초 연장을 적용할 때, 텍스트의 짧은 부분을 기억한 후, 정확한 지속 시간 타이밍을 모니터하기 위해 스톱워치를 사용하여 낭독해야 한다. 환자들에게 자신들의 읽기 과제를 녹음하여, 그 녹음을 듣게 하고, 오류들을 적도록 지도한다. 만약 50단어 문단에서 6개 이상의 오류들이 나타난다면, 환자들에게 그 과제를 좀 더 정확하게 다시 하

도록 권고한다.

전이 도입 전이는 치료실에서 배운 유창성 기술들을 습득했을 때, 환자가 그 기술들을 치료실 밖의 다양한 말하기 활동에서 적용하는 것이라고 정의된다. 전이 프로세스는 가정 과제를 치료실 밖에서 실시했을 때 실질적으로 시작하는 것이라고 설명된다.

전화 상황에서의 전이 과제 전이 프로세스를 계속하기 위해, 환자들에게 전화로 읽기 과제를 수행하도록 요구한다. 이 과제는 객관적인 피드백을 제공할 수 있는 또래의 집단 멤버와 먼저 수행한다. 치료가 진행됨에 따라, 환자들은 전화를 통해 다양한 집단 멤버들과 집단에 속하지 않은 사람들과 다음 과제들을 수행하도록 한다. ***이러한 방식으로, 환자들은 전화로 말하는 상황과 관련된 두려움을 줄이는 것을 목표로 하는 매우 중요한 인지 재구조화를 하는 목표 방향으로 시작한다. 많은 환자들이 전화 사용에 대해 많은 어려움과 불안을 가지고 치료를 시작한다. 전화 상황에서 임상적 기술들을 성공적으로 전이하는 데 참여하는 것은 지각(perception)에서 정신적 전환 프로세스를 시작하는 것이다. 전화 상황은 긴장 및 투쟁보다는 조절 및 성공과 관련짓게 한다.***

3일차

구어 생리 구어 및 말더듬 생리에 대해 자세한 설명을 한다. ***구어 메커니즘을 이해하면 표적의 습득에 도움이 되고, 중요한 인지적 재구조화 목표도 돕게 된다. 말더듬을 결함이나 실패라는 특징으로 보지 않는다. 대신에, 말더듬을 의식적인 표적의 적용을 통해 수정할 수 있고 조절할 수 있는 구어의 잘못된 운동 패턴의 예측 가능한 결과라고 본다.*** 환자들은 또한 말소리를 모음(Class I), 유성지속음(Class II), 무성 마찰음(Class III), 파열음(Class IV)으로 분류하는 것을 배운다. 언어와 상관없이, 음은 이러한 방식으로 분류될 것이고, 연장 가능한 음과 연장 불가능한 음으로 범주화될 것이다. 음의 분류는 또한 적용해야 하는 표적 순서를 결정한다. 다중언어를 사용하는 환자는 그들이 말하는 각 언어로 가정 과제를 하도록 장려된다.

대화 수준으로의 전이 처음에는 임상가가 간단한 질의응답을 하는 모델을 보여준다. 점차적으로 그 모델을 줄여(용암)가면서, 환자들에게 표적 음절 연장법(Stretched Syllable Target)을 정확하게 적용하는 동안에 좀 더 길고 좀 더 자발적인 발화를 산출하도록 요구한다. 이 단계에서, 환자들에게 치료 중에 하는 모든 구어에서 연장을 2초 동안 계속 유지하도록 요구한다. 점진적으로, 이 요구는 치료실 내외의 모든 구어 활동으로 확장된다. ***저자들이 초기 단계에서부터 환자들에게 치료실의 표적들을 계속해서 사용하도록 요구할 때, 환자들은 중요한 인지 재구조화 목표(critical cognitive restructuring goal)의 방향으로 나아가기 때문에, 이 프로그램 후반에 전이를 더 쉽게 성취할 수 있다는 것을 발견했다. 궁극적으로, 환자들은 수정된 구어 패턴이 연습을 하기 위해서 계획된 것이 아니며, 그렇게 받아들이면 "어렵게 되는 것"이라고, 수정된 구어 패턴을 모든 구어 활동에 적용해야 한다는 것을 반드시 이해해야 한다.***

심호흡 표적(Full Breath Target)의 확립 심호흡 표적은 호흡 시스템에 관한 해부 및 생리

학적 고찰을 한 다음에 도입되는데, 복식 호흡(diaphragmatic breathing)과 구어의 협응을 확립할 필요가 있다. 이 심호흡 표적의 도입은 연장된 음절 표적을 충분히 숙달할 때까지 보류된다. 연장된 음절 표적을 확립하지 않으면, 많은 환자들이 심호흡 표적으로 말을 정확하게 연습하여 음성 시작을 충분히 조절하지 못함을 나타낸다.

비디오 클립 5는 심호흡 표적의 예를 보여준다.

심호흡 표적의 3단계는 다음과 같다.

1. *복부의 움직임을 느끼면서 천천히, 편안하게 심호흡을 한다.* 환자들은 자신의 손으로 복부의 움직임을 감지해야 한다. 가슴과 어깨의 움직임은 거의 없어야 한다.
2. *흡기 이후에 어떠한 쉼이나 호흡정지이든 의식적으로 제거한다.* 이것은 성대가 강하게 부딪히거나 후두의 막힘을 방지하기 위해 유성성(voicing)이 되기 이전에 성문을 개방해놓고 있어야 한다는 것을 말한다.
3. *힘을 주지 않고 수동적으로 호기를 하며, 휴식기로 되돌아가는 복부의 움직임을 느낀다.* 유성성은 숨을 내뱉을 때 시작된다. 심호흡 표적은 단어, 문장, 문단, 대화 수준에서 2초간 연장 속도에서 확립되며, 또 다른 모든 표적들을 도입하는 데 전반에 걸쳐 유지한다.

4일차

구어 산출하기 환자들은 집단 구성원과 임상가들이 연장된 음절 및 심호흡 표적에 대한 정확도를 모니터링을 하면서, 2초 연장 속도로 준비한 3분 스피치를 실시한다. 스피치를 하는 중간에, 환자들에게 표적 정확도에 대해 자기 평가를 하도록 요구한다. 또래와 임상가의 피드백도 제공한다. 치료를 하는 동안에, 외면적인 피드백은 줄이고, 자기 신뢰를 더 촉진하기 위해 자기 평가에 더 많은 중점을 둔다. ***첫 치료실 내 스피치를 하게 될 때 종종 상당한 불안이 있지만, 일반적으로 치료실 세팅에서는 성공적으로 수행한다. 환자들에게 불안과 말더듬 사이의 관계에 대한 자신의 인식을 반영하고, 여러 사람 앞에서 말하기 과제를 실시하는 동안에 불안을 어떻게 관리하는지 그 방법에 대해 코멘트할 기회를 제공한다. 지속적으로, 환자들은 어느 정도의 불안을 느끼지만, 표적에 대한 적극적인 모니터링을 통해 자신의 구어 움직임을 조절할 수 있다는 통찰력을 얻을 수 있다. 이러한 방식으로, 불안이 자신의 구어에 분명하게 영향을 미칠 수 있지만, 그것이 자신의 말더듬의 원인이 아니라는 것을 알게 하는 인지적 재구조화 목표를 성취할 수 있다. 말더듬은 불안 수준과 관계없이 표적 정확도를 성실하게 준수한다면 관리할 수 있다.***

부드러운 시작 표적(Gentle Onset Target)의 확립 이 단계에서, 환자들은 부드러운 시작 표적을 통한 음성 시작의 조절력을 정확하게 습득할 준비가 된다.

비디오 클립 6과 7은 자음-모음과 단어 수준에서 부드러운 시작을 보여준다.

그들은 연장된 음절 표적을 통해 말의 힘과 가속도의 필수적인 감소를 성취했고, 이제 부드러운 시작 표적의 첫 단계로 역할을 할 심호흡 표적을 통해 숙련된 횡격막 복식 호흡을 습득했다.

부드러운 시작 표적은 발성 시스템의 생리를 복습한 후에 도입한다. 심한 성문 접촉(hard glottal attack)이나 후두의 막힘 없이 유성성을 조절하여 시작할 때는 성대 진동의 부드러운 시작과 이러한 진동을 위한 힘의 점진적인 증가를 필요로 한다. 시간에 따른 강도 변화를 나타낸 그래프를 부드러운 정규 분포 곡선 형태로 제시하고, 5단계의 부드러운 시작 표적을 도입한다.

1. 느리고 편안하게 심호흡을 하라.
2. 매우 조용하고 부드럽게 유성성을 시작하라.
3. 강도를 점차적으로 증가시켜라.
4. 최대 대화 강도에 도달하라.
5. 점진적 방식으로 강도를 다시 감소시켜라.

부드러운 시작 표적은 Class I 음에 대하여 음절 수준에서 도입되고, 연습 시리즈는 음성 시작을 하기 위하여 부드러운 시작을 하는 데 필요한 근육 움직임 패턴을 확립하면서 실시된다. 치료사의 피드백과 함께, 음성 모니터(oice monitor)라고 하는 바이오피드백 장치(biofeedback device)를 프로그램의 집중적인 국면 기간에 치료실 안팎에서 사용하도록 제공한다. 환자들은 자신의 말 산출의 정확도에 대한 정보를 얻기 위해 음성 모니터를 사용한다. 환자들은 시간에 따른 강도의 변화들을 나타내는 그래픽을 제공하는 기기인 Dr. Fluency 컴퓨터 소프트웨어 프로그램도 사용한다. 부드러운 시작 표적은 음절, 단어, 문장, 문단 및 대화 수준에서 2초 연장 속도를 확립하고, 프로그램을 하는 내내 유지된다.

내적 연습(covert practice)의 확립 **내적 연습**이란 표적 패턴들을 (소리를 내지 않고) 속으로 하는 정신적 연습이라고 정의된다. 이 기술은 Class I 음들을 독립음(isolated sound)으로 할 때 도입하고 연습한다. 목적은 환자가 요구에 따라 심호흡, 연장된 음절, 부드러운 시작 표적 패턴들의 정신적 이미지로 불러내도록(떠올리도록) 할 수 있게 하는 것이다. ***이 기술은 중요한 인지적 재구조화하기 목표의 필수적인 구성요소가 될 것이다. 환자들은 외부 전이 상황들을 시작하기 위해 부정적인 정신적 자세(mental set)보다 건설적인 정신적 자세를 확립할 것이다. 환자들은 표적 산출 음들이 어떤 것이라는 정신적 이미지를 마음에 가질 수 있게 되고 자신들의 구어 상황에 들어갈 때 산만한 부정적인 생각들을 차단하기 위해 어떤 그림을 그릴 것이다.***

전화 상황으로의 전이 치료 과정에서 말더듬에 대한 솔직함과 수용의 중요성을 토의한 다음에, 환자들에게 집단에 속하지 않은 사람과의 전화 통화를 통해 읽기 과제를 수행하도록 지도한다. 이것은 그 프로그램의 목표들에 대해 간단히 소개할 필요가 있을 것이며, 치료 과정에서 환자의 사회적 관계에 있는 구성원에게 참여할 기회를 제공할 것이다. 이 과제는 매우 중요한 인지적 재구조화하기 목표의 성취를 촉진하기 위해 이 프로그램 전반에 걸쳐 반복적으로 실시한다. 환자들은 자신의 말더듬과 언어 치료에 관하여 더욱 마음을 열고, 자신을 지지해줄 사람들을 더 많이 확보할 수 있게 된다. 조절된 구어를 적극적으로 시연하는 것에서 벗어나게 되면 새로운 구어 패턴을 숨기려고 하는 중압감에서도 벗어나게 된다.

5일차

부드러운 시작 표적을 Class II와 Class III의 음으로 시작하는 음절들로 확장한다.

부드럽게 시작하는 Class II로 느린 변화 표적의 확립 느린 변화(slow change; SC) 표적은 Class II 음절의 부드러운 시작 표적과 함께 도입하고, 더듬은 구어의 빠르거나 불규칙한 움직임과 같은 특성 없이 음절 내에서 연장할 수 있는 음들 사이에 여러 조음기관들의 조절된 움직임을 필요로 한다. SC 표적은 음절, 단어, 문장, 문단 및 대화 수준의 2초 연장 속도에서 확립한다.

Class III를 위한 부드러운 시작이 동반된 기압 감소 표적의 확립 기압 감소(RAP 1) 표적은 Class III 음절을 위한 부드러운 시작 표적과 함께 도입되고, 지나친 기류 없이 무성 마찰음의 산출을 필요로 하며, 그렇게 되면 뒤에 오는 유성음이 정확한 부드러운 시작으로 산출될 수 있다. 무성 마찰음은 연장되지 않지만, 산출은 되기 때문에, 소리를 들을 수 있지만 그 뒤에 오는 연장 가능한 음에서 조절된 음성 시작을 막지는 못한다. RAP 1 표적은 음절, 단어, 문장, 문단, 대화 수준의 2초 연장 속도에서 확립된다.

6일차

조음 압력 감소 표적의 확립 조음 압력 감소(Reduced Articulatory Pressure; RAP 2) 표적은 Class IV 음절들에 적용하고, 뒤이어 나오는 연장 가능한 음에서 유성성(vocing)의 지속(/b/, /d/, /g/와 같이) 혹은 시작(/p/, /t/, /k/와 같이)하는 것을 정확한 부드러운 시작으로 조절할 수 있게 한다. 입술과 혀 사이의 접촉 지점에서 과도한 압력 없이 파열음을 산출하는 것이 요구된다. 그렇게 되면 RAP 2 표적은 음절, 단어, 문장, 문단 및 대화 수준의 2초 연장 속도에서 확립된다.

1초 연장(1-Second Stretch)의 확립 이 단계에서, 구어 속도가 증가되고, 음절들이 처음으로 연결된다. 각 음절은 이제 1초 동안 연장되고, 두 개의 음절들이 1초 쉬기 전에 멈춤 없이 연속적으로 산출된다. 따라서, 2초 말하고 1초 호흡하는 연장된 음절(Stretched Syllable) 타이밍 패턴이 유지된다. 1초 연장 속도에서, 각 음절의 첫 연장 가능한 음이 0.5초 동안 연장되고, 그 음절의 나머지 음은 또 다른 0.5초 동안 연장된다. 1초 연장 속도는 일련의 연습 활동들을 통하여 단어, 문장, 문단, 대화 수준에서 확립된다.

비디오 클립 8은 단음절 단어 수준에서 1초간의 연장(stretch)을 사용하는 것을 보여준다.

진폭 곡선 표적(Amplitude Contour Target)의 확립 1초간 연장 속도로 진행할 때, 진폭 곡선 표적을 도입한다. 진폭 곡선 표적은 연결된 음절들 사이에 지속적인 유성성을 유지하고, 각 음절을 정확하고 부드러운 시작 곡선(gentle onset curve)으로 산출하도록 요구한다. 따라서 각 음절 쌍을 진폭 곡선 또는 "강도 곡선(loudness curve)"에 맞추어 산출한다. 첫 음절은 조용히 시작하여, 강도를 점차적으로 충분한 강도로 높인 다음, 그 다음 음절은 강도 조절을 시작하여 적당한 시작 시에 했던 강도 수준으로 점점 낮춘다. 진폭 곡선 표적은 멈춤이나 막힘 없이 음절들 사이에 유성성을 계속 지속하도록 한다. 진폭 곡선 표적은 단어, 문장, 문단 수준에서 1초간 연장 속도를 확립한다.

비디오 클립 9, 10, 11에서 이러한 진전을 입증한다.

7일차

완전한 조음기관 움직임(full articulatory movement; FAM) 표적의 확립 완전한 조음기관 움직임 표적은 음절 내에서 하나의 음에서 다음 음절로 가는 데 여러 조음기관의 완전하고 의도적인 움직임을 요구한다. 많은 사람들이 겉으로 드러나는 말더듬을 회피하거나 위장하려고 시도하는 특성인 제한되거나 "꽉 다물고(clenched)" 하는 조음기관 움직임을 피하기 위해 환자에게 거울을 보면서 이 표적을 자신이 어떻게 산출하는지를 모니터하라는 단서를 제공한다. FAM 표적을 정확하게 산출하면 결과적으로 단어를 형성할 때 이완되고 자연스럽게 흘러나오는 정상적인 움직임 패턴을 가져오고 환자가 다른 표적들을 각각 좀 더 확실하게 모니터하게 한다. FAM 표적은 단어와 문장 수준에서 확립된다.

비디오 클립 12와 13은 다음의 것을 보여준다.

1초 연장—대화 수준 이 단계에서, 환자들은 1초 연장 속도와 8가지의 모든 표적들을 통합하여 치료실 내에서 대화 활동에 참여한다. 이러한 활동들은 좀 더 사회적인 상황에서 좀 더 자연스럽게 말하는 요구하에서 하는 표적 기술들을 강화하는 기회를 제공한다. ***사회적 의사소통 연습 활동들에 참여하는 것은 수정된 패턴을 습관화하고, 언어를 형성하는 동시에 여러 표적들에 적용할 수 있는 인지 재구조화 목표를 달성하기 위해 대단히 중요하다.***

퀴즈 환자들에게 기술과 개념에 대한 짧은 지필 퀴즈를 준다. 퀴즈를 통과하지 못한 환자들은 개념을 강화하기 위한 개별적인 세션을 계획한다.

치료실 밖 대화로의 전이 환자들이 치료실 밖에서 1초 연장 속도를 사용하여 친구나 가족과 대면하여 대화한 것을 녹음하도록 지도한다. 이 전이 활동의 형태는 수정된 구어 패턴을 사용하는 것과 관련되어 서툴지만 인지적으로 재구조화하는 둔감화를 촉진시킨다. 환자들은 경험을 하게 되면, 그 상황에 대한 반응성이 감소되고, 자신의 표적들의 정확도에 더욱 초점을 맞출 수 있게 된다. 이 활동을 프로그램이 지속하는 동안에 반복하고, 환자들은 보다 많은 지원자들이 가능하면 편안한 수준을 성취할 수 있도록 자신들의 파트너들을 다양하게 격려한다.

8일차

구어 산출하기—1초 연장 환자들은 집단에서 1초 연장 속도로 준비된 3분 스피치를 한다. ***공석에서 말하기에 계속 둔감화되는 것을 성취하고, 표적을 의식적으로 적용하면서 불안을 관리하는 것에 대해 토의한다. 많은 환자들의 경우에, 공석에서 말하기를 종종 회피하므로, 그 경험이 상당히 부족한 상태일 수도 있다. 사실상 거의 모든 사람, 심지어 말을 더듬지 않는 사람조차도 공석에서 말하기 상황에서 불안 수준이 증가하는 것을 경험한다는 것을 알게 되면 환자들이 종종 놀라게 된다. 이러한 환자들을 위해 매우 중요한 인지 재구조화 목표는 내적 연습과 표적들을 의식적으로 적용하여 불안을 관리하는 능력에 자신감을 얻는 것이다. 이 목표는 일반적으로 여러 사람 앞에서 말하는 것을 반복적이고 지원하는 기회를 통해서 가장 잘 이루어진다.*** 환자에게 자신의 수행력을

객관적으로 분석할 기회를 제공하기 위해 치료실 내에서의 스피치를 정기적으로 녹음하거나 녹화하여 제공한다.

자기 모니터링 확립 자기 모니터링이란 표적 행동들의 정확도에 독립적으로 주의를 기울이는 것이라고 정의된다. 효과적으로 자기 모니터링을 하는 한 가지 방법은 말을 하기 전에 주의를 기울이거나 모니터할 두 가지 표적들을 선택하는 것이다. 환자들에게 모든 표적들에 대해 정확성을 얻기 위해 선택한 표적의 짝을 변경하도록 권고한다. 환자들이 정확하게 모든 표적들을 수행하려고 노력하고 있지만, 그들은 특히 두 가지 표적들을 평가할 것이다. ***이러한 방법으로, 환자들에게 말을 시작하기 전에 겉으로 드러나지 않는 연습을 하도록 단서를 제공하고, 이러한 준비 정신 자세(preparatory mental set)를 습관화하는 인지 재구조화 목표로 나아간다.*** 자기 모니터링은 매우 중요한 자기 인식 및 평가 기술들의 개발을 촉진하고, 임상적 강화를 받지 않고도 할 수 있도록 장려한다. 추가적인 또래 및 임상가의 피드백은 필요할 경우에 제공하고 점진적으로 감소해 나간다.

비디오테이프 분석 치료의 이 단계에서, 저자들은 각 환자들의 치료 전 비디오테이프의 한 부분을 보면서 집단 상담 세션을 실시한다. 이 과제는 치료 전 구어 샘플에서 놓친(알아차리지 못한) 표적들을 확인하는 것이다. 이러한 방법으로, 환자들은 자신의 말더듬의 특정 패턴을 분석하고, 각 표적이 구어 메커니즘의 조절과 어떤 관련이 있는지 확인할 수 있도록 격려한다. ***이 활동은 많은 인지 재구조화 목표들을 성취하는 것을 촉진한다. 첫째, 환자들은 자신의 말더듬을 정서적 관점보다는 과학적 관점으로 바라볼 수 있다. 말더듬의 순간들이 실패의 아픈 경험이라는 생각을 멈추고, 말더듬의 순간에서 일련의 근육 움직임 패턴에 대한 논리적인 상황을 분석하고 배울 수 있게 한다. 둘째, 환자들은 자신의 치료 전 구어 패턴과 속도에 대한 객관적인 관점을 가질 수 있다. 많은 환자들에게, 이렇게 하는 것이 치료의 성공을 위해 필요한 인정과 동기를 발생시킨다. 마지막으로, 환자들은 자신의 말더듬의 특정 패턴에 나타나지 않은 요소들을 자각하는 기회를 가진다. 자각은 단어 전환(word switching), 에둘러 말하기, 시작계교 및 삽입어의 사용, 제한된 정교화(elaboration) 등과 같은 회피 행동과 관련하여 얻어지는 것이다.***

9일차

0.5초 연장(half-second stretch)의 확립 구어 속도를 0.5초 연장으로 증가시킨다. 각 음절을 0.5초 동안으로 연장하고, 네 개 음절들을 1초 쉼을 하기 전에 멈춤 없이 연속적으로 산출한다. 또다시, 2초 동안 말하고 1초 숨쉬기를 하는 연장 음절 타이밍 패턴은 유지한다. 0.5초 연장 속도에서, 각 음절의 첫 연장 가능한 음을 0.25초 동안 연장하고, 나머지 음절을 0.25초 동안 연장한다. 0.25초는 스톱워치로 정확하게 모니터하기 어렵기 때문에, 환자들에게 각 음절에서 첫 연장 가능한 음이 안정된 느낌이 들 수 있는지를 확인하도록 조언한다. 모든 표적들을 통합하면서, 0.5초 연장하는 속도를 음성 모니터 강화와 함께 단어 수준에서 확립하고, 문장, 문단, 대화 수준들에서 일반화한다.

비디오 클립 14, 15, 16은 다단어, 문단, 대화 수준에서 0.5초 연장을 보여준다.

10일차

0.5초 연장 속도에서 구어 산출하기 환자들은 0.5초 연장 속도에서 준비된 3분 스피치를 한다. Covert Practice, 자기 모니터링, 자기 수정 등의 표적들을 정확하고 신중하게 적용하는 것을 강조한다.

다양한 연장 수준의 구어를 비디오 클립 20~23에서 제시한다.

0.5초 연장의 강화 환자들은 0.5초 연장 속도에서 여덟 개의 각 표적들을 강화하고 통합하기 위해 다양한 읽기 및 말하기 활동들에 참여한다.

새로운 정상 구어 속도(New Normal)의 도입 도입된 최종 구어 속도를 새로운 정상 속도라고 한다. 이 단계에서, 환자는 더 이상 음절 시간을 재거나 음절 수를 셀 필요가 없다. 그 대신, 여기서 구어 속도는 아직 치료실 밖 모든 대화 상황으로 전이될 정도로 자연스럽지 않더라도, 환자가 각 표적을 정확하게 산출되고 있다고 느낄 정도로 가능한 연장의 길이라고 정의한다. 새로운 정상 속도에서, 음절의 강세와 목소리 억양의 자연스러운 패턴이 각 표적을 정확하게 산출하는 것을 유지하면서 재확립된다. 새로운 정상 속도는 단어 수준에서 일련의 비교 훈련들을 통해 도입된다. 단어는 모든 표적들이 정확하게 느껴지고 실행될 때까지 0.5초 연장 속도에서 산출된다. 그 다음, 환자에게 적절한 음절을 연장함으로써 자연스러운 강세로 다시 하도록 신호를 준다. 음도, 운율, 표현, 자연스러움 등에 대한 수정을 토의하고, 모델을 제시하며, 개선한다. 그 다음에, 새로운 정상 속도의 구어 패턴을 단어의 강세가 의미 표현에 어떻게 영향을 미치는지에 대해 토의하는 것과 함께 구 수준으로 일반화한다. 표적의 정확성과 자연스러움에 대해 피드백을 제공하기 위해 일련의 녹음 연습들을 사용한다. ***수정된 구어 패턴 수용에 중요한 인지 재구조화 목표를 습득하고 강화하기 위해, 환자들에게 그들의 새로운 정상 속도의 구어 패턴 샘플을 녹음한 것을 계속 다시 듣도록 장려한다. 녹음을 듣는 것은 그 패턴의 새로움에 대한 둔감화를 촉진하고, 그 패턴이 여러 청자에게 어떻게 인지되는지에 대한 보다 더 객관적인 해석을 제공한다. 환자는 자신의 녹음 구어 샘플들을 들음으로써, 내적으로 생각하는 것과 달리, 그들의 새로운 정상 속도 패턴이 청자에게 상당히 수용될 수 있으며, 치료 전 패턴에서 특징으로 나타나고 있는 분열, 투쟁, 공포, 회피보다 훨씬 더 좋다는 것에 확신을 가지게 된다.*** 환자는 새로운 정상 구어 패턴이 철저한 전이 과정을 통해 상황이나 청자와 상관없이 항상 그 패턴을 확립할 필요가 있다. 이 단계에서, 새로운 정상 속도를 정의하는 연장의 정도는 각 환자마다 개인적인 것이며, 이 패턴은 표적 산출의 정확성과 일관성이 진전됨에 따라, 시간이 지나면서 변화하고 발전한다.

단어, 문장 및 대화 수준에서 새로운 정상에 대한 예는 비디오 클립 17, 18, 19에 제시되었다.

11일차

모니터된 유창성 대 우연한 유창성 이 단계에서, 새로운 정상 속도에서 표적들을 의도적으로 사용하는 것은 모든 치료실 내 말하기 활동에서 요구된다. 연습을 하면, 많은 환자들은 자신들의 자발적인 유창한 치료 전 구어와 사실상 구분할 수 없을 정도로 구어 자연스러움이 특징인 거의 정

상 패턴에 가까운 구어 패턴을 습득한다. 환자들은 표적들을 정확하게 모니터하는 동안 자발적인 혹은 "우연한" 유창성이란 함정에 빠지지 않도록 주의를 받는다. 치료를 하는 내내, 많은 환자들이 자발적인 유창성의 빈도가 증가되었다고 보고한다. ***저자들은 우연한 유창성이 불안정한 경향이 있고, 유창성을 가장 필요로 할 때 종종 악화될 수 있기 때문에, 환자들이 그러한 우연한 유창성을 회피하도록 상담함으로써 중요한 인지 재구조화 목표의 방향으로 나아간다. 이와는 반대로, 모니터된 유창성에 강조를 두는데, 이 모니터된 유창성은 표적들을 의식적이고 의도적으로 적용함으로써 습득하고 확립하는 것이다.*** 휴식 시간 동안에, 환자들에게 자신들의 표적들을 계속해서 모니터하고, 자신의 일관성을 10점 척도(1 = 아주 적게 표적음을 모니터함, 10 = 매우 일관적으로 표적음을 모니터함)로 평정하도록 요구한다. ***이러한 전이 시도를 성공적으로 완료하는 것은 구어 유창성이 아닌, 표적들의 일관성 있는 적용에 근거한다. 이러한 방법으로, 저자들은 2가지 중요한 인지 재구조화 목표의 방향으로 나아갈 수 있다. 첫째, 환자들은 표적들의 의식적인 적용을 통하여 유창성을 습득해야 한다. 둘째, 성공적인 구어는 유창성이 아니라 표적들의 적용이라는 견지에서 가장 잘 평가된다.***

유지 환자들에게 유지에 대한 개념을 소개한다. 유창성 유지는 환자와 임상가가 기대하는 길고 점진적인 통합 과정이며, 치료 기술들과 성숙의 안정화 과정이다. 유지는 임상가의 관여가 줄어드는 지속적인 치료 프로그램이다. 유지 기간은 지속적인 유창성을 촉진하기 위해 계획된 연습 일정으로 지원되고, ① 형성, ② 구조화된 연습, ③ 자발적인 연습, ④ 복습(review) 등과 같은 네 가지 유형의 연습을 포함한다.

행동 형성하기(shaping)의 도입 유지 연습의 첫 번째 형태를 형성하기라고 하며, 이 형성하기에는 속도를 증가시켜 읽기, 2초 연장 속도로 시작하기, 새로운 정상 속도로 끝마치기 등이 포함된다. 이러한 형태의 연습은 하루를 시작하는 즈음에 실시하는 것이 가장 적합한데, 그 하루의 나머지 시간에 걸쳐서 말하기에 대한 "단계를 설정"하기 위해서이다. 형성하기 다음에는 연습한 기술들의 전이를 위해 짧게 모니터링한 대화의 형태에서 약간 덜 구조화된 활동을 해야 한다. 형성하기는 이 프로그램의 집중 단계 중 마지막 주간에 각각 모니터링한 것에 대해 임상가의 피드백으로 완료한다.

12일차

구조화된 전이의 도입 이 단계에서, 환자들에게 구조화된 전이 과정을 통하여 새로 습득한 자신의 새로운 정상 구어를 전이하는 기회를 제공한다. 구조화된 전이는 유창성 표적들을 연습하는 일차적인 목적을 실시하는 말하기 활동들을 전이하는 것이라고 정의한다. 예로는 회사에 운영 시간을 문의하는 전화 통화를 녹음하고 그것을 평가하게 하고, 매장에 들어가서 특정 제품의 위치를 묻게 하는 것이 포함된다. 환자들에게 성공적인 전이 연습을 촉진하기 위한 3단계 프로세스를 가르친다.

1. *내적 연습(Covert Practice)* 표적들에 대한 조용하고 정신적인 리허설을 내적 연습이라고 한다. 전이를 위한 준비(단계)에서, 환

자는 두 개의 표적을 선택하고 그 목표들을 정확하게 산출하기 위한 정신적 이미지를 떠올린다. 확립 단계 초기에 내적 연습을 도입하고, 구조화된 과제를 통해 내적 연습을 발전시킨다는 것을 상기하라. 내적 연습은 여러 말하는 상황들로 전이를 시작하려는 마음과 같은 긍정적인 정신을 불러일으키는 데 중요하다. 어떠한 부정적인 생각들(예를 들어, "나는 이것을 할 수 없어요."나 "나는 분명히 더듬을 거예요.")도 긍정적으로 바꿈으로써, 그 결과 환자는 표적들을 산출할 준비가 된다.

2. 표적들을 능동적으로 모니터링하기는 성공적인 전이를 이루기 위해 말하기 활동을 하는 동안에 요구된다. 환자들에게 자발적인 혹은 "우연한" 유창성에 의존하지 말고, 표적 한도 내에서 적극적이고 의도적으로 구어를 산출하도록 권장한다.
3. *표적의 정확성 평가*는 환자에게 정확하게 산출한 표적들과 더욱 주의 또는 개선을 필요로 하는 표적들을 확인하도록 요구하는 것으로 구성되어 있는 전이의 마지막 단계이다. 환자들에게 유창성 또는 말더듬이란 견지에서 자신들을 평가하는 틀이 되지 말고, 중요한 인지 재구조화 목표로 가도록 조언한다. "유창한" 것으로 평가된 전이가 자발적인 유창성의 결과이고, 표적 정확성과는 관계가 없을 수 있기 때문에, 환자의 말하는 것을 단지 유창성에 관해서만 계속 판단하는 것은 환자에게 도움이 되지 않는다. 마찬가지로, "말을 더듬었다"로 평가된 전이는 그 이후의 여러 시도에서 진전에 대한 근거를 제공하지 못한다. 반대로, 표적 정확성이란 견지에서 평가된 전이는 학습 및 기술 발전을 위한 긍정적인 기회들을 촉진시킨다. 전이를 위한 세 단계를 지속적으로 촉진시키기 위해 환자들에게 전이 기록지(Transfer Record) 견본(그림 15.3)을 제공한다.

일단 확립되면, 구조화된 전이(Structured Transfer)는 두 번째 형태의 일상의 유지 연습이 된다.

전화 통화 전이 연습 환자들은 지도를 받고 지원을 받아서 하는 전화 통화 전이에 참여한다. 환자들에게 자신의 불안 수준을 평가하고, 이에 따른 표적들을 확대시키기 위해 내적 연습에 사용할 두 가지의 표적을 선택하도록 요구한다. 이러한 방식으로, 환자들은 긍정적으로 미리 준비된 정신적 자세를 가지고 말하기 상황을 직면할 수 있다. 환자들에게 차분하고 통제된 방식으로 다이얼을 누르고, 전화벨이 울리는 동안 정상적으로 호흡하도록 조언한다. 많은 환자들이 범하는 실수는 자신이 말할 차례를 예측하여 너무 일찍 심호흡을 해버려서, 결과적으로 호흡이 정지되고 막힌다는 것이다. 대신에, 환자들에게 자신이 말할 차례가 시작하기 전에 상대방이 응답하고 인사를 마칠 때까지 기다렸다가 정상적으로 호흡하도록 조언한다. 환자들은 한 가지 짧은 질문을 건네면서 전이를 시작한다. 통화를 마친 다음에, 환자들에게 자신의 표적을 정확하게 수행했는지를 평가하도록 요구한다. 개선을 위해 필요한 것으로 확인된 어떠한 표적이라도 그 다음의 통화에서 내적 연습을 하기 위한 표적으로 선택한다. 점

유창성 플러스 프로그램
전이 기록지

예시

	1	2	3	4	5	6	7	8	9	10
모니터링할 2가지 표적										
상황										
전화										
면대면										
긴장										
긴장하지 않음										
약간 긴장함										
매우 긴장함										
지속 시간										
짧은 지속 시간										
중간 지속 시간										
긴 지속 시간										
표적 정확도										
매우 정확함										
정확함										
정확하지 않음										
평가										
드러나지 않은 연습										
연장										
심호흡										
부드러운 시작										
느린 변화										
RAP Ⅰ										
RAP Ⅱ										
FAM										
진폭 곡선										

참고 사항:

[그림 15.3] ■ 환자 전이 기록지

차적으로, 환자들은 고난이도의 표적을 정확하게 유지하는 동안 좀 더 길고 복잡한 전화 통화로 나아간다. ***지도를 받으면서 치료실에서 이러한 전화 과업 전이의 위계를 실시하는 과정은 여러 인지적 재구성하기 목표를 다루기 위해서 그 어떤 것으로도 대체할 수 없는 기회를 제공한다. 첫째, 낯선 청자와 전화로 말하기에 둔감화되는 것은 전이가 긴장과 투쟁을 하기보다는 오히려 조절 및 성공과 관련될 때 성취된다. 둘째, 수정된 구어 패턴을 사용할 때에 가지는 새로운 느낌에 계속 익숙해지게 된다. 셋째, 전이의 성공은 노력하고자 하는 의지와 말더듬의 양보다는 오히려 표적에 주의를 집중하는 것에 근거하여 평가한다. 이러한 방식에서, 모든 전이는 어려움이 발생할 때조차도 성공한 것으로 볼 수 있다. 성공에 대한 이러한 새로운 관점은 성공적인 장기간의 유지에 결정적으로 중요한 보증수표가 된다. 표적을 정확하게 수행했는지와 구어 자연스러움을 확인하기 위해 전화 통화 전이를 정기적으로 오디오로 녹음하고 검토한다.***

비디오 클립 25는 전화 상황으로의 전이 예를 보여준다.

13일차

정상 구어 속도로 말하기 환자들은 집중적인 치료 단계의 마지막 3일 동안 매일 정상 구어 속도로 준비한 짧은 스피치를 한다. ***이러한 기회는 프로그램의 많은 행동적 · 인지적 요소들을 강화하는 역할을 한다. 환자들에게 자신들의 구어를 녹음할 것을 장려한다. 녹음자료는 중요한 평가 도구가 될 뿐 아니라, 환자가 새롭게 습득한 구어 패턴에 익숙해지도록 하기 위한 기회를 계속해서 제공한다.***

비디오 클립 24는 정상 구어 속도를 사용하는 구어를 설명한다.

치료실 밖 전이 환자들은 지역 쇼핑몰에서 이루어지는 치료실 밖 세션에 두 번 참여한다. 이러한 치료실 밖 전이 세션들의 목적은 임상가의 지도하에 낯선 청자들과 면대면으로 말하는 상황으로 전이하는 기술과 경험을 얻는 것이다. 이와 같은 방법으로 전화 상황에서 전이를 하기 위해 계획된 3단계는 다음과 같다.

부정적인 자기 대화(self-talk) 사람을 대면하는 전이를 직면하기 전에, 환자들에게 *부정적인 자기 대화* 메시지라는 개념, 머릿속으로 자기 대화를 하는 방법, 자기 대화가 부정적인 방법으로 구어에 영향을 미치는 방법 등에 대해 소개한다. 부정적인 자기 대화 메시지들은 실패를 예상하고, 과거의 실패들을 회상하면서, 청자들로부터 부정적인 반응들을 예측하면서 "속으로 작은 목소리" 형태로 한다(그림 15.4).

부정적인 혼잣말은 긴장과 신경과민을 촉진한다. 그 결과, 표적들을 사용하거나 심지어 사용할 표적들이 있다는 것을 기억하는 것조차 매우 어려워질 것이다. 요구 및 수용이란 개념을 부정적인 혼잣말이 어떻게 운동, 구어, 언어 중추의 기능과 경쟁하고 표적들의 정확한 수행을 손상시키는지와 관련하여 도입하고 관련시킨다. ***각 환자가 자신의 특정한 부정적인 혼잣말 메시지와 그러한 메시지가 자신의 구어에 미치는 영향이 무엇이라는 것을 인식하도록 하는 집단 상담 세션을 실시한다. 치료실에서 일상생활에서의 사용으로 표적들을 성공적으로 전이하려면, 환자들은 부정적인***

- "내 말이 형편없기 때문에 그들은 나에게 점심을 먹으러 가자고 하지 않는다."
- "아마도 나는 그저 그 대답을 모르는 척할 것이다."
- "그들이 나에게 자기소개를 요구하지 않기를 바란다."
- "에구! 'D'로 시작하는 단어가 떠오르네. 얼른 다른 단어를 골라야지!"
- "내가 말을 더듬으면 그들이 비웃을 거라는 것을 안다."
- "나는 전화 받기를 원치 않아. 나는 틀림없이 말을 더듬을 거야."

[그림 15.4] ■ 부정적인 혼잣말

- "나의 표적을 사용할 기회가 여기에 있어!"
- "이번에 내가 나의 호흡 기술과 부드러운 시작 기술을 사용할 것 같다는 생각이 들어."
- "나의 의견은 중요하고, 나는 이것을 분명히 해둘 거야."
- "나는 답을 알고 있고, 수업 시간에 큰 소리로 말할 거야."
- "나는 비록 말을 시작하기 전이라도, 나의 말이 매우 부드럽고 쉽다는 것을 거의 느낄 수 있어."
- "이러한 방식으로 말하기가 매우 좋게 느껴지는데, 나의 기술들이 그 비결이야."

[그림 15.5] ■ 겉으로 드러나지 않는 연습

혼잣말을 겉으로 드러나지 않는 연습으로 대체하는 인지 재구조화 목표를 달성해야만 한다. 이러한 방법으로, 환자들은 주의집중을 방해하는 부정적인 혼잣말을 배제하기 위해 표적 행동에 초점을 맞추어 엄격하게 정신을 집중하여 여러 말하기 상황에 들어가는 긍정적인 정신 자세를 성취한다(그림 15.5).

14일차

자발적 전이의 도입 자발적 전이란 하루 동안 자연스럽게 발생하는 대화에서의 표적들의 의식적인 사용이라고 정의한다. 이 프로그램 3주차에서, 환자들에게 치료실에서의 모든 구어 상황과 치료실 밖에서의 정해진 기간 동안에 표적들을 주의 깊게 관찰하도록 요구한다. 정확도라는 견지에서, 10점 척도에서 자신들의 수행을 평가하도록 환자들을 권장한다. 유지 국면에서 형성하기와 구조화된 전이와 함께, 자발적 전이는 매일의 유지 연습의 세 번째 형태가 된다.

미니 프로그램(Mini Program) 이 프로그램의 집중적인 부분을 실시하는 마지막 날 동안에, 환자들에게 각각의 구어 속도로 음절, 단어, 문장 및 문단 수준에서 표적들을 나타내는 자신들의 구어 녹음 샘플을 어떻게 산출하는지에 대해 교육한다. 이 녹음 샘플을 저장하고, 유지 기간 동안 참고 자료로 자주 검토한다.

15일차

리뷰(review) 도입 유지 연습의 네 번째 형태는 리뷰이다. 초기의 집중적인 치료 국면 후에, 리뷰는 기술과 개념들을 강화하기 위해 각 매뉴얼에 따른 연습을 다시 하는 것으로 구성된다. 집중적인 프로그램을 실시하는 동안에, 많은 세부 사항들을 짧게 토의한다. 이러한 세부사항들을 치료 후 첫 2~3개월 내에 리뷰하는 것이 환자에게 이익이 된다. 이 프로그램 매뉴얼들을 초기에 리뷰한 후에, 유지 리뷰는 수행과 목표들을 평가하기 위해 반영하는 활동들을 구성한다.

기록 유지 환자에게 그 주간에 실시되는 매일 4가지 형태의 유지 연습 각각에 대한 계획 및 평가를 적는 데 사용할 차트를 제공한다. 이 주간 기록지(weekly record)는 검토하고 유지 단계의 추적 점검 미팅에서 연습한 것을 보고하기 위한 참고 자료로 역할을 한다(그림 15.6). 환자들에게 여러 유지 활동과 기록 유지를 위해 하루에 약 1시간 정도 필요할 것임을 조언한다.

사후 점검 미팅(Follow-Up Meetings) 환자들에게 사후 점검 유지 미팅에 대한 1년간의 스케줄을 제공한다.

동창생 지원 집단 환자들을 Demosthenes Society라고 하는 동창생 지원 집단에 참여하도록 장려한다. 이 자원자들이 운영하는 자조(self-help) 집단은 약 30년 전에 설립되었으며, 치료에서 배운 것을 유지할 비슷한 목적을 가지고 이 프로그램을 종결한 다른 환자들과 관계를 유지함으로써 특별한 방안을 제시한다. Demosthenes Society는 한 달에 한 번 모임을 갖고, 집행 위원회가 집단을 이끈다. 일반적으로 미팅은 집단 형성 세션으로 시작하고, 많은 전이 기회를 포함한다. 토론토(Toronto) 시와 멀리 떨어져 사는 멤버들은 인기 성공 소식지(Blockbuster)를 받으며, 전화 상황의 전이에 참여하기 위해 전화 연락 명단의 멤버가 될 것을 권유한다.

치료 후 측정하기 이 프로그램 중 집중 치료 단계의 마지막 날에, 환자들을 인터뷰하고 구어 유창성을 측정하기 위해 비디오테이프에 읽기 샘플을 녹화한 것을 제공하도록 요구한다. 각 환자들은 또한 2가지의 태도 척도인 PSI(Woolf, 1967)와 S24(Andrews & Cutler, 1974)도 작성하도록 한다.

집중적인 단계 이후의 진전을 측정하는 방법 환자들에게 집중적인 기간에 걸쳐 자신의 구어 유창성에서 일어난 변화를 빠르고 쉽게 측정할 수 있는 것과는 다른 관점에서 집중적인 단계 이후의 진전을 바라보도록 상담을 한다. 이제는 이러한 첫 성취를 유지하는 것이 목표이고, 진전이란 여러 주간과 여러 달 동안에 걸쳐서 새로 습득한 정상 패턴과 구어 연습을 꾸준히 준수하는 것이라는 것을 이해하는 것이 중요하다.

초청 화자(guest speaker) 과거에 이 프로그램에 참가했던 사람을 이 프로그램을 종료하는 집단에게 자신의 생각과 경험을 나누도록 초대한다.

후속 집중 유지 세션들 집중적인 치료 후 1년 내에, 환자들은 매주, 매달, 또는 두 달에 한 번씩 유지 세션에 참여한다. 유지 세션은 기술 유지와 진전, 연습 기회, 임상적 피드백과 지도, 감정적 지원 등을 지속할 수 있는 길을 제공한다. 일반적으로 사후 점검 세션에 참석하는 환자들은 치료에

유창성 플러스 프로그램
주간 유지 기록지

	형성하기		구조화된 대화		자발적 대화		복습	
	계획	평가	계획	평가	계획	평가	계획	평가
1일								
2일								
3일								
4일								
5일								
6일								
7일								

[그림 15.6] ■ 환자의 주간 유지 기록지

대한 지속적인 동기와 노력을 보이고, 장기간 유지에 접근하는 성숙된 형태로 발전하며, 그들 스스로 훌륭한 치료사가 되는 성공적인 진전을 보인다. 유지 기간 동안, 꽤 많은 행동적 및 인지적 목표를 이루려고 노력한다. 프로그램 매뉴얼 3판인 *Manual of Fluency Maintenance: A Guide for Ongoing Practice*(Kroll, 1991)에서 이러한 목표를 많이 요약했고, 다른 많은 것들도 제기할 것이다.

각 치료사는 치료 과정에서 시간과 경험, 열정적인 관심을 통하여 상담 기법들을 발전시켜야 할 필요가 있다. 덧붙이면, 치료사들은 유지 과정에서 책임을 나눠야 한다는 설명을 하는 것이 중요하다. 환자의 진전에 대한 일관된 기록을 유지해야 하며, 여러 목표를 계속해서 준비하고 평가해야 한다. 유지 세션들은 선택적인 것으로 고려해서는 안 되며, 치료 과정의 필수적인 단계로 촉진되어야 한다.

주간 유지(4세션)

- 환자들은 4가지 형태의 연습에 관해서 보고하고, 기록물을 보관한다.
- 임상가는 환자의 생활 방식과 연습 소요 시간에 맞추어 적절하게 계획된 개별화된 연습 스케줄을 지원한다.
- 임상가는 치료실에서 관찰한 표적 정확도, 표적 정확도와 상황적 구어 유창성에 대한 환자의 보고, 표적 모니터링의 일관성, 구어 만족도 등에 대해 피드백을 차트로 기록하고 제공한다.
- 임상가는 타당한 유창성 예측, 새로운 구어 패턴의 수용, 일관성 등에 대한 집단 토의를 주도한다.
- 환자들은 2~3개월 내에 습득할 현실적인 장기 목표들(예: 직장에서 전화 상황에서의 심호흡 및 부드러운 시작 표적을 모니터하기)과 1~2주 내에 습득할 알맞은 단기 목표들(예: 직장에서 매일 세 번의 전화를 녹음하고 평가하기)을 세우는 것을 지원한다.
- 임상가는 부족한 기술의 발달 혹은 퇴행으로 인하여 추가적인 지원을 필요로 하는 환자들을 확인하고, 개별 치료 세션을 계획한다.

격월 유지 (4세션)

- 임상가는 구어 수행과 연습에 대하여 지속적으로 기록하고 피드백을 제공한다.
- 장기 목표들을 고찰하고 수정한다.
- 치료 후의 비디오들을 고찰하고, 현재 구어 패턴과 비교한다.
- 태도 척도들을 고찰하고, 목표로 하는 태도들(예: 부정적인 인식들, 상황에 따른 회피들)을 계속해서 확인한다.

월간 유지 (9세션)

- 구어 유창성에 대한 치료실에서의 관찰과 환자의 보고를 수집한다.
- 만약 필요할 경우, 연습 스케줄과 개별 세션을 변경하여 퇴행을 다룬다.
- 문제 해결에 대한 권고를 공유하거나 개별적으로 시행한다.
- 장기 및 단기 목표들을 검토하고, 개별적으로 변경한다.
- 개별적인 연습 스케줄은 지도를 받으며 시행착오(trial & error)의 과정을 통해 조정하여, 환자들이 유지 후 연습을 개별적으로 관리할 수 있도록 한다.

유지 단계 후

- 환자에게 자신의 수정된 연습 스케줄을 계속하게 하고, 말더듬이 회귀되는 것을 통제하기 어려운 경우, 개별 세션 스케줄을 짜기 위해 치료실로 문의하도록 지시한다.
- 환자에게 Demosthenes 미팅에 계속해서 참여할 것을 권고한다.
- 환자에게 말더듬 센터에서 제공하는 연간 재교육 세미나에 관한 정보를 제공한다. 재교육 세미나는 2일 동안 개최되고 프로그램의 기본 사항을 검토할 뿐만 아니라 감독하에 연습과 전이를 위한 기회도 제공한다.
- 어떤 경우에는, 부족한 연습과 치료실과의 연락 두절이 오래된 결과로 완전히 회귀한 경우가 초래되었다. 이러한 환자들은 집중적인 프로그램을 다시 실시해야 할 필요가

있다.

- 대부분의 환자들의 경우, 장기간 유지 단계에 대한 성숙한 접근법은 시간이 지남에 따라 성취되고 개선된다. 환자들에게 치료실과 연락을 유지하고, 그들의 능력을 계속 유지하기 위해 습득한 도구들을 유념하는 것이 좋다고 격려한다(그림 15.7).

비디오 클립 29는 6주 사후 치료 유지 세션의 한 예를 보여준다.

계속되는 의사결정을 돕는 평가방법

치료 전 평가 시 고려사항

FPP에 참여하기를 원하는 환자들은 매일의 집중적인 치료가 그들에게 적합한지를 알아보기 위해 첫 평가를 받는다. 많은 전통적인 유창성 평가 전략들이 이 주제를 논해 왔기 때문에, 우리는 이 전략들을 다루지 않을 것이다. 그 이유는 많은 것들이 이 주제를 논해 왔기 때문이다(Guitar, 2006). 구체적인 구어 및 태도에 대한 평가 척도 방법을 선택하면, 독자에게 이 프로그램의 1일차를 요약한 개요를 보도록 권고한다. 우리는 FPP에 적당한 사람을 결정할 때, 근본적으로 사용할 중요한 환자의 몇 가지 변인들에 대해 논의할 것이다. 먼저, 겉으로 드러난 말더듬의 빈도를 치료의 대상자를 결정하는 요인으로 고려해서는 안 된다는 것을 말하고 싶다.

확실히, 15일간의 집중적인 치료 프로그램 전체에 참가하기를 원하는 환자들은 치료를 원하는 타당하고 정당한 이유들이 있어야 한다. 저자들은 이것을 "가장 기본적인(bread and butter)" 이슈들이라고 한다. 이러한 이슈들은 종종 직업적 이슈들로서, 잠재적인 참가자의 전문 분야에서의 고용 혹은 진급 등에서 얻을 수 있는 능력을 말할 수도 있다. 더 젊은 환자들은 대학 교육 과정을 받기 위해 향상된 의사소통 기술들에 대한 필요성을 나타낼 수 있다. 더욱이, 어떤 환자들은 친구들 혹은 지역사회 조직과 사회적으로 좀 더 활발한 관계를 맺을 필요성을 나타낸다. 이러한 환자들은 많은 경우에, 사회적 활동들에 충분히 참가할 수 없을 때 고립감과 좌절감을 느낀다.

여러 가지 "표면적인" 이유들로 프로그램에 참가하길 바라는 환자들은 이상한 사람이다. 이러한 환자들은 말더듬을 자신을 사회적으로 당황스럽게 하고 자신들의 자아상에 영향을 미치는 것으로 본다는 사실 이외에는 말더듬으로 인해 전혀 방해를 받지 않는다. 자신의 말더듬을 이러한 방식으로 보는 환자는 의사소통 기술들을 향상시키는 데 매우 열심히 할지도 모른다고 주장할 수 있다. 다른 한편으로, 그러한 환자들은 가족 및 친구들과의 자기 성찰(introspection) 및 토의를 통하여 자기 지각(self-perception)을 개발시키는 데 충분한 시간을 들이지 않을지도 모른다. 이러한 환자들은 사실 자기 지각을 수정하거나 조절하기 위해서 약간의 추가적인 치료를 필요로 할 수도 있다.

마지막으로, 배우자, 부모, 혹은 말더듬으로 인해 괴로워하는 중요한 사람 등의 권유로 치료를 받게 된 환자는 사실 말더듬 치료라는 것에 거부감을 가질 수도 있다. 우리는 자신의 말더듬이 문제라는 것을 부정하거나, 치료에 참여하는 시간을 꺼리기 때문에 치료에 극심하게 저항하는

유창성 플러스 프로그램

성공적인 유지를 위한 도구

자신에게 맞다고 생각하는 각 항목에 1점씩 채점한다.

재발 방지 도구 #1 –
표적 행동 숙달하기

q 나는 모든 속도에서 정확하게 행동 형성(shaping)을 수행한다.
q 나는 모든 말하기 상황으로 표적을 전이한다.
q 나는 나의 매뉴얼과 미니 프로그램을 알고, 이해하고, 8개의 표적 모두를 다른 사람에게 설명할 수 있을 정도까지 규칙적으로 복습한다.
q 나는 말을 할 때마다, 심지어 내가 모니터할 필요가 없다고 생각할 때조차도, 나의 구어를 모니터한다.

재발 방지 도구 #2 –
말할 기회를 긍정적으로 준비하는 것을 지원하는 기법 개발하기

q 나는 긍정적인 마음의 준비 없이는 표적을 잘 사용하지 못한다고 스스로 인식하고 상기시킨다.
q 나는 부정적인 생각을 막고, 불안을 감소시키며, 표적 사용을 촉진하기 위해 Covert Practice(겉으로 드러나지 않는 연습)를 사용한다.
q 나는 말을 시작하려고 할 때, 어떠한 부정적인 생각도 모니터하고, 더 도움이 되는 혼자-말하기 표현(self-talk statements)을 선택할 수 있다.

재발 방지 도구 #3 –
매일 연습을 실시하고 평가하기

q 나는 매일 모니터한 구어 활동을 계획하고 평가한다.
q 나는 스스로 연습할 기회를 증가시키기 위해 여러 상황(예: 전화 상황, 시간 묻기, 클럽 참여)을 의도적으로 직면한다.
q 나는 평가를 하면서 대화를 모니터한 후에 행동 형성(shaping)한다.

재발 방지 도구 #4 –
체계적으로 두려움과 회피 행동 제거하기

q 나는 단어 바꾸기, 뭔가를 말하려 할 때 침묵하기, "짧게 말하기", 말을 해야 할 상황을 벗어나기 등과 같은 어떠한 회피 행동이라도 나 스스로 모니터한다.
q 나는 두려움과 회피 행동을 극복하기 위해 두렵거나 불안을 느끼는 말하기 상황을 의도적으로 직면한다.
q 유창하게 말할 쉬운 단어들이라고 인지하는 것과 상관없이 내가 말하고자 하는 모든 단어들을 말한다.
q 나는 남아있는 공포를 극복할 연습 기회를 어떻게 만드는지를 안다.

재발 방지 도구 #5 –
새로운 구어 패턴 수용하기

q 나는 실제 대화 상황에서 종종 사용하는 표적을 스스로 녹음하고, 그것을 듣는다.
q 나는 새로운 느낌과 내는 소리에 익숙해지기 위해 21일 이상 긴 기간 동안 지속적으로 표적을 사용해왔다.
q 나는 말더듬과 구어 모니터링에 대해 지인들과 개방적으로 의논한다.
q 나는 다른 사람들이 표적을 사용하는 것을 듣기 위해 다양한 기회(예: 사후 점검, Demosthenes 모임들, 재교육)에 참여한다.

[그림 15.7] ■ 환자 유지 체크리스트

재발 방지 도구 #6 –
자기 수정과 표적 오류 평가하기
q 나는 부정확한 표적 실행으로 인해 말을 더듬게 된 것이라고 인식하고 상기한다.
q 나는 나의 말(말더듬만이 아닌)에서 부정확한 표적을 모니터하고 그 부정확을 평가한다.
q 나는 일상의 구어에서 표적을 놓쳤을 때 지속적으로 "자기 수정"을 한다.

재발 방지 도구 #7 –
지원 망(network) 확립하기
q 나는 최소한 한 달 기준으로 구어 유지 프로그램을 이수한 다른 사람들과 관계를 유지한다.
q 나는 구어 연습과 유지에 관해 친구들이나 가족과 개방적으로 대화한다.
q 나는 유지를 성공하는 데 필요한 정서적 회복이 다른 사람들의 지원과 함께 유지될 수 있다는 것을 스스로 인식하고 상기한다.

재발 방지 도구 #8 –
확립한 구어를 유지하고자 하는 개인적 사유 검토하기
q 나는 구어 유지 프로그램에 참여하는 것이 나에게 가치 있다고 생각하는 5~10가지 이유를 적을 수 있다.
q 나는 이러한 이유들을 정기적으로 검토한다.
q 나는 확립한 구어가 매일 적극적인 노력이 없이는 유지될 수 없다는 것을 스스로 인식하고 상기한다.

재발 방지 도구 #9 –
변화를 수용하는 생활 방식 지향하기
q 나는 내 스케줄에서 유지 연습과 유지 활동에 우선적으로 시간을 낸다.
q 나는 운동하기, 좋아하는 활동하기, 긍정적인 사람들을 주변에 두기 등을 통해 행복(즉 긍정, 활기)을 관리한다.
q 나는 잘 자고, 잘 먹고, 과도한 음주, 흡연, 카페인, 기타 약물 복용을 피함으로써 나의 건강을 관리한다.

재발 방지 도구 #10 –
문제 해결력 및 자기 의존 기술 발전시키기
q 나는 나의 구어 수행을 위한 장기 목표를 확인하고 기록한다.
q 나는 장기 목표를 성취하도록 돕기 위해 측정 가능하고, 행동 중심의 단기 목표 목록을 작성한다.
q 나는 이러한 목표들을 규칙적으로 검토하고, 점검하고, 수정한다.

22점 이하 - 당신은 개선해야 할 것이 많습니다. 장기 유지 가능성을 증가시키기 위해 이러한 도구를 더 많이 사용하세요.
22~27점 - 잘했습니다. 당신은 구어를 위해 훌륭한 많은 것들을 하고 있습니다. 당신이 발전시키고 싶다면 지도를 받기 위해 이러한 도구에 대해 상담하세요.
28~33점 - 축하합니다! 당신은 유지에 대해 성숙하고 잘 알고 있는 접근법을 사용하고 있습니다. 몇 년 내로 유창함의 즐거움은 당신의 것이 되겠군요.

[그림 15.7] ■ (계속)

청소년들을 종종 본다. 이러한 환자들은 일반적으로 유창성 플러스나 또 다른 말더듬 치료법으로부터 효과를 얻기 위해 필요한 내면의 동기에 관해 상담을 받는다.

첫 평가 동안에 치료 프로그램에 대한 환자의 인식 및 예측 정도를 조사한다. 우리의 프로그램은 독특하고 특수화된 특성으로 인해 대중매체와 전문가 단체로부터 상당한 관심을 받아왔다. 비록 우리는 이러한 관심이 치료사와 환자 모두에게 도움이 된다고 추측할 수 있지만, 비전문가(lay public)는 종종 이 치료법이 인쇄물 또는 인터넷에 따라 치료될 수 있는지 없는지 여부에 대해 다소 단순한 관점을 가지고 있다. 그 결과, 환자들은 종종 치료사가 말더듬에 대해 할 수 있는 것에 대해 선입견을 가지고 말더듬 센터를 방문한다. 우리는 환자에게 치료의 실제적인 개요를 제공하고, 토론 후에, 환자가 여전히 말더듬을 완전히 제거하는 마법의 알약(magic bullet)을 찾고 있는지 그 여부를 알아보기 위해 많은 시간을 보낸다. 우리는 또한 환자가 이 프로그램이 요구하는 집중적인 노력을 하고 있는지 여부와 프로그램을 실시하는 동안에 자신의 역할과 책임뿐만 아니라 임상가의 역할과 책임에 대해서도 충분히 인지하고 있는지의 여부도 평가한다. 인터뷰를 하는 동안에, 우리는 자기 신뢰와 독자적으로 수행할 수 있는 능력을 나타내는 지표들을 확인하고자 한다. 더욱이, 치료사는 환자가 그 능력을 가지고 있으며 자신의 행동을 변경하거나 수정하는 능력을 가지고 있음을 나타내는 임상적 징후를 찾는다. 예를 들면, 평가를 하는 동안에, 환자는 성공적으로 완료한 특정한 자기 개발 과정 또는 어려운 문제점을 보고할 수도 있다.

우리는 이러한 모든 지표가 임상적 관련성이 있다는 것을 알았다. 그러나, 치료 결과와 관련된 수행 변인들을 조사하는 우리의 연구 이외에는(Kroll & De Nil, 1995; Ulrich et al., 1992), 이러한 지표의 중요성을 확증할 실험 증거가 거의 없다. 심지어 우리가 집중적인 프로그램을 실시한 몇 년간의 임상 경험을 가지고 있지만, 치료 동안에 보이는 환자의 행동은 긍정적으로든 부정적으로든 우리를 계속해서 놀라게 한다.

또 다른 관심분야는 환자를 평가하는 동안에 나타나는 정서적인 안정성과 객관성이다. 우리는 개인들이 현재 삶에서 심각한 스트레스 또는 변화들을 겪고 있다면 우리의 프로그램에 참가하는 것을 막는데, 그 이유는 현 시점에서 의사소통 문제가 우선 사항이 아닐 수도 있다고 예측되기 때문이다. 마지막으로, 우리는 다소 빠르게 진행되는 집단 환경에 참가하는 것을 방해할 수도 있는 어떤 읽기 또는 학습 과제들이 있는지를 확인하려고 노력한다. 만약 그 개인이 이 치료법으로부터 이득을 받을 것이라는 가능성을 확신할 수 없다면, 우리는 몇 가지 실험적인 검사(trial probes)를 초기 평가의 일부분으로 실시할 것이다. 이러한 검사들을 하는 동안에, 우리는 작성된 프로그램 자료의 일부를 환자에게 제공하고, 짧은 시간 동안에 환자의 이해력, 도입되고 있는 개념을 파악하는 능력, 제시되는 교육 자료들에 구두로 혹은 글로 반응하는 것에 대한 전반적인 정확성 등을 관찰한다.

치료 동안 진전의 기준

유창성 플러스 프로그램의 구조화된 형식을 고려할 때, 대부분의 환자들이 비슷한 단계로 일련의 치료 국면을 진행해나갈 것이라고 예측한다. 그렇게 예측하는 이유는 환자들의 집중적인 치료 프로그램 참여를 고려하기 전에 신중하게 선별했기 때문이다(이전 섹션 참조). 환자 진전은 임상가가 매일 녹음/녹화된 가정 과제를 분석하거나, 크고 작은 집단 세션을 하는 동안에 임상가와 동료가 평가한다. 프로그램을 실시하는 동안에 각 단계에서, 임상가는 표적 행동들의 기술 숙달의 정도를 확인한다. 기술 숙달은 치료사의 단서 제공 혹은 모델링 없이 표적 행동을 80% 정확도로 산출하는 능력이라고 조작적으로 정의한다. 임상적으로, 환자가 인지적으로 그 기술을 결합시키고 있는지, 환자가 목표로 하는 행동을 쉽고 정확하게 산출할 수 있는지를 판단하는 것이 중요하다.

어떤 환자가 주어진 표적 또는 구어 관련 활동에 대해 만족스러운 수행 기준에 도달할 수 없는 경우, 그 환자가 프로그램 요구사항을 충족할 수 있을 때까지 개별 보충 세션을 제공한다. 대부분의 경우에, 이러한 보충 세션은 프로그램을 실시하는 시간 동안 또는 정상 치료 시간 이후에 추가로 보조 치료사와 수행할 수 있다. 또한 대부분의 개인들은 최소한의 보충 세션으로 만족스러운 수행 수준에 도달할 수 있다. 특별한 경우, 수행 목표들을 감소하거나 수정하는 것에 관한 임상적 결정은 목표 성취에 대한 적어도 약간의 경험을 환자들에게 제공해야 할 필요가 있다.

치료 종결(집중 치료 후 고려사항)

우리가 성인 만성 말더듬 환자를 치료할 때, "종결"이나 "퇴원"이라는 용어를 사용하는 것은 어려운 일이다. 유창성 플러스와 같은, 증거 기반 치료 프로그램을 통해서, 우리는 의사소통에 관해서 좀 더 유창한 구어와 건전한 인지적 태도를 가져올 가능성이 가장 높다고 믿는 관리 전략을 환자들에게 제공하고 있다. 대다수의 환자들은 유창성 유지에 대한 계속적이고, 자가-실시하는 프로그램뿐 아니라 우리의 구조화된 재교육 과정과 자조 집단을 통한 잠재적인 혜택을 필요로 할 것이다. 우리는 집중적인 치료 후 몇 달 안에 환자들이 개선된 구어 기술들과 건전한 태도들을 발전시키는 것을 보아왔다. 재교육 과정 중에, 이러한 긍정적인 성과를 몇 년 동안 실현하지 못한 사례들도 있었다.

종결에 관한 개념을 논하지 않으려면, 유지 기간 동안에 다룰 수 있는 영역들에 대해 임상가가 서비스를 제공하도록 집중 치료 후의 몇 가지 이슈 쪽으로 화제를 전환해보자. 아마 집중 치료 후 프로그램에 참여한 참가자들이 직면하는 것으로 가장 자주 관찰되는 문제점 중 하나는 환자들이 말을 하는 동안에 구어 표적들을 지속적이고 적극적으로 모니터하는 것이 계속 필요하다는 것이다. 집중 프로그램에 참여한 환자들이 항상 표적 기술들을 적용하는 것을 꺼렸다면 유지 국면에서 어려움을 필연적으로 경험할 것이다. 집중 치료 후 프로그램에 참여한 환자들이 매우 흔히 직면하는 또 다른 문제점은 자신의 수정된 구어 패턴의 수용과 관련이 있는데, 이 구어에 대한 청자의 반응을 걱정한다는 것이다. 새롭게 습득한 구어 패턴이 어떻게 들리는지, 이러한 구어 패턴이 청자들에게 수용되는지 아닌지에 대해 매우 걱정을 많이 하는 환자들은 항상 새롭게 습득한 유창성 기술들을 사용하는 것을 거부할 것 같다. 이러한 환자들은 집중 치료 직후 유지 세션 동안에 추가적인 지도와 감독이 훨씬 더 많이 필요할 것이다.

환자가 구어 관리 기술들을 완전히 가졌다고 생각하기 전에, 다시 말해서 환자들이 포괄적인 치료 프로그램을 성공적으로 완성했다고 생각하기 전에, 집중적인 국면 후에 해결해야 할 다른 많은 요인이 있다. 환자들은 자연스러운 환경에서의 구어 패턴을 건설적이고 객관적으로 분석할 수 있어야 한다. 환자들은 자진해서 자신의 구어 수행을 지속적이고 능동적으로 모니터하려는 의지를 보여야 하고, 그럼으로써 말하고 있는 것뿐만 아니라, 그것을 말하는 방법에도 초점을 두는 인지적 과제를 수용해야 한다. 이것은 특히 스트레스가 많은 의사소통 상황들과 관련이 있다. 행동 변화는 새로운 과제들을 가져온다. 환자들은 극적인 치료 효과들로 발생하는 태도 및 정신적인 변화들뿐만 아니라 더욱 유창한 구어를 동반하는 새로운 역할들과 책임들을 수용해야만 한다. 이러한 많은 변화들은 매우 짧은 시간에 발생하고, 이는 집중적인 치료의 특징이다. 환자들은 그 변화에 적응하기 위해 일정 기간이 필요하고, 종종 변화에 적응할 실질적인 장단기 목표들을 설정하며, 유지 국면 동안에 앞에 놓여 있는 다소 어려운 일에 대처하는 방법을 배워야 한다. 이러한 것들과 기타 많은 이슈들이 임상가가 조급하게 치료를 "종결"하려는 것을 방지한다.

개별 환자에게 적합한 치료법의 조정

첫 평가 후 많은 환자들에 대해 제기되는 첫 번째 질문은 FPP의 스케줄 및 형식과 관련이 있다. 많은 환자들을 3주 동안의 집중적인 단계를 위한 치료실 세션 참여에 즉시 배정할 수가 없다. 만약 그 프로그램에 적합한 것으로 여겨진다면, 환자들에게 준비할 적당한 시간을 주고, 곧 실시할 프로그램에 대한 스케줄을 알려준다. 만약 평가 시기로부터 6개월경에 치료를 시작하도록 준비한다면, 환자들은 종종 직장에서 휴직을 해야 할 수도 있다. 많은 학생들은 수업이 없을 때인 여름 방학 동안에 실시되는 프로그램을 선택할 수 있다.

환자 개인의 스케줄을 상황에 맞추려는 노력과는 관계없이, 직업 상황 또는 다른 약속으로 인해 매일 치료 프로그램에 참여할 기회가 없는 사람들이 있다. 또한 우리는 대부분의 임상가들이 집중적인 형식으로 FPP를 실시할 수 없을 수도 있다는 것을 잘 알고 있다. 집중적인 프로그램은 일반적으로 전 세계에 흩어져 있는 비교적 적은 전문화된 말더듬 센터에서 실시되고 있다. 대다수의 언어 치료사들은 말더듬에 대한 집중적인 치료 프로그램을 매일 실시하는 데 필요한 자원 또는 시간이 없다. 이러한 이유로, 우리는 비집중적인 프로그램으로 실시할 수 있는 버전을 개발했다. 환자들은 1주일에 한 번 1~2시간씩 집단 세션에 참여한다. 강화(intensification) 원리가 여전히 이 형식에 적용된다는 점을 명심하는 것이 중요하다. 치료실 내에서 반복 연습(practice drills)을 하는 것보다 오히려 환자들에게 치료실 세션들 사이에 가정에서 연습 과제로 매일 1~2시간씩 완료하도록 요구한다. 이러한 과제들을 다시 한 번 녹음하고 매주 세션을 시작할 때 임상가가 검토한다. 우리는 환자들이 유지 단계에 들어가기 전 28주 내에 FPP를 완료할 수 있다고 판단했다. 이 프로그램의 세부 사항 및 절차 모두를 유지하도록 명심해야 하며, 스케줄 변경 이외의 추가적인 수정은 실시되지 않는다.

행동 측정 방법 및 추가적인 평가 기법들로 결정된 것처럼 말더듬의 심한 정도가 프로그램 수정을 위한 지표가 아니라는 것을 강조해야 한다. 그러나 임상적으로, 경도의 말더듬인에게 프로그램을 하향조정하여 실시하려고 할 수도 있다. 이러한 환자들에게는 프로그램 전체를 실시하는 것보다는 한두 가지의 중요한 유창성 기술들을 고르는 것이 더 타당해 보인다. 사실, 우리는 가끔 이 전략을 시도했지만, 어떤 경우에는 오히려 매우 비효과적이었다.

아동용 FPP(Kroll & Scott-Sulsky, 2006)는 학령기 아동(8~12세)용으로 개발되었다. 이 프로그램은 모든 학습 원리들을 유지하지만 치료 자료, 언어 수준 및 용어들을 더 어린 대상자에게 적합하게 수정해왔다. 저자들은 이 프로그램을 비집중적인 집단 형식으로 실시해왔고, 이 접근법을 사용하기를 원하는 임상가들을 위한 일련의 양성 워크숍을 실시해왔다. 현재 저자들은 이러한 프로그램들에 관한 데이터를 수집하는 과정에 있다.

해결해야 할 문제와 요구가 있는 환자들을 위해서는 그 프로그램을 더욱 수정할 필요가 있다. 어떤 환자들은 임상가들이 제공하는 글로 된 자료들과 말로 하는 지시사항들을 이해하는 데 필요한 언어 기술들을 가지고 있지 않다. 또 어떤 환자들은 특별 지도나 보충 지도에 필요한 특별한 학습 또는 읽기 문제들을 나타낸다. 이러한 경우에 프로그램 수정에는 구체적인 표적 행동 산출에 대한 수행 기대들을 바꾸는 것이 포함된다. 그러한 수정에는 세부 표적들을 단일화하는 것과 임상가가 간결하게 구두로 설명하는 것과 함께 매뉴얼에 제공된 몇 가지 정보를 바꾸는 것도 포함된다. 만약 환자들이 다소 비슷한 프로필들을 가지고 있다면, 적절한 경우에는 소집단들을 형성한다. 또 다른 경우에는, 일대일 세션들로 일정을 잡는다.

개별 환자에게 적용

Susan B.는 영어와 벵골어의 이중 언어를 구사하는 28세 여성이며, 2006년 5월 2일에 Speech & Stuttering Institute에서 평가를 받았다. 평가 시에, Susan의 구어는 강한 성문 접촉, 음 연장, 후두 막힘 등의 특징을 보였다. 눈 깜빡임과 입술 떨림을 포함한 이차행동이 관찰되었다. Susan의 말더듬은 빈도의 측면에서 고도(severe), 지속 시간 및 투쟁의 측면에서 중도(moderate)로 평가되었다. 그녀는 여러 사람이 있는 곳에서 말할 때마다 말더듬을 회피하기 위해 시작계교(starters), 삽입어(fillers), 단어 바꾸기(word switching) 등과 같은 회피 전략들을 정규적으로 사용한다고 보고했다. Susan은 또한 낯선 청자와 말하기, 마이크나 테이프 녹음기에 말하기, 집단 상황에서 말하기 등을 회피한다고 보고했다. Susan은 8~10세에 치료에 참여하여 구조화된 세팅에서는 약간 성공을 거두었지만, 그 개선을 유지하기가 어려웠다고 보고했다. 그녀는 자신의 목표가 상황에 따라 일관적으로 유창성 강화 기법들을 적용하고, 새로운 직업을 선택하려고 시도해보는 것이라고 보고했다.

Susan의 평가 결과에 근거하여, 그녀에게 2007년 1월에 성인 집단에서 집중적인 FPP에 참여할 것을 권고했다. Susan은 다음의 기준에 따라, 이 치료 모델에 최적의 대상자라고 판단되었다. 첫째, Susan의 평가 인터뷰와 읽기 샘플을 통하여, 그녀가 FPP의 집중적인 본질(intensive nature)에 필요한 엄격한 요구를 관리할 수 있는 지적 능력을 가지고 있음을 볼 수 있었다. 둘째, Susan은 구강 구조 검사(oral mechanical examination)와 시범 치료 프로브를 통하여 자신의 운동 움직임(motor movement) 패턴을 변경하는 신체적 요구를 관리할 수 있음을 볼 수 있었다. 셋째, Susan은 집단 치료로 받을 수 있는 이점과 프로그램의 인지 재구조화에 필요한 정서적 준비가 되어 있음을 입증했다. 구체적으로, Susan은 회피 행동에 관한 통찰력이 있음을 증명했고, 자신의 구어에 대한 청자들의 반응에 대해 관리 가능한 염려 수준을 설명하고, 치료의 현실적인 결과로 나타날 목표들을 보고했다. 넷째, 그녀는 성공적으로 치료를 끝마치고 장기간의 유지 프로그램에 참여할 수 있는 높은 수준의 동기가 있음을 증명했다. 마지막으로, Susan은 3주 프로그램의 집중적인 단계 기간 동안에 직장, 학교, 사회적 의무 등으로부터 벗어날 수 있는 실질적인(logistical) 요구사항들을 적합하게 수용할 수 있었다.

Susan은 2007년 1월 15일, 7명의 다른 집단 멤버들과 함께 치료 프로그램을 시작했다. 3주 동안, 그녀는 매일 치료를 받았고, 매일 저녁 가정 과제를 수행하는 데 2~4시간씩 노력했다. 그 프로그램을 자세히 설명한 것에 대해서는, 이 장의 "이 접근법의 핵심 요소" 섹션을 참고하시오.

Susan은 집단에서 역동적이고 지원적인 집단 멤버인 것으로 증명되었다. 그녀는 언어 치료에 아동으로 참여했기 때문에 집단 멤버들과 두 가지의 중요한 시각을 서로 나눌 수 있었다. 첫 번째 시각은 그녀가 과거에 치료실 세팅에서 유창성-강화(fluency-enhancing) 기법들을 사용함으로써 유의미한 안도감을 경험했다는 것이다. Susan은 표적들이 유창한 구어를 산출하기 위한 효과적인 도구가 될 수 있다는 사실을 증명할 수 있었다. 두 번째 시각은 꾸준한 연습과 유지 없이는, Susan이 장기간 동안 치료실 밖의 환경에서 구어를 효과적으로 조절하는 것이 불가능하다는 것이었다. Susan의 경험들은 FPP의 철학을 실제로 직면할 때 매우 유용한 것으로 밝혀졌다. 구어 행동과 구어 태도 모두에서 일어나는 실제적이고 계속적인 변화들은 구어 시스템의 엄격한 재구조화와 함께 인지 세트의 체계적인 재구조화, 철저하고 지원적인 전이 기간, 장기간의 유지 프로그램 등을 통해서만 가능하다.

치료의 확립 국면에 걸쳐, Susan은 열심히 치료받고, 표적 행동들을 성공적으로 습득했다. 그녀의 한 가지 특별한 장점은 자기 평가 능력이었다. 그녀는 자신의 모든 과제들을 테이프에 녹화하여 리뷰했고, 오류들로부터 배웠다. 그녀는 표적을 정확하게 알기 위해 자각력을 예리하게 발전시켰고, 집단의 다른 멤버들에게 도움이 되는 피드백을 제공했다.

두 번째 장점은 Susan이 그 프로그램 중 결정적으로 중요한 인지 재구조화하기 목표를 진지하게 이행하는 것이었다. 그녀는 말을 더듬는 사람으로서 자기 자신을 진솔하게 받아들이지 않고서는 치료에서 최적의 성공을 성취할 수 없다는 권고를 마음에 새겼다. 그녀는 집단 밖에 있는 다양한 파트너들과 연습하는 데 필요한 여러 과제들을 수행함으로써 말더듬에 대해 편안하고 개방적인 태도를 얻게 되었다. 이러한 태도는 여러 가족 구성원, 친구, 동료 등과 자신의 구어 상태 및 치료 프로그램에 대해 토의할 기회를 제공했다. 그녀는 수정된 구어 패턴을 사용하는 것에 대해 남을 의식하지 않고 그 프로그램의 유지 단계로 자신 있게 나아갈 능력을 얻었다. 사실상, 그녀는 많은 환자들이 흔히 겪는 함정을 피해갈 수 있었다.

그녀는 자신이 수정된 구어 패턴을 사용하고 있고, 자신의 구어를 일관성 있게 모니터해주는 데 도움이 되는 친구들과 가족을 모았다는 사실을 숨기려는 압박감을 느끼지 않았다.

이 집단이 프로그램의 전이 단계로 나아갈 때, Susan은 다양한 말하기 상황들에서 표적들을 사용하도록 요구하는 많은 과제들을 성공적으로 완료했다. Susan의 성공에는 많은 요인들이 영향을 미쳤다. 먼저, Susan은 FPP에 나와 있는 전이를 위한 체계적인 접근법을 일관성 있게 따랐다. 그녀는 드러나지 않는 연습(covert practice)을 사용하여 전이 상황에 대비하여 정신적으로 매우 성실하게 준비했다. Susan은 자발적인 유창성에 의존하지 않도록 어려움을 인지하는 것과 관계없이 모든 전이 상황들에 걸쳐서 자신의 수정된 구어 패턴을 일관성 있게 사용했다. Susan은 전이 상황에서 자신의 수행력을 지속적으로 평가했고, 종종 자신의 평가 정확도를 최대화하기 위해 녹음기를 사용했다. 또한 Susan은 전이의 성공 여부를 자신의 구어 유창성에 따르지 않고 *표적 정확*도에 근거하여 일관성 있게 매우 열심히 평가했다. 이러한 방식으로, Susan은 배우고 개선하는 기회를 통해, 각 전이 상황을 성공적인 것으로 볼 수 있었다. 또한 Susan은 표적 정확도에 대해서 자발적인 유창성 또는 "우연히 나온" 유창성을 잘못 판단할 함정을 피할 수 있었다.

현재, Susan은 치료 프로그램에서 유지 단계에 있다. 그녀는 장기 유창성 유지라는 목표를 지원하는 생활방식을 만드는 많은 긍정적인 변화를 보였다. Susan은 매일 유지 연습 스케줄을 열심히 완료했다. 그녀가 연습을 하지 않을 때는 자신의 구어에 대한 부정적인 영향이 있음을 알아차리고, 그것들을 긍정적인 태도로 조절했다. 그녀는 성공적인 장기간의 유지 목표를 지원할 각 후속 모임에서 신중하게 단기 목표를 선택했다. 그녀는 가족과 대화할 때, 항시 유창성을 모니터하는 것을 지원하기 위해, 벵갈어로 연습을 했다. Susan은 Demosthenes Society의 참여와 Speech and Stuttering Institute에서 자원봉사하는 것을 포함하여 그녀의 새로운 구어 패턴에 대한 유지를 지원하는 활동에 참여하기 시작했다.

사례 연구

John G.(25세)는 말더듬에 대한 구어 평가를 받도록 가정의학과 의사에 의해 의뢰되었다. 그의 초기 면담 분석 결과, 말한 단어의 4%를 더듬은 것으로 나타났으며, 짧은 시간 동안 막힘과 연장이 특성이었다. 그의 구두 반응들은 짧았고, 눈맞춤도 짧은 것이 특징이었다. John의 발화들은 수정, 삽입어, 부적절한 쉼, 에둘러 말하기 등의 특징이 있었다. 그에게 어떠한 회피 전략들이라도 사용하는 것을 자각하는지를 묻자, 그는 "그렇게 생각하지 않아요."라고 응답했다. 그는 자신의 구어 문제를 10점 척도(1점 = 최소 영향, 10점 = 주요 문제)에서 10점으로 평가했다. 읽기 샘플을 다 읽으라고 요구하자, 그는 거절했다.

1. 당신이 임상가라면, 환자의 집중적인 집단 치료 프로그램 참가를 결정하는 데 필요한 추가적인 사례사 정보에는 무엇이 있겠는가?
2. 이 환자를 상담하면서 필요한 것은 무엇인

가? 이 환자가 치료에서 이익을 얻도록 하는 데 이러한 필요성이 환자의 능력에 어떻게 영향을 미칠 수 있는가?

적절한 상담 후, John이 집중적인 그룹 치료 프로그램에 참가하는 것이 적절하다고 결정했다.

3. John이 집중적인 집단 치료 프로그램이 필요하다는 결정에 동의하여, 치료로 이익을 얻게 할 정보에는 무엇이 있는가?

적절한 정보를 얻음으로써, John은 다음 번 프로그램에 참가할 것에 동의했다. John은 유창성을 촉진하는 표적들을 확립하는 데 탁월했고, 치료실 안팎에서 실시하는 과제에 훌륭한 동기를 가지고 잘 이행하는 모습을 보여주었지만, 다양한 연장 속도에서 대화(dialogue)를 녹음하는 과제에 참여하기 위해 치료 집단 외의 청자들을 모아야 하는 과제는 잘 이행하지 않았다. 처음에, John은 이러한 과제를 수행하지 않은 것에 대해 변명을 했지만, 결국에 그는 "그 과제를 실시하기가 너무 어려웠어요."라고 고백했다.

4. 임상가 당신은 이 단계에서 이 환자에게 있어 인지 재구조화 목표들이 무엇이라고 정의하는가? 이러한 목표들을 설명하는 방법은 무엇인가?

적절한 중재와 함께, John은 프로그램의 확립 국면의 요구사항을 완료할 수 있었으며, 치료실에서 그의 가까운 가족 구성원과 친구들로 구성된 작은 집단과 함께 New Normal 구두 패턴을 일관되게 수행할 수 있었다. John은 전이의 세 단계를 정확하게 수행하는 모습을 보여주었으며, 치료실 안팎의 많은 전화 상황 전이를 성공적으로 수행했다. 하지만 치료실 밖 면대면 전이 상황에서, John은 막힘과 회피 전략을 사용하는 치료 전 구두 패턴으로 되돌아갔다.

5. 임상가인 당신이 이 환자를 위해 확인해야 할 행동 및 인지 재구조화 목표들은 무엇인가? 어떻게 이러한 목표들을 이룰 수 있는가?

추가적인 지원을 받아서, John은 자신의 New Normal 패턴을 많은 직접 대면하여 말하기 환경들로 성공적으로 전이할 수 있었다. John은 미리 정해진 유지 연습 스케줄을 준수하기 위한 동기가 있음을 입증했지만, 자신의 업무 일정으로 인해 추적 점검 모임에 참석할 수 없었다.

6. 임상가인 당신이 이 프로그램의 유지 국면에 걸쳐 John을 지원하기 위해 개발해야 할 대안은 무엇인가?

향후 방향

우리가 말더듬인들에게 첫 치료 프로그램을 실시한 이후에, 말더듬 치료에서 일어난 극적인 변화들을 목격한 것은 진심으로 기쁜 일이다. 우리의 연구 및 임상 관찰을 통해, 우리는 가장 효과적이고 효율적인 치료 프로그램을 제공하기 위해 지속적으로 프로그램을 수정하고 조정해왔다. 많은 환자들이 성취해올 수 있었던 구어 유창성 및 의사소통 태도가 극적인 개선을 보인 것은 우리에게 우리의 프로그램을 지속적으로 면밀히 검토하고 개선하도록 하는 동기를 부여하고 생각하도록 했다.

유창성 유지는, 특히 Speech and Stuttering Institute에서 멀리 떨어져 살고 있는 환자들에게 중요한 이슈로 남아있다. 이러한 환자들은 유지 세션 스케줄에 참여할 수 없고, 언급한 바와 같이, 이메일이나 전화로 임상가와 연락을 주고받을 것이다. 테크놀로지의 발전으로, 우리는 치료실과 의사소통할 수 있는 더 쉽고 효과적인 방법을 개발하고 있다. 이 부분에 관한 추후 연구에서는 웹캠(web cams), 구어 오디오 파일, 의사소통을 전달하는 디지털의 다른 방법이 더 많아질 것이 틀림없다.

저자들은 또한 비집중적인 프로그램에 대한 효과성 데이터를 수집할 필요도 있다. 비록 저자들이 이러한 치료 형식들로 상당한 임상적 이득을 얻는 것을 관찰했지만, 저자들은 아직 치료 효과성에 대한 데이터를 가지고 있지 않다. 집중적인 프로그램과 비집중적인 프로그램 사이의 실험적 비교를 실시하고, 궁극적으로 이러한 형식들에 대한 각각의 상대적인 효과를 측정하는 것은 흥미로울 것이다.

우리는 현재 언어 치료사들이 아동용 FPP를 실시하도록 훈련하는 방향으로 노력하고 있다. 우리는 말더듬인들을 치료하는 임상가들의 학문적 및 임상적 준비를 검증하는 일련의 연구들을 발표해왔다(Klassen & Kroll, 2005; Kroll & Klassen, 출판 중; Kroll & O'Keefe, 1990). 우리가 가지고 있는 캐나다의 데이터는 세계의 다른 나라들에서 얻은 데이터를 확인하는 경향이 있고(Kroll et al., 2006; St. Louis & Durrenberger, 1993; Yaruss & Quesal, 2002), 언어 치료사가 말더듬을 치료하도록 요구를 받을 때 자신의 역량이나 만족도를 높게 평가하지 않는다는 것을 확인하는 경향이 있다. 많은 경우에서, 이러한 연구들은 수업 시간과 임상 장소에서 훈련을 받는 동안의 공식적인 실습 시간이 심각하게 부족하다는 점을 지적한다. 우리는 대학원 졸업 후 말더듬 치료에 관한 연수 교육의 필요성을 확인했다. 우리는 현재 아동용 유창성 플러스를 겸한 원리, 기법, 치료 전략 등을 배우기 위한 3일 훈련 프로그램에 임상가들이 참가하도록 워크숍 모델을 검토하고 있다. 우리는 이 훈련의 효과를 측정하여, 이러한 노력들을 통해 궁극적으로 우리가 더 많은 환자들을 치료할 수 있는지를 알아보고자 한다. 환자들이 의사소통에 대한 자신들의 인지 및 태도적인 접근방식들을 수정하는 것을 돕는 우리의 기법들을 강화하고 확대할 때, 우리는 그와 같은 변화를 측정하기 위해 좀 더 타당하고 신뢰할 수 있는 기구를 개발할 수 있기를 기대한다. 사실, 이 분야에서의 예비 연구가 이미 말더듬에 관한 치료 결과로서 삶의 질과 변화에 초점을 두기 시작했다(Yaruss & Quesal, 2004; 2006). 우리는 행동적인 지표뿐만 아니라 정서적 및 전반적인 삶의 질 지표들에서도 진전을 정의함으로써 치료의 영향을 더욱 완전히 측정할 수 있도록 하기 위해, 이러한 연구를 계속할 것을 계획했다.

이 장의 요약

- FPP는 포괄적인 성인용 말더듬 치료 프로그램이다. 이 프로그램은 유창성 형성 기법들과 인지 재구조화 전략들을 결합한 것이다.
- 이 프로그램은 30년에 걸쳐 수집한 실험 연구 및 임상 관찰을 기반으로 한다.

- 다음의 기본 원리들은 FPP에 통합되어 있다. 임상 절차는 말더듬의 행동적 측면과 심리적 측면 모두를 포함해야 한다. 치료는 집중적이어야 한다. 유창성 기술은 숙달된 후에도 계속 연습해야 하고 과장해야 한다. 반응의 가변성(response variability)을 감소시켜야 한다. 전이해야 한다. 유지를 포함해야 한다. 집중적인 치료 후 지원 전략들을 제공해야 한다.
- FPP는 일반적으로 15일간의 집중적인 스케줄로 구성된 집단 치료 형식으로 실시한 후에, 집중적인 치료 후 1년간의 일련의 유지 모임을 실시한다.
- 장기간의 유지는 재교육 세미나와 프로그램별 자조 집단과 같은 여러 지원하는 기회들로 보완한다.

이 장을 정리하는 질문

1. FPP가 다른 프로그램과 구별되는 특징들을 열거하시오.
2. 인지적 재구조화란 무엇인가? 인지적 재구조화 목표에 대한 한 가지 예시를 드시오.
3. 말더듬 행동(stuttering behavior)과 말더듬 문제(stuttering problem)의 차이점은 무엇인가?
4. FPP에서 두 가지 치료 접근법이 무엇으로 통합되는가?
5. 의사소통 사고방식(원어)이란 무엇인가? 이 개념이 치료에 있어서 왜 중요한가?
6. 연장된 음절과 같은 연장 구어 기법을 포함하는 것은 왜 중요한가?
7. 전체적인 조음 동작(Full Articulatory Movement)을 가르치는 이론적 근거는 무엇인가?
8. 전이 과정의 여러 단계에 대해 설명하시오.
9. 환자들에게 연습 파트너로 가족이나 친구들의 협조를 구하도록 하는데, 이 활동은 인지적 재구성의 목표에서 무엇을 다루는 것인가?
10. 전이 동안에, 평가 과정을 어떻게 수행하는가? 성공적인 전이란 어떻게 정의되어야 하는가?
11. 불안과 말더듬의 관계는 무엇인가?
12. 네 가지 형태의 유지 연습은 무엇인가?

감사의 말

이 프로그램을 시작한 이후 프로그램을 발전시키고 개선하는 데 도움을 준 많은 언어 치료사, 연구 동료, 학생에게 감사를 표한다. 여러 환자들이 통찰력 있는 의견들과 제안들로부터 많은 것을 배웠다. 이에 대해 대단히 감사를 드린다. 우리는 또한 Lauren Greenwood가 이 챕터를 준비할 때 편집과 귀중한 지원을 보내준 것에 감사를 표한다.

핵심 용어

내면 연습(covert practice): 어떤 말하는 상황으로 들어갈 때 가지는 긍정적인 정신적 예비 세트를 제공하는 표적들을 속으로(소리를 내지 않고) 하는 정신적 연습.

유지(maintenance): 환자와 임상가 모두가 새로 배운 기술들이 숙달되었다고 기대하여 장기적이고 점진적인 안정화 과정을 포함하여 임상가의 개입을 점진적으로 감소시켜 나가면서 그 치료 프로그램을 계속하는 것.

의사소통 능력(communication mentality): 부정적인 정서가 거의 없이 효과적이고 효율적으로, 언제든지, 어떤 환경에서라도, 누구와도 말하는 것을 강화하는 태도 또는 자세.

인지 재구조화(cognitive restructuring): 구어 의사소통 행위와 관련된 태도, 느낌, 신념 체계, 정서 등의 변경. 이는 불완전하거나 비논리적 사고 과정을 더 정확하고 이득이 되는 사고 과정으로 변경하도록 도움을 받는 것으로 자기실현(self-realization)과 상담 지원을 통하여 성취된다.

전이(transfer): 치료실 외부 상황에서 학습되고 습득된 행동들을 자발적이고 의식적으로 적용하는 것.

확립(establishment): 증명된 학습 원리에 기초한 연습 기법들(regimens)의 체계적인 적용을 통한 새로운 구어 운동 행동들과 태도들의 습득.

추천 문헌

De Nil, L. F., Kroll, R. M., Lafaille, S. J., & Houle, S. (2003). A positron emission tomography study of short-and long-term treatment effects on functional brain activation in adults who stutter. *Journal of Fluency Disorders*, 28, 357–380.

Guitar, B. (2006). *Stuttering: An integrated approach to its nature and treatment (3rd ed.).* Baltimore: Lippincott Williams & Wilkins.

Kroll, R. M., & De Nil, L. F. (2000). Research using PET scans identifies neural bases of stuttering and its treatment. *Stuttering Foundation of America Newsletter, Summer edition,* 1–3.

Neilson, M. D. (1999). Cognitive-behavioral treatment of adults who stutter: The process and the art. In R. F. Curlee (Ed.), *Stuttering and related disorders of fluency* (pp. 181–199). New York: Thieme Medical Publishers, Inc.

Webster, R. L. (1979). Empirical considerations regarding stuttering therapy. In H. H. Gregory (Ed.), *Controversies about Stuttering Therapy.* Baltimore: University Park Press.

제 16 장

말더듬 치료에 SpeechEasy의 적용: 도입, 배경, 예비 관찰

Peter R. Ramig, John B. Ellis, and Ryan Polland
(이종헌 역)

도입

SpeechEasy는 North Carolina, Greenville의 Janus Development Group, Inc.에서 2001년부터 판매하고 공급한 것으로, 이목을 끌지 못했지만, 완전한 디지털 유창성 보조 기기이다. SpeechEasy는 대부분 보청기와 모양이 동일하며, 청각적 피드백의 기계적 변조를 통해 말더듬인들에게 도움을 주기 위한 것이다. SpeechEasy는 변조된 청각 피드백(altered auditory feedback; AAF)의 두 가지 형태인 지연 청각 피드백(delayed auditory feedback; DAF)과 주파수 변조 피드백(frequency alter feedback; FAF)을 동시에 사용한다. DAF는 일반적으로 20~200ms 사이의 짧은 시간을 지연하여 산출하며, 사실상 화자 자신의 목소리를 반향하여 음향 신호로 재산출하는 것이다. FAF는 음향 신호의 주파수를 증가시키거나 감소시켜서 자신의 정상적인 음성의 음도보다 높거나 낮은 음도의 목소리를 듣게 만든다. 이러한 두 가지 테크놀로지는 많은 말더듬인들의 유창성을 증가시키기 위해 수년에 걸쳐 발전되어 왔다(Adams & Ramig, 1980; Andrews et al., 1983; Chase, Sutton, & Raphin, 1961; Howell, El-Yaniv, & Powell, 1987; Kalinowski et al., 1996; Stuart et al., 1996).

2001년에 SpeechEasy가 도입되기 전에, DAF는 치료실 내에서 유창성을 증가시키는 다양한 전략들을 가르치기 위해 말더듬 치료 프로그램에서 주로 사용되었다(Craven & Ryan, 1984; Curlee & Perkins, 1973; Helliesen, 2006; Ryan, 1974; Ryan & Van Kirk, 1971; Shames & Florence, 1980; Van Riper, 1973). SpeechEasy와 대조적으로, 이러한 기기들은 꽤 크고, 두 귀로 지연된 신호를 전달하기 위해 케이블 선과 헤드폰이 필요했다. 그 결과, 이러한 기기는 눈에 잘 띄고 크고 무거운 관계로, 많은 환자들은 일상의 구어 환경에서 이것의 사용을 꺼렸다. 그래서 1970년대 이전에, DAF는 너무 크고 무거워서, 치료실 밖에서 사용하기가 불가능했다. 이와 반대로, SpeechEasy는 배터리로 작동하며, 착용자들이 이전의 장비들에 있던 결점을 해결한 AAF로 이익을 얻을 수 있는 만족할 만큼 충분히 작다.

SpeechEasy는 제조사에서 제공하는 훈련 프로그램을 이수한 ASHA 면허 취득 언어 치료사에게만 판매된다. 본서에서 설명한 다른 치료법들과는 반대로, SpeechEasy를 착용하는 환자는 SLP와 계속적으로 개별적인 주 1회 치료에 참여를 할 수도 있고, 하지 않을 수도 있다. 비록 제조사가 가능하다면, 전통적인 말더듬 치료법을 SpeechEasy의 사용과 함께 실시하도록 권고하지만, 여러 환경들로 인하여 이 권고사항을 지키지 못하게 되는 경우가 종종 있다. 예를 들면, 치료실과의 거리, 사회경제적 지위 및 직업적 요구 등의 요인으로 인하여, 어떤 환자들은 면허를 받은 SpeechEasy 제공자를 첫 평가 때와 주문 제작한 기기를 제조사에서 수령할 때, 2번만 만날 수도 있다.

SpeechEasy를 제공받는 주요 모집단은 말더듬 아동 및 성인이다. 지금까지 우리가 서비스를 제공한 거의 대부분의 환자들은 성인과 십대였고, 이 중 대부분은 한 가지 이상의 전통적 말더듬 치료 프로그램을 받았다. 이 장비를 제공한 사람의 경험에 근거하여, 제조사는 치료 결과의 개선을 나타내는 지표로서, 이전에 받았던 말더듬 치료법과 이 장비의 사용을 기꺼이 선택하고자 하는 환자의 의향이 중요하다고 했다(SpeechEasy Professional Information Packet, 2006). SpeechEasy는 말더듬에 대한 기본적인 이해가 있고 말더듬을 수용하는 환자들에게 더 효과적인 것 같기 때문에, 제조사는 최소 10세 이상인 대상자에게 추천한다(그러나 10세 이하의 아동에게도 성공적으로 적합했다고 함). 우리가 개인적으로 평가하고 착용시켰던 가장 어린 아동은 9세 여아였다. 그 여아는 말더듬 치료 서비스를 이용할 수 없는 곳인 콜로라도의 외곽 지역에 살고 있었고, 임상가들이 만난 부모들은 말더듬에 대해 불편함을 느낀다고 보고했기 때문에, 우리는 심한 말더듬 문제를 가진 이 여아를 평가하고 착용시키는 것에 동의했다. 제조사가 진술하고 지원한 것처럼, 우리는 어린 말더듬 아동에게 SpeechEasy의 사용을 고려하기 전에 전통적 치료법을 제공하는 것을 선호한다. 우리는 전통적 치료법을 이용할 수 없거나 전통적 치료법 그 자체가 효과적이지 못한 것으로 증명될 때에만 어린 아동들에게 이 기기를 사용할 것을 고려해야 한다고 생각한다.

제조사는 이 기기의 작동법과 말더듬 치료의 다른 형태와 관련하여 설명하는 여러 가지 임상 원리들을 개괄했다(표 16.1)(SpeechEasy Professional Information Packet, 2006). 첫 번째 원리는 SpeechEasy가 말더듬인들이 다른 화자와 제창하여 동일한 단어들을 읽을 때, 현저하게 더 유창해질 때 발생하는 합독 효과를 얻기 위해 AAF를 사용한다고 가정한다. 이러한 효과를 재현하기 위해, DAF의 보다 짧은 지연을 긴 지연보다 선호하며, 짧은 지연은 좀 더 자연스러

〈표 16.1〉 SpeechEasy 임상 원리

원리 1	SpeechEasy는 합독 효과를 불러온다.
원리 2	수동적 및 능동적 억제를 결합하면 유창성을 극대화한다.
원리 3	SpeechEasy는 말더듬을 치유하거나 제거하지 않는다.
원리 4	환자들이 SpeechEasy에 대한 실제적인 기대를 갖게 하도록 도와준다.
원리 5	내면화된, 정서적인 요인들을 다룬다.

운 구어를 제공한다. 두 번째 원리는 DAF와 FAF를 SpeechEasy에 결합하는 것은 아마 수동적으로 말더듬을 억제하는데, 이는 연장 및 쉬운 시작과 같은 전통적인 치료 기법들이 아마 능동적으로 말더듬을 억제하는 것과는 대조적이라고 가정한다. 이러한 수동적인 효과와 능동적인 효과의 결합이 이른바 이중 억제 가설(dual inhibition hypothesis)을 구성한다(Saltuklaroglu, Dayalu, & Kalinowski, 2002). 세 번째 원리는 단순히 SpeechEasy가 말더듬을 치료하지 않고 완전하게 제거하지도 않는다고 설명한다. 즉, SpeechEasy는 모든 말더듬인들에게 보편적으로 효과적이지 않으며, 또한 개인적인 효과도 각 사용자에 따라 다를 것이다. 따라서 네 번째 원리는 환자가 SpeechEasy에 대한 현실적인 기대를 가지도록 돕고, 빈도, 지속 기간 및 말더듬과 관련된 신체적인 투쟁 등에서 *상대적인* 개선을 강조하도록 치료사에게 상기시킨다. 마지막으로 다섯 번째 원리는 이 기기를 동시에 사용할 필요가 있는 환자가 경험하는 예기(anticipation), 공포, 불안 및 단어 대치 등을 주의하도록 임상가에게 권고한다.

이론적 기초

비록 치료실 밖에서 AAF를 적용하는 것이 마이크로 테크놀로지(micro technology)에서 제한점이 있지만, 말더듬 치료를 위한 AAF의 사용이 수년간 실시되어 왔다. 첫 휴대용 AAF인 the Derazne Correctophone은 일찍이 1959년에 개발되었는데, 그때부터 DAF, FAF, 차폐잡음(masking noise), 이 세 가지 기능을 결합하여 사용하는 기기들이 시판되기 시작했다. SpeechEasy는 DAF와 FAF를 모두 사용하기 때문에, 마지막 범주(세 가지 기능이 혼합된 것)에 속한다. AAF가 두 형태를 동시에 사용하는 이론적 근거는 이러한 기기들이 사용자가 시간이 지나면서 그 피드백에 적응하는 것을 더 잘 예방할 것이라는 일부 사람들의 믿음에 기인한다(Kalinowski et al., 1998). 사실, 제조사는 "FAF는 시간이 지나면서 DAF를 벗어버릴 때, DAF의 효과를 지속시키는 촉매(catalyst)가 될 것이라고 믿는다."고 보고했다(Speech Easy Training Manual, 2006). 흥미롭게도, DAF와 FAF를 동시에 제공하는 조건이 그 중 어느 한 조건만 제공하는 것보다 유창성을 더 향상시킨다는 것을 검증하는 연구가 추가적 효과를 찾는 데에 실패했다(Macleod et al., 1995). 이러한 연구 결과에 대한 설명은 AAF의 추가적 효과가 없다거나, 두 개의 단일 조건에서 발생하는 바닥 효과(floor effect)가 없기 때문에, 유창성에서 더 이상의 개선이 결합된 조건에서 일어나지 않는다는 것이다. 잠재적으로 적응 효과를 최소화시키는 것과 더불어, 다른 일부 사람들은 SpeedEasy와 같은 AAF 기기를 결합하는 것이 환자들이 선호하는 특정한 피드백 환경을 선택하는 데에 더 큰 자유를 준다고 생각한다(Molt, 2005).

SpeechEasy와 다른 AAF 기기의 개발은 말더듬의 외적인 증상들이 극적으로 이떤 조건하에서 감소될 수 있다는 확고한 사실이 원동력이 되었다. 수십 년 전에 Johnson과 Rosen(1937), 그 후 Bloodstein(1950)과 Adrews 등(1982)에 의해 확인된, 이러한 유창성 증진 조건들에는, 예를 들면 메트로놈 박자에 맞춰 말하기, 속삭이기, 노래하는 식으로 말하기, 느린 속도로 말하기, 혼자 있을 때 말하기, 함께 말하기, DAF 차폐잡음, 음도 변화 등의 결합(현재는 이것을 통틀어 AAF라 함)이 포함된다. AAF는 청각적 시스템이 발달성 말더듬인에게 적절하지 않게 기능을 할 수도 있음을 보여주기 때문에, AAF를 이용한 유창성 유도는 특히 관련이 있다. 좀 더 자세히 말하자면, AAF 조건하에서 유창성의 증진은 순차적인 구어 산출을 하는 데 청각적 모니터 시스템에 결함을 일으키는 것을 제시한다. 물론, 그 추론은 청각적 입력을 변경시키는 것이 그 손상을 수정하는 것을 도울 수 있다는 것이다. 이 가설은 정상적으로 유창한 화자들이 DAF 환경하에서 말더듬-비슷한 비유창성을 산출하는 것을 보여주는 이후의 여러 연구들로부터 지지를 받고 있다.

비록 이러한 유창성 향상(fluency-enhancing) 조건들로 얻는 이득이 적용하는 즉시 발생할지라도, 일단 그 절차가 제거되면 그 이득이 갑작스럽게 사라진다는 것을 주목해야 한다(De Nil et al., 2003; Ingham, 2001). 결과적으로, SpeechEasy는 현재 전이 효과(carry-over effect)에 대한 언급 없이 판매하고 있다. 비록 장기간, 종단적 연구가 잠재적으로 이 가정이 잘못되었음을 밝힐 수 있지만, 장기간 AAF를 사용한 후의 결과가 아직 만족스러울 정도로 결정되지 않았다. 따라서 연구에서 명확한 답을 얻을 때까지, 대부분의 환자들은 장기간 SpeechEasy를 사용할 것을 고려해야 한다.

만약 전이(carry-over)라는 문제가 다소 불분명하다면, AAF가 유창성을 유도하는 정확한 이유마저도 불분명할 것이다. 비록 이 현상이 문헌에서 반복적으로 실증되어 왔지만, 그 효과에 대한 저변에 있는 메커니즘에 관해서는 의견 일치가 거의 없다. 이러한 불확실성은 여러 문제에서 기인한다. 첫째, 개별 환자의 말더듬 중 어떤 부분이 청각 프로세싱 결함(auditory processing deficits)에서 기인할 것인지에 대한 의문이 정확히 해결되지 않았다. 둘째, 이러한 결함은 상위의 언어적 수준과 청각계에서 보다 더 초보적인 수준(rudimentary level) 모두에서 나타날 수 있다. 예를 들면, Hall과 Jerger(1978)는 많은 말더듬인들이 의미가 있는 언어적 자극을 이분청취로 제시할 때 우측 귀 우세를 보이지 않는다는 것을 밝혔다. 다른 연구에서는 말더듬 모집단이 소리의 국재화(소리의 방향 식별; sound localization)에 어려움이 있는 것을 밝혔다(Rousey, Geotzinger, & Dirks, 1959). 이러한 연구들의 결과를 종합해보면(Blood & Blood, 1984; Curry & Gregory, 1969; Hannely & Dorman, 1982; Toscher & Rupp, 1978), 최소한 어떤 말더듬인에게서 중추청각기능이 미묘하게 비정상적이라는 쪽으로 언급되었다. 그러나 구어의 청각적 피드백과 관련된 그러한 결함이 말더듬 현상에 어떻게 영향을 미치는 것인지에 대해서는 아직 모른다. 마지막으로, 구어를 모니터하는 데 사용되는 피드백 시스템에 내재적으로 여러 유형의 왜곡이 잠재되어 있다(Mysak, 1960; Quinn, 1972; Van Riper, 1982). 왜곡이 나타날 가능성이 있는 원천에는 반구 간의 비동시적인 신호, 음파의 골도, 조직, 기도 등에 지연되어 전달되는 것, 청각 피드백과 고유수용 피드백 간에 간섭이 일어나는 것 등이 있다. 이러한 왜곡이 아마도 모든 사람들에게 나타나겠지만, 말더듬인은 아주 작은 비동시성이나 과부하에조차도 더 취약할 수 있다. 청각적 자기 지각(self-perception)에서의 결함이나 고장의 주요 원인이 무엇이든 간에, 순간적으로 그 오류를 교정하는 것 같은 서로 상이한 형태의 AAF가 상이한 수단을 통해 작동하는 것이다. 안타깝게도, AAF의 각 모드를 작동함으로써 그 수단을 철저히 검증하는 것은 이 장의 영역 밖이다. DAF와 FAF가 SpeechEasy를 이용하는 테크놀로지이기 때문에, 우리는 여기에서 DAF와 FAF하에서 작동하는 원인 메커니즘에 대해 두 개의 지지 가설들을 자세히 설명하는 것으로도 충분하다고 생각한다. 그러나 우리는 잠재적인 신경학적 메커니즘을 검사하기 전에, 먼저 AAF의 효과성에 관한 과거의 몇몇 부수적인 설명에 대해 간단히 조사할 것이다.

치료적 도구로 오랫동안 사용되어 온, 특히 DAF의 장점은 말 속도의 감소로부터 얻어지는 것이라고 생각된다. 다른 많은 연구자들(Goldiamond, 1965; Ryan & Van Kirk, 1974; Shames & Florence, 1980; Stager & Ludlow, 1993)과 함께, Wingate(1970; 1976)는 DAF의 유창성 증진 효과를 좀 더 느린 말 속도에 의한 것으로 보았고, DAF를 통해 얻어진 그러한 말을 지연과 매칭시킴으로써 얻어지는 운동적 부산물로 보았다. 비록 DAF를 사용하는 동안에 말 속도가 자주 감소되는 것은 사실이지만, 유창성의 향상이 단지 더 느린 말 속도를 사용하기 때문이라는 관점은 그 이후로 논란이 되어 왔다. 좀 더 최근의 연구들은 느려진 말 속도(DAF뿐만 아니라, FAF, 차폐 환경도)가 사실은 유창성 증가를 위한 필수 선행 조건이 아님을 증명해왔다(Kalinowski et al., 1993; 1996). 이러한 데이터는, 이러한 사례에서 유창성 유도에서 중심적 역할을 수행하는 구어 메커니즘에서 부수적인 변화이기보다는, 오히려 변조된 신호 자체라는 개념을 지지한다. 또 다른 널리 알려진 개념은 DAF를 사용하는 동안에 말더듬이 감소하는 것은 그 지연이 화자가 각 단어에서 음절을 연장시키기 때문에 일어난다는 개념인데, 이 연장 기법은 유창성을 증가시키는 기법으로 오랫동안 알려져 왔다(Van Riper, 1973). 이것은 이 기기를 사용하는 많은 말더듬인에게서 일어나지만, Kalinowski 등(1993; 1996)에 의하면, 매 초마다 음절 지속 시간을 연장하는 것이 유창성을 유도하는 데 필수적이지 않음이 밝혀졌다. 마찬가지로, Perkins(1979)와 다른 연구자들은 음절 연장 기법을 DAF 사용 없이 습득할 수 있음을 밝혀 왔다. 결과적으로, 그 연구자들은 치료의 필수 요소 혹은 몇몇 사례에서는 치료 그 자체 대신에, 기기는 단지 환자들이 음절 연장을 배우도록 돕는 도구일 뿐이며, 아마 기기가 꼭 필요한 것은 아닌 것으로 생각했다.

AAF를 통해서 효과를 산출할 수 있는 기본 메커니즘들이 무엇인지에 대한 의문은 남아 있다. 뉴런의 활성화 또는 타이밍의 어떤 구조적 손상이 이러한 절차들을 통해 부분적으로 고쳐질 수 있다고 믿는 사람들에게는 어떻게 치료가 이루어지는가? 현대의 신경영상 기술들의 출현과 계속적인 개량으로, 연구자들은 점점 더 정교한 방법들로 이러한 의문들에 접근하기 시작했다. 비록 그 결과들은 어느 정도 좌절감을 주지만, 흥미를 주고 있다. 확실히 AAF가 많은 말더듬인에게 유창성을 향상시키지만, 그 효과는 개인, 구어 과제들, 의사소통 환경 등에 따라 다양하게 나타나는 것이 분명하다(Armson & stuart, 1998; Bloodstein & Bernstein Ratner, 2007; Ingham et al., 1997). 저자들이 4개월 동안 매일 환자들에게 맞춤형(custom-fit) SpeechEasy를 착용하게 하여 실시한 연구에서, 동일한 결과를 가져왔다. 이러한 결과들로부터 말더듬인들은 더 많이 유창성을 얻으려고 시도할 때 다른 말더듬인들보다 청각 피드백에 더 많이 의존한다는 것을 추정할 수 있다. 이 결과는 통계 분석을 목적으로 일상적으로 그룹을 지어서 수집한 연역적 이종의 샘플들(priori heterogeneous samples) 때문일 것이다. 즉 잘 알려지지 않은 잠재적으로 주목할 가치가 높은 피험자 내 효과일 수도 있다.

이러한 제한점이 있음에도 불구하고, 이 문헌에서는 말더듬인의 청각 피질의 반응 패턴과 해부구조가 유창한 사람들과는 유의하게 달랐다고 설명했다(Braun et al., 1997; Foundas et al., 2001; 2004; Fox et al., 1996; Salmelin et al., 1998). 예를 들면, Foundas 등은 자기공명영상(magnetic resonance imaging; MRI)을 사용한 일련의 실험들을 통해 구어 모니터링 체계의 결함이라는 이론을 탐구했다. MRI는 신체 내부에 있는 생체 조직의 구조를 살펴볼 수 있는 비침습적인 기기이다. 그들이 연구를 추진하게 된 것은 말더듬인이 청각 피질의 여러 부분을 포함하여 피질의 구어 및 언어 영역들에서 해부구조가 비정상적이라는 가설을 검증하기 위함이었다. 뇌 해부구조에서의 예상되는 차이가 일탈된 대뇌 회전 패턴, 비정상적인 크기, 혹은 반구 간의 비대칭성 등을 통해 반영될 수 있었다. DAF에 관해서도, 측두 평면(planum temporale)이라고 하는 청각 측두 피질(auditory temporal cortex)의 영역에서 우측으로 비전형적인 비대칭성을 보이는 피험자들이 이러한 영역에서 좌측으로 정상적인 비대칭성을 보이는 피험자들에 비해 DAF를 착용했을 때 좀 더 유창해진 것을 밝혔다(Foundas et al., 2004). 이러한 결과에 대한 설명은 구어 산출에 대한 2개의 루프 타이밍 이론(two-loop timing theory)에 근거한다(Nudelman et al., 1989; 1992). 이 이론은 구어 산출을 위해 두 개의 주요 피드백 루프가 작동한다고 가정하는데, 이 두 개의 루프는 외부 "언어" 회로(outer "linguistic" circuit)와 내부 "발성" 회로(inner "phonatory" circuit)이다. 외부 언어 회로는 특정한 언어 기능과 말소리를 선택하고 모니터하는 것과 같은 청각적 구두 언어 정보를 낮은 수준에서 프로세싱하는 것과 관련이 있는 것으로 판단된다. 반면에, 내부 발성 회로는 음성 기관(vocal apparatus)의 운동 프로그램과 관련이 있는 것으로 판단된다. 말더듬은 두 개 회로 간의 타이밍이 어긋나거나 활성화가 방해를 받음으로써 이러한 시스템에서 일시적으로 생기는 불안정이 원인인 것으로 가정했다(Foundas et al., 2001; 2004). 즉, "이러한 공급을 하는 신경 네트워크 내의 어떠한 지점에서라도 결함이 있으면, 결국 구어 산출을 중재하는 근육 쌍의 활성화가 비동시적으로 이루어져서 정보의 흐름이 방해를 받음으로써 말더듬이 발생할 수 있다"는 것이다(Foundas et al., 2004, p.1645). 이러한 견해에 의하면 DAF는 두 개의 회로를 재동시화(재합성화; resynchronizing)함으로써 작동할 것이다.

2개의 루프 타이밍 가설에 대한 대안은 Per Alm(2005)이 제시한 말더듬의 이중 전운동 시스템 모델(dual premotor systems model)이다. 이 이론은 인간의 뇌는 운동 계획 및 실행을 위한 두 개의 병렬 시스템을 가지고 있다고 주장하는 Goldberg(1985; 1991)의 이중 운동전 시스템 가설(dual premotor systems hypothesis)에 근거한다. 측면 시스템[예: 측전 운동 피질(lateral premotor cortex), 소뇌]은 운동(movements)이 외부의 감각 입력과 관련하여 조절받을 때, 예를 들면 메트로놈에 맞춰 말할 때나 합창으로 말을 하는 동안에 활성화된다고 생각할 수 있다. 내측 시스템(예: 보조운동영역, 기저핵)은 외부의 피드백이 없을 때, 예를 들면 자발적인 구어를 하는 동안에 자동화되고 내부에서 생성된 프로그램에 의존한다. 이 모델은 말더듬이 내측 시스템, 특히 기저핵의 기능이 방해되어서 주로 발생한다는 입장을 가지고 있다. 좀 더 구체적으로, 이 모델은 구어를 운동 연속순서(motor sequence)로 설명하고, 기저핵이 순서대로 다음 운동 세그먼트를 촉발하기 위해 손상된 "이동 신호(go signals)"를 보낸다고 주장한다. 유창성을 유발하는 많은 조건들은 외부에서 타이밍 단서(예: 메트로놈 효과, 합독 효과, 노래하기)를 제공하거나 구어 조절에 대한 탈자동화(de-automatization)(예: FAF, MAF, 억양 모방)를 통해 형성된다고 생각한다(Alm, 2005). 이러한 조건들은 구어 산출 조절 시에 순간적으로 손상되지 않은 측면 시스템을 지지하여 손상된 내측 시스템을 우회하게 한다. Alm은 FAF가 변조된 피드백으로 실시되는 동안에 측면 시스템에서 조절력이 증가되어 전환을 용이하게 함으로써 구어의 조절력을 탈자동화할 수 있다고 주장한다. 이 이론은 현재는 물론, FAF 착용하에서 말을 하는 동안에 양방향으로 상측 두피질(superior temporal cortex)에서 활성화가 증가되는 것을 입증하는 최근의 신경영상 연구로부터 신빙성을 지지받고 있다(Watkins et al., 2008).

실험적 기초

1930년대에 많은 연구들이 AAF의 효과를 실험했음에도 불구하고, 여기에서는 SpeechEasy와 좀 더 직접적으로 관련된 최근 연구를 리뷰하여 논의하는 것으로 제한할 것이다. SpeechEasy에 대한 많은 연구들은 주로 East Carolina University Stuttering Research Laboratory와 관련된 연구자들이 1990년대에 발표했는데, 그들 중 여러 명이 SpeechEasy 개발에 책임을 맡고 있었다(Armson & Stuart, 1998; Hargrave et al., 1994; Kalinowski et al., 1993; 1996; Macleod et al., 1995; Stuart, Kalinowski, & Rastatter, 1997; Stuart et al., 2002). 이 연구에서 얻은 집단 효과들은 AAF의 모든 양식이 통제된 실험실 상황에서 말더듬의 외적 증상들에서 즉각적인 감소를 가져왔다는 것을 총체적으로 보여주었다. 앞에서 기술한 바와 같이, 이 연구자들은 또한 느린 구어 속도 및/혹은 연장된 음절 지속 시간이 이러한 조건들에서 개인적 이득을 얻도록 할 필요가 없다는 것을 입증했다. 결론적으로, 이 연구자들은 SpeechEasy를 사용하는 동안 자연스러움이 유지될 수 있다고 주장했다. 더욱이, 말더듬인이 다양한 수의 청자들 앞에서 말하는 동안과 스크립트 전화 상황 동안에도 AAF의 유창성 향상 효과를 입증해왔다.

SpeechEasy가 일상생활의 활동을 하는 동안에 착용할 의도로 제작되었다는 사실을 고려하면, Armson 등(1997)과 Zimmerman 등(1997)의 연구 결과들은 흥미롭다. 이러한 연구들의 결과는 "변조된 청각 피드백의 강한 효과들이 실험실 밖 환경에서 일어난다"(Stuart et al., 2003, p.233)는 증거로 인용되어 왔다. 비록 이것이 사실이 아닐지라도, 이러한 연구들을 좀 더 정밀하게 조사해보면, DAF와 FAF 조건에서 유의미한 집단 효과들이 나타났지만, 개별 대상자 내에서는 매우 다양했다. Zimmerman 등(1997)의 연구에서, 9명 중 2명이 DAF를 착용하는 동안에 말더듬에서 인정할 수 있을 정도의 감소가 없었던 반면에, 다른 대상자는 DAF 혹은 FAF에 전혀 반응이 없었다. Armson 등(1997)의 연구에서, 9명 중 2명의 대상자들이 2~4명의 청중 크기에서 FAF에 반응을 보이지 않았으며, 1명의 대상자는 FAF하에서 비유창성을 더 많이 나타내었다. 비록 이러한 결과들이 SpeechEasy에 직접적으로 적용되지는 않지만, 많은 환자들이 그 기기를 적용하면서 그 결과를 나타내는 것을 관찰했다. 즉, 환자들이 치료실 안팎에서 그 기기에 반응하는 정도가 다른 것은 일반적이다.

실험실 세팅에서 SpeechEasy의 즉각적인 효과도 측정했다. 최근의 연구에서 구어 과제와 SpeechEasy 피팅 프로토콜 실시 여부에 따른 집단의 30%에서 74%의 말더듬이 감소했다(Armson et al., 2006). 또한 참가자들의 약 50%가 독백에서 유창성 향상을 나타내었다. 이 결과는 Armson과 Stuart(1998)가 독백에서 더 좋지 못한 효과를 얻은 FAF 결과들과 상충하기 때문에 의미가 있다. 이 연구에서 또 다른 주목할 만한 결과는, 이전의 많은 AAF 연구들과 마찬가지로, SpeechEasy에 대한 반응이 특이하다는 것이다. 저자는 다음과 같이 말했다(Armson et al., 2006, p.149).

SpeechEasy로부터 얻을 수 있는 이득의 정도와 패턴은 참가자들 간에 매우 다양했다. 비록 소수의 참가자들이 이 기기를 착용한 조건에서 말더듬이 극적으로 감소하고 비교적 말더듬으로부터 벗어났지만, 다른 참가자들은 중간 정도나 최소한의 감소를 보였고 비교적 높은 수준의 말더듬을 계속 나타내었다.

많은 연구가 AAF의 즉각적인 효능을 실증하기 위해 실시되었지만, SpeechEasy 그 자체의 장기간의 효과에 관해서는 알려진 바가 매우 적다. 비록 우리 팀뿐만 아니라 다른 팀에서도 여러 계속적인 연구들을 통하여 데이터를 수집하고 있지만, 이 주제에 대해 발표된 연구는 비교적 거의 없다. 이제까지 SpeechEasy 착용자들에 대한 가장 집중적인 연구는 2004년에 Rainmaker & Sun Integrated Marketing이 실시한 것이다. 연락한 2,548명 중 19%가 응답했다. 응답한 사람 중 80% 이상이 12개월 이하의 기간 동안 SpeechEasy를 착용했다. 제조업체(SpeechEasy Consumer Information Packet, 2006)가 강조한 여러 가지 "핵심 연구 결과"는 다음과 같다.

- SpeechEasy 사용자의 80% 이상이 이 기기를 구매한 결정에 대해 만족했다.
- 90% 이상이 SpeechEasy를 치료 옵션으로 고려하는 것을 권고한다.
- "10"은 유창함을, "1"은 매우 비유창함을 나타내는 1부터 10까지의 척도에서, 65% 이상이 SpeechEasy를 사용하기 전에, 자신들을 "5" 이하로 평가했다. SpeechEasy를 사용한 후, 75% 이상이 자신들을 "7" 이상으로 평가했다.
- 세 명 중 두 명이 착용한 기간이 길수록 자신들의 유창성이 계속 증진했다고 보고했다.
- 세 명 중 두 명이 이 기기가 기대 이상으로 만족한 결과를 가져왔다고 보고했다.

- 약 80%가 만약 다시 기기를 선택해야 한다면, 여전히 SpeechEasy를 구매할 것이라고 했다.
- SpeechEasy를 사용하는 치료를 받은 사람의 80% 이상이 언어 치료 세션 전에 기기를 착용하여 언어 치료에서 얻은 진전과 비교했을 때보다, 언어 치료 세션 동안에 착용했을 때, 유창성 진전에 대한 만족이 증가했음을 보고했다.
- 85% 이상이 자신감, 자유, 자존감 등이 높아졌을 뿐만 아니라 사회적 · 전문적 관계에서 증진을 보고했다.
- 네 명 중 세 명이 그들의 생활에서 긍정적인 것에서 매우 긍정적인 영향을 보고했다.
- 세 명 중 두 명이 유창성에서 좋은 정도의 개선에서 극적인 개선으로까지 보고했다.
- 유창성에서 개선 정도가 중정도 혹은 의미 있는 것이든 간에, 그 효과는 다음과 같은 데서 있었다고 보고했다.
  - 일상의 대화
  - 낭독
  - 청자 앞에서 발표하고 말하기
  - 업무 미팅
  - 전화 상황

지금까지 우리는 Rainmaker와 Sun의 연구에서 80% 이하 만족이라고 평정한 것을 보아왔다. 우리가 평가해온 환자들의 약 3분의 1은 유창성이 상당히 향상되었고, 3분의 1은 약간 향상되었으며, 나머지 3분의 1은 알아차릴 만한 변화가 없었다고 응답했다. 중요한 주의점 한 가지는 우리의 백분율에는 평가를 받았지만 기기를 구매하지 않은 환자들도 포함되었다는 것이다. Rainmaker와 Sun이 조사한 환자들은 모두 SpeechEasy를 구매하고 사용한 사람들인 반면에, 우리의 데이터는 말더듬인의 광범한 샘플에 근거한 것이다. 대상자 모집단의 차이가 제시한 전반적 수치에 영향을 미칠 수 있기 때문에, 이 차이점을 고려하는 것이 중요하다. 또한 콜로라도 대학에서 실시한 최근의 연구(Pollard et al., 2009) 이외에, 두 달 이상 SpeechEasy를 사용한 환자들을 대상으로 실시한 공식적인 조사가 이전에 없었다. 우리의 연구는 SpeechEasy를 구매하지는 않았으나 평가를 받은 환자들을 포함한 연구 결과라는 점을 재차 밝힌다.

매일 말하는 상황에서 AAF를 사용했을 때 AAF의 장기 효과들을 검증한 연구들은 매우 적다. 이러한 연구들 중에, Dewar 등(1979)이 양쪽 귀에 차폐 잡음을 제공하는 휴대용 전자 장치를 착용해 실시한 Edinburgh Masker의 연구에서 애매한 연구 결과를 얻었다. 최근에는, Van Borsel, Reunes, Van den Bergh(2003)가 피험자가 3개월간 일간, 주간 구어 과제들(예: 지인과의 전화, 독백, 대화)을 하는 동안에 헤드폰식 DAF 장치를 착용하는 연구를 했다. 3개월간 DAF를 착용한 후, 이 집단에서 더듬은 단어들의 백분율이 이 과제들에서 50% 감소했고, 전이 유창성(carry-over fluency)이 이 장치를 착용하지 않고도 관찰되었다.

SpeechEasy를 도입한 후 수년 동안, SpeechEasy를 개발한 팀만이 그 기기 자체에 대한 장기간의 효과를 측정한 연구들을 발표했다. Stuart 등(2004)은 8명의 참가자들에게 4개월 기간 동안 그 기기를 주문제작하여 착용하도록 했다. 참가자들이 처음 그 기기를 착용하여 조용한 치료실에서 낭독하고 독백을 하는 동안에, 말더듬 비율이 유의하게 감소했고, 4개월 후에도 유지되었다. 그 이후의 연구 발표에서, 동일한 피험자 집단(cohort)이 그 기기를 착용한 후 12개월경에 유창성 향상과 구어 자연스러움이 유지된 것으로 나타났다(Stuart et al., 2006). 안타깝게도, 어느 연구에서는 피험자 개별에 대한 구어 데이터가 보고되지 않았다.

최근에 종료되었거나 진행 중인 여러 개의 연구들은 Stuart 등이 연구한 결과보다 좀 더 불분명한 결과들과 관련되었다. 예를 들면, 최근에 다중 단일 대상 연구(multiple single-subject study)는 일상생활의 여러 상황들에서 SpeechEasy의 효과를 측정하기 위해 수개월 동안 여러 대상자들을 추적했다(O'Donnell et al., 2008). 비록 집단 데이터의 통계 분석은 실시하지 않았지만, 그들의 연구 결과는 대상자들 간의 효과가 가변적인 것을 볼 수 있었던 우리들의 연구 결과와 비교되었다. 또한, 우리의 샘플과 마찬가지로, 그들 연구의 대상자들의 응답 패턴의 대부분이 시간이 지남에 따라 변화했고, 일부는 장기간 사용 후에 적응 효과를 나타내었다. Molt(2006a; 2006b; 2006c)는 비교적 많은 대상자의 샘플(n = 20)에서 얻은 중간 데이터를 보고했는데, 사용한 지 3개월 후 대부분의 대상자들이 말더듬에서 감소와 질적 측정에서 개선을 유지한 것으로 나타났다. 우리의 데이터와 마찬가지로, Molt는 또한 일부 대상자들이 태도 측정과 객관적인 유창성 점수 사이의 불일치를 나타내었다고 보고했다. 전반적으로, 그는 "아주 소수의 대상자들이 그 기기를 사용했을 때 말더듬 행동에서 사실상 제거를 경험했고, 여러 대상자들은 그 기기의 효율성이 감소하는 경험을 했다. 그러나 거의 모든 참가자들이 높은 만족도를 경험했다."고 보고했다(Molt, 2006c). 이러한 가변적이고 때때로 일관되지 않은 연구 결과들은 다른 연구들을 시작하는 데도 영향을 미쳤다. 예를 들면, Runyan, Runyan, Hibbard(2006)는 2~3년간의 추적 점검에서 9명 중 5명의 대상자들이 더 이상 이 기기를 착용하지 않으며, 대상자 모두가 SpeechEasy를 다시 구입하는 선택을 할 수는 없다고 보고했다. 흥미롭게도, 여러 연구들을 통해 밝혀진 일관성 있는 연구 결과는 이 기기의 사용이 많은 대상자들에게 자신감의 인지를 증가시켜서 결과적으로 종종 불안 및 회피 감소를 보고한 것으로 나타난다(Cook & Smith, 2006; Molt, 2006a; Runyan, Runyan, & Hibbard, 2006; Pollard et al., 2009). 이러한 자신감의 향상은 때때로 말더듬 수준이 상당히 높은 사람과 그 기기에 대해 우호적인 생각 사이에서 볼 수 있는 흥미로운 차이(discrepancy)를 부분적으로 설명할 수 있을 것이다.

SpeechEasy는 비교적 새로운 유창성 보조기기이기 때문에, SpeechEasy를 매일 일상에서 착용했을 때의 효과를 알기 위한 증거에 대해 현재 결론을 내리지 못하는 것은 이해할 수 있다. 최근에 연구가 수행되고 있을 뿐 아니라 추후 연구에 대한 요구도, 더 많은 결정적 결론을 제공하는 데 도움을 줄 것으로 보인다.

실제적인 요구사항

ASHA-자격 있는 SLP만이 1.5일간의 연수 과정을 마친 후에 SpeechEasy를 제공할 자격이 있다는 것이 제조업체의 기업 정책이다(SpeechEasy Professional Information Packet, 2006). 비록 처음에는 이러한 훈련 세션들을 여러 지역에서 제공했지만, 최근에 Janus는 무료로 제공되는 모든 연수들이 North Carolina, Greenville의 본부에서 실시되어야 한다고 요구했다. 그래서 이 기기의 피팅에 관심이 있는 SLP들은 교통비와 숙박비를 부담해야 한다. 연수 기간 동안에, 제조업체의 대표들은 SpeechEasy에 대한 자신들의 비전과 전통적인 말더듬 치료의 대체품이라기보다는 보조기기로서의 사용 목적에 대해 토의한다. 연수생들에게도 자세한 평가 과정을 소개하고, 이 기기를 조정하는 데 사용하는 장비를 작동해보는 경험을 제공한다.

일반적인 SpeechEasy kit에는 끝부분에 씌워져 있는 일회용 발포 보호 부품, 여러 모델의 변형된 형태들[예: 귀걸이형(BTE), 외이도형(ITC), 완전내이형(CIC); 그림 16.1], 이어튜브(eartube)가 있는 Comfort Fit(CF) 장치, 청소 기구들, AudioPro 하드웨어, SpeechMaster 소프트웨어, 조작에 필요한 다양한 케이블들과 프로그램 장치 세팅들 등이 포함되어 있다. AudioPro 하드웨어는 직렬 포트와 연결할 수 있어서, 컴퓨터와 일부 컴퓨터, 특히 많은 휴대용 컴퓨터와 연결할 때, USB용 어댑터가 필요하다는 사실을 알아야 한다. 비록 이 장비를 편리하게 사용할 수 있도록 숙달하는 데 시간이 걸리지만, 저자들의 경험상, 고객들이 필요로 할 때 제조사에서 신속하고 효과적인 지원을 제공한다. 장래에 이 기기를 사용하고자 하는 사람은 환자를 치료하기 전에 SpeechEasy 피팅 절차들에 대해 스스로 완전히 숙달(공식적인 훈련을 받을 때 습득한 기술 이외에도)할 것을 권고한다. 이는 절차들이 몹시 복잡하다는 것을 뜻하지 않는다. 그보다는, 저자들이 본바 가능한 한 용이하게 피팅과 프로그래밍을 효과적으로 할 때 더 좋은 임상적 결과들을 얻는다는 것을 뜻한다.

SpeechEasy는 고객맞춤형 장비(custom-fit device)이기 때문에, 환자들은 청력 평가(기도 및 고막 운동성 검사 포함)를 받고 귓본을 뜨기 위해

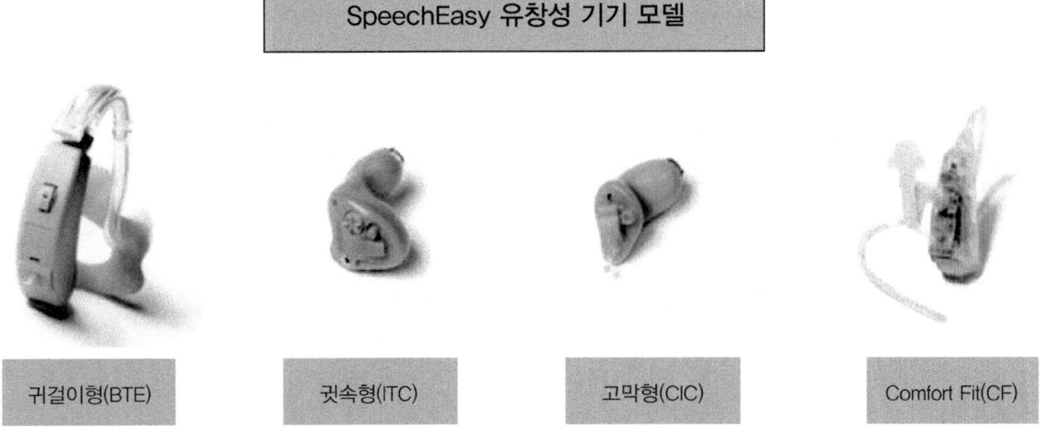

SpeechEasy 유창성 기기 모델

귀걸이형(BTE) | 귓속형(ITC) | 고막형(CIC) | Comfort Fit(CF)

[그림 16.1] ■ SpeechEasy 유창성 기기 모델

청각사에 내원한다. 우리는 최고의 성공가능성 있는 결과를 보증하기 위해 SLP가 청각사와 밀접하게 협력할 것을 강력히 주장한다. 우리의 견해에서 보면, 피팅 과정에서 청각사의 역할은 귓본을 뜨는 것 이상의 일을 한다. 예를 들면, 어떤 말더듬인은 어느 정도의 청력 손실을 수반하는 경우가 있는데, 이러한 경우에는 가장 적합한 해결책을 찾기 위해 SLP, 환자, 청각사 세 사람 모두의 협력이 필요하다. 또 어떤 경우에, 나이 어린 SpeechEasy 착용자는 발달 성장에 맞추어 겉모양(shells)을 바꾸어 제작해야 하기 때문에 모니터할 필요가 있다. 부수적으로 덧붙이면, SpeechEasy의 판매가에는 1회 무상으로 수리(refit)할 수 있는 가격이 포함되어 있다. 환자들은 또한 SpeechEasy를 자주 사용하는 것과 관련하며 귀지를 관리하는 것에 대해 간단히 교육받을 필요도 있다. 이러한 이유로, 전문가 간의 소통이 좋으면 모든 환자들에게 더 나은 전반적인 과정을 제공하는 데 도움이 될 것이다. 비록 대부분의 SpeechEasy의 피팅은 귓본 뜨기(ear impression)와 쉘링(shelling) 과정이라는 견지에서 "아주 간단한(plug-and-play)" 작업 중 하나이지만, SLP와 청각사가 협력하면 비정상적인 사례를 직면하게 될 때에도 좀 더 효과적인 해결책을 찾을 수 있다.

핵심 요소

SpeechEasy 피팅 프로토콜에는 몇 단계(그림 16.2)가 포함되어 있다. 첫 번째 만남 동안에, 안내 책자들과 다른 자료들을 함께 나누어 보고, 피팅 예약 스케줄을 잡는다. 피팅 과정을 만족스럽게 완료하기 위해서는 적어도 2~3시간을 계획하도록 권고된다(SpeechEasy Training Manual, 2006). 사례사 정보는 이 시간에 얻거나, 첫 번째 피팅을 하기 전에 우편으로 얻을 수도 있다. 피팅 자체를 할 때는, 기초선을 얻을 목적으로 300음절의 읽기 및 대화 샘플을 수집해야 한다. 그 다음으로, 일반적으로 전화 통화를 할 때 사용하는 귀의 반대쪽 귀에 부드러운 고무마개(foam comfort tip)를 사용하여 시범 기기를 삽입한다. 처음에 지연은 60ms, 주파주 변조는 환자 목소리보다 500Hz 높게 설치한다. 일단 시범 기기를 안전하게 삽입하면, 환자는 들리지만 비간섭적인 제2의 음성 신호를 들어야 한다. 적절한 음량 세팅을 결정하고, 그 신호에 대한 적응 과정을 시작하기 위

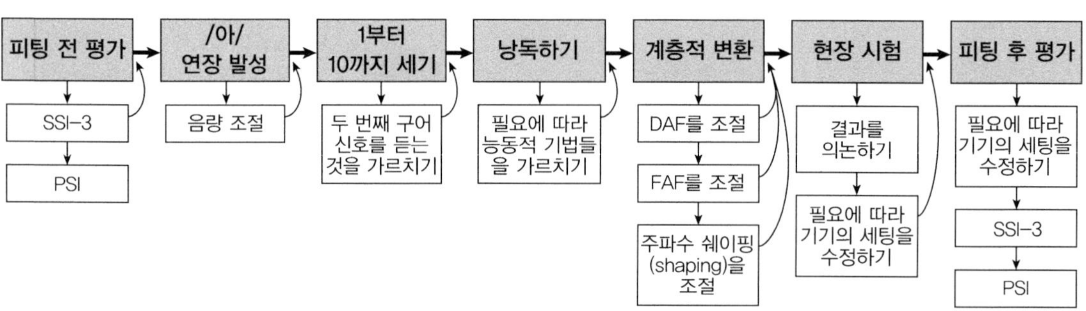

[그림 16.2] ■ SpeechEasy 평가 프로토콜

해서, 환자는 일련의 연장된 /a/음을 산출한 뒤, 10초까지 세도록 한다. 그 뒤에 전반적인 기기의 음량은 환자의 피드백에 대해 반응하여 조정한다. SpeechEasy가 합독 효과를 가져온다고 가정되기 때문에, 제공자들에게 환자들이 말을 하는 동안에 산출되는 신호를 적극적으로 듣도록 지도하고 상기시키도록 권고한다.

다음으로 환자들은 피드백에 주의를 기울이면서 문단을 낭독하며, 임상가는 말더듬의 빈도와 지속 시간, 구어 자연스러움, 부수 행동, 전반적인 구어의 편안함 등을 기록한다. 관찰된 말더듬의 특징과 환자들의 피드백 요청에 따라, SLP는 위계에 따른 대화 과제들을 진행하거나 수행을 보완할 여러 기법들 중 하나를 도입한다. 이러한 기법들에는 쉬운 음성 개시하기, 시작계교[예: 어두 /m/ 또는 중성모음(schwa)[1)]], 삽입어(예: /m/ 또는 중성모음을 단어들 사이에 집어넣기), 연장, 발성 지속하기 등이 포함된다(SpeechEasy Professional Information Packet, 2006). 필요시, 이러한 수정들을 도입하여 음성 시작을 돕고/돕거나, 두 번째 구어 신호에 반응성을 높이기 위해서 도입하며, 만약 환자가 낭독효과(choral effect)와 자연스러움이 안정되면, 이러한 수정을 줄일 수도 있다. 개인적으로, 우리는 시작계교나 삽입어를 사용하는 것을 강조하지 않는데, 그 이유는 이러한 것은 정상적인 구어 산출에 바람직한 영향을 주지 않으며, 잠재적으로 부적응적인 부수 행동들을 발달시킬 수 있기 때문이다. 대신에 환자들에게 어떤 단어의 첫 음을 부드럽게 이동시키거나 연장시키는 방법을 가르친다. 이 전략은 환자의 전형적인 폐쇄 행동(blocking behavior)들에 대처하는 전략을 제공하고, SpeechEasy로 재산출하기 위한 신호를 제공하는 것이다.

비록 현재 나와 있는 말더듬 치료법과 결합하여 SpeechEasy를 사용하는 주제에 대한 연구가 부족하지만, 일부의 SpeechEasy 사용자들이 전통적이고, 적극적인 말더듬 관리 기법들을 통합하여 말더듬 치료를 계속할 때 추가적인 효과를 얻을 수 있다는 것을 관찰했다. 예를 들면, 그 기기를 착용하는 동안 전통적인 말더듬 치료법으로 개별 치료를 받은 대학생 1명의 사례를 보고했다(Pollard et al., 2007). 그가 보고한 바에 따르면, 유성성(voicing)을 개시하기 위한 쉬운 시작(easy onsets)이 가장 도움이 되는 치료 기법이며, 내면적인 말더듬 행동을 감소시키기 위해 둔감화 훈련을 하는 것도 유익하다. 그에게 또한 치료가 진행됨에 따라, 수업 시간에 발표하기와 대집단 학습에 참여하기와 같은 스트레스가 높은 상황들에서만 주기적으로 그 기기를 사용하도록 제한시키게 된 방법을 설명했다. 다른 경우에는, 그는 치료 동안에 배운 적극적인 기법들을 사용하는 것만으로도 만족스러운 수준의 유창성을 유지하고 있다고 보고했다. 비록 범위는 제한되었지만, 이 단일 사례로도 말더듬 관리 기법들이 능숙해짐에 따라 SpeechEasy 사용을 점점 바꿀 수 있다는 것을 제시한다.

처음 착용을 하는 동안에, 길거나 짧은 지연은 고주파수 혹은 저주파수 변조를 시도하기 전에 검사하여 확정할 수 있다. 비록 구어 자연스러움의 허용가능한 수준을 유지하는 것이 중요하지만, 긴 지연 시간이 좀 더 느린 말 속도를 장려하는 경우

---

1) 역주: about의 a나 moment의 e처럼, 한 단어에서 강세가 주어지지 않는 모음. 한국어에서는 모음조화가 있는 언어에서 어떤 모음과도 잘 어울리는 모음('이' 따위)이라고 정의함.

에 사용될 수 있다. 이 때문에, 긴 지연 시간이 속화를 나타내는 환자에게도 도움이 될 수 있다.

우리의 경험에 의하면, 이 시기에는 다른 지연 시간에서 구어의 자연스러움에 대해 부모나 보호자, 아내 등이 의견을 말해주는 것이 도움이 된다. 환자들에게 이러한 반응은 종종 치료사가 환자에 대해 혼자만의 판단에 근거하는 것보다 더 큰 의미가 된다. SpeechEasy가 채택한 테크놀로지가 전체 구어 신호를 500Hz 증가 혹은 감소시키는 변화를 가져오기 때문에, 변조 주파수(예: 1,000Hz 상승 또는 500Hz 하강)도 환자의 선호에 근거하여 최종적으로 세팅하기 전에 샘플을 얻을 수 있다. 마지막으로, SpeechMaster 소프트웨어는 특정 주파수들을 각각 20dB까지 상승시켜서 16개 밴드 이퀄라이저(16-band equalizer)를 포함하고 있다. 이러한 미세한 주파수 맞추기(turning)는 구어와 관련된 주파수를 강조하는 데에 도움이 될 것이다.

DAF, FAF 혹은 볼륨 세팅을 조정하기 위한 추가적인 조율은 다음의 방문 동안에 할 수 있다. 일반적으로, 후속 점검을 위해 다시 치료실을 찾는 환자들은 자신들의 SpeechEasy를 다양한 말하기 환경에서 여러 번 사용해 왔으며, 또 다른 AAF 세팅을 시도하고자 하거나, SpeechEasy의 음량 혹은 주파수를 조정하기를 원할 수도 있다. 이러한 모든 조정들은 임상가의 사무실에서 하드웨어 프로그램을 다시 연결하는 방법으로 개선하고, 쉽게 이루어질 수 있다. 또한 이러한 세션들에서는 SLP가 두 번째 구어 신호를 조절하고, 음성 시작을 증진시키고 배경 소음에 대처하는 전략들을 검토하도록 해야 한다. 우리는 이러한 노력들이 종종 SpeechEasy에 대한 환자의 만족감을 향상시키는 결과를 가져온다는 것을 발견해왔다.

이 기기에 대한 관심과 사용 용도를 높이기 위해, 모든 BTE와 ITC 모델은 현재 이중 메모리 세팅(dual memory setting)을 포함한 반면에, CIC 기기는 이중 메모리 세팅을 하려면 추가적인 비용을 지불해야 한다. 이러한 이중 조절 방식은 착용한 사람이 그 기기의 외부에 위치한 버튼을 사용하여 두 개의 다른 세팅을 껐다 켰다 할 수 있도록 한다. 많은 경우에, 두 번째 메모리 세팅은 환자가 필터링(filtering) 없이 다른 사람의 말을 듣고 싶을 경우에 주파수 변조가 없고 시간 지연이 없도록 프로그램되어 있다. 또 다른 세팅도 역시 시끄러운 상황에서 그 기기의 사용을 촉진하기 위해 최근에 와서 추천되고 있다. 또 어떤 경우에, 환자들은 일시적으로 좀 더 느린 말하기 속도를 보이기 위해 두 번째 메모리 세팅에서 좀 더 길게 시간 지연을 하기도 한다. 덧붙여 말하면, SpeechEasy는 디지털 기반(digital platform)으로 만들어졌기 때문에, 제조사 직원에게서 가끔 펌웨어(firmware) 업데이트를 받을 수 있다. 이전에 SpeechEasy를 구매한 사람들도 자신이 착용하는 기기를 재프로그램화하기 위해 제조사를 방문하여 직원에게 업데이트받을 수 있다. 예를 들면, 과거에는 배경 소음의 수준을 약화시키기 위해 이러한 펌웨어 업데이트를 시도했다. SpeechEasy의 제조사는 또한 최근에 추가적인 모델인 Comfort Fit을 개발했는데, 이 기기는 CIC, ITC, BTE 등과 비교하여 좀 더 자연스러운 소리를 전달하고 배경 소음을 줄이도록 고안되었다.

더 전통적인 말더듬 치료법들과 비슷하게, SpeechEasy는 비용이 많이 든다. 요즈음, SpeechEasy 장치들은, CIC 모델들은 외장형 볼륨 조절기(200달러)와 BTE 모델은 환자의 귓본에 맞춘 부드러운 이어몰드(100달러) 등과 같은 옵션들을 제외하고, 4,100달러에서 4,900달러 사이에 판매된다(SpeechEasy Professional Information Packet, 2006). 그 외의 비용으로 초기 피팅과 청각적인 비용(audiological fees)들을 포함하여, 총 약 300달러에서 500달러 정도가 더 든다. 환자들은 자신들의 환자-맞춤 장치들을 주문한 날로부터 일반적으로 3~4주 후에 받을 수 있다. 마지막 피팅 후에, 제조사는 기기를 착용하고 60일 체험 기간 동안 두 번의 30분간 추적 점검 세션과, 두 번의 전화 통화를 하도록 권고한다(SpeechEasy Training Manual, 2006). 이 60일 체험 기간 동안에 SpeechEasy를 반품하면 금액의 90%가 환불되지만, 이 기간 동안에 개인적 체험 비용을 합쳐, 환불이 안 되는 부분인 피팅과 청각적인 비용들을 포함하면 1,000달러에 가까울 것이다. 어떤 경우, 최적의 결과를 얻기 위해 추가적인 말더듬 치료를 받을 경우 최종 비용은 더욱 증가될 수 있다.

다행스럽게도, 제조사는 CareCredit, HELPcard, 신용카드 결제 등 다양한 결제 방법을 제공한다. CareCredit은 무이자 결제(18개월까지)뿐만 아니라, 장기 저리(예: 24개월부터 60개월까지) 연이율 9.9%로 지불 계획을 제공한다(CareCredit 팸플릿; SpeechEasy Policy & Procedures Manual, 2006). 다른 결제 방법으로는 재향군인 관리 보상(Veteran's Administration coverage), 직업재활 기금(Vocational Rehabilitation funding), 보험 환급 등이 있다. 제공자로서 우리는 과거에 직업재활을 주로 다룰 때, 어느 정도 성공한 경험이 있다. 덧붙여, 제조사는 현재 기기에 대한 보험 지급의 가능성을 증가시키기 위해 Healthcare Reimbursement Solutions, Inc.(건강관리 환급 해결사)와 함께 일하고 있다. 하지만, SpeechEasy에 대한 보험 지급은 규정을 벗어난 예외이다.

이러한 과정을 통해서, 첫 번째 만남의 순간 이후, 임상가들은 환자들이 SpeechEasy의 잠재적인 이점에 관한 사실과 허구를 구별하도록 도울 필요가 있을 것이다. 명확하게 해야 할 점은, 비록 진짜 합독이 유창성을 향상시키는 데 효과적인 것으로 밝혀져 왔지만, 반대로 SpeechEasy는 합독 효과를 배우기(emulate) 위해 시도되었다. 예를 들면, 비록 SpeechEasy의 이점이 없는 것은 아니지만, SpeechEasy는 진짜 합독을 불충분하게 배우는데, 이러한 이점들의 규모는 개인적으로 다른 것으로 나타난다. 다시 말해, 어떤 말더듬인은 SpeechEasy가 확연하게 많이 도움이 되고, 어떤 환자들은 효과를 조금 보고, 또 어떤 환자들은 효과를 전혀 보지 못한다. SpeechEasy가 전국적인 언론 보도에서 받아왔던 평판에 반응해서 제공자들은 환자들이 기기를 적절한 관점에서 보도록 도울 필요가 있다. 비록 SpeechEasy가 일부 환자들에게는 극적인 효과를 산출해낼 수도 있지만, 그것이 완치가 아니며, 가장 좋은 결과를 산출하기 위해서는 환자의 적극적인 말더듬 관리가 어느 정도 지속적으로 요구된다. 이러한 목표를 달성하기 위해 제조업자는 환자가 그 기기를 처음 착용할 때, 환자의 기대를 최소화하기 위하여 제공자를 훈련시킨다(SpeechEasy Training Manual, 2006). 궁극적으로, 비록 전국적인 언론과 어떤 SpeechEasy 착용자들이 이 기기를 "기적적인" 것으로 알릴지라도, 임상가와 연구자로서 그러한 설명을 삼가야 한다.

현실적인 기대들을 세팅할 때, 배경 소음에 대한 이슈는 제공자들이 장래의 SpeechEasy 고객들과 평가 절차를 진행하는 동안에 언급하고 토의해야 한다. 비록 Comfot Fit 모델의 개발을 포함하여 제조사에서 주변 소음의 재생을 최소화하려고 노력했지만, 배경 소음은 SpeechEasy 사용자, 연구 대상자, 잠재 고객 등에게서 가장 빈번하게 듣는 문제점 중의 하나이다. Comfort Fit 장치를 처음 출시했을 때, 이 장치의 배경 소음은 다른 SpeechEasy 모델들에 비해 감소되는 것 같았다. 그러나 일부 상황들(예: 레스토랑, 바, 사회적 모임 등)에서 소음이 끈질기게 나타나면 효과적인 SpeechEasy 사용을 필연적으로 방해할 수 있다. 그러한 환경들에서, 환자들은 0초 메모리 세팅(null second memory's setting)(즉, DAF: 0ms; FAF: 0Hz), 그 장치를 끄기, 그 장치를 일시적으로 착용하지 않기 등을 사용할 수 있다. 따라서 SpeechEasy 사용자들은 장치에 의존하지 않는 환경에서 의사소통을 대비해 계획을 세울 필요가 있을 것이다.

계속되는 의사결정을 돕는 평가방법

SpeechEasy가 첫 2~3시간 평가 동안에 자신의 말더듬에 얼마나 영향을 미치는지에 대한 환자 개인의 경험이 그 기기를 구매할 것인지의 여부를 결정하는 요인이다. 지금까지, 그러한 평가를 받은 사람들 중 약 20~25%는 그 기기가 거의 혹은 전혀 도움을 주지 않는다고 느꼈기 때문에 주로 그 기기를 구매하지 않는다는 것을 관찰해왔다. 기기를 구매한 나머지 75%의 사람들 중에서 약 8%는 60일 이내에 환불받기 위해 반환했다. 최종적으로, 기기 구매의 결정은 환자에게 달려 있다. 우리가 관찰한 결과와 환자의 최종적인 결정이 일치하지 않을 가능성이 있기 때문에, 이 점을 임상가가 이해하는 것이 대단히 중요하다. 예를 들면, 우리는 유창성에서 양적인 증가를 나타내지 않았지만, 그럼에도 불구하고 그 기기를 구매하기 원하는 환자들을 만난 적이 있다. 이와는 반대로, 유창성 향상이 뚜렷하게 나타났는 데도 그 기기를 구매하지 않는 사람도 있었다. 이러한 기이한 현상은 SpeechEasy를 사용한 우리의 경험 전반에 걸쳐 두 눈을 번쩍 뜨게 할 만큼 가장 흥미로운 사건이었고, 증거 기반 실제(evidence-based practice)라는 널리 알려진 개념에 관하여 흥미로운 의문을 제기하도록 했다.

도입부에서 언급한 바와 같이, 임상가들은 SpeechEasy에 관심이 있는 많은 사람들을 만날 수 있는 정도가 제한되어 있을 수 있다. 많은 주에서 면허증을 가진 제공자의 수가 거의 없거나 분산되어 있기 때문에, 환자들은 종종 평가를 받기 위해 먼 거리를 이동해야 한다. 이것이 환자가 이 기기의 사용법을 보충하여 추가적인 치료 전략들을 배울 수 있는 정기적인 접촉 기회를 감소시키게 된다. 또 어떤 사람들은 과거에 다른 치료법을 시도했고 이러한 경험들로 인해 좌절과 실패를 겪었기 때문에 추가적인 치료를 받을 여유가 없거나 그 기회에 참여하지 않으려고 한다. 이러한 여러 이유로, 환자와의 접촉이 평가하는 동안에 한 번만 있게 되고, 몇 주 후에 최종 피팅을 위해 맞춤 부품이 도착했을 때 또 한 번 만나게 된다. 이후에, 어떤 환자들은 다시 만나지 못할 수도 있다. 이것이 모든 또는 대부분의 환자들의 경우에 해당하는 것은 아니지만, 그럼에도 불구하고 흔히 있는 일이다. 우리는 SpeechEasy가 외곽 지역에 살고 있는 사람들에게 유일하게 합리적이고 잠재적으로 효과적인 옵션이 될 수도 있다는 점을 언급하는 것이 중요하다고 생각한다. 이러한 사람들은 대부분의 전통적인 치료법을 받기 위해 필요한 정기적으로 계획된 세션에 참가할 수 없기 때문에, 그들이 유일하게 실행가능한 대안 중 하나가 SpeechEasy에 맡기는 것이다. 이러한 최적이 아닌 상황에도 불구하고, 우리는 실질적으로 이 기기만으로 도움을 받을 수 밖에 없는 환자들을 치료했다.

직접적인 접촉이 문제가 되지 않는 환자들에게 예상되는 결과는 더 좋은 지원, 더 많은 시간의 호흡 및 발성 연습, SLP가 시간에 따른 데이터를 수집할 기회 등일 것이다. 그 다음에는, 말더듬 심한 정도를 말더듬 정도 측정 검사(Stuttering Severity Instrument-3; SSI-3), 말더듬 지각 검사(Perceptions of Stuttering Inventory; PSI), 전반적인 화자의 말더듬 경험 평가(Overall Assessment of the Speaker's Experience of Stuttering; OASES), 혹은 기타 말더듬 평가 도구 등을 사용하여 모니터할 수 있다. 하지만 환자가 치료실에 단지 두 번 혹은 여러 번 오는 횟수와 관련 없이, 아마도 가장 중요한 결과 측정은 환자의 SpeechEasy와 그 기기의 효과성에 대해 환자에게서 수집한 정보인, 환자의 자기 보고일 것이다. 우리는 특정한 순간에서 환자의 구어를 반영하고, 어쩌면 일반적인 구두 행동을 대표하지 못할 수도 있는 외현적인 말더듬 행동의 횟수만큼, 환자의 자각(perspective)을 치료 의사결정에 중요한 것으로 오랫동안 여겨왔다.

개별 환자에게 적합한 치료법의 조정

SpeechEasy를 사용할 수 있는 기간이 짧기 때문에, 다양한 문화적 배경에 있는 환자들에게 이 기기를 피팅하는 경험은 제한되어 있다. 비록 우리의 평가들이 복잡하지 않고, 주로 비침습적(noninvasive)이지만, 환자들과 상호작용할 때 문화적 차이를 고려하는 것의 중요성을 알고 있다. 예를 들면, 테스트 기기는 우리가 그 과정을 돕는다면 환자가 선호하는 귀 속으로 좀 더 빨리 삽입할 수 있다. 종종 그 기기가 자리 잡기 위해서 필요한 신체적 접촉에 불편함을 느낄 수도 있는 환자들에게는, 환자들이 직접 기기를 올바로 삽입할 수 있도록 구두로 지도할 수 있다. 이러한 방법은 시간이 조금 더 오래 걸릴 수도 있지만, 처음 만난 사람과 가까운 접촉을 금하는 문화적 차이를 가지고 있는 환자의 불편함을 완화시킬 수 있다. 말더듬인과 임상적으로 상호작용할 때, 차이를 존중하는 것에 대한 가치 있는 제안을 알고자 하는 독자는 Cooper와 Cooper(1998)가 저술한 장을 참고하라. SLP가 유창성 환자의 요구에 서비스를 제공할 때 알아야 하는 문화적 변인들에 대한 많은 예들이 제시되어 있다.

SpeechEasy의 본래의 설계에 의하면, 이 기기의 평가는 환자의 필요에 따라 맞추는 것이다. 평가의 방향은 환자의 DAF, FAF, 유창성 형성, 음량 조정 등에 대한 반응이다. 개인을 위한 최상의 활동에 기반을 하고, 환자를 위한 희망하는 세팅을 하는 어떤 필수 조정도 아마 다른 사람에게는 또 매우 다를 수 있다. 따라서, SpeechEasy 평가를 실시하는 데 필수적인 처방 설계는 개별 환자의 요구를 충족시키고자 하는 유연성인 것이다.

또 다른 요인들도 우리가 SpeechEasy에 대한 환자의 반응의 결과로 권고하는 것을 수정해야 할 필요성에 영향을 미칠 수 있다. 어떤 환자들은

DAF 지연을 좀 더 오랫동안 사용하여 자신의 구어 속도를 그 청각 피드백에 딱 맞추어 말하도록 조정함으로써 더 좋은 결과를 경험한다. 이것은 결과적으로 구어 속도가 좀 더 느려지도록 한다. 만약 환자와 임상가가 이 전략이 가장 적합하다는 것을 발견하고 또 그렇다고 동의한다면, 이 옵션을 통해 얻는 이득을 최대화하는 것에 더 중점을 두고 많은 시간을 소요한다. 또 어떤 경우에는 자신의 구어 속도를 느리게 하는 것이 유창성 향상에 결정적으로 중요하지 않은 것일 수 있다. 이러한 환자들 중 어떤 환자들은 더 짧은 지연으로 정상적인 구어 속도에 맞추는 것을 선호한다. 또 어떤 환자들은 더 긴 DAF 지연을 무시하면서 정상적인 속도에서 말하는 것을 선호한다. 그러한 환자들이 지연 속도에 맞추어 말하든 지연 속도를 무시하든 간에, 우리는 환자들이 SpeechEasy로부터 최대한의 이득을 얻도록 기류(air)와 유성성(voicing)을 개시하는 것에 대한 추가적인 연습이 많이 필요할 수도 있다는 것을 발견했다.

최종적인 피팅 후 환자와 융통성 있게 치료하는 것도 개별화하는 경험의 예이다. 즉, 그들이 일정 기간 동안 SpeechEasy를 사용하면, 많은 사람들이 우리에게 기기에 대한 자신의 반응을 향상하기를 희망하면서 AAF 세팅, 볼륨, 주파수 형태 등을 변경할 수 있는지를 질문할 것이다. 어떤 사람들은 SpeechEasy를 사용하는 동안 다양한 전통적인 말더듬 치료법들을 시도하기로 결정할 수도 있다. 그러면 중재 계획은 환자와 SLP에게 가장 도움이 될 것이라는 생각에 근거하여 결정할 것이다. 또 어떤 사람들의 경우, 유창성 형성법 또는 말더듬 수정법 중 한 가지에 더 집중할 수도 있다. 또 어떤 사람들의 경우, 두 가지의 결합 방법을 필요로 할 수도 있다.

말더듬인 개인에게 치료법 적용

SpeechEasy를 맞춘 여러 성공적인 환자들 중에서 한 예를 보여주기 위해 "Linda"라고 하는 중년 여성을 선택했다. Linda는 일류의 로스쿨에 다녔고, 반에서 상위권의 성적으로 졸업했다. 법학 학위를 취득한 이후, 그녀는 콜로라도에서 한 큰 법률 회사의 세무변호사로 일하고 있었다. 그녀가 고등학교 시절 2년간 기류 치료(airflow therapy)를 받은 이후, 말더듬 치료를 받기 위해 등록하지 않은 상태로 우리를 찾아왔다. 그녀는 이해심 있고 지원적인 치료사에게 이 기법으로 치료를 받았지만 '이 치료 기법이 치료실 밖에서보다는 치료실 안에서 임상가와 함께하는 상황에서 더 잘 되었다.'고 보고했다. 그 결과로, 치료 후 몇 년 내에, 그녀는 기류 기법을 완전히 사용하지 않았으며, 대신에 쉼과 머뭇거림을 점점 악화되고 있는, 외적으로 나타나고 소리도 나는 말더듬을 최소화하기 위한 시도로 의도적으로 더 많이 사용했다. 이것이 그녀가 로스쿨에 다닐 때와 세무변호사로 일했던 몇 년 동안 대면하여 말하는 상황에서는 매우 잘 작용했다고 했다. 그녀는 이 기간 동안에 그녀의 말더듬 심한 정도를 경미한 것으로 추정했다. 하지만, 약 7년 후, 그녀가 다니는 법률 회사가 그녀에게 세무사들과 변호사들 집단에게 세법 강좌를 강의하라고 요구했다. 그때, 그녀는 집단 상황만이 아니라 모든 상호작용에서도, 말하는 것에 대해 생각할 때 자신감이 떨어지고 불안이 증가되는 것을 느꼈다. 그녀는 "나의 말더듬이 마치 하늘로 치솟는 로켓처럼 급증하는 것같이 보였다. 침묵 쉼이 점점 더 길어지고 비효과적이었다. 직장에 나가는 것을 두려워하는 지경에 이르렀다."라고 말했다. 그녀는 자신의 말더듬이 "외적으로 볼 수 있을 정도로 투쟁하고 소리도 들을 수 있을 정도가 되었다."라고 보고했다.

Linda는 말더듬과 불안이 증가하는 것을 경험하고 SpeechEasy에 대해 알아보기 위해 우리와 접촉하기를 원했다. 20분간의 전화 상담을 하는 중에 Linda는 상당한 비유창성을 나타내었으며, 다음 주에 평가를 받을 스케줄을 잡았다. 기기를 삽입하기 전에 SSI-3에 근거하면 Linda의 말더듬 심한 정도는 심함으로 나타났다(표 16.2). Linda의 말더듬 형태는 긴 침묵 쉼, 신체적 투쟁, 단어 회피 등으로 구성되었다. 평가 프로토콜을 진행한 후에, 그녀는 DAF는 48ms에 세팅하고 FAF 변조는 +500Hz에 세팅하기를 선호했다. 두 번째 기억 세팅에는 65-ms 지연과 +1,000-Hz 주파수 변조를 포함했다.

평가하는 동안에 SpeechEasy의 프로토콜과 일치하는, 공기를 흡입하고 발성하는 연습을 일부 성공적으로 실시했다. Linda가 이러한 전략으로 더 많은 세션을 완벽하게 실시하면 이익을 얻을 것이라고 생각했지만, Linda는 직장의 업무로 인해 이러한 세션에 참석할 수 없었다. 평가를 하는 동안, Linda는 SpeechEasy에 맞춰 같이 말한 결과로써 자신의 속도를 늦추는 데 도움이 되었다고 보고했다. Linda는 치료실 밖에서 1시간 동안의 실험에서뿐만 아니라 치료실 내에서 SpeechEasy를 통해 경험한 유창성 향상에 기뻐하는 모습을 보였다. SSI-3는 평가를 종료할 때, 3주 후 최종 피팅 시에 다시 실시했다. 두 경우 모두에서, 그 기기를 착용할 때 나타난 Linda의 말더듬은 경미한 것으로 평가되었다(표 16.2). 물론, 유창성에서 이러한 초기의 향상이 반드시 일상적인 말하기 상황들에서 시간이 지남에 따라 이와 똑같이 반응하는 것을 나타내는 것은 아니다.

Linda는 최종 피팅 후에, 6, 14, 29개월에 한 번씩 전화로 우리와 대화했다. 처음 두 번의 추적 점검 전화는 짧은 통화였지만, Linda는 두 번의 추적 점검 모두에서 SpeechEasy를 구매하기 전의 몇 년보다 훨씬 더 적게 더듬었다고 보고했다. 29개월 후의 추적 점검 전화는 SSI-3을 다시 한 번 실시했던 치료실에서의 만남을 포함했다(표 16.2). 이때, Linda는 과거와 현재 계속되고 있는 자신의 SpeechEasy에 관한 매우 성공적인 경험담을 말했다. 그녀는 "처음 8개월간은 하루에 최소 8~10시간 동안 기기를 착용했다."고 말했으며, 일반적으로 첫 메모리 세팅만 사용했다고 말했다(DAF: 48ms, FAF: +500Hz). 일부 다른 환자

〈표 16.2〉 최초 및 최종 SpeechEasy 피팅들을 하기 전후의 말더듬 심한 정도

조건	SSI-3 점수	말더듬 심한 정도
기준선(SpeechEasy를 착용하지 않을 시)	34	중도(severe)
최초 피팅	22	경도(mild)
최종 피팅	22	경도(mild)
최종 피팅 29개월 후	12	매우 경도(very mild)

SSI-3, Stuttering Severity Instrument-3.

들과는 대조적으로, 그녀는 두 번째 메모리 세팅을 거의 사용하지 않는다고 보고했다. 약 2.5년의 기간 동안에, Linda는 모든 말하는 상황에서 말더듬이 많이 없어진 것을 느꼈기 때문에 자신감이 솟구치는 것을 느꼈으며, 90% 향상된 구어로 세미나를 진행할 수 있다고 했다. 또한 그녀는 세미나 수업을 가르칠 때를 제외하면, 지난해 동안 자신의 착용시간이 하루에 4~5시간으로 감소했다고 했고, 더 나아가 "나의 말더듬이 현재 매우 좋아졌기 때문에, 나는 일하는 시간 이후에는 거의 SpeechEasy를 착용하지 않는다."고 말했다. 게다가, Linda는 다음과 같이 말했다:

> 느린 지연 세팅이 아닌, 더 빠른(DAF: 48ms) 세팅에서 동시에 발성을 하고 말을 하면서 말더듬에 익숙해지는 것이 나에게 다른 어떤 것보다 더 큰 도움이 된다. 나의 확신은 지난 2년 동안에 강해져 왔다. 이전에는 내가 한 느린 말하기가 이상한 방법으로 보였으나, 현재 나는 느린 말하기에 편안해졌고, 많은 사람들이 내가 대단히 말을 잘한다고 말해준다. 뿐만 아니라, 나는 나의 삶 전체에서 편안함을 더 많이 느낀다.

Linda는 오전에 몇 시간 동안 SpeechEasy를 착용하면 종종 그날 나머지 시간 동안 더 유창해지게 되는 것을 경험했다. 그래서 이 사례는 AAF를 장기적이고 규칙적으로 사용한 결과로 오는 전이 효과(carry-over effect)를 지지하는 일화를 제공한다. Linda가 성공적인 케이스라는 것에 대한 의문의 여지가 없다. 마지막 접촉에서, Linda는 약 2.5년 동안 SpeechEasy를 사용하여 큰 성공을 거뒀다고 보고했다.

비디오테이프에 녹화한 샘플 소개

우리는 SpeechEasy를 사용하여 성공한 것으로 보고된 환자들의 샘플을 촬영했다. 3명의 말더듬 성인과 짧게 인터뷰한 장면을 그 기기를 착용한 후 서로 다른 시기에 촬영한 것이다. 이 환자들은 이 장에서 설명된 구체적인 SpeechEasy 평가를 받은 후에 또는 SpeechEasy의 사용을 추적하는 6개월 종단 연구 프로젝트에 참여한 후에 그 기기의 구매를 결정했다(Pollard et al., 2004). 3명 모두는 SpeechEasy가 좀 더 유창하게 말하는 데 도움이 될 것이라고 생각했기 때문에 그 기기의 구매를 결정했다.

당신이 이러한 클립들을 시청할 때, 첫 번째 두 명의 대상자가 처음에는 SpeechEasy를 착용하지 않고 말하는 것을 적어라. 짧은 기간 후에, 그들은 자신의 귀에 SpeechEasy를 착용하고, 계속해서 임상가와 말을 한다. 두 가지 조건들 간에 말더듬의 양에서 차이가 있음에도 불구하고, 우리는 시청자들이 자연적인 말하기 환경들 내에서 SpeechEasy의 유용성에 관해 각 환자의 주관적인 인상을 고려하도록 주의한다. 모든 형태의 치료에 대한 효능감과 관련된 판단을 하는 것에는 인위적인 임상 환경 이외의 환경으로 확장된 일상적인 말하기 경험들에 대한 측정이 포함되어야 한다. 이러한 이유로, 대상자들에게 유창성 향상을 위한 보조 기기로서의 SpeechEasy에 대한 자신의 의견들을 나누도록 요구했다.

피험자 1은 SpeechEasy를 단지 몇 주간 착용한 성인 남성이다. 그는 비디오 클립의 첫 부분에서 기기(SpeechEasy)를 귀에 착용하지 않은 채로 치료사와 대화하고 있었다. 몇 분 후, 그는 SpeechEasy를 착용하고 계속해서 대화를 이어나갔다. 기기(SpeechEasy)를 사용하는 동안 그의 말더듬 빈도와 심한 정도는 완벽히 감소되었다. 이 비디오 클립을 촬영하고 6개월 후에 실시한 인터뷰에서, 그는 SpeechEasy를 착용할 때 계속 성공을 보고했으나, 이것(SpeechEasy)의 사용으로 인한 유창성 이점이 "처음 2주와 비교했을 때, 약간 더 적다"고 말했다.

대상자 2는 약 2년 동안 SpeechEasy를 사용한 60세 남성이다. 대상자 1과 마찬가지로, 처음에 그 기기를 사용하지 않고 임상가와 대화했다. 몇 분이 지난 후에, 그는 SpeechEasy를 귀에 착용하고, 대화를 계속했다. 대상자 2는 SpeechEasy를 처음 구매한 이후로부터 그 기기가 계속해서 도움이 되었다고 보고했으나, 초기 개월 달과 비교했을 때 도움의 수준이 낮아졌다고 했다. 그는 비디오테이프를 촬영하기 몇 개월 전에 은퇴해서, 더 이상 구두 발표를 하지 않기 때문에 그 기기를 착용하는 시간이 적다고 보고했다. 비록 현재는 그 기기를 간헐적으로 더 많이 사용하지만, 특정 상황들에서 그 기기가 계속적으로 효과적으로 느껴진다고 보고했다.

대상자 3은 경도의 인지 장애가 있는 57세의 남성이다. 이 대상자는 이전에 매우 심한 말더듬 문제를 나타냈으나, SpeechEasy를 착용하기 전에 전통적인 말더듬 수정 치료법을 통하여 극적으로 유창성이 향상되었다. 그러나 그는 후에 자원하여 SpeechEasy 연구 과제에 수개월 동안 참가했고, 자신의 유창성이 한층 더 향상된 것을 느꼈다. 이러한 경험으로 그는 그 연구가 종료된 후에도 SpeechEasy를 계속해서 착용하게 되었다. 녹화를 할 당시, 그는 SpeechEasy를 약 8개월 동안 사용해왔다. 대상자 1, 2와 달리, 그는 녹화 세션 동안 내내 SpeechEasy를 착용했다. 그 결과, 그가 임상가와 녹화한 부분은 SpeechEasy를 삽입하고 대화한 것이다. 이 대상자의 유창하지만 느린 구어 속도는 SpeechEasy를 착용하든 안 하든 모든 구어 상황들에서 그가 현재 어떻게 말하고 있는지를 나타내는 것이다. 이 환자와의 여러 해 동안의 경험에 기초하여, 그 비디오 클립에 나타난 그의 구어 속도는 임상적 세팅 또는 녹화에 맞춘 인위적인 결과가 아니다.

향후 방향

이 장의 "실험적 근거" 절에서 지적한 바와 같이, 이용가능한 증거는 AAF가 많은 말더듬인(모두는 아님)의 유창성 향상에 효과적임을 입증했다(Armson & Stuart, 1998; Hargrave et al., 1994; Kalinowski et al., 1993; 1996; Macleod et al., 1995; Stuart et al., 2002). 개인적으로 Linda와 유사한 SpeechEasy 성공 사례들을 목격했을 뿐만 아니라, 그 기기가 궁극적으로 효과가 없음을 입증하는 또 다른 사례들도 목격했다. 이러한 다른 결과들은 과거의 연구에서 제시한 결과들로 부분적으로 설명될 수 있을 것이다. 즉, AAF 착용하에서 나타나는 유창성의 향상은 보편적이지 않고, 치료실 밖의 환경에서 안정적으로 일반화되지 않을 수 있다(Armson & Stuart, 1998; Bloodstein & Bernstein Ratner, 2007; Ingham et al., 1997; Pollard et al., 2009). 실험실에서 얻은 연구 결과와 자연스러운 세팅에서 보고된 연구 결과 간의 빈번한 불일치는 말더듬의 변덕스러움(mercurialness)이 영향을 미쳤을 수도 있다. 즉, 말더듬의 본질이 변덕스럽기 때문에, 겉으로

드러난 더듬은 구어 패턴뿐만 아니라, 말더듬인의 드러나지 않는 투쟁도 종종 말하는 환경, 청자의 정체성(identity), 말하기 과제, 구어 내용, 내적 및 외적 스트레스의 수준 등에 따라 변화하는 것이다(Bennett, 2006; Guitar, 2005; Van Riper, 1982). 그러므로 우리가 말더듬의 증상들을 문헌에서 일반적으로 측정해온 방법을 고려할 경우, 말더듬의 상황에 따른 본질(context-dependent nature)이 문제가 된다. 대상자들이 유창성을 유발하는 어떤 조건에서 말을 할 때, 그들은 일반적으로 조용한 실험실 세팅에서 종종 큰소리로 구절을 읽는 동안에 말더듬인들의 구어를 녹음했다(Andrews et al., 1982; Booldstein, 1950; Johnson & Rosen, 1937; Kalinowski et al., 1993). 그러한 조건들에서 얻어진 연구 결과들의 생태학적인 한계가 분명히 있고, 이러한 한계는 더 자연스러운 샘플링 절차에 의해 해결될 수 있다.

SpeecgEasy의 효과에 대한 더 많은 종단 연구가 필요하다. 실험실이나 치료실에서 자신의 삶을 살지 않고, 한 문단을 유창하게 읽을 수 있는 말더듬인들은 아마도 그들에게 실질적인 유용성이 적을 것이다(Pollard et al., 2009). 그래서, 시간이 지남에 따라 실생활의 말하는 상황에서 환자가 기기에 대해 어떻게 반응하는지를 측정하는 것이 가치 있을 것이다. SpeechEasy의 유창성 향상 효과가 실질적인 가치가 있다면, 그 효과는 말더듬인이 자신의 일상생활에서 접하는 여러 상황에 대해서 지속성(durable)과 강건함(robust)을 보여야 한다. 더 나아가 다음과 같은 많은 추가적인 질문들에 대한 해답을 얻어야 한다.

- 왜 SpeechEasy의 효과가 보편적인 효과보다 사용자내 및 사용자간에 따라 더 적게 나타나는가?
- SpeechEasy를 사용함에 따라 DAF 및 FAF로 인한 유창성 변화들을 일으키는 신경학적 메커니즘은 무엇인가?
- 환자들은 일상생활을 하는 동안에 기기로 인한 변화에 어떻게 반응하는가?
- SpeechEasy를 오랫동안 사용하면 유창성의 일반화가 촉진되는가?
- 어떤 요인들(예: 치료 이전 경험, 말더듬 형태, 사용 정도)이 성공을 가장 잘 예측하는 요인인가?
- 어린 환자에게서 SpeechEasy의 사용에 대해서 더 주목할 만한 효과(긍정적 혹은 부정적)가 나타나는가?
- SpeechEasy는 어떤 구어 환경의 유형에서 가장 잘 적용되는가?
- SpeechEasy를 어떻게 세팅했을 때 저조한 효과를 보이거나 전혀 효과를 나타내지 않는가?
- SpeechEasy 사용자는 매일 배경 잡음의 영향을 어떻게 받는가?
- 최상의 유창성 향상이 일어나기 전에 SpeechEasy에 적응하는 초기 기간이 있는가?
- 환자의 반응을 최대한으로 향상시키는 추가적인 유창성 기법들은 무엇인가?

SpeechEasy를 제공받고 있거나 제공받기 위해 접촉할 수도 있는 SLP의 관점에서, 우리는 두 가지의 특정한 이슈를 고려해야 한다고 생각한다. 첫째, 말더듬의 빈도와 말더듬의 전반적인 심한 정도라는 점에서 개념(notion)의 변화이다.

SpeechEasy가 효과적인 대상자에게, SpeechEasy는 겉으로 드러난 비유창성의 횟수를 급격히 감소시킬 수도 있지만, 그러한 비유창성의 저변에 있는 긴장의 지속 시간이나 양도 감소시킬 것이며, 혹은 아마도 좀 더 자유롭게 의사소통을 하는 자신감을 환자에게 줄 수도 있을 것이다. 이러한 반응 패턴을 설명하는 것이 가치 있을 것이다. 안타깝게도, 유창성 향상에 대해 이러한 미묘한 측정을 한 것이 AAF 문헌에 많이 보고되지 않았다.

둘째, SpeechEasy로 성공을 볼 것이라고 예측할 수 있는 환자의 여러 변인들이 잘 밝혀지지 않았다. 따라서 이러한 방향에서 이루어진 상관 연구가 도움이 될 것이다. 다른 여러 요인들 중 환자의 독특한 말더듬 패턴 또는 과거에 받은 치료 경험과 같은 특성들이 특정한 환자의 그 기기의 적합성에 대해 신뢰할 수 있는 지표들일 것이다. 결국 그 기기를 반환하는 경우에 관련한 비용을 고려하는 것이, 임상가와 환자가 그 기기를 구매하는 데 가치 있는 정보가 될 것이다. 우리는 적어도 하나의 실험이 이러한 점에서 연구되었음을 주목해야 한다(Molt, 2007a; 2007b). 초기 결과들은 SpeechEasy 대상자를 선별하기 위한 신뢰할 수 있고, 실질적인 수단을 제공한다.

SpeechEasy에 대한 대중매체의 보도: 초기 반응 및 결론

임상 실제에서 SpeechEasy를 잠재적 치료 옵션으로 포함하는 데 대한 우리의 개인적 이유와 함께 이 장을 마무리지으려 한다. 애석하게도, 말더듬을 완치한다고 하는 이 기기들을 수십 년간 잘못 광고해왔다. 그 결과, 많은 SLP들과 말더듬 연구자들은 2002년에 그 기기에 관한 많은 연구들이 인기 있는 TV 프로그램과 신문, 잡지에 보도 되었을 때에, 당연히 경계를 했다. 초기의 의심을 가지게 했던 많은 것들이 SpeechEasy가 만성 말더듬을 치료하기 위한 새롭고 혁신적인 치료기라고 언론매체가 묘사한 것에 기인한다. 거의 예외 없이, 미국의 유명한 몇몇 TV 프로그램들이 이 기기가 심한 말더듬을 즉각적으로 뿌리 뽑는 것으로 묘사했다. 이 기기를 본 많은 시청자들은 환자, 가족, 기기 개발자의 감정적 증언에 따라 말더듬의 극적인 감소를 목격했기 때문에, 이 기기를 "기적"이라며 환호했다. 이런 묘사들을 보고, 많은 사람들은 즉각적 유창성 향상이 모든 말더듬을 대표하지 않으며, 다양한 상황에서 지속되지 않을 수도 있다는 점을 이해하지 못한다. 우리는 현재 SpeechEasy를 사용하는 동안 장기간의 삶을 변화시키는 이점을 경험하는 환자들이 있다는 것을 알고 있지만, 대부분의 대중들은 AAF 기기를 통한 효과를 거의 혹은 전혀 경험하지 못하는 말더듬 환자도 있다는 사실을 제대로 인식하지 못한다.

SpeechEasy에 대한 이목을 끄는 보고가 말더듬인, 비유창한 아동의 부모들 및 기타 이해관계자들의 흥미를 끈 반면에, 많은 SLP가 처음에는 그 기기를 잠재적인 치료 도구로서 사용하는 것을 반대했었다. 편파적인 언론 공세의 결과로, 말더듬의 본질과 치료에 대해 많이 알고 있는 전문가들은 그 기기와 제조사에 대한 신뢰성에 의문을 가졌다. 그 때까지 일부 전문가들은 SpeechEasy가 말더듬인들에게 잘못된 희망을 주는 또 다른 술책이라고 보았다. 또 일부 전문가들은 SpeechEasy가 그저 일시적인 기분전환을 제공할 뿐이고, 그 기기의 장기적 효과에 대해서는 의문을 가졌다. 또 일부 전문가들은 언론에 공개한

극적인 사례들이 모든 말더듬인들을 정확하게 대표하는 것이 아니라고 생각했다.

저자들은 SpeechEasy와 "완치하는" SpeechEasy를 구입하는 방법에 대한 의견을 요청하는 전화 통화 및 이메일을 통하여 점수를 받았었다. 유감스럽게도, 저자들이 SpeechEasy를 검사할 기회가 없었기 때문에, 그 당시에 응답을 할 수 있는 사람이 없었다. 전반적인 AAF의 유창성 향상 효과들을 입증하는 여러 가지 연구들이 있었음에도 불구하고, 그 당시에 SpeechEasy의 효과에 대한 데이터는 없었다. 우리가 SpeechEasy에 대한 경험 부족과 선입견이 없이, 사실에 기반을 둔 정보를 제공하지 못한 것 때문에, 저자들은 제조사에서 훈련을 받아야겠다는 자극을 받았다. 말더듬 전문 SLP로서, 저자들은 유창성 장애의 치료와 연구에 특별한 관심을 가지고 있었다. 저자들은 처음에 치료 도구로서 SpeechEasy의 가치를 의심했고, 오직 SpeechEasy에 대해 직접 배우는 유일한 방법은 열린 마음을 유지하면서 이 기기를 검증하는 것이라고 느꼈다.

SpeechEasy 훈련을 하는 동안에 얻은 우리의 경험에 근거하여, 우리는 그 기기가 우리의 유창성에 긍정적인 영향을 미친다는 것에 동의하며, 일부 환자들에게는 잠재적인 효과를 줄 수도 있다고 생각했다. 그러므로 우리는 SpeechEasy를 편안한 마음으로 제공해줄 수 있으며, SpeechEasy를 말더듬 치료에 대해 여러 가지 실용적인 선택사항 중 하나로서 포함시킬 수 있다고 생각했다. 그 후, 우리는 언론에서 보도된 것과는 다른 장래의 환자들과 가족들에게 정보 가치가 있고 공평한 관점을 제시해줄 수 있었다. 이 장의 목표는 말더듬 환자들을 치료하는 임상가들도 신뢰할 만한 자료를 얻도록 하기 위해 책자 형식으로 동일한 관점을 제시하는 것이었다. 우리는 우리도 그렇게 효과적으로 실시할 수 있기를 기대한다.

추천 문헌

Armson, J., Kiefte, M., Mason, J., & De Croos, D.(2006). The effects of SpeechEasy on stuttering frequency in laboratory conditions. *Journal of Fluency Disorders, 31,* 137-152.

O'Donnell, J. J., Armson, J., & Kiefte, M.(2008). The effectiveness of SpeechEasy during situations of daily living. *Journal of Fluency Disorders, 33,* 99-119.

Pollard, R., & Ellis, J. B.(2008). The SpeechEasy: Emerging evidence for interested clinicians and prospective buyers. 11th International Stuttering Awareness Day Online Conference (ISAD11). Available at http://www.mnsu.edu/comdis/isad11/papers/pollard11.html.

Pollard, R., Ellis, J. B., Finan, D., & Raming P. R.(2009). Effects of the SpeechEasy on objective and perceived aspects of stuttering: A six-month, Phase Ⅰ clinical trial in naturalistic environments. *Journal of Speech, Language and Hearing Research, 52,* 516-533.

SpeechEasy Consumer Information Packet. (2006). Available from Janus Development Group, Inc. 112 Staton Road, Greenville, NC 27835. Phone: 866-551-9042. http://www.speecheasy.com/

제 17 장

말더듬의 생리학적 기초와 약물 치료

Gerald A. Maguire, Glyn Riley, David L. Franklin, and Ergi Gumusaneli
(김시영 역)

도입

약물 치료는 수년에 걸쳐 놀라울 정도로 발전했고, 복합 중추 신경계 장애들의 치료법으로서 처방된다. 그러나 각양각색의 정신의학적 질병들에 대한 연구 결과, 약물의 효과는 심리 치료로 더 보완되는 것으로 나타났다. 예를 들면, 중증의 우울증에 대한 전형적인 치료는 약물과 인지 행동 치료를 포함한다(Kim, 1996). 언어 치료와 약물 치료를 포함하는 유사한 접근법이 말더듬 환자들에게 사용되어 왔다. 그러나 이 장의 초점은 말더듬 치료에 약물을 사용하는 단일 접근법에 있다. 이러한 방법들은 절대로 말더듬을 완치할 수 없을 것처럼 보이지만, 부상하고 있는 약물 치료법들이 말더듬 환자들에 대해 치료 가능성을 증명해 왔다. 비록 일부 환자들에게는 특정 약물이 다른 약물보다 더 유익함에도 불구하고, 여기에 서술한 약물들은 참여 환자 집단에서 의미 있는 말더듬 감소를 나타내었다. 이 집단은 말더듬의 심한 정도 및 더듬는 음절 비율과 같은 행동이 감소되었다. 그러나 그들은 여전히 회피, 통제위(locus of control)와 관련된 이슈들, 말더듬 정도를 감소시킬 필요성 등에 대해 인지 행동 치료로 도움을 받을 수 있을 것이다. 말더듬에서 이러한 잠재력이 있는 치료법을 결합하여 추가적인 연구를 할 필요가 있다. 최근 몇 년간에 말더듬에 대한 약물 연구들이 무작위적이고, 이중 맹검적이며, 위약 효과 통제 설계로 시행되어 왔고, 말더듬 치료를 받은 집단들과 그렇지 않은 집단들 사이에서 임상적이고 통계적으로 의미 있는 차이를 나타냈다. 따라서, 이러한 접근법들은 말더듬인을 위한 이미 존재하는 방법들과 새로 생겨나고 있는 방법들을 증명하기 위해서 본서에서 마땅히 고찰되어야 할 것이다.

치료 접근법에 대한 이론적 기초

말더듬은 *정신장애 분류체계(Diagnostic and Statistical Manual of Mental Disorders-Fourth Edition; DSM-IV)*에서 Axis I 장애로 분류된 전형적인 구어 장애이다(American Psychiatric Association, 2000). DSM-IV는 정신의학적 질병들(psychiatric disorders)에 대한 진단 매뉴얼이

고, 말더듬은 Axis I 에 열거되어 있어서, 환자가 기능을 하는 데 영향을 받는 주요 장애라고 정의되어 있다. 말더듬은 빈번한 음 연장과, 단어 반복과 음절 반복, 막힘, 문제가 있는 단어들의 대치와 생략 등으로 특징지어진다. 정의에 의하면, 말더듬은 사회적, 학업적, 직업적 기능들을 방해한다. 그 결과로, 말더듬인들은 자주 높은 수준의 사회적 불안감과 두려움을 발달시키고, 심지어 모든 사회적 상황들을 회피하기도 한다(Maguire et al., 2000b; Stein, Baird, & Walker, 1996).

말더듬을 완치하기 위한 단일 치료법이 개발되지는 않았지만, 말더듬 증상들을 완화시키기 위해 고안된 언어 치료와 약물 치료법들은 긍정적인 결과들을 가져왔다. 인지 행동 치료와 결합되고, 사회적 불안 장애와 같은 다른 동반 조건들을 다루는 이러한 치료법들은 말더듬으로 고통받는 환자들에게 유익할 것처럼 보이는 포괄적인 치료법을 제공한다.

말더듬은 대부분의 경우가 아동기 초기에 시작되는 발달성 장애로 간주되고 있다(Yairi & Ambrose, 2005). 성인기에 말더듬이 출현하는 경우는 드물다. 그러나 이러한 사례들은 뇌손상, 뇌출혈, 또는 약물의 변화 등과 같은 최근의 사건들과 연관이 되는 경우가 많다(Ludlow & Dooman, 1992). 최근에 말더듬은 성인 인구의 1%이고(Andrew et al., 1983) 아동의 4%인 것으로 추산한다(Yairi & Ambrose, 2005). 발달성 말더듬의 약 80%는 4세경에 시작된다(Yairi & Ambrose, 2005). 이러한 경우들 중 74%는 발생 후 4년 이내에 자연적으로 사라진다. 그럼에도 불구하고, 많은 경우가 성인기까지 유지되며, 아동들의 교육과 성공적인 발달에 의사소통이 필수적이므로 초기에 말더듬을 인지하고 치료를 검토해야 한다(Riley & Ingham, 2000).

말더듬은 오랫동안 역사와 모든 문화에서 인식되어 왔다. 말더듬 장애를 가진 것으로 알려진 초기의 사람들 중 한 명은 Demosthenes로, 유명한 그리스 연설가이다. Demosthenes는 자신의 말더듬을 개선시키기 위해 결심했고 인내심을 가졌다. 그는 입에 조약돌을 가득 물고 바다의 파도소리에 대응해 말하기와 시 암송을 연습했고, 당시 최고의 토론가들을 분석하기 위해 수많은 시간을 보냈다. Demosthenes는 용기와 헌신으로 결국 말더듬을 극복하고, 고대 그리스 최고의 연설가들 중 하나가 되었다. 우리의 말더듬에 대한 지식은 이러한 로맨틱한 이야기들이 기술된 이후로 눈에 띄게 발전되었다. 수세기 동안 말더듬은 혀나 후두에 관한 해부학적 문제와 관련이 있다고 생각되어 왔다. 그러나 적극적인 수술적 중재들과 이러한 기관들에 대한 다른 조작들이 말더듬 증상들을 개선시키는 데 실패했다. 20세기 초반에 Orton과 Travis의 선구적인 연구는 말더듬을 이해하는 데 의미 있는 변화를 이끌었다(Orton, 1927; Travis, 1931). 그들은 말더듬이 뇌의 비정상적인 활동 때문에 일어나는 것이라고 가정했는데, 이는 말더듬의 원인을 혀와 목에서 찾기보다 뇌의 비정상으로 보게 되는 의미 있는 패러다임 변화를 가져오는 신호가 되었다. Travis와 Orton의 통찰에도 불구하고, 많은 치료의 성공 없이도 정신분석학적 관점들은 그 이후 수십 년간 우세했고, 말더듬에 대한 신경학적 연구는 크게 무시되었다(Ingham, 1984).

오늘날 시행되는 대다수의 말더듬 치료는 언어 치료와 관련된다(Manning, 2001). 이러한 치료법들은 아직 뇌가 발달 단계에 있는 6세 이하의 어린 아동들에게서 관찰되는 많은 말더듬 증상들을 완화시키는 데 성공적이었다(Riley & Ingham, 2000). 이러한 관찰들은 말더듬 치료를 위한 청소년들과 성인들을 위한 다른 치료 양식들을 탐구하는 초석이 되었다. 그러나 말더듬 치료를 위한 포괄적인 가이드라인을 고려해보면, 임상가는 DSM-IV 진단의 기준을 고려해야 할 뿐만 아니라, 유창성 강화, 사회적 불안감 개선, 인지 재구조화 등을 포함하는 말더듬 장애의 모든 특징들까지도 염두에 두어야 한다. 마지막 두 개 요소들의 평가는 환자들에게 그들의 말더듬이 일상생활에 어떻게 영향을 미치는지 물어봄으로써 보다 더 주관적인 접근법이 필요하지만, 구어와 유창성을 평가하는 객관적인 측정들도 여러 연구에서 일반적으로 사용되었다.

최근에 뇌의 기능적 양전자 단층촬영(PET) 연구들은 말더듬인들이 피질의 구어 영역들과 선조체 내에서 뇌의 활성화가 감소되는 것을 밝혀냈다(Maguire, Riley, & Yu, 2002; Pool et al., 1991; Wood & Strump, 1980; Wu et al., 1995; 1997). 또한 비슷한 연구에서는 좌반구의 구어 영역들이 우반구와 비교했을 때 과잉 활성화된 것을 발견했다. Sommer 등(2002)은 말더듬인에게서 우반구의 활동 증가는 좌반구의 기능 저하에 대한 평형을 잡아주는 것(counter-balance)을 의미할 수도 있다고 설명했다. 더욱이 그들은 자기뇌자도 측정법(magnetoencephalography; MEG) 검사로 결정된 바와 같이, 언어를 계획하는 것과 관련되는 영역으로 생각되는 영역인 좌측 전두 피질 영역들과 구어와 관련된 중추 영역들 사이에 생기는 타이밍 결함의 가능성을 주장했다. 1980년대 초에, Van Riper(1982)는 말더듬은 뇌에서 일어나는 타이밍 결함의 장애라는 가설을 세웠다. Salmelin 등(2000)은 MEG 스캔을 말더듬인과 유창한 통제 집단 간의 대뇌 피질 타이밍의 연속성(cortical timing sequences)을 연구하는 데 사용했다. 그들의 연구들에서, 보다 합리적인 기대는 통제 집단이 중심 구어 영역이 활성화하기 전에 왼쪽 전두엽 대뇌 피질 부분에서 활성화를 보이는 것인데, 그 이유는 사람들이 말을 하기 전에 자신들의 구어를 미리 계획한다고 믿기 때문이다. 그러나 말더듬 집단에서, 그 어떤 식별가능한 패턴도 없었고, 대부분의 경우, 구어와 관련되는 중추 대뇌 피질 영역이 계획과 관련되는 전두 대뇌 피질 영역들보다 먼저 활성화되기 시작했다.

대사 기능을 평가하는 기능적 영상 연구 이외에도, 말더듬인의 뇌에서 형태상의 차이에 관한 연구도 이루어졌다(Jancke, Hanggi, & Steinmetz, 2004). 말더듬을 지속하는 발달성 말더듬(persistent developmental stuttering) 성인 10명과 비슷한 연령, 성별, 교육수준, 손 편향성을 가진 통제 집단 정상 성인 10명을 대상으로 하는 연구에서, 회백질과 백질의 차이를 고해상도 자기공명영상(MRI) 스캔으로 비교했다. 이 결과들은 오른쪽 상측두회, 하측두회, 전중심회, 전방 내측 전두회 등에서 백질 용량이 통계적으로 유의하게 증가되었음을 나타냈다. 그들의 연구들은 또한 통제 집단의 오른쪽 청각 피질과 비교했을 때 왼쪽 청각 피질에서의 백질 용량이 더 많은 것을 증명했고, 그에 반해서 말더듬 집단은 양측으로 균형 잡힌 백질 용량을 갖고 있었다. 이러한 결과들이 주는 성과는 말더듬은 우반구로부터의 보충작용을 하면서 좌반구 영역들의 비정상적인 발달과 관련이 있다는 Sommer 등(2000)의 주장과 일치한다. 말더듬 연구에서 자주 흥미롭게 관찰되는 한 가지는 말더듬 증상으로 고통받는 사람들이 합창하거나 합독하는 것과 같은 방법들을 통해서 유창한 구어를 유도할 수 있다는 것이다(Ingham, 1984). "유도된 유창성" 과제라고 알려져 있는 이러한 기법들은 말더듬인들에게 영향을 미치는 뇌 영역들을 더 잘 이해할 수 있도록 영상 연구들과 함께 사용되어 왔다. 기능적 PET 영상 연구들에서, 유도된 유창성 상태는 특히 피질 구어 센터들, 베르니케(Wernicke)와 브로카(Broca)의 영역, 선조체의 신진대사, 기저핵 구조에 어떠한 영향도 미치지 않고 근육 운동의 중추가 제때에 개시할 수 있도록 상정했다(Wu et al., 1995).

이러한 연구 결과들을 설명하기 위해, 우리는 구어를 하기 위해서 내부시스템[내측의; inner (medial) system]과 외부시스템[외측의; outer (lateral) system]인 두 개의 "고리들의(loops)" 연관성을 가정한 Nudelman 등(1992)의 연구로 돌아간다(그림. 17.1). 외부시스템은 말더듬을 유지하게 하고, 합창이나 합독을 통해서 활성화될 수 있다. 그러나 선조체에 의해서 또 도파민과 GABAnergic 신경세포들의 영향하에서 중재될 수도 있는 내부 고리는 손상된 채로 남아 있게 된다. 우리의 연구 결과에 대한 종합적인 설명은 아마도 유도된 유창성 과제들은 비정상적으로 비활성적인 선조체(내부시스템)를 우회함으로써 측면 시스템을 활성화한다는 것이다(Wuetal., 1995). 최근의 여러 이론들은 말더듬에서 관찰되는 타이밍과 시작 결함의 기저에 깔려 있는 일반적인 현상은 선조체의 기능 저하라는 것을 제시하는데, 최근의 연구들이 이러한 개념을 지지하기도 한다 (Neumann et al., 2003).

도파민은 기저핵 내에서 확인된 자연적으로 발생하는 주된 신경전달물질이다(Gerfen, 2000). Alm(2004)은 도파민은 선조체 신진대사제라고 주장하는데, 이것은 말더듬인들에게서 선조체의 과소 신진대사와 과잉 도파민 상태 사이의 본질적인 관계를 나타낸다. Alm 등은 또한 아동기 발달 동안에 도파민 수용기들에서 최고치의 증가가 말더듬의 시작과 연관이 있을 수도 있다고 가정했었고, 시간이 지남에 따라 수용기에서의 자연적인 감소는 어떤 경우에 말더듬이 사라지는 이유와 어떤 경우에는 성인기까지 지속하는 이유를 설명할 수 있을지도 모른다고 가정했다. 지난 몇 년 동안에 말더듬과 대뇌의 도파민 활동의 비정상적인 상승 사이의 연관성을 나타내는 많은 증거가 밝혀졌다(Maguire et al., 2000b). 도파민의 활동을 증가시키는 데 관여하는 자극제가 말더듬 증상들을 악화시키거나 심지어 발생시키는 것으로 알려졌다(Maguire et al., 2000a). 더 자세히 설명하자면, 도파민 길항제들이 말더듬 증상들을 감소시키는 것으로도 나타났다. 말더듬은 또한 도파민 이상으로 알려져 있는 장애인 투렛 증후군과도 많은 유사성들을 갖고 있다. 투렛 증후군과 말더듬은 모두 아동기에 시작되고, 없어지거나 점차 줄어들며, 운동과 음성틱을 나타내며, 남성과 여성이 4:1의 비율이고, 도파민 길항제 치료에 최소한 부분적으로 반응한다(Maguire, Riley, & Yu, 2002).

앞서 설명한 PET 영상 연구로부터 말더듬에서 보인 선조체 과소 신진대사는 확실히 도파민 과잉과 관련이 있는 것처럼 보인다. Wu 등(1997)은 더 나아가서 "말더듬에 대한 도파민 가설"을 연

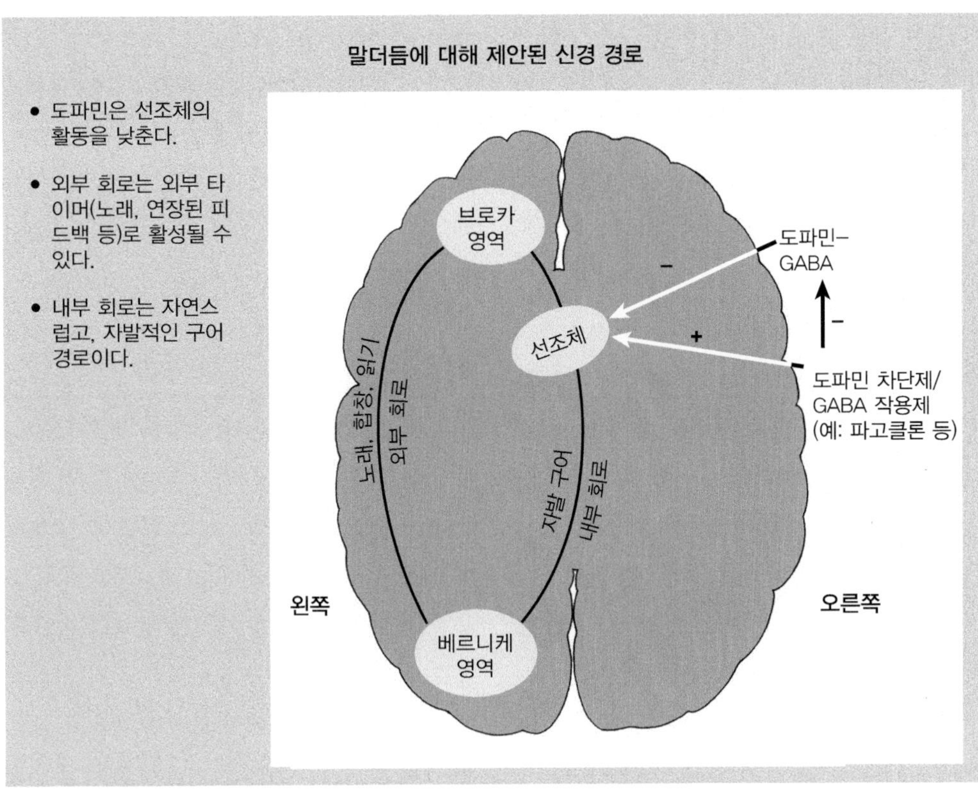

[그림 17.1] ■ 말더듬에 대해 제안된 신경 경로

구하여, 통제 집단과 비교해서 말더듬 집단들에게서 전시냅스도파민(presynapticdopamine) 수준이 더 높은 것을 확인했다. 6-FDOPA(6-Fluoro-dihydroxyphenylalanine)는 전시냅스의 도파민 수준을 간접적으로 측정하는 방법이다. Huang 등(1991)은 PET를 이용하여 6-FDOPA 흡수가 내측 전두 피질, 심층 안와 피질, 섬엽의 피질, 청각 피질 등에서 더 높게 측정되었다는 것을 보여주었다. 상승된 전시냅스 도파민 수준은 과잉 도파민 상태를 나타내면서, 이 연구는 중뇌 피질계(mesocortical system)와 변연계에 있는 도파민 계(tracts)들이 말더듬인들에게서 상승할 수 있다는 가설을 뒷받침한다. Alm(2004)은 이러한 생각들을 공유했고, 기저핵 내에서 과잉 도파민 상태가 말더듬을 일으킬 수 있다는 이론에 크게 기여했다.

치료 접근법에 대한 실험적 기초

많은 약물 치료법이 말더듬에 대해 검증해 왔지만, 단지 소수의 치료법만이 통제된 시도들에서 임상학적으로 의미 있는 효과를 보였다. 더욱이 단지 소수의 약물 연구들만이 위약 통제 집단과 말더듬 심한 정도에 대한 객관적인 측정을 사용했다. 심지어 환자들의 충분한 기간 후까지도 지속된 절차들과 관련된 연구는 그 수가 더 적다.

그러나 이러한 약물 연구들로 인해 확실히 확립된 한 가지 역사적 사실은 뇌의 도파민 활성화를 낮추려는 데 목적을 둔 치료법들이 말더듬 유창성을 개선시켰다는 것이다(Brady, 1991). Quinn, Peachey(1973)와 Goldman(1996)은 할로페리돌(haloperidol)과 티오리다진(thioridazine)과 같은 도파민을 차단하는 약물들이 말더듬 환자들에게서 유창성을 개선시키는 것을 증명했다. 불행하게도, 이러한 약물들은 여러 추체외로 증상, 지발성 안면 마비(tardive dyskinesia), 성기능 저하 등과 같은 위험성을 나타내기 때문에 장기간 복용이 어렵다. 그럼에도 불구하고, 이러한 연구들은 임상 시험에서 새로운 도파민 길항제에 대한 검증에서 긍정적인 잠재력을 증명했다.

말더듬 장애와 관련이 있을 수도 있고 없을 수도 있는 다른 신경전달물질 시스템을 밝힌 수많은 약물들이 말더듬에서 연구되었다. 말더듬과 관련이 있을 것 같은 도파민 이외의 신경전달물질은 **GABA(gamma-aminobutyric acid)**이다. 벤조디아제핀(benzodiazepines)과 바르비투르(barbitarates)는 GABA에 작용함에도 불구하고, 말더듬 치료에 효과적이지 못했지만, 이 약물들의 불안을 완화시키고(anxiolytic) 진정시키는 성질을 통해서 불안(apprehension)과 신경증(nervousness)을 줄일 수도 있다(Bardy, 1991). 선택성 세로토닌 재흡수 억제제들(selective serotonin reuptake inhibitors)은 말더듬의 치료에 성공하지 못했지만, 이러한 유형의 약물이 말더듬과 관련된 불안이나 우울로 고통받는 환자들에게는 도움이 될 수도 있다(Costa, 1992). 칼슘 통로차단제들이 가벼운 항도파민 효과를 보이는 것으로 보고되었지만, 베라파밀(verapamil)이 말더듬을 치료하는 데에 부적당한 효과를 보인다는 연구가 있다(Brady, Mcallister, & Price, 1990). GABA의 부분적 길항제인 **파고클론(pagoclone)**에 대한 최근 연구는 지금까지 실시된 말더듬에 대한 가장 대규모의 약물 실험에서 긍정적 결과를 보여주었다(Indevus Pharmaceuticals, 2006).

리스페리돈

무작위적이고, 이중 맹검법의 위약 통제된 연구에서(Maquire et al., 2000a), **리스페리돈(risperidone)**의 효과가 성인 발달성 말더듬 치료에 대해서 평가되었다. 리스페리돈은 조현증과 조울증 치료에 사용되는 새로운 도파민 길항제이다. 할로페리돌과 같은 일세대 도파민 길항제와 달리, 이것은 운동 시스템에 미치는 부작용의 위험이 훨씬 적다. 그 연구에 대한 적절성은 발달성 형태의 말더듬(뇌외상, 뇌출혈, 감염, 약물 등으로 생긴 것이 아닌)을 포함시킨 것과 관련이 있었다. 또한 중대한 의료적 문제가 있거나, 이전에 항정신병 치료제나 다른 정신활성 의약을 복용한 경험이 있거나, 약물 중독의 경험이 있는 피험자들은 이 연구에서 제외되었다. 20~74세(평균 연령, 40.8세)의 16명의 환자들(남자 12명, 여자 4명)이 실험에 참가했는데, 그들은 모두 처음 기초선 평가를 위해 2~4주 동안 추적 관찰을 받았고, 이 기간 동안에 말더듬 심한 정도를 2회 평가받았다. 이중 맹검 방식으로, 환자들은 무작위로 6주간의 리스페리돈이나 이와 동일하게 생긴 위약으로 치료를 받도록 계획되었다. 실험 집단에 있는 환자들은 매일 밤 한 번에 0.5mg의 복용량으로 시작해서, 매일 4회 0.5mg씩 늘렸고, 견딜 수 있는 경우에는 최대로 하루에 2.0mg까지 늘렸다. 모든 환자들이 실험 기간 동안에 착실하게 따랐다.

6주간의 치료 기간 동안에, 말더듬 심한 정도, 부작용, 내성, 약물 복용의 준수 등을 매 2주마다 평가했다. 추체외로 증상들과 지발성 안면 마비 증상들도 기초선 시기와 매 2주마다 Simpson-Angus Scale(Simpsom & Angus, 1970), the Barnes Akathisia Scale(Barnes, 1989), Abnormal Involuntary Movement Scale(Smith et al., 1979)로 측정했다. 동일한 인터뷰어가 표준화된 대화를 통해 말더듬을 평가했는데, 이 인터뷰어는 각 피험자에게 최근의 영화, 휴가, 기타 감정이 개입되지 않은 사건 등에 대해 질문을 했다. 피험자들은 또한 500음절들로 이루어져 있는 표준화된 지문을 읽었다. 모든 세션들은 시청각으로 녹화되었고, 더듬은 음절 비율(%SS), 가장 길게 더듬은 지속 시간, 전체 말한 시간에서 말을 더듬은 시간의 비율(%TS), SSI-3로 측정한 전반적인 말더듬 심한 정도 등의 네 가지 변인들을 측정했다(Riley, 1994).

말하기와 읽기 샘플에서, SSI-3은 세 개의 가장 길게 말을 더듬은 지속 시간, 말한 음절들 중 더듬은 음절들의 비율, 관련된 틱 행동들의 심한 정도 등을 측정하고, Computerized Scale of Stuttering Severity(Bakker & Riley, 1997)를 이용해서 이러한 요소들의 총점을 구한다. 말더듬 환자 평가를 고려할 때, 임상가는 또한 환자의 모든 종류의 사회적 환경들에서의 구어 유창성에 대해 알아보아야 한다. 말더듬의 심한 정도는 사회 환경들에 따라서 다양하게 변할 수 있으므로, 다양한 말하기 환경들에 대해 알아보고 인식하는 것이 말더듬 평가에서 매우 중요하다(de Kindkelder & Boelens, 1998). 더 나아가서, 말더듬은 줄어들거나 없어지는 모습을 보이기 때문에, 수개월에 걸친 종단적 평가가 환자의 말더듬 증상들을 가장 정확하게 평가하는 데 바람직하다(Wu et al., 1995).

이중 맹검 단계의 마지막에서, 활성화 약물 환자 집단들은 말더듬 심한 정도의 네 가지 범주 모두에서 평균적으로 감소를 나타냈다(Maquire et al., 2000a). 활성화 약물 집단은 %SS를 50% 감소시킨 데 비해, 위약 집단은 28%로 감소시켰다. SSI-3는 리스페리돈 집단에서 31%로 줄어들었고, 위약 집단에서는 15%로 줄어들었다. 더욱이, 리스페리돈 집단은 %SS, %TS, SSI-3에서 통계적으로 의미 있는 $p < .01$수준으로 감소되었다. 또한 리스페리돈 집단의 8명 중에 6명의 환자들은 비록 통계적으로 의미 있지는 않지만 말더듬 지속 시간에서 작은 감소를 보였다. 그러나 위약 집단에서의 말더듬 심한 정도에서 변화는 통계적으로 유의하지 않았다. 그림 17.2는 두 집단의 변화를 보여준다.

이러한 결과들은 발달성 말더듬 치료에서 리스페리돈의 가능성을 증명한다. 리스페리돈은 특히 할로페리돌과 티오리다진과 같은 이전에 연구되었던 도파민 길항제들과 비교해보면 전체적으로 더 잘 수용된다. 이 실험에 참여한 환자들은 추체외로 증상들(행동 경직), 정좌불능증(akathisia)(움직임을 멈출 수 없는 것), 또는 지발성 안면 마비(비정상적인 근육 움직임들) 등과 같은 증상들을 보이지 않았다. 그러나 실험 집단에서 세 명의 피험자들이 진정제 투여에 대해서 불평했는데, 이것은 더 적은 양의 리스페리돈 투여를 유지하기 위해 결정한 것이었다. 또한 명의 여성 환자도 실험 동안에 유즙 누출증

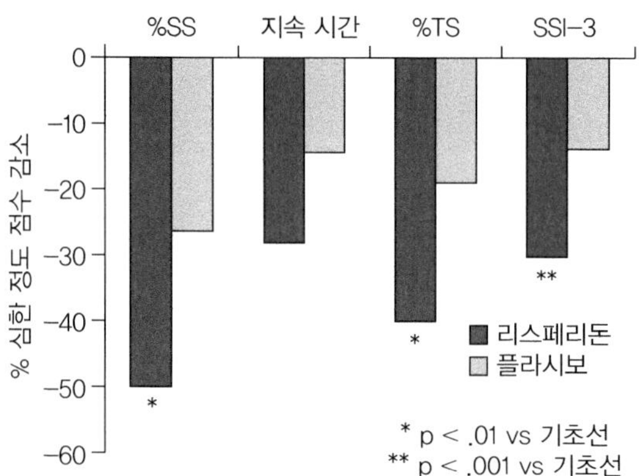

%SS = 더듬은 음절; %TS = 총 말한 시간에서 더듬은 시간 비율; SSI-3 = 말더듬 심한 정도 측정, 3판(전반적인 말더듬 심한 정도를 측정). Maquire GA et al. (2000) *J. Clin Psychophamacol. 20*(4), 479-482.

[그림 17.2] ■ 말더듬 심한 정도 측정에서 비율 감소로 나타난 리스페리돈과 위약 효과 비교

(galactorrhea)(모유 분비)과 무월경(amenorrhea)(월경을 하지 않는 것)을 겪은 것으로 보고되었는데, 이는 프로락틴(prolactin) 호르몬의 양을 증가시키는 이 약물의 부작용과 관련이 있을 가능성이 있는 것으로 보인다. 그녀는 성공적으로 실험을 끝낼 수 있었고, 이러한 불쾌한 사건들은 리스페리돈을 중단한 이후 2개월 후에 저절로 해결되었다.

이 리스페리돈에 관한 데이터는 말더듬으로 고통받는 환자들에게 유망한 측면들을 제공한다. 말더듬의 치료에서 리스페리돈의 효과를 결정하기 위해서는 추가적인 연구가 필요하다. 특히, 대규모와 장기간의 간격을 두고 연구를 실시하면, 내성, 가치, 효율성 등에 대한 보다 나은 지표를 결정하는 데에 유용할 것이다.

올란자핀

리스페리돈의 데이터가 발달성 말더듬 치료에 도파민 길항제의 역사적 인식을 유망한 방향으로 설정했다면, 다른 비전형적인 항정신병제들도 말더듬 연구와 치료의 발전에 밝은 가능성을 제공할 것이다. 올란자핀(olanzapine)은 유일한 이례적인 항정신제인데, 그 이유는 이것이 도파민 차단, 세로토닌 차단, 아세틸콜린 감소, 글루타메이트 조절 등을 포함하는 광범위한 신경전달물질 효과들을 나타내기 때문이다. 더욱이, 올란자핀은 다른 오래된 도파민 길항제들에 비해 파킨슨병과 지발성 안면 마비와 같은 운동 시스템에 부작용을 덜 주고 있다. 더 나아가서, 이것은 리스페리돈과 다른 항정신제에서 관찰되는 잘 알려져 있지 않은 부작용의 하나인 프로락틴의 수준에 최소의 영향을 끼치는 것으로 생각된다(Maquire, 2002).

12주간의 이중 맹검법으로 실시한 발달성 말더듬 치료에 대한 연구에서, 올란자핀의 효능과 내성을 위약 효과 내성과 비교했다(Maguire et al., 2004b). 약물 남용을 한 경험이 있거나, 중대한 의학적 혹은 신경 질환이 있거나, *DSM-IV*에서 규정하는 또 다른 Axis I의 정신 질환이 있는 피험자들은 제외되었다. 18~56세 24명의 성인들이 무작위로 치료 집단과 위약 집단으로 배정되었다. 모든 피험자들은 8세 이전에 말더듬이 발생되었고, 그들의 말더듬 심한 정도는 SSI-3로 평가했을 때 경도에서부터 고도까지의 범위에 있었다. 평균 연령 33세인 20명의 남자들과 3명의 여자들이 실험을 완료했고, 위약 집단에서 한 명의 피험자는 실험 중에 기존에 있었던 중증 우울증이 재발하여 연구에서 제외했다. 모든 피험자들이 처음 4주 동안 올란자핀이나 동일한 위약을 하루에 2.5mg 복용하기 시작했고, 그 다음 마지막 8

주 동안에는 복용량을 하루에 5.0mg으로 증가시켰다.

말더듬 심한 정도는 시간이 지남에 따라 개인에게서 변화한다는 것을 염두에 두면서, 리스페리돈 실험에서처럼, 무작위화하기 전의 4주간의 기초선 기간 동안에 환자들을 두 번씩 평가했다. 말더듬 정도에 대한 객관적 측정(SSI-3), the Clinical Global Impression(CGI)(Smith et al., 1979), 환자가 평가하는 Subjective Screening of Stuttering Severity, 통제위(Locus of Control), Avoidance(SSS)(Riley, Riley, & Maguire, 2004) 등과 같은 다각적 관점에서 환자들을 평가했다. 신체 검사와 여러 시스템의 검토와 더불어, 또한 Simpson-Angus Scale, Barnes Akathisia scale, the Abnormal Involuntary Movement Scale 등을 이용해서 환자들에게 부작용의 가능성을 모니터했다. 측정할 또 다른 변인은 공복 혈당(fasting blood glucose)인데, 이는 새로운 도파민 길항제가 고혈당와 연관이 있다고 보고되었기 때문이다(Haupt & Newcomer, 2001).

이 연구에서, 올란자핀은 세 가지 평가 시스템(SSI-3, CGI, SSS) 모두에서 $p < .05$ 유의 수준에서 통계적으로 위약보다 우수하다는 것이 발견되었다. SSI-3에서 말더듬 심한 정도는 위약 집단의 14%와 비교했을 때 올란자핀 집단이 33%로 개선되었다. 또한 올란자핀 집단의 환자들은 CGI가 3.0으로 평균적인 변화로 중정도의 개선을 보였으나, 위약 집단의 환자들은 기본적으로 개선되지 않았다. SSS는 올란자핀 집단에서 22%의 증진을 보였고 위약 집단에서는 1% 미만의 증진을 보였다. 그림 17.3은 두 집단들의 결과들을 나타낸다. 다행하게도, 어떠한 환자들도 파킨슨병, 정좌불능증(akathisia; 움직임을 멈출 수 없는 것), 또는 지발성 안면 마비와 같은 도파민과 관련된 신경성 부작용을 경험하지 않았다. 올란자핀 치료는 또한, 리스페리돈과는 달리, 프로락틴과 관련된 부작용들과 관련되지 않았다. 그러나 이번의 임상 실험에서 경미한 진정작용(sedation)과 체중 증가가 관찰되었다. 올란자핀 복용 환자들은 평균 3.5kg의 체중이 증가했고, 위약 집단은 체중이 0.35kg 증가했지만 어떠한 공복 혈당의 증가도 관찰되지 않았다. 이 연구에서 모든 참여자들은 실험의 마지막에서 자발적으로 올란자핀을 복용할 것을 선택했는데, 이것은 그들이 말더듬 치료에 대해 만족했음을 나타내는 것이다.

한 사례 보고에서, 올란자핀이 말더듬 증상들을 악화시킨다고 보고되었다(Bar, Hager, & Sauer, 2004). 그러나 이 연구에서 6명의 환자들은 이미 복합 정신질환을 갖고 있었고, 대부분의

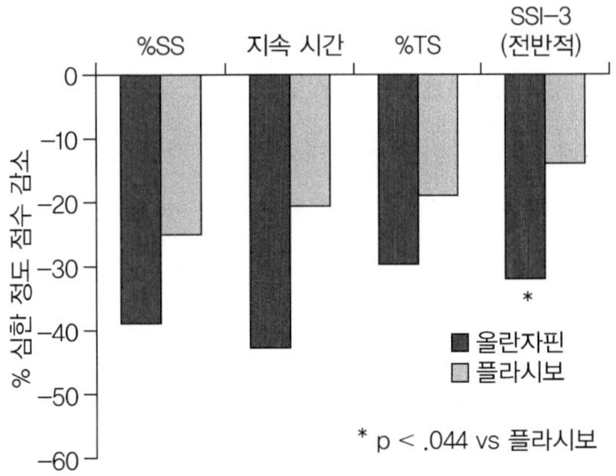

%SS = 더듬은 음절; %TS = 총 말한 시간에서 더듬은 시간 비율; SSI-3 = 말더듬 심한 정도 측정, 3판(전반적인 말더듬 심한 정도를 측정). Maquire GA et al. Annals of Clinical Psychiatry.

[그림 17.3] ■ 말더듬 심한 정도 측정에서 비율 감소로 나타난 올란자핀과 위약(플라시보) 효과 비교

환자들은 자신들의 정신병적(psychotic) 증상들을 관리하기 위해서 이전에 할로페리돌과 같은 특정한 항정신성 치료를 받았었다. 장기간의 전형적인 항정신성 치료는 도파민 차단과 기저핵의 수용기들의 증가나 상향조절의 가능성으로 이어졌다. 전형적인 항정신성 치료의 중단은 결과적으로 비교적 과잉 도파민 상태를 가져와서 잠재적으로 말더듬 계기와 악화를 초래할 수 있다. 이 일련의 사례에서, 특히 올란자핀의 복용을 증가시킨 다음 몇 주 내에 환자들의 말더듬이 중단된 것을 감안하면 이 메커니즘은 그럴듯해 보인다.

말더듬에서 올란자핀 효과를 검증하는 그 연구는 약물 연구에 대한 더욱 강력한 토대를 제공한다. 비록 이 연구가 리스페리돈 연구보다 더 장기간에 걸쳐서 대규모로 실시한 연구이지만, 이 연구는 여전히 23명 환자와 3개월 동안의 작은 샘플 사이즈라는 제한점이 있다. 그러나 올란자핀의 안전성과 효과에 관한 연구는 성인 발달성 말더듬의 치료에서 더 적절할 수 있다는 장기적 안목을 제시하였다. 체중 증가와 과대 혈당증의 예방은 마땅히 평가받아야 할 것이다. 이 연구를 실시하는 동안 환자들에게 식욕과 체중 증가의 가능성을 경고했고, 임상가가 어느 환자에게도 비전형적 항정신병성에 미치는 이러한 부작용에 관해서 경고하도록 했다.

GABA를 포함한 신경전달물질 시스템

올란자핀은 비교적 짧은 기간 안에 말더듬 증상들을 감소시키는 데 매우 효과적이다. 도파민의 차단이 올란자핀의 주요한 기능이라면, 올란자핀은 도파민 차단을 통해서 그 효과를 시험하는 것 같다. 그러나 올란자핀은 다른 신경전달물질 시스템들에도 영향을 미친다. 많은 연구들이 도파민 과활성화 상태와 말더듬이 관련성이 있다는 이론을 확대시키려고 시도해왔다. Stager 등(1997)은 소규모 연구에서 선택적 도파민 길항제인 피모자이드와 선택적 세로토닌 재흡수 억제제인 파록세틴(paroxetine)을 비교했다. 이 연구는 파록세틴 집단이 말더듬 증후들에서 아무런 진전을 보이지 않은 것과 달리, 피모자이드(pimozide) 치료가 환자들에게 긍정적인 효과를 보였다는 것을 증명했다. 이 연구는 세로토닌을 교체하는 것이 말더듬 증상들을 직접적으로 개선시키지 않는다고 제시한다. 그러나 말더듬 치료에서 도파민 차단제와 잠재적으로 가까운 치료로서 세로토닌은 한정된 연구에 근거할 때 무시할 수가 없다. 최근의 연구들은 GABA와 도파민의 연결로 사람들이 말을 더듬는 이유에 대해서 새로운 통찰력을 제시했다.

도파민과 GABA의 연결은 말더듬의 생리학에 대한 새로운 설명과 통찰력을 제공한다. 신경전달물질인 GABA에 선택적으로 작용함으로써, 우리는 직접적으로 도파민의 길항제 부작용을 지나치게 유도하지 않고서도 도파민 시스템에 영향을 미칠 수 있다. 천식과 만성 폐쇄성 폐질환의 치료에 사용되는 약물 치료제인 테오필린(theolpylline)은 GABA로 활성화되는 신경전달물질과 도파민으로 활성화되는 신경전달물질의 관계에 대한 지식을 발전시켰다. 테오필린은 소수의 환자들에게서 후천성 말더듬의 유형을 이끄는 것으로 가정되었고, 그것의 메커니즘은 GABA 수용체들의 억제 결과인 것으로 생각된다(Sugimorto et al., 2001). GABA는 중추신경계에서 주요한 억제성 신경전달물질이다. GABA는 생리적 억제에 많은 역할을 하지만, 기저핵 내에서 흥미로운 여러 뉴런의 이동 통로 중 하나가 선조체 도파민 뉴런의 억제에 관여하는 것이다. Movsessian(2005)은 억제성 도파민 뉴런 신경 채널들의 활동을 감소시켜서 테오필린이 말더듬을 유도하는 메커니즘을 GABA 뉴런의 억제를 통해서 일으킨다고 설명한다. 그러므로 GABA 뉴런을 억제하는 것이 기저핵 내에서 탈억제를 유도하여 과대 도파민 상태와 잠재적으로 말더듬 상태로 이끈다.

이론적으로 만약 GABA 차단 억제가 후천성 말더듬의 형태를 이끌어 낸다면, 우리는 GABA 길항제 혹은 부분적 길항제로 말더듬인들에게 치료적 이득을 얻게 할 수 있을 것이다. 적어도 표면적으론, GABA 작용성 전달이 도파민 전달 억제를 일으킬 수 있어서, 결과적으로 말더듬을 담당한다고 생각되는 뇌의 부분들 내에서 도파민 수준의 감소를 가져온다. 현재 여러 임상 실험들이 그러한 가설들을 탐구하는 중이다.

Indevus Pharmaceuticals(2006)은 최근에 지속성 발달성 말더듬의 치료에서 파고클론에 대한 격려가 되는 단계II 임상 데이터를 발표했다. 파고클론은 벤조디아제핀이 점유한 곳에서는 활동을 하지 않는 새로운 GABA-A 선택적 수용체 조절제이다. 비벤조디아제핀(nonbenzodiazepine)인 GABA 조절제가 가지는 잠재적인 이점은 진정작용, 금단현상, 중독 등과 같은 벤조디아제핀의 부작용이 없다는 것이다. 벤조디아제핀의 예로는 다이아제팜(diazepam)과 알프라졸람(alprazolam)이 있다. 또한 벤조디아제핀은 중독, 진정작용, 내성 등을 고려해야 한다.

아직 정확한 작용 메커니즘은 알려지지 않았지만, 동물 연구들에서 얻은 데이터는 파고클론의 체내 특성들이 GABA 수용제의 서브유닛(subunit) 구성에 완전 혹은 부분적 길항제로서 작동하는 활성 신진대사물의 중재를 받는다고 제안한다(Atact et al., 2006). GABA 수용제의 서브유닛에 선별적으로 작용함으로써, 파고클론은 벤조디아제핀들과 같은 이전의 GABA 물질의 많은 잠재적인 부작용들을 피할 수 있다.

파고클론 임상 실험(Maquire et al., 출판을 위해 제출)은 말더듬에 관해서 이제까지 실시된 것 중 최대 규모의 약물 연구인데, 132명의 환자가 8주 동안 참여하고 이중 맹검법, 위약 통제 집단, 여러 연구센터에서 이루어졌다. 88명의 환자는 하루에 0.3에서 0.6mg 범위 내에서 약의 복용량을 증가했고, 44명의 환자는 가짜 알약을 복용했다. 말더듬 심한 정도에서 변화를 SSI-3, SEV(Stuttering Severity Scale; O'Brian et al., 2004), SSS, CGI-I(Clinician Global Impression-Improvement), LSAS(Liebowitz Social An xiety Scale; Liebowitz, 1993), SNS(Speech Naturalness Scale; Martin, Haroldson, & Triden, 1984) 등으로 측정했다.

이 연구에서 얻은 예비 데이터 결과는 다섯 번의 측정에서 위약 복용 집단과 비교했을 때 파고클론 복용 집단이 $p < .05$수준에서 통계적으로 의미 있는 변화를 나타내었다(Indevus Pharmaceuticals, 2006). LSAS가 설명한 바와 같이 이 연구에서 관찰된 추가적인 이점은 파고클론이 말더듬인에게서 사회적 불안감을 개선시켰다는 것이다. 더 나아가, 자연스러운 구어 흐름이 방해받을 때 유창성을 개선시키는 여러 가지 유형의 언어 치료(예: 지나치게 또박또박 말하거나 단음조처럼 하는 구어를 통해 구어의 질을 높이는 것)와 달리, 파고클론은 SNS에 의해 증명된

바와 같이 구어의 자연스러움이 개선되는 동안에 말더듬을 개선시켰다.

파고클론은 연구하는 동안에 안전하고 내성이 좋으며, 심각하거나 해로운 부작용이 없는 것으로 나타났다. 가장 보편적인 부작용은 두통(파고클론 12.5%; 위약 6.8%)과 피로(파고클론 8%; 위약 0%)였다. 파고클론의 기대되는 결과와 환자의 높은 만족도를 고려해볼 때, 이 연구에서 약 90%의 참여자가 임상 연구의 공개수준 단계에도 참여했다. 이 연구 부분에서, 모든 환자는 파고클론을 복용했다. 예비 데이터는 위약으로 시작해서 파고클론으로 전환한 환자들이 말더듬 증상에서 개선을 보이기 시작했으며, 원래 적극적인 치료를 받던 환자들은 지속적인 개선을 보이는 것을 나타냈다. 그 회사는 말더듬 치료용 파고클론의 더 진보된 임상 발전을 추구하기 위해 FDA(U. S. Food and Drug Administration)의 요구를 충족시킬 계획을 세웠다고 발표했다. 그런데 우리는 이 연구에 대한 폭넓은 결론을 내리기 전에, 이 책을 출판할 시기에 제출된 다른 동료들이 고찰한 출판물을 반드시 고찰해야 한다.

앞에서 지적한 바와 같이, 파고클론은 GABA의 조절을 통해서 말더듬을 치료하는 약물로서 가능성을 보였다. GABA는 또한 동물 연구에서 몇몇 항정신병으로부터 직접적인 영향을 받은 것으로 나타났다. Marx 등(2003)은 리스페리돈이나 할로페리돌을 제외한 올란자핀과 클로자핀이 대뇌 피질의 알로프레그네놀론(allopregnanolone)[1] 수준의 증가를 야기한 것을 증명했다. 알로프레그네놀론은 불안 완화제와 항경련제의 속성과 함께 GABA-A 수용체의 강력한 조절제이다. 이러한 연구들의 결과로서, 말더듬 치료에서 비전형적 항정신성 치료(atypical antipsychotic therapy)가 선조체 내에서 도파민 차단과 GABA 수용체들의 조절을 포함하는 복합 메커니즘 활동을 가지고 있는 것 같다. 그림 17.4는 이러한 행동들이 일어날 수도 있는 몇 곳을 나타낸다. 도파민과 GABA 사이에서 드러난 연결은 말더듬 연구에서 발전되고 있으며, 이러한 두 개의 신경전달물질 시스템이 어떻게 상호 연결되어 있는지에 대해서는 차후의 연구에서 밝힌다.

실제적인 요구사항

말더듬의 의학적 측면에서 치료를 제공하고자 계획하는 언어 임상가(SLP)는 의사(MD)와 협력하여 치료하는 것이 요구된다. 연구된 약물들이 중추 신경계에 작용하기 때문에, 정신과 의사와 신경과 의사가 이러한 치료법들을 평가하는 데 최고로 훈련된 전문가일 것이다. 정신과 의사는 말더듬 치료에 도움이 될 수도 있는 이러한 인지 행동 치료를 실시하는 데 전문지식을 더 가지고 있을지도 모른다. 약물 치료는 부작용과 내과 전문의의 신중한 평가가 요구되는 다른 약물과의 상호작용을 가지고 있다.

말더듬 환자의 치료 계획과 실행에 연관된 모든 임상가는 모든 평가 측정법들을 이해해야 한다. 이러한 치료 방법들이 나타날 때, 우리는 언어 치료사와 의사 간의 협력 네트워크를 구상한다. 이러한 방식으로 의사와 언어 임상가는 서로

1) 역주: 알로프레그네놀론, 프로게스테론(progesterone), 테스토스테론(testosterone) 및 기타의 스테로이드 호르몬으로 변화될 수 있는 화합물.

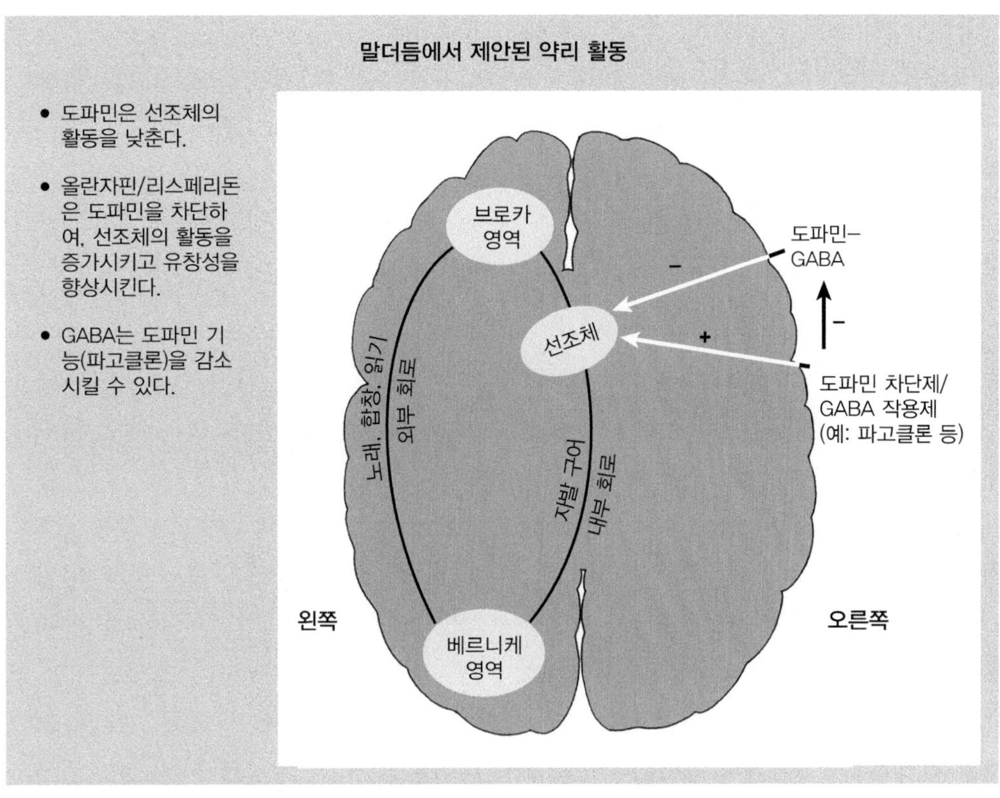

[그림 17.4] ■ 말더듬에서 도파민의 제안된 신경 활동 및 약물에 의해 영향을 받을 수 있는 방식

의 분야에서 나온 문헌을 알고 있어야 한다.

핵심 요소

치료의 설명에는 약물 치료와 함께 준수 사항이 포함된다. 첫 번째 단계는 적절한 의학적 검사와 병력을 얻는 것이다. 약물 치료를 시작하기 전에 미리 다루어져야 하는 간질환이나 당뇨와 같은 의학적 공존이환(medical comorbidities)을 염두에 두어야 한다. 가족/보호자들은 약물 치료를 함으로써 오는 잠재적 개선이나 부족을 측정해야 한다. 약물 치료가 말더듬을 부분적으로 감소시키고 다른 말더듬 치료법들의 가능성을 과소평가하지 않도록 환자와 가족들을 교육해야 한다.

계속되는 의사결정을 돕는 평가방법

우리는 말더듬 심한 정도; 심한 정도, 통제위(locus of control), 회피 등에 대한 자기 보고; 행동과 태도에 대한 광범한 스펙트럼을 평가하기 위해 의사나 임상가 입회하에 평가 등의 표준화된 측정법들을 사용한다. 4주간의 기초선 기간 동안, 8~24주간의 약물 치료와 위약 치료 기간, 12개월의 추적 점검 기간 동안에 측정이 이루어진다. 약물의 효과는 개인에 따라 다양하게 나타나므로, 우리가 그 약물의 가치를 판단하기 위해서는 여러 효과에 대한 프로파일이 필요하고, 만약 이것이 효과적이라면, 다른 여러 치료법의 유형들이 포괄적 치료 계획을 위해 필요할 것이다.

최소한 500음절의 대화나 독백을 비디오 녹화한 샘플과 SSI-3(Riley, 1994)를 사용한 200음절의 읽기 샘플로 말더듬 심한 정도에 대해 청자가 판단을 한다. 더듬은 음절의 빈도(%SS), 가장 긴 세 개의 말더듬 평균 지속 시간, 신체적 수반 행동 평가, 총 SSI-3 점수 등을 나타내는 척도 점수를 기록한다.

SSI-3 이외의 심한 정도 측정 도구들을 선택할 수도 있다. 심한 정도 측정 방법으로 %SS만을 사용하는 것은 SSI-3의 총점과 단지 약한 상관(r = .74)이 있기 때문에 정보를 놓쳐버릴 수 있다.

말더듬인의 자기 보고는 말더듬인들이 약물의 효과를 어떻게 보는지를 이해하기 위해 기초선 기간, 약물 치료 기간, 추적 점검 기간에 이루어져야 한다. 우리는 SSS(Riley, Riley, & Maguire, 2004)를 사용한다. PSI(Perceptions of stuttering Index; Woolf, 1967), LCB(Locus of Control of Behavior; Craig, Franklin, & Andrews, 1984), 전반적인 화자의 말더듬 경험 평가(OASES; Overall Assessment of the Speaker's Experience of Stuttering; Yaruss & Quesal, 2006)도 유용하다.

치료를 하고 있는 의사는 진보된 구어 평가 도구들을 사용하기 위해 필요한 배경지식을 가지고 있지 않을 것이다. 우리는 여러 치료 상황에서 말더듬의 어떤 변화라도 보고할 수 있는 방법을 제공하기 위해서 CGI를 사용할 것을 권장한다. CGI는 치료와 관련된 변화에 대한 전반적인 관점을 측정한다.

임상적인 의미란 환자가 유용한 방향으로 의사소통을 증진시키는 모든 변화를 의미한다. 우리는 앞에서 언급한 척도들 중 어떤 것에서도 30% 이상의 변화가 생기면 임상적으로 의미 있는 변화가 생긴 것이라고 주장한다.

개별 환자에게 적합한 치료법의 조정

체중 증가 및 특정한 도파민 길항제와 연관되어 있는 대사이상(지방질과 혈당 증가)의 잠재성은 개별 환자에게 맞춰 다루어져야 한다. 사용하는 약물에 대해 FDA 패키지에 삽입된 처방 정보를 따라야 한다. 올란자핀과 같은 새로운 도파민 길항제들은 당뇨병의 발병과 연관되어 있다. 그러므로 당뇨의 위험 인자가 있는 사람에게 이 약물이나 연관된 물질을 처방하는 경우에는 주의해야 한다.

개별 말더듬인에게 치료 적용

우리는 약물 처방 후 말더듬이 감소한 두 가지 예를 제시한다. 처방 전후의 말하기와 읽기 샘플은 이 책에 동봉되어 있는 DVD에 포함되어 있다.

첫 번째 사례는 앞서 소개한 실험(Maguire et al., 2004a)에서 12주 동안 올란자핀을 복용한 남성이다. 그는 SSI-3 점수가 처방 전 26(중도)에서 처방 후 6(무증상)으로 나타나 80%의 변화로 말더듬이 상당히 많이 감소되었다. 빈도는 86% 감소되고, 지속 시간은 67% 감소되었다. SSS 심한 정도 하위검사에서는 자기 보고 평가에서 24% 감소를 나타내었다. 통제위와 회피(locus of control & Avoidance) 하위검사에서는 매우 적은 변화(각각 9%, 7%)가 나타났다. 전반적으로 이 남성은 말더듬 심한 정도가 종료 기준에 이르렀지만, 자신의 내부 통제위의 증가와 회피 기술의 감소를 위해서 체계적인 치료가 계속 필요했다. 자세한 내용은 표 17.1을 참고하라.

두 번째 사례는 앞서 말한 복용량의 파고클론을 8주 동안 복용한 남성이다. 그의 SSI-3점수는 30(중도-심함)에서 18(경도)로 감소되었다. 빈도는 58% 감소되었고, 지속 시간은 68% 감소되었다(표 17.2). 그의 자기 보고 변화(SSS)에서 심한 정도(74%), 통제위(67%), 회피(75%) 등에서 많은 변화를 보였다. 주어진 유일한 치료는 약물 치료였다. 전반적으로, 그의 말더듬의 심한 정도는 3%SS와 가장 긴 지속 시간인 1.8초를 줄이기 위해 치료를 더 받을 필요가 있었다. 또한 더욱 개선되기 위해서는 내적 통제위가 필요했다.

약물은 이 두 사례에서 다르게 작용했다. 올란자핀은 구어 프로그래밍을 향상시켜서, 결과적으로 유창한 구어 능력을 가지도록 할 가능성이 있는 것 같았다. 파고클론은 운동 능력에 효과가 적었지만, 유창한 상태로 있으려는 노력과 회피 행동을 감소시키는 것 같았다. 이 두 남성은 각각의 연구에서 약물에 가장 잘 반응한 사람들이었다.

〈표 17.1〉 올란자핀에 잘 반응한 말더듬인들의 투약 후 변화

측정 도구	비율 변화	중재 전	중재 후	차이
SSI-3	80	26	6	20
더듬은 음절 퍼센트	86	12.1	1.7	10.4
가장 길게 더듬은 시간의 평균	67	2.1	0.7	1.4
SSS 심한 정도	24	17	13	4
SSS 통제위(locus of control)	9	32	29	3
SSS 회피	7	29	27	2
SSS 총점	12	78	69	9

SSI-3, 말더듬 심한 정도 측정-3; SSS(subjective screening of stuttering), 주관적인 말더듬 선별.

〈표 17.2〉 파고클론에 잘 반응한 말더듬인들의 투약 후 변화

측정 도구	비율 변화	중재 전	중재 후	차이
SSI-3	40	30	18	12
더듬은 음절 퍼센트	58	6.5	3.0	3.5
가장 길게 더듬은 시간의 평균	68	5.6	1.8	3.8
SSS 심한 정도	74	23	6	17
SSS 통제위(locus of control)	67	54	18	36
SSS 회피	75	24	6	18
SSS 총점	70	101	30	71

SSI-3, 말더듬 심한 정도 측정-3; SSS(subjective screening of stuttering), 주관적인 말더듬 선별.

각 대상자는 추가적인 말더듬 치료를 통해 더 향상될 것 같았다.

향후 방향

현 시점에서 발달성 말더듬에 대한 가장 유망한 치료법은 의사, 언어 임상가, 가족 구성원들과의 장기적인 추적 점검을 구성하는 다분야 접근법을 통합하는 것이다. 말더듬이 악화될 수 있는 난처한 결과들을 받아들여 모든 말더듬 아동은 SLP가 평가해야 한다. 2~8세의 매우 어린 아동들의 일차적인 치료는 언어 치료를 포함해야한다. 발달성 말더듬 사례의 절반 이상이 아동기나 청소년기에 문제가 해결된다는 점을 고려할 때, 이러한 아동들에게서 말더듬 심한 정도는 면밀하게 모니터되어야 한다. 언어 치료에 효과를 보지 못하는 아동들을 대상으로 약물 연구가 정당화될 수 있다. 비록 성인을 위한 말더듬 치료에 허가된 약물이 아직 없지만, 많은 연구들이 다양한 상태에 따라 허가받지 않은(off-label) 정신의학적 치료에 사용하는 것을 아동들에게 사용하도록 지지한다(Kim, 1996). 말더듬 아동 및 청소년에게서 효과와 내성을 설명하는 약학 연구들이 크게 도움이 될 것이다. 언어 치료와 인지 행동 치료는 일부 성인과 청소년에게서 말더듬 치료에 대한 개별 사례의 효과를 증명했다(Boberg & Kully, 1994). 약물 치료와 언어 치료를 겸한 치료의 효과를 연구하는 것은 단일치료(monotherapy)에서 두 개의 각 치료법에 의한 결과를 보여주는 것이다. 이 기법들은 시너지 효과를 매우 잘 낼 수 있을 것이다.

말더듬에 대한 특정 유형의 치료법을 고려할 때, 임상가는 또한 다른 이차적인 약물이나 물질들이 그 임상적인 결과를 한층 악화시킬지 고려해야 한다. 앞에서 설명했듯이, 테오필린은 환자들에게서 말더듬을 유발할 수 있는 한 가지 약이다. 말더듬을 악화시킬 수 있는 다른 약물들로는 메틸페니데이트, 덱스트로암페타민, 부프로피온, 항파킨슨 물질, 세르트랄린(Maguire et al., 2004b) 등이 포함된다. 더욱이 코카인과 메탐페타민을 포함하여, 도파민 수준을 상승시키는 어떠한 물질이라도 남용하면 말더듬을 발생시키거나 악화시킬 가능성이 있는 것 같다. 그러므로 임상가는 말더듬에 대한 치료 전략을 평가하고 결정할 때 다양한 요소들을 광범위하게 고려하는 것이 중요하다.

불안 및 우울증과 더불어, 사회 공포증은 말더듬과 자주 병행되는 질환이다(Stein Baird & Walker, 1996). DSM-IV 진단기준에 따르면, 사회공포증은 당황감(embarrassment)이 발생될 수 있는 상황에 대한 강하고 지속적인 공포이다(Sadock & Sadock, 2000). 말더듬은 말을 해야 할 상황에 공포를 느끼거나 불안을 예감하는 감각을 유발함으로써 사회 공포증을 유발하는 것으로 생각되고 있다. 결과적으로 많은 사람들은 의사소통이 필요한 사회적 상황을 기피하고, 불행하게도 다양한 생활면에서 자신들이 불리한 위치에 있음을 종종 발견한다. 이러한 사회 공포증은 비유창성에 대한 자기 지각(self-perception)과 많이 관련되어 있는 것 같고, 말더듬의 병리적 정도와 반드시 관련되어 있는 것은 아니다(Stein, Baird, & Walker, 1996). 인지 치료와 행동 치료를 포함하는 모든 포괄적인 치료 계획은 회피 문제를 해결하는 방향으로 갈 수 있고, 말더듬 개인의 사회 공포증을 치료하는 데 도움이 될 수 있을 것이다.

최근에, 연구에 대한 새로운 사고와 신선한 방법들이 말더듬에 대한 우리의 지식을 증진시키고 향상된 치료 기회에 대한 긍정적인 기대를 가지게 했다. 말더듬에 관한 신경학적 및 유전적 기반에 대한 새로운 정보와 치료 양식의 확대가 빠르게 나타나고 있다. 의사들과 SLP 사이의 협력은 이러한 새로운 치료 양식이 도래함에 따라 필수적이다. 정신과 의사들이 말더듬을 가장 많이 치료하는 의사일 것 같은데, 그 이유는 가까운 미래에 언어 치료와 인지 행동 심리 치료가 약물 치료를 부수적으로 적당히 사용함으로써 향상될 것이라는 연구들이 나타날 것이기 때문이다.

약리학적, 신경생리학적, 기능적 영상 연구들이 왜 사람들이 더듬는지에 대한 많은 미스터리한 점을 밝혀주었다. 이러한 일련의 연구들은 선조체 안에서의 대사 저하의 결과로 도파민 활동 증가가 말더듬과 주요한 신경학적 연관이라는 것을 제시했다. 도파민 길항제들이 말더듬 치료에 효과적인 것으로 나타났다. 그러나 선택적인 GABA 조절체인 파고클론이 의미 있는 가능성을 지니고 있는데, 최근에 가장 큰 규모의 말더듬에 대한 약물 실험에서 말더듬에 효과적이고 내성이 강한 치료제라는 것이 밝혀졌고, 앞으로 더 연구되어야 확실해질 것이다.

말더듬에 약물 치료에 관한 더 나은 정보를 얻기 위해서, 더 많은 대형 무작위 대조군을 대상으로 연구가 필요하다. 파고클론은 포괄적인 치료 프로그램의 한 부분으로서 말더듬 치료를 위한 잠재적인 약물로서 의미 있는 가능성을 가지고 있으며, FDA로부터 승인된 첫 번째 약물로 이어질 수 있을 것이다. 앞으로의 연구는 어떤 환자가 약물에 잘 반응하고 어떤 환자가 반응하지 않는지 그 이유를 계속 연구해야 할 것이다. 약물이 반응할 때 유전적 차이를 검증하는 것(약물유전학)과 뇌영상법 연구들은 이질성을 설명할 때의 기술로서 가능성을 지니고 있다.

이 장의 요약

- 말더듬은 의미 있는 신경학적 토대를 가지고 있는 언어 장애이기 때문에, 대뇌 생리에 영향을 주는 약물들에 대한 관심이 증가하고 있다.
- 최근의 연구에서 도파민과 GABA를 바꾸는 약물들이 말더듬을 감소시키는 데 유익한 효과들을 가져올 수 있다는 것을 밝혔다.
- 추후 연구에서는 약물요법과 언어 치료를 결합한 치료의 효과를 평가하는 것이 필요할 것이다.

이 장을 정리하는 질문

1. 성인 인구에서 말더듬의 출현율은 약 _____이다.
   a. 0.3%
   b. 0.5%
   c. 1%
   d. 8%
   e. 15%
2. 말더듬과 연관된 것으로 가정되어 왔던 대뇌에서 구어의 타이밍과 시작을 주관하는 센터는?

a. 후두 피질
b. 해마
c. 뇌량
d. 선조체
e. 척수(medulla)

3. 아래의 약물 중 어느 것이 말더듬을 개선시키는 것으로 밝혀졌는가?
a. 파고클론
b. 리스페리돈
c. 올란자핀
d. 보기 전부
e. 위의 모든 항목

4. 아래의 신경전달물질 중 어느 것이 말더듬의 병리 생리학과 연관되었는가?
a. 도파민
b. GABA
c. 세로토닌
d. 위의 모든 항목
e. A와 B만

5. 파고클론은 아래의 보기 중 구어에 어떤 영향을 미치는가?
a. 구어의 자연스러움을 악화시킨다.
b. 구어의 자연스러움을 개선시킨다.
c. 영향이 없다.

6. 아래의 약물 중 어느 것이 말더듬과 관련된 사회 불안을 개선시키는가?
a. 피모자이드
b. 리스페리돈
c. 할로페리돌
d. 파고클론
e. 올란자핀

7. 아래의 약물 중 어느 것이 말더듬 증상들을 악화시킬 수 있는가?
a. 부프로피온
b. 덱스트로암페타민
c. 세르트랄린
d. 메틸페니데이트
e. 위의 모든 항목

8. 아래의 보기 중 말더듬의 특성이 아닌 것은?
a. 말더듬의 전형적인 발생 시기는 아동기이다.
b. 말더듬의 남성과 여성의 비율은 1 : 4이다.
c. 말더듬은 약한 유전적 요소를 갖고 있다.
d. 오른쪽 반구의 구어 영역이 비활성적이다.
e. 위에 없음

9. 말더듬인이 자발적으로 말할 때 비정상적으로 기능하는 구어의 "고리"는 다음 보기 중 어느 것인가?
a. 외부 고리
b. 내부 고리

10. FDA가 말더듬의 치료 약물로 허용할 것은?
a. 올란자핀
b. 리스페리돈
c. 파고클론
d. 위에 없음
e. 위의 모든 항목

핵심 용어

감마-아미노뷰티르산(GABA): 신경전달물질

도파민(dopamine): 신경전달물질

리스페리돈(risperidone)**과 올란자핀**(olanzapine): 말더듬에서 연구된 두 가지의 새로운 도파민

길항제이지만 정신분열증과 조울증에 대한 치료제로 승인됨

파고클론(pagoclone): 말더듬에 대해 연구되고 있는 부분적인 GABA 길항제

추천 문헌

Maguire, G. A., Riley, G. D., Franklin, D. L., Maguire, M., & Brojeni, P. (2004). Olanzapine in the treatment of developmental stuttering: A double-blind, placebo-controlled trial. *Annals of Clinical Psychiatry, 16,* 63–67.

Maguire, G. A., Riley, G. D., & Yu B. P. (2002). A neurological basis of stuttering? *The Lancet Neurology, 1,* 407.

Maguire, G. A., Yu, B. P., Franklin, D. L., & Riley, G. D. (2004). Alleviating stuttering with pharmacological interventions. *Expert Opinion Pharmacotherapy, 7,* 1565–1571.

Wu, J. C., Maguire, G., Riley, G., Lee, A, Keator, D., Tang, C., Fallon, J., & Najafi, A. (1997). Increased dopamine activity associated with stuttering. *Neuro-report, 8,* 767–770.

제 18 장

말더듬 치료에서 증거 및 기타 정보의 역할

Anne K. Bothe, Roger J. Ingham, and Janis Costello Ingham
(박진원 역)

도입

임상 실제는 연구 결과를 바탕으로 해야 한다는 관점이 항상 의학, 보건의료 관련분야, 교육분야에서 중심이 되는 관점은 아니었다. 그럼에도 불구하고 이 관점은 이러한 분야 및 관련된 전문분야에서 오랜 역사를 가지고 있다. 예를 들어 Crilly(2001)는 18세기에 사혈(정맥절개; bloodletting)에 관해 수행된 임상 연구를 서술했다. 마찬가지로 임상심리학은 19세기에 "과학과 실제는 불가분의 관계로 여겨진다."(Hayes, Barlow, & Nelson-Gray, 1991, p.1)라는 개념하에 탄생했다. 소위 말해서 "연구 기반" 실제라는 개념도 또한 언어 치료학(McReynolds, 1990; Ventry & Schiavetti, 1980) 분야 또는 말더듬(Costello, 1975) 분야에서는 새로운 개념이 아니다.

하지만 말더듬과 언어 치료학 및 많은 기타 학문들에 있어서 새로운 것은 연구 기반 실제 모델들과 관련된 아이디어의 탁월함(prominence)이나 이를 능가하는 우월함(predominance)에 있다. 새로운 저널들, 새로운 공인과 자격증을 취득하는 데 요구되는 사항들, 학술대회의 구조, 심지어 본서와 같은 서적들까지도 모두가 *메타실제(meta-practice)*라고 할 수 있는 것 혹은 우리가 현재 하고 있는 것이 아니라 우리가 앞으로 해야 할 것을 결정하는 방법을 정의하는 좀 더 폭넓은 이슈들에 초점을 맞춘 학문분야들과 전문직을 반영하고 있다. 이러한 배경에서 이 장은 말더듬 치료에 관한 현재의 메타실제 문헌들에서 찾아볼 수 있는 중요한 주제, 즉 말더듬 치료를 지원하는 데 이용될 수 있는 연구 기반 "증거" 및 기타 관련된 "**임상가 기반 정보 및 환자 기반 정보**"의 정의 및 상세한 내용을 다루고자 한다. 우리의 목표는 ① 기존의 증거와 정보의 종류 및 출처, ② 그 각각의 장점과 단점, ③ 연구자, 현장전문가, 환자 등이 수행할 수도 있는 활동들에 대해 독자들이 생각해 보도록 하는 것이다. 모든 이용 가능한 연구 증거와 임상가 기반 정보 및 환자 기반 정보를 조합할 수 있다면, 말더듬 치료에 대한 증거 기반, 환자 중심, 결과에 초점을 둔 Bothe(2004b)의 접근방식을 개발할 수 있을 것이다.

말더듬 치료에서 연구 기반 증거

증거 기반 의학(evidence-based medicine; EBM)은 여러 저자들(Guyatt & Rennie, 2002; Sackett et al., 2000; Straus et al., 2005)이 매우 영향력 있는 현재의 형태로 정의했다. 보다 포괄적인 관점에서 협력 의료 및 기타 적용 가능한 분야에 EBM을 적용하면 증거 기반 실제 또는 EBP라고 부를 수 있다(이 용어는 이 장에서 EBP, 혹은 EBM으로 구별하지 않고 널리 사용함). 이러한 현재의 EBP 형태에서 "증거"란 연구 결과를 가리키며, 임상 실제의 목표는 ① 연구(즉, 증거), ② 의사나 임상가의 경험, ③ 환자의 선호도 등의 세 가지 소스로부터 얻은 정보를 조합하는 것을 나타내는 치료법을 찾고 실행에 옮기는 것이다. Straus 등(2005)은 첫 번째 유래에서 연구 증거를 논하는 데에 있어서 "**4S 계층**"[4S hierarchy; 시스템(systems), 개요(synopses), 요약(summaries), 연구(studies)]라고 하는 네 가지 수준의 계층구조를 기술했다. 그들은 또한, 말더듬에 관한 아래 절에서와 같이, 임상가들은 가능한 한 최고 수준의 연구 증거에 의존해야 한다고 주장했다.

시스템과 실행 지침

그 계층구조에서 가장 위에 위치한 첫 번째 "S"는 "증거 기반 임상 정보 시스템"으로 "모든 관련되고 중요한 연구 증거를 포함시키고 간결하게 요약하며, 특정 환자의 환경을 자동적으로(전산적으로) 관련 정보에 연결시키는 것이 이상이라 할 수 있다"(Straus et al., 2005, p.34). Straus 등이 저술한 다른 책에서, 실행 지침과 관련된 개념이 "체계적으로 개발된"(p.165)이라고 정의되었는데, 이 설명에는 최소한 두 개 부분 즉 관련 증거의 최신 요약 및 그 요약을 바탕으로 하는 임상 실제를 위한 상세한 지시사항들이 포함되어 있다. 실행 지침은 이상적인 증거 기반 임상 정보 시스템과는 다르다. 실행 지침은 현재 이용 가능한 정보를 바탕으로 하는 반면에, 증거 기반 임상 정보 시스템의 정의로 보면 충분히 우수한 증거를 제시하기 전까지는 개발할 수 없다는 것이다. 만일 특정 주제에 관한 모든 가능한 연구들이 완성되어 불완전하거나 결함이 있는 어떠한 증거도 없는 하위주제나 하위집단이 존재하게 될 때, 환자에 관한 실행 지침이나 임상 정보 시스템에 의해 도달하게 되는 결론은 완전하다. 하지만 그러한 이상적인 현실은 달성하기가 거의 불가능하고, 임상 실제는 완전하고 이상적인 증거가 나오기까지 기다릴 만큼 여유가 없기 때문에, 실행 지침은 현재의 이용 가능한 증거를 현재 할 수 있는 최상의 제안으로 바꾸어 가면서 개발하고 있다. 더욱이, 어떠한 분야에서도 현재의 이용 가능한 증거는 그 질에 있어서 다양하고 혼합되어 있기 때문에, 실행 지침을 착수하는 개요 절에서는 1970년대에 캐나다의 태스크포스팀에서 개발하고 지금은 'Oxford System'(Phillips et al., 1998/2006)이라는 명칭으로 기술되고 있는 "증거 수준"(levels of evidence)(Straus et al., 2005 참조)과 같은 분류시스템을 이용하여 모든 증거에 대한 객관적 평가를 포함하고 있다.

현재 말더듬에 대해 이용 가능한 이상적인 임상 정보 시스템은 없으며, 또한 Straus 등의 설명에 적합한 실행 지침도 없다. "말더듬 치료의 실행 지침(Guidelines for Practice in Stuttering Treatment)"이라는 제목으로 ASHA의 유창성 및 유창성 장애에 대한 특별 관심분과에서 만들어서, ASHA의 공식 성명서로 출판되었다(ASHA, 1995). 이 문서는 EBP 원칙에 맞추어서 설계되지는 않았는데(Ingham & Cordes, 1999 참조), 그 이유는 부분적으로는 이 문서가 개발되던 시기 때문이었다. 그 대신 실행 지침을 개발할 때 "일반적인 실행 및 발표된 데이터 모두를 고려하여 한다."(ASHA, 1995, p.26)고 주장하기 시작했고, 이 문서 자체에는 EBP가 제시하는 치료 연구 및 관련 권고사항들에 대한 평가가 포함되지 않았다. 그 대신 이 문서는 말더듬 치료 및 평가에 이용되어 왔거나 이용할 수 있었던 모든 가능한 목표와 접근방법에 대한 포괄적인 목록으로 구성되어 있다. 이 문서는 포함되거나 배제된 정보에 대해서 뒷받침할 만한 어떠한 이유를 제시하지 않았고, 이 문서에 열거한 많은 가능한 치료법들에 대해 권고나 배제도 하지 않았기 때문에, 현재의 EBP 권고사항을 바탕으로 한 실행 지침보다는 구체적인 증거 기반 지침을 찾고 있는 현장전문가들에게는 그 유용성이 낮다.

개요(synopses)

가장 높은 수준의 체계적인 증거 기반의 임상 정보를 말더듬에 이용할 수 없다면, 임상가가 할 수 있는 그 다음 선택은 Straus 등의 4S 계층에서 두 번째 수준인데, 이는 여러 개요에서 찾아볼 수 있다. 한 개요는 모든 이용 가능한 개별 연구들에서 얻은 정보와 그러한 연구들에 대한 이용 가능한 체계적 혹은 기타 고찰들에서 얻은 정보를 결합하는 간략한 요약이다. 말더듬 치료 문헌에 관한 여러 개요의 예로 "말더듬 치료 효능에 관한 최신 정보"라는 Conture(1996)가 간략하게 고찰한 것(p.S18)과 이보다 더 짧고 ASHA가 제공한 시리즈의 일부로서 Conture와 Yaruss(일자 모름)가 작성한 "치료 효능 요약(Treatment Efficacy Summary)"이 있다. Conture(1996)의 개요에는 말더듬 치료에 관한 약 3쪽 분량의 내용이 포함되었다. 이 글은 이전에 있었던 요약들(Andrews, Guitar, & Howie, 1980), 널리 알려진 교재들(Bloodstein, 1995; Van Riper, 1973), 그리고 학령 전 아동, 학령기 아동, 청소년, 성인에 대한 치료와 관련된 소수의 일반적 권고사항을 제공하기 위해 실시한 개별 연구에서 이끌어낸 것이다. Conture와 Yaruss(연도 모름)의 요약은 치료에 관한 소수의 일반적인 내용들을 문헌 고찰을 통해 만든 것이다. 이 두 편의 개요는 환자나 현장 전문가들에게 구체적인 치료 권고사항들을 제공하기보다는 일반인들을 위한 말더듬 치료에 관한 일반적인 정보를 제공하려는 목적이 더 크다. 그러므로 말더듬 치료에 관한 증거 기반 지침을 찾는 임상가들은 증거 출처에 대한 Strauss 등(2005)의 계층에서 다음 단계로 나아가야 한다.

요약(summaries)

현재 말더듬에 관한 지식은 지금까지 발표된 많은 개별 연구들의 문헌 고찰 혹은 다양한 요약들에 있다(Andrews et al., 1980; Bloodstein, 1995; Cordes, 1998; Harder et al., 2006; Ingham, 1984; St. Louis & Westbrook, 1987; Thomas & Howell, 2001). 안타깝게도 구체적인 조언을 찾고자 하는 현장전문가들에게는 이러한 고찰들에서 제시되는 결론이 너무 폭넓고, 또 각 고찰이 종종 서로 상충되기도 한다. 그러므로 여러 고찰들 간에 일치점을 찾거나 여러 소스에서 지지를 받는 것으로 보이는 실행에 대해 추천할 만한 정보를 찾기가 매우 어렵다.

그럼에도 불구하고 여기에서 인식해야 하는 한 가지 중요한 점은 여러 고찰들 사이에 몇 가지 상충되는 점이 이러한 고찰을 하는 데 사용된 여러 방법에서 기인할 수 있다는 것이다. 예를 들면 Andrews 등(1980)과 Herder 등(2006)은 각각 29편과 19편에 관한 메타분석(meta-analysis)을 수행했으며, 두 연구에서 가장 중요한 특징은 저자들이 집단 연구 설계만을 포함 기준으로 사용했다는 점이다. Andrews 등(1980)은 최소한 3명의 참가자를 대상으로 실시한 연구들의 결과를 요약했고, Herder 등(2006)은 치료한 집단과 치료하지 않은 집단 혹은 치료군과 대조군에 대해 무선 배치를 사용한 연구들만을 요약했다. 이러한 결정들은 이 저자들이 수행한 수학적 메타분석의 여러 방법론적 근거에 의해서 타당성을 가질 뿐만 아니라, 도달한 결정에 대한 중요한 시사점을 가진다. 예를 들면, 연구에 최소 3명의 참여자가 필요하다는 조건 때문에, Andrews 등(1980)은 말더듬 치료에 대한 반응-후속자극 접근방식들을 연구하기 위해 **단일 참가자 시계열 실험 설계(single-subject time-series experimental design)**를 채택한 여러 연구들 중에서도 Martin, Kuhl, Haroldson(1971)과 Reed, Godden(1977)의 연구를 배제시켰다. 이러한 논문들이 아동들의 말더듬 감소를 위한 반응-후속자극의 효과를 보여주었다는 점을 감안한다면, 이 연구들을 배제한 것은 "연장 구어(prolonged speech)와 부드러운 시작(gentle onset) 기법은 강력한 치료법으로 보인다."(p.297)는 Andrews 등(1980)이 내린 결론의 정확성을 상당히 감소시킬 것이다. 이와는 대조적으로, Herder 등(2006)은 "말더듬에 대한 어떤 치료법도 다른 치료법에 비해 유의하게 더 큰 효과를 나타내는 것으로 증명되지 않았다."(p.61)라고 결론을 내렸다. 그러나 이러한 결론 역시 그들이 고찰에 포함한 연구들의 영향을 받은 것으로 보인다.

어느 분야에서든 문헌 요약에 이용한 방법론으로 인해 발생하는 이와 유사한 문제들이 문헌에 대한 **체계적 고찰(systematic review)**을 하기 위해 비교적 표준화된 방법들을 개발하는 방향으로 이어졌다(Chalmers, Hedges, & Cooper, 2002; Cooper & Hedges, 1994; Haynes et al., 2006; Littell, 2005 참조). 문헌에 대한 체계적인 고찰들은 연구 자체에서 인식하는 방식에서 그 연구를 발표하는 방법과 결과 두 가지 모두를 평가한다(Chalmers, Hedges, & Cooper, 2002; Haynes et al., 2006; Littell, 2005). 고찰할 대상 연구를 확인하고 선택하는 방법들은 그 고찰을 보고할 때 예를 들면, 참가자의 정의 및 모집 방법에 대한 구체적인 것을 명시한다. 논문에 대한 분석은 논란의 가능성이 없고 완전한 기준을 이용하여 수행할 뿐만 아니라, 평가자 편향성의 영향을 줄이기 위해 여러 명의 평가자 혹은 데이터 추출 도구와 같은 절차들을 통해 이루어진다. 모든 논문들이 일반적인 기준 없이 주관적으로 기술하기보다는 모든 기준에 합당하게 평가된다(Carlberg & Walberg, 1984; Cooper, 1982; Cooper & Hedges, 1994; Feldman, 1971; Jackson, 1980; Moncrieff, 1998 참조). 또한 의학과 보건의료 관련 분야에서 체계적 고찰을 위한 현재의 권고사항에는 불량하게 수행된 임상 연구들이 더 엄격하게 수행된 임상 연구들보다 더 좋은 치료 결과를 보고하는 경향이 있다는 인식이 점점 커지고 있다는 사실이 포함되어 있다(Linde et al., 1999; Schulz et al., 1995). 그러므로 일반적으로 체계적 고찰은 보다 우수한 설계를 가지고 보다 엄격하게 수행된 연구들의 결과에 대해서는 가중치를 부여하거나 혹은 불량하게 수행된 연구들에 대해 최종 고찰에서 배제시킴으로써 설계와 수행 면에서 우수한 연구들만을 바탕으로 고찰할 필요가 있다는 점이 널리 받아들여지고 있다(de Craen, van Vliet, & Helmerhorst, 2005; Mead & Richardson, 1997).

이 장을 저술하기 전까지는, 말더듬 치료 문헌에 관한 가장 포괄적이고 체계적 고찰은 이 장의 저자 두 명이 쓴 최근에 발표한 두 편의 논문이다. 첫 번째 논문은 행동, 인지 및 관련된 치료 접근방법에 초점을 맞추었으며(Bothe et al., 2006b), 두 번째 논문은 약물 치료법에 초점을 맞추었다(Bothe et al., 2006a). 이 두 논문은 여러 학제에서(Chambless & Hollon, 1988; Cook et al., 1995; Guyatt & Rennie, 2002; Mother, Schulz, & Altman, 2001; Moscicki, 1993; Schiavetti & metz, 2006), 말더듬에 한정되고(Bloodstein, 1975, 1995; Conture & Guitar, 1993; Curlee, 1993; Ingham & Riley, 1998; Ingham & Cordes, 1997; Ingham & Costello, 1984; 1985) 권고사항(Davidow, Bothe, & Bramlett, 2006) 등으로부터 개발한 5개의 방법론적 기준을 바탕으로 했다. Bothe 등이 쓴 이 두 편의 체계적 고찰에 포함된 연구들은 일반적으로 다음과 같은 5개 기준 중 4개를 충족해야 한다. ① 집단 또는 단일 참가자 시계열 실험 설계의 무작위 배정, ② 맹검된(실험 내용을 모르고 참여하는 참여자) 또는 독립적 관찰자들, ③ 치료 전과 치료 후 데이터, ④ 임상실 이외의 데이터, ⑤ 연구가 말더듬 빈도나 심한 정도를 측정하는 경우에 구어 속도, 구어의 자연스러움, 평가자 간 일치도에 대한 영향력 통제 등의 기준이다.

이러한 기준을 이용하여 Bothe 등(2006b)은 말더듬에 대한 행동, 인지 및 관련 치료에 관한 총 162편의 논문 가운데 심층 분석을 위해 39편의 연구를 확인했다. 이러한 분석의 결과는 다음 절에서 연령대별로 요약했다.

학령 전 아동들에 관한 연구의 요약

첫째, 학령 전 아동들에 대해서는 5가지 방법론적 기준 가운데 최소 4가지를 충족하고, 감소된 말더듬이 적어도 6개월 이상 유지되었다고 보고한 연구들만이 말더듬 순간과 유창한 경우에 즉각적인 피드백을 제공한 아동들에게서 반응-후속자극 치료법으로 보고되었다(Harrison, Wilson, & Onslow, 1999; Lincoln & Onslow, 1997; Martin, Kuhl, & Haroldson, 1972; Onslow, Costa, & Rue, 1990; Reed & Godden, 1977; Ryan & Ryan, 1983; Wilson, Onslow, & Lincoln, 2004). 특히 어린 학령 전 아동들의 반응-후속자극법의 임상적 이용은 1960년대와 1970년대에 미네소타 대학교에서 Martin, Haroldson, Siegel 등이 실시한 일련의 고전적 연구들에서부터 발전했다(Martin, Kuhl, & Haroldson, 1972; 고찰은 Ingham, 1984; 1990 참조). 이 치료법에서는 아동들의 구어 산출에 관하여 제공되는 즉각적인 피드백이 특정한 코멘트의 형태(아동이 말더듬 없이 말을 마쳤을 때 "아주 말을 잘 했어." 혹은 아동이 말을 더듬을 때 즉시 "아, 더듬네.")를 취하거나 또는 비언어적 형태(말더듬이 나타날 때 아동에게 말을 멈추라는 신호로 손을 드는 것)를 취했다.

아동들에게 반응-후속자극 치료법을 가장 잘 발전시켜서 가장 광범위하게 연구한 형태는 Onslow 등의 LP(Lidcombe Program)이다(Onslow, Packman, & Harrison, 2003). 이 프로그램은 이 책의 다른 장에서 상세하게 설명되었는데, 어린 말더듬 아동에게 반응-후속자극 원리를 적용하는 데 관심이 있는 임상가들은 아동들의 말더듬 치료에 반응-후속자극을 이용하는 초기 연구들(Martin, Kuhl, & Haroldson, 1972; Reed & Godden, 1977; Ryan, 1983)은 물론이고 임상가들을 위한 이러한 절차에 대해 고찰한 연구들(Costello, 1983; Ingham, 1999)을 읽어보려고 할 것이다. 이러한 여러 논문들이 제시하는 것처럼, 반응-후속자극법은 아동의 말더듬 치료에 이용될 수 있는 많은 방법들이 있으며, 여기에는 Martin, Kuhl, Haroldson의 고전적인 인형 연구에서부터 다른 많은 응용한 연구들이 있다.

학령기 아동들에 관한 연구의 요약

학령기 아동들(older children)에 대해 Bothe 등(2006b)은 체계적 고찰을 한 결과, 고찰방법론적 기준을 충족하는 연구에서 지지를 받은 여러 가지로 이용 가능한 치료 접근방법을 확인했다. 여기에는 근전도 피드백(EMG)(Craig & Cleary, 1982; Craig et al., 1996), 발화의 길이와 복잡성의 점진적인 증가(gradual increase in length and complexity of utterance; GILCU)(Ryan, 1983, 1985), 연장 구어 혹은 스무스(부드러운, 매끄러운) 구어(Craig et al., 1996; Onslow et al., 1996; Ryan & Ryan, 1983; 1995), 특히 부모-관리 가정 과제 계획이 포함된 경우의 호흡 조절(de Kinkelder & Boelens, 1998; Ladouceur & martineau, 1982), 반응-후속자극(Ryan & Ryan, 1983), 특유의 "프로그램화된 전통적" 치료 패키지(Ryan & Ryan, 1983) 등이 포함된다. 이러한 접근방식들 가운데 상당수는 이 책의 다른 장에서 논의된다.

EMG 및 연장 구어 치료법에 관한 Craig 등(1996)과 Hancock 등(1998)의 보고는 아마 이러한 논문들 가운데 가장 빈틈없이 설계된 논문일 것이다. 그러나 Craig 등의 연구 결과를 재현하기 위한 다른 연구자들(Block et al., 2004)의 시도는 성공적이지 못했으며, 이로 인하여 말더듬 치료 연구 및 일반적인 말더듬 치료에 대해 중요한 시사점을 불러일으켰다. 구체적으로, Craig 등(1996)과 Block 등(2004)의 연구 결과 사이의 차이는 어떤 치료법의 구조적 기초와 관련된 변인들이 핵심 치료 기법으로서 치료의 효능에 중요하다는 것을 시사한다. Bothe 등(2006b)은 이러한 변인들을 가리켜 치료의 "기반체계(infrastructure)" 혹은 치료의 효과를 잠재적으로 변화시키거나 지지하거나 둘러싸고 있는 모든 요소들이라고 말했다. 이러한 요소들에는 상세한 시간 계획(집중적 vs 주별), 자기 평가 요소의 포함 여부, 가정학습 활동의 이용 여부, 또는 명시적 전이 프로그램의 사용 여부 등이 포함될 수 있다. Block 등의 결과 경우에, 그들이 논의한 바와 같이, Craig 등의 절차들을 그들이 재현했을 때 Craig 등의 반응대가 프로그램(치료의 반응-후속 자극 구성)을 포함시키지 않았다. 이것을 빠트린 것은 EMG 프로그램의 효과가 감소된 것이 주요 원인이 되었을지도 모르며, 종종 반응 대가 및 다른 반응-후속자극의 경우에는 말더듬의 빈도에 영향을 미치는 것으로 증명되었다(Costello, 1983; Martin, Kuhl & Haroldson, 1972; Reed & Godden, 1977; Ryan & Ryan, 1983). 마찬가지로 Bothe 등이 고찰한 연구들은 연장 구어 기법들이 말더듬에 대한 후속자극, 가정에서의 학습, 집중적인 또는 매일매일의 연습 기회, 특정한 성과-후속자극 기준을 충족시킬 때에만 여러 치료 단계를 진행하도록 하는 프로그램화된 구조 등을 제공하는 맥락에서 학습되고 사용될 때에 더욱 우수한 결과를 보여주었다. 그러므로 학령기 말더듬 아동을 치료하는 임상가들은 이러한 프로그램화된 또는 "기반체계적인" 변인들에 초점을 잘 맞추고, 특히 아동들에게 실제의 다양한 구어 상황에서 유창한 구어를 사용할 때 자기 관리를 하고 자기 평가하는 연습 기회를 가능한 한 많이 제공하는 것을 포함해서 권고를 받는다.

청소년들과 성인들에 관한 연구의 요약

말더듬 청소년과 성인에 대한 Bothe 등(2006b)의 체계적인 고찰은 연장 구어 형태의 절차 사용을 지지하는데, 이 연장 구어법은 말더듬을 개선하기 위한 최상의 선택으로서 선행 문헌고찰에서도 확인되었다(Andrew et al., 1980; St. Louis & Westbrook, 1987). 그러나 이러한 치료법을 다시 지지하는 것은 초기의 집중적인 치료, 여러 사람들 앞에서의 연습, 특정 임상실 이외로의 전이 또는 일반화 과제, 구어 또는 프로그램 단계를 자기 관리하는 데 대한 자기 평가, 구어 자연스러움에 관한 피드백, 말더듬뿐만 아니라 구어의 자연스러움과 자기 평가 기술 등을 계속하도록 하는 능동적인 수행-후속자극 관리 프로그램(performance-contingent maintenance program) 등을 포함하는 포괄적인 치료의 틀에 대한 중요성을 시사하고 있다. 자기 관리는 이러한 요소들 중에서 가장 중요한 요소일 수도 있는데, James(1981)는 말더듬 순간 직후의 자기 전달 후속자극(self-delivered consequences)은 그 자체가 말더듬을 감소시킬 수 있다고 보고했다[후에 이 주장에 대한 Hewat 등(2006)과 James(2007)의 James에 대한 비평 참조]. 자기 관리 또는 자기 평가는 성공적인 치료를 보고한 여러 보고서의 핵심적인 특징들 가운데 하나이며(Craig et al., 1996; Howie, Tanner, & Andrews, 1981; Ingham, 1982; Ingham et al., 2001; O'Brian et al., 2003; Onslow et al., 1996), 이러한 결과는 말더듬 성인에게서 자기 관리를 한 후 회복에 관한 Finn(1997)의 연구와도 일치한다. 그러므로 말더듬 치료 연구 문헌들은 특정 치료 기법(연장 구어)뿐만 아니라, 치료 효능을 개선시킬 수 있고 이를 유지시킬 수 있는 보다 중요한 여러 프로그램화된 요소 또는 기반체계의 요소들(예: 자기 평가)도 제안한다.

또한 특히 성인들에 대한 Bothe 등(2006b)의 고찰은 특히 성인들을 위해 흔히 말더듬의 치료 결과에 중요한 것으로 간주되는 두 가지의 종속 변인 범주들을 모두 다루었다는 점에서 중요하다. 첫 번째 변인은 더듬은 음절의 백분율과 기타 말더듬 빈도 측정치와 같은 구어 관련 변인들이다. 두 번째 변인은 사회적, 정서적, 인지적(social, emotional, cognitive; SEC) 측정치들을 포함하는 비구어적 변인이다. 이 두 종류의 변인들은 여러 저자, 연구자, 임상가, 환자 등에 의해 중요성의 정도가 다소 달리 여겨지며, 두 변인 모두가 전반적으로 체계적 고찰을 할 때 다루어졌다.

더욱이, Bothe 등은 자신들의 분석의 일부로서 또한 치료 종류와 치료 성과 간의 관계에 대해 두 변인의 범주적 측면에서 연관성을 고려했다. 구어에 초점을 맞춘 치료들(예: 반응-후속자극과 연장 구어)은 여러 가지 구어의 변인들을 개선시키는 데(예: 치료에 상담 또는 기타 인지적 또는 정서적 접근법) SEC 변인들에 초점을 맞춘 치료들에 비해 훨씬 더 효과적인 것으로 나타났다(140개의 구어 초점 치료 중 73%가 말더듬 빈도에 대한 성과 기준을 충족시킨 반면, SEC 중심 치료는 19개 중 31%만이 동일 기준을 충족시켰음). 이와 더불어, 구어에 초점을 맞춘 치료들은 SEC 변인들을 개선시키는 데에 SEC 초점 치료만큼 효과적이었다(34개의 구어 중심 치료 중 88%와 14개의 SEC 중심 치료 중 92%가 SEC 측정치에서 성과 기준을 충족시켰다). 그러므로 Bothe 등이 확인한 체계적으로 잘 설계된 연구들은 아마도 환자가 SEC 변인들만 돕도록 요구하거나 구체적으로 자신들의 구어를 바꾸기를 원하지 않는 경우를 제외하고는, SEC 변인에만 초점을 맞춘 치료를 선택하지 않았다. 보다 흥미로운 점은 치료가 두 유형의 문제들을 모두 다루어야 한다는 주장이 동일한 이유로 인하여 직접적으로 지지를 받지 못했다는 것이다. 즉 연장 구어와 같은 구어에 초점을 둔 치료들이 구어와 SEC 변인 모두를 개선시킬 수 있다는 결과를 가져왔다.

말더듬에 대한 약물 치료 문헌의 요약

동일한 체계적 고찰방법들에 따른 또 다른 논문에서, Bothe 등(2006a)은 말더듬에 대한 약물 치료의 효능을 연구한 31편의 논문을 고찰했다. 그 중 11편만이 앞에서 기술한 5개의 방법론적 기준 중 3개를 충족시켰으며, 4개 이상을 충족시킨 연구는 없었다. Bothe 등(2006a)은 이 11편의 연구 이외에 상대적으로 잘 설계된 4편의 다른 연구(수정된 기준을 3개 충족시킴)에서 유의한 긍정적 결과를 전혀 확인할 수 없었다. 구체적으로, 할로페리돌(haloperidol)에 관한 한 편의 연구(Wells & Malcolm, 1971)가 긍정적 결과를 보고했지만, 이 보고의 결과는 좋지 못한 결과를 보고한 다른 4편(Andres & Dozsa, 1977; Prins, Mandelkorn, & Cerf, 1980; Rantala & Petre-Larmi, 1976; Swift & Arellano, 1975)의 보고와 상충되는 결과였다. 한 연구는 말더듬 빈도에 대한 체계적 고찰의 성과 기준을 충족시켰으며[리스페리돈(risperidone)에 대한 Maguire et al., 2000], 3편은 SEC 변인들에 대한 성과 기준을 충족시켰다(Gordon et al., 1995; Harvey et al., 1992; Stager et al., 1995). 그러나 이 4편의 보고 모두에서 그 결과는 위약 효과, 대조군의 부재, 또는 이 두 개 모두에 의해 혼란을 주었다.

말더듬에 대해 현재까지 검증된 약물의 효능이 분명히 실증되지 않았다는 점은 안전성 및 상호작용 효과와 같은 여러 요인들에 의해 더욱 복잡하게 되었으며, Bothe 등(2006a)도 이 문제에 대해 보다 상세하게 논의했다. 유일한 한 개가 예외인데, 최근에 Maguire 등(2004, p.66)은 올란자핀(olanzapine)에 관한 사실들의 연구에 근거하여 말더듬에 대해서 올란자핀이 "내성이 높은 유용한 약물"이라는 결론을 내렸다. 그러나 Maguire 등의 결과는 Bothe 등의 체계적 고찰에 대해서 정의한 매우 느슨한 성과 기준조차도 충족시키지 못했으며, 그들의 보고 또한 올란자핀이 Zyprexa라는 브랜드명으로 판매되고 있다는 점을 언급하지 않았다. 이러한 자세한 사항은 중요한 것인데, 그 이유는 Zyprexa의 제조사인 Eli Lilly가 Zyprexa는 "일부 극단적인 사례와 케토산증(ketoacidosis)이나 고삼투압성과 관련된 경우에, 혼수상태나 사망으로 이어질 수도 있다."(미국 식약청, 2004)는 점을 적어놓았기 때문이다. 그러한 합병증들은 언어 치료분야에서는 흔하지 않기 때문에 언어 임상가들이 고려해야 할 중요한 새로운 이슈들이 많다.

요약하면, 말더듬 치료 문헌에 관한 Bothe 등(2006a; 2006b)의 체계적 고찰에 대한 이러한 논의 결과가 나타내는 바와 같이, 체계적 고찰은 증거 기반이란 틀에서 치료 계획을 수립하는 데 필요한 정보의 요약을 임상가에게 제공할 수 있다. 많은 의문점들이 남아 있지만, Bothe 등이 결론을 내린 것처럼, 증거는 그들의 체계적 고찰 논문에서 찾아볼 수 있고, 말더듬에서 구어 관련 그리고/혹은 SEC 관련 목표를 달성하기 위해 보여준 증거 기반, 환자 중심, 성과 중심 등의 접근법들은 임상가와 환자들에게 도움이 될 수 있는 다른 문헌에서도 찾아볼 수 있다. 말더듬 치료에 대한 약물 접근법에 대한 Bothe 등(2006a)의 고찰과 같은 체계적 고찰도 임상가와 환자들이 구어 관련 또는 SEC 관련 변인들을 개선시키는 데 입증되지 못한 치료법들을 더 이상 고려하지 않도록 도울 수 있다는 점도 동일하게 중요하다.

연구들(studies)

Straus 등(2005)이 제시한 시스템(systems), 개요(synopses), 요약(summaries)이라는 단어의 어말 "S"는 말더듬 전문가들에게 증거의 출처로서 이용 가능한 개별 연구들을 일컫는다. 연구들은 시스템, 개요, 요약을 하는 근거로서 중요한 목적의 역할을 하지만, Straus 등은 개별 연구 보고서를 읽는 것은 현장전문가들에게는 마지막에 할 일이라고 주장한다. 그러한 조언을 하게 된 주요한 근거는 발표된 논문의 수가 많고, 임상가들이 그것을 읽을 수 있는 시간이 제한되어 있기 때문이다. 즉 모든 현장전문가들이 모든 논문을 찾아서 읽고 평가하며 그것을 적용하려면 오랜 시간이 필요하고, 이는 전문가나 한 분야를 조직하는 데에도 분명 가장 비효율적인 방법일 것이다(Bothe, 출판 중).

그럼에도 불구하고, 말더듬에서 또 대부분의 언어 치료분야의 환경(예: 급성치료병원, 초등학교)에 대해서는, 특정 기간 내에 발표되는 새로운 치료 연구 출판물의 수가 그다지 많지 않다. 이 중 최소 일부의 논문을 읽는 것을 목표로 하는 것도 아마 대부분의 증거 기반 현장전문가들에게는 가치 있을 것이다. 또한 말더듬에 대해서 불균형적으로 많은 양의 치료 연구 기반을 제공하는 핵심 연구들이 적다는 점에 주목하는 것도 중요하다. 따라서 임상가들이 모든 논문 혹은 모든 새로운 논문을 읽을 시간을 가질 필요가 없을 것이다. 왜냐하면 대학원 수업이나 현업 종사자 연수 교육에서, 말더듬 치료 연구 문헌에 특히 중요한 비교적 소수의 체계적으로 잘 설계된 연구들을 모두 제시하는 "많은 책들을 보는" 일반적인 모델이 구성되었다. 이에 따라 이 장의 저자들은 하나의 출발점으로서 장의 마지막 추천 문헌에 나열되어 있는 논문과 여러 장들 외에 10여 개의 최초 연구 보고들을 함께 참고할 것을 제안한다(Boberg & Kuly, 1994; Craig et al., 1996; Hancock et al., 1998; Ingham, 1982; Ingham et al., 2001; Lincoln & Onslow, 1997; Martin et al., 1972; Onslow, Andres, & Lincoln, 1994; Ryan & Ryan, 1983; 1995).

말더듬 치료에서 임상가 기반 정보

말더듬 치료 증거에 대한 연구 기반 출처를 찾아 일부 복잡한 용어들을 알아가는 것이 중요하다. 가장 기본적인 문제는 단순히 EBP의 현재 버전에서 대부분의 저자들이 "증거"와 "연구"를 동일시한다는 점이다(Straus et al., 2005). EBP를 개발했지만, 다른 어떤 중요한 정보도 충분히 설명하지 않는 것이 현재 의학 분야들에서 보편적인 실제이지만, 사실 환자의 선호도 및 임상가의 전문지식뿐만 아니라, 개별 환자를 치료하는 동안에 달성된 성과 등은 EBP 내에서 핵심이며, 연구 문헌을 통해 얻은 정보만큼 개별 사례에서 고려되어야 하고 중요할 수 있는 정보를 제공하는 것이라고 분명하게 인식되고 있다(Haynes et al., 1996 참조). 그러나 EBP의 자료들은 이러한 정보를 증거로 여기지 않는 경향이 있지만, 연구와 증거를 동일시하는 대신에, 임상가들이 가진 정보나 다른 용어들을 이용하여 환자로부터 수집한 정보를 참조하는 경향이 있다. 상세한 용어들은 현재 여러 가지 이유로 바람직하지 않은데, 이는 EBP가 임상가들의 지식과 환자들의 희망에 가치를 부여하지 않는 것과 같이, 부정확한 비판에 개의치 않는 것도 그 이유에 포함된다(Bothe, 2004a; Straus et al., 2005; Trinder, 2000 참조). 여기에서 중요한 점은 EBP가 연구 증거로 시작되며, 연구 증거를 필요로 하지만, 그럼에도 불구하고 임상가와 환자들은 일반적으로 치료 결정과 관련된 지식과 기술을 이미 가지고 있다는 점이다. 그러므로 이러한 논의의 목표를 위해서, 그러한 지식과 기술들을 앞에서 논의된 연구 기반 증거와 구분하기 위해, 정보의 임상가 기반 출처와 환자 기반 출처라고 말할 수도 있다.

그러므로 임상가 기반 정보는 개별 임상가들이 자신의 환경, 자원, 스케줄, 환자, 기술, 능력 등에 대해 가지고 있는 지식이나 기술에 있다고 할 수 있다(Haynes et al., 1996). 여기에서도 EBP는 몇 가지 비평이 제기된 모순에 대한 불평에도 불구하고 그러한 지식과 기술을 인정하고 가치를 부여한다(Trinder, 2000). EBP 내에서 임상가의 전문지식을 현명하게 이용하는 핵심은 간단히 사건의 순서에 있다. 첫째, 실험적으로 지지되는 가능한 치료법을 확인하기 위해 이용 가능한 연구를 고찰하고 평가하며, 둘째, 임상가들은 다른 정보에 비추어 그 가능성을 평가하고 환자와 같이 최종 결정을 한다. 임상 전문지식은 "그 효능이 개별 환자의 환경에 대해 최적화될 수 있도록 입증된 치료법에 대해 약간(전체적이 아닌)의 조정을 하는 임상적 예술"이어서, 그 이득을 개별 환자의 환경에 최대한 이용하거나(Ingham, 2003, p.201) "임상가가 계속 시도할 때 자신이 알고 있는 모든 것과 치료를 하는 중에 일어나는 모든 것은 환자의 이익과 균형을 유지해야 한다."(Bothe, 2003, p.250).

그러나 임상가의 지식에 관하여 인정해야 하는 점들 가운데 하나는 임상 경험과 임상 결정에는 한계가 있다는 점이다. Groopman(2007)은 최근에 모든 사람의 의사결정에 기본적으로 영향을 미치는 것으로 알려진 잘 확립된 발견적 지도법

(heuristics)[1]과 편향성(biases)을 양성하는 이슈(일반 대중을 대상으로 매우 쉽게 쓰여진 책에서)에 대해 의사들이 논의했다(Kahneman, Slovic, & Tversky, 1982; Tversky & Kahneman, 1974). 특히 말더듬 분야에서, Finn(2004)은 확증 편향성(confirmation bias)의 중요성 혹은 자신의 초기 신념과는 상반되는 증거가 수용되지 않거나, 고지되지 않거나, 심지어 알아채지 못한 경우에도 자신의 초기 신념을 확신하는 어떤 증거라도 자신의 미래의 사고에 포함시켜서 수용하려는 인간 사고의 경향성을 다루었다. 이러한 맥락에서 임상가로서 우리가 가지는 경향은 우리가 선택한 치료가 효능을 가진다는 초기 신념을 지지하는 증거를 보는 것이며, 이것이 그에 반하는 모든 증거를 무시하거나, 회피하거나 둘러대는 것으로 이어진다면, 심각한 인지적 편향성이 된다. 인간은 또한 "가용성 추란법(availability heuristic)[2]"을 바탕으로 하여 추론하는 경향 또는 자신에게 쉽게 기억되는 예들에 더욱 인지적 가중치를 부여하는 경향이 있다. 만일 임상적 성공이나 치료 옵션의 예들이 언론 매체로 보는 극적인 예들이기 때문에 쉽게 기억된다면, 잠재적 문제는 연구 논문에서 보는 비교적 사소한 예들이 간과될 수도 있다는 것이다.

인간의 이성 및 의사결정을 통제하는 경향이 있는 확증 편향성 및 기타 문제 발견 학습법들은 해결 불가능한 것은 아니지만, 이것들을 극복하기는 매우 어렵다(Kaheman & Tversky, 1996; Tversky & Kahneman, 1974). 그러므로 EBP는 임상가의 정보의 중요성을 인정하지만, 동시에 연구 기반 증거가 가진 일차적이고 핵심적인 중요성을 인식하여 의사결정을 하는 근거로서 단지 임상 경험만을 이용할 때 발생할 수 있는 부정적인 효과를 잠재적으로 완화시키려고 노력한다.

말더듬 치료에서 환자 기반 정보

마지막으로, "환자 기반" 정보 자료라는 견지에서 EBP가 가지는 여러 가지 장점 가운데 하나는, Guyatt, Sackett 등이 제시한 바와 같이, 환자의 선호도를 매우 중요하게 여긴다는 것이다. 그러나 환자 선호도라는 개념을 말더듬 치료에 적용할 때 겪는 많은 어려움 중 하나는 EBP 저자들(Straus et al., 2005; Torrance, 1987; von Neumann & Morgenstern, 1947)이 경제적 유용성(economic utilities)을 나타내기 위해 사용하는 용어인 진짜 "선호도" 데이터를 말더듬에서는 이용할 수 없다는 것이다. 여기에서 유용성이란 특정한 표준 절차를 이용하여 0.0에서 1.0까지의 척도에서(0.0은 죽음에 대한 가치 부여, 1.0은 완전한 건강에 대한 가치 부여로 정의됨) 직면하는 불확실성을 측정할 때 특정한 결과나 건강 상태에 대한 개인의 선호도에 대한 힘을 나타낸다. Bramlett, Bothe, Franic(2006)은 관심 있는 독자들에게 설명을 할 때, 최근에 이러한 측정치들을 언어 치료분야에 도입했지만, 그 단어가 의료적 성과 문헌의 일부에서 이용된다는 점에서, 진짜

---

1) 역주: 발견적 지도법(heuristics) = 휴리스틱스, 체험성, 발견성; 어떤 문제에 대해 의사결정을 할 때 타당하지 않은 것을 없애고 가장 효율적인 해답을 찾는 스스로의 경험적 지식.

2) 역주: 가용성 추란법(실험심리학 용어): 보기가 어느 정도 기억해내기 쉬운지를 확률로 추정하는 전략.

선호도 데이터가 말더듬 치료에 이용될 수 있기까지에는 어느 정도의 시간이 필요할 것으로 보인다.

물론 그 과정에서, 전반적으로 말더듬 치료에 개별 환자의 목표, 욕구, 선호를 좀 더 많이 통합시킬 수 있는 다양한 방법들이 있으며, 임상가들이 그렇게 하려면 EBP를 완벽하게 실행해야 한다. 의사결정은 앞에서 논의한 바와 같이 연구 증거로 시작되지만, EBP는 절대적 의미에서 "실험적으로 지지되는 치료법들"(Chambless & Hollon, 1998)을 확인하려고 노력하는 것과 다르다. 즉 EBP는 임상가-환자가 일대일로 짝으로 하는 것에 초점을 맞춘다. 이러한 원칙들을 적용하는 것은 보건분야에서 공유되는 의사결정에 관한 많은 논의(Gurmankin et al., 2002; Schulpher, Gafin, & Watt, 2002)에서, 대부분의 기초 임상 교재에서, 심지어 ASHA(2003)의 최근 윤리 강령에서도 Straus 등(2005)이 제시한 예들처럼 간단하다. 즉 임상가가 환자에게 선택 가능한 치료법들에 대한 이용 가능한 연구를 설명하고, 그러한 정보를 이용해 임상가의 전문지식의 한계 내에서 환자의 목표 달성에 가장 적합하다고 믿는 것을 함께 결정한다. 예를 들면, 한 가지 이상의 가능한 치료 접근법에 대한 연구 지지가 있는 경우 환자들은 각 치료법과 관련된 비용, 프로그램을 완료하는 데 소요되는 시간, 각 프로그램을 실시하는 동안에 요구되는 과제의 종류 등에 대해 관점이 다를 수도 있다. 어떤 경우에는 실천 과정을 제시하는 연구 증거가 있을 것이다. 그러한 연구가 이용할 수 없거나 연구에서 단일 실천 과정을 제시하지 않는다면, 증거를 기반으로 하는 임상가들은 환자들이 의사결정을 하는 것을 돕기 위해 다른 종류의 정보에 의존한다. 그러한 정보에는 리소스나 장비에 관한 임상가들의 지식(임상가 기반 정보)이 포함될 수 있으며, 혹은 이러한 맥락에서 여름방학 동안에 집중치료 형식을 선호하거나 여러 사람 앞에서 말하기(public speaking)라는 개인적 목표 달성에 도움이 될 치료의 선호와 같은 환자 기반 정보도 포함될 수 있을 것이다.

Bear(1988; 1990)는 치료란 궁극적으로 환자의 "불만의 원인(source of complaint)"을 해결하는 방향으로 가야 한다는 자신의 개념을 바탕으로, 환자 기반 정보를 치료에 포함시키는 것이 중요한 방법이라고 주장했다. 이러한 아이디어는 "말더듬 치료 성과를 평가하는 가장 중요한 요소는 환자 자신의 자기 평가 또는 자기 측정일 수도 있다."(p.423)고 주장함으로써, 말더듬 치료에서 Ingham과 Cordes(1997)와 마찬가지로 자기 측정의 역할을 고려해야 한다는 것에 동의했다. 말더듬 치료와 평가에서 개인별 치료 목표의 달성 여부를 평가할 때 치료 성과에 대한 환자의 자기 판단을 이용하는 쪽으로 가는 이러한 이동은 현재 성인 대상 프로그램에 통합된 중요한 일부분이 되었다(Ingham et al., 2001). 이러한 이동은 또한 더욱 일반적으로 건강 성과 문헌들에서의 많은 권고사항과 일치하며, 사실 말더듬 치료와 기타 건강 성과 측정 및 모델 간에 중요한 연결고리의 역할을 할 수도 있다(Franic & Bothe, 2007). 그 문헌이 환자 자신의 건강관련 삶의 질(HRQL)에 대한 환자의 자기 평가의 필요성을 그러한 개념을 통해 분명히 밝혔듯이, 환자 기반 정보는 EBP에서 기본적인 필수 구성요소이다. 즉 그 프로세스와 EBP의 목표는 증거 기반일 뿐만 아니라 환자 중심이면서 성과에 초점을 두고 있다.

모든 이용 가능한 증거와 정보의 조합: 말더듬에서 증거 기반, 환자 중심, 결과에 초점을 둔 임상 실제

말더듬에서, 보다 일반적으로는 언어 치료분야에서, 현재 논의되고 있는 EBP의 많은 흥미로운 특징들 중 하나는 EBP가 의학(EBM)분야에서 온 원리들을 바탕으로 한다는 점이다(Straus et al., 2005). 결과적으로 우리 분야에서 발달하고 있는 EBP의 버전(Dollaghan, 2004)은 집단 실험, 특히 무작위 대조군 실험(randomized controlled trial; RCT)을 강조하는데, 이는 의학, 약학, 기타 분야의 사고와 연구 특징을 이루고 있다. 의학 이외의 출처 혹은 전통에서 온 치료 연구 접근법들과 원리들이 심리학, 교육 및 기타 분야들에서 온 원리를 포함하여 언어 치료학분야의 실제에 더욱 적용될 수 있을 것이다. 그러므로 언어 치료학분야에서 EBP에 관해 현재의 메타 방식 논의의 결과가 가지는 한 가지 장점은 여러 복합적인 전통에서 온 임상 연구 아이디어들을 보다 폭넓게 채택하는 것이다.

단일 참가자 시계열 실험 설계의 원리들이 실험심리학과 응용심리학 및 교육 분야에서 개발된 것이 가장 좋은 예가 될 것이다(Barlow & Hersen, 1984; Kadin, 1982). 이러한 설계들은 단일 참가자 설계, 참가자내 설계, 시계열 설계 등을 포함해 여러 명칭으로 알려져 있다. 어떤 명칭으로 불리건, 단일 참가자 시계열 실험 설계의 주된 원리에는 한 명의 참가자에 대한 반복 관찰, 또는 일부 변형된 형태에서는 소수의 참가자를 대상으로 하고, 기준선(미치료)과 실험 조건(치료) 모두를 포함한다. 신중하게 통제되는 독립 변인들(치료 유무와 같은)은 포함되지 않을 수도 있기 때문에, 한 개의 실험 조건의 영향에 대한 결론은 분명하게 정의된 행동들(종속 변인들)의 수준과 추세로부터의 변화를 평가함으로써 도출되는데, 사려 깊게 통제된 독립 변인들(예: 치료의 유무와 같은)을 도입하거나 제지한다. 이러한 설계들은 1960년대부터 말더듬 치료 연구의 일부였으며, 우리 전문 분야와 다른 여러 분야에서 수십 년간의 연구와 실제의 중요한 부분을 차지한다(McReynolds & Kearns, 1983; Ventry & Schiavetti, 1980). 이 설계들은 지금은 거의 잊혀졌지만, 과거에는 우리 분야에서 "책임이란 운동(accountability movement)"에서 중요한 부분이었는데(Caccamo, 1973; Mowrer, 1972; Siegel, 1976), 이 운동은 윤리적 바탕 위에서, 임상가들은 자신이 사용하는 방법들에 대해 책임을 질 수 있어야 하므로 오늘날 용어로 말하면 증거 기반에서 타당성이 있는 그러한 방법들을 사용해야 한다는 두 가지 입장을 취한다(Ingham, 2003 참조).

그러나 여러 가지 이유로, 단일 참가자 시계열 실험 설계에서 나온 원리들은 언어 치료학 분야의 치료나 연구 활동에 완전히 통합되지는 않았지만, EBP의 목표들 및 원칙들에 대한 더욱 폭넓은 해석은 이러한 아이디어를 포함하는 것이 환자들의 성공 달성을 위한 최상의 수단일 수도 있다는 것을 보여주는 것 같다. Sackett, Guyatt 등(Straus et al., 2005)이 기술했듯이, EBP의 처음 네 가지 단계는 앞에서 언급한 세 가지 정보, 즉 ① 연구 결과를 통해 효과적으로 확인된 치료 절차들, ② 임상가의 전문지식, ③ 환자의 선호 등을 바탕으로 한 증거 기반 및 환자 중심의 의사결정 프로세스를 필요로 한다. 일단 한 가지 가능한 합리적인 치료법이 선택되면, 다음 단계는 치료법을 시행하는 것이다. 그러나 Straus 등이 프레젠테이션한 것을 포함해서, EBP의 많은 프레젠테이션의 마지막 단계에서는 그 치료법에 대한 평가를 하는 것이 아니라, 그 치료법을 실시한 전문가와 그 프로세스 이전의 여러 단계들을 평가하는 데 초점을 맞춘다.

이러한 전통들의 가장 좋은 점들을 모두 결합할 때, 우리는 EBP 아이디어를 이용하는 한 가지 치료법을 선택할 수 있다. 그런 다음에 이러한 과학자이자 전문가 또는 단일 참가자 시계열 실험을 통해 그 치료법이 개별 환자에게 효과가 있는지를 결정하는 데 이용된다. 가장 중요한 것은 데이터로 치료 효과를 모니터링하여 그 치료법이 효과가 없다고 나타나면 변화를 모색하기 위해 데이터에 근거한 내용을 만들게 된다. 특히 현재의 말더듬 치료에서, 증거 체계(시스템, 개요, 심지어 복합 메타분석과 체계적 고찰 등)의 가장 높은 수준들을 아직 폭넓게 이용할 수 없기 때문에, 각 환자에 대해 선택된 치료법의 효과를 신중하게 평가하는 것이 임상가들의 책임이 되었다. 말소리 장애(speech sound disorders)에서 EBP에 관해 최근에 논의되어 왔던(Kamhi, 2006; Tyler, 2006) 이 점은 Costello(1975)가 말더듬에 대해서도 예시했으며, 많은 선행 논문들에서 여러 저자들이 다음과 같이 기술하기도 했다(Costello & Ingham, 1984; Ingham & Cordes, 1999, p.213).

1. 말더듬은 시간에 따라 매우 다양한 수준으로 나타날 수도 있기 때문에, 치료 전, 치료 중, 치료 종료 후에 임상적으로 유의미한 기간 동안 구어 성취도에 대한 반복 평가가 필요하다.
2. 치료실 조건에서 구어 성과에 대한 측정은 치료실 밖의 조건에서의 측정과 관련이 없을 수도 있고 유사하지 않을 수 있기 때문에, 치료실 내 조건과 치료실 외 조건에서 구어 성과에 대해 반복 평가가 필요하다.
3. 측정 오류, 구어 속도에서 변화, 또는 이례적인 음질 등에서 일어난 변화들에 대한 클레임(claims)을 방지하기 위해서 자발적인 발화 중의 말더듬, 구어 속도, 구어의 질 등에 대한 신뢰성 있고 독립적인 측정법이 개발되어야 한다(또한 Bloodstein, 1995; Curlee, 1993 참조).

이러한 점들은 구어 측정 및 말더듬 빈도에 초점을 맞추어 제시되었지만, 말더듬 치료 문헌에 대한 Borthe 등(2006b)의 체계적 고찰을 통해 논의되었듯이, 구어 관련 또는 사회적, 정서적, 또는 인지적 치료 목표에 대해서도 동일한 원칙들이 적용된다. 선택된 종속 변인과는 상관없이, 말더듬에서의 치료 성과 측정법은 시간과 조건에 따른 차이 및 기타 변화들이 합쳐져서 나타날 잠재적 효과들도 고려해야 한다.

일반적으로, 모든 종속 변인들에 대해서, 중요한 점은 단일 참가자 시계열 실험, 즉 반복 측정이라는 가장 기본적 원칙들 중 하나는 치료의 시작, 지속, 변화의 필요성 등을 시사하는 성과 추세가 존재하는지 여부를 임상가가 결정하는 데에 도움이 될 수 있다는 점이다. 이와 관련된 한 가지 예로서 나이 어린 아동들이 치료받지 않고 회복된 집단 추세에 관한 연구의 결과(Yairi & Ambrose, 1999)는 특정 아동에 대해 치료 도입 여부 및 시점에 관해 임상가에게 어떠한 정보도 주지 않는다. 그러나 Ingham과 Riley(1998)가 증명했듯이, 특정 아동에 관한 반복 측정 데이터는 치료가 필요한지 또는 아동이 회복되고 있는지의 여부를 대개 수주 이내에 보여줄 수 있다. 주의해야 할 유일한 점은 치료 전과 치료 중에 수집된 데이터가 연구 기반 치료 접근법을 초기에 신중하게 선택하는 것보다 능가할 수 없다는 점이다.

결론 및 권고사항

말더듬에 대한 EBP에 관한 현재의 논의들에서 대두된 가장 논쟁적인 메타 방식 주제들 중 하나는 연구 결과, 임상가의 전문지식, 환자의 선호, 개별 환자에 대한 치료를 통해 수집된 결과 등을 치료의 바탕으로 삼을 "증거"로 제시할 때의 상대적 가치이다(Power, 2002; Yaruss & Quesal, 2002). 이러한 의문점들은 합리적이며, 이 장에서는 신중한 해답을 구할 가치가 있는 많은 질문들 중 일부를 다루고자 했다. 그러한 논의 모두에서 인식해야 할 가장 중요한 점은 EBP에서 정의상 네 가지 유형의 정보가 모두 포함되어야 하며, EBP에 대한 비판론자들은 흔히 부정확한 위증자들을 이용해 주장한다는 점이다(Bothe, 2003; 2004a; Trinder, 2000). 그럼에도 불구하고, 다른 종류의 정보의 중요성을 인정하고자 하는 선의의 노력에서조차도 EBP에 대한 연구의 중요성을 축소시키는 것은 잘못된 것이다. 연구 증거의 적용은 임상가와 환자에 의해 변형되지만, EBP는 치료의 효과와 효능에 관한 엄격한 연구 증거로 시작되어야 하며 이후에도 이를 유지해야 한다.

이 장에서 제공한 증거와 정보에 대한 고찰은 EBP에서 나온 원칙과 단일 참가자 시계열 실험 설계의 원칙들을 조합하는 것이 합리적인 출발점(연구에 의해 지지되는 치료, 특정 임상가-환자에 대해 개별화한 치료)으로 이어질 수 있으며, 또한 선택한 치료법이 효과가 있는지의 여부를 결정하는 합리적 방법(적절한 환경에서 적절한 종속 변인들에 대한 반복 측정)으로 이어질 수도 있다는 점이다. 치료법을 선택하는 데 이용되는 방법과 그 효과를 증명하는 데 이용되는 방법 모두는 성공적인 증거 기반, 환자 중심, 성과 중심의 말더듬 치료의 궁극적인 목표에 있어서 절대적이다.

이 장의 요약

- 임상 실제를 연구에 근거해 다루고자 하는 노력들은 언어 치료분야에서 새로운 것이 아니지만, 임상 실제를 지원하는 메타 실제 이슈들이 새롭게 강조되고 있다.
- 증거 기반 의학의 버전 중 하나는 "4S"(시스템, 개요, 요약, 연구)에 근거하는 것이다.
- 말더듬에서 이용 가능한 시스템, 치료 지침, 개요 등은 어떤 치료 방법을 선택하고자 하는 임상가나 환자에게 구체적으로 유용한 정보를 제공하지 않는다.
- 말더듬에서 이용 가능한 연구 문헌에 대한 많은 요약이 있으며, 사용되는 방법이 다르기 때문에 권고사항들도 다른 결과를 가져온다.
- 말더듬에 관한 최근의 체계적 고찰(Bothe et al., 2006b)은 구어와 연관된 것은 물론이고 사

회적, 정서적, 인지적 변인들에 대해 아동과 성인에서의 성공적인 치료를 위한 연구 기반 옵션들을 확인했다.

- 임상가 기반 정보와 환자 기반 정보는 치료를 수정하고 개별화하는 방법으로서 또는 연구 기반 증거에 대한 고려를 통해 최초로 확인된 관리 방법으로서 중요한 역할을 한다.
- 의학에서 일반적인 집단 설계 연구 방법은 증거 기반 의학의 발전을 위한 기초 역할을 하지만, 단일 참가자 시계열 실험 설계로부터 채택된 원리들은 언어 치료분야에서 여러 치료법을 개발, 검증, 적용하는 데 있어서, 특히 개별 환자에게 사용하기 위해 선택한 증거 기반 치료의 효과를 평가하는 데 동일하게 적절할 수도 있다.

이 장을 정리하는 질문

1. 우리는 언어 치료학 및 말더듬에서 새로운 연구에 바탕해서 실천(임상)을 해야 한다는 관점을 지지하는가?
2. 이 장은 언어 치료학에 대해서 현재의 "메타 실제"라는 주제로서 증거를 강조하였다. 언어 치료에서 현재 중요한 다른 메타 실제 주제는 무엇인가?
3. "4S"란 무엇인가? 그 네 가지 중 어느 것을 당신이 가장 추구할 수 있을 것 같은가? 그리고 그 이유는 무엇인가?
4. 증거 기반 의학에서 정의한 것처럼, 말더듬에 이용 가능한 실천 지침이 있는가?
5. 왜 다양한 연구 방법들이 체계적 고찰에서 이끌어낸 결론들과 관련된 문헌들의 고찰을 보완하기 위해 사용되었는가?
6. Bothe 등(2006b)의 최근의 체계적 고찰에서, 어떤 유형의 치료법이 학령 전 아동에 대해 가장 효과적이라고 보고되었는가?
7. 학령기 아동, 청소년, 성인의 말더듬 치료에 적절한 것으로 보이는 "기반체계" 변인의 예를 제시하고, 그 변인이 어떻게 치료 결과에 영향을 미칠 수 있는지를 설명하시오.
8. 말더듬 치료 문헌에 대한 Bothe 등(2006b)의 체계적 고찰은 구어 관련 변인을 다루는가, 아니면 사회적, 정서적, 인지적 이슈와 같은 비구어 변인 또는 둘 모두를 다루는가? 이것이 그들의 논문과 관련 있는 특징인 이유는 무엇인가?
9. 이 문헌에 대한 최근의 요약들이 말더듬에 대한 약물 치료법의 사용을 지지하는가?
10. 이 장의 저자들은 현장전문가들이 연구 원문을 읽어야 한다고 믿고 있는가?
11. 개별 임상가의 지식, 기술, 전문지식 등이 EBP와 관련되는가?
12. 정확한 경제적 "선호" 데이터가 없는 상황에서, 환자의 욕망과 가치관을 EBP에 어떻게 통합할 수 있는가?
13. 단일 참가자 시계열 실험 설계의 원리들은 어떻게 EBP에 통합할 수 있는가?

핵심 용어

"4S" 계층(4S hierarchy): Straus 등(2005)에 의한 증거 기반 실제의 정보 출처; 중요성의 순서에 따라, 4S는 시스템(systems), 개요(synopses), 요약(summaries), 연구(studies)이다.

단일 참가자 시계열 실험 설계(single-subject time-series experimental design): 언어 치료학을 포함해 심리학, 교육학, 기타 학문분야에서 임상 연구에 사용되는 표준화된 접근방식으로, 실험 조건이나 임상 조건과 개별 환자나 참가자의 행동 사이의 기능적 관계를 확인하기 위해서 엄격한 과학적 방법을 이용한다.

임상가 기반 정보와 환자 기반 정보(clinician-based and client-based information): 증거와 더불어 임상 결정에 기여하는 요인들이다.

증거(evidence): 증거 기반 의학과 증거 기반 실제에서 이 용어들을 정의한 바와 같이, 증거란 타당하고 중요한 연구 결과와 동일시된다.

체계적 고찰(systematic review): 문헌의 선택, 평가, 요약 등에서 있을 수 있는 편향성의 영향을 통제하기 위해 선정된 여러 방법에 따라, 연구 자체의 일부로 수행되는 문헌에 대한 포괄적 고찰을 말한다.

추천 문헌

Bothe, A. K., Davidow, J. H., Bramlett, R. E., Franic, D. M., & Ingham, R. J. (2006). Stuttering treatment literature 1970–2005: II. Systematic review of pharmacological approaches. *American Journal of Speech-Language Pathology, 15,* 342–352. [a current review of stuttering treatment research]

Bothe, A. K., Davidow, J. H., Bramlett, R. E., & Ingham, R. J. (2006). Stuttering treatment literature 1970–2005: I. Systematic review of behavioral, cognitive, and related approaches. *American Journal of Speech-Language Pathology, 15,* 321–341. [a current review of stuttering treatment research]

Costello, J. M. (1983). Current behavioral treatments for children. In D. Prins & R. J. Ingham (Eds.), *Treatment of Stuttering in Early Childhood: Methods and Issues* (pp.69–112). San Diego, CA: College-Hill. [a still-timely introduction to the principles and methods of operant treatments for young children, ideal for readers unfamiliar with this area]

Ingham, R. J. (1984). *Stuttering and Behavior Therapy: Current Status and Experimental Foundations.* San Diego, CA: College-Hill. [see especially Chapter 9, Operant Methodology and Stuttering, pp.195–272, and Chapter 10, Prolonged Speech, Its Variants, and Stuttering, pp.273–390]

제 19 장

신경영상 및 말더듬

Katrin Neumann and Harald A. Euler
(안종복 역)

도입

확실한 완치가 없다는 점(malaise)이 많은 치료 방법들을 불러일으켰다. 일반적으로 잘 아는 감기와 마찬가지로 말더듬도 뾰족한 방법이 없다는 것이 사실이다. 19세기경에, 말더듬에 대한 모든 종류의 순진한 치료 방법들이 나타났다(Appelt, 1945). 이러한 치료 방법에는 일반적으로 "약한 혀(weak tongue)"를 위한 치료나 혀의 중량감을 주는 기기 또는 조음기관의 결함을 위한 크러치(crutches)와 같은 구강 보형물(prostheses) 기구들이 포함된다. 구어 운동(speech exercises)들이 치료 방법 리스트에 있을 뿐만 아니라, 적당량의 와인을 섭취하거나 심지어 혀 수술도 시도되었다. 구어를 유창하게 하기 위한 술책(maneuvers)과 속임수(tricks)는 오늘날까지 남아있지만, 20세기에 이르러 개체 기인론적 발생(ontogenetic onset)[원(遠)인; distal cause]과 말더듬에 대한 직접적인 원인(근접 원인)을 설명하기 위해 인간 행동에 대한 새로운 일반적 이론들이 생겨났다. 정신분석(psychoanalysis) 및 행동주의(behaviorism)는 말더듬과 함께 아동기의 트라우마, 억압된 욕구, 불충분한 구어 학습 등을 원인들로서 여기는 정신발생학적(psychogenetic) 이론들에 대한 모델로 여겨져왔다. 이러한 종류의 이론들은 말더듬의 개체 발생론적 기원을 설명하기에 충분한 실험적 증거를 수집할 수 없기 때문에, 이 장에서는 관심을 두지 않는다. 19세기 정신의학은 이미 각 행동이 신경학적 기질(substrate)을 가지고 있음을 의미하는 "신경증(psychosis) 없는 신경증(neurosis)은 없다."라고 가르쳤지만, 트라우마와 학습에 대한 신경학적 기초(neurologic bases)는 밝혀지지 않은 채로 남아 있다. 이런 맥락에서 가장 관령성이 높은 모델들은 대뇌 해부학(anatomy) 및 생리학(physiology)에서 유래된 것이며, 이 모델들은 말더듬을 비기능적인 구어 운동 조절이라고 본다. 현대의 뇌 영상 기법들의 출현으로 말더듬에 대해 확실한 유전성(solid heritability)을 나타내는 행동 유전학(behavioral genetics)이 보충적인 요지(auxiliary thrust)를 제공함으로써 이러한 이론들의 주장을 추가했다.

이 장에서, 저자들은 여러 뇌 영상 방법과 유사한 말더듬의 신경학적 이론들에 대한 역사를 간략하게 소개할 것이다. 처음에는 행동 이론과 거리가 먼 것이었을지라도, 새로운 기술들의 발명은 행동 이론들에 자극을 주는 경향이 있다. 증기 기관은 정신분석학["리비도의 압력(libidinal pressure)"]의 모델이었으며, 전화기는 행동주의["결합설(connectionism)"]의 모델이었고, 컴퓨터는 현대의 인지 이론["정신은 인간의 두뇌(wetware)"]의 모델이다. 따라서 뇌 영상법을 위해 개발된 새로운 기술은 말더듬의 행동과 관련된 새로운 이론들을 불러일으킬 수도 있다.

저자들은 뇌 영상에 대해서 짧은 종합 토의(general discussion)를 한 이후에, 신경영상(neuroimaging) 연구 및 이 연구들이 말더듬 이론들에 미친 영향을 설명할 것이다. 뇌는 복잡한 조직이고, 더 이상 신비한 것이 아니지만, 여전히 알지 못하는 것이 많다. 기껏해야, 뇌와 정신(mind) 사이의 관계가 부분적으로만 밝혀졌다. 따라서, 독자들은 최종적인 해답이나 모든 것들이 밝혀지기를 기대하지 말아야 한다. 이 장의 마지막 부분인 말더듬 치료법의 영향에 대한 토의는 가장 추론적인 것이지만, 이 주제는 단지 치료(treatment)나 해결책(remedy)이 아닌 완치(cure)를 오랫동안 갈망해온 보다 더 나은 말더듬의 치료법들을 바라는 사람들에게 가장 흥미로운 주제 중 하나이다.

말더듬 연구에 이용된 뇌 영상의 다양한 기법에 대한 개관은 부록 19.1에 있다.

말더듬의 신경학적 연구와 이론에 대한 역사

말더듬에 대한 여러 가지 신경학적 이론들이 19세기 초에 나타났는데, 이 시기는 우리가 고등학교 물리학시간에 배운 이탈리아의 생리학자인 Galvani, Volta가 개구리의 신경에 전기 자극을 주는 실험을 한 시기 이후였다. 이 시대정신에서, Hippocrates가 예전에 언급한 말더듬은 마음속에 있는 너무 많은 생각을 즉각적으로 표현하려고 하기 때문에 나타나는 것이라는 설명이 다음과 같은 신경학적 용어, 즉 말더듬은 대뇌 흥분의 "과도한 조급증"이란 용어로 표현되었다(Freund, 1966).

뇌 구조를 보는 뇌 영상의 기원은 사후 부검(postmortem autopsy)으로 시작되었다. 19세기에 프랑스의 의사이자 인류학자인 Paul Broca와 독일의 신경학자인 Carl Wernicke의 유명한 연구 결과 이후에, 적어도 오른손잡이 사람에게서 좌측 뇌가 표현 및 수용 언어를 통제한다는 것이 알려졌다. 대뇌의 편측성, 손잡이, 구어 등은 그 당시 유행하는 여러 이론들과 관련지어졌다. 어느 쪽의 뇌가 이끌어가고, 어느 쪽의 뇌가 따라가는지가 분명해야 한다. 양 반구 간에 지나친 간섭이 있으면 구어와 "바른손잡이"(즉, 오른손잡이)에 문제를 초래한다. Stier(1911)는 왼손잡이와 양손잡이가 말더듬인 중에 두드러지게 자주 나타나는 것을 관찰했고, 말더듬은 한쪽의 대뇌 우세가 결핍된 것이 원인이라고 했다. 이러한 관찰과 그 관찰과 관련시킨 결과가 말더듬에 관한 가장 영향력 있는 이론들 중 한 이론을 이끌었는데, 그 이론은 Orton-Travis의 불충분한 대뇌 우세 때문에 근육 협응 장애가 발생한다는 이론이다(Orton, 1927; Orton & Travis, 1929; Travis, 1931). 이 이론은 복잡하지 않고 단순한 것이기 때문에 잘 알려지게 되었고, 많은 가설들과 설명들이 이 이론으로부터 파생될 수 있었다.

그들의 이론에서, 신경학자인 Samuel Orton과 심리학자인 Lee Travis는 말더듬에서 대뇌 반구 우세(cerebral dominance)의 결핍 문제가 주로 중추 처리(central processing)의 문제가 아니라 말초 제어(peripheral control)의 문제라고 추론했다. 구어 기관(speech apparatus)의 우측 및 좌측은 각각의 대뇌 측면으로부터 신경 자극을 받으며, 우세한 측면이 이끄는 티이밍 리듬을 주어서 하위 측면(subordinate side)이 동시에 동기화된(synchronized) 자극을 받도록 한다. 말초의 동기화가 실패하면 결과적으로 말더듬을 초래한다. 아동들이 원래 양손잡이(ambidexterity)이거나 가위와 같은 도구를 통한 명시적인 훈련 또는 암시적인 부추김으로 인해 강제로 오른손잡이로 바뀐 경우 특히 말을 더듬을 위험이 높다. 아동들에게 더 이상 오른손잡이가 옳고 왼손잡이는 잘못된 것이라고 가르치지 않는 것이 이 유명한 이론에서 벗어날 수 있는 길이라고 생각된다.

하지만 Orton-Travis 이론의 실험적 증거는 다음과 같은 기대를 충족시키지 못했다. ① 왼손잡이와 양손잡이인 사람들 중에서 말더듬인이 더 많다는 일부 연구와는 반대로, 또 다른 연구는 말더듬 집단과 비말더듬 집단 사이에 우세 손에서 차이를 찾지 못했다. ② 우세 손은 더 이상 뇌반구 간 구어 프로세싱에 대한 믿을 만한 지표로 고려되지 않는다. ③ 의도적으로 손잡이를 바꾸는 몇몇 아동들은 말더듬이 시작되지 않는다. ④ 말더듬인이 비말더듬인보다 손잡이 변경에 대한 강제적인 경험을 더 많이 가지지 않는다. ⑤ 말더듬인에게서 엄격한 일측성(unilaterality)을 강화하는 것이 말더듬을 감소시키지 않는다 (Bloodstein, 1995; Fiedler & Standop, 1994). 반구 우성에 대한 Orton-Travis 이론은 평판이 나빠졌고, 현재는 구식의 이론으로 생각되고 있다. 하지만 양측 조음 근육계에 신경 충동이 비동시적으로 자극하기 때문에, 말더듬이 발생한다는 이론의 문제점은 대뇌 편측성과 관련된 주요 문제가 아니다. 대신에, 우세 손과 말초 운동 조절을 이론과 연결시키는 것이 문제이다. 대뇌 편측성의 역할은 중요한 것으로 남아 있는데, 예를 들면, 이분 청취 과제(Curry & Gregory, 1969), 와다 검사(Jones, 1966; 1967), 분할뇌 연구(split-brain research), 대뇌 영상 기법 등과 같은 새로운 방법들과 연구 결과로 새롭게 조명을 받게 되었다. 대뇌 편측성과 우세라는 개념은 새로운 이론들, 특히 Bloodstein(1995)이 붕괴 가설이라는 이름하에 수집한 다양한 이론의 형태에서 찾아볼 수 있다.

대뇌 측성(cerebral laterality)과 다른 뇌 기능에 대한 관심은 1920년대에 사람들을 적용된 뇌파(electroencephalography: EEG)를 이용하여 전기적인 뇌 활동을 연구하도록 이끌었다. Travis가 이 새로운 기법으로 말더듬에 대한 대뇌 우세 이론을 검증했고(Travis & Knott, 1936; 1937), 그 후에 몇 십 여 년 동안에 많은 연구들이 이루어진 것은 놀라운 일이 아니다. 그러나 이 연구들의 결과는 많지 않다(Bloodstein, 1995). EEG는 움직임으로 인해 나타날 수 있는 인공물(movement artifact)이 쉽게 나타나고, 복잡하고, 거칠며, 위치상으로 불특정한 뇌 활동에 대한 지표이다. 더불어, EEG 기록들은 일반적으로 자동적인 알고리즘보다는 시각적인 점검으로 판독한다. 가끔 말더듬인들에게 비정상적인 EEG들이 탐지되지만, 말을 하지 않을 때인지 말더듬인들에게서 반복적으로 동일한 결과가 나타날지에 대한 가능성은 실망스럽다. 그럼에도 불구하고, 처음으로 보고된 EEG 연구의 결과는 두 종류가 있다. 첫째, 비말더듬인들은 구어 또는 언어 과업들을 실시할 때 좌(우세)반구가 활성화되는 경향이 있는 반면에, 말더듬인들은 말을 할 때 우반구가 더 자주 활성화되었다(Moore, 1986; Moore & Haynes, 1980). 이러한 말더듬인들이 언어적 과업들을 하는 동안에 우반구 활성이 증가되는 것은 이분 청취 과업들(Cimorell-Strong, Gilbert, & Frick, 1983; Curry & Gregory, 1969)과 초기에 실시된 국지적인 대뇌 혈류 연구들(Pool et al., 1991)에서 실증되었다. 둘째, 말더듬을 감소시키는 치료를 한 후에, 뇌 활동(알파파)은 구어 과업을 하는 동안에 좌측 반구에서 더 많이 변화되었다(Boberg et al., 1983; Moore, 1984).

EEG(electroencephalography)[1]는 동시에 셀 수 없이 많이 진행되는 특이한 뇌 프로세스들이 일종의 연합된 결과(pooled output)로 나타난 것으로 생각될 수 있는 반면, 사건 관련 전위(event related potentials; ERPs)[2]는 특정한 내·외부의 자극들에 대한 일시적인 EEG 반응이다. ERPs는 말더듬인의 비전형적인 언어 프로세싱을 실증하는 데 이용되어 왔다(Cuadrado & Weber-Fox, 2003; Weber-Fox & Hampton, 2008).

말더듬과 관련된 뇌 활동이라는 맥락에서 두 가지의 추가적인 기법들을 언급할 수 있는데, 이 기법들은 전기 자극이나 약물을 통해 뇌에 직접 중재하는 것이다. 피질에 직접 전기 자극을 가하면, 아마도 씰룩거림(twitch)이나 전기 자극이 가해진 피질 부위에만 따끔거리는 감각을 느끼는 것(isolated sensation) 이외에는 거의 영향을 주지 않았다. 하지만, 뇌의 심부 영역에 전기 자극을 가하면 구두 비유창성에서의 변화를 포함하여 좀 더 두드러지고 복잡한 반응을 유도할 수도 있다. 보조 운동 영역(supplementary motor area; SMA)과 복외측 시상 영역(ventral lateral thalamic regions)에 전기 자극을 가하면 비말더듬인에게서 말더듬과 유사한 행동이 산출되는 반면에(Ojemann & Ward, 1971; Penfield & Welch, 1951), 시상에 전기 자극을 가하면 말더듬이 감소하는 것으로 나타났다(Bhatnagar & Andy, 1989). 이러한 결과는 잘 알려진 경로인 피질-선조체-담창구-시상-피질 연결로(cortico-striato-pallido-thalamo-cortical loop)가 언어 산출에 관여하고, 비유창한 구어는 이 연결로의 기능이 이런 종류의 비정상성을 반영한다는 점을 시사한다.

---

1) 역주: 사람 또는 동물의 대뇌에 일어나는 전위변동, 또는 그것에 의하여 일어나는 뇌전류(brain current)를 두피(頭皮) 상에서 유도하여 기록한 전기 기록도. R. Caton(1875)이 토끼, 원숭이 등의 대뇌피질 전위변동을 관찰하면서 시작되어 H. Berger(1929)가 생물체의 두피상 유도에 성공하면서 활발한 연구가 진행되었다. 이것에 대한 뇌파를 베르거리듬이라고 부르게 되었다. 두피 상에서 유도되는 것은 수십㎶ 정도이며 이것을 증폭시켜 기록한다. 그 파형은 잡음과 같이 불규칙한 것이며 10Hz 전후의 약간 규칙적인 성분, 즉 α파(진폭이 크고 느린 파장)에 13~25Hz의 불규칙한 진폭이 작은 성분인 β파가 섞여 있다. 감각자극 또는 정신활동, 예를 들면 암산할 때에는 α파가 소실된다. 수면·마취시 등에는 파의 변동이 크고 완만하여 δ파라고 한다. 또한 수면 시나 간질(癲癎) 등에는 각각 특이한 파형이 나타난다. 어떠한 메커니즘으로 이러한 파가 여러 형을 나타내는지에 관해서는 여러 주장이 있으나 일치하지 않는다.

2) 역주: 특정 자극에 대하여 발생하는 대뇌의 전기적 반응을 두피 부위에서 기록한 뇌파 기록. 동일한 자극을 반복 제시하고 각 자극에 의해 유발된 전위들을 평균하여 측정치를 얻기 때문에 평균 유발 전위(average evoked potentials)라고도 불린다. 뇌 활동의 변화를 1/1,000초 단위로 보여줄 만큼 시간적 해상도가 아주 높다.

말더듬을 완치시킬 수 있는 어떤 약이 있다면 잘 팔릴 것이다. 따라서 모든 종류의 약물들(pharmacologic agents)이 시도되어온 것은 놀라운 일이 아니다. 진정제(tranquillizers)가 처음으로 시도된 약물이었지만 그 효과가 확실하지 않았고, 특히 장기적인 사용에 대한 부작용이 심각했다. 불안 감소 약물(anxiety-reducing drugs), 베타 차단제(beta-blockers), 칼슘 통로 차단제(calcium channel blockers), 정신병 증상을 치료하는 데 가장 많이 사용되는 신경 이완제(neuroleptics) 등이 말더듬 치료에 시도된 약물들이다(Bloodstein, 1995). 신경 이완제는 적어도 일부 말더듬인들에게 약간의 효과가 있는 것으로 나타났지만, 그 효과가 부정적인 부작용보다 더 크지는 않다. 미국 식품 의약품 안정청(The U.S Food and Drug Administration)은 말더듬 치료에 어떠한 약물도 승인하지 않았다.

하지만 신경 이완제가 항도파민 효과가 있고, 그래서 운동 조절에서 도파민 시스템의 역할과 말더듬 및 뚜렛 증후군[불수의적 운동(틱)과 음성 산출이 특징으로 나타나는 장애] 모두의 공통적인 원인에 초점을 두고(Comings et al., 1996) 실시한, 신경 이완제의 효과에 대한 연구가 가지는 이점들이 있다. 도파민 수용체(receptors)를 차단하는 약물이 비유창성을 감소시키는 효과가 있다는 점을 통해 말더듬과 피질 하부의 기저핵 사이가 연결되어 있다는 사실이 확인되었다. 기저핵은 이미 약 100년 전에 독일의 학자들이 말더듬과 관련시켜 왔다(Freund, 1966). 그러한 아이디어는 Alm(2004)이 다시 논의하고 검토했는데, Alm은 말더듬에서 핵심적인 기능 결함을 구어에서 그 다음 운동 분절에 필요한 타이밍 단서를 적절하게 산출하는 역할을 하는 기저핵 능력이 손상된 것으로 보았다. 여러 핵(nuclei)이 서로 연결되어 이루어진 하나의 세트인 기저핵에서, 입력(input)은 중간 기착지(way station)로서 선조체를 통과하여 대부분의 대뇌 피질(특히 감각 운동 피질과 전두 피질)로부터 모이고, 출력(output)은 뇌간으로 내려간다. 따라서 기저핵은 넓은 의미의 기저핵-시상-피질 회로의 일부분인데, 이 회로는 도파민 방출로 인한 억제와 탈억제 효과와 함께 잠재적으로 경쟁하는 운동 프로그램(competing motor programs)을 억제함으로써 전두 피질의 활성을 조절한다. 이 모델과 대뇌 영상 연구에서 얻은 결과로 우리가 만든 모델이 주는 시사점은 이 장의 신경영상 연구 결과라는 절에서 자세히 소개한다.

신경학적 가소성 때문에, 대뇌 활성화 패턴들은 단기 및 장기 운동 경험을 함으로써 변화할 수도 있다. 이러한 경험들은 유창한 구어를 사용하는 성인들에게서 말더듬과 관련되지 않았거나(Mikheev et al., 2002), 성인 말더듬인들에게서 유창성 형성(fluency-shaping) 치료법에서 얻은 구어 운동 경험들이든Neumann et al., 2005) 간에 변화할 수도 있다. 운동 조절이 말더듬에 있어서는 중심(central)이지만, 그럼에도 불구하고 운동 조절은 복잡한 전체의 일부일 뿐이다. 소뇌가 관련되는 것처럼 체성감각(somatosensory) 영역과 청각 영역들이 말더듬과 관련이 있다(De Nil, Kroll, & Houle, 2001). 더불어, 말더듬인과 비말더듬인 사이에 뇌 활성화의 차이는 심지어 말더듬인이 구어 산출 과업을 하는 동안에 말을 더듬지 않을 때 혹은 비구어 구강 운동들을 수행할 때에도 여전히 남아 있다. 말더듬에 대한 대뇌 조절과 관련된 최근 이론들은 다양한 뇌 영상 연구 결과들을 Max 등(Max, 2004; Max et al., 2004)의 연구에서 실시한 것처럼 감각-운동 장애로서의 말더듬 이론에 통합시키기 위해 단순한 편측 우세 이론(Straightforward lateral dominance theory)을 뛰어넘으려는 움직임을 보였다.

Max 등(2004)은 일반적으로 운동 조절에 대한 피드백과 피드포워드(feedforward) 모델들을 통합하려고 했다. 운동 계획(motor plan)은 피드포워드 조절장치(controller)에 의해 구성되고 실행되며, 그 실행은 구심성(감각) 신호 및 원심성(운동) 신호 모두를 실시간으로 통합하는 피드백 조절장치에 의해 조절된다. 말더듬인들은 구어 운동 명령과 감각적 결과 사이에서 안정되고 바른 매핑(mappings)을 얻을 수 없기 때문에, 결과적으로 피드포워드 명령에 대해 부정확하게 계산하게 되어서, 일탈된 운동 조절 프로세스들과 구심성(주로 청각) 피드백에 과도하게 의존하여 처리한다. Max 등(2004, p. 113)은 "만약 부정확하게 준비된 운동 명령이 실행되면, 그들의 감각적 결과는 원하는 결과와 어긋나게 된다. 이것이 결과적으로 음/음절의 반복과 음 연장을 일으키게 되는 피드포워드 명령의 중단(interruptions)이나 리셋(resets)을 포함하여 피드백에 기반한 수정을 해야 할 요구가 증가하게 된다. 운동 명령에 대한 예상(feedforwad)된 결과 및 실제(feedback) 결과 사이의 부조화(어긋남, mismatch)를 최소화하기 위해, 말더듬인의 조절 시스템(control system)은 좀 더 긴 동작 지속 시간(movement duration)을 선호하는 경향이 있다. 말더듬인은 비말더듬인과 비교했을 때, 발성과 조음의 느린 시작과 쉼, 모음, 자음-모음 전이 등의 지속 시간이 더 긴 것과 같은 평균 반응 시간에서 다양한 차이를 나타내었다(Bloodstein, 1995). 이러한 지속 시간이 더 긴 것은 어떠한 치료도 받지 않은 말더듬인에게도 나타나기 때문에, 이것을 간단하게 치료의 결과라고 할 수 없다. Max 등(2004)은 말더듬인과 비말더듬인 간의 차이가 구어 산출에서 감각운동 프로세스 혹은 심지어 구강 안면 시스템의 움직임에 국한된 것이 아니기 때문에, 이러한 생각이 구어 움직임에만 한정된 것이 아니라, 운동 시스템에 전체가 관련되는 어떤 목표 지향적 움직임(예: 양 입술을 열고 닫기, 손가락의 굴절과 신장, 손가락 태핑하기)의 지속 시간과도 관련된다는 점을 강조한다(Brown et al., 1990; Max, Caruso, & Gracco, 2003; Smits-Bandstra, De Nil, & Saint-Cyr, 2006). 그래서 이 이론은 다양한 말하기 조건(예: 느린 구어, 지연 청각 피드백, 합창하여 말하기, 부드러운 음성 시작, 같은 지문을 반복하여 읽음으로써 비유창성이 감소하는 것)에 대한 유창성-향상 효과를 설명하며, 뇌 영상의 연구들에서 얻은 대부분의 결과들과 일치하는데, 이에 대하여 뇌 영상법들을 설명한 후, 이 장의 후반부에서 자세하게 설명하도록 하겠다. 게다가, 그 이론은 발병 연령(예: 새로운 복잡한 소근육 운동 기술이나 대근육 운동 기술을 습득한 연령), 어린 아동들의 치료 효과, 자발적 회복, 유전적 요인 등과 같은 말더듬 현상에 대한 발달사를 설명하려고 한다.

신경영상법

신경영상법이란 뇌의 구조 및 기능에 대해 직접적이거나 간접적으로 영상을 촬영할 수 있는 기법들을 하나의 세트로 총괄하는 것이다. 신경영상법은 신경과학, 의학, 심리학 등에서 중요성이 크게 대두되고 있는 비교적 새로운 분야이다. 신경영상법의 두 개의 주요 범주는 구조적 영상과 기능적 영상으로 구분할 수 있다.

구조적 영상은 뇌의 형태적 구조를 검사한다. 임상적 적용에서, 종양(tumors), 외상, 혈관 장애와 같은 두개(頭蓋)내(intracranial)의 병변을 진단할 때 주로 사용된다. 대부분 사용하는 기법들은 컴퓨터 단층촬영(computed tomography; CT) [또는 컴퓨터 조력 단층촬영(computer assisted tomography; CAT)]과 자기공명영상(magnetic resonance imaging; MRI)이다. 연구에서, 구조적 영상은, 예를 들면 뇌 구조의 크기와 형태를 결정하기 위해 사용하는 형태 측정법(morphometrics)이다. 이 장에서, 구조적 영상이란 단지 뇌 구조가 말더듬과 관련될 때를 의미한다.

기능적 신경영상법은 특정한 과제들을 계획하고 실행하는 것과 관련된 대뇌 활동을 시각화할 수 있다. 구조적 신경영상법은 살아있는 뇌의 형태적인 변화들을 탐지하는 데 대단히 가치 있는 반면에, 기능적 영상 촬영법은 전기적 및 화학적 변화들을 시각화할 수 있다.

비침습적인 기능적 대뇌 영상법들은 ① 뇌자도(MEG; magnetoencephalography)와 신경영상이라는 기초적 정의에서의 EEG 등과 같이 신경학적 점화(neuronal firing)와 관련된 전기 활동을 직접적으로 측정하는 방법, ② 양전자 방출 단층 촬영(PET; positron emission tomography), 단일광자 방출 컴퓨터 단층 촬영(SPECT; single-photon emission computed tomography), 기능적 자기공명영상(fMRI; functional magnetic resonance imaging), 근적외선 분광법(near-infrared spectroscopy) 등과 같은 뇌 대사(metabolism)를 분석하는 간접적인 신경 활성 측정법으로 나뉠 수 있다. 가장 자주 사용되는 기능적 영상 기법들에는 PET와 fMRI가 있다. 이 두 기법은 혈류 흐름에서 국지적인 특정 변화들과 신경 활성으로 유발된 요소를 탐지하여 간접적으로 신경 활동을 측정한다. 국지적인 대뇌 혈류 또는 대사가 증가하는 영역들이 스캔될 때 영상은 "밝아진다".

신경영상법이 있기 이전에는, 언어의 기초가 되는 메커니즘에 관한 데이터를 얻는 주 원천이 병소-결함 모델(lesion-deficit model)에서 유래되었다. 뇌의 손상된 부위들을 손상된 기능과 관련시켰다. 이 접근법과 비교하면, 신경영상법은 큰 장점이 있다. 비투과적인 방식으로 정상적인 심리적 및 생리적 반응들을 피험자에게서 측정할 수 있다. 더욱이, 신경영상법은 손상을 입은 부위에 제한되지 않고, "정상" 또는 보상적 인지, 감각, 운동 프로세싱 기능도 검사할 수 있기 때문에, 손상을 받지 않거나 거의 받지 않은 부위, 혹은 인지 및 신경의 재조직(reorganization)에 의한 기능성을 보존하는 부위에서 기능적 특수화(specialization)를 확인할 수 있다(Price, 2000).

기능적 뇌 영상법은 주로 뇌에서 신경 활동이 특정한 인지 과제를 수행하는 능력과 관련되어 일어나는 시점과 장소를 결정하기 위해, 정서적 상태 동안에 뇌의 활성화를 측정하기 위해, 신경학적으로 혹은 정신의학적으로 문제가 있는 환자들의 특정한 뇌 영역의 기능을 연구하기 위해 사용한다(Huesing, Jaencke, & Tag, 2006). 인지 프로세스라는 맥락에서 뇌 활성화를 연구하기 위한 두 가지 실험 접근법이 있다. 첫 번째 접근법은 감산법 설계(subtraction design)[3]로, 이 접근법은 역동적으로 과제와 관련된 프로세싱(active, task-related processing) 조건과 기초선 조건 간에 뇌 활성화에서 차이가 나타나는 것은 그 과제를 프로세싱하기 위해 일어나는 특정한 활성화를 나타내는 것이라는 추측에 근거를 둔 것이다. 이 두 조건 모두 가능한 최소한의 요인에 의해 달라져야 하는데, 가장 좋은 것은 단지 하나의 요인에 의해 달라지는 것이다. 둘째, 매개변수 설계(parametric designs)는 여러 임상적 요인들(예: 말더듬 연구에서 반응 시간이나 더듬은 음절의 비율)이 광범위한 뇌 영역에서의 활성화와 관련되는지를 개별 데이터나 집단 데이터를 통해 밝히려고 상관분석을 사용한다.

말더듬의 신경영상 연구 결과

말더듬 연구에서 신경영상 실험은 1990년대에 시작되었다. 여러 집단들이 말더듬 연구에 신경영상 연구를 활발히 한 지역으로는 산 안토니오(예: Fox, Roger와 Janis Ingham), 베데스다(예: Ludlow, Braun, Loucks, Chang), 토론토(예: De Nil, Kroll, Houle), 뒤셀도르프/헬싱키(예: Salmelin, Schnitzier, Biermann-Ruben), 솔트레이크 시티(예: Blomgren, Nagarajan), 함부르크/괴팅겐(예: Sommer, Büchel), 런던(예: Watkins, Howell, Au-Yeung), 프랑크푸르트(예: Neumann, Giraud, Euler, Kell, Preibisch) 등이다. 가끔 "우리의 연구"라고 말한 프랑크푸르트 집단은 저자들이 그 집단에 참여했기 때문에 그렇게 말한 것이다.

이제 저자들은 먼저 구조적 신경영상법 결과들을 개괄한 후에, 기능적 신경영상법 결과들을 개괄하고자 한다. 최종적으로, 우리는 구조적 및 기능적 신경영상법 결과 모두를 통합적인 관점에서 포괄한다. 구어-언어 프로세싱, 특히 말더듬과 관련이 있는 대뇌 영역들을 그림 19.1에 제시했다.

신경형태학적 연구 결과

최근에 신경형태학적(neuromorphologic) 검사 결과들은 말더듬인과 비말더듬인의 대뇌 사이의 몇 가지 구조적 차이에 대한 증거를 제시한다. 첫 번째 연구 결과들은 Tulane University에서 Anne Foundas 등(Foundas et al., 2001)이 실시한 연구에서 나왔다. 고해상도 MRI 용적 측정(volumetric)으로, 그들은 말더듬인들의 구어-언어 영역들에서 일부 비정상성을 탐지했다. 특히, 그들은 말더듬인들이 더 커다란 측두 평면(평평한 측두; planum temporale)을 가지고 있다는 것을 발견했다. 이 측두 평면은 측두 청각 피질(temporal auditory cortex)에 속하는 상측 두회(superior temporal gyrus)의 뒤쪽 위 표면에 위치하고 있다. 측두 평면은 대단히 편측화되었고, 따라서 뇌의 비대칭적인 구조는 특히 언어 지각(language perception)에서 언어 기능과 관련된다. 더욱이, Foundas 등은 비말더듬인에 비해 말더듬인에게서 일반적인 좌반구와 우반구의 측

3) 역주: 활성화 과제(active task)에 원하는 뇌 기능을 포함토록 고안하고 대조과제(control task)에서는 이 기능을 포함시키지 않고 영상 촬영 후 활성화 과제와 대조과제에서 나타난 자기공명신호변화의 차이를 구하여 이 뇌 영역을 원하는 뇌기능에 의하여 활성화가 일어난 부위로 간주하는 방법이다.

두 평면의 비대칭성이 감소되었다고 했다. 더욱이, 회들(gyri)의 비정상적인 패턴들이 실비안열(Sylvian fissure; 전두와 측두 사이에 들어간 부분)의 위쪽에 전두 구어 및 언어 영역들에서 확인되었다. 이러한 비정상들은 실비안열의 위쪽 층(superior bank)을 따라 하전두회(inferior frontal gyrus)와 그 외 추가적인 회들의 사선구(diagonal sulcus)의 여러 해부적인 변형(variant)들로 구성되어 있다(Foundas et al., 2001). 다른 연구자들도 또한 우반구의 비슷한 비정상들을 보고했다(Cykowski et al., 2007). 회들의 발달은 복잡한 프로세스이기 때문에, 회에서 비정상들은 발달장애를 나타낼 수 있다. 2003년에, Foundas 등은 발달성 말더듬 성인들을 대상으로 MRI 용적 측정을 실시한 결과, 대상자들에게서 앞측 전두엽과 후두엽의 비전형적인 비대칭이 나타난 반면에, 비말더듬 통제 대상자들은 우측 전전두엽이 좌측 전전두엽보다 더 크고, 좌측 후두엽 용적이 우측 후두엽 용적보다 더 큰 것으로 나타났다고 했다. 반구(hemisphere)와 뇌 용적은 말더듬인과 대조군 사이에 차이가 없었다(Foundas et al., 2003). 그 후에 그들은 페리실비안(perisylvian) 영역이 대조군에 비해 말더듬인들에게서 해부적으로 더 이질적이라고 설명했다(Fondas et al., 2004). 이 설명을 지지하는 결과는 말더듬 아동들과 치료를 받는 아동들을 대상으로 한 연구에서 3D 화소에 기반한 계측형태(voxel-based morphometry; VBM, 부록 19.1 참조) 연구 결과에서 나왔는데, 이 대상자들은 비말더듬 아동들과 비교하여 좌측 하 전두 회(left inferior frontal gyrus)와 양측 측두 영역들에서 회백질(gray matter) 용적이 감소되어 있는 것으로 밝혀졌다(Chang et al., 2008). 더욱이, Sommer 등(2002)의 연구에서 말더듬 성인들에 대해 나타낸 것처럼, 유포 텐서 영상(diffusion tensor imaging; DTI, 부록 19.1 참조) 분석 연구에서, 지속성 말더듬 아동들에게서도 얼굴과 후두를 담당하는 운동 영역들이 아래에 연결되어 있는 좌측 백질 통로(white matter tracts)에서 분획 이방향성(fractional anisotropy)이 동일하게 감소된 것으로 나타났다. 더욱이, 지속성 말더듬 아동들은 좌측 및 우측 상 측두회에서 치료를 통해 말더듬이 회복된 집단보다 회백질 용적이 더 큰 것을 나타냈다.

Jäncke, Hanggi, Steinmetz(2004)는 VBM을 이용하여 비말더듬인 피험자들과 비교했을 때 말더듬 성인에게서, 측두 평면을 포함하여 우반구 상측두이랑(superior temporal gyrus)에서 하전두이랑(frontalis inferior gyrus)에서; 얼굴과 입을 담당하는 중심앞이랑(precentral gyrus)과 인접한 부위에서; 내측전두앞이랑(frontal anterior medial gyrus, 내측전두극)에서 백질(white masses)의 용적(asymmetry)이 확장된 것을 발견했다. 추가적으로, 그들은 비말더듬인과 비교했을 때 말더듬인에게서 좌 · 우반구의 청각 영역 간의 불균형이 감소되었다고 했다. 그들은 말더듬인들이 페리실비안 구어 및 언어 영역(perisylvian speech and language area)에서뿐만 아니라, 전전두 영역(prefrontal area)과 감각운동 영역(sensorimotor area)에서도 이상이 있다고 결론을 내렸다. 그러나, VBM이 백질을 연구하는 데 가장 적절한 방법이라고 보지 않는 최근의 견해 때문에 이러한 보고를 조심스럽게 해석해야 한다. 또한 Beal 등(2007)은 청각 프로세싱 및 구어 산출과 관련된 좌 · 우반구 영역에 있는 회백질과 백질 부위의

밀도에서 말더듬인과 비말더듬인 간의 확연한 차이를 실증했다.

최근에, London 집단(Watkins et al., 2008)은 DTI를 통해 언어 및 운동 영역들과 우반구에 있는 그에 상응하는 영역들에서 말더듬인과 비말더듬인 간에 여러 섬유로(fiber tract)에 차이가 있음을 발견했다. 이러한 차이들은 전중심회(precentral gyrus)에서 양측으로, 복측 전운동 피질(ventral premotor cortex), 하전두회(inferior frontal gyrus), 연상회(supramarginal gyrus), 소뇌(cerebellum), 우측 피질척수로(right corticospinal tract), 내측 섬유띠(medial lemniscus) 등의 영역에서 관찰되었다.

말더듬 아동들과 말더듬을 회복한 아동들에게서 우반구의 구어-언어 영역의 증가와 뇌의 좌우 비대칭에서 감소가 없음이 발견되었기 때문에, 성인들에게서 우반구 구조가 확장(enlargements)되면 평생 동안 말을 더듬을 수 있다. 언어와 관련된 반구 우세성이 발달되는 동안, 회백질과 백질 용량 차이는 우반구에 비해 좌반구 언어 영역들에서 나타났다(Dorsaint-Pierre et al., 2006). 또한 그 연령 이후에, 뇌 가소성 변화가 일어날 수 있다. 행동 및 뇌 기능에서의 변화(alteration)는 결과적으로 뇌 해부에서 변화를 초래한다. 따라서 말더듬인들에게서 좌반구에 비해 우반구 영역의 확장(enlargements)이 음악가들이 운동 훈련을 한 후와 평생 동안 연습을 한 후에 나타나는 회백질의 증가와 유사할 수 있다. 이러한 확장은 말더듬의 시작, 즉 잠재적으로 일시적인 말더듬에서 지속성 말더듬으로의 전이를 나타낼 수 있기 때문에, 개인에게서 신경 구조들이 변형될 때 신경가소성(neuroplasticity)의 역할을 할 수 있다는 가능성을 제시한다(Chang et al., 2008). 사후(事後) 검시(postmortem) 및 용적 MRI(volumetric MRI) 연구들은 또한 난독증과 단순 언어 장애인들의 전두엽, 측두엽, 두정엽의 피질 영역에서 비전형적인 해부 구조를 발견했다.

설명한 해부적인 변화들이 말더듬의 원인인지 아니면 결과인지에 대한 의문은 완전히 해결되지 않았다. 그러나 그 연구 결과들이 주는 몇 가지 조심스러운 의미는 있다. 회백질 밀도, 피질의 두께, 접혀진 회(gyral folding), 백질의 완전무결상태(integrity) 등에서의 변화를 대조군과 비교하면 병리적인 변화인지 본질상 적응에 의한 변화인지를 알 수 있다(May & Gaser, 2006). 규준과 이러한 매개변수(parameter)를 비교하여 부정적인 편차가 나타나면 일차적으로 병변을 나타낼 수 있는 반면에, 기능을 하는 뇌의 물질이 추가되었다면 적응성을 반영하는 것일 수 있다.

다음과 같은 좌반구 부위에서 뇌 조직의 감소는 이러한 영역에서 일차적인 병변으로 여길 수 있으며, 어쩌면 말더듬의 가장 중요하고 일관된 구조적 연관성이 설립될 수도 있을 것이다.

첫째, 말더듬인들과 성인기에 말더듬에서 회복된 피험자들에게서 좌측-하전두이랑(left frontal inferior gyrus)에서 회백질의 감소를 발견했다. 저자들의 최근 연구에 따르면, 이러한 감소는 말더듬의 심한 정도와 관련되었을 가능성도 있었다. 또한 말더듬 아동들과 회복된 아동들이 이 부위에서 회백질이 감소되었을 뿐만 아니라, 양측 측두 부위에서도 회백질이 감소되었다(Chang et al., 2008). Song 등(2007)은 말더듬 성인들에게서 양측의 소뇌에서 회백질 용량의 감소를 발견했지만, 이 결과들에 대한 반복 연구는 아

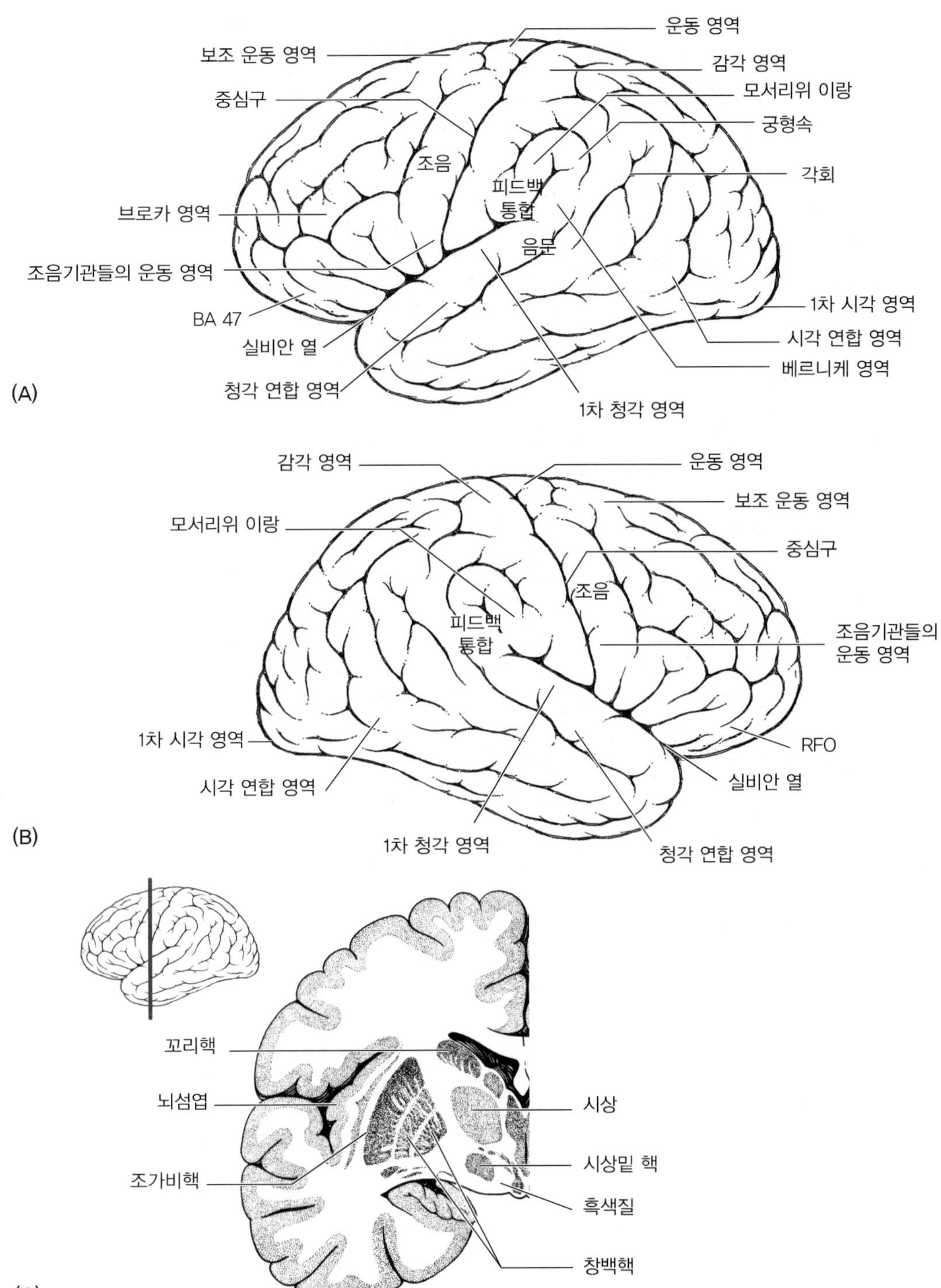

[그림 19.1] ■ 구어 및 언어 프로세싱을 포함하는 대뇌 영역. (A) 왼쪽에서 본 대뇌. (B) 오른쪽에서 본 대뇌. (C) 관상 단면의 기저핵 및 뇌섬엽

직 이루어지지 않았다.

둘째, DTI를 통해, 말더듬 성인(Sommer et al., 2002)과 9~12세 말더듬 아동(Chang et al., 2008)의 롤란드의 덮개 부분(Rolandic operculum)에서 얼굴, 후두, 조음기관 등에 대해 좌반구의 감각운동 표상(sensorimotor representations)이 이루어질 때 백질(white matter)의 손상이 탐지되었다. 이러한 섬유는 대부분 궁형속(arcuate fasciculus)에 속해 있으며, 전두 구어 운동 계획 영역(브로카 영역 포함) 및 운동 영역과 측두 영역(temporal regions)과 연결된다. 추가적으로, Chang 등(2008)은 말더듬 아동에게서 양측으로 피질척수로/피질연수로(구어 운동 조절에 관여함)와 연상회의 기저에 있는 후외측 영역(posterior-lateral region)[하두정엽의 부리쪽 부분은 전두측두 언어 영역(frontotemporal language areas)과 연결되어 있음]에서 백질 섬유가 비정상적이라는 것을 확인했다. Watkins 등(2008)은 어린 말더듬 아동들을 대상으로 한 연구에서 비슷한 DTI 결과들을 보고했다. 이들은 복측 전운동 피질(ventral premotor cortex)에서 기능적으로 활성화가 부족한 영역들의 기저에 있는 백질에 손상이 있다는 것을 발견했다. 그들은 후상측두 피질(posterior-superior temporal cortex)과 하두정 피질(inferior parietal cortex)이 연결되었기 때문에, 이 영역에서 백질로(white matter tracts)는 조음 계획과 감각 피드백의 통합을 담당하는 층(substrate)을 제공한다고 했다. 말더듬인에게서 결함이 있을 수도 있는 백질로는 또한 조음 운동의 실행을 담당하는 층인 일차 운동 피질과 연결되었기 때문에 구어 산출에 관여한다.

말더듬 심한 정도에 따라 좀 더 가변적인 적응을 나타내는 가능적 뇌 물질에서의 증가는 다음과 같은 연구에서 발견되었다.

1. 말더듬인들이 비말더듬인들에 비해 양측 기저핵 영역에서 회백질의 증가가 있음을 VBM이 감지한 것은 말더듬에서 기저핵 비기능에 구조적인 적응을 나타낸다(Giraud et al., 2008).
2. 회백질 용량의 증가도 말더듬인들의 측두엽, 두정엽, 전두엽 영역에서 VBM으로 감지되었다(Song et al., 2007).
3. 비말더듬인들에 비해 말더듬인들에게서 좌반구 전두엽 아래 영역(below left-hemispheric frontal regions), 양측 두정엽간 영역들(interparietal regions)[4], 우반구 측두엽 및 전두엽 구어 계획, 구어 운동, 청각 영역에서 백질의 증가가 VBM을 통해 발견되었다(Jäncke, Hanggi, & Steinmetz, 2004).

요약하면, 우리는 다른 연구자들이 지속성 말더듬은 좌반구에서 ① 구강-안면 운동 영역들의 기저를 이루고 있는 백질들의 발달 장애, ② 브로카 영역(Broca's area)을 포함하여 하전두 영역(inferior frontal region)에서 회백질 발달의 감소 등의 두 가지 비정상들과 관련되어 있다는 주장에 동의한다. 이 두 영역은 페리실비안 언어 센터의 앞부분에 속하고, 구어 산출을 하는 동안에 기능적으로 연관되어 있다. 조음 계획 및 감각 피드

4) 역주: 두정골은 흔히 마루뼈라 불리는 뼈이자 머리뼈의 천장을 구성하는 부분으로, 좌두정골과 우두정골로 나뉘는데 interparietal region은 좌두정골과 우두정골 간의 영역을 의미한다.

〈표 19.1〉 말더듬인의 대뇌에서 발견된 구조적 연구 결과의 요약

지속성 말더듬
아래와 같은 영역들의 기저를 이루고 있는 백질의 손상

- 좌 록란도 덮개(left Rolandic operculum)(성인 및 아동)에서 후두, 인두, 혀 등과 같은 조음 기관의 감각운동적 표현
- 피질척수로/피질내간로 및 모서리위 이랑(아동)
- 복측 전운동 피질(청년)

구어-언어 영역에서 좌-우 비대칭이 감소되거나 비전형적임(성인)
측두 평면이 확대되거나 왼쪽보다 오른쪽이 좀 더 확대됨(성인)
피질에서 접혀진 부분의 변형(성인)
페르실비안 영역 혹은 기타 언어 영역에서 해부적인 비정상(아동, 청소년, 성인)
기저핵에서 회백질의 증가(성인)

회복된 말더듬
좌측 하 이랑(성인 및 아동) 및 양쪽 측두 영역(아동)에서 회백질의 감소

백의 통합과 관련된 기질과 조음 동작들의 실행과 관련된 기질에서 비정상들이 말더듬과 관련된 일차적 병변을 가져오는 것처럼 보인다. 이를 보상하려는 여러 영역, 즉 전두, 두정 및 측두 영역에서 회백질 혹은 백질이 증가된 것을 볼 수 있다.

신경기능적 연구 결과

EEG 연구들이 말더듬에 관해서 많은 것을 밝혀왔지만(Boberg et al., 1983; Moore, 1984), 대뇌의 활성화에 대한 정확한 부위를 밝히지는 못했다(De Nil & Kroll, 2001a). 1990년대에, 신경영상 기법의 등장으로 인해, 말더듬의 기본이 되는 신경생리적 프로세스들에 대한 지식을 크게 확장시켰다. 이러한 연구들의 대부분이 PET를 사용했지만, 점점 fMRI가 유용한 것이 증명되었다.

초기에, fMRI는 피검체의 움직임으로 인해 발생하는 운동 인공음영(motion artifacts)[5]이 과제와 관련된 활성화에 대한 민감성을 손상시키기 때문에 겉으로 표출되는 구어의 연구에 대해서는 거의 사용되지 않았다(Preibisch et al., 2003b). 이 운동 인공음영은 구어를 산출하는 동안에 머리와 인두 공간의 움직임을 통해 일어난 자기장(magnetic field)의 변화로 인해 초래된다. 최근에, 구어와 관련된 운동 인공물을 억제하기 위해 과제로 유도된 활성화(task-induced activation)에서 구어와 관련된 움직임(speech-related motion)을 일시적으로 분리함으로써 혈류역학 반응(hemodynamic response)[6]을 일시적으로 지연시키는 것이 개발되었다. 프랑크푸르트 집단은 말더듬 참가자를 대상으로 완전한 문장을 겉으로 산출하는 동안에 뇌 기능의 연구를

5) 역주: 동작 인공음영, 운동 인공물(motion artifact)이라고도 함. 영상에서 나타나는 생체정보 이외의 2차적 장해음영으로서, 피검체가 움직임에 기인하여 발생되는 것.

6) 역주: fMRI는 신경반응을 직접 측정할 수 있는 것이 아니라, 혈류역학 반응을 지표화하고 있다. 이 혈류역학 반응이란 국소 영역 내에서 신경세포의 산소요구 증가에 대하여 혈관계통이 반응하는 지표를 측정하는 것이다. 이 반응은 일반적으로 자극이 제시된 2초 후에 시작하여 6~8초 정도 최고점에 도달하며 14~16초쯤에 기저 수준으로 떨어진다.

하기 위해 fMRI를 사용하도록 하는 사건 관련 설계(event-related fMRI)[7)]를 개발했다(Preibisch et al., 2003b). 자극의 지속 시간을 길게 하고 3초간 반복하도록(repetition times of 3seconds) 설정하면 구어와 관련된 인공 음영을 효과적으로 억제할 수 있고 익숙한 말하기 상황에서 자연스럽게 산출하는 문장에 대한 연구를 실시하는 것 모두가 가능했다. 운동 인공 음영을 최소화시키고 자극을 제시할 때나 대상자가 과제를 수행할 때 스캐너 소음(scanner noise)의 방해를 최소화시키기 위한 또 다른 방법은 두 개의 연속적인 자기공명영상 신호를 획득하고 저장하는 과정(image acquisitions) 사이에 무음 간격(silent gap)이 삽입된 지점에서는 fMRI를 군데군데 샘플링(sampling)[8)]하는 것이다(Amaro et al., 2002).

이전의 신경영상 연구들은 전두엽(frontal)과 전전두엽(prefrontal)의 구어 운동 계획 및 실행 영역들에서 추가적으로 언어, 청각, 변연(limbic), 피질하 등의 영역에서 말더듬과의 신경기능적(neurofunctional) 상관관계를 밝혔다(Braun et al., 1997; De Nil, 1999a; 1999b; De Nil & Bosshardt, 2001; De Nil, Kroll, & Houle, 2001; De Nil et al., 2000; 2008; De Nil & Kroll, 1995; 2001a; 2001b; Fox et al., 1996; 2000; Ingham, 2001; Ingham et al., 2000; Kroll et al., 1997; Pool et al., 1991; Salmelin et al., 1998; 2000; Watkins et al., 2008; Wu et al., 1995). 비유창한 구어는 대뇌 반구와 소뇌 반구 모두에서 운동 시스템의 광범위한 과잉활성화(특히 우반구에서 지배적으로); 좌반구 언어 및 청각 영역, 특히 전상부 측두의 음운 회로(anterior superior temporal phonologic circuits)에서 정상적인 활성화의 결핍; 좌측 전두엽과 측두엽 피질 사이의 회로의 비활성화 등과 관련이 있다(Broun et al., 1997; De Nil & Bossshardt, 2001; De Nil, Kroll, & Houle, 2001; Fox et al., 1996; 2000; Kroll et al., 1997; Pool et al., 1991; Wu et al., 1995). 보조 운동 영역(supplementary motor area; SMA), 앞쪽 섬엽(anterior insula), 전대상피질(anterior cingulate cortex; ACC) 등에서의 과잉활성화(overactivations)와 측두엽 영역에서의 비활성화가 가끔 보고되었다(Braun et al., 1997; De Nil, Kroll, & Houle, 2001; Fox et al., 1996; Ingham et al., 2000; Salmelin et al., 1998). 유도된 유창성은 운동 피질에서 우측 뇌의 과잉활성화가 지속되었지만, 말더듬인과 비말더듬인 간의 대뇌 활성화의 차이를 크게 감소시켰다(Braun et al., 1997; Fox et al., 1996). 수동적인 청취 조건 동안에, 말더듬인들은 비말더듬 대상자들보다 좌측 측두엽 영역, 우측 섬엽(insula)[9)], 일차 운동 피질, 보조 운동 영역(SMA) 등에서 더 큰 활성화를 나타낸다고 보고되었다(De Nil et al., 2008).

기능적 신경영상법을 이용한 모든 연구들이 동일하게 높은 수준의 과학적인 결과를 가져온 것은 아니다. 일반화될 수 있는 결과를 알아내기 위해 말더듬 관련 기능적 신경영상 연구들에 대

7) 역주: 시행 내의 시간 변화에 따른 차이를 살펴보는 fRMI. 1~2초의 짧은 자극만 주고 10초 이상의 휴식기를 가짐. 짧은 자극을 이용하므로 자극 후 일어나는 혈류역학적 변화를 연구하는 데 유리함.

8) 역주: 아날로그 신호를 디지털 값으로 변화시키는 과정을 시료 채취(표본 추출)라고 함.

9) 역주: 측두엽의 측열에 깊게 놓여 있는 삼각형의 뇌 부분.

한 메타분석이 수행되었는데, 이 연구들은 말더듬인들에게서 말을 더듬을 때와 비말더듬인들에게서 유창하게 말을 할 때 뇌 활성화를 비교하는 것이었다(Brown et al., 2005). 분석 결과는 다음과 같았다. 통제 집단의 유창한 구어에서처럼 더듬은 구어에서 비슷한 대뇌 영역들(대개 일차 운동 피질, 전운동 피질, 보조 운동 영역)이 관련되었지만, 다음과 같은 몇몇 차이점들이 있었다. ① 일차 운동 피질, 보조 운동 영역, 대상 운동 영역(cingulate motor area), 소뇌 충부(cerebellar vermis) 등을 포함하여, 말을 더듬을 때 몇몇 운동 영역들이 과잉활성된다. ② 전두판개(frontal opercululm)(안와 전두 피질, 브로드만 영역 47 및 12), 롤란도 덮개, 앞쪽 섬 피질(anterior insula) 등은 비정상적인 우측 측성화를 나타낸다. ③ 자신의 말을 듣는 것과 관련된 것으로 기대되는 청각 영역의 활성화는 대개 미약하다.

MEG 실험 결과 말더듬인들이 구어 산출과 관련하여 피질 수준의 순서화(sequencing)에 장애가 있는 것이 입증되었다. 비말더듬 참가자들에서, 조음 계획을 담당하는 좌하 전두 피질(left inferior frontal cortex)이 조음 운동 실행을 일으키는 좌측 운동 피질(조음 운동 실행을 추진함)보다 먼저 활성화된다. 그에 반해, 이 순서화가 말더듬인에게서는 역순인 것으로 나타났다(Salmelin et al., 2000). 이 현상에 대한 가장 가능성 있는 설명은 좌반구에서 두 영역을 연결하는 섬유 연결(fiber connection)에 장애가 있다는 것이다(Sommer et al., 2002; Chang et al., 2008). 따라서, 우반구의 과잉활성화들은 보상작용(compensation)이 반영된 것일 수도 있다(Büchel & Sommer, 2004; Neumann et al., 2003; 2005; Preibisch et al., 2003a). 유창성 유도가 언어 영역들 사이에 동시성(synchronization)을 정상화할 수도 있다(Braun et al., 1997; Fox et al., 1996; Giraud et al., 2008; Neumann et al., 2003; 2005).

말더듬인에게서 우반구 과잉활성화는 보상적 메커니즘을 반영한다는 가설을 연구하기 위해, 우리는 성인 말더듬 남성과 비말더듬인 피험자를 대상으로 두 가지 과업의 fMRI 연구를 실시했다(Preibisch et al., 2003a). 한 가지 과업은 짧은 문장들을 낭독함으로써 구어 운동 프로세스들을 알아보기 위해 고안되었다. 비말더듬인들과 비교할 때, 모든 말더듬 피험자들에게서 일관성 있게 나타나는 과잉활성화가 말더듬에 특정한 영향을 미치는 것을 반영하는 우측-전두덮개(right frontal operculum, RFO; 브로드만 영역 47 및 12)에서 나타났다(그림. 19.2).

RFO에서의 반응은 말더듬의 심한 정도와 부적 상관이 있었기 때문에, 우리는 RFO에서의 과잉활성화는 일차적인 기능부전(dysfunction)이라기보다는 보상 프로세스(compensation process)를 반영한다는 가설을 세웠다. 이전에 설명한 구조적 연구 결과에서 제시하는 바와 같이, RFO는 거의 대부분 브로카 영역의 오른쪽 상동에 위치하기 때문에, 브로카 영역과 좌측 조음기관의 운동 표상(articulatory motor representations) 사이에 신호 전송의 결함을 보상하는 것으로 여기는 것이 타당해 보인다. 대안적으로, RFO는 장애가 있는 기능을 자동적으로 다룸으로써 기능부전이 있는 좌측 전두엽의 구어 및 언어 영역을 보상할 수도 있다. 반대쪽 반구에서 상응하는 부위로 보상적인 기능을 변경하는 현상은 뇌 병변이 있는 사례들에서 피질의 재조직화(cortical reorganization) 시 나타나는 잘 알려진 현상이다(Grafman, 2000). 특히, 이 해석은 RFO가 비말더듬 환자에게서 여러 가지 교정하는 기능, 자기 모니터링(self-monitoring), 수정(repair), 보상적인 언어 기능(compensatory language functions) 등에 관여한다는 것을 관찰한 연구로부터 지지되었다. 예를 들면, 전두엽 손상 후 실어증에서 회복된 환자에게서(Heiss et al., 1999; Rosen et al., 2000), 난독증 환자에게서 좌측 전두 피질의 기능 부전에 대한 보상(Pugh et al., 2001), 이중 과제(dual task)를 수행하는 동안에 반응 억제가 나타난 증거(Bunge et al., 2001; Herath et al., 2001), 정상적인 기능을 가진 대상자들이 청각적으로 제시된 문장에서 문법 오류를 발견하고 수정할 때 작동하는 비정상적인 구어 및 언어에 대한 "수정 모드(repair mode)"의 증거 등을 통해 지지되었다(Meyer, Friederici, & von Cramon, 2000).

우리의 연구에서 사용한 또 다른 과제에서, 동의어 단어들의 의미를 소리 내지 않고 판단하는 과제들을 구어 운동 수행이 제외되는 동안에, 인지 및 언어적 구어 프로세싱의 단계들을 알아보기 위해 색상 결정 과제와 대조시켰다. RFO가 말더듬인이 두 과제를 수행하는 동안에 과잉활성화가 이루어진 유일한 영역이었다. 이러한 활성화는 말더듬과 연관이 없었는데, 그 이유는 말더듬인들이 스캐너에서 읽는 동안에는 유창하게 말을 하거나, 모든 의미 과제를 하는 동안에 말을 전혀 하지 않았기 때문이다. 따라서 구어 산출의 초기 프로세싱 단계 동안에 이루어지는 보상 메커니즘은 구어 운동 산출 요구와는 독립적으로 활동하는 것으로 추측되었다. 말을 할 필요가 없을 때 그리고 구어 산출의 중요한 초기 단계들이 나타

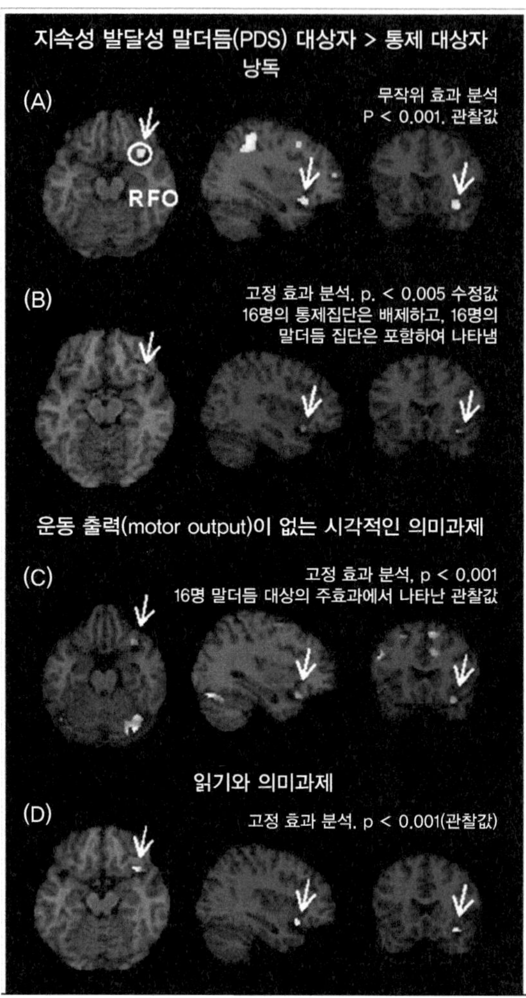

[그림 19.2] ■ 비말더듬인 대상자들과 비교하여 말더듬 대상자들에게서 활성화가 더 높았다. (A) 문장 읽기와 무의미한 신호 보기. 무작위 효과 분석(random effects analysis)은 $p < .001$, 관찰값(uncorrected). (B) 문장 읽기와 무의미한 신호 보기. 고정 효과 분석(fixed effects analysis)은 $p < .05$, 수정값(corrected), 전체 16명의 말더듬 대상자들 사이의 관련이 없었다(각 차이는 $p < .05$, 수정되지 않음). (C) 의미 결정 과제; 동의어 판단과 색상 판단. 고정 효과 분석이 $p < .001$로 일치하지 않았고(유의미하지 않았고), 16명의 말더듬 대상자들의 주효과는 나타나지 않았다. (D) 우측 전두개(right frontal operculum; RFO)는 읽기와 의미 판단 과제에서 유일하게 공통으로 활성화된다(Preibisch et al., 2003a를 수정했음).

나기 전에 이미 일상적인 조음이 시작될 수도 있다. 이러한 관점은 조음 순서들이 음운 산출 코드의 활성화가 시작하기 전에 시작하는 것처럼 말더듬에서 구어 산출 단계가 도치되는 것과 일치될 수 있다(Salmelin et al., 2000).

말더듬 치료 전과 후의 기능적 신경영상 연구 결과

전반적인 연구 결과

치료를 받지 않은 말더듬인들에게서 대뇌 활성화의 변화들을 설명한 후에, 우리는 성공적인 말더듬 치료에 기인한 뇌 활성화 패턴들에서 변화와 관련된 증거를 설명할 것이다. EEG 연구 결과들은 이미 좌반구 영역들로 전반적인 뇌 활성화의 변화가 이루어졌음을 밝혔다(Boberg et al., 1983; Moore et al., 1984). 기능적인 신경영상법들을 통해서, 유창성 형성 치료법(fluency-shaping therapy)에 기인한 특정한 대뇌 활성화의 변화를 조사했다(De Nil, 1999a; 1999b; De Nil et al., 2003; De Nil & Kroll, 1995; 2001a; 2001b; Kroll et al., 1997; Neumann et al., 2003; 2005). 만약 말더듬이 구어 프로세싱을 하는 동안에 뉴런의 동시성(synchronization)이 방해되는 것이 원인이 된다면, 새로운 치료법 때문에 일어난 새로운 패턴으로 말더듬의 자동적인 구어 패턴을 대체하는 것이 구어 산출을 이끄는 여러 단계의 타이밍에 영향을 미치는 대뇌 활성화 패턴들에서 변화를 일으켜서 보상작용을 반영하는 것으로 기대될 수 있을 것이다. 만약 그 대신에, 유창성 형성 효과가 오직 구어의 리듬화 및 연장화 후에 이차적으로 구어 운동 시스템에 대한 요구의 감소 때문에 발생했다면, 뉴런의 활성화 감소는 유창성 치료 후에 기대될 수 있을 것이다.

토론토 집단의 PET 연구 결과, 비말더듬 피험자들과 비교했을 때, 묵독하는 동안에 ACC에서 처음에는 말더듬 피험자들이 높은 활성화를 보였으나, 이 차이는 치료 후에 감소되었다. 낭독하는 동안에, 치료 후 활성화의 증가를 보였는데, 좌반구의 운동 활성화가 더 많이 증가했음을 보였다. 이 저자들은 이러한 연구 결과들을 구어 산출 동안에 자동화 수준의 증가와 더듬을 것 같은 단어를 조사하기(scan) 위해 필요한 예기의 감소, 실시간 자기 모니터링의 강조의 증가, 그리고 유창성 형성 치료법을 통해서 얻은 조음, 발성, 호흡 동작에 대한 최적의 순서화(sequencing)와 타이밍 등을 나타내는 신호로 해석했다(De Nil & Kroll, 2001a; 2001b; Kroll et al., 1997).

치료를 통해 유도된 유창성에 관여하는 대뇌 활성화 패턴의 변화를 연구하기 위해, 우리는 3주간의 집중적인 유창성 형성 치료 과정 전과 후에 말더듬인의 fMRI 활성화를 비교했고, 추가적으로 말더듬인의 활성화 패턴을 비말더듬 대상자의 활성화 패턴과 비교했다. 또한 5명의 말더듬인을 대상으로 새로운 구어 패턴을 2년간 계속 연습한 후에 fMRI를 실시했다(Neumann et al., 2003; 2005). 낭독을 하는 동안에, 비말더듬 대상자와 비교하여 말더듬 대상자에게서 신경학적 과잉활성화가 좀 더 광범위하게 분포된 것을 탐지했다. 이러한 과잉활성화는 주로 전중심 감각운동 영역(precentral sensorimotor regions)과 전두 운동 영역(frontal motor regions)에서 나타난 반면에, 치료 전의 과잉활성화는 주로 우반구에 국한되어 나타났다. 치료 후에, 과잉활성화는 훨씬 더 광범위하고 좌반구(left-sided)에서 더 많이 발생했다. 치료 전 RFO의 과잉활성화는 치료 후에 현저히 감소되었다. 치료 후의 또 다른 변화로는 말더듬인에게서 좌반구의 전중심 영역(precentral regions), 중간 전두 영역(middle frontal regions), ACC, 섬엽(insula), 피각 영역(putamen regions)에서, 또 좌반구와 우반구 모두의 측두 피질에서 더 많은 활성화가 나타났다(그림 19.3).

전두엽 피질 영역들은 운동 계획 및 실행 프로세스와 관련이 있고, 측두엽 영역들은 청각 프로세스와 관련이 있다. ACC는 운동 조절, 조음, 주의집중, 정서 등의 프로세스와 같은 다양한 프로세스에서 과제의 난이도와 양(load)에 따라 변화하는 활성화를 나타내는 비특정적이고 고차원적인 영역이다(MacLean, 1993; Paus, 2001). 따라서 토론토 집단의 연구자들은 구어를 산출하는 동안에 자동성이 증가한 것에 대한 징후로, 묵독을 하는 동안에 치료 전에는 증가했던 AAC의 활성화가 치료 후에는 감소했다고 해석한 반면에 (De Nil & Kroll, 2001a), 우리는 비특정적인 치료 효과라기보다는 치료 후 ACC의 효과일 것이라고 생각한다. 기저핵과 소뇌 둘 다 말을 더듬는 동안에 감각운동 활동의 타이밍과 협응 프로세스에 관여한다(Alm, 2004; De Nil, Kroll, & Houle, 2001; Giraud et al., 2008). 말더듬인들에게서 치료 후에 소뇌의 활성화와 함께 치료 직후 느린 구어 속도로 증가된 조가비핵(putamen)의 활성화는 다른 fMRI 연구들(Wildgruber, Ackermann, & Grodd, 2001)에서도 나타난 것으로, 구어 타이밍과 운동 조절 프로세스에서 이러한 영역들 사이의 상호작용을 반영할 수 있다. 결과적으로, 치료 후에 말더듬인이 말할 때의 속도는 그때의 운동 조절 영역을 알 수 있었다. 양측 측두엽 활성화(bilateral temporal activations)는 치료 전이 아닌 치료 이후에 볼 수 있지만, 유창성을 유도하는 훈련(maneuvers)이 측두엽의 활성화를 증가시키고(Fox at el., 1996), 측두엽 영역이 대뇌 피질과 피질 하 유창성을 일으키는 시스템의 일부임

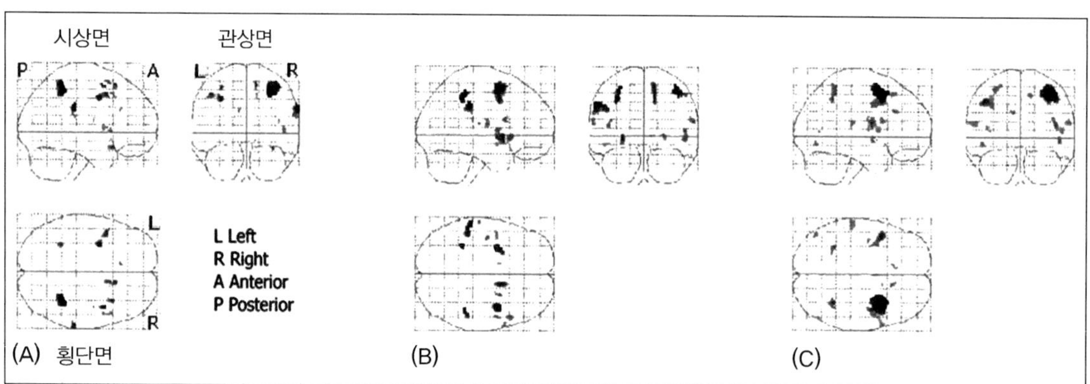

[그림 19.3] ■ 기능적 자기공명영상(fMRI)법으로 촬영하는 동안에 낭독을 할 때 말더듬인들이 비말더듬인보다 더 많이 활성화하는 영역들 (A) 어떠한 치료도 하지 않음(대부분 우반구 활성화), (B) 성공적인 유창성-형성 치료 직후(좌반구로 활성화가 이동하기 전과 비교하여 더 광범한 활성화), (C) 치료 후 2년(치료 전과 비교하여 시속적으로 더 많은 활성화, 우반구에서 더 많은 활성화가 일부 돌아옴)(출처: Neumann et al., 2003).

을 확인했다는 연구 보고에 동의한다(Juäncke et al., 1998; Pool et al., 1991). 좌측 섬엽, 특히 앞쪽 섬엽은 말더듬인들의 비기능적인 좌반구 페리실비안 네트워크의 일부분이라고 하는 다른 연구들(Ingham et al., 2000)에서도 보고되었다. 이 영역은 청각 피드백을 구어 운동 프로그램들과 통합시킨다. 이 영역은 산출된 말(overt speech)에서는 활성화되지만, 산출되지 않은 말(covert speech)에서는 활성화되지 않는다(Ackermann & Riecker, 2004; Christoffels, Formisano, & Schiller, 2007).

의미 과제에서 치료 전보다는 치료 후에, 좌측하 전두 피질(left inferior frontal cortex)에서 활성화의 증가가 발견되었다(Neumann et al., 2003). 의미 결정을 하는 동안에 RFO에서 과잉활성화(Preibisch et al., 2003a)가 일어나는 것과 함께 좌하 전두 피질의 활성화의 증가가 일어나는 것은, 말더듬에 대해 성공적인 보상작용이며 구어 운동 실행에서 거슬러 올라가는 여러 프로세싱 단계들을 보충할 수도 있다.

말더듬인들이 낭독하는 동안 좌뇌-중심앞(left precentral) 부위(조음 프로세싱)에서 그리고 의미적 의사결정을 하는 동안 좌뇌-전전두(left inferior frontal) 부위에서 일관성 있게 활성화가 감소되는 것이 우리의 연구 및 다른 연구들에서도 관찰되었는데, 즉 이 부위들은 청각적 의미와 음운 프로세싱 및 상위 양식의 시각 프로세싱, 조음기관의 운동 프로그래밍 등과 관련되는 부위들이다(Heilmann, Voeller, & Alexander, 1996; Juäncke et al., 1998; Neumann et al., 2003). 이러한 관찰들은 말더듬인들에게서 구어 및 언어, 청각 등의 부위에서의 비활성화에 관한 연구 결과와 일치하는 것이다(Fox et al., 1996; 2000; Ingham et al., 2000; De Nil & Bosshardt, 2001). 이러한 부위들의 비활성화는 좌뇌-전두 운동 계획, 운동 실행과 측두 부위 사이의 섬유 연결 결함에 근거하는 것으로 보아 어떤 기능적인 연관성이 있는 것 같다(Sommer et al., 2002; Chang et al., 2008). 이 가설은 심지어 치료 후 2년 뒤에도 또 새로운 구어 패턴을 관리하여 계속 연습했음에도 불구하고 이 비활성화가 치료에 영향을 받지 않았다는 사실로 확인되었다. 또한 이 비활성화는 심지어 말더듬인들이 치료 후 즉각적으로 새로운 구어 패턴을 이용하여 좀 더 천천히 말을 할 때에도 변화가 없었다. 이러한 이유로, 비활성화는 구조적 이상을 반영하는 것 같다.

말더듬인에게서 구어(oral speech)와 언어 과제(linguistic tasks) 사이의 활성화의 차이를 간접적으로 비교한 결과, 겉으로 표출되는 구어에서 높은 활성화가 나타났고, 겉으로 표출되지 않는 의미적 과제를 수행할 때에는 분명하지 않았다고 했다. 그러나 비[10]활성화(deactivations)가 치료에서는 민감하게 반응하지 않았지만, 특정한 과제를 수행할 때에는 나타났다. 치료 전후 간의 과잉활성화 패턴의 차이는 의미적 판단 과제를 수행할 때보다 낭독 과제를 수행할 때 훨씬 더 두드러지게 나타났으나, 두 과제 모두에서 공통적으로 좌측 영역으로 활성화가 더 많이 일어났다. 우리는 보상작용이 구어 운동 프로세스를 보충할 뿐만 아니라, 인지적 및 언어적 기능에도 관여할 수 있고, 성공적인 치료 후에 강화된 보상작용이 치료 전보다 광범위하게 두 개의 시스템에 관

10) 역주: 非와 不.

여한다고 결론을 내렸다. 이러한 견해는 토론토 집단의 연구를 통해 지지를 받았는데, 이들은 말더듬인과 비말더듬인 간에 구어 산출을 하는 동안에 유의한 차이가 나타난 것과 비교하여 소리를 내지 않고 동사 생성하기 과제를 수행하는 동안에는 유의한 차이가 나타나지 않았음을 밝혔다. 이것은 인지적 및 언어적 수준에서 결함이라기보다는 오히려 운동 계획 및 구어 실행에서 결함이 있다는 표시로 해석되었다(De Nil & Kroll, 2001a; 2001b; Kroll et al., 1997). 또한 베데스다와 산 안토니오 집단은 말을 더듬는 동안에 대뇌의 비정상적인 활성화와 비활성화가 주로 일상적이지 않은(unusual) 구어 운동 활동과 관련된다는 것을 재차 강조했다. 더욱이, 그들은 이러한 비정상적인 활성화와 비활성화는 또한 보완 운동 영역과 오른쪽에 위치하고 있는 브로드만 6번 영역(right lateral Brodmann's area 6)과 같은 전운동 영역(premotor regions)에도 관여되기 때문에, 구어 운동 산출에 대한 계획 전 국면(preplanning phase)도 역시 말더듬에 관여한다고 결론을 내렸다(Braun et al., 1997; Ingham et al., 2000). 후자의 결론은 Max 등(2004)이 제안한 말더듬에 대한 통합적인 운동 조절 이론(integrated motor control theory)에서 핵심이 되는 가정인데, 이 부분은 이 장의 서두에서 개괄한 바와 같이 피드포워드(feedforward)[11]에서와 피드백 조절 메커니즘에서 결정적인 역할을 담당한다. 이러한 가정은 상상한 말더듬(imagined stuttering)에 관한 뇌영상 결과를 통해 지지를 받았다. 예를 들면, 실제 낭독을 하는 과제(overt reading tasks)와 머릿속으로 상상하여 낭독을 하는 과제(imagined oral reading tasks)를 수행하는 동안에 실시한 PET 스캔에서, 말더듬인은 표면적으로 말을 더듬든지 혹은 상상으로만 말을 더듬든지에 상관없이, 유창한 통제 집단 대상자처럼 활성화와 비활성화에서 동일하게 차이를 나타내었다(Ingham et al., 2000). 이 영역들에서 보인 활성화는 운동 조절 또는 감각운동 통합[예: 섬엽의 앞쪽 부분(anterior insula), 전운동 피질, 보완 운동 영역, 소뇌 등]에 관여하는 것을 의미했다.

연속적인 손가락-태핑 과제(finger-tapping tasks)를 하는 동안에 좋지 못한 타이밍 기술들(Max, Caruso, & Gracco, 2003; Webster, 1993)과 묵독 과제를 하는 동안에 비정상적인 안구단속운동(saccade)(Bakker et al., 1991; Bruten & Janssen, 1979)은 말더듬이 단순히 구어 운동 시스템 이외에 운동 기능들도 포함한다는 Max 등(2004)의 가설들을 확인한 것이다. 예를 들면, 말을 더듬는 동안에 이상(anomalies)을 나타내는 청각 시스템은 운동 시스템과 상호작용한다. 더욱이, 신경영상 연구들에서 밝혀진 말더듬과 피질 및 피질 하 시스템 간의 관련성은 운동 영역들만이 관여하는 것이 아니라는 것을 보여준다(Giraud et al., 2008; Watkins et al., 2008). 요약하면, 대뇌 운동 및 운동 계획 네트워크가 감각, 소뇌, 피질 하 영역들을 통합하는 것과 함께, 이 네트워크는 언어 시스템보다는 말더듬에 더 광범위하게 관여하고, 따라서 성공적인 치료를 하려면, 이전보다 운동 시스템뿐만 아니라 언어적 시스템에도 더 많이 관여해야 할 것이다. 이러한 관점이 검증되지는 않았지만, 추후 연구 결과를 통해, 점점 더 많은 연구자들과

11) 역주: 실행 전에 미래에 대해 추론하고, 아직 일어나지 않은 사건을 상상하여 이것을 현재의 행동에 반영할 수 있다. '피드백'에 대비되는 용어이다.

공유할 수 있을 것이다.

우리는 기능적 신경영상법에서 볼 수 있는 과잉활성화들이 말더듬인들에게서 영구적인 결함에 대한 보상 메커니즘을 반영한다고 가정한다. 기능적 결함이 있다는 것은 그 비활성화에 의한 것임을 나타낼 수도 있으며, 그 기능적 결함의 영속성은 치료에도 불구하고 비활성화가 계속됨을 나타낼 수도 있다. 지속적인 비활성화는 치료 후 비교적 가변적인 과제에 따라 과잉활성화되는 것과는 대조를 이룬다. 그 비활성화는 그대로 지속하는 한편, 보상 메커니즘은 구어 패턴과 말더듬의 템포, 심한 정도, 독특성 등에 따라 변할 수 있다. 반면에, 합독, 청각적 차폐, 속삭이기 등과 같은 유창성 형성 기법들을 사용하는 동안에 말더듬 증상을 완전히 없애는 것이 말더듬인들이 구어 운동 조절 영역들에서 선천적으로 결함이 있는 것이 아니라는 관점(De Nil & Kroll, 2001a)을 지지할 수 있다. 치료 후에 활성화 수준이 더 높은 것은 여전히 구어 산출의 자동화가 불충분하지만 조절 및 보상의 정도가 더 높다는 것을 나타낼 수 있다. 더욱이, 좌반구 영역을 더 많이 포함해야 하는 치료에서 활동의 증가를 유도해 낼 것이라는 기대가 확실히 나타났고, 그러한 활동의 기대는 구어, 언어, 청각 영역뿐만 아니라 주로 복잡한 조음 및 운동 타이밍의 요구(즉, ACC, 기저핵, 소뇌)와 관련되었다.

우리의 데이터(Neumann et al., 2003; 2005)는 과잉활성화가 치료를 받지 않은 말더듬인들에게서 이미 활동하고 있는 다양한 영역들을 포함하여 특정한 보상작용 네트워크를 나타내는 것을 제시한다(Preibisch et al., 2003a). 그 보상작용 네트워크는 유창성 형성 후에 보다 더 높은 정도와 보다 더 많은 성공을 회복한다는 것을 나타낸다 (Neumann et al., 2003; 2005). 이러한 관점은 다음과 같은 연구 결과들에 의해서 지지를 받는다. 치료 전에 단지 중정도로 말을 더듬었던 대상자들이 심하게 말을 더듬었던 대상자들보다 더 많이 방해되는 과잉활성화들을 나타냈고, 중정도로 더듬은 말더듬인은 치료 후에 모든 말더듬인들에게 활성화되는 동일한 영역들에서 활성화되는 것을 나타냈다.

소리 내어 말을 하는 동안에 우측 또는 양측의 구어 운동 영역의 과잉활성화, 좌측 전두 피질 부위에서의 비활성화, 우반구에서 치료 후에 비해 치료 전의 높은 활성화, 치료 후 좌측 전두 부위에서 더 많이 분포된 과잉활성화 등이 다른 저자들의 신경영상법 연구 결과와 일치하는데 (Biermann-Ruben, Salmelin, & Schnitzler, 2005; Blomgren et al., 2003; De Nil & Kroll, 2001a; 2001b; DeNil et al., 2008; Watkins et al., 2008), 보통 이러한 연구 결과들이 사실임이 확인되었다.

과제의 친숙성이 높아질 때 말더듬인에게서 뇌 활성화의 감소가 보고되었다(Ingham, 2001). 실제로, 우리는 새로운 구어 패턴이 좀 더 자동화되거나 새로운 구어 패턴을 자주 사용하지 않게 되었을 때로 치료 후 2년 뒤에, 치료 직후와 비교했을 때에 활성화가 약간 감소했음을 관찰했다 (그림 19.3). 그러나 심지어 2년간의 연습을 한 후에도 비교적 높은 수준의 활성화를 지속했다는 것은 결코 완벽하게 자동화될 수 없을 수도 있는 새로운 구어 패턴에 대해 주의집중과 운동 조절이 높게 요구된다는 것을 시사한다.

말로 표현하는 구어 과제(overt speech task)와 말로 표현하지 않는 의미 과제(covert semantic task)에서, 치료 후 활동의 증가가 지속적인 비

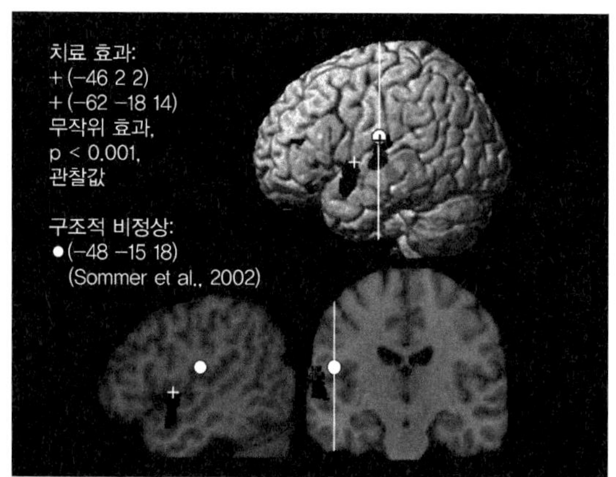

[그림 19.4] ■ 치료 후에 좌반구에서 증가된 활성화(검은 반점들). 일부의 활성화 증가들이 최근에 탐지된 비정상 구조(흰색 지점) 인근 장소에 위치한다. 흰색 선들은 각각 관상면 및 시상면(coronal and sagittal slice)을 나타낸다(From Neumann et al., 2005).

활성화 영역과 인접한 영역에서 발견되었다(Neumann et al., 2005). 가장 흥미로운 점은, 치료 후 활성화가 증가한 영역들은 백질의 이방성(anisotropy)[12]의 감소를 다른 집단(Sommer et al., 2002; Chang et al., 2008)과 우리 연구들에서 밝힌 영역 부근(vicinity)에서 볼 수 있었다는 점이다(그림 19.4). 따라서 비기능적인 영역과 매우 근접한 영역에서 보상작용이 증가하는 것(예: 인접 영역에서 기능을 인수함)은 비기능적인 영역의 복구(repair)라고 가정할 수 있다.

일반적인 치료와 관련된 기능적 신경영상법 연구 결과들의 시사점

피질 병변 후에 가소성이 인접한 영역에 의존하는지 아니면 그 병변과 멀리 떨어진 영역에 의존하는지에 대한 의문은 임상신경 과학 분야에서 오래된 것이다(Nudo, 2003). 그래서 말더듬이 멀리 있는 대측 네트워크(contralateral networks)에 의한 구조적 결함(비정상적인 좌측 백질 및 회백질)의 자발적인 보상작용과 함께 뉴런의 재조직으로 발생한 경우일 수 있다. 하지만 말더듬인들이 치료 전에 비유창성 증상들을 가지고 있었다고 검사받았기 때문에, 치료받지 않은 말더듬인들에게서 볼 수 있는 광범한 자발적인 보상작용은 확실히 단지 불완전하게 손상이 있는 그 기능만을 대체한다. 그 치료는 비말더듬인 대상자들에게서 구어 산출을 하기 위해 생리학적으로 사용되는 좌반구 영역인 좌반구 비활성화에 대한 보상작용을 우반구 영역으로 옮겨가는 것으로 보인다. 따라서 구어 산출 시에 타이밍 프로세스의 정확성을 가능하게 하는 보다 더 효과적인 보상작용은 좌측 네트워크의 복원을 필요로 할 수도 있다. 뇌졸중 후 회복 중인 환자의 경우에서처럼, "정상-비슷한" 대뇌 활성화를 보이는 것이 좋은 기능적 회복을 나타내지만, 그 네트워크 바깥에서 활성화가 많은 것은 통제 집단에서는 좋지 못한 신호의 결과와 관련이 있는 것을 나타낸다(Ward et al., 2003). 말더듬의 경우, 손상된 프로세스에서 일반적으로 관련이 없는 피질 영역들에 의해 일어나는 기능적 대체는 제한되고 불충분한 것으로 보인다(Neumann et al., 2005).

이러한 연구 결과들은 여러 언어 산출 단계에서 동시성의 결함을 위한 보상 메커니즘을 제시한다(Biermann-Ruben, Salmelin, & Schnitzler, 2005; Salmelin, et al., 1998; 2000). 특히, 좌측 전두 피질의 비활성화된 부위들이 좌뇌의 전두 회백질과 백질 간 연결에서의 병리와 관련될 수 있으며, 따라서 운동 준비와 조음 계획 사이의 비정

12) 역주: 물질 구성요소의 성질이 방향에 따라 다른 것. 비등방성(非等方性)이라고 함.

상적 프로세싱 연속과정에 대한 원인이 될 수 있다(Chang et al., 2008; Watkins et al., 2008). 더욱이, 전운동 피질에서의 백질 이상(Watkins et al., 2008)은 후측-상측두(posterior-superior temporal) 피질과 하두정(inferior parietal) 피질의 연결을 경유하는 조음 계획과 감각 피드백을 통합하기 위한 물질(substrate)을 제공하고, 조음 동작들을 집행하기 위해 일차 운동 피질(primary motor cortex)의 연결을 경유하는 물질을 제공하는 통로들을 아마 방해할 것이다.

런던 연구 집단은 이전에 언급한 타이밍 문제를 유창한 구어 조절에 대한 Howell의 EXPLAN 이론에서 고려했다(Howell, 2004; Howell & Au-Yeung, 2002). Brown 등(2005)의 메타분석 결과와 일치하여, 런던 집단의 연구자들은 운동 및 언어와 관련된 뇌 영역들 모두가 말더듬인들에게서 비정상적일 것이라고 가정했다. 만약 언어(PLAN) 프로세스와 운동(EX) 프로세스 모두가 구어 조절에 관여한다면, 언어 시스템은 정확한 순서에 따라 아웃풋(output)을 연속적으로 산출해야 한다. 보통, 운동 시스템은 아웃풋을 산출하고, 아웃풋을 마친 후에, 그 다음의 언어적 아웃풋을 준비하고 산출할 것이다. 만약 이 연속성에서 어떤 한 요소가 언어 시스템을 생성하는 데 어려움이 있어서 지체가 발생한다면, 구어 유창성이 방해를 받게 될 것이다. 이러한 방해는 이미 산출된 구어를 반복하거나 멈춤(pausing)을 통해 일어날 수도 있는데, 이는 화자가 언어적 계획을 완료하기 위한 것이거나 또는 그 계획의 일부분을 계속하게 해서 그 계획된 부분을 실행할 때 나머지 부분을 완료하려고 시도할 수 있게 한다. 만약 시간이 충분하지 않으면, 연장, 반복, 쉼(pauses) 등이 발생할 것이다(Watkins et al., 2008). 그러나 앞에서 언급한 것처럼, 말더듬은 언어적 프로세스보다는 대뇌의 구어 운동 프로세스와 더 많이 관련 있는 것 같다(Braun et al., 1997; Brown et al., 2005; Max, 2004; Neumann et al., 2003; De Nil & Kroll, 2001a; 2001b; Kroll et al., 1997). 반면에 기능적 신경영상 연구와 전기생리적 연구에서, 언어적 과제를 요구하는 것이 많을수록, 비말더듬 대상자와 비교하여 말더듬 대상자에게서 뇌 활성화 패턴이 더 많이 차이 나는 것을 관찰할 수 있었다(Blomgren, McCormick, & Gneiting, 2002; De Nil et al., 2000).

유창성 유도 기법들은 외부의 "클록 발생기(clock generator)[13]"처럼 작용하여, 청각 영역, 구어 운동 계획 영역, 운동 영역 등의 영역들 사이에서 발생하는 신호 전송을 방해하고 동시에 발생하는 페이서(pacer)를 제공함으로써 말더듬을 감소시킬 수도 있다. 따라서 치료에 의해 여러 장애들이 지워지지는 않지만 내부의 자동성(internal automatism)을 확립하는 인공적인 페이싱(pacing)에 의해 보상작용이 되거나 기능적으로 우회된다. 실제로, 치료 후 과잉활성화는 타이밍 프로세스, 즉 전두엽 구어 운동 계획 및 실행 영역들, 측두엽 영역들, 기저핵 등에 관여하는 영역들에서 눈에 띄게 발생한다.

비록 대부분의 기능적인 신경영상 연구들이 남성을 대상으로 수행되어 왔지만, 남성과 여성 말더듬인들 사이에 대뇌 활성화의 차이들은 크지

13) 역주: 주로 발진기를 이용하여 주기적인 펄스를 공급하는 클록 펄스의 근원이 되는 발생기. 펄스는 증폭기를 통해 증폭되어 전체 시스템에 공급되는데 시스템 내의 모든 회로의 동작을 제어한다.

않은 것으로 나타났다(Warkins et al., 2008). 그러한 차이들은 유창하거나 말더듬-없는 구어보다는 특히 더듬은 구어와 관련이 있다고 보고되었다. 말더듬-없는 구어는 주로 스캐너의 큰 소음(loud scanner noise)의 차폐 효과로 인해 fMRI 스캐너에서 관찰된다. 대뇌 활성화가 후자와 관련이 있는 영역들은 "남녀 모두에게서 매우 비슷한" 것으로 설명되어 왔다(Ingham et al., 2004).

기저핵에 관한 연구 결과

지난 몇 년 동안, 말더듬에서 기저핵(basal ganglia)과 관련된 것이 강조되어 왔다(Alm, 2004; Giraud et al., 2008; Maguire et al., 2000; Riley, Maguire, & Wu, 2001; Watkins et al., 2008). 초기 신경영상 연구에서는, 말더듬인에게서 기저핵(왼쪽 미상, left caudate) 대사저하증(hypometabolism)이 나타났었다(Wu et al., 1995; 1997). 구어 운동 프로세싱과 관련 있는 전운동피질, 운동 피질, 기저핵 사이의 뉴런의 연결들은 기저핵 기능장애와 말더듬 사이의 연관을 나타낸다. 틱과 같은(tic-like) 불수의적인 움직임들과 함께, 말더듬에서 일반적인 비유창성들은 기저핵 장애로 발생할 수도 있는 국소성 근긴장 이상(dystonia)과 유사하다. 더욱이, 도파민 길항제(dopamine antagonist)들(예: 할로페리돌, 리스페리돈, 올란자핀 등)의 구어 유창성 향상 효과들 및 L-DOPA의 유창성 악화 효과들이 짐작컨대 도파민 과잉활성화 상태 때문에 말더듬인들에게서 도파민 활성 기능장애(dopaminergic dysfunction)를 발생시킨 것이 아닌가 하는 간접적인 증거를 제공한다(Maguire et al., 2000; Wu et al., 1997; Giraud et al., 2008).

프랑크푸르트(fMRI)와 런던[fMRI 및 diffusion imaging(확산 영상법)] 연구 집단들은 말더듬에서 기저핵의 연관성을 검증했는데, 예를 들면 피질-선조체-시상-피질 회로(cortico-striato-thalamico-cortical loop)에서의 조절장애를 검증했다. 우리의 연구에서, 유창하게 읽는 동안에 뇌 활성화들은 일상의 말하기 상황들에서의 말더듬 심한 정도와 관련되었다(Giraud et al., 2008). 성공적인 말더듬 치료 후에 기저핵 기능의 잠재적인 재조직화를 연구하기 위해, 우리는 추가적으로 치료 전과 치료 후에 낭독하는 동안의 fMRI 활성화들과 초기 말더듬 심한 정도를 관련시켰는데, 더듬은 음절 수의 평균 비율이 10%에서 1%로 감소되었다.

치료 전에, 말더듬 심한 정도는 양측 미상핵(bilateral caudate nuclei) 및 좌측의 내측 상후 두정 영역[(left medial superior posterior parietal region)/중심후 영역(postcentral region)]의 활성화와 정적 상관을 보였다(그림 19.5). 이러한 패턴은 치료 후에는 더 이상 탐지되지 않았다(Giraud et al., 2008). 치료 전 말더듬 심한 정도는 하측두 영역들(inferior temporal areas)에서 나타나는 양측의 활성화와 부적 상관을 보였다. 치료 후에 이러한 상관성은 거의 완전히 사라졌다. 추가적으로, 초기에 말더듬 심한 정도는 전쐐기전엽(precuneus), 시상 앞핵(anterior nucleus)의 치료 후 활성화, 치료 전 좌측 흑질(substantia nigra: SN)과 치료 후 우측 흑질 사이에 역의 관계가 있음이 관찰되었다. 선행연구에서 유창성 형성 치료 후에 기저핵의 또 다른 부분인 피각에서 양측의 활성화가 나타났다(Neumann et al., 2003).

말더듬 심한 정도는 미상핵(정적 상관)과 좌

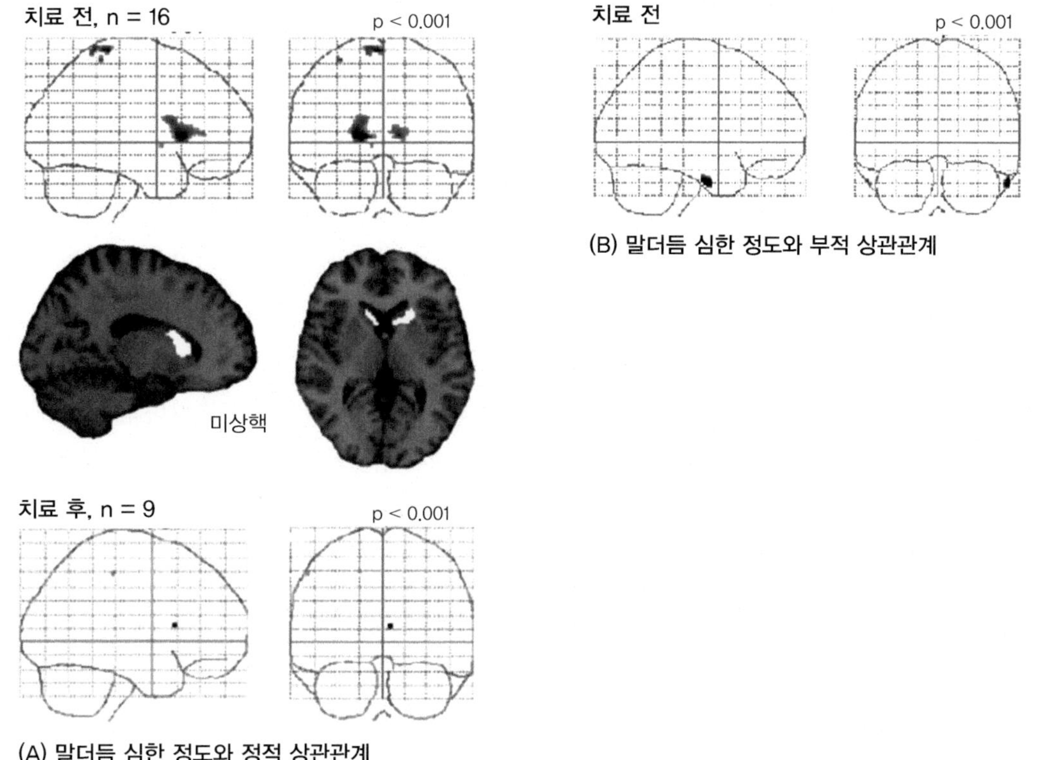

[그림 19.5] ■ 말더듬 대상자들의 기저핵의 기능적 자기공명영상 활성화. (A) 유창성 형성 치료 전후의 말더듬 심한 정도와 유창하게 읽는 동안의 뇌 활성화가 정적 상관관계가 있음. (B) 유창성 형성 치료 전에 말더듬의 심한 정도와 유창하게 읽는 동안의 뇌 활성화가 부적 상관관계가 있음. 치료 후 아무런 영향도 관찰되지 않았음(출처: Giraud et al., 2008).

측 SN(부적 상관)의 양측 활성화와 관련이 있었다. 선조체의 일부분인 핵과 담창구에 속하는 SN은 반대로 활성화된다. 즉, 미상에서의 활성화가 높으면, SN에서의 활성화는 낮다(Gerfen et al., 1990). 말더듬 심한 정도와 핵에서의 활성화 사이의 정적 상관관계와 말더듬 심한 정도와 SN에서의 활성화 사이의 부적 상관관계는 이러한 기능적 대립과 일치한다. 특히, 말더듬이 더 심한 대상자는 핵의 활성화의 증가와 SN의 활성화의 감소를 보였는데, 이는 주로 L-DOPA-유도 운동 장애(L-DOPA-induced dyskinesia)를 특징짓는 양상이다(Rajput et al., 1997). 선조체(striatum)에서 담창구(pallidum)까지의 피드백의 억제가 높으면 강한 시상 탈억제를 일어나게 하여, 결과적으로 구어 운동 피질에서 과잉활성화가 일어나게 할 수도 있다. 말더듬인들에게서, 이러한 불균형적인 상황이 일시적으로 나타나서, 결과적으로 하위 전전두 피질(inferior prefrontal cortex)에 의한 운동 산출의 억제를 겪을 수 있다.

그림 19.6A에서 19.6D는 피질-선조체-피질의 고리(cortico-striato-cortical loop)들을 포함하는 우리의 신경영상 연구 결과들에 기초한 말

더듬의 기능적인 모델을 나타낸 것이다(Giraud et al., 2008). 비말더듬 대상자들에게는, 이러한 고리가 브로카 영역과 구어 운동 피질 영역들 사이에 정적 피드백을 나타낸다. 말더듬인들에게는, 그 모델은 앞에서 설명했던 것처럼, 브로카 영역과 구어 운동 피질 영역들 사이에 구조적 단절(disconnection)을 관련시킨다. 이러한 뉴런의 구어 회로들이 여러 고리들에서 조직화되었기 때문에, 그 모델은 비록 백질 단절이 그 고리 내의 어딘가에 위치하는 기능장애의 결과일지라도 유지할 수도 있다. 이러한 경우에, Salmelin 등(2000)이 설명한 것처럼 전전두엽과 운동 활성화들 사이에 순서가 변경되면, 그럼에도 불구하고 그러한 결과가 발생할 것이다. 따라서 선조체(striatum)가 운동 피질로부터 받는 입력이 타이밍과 음운 특징 모두에서 부정확할 것이다. 이것은 결과적으로 선조체의 확산성 활성화와 아마도 대립하는 음운 운동 패턴들의 억제 감소를 가져올 수 있다(Mink, 2003). 확산성 선조체 과잉활성화(diffuse striatal hyperactivation)는 선조체-피질 피드백의 불균형과 그 불균형을 더 오래 유지하거나 더 증폭시키는 운동 피질의 부적절한 자극(excitation)으로 이끌 수 있다. 선조체에 부정확한 운동 입력은 말더듬 상태가 도파민 과잉활성화 상태도, 과소활성화 상태도 아니지만, 대신에 도파민으로 인해 활성화되는 시스템에서(dopaminergic system) 일종의 조절장애를 일으킨다는 관찰과 부합한다(Goberman & Blomgren, 2004). 음절 반복 및 막힘과 같은 말더듬 증상들은 반복적으로 비정상적 피질-선조체 고리들로 잠그는(lock) 것으로 설명할 수 있다(Giraud et al., 2008).

그 뒤에, 말더듬인들은 일반적으로 기능적인 신경영상법 연구들에서 과잉활성화되는 것으로 발견되는 말더듬인들의 우측 전전두(right-prefrontal)와 운동 영역들을 포함하여 운동 피질(그림 19.6의 C에서 위쪽의 굵은 화살표)에 적당한 인풋(input)을 저장시키기 위해 자발적인 보상 전략을 사용했다(De Nil et at., 2000; Fox et al., 1996; Ingham, 2001; Neumann et at., 2003; 2005). 이 가설은 자기 모니터링과 언어 회복과 관련이 있는 RFO가 언어 또는 구두 과업들을 수행하는 동안 말더듬인들이 비말더듬인 피험자들과 비교했을 때 일관되게 과잉활성화된다는 우리의 이전 연구들과 일치한다(Preibisch et al., 2003a). 말더듬인들에게서 구조적인 병변(Sommer et al., 2002; Chang et al., 2008; Watkins et al., 2008)과 구어 프로세싱 단계들의 비정상적인 연속순서(sequence)를 통해 나타난 바와 같이, 만약 좌측 전전두와 운동 영역들 사이의 단절로 인해 브로카 영역에 의한 조절이 불가능하게 된다면, RFO에 의한 보상작용이 아마 필수적일 것이다(Salmelin et al., 2000). 따라서, 말더듬인들이 브로카 영역 대신에 RFO를 사용할 때, 적절한 인풋의 부분적인 회복이 얻어질 수 있으며, 이것이 좀 더 유창한 구어로 이끌게 하지만, 또한 RFO와 좌측 구어 운동 피질 사이의 거리 때문에 구어 산출이 지연될 수도 있다.

성공적인 말더듬 치료는 구조적 이상(structural anomalies)이 있는 영역의 주변 영역들을 재활성화함으로써 좌측 운동 피질의 구어 프로세싱을 재편측화(relateralize)할 수 있고(Neumann et al., 2005), 그래서 구어 프로세싱의 지연을 제거하고, 운동 피질 및 선조체(striatum)로 입력을 정상화

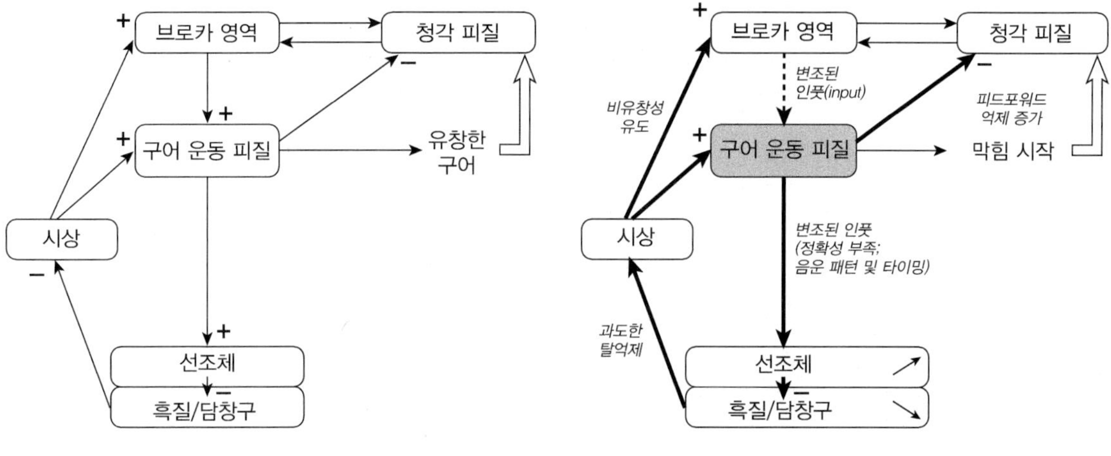

(A) 유창한 화자

(B) 말더듬 대상자(국면 1, 구어 개시)

(C) 말더듬 대상자(국면 2, 자발적인 구어 수정, 우반구에 의한 보상작용)

(D) 말더듬 대상자(국면 3, 치료 후)

[그림 19.6] ■ 말더듬, 보상작용, 수정에 대해 제안한 모델들. (A) 유창한 화자, (B) 구어 개시 동안에 말을 더듬는 화자, (C) 자발적으로 구어 보상작용을 하는 동안에 말을 더듬는 화자, (D) 유창성 형성 치료법을 통해 재편측화를 한 후에 말을 더듬는 화자 등에게서 구어 산출에 관해 단순화시킨 생리적 모델(출처: Giraud et al., 2008).

할 수 있다(그림 19.6D). 우리의 모델은 또한 말을 더듬는 동안에 브로카 영역과 베르니케 영역에서의 비활성화와 유창하게 합독 읽기(chorus reading)를 하는 동안에 좌측 미상(caudate)에서 비활성화 및 SN에서 활성화의 증가만을 보이는 전반적으로 정상적인 패턴에 대한 연구 결과들도 쉽게 수용했다(Wu et al., 1995).

우리는 또한 말더듬 심한 정도와 좌측 안쪽 상후 두정부/중심뒤 영역(medial posterior-superior parietal/postcentral region)(브로드만 영역 4번, 5

번, 7번) 사이에 정적 상관관계를 발견했다. 미상핵과 이 영역의 양방향성의 뉴런 연결이 유명한 학자(Leichnetz, 2001)의 실험 연구와, 헌팅턴(Huntington) 병(Kassubek et al., 2004)과 태아 선조 동종이식(fetal striatal allograft)을 사용한 헌팅턴 병의 치료법(Gaura et al., 2004)에 기초하여 밝혀졌다. 따라서 이 뉴런 연결이 심한 말더듬 대상자의 미상에서의 과잉활성화와 상 중심뒤 영역(superior postcentral region)에서의 과잉활성화 사이의 관련성을 설명할 수 있을 것이다.

몇 가지 연구 결과들은 더 중정도로(more moderately) 말을 더듬는 사람들이 좀 더 심하게 말을 더듬는 사람들보다 자신들의 청각 피드백으로 전달된 구어의 의미를 더 잘 프로세싱한다는 것을 제시한다. 이러한 연구 결과들에는 ① 우리의 연구(Giraud et al., 2008)에서 말더듬 심한 정도와 양측, 대개는 우반구 앞쪽 아래 측두 피질들(anterior-inferior temporal cortice)과의 사이에 강력한 부적 상관관계, ② 청각 피질(auditory origin)에서 의미적인 정보를 프로세싱할 때 우측 앞쪽 배측의 측두 영역들(right anterior ventral temporal region)의 관련이 알려졌음(Marinkovic et al., 2003), ③ 언어와 관련된 잠재적 유발 반응(evoked potental response)이 늦는 것에 미치는 기저핵의 영향(Frisch et al., 2003) 등이 포함되어 있다. 말더듬인들에게서 청각 피드백 정보의 프로세싱에 관한 이러한 일반화는 구어 운동 계획에서 결함이 청각 피드백 프로세싱을 직접적으로 변경한다는 가설과 잘 맞는다(Brown et al., 2005; Max, 2004; Watkins, et al., 2008). 말더듬인들에게서, 프로세싱은 평행 구어 운동 산출(parallels speech motor output)이 원심성 신경 복사(efference copy)[14]에 의해 다음 발화들의 청각 프로세싱을 비정상적으로 억압할 수 있다는 것을 복사하는 데 다음 발화들도 소리의 의미 프로세싱과 같은 이후의 프로세싱 단계들에 영향을 미칠 수 있다(Giraud et al., 2008).

우리의 2005년 fMRI 연구에서, 성공적인 유창성 형성법은 좌측 청각 및 운동 피질들뿐 아니라 피각(putamen)에서 우세한 활성화의 증가와 함께, 모든 말더듬인들의 구어 및 언어 네트워크를 재측성화(relateralized)시켰다(Neumann et al., 2005). 이 연구 결과는 이 치료법이 기저핵 기능에 직접적이고 현저하게 작용한다는 것을 제시한다. 치료가 말더듬에게 가장 심하게 영향을 미치는 것으로 특징지어진 미상핵의 비정상적인 활성화를 수정한 것이다. 단지 우측 미상핵[15]에서 작은 정적 상관과 우측 SN에서의 부적 상관만이 남아 있었다. 피험자들이 스캐닝을 하는 동안에는

14) 역주: 인간이 어떠한 움직임을 행할 때, 대뇌에서 내려진 명령은 중추신경계를 따라 인체의 근육조직에 보내지고(원심성 신호), 이와 똑같은 신호가 소뇌에도 보내진다(원심성 복사본). 또한 대뇌의 명령을 받은 움직임은 감각영역에서 생성된 구심성 복사본을 소뇌로 전달하며, 소뇌는 원심성 복사본과 구심성 복사본을 비교 검사하여 만일 다르다면 수정을 하는 것이 일반적인 과정이지만, 소뇌에 원심성 복사본만 전달된 경우에는 명령된 움직임과 수행된 움직임이 틀려도 잘못 수행된 움직임이 옳은 것으로 판단하는 경우가 있다(예: 운전자가 브레이크페달의 위치에 대해 강한 확신을 갖고 있고, 다리의 근육이 올바른 동작을 할 것으로 믿는 경우, 일단 다리 동작이 시행되면 발이 브레이크페달을 밟고 있다는 감각적인 느낌을 확인하지 않고도, 페달 오조작 여부와 관계없이 정상적으로 페달을 밟고 있다고 생각할 수 있다).

15) 역주: 우측의 운동 활성화가 증가되어 '정상적인' 상태가 보상된 말더듬인들에게서 기저핵으로의 인풋이 일시적으로 '비정상적'일 수도 있지만, 피험자들은 스캐닝을 하는 동안에 말을 더듬지 않았기 때문에, 기저핵을 포함한 구어 산출 회로의 완전한 정상화가 일어났을 것이다.

말을 더듬지 않았기 때문에, 기저핵을 포함하는 여러 구어 산출 회로의 완전한 정상화(genuine normalization)가 일어났을 수도 있을 것이다. 이 때 기저핵으로의 인풋이 일시적으로 '비정상적' 일 수도 있지만, 그 피험자들의 "정상적인" 상태는 우측의 운동 활성화가 증가되어서 보상작용된 상태일 것이다(Giraud et al., 2008). 낮은 구어 속도가 일반적으로 기저핵의 활동의 증가와 관련되기 때문에, 치료 후 감소된 구어 속도는 미상핵의 비정상적인 활성화의 소멸을 설명하지 못한다(Ingham et al., 2004).

만약 좌측 전두 피질, 전전두 영역, 감각운동 영역에서 회백질과 백질의 비정상성이 일반적으로 말더듬과 관련된다면(Sommer et al., 2002; Chang et al., 2008; Watkins et al., 2008), 앞쪽 섬엽(anterior insula)이나 기저핵 구조물과 같은 또 다른 좌측의 운동 영역들에서의 활성화 패턴이 좌반구의 운동 및 감각운동 통합 기능에서의 일탈(선천적이거나 구조적 결함 이후에)과 관련된다는 것을 나타낼 것이다. 대안적으로, 이는 보상작용을 반영하는 것일 수도 있다. 우리는 미세한 구조적 비정상이 광범위한 대뇌의 재조직화를 어떻게 초래할 수 있는지에 대해 궁금해할 수 있다. 분명히, 그 구조적 결함은 피질 및 피질하 영역의 재조직화를 유도하기에 충분한 기능적으로 잠재력 있는 요소이다(Giraud et al., 2008).

말더듬은 피질의 구조적 결함과 근본적인 섬유의 결함(fiber deficiencies)으로 인해 발생할 뿐만 아니라, 보다 직접적으로는, 구어 산출의 타이밍을 방해하는 기저핵의 기능 이상으로 인해서도 발생할 수 있다(Alm, 2004). 이 가설에 대한 한 가지 논쟁은 미상핵(caudate nucleus)에서 활동이 치료 후가 아닌 치료 전에 말더듬의 심한 정도와 관계있다는 것이다. Giraud 등(2008)은 치료 전 활동 수준에 따라서 치료가 미상핵에 다른 영향을 미치는데, 치료 후 활동은 치료 전에 처음에 활동 수준이 높은 경우에는 감소했고, 반대의 경우(처음에 활동 수준이 낮은 경우)에는 증가했다고 보고했다. 이러한 연구 결과는 기저핵에서 운동 학습에 미치는 영향은 학습하고 있는 프로세스에 대해 성취한 자동화의 정도에 따라 결정되는 것을 관찰한 사실과 일치한다. 운동 학습의 초기 여러 단계 동안에 뇌의 활동이 감소되는 것이 보고된 반면에, 단지 실행 속도가 증가된 것과 같이 이미 유지되어온 습득된 운동 시퀀스는 활동이 증가했다(Léhericy et al., 2005). 아마 가장 심한 말더듬 대상자들은 치료를 받는 동안에 새로운 운동 시퀀스를 완전하게 배워야 하지만, 덜 심한 대상자들은 치료의 진전된 단계를 이미 습득했을 것이다(Giraud et al., 2008).

런던 연구 집단은 또한 말더듬인들에게서 중뇌의 기저핵 수준에서 나타나는 대뇌 과잉활성화를 발견했다(Watkins et al., 2008). fMRI를 사용하여, 런던 집단의 연구자들은 말더듬인들에게서 좌측 배쪽 전운동 피질(left ventral premotor cortex), 우측 롤란도 덮개(Rolandic operculum), 양측 감각운동 피질(안면 표현), 좌측 일차 청각피질 등에서 낮은 활성화를 발견했다. 더욱이 그들은 좌측 대상구(left cingulate sulcus), 양측 앞뇌섬엽(bilateral in the anterior insula), SN 수준에서 중뇌 영역, 대뇌각교뇌 핵(pedunculopontine nucleus; PPN), 시상하부 핵(subthalamic nucleus; STN), 적색핵(red nucleus), 소뇌 등에서 과잉활성화를 확인했다. 이러한 과잉활성화되는 핵의 대부분이 대뇌 기저핵 회로의 부분들이다. PPN은 주로 걸음걸이와 관련된 상동행동의 시작 및 조절과 관련이 있으며, STN과 함께 구어 비유창성과도 관련될 수 있는 파킨슨(Parkinson) 병에서 치료의 표적이 된다(Warkins et al., 2008). 적색핵의 활동이 또한 말더듬 치료 후에 증가하는 것으로 보고되었다(Neumann et al., 2003).

Watkins 등(2008)은 정상, 지연, 주파수 변조 등의 피드백 조건에서 fMRI 실험을 수행했다. 지연 또는 주파수 변조 피드백은 말더듬 대상자 및 비말더듬 대상자 모두에게서 상 측두 피질(superior temporal cortex)에서 양측으로 활동의 증가를 나타내었고, 지연된 피드백은 우하 전두 피질(right inferior frontal cortex)에서 활동의 증가를 나타내었다.

말더듬에서 일반적으로 뇌 가소성과 관련된 기능적 신경영상 연구 결과

말더듬에서 일어날 수 있는 뇌의 변화를 설명하기 위해서, 일반적으로 신경가소성(neuroplasticity)을 고려할 필요가 있다. 말더듬에서는 기능적 신경가소성에 대한 두 가지 중요한 형식인 상동 부위의 적응과 맵 확장을 관찰할 수 있다. 상동 부위의 적응이란 특정한 인지 프로세스는 반대쪽 반구의 상동 부위에서 역할을 이어받는다는 것을 의미한다. 둘째, 맵 확장이란 기능적 뇌 부위가 하는 수행에 기반하여(performance-based) 증가한다는 것이다(Grafman, 2000). 말더듬인들에게서 대뇌 과잉활성화들은, 아마도 일차적인 병변을 보상하는 것으로써 소리 내어 말을 할 때 여러 부위가 회복되어 확장된다는 것을 나타낸다. RFO의 회복(recruitment)은 상동 부위의 적응이다. 그러나 이 자발적인 보상작용은 그 사람이 계속해서 말을 더듬기 때문에 비효과적인 것 같다. 따라서, 효과적인 치료는 좌반구 결함의 보상작용을 우뇌의 상동 부위들에서 좌뇌의 결함 부위에 근접한 부위들로 변경하는 것이다. 따라서, 효과적인 보상작용은 좌뇌 네트워크들의 회복을 필요로 하는 것(병소-보상 이론, lesion-compensation theory)으로 보인다(Neumann et al., 2005). 느리고 규칙적인 구어 측정을 연습하는 것을 포함하는 유창성 향상 기법들은 외적 보조자(pacer)로 역할을 할 수 있으며, 그로 인해 청각 영역, 구어 계획 영역, 집행 영역 사이에 방해받는 신호의 이동을 회복하고 동시화할 수 있을 것이다.

말더듬인에게서 비정상적인 활성화를 보이는 여러 뇌 영역에서 활동 수준이 말더듬의 심한 정도와 정적 혹은 부적 상관을 보이는지에 따라, 그 활성화를 병리적인 현상(정적 상관)이나 보상적인 현상(부적 상관)으로 생각할 수 있다. 다시 말해서, 어떤 개인이 더 심하게 말을 더듬을 때 많이 활성화되는 영역들(정적 상관)은 아마도 일차적으로 병리적인 현상을 나타낸 반면에, 어떤 개인이 중정도(moderately)로 말을 더듬을 때 더 많이 활성화되는 영역들(부적 상관)은 보상적인 현상을 나타내야 한다. 그러나 구조적 결함은 적응상태(adaptation)라기보다는 어떤 장애의 발단(origin)을 더 많이 제시하는 것 같다. 이러한 구별점들은 장기간 지속되는 회복과 관련된 말더듬뿐만 아니라 말더듬을 보상하기 위해 동원되는 뇌 영역들을 확인하는 데 도움이 될 수도 있다. 우리가 RFO에서 발견한 과잉활성화는 말더듬의 심한 정도와 부적 상관을 보였는데, 이는 이 영역의 보상작용 기능을 나타낸다. 그러나 좌반구의 실비안열 주변 영역, 청각 피질들, 기저핵 구조들 등에서 대뇌의 활성화와 말더듬의 심한 정도가 정적 상관을 보였으며(예: 우리 연구에서, 말더듬이 더 심한 사람일수록 이 영역에서 더 많은 활성화를 보였음), 이는 앞에서 언급한 구조적 비정상에 의해 영향을 받은 이러한 영역들에서 원인으로 작용하는 병리적 현상이라는 것을 제시한다.

최근에, 말더듬 대상자와 비말더듬 대상자 간을 비교하는 통계 지도(statistical maps)를 합성(superimposition)하여 기능적 차이와 구조적 차이 간의 관계를 입증하는 것이 가능해졌다. 예를 들면, 런던 연구 집단(Watkins et al., 2008)은 좌측 배쪽 전운동 피질에서 기능적 활성화의 감소와 말더듬인들에게서 우측 전운동 피질이 좀 더 배쪽으로 위치해 있다는 사실은 백질 영역 위에 완전성(integrity)이 감소된 것과 직접적으로 관련된다는 것을 입증했다.

시사점과 향후 방향

신경영상 기법들과 데이터 분석 절차들이 향상됨에 따라, 기능적 및 구조적 데이터가 여러 연구들과 점점 더 일관성 있게 되었다. 그 연구들은 말더듬인들의 대뇌를 구조적 및 기능적 비정상성(anomalies)에 대한, 지금은 조각처럼 흩어져 있는 것을 통합적인 관점에서 볼 수 있게 한다. 기능적 신경영상법을 사용한 연구들은, 말을 하는 동안에 비말더듬인들과 비교했을 때, 말더듬인들이 구어-언어 영역들에서 우반구 혹은 양측 대뇌의 신경 활성화가 더 많은 것을 확인했다. 우리는 우반구 연구 결과들이 일차적으로 좌반구 병변들에 대해 자발적이지만 매우 효과적인 보상은 아니며, 결과적으로 말더듬인들의 구어 및 언어 시스템에서 기능장애를 반영한다고 가정한다.

보상작용은 유창성 형성 치료를 실시한 후에 향상되고 개선되었으나, 만약 말더듬이 청소년기와 성인기까지 지속된다면, 대부분의 경우에 유창하거나 완전히 자발적인(자동적인) 구어를 하지 못하는 결과를 가져온다. 비록 우측 과잉활성화들이 치료 후에도 오래 지속할지라도, 활성화는 좌반구 영역들에서도 상당히 증가한다. 활성화에서 이러한 보상작용이 증가하는 것은 비활성화된 영역들과 인접한 영역들의 비활성화와 관련되는데, 이것은 영구적인 구조적 백질과 회백질의 장애를 반영한다. 활동은 특히 청각 및 전두 구어 운동 계획(frontal speech motor planning) 영역들과 실행 영역들에서 증가되지만, 또한 조음 복잡성과 타이밍 요구들(기저핵)이 강화된다.

이러한 연구 결과는 ① 유창성 형성 말더듬 치료법의 성공은 기능적으로 손상된 신경조직의 부근에 위치한 정상적으로 기능을 잘 발휘하는 피질의 구조물들을 효과적으로 기동시키는 것과 관련 있을 수도 있다, ② 좌측 운동 활성화를 복원하는 것은 브로카 영역과 구어 운동 피질 사이의 교류를 개선시키는 것과 관련되어야 한다는 것을 나타낸다. 따라서 구어 산출을 유도하기 위해 여러 단계들을 시간의 순서로 교정해야 한다는 시사점을 준다.

그러나 우리가 찾고 있는 것은 효과가 (일생 동안) 장기간 지속되는 치료 접근법들이다. 이것이 변경된 패턴으로 보조를 맞춘 구어(paced speech)를 자동화함으로써 실현될 수 있는가? 가장 효과적인 치료 방법들을 찾기 위해, 완전

〈표 19.2〉 말더듬인들 뇌의 기능에 관한 연구 결과들의 요약

치료받지 않음

- 비말더듬 피험자들과 비교했을 때, 앞쪽 두정엽(frontalparietal)의 운동 및 구어-언어 영역, 우반구 배측 앞쪽 두정 신경망(right-hemispheric dorsal frontoparietal network) 및 좌측 소뇌 부위들에서의 활성화가 더 많음
- RFO(우측-전두덮개, 브로드만 영역 47 및 12번)에서 특히 활성화가 더 많음; 말더듬 심한 정도와 부적 상관은 보상작용 기능을 나타냄
- 말을 더듬는 동안에 청각 부위들에서 비말더듬 피험자들에게서 활성화가 더 적음, 유창하게 말하는 동안에는 비말더듬 피험자들에게서 활성화가 더 많음

성공적인 유창성 형성법 치료 후 말더듬이 약간 계속되는 경우

- 치료 전보다, 구어 및 언어와 관련된 부위들에서 활성화가 훨씬 더 많이 확산됨
- 좌반구 영역들에서, 특히 병소 주위 영역들에서 활성화가 더 많음
- 기저핵(basal ganglia)와 피질-선조체-시상-피질(cortico-striato-thalamus-corical) 회로의 재기능화
- 조음의 좌측 일차 운동(left-primary motor) 영역(롤란도 덮개)에서의 활성화와 말더듬 심한 정도 사이의 지속적인 정적 상관은 일차적으로 병변을 나타냄
- 치료 전보다 청각 부위들에서 활성화가 더 많음

자발적 및 치료로 유도된 회복(성인)

- 좌측 전두 부위들과 양측 청각 영역들에서의 활성화

히 또는 거의 완전히 회복한(완전하게 회복했거나 거의 회복한) 말더듬 성인들을 대상으로 조사하고자 한다. 남성 성인들을 대상으로 우리가 최근에 실시한 fMRI 연구는 말더듬인 피험자들에게서 RFO와 청각 영역에서 예상한 대로 과잉활성화를 나타냈고, 지속성 말더듬인들과 비말더듬인들에게서보다 회복된 말더듬인들에게서 더 많이 활성화된 유일한 영역이 좌측 전두엽 피질 영역인 것을 확인했다. 회복된 말더듬인들이 RFO에서 과잉활성화와 좌측 하전두 피질(left inferior frontal cortex)에서 회백질 결핍과 같은 말더듬인들의 핵심 특성들을 나타낸 사실은, 회복된 말더듬인들의 병인과 말더듬인 집단의 병인(etiologic affiliation)이 결코 다르지 않다는 것을 나타낸다. 그러나 좌측 전두엽 피질 영역의 활성화는 회복된 말더듬인들이 보상작용을 하고 있는 것에 대한 특징적인 방법임을 나타낸 것이라고 제시한다. 이 영역은 언어적 과제[예: 말로 표현하지 않는 그림 명명하기(covert picture naming), 동사-산출 과제(verb-generation tasks), 어휘 인출(word retrieval), 형태학적으로 복잡한 단어 표현하기 등과 같은 어휘/의미 과제] (Badgaiyan, Schacter, & Alpert, 2002; Dapretto & Bookheimer, 1999; Preibisch et al., 2003a, Thompson-Schill, D'Esposito, & Kan, 1999) 뿐만 아니라 점대점 도달 운동(point-to-point reaching movements), 복잡한 순차적인 동작, 운동 계획 등과 같은 운동 과제들(Schaal et al., 2004)과도 연관되어 있다. 인간 이외의 영장류와 인간으로부터 얻은 해부적 및 기능적 데이터는 이 영역이 하향식 조절에 관여하는(Hashimoto & Sakai, 2003; Vuust et al., 2006) 앞쪽 섬엽, 평면극(planum polare), 기저핵 등과 같은(Mesulam & Mufson, 1982; Petrides & Pandym, 2002) 페리실비안 영역에 대한 하향식 조절을 실행하는 것을 나타낸다. Vuust 등(2006)은 등척성 리듬

(isometric rhythm)으로 박자를 맞추는(keeping time) 동안은 아니지만, 음악적인 리듬을 카운터 측정기(countermeter)로 유지한다면 이전에 언급한 전두엽 피질 영역의 양측 활성화를 나타냈다고 했다. 메인측정기(main meter)와 카운터측정기(countermeter)의 효율적인 통합은 좌측 안와 전두 피질에 위치해 있었고, 또한 우리의 연구와 다른 집단의 연구(Neumann et al., 2003; Watkins et al., 2008)에서 지속성 말더듬인들이 과잉활성화되는 영역들인 연상회(supramarginal gyrus)와 섬엽도 관련되었다. 이러한 연구 결과는 말더듬에서 구어 박자 프로세싱(speech meter processing)의 역할을 시사한다. 이와 함께, 이러한 연구 결과들은 회복된 말더듬인들의 좌측 전두엽 피질 영역과 좌측 섬엽의 관계(engagement)가 어긋나는 구어 측정기를 성공적으로 적응된 운동 프로그램으로 합류시킴으로써 분명히 말더듬을 제거할 수 있었다는 것을 제시한다. 따라서 구어 측정기를 훈련하는 것(어떤 치료 접근법에서 시도한 것처럼)이 잠재적으로 말더듬인들에게 장기간 지속되는 치료 효과를 강화할 수 있다. 그러므로 향후 치료의 개념들은 이러한 전두엽 피질 영역과 청각 영역 및 기저핵 영역들의 재기능화(refunctionalization)에 초점을 맞추어야 할 것이다.

지금까지, 신경영상법은 유창성 형성 치료법들을 조사하기 위해서만 사용되어 왔다. 신경영상법은 또한 말더듬 수정법과 같은 다른 여러 치료법들 혹은 리드콤 프로그램과 같은 아동용으로 특별히 계획된 치료법들의 치료 효과를 검증하는 데도 관심을 가지고 있다. 하지만 신경영상법은 대뇌 활성화 데이터와 연관성이 있을 수 있는 말더듬 수정의 전과 후에 실시되는 말더듬에 대한 신뢰할 수 있는 측정을 얻기 위해 대단히 중요하다. 신경영상법은 말더듬을 완전히 회복할 수 있는 학령 전 아동들의 성공적이고 치료로 유도된 대뇌 가소성 프로세스를 연구하는 데 특히 가치 있을 것이다. 하지만, 현 시점에서 기능적 신경영상 프로세스들은 (적어도 45분이 소요되는 인지 과제를 수행하는 동안 꼼짝하지 않고 누워 있어야 하기 때문에) 어린 아동들을 대상으로 사용하는 것이 적합하지 않을 수 있다.

말더듬에 대한 신경영상 연구들에 대해서 많은 다른 질문들을 하는 것이 가치 있을 수 있다. 예를 들면, 치료 후에 일정 기간 내에 재발한 대상자와 유창성을 유지하는 대상자에게서 대뇌 활성을 비교할 때 어떤 차이점들을 관찰할 수 있는가? 반복적인 경두개 자기 자극법(rTMS; repetitive transcranial magnetic stimulation)으로 뇌를 자극하는 것이 유용한가? 설명된 신경영상 연구 결과들이 이러한 치료를 하기 위한 표적 영역들을 찾는 데 우리에게 도움이 되는가? 이제까지, 말더듬인들에게 rTMS 치료가 성공적이지 않은 것으로 보고되었는데, 아마 이 치료법에 관한 의문으로 인해 그 영역들에 접근이 제한되었기 때문이지만, 장기 뇌 가소성 변화를 일으키는 것으로 알려져 있으며, 이 치료법 외 다른 여러 치료법으로 효과가 없는 극도로 심한 말더듬의 경우에, 심부 뇌 자극법(DBS; deep brain stimulation)이 도움이 될 수 있는가? 어느 영역이 표적 영역인가? STN 또는 또 다른 기저핵 구조인가? 현재로서는, DBS가 구어 유창성을 높일 수 있다는 증거가 없다. 이와 반대로, 파킨슨 병에 STN의 심부 뇌 자극법을 실시하는 치료법이 말더듬 심한 정도를 악화시킨다는 것이 보고되었다(Burghaus et al., 2006).

그러나 뇌 가소성에 대한 연구는 과거 수십 년 동안에 급속도로 확대되어 왔고, 병변이 있는 사람과 건강한 사람 모두에게서 환경적인 인풋들(inputs)에 의해 형성되는 아동의 발달 중인 뇌, 성인의 뇌, 노인의 뇌에 대해 현저한 능력을 증명해왔다(Rossini & Dal Forno, 2004). 뇌졸중으로부터의 회복에 대한 여러 연구들에서, 우리는 뇌의 감각운동 영역들에서 병소와 인접한 신경 네트워크들이 손상된 뉴런들에 의해 이전에 작동된 기능을 점진적으로 인계받을 수 있다는 것을 알았다. 그러한 재조직화는 감각운동 피질들의 체성순서배열(somatotopic organization)에서 뇌반구 사이의 여러 차이를 효과적으로 수정한다.

이전에는 사춘기 이전의 연령을 운동 학습(motor learning)의 황금기로 여겼고, 중년기를 시작할 시기를 운동 학습 능력이 약화되기 시작하는 시기로 생각했다. 그러나 현재는 성인에게서도 가소성 있는 재형성(plastic remodeling)이 계속적으로 일어나며, 운동 피질에서 가소성 있는 변화들은 며칠 혹은 심지어 몇 분 만에 새로운 운동 기술을 습득하는 동안에 일어나는 것으로 알려져 있다(Classen et al., 1998). 신경영상법을 사용하여 증명되고 있는 뇌에서의 훈련 후 변화를 살펴보면, 간단한 훈련을 하고 훈련 직후에 검사를 했을 때 활성화가 감소하며, 집중적인 훈련이나 치료 후에 활성화가 증가하고 변한다는 것이다(Desmond & Fiez, 1998). PET과 fMRI 연구 결과들은 말더듬에 대한 유창성 형성 치료를 하는 동안에 구어 운동 및 언어적 프로세싱에 관여하는 여러 뇌 영역들의 가소성 있는 재형성(remodeling)이 발생할 수도 있음을 제시했다(De Nil & Kroll, 2001a; 2001b; De Nil et al., 2003; Kroll et al., 1997; Neumann et al., 2003; 2005). 현재, 신경영상법의 도움을 통해, 우리는 그러한 변화들이 발생할 수도 있는 많은 핵심 영역들을 알게 되었다. 우리는 또한 조음의 계획 및 감각 피드백 통합(특히, 이것들의 상대적인 타이밍)의 문제는 말더듬 치료를 통해 훨씬 더 효과적으로 해결된다는 것을 알게 되었다. 이러한 핵심 영역들과 문제들을 표적으로 하는 것이 아마도 지금까지 연구된 유창성 형성법 이외에도 다양한 치료법들을 사용할 수 있게 하며, 신경영상법은 이러한 여러 치료법들을 통해 달성될 수 있는 뇌 조직화의 본질에 대해 좀 더 구체적인 피드백을 제공할 수 있을 것이다.

감사의 글

우리는 이 장을 작성하는 데 지속적인 자극과 격려를 준 Luc De Nil과 원고를 준비하는 데 도움을 준 Yevgen Zaretsky에게 감사의 말을 전한다.

제 20 장

요약 및 향후 방향

Rebecca J. McCauley and Barry E. Guitar
(곽미영 역)

이 마지막 장에서, 넓은 관점에서 유사점과 차이점을 보기 위해 여러 단계들을 되돌아가서 책 전체를 요약하고, 그런 다음 각 연령 집단 및 전체에서 여러 치료법을 지지하는 연구 증거의 수준들을 살펴볼 것이다. 그 다음에, 우리는 가장 첫 장에 각각에 대한 코멘트를 첨가하면서, 각각의 독자들을 위해 서술해 나갈 것이다. 특히, 몇 가지 연습문제를 제공하여, 각 독자들이 이 장에 있는 정보와 다른 곳에서 찾아볼 수 있는 정보로 말더듬 치료법에 관한 결정을 할 때 도움 방법에 대해 자세히 제시할 것이다. 최종적으로, 말더듬인과 그 가족들을 돕는 데 다양한 지위(자격)를 가진 독자, 즉 이 장에서 연대기순으로 기록한 진보들을 계속할 필요(책임, 욕구)가 있는 장래나 현재의 연구자들과 같은 새로운 독자들에 대해 언급하면서 마무리짓고자 한다.

유사점과 차이점

독자가 이 책을 읽으면서 본 것처럼, 이 책은 말더듬을 거의 제로수준까지 감소시키는 것에서부터 의사소통 태도를 향상시키는 것에까지 다양한 말더듬 중재법에 대한 기본 목표들의 방향을 제시했다. 여러 중재법들은 각 중재법의 기본 목표의 측면뿐만 아니라, 그 중재법을 실시하는 방법, 그 치료 프로세스에 참여하는 참가자들, 중재법의 활동, 심지어 환자들에게 치료 프로세스를 이해시키고, 그 이해정도가 중재에 미치는 (영향)정도 등의 측면에서 다양하다. 종종, 말더듬의 원인과 말더듬에 미치는 주요 영향들뿐만 아니라, 말더듬인과 그 가족들의 현실적인 치료 요구가 무엇인지 등의 다양한 시각에서 치료법 간의 차이점이 있다. 따라서 저자들의 첫 번째 관심은 중재법들 간의 차이점들이 될 수 있다.

그럼에도 불구하고, 또한 여러 말더듬 치료법이 가지고 있는 공통된 특징들에 관심을 가진다. 여러 치료법들이 가지는 효능의 수준을 어느 정도 실증하면, 여러 유사점들이 말더듬이 발달되거나 지속되는 것을 경감시킬 수 있는 결정적인 치료 요소들을 알리는 신호가 될 수 있을 것이다. 반면에, 몇 가지 유사점들이 단순히 경향성을 강조하거나, 심지어 치료법들이 여러 연령대의 말더듬인들에 대해서 어떻게 개발되었다거나 연구되었는지를 감추고 있을 수도 있다. 따라서, 유사점들의 중요성을 생각하는 것이 문제가 될 수 있지만, 그것은 잠재적으로 치료 성과를 최대화하는 데 매우 중요하다.

세 연령 집단들(학령 전 아동, 학령기 아동, 청소년 및 성인)에서 치료법들을 비교할 때, 각 집단 내의 유사성들은 연령과 관련된 의사소통 요구에 대해 그들이 가지는 관심, 말더듬이 만성적이 될 것 같다는 그들의 추정, 그들이 치료에 인지적으로 집중할 수 있는 것으로 보는 정도(그래서 환자들이 자신을 치료에서 자율적인 파트너로서 보는 정도) 등에 나타나있다. 연령과 관련된 차이점들 때문에, 이 장에서 각 연령 집단을 차례대로 다루는 것이 유용할 것이다.

학령 전 아동을 위한 중재법

학령 전 아동 집단을 위한 중재법들을 제4장에서 개괄했는데, 세 가지 중재법 간의 분명한 유사점들을 언급했다. 역사적으로 학령 전 아동에게 실시하는 말더듬 치료에 대해 간접 접근법과 직접 접근법으로 구분하여 지지한다는 점을 고려할 때, 이러한 점은 예상치 못한 부분일 것이다(Guitar, 2003). 간접 접근법을 선호하는 연구자들은 아동의 환경을 변화시키려는 노력에 중점을 두는 반면에(Conture, 2001; Van Riper, 1973), 직접 접근법을 선호하는 연구자들은 아동의 행동을 수정하려는 노력에 중점을 둔다(Costello, 1983; Onslow, Packman, & Harrison, 2003). 그럼에도 불구하고, 여기에서 설명한 세 가지 중재법들은 이러한 이론적 경계를 거스르는 여러 가지 공통적인 특성들을 공유하고 있다. 공유하고 있는 특성에는 **집중적인 부모 참여 및 지원, 아동에 대한 칭찬, 진전과정에 대한 체계적인 평가** 등이 있다.

먼저, 세 가지 중재법 모두는 아동과 함께하는 일대일 시간 이외의 세팅뿐만 아니라 직접적으로 칭찬하는 등의 아동을 지원하는 다른 유형들을 포함하는 부모 참여 방법을 사용한다. Palin 부모-아동 중재 프로그램(제5장)에서 칭찬은 모든 정적인 행동에 사용되는 반면에, 리드콤 프로그램에서의 칭찬은 유창한 구어에 대한 후속자극으로 사용된다. 그러나 칭찬의 초점에서 이러한 차이점이 있지만, 칭찬은 세 가지 접근법 모두에서 중요한 요소로 간주된다.

둘째, 각 중재법은 중재자로서 부모가 역할을 수행하도록 지원한다. 부모 상담은 Palin 센터 프로그램과 말더듬 중재와 초기 말더듬 중재 프로그램(Stuttering Prevention and Early Intervention Program) 모두에서 필수적인 요소로 다루고 있다. 부모 상담은 부모가 가정에서 행해지는 일들을 하도록 도움을 제공하지만, 부모들의 자신감을 강화하고 그들 자녀의 유창성에 대한 불안을 감소시키기 위한 의도도 포함하고 있다. 이와 반대로 리드콤 프로그램에서는 부모들과의 상호작용이 가정 치료와 진전사항에 초점을 둔다. 비록 이러한 논의를 할 때 비공식적으로 관습적인 상담이 더 많이 행해지지만, 많은 가족들을 위한 기법들과 자료의 초점이 부모 지원을 충분히 이루도록 한다.

마지막으로, 세 가지 중재법들 모두 부모들이 전전사항에 대한 체계적인 평가를 실시하는데, 이 체계적인 평가에서 부모들은 적극적으로 참여하여 자녀의 말더듬 수준 이외의 다양한 변인들에 관한 치료실 밖의 평가나 다소 덜 공식적인 관찰들을 제공한다. 평가 변인들에는 또한 부모들의 자녀의 구어에 관한 걱정뿐만 아니라, 부모들 자신들이 실시한 성과에 대한 만족도와 관련된 변인들도 포함되어 있다.

이러한 유사성 이외에, 세 가지 프로그램 각각은 치료를 받고 있는 대부분의 아동들은 아동들의 위험 요인의 수준이나 치료 시작 시 심한 정도와는 상관없이 정상 또는 정상에 근접한 유창성에 이를 수 있는 잠재력을 가지고 있다는 가정에 기반한다. 비록 이러한 관점이 학령 전 아동을 치료하는 치료사들에게 항상 영향을 미칠 수도 있지만, 최근까지 그러한 긍정적인 관점은 단순히 자연 회복률이 학령 전 아동들에서 높게 나타날 수 있다는 점에 기반해왔다(Yairi & Ambrose, 1999).

학령기 아동을 위한 중재법

이 절에서 설명된 네 가지 중재법들 간에 목표 및 방법에서의 차이가 있다는 증거가 많다. 이러한 차이점들이 있는 한 가지 분명한 이유는 말더듬이 계속 지속되는 어린 아동들이 결국에는 (자연 회복이나 중재를 통해) 회복될 것이고 모니터되지 않는 유창성(unmonitored fluency)에 도달할 것이라는 기대감이 감소하고 있다는 것이다(Johannse, 2000; Seider, Gladstien & Kidd, 1983; Yairi & Ambrose, 1992; Yairi et al., 1996). 이것은 치료가 의사소통과 사회적 상호작용에 미치는 영향을 감소시키는 부분으로서, 점점 말더듬과 관련된 어떤 정서적 이슈들을 다루는 쪽으로 나아가는 것을 의미한다. 사실, 포괄적 치료법(Yaruss, Pelczarski, & Quesal)은 치료 목표로 정상적인 유창성을 완화하고 대신에 효과적인 의사소통 및 삶의 질에 목표를 둔다. 그리고 스무스 구어 치료법(Smooth Speech Treatment)(Craig)은 말더듬을 직접 관리하는 기법으로 사회적 상호작용과 의사소통 기술을 향상시키고자 한다. 리드콤 프로그램(Harrison et al.)과 유창성 규칙(Runyan & Runyan)은 자연스럽게 소리 내고 유창한 구어와 관련된 목표들을 계속 다룰 뿐만 아니라, 좀 더 어린 학령기 아동들도 치료 대상으로 삼는다.

학령기 집단을 대상으로 하는 치료법들에서 가변성 정도에 차이가 있는 것에 대한 또 다른 이유는 치료에 적극적으로 참여하는 아동들의 능력이 증가함으로써 특정한 기법들을 직접적으로 가르칠 수 있는 가능성이 증가하게 될 것이기 때문이다. 사실, 주로 어린 학령기 아동들을 대상으로 한 두 가지 중재법인, 학령기 아동용 리드콤 프로그램과 유창성 규칙 프로그램은 학령 전 아동들을 위한 섹션에 포함된 중재법과 가장 유사할 것이다. 반면에 청소년들을 대상으로 한 두 가지 중재법(즉, 스무스 구어 및 인지 행동 치료법과 포괄적인 치료법)은 유창성을 설명하기 위해 연장된 구어를 사용하는 것과 잔존하는 말더듬을 없애기 위해 비유창성을 수정하는 것과 같은 성인들을 대상으로 한 중재법에서 볼 수 있는 요소들을 포함한다.

학령기 아동의 중재법들에 대한 챕터 개요에서, 우리는 "중재법들 간에 유사점이 있더라도 차이점이 있다."는 사실을 지적했다. 하지만 이 장에서는 좀 더 큰 그림에 초점을 두기로 결정했기 때문에, 우리는 장 개요에서 말한 유사점들을 반복할 것이지만, 좀 더 광범하게 다룰 것이다. 유사하게 공유하고 있는 세 가지 양상들은 강화의 사용, 위계적인 치료, 가족의 참여 등이다. 비록 강화의 형태와 정도는 다르지만 강화는 네 가지의 중재법 모두에서 사용된다. 유창성 혹은 기타 표적 행동들에 대한 구두 칭찬은 모든 중재법에서 사용되지만, 리드콤 프로그램에서는 다른 구두 후속자극(말더듬에 대한 반응으로 교정 요구하기)이 추가되고, 스무스 구어 접근법에서는 금전적인 보상이 추가적으로 사용된다.

네 치료법들 모두는 가정이나 치료실 밖에서 새롭게 학습된 기술들의 학습을 지원하고, 또한 일반화를 촉진시키기 위해서 위계화한다. 리드콤 프로그램은 보다 느슨하게 구조화된 위계를 사용하는 반면에, 나머지 다른 세 가지 치료법들은 보다 더 구조화된 위계화를 사용하는데, 그 중 청소년 환자들을 대상으로 하는 두 가지 중재법은 가장 구조화된 위계들을 사용한다. 서서히 과제의 난이도를 증가하도록 설계된 위계들이 언어 치료에서 광범하게 사용되고 있고, 나이든 아동들이 수년간 부적응한 구어 패턴의 경험을 직면할 때 성공적인 유창성을 경험하는 데 필요할 수 있다.

마지막으로, 가족들 특히 부모, 교사와 같은 아동의 의사소통 실제에 광범하게 퍼져 있는 구성원들은 네 가지 치료법들 모두에 관여하는데, 그들의 관여의 정도와 시기는 학령 전 아동에서의 중재에서보다도 더 다양하다. 리드콤 프로그램과 가정용 스무스 구어 프로그램 버전에서는 부모들을 단지 중재 대리인(agent)으로만 본다. 그게 아니면, 부모의 참여는 일반화를 촉진하기 위해 계획된 가정 과제 활동에만 역할을 국한시킨다(스무스 구어). 또는 부모들을 자녀가 새롭게 배운 기법들을 사용하도록 상기시켜 주는 팀 멤버들로(유창성 규칙), 혹은 그 자녀가 의사소통 기술들을 좀 더 광범하게 향상시키도록 도와줄 수 있는 사람들인 또래들, 선생님들과 함께 수용적인 청자들로 본다. 또래를 포함하여 다른 사람들의 참여를 증가시키면서 부모의 참여를 좀 더 감소시키는 변화는 아마 발달기 아동과 청소년들의 독립심 발달을 다소 반영한 것일 것이다. 하지만 부모들의 가치를 지속시키고 또래들의 가치를 증가시키는 것이 효과적인 의사소통으로 촉진되는 의사소통 및 사회적 역할과 관련된 치료 효과들을 더 높은 수준으로 높이는 데 기여한다고 할 수 있다.

청소년 및 성인을 위한 중재법

두 가지 행동 중재법 이외에, 청소년 및 성인 집단을 위한 치료법들에 대한 본서의 절에서 매우 상이하고 논쟁의 대상이 되고 있는 두 가지 중재법, 즉 말더듬에 대한 약물 치료법과 SpeechEasy라는 장비와 관련된 중재법을 설명한다. 이 중재법들 간에는 유사점을 분명하게 발견하기가 어렵다. 사실, 우리가 중재법들에 대해 개관했을 때, 우리는 각 중재법들이 나타내는 한 가지 점, 즉 말더듬인은 처음 이후에 더 많이 집중적으로 만남이 필요한데, 말더듬에 관한 지식이 많은 전문가들과 최소한 주기적인 만남이 계속 필요하다는 점을 강조했다. 이는 어떠한 중재법이라도 최소한 말더듬 성인에게서 말더듬이 완벽히 사라질 것이라고 장담할 수 없다는 것으로 해석된다. 비록 일부 독자들은 이 말을 이러한 중재법들이 갖고 있는 약점을 비판하는 것으로 생각할 수도 있겠지만, 재발을 실패라고 생각하는 환자나 임상가 어느 누구에게는 추가적인 만남이 없을 것이라고 기대하는 것이 좋을 것이다. 제19장에서 시사하는 것처럼, 말더듬으로부터의 회복에 상관없이 말더듬 성인에서 뇌의 차이가 존재한다는 것은 재발이 생물학적인 결함일 수도 있다는 것을 나타내는 것으로, 생물학적인 결함은 그 자체가 실증되면 끊임없이 경계하거나 차분하게 해결해야 한다.

이러한 중재법들에 나타난 추가적인 유사점이 있는데, 이는 청소년 및 성인 집단을 대상으로 한 중재법들이 일, 관계, 말더듬만큼 혹은 더 많은 도전들을 포함한 매우 바쁜 일상에 맞추기 위해서 엄청난 압박을 받고 있다는 것이다. 사실, 독자들은 이제 각 중재법에서 요구하는 기간의 범위뿐만 아니라 다른 요구들도 알아보려고 하지만, 두 가지 이상의 논란이 되는 중재법들이 가지고 있는 매력은 주로 그 중재법을 사용하기 쉽다는 것에서 비롯될 수 있다. 보다 전통적인 중재법에서 집중적이고 원격의료 전달 버전(telehealth delivery versions)을 개발하여 행동 중재법의 구속에서 환자의 시간적 제약을 해결할 수 있다.

중재법들에 대한 연구 증거

각 중재법을 지지하는 연구의 강점과 약점에 대해 인식하는 것은 임상가와 환자(혹은 환자의 부모)가 어떤 치료법을 선택하고 하나의 팀으로서 함께 일할 계획을 세울 때 그들의 판단을 분명하게 해준다. 이와 마찬가지로, 일단 어떤 치료법을 선택하면 근거가 되는 연구의 강점과 약점에 대한 인식이 의사결정을 지속적으로 하는 데에 도움이 될 수 있다. 예를 들면, 어떤 치료법이나 치료 패키지에 대해 보다 더 잘 연구되고 입증된 요소들은 덜 연구된 요소보다 수정해야 할 일이 더 적을 것으로 보인다. 더욱이, 모든 대상자에게 적합한 치료법은 없다는 사실을 알게 되면, 지루한 일상에서 벗어나 한 차원 높은 수준에서 바라볼 수 있는 내비게이션과 같은 역할로 변화하게 된다.

학령 전 아동들을 위한 중재법

이제까지, Palin 센터에서 사용하는 간접 치료법인 부모-아동 상호작용 효능을 지지하는 가장 강력한 연구 증거는 단일 대상 실험 설계(single subject experimental design)이다(Millard, Nicholas, & Cook, 2008). 비록 이러한 유형의 설계는 증거의 질(evidence quality)에 대하여 넓게 사용된 계층들을 완전하게 통합하지는 못했지만(제18장 참조), 의사소통 장애에서 그것의 중요성은 폭넓게 인정되고, 증거 기반 실제(evidence based practice)에서 할 수 있는 역할에 대해 점점 가치가 증가되고 있다(Beeson & Robey, 2006; Dollaghan, 2007). Millard, Nicholas, Cook(2008)이 사용한 특정 단일 대상 설계는 6주 동안의 기초선, 12주의 치료 기간, 1년 이상 방문하는 빈도를 점점 줄이면서 하는 추적 점검으로 구성되어 있다. 이 설계는 6명의 아동들을 대상으로 반복 실시되었다. 4명의 아동들은 각 부모 모두와의 대화에서 치료 기간 끝 무렵에 말더듬이 유의하게 감소된 반면에, 다른 아동은 단지 한 명의 부모와의 대화에서 말더듬이 감소되었다. 6명의 아동이 추적 점검 기간의 끝 무렵에 말더듬에서 유사한 향상을 나타내었다. 따라서, 이 연구는 Palin 부모-아동 상호작용의 효능을 수립하기 위한 좋은 시작이었고, 치료 프로그램 내에서 확인된 특정 중간 목표들도 효과(예: 부모와의 의사소통에서 변화 등)가 있다는 것을 보여주는 다른 연구들에 의해 지지를 받고 있다.

하이브리드 중재법인 말더듬 예방 및 조기 중재(제6장)는 제6장에서 제시된 사전 및 사후 치료에 대한 추가적인 데이터에 의해서도 지지를 받고 있다. 많은 사전 및 사후 치료 연구들(Gottwald & Starkweather, 1999; Starkweather, Gottwald, & Halfond, 1990)의 지지를 받을 뿐만 아니라, 이러한 것들은 말더듬을 지속할 위험이 있는 어린 아동에서 이러한 중재가 가치가 있다는 것을 지지해 준다. 이 중재법에 대한 Gottwald의 맺음말에서, 그녀는 다른 연구 사이트에서 말더듬 예방 및 조기 중재에 관한 추가적인 연구의 필요성을 인정했고, 항상 존재하는 관찰자 편견에 대한 부분에서도 잠재적으로 지속적인 관심을 갖고 다른 치료사들에 의한 추가적인 연구의 필요성을 인정했다. 연구의 질에 대해 동등하게 비평한다는 측면에서, 우리는 통제할 수 없는 외적 변인(예: 자연적 회복)의 통제를 보여주는 연구 설계 요소들(예: 단일대상 설계법 또는 무작위 집단과 통제 집단의 과제)을 통합할 것을 권고한다.

초기 말더듬 치료에 리드콤 프로그램은 무작위로 된 통제 실험을 사용하여 검증되었다(Jones et al., 2005). 그 연구에서, 효과가 매우 크고 통계적으로 유의한 차이가 있음이 증명된 것처럼, 통제 집단에 배치되어 치료를 받지 않은 아동보다 치료를 받은 아동에게서 더 큰 향상이 나타났다. 따라서 리드콤 프로그램은 본서에서 설명한 학령전 아동을 위한 다른 두 가지 중재법보다 더 강력한 지지를 받는다. 그러나 말더듬을 치료하는 것이 치료하지 않는 것보다 더 낫다고 명확히 증명하는 데 작은 장애가 있으며, 특히 특정 정밀 측정과 장기간의 추후 점검이 요구되는 이러한 조건일 때 자연 회복률이 높게 기대되는 상황에서 더욱 그렇다. 그러므로 리드콤 프로그램과 다른 치료법을 비교한 연구들, 아동의 개선 효과를 지속시키는 것에 관한 주장을 강화하기 위해 추후 점검 기간을 늘려서 실시한 연구, 더 효과적이고 더 효율적인 결과를 얻도록 하는 수단으로써 그 프로그램의 특정한 요소들(예: 말더듬에 대해 부적 구두 후속자극의 사용)의 역할을 검증하는 연구 등이 여전히 필요하다.

리드콤 프로그램에 대해 제공된 증거의 수준으로 하이브리드 접근법이나 간접적인 접근법들이 초기 말더듬을 다루는 방식으로 아동의 환경을 수정하려는 시도와 이러한 것들을 근거로 하는 이론에 대해 재논의해야 한다는 것을 의미하는 것은 아니다. 그러나 리드콤 프로그램과 다른 중재법들 중 하나와 통제 집단과 직접 비교하는 것은 직접 및 간접 접근법의 상대적인 효율성과 이러한 접근법이 많은 아동들에게서 시간이 지남에 따라 자연스럽게 일어나는 아동들의 유창성에 영향을 미치는 범위에 대한 중요한 증거를 제공할 것이다. 이외에도, 그러한 어떤 연구나 일련의 연구들은 효능 및/또는 효율성이라는 관점에서 개별 아동과 그 가족들에게 가장 적절한 치료법의 선택으로 주의를 돌리게 하는 요인들(아동이나 부모)을 확인하는 것을 도울 수 있을 것이다.

학령기 아동을 위한 중재법

학령기 아동용 리드콤 프로그램은 6~12세 아동 총 23명을 대상으로 한 두 개의 연구에서 사전-사후 자료를 제시했다. 비록 유창성에서 상당한 향상을 보였지만, 이 프로그램에는 연구 설계상의 여러 가지 약점이 있었다. 첫째, 두 개 연구 모두에서 비교 집단을 사용하지 않았기 때문에, 자연 회복(학령기에는 드묾)의 효과를 평가할 수 없었다. 둘째, 사후 평가들이 프로그램의 유지 국면 동안에 이루어졌으나, 유창성이 확립된 후 비교적 빠른 시일 내에 실시되었다. 따라서 유지 국면이 끝난 뒤에도 유창성이 지속될 것인지에 대해 알기 어렵다. 셋째, 한 연구에서 11명의 참가자 중 4명이 유지 국면에서 중단했기 때문에, 아동들이 재발했는지 알 수가 없고, 만약 이것이 데이터에 포함되었다면 그 집단 평균은 의미가 덜 할 것이다.

유창성 규칙 프로그램에 대한 증거에도 또 인용한 세 개의 연구들에서 보고된 사전-사후 데이터가 필수적으로 있다. 통제 집단들을 사용하지 않았고, 측정의 신뢰도는 보고되지 않았다. 한 환자 집단의 말더듬 심한 정도 검사(SSI) 데이터가 보고되었으며 이로써 단순한 말더듬의 빈도보다 회복에 관한 더 자세한 정보를 제공했다. 그러나 다른 두 개 집단들에서 대부분의 환자들이 정상적인 유창성을 가지고 치료를 종료했다. 일부 말더듬인들은 계속 말을 더듬었으나 유창성 규칙에 관한 또 다른 주의할 증거는 그 연구들에 참여한 환자들의 대부분이 학령 전이나 매우 어린 학령기 아동들이라는 점이다. 따라서, 유창성 규칙 치료법의 연구 결과들을 나이든 아동들에게 적용하는 데 지지가 부족하다.

스무스 구어 및 인지 행동 치료에 대한 연구 결과의 설계에는 치료를 실시하지 않은 통제 집단의 사용뿐만 아니라 다른 두 가지 형태의 치료법(집중적인 치료 및 가정 중심의 비집중적인 치료)도 포함되어 있다. 윤리적인 이유로, 통제 집단은 단 3개월 만에 치료를 취소했지만, 이 기간 동안에 그들의 향상이 적었다는 것은 최소한 이 연구를 진행할 때 플라시보 효과(placebo effect)가 없었다는 것을 나타낸다. 결과 측정에는 말더듬 빈도(심한 정도로서의 정보는 많지 않지만 상당히 적절한)와 변화의 비율 및 효과의 크기가 포함되었다. 더욱이, 불안에 대한 사전 및 사후 치료 측정이 이루어졌고, 재발이 발생한 규모에 대한 부모의 평가도 측정되었다. 결과 측정은 치료 후 5년 동안 매년 정밀한 측정이 이루어졌다. 예상된 바와 같이 5년 동안에 소수의 참여자들이 빠져나갔다. 전체 연구 기간 동안 추적된 참가자들에게서 말더듬의 감소, 효과 크기, 불안의 감소가 모두 상당히 높았다.

학령기 집단을 위한 마지막 치료법인 포괄적 치료법(Comprehensive Therapy)은 비교적 새로운 치료법이어서 이에 대한 증거적 연구는 부족하다. 제12장의 추후 방향에 관한 절에서, 저자들은 "이 치료 접근법과 관련된 가장 긴급히 필요한 사항은 이 치료법이 말더듬 아동의 유창성을 증진시키고, 부정적 반응을 최소화하고, 일상 활동에서 교류하고 삶에 참여하는 데 말더듬이 미치는 부정적인 영향을 감소시키는 데 유용하다는 것을 실험적으로 증명하는 것이다."라고 지적했다(p.241). 비록 그 저자들은 이 치료법의 성과를 아직 평가하지 않았지만, 그 중 두 명의 저자들이 치료에서 중요하게 다루어야 하는 것으로 여겨지는 모든 영역들을 평가하는 도구를 개발했다.

청소년 및 성인을 위한 중재법

캠퍼다운 프로그램의 결과에 관한 데이터는 ① 시연 연구, ② 30명의 성인들이 참여한 임상 실험, ③ 청소년들을 대상으로 한 평가 결과, ④ 전화와 비디오테이프를 통해 제공된 경우의 평가 결과, ⑤ 학생들이 운영하는 독립 인터넷 사이트에서 실시한 그 프로그램의 실험 등을 포함하는 5개의 임상 실험에서 수집했다. 대규모로 실시된 첫 번째 임상 실험의 결과를 치료 시작 후 6개월과 12개월에 평가했다. 말더듬의 빈도, 구어 자연스러움, 심한 정도에 대한 자기 평가, 구어 속도 등은 충분히 신뢰롭게 평가되었다. 결과적으로 관심이 있는 연구 변인들에서 상당한 장기간 변화가 있었다. 그러나 프로그램이 종료되기 전에 초기 참가자의 약 1/3이 중도에 그만두었다고 밝혔다.

유창성 플러스 프로그램에 대한 가장 최근의 연구 결과들은 치료 전, 치료 직후, 치료 1년 후의 말더듬 빈도와 SSI(Stuttering Severity Instrument) 점수로 비교하여 평가했다. 모든 평가들은 치료 환경에서 이루어졌으며, 치료 1년 후의 평가는 인지 치료를 포함한 1년 기간의 치료 유지 국면 직후에 실시했다. 말더듬 심한 정도 점수가 집중적인 치료의 부분을 마친 직후에 거의 반으로 감소했으나, 유지 프로그램 동안에 약간의 회귀가 나타났으며, 치료 1년 후 말더듬 심한 정도 점수는 치료 전 점수보다 1/3 정도만 감소한 것으로 나타났다.

청소년 및 성인들을 위한 세 번째와 네 번째 중재법들은 다른 두 가지 중재법들과 상당히 다르기 때문에, 그 중재법들에 대한 연구 지지가 다르다. SpeechEasy 장치를 설명한 16장에 의하면 제공한 변조된 피드백(altered feedback)의 효과들을 검증할 때 모든 환자가 말더듬 감소를 나타낸 것은 아닌 것으로 나타났다. 따라서 이 중재법의 결과에 관한 연구들이 이득을 보는 환자에게만 제한적으로 작용될 수 있다. 그 장치를 사용하는 것에 대해 이런 저런 문제점들 때문에 SpeechEasy의 효율성에 관한 성과 연구들을 수행하기가 쉽지 않다. 그 장치의 제조사 및 개발자들에 의해 수행된 연구가 가지는 잠재적인 편향된 점은 제쳐두더라도, 몇몇 조사 연구들은 그 장비를 사용한 많은 사람들이 여전히 어느 정도로 말을 더듬고 있으며, 그들 중 많은 사람들이 규칙적으로 그 장치를 착용하지는 않지만, 그 장치에 관해 만족을 표현했다고 밝혔다. 그러나 SpeechEasy의 장기간에 걸친 효과에 대해 타당하고 신뢰할 수 있는 데이터는 아직 없다.

네 번째 중재법인 약물요법(pharmacotherapy)에서 플라시보를 준 통제 집단, 약물 및 플라시보가 주어졌는지에 대해 환자와 치료사 모두에게 알려주지 않은 통제 집단, 집단 참가자들에게 과제를 무작위로 주는 통제 집단을 포함한, 많은 임상 실험을 실시하여 연구 증거가 많다. 이 연구에서 말더듬의 변화뿐만 아니라, 무력감, 회피, 사회적 불안 등의 감정과 같은 연합된 문제들의 변화도 평가했다. 올란자핀 및 파고클론이 가장 유망한 약물로 보이며, 그 결과들은 많은 사람들이 이러한 약물로부터 이득을 얻고 있는 것을 나타내었다. 그러나, 그 저자들은 만약 약물요법에 언어 치료를 병행하면 더 큰 이득을 볼 것이라고 언급했다.

향후 작업을 위한 권고사항

이 장의 이 절에서 우리는 첫 부분에서 그랬듯이, 특정한 독자 집단인 언어 치료 전공 학생들, 말더듬 청소년 및 성인들, 말더듬 아동들의 부모들, 마지막으로 말더듬에 관해 학생들을 가르치는 교수들에게 코멘트를 제시하면서 끝맺으려고 한다. 여기에서 우리는 이러한 독자 집단들이 자신의 목표들을 향해 점점 더 나아가도록 할 수 있는 방법에 대해 간단한 연습문제와 권고를 제시하고자 한다.

언어 치료를 전공하는 학생

당신은 지금 어디에 있는가?

무엇보다도 우리는 독자들이 말더듬 치료에 대한 현재 상황에 관해 대부분의 저자들이 느끼고 있는 감격(excitement)을 이해하는 지점에 와 있기를 희망한다. 말더듬인들과 함께 일했던 임상가들, 연구자들, 말더듬인은 말더듬과 관련된 다양한 문제들과 이러한 문제들이 시간이 지남에 따라 어떻게 변화하는지에 대해 많은 이해를 하게 되었다. 말더듬 치료에 참여한 사람들은 서로 다른 연령 집단에서 말더듬인들이 직면하고 있는 특유의 어려움들을 완화하거나 제거하는 데 도움이 되는 것이 무엇인지에 관한 아이디어를 만들어내는 데 많은 일들을 했다. 임상가이자 연구자들이 여러 치료법들을 형성하기 위해 여러 이론들과 덜 형성된 통찰력 또는 이 두 가지 모두를 사용하고, 그 다음에 그들이 치료를 하고 있는 사람들에게 그 이론과 통찰력이 작용하는지를 알아보기 위해 검증하는 과정을 시작했을 때 추가적인 성과들이 보장된다.

큰 진전이 있었지만, 해결해야 할 문제들이 여전히 남아 있다. 저자 자신들의 중재법을 수행했던 연구에 대한 설명에서, 이 책의 저자들 대부분이 자신들의 중재법과 연관된 증거에서 큰 격차들이 있음을 인식한다. 즉, 사실 일부 저자들은 자신들의 유일한 경험적인 지지가 자신들의 다중요소 접근법에서 하나나 더 많은 정도의 요소들을 지지하는 것으로 기껏해야 간접적이라는 것을 인정한다. 이러한 해결해야 할 문제들은 나이든 임상가와 연구자들이 자신들의 미래에 할 일들이 유일한 공헌자로서 해야 할 역할이라고 생각할 때 그들에게는 거의 불가항력적일 수도 있다. 그러나 이러한 딜레마는 또한 임상가나 연구자로 해야 할 미래의 일을 위한 훌륭한 틈새(niche)를 제시한다.

장래의 말더듬 치료사로서, 장래에 할 일은 말더듬 연구에 관한 최첨단 정보에 접근하고, 말더듬에 특별한 관심을 공유하는 다른 사람들과 관계를 유지하는 것이다. 표 20.1에는 전공 학생들이 현존하거나 새로 생겨나고 있는 말더듬 중재법들에 대한 정보를 찾는 것을 도와줄 수 있는 여러 가지 소스들을 열거했으며, 말더듬의 이슈들에 대해 의견, 충고, 심지어 함께 문제 해결하기 등으로 도와줄 수 있는 다른 이들과 연결하는 방법을 열거했다.

전공 학생이 하는 일을 숙련한 것에 대해 격려를 받고, 가이드를 받고, 보상을 받음으로써 여러 방법들에 접근하게 되면, 학생이 할 일은 더 넓어지게 된다. 특히, American Speech-Language Hearing Association에서 주는 말더듬 치료전문가 자격증(Specialty Certification)은 그러한 역할을 하는 데 중요한 길을 열어준다.

말더듬 치료에 관한 장래의 연구자로서, 전공 학생은 매우 즐거운 시대의 문턱에 서있다. 말더듬과 말더듬의 다양한 징후들(manifestations)(생리적, 심리적, 의사소통 등)을 조사하기 위한 잠재력이 이보다 더 좋았던 적이 없었다. 예를 들면, 점점 정교해지는 신경영상 기법들과 삶의 질에서 말더듬의 영향을 목표로 하는 측정법들이 이전보다 훨씬 더 풍부하게 설명해줄 수 있을 것이다.

〈표 20.1〉 학생들(잠재적인 임상가와 연구자)을 위한 말더듬에 대한 웹-기반 및 기타 리소스

말더듬과 말더듬 치료에 대한 웹 접근을 하기 위한 리소스

- **The Stuttering Hompage:** http://www.mnsu.edu/comdis/kuster/stutter.html
  이 웹사이트는 수상을 받은 웹사이트로, Judith Kuster가 자주 업데이트를 하며, 전 세계 여러 관련 홈페이지와의 링크를 제공한다.
- **SpeechBITE.com:** http://speechBITE.com/
  이 웹사이트는 가장 좋은 중재법과 치료 효과(Best Interventions and Treatment Efficacy; BITE)에 대한 웹을 찾는 것을 촉진시킨다. 대부분의 연구들을 광범위하게 알려진 시스템을 사용하여 질적으로 평가한다. 단일 대상 실험 연구 설계들은 최근에 포함되었지만, 아직 평가되지 않았다. 단일 대상 실험 연구들을 개발된 시스템을 사용하여 질적으로 평가할 것이다.

말더듬에 대한 훈련 기회와 미디어 리소스를 제공하는 기관들, 이러한 기관 모두는 연구에 대한 정보들도 제공한다.

- **Stuttering Foundation:** http://www.stutteringhelp.org/
- **National Stuttering Association:** http://www.nsastutter.org/

앞으로의 연구를 위하여

- **유창성 장애에 대한 전문 웹사이트:** http://www.stutteringspecialists.org/ 이 웹사이트는 자격 있는 언어 치료사들이 앞으로 유창성 장애에 대한 임상 관리에 있어서 전문가로서 인정을 받아 일할 수 있도록 한다.
- 말더듬에 대한 전문 교수들이 있는 **Ph.D. 학위과정 대학 리스트는 The Stuttering Homepage**와 링크되어 있다.
- **말더듬에 관한 최근 연구 프로젝트에 대한 정보, National Stuttering Association** 웹사이트에서 연구자들의 전공에 대한 정보를 찾아볼 수 있다. 승인된 연구자들만 이 사이트를 통하여 참가자들을 구할 수 있다. 따라서 독자는 말더듬 연구에 대한 활발한 프로그램을 확인하는 데 사용할 수 있다.

치료에 관한 여러 이론들의 정교성(refinements)이 이러한 다양한 말더듬의 본질과 데이터를 통해 일관성 있는 설명들을 제공하기 위한 노력을 통해 발생되었다. 더욱이, 다양한 결과 측정법을 사용하여 치료가 어떻게 작용하는지(작용하지 않는지), 또 심지어 환자가 치료에서 얻고자 하는 것이 무엇인지를 연구자가 더 잘 이해하도록 도울 수 있다.

이런 저런 것들을 전공 학생 자신에 대한 미래로 생각하는 것과 관계없이, 우리는 전공 학생에게 몇 가지 연습을 제안하는 것으로 코멘트를 끝내려고 한다. 바라건대, 다음과 같은 연습들은 앞으로 ① 이 책에서 공유한 특정 치료법에 대해서, ② 모든 말더듬 치료에서 더 수행하기 위해 필요한 것들에 대해서, ③ 이러한 모든 치료에서 전공 학생의 역할에 대해서, 전공 학생이 조금 더 깊이 생각하도록 할 것이다.

전공 학생이 더 해야 할 네 가지 연습문제

1. 당신이 믿는 치료 접근법이 다른 치료 접근법들보다 증거 지지가 더 약한지를 확인한다. 그 치료법이 개별 환자에게 효과가 있다는 증거를 제공하기 위해 당신은 무슨 단계를 취할 수 있는가? 그 치료법에 관한 장에서 권고하는 것과 다른 장들에서 권고하는 것들 모두를 고려할 때 당신은 결과 측정에 무엇을 사용할 것인가? 당신은 치료를 받기 위해 어떤 시간간격으로 방문하게 할 것인가? 그리고 당신은 그 결정을 위해 환자나 환자의 부모들, 혹은 둘 모두와 함께 어떻게 토의할 것인가?
2. 당신이 치료하고 있는 시간에 쫓기고 있는

젊은 환자가 말더듬 치료를 위해 약물 실험을 실시하려고 결정한다고 가정해보라. 그녀는 당신이 그러한 단계(약물 실험)의 장단점들을 알아보길 원하는 26세 법대생이다. 제17, 제18장에서 요약한 증거와 이러한 논쟁의 여지가 있는 중재에 관한 최근의 더 많은 자료들에서 그 증거를 고려하라. 이러한 것들에 바탕하여 당신은 그녀에게 무엇이라고 말할 것인가?

3. 전문가가 의사결정을 할 때 흥미 있는 양상 중 하나는 우리가 그럴 거라고 생각하는 것처럼 완전하게 이론적 근거가 없다는 것이다. 현재, 당신은 아직 전문가가 아닐 수도 있다. 그러나 전문가는 전문가로 만들어지는 과정이 진정한 전문가인 것이다. 이것을 명심하면서 당신이 토의를 하는 과정에서 특히 가치가 있다거나 문제가 있다고 보이는 치료법을 확인하라. 그런 후에 당신의 주장을 *반박하는 증거*를 수집하는 데 취할 수 있는 두 가지 단계들을 확인하라. 당신이 고려하고 있는 방법들에는 그 치료법을 설명하는 그 장을 다시 읽는 것뿐만 아니라 다른 측면을 고려하기 위한 적극적인 노력을 하는 것, 즉 다른 문헌에서 여러 비평이나 지지를 찾는 것, 대화방에서 여러 사람들로부터 견해를 찾는 것 등이 있다. 이러한 활동들 중 최소한 한 가지를 수행해본 후 당신이 처음에 가졌던 인상이 어떻게 바뀌었는지를 보라.
4. 치료법에 관한 각 장의 저자들은 추후 연구문제들을 해결하도록 요구를 받았다. 여러 치료법 중 하나를 선택하여 각 장의 추후 연구 부분을 재-검사(re-examine)하라. 여러 아이디어 중 하나를 취하여 연구에 돋보이게 하거나 자신의 아이디어 하나를 제시하여, 연구 프로젝트를 위한 계획을 작성하라. 그렇게 하기 위해서는, 당신은 당신의 연구에서 답을 얻고자 하는 문제가 무엇이며, 누구를 대상으로 연구할 것인지, 어떤 변인들을 측정하고 조정하거나 그저 측정만 할 것인지 확실하게 고려해야 할 것이다. 그런 다음에, 당신의 아이디어에 대해 다른 사람들에게 말하고, 어떤 반응을 나타내는지 보라. 당신은 이제 연구해볼 수 있는 몇 가지를 가지게 되었을 것이다.

말더듬 본인

당신은 지금 어디에 있는가?

본서나 본서의 어느 부분을 읽으려고 하는 말더듬 청소년이나 성인 독자가 당사자라면, 말더듬 청소년이나 성인은 수집하고 있는 정보가 분명히 복잡하다는(sophisticate) 것을 알게 될 것이다. 더욱이 당신이 이전에 받았던 어떠한 치료법이나 앞으로 받으려고 고려하고 있는 치료법에 대해서 본서가 당신에게 제시하는 것에 매우 흥미를 갖게 될 수도 있다. 우리가 가장 낙관하는바, 본서에서 제시된 정보와 의견들이 당신의 말더듬과 관련된 목표로 더 나아갈 수 있게 하는 것으로 생각하는 치료법을 확인하는 데 도움이 되기를 기대한다. 더 현실적으로 우리는 당신이 당신의 말더듬을 이해하는 데 도움이 되는 정보를 발견하고, 임상가가 당신에게 그러한 정보를 제시하는 것을 어떻게 생각하는지를 알기 바란다.

말더듬인이 여러 정보를 갖고 있으면 스스로

의 의사결정에 도움이 된다. 만약 당신이 읽은 것에 대한 경험적 연구 결과에 허점들이 있어서, 마치 "벌거숭이 임금님"과 같은 감정을 불러일으켰더라도, 그것이 그렇게 나쁜 성과는 아닐 것이다. 왜냐하면 현재 사용되고 있는 치료법들이 가지고 있는 약점을 인식함으로써 당신은 훌륭한 임상가와 협력하여 보다 더 높은 발전을 이루어낼 수 있는 동질감(sentiments of equality)을 다질 수 있기 때문이다. 당신에게 말더듬이 항상 문제일 수도 있으며, 심지어 잘 연구된 어떤 중재법들에서조차 당신의 성공을 보장할 수 없다는 가능성을 직면하게 되면, 당신이 하고자 하는 바에 대한 결정을 내릴 때 당신이 확고한 입장을 가지게 될 것이다. 예를 들면, 당신은 행동 중재에 필요한 리소스를 수용하고 노력(commitment)을 지속하는 것을 결정할 수 있다. 이는 명상을 지지하는 사람들이(쉽지 않지만 지속적인 노력을 할 가치는 있는) 명상 연습을 해야 한다는 요구를 수용하는 방식을 받아들이는 것과 같다. 또는, 당신은 스스로 그 문제에서 벗어나서 그것이 가지는 위험성과 요구사항으로 논란의 여지가 있는 옵션을 시도하는 것이 그 순간이나 가까운 미래에 당신이 더 좋아질 수 있는 길이라고 인식할 수 있다. 그렇지 않으면, 단순히 당신 자신의 방식을 따르도록 결정할 수도 있다.

당신의 장래 계획과는 상관없이, 우리는 12개의 치료 챕터들을 쓴 임상가이자 연구자들인 저자들이 자신들의 치료법들을 토론하는 방식에서 언어 치료사가 당신에게 무언가를 줄 수 있을 것이라고 바란다. 우리가 "모든" 언어 치료사가 아닌 "어느 한 명의" 언어 치료사라고 말한 것에 주목하라. 당신이 동료로서 볼 수 있는 한 명의 언어 치료사를 발견하는 것이 당신이 자신의 말더듬을 다루는 방법에 대한 현재 상태를 변화시켜 가는 첫 단계가 될 수도 있다.

표 20.2에 말더듬 및 말더듬 치료에 대한 정보를 수집하는 것과 말더듬인들을 상담해줄 협력자들을 찾는 방법에 대해서 제1장에서 열거한 것 이외의 목록들을 열거했다. 다음 절에서, 우리는 당신이 결정할 수도 있는 다음 단계에 대해 좀 더 생각해볼 세 가지 연습을 서술했다.

당신이 더 해야 할 세 가지 연습문제

1. 당신에게 관심을 끄는 중재법을 하나 선택하라. 그 중재법을 당신에게 적용하기 어려운 점들을 열거하라. 시간, 비용, 수반되는 위험성, 혹은 기본 목표 등을 열거했는가? 당신이 방해 종류로 보는 어떠한 요소가 들어맞는가. 그 다음, 중재법이 계획된 대로 준수할 수 있는 방식을 우선시하면서 각 방해 요소를 해결하는 법에 대한 묘안을 떠올려라. 그걸 할 수 있는 협력자들이나 자료들을 찾아라. 그때, 만약 당신이 일반적으로 표준화된 치료방법 가운데 적절한 방법을 찾을 수 없다면, 설사 그렇게 수정한 치료법이 일상적인 치료 절차를 벗어난다 할지라도, 그 치료법이 당신에게 더 적합해지도록 무엇을 수정해야 할지를 고려하라. 마지막으로, 당신은 치료사와 두 가지의 아이디어에 대해 어떻게 이야기를 할 것인가? 당신은 여러 치료법들을 취하거나 취하지 않거나 혹은 어떤 지점까지 세워진 치료 과정을 거부하거나 하는 등의 사실에도 불구하고, 당신이 예정보다 빨리 목표에 도달하

〈표 20.2〉 말더듬 성인과 10대를 위한 말더듬에 관한 웹-기반 및 기타 리소스

말더듬인이 언어 치료사를 찾는 것을 도와주는 정보
- **유창성 장애 전문가 정보**: http://www.stutteringspecialists.org/consumers.html
  이 웹사이트는 ASHA의 자격을 받은 언어 치료사들로서, 유창성 장애에 대한 전문가를 찾는 데 도움을 주는 사이트이다.

말더듬에 관한 자료
- **전국 말더듬협회** 웹사이트(http://www.westutter.org/)뿐만 아니라 **말더듬 재단** 웹사이트(http://www.stutteringhelp.org/)에서 10대와 성인을 위한 팟캐스트, 안내 책자 및 많은 링크들을 이용할 수 있다.

말더듬 치료에 대한 배상을 받는 정보
- **말더듬 재단** 웹사이트(http://www.stutteringhelp.org/)와 **전국 말더듬협회** 웹사이트(http://www.westutter.org/)에서 성인들을 위한 배상 정보를 얻을 수 있다.

말하기 어려운 상황을 다루기
- **전화 사용하기**
  이 토픽에 대한 정보는 **말더듬 재단** 웹사이트에서 얻을 수 있다.
- **취업 면접 상황 다루기**
  이 토픽에 대한 책자는 **전국 말더듬협회** 웹사이트에서 얻을 수 있다.

지원 단체
- **전국 말더듬협회:** http://www.westutter.org, http://www.nsastutter.org/
  이 기관의 웹사이트는 말더듬인들과 그 가족들을 위한 집단 멤버십, 연례 행사, 소식지 등과 말더듬인, 고용주 및 기타 사람들에게 필요한 정보를 제공한다. 멤버십 연회비는 $40이다.
- **말더듬 청소년(Teens Who STutter; TWST)**은 전국 말더듬협회와 연계되어 있다.

자가 치료에 대한 자료
- **말더듬 재단** 웹사이트(http://www.stutteringhelp.org/)에서 **"말더듬인들을 위한 자가 치료"**를 읽거나 구매할 수 있는 책자이다.

면 할수록, 당신의 욕구에 맞는 중재법을 당신과 맞출 수 있는 수용적인 청자를 찾을 수 있을 것이다.

2. 비록 이 책에서 다루지는 않았지만, 어떠한 종류의 이슈에 대해 전문가의 도움을 추구해온 사람들이 이미 미심쩍어하는 사실들을 지지하는 증거는 이미 존재한다. 임상가와 환자 간의 조화는 성공을 위해서 대단히 중요하다(Zebrowski, 2007). 당신이 치료사를 찾으려고 할 때 고려할 요인들에는 당신이 관심 있어하는 치료법에 대한 그 치료사의 지식, 다른 치료법들에 대한 지식(한 때 관심을 두었지만 당신의 모든 욕구를 충족시킬 수 없었던), 그 치료사가 당신의 필요사항과 요구사항을 알고 그것에 맞추고 있다고 당신이 느끼는 정도 등이 있다. 이러한 요인들을 고려하여, 당신의 현재 목표들을 당신과 효과적으로 다룰 수 있는 최적의 임상가를 찾기 위해서, 이 책과 온라인 소스로부터 얻는 리소스(resources)뿐만 아니라, 당신 스스로 생각하는 리소스들을 어떻게 사용할 것인지에 대한 계획을 세워라.

3. 일주일 동안 당신의 말더듬에 대해 측정하라. 이것은 성급한 아이디어일 수도 있지만, 말더듬인들과 본서를 읽기로 선택한 독자들에게 매우 적합할 수도 있다. 당신이 전문

가, 친구, 다른 말더듬인의 도움을 찾든지, 혹은 당신 혼자의 힘으로 하려고 하든지 간에, 당신은 무엇이 말더듬에 영향을 미치고 있으며, 말더듬이 당신에게 어떤 영향을 미치는지 등과 같은 당신의 말더듬에 대해 좀 더 배우는 것이 도움이 될 것이다. 당신은 매일 순간순간을 자신의 말더듬의 모든 측면에 주의를 기울이는 것이 고통스럽고, 자신을 혹사시키고, 극심한 고통을 가져다준다고 느끼면서 그 생각에 굴레를 씌울 수 있다. 그러나 당신 스스로 관찰자로서의 역할을 해보려고 노력하면, 당신이 타인과 공유할 수 있고 당신 자신을 이용할 수 있는 이제까지와는 다르고 강력한 통찰력을 얻을 수 있다는 사실을 알게 될 것이다.

말더듬 아동들의 부모

당신은 지금 어디에 있는가?

우리는 말더듬 아동들의 부모들이 이 책의 전체 또는 일부를 읽어서, 그들의 말더듬 자녀가 유창한 화자로서 상태를 회복하도록 돕거나 효과적인 의사소통자로서의 상태를 확고히 확립하도록 도움으로써, 그들이 자녀의 미래에 긍정적인 기여를 할 수 있다는 느낌을 받길 희망한다. 말더듬은 견뎌내지 못하고 없어질 것이다! 그러나 부모의 고통을 야기하는 자녀의 말더듬 특징들이 빨리 사라지는 것이 아니고, 아마 절대로 완치될 수 없다는 생각이 떠오를 것이라는 것도 우리는 알고 있다. 그럼에도 불구하고 대부분 말을 더듬기 시작하는 아동이 직면하는 장밋빛 장면을 과장해서 말할 수는 없을 것이다. 말더듬에 대한 생물학적 기초 및 잠재적인 사회의 결과들에 대한 정보가 말더듬을 지속하는 성인들보다 유창성이 회복되지 못한 적은 수의 아동들에게 훨씬, 더 좋은 결과들을 가져온다고 한다. 그리고 그들 중 대부분이 자신들의 운명이 항상 나쁘지는 않다고 제일 먼저 말할 것이다!

당신이 현재 언어 치료사(speech-language pathologist)와 함께하든 언어 치료사를 찾고 있든 상관없이, 말더듬에 대해 당신이 가지고 있는 지식이 당신 자신의 마음의 평화뿐만 아니라, 자녀와의 상호작용을 증진시킬 수 있는 큰 역할을 할 것이다. 따라서 우리는 당신에게 제1장에서 제시했던 것들과 이제까지 이 장에서 열거했던 것 이외의 리소스를 추천한다. 표 20.3에는 ① 치료법, ② 임상가, ③ 말더듬 아동을 위해 부모들이 할 수 있는 것들에 관한 더 많은 정보와 관련된 소스들을 열거했다.

당신이 더 해야 할 두 가지 연습문제

아래에 제시된 두 가지 연습은 본서에서 소개된 자료들을 사용하거나 표 20.3에 제시된 몇몇 자료들을 평가함으로써 당신의 생각을 더 확장하는 데 목적이 있다.

1. 당신과 당신 자녀에게 가장 관련 있는 것으로 여겨지는 장들을 다시 살펴보라. 그렇게 할 때, 당신의 자녀가 보이는 말더듬의 어떤 측면을 다루는 것을 돕는 자녀와의 매일 상호작용에서 당신이 실행하는 것을 확인하려고 노력하라. 1주간 그것을 수행해보고, 그 시도가 당신이 관심을 두었던 자녀의 말더듬 측면과 결과적으로 당신 자신에

게 무슨 효과를 가져왔는지를 기록하라.

2. 만약 자녀가 아직 치료를 받지 않고 있다면, 당신은 어떤 치료가 자녀에게 가장 도움이 될 수 있고, 당신의 가치관과 리소스들을 가지고 하는 것이 가장 적절한지에 대한 생각을 더 해볼 수도 있다. 비록 어떤 임상가들이 본서에서 설명한 특정 치료법을 적용하고 사용할 수 있지만, 또 다른 임상가들은 절충주의적 치료 접근법을 고안한 많은 접근법들을 사용할 것이다. 그리고 어떤 임상가들은 말더듬에 관한 경험이 사실 부족할 것이고, 당신 자녀에게 가장 적합한 치료법을 선택하지 못하는 것으로 보일 수도 있다. 결과적으로, 당신은 당신이나 자녀의 욕구에 적합한 전문지식, 이념, 태도를 가진 임상가를 찾으려고 할 것이다. 당신이 알맞은 임상가를 찾기 위한 방법으로 이용할 수 있는 여러 질문들을 개발하고 이야기할 사람들을 찾는 데 제1장과 표 20.3에 제시된 리소스들이 도움이 될 것이다.

학생들에게 말더듬에 대해 가르치는 교수

당신은 지금 어디에 있는가?

교수 독자들 중 일부는 당신의 수업에서 사용한 교재를 끝내려고 이 장의 이 부분을 읽을 것이다.

〈표 20.3〉 말더듬 아동의 부모를 위한 말더듬에 대한 인터넷 기반 및 기타 리소스

부모를 위한 소책자와 비디오

- 유창성장애 전문가협회(http://www.fluencyspecialists.org/)에서 발간하는 **부모용 소책자**. 이 출판물은 자녀에게 맞고 치료를 잘하는 치료사를 찾는 가이드라인을 제공한다.
- **"Talking with Your Child", "Brochure for Teens"** 등과 같은 소책자(brochures)와 다양한 자료들. 말더듬 재단 웹사이트(http://www.stutteringhelp.org/)에서 pdf 파일 또는 링크된 콘텐츠를 이용할 수 있다.
- **"말더듬과 당신의 자녀: 부모를 위한 도움말"**이라는 비디오 스트리밍을 말더듬 재단 웹사이트(http://www.stutteringhelp.org/)에서 이용할 수 있다.

치료 제공하기

- 말더듬 재단 웹사이트에 학교에서의 부모와 치료와 관련된 주제하에 **"특수교육 법과 당신"**이라는 내용이 있다.
- 말더듬 재단 웹사이트에서 부모와 보험 적용과 관련된 주제하에 **"말더듬 치료에 대한 비용 환급"**에 대한 정보를 얻을 수 있다.

아동의 담임교사와 언어 치료사가 함께 나눌 수 있는 자료

- **"교사를 위한 조언"**을, 미국 말더듬 재단의 웹사이트(http://www.stutteringhelp.org/)에서 pdf 파일로 이용할 수 있다.
- **"말더듬에 대한 프레젠테이션",** 전국 말더듬 협회의 웹사이트(http://www.westutter.org/)에서 교육자들을 위한 영역에서 이용할 수 있다. 이 소책자는 당신의 자녀와 담당 언어 치료사가 자녀의 수업시간에 제공할 수 있는 프레젠테이션에 대한 제안 사항을 제공한다. 그러한 프레젠테이션을 위해서 파워포인트 템플릿도 말더듬 재단 웹사이트(http://www.stutteringhelp.org/)에서 이용할 수 있다.
- **"괴롭힘은 어떻게 해결하나요?"**도 전국 말더듬 협회의 웹사이트(http://www.westutter.org/)에서 이용할 수 있다.

부모와 자녀를 위한 지원 집단

- **전국 말더듬 협회**와 관련된 두 개 조직
- **NSAKids**: 5~12세 아동, 그들의 부모, 언어 치료사를 위한 단체
- **TWST(Teens Who Stutter)**: 13~19세의 십대들을 위한 단체
- **Friends: 전국 말더듬 청년 협회**(http://www.friendswhostutter.org/)는 전국 컨벤션을 후원하는 조직이고, 말더듬 아동이 말한 많은 개인적인 이야기(personal statement)를 포함하는 웹사이트가 있다.

또 다른 일부 교수는 이 장의 첫 저자처럼 동일한 지위에 있기 때문일 것이다. 즉, 당신은 말더듬이라는 주제에 대해 가르치는 교수로서 비교적 경험이 부족할 수도 있고 어디에서든 도움이 될 것을 찾고 있을 것이다. 편집자로서, 우리들이 후자 집단에 있는 독자에게 특별한 도움이 될 수 있는 여러 관점들을 서술했기를 희망한다. 특히, 우리는 첫 저자의 상대적인 경험 부족과 두 번째 저자의 방대한 경험을 결합하여 제시했다. 그 결과, 우리는 당신에게 지속적인 학습과 연구를 위한 추진력으로 현재의 부적절성을 보는 비평적 관점에서 여러 치료법에 있는 기법, 이론, 증거들에 균형 있게 관심을 기울이는 방법으로 여러 말더듬 치료법들에 대한 현재의 정보들이 도울 수 있기를 희망한다.

당신의 경험 정도와 상관없이, 당신은 아마 당신이 강의를 어떻게 구성할 것인지와 당신이 가르칠 특정한 학생 집단의 경험, 욕구, 관심 등을 다루기 위해 어떤 특별한 자질이 필요할 것인지에 대해 이미 아이디어를 가지고 있을 것이다. 당신이 말더듬의 본질, 평가, 치료에 중점을 두어 일반적인 수업 형식을 준비하려고 한다면, 당신은 교재의 각 주요한 여러 부분들로부터 필요한 내용을 분명히 발견할 것이다. 그러나 우리는 당신이 학생들에게 비슷한 모집단을 대상으로 삼은 중재법들을 비교할 기회를 제공해주길 바란다. 즉, 이러한 과제는 치료에 관한 각 장에서 제시된 치료 구성에 대한 계획을 통해 촉진시킬 수 있다. 만약 당신이 말더듬 치료에 중점을 두고 있는 강좌를 진행하려 한다면 우리는 추천 문헌 부분에서 강조한 몇몇 리소스들이 말더듬 및 말더듬 치료에 대해 가장 최근에 발행된 자료들과 결합되어 강의를 할 때 좀 더 심도 있는 정보를 제공할 것이라고 제안한다.

그럼에도 불구하고, 우리가 계획하고 실행하고 평가하기 위한 지도 시간이란 측면에서 세부 사항들이 항상 도움이 된다. 표 20.4에 다양한 리소스가 나와 있다. 일부는 출판사의 웹사이트에 이 책과 관련된 내용이 제공되어 있고, 다른 리소스는 World Wide Web과 다른 곳에서 이용할 수 있도록 지원하는 샘플만을 제공한다. 강의 계획서, 파워포인트 강의, 비디오 녹화 자료 등을 이용할 수 있도록 하는 교수들이 가르치기 위해 준비할 때 자주 느끼는 에너지를 보태주는 것이다.

향후 연구를 위한 권고사항

본서의 마지막 부분에서, 우리는 새로운 독자(본서에서 설명한 연구 증거에 대해 많은 것을 잘 알게 된 것 같은 독자), 즉 연구자를 언급하고자 한다. 연구자들이 말더듬 연구에 대해 친숙할지라

〈표 20.4〉 말더듬 과목을 가르치는 교수들을 위한 리소스

- *Treatment of Stuttering*에 대한 PowerPoints와 퀴즈 질문들은 **Wolters Kluwer Lippincott Williams & Wilkins의 웹사이트**(http://www.lww.com/) thePoint에서 교수 리소스 영역을 통해 이용할 수 있다.
- 예시 음절, PowerPoint 프레젠테이션, 블로그, 팟캐스트, 치료 자료 모두는 **Stuttering Homepage** 웹사이트 (http://www.mnsu.edu/comdis/kuster/stutter.html)의 Resources for Professors, Stuttering Course Materials로 명명된 링크를 통해 이용할 수 있다.

도, 우리는 본서에서 다룬 내용을 통하여 연구자들이 새로운 관점으로 바라보기를 바란다. 여기서 우리는 이 프로젝트를 마치면서 연구자들을 위하여 몇몇 성공적인 성취수준에 도달하게 된 몇 가지 결론들을 간단하게 언급할 것이다. 비록 몇몇 결론들은 상당히 일반적이지만, 다른 결론들은 매우 특수한 것이다.

첫째, 각 연령 집단을 위한 치료법들을 지지하는 연구 증거가 상당히 필요하다. 우리는 모든 연구 보고에서 진부하지만 적당한 말인 "더 많은 연구가 필요하다"라고 말하는 것이 독자들로부터 많은 불평을 듣고 환영받지 못하기를 바란다. 불평이 적다는 것(혹은 더 빨리 끝내기 위해)을 정당화하기 위해, 좀 더 명확하게 해보자. 학령 전 중재법들에 관한 연구 결과는 치료 효과를 알아보도록 설계된 연구들에서 치료의 효과라기보다는 오히려 자연 회복으로 획득되었다는 가능성에 대해 더욱 지속적인 관심을 가진다면 이로울 것이다. 이러한 연구 결과는 일정 기간(예: 6~12개월) 동안 자연 회복을 보이지 않은 아동들을 참여자로 이용하고 무작위 과제 및 비슷한 아동들로 구성된 대조군들을 통합하는 것이 더욱 필요하다. 학령기 아동들을 대상으로 하여 치료 효능에 대한 기본적인 실증을 하면, 가족들과 임상가들이 학교 기반 서비스들을 이용하거나 보험으로 사설 치료 비용을 대는 것을 보장할 수도 있을 것이다. 청소년 및 성인 치료법들에 관한 연구가 극복해야 할 점은 어느 것이 환자들에게 가장 가치 있는 결과들(예: 말더듬의 심한 정도를 줄이기; 말을 더듬든지 더듬지 않든지 간에 말을 하는 것에 대해 더 자유로움, 더 나은 의사소통 기술들 등)을 가져오는지를 결정하고, 이러한 결과들을 장기간 측정할 타당한 방법을 개발하는 것이다. 중재법의 가치를 증가시키는 방법을 찾기 위해 치료법 이외의 변인들(특히 임상가 특성에 초점을 맞추는 것)을 검사하는 것이 또한 이 환자 집단에게 가치 있을 수 있다(Zebrowski, 2007).

두 번째 권고로, 우리는 연구자들이 제17장(말더듬을 위한 약물 치료)과 제19장(신경영상 기법)에 기술한 치료 후 뇌 활성의 변화와 관련된 연구에 대한 풍부한 기회가 되었기를 바란다. 아마도, 이러한 변화들이 유창성 증가의 기저를 이루는 일부 구어-언어 프로세싱 용량들을 증가시키는 것 같은데, 무엇이 그 변화들을 일으킨 것인가?

이 질문에 대한 몇 가지 대답은 제17장과 제19장, 그리고 치료 후 뇌 활성 변화에 관한 기타 연구물(De Nel et al., 2003; Neumann et al., 2003)에 제시되어 있다. 치료 전에 활성화가 낮았던 좌반구의 구어 및 언어 프로세싱 영역들이 치료 후에 더 많이 활성화되는 것이 분명하다. 이러한 변화는 "유창성 형성 치료법을 통해 조음, 발성, 호흡 등의 운동의 연속성과 타이밍이 최적화된" 결과로 설명된다(Neumann et al., 2003, p.385). De Nil 등(2003)은 치료를 받은 말더듬인이 "자신의 조음기관 움직임을 실행하고 연속적으로 이루어지는 것을 조절"하는 자발성이 증가한 것을 강조했고(p.375), 좌반구가 "연속적인 움직임의 모니터링, 순서화, 타이밍"을 전담하고 있다고 언급했다(p.374). 두 집단을 대상으로 연구한 치료법이 정밀 유창성 형성 프로그램(Precision Fluency Shaping Program)(Webster, 1974)을 수정하여 적용했는데, 이 수정판은 처음에는 느린 동작으로 한 후에 점점 정상적인 맥락에서 좀 더 정상적인 속도로 말할 때 호흡, 발성, 조음 움직임에 대해 매우 의식적으로 모니터링하여 자신의 구어 산출을 "재구성"하도록 환자에게 요구했다(이에 대한 구체적인 설명은 제15장 참조). 이전에 설명한 좌반구가 전담하고 있는 역할을 고려할 때, 이 중재 접근법은 이러한 매우 의식적인 유창성을 성취하도록 하기 위해서 좌반구 통로(left hemisphere pathways)를 사용하는 것 같다. 이러한 사실이 어떠한 연구의 필요성을 제기하는가?

한 가지 분명한 필요성은 이러한 좌반구 구조들을 활성화시키기 위해 가장 효율적이고 효과적인 최적의 치료 절차를 찾는 것이다. 최적의 치료 절차가 정밀 유창성 형성 접근 방식에서 사용된 것들인가? 캠퍼다운 프로그램에 대해 제14장에서 설명한 것과 같은 신경영상 기법으로 연구해야 하는 다른 대안이 있는가? 운동 학습의 원리들을 사용하여 구어 산출을 재교육하는 것은 구어 산출의 새로운 패턴을 확립하는 것뿐만 아니라, 환자가 일상생활 상황에 그 기술들을 전이할 수 있도록 돕는다는 두 가지 측면 모두에서 많은 것을 제공할 것이다(Maas et al., 2008).

의식적인 자발 말더듬과 자기 수용 감각(Van Riper, 1973)의 사용을 포함한 말더듬 수정 접근법들에서 사용한 치료 절차들은 좌반구 네트워크들을 활성화하여서 순차적인 운동의 정확한 타이밍을 지원할 수도 있다. Van Riper의 몇몇 절차들이 좌반구 네트워크들을 활성화시킬 수도 있다는 사실은 우연한 것이 아닌데, 그 이유는 그 절차들이 "어떤 사람이 어떤 단어를 더듬을 때, 여러 말소리들을 통합하여 한 개의 단어로 산출하는 데 요구되는 근육 운동의 동시적이고 연속적인 프로그래밍에서 시간적인 붕괴가 있을 수 있다."(Van Riper, 1982, p.415)는 그의 믿음에 기초하기 때문이다. 말더듬의 본질(그리고 그에 따라서 말더듬을 극복하기 위한 그의 치료 시도들)에 대한 그의 가정은 앞에서 인용한 De Nil 등(2003)과 Neumann 등(2003)이 치료에서 이루어질 변화에 대해 제안한 것과 비슷하다.

더욱이 구어 산출을 더욱 의식하고 조절하도록 만드는 치료 절차들에 대한 연구 이외, 두 집단 모두는 유창성을 계속 유지하는 환자들과 그렇지 않은 환자들에게서 뇌 활동 변화들을 비교하는 연구가 필요하다고 주장했다. 여러 가지 가능성들이 있을 것이다. 개인들마다 유창성을 유지하기 위해 다른 전략들을 사용할 수도 있고, 이 사실이 뇌 구조 및 기능에서 상이한 변화들을 나타내게 했을 수도 있을 것이다. 어떤 사람들은 유창성을 지원하는 신경 루프(neural loops)의 (비기능적 경로에 가까운) 새로운 경로들, 즉 자발적인 자동 구어가 가능하도록 구어를 계획하고, 집행하며, 피드백을 하는 것 등과 연결되는 경로들(pathways)을 개발할 수도 있다. 이러한 경로들은 정상 화자들이 사용하는 경로(tract)들의 바로 이웃 영역들에서 새로운 좌반구 영역들의 활성화를 나타낼 수도 있다. 또 어떤 사람들은 느린 속도와 쉬운 음성 개시와 같은 유창성 기술들을 장기간 고도로 조절하여 사용함으로써 유창성을 유지할 수도 있다. 이러한 구어 조절이 가지고 있는 자발적인 본질(voluntary nature)은 치료를 실시하기 전보다 더 좌반구 활성화를 일으켰으며, 이에 상응하는 우반구 영역들도 활성화가 일어났다. 그 이유는 그러한 매우 의식하여 조절하고자 하는 노력이 뇌의 많은 영역들과 관련될 것이기 때문이다. 이러한 두 시나리오가 치료 후에 말더듬이 재발하는 사람들과 대조되는 것이었다. 말더듬이 재발한 사람들에게서 일반적으로 좌반구보다는 우반구의 활성화가 더 많았다(치료를 받기 전의 패턴들과 유사함). 이러한 활성화는 매우 자발적인 구어를 사용하는 사람만이 유창성을 유지할 수 있지만 장기간 이러한 요구를 감당할 수 없는 사람들에게는 나타나지 않는다.

본서에서 좌반구의 비기능을 보상할 치료법들을 기술한 것이 제14장(캠퍼다운)과 제15장(유창성 플러스)에만 제한되어 있지는 않다. 제16장(SpeechEasy)은 좌반구 감각운동 및 청각 프로세싱 영역이 비활성화된 결과로 일어나는 청각 피드백의 결함을 우회하는 기기에 대해 기술했다. 아마 이러한 손상된 영역들에 인접한 신경조직이 이 기기를 착용하고 청각적 신호에 주의를 기울이는 동안에 일시적으로 재강화될 수 있을 것이다. 이 기기는 전이 효과가 거의 없는 것 같으며, 착용자가 지속적으로 신호에 집중해야 할 필요가 있는데, 이러한 사실은 이 기기로 자극을 받는 새로운 뇌 활동이 환자가 사용하던 습관적인(아마, 우뇌) 패턴을 바꾸지 않는다는 것을 제시한다는 점에 주목할 가치가 있다.

제17장(약물 치료법)은 말더듬에서 한 가지 기본적인 기능부전은 기저핵의 일부분인 선조체에서 활성화가 되지 않는 것이라고 제시하는데, 이 선조체는 구어 운동 피질과 (구어의 일시적인 조정에 관여하는 기저핵의 다른 여러 요소들도 포함하는) 피질하 구조물 사이에 있는 루프에서 중계소 역할을 담당한다. 제17장에서 설명한 뇌 영상 연구들은 좌측 피질의 구어 운동 영역들과 선조체와 같은 피질하 영역 모두가 비말더듬인에게서만큼 말더듬인에게서 활성화되지 않는 것을 제시한다. 선조체 활동을 감소시키는 것으로 추측되는 도파민의 영향을 감소시키는 약물들이 말더듬을 감소시키는 것 같다. 약물을 통해 어느 영역이 활성화되는지를 관찰하기 위해 이러한 약물을 투여한 후에 실시한 뇌 영상 연구는 알려져 있지 않다. 유사한 좌반구의 재활성화가 일어나는지를 관찰하기 위해 유창성 형성 치료법과 약물 치료법 모두에 대한 신경영상 연구들을 실시해 보면 흥미로울 것이다.

마지막 조언

우리는 우리가 각 장에서 짧게 제시한 내용들이 현재나 장래의 연구자들에게 좋은 출발점을 제공할 수 있기를 희망한다. 어떤 의미에서 앞으로 나아가야 할 길은 분명하다. 현재 사용되고 있는 중재법들에서 부족한 점들을 지원하기 위해 이미 많은 연구가 수행되고 있다. 이와 동시에 새로운 길이 열리게 될 것이다. 연구자들이 말더듬의 본질을 검증하기 위해 사용할 수 있는 도구들(말더듬인들의 삶에 말더듬이 미치는 영향을 이해하기 위한 심리 도구에서부터 말더듬의 생리학적 토대를 검증하기 위해 설계된 영상 기법에까지)이 지금처럼 풍족한 적이 없었다. 이러한 도구들을 사용하고 있는 임상가들과 연구자들은 우리를 말더듬의 본질에 대해 더 잘 이해하도록 이끌 뿐만 아니라, 이미 말을 더듬고 있는 사람들의 요구사항을 충족시키고 장래의 아동 세대에서 말더듬이 지속하는 것을 막기 위해 더욱 효과적인 방법들을 찾아내도록 이끌 것이다. 앞으로의 여행은 전망이 밝다.

부록 11.1

시청각적 세션의 평가

(김태균 역)

참여자가 말하는 동안 스무스 구어의 특성과 사회적으로 적절한 정도에 관하여 자기 평가 및 다른 참여자의 피드백을 제공하기 위해 이 양식을 사용한다.

이름 ________________ 날짜 ________________

자기 평가

	본인	임상가	일치
표현하는 동안 기류 지속성 빈약한 / 적당한 / 우수한 기류			
분절과 쉼(P + P) 빈약한 / 적당한 / 우수한 P + P			
구어 속도 느린 / 적절한 / 빠른 구어 속도			
억양 빈약하거나 지루한 / 관심을 불러일으키는 / 우수한 억양			
표현(눈 맞춤, 안면 표현, 자세) 빈약한 / 적당한 / 우수한 표현			

타인 평가

	타인	임상가	일치
표현하는 동안 기류 지속성 빈약한 / 적당한 / 우수한 기류			
분절과 쉼(P + P) 빈약한 / 적당한 / 우수한 P + P			
구어 속도 느린 / 적절한 / 빠른 구어 속도			
억양 빈약하거나 지루한 / 관심을 불러일으키는 / 우수한 억양			
표현(눈 맞춤, 안면 표현, 자세) 빈약한 / 적당한 / 우수한 표현			

	타인	임상가	일치
표현하는 동안 기류 지속성 빈약한 / 적당한 / 우수한 기류			
분절과 쉼(P + P) 빈약한 / 적당한 / 우수한 P + P			
구어 속도 느린 / 적절한 / 빠른 구어 속도			
억양 빈약하거나 지루한 / 관심을 불러일으키는 / 우수한 억양			
표현(눈 맞춤, 안면 표현, 자세) 빈약한 / 적당한 / 우수한 표현			

	타인	임상가	일치
표현하는 동안 기류 지속성 빈약한 / 적당한 / 우수한 기류			
분절과 쉼(P + P) 빈약한 / 적당한 / 우수한 P + P			
구어 속도 느린 / 적절한 / 빠른 구어 속도			
억양 빈약하거나 지루한 / 관심을 불러일으키는 / 우수한 억양			
표현(눈 맞춤, 안면 표현, 자세) 빈약한 / 적당한 / 우수한 표현			

부록 14.1

유창성 주기 기록표

유창성 주기 기록표										
		연습		시도				평가 및 전략		
				목표		결과				
		그 패턴을 따라하려고할 때 스스로에게 줄 점수		*다음 시도에서 성취하고자 하는 점수*		*그 시도에서 성취했다고 생각하는 점수*		*내가 시도한 바를 녹음하여 들은 후 성취했다고 생각하는 점수* *다음 시도를 위한 전략은 무엇인가?* *SR<2-P; SR<3-P/T; 세 번째 주기마다-P*		
날짜	주기	SR	NAT	SR	NAT	SR	NAT	SR	NAT	
치료실	1	1	7	1	4	2	3	2	2	더 많은 연습과 강화
	2	1	7	1	5	1	5	1	5	통합
	3	–	–	1	5	1	5	1	4	→ 가정
가정 1	4	1	7	1	5	1	4	1	4	NAT 증가
	5	–	–	1	4	1	4	2	3	말더듬 감소를 위한 노력
	6	–	–	1	3	2	3	2	3	말더듬인은 더 많은 기법으로 말더듬을 완화시킴
	7	1	7	1	4	1	4	1	4	통합
가정 2	8	1	7	1	4	1	4	1	4	덜 연장된 구어
	9	1	7	1	3	1	3	1	3	덜 연장된 구어
	10	1	7	1	2	2	2	2	2	말더듬 많음 → 더 연장된 구어
	11	1	7	1	3	1	3	1	3	좋은 통합
	12	–	–	1	3	1	3	1	3	

부록 19.1

신경영상 기법

(김태균 역)

기능적 신경영상 테크놀로지와 상관없이, 활동하는 대뇌에서 얻은 최종 영상은 통계적 계산 프로세스의 결과물이다. 이 절차("통계적 매개변수적 매핑")는 특정 대뇌 영역에서 나타나는 활동 변화가 유의미한지 아닌지를 계산한다. 스캐너는 표적 영역의 활동 "지도(map)" 즉 복셀을 만들어낸다. 복셀[용적(volumetric)과 화소(pixel)에서 조합됨]은 3차원의 공간에서 규칙적인 격자판(regular grid) 위에 좌표 값(coordinate values)으로 나타낸 용적 요소(volume elements)이다. 복셀은 2차원 영상에서는 픽셀(pixel)로, 3차원에서는 복셀로 사용한다.

어떤 과제나 휴식 상태에 비교하여 한 과제가 수행되는 동안 어느 뇌 영역들이 더 많이 활동적인지를 평가하기 위해서, 활성화 변화에 기여할 수도 있는 과업 차이보다 임의 효과와 요인들을 수용하고, 조사 중인 절차에 특히 연결된 활동 영역을 강조하기 위하여 특별한 통계적 절차들이 단계적으로 수행되어야 한다(예: 뇌 활동 배경에 가장 의미 있는 차이를 알아보기 위함). 관심 뇌 영역들이란 특정한 과제를 수행하는 동안에 그 영역들의 활동이 변하리라고 기대되는 특정 영역이라고 정의할 수 있다.

통계적으로 분석하기 전에 영상들을 미리 프로세스해야 한다. 이 절차에는 재정렬(realignment), 공간 정규화(spatial normalization), 평활화(smoothing)를 포함한다. 재정렬은 여러 스캔(scans) 간 머리 움직임(head motions)에 대한 영상들을 수정한다. 공간 정규화를 하면, 피험자의 뇌 영상들은 뇌의 모양과 크기에서 차이들이 조정된다. 이러한 프로세스에는 표준 뇌 형판(brain template)에 맞추기 위해서 대뇌 표면의 변환(translation), 순환(rotation), 비선형적으로 감싸기(nonlinear warping) 등이 포함된다. 이러한 표준 뇌 지도(brain maps)들로는 탈레라슈와 투르누의 지도(Talairach–Tournoux map)와 몬트리올 신경학회(Montreal Neurological Institute)에서 만든 형판들(templates)이 있다. 평활화란, 가우시안 필터나 웨이블릿 변환(wavelet transformation)을 이용하여, 복셀 값에 인접한 복셀 값을 관련시킴으로써 신호 대 잡음 비(signal–to–noise ratio)를 향상시키기 위한 절차이다.

전-처리(preprocessing)[1] 이후에, 각 복셀에서 여러 모수통계 모델(parametric statistical model)로 적절한 통계 분석을 실시한다. 실험 변인 및 혼

1) 역주: 전처리의 과정은 실제로 필요한 영상 신호처리를 하기 위해 사전에 영상 신호의 질을 높이는 과정이라고 보면 된다. 이러한 과정은 밝기조절, 잡음제거, 영역선택 등의 처리를 하게 된다. 전처리 역시 신호 처리의 일부분이다.

합 변인의 영향과 잔존해 있는 가변성 때문에 데이터에서 나타나는 각각의 가변성을 설명하기 위해, 일반 선형 모델(general linear model)의 통계 방법을 실시했다. 일변량 통계 분석을 통해 각 화소에서 모델 파라미터(model parameters)라는 관점에서 유도된 가설들을 평가했다. 또한 선형 컨볼루션 모델(linear convolution models)을 사용하여, 시간이 지남에 따라 어떤 특정 영역에서 나타나는 과제 변인과 뇌 활동 간의 상관관계도 검증했다. 여러 통계 검증을 실시했기 때문에, 다중비교에 대한 교정(corrections)을 실시했다.

그 데이터는 여러 과제들 간에 유의미한 차이를 좌표로 나타내는 표(table) 혹은 색깔로 코드화한 이미지로도 제시할 수 있다. 후자는 여러 조건들 간에 통계적으로 유의미한 차이를 보이는 복셀의 위치를 색깔로 나타내어서 MRI를 통해 뇌 "조각(slices)" 또는 뇌를 삼차원으로 재구성(three-dimensional reconstructions)하여 나타낸다. 색상 변화도(color gradients)는 통계적 t값 또는 z값에 따라 매핑되어 활성화의 통계적인 강도를 직관적으로 이해할 수 있는 시각화의 결과물로 나타낸다. 활성화의 차이는 "유리 뇌(glass brain)"라고도 표현할 수 있는데, 이 유리 뇌는 활성화 영역들을 음영 영역으로 볼 수 있어서 마치 뇌가 투명한 것(transparent)처럼 뇌의 3차원 윤곽을 나타낸 것이다. 다음의 섹션들에서, 말더듬 연구에 적용되어온 신경영상법을 설명한다.

양전자 방출 단층 촬영법

양전자 방출 단층 촬영법(Positron Emission Tomography; PET)은 대뇌 신진대사와 혈류의 변화를 관찰하는 방법이다. PET의 원리는 다음과 같다. 양전자(양극으로 대전된 전자)를 발생하는 원자들을 함유하고 있는 방사성 용액(radioactive solution)이 화학적으로 혼합되어서 추적물(tracer)로서 혈류 속으로 주입된다. 이 추적물은 몸속에서 분해되고, 혈액이 흐르는 곳은 어디든 양전자를 발생시킨다. 양전자는 전자와 상호작용하여 전자기 방사를 발생시키는 광양자(photons)를 만들어낸다. 이러한 양전자를 발생시키는 원자들의 위치는 광양자를 찾아내는 탐지기가 찾아낸다(Bear, Connors, & Paradiso, 2007).

양성자들(protrons)로 정적인 상태의 화학 원소들의 원자들(atoms)에 충격을 줌으로써 사이클로트론(cyclotron)[2)]에서 양전자 방출 방사성동위원소들(positron emitting radioisotopes)을 산출한다. 결과로 나타난 동위원소들(isotopes)(예: oxygen-15, carbon-11, nitrogen-13, 또는 fluorine-18)은 반감기(half lives)가 짧다. 이러한 동위원소들은 불연속적인(discrete) 양전자 방출 형태에서 과잉 양전하(그 동위원소의 핵에서 양전하가 많으면 그 전자 주변을 선회하는 음전하보다 더 균형을 유지할 수 있다)를 흐르게 한다(Huesing, Jaencke, & Tag, 2006). 이러한 방사성 핵종(radionuclides)들은, 예를 들면 글루코스, 물, 암모니아와 같은 신체에 정상적으로 사용하는 화합물로 합쳐지거나 연구 문제에 따라 약효(drug action)의 수용기 또는 다른 곳들과 결합하는 분자들로 합쳐진다. 그러한 분류

2) 역주: 고주파의 전극과 자기장을 사용하여 입자를 나선 모양으로 가속시키는 입자 가속기의 일종. 물리학 연구 및 방사선 치료 등에 쓰인다.

된 화합물들을 방사성 트레이서(radiotracers)[3)]라고 한다. PET 기법은 인간들에게 어떤 화합물의 생물학적 경로를 추적하는 데 사용하여서 방사성 동위원소를 이용하여 식별(radiolabel)할 수 있는 PET 동위원소를 제공할 수 있다. 따라서 임상적으로 사용하거나 연구용으로 사용하는 수백 개의 방사성 트레이서(radiotracers)가 있다.

방사성 트레이서를 정맥(vein) 속으로 주입한 후, 활동분자(active molecule)가 관심 조직에 보이는 동안 기다린다. 기능적 신경영상법(functional neuroimaging)에서, 방사선(radiation)이 뇌에 최대한으로 모일 때, PET 스캐너로 대뇌 혈류 부위의 영상들을 촬영한다. PET 신호는 불안정한 동위원소들과 전자들이 분리된 양전자들이 충돌하여 생기는 결과이다. 이 충돌은 반대방향에서 움직이는 두 개의 감마선이나 광전자들(photons)을 산출한다. 빔(beams)을 감지한 두 개의 센서들을 연결하는 선을 따라 이러한 감마선의 소스를 확인하는 PET 스캐너로 광전자들을 포착한다. 뇌 부위에서 신경 활동들이 증가하면 신진대사(metabolism)와 혈류를 증가시키며, 감마선들의 고밀도 분포로 나타날 수 있다. PET 스캔으로 측정될 수 있는 신진대사 활동의 용량은 $4mm^3$~$6mm^3$에 이르며, 이것은 활성화된 피질 영역과 피질 하부 영역을 확인하고, 피질 부위들 내에서 일어나는 변화들을 보여주기에 충분한 양이다.

예를 들면, PET은 말하기와 듣기에 관여하는 뇌 활성화 영역들을 찾아낼 수 있다. 그 활성화는 특정한 과제를 수행하기 전과 수행하는 동안에 나타나는 영상을 비교함으로써 가시적으로 나타난다. 기능적 신경영상법에서, PET은 인지적 과제를 수행하는 동안에 뇌 활성화뿐만 아니라 우울증, 파킨슨병, 뇌에 영향을 미치는 기타 질환들 등의 특성과 증상들을 연구하는 데 사용된다. 또한 뇌 활동에 미치는 약물의 영향도 평가할 수 있다. 더욱이, PET은 여러 수용기(receptors)의 분포뿐만 아니라, 어떤 약물과 신경전달물질 간의 상호작용을 연구하는 데 사용될 수 있다(약 100개의 확인 가능한 신경전달물질과 상호작용하는 인간의 뇌에 300개 이상의 다른 종류의 수용기가 있음).

데이터 수집 및 전-처리 후에, 통계적 데이터 분석과 3차원 재구성(three-dimensional reconstructions)을 실시한다. PET 결과는 실험 조건들에 따라 영역별 뇌 혈류량이 변화하는 것을 볼 수 있다. PET는 공간 해상도(spatial resolution)가 낮아서, 최신형 PET 스캐너는 CT 스캐너를 통합하고, PET와 CT 모두를 한꺼번에 수행하여서 PET의 결과를 보다 정확하게 해부 구조와 관련시킬 수 있다. PET 방법은 몇 가지 추가적인 단점들이 있다. 구체적으로, 측두엽 해상도(temporal resolution)가 제한적이다. 더욱이 PET 방법은 침습성(invasive)이며, 검사를 받는 대상자가 반복적으로 방사능 트레이서에 노출된다. 대상자당 적은 PET 영상만을 얻을 수 있기 때문에, 집단 연구를 실시할 필요가 있다.

단일 광자 방출 컴퓨터 단층 촬영

단일 광자 방출 컴퓨터 단층 촬영(Single Photon Emission Computed Tomography; SPECT)은 방사성 추적자(tracer)와 감마선 감지를 사용한다는

3) 역주: 어떤 원소를 추적하는 트레이서에서 쓰이는 방사성 동위 원소.

점에서 PET와 유사하다. 하지만 SPECT는 다른 유형의 광자를 감지하고, SPECT에서 사용하는 추적자는 직접적으로 측정되는 감마선을 방출한다. 반대로, PET 추적자가 작은 밀리미터까지 전자들을 소멸하는 양전자를 방출하는데, 이는 2개의 감마 광자들이 반대 방향에서 방출시키는 원인이 된다는 사실을 기억하라. PET 스캐너는 이러한 방출들을 거의 실시간으로 감지하는데, 이것은 방사선 이벤트(radiation event)가 위치 정보를 더 많이 제공하며, 따라서 약 0.5mm의 해상도로, 약 1cm의 해상도 영상을 산출하는 SPECT보다 더 높은 해상도의 영상을 산출한다.

PET와 마찬가지로, SPECT는 전통적인 핵의학 영상과 단층촬영 재구성법들(tomographic reconstruction methods)을 기초로 한다(Committee on the mathematics and Physics of Emerging Dynamic Biomedical Imaging & National Research Council, 1996). PET와 마찬가지로, SPECT는 뇌에서의 공간적인 밀집을 검사하기 위해 방사성 트레이서들의 투입을 필요로 한다. 방사성 트레이서들이 여러 기관들과 조직 유형들에 흡수되는 강도는 생체분포 성질(biodistribution properties)에 따라 다르다. 영상 장치는 섬광 카메라 시스템(scintillation camera system)인데, 이 시스템은 뇌에서의 3차원 방사성 분포(three-dimensional radioactivity distribution) 또는 방사성 약물 섭취율(radiopharmaceutical uptake)에 대한 2차원 투영 영상을 제공한다. 환자 주위를 다른 각도에서 관찰하는 감마 카메라[4]의 로테이션 동안에 영상들을 촬영하기 때문에, 다중 투사(multiple projections)로 얻은 3차원 모델을 구성할 수 있다. 로테이션 동안에 어떤 지점에서 일반적으로 매 3~6도에서 영상을 얻는다.

PET를 사용하여 얻는 것처럼, SPECT 적용의 범위는 기능적 영상만이 아니라, 감마선에 기반한 어떠한 영상도 포함하는데, 감마선 영상은 갑상선, 뼈, 심장 질환, 종양, 감염, 뇌손상 등에 대한 영상과 같은 3차원 표상을 하는 데 필요하다. 예를 들면 기능적 뇌 영상법에서, SPECT가 치매 진단을 하는 데 사용된다.

SPECT는 추적자[5]를 내보내기 위해 인근에 가속기(accelerator)를 필요로 하지 않기 때문에 PET보다 저렴하다[PET 추적자와 비교하여 SPECT 추적자의 반감기(half life)[6]가 길기 때문임]. SPECT의 단점은 공간 해상도가 낮고, 통계적 잡음 변동(statistical noise fluctuations), 저대조 현상(low contrast)[7] 때문에 CT와 비슷하게 재구성된 영상으로 왜곡된다는 것이다. 감마선 광자(Gamma ray photons)는 환자를 내보내기 전에 광자의 흡수를 일으키는 광전 상호작용(photoelectric interactions)을 발생시킬 수도 있다. 또 다른 광자는 콤프턴 산란(Compton scattering)[8]을 발생시킬 수도 있는데, 콤프턴 산란이란 원래 광자의 방

4) 역주: 방사성 동위 원소(이하 RI)를 이용하여 내장의 형상을 기록하는 카메라. RI를 표시한 장기 친화성 물질을 환자에게 투여하면 어떤 장기에 특이적으로 분포한다.

5) 역주: 인체 내부 관찰에 이용되는 방사능 물질.

6) 역주: 방사성 동위원소의 반이 붕괴되는 데 필요한 시간.

7) 역주: 세밀하게 한정된 그림자와 하이라이트가 역부족인 영상이나 조명.

8) 역주: X-선이나 γ-선 등의 광자가 원자 내의 전자 또는 물질 중의 자유 전자와 충돌하여 그 에너지의 일부를 전자에 주고 튕겨나가고, 광자 자체는 전자에 준 부분만큼 낮은 에너지, 즉 진동수가 낮은 광자가 되어 처음의 입사 방향과 다른 방향으로 산란되는 현상.

향과 에너지를 변화시키는 영향이다. 말더듬 연구에서, SPECT는 후천성 말더듬과 관련된 병변의 지점을 확인하기 위해 여러 차례 사용되었다(Heuer et al., 1996; Turgut, Utku, & Balci, 2002).

기능적 자기공명영상

fMRI는 감각, 운동, 인지 등의 과제로 유발된 뇌 혈액 산소화(cerebral blood oxygenation)의 국소적 변화를 반영한다. fMRI는 단일 대상자로부터 수백 개의 고-해상도 영상(high-resolution images)들을 얻어서 뇌 활동에 대한 자세한 분석이 가능해졌기 때문에 뇌 기능을 이해하는 데 혁신적인 변혁을 가져왔다. fMRI의 원리는 다음과 같다. MRI는 전자기 신호[방사선 주파수(RF) 파동; electromagnetic signals(radiofrequency(RF) waves)] 감지에 근거하는데, 이 전자기 신호는 외부에서 생성된 정적 자기장(static magnetic field)의 존재하에 적용되는 RF 펄스에 대해서 수소 양성자가 자극을 받을 때, 수소 양성자가 스피닝(spinning hydrogen protons)하여 생성된다. RF 펄스는 양성자가 회전하도록 자극하고, 그 회전이 동시에 일어나도록[위상 동기(phase-locked)[9]] 하는데, 이것(동시 발생)은 강한 신호를 생성하기 위한 전제 조건이다. 조직 내에서 자성의 비균일성(magnetic inhomogeneities)은 각 복셀 내에 있는 인접한 수소 양성자들의 RFs에서 분단위로 전환을 일으키고, 이러한 전환은 RF 신호를 감소하도록 하는 동기화를 실패하게 하는[영위상화(dephasing)[10]] 원인이 된다. 영위상화(T2* 라고도 함)의 속도에서 차이는 간접적으로 신경세포의 활동을 반영한다(DeYoe et al., 1994).

이른바 혈액 산화 레벨 의존성(blood oxygenation level dependent; BOLD)이라는 메커니즘이 뉴런의 활동에서 나타나는 변화들이 어떻게 자성의 공명 신호에 영향을 미치는지를 설명한다. 감각, 운동 및 인지 과제 각각이 뉴런 활동의 국부적인 증가(localized increase)를 초래한다. 이 활동은 국부 혈관확장을 야기하며, 뒤이어 대사산물 혹은 국부혈관에서 나타나는 직접적인 영향에 의하여 혈류의 급속한 증가가 이어진다. 혈류에서 나타나는 이러한 변화가 강한 산소 공급을 야기하며, 산소화된 헤모글로빈의 과잉은 활성화된 부위로 전달되어서, 그것 때문에 디옥시-헤모글로빈(deoxy-hemoglobin)의 집중이 감소된다. 디옥시-헤모글로빈은 상자성체(paramagnetic)인 반면에 옥시-헤모글로빈(oxy-hemoglobin)은 아니며, 디옥시-헤모글로민의 양에서 나타나는 변화가 회전하는 수소 단백질들의 영위상화를 야기하고, 결과적으로 RF 신호의 변화를 야기하는데, 이 RF 신호는 최종 fMRI 영상들에서 밝은 영역으로 나타난다. 빠른 경사 영역 전환을 위해 고안된 자성 공명스캐너에서 영상들을 얻는다. 보다 더 높은 자성 영역 힘을 가진 스캐너들이 보다 고해상도의 영상을 만들어낸다. 현재, 1.5-, 3-, 및 9.4-테슬라(Tesla) 스캐너(마지막 것은 연구 목적으로만 사용됨)가 사용된다. 대

9) 역주: 전자 장치 등의 제어 기능에 의해 각각의 위상이 상대적으로 일정하게 유지되고 작동하도록 제어하는 것.

10) 역주: 동일한 위상 상태의 원자핵들이 위상응집 상태를 잃는 것.

상자를 자성 공명스캐너 속에 머리는 헤드코일(head coil)에 둔 상태로 똑바로 눕힌 다음, 시각 혹은 청각 시스템을 사용하여 일련의 과제들을 수행한다. 대뇌의 단면(slice)에서 일반적으로 시간적 순서로 수백 개의 영상들을 얻는다. 통계적으로 유의미한 복셀들은 컬러-코드화되어 해부 영상 위에 덧씌운다(overlaid).

가장 널리 보급된 fMRI 기법은 BOLD-fMRI이다. BOLD-fMRI는 약 1초의 찰나적인 해상도(temporal resolution)와 PET이나 SPECT의 영상들보다는 훨씬 더 높은 1~2mm의 공간적인 해상도를 제공할 수 있다. 매 2초당 약 30개의 뇌 단면 영상을 촬영한다. 다른 인지 상태에서 촬영한 영상들과 비교해야 하기 때문에, 이러한 상태들은, 만약 가능하다면, 한 가지 측면에서만 서로 달라야 한다. 여러 휴식 기간에 여러 활성화의 기간이 변한다. BOLD-fMRI는 언어, 시각, 움직임, 듣기, 기억 등을 다루는 연구들에 특히 관심이 있다. BOLD-fMRI 기법이 가지고 있는 가장 큰 문제점 중 하나는 움직임에 대해 민감하다는 것이어서, 구어를 산출할 때 검사하기가 어렵다. 더욱이, 유출정맥(draining veins)들에 인접하여 위치한 뇌 영역들은 때때로 신경 활성화 장소들보다 더 많이 활성화된다. BOLD-fMRI는 산소화된 혈액(oxygenated blood)에서 국지 간의 차이들을 측정한다. 또 다른 fMRI 기법은 국지적 혈액 흐름을 측정하는 관류 fMRI(perfusion fMRI)이다(Huesing, Jaencke, & Tag, 2006)

fMRI는 비침습적이기 때문에 심각한 위험요인이 없으며, 많은 클리닉에서 이용할 수 있고, 언어, 운동, 기억 기능들의 매핑이 필요할 때, 수술 전 계획에도 사용될 수 있기 때문에, 이것은 연구들과 임상 적용에 광범위하게 사용되며, 인지신경과학의 가장 중요한 추진력이 되고 있다. fMRI는 일시적인 인지적 사건과 작은 구조들에 대한 정확한 영상을 만들 수 있고, 방사선 물질의 주입을 사용하지 않으며, 위험이 적기 때문에 건강한 아동의 연구에 적합하고, 단일 세션에서 피험자 내에서 상이한 정신적 및 인지적 상태를 비교할 때 통계적 지표로 사용될 수 있다.

fMRI는 인지적 과제를 수행하는 동안에 특정한 피질 영역들 간에 발생하는 신경 활동의 순간적인 협응과 진동(oscillations)을 관찰하기에 충분할 만큼 빠르지 않다. 이러한 신경 활동을 잘 관찰하기 위해서는 밀리세컨드 단위 내의 시간 해상도가 필요하다. 이 해상도는 실시한 측정을 가능케 하는 복합채널 EEG나 MEG의 표면 리코딩(surce recording)을 사용한 전자기장 소스 영상(electromagnetic source imaging)을 통해서만 이루어질 수 있기 때문에, 그러한 기법들은 감각, 운동, 인지 등의 프로세스를 비교적 정확하게 측정하기 위해 점점 fMRI와 결합되고 있다(Momjian et al., 2003).

확산 텐서 영상

확산 텐서 영상(diffusion tensor imaging; DTI)은 뇌 조직에서 수분 확산의 방향성과 규모를 측정한다. 이 기법은 신경 외과적 계획과 같은 목적을 위해 백질의 발달, 백질 병변의 경로-고유의 국소화와 백질로와 관련된 종양의 국소화, 주요 백질로(뇌신경섬유지도)(tractography)의 국소화 등을 평가하는 데 적용할 수 있다.

DTI는 조직 속에 있는 분자, 특히 물분자의 무작위 확산 이동(random diffusion-driven displacement) 전위(轉位)들이 이방성(anisotropic) 혹은 "의도적인 의존성"일 수도 있다는 결과를 이용한다. 이러한 전위의 관찰은 조직들의 구조 및 기하학적 조직(organization)에 대한 단서를 제공한다. 이것이 의미하는 바는 무엇인가? 분자들이 무작위로 변형하는 움직임을 뜻하는 분자 확산(molesular difusion)을 Brownian 움직임이라고 하는데, 이는 진정한 3차원의 프로세스이다. 하지만 어떤 방향에서 분자의 움직임을 제한하는 매체 혹은 방해물의 이상한 물리적 배열 때문에, 조직 내에서 분자들의 이동성이 모든 방향에서 똑같지 않을 것이다. 확산 이방향성(diffusion anisotropy)이라고 하는 이 효과를 DTI로 탐지할 수 있다. 만약 확산 경사도(diffusion gradients)를 적어도 세 개의 방향에서 적용한다면, 각 복셀에 대한 긴장근을 계산하여, 분자 확산의 3차원적 형태를 설명하는 데 사용할 수 있다. 변화도의 방향에 따라서 나타나는 분자 이동들만을 볼 수 있다. 백질에서 나타나는 확산 이방향성은 평형으로 이어지는(한 개의 섬유가 있으면 그 섬유와 같은 방향으로 나아가는 것을 뜻함) 다소의 수초화된 축삭 섬유다발(bundles) 속에 있는 섬유들의 특별한 조직의 결과라고 설명할 수 있다. 정확한 메커니즘은 아직까지 밝혀지지 않았지만, 섬유들의 방향에서 나타나는 확산이 수직 방향보다 더 빠르다는 사실은 분명하다. 이러한 사실은 대뇌에서 백질로의 공간적 방위 지도를 그리는 것을 도와서 가장 빠른 확산의 방향이 섬유들의 전반적인 방향을 나타낸다는 것을 추정하도록 한다. 이러한 이유로 DTI는 확산 이방향성 효과를 사용하여 대뇌의 백질에서 섬유를 추적할 수 있게 한다(Le Bihan et al., 2001). DTI는 표면조직이나 심층조직 모두를 고해상도로 접근할 수 있게 하여, 일상적인 영상 해상도 이상으로 조직의 미세구조를 자세하게 제공한다. 더욱이 DTI는 확산 프로세스 그 자체를 방해하지 않으며, 비침습적이다.

자기뇌파검사

신경 활동의 영역들에서 전기가 발생되고 약한 자기장이 생성된다. 자기뇌파검사(magnetoencepha-lography; MEG)는 뉴런들에서 약간의 전류(electrical currents)에 의해 발생된 자기장을 측정한다. 따라서 MEG가 뇌에서의 유발된 신경 활동과, 자발적인 신경 활동, 역동성과 그 신경 활동이 일어나는 위치 등에 대한 직접적인 정보를 제공한다(Hämäläinen, 2007). MEG와 EEG는 밀접하게 연관되어 있다. EEG는 뉴런의 전류와 연관된 전위를 측정하는 반면에 MEG는 그것에 해당되는 자기장을 탐지한다.

뇌에서 자기장의 주요 원천은 대뇌 피질의 표면까지 수직적으로 뻗어 있는 추체 세포의 수상돌기 첨부로 인해 생성된 흥분성 시냅스 후 전위(excitatory postsynaptic potentials)이다. 이러한 흥분성 전위들은 쌍극자(dipoles)를 일으킨다. 쌍극자는 피질로 직각방향에서 발생되며 자기장을 생산한다. MEG는 뇌 표면까지 향하는 수평적인 활동을 선택적으로 기록하지만[고랑(sulci) 표면 부분에서 추체 세포들의 활동], 반면에 EEG는 뇌 표면으로 향하는 수직적인 전기적 활동을 기록한다[피질 이랑(gyri)과 열구의 심부에서 추체 세포들의 활동]. 따라서 MEG는 실비안 열구(sylvian fissure)에 깊숙이 위치한 청각 피질과 같은 부위들을 검사하는 데 적합하다.

신경 활성화를 통해 유발된 자기장은 매우 약하기 때문에, 그것들을 측정하기 위해서는 초전도 양자 간섭장치(superconducting quantum interference device; SQUID)라고 하는 매우 민감한 자속 농도계(magnetic flux densitometer)가 필요하다. SQUID를 작동시키기 위해서는 극저온(cryogenic temperatures)이 필요하다. 최신 MEG 장비에서 헬멧 형태의 액체 헬륨이 들어있는 관(helmet-shaped liquid helium-containing vessel)에 300SQUID 이상의 집합체(array)를 포함하는데, 이는 머리의 여러 지점에서 동시적인 측정을 가능하도록 한다.

MEG의 장점은 많다. 그 중 비침습적이고 안전하다는 장점이 있다. 전체 피질에서 일어나는 신호들을 기록할 수 있지만, EEG처럼 두피(scalp)에 많은 전극을 붙일 필요가 없다. 데이터는 자연스럽게 앉아 있는 자세에서 수집할 수 있다. 뇌 혈류를 통해 단지 간접적으로 뇌 활동을 나타내기 때문에 저순간적 해상도(low temporal resolution)[11]인 PET와 fMRI와는 달리, MEG는 뇌 활동의 실시간 기록이 가능하고, 매우 고순간적 해상도(high temporal resolution)(1000분의 1초)를 나타낸다. 또한 몇 밀리미터에서 몇 센티미터까지 좋은 공간 해상도도 제공한다. 그러나 공간 해상도는 fMRI만큼 좋지 않다. 마지막으로 측정 환경은 완전히 조용해야 하고, 이 조건은 특히 청각 연구를 할 수 있게 한다.

MEG의 주요 제한점들은 다음과 같다. 머리 밖에서 측정하는 자성 도구로부터 대뇌 속의 전기적 활동이 일어나는 근원들의 국소화는 복잡하고, 또 대뇌 활동의 피질 하부의 근원들에 대한 믿을 만한 정보를 제공하는 것이 어렵다. MEG가 구조적인 정보를 제공하지 않기 때문에, MEG 데이터는 활성화 지도를 얻기 위해 종종 자성 공명 데이터와, 해부를 겹쳐놓은 기능 합성 영상을 결합할 필요가 있다. MEG는 임상적 목적[예: 간질 환자들의 발작성의 극파 활동(epileptiform spiking activity)을 국소화하기 위함]과 연구적 목적(예: 언어 지각에 대한 연구를 하기 위함) 등으로 사용한다.

11) 역주: 해상도가 낮다는 것이 아니라, 상대적으로 시간적 길이가 덜 짧다는 것.

복셀 기반 형태 계측

복셀 기반 형태 계측(voxel-based morphometry; VBM)은 뇌의 조직 형태들의 정위 분포(stereotactic distribution)에서 해부상의 집단 차이들을 탐지하기 위해 개발된 기법들 중 하나이다(Huesing, Jaencke, & Tag, 2006). 여기서 "정위(sterotactic)"란 뇌 구조의 연구 및 치료에서 사용되는 특별한 협응 시스템(coordinate system)과 관련한 의미이다. VBM은 통계적인 매개변수의 매핑(statistical parametric mapping)을 사용하여 뇌 해부에서 중요한 차이들(focal differences)을 조사하기 위해 사용된다. VBM은 회백질을 분석하지만, 그 분석을 하기 위해서는 백질 및 뇌척수액 용적(cerebrospinal fluid volumes)도 분할시켜야 한다. 비록 VBM이 회백질을 검사하기 위해 대개 사용되는 도구이지만, 백질을 분석하기 위해서도 사용된다. 그러나 백질 결과물은 편향되고, VBM은 여기서 선택할 기법이 아니다. 대신에 DTI는 선택 가능하다. 분석들은 표준 뇌 지도(Talairach space)에서 영상 견본에 각각의 MRI 스캔들을 선형 정렬(linear alignment)한 후에 실시된다. 통계적으로 특정 정위(sterotaxic) 위치에서 여러 집단 간의 차이를 통계적으로 정량화함으로써 각 복셀 평가되는 통계적 매개변수 지도를 계산하여 각 정위 복셀에서 집단 조직의 차이들을 찾아내는 것이 비교 분석의 목표이다. 계산된 값들을 기준 분포와 비교하는데, 이것은 그러한 차이가 우연적으로 발생할 수 있는지 없는지 그 여부를 나타내는 가능성 수치를 나타낸다.

VBM은 1995년 이후로, 형태 계측 도구로 확립되어 왔다. VBM은 피험자들 사이의 차이점을 검사하기 위해서뿐만 아니라, 뇌의 비대칭도를 찾기 위해서 양반구 간의 신경해부학적 차이점을 검사하는 데에도 사용할 수 있다. 본래 VBM은 용적의 변화, 즉 큰 뇌 구조에서 전형적 용적 분석의 문제와 결부되지 않은 방식으로 피질의 두께를 탐지하기 위해 고안되었다. 이 결과는 공간 정규화로 위치적 차이 및 용적의 차이를 제거함으로써 성취될 수 있다.

참고문헌

Achenbach, T. M. (1988). *Child Behavior Checklist for Ages 2–3*. Burlington, VT: University of Vermont.

Achenbach, T. M. (1991). *Manual for the Child Behavior Checklist/4-18 and 1991 Profile*. Burlington, VT: Department of Psychiatry, University of Vermont.

Ackermann, H., & Riecker, A. (2004). The contribution of the insula to motor aspects of speech production: A review and a hypothesis. *Brain and Language, 89*, 320–328.

Adams, M. R. (1977). A clinical strategy for differentiating the normally nonfluent child and the incipient stutterer. *Journal of Fluency Disorders, 2*, 141–148.

Adams, M. R. (1984). The differential assessment and direct treatment of stuttering. In J. Costello (Ed.), *Speech Disorders in Children* (pp. 261–290). San Diego, CA: College Hill.

Adams, M. R. (1984) The young stutterer: Diagnosis, treatment and assessment of progress. In W. Perkins (Ed.), *Stuttering Disorders: Current Therapy of Communication Disorders* (pp. 41–56). New York: Thieme.

Adams, M. R. (1990). The demands and capacities model I: Theoretical elaborations. *Journal of Fluency Disorders, 15*, 135–141.

Adams, M. R. (1991). The assessment and treatment of the school-age stutterer. *Seminars in Speech and Language, 12*, 279–290.

Adams, M. R. (1993). The home environment of children who stutter. *Seminars in Speech and Language, 14*, 185–191.

Adams, M. R., & Ramig, P. R. (1980). Vocal characteristics of normal speakers and stutterers during choral reading. *Journal of Speech and Hearing Research, 23*, 257–269.

Ahadi, S. A., & Rothbart, M. K. (1994). Temperament, development, and the Big Five. In G. A. Kohnstamm, C. F. Halverson, et al (Eds.), *The Developing Structure of Temperament and Personality from Infancy to Adulthood* (pp. 189–207). Hillsdale, NJ: Erlbaum.

Allen, G. D., & Hawkins, S. (1980). Phonological rhythm: Definition and development. In G. H. Yen-Komshian, J. F. Kavanagh, & C. A. Ferguson (Eds.), *Child Phonology* (Vol. 1, pp. 227–256). New York: Academic Press.

Alm, P. A. (2004). Stuttering and the basal ganglia circuits: a critical review of possible relations. *Journal of Communication Disorders, 37*, 325–369.

Alm, P. A. (2005). On the causal mechanisms of stuttering. Doctoral thesis. Department of Clinical Neuroscience, Lund University, Lund, Sweden.

Alm, P., & Risberg, J. (2007). Stuttering in adults: The acoustic startle response, temperamental traits and biological factors. *Journal of Communication Disorders, 40*, 1–41.

Amaro E., Jr., Williams, S. C., Shergill, S. S., Fu, C. H., MacSweeney, M., Picchioni, M. M., Brammer, M. J., & McGuire, P. K. (2002). Acoustic noise and functional magnetic resonance imaging: current strategies and future prospects. *Journal of Magnetic Resonance Imaging, 16*, 497–510.

Ambrose, N. G., Cox, N., & Yairi, E. (1993). Genetic aspects of early childhood stuttering. *Journal of Speech and Hearing Research, 36*, 701–706.

Ambrose, N. G., Cox, N. J., & Yairi, E. (1997). The genetic basis of persistence and recovery in stuttering. *Journal of Speech, Language and Hearing Research, 40*, 567–580.

Ambrose, N. G., & Yairi, E., (1999). Normative disfluency data for early childhood stuttering. *Journal of Speech, Language, and Hearing Research, 42*, 895–909.

American Psychiatric Association. (1994). *Diagnostic and Statistical Manual of Mental Disorders*. Washington, DC: American Psychiatric Association Publication.

American Psychiatric Association. (2000). *Diagnostic and Statistical Manual of Mental Disorders: DSM-IV-TR*. (4th ed.). Washington, DC: American Psychiatric Association.

American Psychiatric Association. (2000). Practice guidelines for the treatment of patients with major depressive disorder (revision). *American Journal of Psychiatry, 157*, 1–45.

American Speech-Language-Hearing Association. (1995). Guidelines for practice in stuttering treatment. *ASHA, 37* (Suppl 14), 26–35.

American Speech-Language-Hearing Association. (2001). *Scope of Practice in Speech Language Pathology*. Rockville, MD: American Speech-Language-Hearing Association.

American Speech-Language-Hearing Association. (2003). Code of ethics. http://www.professional.asha.org/resources/deskrefs.

Amster, B. (1984). The development of speech rate in normal preschool children. Unpublished doctoral dissertation, Temple University, Philadelphia, PA.

Anderson, J., & Conture, E. G. (2000). Language abilities of children who stutter: A preliminary study. *Journal of Fluency Disorders, 25*, 283–304.

Anderson, J., & Conture, E. G. (2004). Sentence-structure priming in young children who do and do not stutter. *Journal of Speech, Language, and Hearing Research, 47*, 552–571.

Anderson, J., Pellowski, M., & Conture, E. (2005). Childhood stuttering and dissociations across linguistic domains. *Journal of Fluency Disorders, 30*, 219–253.

Anderson, J., Pellowski, M., Conture, E., & Kelly, E. (2003). Temperamental characteristics of young children who stutter. *Journal of Speech, Language and Hearing Research, 46*, 1221–1223.

Andrews, G., & Craig, A. (1988). Prediction of outcome after treatment for stuttering. *The British Journal of Psychiatry, 153*, 236–240.

Andrews, G., Craig, A., Feyer, A., Hoddinott, S., Howie, P., & Neilson, M. (1983). Stuttering: a review of research findings and theories circa 1982. *Journal of Speech and Hearing Disorders, 48*, 226–246.

Andrews, G., & Cutler, J. (1974). Stuttering therapy: The relation between changes in symptom level and attitudes. *Journal of Speech and Hearing Disorders, 39*, 312–319.

Andrews, G., & Dosza, M. (1977). Haloperidol and the treatment of stuttering. *Journal of Fluency Disorders, 2*, 217–224.

Andrews, G., Guitar, B., & Howie, P. (1980). Meta-analysis of the effects of stuttering treatment. *Journal of Speech and Hearing Disorders, 45*, 287–307.

Andrews, G., Howie, P. M., Dozsa, M., & Guitar, B. (1982). Stuttering: Speech pattern characteristics under fluency-inducing conditions. *Journal of Speech and Hearing Research, 25*, 208–216.

Andrews, G., & Ingham, R. J. (1972). Stuttering: An evaluation of follow-up procedures for syllable-timed speech/token system therapy. *Journal of Communication Disorders, 5*, 307–319.

Andrews, G., Morris-Yates, A., Howie, P., & Martin, N. (1991). Genetic factors in stuttering confirmed. *Archives of General Psychiatry, 48*, 1034–1035.

Andrews, G., & Tanner, S. (1982). Stuttering: The results of 5 days treatment with an airflow technique. *Journal of Speech and Hearing Disorders, 47*, 427–429.

Appelt, A. (1945). *Stammering and Its Permanent Cure: A Treatise on Individual Psychological Lines*. London: Methuen.

Armson, J., Foote, S., Witt, C., Kalinowski, J., & Stuart, A. (1997). Effect of frequency altered feedback and audience size on stuttering. *European Journal of Disorders of Communication, 32*, 359–366.

Armson, J., Kieftc, M., Mason, J., & De Croos, D. (2006). The effects of SpeechEasy on stuttering frequency in laboratory conditions. *Journal of Fluency Disorders, 31*, 137–152.

Armson, J., & Stuart, A. (1998). Effect of extended exposure to frequency-altered feedback on stuttering during reading and monologue. *Journal of Speech, Language, and Hearing Research, 41*, 479–490.

Arndt, J., & Healey, E. C. (2001). Concomitant disorders in school-age children who stutter. *Language, Speech, and Hearing Services in Schools, 32*, 68–78.

Arnold, H. S., Conture, E. G., & Ohde, R. N. (2005). Phonological neighborhood density in the picture naming of young children who stutter: Preliminary study. *Journal of Fluency Disorders, 30*, 125–148.

Aron, M. L. (1967). The relationships between measurements of stuttering behavior. *Journal of the South African Speech and Hearing Association, 14*, 15–34.

Ashburner, J., & Friston, K. J. (2001). Why voxel-based morphometry should be used. *NeuroImage, 14*, 1238–1243.

Atack, J. R., Pike, A., Marshall, G., Stanley, J., Lincoln, R., Cook, S. M., Lewis, R. T., Blackaby, W. P., Goodacre, S. C., McKernan, R. M., Dawson, G. R., Wafford, K. A., & Reynolds, D. S. (2006). The in vivo properties of pagoclone in rat are most likely mediated by 5'-hydroxy pagoclone. *Neuropharmacology, 50*, 677–689.

Atlas, R., & Pepler, D. (1997). *Observations of Bullying in the Classroom*. Toronto: LaMarsh Centre for Research on Violence and Conflict Resolution, York University.

Attanasio, J. (2003). Some observations and reflections. In M. Onslow, A. Packman, & E. Harrison (Eds.), *The LP of Early Stuttering Intervention: A Clinician's Guide* (pp. 207–214). Austin, TX: Pro-Ed.

Au-Yeung, J., & Howell, P. (1998). Lexical and syntactic context and stuttering. *Clinical Linguistics and Phonetics, 12*, 67–78.

Azrin, N., & Nunn, R. (1974). A rapid method of eliminating stuttering by a regulated breathing approach. *Behavior Research and Therapy, 12*, 279–286.

Azrin, N., Nunn, R., & Frantz, S. (1979). Comparison of regulated-breathing versus abbreviated desensitization on reported stuttering episodes. *Journal of Speech and Hearing Disorders, 44*, 331–339.

Badgaiyan, R. D., Schacter, D. L., & Alpert, N. M. (2002) Retrieval of relational information: a role for the left inferior prefrontal cortex. *NeuroImage, 17*, 393–400.

Baer, D. M. (1988). If you know why you're changing a behavior, you'll know when you've changed it enough. *Behavioral Assessment, 10*, 219–223.

Baer, D. M. (1990). The critical issue in treatment efficacy is knowing why treatment was applied: A student's response to Roger Ingham. In L.B. Olswang, C.K. Thompson, S. F. Warren, & N. J. Minghetti

(Eds.), *Treatment Efficacy Research in Communication Disorders* (pp. 31–39). Rockville, MD: American Speech-Language-Hearing Foundation.

Bakker, K., Brutten, G. J., Janssen, P., & van der Meulen, S. (1991). An eyemarking study of anticipation and dysfluency among elementary school stutterers. *Journal of Fluency Disorders, 16*, 25–33.

Bakker, K., & Riley, G. (1997). *Computerized Scoring of Stuttering Severity*. Austin, TX: Pro-Ed.

Bär, K. J., Häger, F., & Sauer, H. (2004). Olanzapine- and clozapine-induced stuttering. A case series. *Pharmacopsychiatry, 37*, 131–134.

Barlow, D. H., & Hersen, M. (1984). *Single-Case Experimental Designs: Strategies for Studying Behavior Change* (2nd ed.). New York: Pergamon.

Barnes, T. R. (1989). A rating scale for drug-induced akathisia. *British Journal of Psychiatry, 154*, 672–676.

Barrett, P. M., Dadds, M. R., & Rapee, R. M. (1996). Family treatment of childhood anxiety: A controlled trial. *Journal of Consulting and Clinical Psychology, 64*, 333–342.

Bates, E., Appelbaum, M., Salcedo, J., Saygin, A. P., & Pizzamiglio, L. (2003). Quantifying dissociations in neuropsychological research. *Journal of Clinical and Experimental Neuropsychology, 25*, 1128–1153.

Beal, D. S., Gracco, V. L., Lafaille, S. J., & De Nil, L. F. (2007). Voxel-based morphometry of auditory and speech-related cortex in stutterers. *NeuroReport, 18*, 1257–1260.

Bear, M. B., Connors, B. W., & Paradiso, M. A. (2007). *Neuroscience. Exploring the Brain* (3rd ed.). Philadelphia: Lippincott.

Beck, A. (1976). *Cognitive Therapy and Emotional Disorders*. New York: New American Library.

Beck, J. S. (1995). *Cognitive Therapy: Basics and Beyond*. New York: The Gilford Press.

Beeson, P.M. & Robey, R.R. (2006). Evaluating single-subject treatment research: Lessons learned from the aphasia literature. *Neuropsychology* Review, 16, 161–169.

Beidel, D. C., Turner, S. M., & Morris, T. L. (2000). *SPAI-C. Social Phobia & Anxiety Inventory for Children*. New York: Multi-Health Systems Inc.

Beitchman, J. H., Wilson, B., Johnson, C. J., Atkinson, L., Young, A., Adlar, E., et al. (2001). Fourteen-year follow-up of speech/language impaired and control children: Psychiatric outcome. *Journal of American Academy of Child and Adolescent Psychiatry, 40*, 75–82.

Bennett, E. M. (2006). *Working with People Who Stutter: A Lifespan Approach*. Englewood Cliffs, NJ: Merrill-Prentice Hall.

Bennett, M. K., & Harrison, E. (2005). Using SMS technology to collect early childhood stuttering data prior to treatment: Pilot study. In C. Heine & L. Brown (Eds.), *Proceedings of the 2005 Speech Pathology Australia National Conference, Practicality and Impact: Making a Difference in the Real World* (pp. 97–103). Melbourne, Australia: Speech Pathology Australia.

Berman, R., & Slobin, D. (1994). *Relating Events in Narrative: A Crosslinguistic Developmental Study*. Hillsdale, NJ: Lawrence Erlbaum Associates.

Bernstein Ratner, N. (1995). Language complexity and stuttering in children. *Topics in Language Disorders, 15*, 42–57.

Bernstein Ratner, N. (1997). Stuttering: A psycholinguistic perspective. In R. Curlee & G. Siegel (Eds.), *Nature and Treatment of Stuttering: New Directions* (2nd ed.) (pp. 99–127). Needham, MA: Allyn & Bacon.

Bernstein Ratner, N. (1997). Leaving Las Vegas: Clinical odds and individual outcomes. *American Journal of Speech Language Pathology, 6*, 29–33.

Bernstein Ratner, N., & Sih, C. (1987). The effects of gradual increases in sentence length and complexity on children's disfluency. *Journal of Speech and Hearing Research, 52*, 278–287.

Bhatnagar, S. C., & Andy, O. J. (1989). Alleviation of acquired stuttering with human centremedian thalamic stimulation. *Journal of Neurology, Neurosurgery, and Psychiatry, 52*, 1182–1184.

Biermann-Ruben, K., Salmelin, R., & Schnitzler, A. (2005). Right rolandic activation during speech perception in stutterers: A MEG study. *NeuroImage, 25*, 793–801.

Bishop, J. H., Williams, H. G., & Cooper, W. A. (1991). Age and task complexity variables in motor performance of children with articulation-disordered, stuttering, and normal speech. *Journal of Fluency Disorders, 16*, 219–228.

Black, J. W. (1955). The persistence of the effects of delayed side-tone. *Journal of Speech and Hearing Disorders, 20*, 65–68.

Block, S., Onslow, M., Roberts, R., & White, S. (2004). Control of stuttering with EMG feedback. *Advances in Speech-Language Pathology, 6*, 100–106.

Blomgren, M., McCormick, C., & Gneiting, S. (2002). P300 ERPs in stutterers and nonstutterers: Stimulus and treatment effects. *The ASHA Leader, 7* (Abstr), 106.

Blomgren, M., Nagarajan, S. S., Lee, J. N., Li, T., & Alvord, L. (2003). Preliminary results of a functional MRI study of brain activation patterns in stuttering and nonstuttering speakers during a lexical access task. *Journal of Fluency Disorders, 28*, 337–356.

Blood, G. W. (1995). A behavioral-cognitive therapy program for adults who stutter: Computers and counseling. *Journal of Communication Disorders, 28*, 165–180.

Blood, G. W., & Blood, I. M. (2004). Bullying in adolescents who stutter: Communicative competence and self-esteem. *Contemporary Issues in Communication Science and Disorders, 31*, 69–79.

Blood, G. W., Blood, I. M., Bennett, S., Tellis, G., & Gabel, R. (2001). Communication apprehension and self-perceived communication competence in adolescents who stutter. *Journal of Fluency Disorders, 26*, 161–178.

Blood, G. W., Ridenour, V. J., Qualls, C. D., & Hammer, C. S. (2003) Co-occurring disorders in children who stutter. *Journal of Communication Disorders, 36*, 427–448.

Blood, G. W., & Seider, R. (1981). The concomitant problems of young stutters. *Journal of Speech and Hearing Disorders, 24*, 31–33.

Blood, I. M., & Blood, G. W. (1984). Relationship between stuttering severity and brainstem-evoked response testing. *Perceptual and Motor Skills, 59*, 935–938.

Bloodstein, O. (1950). Hypothetical conditions under which stuttering is reduced or absent. *Journal of Speech and Hearing Disorders, 15*, 142–153.

Bloodstein, O. (1970). Stuttering and normal nonfluency—A continuity hypothesis. *British Journal of Disorders of Communication, 5*, 30–39.

Bloodstein, O. (1975). *A Handbook on Stuttering*. Chicago: National Easter Seal Society for Crippled Children and Adults.

Bloodstein, O. & Grossman, M. (1981). Early stutterings: Some aspects of their form and distribution. *Journal of Speech and Hearing Research, 24*, 298–302.

Bloodstein, O. (1987). *A Handbook on Stuttering* (4th ed.). Chicago: National Easter Seal Society for Crippled Children and Adults.

Bloodstein, O. (1993). *Stuttering: The Search for a Cause and Cure*. Needham Heights, MA: Allyn & Bacon.

Bloodstein, O. (1995) *A Handbook on Stuttering* (5th ed.). San Diego, CA: Singular Publishing Group.

Bloodstein, O. & Berstein Ratner, N. (2007). *A Handbook on Stuttering* (6th ed.). Clifton Park, NY: Thomson Delmar.

Boberg, E. (1976). Intensive group therapy program for stutterers. *Human Communication, 1*, 29–42.

Boberg, E., Howie, P., & Woods, L. (1979). Maintenance of fluency: A review. *Journal of Fluency Disorders, 4*, 93–116.

Boberg, E., & Kully, D. (1985). *Comprehensive Stuttering Treatment Program*. San Diego, CA: College-Hill Press.

Boberg, E., & Kully, D. (1994). Long-term results of an intensive treatment program for adults and adolescents who stutter. *Journal of Speech and Hearing Research, 37*, 1050–1059.

Boberg, E., Yeudall, L. T., Schopflocher, D., & Bo-Lassen, P. (1983). The effect of an intensive behavioral program on the distribution of EEG alpha power in stutterers during the processing of verbal and visuospatial information. *Journal of Fluency Disorders, 8*, 254–263.

Boey, R. (2008). *Stuttering: Phenomenological-epidemiological and behavioral therapy considerations*. Doctoral dissertation. University of Antwerp, Belgium.

Boey, R., Wuyts, F., van de Heyning, P. H., De Bodt, M., & Heylen, L. (2007). Characteristics of stuttering-like disfluencies in Dutch-speaking children. *Journal of Fluency Disorders, 32*, 310–329.

Bonelli, P., Dixon, M., Bernstein Ratner, N., & Onslow, M. (2000). Child and parent speech and language following the Lidcombe Program of Early Stuttering Intervention. *Clinical Linguistics and Phonetics, 14*, 427–446.

Bosshardt, H.-G. (2006). Cognitive processing load as a determinant of stuttering: Summary of a research programme. *Clinical Linguistics and Phonetics, 20*, 371–385.

Bothe, A. K. (2002). Speech modification approaches to stuttering treatment in schools. *Seminars in Speech and Language, 23*, 181–186.

Bothe, A. K. (2003). Evidence-based treatment of stuttering: V. The art of clinical practice and the future of clinical research. *Journal of Fluency Disorders, 28*, 247–258.

Bothe, A. K. (2004a). Evidence-based treatment of stuttering: An introduction. In A. K. Bothe (Ed.), *Evidence-Based Treatment of Stuttering: Empirical Bases and Clinical Applications* (pp. 3–13). Mahwah, NJ: Lawrence Erlbaum.

Bothe, A. K. (2004b). Evidence-based, outcomes-focused decisions about stuttering treatment: Clinical recommendations in context. In A. K. Bothe (Ed.), *Evidence-Based Treatment of Stuttering: Empirical Bases and Clinical Applications* (pp. 261–270). Mahwah, NJ: Lawrence Erlbaum.

Bothe, A. K. (in press). Evidence-based practice: Basic steps and application to stuttering. In M. Onslow (Ed.), *Evidence Based Clinical Management of Stuttering*. Austin, TX: Pro-Ed.

Bothe, A. K., Davidow, J. H., Bramlett, R. E., Franic, D. M., & Ingham, R. J. (2006). Stuttering treatment research 1970–2005: II. Systematic review incorporating trial quality assessment of pharmacological approaches. *American Journal of Speech Language Pathology, 15*, 342–352.

Bothe, A. K., Davidow, J. H., Bramlett, R. E, & Ingham, R. J. (2006). Stuttering treatment research 1970–2005: I. Systematic review incorporating trial quality assessment of behavioral, cognitive, and related approaches. *American Journal of Speech Language Pathology, 15*, 321–341.

Botterill, W., Biggart, A., & Cook, F. (2006). An evaluation of a National Teaching Programme. *Proceedings of the Fifth World Congress on Fluency Disorders*. Dublin, Ireland.

Bradberry, A. (1997). The role of support groups and stuttering therapy. *Seminars in Speech and Language, 18*, 391–399.

Brady, J. P. (1991). The pharmacology of stuttering: A critical review. *American Journal of Psychiatry, 148*, 1309–1316.

Brady, J. P., Mcallister, T. W., & Price, T. R. (1990). Verapamil in stuttering. *Biological Psychiatry, 27*, 680–681.

Bramlett, R. E., Bothe, A. K., & Franic, D. F. (2006). Using preference based measures to assess quality of life in stuttering. *Journal of Speech, Language, and Hearing Research, 49*, 381–394.

Braun, A. R., Varga, M., Stager, S., Schulz, G., Selbie, S., Maisog, J. M., Carson, R. E., & Ludlow, C. L. (1997). Altered patterns of cerebral activity during speech and language production in developmental stuttering. An H215O positron emission tomography study. *Brain, 120*, 761–784.

Brisk, D. J., Healey, E. C., & Hux, K. A. (1997). Clinician's training and confidence associated with treating school-age children who stutter: A national survey. *Language, Speech, and Hearing Services in Schools, 28*, 164–176.

Brown, C. J., Zimmermann, G. N., Linville, R. N., & Hegmann, J. P. (1990). Variations in self-paced behaviors in stutterers and nonstutterers. *Journal of Speech and Hearing Research, 33*, 317–323.

Brown, S. F. (1938). Stuttering with relation to word accent and word position. *Journal of Abnormal Social Psychology, 33*, 112–120.

Brown, S. F. (1945). The loci of stuttering in the speech sequence. *Journal of Speech Disorders, 10*, 181–192.

Brown, S., Ingham, R. J., Ingham, J. C., Laird, A. R., & Fox, P. T. (2005). Stuttered and fluent speech production: an ALE meta-analysis of functional neuroimaging studies. *Human Brain Mapping, 25*, 105–117.

Brutten, G. J., & Dunham, S. (1989). The Communication Attitude Test. A normative study of grade school children. *Journal of Fluency Disorders, 14*, 371–377.

Brutten, G. J., & Janssen, P. (1979). An eye-marking investigation of anticipated and observed stuttering. *Journal of Speech and Hearing Research, 22*, 22–28.

Brutten, G. J., & Shoemaker, D. J. (1967). *The Modification of Stuttering*. Englewood Cliffs, NJ: Prentice-Hall.

Brutten, G. J., & Shoemaker, D. J. (1974). *Speech Situation Checklist*. Carbondale, IL: Speech Clinic, Southern Illinois University.

Brutten, G. J., & Vanryckeghem, M. (2006). *The Behavior Assessment Battery for School-Aged Children Who Stutter*. San Diego, CA: Plural Publishers.

Buchel, C., & Sommer, M. (2004). What causes stuttering? *PloS Biology, 2*, 159–163.

Buhr, A., & Zebrowski, P. (2007). Linguistic factors in stuttering. Manuscript to be submitted for publication.

Bunge, S. A., Ochsner, K. N., Desmond, J. E., Glover, G. H., & Gabrieli, J. D. (2001). Prefrontal regions involved in keeping information in and out of mind. *Brain, 124*, 2074–2086.

Burghaus, L., Hilker, R., Thiel, A., Galldiks, N., Lehnhardt, F. G., Zaro-Weber, O., Sturm, V., & Heiss, D. W. (2006). Deep brain stimulation of the subthalamic nucleus reversibly deteriorates stuttering in advanced Parkinson's disease. *Journal of Neural Transmission, 113*, 625–631.

Byrd, C., Conture, E., & Ohde, R. (2007). Phonological priming in young children who stutter: Holistic versus incremental processing. *American Journal of Speech-Language Pathology, 16*, 43–53.

Byrd, C., Wolk, L., & Davis, B. (2007). Phonological considerations in developmental stuttering. In E. Conture & R. Curlee (Eds.), *Stuttering and Related Fluency Disorders* (pp. 163–182). New York: Thieme Medical.

Caccamo, J. M. (1973). Accountability: A matter of ethics. *ASHA, 15*, 411–412.

Cantwell, D., & Baker, L. (1985). Psychiatric and learning disorders in children with speech and language disorders: A descriptive analysis. *Advances in Learning and Behavioral Disabilities, 2*, 29–47.

Carey, B., O'Brian, S., Onslow, M., Block, S., & Jones, M. (in press). A randomised controlled non-inferiority trial of a telehealth treatment for chronic stuttering: The Camperdown Program. *International Journal of Language and Communication Disorders.*

Carlberg, C. G., & Walberg, H. J. (1984). Techniques of research synthesis. *The Journal of Special Education, 18*, 11–26.

Carney, B. (2006, December 22). Parenting as therapy for children's mental disorders. *The New York Times*, pp. A1, A24.

Caruso, A. J., Max, L., McClowry, T. M. (1999). Perspectives on stuttering as a motor speech disorder. In A. J. Caruso & E. A. Strand (Eds.), *Clinical Management of Motor Speech Disorders in Children* (pp. 319–344). New York: Thieme.

Chalmers, I., Hedges, L. V., & Cooper, H. (2002). A brief history of research synthesis. *Evaluation and the Health Professions, 25*, 12–37.

Chambless, D. L., & Hollon, S. D. (1998). Defining empirically supported therapies. *Journal of Consulting and Clinical Psychology, 66*, 12–37.

Chang, S. E., Erickson, K. I., Ambrose, N. G., Hasegawa-Johnson, M. A., & Ludlow, C. L. (2008). Brain anatomy differences in childhood stuttering. *Neuroimage, 39*, 1333–1344.

Chase, R. A., Sutton, S., & Raphin, I. (1961). Sensory feedback influences on motor performance. *Journal of Auditory Research, 1*, 212–223.

Cheek, J., Onslow, M., & Cream, A. (2004). Beyond the divide: Comparing and contrasting aspects of qualitative and quantitative research approaches. *Advances in Speech Language Pathology, 6*, 147–152.

Chmela, K., & Reardon, N. (2001). *The School-Age Child Who Stutters: Working Effectively with Attitudes and Emotions*. Memphis, TN: Stuttering Foundation of America.

Christoffels, I. K., Formisano, E., & Schiller, N. O. (2007). Neural correlates of verbal feedback processing: An fMRI study employing overt speech. *Human Brain Mapping, 28*, 868–879.

Cimorell-Strong, J. M., Gilbert, H. R., & Frick, J. V. (1983). Dichotic speech perception: A comparison between stuttering and nonstuttering children. *Journal of Fluency Disorders, 8*, 77–91.

Classen, J., Liepert, J., Wise, S. P., Hallett, M., & Cohen, L. G. (1998). Rapid plasticity of human cortical movement representation induced by practice. *Journal of Neurophysiology, 79*, 1117–1123.

Cocomazzo, N. (submitted for publication). An evaluation of a student-delivered Camperdown Program for adults who stutter. Manuscript submitted for publication.

Cohen, J. (1988). *Statistical Power Analysis for the Behavioral Sciences*. Mahwah, NJ: Lawrence Erlbaum Associates.

Cohen, J. (1992). A power primer. *Psychological Bulletin, 112*, 155–159.

Cole, L. (Ed.) (1986). *The ASHA Manual on the Prevention of Speech and Language Disorders*. Rockville, MD: American Speech, Language and Hearing Association.

Cole, P., Martin, S., & Dennis, T. (2004). Emotion regulation as a scientific construct: Methodological challenges and directions for child development research. *Child Development, 75*, 317–333.

Coleman, C., Yaruss, J. S., & Hammer, D. (2007). Clinical research involving preschoolers who stutter: Real-world applications of evidence based practice. *Language, Speech, and Hearing Services in Schools, 38*, 286–289.

Coloroso, B. (2003). *The Bully, the Bullied, and the Bystander*. New York: Harper Collins Publishers, Inc.

Comings, D. E., Wu, S., Chiu, C., Ring, R. H., Gade, R., Ahn, C., MacMurray, J. P., Dietz, G., & Muhleman, D. (1996). Polygenic inheritance of Tourette syndrome, stuttering, attention deficit hyperactivity, conduct, and oppositional defiant disorder: The additive and subtractive effect of the three dopaminergic genes—DRD2, D beta H, and DAT1. *American Journal of Medical Genetics, 67*, 264–288.

Committee on the Mathematics and Physics of Emerging Dynamic Biomedical Imaging, and National Research Council. (1996). *Mathematics and Physics of Emerging Biomedical Imaging*. Washington, DC: National Academy Press.

Conture, E. G. (1982). *Stuttering*. Englewood Cliffs, NJ: Prentice Hall.

Conture, E. G. (1990). *Stuttering: Its Nature, Diagnosis, and Treatment* (2nd ed.). Boston: Allyn & Bacon.

Conture, E. G. (1991). Young stutterers' speech production: A critical review. In H. F. M. Peters, W. Hulstijn, & C. W. Starkweather (Eds.), *Speech Motor Control and Stuttering: Proceedings of the 2nd International Conference on Speech Motor Control and Stuttering* (pp. 365–384). New York: Elsevier.

Conture, E. G. (1996). Treatment efficacy: Stuttering. *Journal of Speech and Hearing Research, 39*, S18-S26.

Conture, E. G. (1997). Evaluating childhood stuttering. In R. Curlee and G. Siegel (Eds.), *Nature and Treatment of Stuttering: New Directions* (2nd ed., pp. 239–256). Boston: Allyn & Bacon.

Conture, E. G. (2001). *Stuttering: Its Nature, Diagnosis and Treatment*. Boston: Allyn & Bacon.

Conture, E. G., & Caruso, A. (1987). Assessment and diagnosis of childhood disfluency. In L. Rustin, D. Rowley, & H. Purser (Eds.), *Progress in the Treatment of Fluency Disorders* (pp. 57–82). London: Taylor & Francis.

Conture, E. G., & Guitar, B. E. (1993). Evaluating efficacy of treatment of stuttering: School-age children. *Journal of Fluency Disorders, 18*, 253–287.

Conture, E. G., & Kelly, E. M. (1991). Young stutterers' nonspeech behaviors during stuttering. *Journal of Speech and Hearing Research, 34*, 1041–1056.

Conture, E. G., Louko, L., & Edwards, M. L. (1993). Simultaneously treating stuttering and disordered phonology in children: Experimental treatment, preliminary findings. *American Journal of Speech-Language Pathology, 2*, 72–81.

Conture, E. G., & Melnick, K. S. (1999). Parent-child group approach to stuttering in preschool children. In M. Onslow & A. Packman (Eds.), *The Handbook of Early Stuttering Intervention* (pp. 17–52). London: The Singular Publishing Group Inc.

Conture, E. G., Rothenberg, M., & Molitor, R. D. (1986). Electroglottographic observations of young stutterers' fluency. *Journal of Speech and Hearing Research, 29*, 384–393.

Conture, E. G., Walden, T., Arnold, H., Graham, C., Karrass, J., & Hartfield, K. (2006). Communication-emotional model of stuttering. In N. Bernstein Ratner & J. Tetnowski (Eds.), *Current Issues in Stuttering Research and Practice* (pp. 17–46). Mahwah, NJ: Lawrence Erlbaum Associates, Publishers.

Conture, E. G., & Yaruss, J. S. (1993). *A Handbook for Childhood Stuttering: A Second Opinion*. Tucson, AZ: Bahill Intelligent Computer Systems.

Conture, E. G., & Yaruss, J. S. (2007). Treatment efficacy summary: Stuttering. A publication of the American Speech-Language-Hearing Association. Available at: http://www.asha.org/NR/rdonlyres/85BCEC0C-FBF5-43C7-880D-EF2D3219F807/0/TESStuttering.pdf.

Conture, E. G., & Zebrowski, P. (1992). Can childhood speech disfluencies be mutable to the influences of speech-language pathologists, but immutable to the influences of parents? *Journal of Fluency Disorders, 17*, 121–130.

Cook, D. J., Guyatt, G. H., Laupacis, A., Sackett, D. L., & Goldberg, R. J. (1995). Clinical recommendations using levels of evidence for antithrombotic agents. *Chest, 108* (Suppl), 227S-230S.

Cook, F., & Botterill, W. (1999). A profile of risk for generalist therapists. In *Proceedings of the Fifth Oxford Dysfluency Conference* (pp. 154–159). Leicester, United Kingdom: Kevin L. Baker.

Cook, F., & Botterill, W. (2005). Family based approach to therapy with primary school children: 'throwing the ball back.' In R. Lees & C. Stark (Eds.), *The Treatment of Stuttering in the Young School-Aged Child* (pp. 81–108). London: Whurr.

Cook, F., & Rustin, L. (1997). Commentary on the Lidcombe Programme of early stuttering intervention. *European Journal of Disorders of Communication, 32*, 250–258.

Cook, M. J., & Smith, L. M. (2006). *Outcomes for Adult Males Using the SpeechEasy Fluency Device for One Year*. Presented to the American Speech-Language-Hearing Association, Miami, FL.

Cooper, E. B. (1976). *Personalized Fluency Control Therapy*. Boston: Teaching Resources.

Cooper, E. B. (1993). Chronic perseverative stuttering syndrome: A harmful or helpful construct? *American Journal of Speech-Language Pathology, 2*, 11–15.

Cooper, E. B., & Cooper, C. S. (1985). Clinician attitudes toward stuttering: A decade of change (1973–1983). *Journal of Fluency Disorders, 10*, 19–33.

Cooper, E. B., & Cooper, C. S. (1985). *Cooper Personalized Fluency Control Therapy-Revised*. Allen, TX: DLM.

Cooper, E. B., & Cooper, C. S. (1996). Clinician attitudes towards stuttering: Two decades of change. *Journal of Fluency Disorders, 21*, 119–136.

Cooper, E. B., & Cooper, C. S. (1998). Multicultural considerations in the assessment and treatment of stuttering. In D. Battle (Ed.), *Communication Disorders in Multicultural Populations* (2nd ed.; pp. 247–274). Boston: Butterworth-Heinemann.

Cooper, H. M. (1982). Scientific principles for conducting integrative research reviews. *Review of Educational Research, 52*, 291–302.

Cooper, H., & Hedges, L. V. (1994). *The Handbook of Research Synthesis*. New York: Russell Sage.

Cooper, S. (2000). *Sticks and Stones*. New York: Times Books.

Cordes, A. K. (1998). Current status of the stuttering treatment literature. In A. K. Cordes & R. J. Ingham (Eds.), *Treatment Efficacy for Stuttering: A Search for Empirical Bases* (pp. 117–144). San Diego, CA: Singular.

Cordes, A. K. (2000). Individual and consensus judgments of disfluency types in the speech of persons who stutter. *Journal of Speech, Language, and Hearing Research, 43*, 951–964.

Cordes, A. K., & Ingham, R. J. (1994). The reliability of observational data: II. Issues in the identification and measurements of stuttering events. *Journal of Speech and Hearing Research, 37*, 279–294.

Cordes, A. K., & Ingham, R. J. (1998). *Treatment Efficacy for Stuttering: A Search for Empirical Bases*. San Diego, CA: Singular Publishing Group, Inc.

Costa, D. (1992). Antidepressants and the treatment of stuttering. *American Journal of Psychiatry, 149*, 1281.

Costello, J. M. (1975). Time-out procedures for the modification of stuttering: Three case studies. *Journal of Speech and Hearing Disorders, 40*, 216–231.

Costello, J. M. (1983). Current behavioral treatments for children. In D. Prins & R. J. Ingham (Eds.), *Treatment of Stuttering in Early Childhood: Methods and Issues* (pp. 69–112). San Diego, CA: College-Hill.

Costello, J. M., & Ingham, R. J. (1984). Assessment strategies for stuttering. In R. F. Curlee & W. H. Perkins (Eds.), *Nature and Treatment of Stuttering: New Directions*. San Diego, CA: College-Hill Press.

Coulter, C., Anderson, J., & Conture, E. (2009). Childhood stuttering and dissociations across linguistic domains: A replication and extension. Submitted for publication.

Cox, N., Cook, E., Ambrose, N., Yairi, E., Rydmarker, S., Lundstrom, C., et al. (2000). The Illinois-Sweden-Israel Genetics of Stuttering Project. Paper presented at the Third World Congress on Fluency Disorders, Nyborg, Denmark.

Craig, A. (1990). An investigation into the relationship between anxiety and stuttering. *Journal of Speech and Hearing Disorders, 55*, 290–294.

Craig, A. (1998a). *Treating Stuttering in Older Children, Adolescents and Adults: A Guide for Clinicians, Parents and Those Who Stutter*. Gosford, Australia: Feedback Publications Press.

Craig, A. (1998b). Relapse following treatment for stuttering: A critical review and correlative data. *Journal of Fluency Disorders, 23*, 1–30.

Craig, A. (2000). The developmental nature and effective treatment of stuttering in children and adolescents. *Journal of Developmental and Physical Disabilities, 12*, 173–186.

Craig, A. (2003). Clinical psychology and neurological disorders: Psychological therapies for stuttering. *Clinical Psychologist*, 7, 93–103.

Craig, A., & Calver, P. (1991). Following up on treated stutterers. Studies of perceptions of fluency and job status. *Journal of Speech and Hearing Research*, *34*, 279–284.

Craig, A., & Cleary, P. (1982). Reduction of stuttering by young male stutterers using EMG feedback. *Biofeedback and Self-Regulation*, 7, 241–255.

Craig, A., Feyer, A. M., & Andrews, G. (1987). An overview of a behavioral treatment for stuttering. *Australian Psychologist*, *22*, 53–62.

Craig, A., Franklin, J., & Andrews, G. (1984). A scale to measure locus of control of behavior. *British Journal of Medical Psychology*, *57*, 173–180.

Craig, A., & Hancock, K. (1996). Anxiety in children and young adolescents who stutter. *Australian Journal of Human Communication Disorders*, *24*, 29–38.

Craig, A., Hancock, K., Chang, E., McCready, C., Shepley, A., McCaul, A., Costello, D., Harding, S., Kehren, R., Masel, C., & Reilly, K. (1996). A controlled clinical trial for stuttering in persons aged 9 to 14 years. *Journal of Speech and Hearing Research*, *39*, 808–826.

Craig, A., Hancock, K., & Cobbin, D. (2002). Managing adolescents who relapse following treatment for stuttering. *Journal of Speech Language and Hearing: Asia Pacific*, 7, 79–91.

Craig, A., Hancock, K., Tran, Y., & Craig, M. (2003). Anxiety levels in people who stutter: A randomised population study. *Journal of Speech, Language, and Hearing Research*, *46*, 1197–1206.

Craig, A., Hancock, K., Tran, Y., Craig, M., & Peters, K. (2002). Epidemiology of stuttering in the community across the entire lifespan. *Journal of Speech, Language and Hearing Research*, *45*, 1097–1105.

Craig, A., & Tran, Y. (2006).Chronic and social anxiety in people who stutter. *Advances in Psychiatric Treatment*, *12*, 63–68.

Craig, W. M., & Pepler, D. J. (1995). Peer processes in bullying and victimization: An observational study. *Exceptionality Education in Canada*, *5*, 81–95.

Craven, D. C., & Ryan, B. P. (1984). The use of a portable delayed auditory feedback unit in stuttering therapy. *Journal of Fluency Disorders*, *9*, 237–243.

Cream, A., Onslow, M., Packman, A., & Llewellyn, G. (2003). Protection from harm: The experience after prolonged-speech treatment for stuttering. *International Journal of Language and Communication Disorders*, *38*, 379–395.

Cream, A., Packman, A., & Llewellyn, G. (2004). The playground rocker: A metaphor for communication after treatment for adults who stutter. *Advances in Speech Language Pathology*, *6*, 182–187.

Crichton-Smith, I. (2002). Changing conversational dynamics: A case study in parent-child interaction therapy. In *Proceedings of The Sixth Oxford Dysfluency Conference* (pp. 129–136). Leicester, United Kingdom: Kevin L. Baker.

Crilly, M. (2001). Evidence based bloodletting. *British Medical Journal*, *322*, 854.

Crowe, T. A., & Cooper, E. B. (1977). Parental attitudes toward and knowledge of stuttering. *Journal of Communication Disorders*, *10*, 343–357.

Crowe, T. A., & Walton, J. H. (1981). Teacher attitudes toward stuttering. *Journal of Fluency Disorders*, *6*, 163–174.

Crystal, D. (1987). Towards a "bucket" theory of language disability: Taking account of interaction between linguistic levels. *Clinical Linguistics and Phonetics*, *1*, 7–22.

Cuadrado, E. M., & Weber-Fox, C. M. (2003). Atypical syntactic processing in individuals who stutter: Evidence from event-related brain potentials and behavioral measures. *Journal of Speech, Language, and Hearing Research*, *46*, 960–976.

Culatta, R., & Goldberg, S. (1995). *Stuttering Therapy: An Integrated Approach to Theory and Practice.* Boston: Allyn & Bacon.

Cullinan, W. L., & Prather, E. M. (1968). Reliability of "live" ratings of the speech of stutterers. *Perceptual and Motor Skills*, *27*, 403–409.

Cullinan, W. L., Prather, E. M., & Williams, D. E. (1963). Comparison of procedures for scaling severity of stuttering. *Journal of Speech and Hearing Research*, *6*, 187–194.

Curlee, R. F. (1981). Observer agreement on disfluency and stuttering. *Journal of Speech and Hearing Research*, *24*, 595–600.

Curlee, R. F. (1993). Evaluating treatment efficacy for adults: Assessment of stuttering disability. *Journal of Fluency Disorders*, *18*, 319–331.

Curlee, R. F. (1993). Identification and management of beginning stuttering. In R. F. Curlee (Ed.), *Stuttering and Related Disorders of Fluency* (pp. 1–22). New York: Thieme Medical Publishers, Inc.

Curlee, R. F. (2007). Identification and case selection guidelines for early childhood stuttering. In E.G. Conture & R. F. Curlee (Eds.), *Stuttering and Related Disorders of Fluency* (3rd ed., pp. 3–22). New York: Thieme Medical Publishers.

Curlee, R. F., & Perkins, W. H. (1969). Conversational rate control therapy for stutterers. *Journal of Speech and Hearing Disorders*, *34*, 245–250.

Curlee, R. F., & Perkins, W. H. (1973). Effectiveness of a DAF conditioning program for adolescent and adult stutterers. *Behaviour Research and Therapy*, *11*, 395–401.

Curran, M., & Hood, S. (1977). The effect of instructional bias on listener ratings of specific disfluency types in children. *Journal of Fluency Disorders*, *2*, 99–107.

Curry, F. K. W., & Gregory, H. H. (1969). The performance of stutterers on dichotic listening tasks thought to reflect cerebral dominance. *Journal of Speech and Hearing Research, 12*, 73–82.

Cykowski, M. D, Kochunov, P. V., Ingham, R. J., Ingham, J. C., Mangin, J. F., Rivière, D., Lcaster, J. L., & Fox, P. T. (2007). Perisylvian sulcal morphology and cerebral asymmetry patterns in adults who stutter. *Cerebral Cortex, 18*, 571–583.

Damasio, A. (1994). *Descartes' Error: Emotion, Reason and the Human Brain*. New York: Avon Books.

Dapretto, M., & Bookheimer, S. Y. (1999). Form and content: Dissociating syntax and semantics in sentence comprehension. *Neuron, 24*, 292–293.

Darley, F. L., & Spriestersbach, D. C. (1978). *Diagnostic Methods in Speech Pathology* (2nd ed.). New York: Harper & Row.

Davidow, J. H., Bothe, A. K., & Bramlett R. E. (2006). The Stuttering Treatment Research Evaluation and Assessment Tool (STREAT): Evaluating treatment research as part of evidence-based practice. *American Journal of Speech-Language Pathology, 15*, 126–141.

Davis, S., Howell, P., & Cook, F. (2002). Sociodynamic relationships between children who stutter and their non-stuttering classmates. *Journal of Child Psychology and Psychiatry and Allied Disciplines, 69*, 141–158.

de Craen, A. J. M., van Vliet, H. A. A. M., & Helmerhorst, F. M. (2005). An analysis of systematic reviews indicated low incorporation of results from clinical trial quality assessment. *Journal of Clinical Epidemiology, 58*, 311–313.

de Kindkelder, M., & Boelens, H. (1998). Habitat-reversal treatment for children's stuttering: Assessment in three settings. *Journal of Behavioral Therapy in Experimental Psychiatry, 29*, 261–265.

Dell, C. W. (1993). Treating school-age stutterers. In R. F. Curlee (Ed.), *Stuttering and Related Disorders of Fluency* (pp. 45–67). New York: Thieme Medical Publishers.

Dell, C. W. (2000). *Treating the School-Age Stutterer: A Guide for Clinicians* (2nd ed.). Memphis, TN: Stuttering Foundation.

De Nil, L. F. (1999a). Uncovering the neural basis of stuttering: Recent contributions from functional neuroimaging. In E. Manders, D. Lembrechts, & P. Bastijns (Eds.), *Stotteren. Recente Inzichten* [Stuttering. Recent Insights] (pp. 75–91). Leuven/Amersfoort, The Netherlands: ACCO.

De Nil, L. F. (1999b). Stuttering: A neurophysiological perspective. In N. Bernstein Ratner & C. Healey (Eds.), *Stuttering Research and Practice: Bridging the Gap* (pp. 85–102). Mahwah, NJ: Erlbaum.

De Nil, L. F., Beal, D. S., Lafaille, S. J., Kroll, R. M., Crawley, A. P., & Gracco, V. L. (2008). The effects of simulated stuttering and prolonged speech on the neural activation patterns of stuttering and nonstuttering adults. *Brain and Language, 107*, 114–123.

De Nil, L. F., & Bosshardt, H. G. (2001). Studying stuttering from a neurological and cognitive information processing perspective. In H. G. Bosshardt, J. S. Yaruss, & H. F. M. Peters (Eds.), *Fluency Disorders: Theory, Research, Treatment and Self-Help* (pp. 53–58). Nijmegen, The Netherlands: Nijmegen University Press.

De Nil, L. F., & Brutten, G. J. (1991). Speech-associated attitudes of stuttering and nonstuttering children. *Journal of Speech and Hearing Research, 34*, 60–65.

De Nil, L. F, & Kroll, R. M. (1995). The relationship between locus of control and long-term treatment outcome in adults who stutter. *Journal of Fluency Disorders, 20*, 345–364.

De Nil, L. F., & Kroll R. M. (2001). Searching for the neural basis of stuttering treatment outcome: Recent neuroimaging studies. *Clinical Linguistics and Phonetics, 15*, 163–168.

De Nil, L. F., & Kroll, R. M. (2001). Understanding the neural basis of treatment using positron emission tomography. In H. G. Bosshardt, J. S. Yaruss, & H. F. M. Peters (Eds.), *Fluency Disorders: Theory, Research, Treatment and Self-Help* (pp. 43–46). Nijmegen, The Netherlands: Nijmegen University Press.

De Nil, L. F., Kroll, R. M., & Houle, S. (2001). Functional neuroimaging of cerebellar activation during single-word reading and verb generation in stuttering and nonstuttering adults. *Neuroscience Letters, 302*, 77–80.

De Nil, L. F., Kroll, R. M., Kapur, S., & Houle, S. (2000). A positron emission tomography study of silent and oral single word reading in stuttering and nonstuttering adults. *Journal of Speech, Language, and Hearing Research, 43*, 1038–1053.

De Nil, L. F., Kroll, R. M., Lafaille, S. J., & Houle, S. (2003). A positron emission tomography study of short- and long-term treatment effects on functional brain activation in adults who stutter. *Journal of Fluency Disorders, 28*, 357–380.

Desmond, J. E., & Fiez, J. A. (1998). Neuroimaging studies of the cerebellum: Language, learning, and memory. *Trends in Cognitive Science, 9*, 355–365.

Dewar, A, Dewar, A. W., Austin, W. T. S., & Brash, H. M. (1979). The long-term use of an automatically triggered auditory feedback masking device in the treatment of stammering. *British Journal of Disorders of Communication, 14*, 219–229.

DeYoe, E. A., Bandettini, P., Neitz, J., Miller, D., & Winans, P. (1994). Functional magnetic resonance imaging (FMRI) of the human brain. *Journal of Neuroscience Methods, 54*, 171–187.

DiLollo, A., Neimeyer, R. A., & Manning, W. H. (2002). A personal construct psychology view of relapse: Indications for a narrative therapy component to stuttering treatment. *Journal of Fluency Disorders, 27*, 19–40.

Dolcos, F., & McCarthy, G. (2006). Brain systems mediating cognitive interference by emotional distraction. *The Journal of Neuroscience, 26*, 2072–2079.

Dollaghan, C. (2004, April 13). Evidence-based practice myths and realities. *The ASHA Leader*, pp. 12.

Dollaghan, C. A. (2007). *The Handbook of Evidence-Based Practice in Communication Disorders*. Baltimore: Paul H. Brookes Publishing Co.

Dorsaint-Pierre, R., Penhune, V. B., Watkins, K. E., Neelin, P., Lerch, J. P., Bouffard, M., & Zatorre, R. J. (2006). Asymmetries of the planum temporale and Heschl's gyrus: Relationship to language lateralization. *Brain, 129*, 1164–1176.

Drayna, D. T. (1997). Genetic linkage studies of stuttering: Ready for prime time? *Journal of Fluency Disorders, 22*, 237–241.

Drayna, D. T. (2004). Results of a genome-wide linkage scan for stuttering. *American Journal of Medical Genetics, 124A*, 133–135.

Dunn, L. M. (1965). *The Peabody Picture Vocabulary Test*. Circle Pines, MN: American Guidance Science.

Dunn, L., & Dunn, L. (1981). *The Peabody Picture Vocabulary Test- Revised (PPVT-R)* (2nd ed.). Circle Pines, MN: American Guidance Service.

Dunn, L., & Dunn, L. (1997). *The Peabody Picture Vocabulary Test-III (PPVT-III)* (3rd ed.). Circle Pines, MN: American Guidance Service.

Dunn, L., & Dunn, L. (2006). *The Peabody Picture Vocabulary Test-4 (PPVT-4)* (4th ed.). Circle Pines, MN: American Guidance Service.

Dunn, L. M, Dunn, L. M., Whetton, C. C., & Burley, J. (1997). *British Picture Vocabulary Scale* (2nd ed.). Windsor, United Kingdom: NFER-Nelson.

Dunteman, G. (1989). *Principal Components Analysis*. Newbury Park, CA: Sage Publications Inc.

Egan, G. (2002). *The Skilled Helper: A Problem Management Approach to Helping* (7th ed.). Pacific Grove, CA: Brooks/Cole.

Einarsdóttir, J. (2009). The identification and measurement of stuttering in preschool children. Doctoral dissertation, University of Iceland, Reykjavik.

Eisenberg, N., & Fabes, R. (1992). Emotion, regulation, and the development of social competence. In M. S. Clark (Ed.), *Review of Personality and Social Psychology. Volume 14: Emotion and Social Behavior* (pp. 119–150). Newbury Park, CA: Sage.

Embrechts, M., Ebben, H., Franke, P., & van de Poel, C. (1998). Temperament: A comparison between children who stutter and children who do not stutter. In E. C. Healey & H. F. M. Peters (Eds.), *Stuttering: Proceedings of the Second World Congress on Fluency Disorders* (Vol. 2). Nijmegen, The Netherlands: University Press Nijmegen.

Eve, C., Onslow, M., Andrews, C., & Adams, R. (1995). Clinical measurement of early stuttering severity: The reliability of a 10-point scale. *Australian Journal of Human Communication Disorders, 23*, 26–39.

Evesham, M., & Fransella, F. (1985). Stuttering relapse: The effects of a combined speech and psychological reconstruction programme. *British Journal of Disorders of Communication, 20*, 237–248.

Faber, A., & Mazlish, E. (1980). *How to Talk So Kids Will Listen and Listen So Kids Will Talk*. New York: Avon Books.

Fairbanks, G. (1960). *Voice and Articulation Drillbook*. New York: Harper & Row.

Feldman, K. A. (1971). Using the work of others: Some observations on reviewing and integrating. *Sociology of Education, 44*, 86–102.

Felsenfeld, S. (1996). Progress and needs in the genetics of stuttering. *Journal of Fluency Disorders, 21*, 77–103.

Felsenfeld, S. (1997). Epidemiology and genetics of stuttering. In R. Curlee & G. M. Siegel (Eds.), *Nature and Treatment of Stuttering: New Directions* (2nd ed., pp. 3–22). Boston: Allyn and Bacon.

Ferreira, F., & Swets, B. (2002). How incremental is language production? Evidence from the production of utterances requiring the computation of arithmetic sums. *Journal of Memory and Language, 46*, 57–84.

Fiedler, P., & Standop, R. (1994). *Stottern: Ätiologie—Diagnose—Behandlung* [Stuttering: Etiology, Diagnosis, Treatment]. Weinheim, Germany: Urban & Schwarzenberg.

Finn, P. (1997). Adults recovered from stuttering without formal treatment: Perceptual assessment of speech normalcy. *Journal of Speech, Language, and Hearing Research, 40*, 821–831.

Finn, P. (2004). Establishing the validity of stuttering treatment effectiveness: The fallibility of clinical experience. *Perspectives on Fluency and Fluency Disorders* [Newsletter of Special Interest Division 4, American Speech-Language Hearing Association], October, 9–12.

Finn, P., Bothe, A. K., & Bramlett, R. E. (2005). Science and pseudoscience in communication disorders: Criteria and applications. *American Journal of Speech-Language Pathology, 14*, 172–186.

Finn, P., & Ingham, R. J. (1994). Stutterer's self-ratings of how natural speech sounds and feels. *Journal of Speech and Hearing Research, 37*, 326–340.

Finn, P., Ingham, R., Ambrose, N., & Yairi, E. (1997). Children recovered from stuttering without formal treatment: Perceptual assessment of speech normalcy. *Journal of Speech, Language, and Hearing Research, 40*, 867–876.

Flanagan, B., Goldiamond, I., & Azrin, N. (1958). Operant stuttering: The control of behaviour through response-contingent consequences. *Journal of the Experimental Analysis of Behavior, 1*, 173–178.

Flasher, L. V., & Fogle, P. T. (2004). *Counseling Skills for Speech-Language Pathologists and Audiologists.* Clifton Park, NY: Thomson/Delmar Publishing.

Forsnot, S. M. (1992). *Fluency Development for Young Stutterers: Differential Diagnosis and Treatment.* Buffalo, NY: EDUCOM Associates.

Fosnot, S. M., & Woodford, L. L. (1992). *The Fluency Development System for Young Children.* Buffalo, NY: United Educational Services.

Foundas, A. L., Bollich, A. M., Corey, D. M., Hurley, M., & Heilman, K. M. (2001). Anomalous anatomy of speech-language areas in adults with persistent developmental stuttering. *Neurology, 57*, 207–215.

Foundas, A. L., Bollich, A. M., Feldman, J., Corey, D. M., Hurley, M., Lemen, L. C., & Heilman, K. M. (2004). Aberrant auditory processing and atypical planum temporale in developmental stuttering. *Neurology, 63*, 1640–1646.

Foundas, A. L., Corey, D. M., Angeles, V., Bollich, A. M., Crabtree-Hartman, E., & Heilman, K. (2003). Atypical cerebral laterality in adults with persistent developmental stuttering. *Neurology, 61*, 1378–1385.

Fox, P. T., Ingham, R. J., Ingham, J. C., Hirsch, T. B., Downs, J. H., Martin, C., Jerabek, P., Glass, T., & Lancaster, J. L. (1996). A PET study of the neural systems of stuttering. *Nature, 382*, 158–162.

Fox, P. T., Ingham, R. J., Ingham, J. C., Zamarripa, F., Xiong, J.-H., & Lancaster, J. L. (2000). Brain correlates of stuttering and syllable production. A PET performance-correlation analysis. *Brain, 123*, 1985–2004.

Franic, D. M., & Bothe, A. K. (2007). Psychometric evaluation of condition-specific instruments used to assess health-related quality of life, attitudes, and related constructs in stuttering. Unpublished manuscript.

Franken, M.-C., Kielstra-Van der Schalk, C. J., & Boelens, H. (2005). Experimental treatment of early stuttering: A preliminary study. *Journal of Fluency Disorders, 30*, 189–199.

Frattali, C. (1998). Measuring modality-specific behaviors, functional abilities, and quality of life. In C. Frattali (Ed.), *Outcome Measurement in Speech-Language Pathology* (pp. 55–88). New York: Thieme Medical Publishers.

Freeman, F. J., & Ushijima, T. (1975). Laryngeal activity accompanying the moment of stuttering: A preliminary report of EMG investigations. *Journal of Fluency Disorders, 1*, 36–45.

Freeman, F. J., & Ushijima, T. (1978). Laryngeal muscle activity during stuttering. *Journal of Speech Hearing Research, 21*, 538–562.

Freund, H. (1966). *Psychopathology and the Problems of Stuttering.* Springfield, IL: Charles C. Thomas.

Friedman, A. (1992). *Let the Words Flow with Dr. Fluency.* Retrieved May 28, 2007, from http://www.dfluency.com.

Frisch, S., Kotz, S. A., von Cramon, D. Y., & Friederici, A. D. (2003). Why the P600 is not just a P300: The role of the basal ganglia. *Clinical Neurophysiology, 114*, 336–340.

Gaines, N. D., Runyan, C. M., & Meyers, S. C. (1991). A comparison of young stutterers' fluent versus stuttered utterances on measures of length and complexity. *Journal of Speech and Hearing Research, 34*, 37–42.

Gaura, V., Bachoud-Levi, A. C., Ribeiro, M. J., Nguyen, J. P., Frouin, V., Baudic, S., Brugières, P., Mangin, J. F., Boissé, M. F., Palfi, S., Cesaro, P., Samson, Y., Hantraye, P., Peschanski, M., & Remy, P. (2004). Striatal neural grafting improves cortical metabolism in Huntington's disease patients. *Brain, 127*, 65–72.

Gerfen, C. R. (2000). Molecular effects of dopamine on striatal-projection pathways. *Trends in Neuroscience, 10* (Suppl), 64–70.

Gerfen, C. R., Engber, T. M., Mahan, L. C., Susel, Z., Chase, T. N., Monsma, F. J. Jr., & Sibley, D. R. (1990). D1 and D2 dopamine receptor-regulated gene expression of striatonigral and striatopallidal neurons. *Science, 250*, 1429–1432.

Gertner, B. L., Rice, M. L., & Hadley, P. A. (1994). Influence of communicative competence on peer preferences in a preschool classroom. *Journal of Speech and Hearing Research, 37*, 913–923.

Giraud, A. L., Neumann, K., Bachoud-Levi, A.-C., von Gudenberg, A., Euler, H. A., Lanfermann, H., & Preibisch, C. (2008). Severity of dysfluency correlates with basal ganglia activity in persistent developmental stuttering. *Brain and Language, 104*, 190–199.

Goberman, A. M., & Blomgren, M. (2003). Parkinsonian speech disfluencies: Effects of L-dopa-related fluctuations. *Journal of Fluency Disorders, 28*, 55–70.

Goebel, M. D. (1984). A computer-aided fluency treatment program for adolescents and adults. Paper presented at the American Speech-Language Association Convention, San Francisco, CA.

Goldberg, G. (1985). Supplementary motor area structure and function. *The Behavioral and Brain Sciences, 8*, 567–616.

Goldberg, G. (1991). Microgenetic theory and the dual premotor systems hypothesis: Implications for rehabilitation of the brain-damaged subject. In

R. E. Hanlon (Ed.), *Cognitive Microgenesis: A Neuropsychological Perspective*. New York: Springer.

Goldiamond, I. (1965). Stuttering and fluency as manipulatable operant response classes. In L. Krasner & L. P. Ullman (Eds.), *Research in Behavior Modification*. New York: Holt, Rinehart & Winston.

Goldman, R. (1996). The use of Mellaril as an adjunct to the treatment of stuttering. In *Proceedings of the IV World Congress of Psychiatry*. Amsterdam: Excerpta Medica.

Goldman, R., & Fristoe, M. (2000). *Goldman-Fristoe Test of Articulation-2 (GFTA-2)*. Circle Pines, MN: American Guidance Service, Inc.

Goldman-Eiser, F. (1954). On the variability of the speed of talking and on its relation to the length of utterances in conversation. *British Journal of Psychology, 45*, 94–107.

Goldman-Eisler, F. (1956). The determinants of the rate of speech output and their mutual relations. *Journal of Psychosomatic Research, 1*, 137–143.

Goldsmith, H., Buss, A., Plomin, R., Rothbart, M., Thomas, A., Chess, S., Hinde, R., & McCall, R. (1987). Roundtable: What is temperament? Four approaches. *Child Development, 58*, 505–529.

Goodman, C. M. (1987). The Delphi technique: A critique. *Journal of Advanced Nursing, 12*, 729–734.

Gordon, C., Cotelingam, G., Stager, S., Ludlow, C., Hamburger, S., & Rapoport, J. (1995). A double-blind comparison of clomipramine and desipramine in the treatment of developmental stuttering. *Journal of Clinical Psychiatry, 56*, 238–242.

Gordon, P. A., & Luper, H. L. (1992). The early identification of beginning stuttering I: Protocols. *American Journal of Speech-Language Pathology, 1*, 43–53.

Gottwald, S. R., & Hall, N. E. (2003). Stuttering treatment in schools: Developing family and teacher partnerships. *Seminars in Speech and Language, 24*, 41–46.

Gottwald, S. R., & Starkweather, C. W. (1995). Fluency intervention for preschoolers and their families in the public schools. *Language, Speech and Hearing Services in Schools, 11*, 117–126.

Gottwald, S. R., & Starkweather, C. W. (1999). Stuttering prevention and early intervention: A multiprocess approach. In M. Onslow & A. Packman (Eds.), *The Handbook of Early Stuttering Intervention* (pp. 53–82). San Diego, CA: Singular Publishing Company.

Grafman, J. (2000). Conceptualizing functional neuroplasticity. *Journal of Communication Disorders, 33*, 345–355.

Graham, C. G., & Conture, E. G. (2005). Occurrence of concomitant problems in families of children who stutter. Poster presented at the Annual American Speech-Language Hearing Association Conference, San Diego, CA.

Graham, C. G., & Hartfield, K. N. (2006). Relation of SES, language, and parent education CWS and CWNS. Poster presented at the Annual American Speech-Language Hearing Association Conference, Miami, FL.

Gregory, H. H. (1979). The controversies: Analysis and current status. In H. H. Gregory (Ed.), *Controversies about Stuttering Therapy*. Baltimore: University Park Press.

Gregory, H. H. (1999). Developmental intervention: Differential strategies. In M. Onslow & A. Packman (Eds.), *The Handbook of Early Stuttering Intervention* (pp. 83–102). San Diego, CA: Singular Press.

Gregory, H. H. (2003). *Stuttering Therapy: Rationale and Procedures*. Boston: Allyn & Bacon.

Gregory, H. H., & Hill, D. (1980). Stuttering therapy for children. *Seminars in Speech Language and Hearing, 1*, 351–364.

Gregory, H. H., & Hill, D. (1992). Differential evaluation-differential therapy for stuttering children. In R. F. Curlee (Ed.), *Stuttering and Related Disorders of Fluency* (pp. 23–44). New York: Thieme Medical Publishers, Inc.

Gregory, H. H., & Hill, D. (1999). Differential evaluation-differential therapy for stuttering children. In R. F. Curlee (Ed.), *Stuttering and Related Disorders of Fluency* (2nd ed., pp. 22–42). New York: Thieme Medical Publishers, Inc.

Groopman, J. (2007). *How Doctors Think*. Boston: Houghton Mifflin.

Guitar, B. (1976). Pretreatment factors associated with the outcome of stuttering therapy. *Journal of Speech and Hearing Research, 19*, 590–600.

Guitar, B. (1998). *Stuttering: An Integrated Approach to Its Nature and Treatment* (2nd ed.). Baltimore: William & Wilkins.

Guitar, B. (2003). Acoustic startle responses and temperament in individuals who stutter. *Journal of Speech, Language and Hearing Research, 46*, 233–241.

Guitar, B. (2003). The Lidcombe program in historical context. In M. Onslow, A. Packman, & E. Harrison (Eds.), *The Lidcombe Program of Early Stuttering Intervention* (pp. 27–39). Austin, TX: PRO-ED.

Guitar, B. (2005). *Stuttering: An Integrated Approach to Its Nature and Treatment* (3rd ed.). Baltimore: Williams & Wilkins.

Guitar, B. (2006). *Stuttering: An Integrated Approach to Its Nature and Treatment* (3rd ed.). Baltimore: Lippincott, Williams & Wilkins.

Guitar, B., & Bass, C. (1978). Stuttering therapy: The relation between attitude change and long-term outcome. *Journal of Speech and Hearing Disorders, 43*, 392–400.

Guitar, B., & Marchinkoski, L. (2001). Influence of mothers' slower speech on their children's speech rate. *Journal of Speech, Language, and Hearing Research, 44*, 853–861.

Guitar, B., Schaefer, H. K., Donahue-Kilburg, G., & Bond, L. (1992). Parent verbal interactions and speech rate: A case study in stuttering. *Journal of Speech and Hearing Research, 35*, 742–754.

Guralnick, M. J., Connor, R. T., Hammond, M. A., Gottman, J. M., & Kinnish, K. (1996). The peer relations of preschool children with communication disorders. *Child Development, 67*, 471–489.

Gurmankin, A. D., Baron, J. M., Hershey, J. C., & Ubel, P. A. (2002). The role of physicians' recommendations in medical treatment decisions. *Medical Decision Making, 22*, 262–271.

Guyatt, G., & Rennie, D. (Eds.) (2002). *Users' Guides to the Medical Literature: Essentials of Evidence-Based Practice*. Chicago: AMA Press.

Hall, J. W., & Jerger, J. (1978). Central auditory function in stutterers. *Journal of Speech and Hearing Research, 21*, 324–337.

Hall, N. E. (1996). Language and fluency in child language disorders: Changes over time. *Journal of Fluency Disorders, 21*, 1–32.

Hall, N. E. (2004). Lexical development and retrieval in treating children who stutter. *Language, Speech and Hearing Services in Schools, 35*, 57–69.

Hall, N. E., & Burgess, S. D. (2000). Exploring developmental changes in fluency as related to language acquisition: A case study. *Journal of Fluency Disorders, 25*, 119–141.

Hall, N. E., Wagovich, S., & Bernstein Ratner, N. (2007). Language considerations in childhood stuttering. In E. Conture & R. Curlee (Eds.), *Stuttering and Related Disorders of Fluency* (3rd ed., pp. 153–167). New York: Thieme Medical Publishers.

Hall, N. E., Yamashita, T. S., & Aram, D. M. (1993). Relationship between language and fluency in children with developmental language disorders. *Journal of Speech and Hearing Research, 36*, 568–579.

Hämäläinen M. (2007). Martinos Center for Biomedical Imaging. Retrieved December 23, 2008, from http://www.nmr.mgh.harvard.edu/martinos/research/technologiesMEG.php.

Hammett, L. A. (1994). An intensive therapy program in the public schools. Unpublished master's thesis, James Madison University, Harrisonburg, VA.

Hancock, K., & Craig, A. (2002). The effectiveness of re-treatment for adolescents who stutter. *Journal of Speech, Language, Hearing, Asia-Pacific*, 7, 138–156.

Hancock, K., Craig, A., Campbell, K., Costello, D., Gilmore, G., McCaul, A., & McCready, C. (1998). Two to six year controlled trial stuttering outcomes for children and adolescents. *Journal of Speech and Hearing Research, 41*, 1242–1252.

Hannley, M., & Dorman, M. (1982). Some observations on auditory function and stuttering. *Journal of Fluency Disorders*, 7, 93–108.

Hargrave, S., Kalinowski, J., Stuart, A., Armson, J., & Jones, K. (1994). Effect of frequency-altered feedback on stuttering frequency at normal and fast speech rates. *Journal of Speech and Hearing Research, 37*, 1313–319.

Harris, V., Onslow, M., Packman, A., Harrison, E., & Menzies, R. (2002). An experimental investigation of the impact of the Lidcombe Program on early stuttering. *Journal of Fluency Disorders, 27*, 203–214.

Harrison, E., Kingston, M., & Shenker, R. (2007). Management of stuttering preschoolers: Case studies in evidence based treatment. In M. Onslow & S. O'Brian (Eds.), *Evidence Based Treatment of Stuttering*. Manuscript in preparation.

Harrison, E. Onslow, M. Andrews, C. Packman, A., & Webber, M. (1998). Control of stuttering with prolonged speech: Development of a one-day instatement program. In A. Cordes & R. Ingham (Eds.), *Treatment Efficacy in Stuttering*. San Diego, CA: Singular Publishing Group.

Harrison, E., Onslow, M., & Menzies, R. (2004). Dismantling the Lidcombe Program of early stuttering intervention: Verbal contingencies for stuttering and clinical measurement. *International Journal of Language and Communication Disorders, 39*, 257–267.

Harrison, E., Onslow, M., & Rousseau (2007). The Lidcombe Program 2007: Clinical tales and clinical trials. In E. G. Conture & R. F. Curlee (Eds.), *Stuttering and Related Disorders of Fluency* (3rd ed., pp. 55–75). New York: Thieme.

Harrison, E., Wilson, L., & Onslow, M. (1999). Distance intervention for early stuttering with the Lidcombe Programme. *Advances in Speech-Language Pathology, 1*, 31–36.

Hartfield, K., & Conture, E. (2006). Effects of perceptual and conceptual similarity in lexical priming of young children who stutter: Preliminary findings. *Journal of Fluency Disorders, 31*, 303–324.

Harvey, J., Culatta, R., Halikas, J., Sorenson, J., Luxenberg, M., & Pearson, V. (1992). The effects of carbamazepine on stuttering. *Journal of Nervous and Mental Disease, 180*, 451–457.

Hashimoto, Y., & Sakai, K. L. (2003). Brain activations during conscious self-monitoring of speech production with delayed auditory feedback: An fMRI study. *Human Brain Mapping, 20*, 22–28.

Haupt, D. W., & Newcomer J. W. (2001). Hyperglycemia and antipsychotic medications. *Journal of Clinical Psychiatry, 62* (Suppl 27), 15–26.

Hayes, S. C., Barlow, D. H., & Nelson-Gray, R. O. (1999). *The Scientist Practitioner: Research and*

Accountability in the Age of Managed Care (2nd ed.). Boston: Allyn and Bacon.

Hayes, W., & Pindzola, R. (2004). *Diagnosis and Evaluation in Speech Pathology* (6th ed., pp. 191–216). Boston: Allyn & Bacon.

Hayhow, R., Cray, A. M., & Enderby, P. (2002). Stammering and therapy views of people who stammer. *Journal of Fluency Disorder, 27*, 1–16.

Hayhow, R., Kingston, M., & Ledzion, R. (1998). The use of clinical measures in the Lidcombe Programme for children who stutter. *International Journal of Language and Communication Disorders, 33*, 364–369.

Hayhow, R., Kingston, M., & Ledzion, R. (2003). The United Kingdom. In M. Onslow, A. Packman, & E. Harrison (Eds.), *The Lidcombe Program of Early Stuttering Intervention: A Clinician's Guide* (pp. 147–159). Austin, TX: Pro-Ed.

Haynes, R. B., Sackett, D. L., Gray, J. M., Cook, D. J., & Guyatt, G. H. (1996). Transferring evidence from research into practice: I. The role of clinical care research evidence in clinical decisions. *ACP Journal Club, 125*, A14-A16.

Haynes, R. B., Sackett, D. L., Guyatt, G. H., & Tugwell, P. (2006). *Clinical Epidemiology: How to Do Clinical Practice Research* (3rd ed.). Philadelphia: Lippincott Williams & Wilkins.

Healey, E. C., & Reid, R. (2003). ADHD and stuttering: A tutorial. *Journal of Fluency Disorders, 28*, 79–82.

Healey, E. C., & Scott, L. A. (1995). Strategies for treating elementary school-age children who stutter: An integrative approach. *Language, Speech, and Hearing Services in Schools, 26*, 151–161.

Hearne, A. (2006). Developing treatments for adolescents who stutter. Unpublished doctoral dissertation, University of Sydney, Sydney, Australia.

Heilman, K. M., Voeller, K., & Alexander, A. W. (1996). Developmental dyslexia: A motor-articulatory feedback hypothesis. *Annals of Neurology, 39*, 407–412.

Heiss, W. D, Kessler, J., Thiel, A., Ghaemi, M., & Karbe, H. (1999). Differential capacity of left and right hemispheric areas for compensation of poststroke aphasia. *Annals of Neurology, 45*, 430–438.

Helliesen, G. (2006). *Speech Therapy for the Severe Adolescent and Adult Stutterer*. Newport News, VA: Apollo Press.

Herath, P., Klingberg, T., Young, J., Amunts, K., & Roland, P. (2001). Neural correlates of dual task interference can be dissociated from those of divided attention: An fMRI study. *Cerebral Cortex, 11*, 796–805.

Herder, C., Howard, C., Nye, C., & Vanryckeghem, M. (2006). Effectiveness of behavioral stuttering treatment: A systematic review and meta-analysis. *Contemporary Issues in Communication Science and Disorders, 33*, 61–73.

Herring, J. P. (1986). *Fluency Criterion Program: A Stuttering Management System for Children and Adults.* Tucson, AZ: Communication Skill Builders, Inc.

Hersen, M. (2002). *Clinical Behavior Therapy: Adults and Children*. New York: John Wiley & Sons, Inc.

Heuer, R. J., Sataloff, R. T., Mandels, S., & Travers, N. (1996). Neurogenic stuttering: Further corroboration of site of lesion. *Ear, Nose and Throat Journal, 75*, 161–168.

Hewat, S., Harris, V., & Harrison, E. (2003). Special case studies. In M. Onslow, A. Packman, & E. Harrison (Eds.), *The Lidcombe Program of Early Stuttering Intervention: A Clinician's Guide* (pp. 119–136). Austin, TX: Pro-Ed.

Hewat, S., Onslow, M., Packman, A., & O'Brian, S. (2006). A Phase II clinical trial of self-imposed time-out treatment for stuttering in children and adults. *Disability and Rehabilitation, 28*, 33–42.

Hill, C. E., & O'Brien, K. M. (2000). *Helping Skills: Facilitating Exploration, Insight, and Action.* Washington, DC: American Psychological Association.

Hillis, J. W., & McHugh, J. (1998). Theoretical and pragmatic considerations for extraclinical generalization. In: A. K. Cordes and R. J. Ingham (Eds.), *Treatment Efficacy for Stuttering: A Search for Empirical Bases* (pp. 243–292). San Diego, CA: Singular.

Hodson, B. (2004). *The Hodson Assessment of Phonological Patterns–Third Edition (HAPP-3)*. Austin, TX: PRO-ED, Inc.

Homzie M. J., Lindsay J. S., Simpson J., & Hasenstab S. (1988). Concomitant speech, language, and learning problems in adult stutterers and in members of their families. *Journal of Fluency Disorders, 13*, 261–277.

Howell, P. (2004). Assessment of some contemporary theories of stuttering that apply to spontaneous speech. *Contemporary Issues of Communication Science Disorders, 39*, 122–139.

Howell, P., & Au-Yeung, J. (1995). Syntactic determinants of stuttering in the spontaneous speech of normally fluent and stuttering children. *Journal of Fluency Disorders, 20*, 317–330.

Howell, P., & Au-Yeung, J. (2002). The EXPLAN theory of fluency control and the diagnosis of stuttering. In E. Fava (Ed.), *Pathology and Therapy of Speech Disorders* (pp. 75–94). Amsterdam, The Netherlands: John Benjamins.

Howell, P., Au-Yeung, J., & Sackin, S. (1999). Exchange of stuttering from function words to content words with age. *Journal of Speech, Language and Hearing Research, 42*, 345–354.

Howell, P., El-Yaniv, N., & Powell, D. (1987). Factors affecting fluency in stutterers when speaking under altered auditory feedback. In H. M. Peters &

W. Hulstijn (Eds.), *Speech Motor Dynamics in Stuttering* (pp. 361–369). New York: Springer Press.

Howie, P. M., Tanner, S., & Andrews, G. (1981). Short- and long-term outcome in an intensive treatment program for adult stutterers. *Journal of Speech and Hearing Disorders, 46*, 104–109.

Hresko, W., Reid, D., & Hamill, D. (1991). *Test of Early Language Development-2*. Austin, TX: Pro-Ed.

Hresko, W., Reid, D., & Hamill, D. (1999). *Test of Early Language Development-3*. Austin, TX: Pro-Ed.

Huang, S. C., Yu, D. C., Barrio, J. R., Grafton, S., Melega, W. P., Hoffman, J. M., Satyamurthy, N., Mazziotta, J. C., & Phelps, M. E. (1991). Kinetics and modeling of L-6[18F] fluoro-dopa in human positron emission tomographic studies. *Journal of Cerebral Blood Flow Metabolisms, 11*, 898–913.

Hubbard, C.P., & Prins, D. (1994). Word familiarity, syllabic stress pattern, and stuttering. *Journal of Speech and Hearing Research, 37*, 564–571.

Huesing, B., Jaencke, L., & Tag, B. (2006). *Impact Assessment of Neuroimaging. Final Report*. Zurich, Switzerland: vdf Hochschulverlag.

Hugh-Jones, S., & Smith, P. K. (1999). Self-reports of short- and long-term effects of bullying on children who stammer. *British Journal of Educational Psychology, 69*, 141–158.

Hulstijn, W., Peters, H., & van Lieshout, P. (1997). *Speech Production: Motor Control, Brain Research and Fluency Disorders*. Amsterdam: Elsevier Press.

Immordino-Yang, M. H., & Damasio, A. (2007). We feel therefore we learn: The relevance of affective and social neuroscience to education. *Mind, Brain and Education, 1*, 3–10.

Indefrey, P., & Levelt, W. J. M. (2000). The neural correlates of language production. In M. Gazzaniga (Ed.), *The New Cognitive Neuroscience* (2nd ed., pp. 845–865). Chicago, IL: MIT Press.

Indefrey, P., & Levelt, W. J. M. (2004). The spatial and temporal signatures of word production components. *Cognition, 92*, 101–144.

Indevus Pharmaceuticals. (2006). EXPRESS: Examining Pagoclone for Persistent Developmental Stuttering Study. Clinical trials.gov Identifier: NCT00216255. Announced May 24, 2006.

Ingham, J. C. (1999). Behavioral treatment of young children who stutter: An extended length of utterance method. In R. F. Curlee (Ed.), *Stuttering and Related Disorders of Fluency* (2nd ed., pp. 80–109). New York: Thieme Medical Publishers.

Ingham, J. C. (2003). Evidence-based treatment of stuttering: I. Definition and application. *Journal of Fluency Disorders, 28*, 197–207.

Ingham, J. C., & Riley, G. (1998). Guidelines for documentation of treatment efficacy for young children who stutter. *Journal of Speech Language and Hearing Research, 41*, 753–770.

Ingham, R. J. (1982). The effects of self-evaluation training on maintenance and generalization during stuttering treatment. *Journal of Speech and Hearing Disorders, 47*, 271–280.

Ingham, R. J. (1984). Generalization and maintenance of treatment. In R. F Curlee, & W. H. Perkins (Eds.), *Nature and Treatment of Stuttering: New Directions*. San Diego, CA: College-Hill Press.

Ingham, R. J. (1984). *Stuttering and Behavior Therapy: Current Status and Experimental Foundations*. San Diego, CA: College-Hill Press.

Ingham, R. J. (1987). *Residential Prolonged Speech Stuttering Therapy Manual*. Santa Barbara, CA: Department of Speech and Hearing Sciences, University of California.

Ingham, R. J. (1990). Research on stuttering treatment for adults and adolescents: A perspective on how to overcome a malaise. In J. A. Cooper (Ed.), *Research Needs in Stuttering: Roadblocks and Future Directions* (pp. 91–95). Rockville, MD: American Speech-Language-Hearing Association.

Ingham, R. J. (1999). Performance-contingent management of stuttering in adolescents and adults. In R. F. Curlee (Ed.), *Stuttering and Related Disorders of Fluency* (2nd ed., pp. 200–211). New York: Thieme Medical Publishers.

Ingham, R. J. (2001). Brain imaging studies of developmental stuttering. *Journal of Communication Disorders, 34*, 493–516.

Ingham, R. J. (Ed.) (2003). Brain imaging and stuttering [Special Issue]. *Journal of Fluency Disorders, 28* (4).

Ingham, R. J., & Andrews, G. (1973). Behavior therapy and stuttering therapy: A review. *Journal of Speech and Hearing Disorders, 38*, 406–441.

Ingham, R. J., & Andrews, G. (1973). Details of a token economy stuttering therapy programme for adults. *Australian Journal of Human Communication Disorders, 1*, 13–20.

Ingham, R. J., Bakker, K., Moglia, R., & Kilgo, M. (2001). *The Stuttering Measurement System Training Program*. Santa Barbara, CA.

Ingham, R. J., & Cordes, A. (1992). Interclinic differences in stuttering event counts. *Journal of Fluency Disorders, 17*, 171–176.

Ingham, R. J., & Cordes, A. (1997). Self-measurement and evaluating stuttering treatment efficacy. In R. F. Curlee & G. M. Siegel (Eds.), *Nature and Treatment of Stuttering: New Directions* (2nd ed., pp. 413–437). Boston: Allyn & Bacon.

Ingham, R. J., & Cordes, A. K. (1998). Treatment decisions for young children who stutter: Further concerns and complexities. *American Journal of Speech-Language Pathology*, 7, 10–19.

Ingham, R. J., & Cordes, A. K. (1999). On watching a discipline shoot itself in the foot: Some observations on current trends in stuttering treatment. In N. B. Ratner & E. C. Healey (Eds.), *Stuttering Research and Practice: Bridging the Gap* (pp. 211–230). Mahwah, NJ: Lawrence Erlbaum.

Ingham, R. J., Cordes, A., & Finn, P. (1993). Time-interval measurement of stuttering: Systematic replication of Ingham, Cordes & Gow (1993). *Journal of Speech and Hearing Research*, *36*, 1168–1176.

Ingham, R. J., & Costello, J. M. (1984). Stuttering treatment outcome evaluation. In J. M. Costello (Ed.), *Speech Disorders in Children: Recent Advances* (pp. 313–346). San Diego, CA: College-Hill.

Ingham, R. J., & Costello, J. M. (1985). Stuttering treatment outcome evaluation. In J. M. Costello (Ed.), *Speech Disorders in Adults: Recent Advances* (pp. 189–223). San Diego, CA: College-Hill.

Ingham, R. J., Fox, P. T., Ingham, J. C., Collins, J., & Pridgen, S. (2000). TMS in developmental stuttering and Tourette syndrome. In M. S. George & R. H. Belmaker (Eds.), *Transcranial Magnetic Stimulation in Neuropsychiatry* (pp. 223–236). Washington, DC: American Psychiatric Press.

Ingham, R. J., Fox, P. T., Ingham, J. C., Xiong, J., Zamarripa, F., Hardies, L. J., & Lancaster, J. L. (2004). Brain correlates of stuttering and syllable production: Gender comparison and replication. *Journal of Speech, Language, and Hearing Research*, *47*, 321–341.

Ingham, R. J., Fox, P. T., Ingham, J. C., Zamarripa, F. (2000). Is overt stuttered speech a prerequisite for the neural activations associated with chronic developmental stuttering? *Brain and Language*, *75*, 163–194.

Ingham, R. J., Gow, M., & Costello, J. M. (1985). Stuttering and speech naturalness: Some additional data. *Journal of Speech and Hearing Disorders*, *50*, 217–219.

Ingham, R. J., Ingham, J. C., Onslow, M., & Finn, P. (1989). Stutterers' self-ratings of speech naturalness: Assessing effects and reliability. *Journal of Speech and Hearing Research*, *32*, 419–431.

Ingham, R. J., Kilgo, M., Ingham, J. C., Moglia, R., Belknap, H., & Sanchez, T. (2001). Evaluation of a stuttering treatment based on reduction of short phonation. *Journal of Speech, Language, and Hearing Research*, *44*, 1229–1244.

Ingham, R. J., Martin, R. R., Haroldson, S. K., Onslow, M., & Leney, M. (1985). Modification of listener-judged naturalness in the speech of stutterers. *Journal of Speech and Hearing Research*, *28*, 495–504.

Ingham, R. J., Moglia, R., Frank, P., Ingham, J., & Cordes, A. (1997). Experimental investigations of the effects of frequency-altered auditory feedback on the speech of adults who stutter. *Journal of Speech, Language, and Hearing Research*, *40*, 361–372.

Ingham, R. J., & Onslow, M. (1985). Measurement and modification of speech naturalness during stuttering therapy. *Journal of Speech and Hearing Disorders*, *50*, 261–281.

Ingham, R. J., & Onslow, M. (1987). Generalization and maintenance of treatment benefits for children who stutter. *Seminars in Speech and Language*, *8*, 303–326.

Jackson, G. B. (1980). Methods for integrative reviews. *Review of Educational Research*, *50*, 438–460.

James, J. E. (1981). Behavioral self-control of stuttering using time-out from speaking. *Journal of Applied Behavior Analysis*, *14*, 25–37.

James, J. E. (2007). Claims of a "new" stuttering treatment using time-out from speaking are exaggerated: A brief review of the literature and commentary on Hewat et al. (2006). *Disability and Rehabilitation*, *29*, 1057–1060.

James, J., Ricciardelli, L., Hunter, C., & Rogers, P. (1989) Relative efficacy of intensive and spaced behavioral treatment of stuttering. *Behavior Modification*, *13*, 376–395.

Jäncke, L., Hanggi, J., & Steinmetz, H. (2004). Morphological brain differences between adult stutterers and non-stutterers. *BioMed Central Neurology*, *4*, 23.

Jäncke, L., Shah, N. J., Posse, S., Grosse-Ryuken, M., & Muller-Gartner, H. W. (1998). Intensity coding of auditory stimuli: An fMRI study. *Neuropsychologia*, *36*, 875–883.

Johannsen, H. S. (2000). Design of the longitudinal study and influence of symptomatology; heredity; sex ratio and lateral dominance on the further development of stuttering. In *Proceedings of the Third World Congress of Fluency Disorders: Theory, Research, Treatment and Self Help* (pp. 183–186). Nijmegen, The Netherlands: University Press Nijmegen.

Johnson, K., Conture, E., Karrass, J., & Walden, T. (2009). Influence of variations in stuttering frequency on talker group classification. *Journal of Communication Disorders*, 42, 195–210.

Johnson, W. (1942). A study of the onset and development of stuttering. *Journal of Speech and Hearing Disorders*, 7, 251–257.

Johnson, W. (1961). *Stuttering and What You Can Do about It*. Danville, IL: Interstate Printers and Publishers, Inc.

Johnson, W., & Associates. (1959). *The Onset of Stuttering*. Minneapolis, MN: University of Minneapolis Press.

Johnson, W., & Rosen, L. (1937). Studies in the psychology of stuttering: VII. Effects of certain changes in speech pattern upon the frequency of stuttering. *Journal of Speech Disorders*, *2*, 105–109.

Jones, B., & Nagin, D. (2006). Advances in group-based trajectory modeling and a SAS procedure for estimating them. Unpublished manuscript.

Jones, B., Nagin, D., & Roeder, K. (2001). A SAS procedure based on mixture models for estimating developmental trajectories. *Sociological Methods and Research, 29*, 374–393.

Jones, M., Blakeley, M., & Ormond, T. (2003). New Zealand. In M. Onslow, A. Packman, & E. Harrison (Eds.), *The Lidcombe Program of Early Stuttering Intervention: A Clinician's Guide* (pp. 173–182). Austin, TX: Pro-Ed.

Jones, M., Gebski, V., Onslow, M., & Packman, A. (2001). Design of randomized controlled trials: Principles and methods applied to a treatment for early stuttering. *Journal of Fluency Disorders, 26*, 247–267.

Jones, M., Hearne, A., Onslow, M., Ormond, T., Williams, S., Schwarz, I., & O'Brian, S. (2007). Extended follow up of a randomised controlled trial of the LP of Early Stuttering Intervention. Manuscript submitted for publication.

Jones, M., Onslow, M., Harrison, E., & Packman, A. (2000). Treating stuttering in children: Predicting outcome in the Lidcombe Program. *Journal of Speech, Language, and Hearing Research, 43*, 1440–1450.

Jones, M., Onslow, M., Packman, A., Williams, S., Ormond, T., Schwarz, I., & Gebski, V. (2005). Randomised controlled trial of the Lidcombe Program of early stuttering intervention. *British Medical Journal, 331*, 7518.

Jones, M., Onslow, M., Packman, A., Williams, S., Ormond, T., Schwarz, T., & Gebski, V. (2005). A randomised controlled trial of the Lidcombe Program for early stuttering intervention. *British Medical Journal, 331*, 659–661.

Jones, P. H., & Ryan, B. P. (2001). Experimental analysis of the relationship between speaking rate and stuttering during mother-child conversation. *Journal of Developmental and Physical Disabilities, 13*, 279–305.

Jones, R. K. (1966). Observations on stammering after localized cerebral injury. *Journal of Neurology, Neurosurgery, and Psychiatry, 29*, 192–195.

Jones, R. K. (1967). Dypraxic ambiphasia. A neurophysiologic theory of stammering. *Transactions of the American Neurological Association, 92*, 197–201.

Kagan, J. (1994). *Galen's Prophecy: Temperament in Human Nature*. New York: Basic Books.

Kahneman, D. P., Slovic, P., & Tversky, A. (Eds.) (1982). *Judgment Under Uncertainty: Heuristics and Biases*. Cambridge, United Kingdom: Cambridge University Press.

Kahneman, D. P., & Tversky, A. (1996). On the reality of cognitive illusions: A reply to Gigerenzer's critique. *Psychological Review, 103*, 582–591.

Kalinowski, J., Armson, J., Roland-Mieszkowski, M., & Stuart, A. (1993). Effects of alterations in auditory feedback and speech rate on stuttering frequency. *Language and Speech, 36*, 1–16.

Kalinowski, J., Stuart, A., Rastatter, M., Miller, R., Zimmerman, S., & Shine, R. (1998). Examination of altered auditory feedback: Therapeutic implications. In E. C. Healey & H. F. M. Peters (Eds.), *Proceedings from the Second World Congress on Fluency Disorders* (pp. 54–57). Nijmegen, The Netherlands: University Press Nijmegen.

Kalinowski, J., Stuart, A., Sark, S., & Armson, J. (1996). Stuttering amelioration at various auditory feedback delays and speech rates. *European Journal of Disorders of Communication, 31*, 259–269.

Kamhi, A.G. (2006). Treatment decisions for children with speech-sound disorders. *Language, Speech, and Hearing Services in Schools, 37*, 271–279.

Karrass, J., Walden, T., Conture, E., Arnold, H., Graham, C., & Hartfield, K. (2005). Relation of emotional reactivity and regulation to childhood stuttering across multiple measures of emotional reactivity and regulation in children. Manuscript in preparation.

Karrass, J., Walden, T., Conture, E., Graham, C., Arnold, H., Hartfield, K., & Schwenk, K. (2006). Relation of emotional reactivity and regulation to childhood stuttering. *Journal of Communication Disorders, 39*, 402–423.

Kassubek, J., Juengling, F. D., Kioschies, T., Henkel, K., Karitzky, J., Kramer, B., Ecker, D., Andrich, J., Saft, C., Kraus, P., Aschoff, A. J., Ludolph, A. C., & Landwehrmeyer, G. B. (2004). Topography of cerebral atrophy in early Huntington's disease: A voxel based morphometric MRI study. *Journal of Neurology, Neurosurgery, and Psychiatry, 75*, 213–220.

Kaufman, G. (1985). *Shame: The Power of Caring*. Rochester, VT: Schenkman.

Kaufman, G., Raphael, L., & Espeland, P. (1999). *Stick Up for Yourself*. Minneapolis, MN: Free Spirit Publishing, Inc.

Kazdin, A. E. (1982). *Single Case Research Designs: Methods for Clinical and Applied Settings*. New York: Oxford University Press.

Kelly, E. M. (1993). Speech rates and turn-taking behaviors of children who stutter and their parents. *Seminars in Speech and Language, 14*, 203–214.

Kelly, E. M. (1994). Speech rates and turn-taking behaviors of children who stutter and their fathers. *Journal of Speech and Hearing Research, 37*, 1284–1294.

Kelly, E. M., & Conture, E. G. (1992). Speaking rates, response time latencies, and interrupting behaviors of young stutterers, nonstutterers, and their mothers. *Journal of Speech and Hearing Research, 35*, 1256–1267.

Kelly, E. M., Martin, J. S, Baker, K. I., Rivera, N. J., Bishop, J. E., Kriziske, C. B., Stettler, D. S., &

Stealy, J. M. (1997). Academic and clinical preparation and practices of school speech-language pathologists with people who stutter. *Language, Speech and Hearing Services in the Schools, 28*, 195–212.

Kelman, E., & Nicholas, A. (2008). *Practical Intervention for Early Childhood Stammering: Palin PCI*. Milton Keynes, United Kingdom: Speechmark Publishing Limited.

Kelman, E., & Schneider, C. (1994) Parent-child interaction: An alternative approach to the management of children's language difficulties. *Child Language Teaching and Therapy, 10*, 81–96.

Kent, L. R. (1963). The use of tranquilizers in the treatment of stuttering. *Journal of Speech and Hearing Disorders, 28*, 288–294.

Kent, L. R., & Williams, D. E. (1959). Use of meprobamate as an adjunct to stuttering therapy. *Journal of Speech and Hearing Disorders, 24*, 64–69.

Khan, L., & Lewis, N. (2002). *Khan-Lewis Phonological Analysis-Second Edition (KLPA-2)*. Bloomington, MN: Pearson Assessments

Kim, S. W. (1996). Opioid antagonists in the treatment of impulse-control disorders. *Journal of Clinical Psychiatry, 59*, 159–164.

Kingston, M., Huber, A., Onslow, M., Jones, M., & Packman, A. (2003). Predicting treatment time with the Lidcombe Program: Replication and meta-analysis. *International Journal of Language and Communication Disorders, 38*, 165–177.

Klassen, T. R., & Kroll, R. M. (2005). Opinions on stuttering and its treatment: A follow-up survey and cross-cultural comparison. *Journal of Speech-Language Pathology and Audiology, 29*, 73–82.

Klee, T., Schaffer, M., May, S., Membrino, I., & Mougey, K. (1989). A comparison of the age-MLU relation in normal and specifically language impaired preschool children. *Journal of Speech and Hearing Disorders, 54*, 226–233.

Kline, M. I., & Starkweather, C. W. (1979). Receptive and expressive language performance in young stutterers. *ASHA, 21* (Abstr), 797.

Kloth, S. A. M., Janssen, P., Kraaimaat, F., & Brutten, G. J. (1998). Child and mother variables in the development of stuttering among high-risk children: A longitudinal study. *Journal of Fluency Disorders, 23*, 217–230.

Kloth, S. A. M., Kraaimaat, F. W., Janssen, P., & Brutten, G. J. (1999). Persistence and remission of incipient stuttering among high-risk children. *Journal of Fluency Disorders, 24*, 253–265.

Koushik, S., Shenker, R. C., Onslow, M., & Adaman, B. (2007). Follow-up of school-age children after Lidcombe Program treatment. Poster presented at the meeting of the American Speech and Hearing Association, Boston, MA.

Kowal, A., O'Connell, D. C., & Sabin, E. G. (1975). Development of temporal patterning and vocal hesitations in spontaneous narratives. *Journal of Psycholinguistic Research, 4*, 195–207.

Kraaimaat, F. W., Vanryckeghem, M., & Van Dam-Baggen, R. (2002). Stuttering and social anxiety. *Journal of Fluency Disorders, 27*, 319–330.

Krall, T. (2001). The International Stuttering Association—Objectives, activities, outlook: Our dreams for self-help and therapy. In H.-G. Bosshardt, J. S. Yaruss, & H. F. M. Peters (Eds.), *Fluency Disorders: Theory, Research, Treatment, and Self-Help—Proceedings of the Third World Congress on Fluency Disorders* (pp. 30–40). Nijmegen, The Netherlands: Nijmegen University Press.

Kroll, R. (1991). *Manual of Fluency Maintenance: A Guide for Ongoing Practice*. Toronto: Clarke Institute of Psychiatry.

Kroll, R.., & Beitchman, J. H. (2005). Stuttering. In B. J. Sadock & V. A. Sadock (Eds.), *Comprehensive Textbook of Psychiatry* (pp. 3154–3159). Philadelphia: Lippincott Williams & Wilkins.

Kroll, R. M., Cook, F., De Nil, L., & Ratner, N. B. (2006). Preparing clinicians to treat stuttering effectively: An interactive panel discussion. Paper presented at the 5th World Congress on Fluency Disorders, Dublin, Ireland.

Kroll, R. M., & De Nil, L. F. (1995). Locus of control and client performance variables as predictors of stuttering treatment outcome. In C. W. Starkweather & H. M. F. Peters (Eds.), *Proceedings of the First World Congress on Stuttering: Volume 1* (pp. 375–379). Munich, Germany: International Fluency Association.

Kroll, R. M., & De Nil, L. F. (1998). Positron emission tomography studies of stuttering: Their relationship to our theoretical and clinical understanding of the disorder. *Journal of Speech Language Pathology and Audiology, 22*, 261–270.

Kroll, R. M., & De Nil, L. F. (2000). Research using PET scans identifies neural bases of stuttering and its treatment. *Stuttering Foundation of America Newsletter, Summer Edition*, 1–3.

Kroll, R.M., De Nil, L. F., & Houle, S. (1999). Toward a scientific understanding of stuttering & treatment: PET-scan studies. Paper presented at the Annual Convention of the American Speech-Language-Hearing Association, San Francisco, CA.

Kroll, R. M., De Nil, L. F., Kapur, S., & Houle, S. (1997). A positron emission tomography investigation of post-treatment brain activation in stutterers. In H. F. M. Peters, W. Hulstijn, & P. H. H. M. Van Lieshout (Eds.), *Speech Production: Motor Control, Brain Research and Fluency Disorders* (pp. 307–320). Amsterdam: Elsevier.

Kroll, R. M., Gaulin, B., & Tammsalu, A. (1981). Fluency maintenance: Follow-up data on a model for post-treatment. Paper presented at the Annual Convention of the American Speech-Language-Hearing Association, Los Angeles, CA.

Kroll, R. M., & Klassen, T.R. (in press). Perspectives on the academic and clinical education in stuttering. *Canadian Journal of Speech-Language Pathology and Audiology, 31*, 92–100.

Kroll, R. M., & O'Keefe, B. M. (1990). Opinions on stuttering therapy: A survey of CASLPA members. *Journal of Speech-Language Pathology and Audiology, 14*, 59–63.

Kroll, R. M., & Scott-Sulsky, L. (2006). *Fluency Plus Program: A Comprehensive Treatment Program for School Aged Children Who Stutter*. Toronto: Speech Foundation of Ontario.

Kully, D., & Boberg, E. (1988). An investigation of inter-clinic agreement in the identification of fluent and stuttered syllables. *Journal of Fluency Disorders, 13*, 309–318.

Kully, D., & Boberg, E. (1991). Therapy for school-age children. In E. Perkins (Ed.), *Seminars in Speech and Language: Stuttering: Challenges of Therapy*. New York: Thieme Medical Publishers.

Kully, D., & Langevin, M. (1999). Intensive treatment for stuttering adolescents. In R. F. Curlee (Ed.), *Stuttering and Related Disorders of Fluency* (2nd ed., pp. 139–159). New York: Thieme Medical Publishers.

Kully, D., & Langevin, M. (2005). Evidence-based practice in fluency disorders. *The ASHA Leader, 10*, 10–11, 23.

Kunz, R., & Oxman, A. D. (1998). The unpredictability paradox: Review of empirical comparisons of randomised and non-randomised clinical trials. *British Medical Journal, 317*, 1185–1190.

Ladouceur, R., Boudreau, L., & Theberge, S. (1981). Awareness training and regulated-breathing method in modification of stuttering. *Perceptual and Motor Skills, 53*, 187–194.

Ladouceur, R., Caron, C., & Caron, G. (1989). Stuttering severity and treatment outcome. *Journal of Behavior Therapy and Experimental Psychiatry, 20*, 49–56.

Ladouceur, R., & Martineau, G. (1982). Evaluation of regulated-breathing method with and without parental assistance in the treatment of child stutterers. *Journal of Behavior Therapy and Experimental Psychiatry, 13*, 301–306.

Laiho, A., & Klippi, A. (2007). Long- and short-term results of children's and adolescents' therapy courses for stuttering. *International Journal of Language and Communication Disorders, 42*, 367–382.

Langevin, M. (1997). Peer teasing project. In E. Healey & H. F. M. Peters (Eds.), *Second World Congress on Fluency Disorders: Proceedings* (pp. 169–171). Nijmegen, The Netherlands: Nijmegen University Press.

Langevin, M. (2000). *Teasing and Bullying: Unacceptable Behaviour. The TAB Program*. Edmonton, Alberta, Canada: Institute for Stuttering Treatment and Research.

Langevin, M., Bortnick, K., Hammer, T., & Wiebe, E. (1998). Teasing/bullying experienced by children who stutter: Toward development of a questionnaire. *Contemporary Issues in Communication Science and Disorders, 25*, 12–24.

Langlois, A., & Long, S. H. (1988). A model for teaching parents to facilitate fluent speech. *Language, Speech and Hearing Services in Schools, 32*, 68–78.

Lass, N. J., Ruscello, D. M., Schmitt, J. F., Pannbacker, M. D., Orlando, M. B., Dean, K. A., Ruziska, J. C., & Bradshaw, K. H. (1992). Teachers' perceptions of stutterers. *Language, Speech, and Hearing Services in Schools, 23*, 78–81.

Lattermann, C., Euler, H. A., & Neumann, K. A. (2007). Randomized control trial to investigate the impact of the LP on early stuttering in German-speaking preschoolers. Manuscript submitted for publication.

Lattermann, C., Euler, H. A., & Neumann, K. A. (2008). A randomized control trial to investigate the impact of the Lidcombe Program on early stuttering in German-speaking preschoolers. *Journal of Fluency Disorders, 33*, 52–65.

Latterman, C., Shenker, R. C., & Thorardottir, E. (2005). Progression of language complexity during treatment with the LP for early stuttering intervention. *American Journal of Speech-Language Pathology, 14*, 242–253.

Le Bihan, D., Mangin, J. F., Poupon, C., Clark, C. A., Pappata, S., Molko, N., & Chabriat, H. (2001). Diffusion tensor imaging: concepts and applications. *Magnetic Resonance Imaging, 13*, 534–546.

Lee, B. S. (1951). Artificial stutter. *Journal of Speech and Hearing Disorders, 16*, 53–55.

Lee, L. (1974). *Developmental Sentence Analysis: A Grammatical Assessment Procedure for Speech and Language Clinicians*. Evanston, IL: Northwestern University Press.

Lehéricy, S., Benali, H., Van de Moortele, P. F., Pélégrini-Issac, M., Waechter, T., Ugurbil, K., & Doyon, J. (2005). Distinct basal ganglia territories are engaged in early and advanced motor sequence learning. *Proceedings of the National Academy of Sciences of the United States of America, 102*, 12566–12571.

Leibovitz, S., & Kroll, R. M. (1980). Intensive stuttering therapy: Retrospective data and current maintenance considerations. Paper presented at the Annual Convention of the American Speech-Language-Hearing Association, Detroit, MI.

Leichnetz, G. R. (2001). Connections of the medial posterior parietal cortex (area 7m) in the monkey. *The Anatomical Record, 263*, 215–236.

Leith, W. R. (1984). *Handbook of Stuttering Therapy for the School Clinician*. San Diego, CA: College Hill

Levelt, W. J. M. (1989). *Speaking: From Intention to Articulation*. Cambridge, MA: MIT Press.

Levelt, W. J. M., Roelofs, A., & Meyer, A. S. (1999). A theory of lexical access in speech production. *Behavioral and Brain Sciences, 22*, 1–49.

Levelt, W. J. M., & Wheeldon, L. (1994). Do speakers have access to mental syllabary? *Cognition, 50*, 239–269.

Lewis, C., Onslow, M., Packman, A., Jones, M., & Simpson, J. M. (in press). A phase II trial of telehealth delivery of the LP of early stuttering intervention. *American Journal of Speech-Language Pathology*.

Lewis, D., & Sherman, D. (1951). Measuring the severity of stuttering. *Journal of Speech and Hearing Disorders, 16*, 320–326.

Liebotwitz, M. R. (1993). Pharmacotherapy of social phobia. *Journal of Clinical Psychiatry, 54* (Suppl 3), 1–5.

Lincoln, M., & Onslow, M. (1997). Long-term outcome of an early intervention for stuttering. *American Journal of Speech-Language Pathology, 6*, 51–58.

Lincoln, M., Onslow, M., Lewis, C., & Wilson, L. (1996). A clinical trial of an operant treatment for school-age children who stutter. *American Journal of Speech-Language Pathology, 5*, 73–85.

Lincoln, M., Onslow, M., & Reed, V. (1997). Social validity in the treatment outcomes of an early intervention for stuttering: The Lidcombe Program. *American Journal of Speech-Language Pathology, 6*, 77–84.

Lincoln, M., & Packman, A. (2003). Measuring stuttering. In M. Onslow, A. Packman, & E. Harrison (Eds.), *The Lidcombe Program of early Stuttering Intervention: A Clinician's Guide*. Austin, TX: Pro-Ed.

Linde, K., Scholz, M., Ramirez, G., Clausius, N., Melchart, D., & Jonas, W. B. (1999). Impact of study quality on outcome in placebo-controlled trials of homeopathy. *Journal of Clinical Epidemiology, 52*, 631–636.

Littell, J. H. (2005). Lessons from a systematic review of effects of multisystemic therapy. *Children and Youth Services Review, 27*, 445–463.

Logan, K. J., & Conture, E. G. (1995). Length, grammatical complexity, and rate differences in stuttered and fluent conversational utterances of children who stutter. *Journal of Fluency Disorders, 20*, 35–61.

Logan, K. J., & Conture, E. G. (1997). Selected temporal, grammatical, and phonological characteristics of conversational utterances produced by children who stutter. *Journal of Speech, Language, and Hearing Research, 40*, 107–120.

Logan, K. J., & LaSalle, L. R. (1999). Grammatical characteristics of children's conversational utterances that contain disfluency clusters. *Journal of Speech, Language and Hearing Research, 42*, 80–91.

Logan, K. J., & Yaruss, J. S. (1999). Helping parents address attitudinal and emotional factors with young children who stutter. *Contemporary Issues in Communication Science and Disorders, 26*, 69–81.

Louko, L. J., Edwards, M. L., & Conture, E. G. (1990). Phonological characteristics of young stutterers and their normally fluent peers: Preliminary observations. *Journal of Fluency Disorders, 15*, 191–210.

Ludlow, C., & Dooman, A. (1992). Genetic aspects of idiopathic speech and language disorders. *Otolaryngology Clinicians in North America, 25*, 979–994.

Luper, H. I., & Mulder, R. I. (1964). *Stuttering Therapy for Children*. Englewood Cliffs, NJ: Prentice-Hall.

Luterman, D. (2001). *Counseling Persons with Communicative Disorders and Their Families* (5th ed.). Austin, TX: Pro-Ed.

Lynd, R. S. (1939). *Knowledge for What? The Place of Social Science in American Culture*. Princeton, NJ: Princeton University Press.

Maansson, H. (2007). Complexity and diversity in early childhood stuttering. In J. Au-Yeung & M. Healey (Eds.), *Research, Treatment and Self-Help in Fluency Disorders: New Horizons. Proceedings of the Fifth World Congress on Fluency Disorders*. Nyborg, Denmark.

Maas, E., Robin, D., Austermann Hula, S., Freedman, S., Wulf, G., Ballard, K., & Schmidt, R. (2008). Principles of motor learning in treatment of motor speech disorders. *American Journal of Speech-Language Pathology, 17*, 277–298.

MacLean, P. D. (1993). Perspectives on cingulate cortex in the limbic system. In B. Vogt & M. Gabriel (Eds.), *Neurobiology of Cingulate Cortex and the Limbic Thalamus* (pp. 1–15). Boston: Birkhauser.

Macleod, J., Kalinowski, J., Stuart, A., & Armson, J. (1995). Effect of single and combined altered auditory feedback on stuttering frequency at two speech rates. *Journal of Communication Disorders, 28*, 217–228.

Maguire G. A. (2002). Prolactin elevation with antipsychotic medications: Mechanisms of action and clinical consequences. *Journal of Clinical Psychiatry, 63* (Suppl 4), 56–62.

Maguire, G. A., Riley, G. D., Franklin, D. L., & Gottschalk, L. A. (2000). Risperidone for the treatment of stuttering. *Journal of Clinical Psychopharmacology, 20*, 479–482.

Maguire, G. A., Riley, G. D., Franklin, D. L., Maguire, M., & Brojeni, P. (2000). The dopamine hypothesis of stuttering and its treatment implications. *International Journal of Neurophychopharmacology, 3* (Suppl 1), S12.

Maguire, G. A., Riley, G. D., Franklin, D. L., Maguire, M., & Brojeni, P. (2004). Olanzapine in the treatment of developmental stuttering: A double-blind, placebo-controlled trial. *Annals of Clinical Psychiatry, 16*, 63–67.

Maguire, G. A., Riley, G. D., & Yu B. P. (2002). A neurological basis of stuttering? *The Lancet Neurology, 1*, 407.

Maguire, G. A., Yu, B. P., Franklin, D. L., & Riley, G. D. (2004). Alleviating stuttering with pharmacological interventions. *Expert Opinion Pharmacotherapy*, 7, 1565–1571.

Mahr, G. C., & Torosian, T. (1999). Anxiety and social phobia. *Journal of Fluency Disorders, 24*, 119–126.

Mallard, A. R., Gardner, L. S., & Downey, C. S. (1988). Clinical training in stuttering for school clinicians. *Journal of Fluency Disorders, 13*, 253–259.

Manning, W. H. (1991). Sports analogies in the treatment of stuttering: Taking the field with your client. *Public School Caucus, 10*, 10–11.

Manning, W. H. (1999). Progress under the surface and over time. In N. Bernstein Ratner & E. C. Healey (Eds.), *Stuttering Research and Practice: Bridging the Gap* (pp. 123–130). Mahwah, NJ: Lawrence Erlbaum Associates, Inc.

Manning, W. H. (2001). *Clinical Decision Making in Fluency Disorders* (2nd ed.). San Diego, CA: Singular/Thompson Learning.

Marinkovic, K., Dhond, R. P., Dale, A. M., Glessner, M., Carr, V., & Halgren, E. (2003). Spatiotemporal dynamics of modality-specific and supramodal word processing. *Neuron, 38*, 487–497.

Martin, R. R., & Berndt, L. A. (1970). The effects of time-out on stuttering in a 12-year-old boy. *Exceptional Children, 36*, 303–304.

Martin, R. R., & Haroldson, S. K. (1971). Time-out as a punishment for stuttering during conversation. *Journal of Communication Disorders, 4*, 15–19.

Martin, R. R., & Haroldson, S. K. (1977). Effects of vicarious punishment on stuttering frequency. *Journal of Speech and Hearing Research, 20*, 21–26.

Martin, R., & Haroldson, S.K. (1992). Stuttering and speech naturalness: Audio and audiovisual judgments. Journal of Speech and Hearing Research, 35, 521–528.

Martin, R. R., Haroldson, S. K., & Triden, K. A. (1984). Stuttering and speech naturalness. *Journal of Speech and Hearing Disorders, 49*, 53–58.

Martin, R.R., & Ingham, R. J. (1973). Stuttering. In B. Lahey (Ed.), Modification of Speech and Language. Springfield, IL: Charles C. Thomas.

Martin, R. R., Kuhl, P., & Haroldson, S. K. (1972). An experimental treatment with two preschool stuttering children. *Journal of Speech and Hearing Research, 15*, 743–752.

Martin, R. R., & Siegel, G. M. (1966a). The effects of response contingent shock on stuttering. *Journal of Speech and Hearing Research, 9*, 340–352.

Martin, R. R., & Siegel, G. M. (1966b). The effects of simultaneously punishing stuttering and rewarding fluency. *Journal of Speech and Hearing Research, 9*, 466–475.

Martin, R. R., St Louis, K., Haroldson, S., & Hasbrouck, J. (1975). Punishment and negative reinforcement of stuttering using electric shock. *Journal of Speech and Hearing Research, 18*, 478–490.

Marx, C. E., Van Doren, M. J., Duncan, G. E., Liebermann, J. A., & Morrow, A. L. (2003). Olanzapine and clozapine increase the GABAergic neuroactive steroid allopregnanolone in rodents. *Neuropsychopharmacology, 28*, 1–13.

Matthews, S., Williams, R., & Pring, T. (1997). Parent-child interaction therapy and dysfluency: A single-case study. *European Journal of Disorders of Communication, 32*, 346–357.

Max, L. (2004). Stuttering and internal models for sensorimotor control: A theoretical perspective to generate testable hypotheses. In B. Maassen, R. Kent, H. Peters, P. van Lieshout, & W. Hulstijn (Eds.), *Speech Motor Control in Normal and Disordered Speech* (pp. 357–387). New York: Oxford University Press.

Max, L., & Caruso, A. J. (1998). Adaptation of stuttering frequency during repeated readings: Associated changes in acoustic parameters of perceptually fluent speech. *Journal of Speech, Language, and Hearing Research, 41*, 165–181.

Max, L., Caruso, A. J., & Gracco, V. L. (2003). Kinematic analyses of speech, orofacial nonspeech, and finger movements in stuttering and nonstuttering adults. *Journal of Speech, Language, and Hearing Research, 46*, 215–232.

Max, L., Guenther, F. H., Gracco, V. L., Ghosh, S. S., & Wallace, M. E. (2004). Internal models and feedback-biased motor control as sources of dysfluency: A theoretical model of stuttering. *Contemporary Issues in Communication Science and Disorders, 31*, 105–122.

May, A., & Gaser, C. (2006). Magnetic resonance-based morphometry: A window into structural plasticity of the brain. *Current Opinion in Neurology, 19*, 407–411.

McCauley, R. J., & Fey, M. E. (2006). Chapter 1: Introduction. In R. J. McCauley & M. E. Fey (Eds.), *Treatment of Language Disorders in Children* (pp. 1–20). Baltimore: Paul H. Brookes Publishing Company.

McCauley, R. J., & Fey, M. E. (Eds.) (2006). *Treatment of Language Disorders in Children*. Baltimore: Brookes Publishing, Inc.

McColl, T., Onslow, M., Packman, A., & Menzies, R. G. (2001). A cognitive behavioral intervention for social anxiety in adults who stutter. *Proceedings of the 2001 Speech Pathology Australia National Conference*, 93–98.

McDearmon, J. R. (1968). Primary stuttering at the onset of stuttering: A reexamination of data. *Journal of Speech and Hearing Research, 11*, 631–637.

McNair, D. M., Lorr, M., & Droppleman, L. F. (1971). *Profile of Mood States Manual*. San Diego, CA: Educational and Industrial Testing Service.

McReynolds, L. V. (1990). Historical perspective of treatment efficacy research. In L. B. Olswang, C. K. Thompson, S. F. Warren, & N. J. Minghetti (Eds.), *Treatment Efficacy Research in Communication Disorders*. Rockville, MD: American Speech-Language-Hearing Foundation.

McReynolds, L. V., & Kearns, K. P. (1983). *Single-Subject Experimental Design in Communicative Disorders*. Baltimore: University Park Press.

Meade, M. O., & Richardson, W. S. (1997). Selecting and appraising studies for a systematic review. *Annals of Internal Medicine, 127*, 531–537.

Melnick, K. S., & Conture, E. G. (1999). Parent-child group approach to stuttering in preschool and school-age children. In M. Onslow & A. Packman (Eds.), *Early Stuttering: A Handbook of Intervention Strategies* (pp. 17–51). San Diego, CA: Singular Publishing.

Melnick, K. S., & Conture, E. G. (2000). Relationship of length and grammatical complexity to the systematic and nonsystematic speech errors and stuttering of children who stutter. *Journal of Fluency Disorders, 25*, 21–45.

Melnick, K. S., Conture, E. G., & Ohde, R. N. (2003). Phonological priming in picture naming of young children who stutter. *Journal of Speech, Language and Hearing Research, 46*, 1428–1443.

Menzies, R. G., Onslow, M., & Packman, A. (1999) Anxiety and stuttering: Exploring a complex relationship. *American Journal of Speech-Language Pathology, 8*, 3–10.

Menzies, R., O'Brian, S., Onslow, M., Packman, A., St Clare, T., & Block, S. (2008). An experimental clinical trial of a cognitive behavior therapy package for chronic stuttering. *Journal of Speech, Language, and Hearing Research, 51*, 1451–1464.

Messenger, M., Onslow, M., Packman, A, & Menzies, R. (2004). Social anxiety in stuttering: Measuring negative social expectancies. *Journal of Fluency Disorders, 29*, 201–212.

Mcsulam, M. M., & Mufson, E. J. (1982). Insula of the old world monkey. I. Architectonics in the insulo-orbito-temporal component of the paralimbic brain. *Journal of Comparative Neurology, 212*, 1–22.

Meyer, M., Friederici, A. D., & von Cramon, D. Y. (2000). Neurocognition of auditory sentence comprehension: Event related fMRI reveals sensitivity to syntactic violations and task demands. *Cognitive Brain Research, 9*, 19–33.

Meyers, S., & Woodfood, L. (1992). *The Fluency Development System for Young Children*. Buffalo, NY: United Educational Services.

Meyers, S. C., & Freeman, F. J. (1985). Are mothers of stutterers different? An investigation of social-communicative interaction. *Journal of Fluency Disorders, 10*, 193–209.

Meyers, S. C., & Freeman, F. J. (1985). Interruptions as a variable in stuttering and disfluency. *Journal of Speech and Hearing Research, 28*, 428–435.

Meyers, S. C., & Freeman, F. J. (1985). Mother and child speech rates as a variable in stuttering and disfluency. *Journal of Speech and Hearing Research, 28*, 436–444.

Mikheev, M., Mohr, C., Afanasiev, S., Landis, T., & Thut, G. (2002). Motor control and cerebral hemispheric specialization in highly qualified judo wrestlers. *Neuropsychologia, 40*, 1209–1219.

Miles, S., & Bernstein Ratner, N. B. (2001). Parental language input to children at stuttering onset. *Journal of Speech, Language and Hearing Research, 44*, 1116–1130.

Millard, S. K. (2002). Therapy outcome: Parents' perspectives. In *Proceedings of The Sixth Oxford Dysfluency Conference* (pp. 89–98). Leicester, United Kingdom: Kevin L. Baker.

Millard, S. K., Edwards, S., & Cook, F. M. (2009). Parent-child interaction therapy: Adding to the evidence. *International Journal of Speech and Language Pathology, 11*, 1–15.

Millard, S. K., Nicholas, A., & Cook, F. (2008). Is parent-child interaction therapy effective in reducing stuttering? *Journal of Speech, Language and Hearing Research, 51*, 636–650.

Miller, B., & Guitar, B. (2009). Relationship of length and grammatical complexity to the systematic and nonsystematic speech errors and stuttering of children who stutter -term outcome of the LP of early stuttering intervention. *American Journal of Speech-Language Pathology*, 18, 42–49.

Miller, J. F. (1981). *Assessing Language Production in Children: Experimental Procedures*. Austin, TX: Pro-Ed.

Mink, J. W. (2003). The basal ganglia and involuntary movements: Impaired inhibition of competing motor patterns. *Archives of Neurology, 60*, 1365–1368.

Moher, D., Schulz, K. F., & Altman, D. G. (2001). The CONSORT statement: Revised recommendations for improving the quality of reports of parallel-group randomised trials. *The Lancet, 357*, 1191–1194.

Molt, L. (2005). A brief historical review of assistive devices for treating stuttering. Presented at the 8th International Stuttering Awareness Day Online Conference (ISAD8). Available at: www.mnsu.edu/comdis/isad8/isadcon8.html.

Molt, L. (2006a). SpeechEasy AAF device long-term clinical trial: Attitudinal/perceptual measures. Poster presented to the American Speech-Language-Hearing Association, Miami, FL.

Molt, L. (2006b). SpeechEasy AAF device long-term clinical trial: Speech fluency and naturalness measures. Poster presented to the American Speech-Language-Hearing Association, Miami, FL.

Molt, L. (2006c). SpeechEasy AAF device long-term clinical trial: Usage patterns and satisfaction ratings. Poster presented to the American Speech-Language-Hearing Association, Miami, FL.

Molt, L. (2007a). Auditory processing measures as predictors for altered auditory feedback success. Poster presented to the American Speech-Language-Hearing Association, Boston, MA.

Molt, L. (2007b). Indicators for long-term successful usage of altered auditory feedback devices. Poster presented to the American Speech-Language-Hearing Association, Boston, MA.

Momjian, S., Seghier, M., Seeck, M., & Michel, C. M. (2003). Mapping of the neuronal networks of human cortical brain functions. *Advances and Technical Standards in Neurosurgery, 28*, 91–142.

Moncrieff, J. (1998). Research synthesis: Systematic reviews and meta-analysis. *International Review of Psychiatry, 10*, 304–311.

Montgomery, C. (2006). The treatment of stuttering: From the hub to the spoke. In N. Bernstein Ratner & J. Tetnowski (Eds.), *Current Issues in Stuttering Research and Practice* (pp. 159–204). Mahwah, NJ: Lawrence Erlbaum.

Montgomery, D. C. (1997). *Introduction to Statistical Quality Control* (3rd ed.). New York: John Wiley & Sons Inc.

Moore, W. H. Jr. (1984). Hemispheric alpha asymmetries during an electromyographic biofeedback procedure for stuttering: A single-subject experimental design. *Journal of Fluency Disorders, 9*, 143–162.

Moore, W. H. Jr. (1986). Hemispheric alpha asymmetries of stutterers and nonstutterers for the recall and recognition of words and connected reading passages: Some relationships to severity of stuttering. *Journal of Fluency Disorders, 11*, 71–89.

Moore, W. H. Jr., & Haynes, W. O. (1980). Alpha hemispheric asymmetry and stuttering: Some support for a segmentation dysfunction hypothesis. *Journal of Speech and Hearing Research, 23*, 229–247.

Morgan, S., & Simons, A. (1991). Diathesis-stress theories in the context of life stress research: Implications for the depressive disorders. *Psychological Bulletin, 110*, 406–425.

Moscicki, E. K. (1993). Fundamental methodological considerations in controlled clinical trials. *Journal of Fluency Disorders, 18*, 183–196.

Mosley, L., & Mead, D. (2001). Considerations in using the Delphi approach: Design, questions and answers. *Nurse Researcher, 8*, 24–37.

Movsessian, P. (2005). Neuropharmacology of theophylline induced stuttering: The role of dopamine, adenosine and GABA. *Medical Hypotheses, 64*, 290–297.

Mowrer, D. (1972). Accountability and speech therapy. *ASHA, 14*, 111–115.

Murphy, B. C., & Dillon, C. (2003). *Interviewing in Action: Relationships, Process and Change*. Belmont, CA: Brooks/Cole.

Murphy, B., Quesal, R. W., & Gulker, H. (2007). Covert stuttering. *Perspectives in Fluency and Fluency Disorders, 17*, 4–9

Murphy, W. P., (1989). *The School-Age Child Who Stutters: Dealing Effectively with Shame and Guilt* [Videotape No. 86]. Memphis, TN: Stuttering Foundation of America.

Murphy, W. P. (1999). A preliminary look at shame, guilt, and stuttering. In N. Bernstein-Ratner & C. Healey (Eds.), *Stuttering Research and Practice: Bridging the Gap* (pp. 131–143). Mahwah, NJ: Lawrence Erlbaum Associates.

Murphy, W. P., & Quesal, R. W. (2002). Strategies for addressing bullying with the school-age child who stutters. *Seminars in Speech and Language, 23*, 205–211.

Murphy, W. P., Reardon, N. A., & Yaruss, J. S. (2004). A classroom presentation about stuttering [Brochure]. New York: National Stuttering Association.

Murphy, W. P., Yaruss, J. S., & Quesal, R. W. (2007a). Enhancing treatment for school-age children who stutter. I: Reducing negative reactions through desensitization and cognitive restructuring. *Journal of Fluency Disorders, 32*, 121–138.

Murphy, W. P., Yaruss, J. S., & Quesal, R. W. (2007b). Enhancing treatment for school-age children who stutter. II: Reducing bullying through role-playing and self-disclosure. *Journal of Fluency Disorders, 32*, 139–162.

Mysak, E. D. (1960). Servo theory and stuttering. *Journal of Speech and Hearing Disorders, 25*, 188–195.

Naylor, R. V. (1953). A comparative study of methods of estimating the severity of stuttering. *Journal of Speech and Hearing Disorders, 18*, 30–37.

Neilson, M. (1999). Cognitive-behavioral treatment of adults who stutter: The process and the art. In R. F. Curlee (Ed.), *Stuttering and Related Disorders of Fluency* (2nd ed., pp. 181–199). New York: Thieme Medical Publishers.

Neilson, M., & Andrews, G. (1993). Intensive fluency training of chronic stutterers. In R. F. Curlee (Ed.), *Stuttering and Related Disorders of Fluency* (pp. 139–165). New York: Thieme Medical Publishers.

Neumann, K., Euler, H. A., Wolff, V., Gudenberg, A., Giraud, A.-L., Lanfermann, H., Gall, V., & Preibisch, C. (2003). The nature and treatment of stuttering as revealed by fMRI: A within- and between-group comparison. *Journal of Fluency Disorders, 28*, 381–410.

Neumann, K., Preibisch, C., Euler, H. A., Wolff von Gudenberg, A., Lanfermann, H., Gall, V., & Giraud, A.-L. (2005). Cortical plasticity associated with stuttering therapy. *Journal of Fluency Disorders, 30*, 23–39.

Newman, L. L., & Smit, A. B. (1989). Some effects of variations in response time latency on speech rate, interruptions, and fluency in children's speech. *Journal of Speech and Hearing Research, 32*, 635–644.

Nicholas, A., Millard, S. K., & Cook, F. (2003). Parent-child interaction therapy: Child and parent variables pre and post therapy. In *Proceedings of the Fourth World Congress of Fluency Disorders, Montreal* (p. 108). Nijmegen, The Netherlands: University Press Nijmegen.

Nippold, M. (1990). Concomitant speech and language disorders in stuttering children: A critique of the literature. *Journal of Speech and Hearing Disorders, 55*, 51–60.

Nippold, M. (2002). Stuttering and phonology: Is there an interaction? *American Journal of Speech-Language Pathology, 11*, 99–110.

Nippold, M., & Rudzinski, M. (1995). Parents' speech and children's stuttering: A critique of the literature. *Journal of Speech-Language-Hearing Research, 38*, 978–989.

Nittrouer, S., & Chaney, C. (1984). Operant techniques used in stuttering therapy: A review. *Journal of Fluency Disorders, 9*, 169–190.

Nudelman, H. B., Herbrich, K. E., Hoyt, B. D., & Rosenfield, D. B. (1992). A model of the phonatory response times of stutterers and fluent speakers to frequency-modulated tones. *Journal of the Acoustical Society of America, 92*, 1882–1888.

Nudelman, H. B., Hoyt H. B., Herbrich K. E., & Rosenfield D. B. (1989). A neuroscience model of stuttering. *Journal of Fluency Disorders, 14*, 399–427.

Nudo, R. J. (2003). Adaptive plasticity in motor cortex: implications for rehabilitation after brain injury. *Journal of Rehabilitative Medicine, 41* (Suppl), 7–10.

O'Brian, S., Cream, A., Onslow, M., & Packman, A. (2001). A replicable, nonprogrammed, instrument-free method for the control of stuttering with prolonged-speech. *Asia Pacific Journal of Speech, Language, and Hearing, 6*, 91–96.

O'Brian, S., Onslow, M., Cream, A., & Packman, A. (2003). Camperdown Program: Outcomes of a new prolonged-speech treatment model. *Journal of Speech, Language, and Hearing Research, 46*, 933–946.

O'Brian, S., Packman, A., & Onslow, M. (2004). Self-rating of stuttering severity as a clinical tool. *American Journal of Speech-Language Pathology, 13*, 219–226.

O'Brian, S., Packman, A., & Onslow, M. (2008). Telehealth delivery of the Camperdown program for adults who stutter: A phase I trial. *Journal of Speech, Language, and Hearing Research, 51*, 184–195.

O'Brian, S., Packman, A., Onslow, M., Cream, A., O'Brian, N., & Bastock, K. (2003). Is listener comfort a viable construct in stuttering research? *Journal of Speech, Language, and Hearing Research, 46*, 503–509.

O'Brian, S., Packman, A., Onslow, M., & O'Brian, N. (2004). Measurement of stuttering in adults: Comparison of stuttering-rate and severity-scaling methods. *Journal of Speech, Language, and Hearing Research, 47*, 1081–1087.

O'Donnell, J. J., Armson, J., & Kiefte, M. (2008). The effectiveness of SpeechEasy during situations of daily living. Journal of Fluency Disorders, 33, 99–119.

Ojemann, G. A., & Ward, A. A. Jr. (1971). Speech representation in ventrolateral thalamus. *Brain, 94*, 669–680.

Onslow, M. (2003). From laboratory to living room: The origins and development of the Lidcombe Program. In M. Onslow, A. Packman, & E. Harrison (Eds.), *The Lidcombe Program of Early Stuttering Intervention: A Clinician's Guide* (pp. 21–25). Austin, TX: Pro-Ed.

Onslow, M. (2003). Overview of the Lidcombe Program. In M. Onslow, A. Packman, & E. Harrison (Eds.), *The Lidcombe Program of Early Stuttering Intervention: A Clinician's Guide* (pp. 3–20). Austin, TX: Pro-Ed.

Onslow, M. (2004). Treatment of stuttering in preschool children. *Behaviour Change, 21*, 201–214.

Onslow, M., Andrews, C., & Costa, L. (1990). Parental severity scaling of early stuttered speech: Four case studies. *Australian Journal of Human Communication Disorders, 18*, 47–61.

Onslow, M., Andrews, C., & Lincoln, M. (1994). A control/experimental trial of an operant treatment for early stuttering. *Journal of Speech and Hearing Research, 37*, 1244–1259.

Onslow, M., Costa, L., Andrews, C., Harrison, E., & Packman, A. (1996). Speech outcomes of a prolonged-speech treatment for stuttering. *Journal of Speech and Hearing Research, 39*, 734–749.

Onslow, M., Costa, L., & Rue, S. (1990). Direct early intervention with stuttering: Some preliminary data. *Journal of Speech and Hearing Disorders, 55*, 405–416.

Onslow, M., Harrison, E., Jones, E., & Packman, A. (2002). Beyond-clinic speech measures during the LP of early stuttering intervention. *Acquiring Knowledge in Speech, Language and Hearing, 4*, 82–85.

Onslow, M., Jones, M., O'Brian, S., & Menzies. (2007). Biostatistics for clinicians: Defining, identifying, and evaluating clinical trials of stuttering treatments. Manuscript submitted for publication.

Onslow, M., & O'Brian, S. (1998). Reliability of clinician's judgments about prolonged speech targets. *Journal of Speech, Language and Hearing Research, 41*, 969–975.

Onslow, M., O'Brian, S., Packman, A., & Rousseau, I. (2004). Long-term follow up of speech outcomes for a prolonged-speech treatment for stuttering: The effects of paradox on stuttering treatment research. In A. K. Bothe (Ed.), *Evidence-Based Treatment of Stuttering: Empirical Bases and Clinical Applications* (pp. 231–244). Mahwah, NJ: Lawrence Erlbaum.

Onslow, M., & Packman, A. (1999). The Lidcombe program of early stuttering intervention. In N. Bernstein Ratner & E. C. Healey (Eds.), *Stuttering Treatment and Research: Bridging the Gap* (pp. 193–210). Mahwah, NJ: Erlbaum Press.

Onslow, M., Packman, A., & Harrison, E. (2003). *The Lidcombe Program of Early Stuttering Intervention: A Clinician's Guide*. Austin, TX: Pro-Ed.

Onslow, M., Packman, A., & Payne, P. (2007). Clinical identification of early stuttering: Methods, issues, and future directions. *Asia Pacific Journal of Speech Pathology and Audiology, 10*, 15–31.

Onslow, M., Ratner, N. B., & Packman, A. (2001). Changes in linguistic variables during operant, laboratory control of stuttering in children. *Clinical Linguistics and Phonetics, 15*, 651–662.

Onslow, M., Stocker, S., Packman, A., & McLeod, S. (2002). Speech timing in children after the Lidcombe Program of early stuttering intervention. *Clinical Linguistics and Phonetics, 16*, 21–33.

Ornstein, A. F., & Manning, W. H. (1985). Self-efficacy scaling by adult stutterers. *Journal of Communication Disorders, 18*, 313–320.

Orton, S. T. (1927). Studies in stuttering. *Archives of Neurological Psychiatry, 18*, 671–672.

Orton, S. T., & Travis, L. E. (1929). Studies in stuttering: IV. Studies of action currents in stutterers. *Archives of Neurology and Psychiatry, 21*, 61–68.

Oyler, M. E. (1996a). Temperament: Stuttering and the behaviorally inhibited child. Seminar conducted at the meeting of the American Speech-Language-Hearing Association Annual Convention.

Oyler, M. E. (1996b). Vulnerability in stuttering children. *Dissertation Abstracts International*, UMI No. 9602431.

Oyler, M. E., & Ramig, P. R. (1995). Vulnerability in stuttering children. Paper presented at the Annual Meeting of the American Speech, Language and Hearing Association, Orlando, FL.

Packman, A. (2003). Issues. In M. Onslow, A. Packman, & E. Harrison (Eds.), *The Lidcombe Program of Early Stuttering Intervention: A Clinician's Guide* (pp. 199–206). Austin, TX: Pro-Ed.

Packman, A., & Attanasio, J. (2005). *Theoretical Issues in Stuttering*. Hove, United Kingdom: Psychology Press.

Packman, A., Code, C., & Onslow, M. (in press). On the cause of stuttering: Integrating theory with behavioral and brain research. *Journal of Neurolinguistics.*

Packman, A., Hansen, E. J., & Herland, M. (2007). Parents' experiences of the LP: The Norway-Australia connection. In J. Au-Yeung & M. M. Leahy (Eds.), *Research, Treatment, and Self-Help in Fluency Disorders: New Directions* (pp. 418–422). Dublin: International Fluency Association.

Packman, A., & Onslow, M. (1995). Reliability of listeners' stuttering counts: The effects of instructions to count agreed stuttering. *Australian Journal of Human Communication Disorders, 23*, 35–47.

Packman, A., Onslow, M., & Attanasio, J. (2003). The timing of early intervention in the Lidcombe Program. In M. Onslow, A. Packman, & E. Harrison (Eds.), *The Lidcombe Program of Early Stuttering Intervention: A Clinician's Guide* (pp. 41–55). Austin, TX: Pro-Ed.

Packman, A., Onslow, M., & Menzies, R. G. (2000). Novel speech patterns and the control of stuttering. *Disability and Rehabilitation, 22*, 65–79.

Packman, A., Onslow, M., Richard, F., & van Doorn, J. (1996). Linguistic stress and variability: A model of stuttering. *Clinical Linguistics and Phonetics, 10*, 235–263.

Packman, A., Onslow, M., & van Doorn, J. (1994). Prolonged-speech and modification of stuttering: Perceptual, acoustic and electroglottographic data. *Journal of Speech and Hearing Research, 37*, 724–734.

Packman, A., Rousseau, I., Onslow, M., Dredge, R., Harrison, E., & Wilson, L. (2003). Australia. In M. Onslow, A. Packman, & E. Harrison (Eds.), *The Lidcombe Program of Early Stuttering Intervention: A Clinician's Guide* (pp. 139–146). Austin, TX: Pro-Ed.

Packman, A., van Doorn, J., & Onslow, M. (1992). Stuttering treatments: What is happening to the acoustic signal? In J. Pittam (Ed.), *Proceedings of the Fourth Australian International Conference on Speech Science and Technology* (pp. 402–407). Brisbane, Australia.

Paden, E. P., Yairi, E., & Ambrose, N. G. (1999). Early childhood stuttering II: Initial status of phonological abilities. *Journal of Speech, Language, and Hearing Research, 42*, 1113–1124.

Paus, T. (2001). Primate anterior cingulate cortex: where motor control, drive and cognition interface. *Nature Reviews Neuroscience, 2*, 417–424.

Pellowski, M., & Conture, E. G. (2002). Characteristics of speech disfluency and stuttering behaviors in 3- and 4-year-old children. *Journal of Speech-Language and Hearing Research, 45*, 20–34.

Pellowski, M., & Conture, E. (2005). Lexical priming in picture naming of young children who do and do not stutter. *Journal of Speech, Language, and Hearing Research, 48*, 278–294.

Pellowski, M., Conture, E., Anderson, J., & Ohde, R. (2001). Articulatory and phonological assessment of children who stutter. In H.-G. Bosshardt, J. Scott Yaruss, & H. F. M. Peters (Eds.), *Fluency Disorders: Theory, Research Treatment and Self-Help: Proceedings of the Third World Congress of Fluency Disorders* (pp. 248–252). Nijmegen, The Netherlands: Nijmegen University Press.

Penfield, W., & Welch, K. (1951). The supplementary motor area of the cerebral cortex. *Archives of Neurology and Psychiatry, 66*, 289–317.

Perkins, W. H. (1979). From psychoanalysis to discoordination. In H. H. Gregory (Ed.), *Controversies about Stuttering Therapy* (pp. 97–127). Baltimore: University Park Press.

Perkins, W. H. (1990). What is stuttering? *Journal of Speech and Hearing Disorders, 55*, 379–382.

Perkins, W. H. (1992). *Stuttering Prevented.* San Diego, CA: Singular Publishing Group.

Peters, H., Hulstijn, W.,& Van Lieshout, P. (2000). Recent developments in speech motor research it on stuttering. *Folia Phoniatrica et Logopaedica*, 52,103–119.

Peters, H. F. M., & Starkweather, C. W. (1990). The interaction between speech motor coordination and language processes in the development of stuttering: Hypotheses and suggestions for research. *Journal of Fluency Disorders, 15*, 115–125.

Peters, T. J., & Guitar, B. G. (1991). *Stuttering: An Integrated Approach to Its Nature and Treatment.* Baltimore, MD: Williams & Wilkins.

Peterson, G., & Gordon, P. (1982). The effects of syntactic complexity on the occurrence of disfluencies in five-year-old children. Paper presented at the Annual Meeting of the American Speech, Language, and Hearing Association.

Petrides, M., & Pandya, D. N. (2002). Comparative cytoarchitectonic analysis of the human and the macaque ventrolateral prefrontal cortex and corticocortical connection patterns in the monkey. *European Journal of Neuroscience, 16*, 291–310.

Phillips, B., Ball, C., Sackett, D., Badenoch, D., Straus, S., Haynes, B., & Dawes, M. (1998/2006). Oxford Centre for Evidence Based Medicine Levels of Evidence and Grades of Recommendation [described as "produced by" Phillips et al. "since November 1998"; last retrieved March 3, 2006, from http://www.cebm.net/levels_of_evidence.asp].

Pindzola, R. H. (1986). A description of some selected stuttering instruments. *Journal of Childhood Communication Disorders, 9*, 183–200.

Pindzola, R. H. (1987). *Stuttering Intervention Program: Age 3 to Grade 3.* Austin, TX: Pro-Ed.

Pindzola, R. H. (1999). The stuttering intervention program. In M. Onslow & A. Packman (Eds.), *The Handbook of Early Stuttering Intervention* (pp. 119–138). San Diego, CA: Singular Press.

Pindzola, R. H., Jenkins, M., & Lokken, K. (1989). Speaking rates of young children. *Language, Speech, and Hearing Services in Schools, 20*, 133–138.

Pindzola, R. H., & White, D. (1986). A protocol for differentiating the incipient stutterer. *Language, Speech, and Hearing Services in School, 17*, 2–15.

Pollard, R., Ellis, J. B., Finan, D., & Ramig, P. R. (2009). A six-month, phase I clinical trial of the effects of the SpeechEasy on objective and perceived aspects of stuttering in naturalistic environments. *Journal of Speech, Language and Hearing Research*, 52, 516–533.

Pollard, R., Ramig, P. R., Ellis, J. B., & Finan, D. (2007). Case study of SpeechEasy use combined with traditional stuttering treatment. Technical session presented at the 2007 American Speech-Language-Hearing Association Convention, Boston, MA.

Pool, K. D., Devous, M. D., Freeman, F. J., Watson B. C., & Finitzo, T. (1991). Regional cerebral blood flow in developmental stutterers. *Archives of Neurology, 48*, 509–512.

Postma, A., & Kolk, H. (1993). The covert repair hypothesis: Prearticulatory repair processes in normal and stuttered disfluencies. *Journal of Speech and Hearing Research, 36*, 472–487.

Power, M. (2002). Research based stuttering therapy. *Perspectives on Fluency and Fluency Disorders* [Newsletter of Special Interest Division 4, American Speech-Language Hearing Association], *12* (1).

Preibisch, C., Neumann, K., Raab, P., Euler, H. A., Wolff von Gudenberg, A., Lanfermann, H., & Giraud, A.-L. (2003). Evidence for compensation for stuttering by the right frontal operculum. *NeuroImage, 20*, 1356–1364.

Preibisch, C., Raab, P., Neumann, K., Euler, H. A., Wolff von Gudenberg, A., Gall, V., Lanfermann, H., & Zanella, F. (2003). Event-related fMRI for the suppression of speech-associated artifacts in stuttering. *NeuroImage, 19*, 1076–1084.

Price, C. J. (2000). The anatomy of language: Contributions from functional neuroimaging. *Journal of Anatomy, 197*, 335–359.

Pring, T. (2005). *Research Methods in Communication Disorders*. London: Whurr Publishers Ltd.

Prins, D., & Hubbard, C. P. (1988). Response contingent stimuli and stuttering: Issues and implications. *Journal of Speech and Hearing Research, 31*, 696–709.

Prins, D., & Miller, M. (1973). Personality, improvement, and regression in stuttering therapy. *Journal of Speech and Hearing Research, 16*, 685–690.

Prins, D., Mandelkorn, T., & Cerf, F. (1980). Principal and differential effects of haloperidol and placebo treatments upon speech disfluencies in stutters. *Journal of Speech and Hearing Research, 23*, 614–629.

Pugh, K. R., Mencl, W. E., Jenner, A. R., Katz, L., Frost, S. J., Lee, J. R., Shaywitz, S. E., & Shaywitz, B. A. (2001). Neurobiological studies of reading and reading disability. *Journal of Communication Disorders, 34*, 479–492.

Purcell, R., & Runyan, C.M. (1980). Normative study of speech rates of children. *Journal of the Speech and Hearing Association of Virginia, 21*, 6–14.

Quesal, R. W., Yaruss, J. S., & Molt, L. (2004). Many types of data: Stuttering treatment outcomes beyond fluency. In A. Packmann, A. Meltzer, and H. F. M. Peters (Eds.), *Theory, Research, and Therapy in Fluency Disorders: Proceedings of the Fourth World Congress on Fluency Disorders* (pp. 218–224). Nijmegen, The Netherlands: Nijmegen University Press.

Quinn, P. T. (1972). Stuttering: Cerebral dominance and the dichotic word test. *The Medical Journal of Australia, 2*, 639–643.

Quinn, P. T., & Peachey, E. C. (1973). Haloperidol in the treatment of stutterers. *British Journal of Psychiatry, 123*, 247–248.

Rajput, A. H., Fenton, M., Birdi, S., & Macaulay, R. (1997). Is levodopa toxic to human substantia nigra? *Movement Disorders, 12*, 634–638.

Ramig, P. R. (1984). Rate changes in the speech of stutterers after therapy. *Journal of Fluency Disorders, 9*, 285–294.

Ramig, P. R. (1993). The impact of self-help groups on persons who stutter: A call for research. *Journal of Fluency Disorders, 18*, 351–361.

Ramig, P. R., & Bennett, E. M. (1995). Working with 7–12 year old children who stutter: Ideas for intervention in the public schools. *Language, Speech and Hearing Services in Schools, 26*, 138–150.

Ramig, P. R., & Bennett, E. M. (1997). Clinical management of children: Direct management strategies. In R. F. Curlee & G. M. Siegel (Eds.), *Nature and Treatment of Stuttering: New Directions* (2nd ed., pp. 292–312). Needham Heights, MA: Allyn & Bacon.

Ramig, P. R., & Dodge, D. M. (2005). *The Child and Adolescent Stuttering Treatment and Activity Resource Guide*. Clifton Park, NY: Thompson Delmar Learning.

Rantala, S. L., & Petri-Larmi, M. (1976). Haloperidol (serenase) in the treatment of stuttering. *Folia Phoniatrica, 28*, 354–361.

Rapee, R. M., & Wignall, A., Psych, M., Hudson, J. L., & Schniering, C. A. (2000). *Treating Anxious Children and Adolescents: An Evidence-Based Approach*. Oakland, CA: New Harbinger Publications, Inc.

Ratner, N. B. (1992). Measurable outcomes of instructions to modify normal parent-child verbal interactions: Implications for indirect stuttering therapy. *Journal of Speech and Hearing Research, 35*, 14–20.

Reardon, N., & Reeves, L. (2002). Stuttering therapy in partnership with support groups: The best of both worlds. *Seminars in Speech and Language, 23*, 213–218.

Reardon-Reeves, N. A., & Yaruss, J. S. (2004). *The Source for Stuttering: Ages 7–18*. East Moline, IL: LinguiSystems.

Reed, C. G., & Godden, A. L. (1977). An experimental treatment using verbal punishment with two preschool stutterers. *Journal of Fluency Disorders, 2*, 225–233.

Reeves, P. L. (2006). The role of self-help/mutual aid in addressing the needs of individuals who stutter. In N. Bernstein Ratner & J. Tetnowski (Eds.), *Current Issues in Stuttering Research and Practice* (pp. 255–278). Mahwah, NJ: Lawrence Erlbaum.

Renfrew, C. E. (1997). *Action Picture Test*. Oxon, United Kingdom: Winslow Press Ltd.

Rettew, D. C., Stanger, C., McKee, L., Doyle, A., & Hudziak, J. J. (2006). Interactions between child and parent temperament and child behavior problems. *Comprehensive Psychiatry, 47*, 412–420.

Reynolds, C. R., & Richmond, B. O. (2000). *Revised Children's Manifest Anxiety Scale (RCMAS)*. Los Angeles, CA: Western Psychological Services.

Reynolds, C. R., Richmond, B. O., & Lowe, P. A. (2003). *AMAS. The Adult Manifest Anxiety Scale*. Los Angeles, CA: Western Psychological Services.

Richels, C. G., & Conture, E. G. (2007). An indirect treatment approach for early intervention for childhood stuttering. In E. Conture and R. Curlee (Eds.), *Stuttering and Related Disorders of Fluency* (3rd ed., pp. 77–99). New York: Thieme Publishers.

Riley, G. D. (1972). A stuttering severity instrument for children and adults. *Journal of Speech and Hearing Disorders, 37*, 314–320.

Riley, G. D. (1981). *The Stuttering Prediction Instrument*. Trigard, OR: C.C. Publications.

Riley, G. D. (1994). *Stuttering Severity Instrument for Children and Adults* (3rd ed.). Austin, TX: Pro-Ed.

Riley, G. D., & Ingham, J. (2000). Acoustic duration changes associated with two types of treatment for children who stutter. *Journal of Speech, Language and Hearing Research, 43*, 965–978.

Riley, G. D., Maguire, G., & Wu, J. C. (2001). Brain imaging to examine a dopamine hypothesis in stuttering. In B. Maassen, W. Hulstijn, R. D. Kent, H. F. M. Peters, & P. H. H. M. van Lieshout (Eds.), *Speech Motor Control in Normal and Disordered Speech* (pp. 156–158). Nijmegen, The Netherlands: Vantilt.

Riley, G. D., & Riley, J. (1980). Motoric and linguistic variables among children who stutter: A factor analysis. *Journal of Speech and Hearing Disorders, 45*, 504–513.

Riley, G. D., & Riley, J. (1984). A component model for treating stuttering in children. In M. Peins (Ed.), *Contemporary Approaches in Stuttering Therapy* (pp. 123–172). Boston: Little, Brown.

Riley, G. D., & Riley, J. (1991). Treatment implications of oral motor discoordination. In H. F. M. Peters, W. Hulstijn, & C. W. Starkweather (Eds.), *Speech Motor Control and Stuttering* (pp. 471–476). Amsterdam: Elsevier Science Publishers.

Riley, J., Riley, G., & Maguire, G. (2004). Subjective screening of stuttering severity, locus of control and avoidance: Research edition. *Journal of Fluency Disorders, 29*, 51–62.

Robb, M. P., Lybolt, J. T., & Price, H. A. (1985). Acoustic measures of stutterers' speech following an intensive therapy program. *Journal of Fluency Disorders, 10*, 269–279.

Robey, R. R. (2004). Reporting point and interval estimates of effect-size for planned contrasts: Fixed within effect analyses of variance. *Journal of Fluency Disorders, 29*, 307–341.

Robey, R. R. (2005). An introduction to clinical trials. *ASHA Leader, May 24*, 6–7, 22.

Robey, R. R., & Schultz, M. C. (1998). A model for conducting clinical-outcome research: An adaptation for use in aphasiology. *Aphasiology, 12*, 787–810.

Rommel, D. (2000). The influence of psycholinguistic variables on stuttering in childhood. In *Proceedings of the Third World Congress on Fluency Disorders in Nyborg, Denmark* (pp. 195–202). Nijmegen, The Netherlands: University Press Nijmegen.

Rommel, D., Hage, P., Kalehne, P., & Johannsen, H. (2000). Development, maintenance and recovery of childhood stuttering: Prospective longitudinal data 3 years after first contact. In K. L. Baker, L. Rustin, & F. Cook (Eds.), *Proceedings of the Fifth Oxford Conference, 7th-10th July, 1999* (pp. 168–182). Berkshire, United Kingdom: Kevin L. Baker.

Rosen, H. J., Petersen, S. E., Linenweber, M. R., Snyder, A. Z., White, D. A., Chapman, L., Dromerick, A. W., Fiez, J. A., & Corbetta, M. D. (2000). Neural correlates of recovery from aphasia after damage to left inferior frontal cortex. *Neurology, 55*, 1883–1894.

Rossini, P. M., & Dal Forno, G. (2004). Integrated technology for evaluation of brain function and neural plasticity. *Physical Medicine and Rehabilitation Clinics of North America, 15*, 263–306.

Rothbart, M., Ahadi, S., Hershey, K., & Fischer, P. (2001). Investigations of temperament at 3–7 years: The Children's Behavior Questionnaire. *Child Development*, 72, 1394–1408.

Rothbart, M., & Bates, J. (1998). Temperament. In W. Damon (Series Ed.) & N. Eisenberg (Volume Ed.), *Handbook of Child Psychology: Volume 3. Social, Emotional and Personality Development* (pp. 105–176). Newbury Park, CA: Sage.

Rousey, C. L., Goetzinger, C. P., & Dirks, D. (1959). Sound localization ability of normal, stuttering, neurotic, and hemiplegic subjects. *Archives of General Psychiatry, 1*, 640–645.

Rousseau, I., Packman, A., Onslow, M., Harrison, E., & Jones, M. (2007). An investigation of language and phonological development and the responsiveness of preschool age children to the Lidcombe Program. *Journal of Communication Disorders, 40*, 382–397.

Rovee-Collier, C., Hayne, H., & Colombo, M. (2001). *The Development of Implicit and Explicit Memory*. Philadelphia: John Benjamin Publishing Co.

Runyan, C. M., Bell, J. N., & Prosek, R. A. (1990). Speech naturalness ratings of treated stutterers. *Journal of Speech and Hearing Disorders, 55*, 434–438.

Runyan, C. M., & Bennett, C. W. (1982). Results of a survey of public school speech language pathologists in Virginia. *Journal of the Speech and Hearing Association of Virginia, 23*, 91–95.

Runyan, C. M., & Runyan, S. E. (1986). A Fluency Rules therapy program for young children in the public schools. *Language, Speech, and Hearing Services in Schools, 17*, 276–284.

Runyan, C. M., & Runyan, S. E. (1991). A fluency rules therapy program for young children in the public schools. In E. C. Healey (Ed.), *Readings on Research in Stuttering* (pp. 190–194). New York: Longman Publishing Group.

Runyan, C. M., & Runyan, S. E. (1993). A Fluency Rules therapy program for school-age stutterers: An update on the Fluency Rules program. In R. Curlee (Ed.), *Stuttering and Related Disorders of Fluency* (pp. 101–114). New York: Thieme Medical Publishers, Inc.

Runyan, C. M., & Runyan, S. E. (1999). Therapy for school-age stutterers: An update on the Fluency Rules program. In Richard F. Curlee (Ed.), *Stuttering and Related Disorders of Fluency* (2nd ed., pp. 110–123). New York: Thieme Medical Publishers.

Runyan, C. M., & Runyan, S. E. (2007). Therapy for school-aged stutterers: An update on the fluency rules program. In E. G. Conture & R. F. Curlee (Eds.), *Stuttering and Related Disorders of Fluency* (pp. 100–114). New York: Thieme Medical Publishers.

Runyan, C. M., Runyan, S. E., & Hibbard, S. (2006). The Speech Easy device: A three year study. Poster presented to the American Speech-Language-Hearing Association, Miami, FL.

Rustin, L. (1987) The treatment of childhood disfluency through active parental involvement. In L. Rustin, H. Purser, & D. Rowley (Eds.) *Progress in the Treatment of Fluency Disorders* (pp. 166–180). London: Taylor and Francis.

Rustin, L., Botterill, W., & Kelman, E. (1996). *Assessment and Therapy for Young Dysfluent Children: Family Interaction*. London: Whurr Publishers Ltd.

Rustin, L., & Cook, F. (1995). Parental involvement in the treatment of stuttering. *Language, Speech and Hearing Disorders in Schools, 26*, 127–137.

Ryan, B. (1971). Operant procedures applied to stuttering therapy for children. *Journal of Speech and Hearing Disorders, 36*, 264–280.

Ryan, B. (1974). *Programmed Therapy for Stuttering in Children and Adults*. Springfield, IL: Charles C. Thomas.

Ryan, B. (1979). Stuttering therapy in a framework of operant conditioning and programmed learning. In H. H. Gregory (Ed.), *Controversies about Stuttering Therapy*. Baltimore: University Park Press.

Ryan, B. (2000). Speaking rate, conversational speech acts, and linguistic complexity of 20 preschool stuttering and nonstuttering children and their mothers *Clinical Linguistics and Phonetics, 14*, 25–51.

Ryan, B. P. (2000). *Programmed Therapy for Stuttering in Children and Adults* (2nd ed.). Springfield, IL: C.C. Thomas.

Ryan, B. P. (2001). A longitudinal study of articulation, language, rate and fluency of 22 preschool children who stutter. *Journal of Fluency Disorders, 26*, 107–127.

Ryan, B. P., & Ryan, B. (1983). Programmed stuttering therapy for children: Comparison of four establishment programs. *Journal of Fluency Disorders, 8*, 291–321.

Ryan, B. P., & Ryan, B. (1995). Programmed stuttering treatment for children: Comparison of two establishment programs through transfer, maintenance, and follow-up. *Journal of Speech and Hearing Research, 38*, 61–75.

Ryan, B. P., & Van Kirk, B. (1971). *Programmed Conditioning for Fluency: Program Book*. Monterey, CA: Behavioral Sciences Institute.

Sackett, D. L., Straus, S. E., Richardson, W. S., Rosenberg, W., & Haynes, R. B. (2000). *Evidence Based Medicine: How to Practice and Teach EBM* (2nd ed.). New York: Elsevier Churchill Livingstone.

Sadock, B. J., & Sadock, V. A. (2000). *Kaplan and Sadock's Comprehensive Textbook of Psychiatry* (7th ed.). Baltimore: Lippincott Williams & Wilkins.

Saint-Laurent, L., & Ladouceur, R. (1987). Massed versus distributed application of the regulated-breathing method for stutterers and its long-term effect. *Behavior Therapy, 18*, 38–50.

Salmelin, R., Schnitzler, A., Schmitz, F., & Freund, H. J. (2000) Single word reading in developmental stutterers and fluent speakers. *Brain, 123*, 1184–1202.

Salmelin, R., Schnitzler, A., Schmitz, F., Jäncke, L., Witte, O. W., & Freund, H.-J. (1998). Functional organization of the auditory cortex is different in stutterers and fluent speakers. *NeuroReport, 9*, 2225–2229.

Saltuklaroglu, T., Dayalu, V., & Kalinowski, J. (2002). Reduction of stuttering: The dual inhibition hypothesis. *Medical Hypotheses, 58*, 67–71.

Sander, E. K. (1961). Reliability of the Iowa speech disfluency test. *Journal of Speech and Hearing Disorders, Monograph Supplement*, 7, 21–30.

Schaal, S., Sternad, D., Osu, R., & Kawato, M. (2004). Rhythmic arm movement is not discrete. *Nature Neuroscience*, 7, 1136–1143.

Schiavetti, N., & Metz, D. E. (2002). *Evaluating Research in Communicative Disorders* (4th ed.). Boston: Allyn and Bacon.

Schulpher, M., Gafni, A., & Watt, I. (2002). Shared decision making in a collectively funded health care system: Possible conflicts and some potential solutions. *Social Science and Medicine, 54*, 1369–1377.

Schulz, K. F., Chalmers, I., Haynes, R. J., & Altman, D. G. (1995). Empirical evidence of bias: Dimensions of methodological quality associated with estimates of treatment effects in controlled trials. *Journal of the American Medical Association, 273*, 408–412.

Schwartz, H. D. (1999). *A Primer for Stuttering Therapy*. Boston: Allyn & Bacon.

Schwartz, H. D., & Conture, E. G. (1988). Subgrouping young stutterers: Preliminary behavioral observations. *Journal of Speech and Hearing Disorders, 31*, 62–71.

Schwenk, K. A., Conture, E. G., & Walden, T. A. (2007). Reaction to background stimulation of preschool children who do and do not stutter. *Journal of Communication Disorders, 40*, 129–141.

Seider, R. A., Gladstien, K. L., & Kidd, K. K. (1983). Recovery and persistence of stuttering among relatives of stutterers. *Journal of Speech and Hearing Disorders, 48*, 402–409.

Seltzer, H., & Culatta, R. (1979). A modeling approach to stuttering therapy for young children. *Journal of Childhood Communication Disorders, 3*, 103–110.

Semel, E., Wiig, E. H., & Secord, W. A. (2003). *Clinical Evaluation of Language Fundamentals–4 (CELF-4)*. San Antonio, TX: Harcourt Assessment, Inc.

Semel, E., Wiig, E. H., & Secord, W. A. (2004). *Clinical Evaluation of Language Fundamentals–Preschool 2 (CELF-P2)*. San Antonio, TX: Harcourt Assessment, Inc.

Shames, G. H., & Florance, C. L. (1980). *Stutter-Free Speech: A Goal for Therapy*. Columbus, OH: Charles E. Merrill.

Shames, G. H., & Sherrick, C. E. Jr. (1963). A discussion of nonfluency and stuttering as operant behaviour. *Journal of Speech and Hearing Disorders, 28*, 3–18.

Shapiro, D. (1999). *Stuttering Intervention: A Collaborative Journey to Fluency Freedom*. Austin, TX: Pro-Ed.

Sheehan, J. G. (1958). Conflict theory and avoidance-reduction therapy. In J. Eisenson (Ed.), *Stuttering: A Second Symposium* (pp. 97–198). New York: Harper & Row, Publishers.

Sheehan, J. G. (1970). *Stuttering: Research and Therapy*. New York: Harper & Row.

Shenker, R. C., & Finn, P. (1985). An evaluation of the effects of supplemental "fluency" training during maintenance. *Journal of Fluency Disorders, 10*, 257–267.

Shenker, R. C., Koushik, S., Mostlova, A., Taggart, L., & Lawlor, D. (2005). Evaluation of treatment efficacy with The Lidcombe Program for early stuttering: Results of long term follow up. Paper presented at the 5th Oxford Dysfluency Conference, Oxford, United Kingdom.

Shenker, R. C., & Wilding, J. (2003). Canada. In M. Onslow, A. Packman, & E. Harrison (Eds.), *The Lidcombe Program of Early Stuttering Intervention: A Clinician's Guide*. Austin, TX: Pro-Ed.

Sherman, D. (1952). Clinical and experimental use of the Iowa scale of severity of stuttering. *Journal of Speech and Hearing Disorders, 17*, 316–320.

Sherman, D. (1955). Reliability and utility of individual ratings of severity of audible characteristics of stuttering. *Journal of Speech and Hearing Disorders, 20*, 11–16.

Shine, R. E. (1980). Direct management of the beginning stutterer. *Seminars in Speech, Language and Hearing, 1*, 339–350.

Shine, R. E. (1981). *Systematic Fluency Training for Young Children*. Tigarad, OR: C.C. Publications.

Shine, R. E. (1988). *Systematic Fluency Training for Young Children* (3rd ed.). Austin, TX: Pro-Ed.

Shugart, Y. Y., Mundorff, J., Kilshaw, J., Doheny, K., Doan, B., Wanyee, J., Green, E. D., & Drayna, D. (2004). Results of a genome-wide linkage scan for stuttering. *American Journal of Medical Genetics, 124A*, 133–135.

Shumak, I. C. (1955). A speech situation rating sheet for stutterers. In W. Johnson (Ed.), *Stuttering in Children and Adults: Thirty Years of Research at the University of Iowa* (pp. 341–347). Minneapolis, MN: University of Minnesota Press.

Siegel, G. M. (1976). The high cost of accountability. *ASHA, 17*, 796–797.

Silverman, F. H. (1974). Disfluency behavior of elementary-school stutterers and nonstutterers. *Language, Speech, and Hearing Services in Schools, 5*, 32–37.

Silverman, S. W., & Ratner, N. B. (1997). Syntactic complexity, fluency, and accuracy of sentence imitation in adolescents. *Journal of Speech-Language and Hearing Research, 40*, 95–106.

Simon, J., Pilling, S., Burbeck, R., & Goldberg, D. (2006). Treatment options in moderate and severe depression: Decision analysis supporting a clinical guideline. *The British Journal of Psychiatry, 189*, 494–501.

Simpson, G. M., & Angus, J. W. (1970). A rating scale for extrapyramidal side effects. *Acta Psychiatrica Scandinavica Supplement, 212*, 11–19.

Smith, A., & Kelly, E. (1997). Stuttering: A dynamic, multifactorial model. In R. Curlee & G. M. Siegel (Eds.), *Nature and Treatment of Stuttering: New Directions* (2nd ed., pp. 204–216). Boston: Allyn & Bacon.

Smith, B., & Kroll, R. (1979). A precision fluency shaping feedback system. Paper presented at the 32nd Annual Conference on Engineering in Medicine and Biology, Denver, CO.

Smith, J. M., Kucharski, L. T., Eblen, C., Knutsen, E., & Linn, C. (1979). An assessment of tardive dyskinesia in schizophrenic outpatients. *Psychopharmacology, 64*, 99–104.

Smith, P. K., & Sharp, S. (1994). *School Bullying: Insights and Perspectives*. New York: Routledge.

Smits-Bandstra, S., De Nil, L., & Rochon, E. (2006). The transition to increased automaticity during finger sequence learning in adult males who stutter. *Journal of Fluency Disorders, 31*, 22–42.

Smits-Bandstra, S., De Nil, L., & Saint-Cyr, J. A. (2006). Speech and nonspeech sequence skill learning in adults who stutter. *Journal of Fluency Disorders, 31*, 116–136.

Sommer, M., Koch, M. A., Paulus, W., Weiller, C., & Buchel, C. (2002). Disconnection of speech-relevant brain areas in persistent developmental stuttering. *Lancet, 360*, 380–383.

Sommers, R. K., & Caruso, A. J. (1995). In-service training in speech-language pathology: Are we meeting the needs for fluency training? *American Journal of Speech-Language Pathology, 4*, 22–28.

Song, L. P., Peng, D. L., Jin, Z., Yao, L., Ning, N., Guo, X. J., & Zhang, T. (2007). Gray matter abnormalities in developmental stuttering determined with voxel-based morphometry. *Zhonghua Yi Xue Za Zhi, 87*, 2884–2888.

SpeechEasy Consumer Information Packet. (2006). Available from Janus Development Group, Inc. 112 Staton Road Greenville, NC 27834. Phone: 866–551-9042. Email: customerserv@janusdevelopment.com.

SpeechEasy Policy and Procedure Manual. (2006). Available from the Janus Development Group, Inc. 112 Staton Road Greenville, NC 27834. Phone: 866–551-9042. Email: customerserv@janusdevelopment.com.

SpeechEasy Training Manual. (2006). Available from Janus Development, Inc. 112 Staton Road Greenville, NC 27834. Phone: 866–551-9042. Email: customerserv@janusdevelopment.com.

Spielberger, C. D., Gorsuch, R. L., & Lushene, R. E. (1970). *Manual for the State-Trait Anxiety Inventory (Self-Evaluation Questionnaire)*. Palo Alto, CA: Consulting Psychologists Press.

Spielberger, C. D., Gorsuch, R. L., Luschene, R. E., Vagg, P. R., & Jacobs, G. A. (1983). *STAI Manual for the State-Trait Anxiety Inventory*. New York: Consulting Psychologists Press.

Stager, S. V., Calis, K., Grothe, D., Bloch, M., Turcasso, N., Ludlow, C., & Braun, A. (1997). A double-blind trial of pimozide and paroxetine for stuttering. In W. Hulstijn, H. Peters, & P. H. H. M. Van Lieshout (Eds.), *Speech Production: Motor Control, Brain Research and Fluency Disorders* (pp. 371–381). Amsterdam: Excerpta Medica.

Stager, S. V., & Ludlow, C. L. (1993). Speech production changes under fluency-evoking conditions in nonstuttering speakers. *Journal of Speech and Hearing Research, 36*, 245–253.

Stager, S. V., Ludlow, C., Gordon, C., Cotelingam, M., & Rapoport, J. (1995). Fluency changes in persons who stutter following a double blind trial of clomipramine and desipramine. *Journal of Speech and Hearing Research, 38*, 516–525.

Starke, A. (1994). The Van Riper program as intensive interval therapy. In C. W. Starkweather & H. F. M. Peters (Eds.), *Proceedings of the First World Congress on Fluency Disorders* (pp. 425–428). Nijmegen, The Netherlands: University of Nijmegen,

Starkweather, C. W. (1987). *Fluency and Stuttering*. Englewood Cliffs, NJ: Prentice-Hall.

Starkweather, C. W. (2002). The epigenesis of stuttering. *Journal of Fluency Disorders, 27*, 269–287.

Starkweather, C. W., & Givens-Ackerman, J. (1997). *Stuttering*. Austin, TX: Pro-Ed.

Starkweather, C. W., & Gottwald, S. R. (1990). The demands and capacities model II: Clinical applications. *Journal of Fluency Disorders, 15*, 143–157.

Starkweather, C. W., & Gottwald, S. R. (1993). A pilot study of relations among specific measures obtained at intake and discharge in a program of preventions and early intervention for stuttering. *American Journal of Speech-Language Pathology, 2*, 51–58.

Starkweather, C. W., Gottwald, S. R., & Halfond, M. H. (1990). *Stuttering Prevention: A Clinical Method*. Englewood Cliffs, NJ: Prentice-Hall.

Stein, M. B., Baird, A., & Walker, J. R. (1996). Social phobia in adults with stuttering. *American Journal of Psychiatry, 153*, 278–280.

Stephenson-Opsal, D., & Bernstein-Ratner, N. (1988). Maternal speech rate modification and childhood stuttering. *Journal of Fluency Disorders, 13*, 49–56.

Stier, E. (1911). *Untersuchungen über die Linkshändigkeit und die Funktionellen Differenzen der Hirnhälften [Investigations about Left-Handedness and the Functional Differences of the Brain Halves]*. Jena, Germany: Fischer.

St. Louis, K. O., & Durrenberger, C. H. (1992). Clinician preferences for managing various communication disorders. Paper presented at the American Speech-Language-Hearing Association Convention, San Antonio, TX.

St. Louis, K. O., & Durrenberger, C. H. (1993). What communication disorders do experienced clinicians prefer to manage? *ASHA, 35*, 23–31.

St. Louis, K. O., & Lass, N. J. (1980). A survey of university training in stuttering. *Journal of the National Student Speech-Language-Hearing Association, 10*, 88–97.

St. Louis, K. O., & Lass, N. J. (1981). A survey of communicative disorders students' attitudes toward stuttering. *Journal of Fluency Disorders, 6*, 49–79.

St. Louis, K. O., & Westbrook, J. B. (1987). The effectiveness of treatment for stuttering. In L. Rustin, H. Purser, & D. Rowley (Eds.), *Progress in the Treatment of Fluency Disorders* (pp. 235–257). London: Whurr.

Stocker, B. (1977). *The Stocker-Probe Technique*. Tulsa, OK: Modern Education Program.

Straus, S. E., Richardson, W. S., Glasziou, P., & Haynes, R. B. (2005). *Evidence Based Medicine: How to*

Practice and Teach EBM (3rd ed.). New York: Elsevier Churchill Livingstone.

Stuart, A., & Kalinowski, J. (1996). Fluent speech, fast articulatory rate, and delayed auditory feedback: Creating a crisis for a scientific revolution? *Perceptual and Motor Skills, 82*, 211–218.

Stuart, A., Kalinowski, J., Armson, J., Stenstrom, R., & Jones, K. (1996). Fluency effect of frequency alterations of plus/minus one-half and one-quarter octave shifts in auditory feedback of people who stutter. *Journal of Speech and Hearing Research, 39*, 396–401.

Stuart, A., Kalinowski, J., & Rastatter, M. (1997). Effect of monaural and binaural altered auditory feedback on stuttering frequency. *Journal of the Acoustical Society of America, 101*, 3806–3809.

Stuart, A., Kalinowski, J., Rastatter, M., & Lynch, K. (2002). Effect of delayed auditory feedback on normal speakers at two speech rates. *Journal of the Acoustical Society of America, 111*, 2237–2240.

Stuart, A., Kalinowski, J., Rastatter, M., Saltuklaroglu, T., & Dayalu, V. (2004). Investigations of the impact of altered auditory feedback in-the-ear devices on the speech of people who stutter: Initial fitting and 4-month follow-up. *International Journal of Language and Communication Disorders, 39*, 93–113.

Stuart, A., Kalinowski, J., Saltuklaroglu, T., & Guntupalli, V. K. (2006). Investigations of the impact of altered auditory feedback in-the-ear devices on the speech of people who stutter: One-year follow-up. *Disability and Rehabilitation, 28*, 1–9.

Stuart, A., Xia, S., Jiang, Y., Jiang, T., Kalinowski, J., & Rastatter, M. P. (2003). Self-contained in-the ear device to deliver altered auditory feedback: Applications for stuttering. *Annals of Biomedical Engineering, 31*, 233–237.

Sugimoto, T., Sugimoto, M., Uchida, I., Mashimo, T., & Okada, S. (2001). Inhibitory effects of theophylline on recombinant GABA (A) receptors. *Neuroreport, 12*, 489–493.

Suresh, R., Ambrose, N., Roe, C., Pluzhnikov, A., Wittke-Thompson, J. K., Ng, M. C., Wu, X., Cook, E. H., Lundstrom, C., Garsten, M., Ezrati, R., Yairi, E., & Cox, N. J. (2006). New complexities in the genetics of stuttering: Significant sex-specific linkage signals. *American Journal of Human Genetics, 78*, 554–563.

Swift, W., Swift, E., & Arellano, M. (1975). Haloperidol as a treatment for adult stuttering. *Comprehensive Psychiatry, 16*, 61–67.

Taylor, I. K. (1966). What words are stuttered? *Psychological Bulletin, 65*, 233–242.

Teesson, K., Packman, A., & Onslow, M. (2003). The Lidcombe behavioral data language of stuttering. *Journal of Speech, Language, and Hearing Research, 46*, 1009–1015.

Thomas, C., & Howell, P. (2001). Assessing efficacy of stuttering treatments. *Journal of Fluency Disorders, 26*, 311–333.

Thompson, R. A. (1994). Emotion regulation: A theme in search of definition. *Monographs of the Society for Research in Child Development*, 59 (2–3, Serial No. 240), 25–52.

Thompson-Schill, S. L., D'Esposito, M., & Kan, I. P. (1999). Effects of repetition and competition on activity in left prefrontal cortex during word generation. *Neuron, 23*, 513–522.

Torrance, G. W. (1987). Utility approach to measuring health-related quality of life. *Journal of Chronic Disease, 40*, 593–600.

Toscher, M. M., & Rupp, R. R. (1978). A study of the central auditory processes in stutterers using the Synthetic Sentence Identification (SSI) Test battery. *Journal of Speech and Hearing Research, 21*, 779–792.

Travis, L. E. (1931). *Speech Pathology*. New York: Appleton-Century.

Travis, L. E. (1957). The unspeakable feelings of people with special reference to stuttering. In L. E. Travis (Ed.), *Handbook of Speech Pathology* (pp. 916–946). New York: Appleton-Century-Crofts, Inc.

Travis, L. E., & Knott, J. R. (1936). Brain potentials from normal speakers and stutterers. *Journal of Psychology, 2*, 137–150.

Travis, L. E., & Knott, J. R. (1937). Bilaterally recorded brain potentials from normal speakers and stutterers. *Journal of Speech Disorders, 2*, 239–241.

Trinder, L. (2000). A critical appraisal of evidence-based practice. In L. Trinder & S. Reynolds (Eds.), *Evidence-Based Practice: A Critical Appraisal* (pp. 212–241). Oxford, United Kingdom: Blackwell Science.

Tulving, E. (1983). *Elements of Episodic Memory*. New York: Oxford University Press.

Turgut, N., Utku, U., & Balci, K. (2002). A case of acquired stuttering resulting from left parietal infarction. *Acta Neurologica Scandinavica, 105*, 408–410.

Turner, S. M., Beidel, D. C., & Dancu, C. V. (1996). *SPAI. Social Phobia and Anxiety Inventory*. New York: Multi-Health Systems.

Tversky, A., & Kahneman, D. (1974). Judgment under uncertainty: Heuristics and biases. *Science, 185*, 1124–1131.

Tyler, A. A. (2006). Commentary on "Treatment decisions for children with speech-sound disorders": Revisiting the past in EBP. *Language, Speech, and Hearing Services in Schools, 37*, 280–283.

Ulrich, L., Pepe, E., Kroll, R., & De Nil, L. (1992). Client performance variables affecting stuttering treatment. Paper presented at the American Speech-Language-Hearing Association, San Antonio, TX.

United States Congress. (1997). *Individuals with Disabilities Education Act Amendments of 1997*. Washington, DC: Government Printing Office.

United States Department of Education. (2001). *Twenty-Third Annual Report to Congress on the Implementation of the Individuals with Disabilities Education Act*. Washington, DC: United States Department of Education.

United States Department of Education. (2002). *Twenty-Fourth Annual Report to Congress on the Implementation of the Individuals with Disabilities Education Act*. Washington, DC: United States Department of Education.

United States Food and Drug Administration. (2004). Safety data on Zyprexa (olanzapine): Hyperglycemia and diabetes [Dear Doctor letter]. Retrieved from the U.S. Food and Drug Administration MedWatch Website, January 8, 2007, http://www.fda.gov/medwatch/SAFETY/2004/zyprexa.htm.

Van Borsel, J., Reunes, G., & Van den Bergh, N. (2003). Delayed auditory feedback in the treatment of stuttering: clients as consumers. *International Journal of Language and Communication Disorders, 38*, 119–129.

Van Riper, C. (1958). Experiments in stuttering therapy. In J. Eisenson (Ed.), *Stuttering: A Symposium*. New York: Harper & Row.

Van Riper, C. (1971). *The Nature of Stuttering*. Englewood Cliffs, NJ: Prentice-Hall.

Van Riper, C. (1973). *The Treatment of Stuttering*. Englewood Cliffs, NJ: Prentice-Hall.

Van Riper, C. (1977). The public school specialist in stuttering. *Journal of the American Speech and Hearing Association, 19*, 467–469.

Van Riper, C. (1982). *The Nature of Stuttering* (2nd ed.). Englewood Cliffs, NJ: Prentice-Hall.

Vanryckeghem, M., & Brutten, G. J. (1996). The relationship between communication attitude and fluency failure of stuttering and nonstuttering children. *Journal of Fluency Disorders, 21*, 109–118.

Vanryckeghem, M., & Brutten, G. J. (1997). The speech-associated attitude of children who do and do not stutter and the differential effect of age. *American Journal of Speech-Language Pathology, 6*, 67–73.

Vanryckeghem, M., & Brutten, G. (2006). *Behavior Assessment Battery*. San Diego, CA: Plural Publishing, Inc.

Vanryckeghem, M., Brutten, G. J., & Hernandez, L. (2005). A comparative investigation of the speech-associated attitude of preschool and kindergarten children who do and do not stutter. *Journal of Fluency Disorders, 30*, 307–318.

Vanryckeghem, M., Hylebos, C., Brutten, G. J., & Peleman, M. (2001). The relationship between communication attitude and emotion of children who stutter. *Journal of Fluency Disorders, 26*, 1–15.

Ventry, I. M., & Schiavetti, N. (1980). *Evaluating Research in Speech Pathology and Audiology*. Reading, MA: Addison-Wesley.

von Neumann, J., & Morgenstern, O. (1947). *Theories of Games and Economic Behavior*. Princeton, NJ: Princeton University Press.

Vuust, P., Roepstorff, A., Wallentin, M., Mouridsen, K., & Ostergaard, L. (2006). It don't mean a thing... Keeping the rhythm during polyrhythmic tension, activates language areas (BA47). *NeuroImage, 31*, 832–841.

Wahlhaus, M. M., Girson, J., & Levy, C. (2003). South Africa. In M. Onslow, A. Packman, & E. Harrison (Eds.), *The Lidcombe Program of Early Stuttering Intervention: A Clinician's Guide* (pp. 183–190). Austin, TX: Pro-Ed.

Walker, J. F., Archibald, L. M. D., Cherniak, S. R., & Fish, V. G. (1992). Articulation rate in 3- and 5-year-old children. *Journal of Speech and Hearing Research, 35*, 4–13.

Wall, M. J., & Myers, F. L. (1995). *Clinical Management of Childhood Stuttering* (2nd ed.). Austin, TX: Pro-Ed..

Wall, M. J., Starkweather, C. W., & Cairns, H. S. (1981). Syntactic influences on stuttering in young child stutterers. *Journal of Fluency Disorders, 6*, 283–298.

Ward, N. S, Brown, M. M., Thompson, A. J., & Frackowiak, R. S. (2003). Neural correlates of outcome after stroke: A cross-sectional fMRI study. *Brain, 126*, 1430–1434.

Watkins, K. E., Smith, S. M., Davis, S., & Howell, P. (2008). Structural and functional abnormalities of the motor system in developmental stuttering. *Brain, 131*, 50–59.

Watkins, R. V., & Yairi, E. (1997). Language production abilities of children whose stuttering persisted or recovered. *Journal of Speech, Language and Hearing Research, 40*, 385–399.

Watkins, R. V., Yairi, E., & Ambrose, N. (1999). Early childhood stuttering III: Initial status of expressive language abilities. *Journal of Speech, Language and Hearing Research, 42*, 1125–1135.

Watson, J. B. (1988). A comparison of stutterers' and nonstutterers' affective, cognitive, and behavioral self-reports. *Journal of Speech and hearing Research, 31*, 377–385.

Watts, F. (1973). Mechanisms of fluency control in stutterers. *British Journal of Disorders of Communication, 8*, 131–138.

Webber, M., & Onslow, M. (2003). Maintenance of treatment effects. In M. Onslow, A. Packman, & E. Harrison (Eds.), *The Lidcombe Program of Early*

Stuttering Intervention: A Clinician's Guide. Austin, TX: Pro-Ed.

Weber, C., & Smith, A. (1990). Autonomic correlates of stuttering and speech assessed in a range of experimental tasks. *Journal of Speech and Hearing Research, 33*, 690–706.

Weber-Fox, C., & Hampton, A. (2008). Stuttering and natural speech processing of semantic and syntactic constraints on verbs. *Journal of Speech, Language, and Hearing Research, 51*, 1058–1071.

Weber-Fox, C., Spencer, R. M. C., Spruill III, J. E., & Smith, A. (2004). Phonologic processing in adults who stutter: Electrophysiological and behavioral evidence. *Journal of Speech, Language, and Hearing Research, 47*, 1244–1258.

Webster, R. L. (1974). *The Precision Fluency Shaping Program: Speech Reconstruction for Stutterers*. Roanoke, VA: Communications Development Corporation.

Webster, R. L. (1979). Empirical considerations regarding stuttering therapy. In H. H. Gregory (Ed.), *Controversies about Stuttering Therapy*. Baltimore: University Park Press.

Webster, R. L. (1980). Evolution of a target based behavioral therapy for stuttering. *Journal of Fluency Disorders, 5*, 303–320.

Webster, R. L., & Lubker, B. B. (1968). Interrelationships among fluency producing variables in stuttered speech. *Journal of Speech and hearing Research, 11*, 754–766.

Webster, R. L., Morgan, B. T., & Cannon, M. W. (1987). Voice onset abruptness in stutterers before and after therapy. In H. F. M. Peters & W. Hulstijn (Eds.), *Speech Motor Dynamics in Stuttering* (pp. 295–305). Wein, Germany: Springer-Verlag.

Webster, W. G. (1993). Hurried hands and tangled tongues. In E. Boberg (Ed.), *Neuropsychology of Stuttering* (pp. 73–127). Edmonton, Alberta, Canada: The University of Alberta Press.

Weiss, A. L., & Zebrowski, P. M. (1992). Disfluencies in the conversations of young children: Some answers about questions. *Journal of Speech and Hearing Research, 35*, 1230–1238.

Wells, P. G., & Malcolm, M. T. (1971). Controlled trial of the treatment of 36 stutterers. *British Journal of Psychiatry, 119*, 603–604.

Wexler, K. B., & Mysack, E. D. (1982). Disfluency characteristics of 2-, 4-, and 6-year old males. *Journal of Fluency Disorders, 7*, 37–46.

Wildgruber, D., Ackermann, H., & Grodd, W. (2001). Differential contributions of motor cortex, basal ganglia, and cerebellum to speech motor control: Effects of syllable repetition rate evaluated by fMRI. *NeuroImage, 13*, 101–109.

Wilkenfeld, J. R., & Curlee, R. F. (1997). The relative effects of questions and comments on children's stuttering. *American Journal of Speech-Language Pathology, 6*, 79–89.

William, K. T. (1997). *Expressive Vocabulary Test (EVT)*. Circle Pines, MN: American Guidance Services, Inc.

William, K. T. (2006). *Expressive Vocabulary Test-2 (EVT- 2)*. Circle Pines, MN: American Guidance Services, Inc.

Williams, D. E. (1957). A point of view about 'stuttering.' *Journal of Speech and Hearing Disorders, 22*, 390–397.

Williams, D. E. (1971). Stuttering therapy for children. In L. E. Travis (Ed.), *Handbook of Speech Pathology and Audiology* (pp. 1073–1093). New York: Appleton-Century-Crofts.

Williams, D. E. (1983). Talking with children who stutter. In *Counseling Stutterers* (Publication No. 18). Memphis, TN: Speech Foundation of America.

Williams, D. F., & Dugan, P. M. (2002). Administering stuttering modification therapy in school settings. *Seminars in Speech and Language, 23*, 187–194.

Wilson, L., Onslow, M., & Lincoln, M. (2004). Telehealth adaptation of the Lidcombe Program of early stuttering intervention: Five case studies. *American Journal of Speech-Language Pathology, 13*, 81–93.

Wingate, M. E. (1964). A standard definition of stuttering. *Journal of Speech and Hearing Disorders, 29*, 484–489.

Wingate, M. E. (1964). Recovery from stuttering. *Journal of Speech and Hearing Disorders, 29*, 312–321.

Wingate, M. E. (1970). Effect on stuttering of changes in audition. *Journal of Speech and Hearing Research, 13*, 861–873.

Wingate, M. E. (1971). The fear of stuttering. *Journal of the American Speech-Language-Hearing Association, 13*, 3–5.

Wingate, M. E. (1976). *Stuttering: Theory and Treatment*. New York: Irvington Publishers.

Wingate, M. E. (1988). *The Structure of Stuttering. A Psycholinguistic Analysis*. New York: Springer.

Winslow, H., & Guitar, B. (1994). The effects of structured turn-taking on disfluencies: A case study. *Language, Speech and Hearing Services in Schools, 25*, 251–257.

Wohlert, A. B., & Smith, A. (2002). Developmental change in variability of lip muscle activity during speech. *Journal of Speech Language and Hearing Research, 45*, 1077–1087.

Wood, F., & Stump, D. (1980). Patterns of regional cerebral blood flow during attempted reading aloud by stutters both on and off haloperidol medication: Evidence for inadequate left frontal activation during stuttering. *Brain and Language, 9*, 141–144.

Wood, M. J. S., & Ryan, B. (2000). Experimental analysis of speaking and stuttering rate in a child who stutters. *Journal of Developmental and Physical Disabilities, 12*, 267–289.

Woods, S., Shearsby, J., Onslow, M., & Burnham, D. (2002). The psychological impact of the Lidcombe Program of early stuttering intervention: Eight case studies. *International Journal of Language and Communication Disorders, 37*, 31–40.

Woolf, G. (1967). The assessment of stuttering as struggle, avoidance and expectancy. *The British Journal of Disorders of Communication, 2*, 158–171.

World Health Organization. (2001). *International Classification of Functioning, Disability and Health*. Geneva, Switzerland: World Health Organization

World Health Organization. (2002). *Towards a Common Language for Functioning, Disability, and Health: The International Classification of Functioning, Disability, and Health (ICF)*. Geneva, Switzerland: World Health Organization.

Wright, L., & Ayre, A. (2000). *The Wright & Ayre Stuttering Self-Rating Profile (WASSP)*. Bicester, United Kingdom: Winslow Press.

Wu, J. C., Maguire, G., Riley, G., Fallon, J., LaCasse, L., Chin, S., Klein, E., Tang, C., Cadwell, S., & Lottenberg, S. (1995). A positron emission tomography [18F]deoxyglucose study of developmental stuttering. *NeuroReport, 6*, 501–505.

Wu, J. C., Maguire, G., Riley, G., Lee, A., Keator, D., Tang, C., Fallon, J., & Najafi, A. (1997). Increased dopamine activity associated with stuttering. *NeuroReport, 8*, 767–770.

Yairi, E. (1981). Disfluencies of normally speaking two-year old children. *Journal of Speech and Hearing Research, 24*, 490–495.

Yairi, E. (1983). The onset of stuttering in two and three year old children: A preliminary report. *Journal of Speech and Hearing Disorders, 48*, 171–177.

Yairi, E. (1997a). Disfluency characteristics of childhood stuttering. In R. Curlee & G. Siegel (Eds.), *Nature and Treatment of Stuttering: New Directions* (2nd ed., pp. 3–23). Boston: Allyn & Bacon.

Yairi, E. (1997b) Home environments of stuttering children. In R. Curlee & G. Siegel (Eds.), *Nature and Treatment of Stuttering: New Directions* (2nd ed., pp. 49–78). Boston: Allyn & Bacon.

Yairi, E. (2007). Subtyping stuttering I: A review. *Journal of Fluency Disorders, 32*, 165–196.

Yairi, E., & Ambrose, N. (1992). A longitudinal study of stuttering in children: A preliminary report. *Journal of Speech and Hearing Research, 35*, 755–760.

Yairi, E., & Ambrose, N. (1992). Onset of stuttering in preschool children: Selected factors. *Journal of Speech and Hearing Research, 35*, 782–788.

Yairi, E., & Ambrose, N. (1999). Early childhood stuttering I: Persistency and recovery rates. *Journal of Speech, Language and Hearing Research, 42*, 1097–1112.

Yairi, E., & Ambrose, N. (2002). Evidence for genetic etiology in stuttering. *Perspectives, 12*, 10–15.

Yairi, E., & Ambrose, N. (2005). *Early Childhood Stuttering: For Clinicians by Clinicians*. Austin, TX: Pro-Ed.

Yairi, E., Ambrose, N., & Cox, N. (1996). Genetics of stuttering: A critical review. *Journal of Speech and Hearing Research, 39*, 771–784.

Yairi, E., Ambrose, N. G., Paden, E. P., & Throneburg, R. N. (1996). Predictive factors of persistence and recovery: Pathways of childhood stuttering. *Journal of Communication Disorders, 29*, 51–77.

Yairi, E., Watkins, R., Ambrose, N., & Paden, E. (2001). What is stuttering? *Journal of Speech Language and Hearing Research, 44*, 585–592.

Yaruss, J. S. (1997). Clinical implications of situational variability in preschool children who stutter. *Journal of Fluency Disorders, 22*, 187–203.

Yaruss, J. S. (1997). Clinical measurement of stuttering behaviors. *Contemporary Issues in Communication Science and Disorders, 24*, 33–44.

Yaruss, J. S. (1997). Utterance timing and childhood stuttering. *Journal of Fluency Disorders, 22*, 263–286.

Yaruss, J. S. (1998). Describing the consequences of disorders: Stuttering and the International Classification of Impairments, Disabilities, and Handicaps. *Journal of Speech, Language, and Hearing Research, 41*, 249–257.

Yaruss, J. S. (1998). Real-time analysis of speech fluency: Procedures and reliability training. *American Journal of Speech-Language Pathology, 7*, 25–37.

Yaruss, J. S. (1999). Utterance length, syntactic complexity, and childhood stuttering. *Journal of Speech, Language, and Hearing Research, 42*, 329–344.

Yaruss, J. S. (2007). Application of the ICF in fluency disorders. *Seminars in Speech and Language, 28*, 312–322.

Yaruss, J. S., Coleman, C., & Hammer, D. (2006). Treating preschool children who stutter: Description and preliminary evaluation of a family-focused treatment approach. *Language, Speech and Hearing Services in Schools, 37*, 118–136.

Yaruss, J. S., Coleman, C. E., & Quesal, R. W. (2007a). Overall Assessment of the Speaker's Experience of Stuttering—School-Age. Unpublished assessment instrument.

Yaruss, J. S., Coleman, C. E., & Quesal, R. W. (2007b). Overall Assessment of the Speaker's Experience of Stuttering—Teenage. Unpublished assessment instrument.

Yaruss, J. S., & Conture, E. G. (1995). Mother and child speaking rates and utterance lengths in adjacent fluent utterances: Preliminary observations. *Journal of Fluency Disorders, 20*, 257–278.

Yaruss, J. S., LaSalle, L. R., & Conture, E. G. (1998). Evaluating stuttering in young children: Diagnostic data. *American Journal of Speech-Language Pathology, 7*, 62–76.

Yaruss, J. S., Murphy, W. P., Quesal, R. W., & Reardon, N. A. (2004). *Bullying and Teasing: Helping Children Who Stutter*. New York: National Stuttering Association.

Yaruss, J. S., & Quesal, R. W. (2002). Academic and clinical education in fluency disorders: An update. *Journal of Fluency Disorders, 27*, 43–63.

Yaruss, J. S., & Quesal, R. W. (2002). Research-based stuttering therapy revisited. *Perspectives on Fluency and Fluency Disorders* [Newsletter of Special Interest Division 4, American Speech-Language Hearing Association], *12*, 22–24.

Yaruss, J. S., & Quesal, R. W. (2004). Stuttering and the International Classification of Functioning, Disability, and Health (ICF): An update. *Journal of Communication Disorders, 37*, 35–52.

Yaruss, J. S., & Quesal, R. W. (2006). Overall Assessment of the Speaker's Experience of Stuttering (OASES): Documenting multiple outcomes in stuttering treatment. *Journal of Fluency Disorders, 31*, 90–115.

Yaruss, J. S., Quesal, R. W., & Reeves, L. (2007). Self-help and mutual aid groups as an adjunct to stuttering therapy. In E. G. Conture & R. F. Curlee (Eds.), *Stuttering and Related Disorders of Fluency* (3rd ed.). New York: Thieme Medical Publishers.

Yaruss, J. S., Quesal, R. W., Reeves, L., Molt, L., Kluetz, B., Caruso, A. J., Lewis, F., & McClure, J. A. (2002). Speech treatment and support group experiences of people who participate in the National Stuttering Association. *Journal of Fluency Disorders, 27*, 115–135.

Yaruss, J. S., & Reardon, N. A. (2003). Fostering generalization and maintenance in school settings. *Seminars in Speech and Language, 24*, 33–40.

Young, M. A. (1961). Predicting ratings of severity of stuttering. *Journal of Speech and Hearing Disorders, Monograph Supplement*, 7, 31–54.

Young, M. A. (1969). Observer agreement: Cumulative effects of repeated ratings of the same samples and of knowledge of group results. *Journal of Speech and Hearing Research, 12*, 144–155.

Zackheim, C. T., & Conture, E. G. (2003). Childhood stuttering and speech disfluencies in relation to children's mean length of utterance: A preliminary study. *Journal of Fluency Disorders, 28*, 115–142.

Zackheim, C. T., Conture, E. G., Ohde, R. N., Graham, C. G., & Gregory, L. J. (2003). Holistic (word level) vs. incremental (sound level) processing in young children who stutter: Pre- vs. post-treatment. Annual American Speech-Language Hearing Association Conference, Chicago, IL

Zebrowski, P. (1994). Stuttering. In J. Tomblin, H. Morris, & D. Spriestersbach (Eds.), *Diagnosis in Speech-Language Pathology* (pp. 215–245). San Diego, CA: Singular Publishing Group, Inc.

Zebrowski, P. M. (2007). Beyond technique: What makes therapy work. Presentation at the Annual Meeting of the Council of Academic Programs in Communication Sciences and Disorders, Palm Springs, CA.

Zebrowski, P. M. (2007). Treatment factors that influence therapy outcomes of children who stutter. In R. Curlee & E. G. Conture (Eds.), *Stuttering and Related Disorders of Fluency* (3rd ed., pp. 23–38). New York: Thieme.

Zebrowski, P. M., Weiss, A. L., Savelkoul, E. M., & Hammer, C. S. (1996). The effect of maternal rate reduction on the stuttering, speech rates and linguistic productions of children who stutter: Evidence from individual dyads. *Clinical Linguistics and Phonetics, 10*, 189–206.

Zebrowski, P. M., & Kelly, E. M. (2002). *Therapy for Stuttering*. San Diego, CA: Singular Publishing Group.

Zenner, A. A., Ritterman, S. I., Bowen, S., & Gronhord, K. D. (1978). Measurement and comparison of anxiety levels of parents of stuttering, articulatory defective and non-stuttering children. *Journal of Fluency Disorders, 3*, 273–283.

Zimmerman, I. L., Steiner, V., & Pond, I. E. (1997). *Preschool Language Scale–3*. San Antonio, TX: Harcourt Assessment, Inc.

Zimmerman, S., Kalinowski, J., Stuart, A., & Rastatter, M. (1997). Effect of altered auditory feedback on people who stutter during scripted telephone conversations. *Journal of Speech, Language, and Hearing Research, 40*, 1130–1134.

찾아보기

기타

[역자 소개]

권도하 대구대학교 언어치료학과 교수

고영옥 제일언어크리닉 원장
곽미영 성서언어심리연구센터 원장
김민혜 대구언어치료실 언어치료사
김선희 계명문화대학교 보건학부 언어재활전공 교수
김수형 대림대학교 언어재활과 교수
김시영 대구보건대학교 언어재활과 교수
김태균 대구 동산보청기 언어치료사
김효정 순천제일대학교 언어재활과 교수
문지은 대구광역시 육아종합지원센터 언어치료사
박진원 대구보건대학교 언어재활과 교수
신명선 부산가톨릭대학교 언어청각치료학과 교수
안종복 가야대학교 언어치료청각학과 교수
안진영 상지영서대학교 언어재활과 교수
유재연 호남대학교 언어치료학과 교수
이종헌 대구대학교 대학원 박사과정
장현진 순천제일대학교 언어재활과 교수
전희숙 루터대학교 언어치료학과 교수
정 훈 구미대학교 언어재활과 교수
허도련 대구대학교 대학원 석사과정
황하정 대구보건대학교 언어재활과 교수

말더듬 치료: 과거 및 새로운 중재법들
Treatment of Stuttering **Established and Emerging Interventions**

발 행 일 | 2016월 2일 18일 초판 1쇄 발행
엮 은 이 | Barry Guitar · Rebecca McCauley
옮 긴 이 | 권도하 외 공역
발 행 인 | 구본하
발 행 처 | 도서출판 박학사
주 소 | 서울시 마포구 월드컵북로5길 33 동아빌딩 2층
전 화 | (02)3142-3764~5
팩 스 | (02)3142-3766
웹사이트 | www.pakhaksa.co.kr
등록번호 | 제10-2230호

정가 28,000원 ISBN: 978-89-98521-46-2